DITION

recteurs de collection et auteurs :
ominique AUZIAS et Jean-Paul LABOURDETTE
esponsable d'édition : Xavier BONNIN
uteurs : Xavier BONNIN, Jean-Paul LABOURDETTE,
ominique AUZIAS et alter
irecteur Editorial : Stéphan SZEREMETA
édaction France : François TOURNIE,
laurane CHEVALIER, Silvia FOLIGNO et Bénédicte PETIT
édaction Monde : Patrick MARINGE, Caroline MICHELOT,
Morgane VESLIN, Pierre-Yves SOUCHET, Talatah FAVREAU
et Hector BARON

FABRICATION

Responsable Studio : Sophie LECHERTIER
assistée de Romain AUDREN
Maquette et Montage : Julie BORDES, Élodie CLAVIER,
Sandrine MECKING, Delphine PAGANO et Laurie PILLOIS
Iconographie et Cartographie : Audrey LALOY

WEB ET NUMERIQUE

Directeur Web : Louis GENEAU de LAMARLIERE
Directeur technique : Lionel CAZAUMAYOU
Chef de projet et développeurs : Jean-Marc REYMUND,
Cédric MAILLOUX, Florian FAZER et Anthony GUYOT
Community Manager : Cyprien de CANSON

DIRECTION COMMERCIALE

Directrice des Régies : Caroline CHOLLET
Responsable Régies locales : Michel GRANSEIGNE
Relation Clientèle : Vimla MEETTOO et Sandra RUFFIEUX
Chefs de Publicité Régie nationale :
Caroline AUBRY, François BRIANCON-MARJOLLET,
Perrine DE CARNE MARCEIN, Caroline GENTELET,
Florian MEYBERGER et Caroline PREAU

REGIE INTERNATIONALE

Chefs de Publicité : Jean-Marc FARAGUET,
Guillaume LABOUREUR assistés d'Elisa MORLAND

DIFFUSION ET PROMOTION

Directrice des Ventes : Bénédicte MOULET
assistée d'Aissatou DIOP et Alicia FILANKEMBO
Responsable des ventes : Jean-Pierre GHEZ
assisté de Nathalie GONCALVES
Relations Presse-Partenariats : Jean-Mary MARCHAL

ADMINISTRATION

Président : Jean-Paul LABOURDETTE
Directeur Administratif et Financier : Gérard BRODIN
Directrice des Ressources Humaines : Dina BOURDEAU
assistée de Sandra MORAIS et Vianney LAVERNE
Responsable informatique : Pascal LE GOFF
Responsable Comptabilité : Valérie DECOTTIGNIES
assistée de Jeannine DEMIRDJIAN, Oumy DIOUF,
Christelle MANEBARD et de Adrien PRIGENT
Recouvrement : Fabien BONNAN
assisté de Sandra BRIJLALL
Standard : Jehanne AOUMEUR

Le vœ... voyageur à la découverte de notre belle planète bleue ne reste jamais sans réponse. Si votre souhait est de visiter une île d'une beauté saisissante, près de chez vous avec un sentiment d'ailleurs, alors vous serez exaucé. La Corse, île montagne avec sa faible démographie, fait de la nature le personnage principal. Un bord de mer tour à tour spectaculaire et paisible, où la main de l'homme a été douce et respectueuse. Ces paysages littoraux sont exceptionnels et éternels. Le plan d'eau qui unit la Corse et la Sardaigne, avec pour écrin les Lavezzi, est un des plus beaux du monde. Voir depuis les Lavezzi, dans une même contemplation, le lever de lune sublimer la Grande Bleue et le coucher de soleil embraser les falaises de Bonifacio est inoubliable. La Corse regarde ses plages avec fierté du haut des sommets vertigineux et enneigés. Le Cinto sait mieux que personne la vie rude des Corses d'avant et leur caractère épris de justice et de liberté. Cet environnement puissant a façonné des êtres pudiques et passionnés. Évoquer la Corse, c'est aussi rendre hommage à deux hommes d'exception. Pascal Paoli, *un babbu di à patria* qui a incarné la culture des Lumières, parlait quatre langues : l'anglais, l'italien, le corse et le français, et a incarné la nation corse en la dotant d'une Constitution. Napoléon qui, dans son destin exceptionnel d'homme providentiel, n'oubliait pas son île natale, disait avec affection : « Au parfum de son maquis, de loin, les yeux fermés, je reconnaîtrais la Corse. » La Corse, île montagne généreuse et intacte, voyageur, vous risquez d'en tomber amoureux, au fond c'est le seul risque de la découverte de l'île de Beauté.

Mise en garde

Les informations contenues dans ce guide ont été recueillies entre avril et novembre 2015. Les renseignements concernant les coordonnées, les tarifs et les heures d'ouverture sont donnés à titre indicatif et n'ont aucun caractère contractuel. Ils sont susceptibles d'avoir fait l'objet de modifications ultérieures pour lesquelles le Petit Futé décline toute responsabilité.

PETIT FUTE CORSE 2016

Petit Futé a été fondé par Dominique AUZIAS.
Il est édité par Les Nouvelles Editions de l'Université
18, rue des Volontaires - 75015 Paris.
✆ 01 53 69 70 00 - Fax 01 42 73 15 24
Internet : www.petitfute.com
SAS au capital de 1 000 000 €
RC PARIS B 309 769 966
Couverture : © Pecold ; © Cyril Bana - Author's Image ; © leoks
Impression :
IMPRIMERIE CHIRAT - 42540 Saint-Just-la-Pendue
Dépôt légal : 27/03/2016
ISBN : 9782746996397
Pour nous contacter par email, indiquez le nom de famille en minuscule suivi de @petitfute.com
Pour le courrier des lecteurs : info@petitfute.com

PEFC
10-31-1895
Certifié PEFC
Ce produit est issu de forêts gérées durablement et de sources contrôlées.
pefc-france.org

IMPRIMÉ EN FRANCE

SOMMAIRE

DÉCOUVERTE

LA BALAGNE

LE NORD

EST CORSE

Ces établissements sont les coups de cœur du Petit Futé !

CENTRE CORSE

SUD CORSE

SUD-OUEST CORSE

LE GRAND AJACCIO

OUEST CORSE

ORGANISER SON SEJOUR

Autoroute
Nationale 4 voies
Nationale
Départementale
Préfecture
Sous-préfecture
Ville, village
Port de départ
Aéroport
Forêt domaniale
Mer Méditerranée
Cap Corse
Rogliano
Macinaggio
Centuri
Pino
Luri
Canari
Monte Stello 1 307 m
Nonza
Erbalunga
San-Martino-di-Lota
Pietranera
Golfe de Saint-Florent
Patrimonio
BASTIA
Serra di Pigno 960 m
Saint-Florent
Désert des Agriates
Ferry vers Marseille, Toulon et Nice.
Ferry vers l'Italie : Savona, Gênes et Livourne
Ferry vers Marseille, Toulon et Nice.
Ferry vers l'Italie : Savona.
Ferry vers Marseille, Toulon, Nice
L'Ile-Rousse
Monticello
Algajola
Golfe de Calvi
Calvi
Lumio
Pointe de la Revellata
N197
N1197
N193
N198
Oletta
Etang de Biguglia
Murato
Monte Asto 1 535 m
Borgo
Belgodère
Campitello
Golo
Feliceto
Vescovato
Calenzana
Folelli
Ponte-Leccia
La Porta
Forêt de Tartagine
Monte Prado 2 393 m
Figarella
Morosaglia
Golfe de Galéria
Haute-Corse 2B
Galéria
Monte San Petrone 1 763 m
Piedicroce
Moriani-Plage
Punta Palazzu
Monte Cinto 2 706 m
Cervione
Forêt du Fango
Réserve Naturelle de Scandola
Calacuccia
Corte
Sermano
Punta de Caldane 1 724 m
Golfe de Girolata
Forêt d' Aitone
Tavignano
Col de San Cervone 899 m
Golfe de Porto
Porto
Evisa
Restonica
Monte Tozzo 2 007 m
Venaco
Piana
Capo
N
O
E
S

Mer Méditerranée
Corse
Corse-du-Sud 2A
AJACCIO
Aleria
Vizzavona
Ghisoni
Ghisonaccia
Etang d'Urbino
Fium Orbo
Forêt de Marmano
Monte d'Oro 2 389 m
Bocognano
Tavera
Monte Renoso 2 352 m
Bastelica
San-Gavino-di-Fiumorbo
Parc Naturel Régional de Corse
Taravo
Zicavo
Forêt de Tova
Solenzara
Cargèse
Sagone
Liamone
Golfe de Sagone
Sari-d'Orcino
Appietto
Château de la Punta
Capo di Feno
Mezzavia
N193
Gravona
Cauro
N196
Iles Sanguinaires
Porticcio
Golfe d'Ajaccio
Santa-Maria-Siché
Monte Incudine 2 136 m
S. Pietro
Col de Bavella 1 218 m
Ferry vers Marseille, Toulon, Nice et la Sardaigne
Portigliolo
Forêt de Chavari
Petreto-Bicchisano
Aullène
Quenza
Zonza
Coti-Chiavari
Capo di Muro
Serra-di-Scopamène
Cavo
Olmeto
Levie
Forêt de l'Ospédale
N198
Golfe de Valinco
Propriano
Rizzanèse
Sainte-Lucie-de-Tallano
Ferry vers Marseille, Nice et l'Italie (Civitavecchia)
Golfe de Porto-Vecchio
Sartène
Porto-Vecchio
Pointe de la Chiappa
Belvédère-Campomoro
Ferry vers Marseille et la Sardaigne (Porto-Torres)
Ortolo
Orgone
Punta d'Ovace 1 340 m
Iles Cerbicale
Punta di Senetosa
Sotta
Cap de Zivia
Figari
Golfe de Santa Manza
Plages de Maora, Santa Manza et de Calalonga
Bonifacio
Ile Cavallo
Iles Lavezzi
Capo Pertusato
Ferry vers la Sardaigne (Santa-Teresa-di-Galura)
0 10 km
Reproduction interdite
Jean-Baptiste Neny
Décembre 2012

La citadelle de Bonifacio.

DÉCOUVERTE

CARTE D'IDENTITÉ

- **Population :** 316 578 habitants.
- **Démographie :** L'île figure parmi les régions françaises ayant connu la plus forte croissance démographique sur la période 2006-2011 avec une progression de 1,3 % par an.
- **Densité :** 37 habitants au km^2.
- **Superficie :** 8 699 km^2.
- **Point culminant :** Monte Cinto (2 706 m).
- **Cours d'eau principaux :** Le Golo. Le Tavignano. Le Taravo. Le Rizzanese. Le Liamone. Le Fiumorbo. La Gravona. Le Prunelli.
- **Préfecture – sous-préfecture :** Ajaccio pour la Corse-du-Sud, sous-préfecture Sartène. Bastia pour la Haute-Corse, sous-préfecture Calvi.
- **Nombre de communes :** 360.
- **Départements :** Corse-du-Sud et Haute-Corse.

A Bandera Testa Mora

La tête de Maure

Bien qu'existant depuis longtemps dans les armes de la Corse, c'est au cours du Moyen Age qu'apparut la tête de Maure, mais avec le bandeau baissée sur les yeux. Elle symbolisait alors la victoire des croisés sur les musulmans. La tête de Maure est un symbole aragonais, vraisemblablement adopté par la Sardaigne et la Corse à l'époque où le royaume d'Aragon dominait les îles méditérannéennes. Il faudra attendre 1736 pour voir à nouveau une liaison entre la «Tête de Maure» et la Corse. Le souverain de la Corse : le Roi Théodore, fils d'un baron allemand et d'une bourgeoise flamande, fut le premier à choisir l'emblème que nous connaissons aujourd'hui. C'est en 1745 que le général des armées corses, Ghjuvan Petru Gaffori, aurait relevé le bandeau sur le front en signe de liberté. Mais son adoption définitive et officielle par le cœur des Corses est incontestablement dûe à Pasquale Paoli, lequel choisit ce drapeau pour la nation corse fondée le 24 novembre 1762. C'est uniquement en 1980 que l'usage du drapeau corse redevient légal, avec le statut de drapeau régional, mais reste très marqué par son identité nationale, ce qui fait que les groupes indépendantistes, tels que le FLNC, en font encore aujourd'hui leur emblème ultime. A Bandera est un symbole connu dans le monde entier, du fait de l'importance de la diaspora corse dans le monde mais également car c'est l'un des plus anciens drapeaux du monde.

REPÉREZ LES MEILLEURES VISITES

★ INTÉRESSANT ★★ REMARQUABLE ★★★ IMMANQUABLE ★★★★ INOUBLIABLE

CORSE-DU-SUD ★★★★

Bonifacio et les îles Lavezzi ★★★★

A l'extrême sud de l'île, perchée sur des falaises de calcaire blanc, Bonifacio regarde l'horizon dans un cadre enchanteur. La ville haute, fortifiée, est chargée d'histoire. Les maisons sont construites à même la falaise, et bénéficient d'un panorama vertigineux sur les bouches de Bonifacio et la Sardaigne. On y accède par la montée de Saint-Roch, qui mène à la porte de Gênes. Le culte de ce saint est très important à Bonifacio. Une chapelle érigée en son honneur rappelle le souvenir des morts de la peste au XVIe siècle, et une merendella a lieu le jour de sa fête, le 16 août. La citadelle se visite, et un musée présente la vie bonifacienne au Moyen Age. La Marine est un lieu très agréable et son port, à l'abri des vents, est très fréquenté. C'est un point de départ pour découvrir Bonifacio par la mer. Les navettes proposent généralement une excursion vers les grottes marines. On peut ainsi voir la grotte du Sdragonato (dragon), dont les algues violettes aux reflets irisés jouent avec le soleil et teintent la roche d'une couleur particulière. Le Gouvernail et le Grain de Sable sont deux blocs de calcaire séparés du reste de la falaise par l'érosion. Plus loin, on arrive à la grotte Saint-Antoine, aussi appelée grotte Napoléon, à cause de son ouverture zénithale qui rappelle la forme du chapeau de l'Empereur. Entre la Sardaigne et Bonifacio, on peut visiter les îles Lavezzi, réserves naturelles qui abritent bon nombre d'espèces endémiques. Ainsi, on y trouve des posidonies et des cormorans huppés. L'archipel des Lavezzi fait partie du Parc marin international qui est cogéré par la France et l'Italie. Selon certaines théories, les îles Lavezzi seraient les fragments de l'isthme reliant la Corse à la Sardaigne il y a des millions d'années. Elles étaient également habitées jusqu'au Moyen Age, puisqu'on y a retrouvé quelques vestiges d'un port romain et d'une chapelle médiévale. Enfin, les Lavezzi furent le théâtre de la tragédie qui coûta la vie à tout l'équipage de la Sémillante, en 1855, et qu'Alphonse Daudet relate dans ses *Lettres de mon moulin*. Un monument a été érigé à la mémoire des marins sur un des îlots. Cette ville construite sur d'imposantes falaises de calcaire est d'une vertigineuse beauté. Dressée à la limite de la roche, elle défie l'ire de la mer qui, les jours de tempête, vient fouetter son piédestal jusqu'à surprendre de ses embruns le contemplateur. Celui-ci d'ailleurs n'aura de cesse de l'admirer de fond en comble, de ruelles étriquées en grottes marines. La Sardaigne est en face, à une douzaine de kilomètres, les falaises blanches sont superbes, et en ce point le plus méridional de Corse, on sent déjà le vent des îles, de l'Italie et de l'Afrique. Bonifacio, ce sont deux parties très distinctes et différentes dans leur fonction touristique : un petit port charmant, autour d'une anse profonde (appelée Goulet) qui entre théâtralement dans la rade avec son décor de falaises, une ville haute, avec sa citadelle et ses ruelles anciennes qui font les délices d'un tourisme plus culturel. La ville est belle et mérite un séjour de quelques jours, l'arrière-pays est, lui aussi, captivant.

■ **OFFICE DE TOURISME DE BONIFACIO**
2, rue Fred-Scamaroni
BONIFACIO ✆ 04 95 73 11 88
www.bonifacio.fr – info@bonifacio.fr
Haute saison : ouvert tous les jours de 9h à 20h. D'octobre à avril : ouvert du lundi au vendredi de 9h à 12h et 14h à 18h. Fermé les jours fériés. Juin et septembre : tous les jours de 9h à 19h. Location audioguide : 5 €.

◗ **Autre adresse :** Port de Plaisance – Le Goulet

Osani – Baie de Girolata.

Girolata et la réserve naturelle de Scandola ★★★★

GIROLATA ★★★★

OSANI

Il y a peu, il n'y avait ni électricité ni téléphone, et le facteur Guy Ceccaldi était l'unique lien avec le pays. Aujourd'hui encore, aucune route n'arrive jusqu'à ce village de pêcheurs. Les randonneurs partent du col de la Croix pour 4 heures de marche aller-retour en passant par la jolie plage de Tuara. On peut arriver par la mer, des sorties en bateau sont organisées au départ d'Ajaccio, de Calcatoggio, de Cargèse, de Calvi ou de Galeria. La visite, commentée, passe entre les roches à la découverte d'une grotte, d'un nid de balbuzards ou des orgues volcaniques dont certains, ici, par un miracle de renversement naturel, ont des stries horizontales. Arrêt baignade plus ou moins prolongé de 30 minutes ou de 2 heures, dans le golfe : cadre idyllique et plage. On peut même y passer la nuit (la baignade au petit matin est magique) et repartir par le bateau du lendemain. Sur place, deux gîtes d'étape et quelques restaurants. L'endroit est malheureusement surchargé en été et l'on appréciera beaucoup plus l'endroit au printemps ou à l'automne, ceci étant malheureusement valable pour la majorité des sites touristiques de l'île.

RÉSERVE NATURELLE DE SCANDOLA ★★★★

Girolata
OSANI
mariececcaldi@wanadoo.fr

Trésor écologique d'environ 2 000 ha, répartis entre la presqu'île de Capo Rosso et Galeria, soit 80 km, elle est créée en 1975 sous l'impulsion du Parc naturel régional étant alors la première réserve française à la fois terrestre et marine. Reconnue au niveau européen comme une des zones de Méditerranée à protéger en priorité, on y trouve une faune particulièrement riche et rare : les derniers balbuzards, aussi le faucon pèlerin, le merle bleu, le martinet pâle, et en mer, 450 espèces d'algues, des poissons devenus rares en Méditerranée, et de magnifiques bancs de coraux. L'excursion en bateau offre des paysages uniques, comme ces orgues volcaniques dont certains, par un miracle de renversement naturel, comportent des stries horizontales. La tour génoise, construite dans la partie sommitale du rocher de Gargalo, est la seule de toute la Corse à avoir conservé son canon, pointé vers le large. L'accès maritime est sévèrement réglementé pour préserver cet espace naturel exceptionnel pour les générations futures. Bivouac interdit, plongée en scaphandre autonome interdite, mouillage autorisé de jour uniquement et interdit jour et nuit dans la partie intégrale.

OFFICE MUNICIPAL DE TOURISME D'OTA – PORTO

La Marine
PORTO ✆ 04 95 26 10 55
www.porto-tourisme.com
office@porto-tourisme.com

Basse saison : ouvert du lundi au vendredi de 9h à 17h. Haute saison : du lundi au samedi de 9h à 19h. Ouvert le dimanche de 9h à 13h en saison.

Piana et les Calanche ★★★★

A 438 m d'altitude, ce village est classé parmi les « Plus Beaux Villages de France », et ses maisons de granit rose dominent la mer. Au cœur du village se dresse l'église paroissiale dédiée à l'Assomption, de style baroque tardif, elle fut achevée en 1792. Elle abrite la statue de la Vierge de l'Assomption, œuvre génoise du XVIIIe siècle, classée aux Monuments historiques. Sa porte axiale est en bois polychrome. La voûte du cœur est ornée de médaillons réalisés par le peintre Paul-Mathieu Lovellini.Mais Piana est surtout restée célèbre pour ses *calanche*, véritables sculptures naturelles de roches déchirées aux formes étranges, dont la couleur rougeoyante joue avec les rayons du soleil. Ce majestueux site est classé d'intérêt mondial par l'Unesco. La route d'accès domine la mer, le golfe de Porto, et les reliefs escarpés lui donnent un aspect vertigineux. Au loin se découpent les presqu'îles de Senino et de Scandola. Ce paysage a inspiré depuis toujours les peintres et écrivains, qui n'ont cessé de décrire les formes fantasmagoriques qu'ils voyaient dans ces aiguilles rocheuses. Le site est protégé et ses espèces naturelles préservées. De nombreux sentiers de randonnée incitent les visiteurs à découvrir les *calanche* à pied plutôt qu'en voiture. On peut ainsi emprunter la route de la corniche, le sentier muletier ou le sentier de Capo Rosso. A l'ombre des pins lariccio, la côte découpée se dévoile peu à peu, donnant à voir un golfe sauvage dominé par des montagnes chaotiques.Du hameau de Vistale, une route en lacets de 4 km descend vers la marine de Ficajola, où s'abritent les barques de pêcheurs de langoustes. En continuant vers le Capo Rosso, on atteint la belle plage d'Arone.Le village garde tout son charme d'antan et il ne faut surtout pas manquer le coucher de soleil si romantique en ces lieux. C'est en ces moments que les *calanche* se parent de leurs plus belles couleurs.

OFFICE DU TOURISME DE PIANA

D81
Place de la Mairie
PIANA
✆ 09 66 92 84 42
www.otpiana.com
infos@otpiana.com

Basse saison : ouvert du lundi au jeudi de 9h à 11h30. Haute saison : du lundi au vendredi de 9h à 17h ; le week-end de 9h à 13h.

Accueil et informations en français et en anglais, accès Wifi gratuit, bureau avec ordinateur mis à disposition gratuitement, expositions temporaire.

Principales manifestations : le dernier dimanche de juillet, la Rencontre interconfréries de Piana est le lieu de rassemblement d'une vingtaine de confréries de Corse. Il y a une messe entre 10h et 11h suivie d'une procession dans les rues du village. Le premier week-end d'août, le tournoi européen de footy volley se déroule sur la plage d'Arone. Bal des pompiers le 13 juillet et le 14 août. Feu d'artifice le 14 juillet.

Zonza et le massif de Bavella

★★★★

Entouré de forêts de conifères et de châtaigniers, le village, au pied de Bavella, est devenu au fil des années un des rendez-vous touristiques primordiaux de la montagne corse. La commune de Zonza est l'une des plus vastes de Corse, puisqu'elle s'étend de la montagne à la côte. Il est techniquement possible de skier et de se baigner en restant dans le même village ! La plupart des accès à Zonza sont placés sous le regard terrible et impressionnant de la dentition puissante de Bavella, aussi inquiétante (entre chien et loup en particulier) que celle du requin des *Dents de la mer*. Très belle route transversale qui parcourt l'Alta Rocca, joignant la route Aullène-Zonza et Sainte-Lucie-Zonza qui a été entièrement refaite pour le confort des amortisseurs. On ne peut ignorer la belle route qui monte au col de Bavella, qui voit passer chaque année plus d'un million de véhicules. Une piste balisée fait le tour du col, un autre sentier balisé et facile permet d'arriver au Trou de la Bombe, un trou de huit mètres creusé dans la montagne, et, dessous, un vide de 500 m. La descente vers Solenzara et la côte des Nacres offre des paysages magnifiques et la réfection complète de cette belle route rend la balade encore plus confortable. En venant de Sorbollano, au nord, joli point de vue au pont jeté sur le couple San-Pietro-Rizzanese, entouré d'une belle forêt. Atmosphère très paisible, parfaite pour les ermites. La même route rejoint Sainte-Lucie, avec un regard sur une montagne ajourée de vallées très profondes. Les amateurs de canyoning, de randonnées pédestres ou équestres trouveront leur bonheur. On visite son église paroissiale qui est l'un des rares édifices de style néogothique de Corse, et on peut aussi se rendre à la chapelle Santa Barbara un peu plus loin. A faire également, la promenade qui mène aux cascades de Piscia di Gallu, une chute de 60 m de haut, à 18 km, vers Porto-Vecchio, partir à la découverte des châtaigniers centenaires, à la sortie de Zonza, en direction du col de Bavella et parcourir les nombreux sentiers inter villages. Ainsi, on peut accéder aux ruines de la chapelle San Cesario, dont le bénitier a été conservé, ou encore à l'ancienne église San Martino. On trouve quelques sites préhistoriques dans les environs de Zonza. Deux alignements ont été mis à jour près du hameau de Pacciunituli, et les menhirs exposent une de leurs faces au levant. Certains ont fait l'analogie avec un culte solaire.

■ **OFFICE DE TOURISME DE ZONZA – SAINTE-LUCIE-DE-PORTO-VECCHIO**
D168A – Mairie annexe
SAINTE-LUCIE-DE-PORTO-VECCHIO
✆ 04 95 71 48 99
www.zonza-saintelucie.com
tourisme.saintelucie@wanadoo.fr
Haute saison : ouvert du lundi au samedi et les jours fériés de 8h30 à 13h30 et de 15h à 19h. CB non acceptée.

■ **INFOS TOURISME ALTA ROCCA**
Route de Levie – ZONZA
✆ 04 95 78 56 53 – www.alta-rocca.com
tourisme-altarocca@orange.fr
Haute saison : ouvert du lundi au samedi de 8h30 à 18h30. Fermé le dimanche après-midi. Ouvert de mai à octobre. CB non acceptée.

Sartène

★★★★

La sous-préfecture que l'on peut voir aujourd'hui est une ville qui a su garder son caractère et proposer un tourisme de l'authentique dans un cadre exceptionnel. Ses ruelles bordées de maisons hautes sont chargées d'histoire, de traditions, qui ne se révèlent qu'aux visiteurs doués d'empathie, sachant prêter attention au détail. De son passé génois, Sartène n'a gardé que quelques vestiges, comme la tour de l'Echauguette et l'hôtel de ville. Le bâtiment était l'ancienne demeure des gouverneurs, et recèle quelques toiles provenant de la collection du cardinal Fesch. Le passage de Bradi mène à la vieille ville, faite de petites ruelles, de passages voûtés et de hautes maisons. Le temps semble s'être arrêté dans ces lieux datant d'un autre temps... Place de la Libération, « Piazza Porta » pour les locaux, il est très agréable de prendre un verre en admirant le paysage, avant de partir à la découverte de l'église Santa Maria. Construite au XVIIIe siècle, elle est très richement décorée d'un autel en marbre polychrome et fut le théâtre de nombreux événements, comme la fin des vendettas qui ensanglantèrent la ville, et dont Mérimée s'inspira également pour écrire Colomba. C'est dans l'église que se trouvent la croix et la chaîne du Catenacciu. Au sud du village, on peut encore voir le couvent San Damianu, où va s'isoler le Catenacciu. Les environs de Sartène sont, eux aussi, riches en découvertes, et très chargés d'histoire. Le sud-est ayant été occupé depuis la préhistoire, comme en attestent les mégalithes que l'on peut trouver un peu partout dans la région. Près du Rizzanese, on trouve ainsi deux menhirs, U Frate e A Suora (le frère et la sœur) qui seraient un moine et une religieuse pétrifiés après avoir fauté. Le site est magnifique. On tourne, on vire, on revient sur ses pas dans ses ruelles et ses passages médiévaux. Du tourisme, certes, mais qui sonne encore vrai, même dans les boutiques et les restaurants (concentrés sur deux rues).

■ **OFFICE DU TOURISME INTERCOMMUNAL DU SARTENAIS-VALINCO TARAVO – ANTENNE DE SARTENE**
14, cours Sœur-Amélie
SARTÈNE ✆ 04 95 77 15 40
www.lacorsedesorigines.com
contact@lacorsedesorigines.com
♿
Haute saison 9h-18h du lundi au vendredi et samedi de 10h à 17h. Juillet-août, lors du «Shopping de nuit», jeudi de 9h à 22h. Audioguide : 5 € en anglais, italien et français. CB non acceptée.
Venez découvrir le Sartenais Valinco et les nombreuses activités et loisirs que la nature, terrain de jeu exceptionnel, vous propose ! Impossible de ne pas succomber aux nombreux loisirs qu'offre l'environnement riche et varié du Sartenais Valinco Taravo. Planches à voile, kayak de mer, canyoning, promenades en mer, plongée sous-marine... ou simple baignade, dans le Valinco, Sartenais, Taravo, l'eau s'impose en formidable aire de jeux pour les uns ou de découverte pour les autres. La douceur des températures, du printemps à l'automne, vous permettra toutes les options : parcourir les sentiers à pied, en VTT ou à cheval... Sur l'eau, dans les airs, sur terre... un territoire idéal pour approcher la nature de la façon la plus active !

© NESTOR NOCI - SHUTTERSTOCK.COM

Îles Sanguinaires

Les îles Sanguinaires ★★

■ **LES ÎLES SANGUINAIRES ET LA PARATA** ★★★★
AJACCIO
www.parata-sanguinaires.com
communication@ajaccio.fr

Incontournables ! Il faut avoir vu le soleil se coucher sur les quatre îlots, rouges ou noirs, suivant le temps. Pour les amateurs, on y trouve plus de cent cinquante espèces de plantes. On peut faire la promenade d'Ajaccio en bateau au départ du port Tino Rossi. C'est de là que la vue est la plus magique. Prévoir deux heures ou une demi-journée en pleine saison, avec arrêt baignade, photos sur l'île et retour par la rive nord avec la Terre Sacrée, la résidence de Tino Rossi, le cimetière marin, la chapelle des Grecs et la citadelle. Sur la grande île, un phare, rendu célèbre par Alphonse Daudet, un lazaret servant jadis aux pêcheurs de corail retournant d'Afrique après avoir effectué leur quarantaine. Le site classé est un havre de paix pour les oiseaux marins et une réserve pour une flore riche d'espèces rares et endémiques.

■ **OFFICE MUNICIPAL DE TOURISME D'AJACCIO – OFFICE DE POLE PAYS D'AJACCIO**
BP 21
3, boulevard du Roi-Jérôme
20181 Ajaccio cedex 01
AJACCIO ✆ 04 95 51 53 03
www.ajaccio-tourisme.com
info@ajaccio-tourisme.com
Basse saison : ouvert du lundi au samedi de 8h à 19h ; le dimanche de 9h à 13h. Haute saison : du lundi au samedi de 8h à 20h ; le dimanche de 9h à 13h et de 16h à 19h. Hors-saison : du lundi au vendredi 8h-12h30 et 14h-18h, samedi 8h30-12h30 et 14h-17h, fermé le dimanche et jours fériés.

▸ **Autre adresse :** Un point-info à la Parata, route des Sanguinaires, en été.

HAUTE-CORSE ★★★★

Calvi ★★★★

Ville génoise par excellence (Civitas Calvi semper fidelis – Calvi cité toujours fidèle... à Gênes), Calvi ne vit plus tout à fait à l'heure italienne mais l'ombre de Christophe Colomb, à qui de nombreux Calvais et Corses octroient une origine locale, hante la citadelle, inconditionnelle représentante de l'influence génoise. C'est d'ailleurs le fort attachement de la cité à sa cousine ligure qui permet à certains hagiographes du navigateur transatlantique de situer sa naissance à Calvi. Bien que s'étant toujours déclaré génois, dans sa vie comme dans son testament, celui-ci pourrait bien, tout compte fait, être un Génois de Calvi. Une des spécificités de la station ; ce qui la rend encore plus pratique pour les campeurs, est que la voie ferrée arrive vraiment au cœur de la station, tout près du port et de l'office de tourisme. Aujourd'hui, cité touristique, Calvi a su organiser des événements culturels et sportifs qui lui confèrent l'image d'une ville entreprenante. Aujourd'hui, l'actuelle capitale de la Balagne est la troisième ville touristique de Corse et est, tout au long de l'année, animée par des festivals très variés. Les cérémonies de la semaine sainte, très importantes en Corse, le sont encore plus à Calvi. Ainsi, le jeudi saint, on bénit les canistrelli qui seront distribués lors de la procession, et ensuite se déroule la Lavanda : à l'instar du Christ qui avait lavé les pieds des apôtres, le prieur fait de même avec les membres de la confrérie. Le vendredi soir se déroule une procession en escargot « A granitula », et les confréries portent en procession une statue du Christ mort et celle de la Vierge de la cathédrale, vêtue de noir pour l'occasion. Les pénitents suivent en portant une lourde croix. Une autre procession a lieu le lundi de Pâques, et la statue de la Vierge, cette fois-ci vêtue d'or et d'argent, est portée en procession. Rue Colombo, on voit un mur de la maison natale du célèbre explorateur. Une plaque placée en 1992 rappelle sa naissance à Calvi en 1441. La ville était alors sous domination génoise. Il y a un débat au sein des historiens, pour savoir s'il était né à Gênes, Sagone ou Calvi. Il aurait embarqué sur son navire des animaux corses, et aurait mentionné dans ses mémoires des saints vénérés principalement sur l'île. Cependant, son acte de naissance a été perdu lors de cette période troublée, ce qui laisse planer un doute sur les origines du personnage. Sur la place Christophe-Colomb, dans la ville basse, une stèle a été érigée en 1992 lors de l'anniversaire de la découverte de l'Amérique. En se promenant dans les rues de la haute ville, on peut aussi voir une autre plaque rappelant le séjour de Napoléon à Calvi en 1793, alors qu'il était chassé d'Ajaccio. La ville basse s'articule autour du port de plaisance, l'un des plus fréquentés de l'île. Si le front de mer et les quais sont bondés en été, la ville est moins fréquentée le reste du temps et regorge de trésors historiques à découvrir.

La Balagne…
Bonheur d'une Rencontre.
Réservez votre bonheur
Bienvenue
CENTRALE DE RÉSERVATION
des Offices de tourisme de Calvi et de LÎle-Rousse
Deux adresses pour réserver votre séjour en Balagne :
www.ot-ile-rousse.fr
www.calvi-tourisme.com
Office Municipal de Tourisme de Calvi-Balagne
Chemin de la Plage - 20260 Calvi
Tél. : +33 (0)4 95 65 16 67
Email : accueil.calvitourisme@orange.fr
Office de Tourisme Intercommunal de L'Île-Rousse-Balagne
Av. Calizi - B.P. 42- 20220 L'Ile-Rousse
Tél. : +33 (0)4 95 60 04 35
Email : info@ot-ile-rousse.fr
www.balagne-corsica.com
la Balagne
CORSICA

L'église baroque Sainte-Marie Majeure est construite sur les bases de l'ancienne basilique paléochrétienne au XVIIIe siècle, et sera terminée en 1820. On peut admirer son clocher néogothique et ses nombreux tableaux de l'école espagnole. Au sud de Calvi, se trouve la pointe de la Revellata, qui offre une large vue sur Calvi et sa baie. On y trouve le centre d'études océanographiques STARESO.

■ OFFICE MUNICIPAL DE TOURISME DE CALVI – OFFICE DE POLE BALAGNE
Chemin de la Plage
Port de Plaisance
BP 97 CALVI
✆ 04 95 65 16 67
www.balagne-corsica.com
accueil.calvitourisme@orange.fr
Haute saison : ouvert du lundi au samedi de 9h à 19h. Réservation hébergements, vente de produits touristiques (Visites audio guidées, fiches de randonnée, chasse aux trésors interactive pour les enfants de 7 à 12 ans) et billetterie de spectacles. Ouvert le dimanche (9h à 13h).
Grâce à la beauté de ses paysages, à l'accessibilité de ses terres et à l'hospitalité de ses habitants, la nature balanine vous déploie toutes ses richesses. À pied, à cheval, en parapente, en 4 x 4 ou à vélo, à vous de choisir comment découvrir cette petite Corse dans la Corse en toute liberté. De nombreux prestataires de loisirs sont à votre disposition pour vous conseiller et faire de votre séjour une expérience et des rencontres inoubliables. Surnommée le jardin de la Corse, la Balagne est une région connue pour la qualité de son terroir, en particulier de son huile d'olive et de ses vins. Calvi, L'Île-Rousse et ses villages sont autant de petites niches gourmandes qui viendront accompagner vos activités de pleine nature. La route touristique « A Balanina », faite de haltes chez des artisans et producteurs divers, sera alors votre guide. Principales foires artisanales : Journée des savoir-faire : parc botanique de Saleccia, avril. Fiera di Santa Restituta : Calenzana, fin mai. Fiera di l'Alivu-foire de l'Olivier : Montegrosso, mi-juillet. A San Vincente-fête des vignerons de Balagne : Calvi, fin juillet. Fiera di l'Amandulu-foire de l'Amandier : Aregno, début août. La foire de L'Île-Rousse : début octobre. Fiera di u Focu : foire des métiers du feu et de l'artisanat de Balagne : Costa, mi-août.

Les Agriate ★★★★

LES AGRIATE ★★★★
SANTO-PIETRO-DI-TENDA
www.conservatoire-du-littoral.fr
corse@conservatoire-du-littoral.fr
Des plages de sable blanc cernées de maquis sauvage, comme Lotu, Malfalcu et Saleccia, attirent de nombreux adeptes de baignade tranquille. Des bateaux navettes via le Lotu font plusieurs rotations par jour à partir de Saint-Florent ou de L'Île-Rousse. On peut accéder également par la terre par une piste défoncée qui part entre Casta et Petra Muneta. Les Agriate, c'est aussi le paradis des randonneurs. Sur une piste côtière suivant l'ancien sentier des Douaniers, ouvert au XIXe siècle, on peut cheminer sur 43 km de terres vierges longeant la mer, jusqu'à la Punta di l'Acciolu, verrou rocheux qu'il faut contourner pour accéder au magnifique site de l'Ostriconi. Une accumulation rocheuse en pente assez douce, dont la belle couleur grise métallisée s'accorde bien avec le bleu profond de la Méditerranée. Très belles promenades pour les randonneurs : les chemins qui suivent les vallées, ceux qui rejoignent la mer, et ceux qui suivent l'arête rocheuse.

La vallée et les lacs de la Restonica ★★★

■ OFFICE DE TOURISME CENTRU DI CORSICA
La Citadelle – CORTE
✆ 04 95 46 26 70
✆ 04 95 61 16 57
www.centru-corsica.com
corte.tourisme@wanadoo.fr
Basse saison : ouvert du lundi au vendredi de 9h à 12h et de 13h30 à 17h30. Haute saison : du lundi au samedi de 9h à 18h. Ouvert le dimanche (en haute saison et jours fériés, de 10h à 13h).

■ VALLÉE DE LA RESTONICA ★★★★
CORTE
Site classé depuis 1966 au cœur du Parc régional de la Corse, la vallée de la Restonica est un lieu très fréquenté. La rivière prend sa source au lac de Melo à 1 700 m, franchit le verrou glaciaire et dévale en cascade, creusant les cuvettes et lissant les dalles. Dans cette eau cristalline de la haute vallée vivent 60 % d'espèces endémiques. Une forêt de pins maritimes et de pins Lariccio couvre les versants jusqu'aux bergeries de Grutelle à 1 370 m. La faune est tout aussi riche. Vous pouvez apercevoir des rapaces, de grands passereaux, et des espèces exceptionnelles comme la sittelle de Corse et le venturon de Corse. Vous rencontrerez des troupeaux, témoins d'une vie pastorale toujours active. La visite de la vallée de la Restonica se fait par une petite route sinueuse au départ de Corte jusqu'aux bergeries de Grutelle. La route est déconseillée aux véhicules encombrants. Ce sont des endroits extrêmement célèbres et courus en été. En effet, les lacs de Melo (Melu en Corse), Capitello (Capitellu) et Goria, sans oublier les lacs du Renoso (Renosu), font partie des curiosités du massif de la Restonica. Nous nous contenterons de proposer l'itinéraire le plus accessible des lacs de Melo et Capitello : durée 3 h 30 aller ou retour. Le départ se fait depuis les bergeries de Grotelle à 1 370 m d'altitude, au terminus routier de la vallée de la Restonica. Un grand parking payant vous permettra de laisser votre véhicule sans souci. Le lac de Melo est à 1 700 m et celui de Capitello à 1 930 m. Prendre la direction du lac de Melo, le chemin est très bien indiqué (balisé en jaune). Au bout d'environ une heure, vous atteindrez ce dernier. Ensuite, continuez vers la droite le long de la rive du lac. Prendre plus tard la rive gauche d'un ruisseau. Vous le traverserez en arrivant au pied d'escarpements rocheux. Vous arrivez au lac de Capitello, beaucoup moins fréquenté que le précédent. Attention ! Prévoir de bonnes chaussures, ce n'est pas une petite balade, mais une vraie randonnée.

La Castagniccia ★★

A trente minutes de la mer, réputée depuis l'Antiquité pour ses eaux thermales d'Orezza, la Castagniccia offre un cadre préservé de verdure et de fraîcheur, pour le repos et les balades à pied grâce à son important réseau de sentiers qui traversent tout le territoire. Châtaigniers centenaires, innombrables torrents et sources : l'ombre et l'eau sont partout. Une constellation de villages et hameaux, aux maisons enchevêtrées et coiffées de lauze occupe chacune des crêtes ensoleillées. Les petites chapelles romanes datant des XIe et XIIe siècles parsèment la campagne. Les églises baroques, généreuses en formes et en couleurs, contrastent avec la sobriété de l'architecture environnante. Pour découvrir la Castagniccia, il faut à la fois s'enfoncer dans la forêt, vers la Porta, Stazzona, Valle-d'Orezza, par exemple, mais aussi prendre un peu de recul en suivant les routes qui la bordent et permettent de l'apprécier comme la route de Piedicroce à Cervione, en passant par Ortale et Sant'Andrea-di-Cotone.

■ **SYNDICAT D'INITIATIVE DE LA CASTAGNICCIA**
PIEDICROCE
✆ 06 07 49 03 36
www.castagniccia.fr
si.castagniccia@wanadoo.fr
Basse saison : ouvert du lundi au samedi de 9h à 16h. Haute saison : tous les jours et les jours fériés de 9h à 18h. Accès Internet et wifi zone. CB non acceptée.
Au cœur du village, dans une petite ruelle, le point accueil de la Castagniccia vous permettra de récolter toutes les dernières informations pour organiser votre séjour : brochures, cartes, météo, bibliothèque, exposition thématique, accès Internet et wifi zone.

L'île Rousse ★★★★

L'Ile-Rousse, petite station balnéaire accrochée à ses îlots de granit rouge est un lieu incontournable mêlant convivialité et bien-être pour toute la famille. Cité prospère et animée, elle a su intégrer tous les aspects de la modernité sans rien concéder de sa culture latine. La ville de Pasquale Paoli, Isula Rossa, est une des plus attachantes marines de l'île. La couleur de l'eau, celle des roches environnantes qui lui donnent son nom, la luminosité et la personnalité d'une ville récente mais très corse, telle que l'a voulu son bâtisseur, à l'opposé de ses cousines génoises et sa grande rivale : Calvi. La grande place centrale Pasquale Paoli connaît une animation régulière, en particulier lors de la grande foire commerciale au début septembre. En longeant la Marinella, on admire les eaux limpides d'un lagon qui symbolise la douceur de vie île-roussienne. On prend le temps de flâner dans les ruelles commerçantes, situées à deux pas de la plage, d'où l'on remarque de nombreuses constructions d'inspiration florentine. La pointe de la cité conduit au port de pêche et de commerce, classé troisième port de Corse en termes de passagers. Tout proche du port, on peut monter jusqu'au phare qui offre un point de vue époustouflant et qui synthétise la beauté de cette cité. De nombreuses activités vous attendent : promenades à dos d'âne, minigolf, ou bien activités nautiques pour les petits et les grands (balades en jet ski autour des petites criques, quad dans les pistes du désert de l'Agriate). Pensez également à visiter l'arrière-pays avec les randonnées familiales à travers les vieux villages de la Balagne, le patrimoine religieux, les artisans et les producteurs locaux qui vous feront découvrir des saveurs inoubliables et authentiques.

■ **OFFICE DE TOURISME INTERCOMMUNAL L'ÎLE-ROUSSE BALAGNE**
BP42
Avenue Calizi
L'ILE-ROUSSE
✆ 04 95 60 04 35 / 04 95 60 80 14
www.ot-ile-rousse.fr
info@ot-ile-rousse.fr
Haute saison : ouvert du lundi au samedi de 9h à 19h ; le dimanche de 10h à 13h et de 15h à 18h. Octobre à mars : du lundi au vendredi : 9h à 12h et 14h à 18h. Début mai à mi-juin : du lundi au samedi de 9h à 12h et 14h à 18h.

Saint-Florent ★★★★

Ville très agréable et très prisée des touristes, Saint-Florent se situe dans un cadre exceptionnel, et son golfe en fait un endroit idéal pour les vacances. Ce golfe, qui borde les Agriate à l'ouest, est un centre important de la civilisation agro-pastorale insulaire. Le site est préservé, et les plages encore sauvages. Celles du Lotu, de Malfacco ou de Saleccia, avec leur sable blanc et leur eau turquoise, sauront vous enchanter. De plus, sa situation en fait un bon point de départ pour découvrir toute cette partie de l'île, du Nebbiu à la Balagne. Saint-Florent tel que nous le connaissons aujourd'hui, avec son port de plaisance et sa place très agréable, a été aménagé dans les années soixante-dix, quand la ville orienta son développement vers le tourisme. Calme hors saison, bercée par une mer reflétant les pâles lueurs hivernales, la ville est très animée en été. Les plaisanciers arrivent, les terrasses des cafés ouvrent, et Saint-Florent propose quelques animations, comme le festival Porto Latino, où se retrouvent au mois d'août les grands noms de la musique latine. Particulièrement prisée des Italiens, la petite station balnéaire vibre tout au long de l'été d'une clientèle très locale qui se mêle avec plaisir aux vacanciers. Le village est beau et vivant, l'été bien sûr, et tout au long de l'année, les week-ends, quand les Bastiais flânent dans les ruelles où rejoignent leurs bateaux, véritables résidences secondaires. Seul petit point noir : la difficulté de circulation et de stationnement en haute saison !

■ **OFFICE MUNICIPAL DE TOURISME DE SAINT-FLORENT**
Bâtiment administratif
BP53
SAINT-FLORENT
✆ 04 95 37 06 04
www.corsica-saintflorent.com
info@corsica-saintflorent.com
Ouvert du lundi au vendredi.

GÉOGRAPHIE

Climat

Températures moyennes : la latitude de la Corse, plus méridionale que celle de la Côte d'Azur, lui offre un climat plus proche du type méditerranéen. Toutefois, des nuances sont apportées par la présence des montagnes. La Corse jouit donc d'une situation clémente. L'été est chaud et sec, l'hiver est doux. La pluviosité de l'hiver égale, voire, dépasse celle de l'automne et du printemps. À Ajaccio, la moyenne des températures atteint 14 °C en avril, 23 °C en juillet et 18 °C en octobre. En été, la canicule se fait sentir jusque vers 1 000 m ou 1 500 m d'altitude. Le relief, très accusé, augmente la pluviosité moyenne et produit de violents contrastes dans cette île montagneuse, entourée de mers chaudes.

Ensoleillement : avec près de 3 000 heures de soleil par an, la Corse est l'une des régions les plus ensoleillées de France (pratiquement au même niveau que Font-Romeu dans les Pyrénées-Orientales). L'ensoleillement de l'été est dans les normes attendues avec des valeurs de plus de 350 heures par mois. « Le mois de juillet affiche, cependant, des valeurs remarquables, comme à Ajaccio qui totalise 410 heures d'ensoleillement et Bastia avec 387 heures, ce qui représente un record d'un mois de juillet pour les 20 dernières années.

Précipitations : la moyenne annuelle des précipitations est de 800 mm. Sur les sommets, le chiffre atteint 1 200 mm à 1 500 mm. Quand arrive le printemps, les averses cessent et l'eau descend rapidement des cimes vers les plaines, alimentant les torrents de montagne. Le ciel acquiert cette profonde luminosité qui fait le charme de ce pays. De légers nuages, poussés par la brise marine, s'effilochent encore en altitude et viennent heurter la masse granitique du Cinto ou du Monte d'Oro.

Vent : les vents qui viennent frapper les hautes murailles corses apportent de la mer l'humidité. Contraint de s'élever, l'air se refroidit brusquement et provoque les précipitations. Ces courants atmosphériques se distinguent par leurs noms chantants : le levante de l'est et le grecale du sud-est qui viennent rafraîchir la plaine d'Aléria ou les massifs désolés du Cap Corse ; le sirocco, venu d'Afrique ou le libecciu, qui frappe la baie d'Ajaccio, de son souffle, hier brûlant et qui s'est progressivement rafraîchi en franchissant les mers. La Corse est souvent traversée de nuées. Selon qu'elles viennent de l'est ou de l'ouest, elles font varier le temps du beau au nuageux, avant que ne vienne la pluie.

Phénomènes naturels

Les inondations. En Corse, le risque d'inondation concerne de nombreuses communes. En juin 2011, 107 communes sur les 360 de Corse sont concernées par ce risque (40 en Corse-du-Sud et 67 en Haute-Corse). Le climat méditerranéen auquel est soumise la Corse implique une forte pluviométrie notamment au printemps et en automne qui, liée aux caractéristiques géomorphologiques des sols, induit des inondations très localisées, mais non pas moins intenses.

Les feux de forêt. La totalité des communes de Corse est concernée par le risque d'incendie de forêt. De nombreux facteurs font de cette région un milieu propice aux incendies et dont la lutte est délicate :
- un relief accidenté ; – une végétation combustible sur 80 % du territoire facilitant la propagation ; – une sous-exploitation agricole du territoire ; – une urbanisation diffuse compliquant les secours ; – un climat méditerranéen non-uniforme avec beaucoup de vent ; – une desserte non adaptée à la lutte, peu de voies de circulation ; – quelques faiblesses des ressources en eau ; – un tourisme de pleine nature en développement.

Les risques de submersion marine. Le territoire corse, de par sa nature insulaire possède près de 1 000 km de côte répartis entre littoraux sableux et rocheux. L'ensemble de ces côtes est soumis à un aléa érosion et submersion marine. En Haute-Corse, le risque d'inondation par submersion marine est susceptible d'impacter l'ensemble des 28 communes littorales de la plaine orientale, ainsi que certaines des communes de l'ouest du département. En Corse-du-Sud, certains villages et hameaux situés en fond de baies sont aussi susceptibles d'être soumis au risque de submersion marine. Un point en lien direct avec la submersion marine qu'il semble important de prendre en compte est celui de la montée du niveau des eaux suite au réchauffement climatique.

Les avalanches. Peu de personnes le savent, mais l'avalanche la plus meurtrière en France a eu lieu en Corse (37 victimes en 1934 à Ortiporio). C'est d'ailleurs aussi la catastrophe naturelle qui a fait le plus de victimes en Corse. Il a été identifié que 8 communes étaient soumises à ce risque en Corse, toutes situées en Haute-Corse.

Le Radon. Comme toutes les régions granitiques, la Corse est exposée au risque radon et plus particulièrement la Corse-du-Sud qui est le département dont l'activité en radon est la plus importante de France. Quatre campagnes de mesures étalées sur plusieurs années ont été réalisées par les services de la Direction départementale des Affaires sanitaires et sociales de la Corse-du-Sud et de la Haute-Corse. En 2000, neuf établissements scolaires de la Corse-du-Sud ont fait l'objet d'un contrôle plus accru.

Relief

Il ne faut pas y aller par quatre chemins : il y a bien de superbes monuments légitimement classés aux Monuments historiques – ponts pisans ou génois, cathédrales, églises ou chapelles de style roman ou baroque, ou citadelles du littoral – des alignements préhistoriques d'importance qui font de la Corse le premier site mégalithique de la Méditerranée, mais la première curiosité touristique de l'île, c'est la Corse elle-même, ses paysages, points de vue, lumières, parfums qui sont, presque à chaque virage, autant de splendeurs éclipsant les humbles créations humaines. Ce n'est pas pour vous resservir le traditionnel « Corse, terre de contrastes », mais il faut redire que le voyageur un peu paresseux, ou très pressé, a une chance fabuleuse en traversant la Corse. Il a à sa disposition la plupart des paysages européens, et d'autres, plus lointains, avec une variété botanique et minérale stupéfiante.

Paysages caractéristiques

On passe de Vizzavona, forêt de pins vosgienne, à l'Ospedale, forêt de pins landaise, de Bonifacio la Blanche, crayeuse, à Sartène la Grise, granitique, en passant par le porphyre rose violacé de Bavella ou les roches rouges de Girolata. A Vergio, c'est le Canada ; dans le Cap, c'est l'Irlande ; dans le golfe d'Ajaccio, l'Italie du Sud ; la Castagniccia, c'est l'Ardèche et la Balagne le Luberon. Mais, en dépit de ces rapprochements (justifiés), chaque parcelle de ce territoire est authentiquement, purement, exclusivement corse ! La Corse est le seul département de France à cumuler deux sites classés par l'Unesco au Patrimoine mondial de l'Humanité. Il s'agit du golfe de Porto et de la réserve de Scandola. En fait, c'est l'île tout entière qu'il faudrait classer, car, sur toutes les côtes du nord au sud, il y a des panoramas inoubliables : ceux des Agriate, ceux du Cap Corse ou le « Lion de Roccapina » pour n'en citer, hélas, que quelques-uns. Quant à l'intérieur, c'est comme un livre précieux ; derrière la couverture se cachent montagnes et torrents, églises et vieux villages, Corte la mémoire de la Corse, Sartène « la plus corse des villes corses » : il suffit de tourner les pages...

Géologie

Le massif hercynien. Pour comprendre la formation géologique de cette masse minérale, il faut remonter aux origines de la Terre : au précambrien, la partie occidentale et la partie méridionale de l'île devaient être réunies au massif provençal des Maures, ainsi qu'aux Pyrénées occidentales. On retrouve, en effet, les mêmes roches cristallines dans ces trois endroits : essentiellement, du granite. Les géographes du début du siècle ont donné à ce supposé continent le nom de la mer qui a pris sa place : la Tyrrhénienne. C'est dans cet ensemble, celui du massif hercynien d'Ajaccio, lequel forme un vaste bloc courant de Solenzara, au sud, à l'Ile-Rousse, au nord, que se trouvent les plus hauts reliefs, en même temps que les plus escarpés. Cette particularité est due au caractère plus résistant des roches. On peut ainsi observer des sommets aigus et tranchants comme des glaives. Les glaciers du quaternaire ne se sont pas répandus vers la plaine, à cause de la violence du relief ; toutefois, ils ont contribué à sculpter les sommets. Parmi eux, on dénombre, outre le Cinto et ses satellites, pris dans un massif volcanique datant de la fin du mésozoïque, les groupes du Rotondo (2 695 m) et du Monte d'Oro (2 391 m), au centre de l'île, et de l'Incudine (2 136 m) au sud. Au nord-ouest de cet ensemble, on peut découvrir une vaste bande de terrains houillers : ce sont essentiellement des gisements du carbonifère supérieur. On a même exploité la houille à Mausoleo et dans les environs.

Les schistes lustrés de la Corse alpine. Dans un vaste arc de cercle, autour de Bastia, on trouve des schistes lustrés semblables à ceux que l'on peut observer dans le Piémont. Leur altitude ne dépasse guère les 1 500 m. Ce sont essentiellement des terrains tertiaires (trias), d'origine sédimentaire, donc issus des dépôts provoqués par les différentes mers qui ont recouvert ces régions au cours des temps géologiques. Malheureusement, les fossiles y sont mal représentés et il est donc difficile de les dater. Ces terrains ont été surélevés par les vastes mouvements tectoniques qui ont provoqué l'apparition des Alpes voisines. On observe ces mouvements le long des anticlinaux et synclinaux qui strient la région (anticlinal du Tenda, par exemple, Orient, nord-ouest).

Les mouvements de ces failles sont concentriques. Ils suivent une direction sud nord, au Cap Corse. Puis, ils se couchent progressivement selon un axe ouest nord-ouest, à la limite sud de cette partie schisteuse de la Corse, aux confins de la plaine d'Aléria.

La bande de Corte. Entre ces deux blocs, d'inégale importance, lesquels délimitent deux régions principales, court une bande transitoire. La ville de Corte est implantée sur cet axe qui serpente depuis les rivages s'étendant entre le Reginu et l'Ostriconi, au nord, jusqu'à Solenzara, au sud. Les terrains que l'on y rencontre sont comparables à ceux de la Ligurie ou du Briançonnais. Ainsi, autour des sommets du Rotundu, de Monte d'Oro, de Renoso, au centre, et de l'Incudine, plus au sud, on peut observer une vaste dépression. Les sols sont tertiaires et on les reconnaît du premier coup d'œil tant ils tranchent sur les montagnes granitiques !

Forêts et bois

Comme le relief, comme les paysages marins, la forêt corse est très diversifiée : un véritable caméléon. Elle peut se muer en hêtraie normande, en forêt vosgienne ou en châtaigneraie auvergnate en un tournemain. Le promeneur ébahi n'a plus qu'à contempler : les jambes griffées par les ronces d'un maquis accrocheur, il se retrouve sur un tapis de verdure où gazouille un ruisseau. Et dire que certains ne voient en Corse qu'une plage et quelques algues...

Forêt de Valdoniello. A l'ouest de Corte, en direction de Porto, dans la vallée du Niolu. On y trouve de très beaux pins laricciio, dont certains comptent parmi les plus imposants de l'île.

Forêt d'Aïtone. A partir d'Evisa, dès la jonction avec la route descendant du col de Sevi. La forêt d'Aïtone est une très belle forêt de 2 400 ha dominée par les pins laricciо, avec, à travers les arbres, quelques vues vertigineuses sur la vallée de l'Aïtone. Cette forêt sauvage et grandiose, où l'on trouve également des sapins, se prolonge jusqu'au col de Vergio et possède une faune particulièrement riche, notamment en oiseaux (pics, sittelles, pinsons, rouges-gorges, mésanges).

Forêt de Vizzavona. Au sud de Corte, sur la route d'Ajaccio, face à un sommet fameux de l'île, le Monte d'Oro. Composition : pins laricciо, châtaigniers, aulnes et, en guest-stars, des sapins, une rareté pour la Corse. Vizzavona est une forêt profonde et étendue, parsemée de nombreux chemins, pour le randonneur comme pour le vététiste. Curiosité : parcourez la forêt en train, à partir de la gare de Vizzavona.

Forêt de l'Ospedale. Au sud-est de l'île, entre Porto-Vecchio et l'Alta Rocca, sur la route du col de Bavella. Caractéristiques : une forêt refuge pour s'échapper de la côte et des abords de Porto-Vecchio. Sur la route d'un des sites naturels majeurs de l'île, les Aiguilles de Bavella. Curiosité : la cascade de Piscia di Gallu. On y accède depuis la route, au nord du barrage de l'Ospedale. L'endroit de départ (un parking, une buvette) est facile à repérer. Il faut environ une heure pour parvenir au site, par un sentier bien balisé, mais très pentu dans sa partie finale. Après avoir traversé la rivière, on grimpe pratiquement jusqu'au débouché de la cascade : spectaculaire et rafraîchissant.

La Castagniccia. La Castagniccia est, comme son nom l'indique, une « châtaigneraie » touffue qui offre des couleurs et des paysages uniques en Corse, le vert tendre des châtaigniers se mariant au relief tourmenté des collines. Caractéristiques : l'introduction du châtaignier en Corse date sans doute des invasions grecques et romaines, mais il ne fut réellement développé qu'après le premier millénaire. Au Moyen Age, on utilise son bois, en particulier pour confectionner des tonneaux (le châtaignier est encore aujourd'hui un bois aux qualités appréciées pour la maturation du vin).
C'est l'arrivée des Génois qui va marquer l'extension des châtaigneraies en toutes régions au XVIIe siècle, le fruit étant enfin apprécié à sa juste valeur, pour ses qualités nutritives et caloriques. Les dérivés alimentaires mais aussi industriels (la teinture) se développent. Aujourd'hui, la Castagniccia donne l'essentiel de la production insulaire : 30 % servent à l'alimentation du bétail, 70 % à la production de fruits transformés en confitures et surtout farine (on produit un kilo de farine à partir de trois kilos de fruits) qui sert à fabriquer la « polenta » et de nombreuses recettes parfumées et typiques. Le bois est également utilisé en ébénisterie, sculpture et vannerie.

Lacs et Marais

Lacs. D'une valeur patrimoniale remarquable, tant du point de vue paysager qu'écologique, plus d'une trentaine de lacs d'origine glacière sont datés de -14 000 ans. Ils sont dans l'ensemble situés en haute montagne, le plus haut se trouvant à 2 442 m d'altitude. On les trouve principalement sur les massifs du Cinto, Rotondo, Monte d'Oro et Renoso.

Marais. D'origines naturelles ou résultat de transformations de milieux par l'Homme, beaucoup de ces zones humides sont classées, protégées, du fait qu'elles sont des réservoirs de biodiversité abritant des espèces végétales remarquables et menacées, ainsi que des espèces d'oiseaux et de poissons qui s'y reproduisent et s'y développent. En Corse, quatre d'entre elles sont reconnues comme d'importance internationale : les étangs de Biguglia, d'Urbino et de Palo, et les mares temporaires des Tre Padule de Suartone.

Littoral

Mer, océan

Aucun point de l'île de Beauté n'est distant de plus de quarante kilomètres de la Méditerranée. Si Ulysse a visité le pays, il a dû se sentir un peu chez lui ! La mer isole en même temps qu'elle rapproche : le continent reste à moins d'une demi-journée de bateau, même si les transports aériens ont un peu désenclavé le pays depuis une quarantaine d'années. La Corse est entourée d'un plateau côtier d'inégale largeur : une vingtaine de kilomètres, du côté d'Aléria, tandis qu'autour de l'arête montagneuse du Cap, il est d'une étroitesse extrême. Les reliefs sous-marins reproduisent les éminences terrestres d'une manière inversée, comme dans un miroir. Le plateau sous-marin est d'autant plus large que le plateau terrestre est étendu. De même, les gouffres sous-marins sont d'autant plus à pic et profonds que les montagnes voisines sont escarpées et élevées. Cette plaine continentale sous-marine descend plus ou moins progressivement, donc, à une profondeur de 150 m à 200 m, puis chute brusquement à 1 000 m quand le socle sous-marin sur lequel repose l'île entière disparaît. La plaine sous-marine se divise en quatre groupes : la partie la plus proche de la côte, profonde de 10 m à 20 m, faite de sables, de galets et de rochers sous-marins ; une partie dont la profondeur atteint progressivement les 40 m : c'est la zone des zostères sur laquelle s'étend non uniformément une prairie d'algues vertes ; une autre encore plus profonde (jusqu'à 80 m) dans laquelle pousse encore le corail ; une dernière, faite de vase qui descend jusqu'aux limites du socle cristallin. Les amateurs de plongée sous-marine apprécient la variété de ces paysages qui classent ces eaux parmi les plus belles du monde. Malheureusement, la pollution croissante en Méditerranée a quelque peu assombri le tableau. La taxifolia apparaît, mais sa présence n'est pas la même qu'en Nord-Méditerranée. Cependant, depuis quelques années, on commence à réagir. Ramasser le corail est interdit, sauf pour de rares personnes qui vont le chercher à grande profondeur... bien plus de 100 m ! Que dire, sinon notre admiration ?

Côtes

Pour ceux qui ne pratiquent pas la plongée sous-marine, le littoral corse offre une véritable diversité de situations qui sont un des attraits majeurs du tourisme dans l'île. Si on pouvait faire une comparaison, on pourrait dire que ces littoraux concentrent à eux seuls le monde côtier tout entier. Toutes les variétés sont représentées. La vaste bande sableuse de la côte orientale, parfois coupée d'étangs et de lagunes, offre de belles plages avec les courbes gracieuses de ses dunes, lesquelles rappellent le littoral languedocien. La côte méridionale et occidentale est très découpée, au point que jadis, on ne pouvait en relier les différents points que par bateau ! Lors de la dernière transgression marine, la mer a très peu modifié la forme de la côte. On y trouve de grands promontoires qui rappellent vaguement les « Finistère » bretons, et de profondes entailles, à l'abri desquelles se sont développées des villes : les golfes de Propriano, d'Ajaccio et de Porto.Au nord, Calvi possède certaines des plus belles plages de l'île. Plus haut, la côte s'assagit. Le littoral reste toutefois très morcelé, car il a été attaqué par la mer au cours des différentes transgressions quaternaires. On retrouve la même conformation, au sud du fleuve le Rizzanese. Là, le paysage offre un aspect semblable aux côtes bretonnes ou à celles des Maures. Dans les estuaires de Figari ou dans la baie de Porto-Vecchio, on peut même admirer de véritables rias ! Les parages de Bonifacio sont célèbres pour la beauté sauvage de leurs falaises calcaires qui plongent dans la mer de manière vertigineuse et s'ouvrent sur des grottes. Le nord de la Corse est connu pour les doux paysages de la Balagne et ceux, désolés, des Agriate voisins. Leurs côtes sont ponctuées de petites anses surmontées de promontoires délicatement sculptés par l'érosion. La presqu'île du Cap Corse offre un relief beaucoup plus tourmenté et sauvage où la mer, cependant, ne semble pas avoir pu accomplir son travail de sape, arrêtée par les failles abruptes. Telles des murailles gardant la forteresse corse.

Plages

Elles sont considérées à juste titre comme faisant partie des plus belles plages du monde. La côte de la Corse nous offre un très grand choix des différentes plages de sable fin comme la plage de Saleccia, l'Ostriconi et de Calvi en finissant par des plages en galets et incrustées dans la roche vers Porto. La côte est, est un paradis avec ses plages sans fin. De nombreux villages de vacances sont installés au bord de mer pour satisfaire le plus grand nombre de touristes du monde entier.

Ports

Regroupés au sein de l'Union des Ports de Plaisance de Corse, 17 ports de plaisance insulaires sont répartis sur tout le littoral.

FAUNE ET FLORE

La Corse doit à son isolement, entériné à la fin de l'ère tertiaire, d'avoir développé une flore et une faune particulière. Malheureusement, beaucoup d'espèces ont disparu. L'île était reliée à la Sardaigne pendant les régressions marines du quaternaire. Elle devait également être soudée à la Toscane, puisque les naturalistes observent des points communs entre les espèces des deux régions. Après la fonte des derniers glaciers qui couvraient le nord de l'Europe et les vallées alpines, la mer remonta et la Corse se retrouva définitivement isolée. Elle développa un tapis végétal spécifique. On trouve encore un aulne spécial, l'Alnus suaveolens ou aulne de pente à l'étage subalpin de la biosphère corse.

Faune

Mammifères terrestres

▶ **Mouflon :** Un symbole de liberté de plus ! Le mouflon est un mammifère qui « vole » ... de rocher en rocher sur les pentes du Rizzanese Monte Cinto ou de l'un de ses proches cousins, avec une agilité qui défie les lois de l'équilibre. Ils ne sont présents en Corse qu'autour de la vallée de l'Asco et du col de Bavella. On en dénombre environ 500 qui mangent ou cherchent de la nourriture pendant un tiers de la journée, ruminent et dorment le reste du temps.

Ce n'est plus le cas d'une espèce de putois (Putorius boccamela) que l'on rencontrait également aux Baléares. De même, le chat sauvage (Felis ocreata) a disparu. Le cerf de Corse (Cervus elaphus corsicanus) a été éradiqué en 1969. Toutefois, des cervidés viennent d'être réintroduits dans l'île. Le lièvre de Corse (Lepus corsicanus) a eu plus de chance. On peut encore admirer en Corse une variété particulière de lézard de murailles jusque sur les plus hauts sommets. Les entomologistes recensent quant à eux, plusieurs espèces d'insectes spécifiques à l'île.

Mouflon.

Corail

Le « Sang de la Gorgone » a constitué pendant longtemps la principale source de richesse d'Ajaccio. La pêche au corail durait dix mois sur des gondoles : plus de 200 en 1700, avec huit hommes à bord. Les corailleurs ont lutté cinquante ans pour avoir le droit élémentaire de vivre de leur travail et d'exploiter leurs propres côtes. On a vu des lois aberrantes du genre interdire la pêche aux Corses, mais autoriser les Génois et les Napolitains à la pratiquer dans les eaux d'Ajaccio ! Les pêcheurs corses exploitaient ainsi les côtes de Barbarie tandis que les Italiens travaillaient les côtes corses. Aujourd'hui les pêcheurs ont presque tous disparu au même rythme que le corail. Ils ne sont plus qu'une dizaine à ce jour. De nombreuses boutiques et bijouteries vendent des bijoux sculptés dans le précieux matériau (superbes magasins à Ajaccio, Porto-Vecchio, Bonifacio, etc.).

Mammifères marins

En Méditerranée, le grand dauphin Tursiops truncatus était considéré comme commun au début du siècle. Il s'est particulièrement raréfié à partir des années 1950, en France comme dans les autres pays du bassin nord occidental. Un des principaux objectifs du Life LINDA est la protection des populations de grands dauphins en Corse, en garantissant une cohabitation harmonieuse entre les activités économiques et l'espèce.

Le Life LINDA concerne 4 Sites d'Intérêt Communautaire (SIC) où le grand dauphin est présent :

- Les îles Cerbicales et Lavezzi situées dans la Réserve naturelle des Bouches de Bonifacio, – La façade maritime du Parc naturel régional de Corse (du golfe de Porto à la pointe de la Revellata), – et enfin au large du désert des Agriates.

Reptiles

- **Lézard :** Dans un pays aussi ensoleillé, le lézard aime flâner sur la pierre. La variété la plus commune est celle du lézard tiliguerta. Mais comme pour de nombreuses espèces présentes uniquement en Corse, il y a aussi le lézard de Bedriaga, arrivé sur l'île vraisemblablement il y a six millions d'années lorsque la Corse et la Sardaigne n'étaient que des presqu'îles. Refoulé par son cousin, tiliguerta, plus costaud et plus envahissant, le petit bedriaga trouve refuge dans les montagnes. On peut le voir, par exemple, rare mais présent, dans la région sartenaise vers la pointe de Campomoro.

Oiseaux

- **Balbuzard :** Cet oiseau rare est en passe d'être sauvé en Corse. Il n'en restait que trois en 1973, et grâce aux efforts du Parc régional qui s'emploie à préserver la race sur son littoral, on en dénombre aujourd'hui une quinzaine. C'est un rapace pêcheur qui saisit le poisson dans ses serres avant de le rapporter au nid familial. La « famille Balbuzard » fonctionne très facilement : pendant que « maman balbuzard » s'occupe des petits, fait le ménage et la vaisselle, « papa balbuzard » fait la sieste. Original, non ?

- **Gypaète barbu :** Sorte de « dahu » corse. Pour peu que vous annonciez avoir parcouru quelques kilomètres à pied dans la montagne corse, on vous questionnera : « Alors, tu en as vu ? ». « De quoi ? », répondrez-vous naïvement. « Des gypaètes barbus, évidemment ! » Ce grand rapace d'une envergure d'environ 3 m est encore présent en Corse, c'est donc tout à fait probable comme de voir un ours dans les Pyrénées. Si vous n'en apercevez pas, vous saurez vous consoler avec une faune déjà très variée. Et puis, vous avez tout de même pas mal de chances de voir des aigles en Balagne notamment, dans les montagnes et vers les vallées de Tartagine et de l'Asco.

Poissons

Les fonds sous-marins corses recèlent de multiples espèces dont certaines sont « très » protégées (mollusques, crustacés, oursins). Vous ne pourrez pas non plus pêcher le mérou, ni ramasser des coraux.

Insectes

Comme la plupart des îles, la Corse présente un fort taux d'endémisme. La préservation d'un grand nombre de ces insectes passe par la mise en place d'espaces naturels protégés, tels que le Parc naturel régional de Corse et diverses réserves de biosphère.

Flore

Fleurs et plantes rares

Les paysages de la Corse varie énormément de région en région. A la différence de beaucoup d'îles stériles de la Méditerranée, la Corse est riche en végétation, surtout lorsque vous vous dirigez vers les hautes montagnes – montant à plus de 2 700 mètres – vous observerez une gamme étonnante de plantes différentes. Le sol corse recèle environ 2 300 essences. Parmi celles-ci, vous aurez la chance de découvrir des endémiques qui ne poussent que sur l'île. En voici huit, uniques en Corse : la morisia enfouissante, espèce rare très protégée, se trouve sur le plateau calcaire de Sant'Antoninu (falaises de Bonifacio). L'orchidée sauvage fleurit au début du printemps et apprécie les sols calcaires. Le crocus corse, près de la mer ou près des rochers sur les pelouses ou dans la forêt. Le diantre des calanques, localisé dans les calanques de Piana qui fleurit au mois de mai. L'immortelle des frimas, sur les montagnes, dans les milieux rocheux siliceux. Le calament de Corse fleurit en plein été au mois de juillet, il aime les pelouses rocailleuses ; le poiret de Corse se trouve sur le bord des torrents en été ; la violette corse que l'on différencie de la violette classique grâce à son éperon. Elle aime les pelouses rocailleuses et les rochers élevés. Respectez la nature ! Ne cueillez pas les plantes ou les fleurs sauvages, certaines espèces sont très rares et méritent qu'on les protège méticuleusement ! De plus les amendes peuvent être aussi salées !

Arbres, buissons

▶ **Le maquis** : « Macchia e Mare » (maquis et mer) : la dualité est si présente qu'elle sert d'enseigne à de nombreux établissements et commerces corses. Le maquis et la mer, la grande bleue et la Corse mystérieuse, celle où l'enfant du pays se sent chez lui, protégé de tout. Chaque village a sa colline, sa forêt, son maquis. Celui-ci est si dense, pousse si vite, que seuls les bergers, les habitués du sentier, en connaissent chaque centimètre autour du village. Et dans chaque village, quelques spécialistes peuvent vous emmener, de jour comme de nuit, à travers les cistes et les arbousiers. Pour le promeneur, hors les chemins balisés, guère de chances de salut. Le maquis pousse trop vite pour qu'un sentier irrégulièrement entretenu se laisse apprivoiser. On ne passe pas, tout simplement, à travers le maquis. Et pourtant, quelle beauté, quels parfums, quelle nature ! Le maquis corse ressemble au maquis provençal, celui que l'on peut par exemple rencontrer dans les Maures ou sur Port-Cros, avec quelques caractéristiques qui lui donnent un aspect plus sauvage et plus impénétrable. Deux arbustes sont particulièrement répandus dans le maquis corse, l'arbousier et le ciste « de Montpellier ».

▶ **L'arbousier** : C'est un arbuste de taille moyenne (mais qui peut facilement vous dépasser) qui se caractérise par ses feuilles très fermes d'un beau vert brillant. Son bois rose est très dur et très apprécié pour les cheminées. Les branches et les rameaux sont brun rougeâtre, les fleurs sont blanches à grelots. Ses baies sont rose-rouge à maturité, rondes et garnies de petites pointes poilues souples en surface qui justifient le surnom « d'arbre à fraises » de l'arbousier. Au mois de novembre, ces arbouses font le régal des animaux et des gourmands. Les amateurs de confiture peuvent confectionner une excellente gelée qui se marie bien avec le thé. Attention ! Les arbouses contiennent de l'acide oxalique qui provoque des troubles intestinaux en cas de surconsommation (plus de 200 g par personne et par jour).

▶ **Le calycotome épineux** : C'est la peste du marcheur que ce calycotome, également appelé « cytise épineux » et qui, parfois, vous interdit le passage ou vous fait perdre la trace des balises et donc du chemin. Il se présente sous forme d'un buisson serré qui peut atteindre la taille d'un homme. Ce sont ses rameaux verts qui portent des épines droites et acérées, les feuilles sont petites et ovales, vert tendre, et les fleurs sont jaunes, les fruits sont comme des gousses, d'un brun noir brillant.

▶ **Le chêne vert** : C'est le plus répandu, celui qui émerge régulièrement des maquis les plus épais. On l'appelle aussi « yeuse » ou « ilex », de son nom latin *quercus ilex*. Il peut atteindre 15 m. Ses feuilles sont fermes, piquantes aux pointes et d'un vert olive foncé bien marqué, comme ses glands, lisses et brillants. La feuille est généralement ovale, avec plusieurs pointes, mais peut aussi prendre des formes variées. On le rencontre en abondance dans la vallée du Fango, mais il a été, dans un passé lointain, avant une déforestation systématique sous occupation génoise, l'arbre le plus répandu de l'île.

▶ **Le myrte** : Il contribue au parfum du maquis et les touristes la connaissent souvent mieux en liqueur ou en eau-de-vie. C'est un arbuste touffu qui peut atteindre 3 m, aux feuilles persistantes sessiles, allongées à nervure centrale marquée. Les fleurs sont blanches et les fruits ovales, d'un bleu gris violacé mat comme les myrtilles.

▶ **Le pistachier lentisque** : Facilement identifiable à ses feuilles persistantes, proches de celles du laurier, en plus allongées et fines, également plus fermes, mais de même couleur, aromatique, et ses petites baies rouges ressemblant à des petites cerises, mais non comestibles. A plein développement, il arrive à hauteur d'homme, ce qui suffit largement pour boucher le passage. Pour plus de renseignements concernant la végétation arboricole, vous pouvez consulter l'ouvrage de référence en la matière : Le Guide de dendrologie. Arbres, arbustes, arbrisseaux des forêts françaises. Marcel Jacamon. Edition de l'ENGREF (Nancy).

Parcs et réserves naturelles

Réserves naturelles

▶ **Scandola**, entre Calvi et Porto sur 1 731 ha. Presque mille hectares de superficie terrestre, cent kilomètres de côtes déchiquetées, inhospitalières, presque inaccessibles par la terre, encore moins – sauf en de rares endroits – par la mer. La réserve naturelle de Scandola fut la première de France à couvrir les domaines maritime et terrestre. Elle n'a pas cessé depuis, de s'illustrer. Scandola est une réserve naturelle protégée depuis 1975 et classée Patrimoine de l'Humanité par l'Unesco depuis 1983.

Bastelica – fleur sauvage au-dessus de Bastelica

La réserve occupe la presqu'île de la Scandola, impressionnant massif de porphyre aux formes tourmentées. Sa végétation est un remarquable exemple de maquis. On y trouve des goélands, des cormorans et des aigles de mer. Les eaux transparentes, aux îlots et aux grottes inaccessibles, abritent une riche vie marine. Son territoire englobe les communes d'Osani, Ota, Partinello, Piana et Serriera.

- **Les Bouches de Bonifacio,** sur 79 460 ha. C'est la plus grande en superficie de toute la France métropolitaine et elle est entièrement marine. Elle constitue la partie française du Parc marin international établi entre la Corse et la Sardaigne. Elle est à ce titre le pendant du Parc national de l'Archipel de la Maddalena instauré par l'Italie. Elle inclut en son sein la réserve naturelle des îles Cerbicale, ainsi que les cantonnements de pêche de la prud'homie de Bonifacio et la réserve de chasse maritime de Ventilègne.

- **Les îles Cerbicale**, à la hauteur de Porto-Vecchio sur 36 ha et Tre Padule de Suartone, au nord de Bonifacio sur 217,90 ha sont incluses au site des bouches de Bonifacio.

- **Les îles Finocchiarola,** dans le Cap Corse sur 3 ha. C'est la réserve naturelle la plus petite de Corse, elle a été créée pour protéger la colonie de goélands d'Audouin, espèce endémique de Méditerranée.

- **L'étang de Biguglia,** au sud de Bastia sur 1 790 ha. L'étang de Biguglia est la plus grande zone humide de l'île. Cet étang lagunaire n'est séparé de la mer tyrrhénienne que par un simple cordon, formé probablement durant la transgression holocène. Sa longueur est de 11 km pour une largeur maximale de 2,5 km ; sa profondeur n'excède jamais plus de 2 m. Il communique avec la mer grâce à son grau et ses apports en eaux douces proviennent du bassin versant par tout un système de canaux. La proximité de ces canaux confère à l'étang un caractère remarquable sur le plan floristique. On y rencontre des espèces typiques comme la salicorne ou le roseau mais aussi des espèces rares comme l'hibiscus à cinq fruits ou le tamaris d'Afrique. La richesse de l'étang est surtout liée à la présence d'herbiers aquatiques comme les zostères, les ruppia.L'étang offre aux oiseaux migrateurs une halte sur la route du sud de la Méditerranée. Au fil des ans, l'inventaire ornithologique a révélé la présence de près de 250 espèces. La foulque macroule, les fuligules milouin et morillon y sont très nombreux en hiver. Le département de la Haute-Corse a acquis l'étang de Biguglia en 1988 et autorise, par convention, la pratique d'une seule activité, celle de la pêche. Près de 100 tonnes de poissons sont pêchées chaque année par un professionnel : joels, anguilles, mulets... à l'aide de filets trémails et de verveux.

- **En outre,** n'oubliez pas les sites préservés des îles Sanguinaires à Ajaccio et l'île aux Moines entre Sartène et Figari. Gare à vous ! Les lieux sont systématiquement et scrupuleusement inspectés et les amendes sont... salées !

Parcs animaliers

- **Centre de protection de la tortue – Cupulatta**. A Cupulatta, centre d'élevage et de protection de la tortue en Corse. En provenance de tous les continents, plus de 170 espèces de tortues sont représentées sur le parc, dont un très grand nombre se reproduisent sur place. Environ 3 000 individus résidents permanents, sont visibles d'avril à octobre, au détour des sentiers de visites, balisés et ombragés. Une excellente idée de sortie familiale, ludique et pédagogique. Lieu-dit Vignola, 20133 Ucciani.

- **Capra Parc – Santa Lucia di Moriani**. Ferme pédagogique, Capra Parc permet de faire la connaissance d'une spécificité corse : la Capra Corsa (chèvre corse). On découvre tout d'abord le troupeau, avec une visite de la bergerie, l'occasion d'en apprendre beaucoup sur l'histoire de l'élevage, et son quotidien, de nos jours, jusqu'à la transformation fromagère. Puis c'est la balade, avec les chèvres, qui nous emmène à la découverte d'une flore et d'une faune étonnantes, dont les albums photo du site donnent un aperçu : prenez le temps d'observer ces superbes chèvres à poils longs, qui pourraient à première vue parader dans un salon de beauté, et qui n'hésitent pas à se montrer particulièrement sportives ! De retour à la ferme, un passage par la boutique s'impose, et après dégustation, vous pourrez emporter des fromages, frais ou affinés, ou des gelées et confitures de fruits du maquis. Lieu-dit Petrignani, 20230 Santa Lucia di Moriani.

- **Parc naturel d'Olva**. Dans un cadre naturel de 22 hectares, où poussent en toute quiétude les plus belles essences d'arbres de Corse, le parc d'Olva vous permet de découvrir ou d'approfondir vos connaissances avec le maquis, ses parfums et ses plantes aux multiples vertus, grâce au parcours botanique qui y serpente, où chaque espèce est répertoriée, signalée et détaillée. C'est ici, entre chênes-lièges et bruyères, oliviers sauvages et immortelles, que vivent en liberté brebis, chèvres, ânes, chevaux et cochons corses, et de nombreuses autres espèces animales qui feront l'émerveillement de tous. 20100 Sartène

Jardins

- **Parc de Saleccia – Ile-Rousse**. Sur un site exceptionnel du littoral, le parc de Saleccia présente la flore du maquis corse et de la Méditerranée sur 7 hectares paysagers (collections d'oliviers, romarins, lauriers-roses, euphorbes, etc.). La végétation dite de climats méditerranéens du monde (Australie, Nouvelle-Zélande, etc.) en constitue la partie centrale. Des panneaux accompagnent la découverte progressive du lieu (en moyenne 1 heure 30) et permettent au visiteur d'en découvrir les différents aspects : botanique, historique, approche traditionnelle, humaine et environnementale. Basé sur le respect et la connaissance du passé, hors des sentiers battus, la renaissance patiente de ce site de bord de mer, heureusement préservé de toute urbanisation, est un hymne à la beauté farouche de cette île et constitue un acte de foi dans l'avenir de la Corse. Le parc vous propose également une boutique de produits locaux, une petite restauration (produits locaux et du domaine), ses fruits pressés naturels, son aire de pique-nique et de jeux pour enfants.

ÉCONOMIE

L'économie de la Corse a été longtemps dominée par l'agriculture et l'élevage mais maintenant, elle se compose surtout de commerces et d'industrie touristique. La Corse est l'une des régions françaises les plus pauvres. Après la crise des années 1990, la Corse se porte clairement mieux et est en progression sur tous les plans mais sa situation reste néanmoins fragile. En 2003, son PIB par habitant était toujours inférieur de 11,5 % à la moyenne des régions françaises. La Corse a une économie très typée : peu d'industrie, une agriculture faible et un poids important du tourisme, de l'administration et de la construction.

ENVIRONNEMENT ET ÉNERGIES

La corse respecte déjà l'objectif du Grenelle de l'environnement de produire d'ici 2020, 23 % de l'électricité consommée à partir d'énergies renouvelables. La production électrique à partir des énergies renouvelables est principalement assurée par les barrages et sera renforcée avec la mise en service du Barrage du Rizzanese en 2012. Toutefois, pour faire face à l'augmentation forte de la consommation électrique (3 à 4 % par an), le développement des énergies renouvelables est nécessaire, accompagné de mesures de maîtrise de la consommation. La Collectivité Territoriale de Corse (CTC) dispose de compétences spécifiques dans le domaine des énergies renouvelables, et notamment l'élaboration du Plan de développement des énergies renouvelables et de la maîtrise de l'énergie. Il existe actuellement en Corse 3 parcs éoliens en activité : en Balagne, la ferme éolienne de Calenzana (10 éoliennes), développe une énergie de 4 MW ; dans le Cap Corse, les deux parcs d'Ersa- Rogliano (21 éoliennes) produisent 17 MW.

En raison de son fort potentiel d'ensoleillement et de conditions tarifaires d'obligation d'achat incitatives au développement de cette filière jusqu'en 2010, un nombre important de projets d'installations photovoltaïques ont été initiés en Corse. Alors qu'en 2010, une seule installation photovoltaïque au sol était en service sur l'île (à Rapale, pour une puissance de 8 MWc), de nombreux projets, bénéficiant des dispositions tarifaires antérieures au changement règlementaire de décembre 2010, se sont concrétisés à partir de 2011.

AGRICULTURE

La part de l'agriculture dans l'économie se situe bien en deçà de la plupart des régions françaises. L'agriculture ne représentait en 2003 que 2,3 % du PIB corse, contre 3,5 % pour les régions de France métropolitaine moins l'Île-de-France. La part de l'agriculture dans le PIB est en diminution rapide : -12,5 % en 2003.

Les bouches de Bonifacio

Seuls 36 % de la surface de l'île sont exploités pour l'agriculture, contre 54 % en moyenne nationale. La culture intensive viticole et fruitière se concentre dans la plaine d'Aléria (est) alors que le reste de l'île connaît une agriculture de montagne extensive dont les principales productions sont l'élevage, l'olivier et le châtaignier. Récemment, les surfaces boisées ont eu tendance à s'étendre.

INDUSTRIES

La Corse est la région la moins industrialisée de France. Dans le même temps, elle est aussi celle où la construction a le poids le plus important dans le PIB. L'élan d'industrialisation de l'île commencé au milieu du XIXe siècle a été brisé par la saignée de la Première Guerre mondiale. L'entre-deux-guerres a amorcé le processus qui a donné naissance à l'économie corse contemporaine faite d'emplois publics et d'émigration. Les richesses naturelles de l'île ont longtemps été exploitées. En particulier, les scieries, les charbonneries et les mines (antimoine, plomb, fer).

TERTIAIRE

Le secteur tertiaire occupe une place prépondérante dans l'économie de la Corse. En 2002, il concentre 80 % de l'emploi régional. Depuis 1999, l'emploi du secteur a progressé de 9 %. La hausse est importante dans les transports et le commerce, les services étant moins dynamiques. Le tertiaire marchand hors services financiers regroupe 78 % des établissements en 2004, la plupart d'entre eux sont de petite taille.

TOURISME

Le tourisme représente un atout non négligeable dans l'économie de la Corse. Ce secteur emploi environ 16 % des salariés et représentait pratiquement 13 % de la richesse de l'île soit 1,8 milliard d'euros en 2012. Avec plus de 7 millions de nuitées annuelles dans le secteur marchand (auquel il faut ajouter le secteur non marchand), l'activité touristique est caractérisée par : – le contexte politico-économique insulaire qui conditionne les résultats (grèves des transports, activisme des indépendantistes). – la proximité de régions concurrentes en termes de prix, telles que la Croatie ou la Sardaigne.- la grande concentration de l'activité sur les 2 mois d'été.Plus qu'ailleurs, se pose le problème de la maîtrise d'un développement ne mettant pas à mal les nécessités de la préservation de l'environnement naturel.

HISTOIRE

Comme dans d'autres régions méditerranéennes aux reliefs tourmentés d'excavations et de grottes, de nombreux sites corses ont été mis au jour tardivement, laissant apparaître leurs vestiges presque intacts des millénaires après leur occupation. Le plus fameux est celui de Filitosa, près de Propriano, mais de nombreuses autres curiosités attendent l'amateur d'archéologie qui se passionnera pour les traces laissées par les civilisations mégalithiques et torréennes à travers toute l'île. La Corse est le premier site mégalithique de toute la Méditerranée. Lorsqu'on fouille dans l'histoire ou dans la littérature, les références à la Corse fourmillent et divergent, mais tous ont le mérite de venter le pays et sa beauté. Qu'un Mérimée évoque dans sa nouvelle *Colomba* : « L'aspect étrange, sauvage du pays, le caractère original de ses habitants, leur hospitalité et leurs mœurs primitives », que Maillebois, le 3 avril 1739, écrive que le peuple corse est un « peuple foncièrement paresseux et opposé à ce qui s'appelle la discipline, subordination et dépendance » ou enfin que Voltaire dans son *Précis du siècle de Louis XV* déclare : « L'arme principale des Corses était leur courage », on retrouve toutefois le même tempérament, les mêmes attributs dans une continuité indéniable. Courage, entêtement, sens de l'appartenance au sang corse, autant de vertus qui jalonnent l'histoire de la Corse et qui méritent qu'on s'y arrête longuement.

PRÉHISTOIRE

Si Sénèque n'y voyait qu'une terre hostile peuplée de barbares, les Grecs baptisèrent cette île « Kallisté », c'est-à-dire « la plus belle ». Sans doute, des quatre grandes îles de la Méditerranée, la Corse est-elle la plus montagneuse, la plus variée dans ses paysages, la plus attachante par ses coutumes, ses traditions, la fierté de ses habitants. Et les premiers Corses que l'on connaisse échappent déjà à tout cliché. La préhistoire de la Corse est tardive, elle ne débute qu'au septième millénaire avant notre ère (deux millions d'années avant notre ère en Europe). Et pourtant, il existe de nombreux monuments, parfois spectaculaires, témoins de cette préhistoire. Que l'on regarde les statues-menhirs élevées par les Torréens du côté de Filitosa : un visage, une épée, une symbolique de guerriers ennemis, envahisseurs armés. Abris sous roche sans véritable structure d'habitat, économie basée sur la pêche, la chasse ou la cueillette, ignorant l'usage de la poterie, ne pratiquant ni l'élevage, ni l'agriculture, telle est la vie des premiers insulaires, évoluant dans un milieu tout proche de l'état actuel de l'île, au climat méditerranéen depuis la fin de la glaciation würmienne. Tout le territoire est occupé, aussi bien les côtes que les zones montagneuses de l'intérieur. En fait, il s'agit d'un tissu d'hommes vivant pauvrement, dispersés en petits groupes sur l'ensemble de l'île.

Les premières invasions

Il faudra attendre ces envahisseurs, les Torréens, pour que soit introduit le bronze et qu'apparaissent des villages de cabanes circulaires, des enceintes massives. La coexistence avec le peuple aborigène, que l'on ne peut encore nommer « corse », est pacifique. Mais les Torréens sont bien trop différents pour que ce statu quo demeure. Vêtus de cuir, éleveurs en masse, incinérant leurs défunts (alors que les autochtones les enterraient sous des dolmens), armés d'épées et de poignards, frondeurs... Tout est réuni pour que les Torréens l'emportent. Les premières luttes poussent les envahisseurs à se cloîtrer dans leurs villages fortifiés. Courte victoire. Vers l'an mille avant J.-C., le conflit se calme, l'équilibre semble s'installer et la paix revenir.

ANTIQUITÉ

La Corse, riche territoire situé à une place de choix dans le bassin méditerranéen en raison des courants marins et des vents, où l'on trouve des produits minéraux utiles à la navigation, n'a qu'un défaut pour les peuples de l'Antiquité : sa petite taille qui ne permet pas un peuplement dense. Phocéens puis Athéniens se rendent dans l'île jusqu'en 413 avant J.-C., date à laquelle le prestige d'Athènes s'effondre. Il faut dès lors compter sur les Syracusains qui prennent pied au Portus Syracusanus dans la baie de Porto-Vecchio. Dès 340 avant J.-C., les peuples d'Italie centrale débutent leurs incursions commerciales en Corse. Et c'est sous l'influence punique de Carthage que s'ouvre la période de l'âge du fer dans l'île.

De Carthage à Rome

Hélas, en 264 avant. J.-C., la première guerre punique, entre Rome et Carthage, précipite le destin de la Corse. Tentée par de nouvelles conquêtes pour prendre une place prépondérante en Méditerranée face à sa rivale, Rome décide l'invasion. Le consul Lucius Cornelius Scipio est chargé, environ deux siècles avant J.-C., de conquérir Aléria (fondée en 561 av. J.-C. par les Grecs sous le nom d'Alalia). La ville se défendant avec vigueur, Scipion la brûle. Une fois installés, les Romains font prospérer la cité tandis que les incursions dans le nord et le sud se multiplient. Trente-trois ans plus tard, la Corse devient province romaine. Mais l'opposition gronde et les deux autres guerres puniques sont des occasions d'insurrection.

Pour garantir la paix, Rome fait prendre des otages en Corse dès que les navires carthaginois se présentent dans la région. La défaite de Carthage en 146 avant J.-C., la conquête de la Gaule, l'avènement de Cicéron à Rome sonnent l'heure d'une colonisation de la Corse. Les révoltes sont étouffées, le poids des armes pèse sur l'île. Rome est maîtresse en Europe. Tombée sous l'influence de Pompée qui purgeait la Méditerranée de ses pirates, la Corse devient un enjeu de conquête pour César, d'autant que l'économie de l'île est à l'agonie et que ses administrateurs sont des plus corrompus. Après la révolution de 49 avant J.-C. à Rome et l'assassinat de Pompée à Alexandrie, César se rend maître de Marseille, de l'Espagne, de l'Egypte et de la Sardaigne. La Corse, elle, n'a plus qu'à s'incliner. Les légions entières avancent, les peuples reculent : l'île est placée sous le contrôle direct de Rome. Des colons d'Italie, de Provence et d'Orient s'installent sur le territoire. Industriels, commerçants, artistes et artisans fleurissent. Les cités de Balagne, de Sagone et surtout d'Ajaccio prospèrent. Expansion démographique, vie économique fournie, capitalisme local, échanges multiples, tout participe à l'essor de la Corse. Cela dure plusieurs siècles, jusqu'à ce que les dirigeants de l'île laissent se détériorer la situation économique à partir du IXe siècle. La guerre civile à Rome en 340 et la chute de l'Empire d'Occident en 364, contribuent à l'effondrement de la conjoncture.

MOYEN-ÂGE

L'Empire écroulé, la Corse est aux mains de l'Eglise qui s'est immiscée dans la population dès le début de l'ère chrétienne. Seule puissance économique et sociale, elle s'empare de l'héritage romain. Livrée, comme le continent, aux invasions barbares, la Corse est placée sous la protection du pape. En 590, Rome se montre soucieuse de la détresse religieuse et sociale de l'île. Grégoire Ier le Grand, désireux de relancer l'évangélisation du pays, confie à Martino, évêque de Sagone, la mission de réussir. Toujours soumis aux assauts sarrasins, les Corses placent leur confiance en ce pape. Mais l'ordre ne se rétablit pas, surtout face aux hordes assassines venues d'Europe centrale ou d'Espagne maure. A la mort de Pépin le Bref, la Corse est quasiment sans protection. Menacée par les Sarrasins, objet de luttes entre souverains et pontifes, l'île est torturée par les musulmans d'Arabie, du Maghreb ou d'Espagne. Entre les notables locaux, les marquis de Toscane et les évêques, le pouvoir change souvent de main. En 1133, un partage a lieu pour mettre fin à ces luttes fatales. Pise conserve les évêchés d'Ajaccio, d'Aléria et de Sagone, Gênes reçoit celles de Mariana et de Nebbio (Saint-Florent). C'est le début de la domination pisane et, selon le chroniqueur Giovanni della Grossa, « le gouvernement des Pisans se fit universellement chérir ». Les moines s'installent, les monastères romans s'élèvent, dont il reste des édifices cultuels, des vestiges.

L'occupation génoise

Mais la reprise du conflit entre Rome et l'Empire au XIIe siècle attise la rivalité entre Pise et Gênes. Sur le déclin, Pise se laisse entraîner dans une guerre contre son ennemie qui déchire la Toscane et laisse la Corse à ses difficultés. C'est à cette époque que les seigneuries locales, familles puissantes à la clientèle féodale développée, émergent et tentent d'obtenir une conciliation avec Gênes. Contre la citoyenneté génoise, des familles placent leurs biens sous la protection de la commune de Gênes et lui jurent fidélité. En 1284, la défaite de Pise à Meloria permet à sa rivale d'asseoir sa domination, scellée par la paix de 1299. Pise abandonne toutes ses prétentions. Les Génois, devenus maîtres, installent des citadelles partout où ils le peuvent, une centaine de tourelles le long de la côte (les fameuses tours génoises) et occupent toutes les villes. Cela ne leur permet pourtant pas de prévenir la révolte populaire de septembre 1358, sous l'influence du Génois Leonardo da Montalto, qui balaie la Corse, abat les châteaux et détruit tout. Cela aboutit à un acte de soumission volontaire entre la commune de Corse et celle de Gênes. Tous les châteaux forts sont détruits pour garantir la paix et le Saint-Siège, toujours suzerain officiel de la Corse, donne son accord à Gênes. Biguglia devient capitale. Ceci n'empêche pourtant pas les troubles de 1366 qui mettent l'île à feu et à sang. Trop agitée la Corse ! La commune de Gênes pense à placer l'administration de l'île sous la tutelle de la Banque de Saint-Georges, comme elle doit le faire de ses possessions d'outre-mer. Réputée exacte, probe et scrupuleuse, la Banque devient un nouvel espoir pour le peuple corse. Il demande que son île soit comprise dans la cession que la République doit faire. L'acte est signé le 22 mai 1453. Une semaine plus tard, les Turcs entrent à Constantinople. Le Moyen Age s'achève.

La « tête de Maure »

Les Corses se souviennent des terribles Sarrasins ou Maures. C'est une tête de Maure décapitée au bout d'une lance qui figure en effigie, noire avec son bandeau blanc, sur le drapeau corse. Eminent emblème de la liberté retrouvée, à l'époque, après tant de siècles d'exactions, de razzias, d'esclavage et de tragédies ! Plusieurs versions quant à l'explication de cette tête toute noire, sur fond blanc, du drapeau corse. Le blanc fut adopté en 1735 en référence à la Vierge Marie. La « tête de Maure » est l'emblème de la lutte acharnée contre l'envahisseur, de la liberté retrouvée et était représentée avec des chaînes et le bandeau des esclaves baissé sur les yeux. Les Corses en ont symboliquement relevé le bandeau… Une « tête de Maure », jumelle, se trouvait sur le drapeau du roi d'Aragon et sur celui de Sardaigne. Malgré les réticences de certains historiens, la légende dirait même que Napoléon aurait déplacé le bandeau des yeux sur le front d'un serviteur qui lui aurait sauvé la vie, le libérant ainsi de l'esclavage.

DE LA RENAISSANCE À LA RÉVOLUTION

Les banquiers accomplissent en Corse le plus gros travail de défense : citadelles, tours, forts, bastions. Il en demeure encore de nombreuses traces. La Banque installée, la Corse comme la France, tente de se libérer de cette tutelle italienne. Le roi Alphonse d'Aragon qui pense être capable de gérer l'île, entreprend le siège de Bonifacio puis de Calvi, en vain. Puis, au cours du XVIe siècle, le héros de la Corse libre, Sampiero Corso, décide de bouter les Génois hors du territoire. Avec l'aide du roi de France Charles VIII, alors en lutte avec les ducs de Milan, puis de Louis XII, il y parvient. Tout semble possible en 1556. Mais à son avènement, en 1559, le roi Henri II revient, pour des raisons obscures, sur cette décision. Les Génois convoquent une assemblée générale à Bastia. Leur but est de prouver que la Corse est intimement attachée à la Banque de Saint Georges. Du coup, l'assemblée confirme les anciens privilèges des Corses, en concède de nouveaux. Obligée de se plier aux règles de la Banque, la Corse se voit contrainte d'oublier ses prétentions de reconquête.

Des velléités indépendantistes à la conquête française

Il semble que la paix génoise soit durable, plus ou moins, jusqu'en 1729. La défense contre les Barbaresques s'organise, la restauration religieuse se met en place, l'économie agricole se diversifie. Mais on assiste également à l'agonie de la féodalité, à l'émergence des notables locaux, à l'essor du pouvoir des villes. En cela, la Corse suit le mouvement européen. Mais l'insurrection des Corses contre Gênes reprend en 1729, et ce pour quarante ans !

L'insurrection

La première vague débute en 1730 avec les révoltés de la Castagniccia qui occupent les faubourgs de Bastia. Ces derniers défont à Borgo les troupes génoises. Aidée par l'empire d'Autriche, la République brise ce mouvement et déporte les chefs mutins sur le continent. Dès le départ du corps expéditionnaire autrichien, la seconde révolte éclate. Dans le Rostino, Hyacinthe Paoli sonne le début des troubles en novembre 1733. Les Corses élisent même, en 1736, Théodore de Neuhoff, un aventurier allemand, comme roi de Corse (un règne de sept mois !) ; cela alarme les Génois qui réclament l'aide de Louis XV. Rapidement soumis par le marquis de Maillebois, les insurgés sont défaits le 25 juillet 1739. Les troupes françaises s'installent jusqu'en 1741. Une fois retournée sur le continent, l'insubordination reprend sur l'île. En pleine guerre de succession d'Autriche, l'insurrection de la Corse place le territoire dans la zone des opérations militaires. D'un côté les Franco-espagnols, alliés à Gênes, s'opposent aux Anglo-Austro-Sardes qui tentent de s'emparer de Bastia. Débarqués à Saint-Florent en 1748, les Autrichiens échouent devant Bastia. Les Français les supplantent et s'installent sur l'île à la demande de la République. Des tensions avec les Génois conduisent au départ des Français le 4 avril 1753. Déjà prête depuis deux ans, une organisation se met en place. Pasquale Paoli se montre en chef unitaire de la nation. Il s'attache à réussir l'unité morale et politique de la Corse, d'obtenir l'indépendance de son pays, le développement de l'identité et de la culture corse ; il est le premier à donner le droit de vote aux femmes, à créer une université, à battre monnaie, etc. Pour lui, la démocratie est le meilleur régime souhaitable, mais il n'échappe pas aux ambiguïtés des hommes du Siècle des Lumières. Jouant sur les rivalités entre la France et l'Angleterre, Paoli fonde son propre système. Il fait des offres aux Anglais pendant la guerre de Sept Ans, offres semblables à celles qu'il venait de faire à Louis XV, qui les avait refusées ! Finalement, l'affaire corse se solde par une conquête militaire française en 1768. Le 13 juin de cette année, Paoli renonce à la lutte et s'embarque à Porto-Vecchio. Dès lors, la Corse devient territoire français, jusqu'à aujourd'hui.

La Corse française

Une année plus tard, Napoléon Bonaparte naît dans cette île. D'abord engagé dans la cause corse, Bonaparte, militaire français, abandonne cette cause pour servir la sienne et parvenir à la tête de la France. Empereur, il organise une France moderne et de nombreuses institutions dont nous bénéficions encore de nos jours, sous des versions actualisées ou modifiées. On lui doit, en tout cas, que la Corse soit connue mondialement.

DE LA RÉVOLUTION AU XXIE SIÈCLE

Au cours de la Révolution, la Corse ne participe pas activement aux événements.

Elle connaît des désordres comme dans de nombreuses provinces françaises, mais rien de notable. Paoli, de passage à Paris en 1790, rentre à Bastia le 17 juillet de la même année. Dans son île, devenue un département français, il est élu président du directoire départemental. Intriguant avec l'Angleterre dès 1794 (une constitution d'un royaume anglo-corse est préparée), il doit s'embarquer pour Londres en 1795. Il y meurt en 1807. Alors que sur le continent l'économie publique de la République se développe, la Corse est régie, quant à elle, par un système militaire et administratif hors norme. La Corse rate son industrialisation en raison d'une absence de politique publique. Malgré une insurrection en 1816, appelée « guerre du Fium'Orbu », l'intégration à la France semble belle et bien acquise. Terre des exilés italiens, des bonapartistes, toujours fermement ancrée dans son désir d'existence, la Corse est agitée depuis 1820 par des mouvements indépendantistes. Mais à l'aube du XXe siècle, le tableau n'est pas reluisant. La faiblesse économique s'étend.

ILS ONT MARQUÉ L'HISTOIRE DE LA CORSE

Christophe Colomb (1436-1506)
Plusieurs théories élaborées par les historiens existent quant au lieu de naissance de ce grand voyageur ; certains affirment qu'il serait né à Calvi. Les tenants de la théorie de la naissance insulaire, et ils sont majoritaires à Calvi où une maison de la rue Colombo, en ruine, porte sans complexe le titre de « Maison natale de Christophe Colomb », ont collectionné des indices troublants, qui ne sont pas encore des preuves mais qui vont dans leur sens : des noms corses qu'il aurait donné à certains lieux, des noms de saints en particulier et à certaines espèces animales, des allusions et des références. A noter aussi comme preuve, un manuscrit découvert à la fin du XIXe siècle à Monticello, près de l'Ile-Rousse, authentifié du XVIe siècle, d'un auteur corse, évoque la naissance calvaise de Colomb.

Sampiero Corso (1498-1567)
Un des héros emblématiques de la Corse profonde, celui qui se bat victorieusement, avec courage et intelligence pour sa terre. Primitivement au service des Florentins de la maison de Médicis, il combat aux côtés des troupes de François Ier, et notamment de Bayard, avant de revenir s'installer au pays servir le royaume de France, en s'opposant, entre autres, aux Génois, alors occupants de la Kalliste. Il parvient à les chasser et remet la terre corse à la couronne française, en l'occurrence à Henri II. Mais l'affaire tourne court, parce que, au nom de l'intérêt suprême du royaume, le roi français conclut un marché avec les Italiens et, par le traité de Cateau-Cambrésis, en 1559, leur rend la Corse sur un beau tapis vert. Le sang de Sampiero ne fait alors qu'un tour, et il repart à l'assaut. Entre-temps, sa notoriété lui a permis de se marier avec une demoiselle de haut vol, Vannina d'Ornano, qu'il épouse à 49 ans alors qu'elle en a quinze ; cet arrangement nuptial lui permet de pénétrer au sein de la noblesse corse. Ce mariage fera sa joie mais aussi sa perte. Après 16 ans d'une union que l'on dit, par euphémisme, orageuse, le bouillant Sampiero étrangle sa femme en 1563. Lorsqu'il reprend les armes un an plus tard, il a pour ennemis les Génois, mais pire encore, le clan d'Ornano qui « veut sa peau ». Et quand on sait ce que l'honneur bafoué d'une famille signifie en Corse... Les cousins de Vannina tendent un piège à Sampiero en 1567 et le livrent aux Génois qui l'exécutent et portent triomphalement sa tête au bout d'une pique. On visite sa maison natale à Bastelica.

© XAVIER BONNIN

Statue du général Paoli

Jean-Pierre Gaffori (1704-1753)
Authentique héros corse au service de son pays. Ce docteur en médecine, que rien ne prédisposait à la carrière militaire, prend pourtant les armes, en 1745, pour lutter contre l'occupant génois. Il s'empare de Corte en faisant preuve d'une grande bravoure, il est nommé en 1751 général de la Nation et dirige le pays. Tué, comme Sampiero Corso, dans une embuscade tendue par les Génois avec la complicité de son propre frère, il devint dans l'imagerie corse un héros mythique de vaillance et de dévouement. Son épouse, Faustina, se montrera en plusieurs occasions plus acharnée encore que son mari dans la défense de la cause corse (lors du siège de Corte, en 1749, elle menace de faire sauter un baril de poudre si les habitants montrent l'intention de se rendre aux Génois).

Pasquale Paoli (1725-1807)
Farouche partisan de l'indépendance, chef historique de la Corse au milieu du XVIIIe siècle, il se battit de toute son énergie pour faire triompher son idéal. Il va s'attacher à réaliser l'unité morale et politique de la Nation, autour de la première constitution des temps modernes : séparation des pouvoirs, droit de vote aux femmes deux siècles avant la France. Il invente les symboles d'un Etat indépendant, comme le drapeau et la monnaie. Une justice intransigeante enraye la criminalité et les vendette. L'université de Corse est ouverte en 1762. Son grand moment sera la victoire de Borgo, en 1768, qui fera reculer les troupes françaises, un an avant le sanglant échec de Ponte Novu (8 000 Corses ont combattu contre 40 000 Français !) qui ruinera les espoirs indépendantistes pour une longue période.

Cardinal Fesch (1763-1839)
Oncle de Napoléon, c'est aussi le grand bienfaiteur d'Ajaccio. Passionné d'œuvres d'art, il en glanera, sa vie durant, près de 18 000. Il en lègue une partie à la ville, pour le palais qu'il veut faire construire pour

permettre aux jeunes de se perfectionner en arts. Son testament sera annulé, et seules 843 toiles dont les célèbres primitifs italiens arriveront au musée Fesch, ouvert en 1852.

Colomba Carabelli (1765-1861)

La Colomba de Mérimée, que les Corses jugent plutôt comme une série de clichés sur leurs traditions, vues par un *pinzuttu*, fût-il le grand Prosper, était originaire du village de Fozzano, près de Propriano, et vécut à Olmeto où elle mourut. L'histoire racontée par Mérimée a un fondement de vérité. Les deux familles en conflit, les Carabelli et les Durazzo, s'étripèrent réellement, à tel point que l'on compta finalement plus de morts (quatre, semble-t-il) lors du dénouement qu'il n'en est dénombré dans la nouvelle.

Napoléon Bonaparte (1769-1821)

Né à Ajaccio le 15 aout 1769 il est baptisé en la cathédrale Notre Dame de l'Assomption.En janvier 1779, âgé de neuf ans et demi, Napoléon Bonaparte quitte la Corse et est admis à l'école militaire de Brienne le Château. Sous-lieutenant en 1785, il a 20 ans lorsqu'éclate la révolution Française (1789). En 1792 Napoléon se fait élire lieutenant-colonel de la Garde Nationale Corse.Les désaccords entre Paoli et Bonaparte s'accentuent et en 1793, Napoléon doit quitter l'île précipitamment à destination de la France continentale. En 1796, il épouse Joséphine de Beauharnais et devient général en chef de l'armée d'Italie. Retour triomphal de la campagne d'Egypte en 1799, Bonaparte devient Premier Consul. Disposant des larges pouvoirs que lui confère cette nouvelle Constitution (qu'il s'est façonnée), il entreprend alors la réorganisation du pays : 1800, création du corps préfectoral, et de la Banque de France ; 1801, Concordat ; 1802, Légion d'Honneur ; 1803, Franc germinal ; 1804, Code civil. Napoléon Bonaparte est proclamé empereur des français sous le nom de Napoléon 1er. Il est sacré par le pape Pie VII en personne le 2 décembre 1804 en la cathédrale Notre-Dame de Paris. En dépit des différents conflits, Napoléon n'en renonce pas moins à poursuivre ses réformes et à doter la France d'Institutions solides : création de l'Université, des conseils de prud'hommes (1806), de la Cour des comptes (1807). Sous son impulsion, routes, ponts et canaux sont créés. L'Europe entière reforme alors une nouvelle coalition qui mettra un terme définitif à sa carrière. Napoléon Bonaparte,

La statue de Napoléon Bonaparte à Ajaccio

suite à la défaite de notre armée à Waterloo le 18 juin 1815, abdique le 22 juin et s'exile à Sainte Hélène. Il y meurt le 5 mai 1821, après avoir subi pendant plus de cinq années humiliations et privations. Sur la demande du roi Louis-Philippe, les cendres de l'Empereur avaient été restituées à la France en 1840 et déposées aux Invalides.

Roger Grosjean (1920-1975)

Son nom ne vous dit rien ? Pas très étonnant, les scientifiques sont moins connus que les militaires ou les sportifs. En plus, il n'est pas d'origine corse. Et pourtant, Roger Grosjean a fait beaucoup, indirectement, pour l'attrait culturel de la Corse. Ce spécialiste d'archéologie et de préhistoire a en effet largement contribué à une meilleure compréhension des sites corses, aux découvertes majeures sur les civilisations lointaines, en particulier celle des Torréens.

Evisa

La Corse subit une loi douanière inique taxant les exportations et détaxant les importations. La chute de Napoléon III, en 1870, qui avait mis en place une politique de rattrapage, conduit à ce que le peuple corse rejette de nouveau son appartenance à la France. On proposa même que l'île soit rendue à l'Italie pour « un franc » ! Lorsque survient la Première Guerre mondiale, la Corse s'apprête à payer un lourd tribut à son appartenance à la République. L'ordre de mobilisation du 2 août 1914 est accueilli par des manifestations patriotiques, des sons de cloches et « La Marseillaise ». Toutefois, l'horreur de la réalité engendrera le « saignement à blanc » de la population masculine : plus de 20 000 morts. Le terrible bilan, ajouté à la vague de grippe espagnole de 1918, va toucher de plein fouet un peuple déjà bien mal en point. Tout manque, des produits alimentaires aux matières premières, en passant par les sources d'énergie. Et il en est de même du moral collectif : l'exil s'annonce pour le reste des forces vives. La population passe de 260 000 à 200 000 habitants. La politique de francisation des années 1920-1939 prétend réduire, voire interdire (!), l'usage de la langue corse. C'est sans compter sur le fort caractère local et oublier que le corse n'est pas un patois pratiqué par une élite mais bien une langue « nationale ». Pourtant, de nombreux Corses profitent de cette opportunité pour grimper les échelons de la société alors que la majorité y restera insensible. C'est l'époque du banditisme, des indépendantistes insurgés pour l'honneur, tels Romanetti, François Caviglioli exécuté en 1931, Joseph Bartoli dit « le roi de Palneca » ou encore André Spada, assassin fou qui sévit dans la région de Sagone. Terrorisant les habitants, rançonnant les voyageurs, les commerçants, faisant plier les journaux, ces malfrats instaurent une véritable psychose au point que le gouvernement décide d'employer de grands moyens pour les soumettre. C'est ainsi qu'en 1931, il expédie une petite armée de blindés sur la côte afin de ferrer les insoumis. Ce nettoyage du maquis est néanmoins jugé fort sévèrement par le peuple corse, dans sa méthode surtout. Mais l'éclatement de la guerre en septembre 1939, en plaçant la Corse au centre des enjeux internationaux, va briser ce rythme. A la fois soldats et barrière contre les envahisseurs, les Corses se retrouvent placés au cœur du combat. L'Italie mussolinienne ne se résout pas, en effet, à ce que la Corse soit territoire français et laisse entendre qu'elle fait partie de son espace vital. Il en est de même pour la Savoie et Nice. Ces doctrines irrédentistes ne prennent cependant que dans le cœur de quelques très rares traîtres. Soulagement en 1940 lorsque la Corse se voit placée dans la zone libre, elle qui craignait une annexion par Mussolini. Dès lors, l'opinion corse suit l'opinion continentale. Une partie des députés vote les pleins pouvoirs à Pétain ; François Pietri devient membre du gouvernement de Vichy, d'autres adoptent le comportement de la France Libre et écoutent « Radio Londres ». Le député François Giacobbi prend le maquis. Mais la faiblesse de Pétain et de son gouvernement ne garantissant pas les Corses d'une annexion par l'Italie, on lui fait de moins en moins confiance. D'ailleurs, en 1942, ce sont les Italiens qui occupent la Corse lorsque les alliés débarquent en Afrique du Nord et que les Allemands envahissent la zone libre. Et le 9 septembre 1943, résultat de cette pression, le peuple corse se soulève et se libère ! C'est le premier département français libéré, bien avant la Normandie !

L'indépendantisme d'après-guerre

Le Front national

A Ajaccio, le « Front national » prend le pouvoir et nomme un Conseil de préfecture.
Mais ceci ne libère pas l'ensemble du territoire. Lors de l'armistice avec l'Italie, le 8 septembre 1944, l'ordre de soulèvement général est lancé par Colonna d'Istria. C'est la reprise des combats, face à des Italiens neutralisés, certes, mais à des Allemands forts de 10 000 hommes, d'une centaine de chars et d'une division d'infanterie de 20 000 hommes ainsi que de blindés en Sardaigne. L'opération « Vésuve », menée par Giraud et le général Henry Martin est couronnée de succès le 3 octobre. Victoire militaire qui ouvre la porte d'une réussite politique...
A partir de 1944, gaullistes et communistes du « Front » vont s'opposer pour la domination politique de l'île. Aux communistes la mise en place des municipalités ; aux gaullistes la composition de la commission départementale intérimaire. Aux élections de 1945, le « Front » remporte 189 municipalités. Effacés de la scène politique l'an suivant, les gaullistes laissent aux radicaux-socialistes le soin de barrer la route aux communistes. Ce sera l'unique relief de la vie corse jusqu'aux années 1960.
Inspiré du mouvement algérien, l'indépendantisme va réapparaître dès 1958.

L'Union corse et l'ARC

En 1963, à Paris, est créée « l'Union Corse ». L'avenir donnera au mouvement une portée politique. Terre proposée aux rapatriés français d'Algérie que le Premier ministre Pompidou tente de réintégrer, l'île est à la recherche de son identité.
Qu'on lui vole ses terres ne saurait être accepté et l'opinion vire à l'indépendantisme. 1968 : effervescence en France, en Europe, effervescence en Corse. Les plastiquages se multiplient tandis que les manifestations deviennent violentes. Dès 1970, Jacques Chaban-Delmas place la Corse sous le statut de région économique. Ce n'est pas suffisant pour calmer les esprits.
La lutte a désormais un but : l'autonomie. Lors du congrès annuel de l'ARC (Action Régionaliste Corse), le 17 août 1975, le tableau dressé ne laisse espérer qu'une solution : la bataille à visage découvert, avec l'esprit de sacrifice.
La révolution pour l'autonomie, tel est le programme proposé par Edmond Simeoni. Le 21 août, un commando de vingt hommes, conduit par E. Simeoni, occupe la cave d'un rapatrié à Aléria. La presse est convoquée, la cave bouclée par la Gendarmerie.
Deux militaires sont tués et Edmond Simeoni se constitue prisonnier au terme d'un assaut éclair.
Des émeutes éclatent à Bastia. Paris tente de calmer le jeu. Valéry Giscard-d'Estaing fait rétablir par Jacques Chirac les liaisons maritimes et la vie économique en Corse.

Le FLNC

Le drame d'Aléria ouvre une période de vingt années de tensions, d'attentats divers qui divise l'opinion sur les victimes inutiles, ruine l'économie locale et mine les politiques. Le FLNC reprend le flambeau de l'ARC en critiquant ses méthodes trop conciliantes. Il y a la période romantique de 1975 à 1984 et la période des années de plomb de 1993 à 1997. Dès 1982, les indépendantistes entrent à l'Assemblée de Corse. Le malaise s'accroît, à tous les niveaux. Le débat « la Corse et la France » est ouvert, pour longtemps... L'Etat de droit, bafoué, ne se relève pas dans cette situation délabrée et laisse entrevoir une crise que l'on tente de juguler et qui éclate, une fois de plus, au grand jour avec l'assassinat du préfet Erignac en 1998. L'assassin présumé du préfet a été arrêté au mois de juillet 2003 ainsi que tout le commando. L'effort du renouveau engagé dernièrement ne doit cependant pas éclipser les difficultés du cas corse et la dominance d'une sensibilité, d'une complexité facilement détectable. Il demeure cependant que la Corse reste une des régions françaises les plus originales, les plus radieuses, les plus belles ; bref, un lieu privilégié que l'Histoire a façonné sans jamais lui ôter son étonnante personnalité.

© CREDIT PHOTO
Calvi

DÉCOUVERTE

PATRIMOINE ET TRADITIONS

TRADITIONS ET MODES DE VIE

Langue

Langue riche en expressions sonores et imagées, chaude par son accent chantant, elle est à l'image de l'histoire de l'île et de ses profondes mutations historiques. De la Méditerranée qui l'entoure, elle conserve les traces des différents peuples qui l'ont côtoyée et envahie, de l'Espagne à l'Italie, de la France à l'Afrique en passant par les pays du Nord. C'est pourquoi si l'envie vous venait d'apprendre cette langue, de la même structure que la pensée latine, vous apprécieriez toute la richesse intellectuelle (développement de l'esprit de synthèse et d'analyse) que l'étude d'une langue romane procure. Le corse est une langue qui se parle autant qu'elle s'écrit, et se raconte de plus en plus. Malheureusement, les jeunes parlent de moins en moins corse chez eux, perdant ainsi les expressions familières peu à peu ; c'est pourquoi, chaque génération devrait remplir son devoir en transmettant à ses héritiers la langue de ses ancêtres.

Lexique

Très souvent mélangées à la langue française, ces expressions ou plutôt « corsissismes », si vous n'en comprenez pas la définition, peuvent devenir pour vous un véritable calvaire dans la compréhension d'une discussion entre Corses même s'ils parlent français à première vue ! Voici donc les expressions les plus courantes.

- **La « macagna »** (macagner quelqu'un) [magàgna] : c'est en quelque sorte une farce dont le jeu consiste à un ou à plusieurs, à faire croire une aventure ou un événement faux.
- **« Monta a sega »** ou « monter la sègue » ou encore « tenter » : se rapproche de la macagna en plus insistant. La nuance est très difficile à saisir, mais vous comprendrez très rapidement quand vous en serez la victime…
- **« Pinzutu »** [pintsoùtou] (les jeunes disent « pinz ») : c'est le continental, l'étranger à cause de son accent pointu.
- **« Mi » :** il faudra alors regarder dans le sens vers lequel se dirige le regard de celui qui a prononcé le fameux « mi », au même titre que « tu vois… »
- **« Tocu di »** (plus couramment prononcé « toqueu de ») : c'est en quelque sorte le superlatif familier, exemple : « Simon s'est acheté une toc de voiture ! »
- **« Macu »** (prononcez : « mac ») : se dit de quelque chose ou quelqu'un de bien. Pour les puristes, surtout Ajacciens, il est même possible d'entendre « toc de mac », c'est alors l'expression qui est portée à son paroxysme. Exemple : « Simon s'est acheté une voiture, elle est toc de mac ! »
- **« Goffu » :** moche au sens littéral, mais est bien souvent employé à toutes les sauces.
- **« Putaghju » :** un ragot, les commères sont appelées « putaghjoni ».
- **« Risatta »** (par déformation une « risa ») : une rigolade.
- **« Spuntinu » :** c'est le casse-croûte.
- **« Sfundé » :** se dit de quelqu'un d'extrêmement chanceux, qui a une chance inouïe ou encore d'une personne extrêmement fatiguée.
- **« Stragnu » :** se dit de quelqu'un d'antipathique ou d'étrange. Provient du mot « Una strega » : une sorcière.
- **« Va bé » :** dans le nord, vous entendrez surtout prononcer [babin], la traduction littérale signifie « ça va ! », mais il faut l'entendre prononcé par un local tellement l'accent est révélateur et ponctue une phrase, car c'est bien de cela qu'il s'agit, de ponctuation verbale. Un exemple pourra peut-être vous éclairer davantage : « On a fait un match de foot hier soir, on les a écrasés, babin ! »
- **« Avà » [awa] :** Pour marquer un étonnement prononcé. Exemple : C'est pas vrai !

Bandits corses et « Vendetta »

En Corse-du-Sud, de nombreux villages (Vico, Guagno, Bocognano, Lopigna...) entretiennent encore la légende de ces rebelles à l'ordre établi (Spada, Bellacoscia, Belle-Cuisse, Romanetti, Cappa...) à mi-chemin entre détrousseurs et héros romanesques qui ont pris le maquis avec la complicité de toute la population (il n'est que de voir encore aujourd'hui la polémique que cet esprit de solidarité a suscité lorsque Yvan Colonna, l'assassin présumé du préfet Erignac, a bénéficié de l'aide de tout un réseau de Corses durant sa cavale de quatre ans). Face à un Etat centralisateur, le bandit corse a fini par incarner les valeurs de résistance et de liberté des insulaires. Seules des mesures radicales mettront un terme à cette vague-là de banditisme en Corse. Il faut quand même dire qu'ils ont été les véritables précurseurs des maquis de la Résistance. Vendetta : de par l'évolution des mentalités, il n'y a pratiquement plus, comme jusqu'au siècle passé, de familles qui s'entre-tuent pendant plusieurs générations. Mais le sens de l'honneur, du respect, du devoir reste tout à fait d'actualité, et les Corses ont un code de conventions morales et sociales très strict. Il faut y penser.

Jalousie

On se méfie toujours ici des compliments susceptibles de provoquer la jalousie qui pourrait attirer les mauvais sorts qu'il faut conjurer tout de suite. Alors on « fait les cornes » de la main droite que l'on pointe vers le sol lorsque l'on soupçonne la présence d'un regard malveillant par exemple. On dit aussi « que Dieu le bénisse ! » après un compliment fait à un enfant en particulier. Quand on se croit victime du mauvais œil (l'occhju), il est de coutume de consulter une « incantatora » ou encore une « signadora », seule personne capable de déterminer si l'on est ou pas « annucchjatu ». Sinon, on continue à officier un nombre impair de fois jusqu'à ce que les gouttes deviennent rondes. L'« ochju » est alors brisé.

Signadores

Elles désenvoûtent, guérissent ou conjurent le mauvais sort. Elles, ce sont les « signadores ». Loin des contes et légendes, le soir de la Nativité et avant les douze coups de minuit (sinon le pouvoir n'opère pas), certaines transmettent leurs prières (les prigantules). Car en Corse, cela fait partie de la tradition.

Enterrements

Un événement considérable qui mobilise non seulement les proches mais le village et, souvent, la région, au sens de la proximité géographique. C'est ainsi que tous les villages de la Casinca, du Fium'Orbu ou de la Cinarca vont se rassembler pour accompagner l'un des leurs. Cette reconnaissance, c'est aussi l'expression de la solidarité et de l'unité d'un peuple. Lorsque le souvenir d'un défunt est évoqué, il est également fréquent de faire précéder le prénom d'un « le pauvre ». La cérémonie elle-même est spectaculaire par son protocole, les cimetières étant souvent trop petits pour accueillir tout le monde. La famille au premier rang près du tombeau, les amis et les proches un peu en retrait. Le reste du village se tient à la porte du cimetière, tandis que tous ceux des villages alentour, sont répartis aux abords immédiats du cimetière. Il est à noter que les traditions varient souvent d'une région à une autre. Il faut les connaître pour ne pas risquer d'impairs.

Croix

Les Corses rendent hommage à leurs morts sur les lieux mêmes de l'événement. Au bord des routes, des petites croix ou de plus importants monuments, toujours entretenus et fleuris : des victimes des accidents de la route mais aussi beaucoup de résistants de la dernière guerre.

© XAVIER BONNIN

Le cimetière de Bonifacio.

Les acteurs corses célèbres

Laetitia Casta

Née en 1978. En Falbala dans le film *Astérix et Obélix* ou en femme fatale faisant rêver tous les hommes d'un déhanchement sensuel sur les podiums des plus grands couturiers, Laetitia Casta marque de son empreinte le monde de la mode comme celui du spectacle. C'est à l'âge de quinze ans qu'elle effectue ses premiers pas de mannequin, après avoir été découverte sur une plage de Sant'Ambroggio, près de Calvi. En prêtant sa beauté pour représenter le buste de Marianne, le visage de la jeune Corse s'impose désormais dans chaque hôtel de ville. Ses films : *Les Ames fortes*, *Astérix et Obélix contre César*, *Eurotrash*, *La Bicyclette bleue* et en 2004 la réalisation en Italie d'un second téléfilm.

Robin Renucci

Né en 1956. Robin Renucci est un enfant de la région qui a réussi si l'on en juge sa filmographie. En effet, ce n'est pas moins de 16 films au cinéma et 9 à la télévision qu'il a à son actif. Mais Robin Renucci n'est pas qu'un acteur de talent, c'est également le directeur d'une association en pleine ascension : l'A.R.I.A. (Association des Rencontres internationales artistiques). A 1 100 m d'altitude dans la vallée du Giussani sous les châtaigniers séculaires, l'A.R.I.A. organise depuis 1997 les Rencontres internationales de Théâtre en Corse. Cet événement est avant tout un lieu d'éducation et de formation à travers le théâtre. Chaque année elles accueillent des participants professionnels ou amateurs passionnés venus de tous horizons. Pendant un mois, en étroite collaboration avec la population locale de nombreux spectacles sont présentés au public dans les villages d'Olmi-Cappella, Pioggiola, Vallica et Mausoleo, dans le courant du mois d'août.

Artisanat

Les bergers corses fabriquaient pour leur propre usage, « u bellu è l'utile », le beau et l'utile. C'est ainsi qu'est né et que se perpétue l'artisanat d'art en Corse. Traditionnel dans l'évolution de la société corse, technique et créative aujourd'hui, il reste le symbole d'une société moderne mais attachée à ses valeurs ancestrales. En Corse, tout se travaille : le métal, le bois, la pierre, la laine, l'osier, la terre... Bien qu'en perte de vitesse dans les années cinquante, l'artisanat d'art a su trouver un second souffle grâce aux nouveaux créateurs qui, depuis près de trente ans, ont eu le courage de redécouvrir l'expression par la matière, de leur amour de l'île. Un couteau, de la maroquinerie artisanale, un chapeau, de la poterie, des émaux, des articles en liège (même des jupes !), des bijoux en corail ou avec un « œil de sainte Lucie », des vêtements en pure laine corse, du bois d'olivier sculpté, un cd, ou même des souvenirs très « kitsch » à faire pâlir les boutiques branchées : une bouteille de liqueur toute sculptée couleur fluo, une salière en figue de Barbarie, des tasses à café tellement dorées avec Napoléon, de face, de profil, ou un âne, un petit sanglier ou un dauphin en peluche Bref ! Tout y est !

Musique - Danses

Danses traditionnelles

Les danses de couples en Corse ne remontent qu'au XIXe siècle. La plus à l'honneur fut longtemps « a cuntradanza », la contredanse, puis la mazurka ou la polka. Plus tard, arrivèrent java, paso-doble, valse et tango. Mais, il y eut des danses traditionnelles telles que la « tarentella » qui se dansait en cercle, la « marsilliana », le « tarascone », « le quadrille », la « monferina », la « conca » et le « caracollu » réservé aux femmes pour les funérailles. La plus spectaculaire fut la « moresca », grande figuration des antiques combats contre les Maures, généralement dansée à l'occasion du carnaval ou de la fête patronale et qui marquait la victoire des Corses sur les Maures.

Couteaux corses

Musique

Elle s'inspire directement de la mémoire corse. L'un de ses traits les plus singuliers est la polyphonie ou le chant *a capella* exécuté à plusieurs voix. On rencontre au sein de la polyphonie corse un nombre important de variantes qui diffèrent quant à la forme (joute chantée, nombre de voix...) et aux thèmes abordés. Ils existent des polyphonies sacrées et profanes. Leurs origines remontent à des temps imprécis et lointains : les chants de messe, dans la tradition corse, étaient, et sont encore dans certaines églises, interprétés à plusieurs voix, par des hommes. Ecouter des « paghjelle », avec l'acoustique des chapelles corses, est un des spectacles les plus émouvants auquel on puisse assister pendant le séjour. Il y a trois types de voix qui structurent le chant : « u Bassu » la voix grave, « a siconda » la voix principale, et « a terza » la voix d'ornementation. Les voix s'interpénètrent. I Muvrini sont les chanteurs les plus connus, mais la Corse recèle en son sein des solistes et des groupes d'une qualité hors norme ; citons A Filetta qui allient des chants sacrés et des créations très abouties, Canta u Populu Corsu et ses chants très engagés, Petru Guelfucci, le Chœur d'hommes de Sartène dirigé par Jean-Paul Poletti, et tant d'autres ! On écoute aussi beaucoup, I Chjami Aghjalesi' très populaires, Surghjenti, Soledonna, un des rares groupes féminins. Dans les « classiques », Antoine Ciosi – qui a fêté en 2002 ses 40 ans de chansons fait figure de maître ! Parmi les plus jeunes, on peut noter le groupe L'Alba et le groupe Giramondu à la musicalité affirmée.

Chanteurs corses célèbres

Ghjuvan Claudiu Acquaviva

L'actuel leader du groupe A Filetta est la principale source d'inspiration du groupe, créant une grande partie des textes et des arrangements musicaux qui lui valurent la reconnaissance unanime de ses pairs. Il collabore avec d'autres artistes reconnus tels les chanteurs d'IAM ou Bruno Coulais. Il est également à l'origine de la fondation du festival international Rencontres de chants polyphoniques de Calvi ; au-delà de son engagement artistique l'homme est un fervent partisan des droits de l'homme et d'une société plus juste. A rencontrer !

Alain et Jean-François Bernardini

Avec leur père Ghjuliu Bernardini, ils sont à l'origine d'I Muvrini, l'une des formations phares, aujourd'hui, de la chanson corse, créée dans le courant des années soixante-dix. Ils ont tout d'abord réussi à convaincre la Corse puis le continent dont ils fréquentent aujourd'hui les plus grandes salles de spectacles (Zénith, L'Olympia) Reconnus et appréciés, ils travaillent également avec les grands acteurs de la chanson française (Jacques Dutronc, Michel Fugain...) et internationale (Sting).

Petru Guelfucci

Il est né en 1955 dans l'île de Beauté à Sermanu. C'est l'une des figures emblématiques du renouveau de la polyphonie et de la musique corse en général. En 1973, en pleine mouvance nationaliste, il rencontre Jean-Paul Poletti avec lequel il fonde le groupe Canta u Populu Corsu qui inspire les formations polyphoniques de l'île. Son parcours le conduit à sillonner la Corse, afin de sauver le patrimoine linguistique insulaire et redonner l'envie aux nouvelles générations d'apprendre et de chanter la langue corse en déperdition. Après la rupture avec Canta u Populu Corsu en 1987, Petru Guelfucci se lance dans une carrière solo et prend la tête d'une nouvelle formation, Voce di Corsica, groupe de polyphonies corses. C'est avec elle que Petru Guelfucci va connaître le succès non pas en France, mais au Québec. L'album *Corsica*, musique originale du ballet du même nom créé par la danseuse étoile Marie-Claude Pietragalla, rencontre un formidable écho (l'album est disque d'or) Aujourd'hui, il partage son temps entre sa carrière de chanteur et son village de Sermanu où il s'occupe de son moulin et de ses ruches. Il est en outre directeur du Centre de Musique Traditionnel de Corse.

Tino Rossi (1907-1983)

Le Napoléon de la Romance. Voix de velours et chansons d'amour peuvent paraître aujourd'hui un peu décalées, mais tous ceux qui l'ont approché disent que c'était un homme cultivé et plein d'humour et il faut reconnaître que son destin ne fut pas banal ! Constantin est né à Ajaccio, au 43, de la rue Fesch, où son père tenait une boutique de tailleur. De son enfance et son adolescence, on ne retient que sa voix, exceptionnelle. Après une période de vaches maigres, sa carrière débute en 1932, grâce à un 78 tours très recherché des amateurs aujourd'hui : O Ciuciarella. De *Petit Papa Noël* aux bras de *Marinella*, sa voix lui fait connaître le succès et la gloire. 1 014 chansons enregistrées, plus de 300 millions de disques vendus, 24 films, 4 opérettes... Il restera jusqu'à sa mort toujours très attaché à sa Corse, île d'amour qu'il aura bien contribué à faire connaître. Sa famille occupe toujours sa magnifique propriété du Scudo, abritée derrière le long mur d'enceinte où se trouvent des pièces de collection concernant sa carrière.

La Route des sens authentiques

Mise en place par l'ODARC, la Route des sens authentiques couvre preque toute la Corse avec une signalétique mise en place dans le Nebbio, le Cap Corse, la Casinca, la Castagniccia, la Costa Verde, le long de la Corse orientale, dans les Deux-Sevi, les Deux-Sorru, le Cruzini, la Cinarca, le Sud-Corse et le Centre-Corse.

La cuisine corse est exclusive. On y reconnaît, certes, une identité méditerranéenne : la longue domination génoise a entraîné d'importantes similitudes avec la cuisine italienne : utilisation des pâtes et de l'huile d'olive notamment.

Mais la cuisine corse est aussi le fruit de son insularité et de son relief ; la cuisine méditerranéenne, à base de produits de la mer, s'y mêle à une robuste cuisine de montagne à base de charcuterie. Pour votre information – et satisfaction – culinaire, sachez que les périodes d'élaboration et de transformation des produits traditionnels se font en Corse aux époques suivantes : de mai à novembre pour le miel (6 variétés), de mi-novembre à juin pour les fromages, de janvier à avril pour l'huile d'olive, de novembre à mars pour les les salaisons (figatellu, coppa, lonzu, panzetta, prisuttu) et de novembre à janvier pour les agrumes .

■ **CHAMBRE D'AGRICULTURE DE LA CORSE DU SUD**
19, Avenue du Docteur Noël Franchini
AJACCIO ✆ 04 95 29 26 00
www.cra-corse.fr
info@corse-du-sud.chambagri.fr
Activités d'accueil et de service sur les exploitations agricoles de Corse : hébergement, restauration, activités équestres, visites d'exploitation. CB non acceptée.

■ **CHAMBRE D'AGRICULTURE DE LA HAUTE-CORSE**
15, avenue Jean-Zuccarelli
BASTIA
✆ 04 95 32 84 40
www.chambragri2b.fr
contact@chambragri2b.fr

SPÉCIALITÉS LOCALES

La soupe corse

Une appellation générique qui regroupe autant de variétés qu'il y a de régions et, dans chacune, autant de sortes qu'il y a de cuisinières ou de cuisiniers. A la base, une soupe de légumes, qui restent à déterminer, et que l'on agrémente. Certaines ressemblent à la soupe au pistou du Midi, sans le basilic, et en utilisant, par exemple, les gros haricots Soissons que l'on trouve sur l'île. D'autres voisinent avec la soupe au chou, avec un jus beaucoup plus clair, proche du bouillon, avec de la pancetta ou des lardons. Une constante, dans la plupart des cas, c'est très bon car elle est faite avec les légumes frais de saison et en toute simplicité. On n'y ajoute donc pas de fromage ni d'autres ingrédients malvenus !

Les storzapretti

Au brocciu, les storzapretti sont des boulettes de légumes liées avec de l'œuf et gratinées au four. Outre dans les soupes déjà évoquées, on les trouve également enrobées de pâte, comme dans les bastelles, dans la région d'Ajaccio et en Haute-Corse ; délicieuses galettes aux blettes, courgettes ou oignons, et que l'on déguste comme des friandises, en entrée, en apéritif, ou au petit déjeuner. Impossible de passer sous silence les beignets, de courgettes ou de poireaux.

PRODUITS DU TERROIR

Viandes, volailles et gibiers

En Corse, on mange toujours beaucoup de porc et de cabri (sauté à l'ail, aux olives, en sauce), mais aussi de plus en plus de viande bovine, du veau en particulier (fameux !). Parmi les gibiers, le sanglier entre dans de nombreuses préparations (civet, daube, pour mettre en valeur la puissance de son goût). En pleine saison de chasse, on trouve des palombes et des bécasses. Grives et merles sont préparés en pâtés.

Charcuteries

Excellente, la charcuterie corse constitue l'un des porte-drapeaux corses des produits agricoles insulaires avec des noms chantants et des saveurs délicieuses. Cette charcuterie corse traditionnelle de fabrication exclusivement hivernale est l'expression d'un lien au terroir exceptionnel mettant en jeu des savoir-faire, une race de porc locale « Nustrale », un élevage sur parcours et une alimentation de finition au gland ou à la châtaigne.

La recette corse du civet de sanglier

Pour 6 personnes : 1,5 kg de viande de sanglier sans os, 1/2 l de vin rouge, 1/2 l de vin de myrte, 2 c à soupe de tomates concentrée, 1 oignon, 2 carottes, 2 gousses d'ail, 1 bouquet garni, 1 dl d'huile d'olive, 50 g de farine, 6 cl d'eau-de-vie, 1 branche de céleri, 1 blanc de poireau, 2 clous de girofle, 3 baies de genièvre, sel et poivre.

Faire mariner pendant 24 heures la viande coupée avec le vin rouge, le vin de myrte, une carotte, 1/2 oignon coupé en cubes et le bouquet garni. Ajouter tous les ingrédients. Passer le tout dans un passoir, décanter la viande et la faire cuire à l'huile. Ajouter la garniture aromatique et la farine. Faire suer et ajouter la tomate concentrée. Laisser mijoter et rajouter un peu d'eau. Saler, poivrer. Faites cuire lentement à couvert pendant 2 heures en surveillant la cuisson.

Le fiadone

Préparation : 20 min. Cuisson : 40 min. Ingrédients (pour 8 personnes) : 1 brocciu (brousse fromage frais de brebis) de 500 g – 5 œufs – 150 g de sucre en poudre – 1 zeste de citron. Préparation : passer le brocciu au presse-purée. Mélanger avec les œufs (sans les battre), le sucre, puis rajouter le zeste de citron. Mettre la préparation dans un plat rectangulaire préalablement beurré ou un plat en aluminium jetable (plus pratique). Faire cuire à four chaud jusqu'à ce que le gâteau soit bien doré. Laisser refroidir complètement, ne pas démouler, mais découper des parts (4 cm x 4 cm) directement dans le plat, à présenter sur un plat de service puis à conserver au frais. NB : Ce gâteau ne gonfle pas et ne doit pas être très épais (maxi 4 cm).

Ces spécificités ont permis à la profession, regroupée au sein du syndicat « Salameria Corsa », d'obtenir après plus de 10 années de dur labeur une AOP pour trois produits de charcuterie traditionnelle.

Le « Prisuttu » AOP.
C'est un jambon à l'os qui, outre son assaisonnement au sel sec de mer sans aucun autre conservateur ni additif, doit sa saveur à son temps de séchage et d'affinage qui atteint au moins un an, et pour les meilleurs deux ans d'âge.

La « Coppa di Corsica » AOP est une échine de porc, salée, séchée et affinée cinq mois minimum. Sa préparation connaît quelques variantes avec, par exemple, trempage au vin rouge aromatisé (ail, laurier et poivre).

Le « Lonzu » AOP.
Le lonzu est le filet de porc salé, séché et affiné (éventuellement fumé) qui utilise, bien sûr, largement les aromates et qui est dégusté au printemps (difficile à trouver en été).
Enfin, on trouvera aussi les autres produits de charcuterie qui, pour l'heure, ne sont toujours pas labellisés AOP…

La salciccia ou le salamu sont faits de boyaux naturels remplis de viande et gras hachés, salés et poivrés et parfois fumés. C'est le saucisson traditionnel.

Les figatelli. Les figatelli sont des saucisses de foie de porc qui se fabriquent en hiver et se consomment jusqu'au printemps. On les apprécie surtout grillées à la cheminée et dégustées sur une tranche de pulenta à la farine de châtaigne. Séchées et fumées, elles se consomment jusqu'au début de l'été.

Les sangui.
Boudins corses fréquemment garnis de raisins secs ou de menthe qui leur confèrent une saveur bien particulière. A déguster exclusivement en période de production.

La panzetta.
La panzetta correspond à la poitrine, salée, séchée et parfois roulée.

Le casgiu di porcu.
C'est un fromage de tête qui utilise également les pieds du porc, sans oublier les assaisonnements spécifiques à chaque producteur fermier.

Spuntinu à Eccica-Suarella

La charcuterie AOP de Corse

Créé en 2001 à l'initiative d'une cinquantaine d'éleveurs-transformateurs de toute la Corse, le syndicat « Salameria Corsa » a atteint son objectif en obtenant dans un premier temps une appellation d'origine contrôlée puis, dans un deuxième temps, une appellation d'origine protégée pour trois produits phares de la charcuterie traditionnelle :

- le jambon sec : « jambon sec de Corse ou Prisuttu »,
- la coppa : « Coppa de Corse ou Coppa di Corsica »,
- et le lonzo : « Lonzo de Corse ou Lonzu ».

Ces produits sont identifiables et authentifiables par le logo AOP associé au logo spécifique du syndicat sur l'étiquette des produits, ainsi qu'un scellé apposé sur chacun des produits labellisés. L'obtention de l'AOP a été un cheminement technique long de près 10 années qui a été marqué par l'implication et la persévérance des éleveurs, la participation de nombreux partenaires, et les relations très étroites avec l'INAO. Comme pour toutes les AOC, la spécificité des produits et la démonstration du lien au terroir ont été des éléments majeurs dans la construction du dossier de reconnaissance. On retiendra en particulier des éléments clés du cahier des charges comme l'utilisation de la race de porc Nustrale, un élevage sur parcours, une finition aux glands/châtaignes, et une transformation fidèle aux usages anciens, avec entre autres l'utilisation du sel de mer comme seul et unique conservateur et un affinage long.

■ **SYNDICAT DE DÉFENSE ET DE PROMOTION DES CHARCUTERIES DE CORSE**
Giovicacce
TASSO © 06 03 34 18 26
www.charcuteriedecorse.com
porcu.nustrale@orange.fr

© WWW.CHARCUTERIEDECORSE.COM

Logo de l'AOP salameria corsa

Poissons, fruits de mer et crustacés

Les poissons. Les poissons sont pour se régaler de quelques douzaines d'échinodermes. Alors, sur les plages ajacciennes, on se réunit en paquet, le dimanche midi, amis ou famille, autour d'un feu. Certains seront allés pêcher un peu plus tôt... Du bon pain et un verre de vin blanc... Le paradis n'est pas loin ! Afin de préserver la reproduction, la pêche en est strictement réglementée : du 1er septembre au 30 avril, et la vente du 1er décembre au 31 mars, pour les oursins de plus de cinq centimètres « hors piquants ». Les pêcheurs proposent en ville leurs oursins dans de grands paniers posés à même le sol. On peut les commander ouverts (l'opération n'est pas toujours aisée pour les néophytes). Huile, condiments et pâtes très présents, par la force des choses, dans la cuisine corse. Rougets, dentis, mostelles, daurades et loups que l'on trouve aussi en élevage dans des fermes marines (c'est assez proche du poisson de pleine mer et bien meilleur marché). Le poisson est souvent cuisiné dans sa fraîcheur, grillé. L'aziminu est un plat typique qui s'apparente à la bouillabaisse, riche en aromates. Mais les préparations de poissons sont également des soupes, l'escabèche, agliolu, ou la brandade, une purée d'anchois, l'anchiuta, servie sur tartine. Les langoustes sont réputées et peuvent être préparées au court-bouillon ou grillées dans l'huile d'olive. On apprécie également les oursins ou les violets. En s'éloignant des côtes, on ne renonce pas pour autant au poisson grâce aux truites de torrent ou aux anguilles.

Les oursins. Une véritable institution ! Les oursins, ou on adore, ou on déteste. En fait, ce sont bien les glandes génitales (les gonades) de la bête, qui composent le corail tant apprécié. On peut les accommoder de plusieurs façons : soupes, crèmes, omelettes, soufflés, brouillades... Mais les vrais inconditionnels préfèrent une simple oursinade, les pieds dans l'eau. Le rendez-vous pour la pêche se situe de décembre à avril. Pour une oursinade géante rendez-vous le premier avril à l'Ile-Rousse sur la Marinella.

Fromages, produits laitiers

Leur secret réside dans leur fabrication, toujours artisanale. La tradition veut qu'ils soient fabriqués par les bergers et les femmes en saison creuse (automne et printemps) La Corse produit aujourd'hui 2 500 tonnes de fromages, dont 75 % sont de brebis et le reste de chèvre. Le plus célèbre est le brocciu qui est un fromage frais. Les autres : le niulincu, pâte lisse caprine ou ovine recouverte d'une croûte grattée, le venacesu de forme ronde, le sartinesu et sa pâte pressée semi-dure, le calinzanincu de pâte caprine molle et piquante, celui de Bastelicaccia, onctueux, et du Coscionu de croûte colorée et pâte molle. Tous se savourent avec du pain paysan ou de châtaigne, accompagnés de confiture de figues, de pastèque ou de melon, pour adoucir un goût très prononcé.

Le brocciu. Prononcez brôtchiou, l'accent veut que l'on laisse tomber la dernière syllabe ! C'est un produit identitaire. Il fut longtemps associé à une nourriture de pauvre, sans doute parce qu'il était issu d'un résidu du lait. Dans une société de subsistance, où étaient privilégiées les nourritures qui calent en apportant force et chaleur, le brocciu ne pouvait trouver sa place autrement que comme monnaie d'échange. Le jour de la fête de Dieu ou à la Saint-Pancrace, le 11 mai, les bergers le distribuaient gratuitement. Ils le donnaient aussi à tout acheteur d'un fromage. Sa fabrication fut, un temps, menacée de disparition. Ce sont les ethnologues qui ont rappelé sa position emblématique et identitaire. Les chercheurs ont alors tenté de réunir les techniques traditionnelles et les technologies nouvelles dans le but d'améliorer la production et de fixer les savoirs menacés de disparition. Il était devenu un produit bio culturel. Afin de garantir l'authenticité et la qualité du produit, on a mis en place en 1983 un label d'appellation d'origine renforcé, en 1993, par le label d'appellation d'origine contrôlée brocciu. Par ses qualités gustatives et sa légèreté, c'est un produit phare de la gastronomie insulaire. On en trouve, frais, de janvier à juillet. On peut le saler pour le garder et l'incorporer à des préparations comme l'omelette ou certains gâteaux, après l'avoir mis à dessaler. On peut le garder frais, battu et sucré au congélateur en vue de préparations pâtissières. Il marie bien ses saveurs aux viandes, aux légumes et aux poissons ; dans la pâtisserie, ses emplois sont nombreux et varient selon la microrégion, tant dans la recette que dans l'appellation.

Fruits et légumes

Dans les villages corses, presque toutes les maisons ont leurs potagers. Les légumes se retrouvent donc en abondance dans la cuisine corse avec une agréable variété : on trouve aussi bien des pois chiches que des blettes, des potirons ou des artichauts. Comme en Provence, on prépare les légumes farcis de brocciu : courgettes, aubergines, tomates.

La châtaigne.
Pendant des siècles, le châtaignier a été l'arbre à pain des Corses et les châtaignes constituaient la base même de l'alimentation tant la vie était dure. On les préparait de toutes les manières possibles : bouillies, grillées ou moulues en farine pour fabriquer la polenta, des pâtisseries et même le pain de châtaigne. La châtaigne a été longtemps la base de l'alimentation corse pour les hommes et aussi pour les cochons, qui donne ainsi à la charcuterie son goût si particulier. Dégustées grillées – fasgiole – ou bouillie – ballote – les châtaignes peuvent être aussi séchées dans des séchoirs et transformées en farine. De cette farine, on fait de délicieuses pâtisseries, ou des préparations traditionnelles comme la polenta qui accompagne le figatellu ou le cabri en sauce. En Castagniccia, haut lieu de la châtaigne en Corse, on servait 22 mets différents à base de châtaigne à l'occasion des mariages.

La clémentine de Corse.
Plus de 20 000 tonnes sont récoltées chaque année dans l'île. La production obéit à un cahier des charges scrupuleux : récolte manuelle et à maturité, taux d'acidité et de jus contrôlés, absence de traitements chimiques après récolte, traçabilité depuis l'arbre jusqu'au consommateur.

Fromages corses

Pains, pâtes

Cannelloni et ravioli sont servis en entrée, comme en Italie, mais aussi en accompagnement de viande. Dans les deux cas, les pâtes se démarquent des recettes péninsulaires par leur parfum très relevé. Lorsqu'elles sont farcies, les pâtes sont garnies en Corse le plus souvent de brocciu. On accompagne également les plats de viande de polenta, traditionnellement faite à base de farine de châtaignes, au lieu de maïs. Mais la polenta peut également faire office de pain, avec le fromage ou la charcuterie, tant cette bouillie peut être épaisse (elle se découpe alors en tranches).

Huiles, épices, condiments

L'huile d'olive.

La Corse à la particularité de voir ses olives sur les filets qui tapissent chaque année le sol des oliveraies. Le nectar aux reflets d'or qui en jaillit est très fruité. L'huile d'olive (l'*oliu* en langue corse) est différente par le goût de ses homologues provençale, espagnole, nord-africaine et italienne. L'AOC devrait bientôt notifier la qualité et la singularité de cette huile. L'olivier en Corse n'échappe pas aux symboles de paix et de réconciliation ; le rameau d'olivier est choisi par Dieu pour signifier à Noé que le Déluge est fini et que la décrue commence, symbole du pardon. Symbole de force, l'olivier est réputé pour son bois très compact, très lourd et très dur. C'est en bois d'olivier que sont faites les massues d'Hercule et c'est avec un pieu en bois d'olivier qu'Ulysse terrasse le Cyclope dans *L'Odyssée*. L'olivier est également le symbole de la Méditerranée, dont il sculpte le panorama. La taille des oliveraies varie selon les micros régions. De plus, chacune a sa particularité : on trouve la Cabanacce et l'Oliesece dans le Cap Corse qui connut une très grande production. Dans le Nebbiu, c'est la Biancaghja qui prédomine. On y trouve en minorité une autre variété : la Raspuluta. Les récoltes ont lieu quand les olives tombent de décembre à juin. La région oléicole la plus affirmée, la Balagne, reste la principale région productrice insulaire : ses olives sont la « Sabina ». On y trouve aussi, comme en Castagniccia, la Ghjermana. Du côté de Vico, on retrouve une des plus anciennes oliveraies : l'Aliva Bianca, l'Aliva Nera et des variantes. La récolte s'échelonne, selon la variété, de novembre à juillet. La variété principale du Taravo est la Zinzala. La récolte par chute naturelle se déroule de décembre à mai. La Ghjermana, différente de son homonyme de Balagne, est la plus récente de Corse. Sartenais et Tallano produisent une huile plus épaisse. L'extrême sud possède aussi une oliveraie, mais c'est dans son passé que l'on apprend la place qu'elle occupait en Méditerranée : une place marchande importante.

Douceurs

La pâtisserie

Elle compte de nombreuses recettes anciennes mais toujours actuelles. Parmi les plus courantes, les falculelles, cuites au four sur une feuille de châtaignier, sorte de galettes plates préparées à base de brocciu, sucre et œufs ou de farine de blé ou de châtaigne ; la torta castagnina, gâteau à la farine de châtaigne et de noix ; les campanili, brioches aux œufs auxquels peut s'ajouter du brocciu ; les migliacci, semblables aux falculelles. Le fiadone, dessert proche du gâteau et du flan, composé de brocciu, sucre, œufs, fleur d'oranger ou zeste de citron ; les canistrelli, gâteaux secs allongés faits d'huile, de farine de blé, de levain et de graines d'anis, qui se mangent au petit déjeuner ou au dessert : à l'anis, aux raisins ou nature. A savourer aussi les excellents gâteaux aux châtaignes que l'on trouve après le ramassage, en hiver et au printemps. La farine de châtaigne est à présent moins utilisée qu'au temps jadis mais son renouveau gastronomique – et c'est heureux ! – semble de nos jours particulièrement vivace. On trouve néanmoins les fritelles, des beignets de farine de châtaigne frits à l'huile d'olive.

Les confitures

Châtaigne, pastèque, clémentine, cédrat, arbouse... des goûts insolites. Les plus gourmands craqueront pour la confiture de figues...

Les miels, U mele

Le miel en Corse est un des produits phare de l'alimentation dans sa catégorie. En effet, tantôt accompagné de fromage ou même simplement étalé sur une tartine de beurre, il est également utilisé par les anciens comme un remède contre le mal de gorge lorsqu'il est mélangé à du lait chaud. Réputé comme étant particulièrement goûteux et riche en saveurs par les spécialistes, il puise son goût si délicieux dans la diversité des fleurs et des arbres que butinent les abeilles dans le maquis aux mille senteurs. En effet, la Corse est pourvue d'une riche variété botanique, avec ses quelque 2 835 espèces dont 127 endémiques, et de parfums, les essences odoriférantes sont très nombreuses, tout ceci réparti de la mer à la montagne, permettant ainsi d'offrir une palette de nectars d'une diversité inégalée. Les producteurs pratiquent la transhumance pour offrir aux miellées les meilleurs nectars de chaque essence. La montée en gamme des producteurs locaux a été récompensée par l'obtention d'un AOC, gage de qualité.

- **Le miel de printemps :** il comprend le miel d'asphodèle (doux et délicat à l'arôme subtil et frais récolté au début du printemps), et le miel de clémentinier (saveur douce, parfumée et fruitée, dotée d'un délicieux goût acidulé et délicat) récolté sur les coteaux au milieu du printemps.
- **Le miel de maquis de printemps :** lui, est composé du miel de bruyère (riche en bouche), et du miel de lavande, calicotome (grande variété aromatique).
- **Le miel de miellat du maquis :** il est ambré à ambré foncé, chaleureux et persistant en bouche, on le récolte sur les coteaux forestiers du mois de juin à août.
- **Le miel de châtaignier :** il est ambré, long en bouche, persistant et légèrement amer en arrière-goût et d'une forte intensité aromatique. C'est le miel des amateurs de miel fort, typé à « relief ». Sa récolte se fait en juillet.

- **Le miel de maquis d'été :** appelé aussi miel d'Anthyllis. Il est clair, très doux et très aromatique, voire fruité issu principalement d'une plante endémique : l'anthyllis. Il est récolté sur les versants du massif du Cinto.
- **Le miel du maquis d'automne :** ou miel d'arbousier. Il est très persistant, d'une amertume forte lorsqu'il est pur et modéré lorsqu'il est associé à d'autres plantes à floraison automnale (lierres, inules…). Tout ce qui vous reste à faire désormais c'est de le goûter, alors n'attendez plus.

Les nougats

Caramel, miel, amandes ou noisettes, petits délices en barres pour tous les goûts, entièrement faits de produits locaux. Un bon exemple : le nougatier Esteban dont le fourgon stationne tout au long de l'année sur le parking de la tour de la Parata, face aux îles Sanguinaires, à Ajaccio mais il y a tant d'autres confiseurs aux délicates préparations !

■ LE JARDIN DES ABEILLES
D3
OCANA
✆ 04 95 23 83 88
www.lejardindesabeilles.com
jardindesabeilles@orange.fr
♿

Basse saison : ouvert du lundi au vendredi de 10h à 12h et de 14h à 18h. Haute saison : du lundi au vendredi de 9h à 19h ; le week-end de 10h à 19h.

Amateurs de ce divin nectar, Nancy et Denis Casalta se feront un plaisir de vous communiquer leur savoir et savoir-faire, sur tout ce qui touche au miel (*U Mele* en corse) La dégustation vous permettra de choisir selon vos goûts entre les six miels de l'AOC (maquis, printemps, automne, châtaigniers..). Un bel espace de vente, un parcours pédagogique vous conduira jusqu'à la rivière en passant par la ruche vitrée pour contempler le travail des ouvrières sans risque. En prime, vous y trouverez un espace de restauration avec des terrasses suspendues sous les arbres au milieu d'un magnifique et odorant jardin méditerranéen !

Eaux minérales, boissons locales

Les amateurs d'alcools nous pardonneront cet écart, mais il y a l'eau, il faut en parler. Une des plus connues est celle d'Orezza, dont les sources au cœur de la Castagniccia produisent ce breuvage pétillant et renommé, mais il y a tant de montagnes et de fraîches sources qui donnent une qualité de limpidité et un goût minéral. Essayez l'eau Saint-Georges, produite à Grosseto-Prugna, qui procure l'agréable sensation de s'abreuver directement à un torrent, et celle – toute aussi pure ! – de Zilia en Balagne.

ALCOOLS ET SPIRITUEUX

Vins

Une chaîne de montagnes qui culmine à plus de 2 000 m pour plonger au cœur de la Méditerranée, une île baignée de soleil où le climat, le relief, la diversité des sols et l'Histoire se conjuguent pour former un terroir à nul autre pareil. Chacune de ses nombreuses vallées profite d'une exposition et d'un microclimat différent. La Corse donne à la vigne et à ses vins toute la force et la spécificité de son insularité. Cette terre de contraste et de passions s'est très tôt révélée comme une Terre de Vin.

- **AOC Ajaccio (239 ha).**

C'est ici que naquit le sciaccarellu unique, cépage de haute qualité et d'un caractère affirmé ! Une douzaine d'exploitations très morcelées, quelques domaines parmi les plus vieux et les plus renommés de l'île. C'est un vignoble typique de la tradition corse. Le sciaccarellu confère aux vins ces arômes singuliers d'amande, de cassis et d'épices. Les rouges harmonieux et pleins sont d'une grande finesse et d'une exceptionnelle capacité de vieillissement. Les rosés ont de l'étoffe et une distinction remarquable, quant aux blancs, ils expriment à merveille l'arôme floral et le caractère du vermentinu.

AOC Corse Calvi (266 ha).
La Balagne, une région parmi les plus douces de l'île avec ses terroirs bien ordonnés et ses superbes villages perchés entre la mer et les sommets. Les vins de Balagne étaient déjà connus par Sénèque. Ils offrent aujourd'hui de belles réussites avec des rouges charnus et bouquetés, des rosés frais et ensoleillés et des blancs d'une grande finesse.

AOC muscat du Cap Corse (103 ha) et coteaux du Cap Corse (36,5 ha).
Les vignobles du muscat du Cap Corse y sont suspendus en minces terrasses, vertigineuses, paraissant inaccessibles au commun des mortels... mais pas au vigneron corse. Sur ce doigt fièrement planté dans la Méditerranée, le muscat est un vin rare et délicat. Tout au nord de l'île, les coteaux du Cap Corse donnent des rouges de longue garde et des blancs d'une élégance sans pareille.

AOC Corse Figari (128,5 ha).
C'est le vignoble le plus méridional de France et aussi le plus ancien puisque les premières vignes y sont apparues dès le VIe siècle avant notre ère. Sur un plateau granitique très ancien, venté et particulièrement sec s'expriment des cépages corses traditionnels, dont le carcajolu neru. Ils donnent des vins rouges, rosés et blancs d'une grande finesse, bien charpentés et typés.

AOC Patrimonio (409 ha)
Cette petite région vivante et riche, bien abritée des vents et remarquablement exposée à l'ouest, produit les vins de Corse les plus connus. C'est la plus ancienne Appellation de l'île. Le vignoble est morcelé en petites propriétés où le savoir-faire des hommes a permis l'expression de vins nobles. Ici, règne le niellucciu donnant des rouges puissants et chaleureux, des rosés de soleil et de fruits. S'exprime aussi le vermentinu avec des blancs secs bouquetés, d'une richesse aromatique remarquable.

AOC Corse Porto-Vecchio (89 ha).
Des murailles médiévales de porphyre rose, une rade magnifique, Portus Syracusanus fondé en 383 av. J.-C., aujourd'hui Porto-Vecchio, est au cœur d'une région vivante et active. Petites criques sur la côte, pins parasols, chênes-lièges et surtout, quelques beaux vignobles perchés sur des coteaux impressionnants. Ici, règne l'alliance du niellucciu et du sciaccarellu qui donnent, avec le grenache, des rouges élégants et ronds, des rosés fins et aromatiques. Quant aux blancs de vermentinu, ils sont secs et très fruités et accompagnent à merveille les poissons et fruits de mer.

AOC Corse Sartène (143 ha)
La fière capitale du Sud-Ouest est une cité austère et magnifique qui veille, du haut rocher, sur les plus vieux cépages locaux qui donnent des vins étoffés, à la forte personnalité et d'un velouté remarquable. Les rouges sont bien charpentés, les rosés ont du corps et les blancs sont amples et bouquetés. Ils avaient déjà les faveurs de la table impériale.

AOC Corse (143,9 ha)
Sur les coteaux de la côte orientale et dans la vallée intérieure du Golo, se trouve le berceau du vignoble traditionnel Corse. Adossé aux arêtes rocheuses qui culminent à 1 200 m, il occupe les premières pentes. On y trouve une gamme peu commune de riches terroirs offrant des vins de très haute qualité. Le niellucciu y donne des rouges souples et équilibrés, les rosés à la robe souvent claire sont racés et nerveux, quant aux blancs de vermentinu, ils sont fruités et d'une grande finesse de goût. On compte dans l'appellation un grand nombre de caves coopératives.

COMITÉ INTERPROFESSIONNEL DES VINS DE CORSE
Place Saint-Nicolas
7, Boulevard du Général de Gaulle
BASTIA
✆ 04 95 32 91 32
www.vinsdecorse.com
civ@vinsdecorse.com
Ouvert du lundi au vendredi de 9h à 12h et de 14h à 18h. Interface avec tour-opérateurs, groupes de professionnels, journalistes. CB non acceptée.
Créé le 21 juin 1996, en prenant la suite du GIVIC (Groupement Interprofessionnel des Vins de Corse), le CIV-Corse a été promu le 10 septembre 2008 Conseil Interprofessionnel des Vins de Corse. Organisme à vocation interprofessionnelle, il est le lieu d'échange d'idées, de décisions réglementaires, administratives et promotionnelles des Vignerons de Corse. Il représente la production et le négoce auprès des pouvoirs publics régionaux, nationaux ou européen. Chaque année, au travers de ses différentes commissions « techniques, qualité, économie, marketing et promotion », il définit et met en œuvre la stratégie de développement de la filière.

Alcools, eaux de vie et liqueurs

Cap Corse Mattei
Excellence d'un apéritif à base de quinquina, le Cap Corse Mattei au goût inimitable témoigne aujourd'hui d'une réussite rare, celle d'un produit corse qui a traversé le XXe siècle et qui a conquis ses lettres de noblesse à l'exportation. Son créateur, Louis Napoléon Mattei naît en 1849 à Ersa, petit village au bout du Cap Corse, et démarre ses activités en 1872. Mais c'est en 1894 qu'il lance son nouveau produit, le « Cap Corse au quinquina » dont il dépose la marque en 1900. Un savoir-faire inégalé, mais parfois imité, ce qui a valu des procès aux contrefacteurs, valorisant du coup la légitime renommée de la marque originale dont la caractéristique étiquette rouge portant la mention « Cap Corse » s'accompagne désormais de la précision : « Le vrai ! ».

Myrte
Pour vos achats souvenirs et, bien sûr, selon vos goûts, vous aurez le choix entre eau-de-vie (acqua vita) et liqueur, de différentes concentrations alcooliques. A la dégustation, l'eau-de-vie, moins sucrée, a davantage d'arôme surtout lorsque le degré d'alcool n'est pas trop élevé.

ACTIVITÉS DE PLEIN AIR

Claude Papi (1949-1983)

Au paradis des footballeurs, le « divin chauve » aurait pu jouer dans n'importe quelle grande équipe du continent où son toucher de balle et son talent de stratège (un numéro 10 à la Platini) lui auraient sans doute permis une carrière internationale plus épanouie. Il resta fidèle au S.E.C. Bastia qu'il contribua à mener jusqu'en finale de Coupe d'Europe lors de « l'épopée bastiaise » en 1978.

Non, il n'est pas possible, en Corse, de trouver une quelconque carence en matière de sports dits de « pleine nature » : montagne, eau vive, mer et flirte avec les nuages. Tout au long de son littoral (environ 1 000 km), y compris en des lieux inattendus, vous trouverez un club de plongée sous-marine, de ski nautique, de bouée tractée, de scooter des mers, de parachutisme ascensionnel, de planche à voile, de surf et de kitesurf, de canoë-kayak, de promenade et de pêche en mer, des structures de location de bateaux à voile ou à moteur, des écoles de voile, etc. L'intérieur de l'île, quant à lui, vous réserve non seulement de sublimes randonnées pédestres, équestres ou en VTT – sans compter les parcours dans les arbres des forêts (appelés accrobranches) – mais aussi, selon vos goûts et capacités physiques, la pratique du canoë et du rafting sur les fleuves les plus importants de Corse (Golu, Tavignanu, etc.), de l'escalade, du ski alpin, de fond et de randonnée et le canyoning dans les fleuves et rivières. Les disciplines liées au parapente, au deltaplane, à l'ULM attirent, elles aussi, des participants de plus en plus nombreux tout comme dans le cadre, plus terre à terre, des amateurs de découverte de l'île en moto et 4x4.

Randonnées pédestres

Les reliefs très contrastés de la Corse se prêtent formidablement bien aux excursions pédestres. Les paysages rencontrés sont variés et superbes et le dépaysement est permanent. La plupart des circuits de randonnée existant en Corse (et tout particulièrement le GR20), nécessitent toutefois un bon entraînement et surtout un matériel adapté. Il est en effet hors de question de s'aventurer pour plusieurs jours sur un circuit sans être correctement équipé et d'avoir organisé son ravitaillement. Il est fortement recommandé de n'entreprendre ces excursions qu'entre les mois de mai et d'octobre. Les conditions climatiques en montagne corse sont en effet très rudes ; à 2 000 m, elles sont en effet très comparables à celles qui règnent dans les Pyrénées ou dans les Alpes à 3 000 m. En altitude, l'enneigement persiste le plus souvent jusqu'à la fin du mois de juin. De plus, et ce même au cœur de l'été, vents et brouillards violents peuvent survenir à n'importe quel moment.

Le terrain

Le terrain de randonnée est naturellement accidenté. Il faut donc limiter au maximum le poids du sac pour l'acheminer en haut sans douleur. La descente n'est pas toujours une partie de plaisir : la pente est parfois très sévère et l'on risque, si l'on n'a pas les chaussures adéquates, la glissade sur les cailloux ou les rochers. Une méfiance toute particulière devant l'irrésistible envie d'aller se baigner dans cette rivière adorable que vous longez alors qu'il fait très chaud : pieds nus, passant sur les rochers mouillés pour atteindre un point de baignade, vous risquez vraiment la catastrophe. On ne vous conseillera jamais assez de consulter la météo avant votre départ et de signaler votre randonnée afin de pouvoir vous rechercher facilement le cas échéant. N'oubliez pas boussole, carte, altimètre et topo-guide. En cas d'intempéries, restez groupé.

Organiser la randonnée

Compte tenu de la difficulté du parcours, prévoyez cinq à six heures de marche par jour au maximum, en essayant d'effectuer le plus gros du parcours le matin, la forte chaleur étant souvent entre 14h et 16h. Après 16h, ne tentez plus que des mini-étapes, en évitant la montagne et ses orages, presque systématiques après le 15 août, mais fréquents aussi avant. Dernier risque corse : le feu, le camping sauvage étant interdit, ne faites pas de barbecue. Là encore, il est utile, avant une étape de discuter dans le village d'où vous partez pour connaître les conditions, l'état du chemin et les risques éventuels. N'hésitez pas à vous rapprocher des professionnels de la montagne pour partir en toute sécurité en randonnées accompagnées.

Chemins ouverts, fermés

Les randonneurs préfèrent suivre des chemins sûrs et balisés, on les comprend. En Corse, hormis les grands axes (GR20, Mare a Mare, Mare è Monti), rien n'est jamais vraiment sûr. Certes, un chemin annoncé balisé l'est certainement, mais son entretien peut fort bien être imparfait. Et imparfait veut vite dire impraticable car, en trois mois, le maquis peut devenir totalement impénétrable. De même, le temps est changeant, les chemins aussi et, d'une saison à l'autre, un chemin peut être devenu impraticable, à cause d'un éboulis, d'une inondation, d'un incendie.

Le ravitaillement et l'hébergement

Le parcours complet du GR20 est de 200 km. Aucune localité importante ne sera traversée, mais vous trouverez dans chaque refuge de mi-mai à septembre, un petit ravitaillement et parfois un bon repas mitonné par le gardien. Le camping sauvage étant interdit sur le parcours (on frémit à l'idée des dégâts que cela pourrait occasionner), l'hébergement ne pourra se faire que dans les petits établissements hôteliers accessibles en voiture ou dans les seize refuges de montagne bien équipés que vous rencontrez tout au long de votre parcours. Réservation impérative, sauf dans les établissements privés !

Liste des refuges d'une trentaine de lits, d'emplacement de bivouac et de ravitaillement, du nord au sud : Ortu di Piotr à 6 heures de Calenzana – Caroni à 7 heures sur le site de la forêt de Bonifato – Asco Stagnu à 6 heures – Tighjettu à 6 h près d'Albertaccia – Ciottulu di i Mori à 4 heures vers le col de Verghio – Manganu à 8 heures près de Soccia – Pietra Piana à 7 heures près de Vivario – L'Onda à 5 heures près de Pastricciola – Monte d'Oro et I Laricci à 6 heures vers le col de Vizzavona – Capannelle (✆ 04 95 57 01 81) à 5 heures près de Ghisoni – San-Petru di Verde au col de Verde (✆ 04 95 24 46 82) à 4 heures 30 – Prati à 2 heures du col de Verde – Usciolu à 5 heures vers Cozzano, Asinau à 8 heures près du col de Bavella – Paliri à 7 heures au-dessus de Conca.

Le parcours

Le circuit a été conçu selon un principe très intéressant : il essaie de suivre au plus près la ligne de partage des eaux (c'est-à-dire qu'en théorie, d'un côté du sentier l'écoulement se fait vers le bassin nord-est et que, de l'autre côté, il se fait vers le bassin sud-ouest).

Physiquement, l'expérience est assez difficile en raison du poids à porter et des dénivelés (jusqu'à 1 500 m par jour). Mais les compensations sont nombreuses : paysages et aventure humaine.

Les très bons marcheurs pourront rejoindre Conca en 10 à 12 jours, mais en théorie 16 étapes sont prévues, les plus difficiles étant celles de la partie nord, entre Calenzana et Vizzavona, à cause de nombreux passages à plus de 2 000 m. Dans la partie nord du sentier, l'ascension du Monte Cinto fera partie vraisemblablement des moments inoubliables que vous vivrez sur le GR20. Depuis le sommet (2 710 m, point culminant de la Corse), la vue s'ouvre sur toute l'île et même jusqu'aux Alpes-Maritimes.

PARC NATUREL RÉGIONAL DE CORSE

4, rue Major Lambroschini
AJACCIO
✆ 04 95 51 79 10
www.parc-corse.org
infos@pnr-corse.fr

Haute saison : ouvert du lundi au vendredi de 8h30 à 12h et de 14h à 7h. Accueil enfants.

Randonneurs, amoureux de la nature en tout genre, n'hésitez pas à vous informer sur les chemins de randonnée, les GR et les sites protégés auprès de la maison du Parc, à Ajaccio. Cette dernière est une vraie mine d'informations en français et en langues étrangères et donne des conseils avisés sur les lieux reculés de l'île. La musique d'attente de la ligne téléphonique à elle seule vaut le détour ; on est déjà parti au son des clochettes… Créé en 1972, le Parc naturel régional a deux objectifs qui méritent toute notre attention : la protection de l'environnement et son développement. Ainsi, présent sur près d'un tiers du territoire, il protège et surveille la faune et la flore. Il est par exemple chargé de la protection du fabuleux site de Scandola. D'autres points d'information comme celui-ci sont installés aux quatre coins de l'île. A noter : le parc propose des journées découvertes pour les enfants : visite du village des Tortues de Moltifao, du site archéologique de Cucuruzzu ou découverte du pastoralisme local.

Passerelle sur le GR20

Il est donc préférable de prendre ses renseignements au village d'où vous partez. C'est une précaution, mais pas une garantie. Adressez-vous à l'office du tourisme ou à la maison d'information du Parc régional les plus proches. A défaut, dans le village le plus proche de votre point de départ. Les habitants connaissent généralement bien les deux ou trois kilomètres autour de leur village, mais ne savent pas toujours comment le chemin se termine. L'idéal est de pouvoir prendre les renseignements au village de départ et au village d'arrivée.

Les parcours

Le GR20. Le plus célèbre des sentiers de grandes randonnées corses, appelé encore Fra i Monti, littéralement à travers les montagnes, est également celui qui nécessite les plus grandes aptitudes de la part des randonneurs. Il est en effet souvent considéré comme l'un des plus difficiles en Europe, et même dangereux pour les personnes inexpérimentées.

Les Mare e Monti. Ce célèbre sentier traverse la partie nord-ouest du Parc régional, depuis Calenzana jusqu'à Cargèse en passant par Girolata et Ota.
Il est préférable de le parcourir tôt le matin, en plein été, la chaleur rendant alors le parcours éprouvant et fastidieux. Il ne comporte pas de difficultés particulières et, pendant les dix jours du parcours, vous jouirez de vues panoramiques alternatives sur la montagne et la mer. Les étapes durent de 4 h à 7 h, suivant votre condition physique et la durée de vos pauses.
Un autre circuit, plus au sud, existe également. Il rejoint Porticcio et Propriano. Le grand moment est la traversée de la forêt de Chiavari. Vous découvrirez également de magnifiques panoramas sur les deux golfes. La dernière partie, qui se promène au-dessus du golfe de Valinco, reste inoubliable. Les bons marcheurs compteront trois jours de balade.

Le sentier de la transhumance. De Calenzana à Corscia, cinq jours de randonnée sur les traces des bergers, en passant par la fameuse bergerie refuge de Puscaghja. C'est le sentier originel qui reliait la Balagne au Niolu.

Les Mare a Mare. On compte trois itinéraires. Pensez à vous munir de l'indispensable topoguide « Corse, entre mer et montagne » de la FFRP ; il est valable pour l'ensemble des sentiers.le Mare a Mare Nord, relie Moriani à Cargèse en passant par Corte. Vous traverserez également la Castagniccia, le Bozzio, si sauvage et presque impénétrable, la forêt de Valldoniellu et d'Aitone. Comptez environ dix jours pour des étapes de 4h à 6h dans l'ensemble assez montagneux. Une variante au départ de Corte passe par deux régions mythiques : Le Cruzzinu et la vallée des Deux Sorru. Le Mare a Mare Centre
court de Ghisonaccia à Porticcio. On le surnomme le sentier de l'eau et des forêts. Vous découvrirez la région du Flum'Orbu (littéralement les eaux troublées) puis celle du Taravo ; le circuit s'achève par la côte après être passé par Santa Maria Sicché. Tout comme le circuit nord, il ne vaut mieux pas s'y risquer entre novembre et mars à moins d'être équipé pour la neige et très expérimenté. Il faudra compter huit jours de marche ; le sentier ne comporte pas de difficultés particulières. Le Mare a Mare Sud s'étend de Porto-Vecchio à Propriano en passant par Levie et Quenza, il est certainement le plus adapté aux débutants et donc le plus couru. Il faut compter cinq à six jours, et reste praticable toute l'année, sans difficulté particulière. Vous passerez tout près du village de Zonza, bâti en terrasses au milieu de la verdure, avec en fond les superbes Aiguilles de Bavella.

Les sentiers de pays. Ils se sont très nettement développés ces dernières années, principalement sur l'initiative du Parc régional de Corse. Le plus souvent balisés en orange, ne présentant pas de difficultés particulières pour un marcheur occasionnel, ils rejoignent généralement deux villages, mais certains sont dessinés en boucle.Le temps nécessaire pour les parcourir varie en général de 3 h à 5 h. Il est donc préférable de prévoir une voiture à l'arrivée, ce qui évitera un retour plus que fastidieux à accomplir, surtout en une seule journée. Nous vous conseillons tout particulièrement le sentier du Niolu, entre le lac Nino et le Monte Cinto, le Fium'Orbu, le long duquel vous découvrirez de nombreux villages perchés, et l'Alta Rocca, au sud de la Corse. Dans le nord, les sentiers de Balagne relient quasiment tous les villages balcons.

LE SENTIER DE LA PARATA
AJACCIO

Pour découvrir autrement les îles Sanguinaires, rendez-vous au grand site de la Parata, prenez la route à droite près d'une petite chapelle sur la route des Sanguinaires. Là, partez à pied sur ce petit sentier surplombant la mer. Cette promenade est agréable car accessible à tout le monde. A chaque détour, on découvre de superbes vues sur les Sanguinaires et sur l'anse de Minaccia. La balade se termine sur la plage somptueuse de Capo di Feno où, les jours de mer agitée, il faut se méfier des vagues. Si la baignade ne vous tente pas, vous pourrez toujours partir à la recherche des yeux de Sainte-Lucie ou admirer la dextérité des surfeurs bravant l'un des plus beaux spots de la région.

LES CASCADES D'AÏTONE
EVISA

Durée : 30 minutes. Difficulté : facile.

Le départ de cette petite promenade de trente minutes se fait sur la D84 au nord-est du village d'Evisa, du côté gauche de la route. Le torrent d'Aïtone se déverse en cascade et forme par endroits des piscines naturelles, où les moins frileux pourront tenter une baignade. Possibilité de rallonger cette randonnée avec le sentier d'interprétation de la Châtaigneraie (compter alors 4 heures). Attention toutefois aux cochons sauvages en quête de nourriture qui peuvent venir fouiller les sacs !

L'UOMO DI CAGNA
MONACIA-D'AULLÈNE

Temps : 2h30 aller. Distance : 8 km aller-retour. Balisage jaune. Difficulté : facile. Dénivelé : 750 m et plus.

Cette randonnée offre des points de vue superbes sur la vallée, la montagne de Cagna, les chaos granitiques et le maquis. Il est impératif d'apporter sa réserve d'eau. Le sentier est balisé par des cairns (petits tas de roches) et un balisage jaune, mais il vaut mieux se munir d'une carte. Le sentier s'élève au milieu d'un maquis bas. Dépasser le réservoir ; le sentier franchit un ruisseau (à sec en été) et traverse une végétation dense ou abondent les lianes du maquis. Par une pente assez forte on accède à un premier plateau offrant de belles formes d'érosion granitique, puis à un petit bois de pins d'où la vue sur le village et les vallées voisines est magnifique. Au bout d'une heure de marche apparaît un chaos de roches impressionnant, surmonté de quelques pins tordus et de chênes verts. Un second plateau, couvert de bruyères arborescentes et hérissé de formes granitiques étonnantes est atteint après 1 heure 30. 100 m plus loin, après avoir laissé sur la gauche un énorme rocher cubique, puis un second évoquant un visage de profil, on découvre au loin l'Uomo di Cagna dont on apprécie pleinement l'allure. On peut alors faire demi-tour, ou marcher encore un quart d'heure pour parvenir à la base du rocher.

■ RANDONNÉE AU CAPO D'ORTO
PIANA

Altitude 1 294 mètres. 6 heures aller-retour, pour bons marcheurs. Prendre le chemin au nord-ouest du stade.
Balisage vert, points verts. Prendre la piste en terre 100 mètres après le «Pont de Mezzanu». Se diriger vers le stade en empruntant la piste de gauche, le traverser et passer le «Piazza Monica» parla passerelle. Le sentier suit d'abord la rive droite du ruisseau et monte vers la «Bocca Piazza Monica» (910 mètres). Au col, pénétrer à droite dans la forêt et 200 mètres après, quitter le sentier.

■ LE TROU DE LA BOMBE
ZONZA

Durée : 4h AR. Balisage rouge. Difficultée : facile. Balisage rouge signalé Cumpuleddu au départ du parking du col de Bavella ou depuis l'auberge de Bavella.
Pour votre sécurité, ne quittez pas le sentier balisé. Celui-ci s'élève dans une combe boisée, jusqu'à une crête. on aperçoit bientôt sur la gauche une tête rocheuse émergeant des arbres. Le sentier suit la ligne de crête. En descendant vers le col, on découvre le trou de la Bombe ; il s'agit en fait d'une ouverture circulaire d'environ 8 m de diamètre transperçant l'arête faitière du chanon des Paliri, située dur la droite de la Calanca Murata et en avant du campanile de Sainte-Lucie. On peut poursuivre la promenade jusqu'au col de Velaco ouvert dans une vaste cuvette boisée et tapissée de fougères, dominée par les dalles de granit rose de la pointe de Velaco (altitude : 1 483 m).

■ PROMENADE SUR LA POINTE DE BRUZZI
Office de tourisme de Bonifacio
2, rue Fred-Scamaroni
BONIFACIO ✆ 04 95 73 11 88
www.bonifacio.fr

Du 1er mai 2015 au 1er janvier 2019.
Au départ de l'anse de Chevano, cette balade agréable longe la presqu'île de Bruzzi jusqu'à d'Arbitro. Le départ a lieu sur le parking du Conservatoire de Pianottoli-Caldarello. Deux options s'offrent alors à vous : commencer par descendre jusqu'à la plage de sable de l'anse de Chevano, ou vous élancer directement sur le sentier du littoral. En bord de mer, celui-ci offre de beaux points de vue sur les îles de Bruzzi et, plus loin, sur la Sardaigne. Le parcours est jalonné de criques aux eaux transparentes où il fera bon se reposer. La boucle suit les courbes de la presqu'île jusqu'à la plage d'Arbitro, avant de retourner vers le parking.

- **Tarif :** gratuit.
- **Durée :** 2h.
- **Difficulté :** facile.

■ PROMENADE DES ROCHES BLEUES AUX CALANQUES DE PIANA
Office de tourisme de Piana
PIANA ✆ 09 66 92 84 42
www.otpiana.com – infos@otpiana.com

Du 1er mai 2015 au 1er janvier 2019.
Si l'on dit souvent que le monde se découvre en marchant, ce ne sont en aucun cas les calanques de Piana qui font exception ! Certes, de nombreuses embarcations touristiques permettent aux visiteurs d'admirer ces splendeurs de la nature sans la moindre goutte de transpiration, mais entre nous, n'apprécie-t-on pas d'autant plus un panorama quand on s'est donné du mal pour l'atteindre ? Les vingt premières minutes de cette randonnée seront sans nul doute les plus sportives, mais rassurez-vous : aux abords de la pinède et du ruisseau, le rythme ralentit. Au carrefour, suivez dans un premier temps le balisage rouge-vert jusqu'au rocher-belvédère. Il vous faudra ensuite suivre la direction de Piana et le balisage bleu-vert, avant de vous concentrer sur le tracé bleu après le sentier des crêtes. Vous emprunterez alors un large sentier en direction d'un imposant mur de soutènement en pierres sèches, environ 50 mètres au-dessus de la route ; il s'agit du sentier des Muletiers, balisé par des points bleus sur fond blanc. Vous atteindrez ensuite la route puis l'oratoire Santa Maria, avant de revenir sur la droite en longeant la route.

■ PROMENADE « ENTRE PROFANE ET SACRÉ » À RAPALE
Office de tourisme de Saint-Florent
RAPALE ✆ 04 95 37 06 04
www.corsica-saintflorent.com
info@corsica-saintflorent.com

Du 1er mai 2015 au 1er janvier 2019.
Au départ du village de Rapale, cette jolie balade familiale vous fait découvrir le patrimoine religieux de la micro-région de Nebbiu. Le sentier démarre à l'église Santa Maria Asunta avant de s'élancer entre châtaigniers et oliviers pour rejoindre l'église San Quilicu de Pieve et la chapelle Santa Margarita. Comme partout en Corse, la nature est ici omniprésente et le panorama depuis l'oratoire San'Antone est superbe. La suite de la boucle vous ramènera jusqu'au village d'où vous pourrez rejoindre d'autres sites d'intérêt, comme la chapelle San Cesariu ou le pont génois.

- **Tarif :** gratuit.
- **Durée :** 2h.
- **Difficulté :** facile.

Randonnées à cheval et à dos d'âne

Parfums du maquis, faune des montagnes et écume de la mer, la randonnée à cheval en Corse vous fera découvrir les merveilles de la Corse. En longeant les rivières vous avancerez lentement dans les montagnes croisant brebis et cochons sauvages. De chemins escarpés en haltes rafraîchissantes sous les châtaigniers vous atteindrez les sommets d'où vous pourrez admirer les côtes et les magnifiques plages qui vous tendent les bras pour de superbes galops et des baignades rafraîchissantes avec les chevaux.

■ **FÉDÉRATION FRANCAISE D'ÉQUITATION – COMITÉ RÉGIONAL D'ÉQUITATION CORSE**
19, avenue du Docteur-Noël-Franchini
Maison de l'Agriculture
AJACCIO
✆ 04 95 22 28 35
www.cre-corse.fr
crecorse.communication@gmail.com
Ouvert toute l'année. CB non acceptée.

Balades à vélo, cyclotourisme et VTT

La Corse offre une large diversité de paysages due à son relief morcelé et à l'enchevêtrement de ses golfes. La découvrir à vélo conduit vers une perpétuelle invitation au voyage. A chaque col, chaque virage, un nouveau panorama, faisant varier les paysages et la végétation, s'offre au cycliste. Villages insolites et petits ports de pêche, vallées et plateaux d'altitude, torrents et cimes, superbes forêts et maquis odorant. Des contrastes qui caractérisent cette montagne dans la mer ! Attention la Corse n'étant pas un « plat pays », tous nos circuits demandent un minimum de condition physique, petits braquets conseillés !

■ **COMITÉ CORSE DE CYCLISME**
Apt 104 - 1er étage
Strada Vecchia 322
BORGO
✆ 04 20 04 00 84
www.comitecorsedecyclisme.com
ffc.comitecorse@sfr.fr

Baignade

Avec ses 1 000 km de côtes et ses fleuves et rivières, la Corse est bien sûr un paradis pour les baigneurs. La qualité des eaux de mer et rivières est globalement excellente, mise à part autour des grandes agglomérations. La température de l'eau de mer permet la baignade de la mi-mai à la mi-octobre. Ces températures atteignent leur maximum au mois d'août avec une moyenne de 29 °C pour l'air et 25 °C pour la mer. La côte Ouest est la plus escarpée avec de nombreuses criques et la côte Est offre les plus grandes étendues de sable.

Plongée sous-marine

Les fonds marins sont de toute beauté : dans une eau claire et transparente, on peut y apercevoir bon nombre de poissons de toutes sortes et une végétation colorée. Les plongeurs sont unanimes : la plupart des plus beaux spots se trouvent au pied des réserves, au nombre de quatre en Corse (les îles Cerbicales, les îles Lavezzi, l'archipel des Finocchiarolo, Scandola) et du Parc Marin récemment créé. Le Parc marin couvre 40 000 hectares terrestres et 100 000 hectares maritimes, au sud de l'île. Il est divisé en plusieurs zones accessibles ou non au public. Avec plus de 90 clubs en Corse, vous n'aurez aucun problème pour pratiquer ce sport en toute sécurité.

■ **COMITÉ CORSE DE LA FÉDÉRATION FRANCAISE D'ÉTUDES ET DE SPORTS SOUS-MARIN**
Lotissement Castellacio
Immeuble Bardeglinu
L'ILE-ROUSSE
✆ 04 95 60 39 39
✆ 04 95 57 48 31
www.plongee-corse.org
CB non acceptée.

Parcours dans les arbres

Voici quelques parcs d'aventure en forêt et des parcours acrobatiques dans les arbres en Corse :

- **Parc Aventure** à Solenzara, au cœur d'une superbe forêt d'eucalyptus à proximité des célèbres aiguilles de Bavella. 7 parcours dans les arbres à difficulté progressive pour les enfants (à partir de 3 ans), les adultes et les seniors avec 70 ateliers pour plus de 2 heures 30 de parcours.
- **A Tyroliana** à Sainte-Lucie-de-Porto-Vecchio. 6 parcours avec 108 ateliers sur 3 hectares au milieu de la forêt de San Martinu et le long de la rivière Cavu, du plus simple au plus aérien.
- **Parcours aventure** sur les hauteurs d'Ajaccio, au-dessus du village de Vero. Rêves de cimes vous accueille sur le plus grand parcours aventure de Corse avec ses 14 parcours et 172 ateliers pour vous élever au cœur d'une forêt de pins, avec vue panoramique sur le golfe.

Golf

Six structures sur toute la Corse pour taquiner la petite balle blanche ! C'est bien peu même si l'île se targue d'avoir en son sein l'un des plus beau parcours d'Europe : le golf international de Spérone et son fabuleux trou signature, le numéro 16, un Par 4 en «dog-Leg» gauche qui oblige le joueur à survoler la mer par deux fois ! Pour la région Bastiaise, un seul petit parcours neuf trous près de l'aéroport ; pour la région Balagne, le charmant parcours neuf trous dans la belle vallée du Réginu puis deux pitch and put, l'un près de Porto-Vecchio et l'autre à Porticcio. Nouveauté : on pourra désormais taper la balle au Domaine de luxe de Murtoli sur les nouveaux greens de la vallée de l'Ortolo entre Sartène et Bonifacio.

■ **FÉDÉRATION FRANCAISE DE GOLF – LIGUE CORSE DE GOLF**
20, résidence Le Cézanne
Rue Marcel-Paul
BASTIA
✆ 04 95 32 54 53
www.liguecorsedegolf.org
secretariat@liguecorsedegolf.org
Ouvert toute l'année. Le mercredi et le jeudi de 8h à 12h et de 13h à 18h. CB non acceptée.

CHASSE, PÊCHE ET NATURE

Chasse

Officiellement, la chasse est ouverte dès le dernier dimanche du mois d'août et jusqu'à fin février ; merles, grives, bécasses, oies, canards sauvages, pigeons, perdrix et bien sûr sangliers composent l'essentiel du gibier. La chasse au petit gibier à plumes commence en novembre et se concentre sur les mois de janvier et février. Mais c'est la battue au sanglier qui garde la préférence des chasseurs locaux. Pratiquement chaque commune possède sa société de chasse et les nouveaux venus, extérieurs au village, ne sont pas facilement acceptés. La mise à mort de la bête n'est pas le plus important : ce qui compte, c'est de faire naître ou d'entretenir des solidarités profondes, se retrouver entre amis ou initier son fils au doux plaisir de l'attente de la bête à l'ombre d'un chêne, l'oreille tendue pour percevoir le moindre crépitement d'une feuille piétinée.

Pêche

Pêche en mer

La Corse offre une multitude de côtes rocheuses sauvages et de plages qui en font une région très poissonneuse tout au long de ses 1 000 km de côtes ; environ 400 espèces de poissons – dont 31 sortes de squales – ont été recensées. La pêche est donc le loisir roi local et celui qui est particulièrement recherché par les touristes. Si les coins à ne pas manquer sont très nombreux, les bonnes « adresses » se transmettent de bouche à oreille entre vrais amateurs souvent avares d'informations (c'est tout à fait compréhensible). Ceci étant, les ports ont toujours été des lieux de prédilection pour un grand nombre de poissons qui peuvent y trouver le gîte et le couvert. En effet, la présence humaine par le biais des bateaux, contribue à une grande diversité faunistique et la chaîne alimentaire est rarement interrompue quelle que soit la saison. De plus, tous ces poissons sont à l'abri lors des tempêtes. C'est pourquoi, plancton, crustacés, petits poissons et leurs prédateurs y sont présents toute l'année. C'est le cas du mulet et de nombreux petits poissons comme l'éperlan et l'athérine ainsi que les gobies qui y trouvent pitance. Les crabes et les crevettes s'y retrouvent également, surtout quand le port bénéficie d'enrochement de type tétrapode. Le loup fréquente, lui aussi, le port de façon assidue et se nourrit aussi bien de petits mulets vivants que des restes de victuailles jetées par-dessus bord. Si de nombreuses marinas bordent le littoral corse, seuls quinze ports ont une capitainerie. L'accès dans les enceintes portuaires étant souvent réglementé, il est préférable de se renseigner avant d'y pêcher, surtout en période estivale quand le travail est intense.

Pêche en rivière

Au même titre qu'en mer, la pêche en rivière est tout aussi présente et pratiquée en Corse. Les poissons les plus recherchés seront alors la truite et l'anguille qui font les délices des tables raffinées. Vous pouvez d'ailleurs prendre de plus amples informations sur notre guide « Pêche et terroir en Corse » du Petit Futé. Parmi les pêches les plus pratiquées, on trouve celle, dite au « toc ». A l'aide d'une canne courte montée d'un hameçon et de petits plombs, la technique consiste à remonter la rivière pour que le poisson ne sente pas votre odeur. Le fil est tenu à sa sortie du moulinet par l'index, vous sentirez alors toute l'excitation du prédateur attendant le signal « toc toc » de sa proie qui mord à l'hameçon... tout un rituel ! La pêche à la mouche remporte, elle aussi un franc succès. C'est un fouetté de la canne et du fil qui fait sauter la mouche attachée à l'hameçon à la surface de l'eau affolant ainsi la truite !

■ FÉDÉRATION DE LA CORSE POUR LA PÊCHE ET LA PROTECTION DES MILIEUX AQUATIQUES
AJACCIO © 04 95 23 13 32
www.federationpeche.fr/20/
federation.peche.corse@wanadoo.fr
Ouvert du lundi au vendredi de 9h à 12h et de 14h à 17h. CB non acceptée. Promotion du loisir pêche dans le cadre du développement du tourisme et la participation à l'activité économique de la région Corse.

DANS LES AIRS

Baptêmes de l'air

Rendez-vous sur l'un des 7 aérodromes de l'île pour survoler dans un petit avion, un ULM ou un hélicoptère, les magnifiques paysages de la Corse, vus du ciel.

■ AÉROCLUB DE LA CORSE
Aéroport Napoléon-Bonaparte
Campo Dell'Oro – AJACCIO
© 04 95 22 35 00
© 06 84 72 72 22
www.aeroclubcorse.fr
contact@aeroclubcorse.fr
Le 9 mai 2010, l'aéroclub de Corse fêtait ses 75 ans ! L'occasion d'ouvrir ses portes à des festivités pour faire découvrir au public les joies de l'aviation. L'occasion aussi, pour ceux qui ont eu la chance d'y assister, de découvrir les activités du club (dont son école de pilotage qui propose de former les futurs pilotes au Brevet de Base (B.B.) et au brevet de Pilote Privé (P.P.L.) et sa flotte de 5 avions (2 Cessna 172, 1 PA-28 destiné pour les voyages et 2 avions écoles (PA-38) pour la formation des pilotes).

Retrouvez l'index général en fin de guide

■ AÉROCLUB BASTIA – PORETTA
Poretta
BASTIA
✆ 04 95 36 64 50
www.aeroclub-bastia.fr
aeroclub.bastiaporetta@wanadoo.fr

■ AÉROCLUB CALVI – BALAGNE
Route de l'Aéroport
Sainte-Catherine
CALVI
✆ 04 95 65 02 97 / 06 85 54 37 50
www.aeroclubcalvi.fr
jose.vittori@wanadoo.fr
Ouvert toute l'année. CB non acceptée.

■ AÉRODROME DE CORTE CENTRE CORSE
RN200
CORTE
✆ 04 95 46 21 00
aerocorte@aliceadsl.fr
Fréquence 123.5. Piste de 600m de long et 20m de large assez mal entretenue !
L'aérodrome de Corte est très spécifique. Sa piste unique (13 qui est en descente et 31 en montée) est courte et surtout elle est en descente avec une bonne inclinaison. Le décollage se faisant le plus souvent depuis la piste 13. Enfin, notez qu'il s'agit d'une piste sans contrôle Aérien. Pensez à recaler vos instruments (altimètre et autre) et à indiquer votre présence ainsi que vos intentions à la radio lors de l'approche de la piste.

■ AERO-CLUB SUD CORSE
Aéroport de Figari
FIGARI
✆ 06 87 80 28 57 / 06 03 10 68 55
lea_mary21@yahoo.fr
Ouvert toute l'année. Haute saison : tous les jours et les jours fériés. Baptême 35 € la demi-heure par personne (maxi 3 personnes). CB non acceptée.
Un Cessna 172 N de 160 CV de 4 places pour survoler tout l'extrême sud, de Roccapina à Porto-Vecchio. Réservation obligatoire pour apprécier la Corse vue du ciel.

■ AÉRODROME DE GHISONACCIA ALZITONE
Aérodrome
GHISONACCIA
✆ 04 95 56 17 50
www.aerodromedeghisonaccia.com/
contact@aerodromedeghisonaccia.com
L'aérodrome est utilisé pour la pratique d'activités de loisirs et de tourisme (aviation légère, hélicoptère et parachutisme). Il dispose d'une piste bitumée quasiment orientée sud-nord (18/36), longue de 800 mètres et large de 18. L'aérodrome est contrôlé par la base aérienne de Solenzara. Les communications s'effectuent sur les fréquences de 119,900 MHz pour l'approche et de 118,350 MHz pour la tour.

■ AÉROCLUB BASTIA – SAINT-EXUPÉRY
Zone aviation générale
Poretta
LUCCIANA
✆ 04 95 36 24 85
www.aeroclub-saint-exupery.fr
contact@aeroclub-saint-exupery.fr
Ouvert toute l'année. 75 € pour un vol d'initiation de 30 minutes sur un avion biplace à 150 € pour un vol découverte (3 personnes maxi). Haute saison : tous les jours et les jours fériés. Sur réservation. CB non acceptée. Centre de formation ATO 065.
Baptêmes de l'air, vols d'initiation et découverte sur avion permettant d'emporter 3 personnes. Quatre circuits principaux sont proposés pour découvrir les magnifiques paysages de la Haute-Corse : le Cap, les Agriates, la Costa Verde, la chaîne du Cinto...

■ AÉROCLUB DU VALINCO
Aérodrome de Tavaria
Tavaria
PROPRIANO
✆ 04 95 76 09 82
machamerat@wanadoo.fr
1 piste Asphalte de 1400 m de long par 30 m de large.

ULM

D'une durée adaptable, les baptêmes sont réalisés par un instructeur expérimenté sur rendez-vous, dans les meilleures conditions de sécurité et de confort de vol. L'objectif est de découvrir la Corse par les airs. Le matin, la vision des nuances de couleur des fonds marins est superbe grâce à une luminosité optimale. En fin de journée, les couleurs du soleil couchant enflamment l'horizon et contribuent à magnifier le vol. Les chaudes heures de l'après-midi sont évitées afin de garantir de bonnes conditions aérologiques et faire de cet instant un souvenir inoubliable.

■ CORSICA SKY SERVICES
Plaine du Chiuni
Route de Piana
D81 – CARGÈSE
✆ 06 16 50 17 34
✆ 06 10 37 48 36
www.corsicasky.fr
franck@corsicasky.fr
Ouvert toute l'année. Haute saison : tous les jours et les jours fériés. Sur réservation. A partir de 50€. CB non acceptée. Chèque Vacances.
Très heureuse initiative du pilote Franck Heliot qui a posé son ULM multiaxe juste derrière la plage du Club Med pour faire découvrir les joies des paysages aériens de cette côte Ouest. Survol des plages et sites de Cargèse, des calanche, des villages, initiation, et même formation. Les tarifs incitent à pratiquer cette formule qui vous laissera un souvenir impérissable. Un seul défaut, il faudra impérativement réserver. Depuis cette année, on pourra également survoler le golfe du Valinco au départ de Porto-Pollo et le golfe d'Ajaccio au départ de l'aéroclub.

▶ **Autres adresses :** Aéro-club de la Corse – 20000 Ajaccio • D757 20140 Serra-di-Ferro

FG.
RADIOFG.COM
FUCKiN' GOOD music!
DESIGN *SACRÉ BONNE MUSIQUE
ELECTRO DEEP HOUSE DJ RADIO

SPORTS D'HIVER

Il ne reste plus que deux stations de ski ouvertes en Corse quand les conditions de neige le permettent : Ghisoni et le Val d'Ese.

▶ **Ghisoni** (1580-1870 m) : ✆ 04 95 57 61 28 / 04 95 57 01 45
Situation : sur la commune de Ghisoni, au lieu-dit des Bergeries de Capannelle, à 1 586 m d'altitude, la station de Ghisoni s'étage de 1 580 à 1 810 mètres, au sommet du téléski de Capaghiolu.Ski alpin : de 1 580 à 1 740 m- 3 téléskis- 7 pistes – 1 bar-hôtel-restaurant- 1 location de skis- 2 refuges, 1 privé et 1 du PNRC- A 15 minutes du village de Ghisoni par la D169- 2 refuges, 1 privé et 1 du PNRC

▶ **Val d'Ese** (1 620-1 750 m) : ✆ 04 95 10 11 20
Situation : la station de ski du Val d'Ese est installé à 1 610 mètres d'altitude, au plateau du même nom, sur la commune de Bastellica. Au village, prendre la route panoramique D27A du Val d'Ese. Après 14 km de route goudronnée, vous arrivez au parking de la station de ski. Ski alpin : de 1 610 à 1 745 m- 3 téléskis- Pistes : 4 rouges, 2 bleues, 2 vertesGénéral : – 1 bar-restaurant- 1 location de skis- 1 poste de secours

▶ **Asco** a fermé au début des années 1990 mais la réhabilitation entreprise par la mairie est en cours avec une réouverture probable pour l'hiver 2015-2016 grace à la construction du téléski à enrouleur, d'un tapis roulant sur le front de neige et d'un fil neige au sommet du Stagnu. Plus d'info auprès de la mairie. ✆ 04 95 47 11 18

SPORTS À SENSATION

Sports nautiques

Surfer et kite-surfer en Corse

Nous vous proposons ici, n'en déplaisent aux surfeurs locaux soucieux de préserver leurs terrains de jeux secrets, un petit parcours des plus beaux spots de surf sur les côtes de l'île de Beauté. Sachez donc, amis de la glisse, entretenir le secret et la propreté de ces lieux magiques si toutefois vous les trouvez bien entendu. Retenez qu'il n'existe pas de grands spots.

▶ **En Balagne (par Est et Ouest)**
Algajola : plage entre l'Ile-Rousse et Calvi.
Le centre amphibie à Calvi : plage juste avant d'arriver sur Calvi tourner à droite dans la pinède pour aller vers la mer. A découvrir : des petits surfs par mer rentrante.
La plage de Santa-Restituta : à Lumio tourner avant Mobis en arrivant de l'Ile-Rousse. Suivre le chemin en terre jusqu'à l'établissement le Pain de Sucre. Le Pain de sucre : trouver ce spot relève de l'exploit, alors un conseil, faites-vous ami avec un surfeur local.
Le danger d'Algajola : pour les plus téméraires ! Il est préférable de se faire accompagner en bateau car il s'agit d'une dalle rocheuse située à 500 m au large de la Marine d'Algajola.

▶ **Le nord (par nord-est et est)**
Pietranera : à la sortie nord de Bastia prenez direction Pietranera puis tournez à droite à la pancarte « Le Wagram », descendez jusqu'à la plage de galet, vous y êtes, attention c'est du rocher !

▶ **Le Cap Corse**
Il recèle quant à lui une multitude de spots encore inexplorés à vous de jouer !
Farinole : une jolie droite à fond sablonneux.
Ghjottani : après Farinole à 15 km en direction du Cap Corse.

▶ **La côte orientale (surtout par vent d'est)**
Ici tous les spots se situent entre Porto-Vecchio et Solenzara.
Tarco
Pinarello : une gauche sublime qui déroule à droite de la plage.

Surfeurs au Ruppione

Le sud (par sud-ouest, ouest, nord-ouest)
Porticcio : sur la rive sud du golfe d'Ajaccio.
Agosta plage : attention à l'épave au milieu de la plage !
La plage du Ruppione : à 2 km avant Agosta.

Ajaccio
Sans doute les plus beaux spots de Corse, la plupart se situant à gauche de la route qui mène aux îles Sanguinaires.
Les CRS : rarement exploitable, mais sa rareté égale sa qualité.
Le cimetière : en face du cimetière d'Ajaccio, une droite sur une dalle rocheuse... parfaite !
Capo di Feno : direction les Sanguinaires puis tournez à droite à la pancarte et roulez sur 10 km.

Propriano
Capolavoroso : sortie sud de la ville prenez en direction de l'hôtel Arena Bianca puis continuez sur 1 km, vous découvrirez cette plage magnifique, le premier spot se situe au début de la plage.
Le Robinson : au même endroit mais au milieu de la plage.
Le Ras l'bol : à la sortie nord de Propriano, direction Porto-Pollo puis roulez sur 10 kilomètres jusqu'à la pancarte « Ras l'bol » : vous y êtes !

LIGUE CORSE DE VOILE – FÉDÉRATION FRANCAISE DE VOILE
Grane Grosso
Chemin d'Acciani – LUMIO
✆ 06 98 99 31 08 – www.voilecorse.com
info@voilecorse.com
Ouvert toute l'année. Du lundi au vendredi de 9h à 12h et de 14h à 18h. Regroupe les clubs de voile affiliés en Corse. Les clubs proposent : Ecole de voile, stages, location, cours particuliers en catamaran, planche à voile, dériveur, kayak et aussi croisières avec skipper habitable.

Sports d'eaux-vives

Les activités kayak, mini-raft et kayaks gonflables sont praticables au printemps sur toutes les rivières de Corse, tant que les niveaux d'eau le permettent. Pour le raft, il faudra se rendre sur le Tavignano, à mi-chemin entre Corte et Aléria et sur le Golo. Pour le canyonisme, plus de 70 sites de cette pratique sont connus en Corse et on trouve de nombreux professionnels pour pratiquer en sécurité ce sport « Référence ». Une grande partie des sites sont regroupés en Alta-Rocca et Centre Corse.

Sports mécaniques

Sur les routes tortueuses de l'île, on retrouve chaque saison de nombreux rallyes locaux, régionaux et nationaux qui attirent un public de passionnés. Habitués à piloter très jeune, les Corses ont le coup de volant généreux et le pied lourd sur l'accélérateur.

4 régionaux et 4 nationaux sont au programme, le Tour de Corse comptant dans le calendrier de l'European Rally Championship et le Tour de Corse Historique qui rassemble, comme chaque année, de nombreux équipages au plaisir du sport automobile.

Le Tour de Corse automobile 2016, comptant pour le Championnat du monde des rallyes (WRC) ; l'épreuve reine aura lieu en octobre.

BIEN-ÊTRE ET REMISE EN FORME

Si la Corse compte plusieurs centres de thalasso, elle ne possède en revanche qu'une seule source thermale en activité : les thermes de Pietrapola-les-Bains, situés à Isolaccio-di-Fiumorbo, dans la Haute-Corse, et qui sont particulièrement indiqués pour le traitement de la rhumatologie – rhumatismes, arthrose – ou de séquelles de traumatismes.

Autres sources : Asco possède deux sources dont l'une est reconnue diurétique et l'autre réputée agissant sur les maladies hépatiques. Vico recense trois stations thermales : Musi et Balogna qui délivrent une eau tiède et Sornu in Su à Guagno qui est une source d'eau chaude. Les bains de Guitera dans le canton des deux Sorru. Les bains de Caldane près de Sartene et sa source naturelle d'eau légèrement sulfureuse. Les principaux centres de thalassothérapie sont : le Radisson Blu Resort & Spa Ajaccio Bay d'Albitreccia, le Sofitel Golfe d'Ajaccio Thalassa de Porticcio, l'Hôtel & Spa Marinca à Olmeto, Riva Bella Thalasso & Spa resort à Bravone, l'Auberge Relais la Signoria à Calvi, La Villa Spa à Calvi, le Grand Hôtel de Cala Rossa & Spa à Lecci.

Thermalisme

La Corse fait sans nul doute partie des grandes provinces françaises du thermalisme. Le relief accidenté de l'île présente de nombreuses failles et quantité de roches remarquables, d'ailleurs parfois uniques, ce qui explique notre richesse thermale. Le nombre de sources sur l'île est en effet exceptionnel : 39, auxquelles s'ajoutaient des sources secondaires. Ces eaux, froides ou chaudes, aux caractères physiques et chimiques très variés, possèdent de nombreuses propriétés thérapeutiques reconnues. Nous trouvons en Corse des eaux sulfurées sodiques, des eaux sulfurées calciques (rares en France et en Europe), des eaux ferrugineuses (Orezza, par exemple, est l'eau ferrugineuse la plus puissante de France, et sans doute du monde entier) et des eaux faiblement minéralisées et radioactives. Chaque type présente des propriétés curatives, indiquées selon le cas en rhumatologie, traumatologie, dermatologie, ORL, gynécologie, urologie, ophtalmologie, dans les troubles de la circulation veineuse, d'anémies, de névralgies, de l'appareil digestif. Les sources ont connu leur apogée au XIXe siècle. Les eaux sulfureuses étaient alors très en vogue, avec de très grands hôtels pour accueillir les curistes. Les blessés de guerre les ont de tout temps largement fréquentées, confirmant ainsi leurs pouvoirs thérapeutiques.

FESTIVALS ET MANIFESTATIONS

La Corse accueille chaque année de nombreuses manifestations religieuses, culturelles, gastronomiques et sportives. Dans les villages du centre de l'île comme sur le littoral se succèdent fêtes, festivals, foires, rencontres, épreuves, expositions, aux thèmes les plus divers et dont l'aura dépasse largement le cadre de l'île. Ces fêtes et autres manifestations égayeront votre passage sur l'île de Beauté et vous en apprendront plus sur la vie, l'histoire et la société corse sans oublier son patrimoine écologique et culturel. Il est malheureusement très difficile d'obtenir les dates de ces manifestations à l'avance ! Il vous faudra souvent contacter les offices de tourisme pour plus de précisions sur les programmes.

CORSE-DU-SUD

Fêtes

■ **PESCADORI IN FESTA**
Port Tino Rossi
AJACCIO
✆ 04 95 20 75 46
www.pescadori-in-festa.fr
secretariat@pescadori-in-festa.fr
Fin mai-début Juin.
La Saint Erasme est la fête du patron des pêcheurs. Les pêcheurs sont regroupés en une confrérie, la confrérie de Saint Erasme, Sant'Erimu. Cette confrérie avait autrefois pour but d'organiser une assistance mutuelle parmi les pêcheurs, ainsi que de les mettre sous la protection de ce saint. Cette fête est toujours célébrée de nos jours. Le jour de la Saint Erasme, Sant'Erimu (que certaines personnes âgées appellent Santu Sant'Erimu), le 2 juin, tous les membres de la confrérie, revêtus d'une aube blanche bordée de mauve, suivent en procession, la statue du saint qui est transportée sur le port, qui prend ce jour-là un air de fête. La statue est ensuite transportée sur un bateau et une procession marine a lieu ; elle s'accompagne d'un lancer de gerbe et de la bénédiction de la mer. Lors du retour à l'église, autrefois, un vin d'honneur était servi. il se composait de vin et d'un gâteau sec à l'anis, *u canistro à finuchjettu*. Cet apéritif était réservé aux marins. A présent, c'est du champagne ou du pastis que l'on boit, accompagné de beignets. Les vrais Ajacciens se retrouvent à cet apéritif, qui se déroule dans une ambiance allègre. Jusqu'en 1815, c'est en la cathédrale, à Notre-Dame dei naviganti, que les marins pratiquaient leur culte. A cette date, la chapelle Saint-Ignace, chapelle des Jésuites construite en 1617, attenante à leur couvent (qui est aujourd'hui l'école Forcioli-Conti), fut rebaptisée et dédiée à saint Erasme, et devint l'église des marins ; elle se trouve dans l'actuelle rue Forcioli-Conti, qui portait autrefois le nom de dei gesuiti en cet endroit, de Doria en son milieu et de delle monache en son autre extrémité.

■ **LES AGRUMES EN FÊTE**
Mairie de Bastelicaccia
BASTELICACCIA
✆ 06 41 13 00 55
www.fetedesagrumes.com
contact@fetedesagrumes.com
Du 5 au 6 mars 2016.
Organisée par l'Association de Promotion et de Valorisation des Agrumes de Bastelicaccia, et la municipalité du village, la première fête des agrumes a vu le jour en 2004. Depuis, chaque année, la manifestation donne rendez-vous à tous les producteurs intéressés par la démarche et draine des centaines de visiteurs durant le week-end qui accueille la foire au sein de la salle des fêtes du village. Ainsi, tout au long des deux journées, les exposants présents vous proposent de la vente d'agrumes, de produits locaux et de plants. Votre déjeuner est assuré par une restauration composée de produits locaux.

■ **FIERA DI A CASTAGNA**
Foyer Rural U Castagnu
Route de la Gare
BOCOGNANO
✆ 04 95 27 41 76
www.fieradiacastagna.com
bucugna@orange.fr
(début décembre). Entrée : 2 €. CB non acceptée.
Créée en 1982, cette foire est la plus ancienne foire à thème de l'île. C'est une vitrine pour la châtaigne et ses dérivés. Véritable outil de développement de la castanéiculture, cette foire a permis aux producteurs et aux transformateurs de structurer une filière qui a obtenu l'AOC pour sa farine. En moyenne, 20 000 personnes visitent A Fiera di a castagna. Tous les produits typiques de la Corse y sont représentés : miel, fromage, vin, charcuterie, artisanat d'art… Les exposants y réalisent entre 5 % et 50 % de leur chiffre d'affaires annuel. La notoriété de cette manifestation a largement dépassé les frontières de la Corse puisqu'elle reçoit chaque année des délégations et des acheteurs étrangers.

LES FOLIE'S BONIFACIENNES

BONIFACIO

✆ 04 95 73 11 88 – www.bonifacio.fr

tourisme.bonifacio@wanadoo.fr

Début Aout.

Les Folie's bonifaciennes, organisées chaque année par le syndicat des commerçants de la ville (association VOCAB, volonté des commerçants et artisans de Bonifacio), proposent tous les 1er août des animations de rues à travers toute la ville et un magnifique feu d'artifice en fin de soirée. Cette manifestation est le point d'orgue de la saison estivale. Que vous soyez amateur de musique, de danse ou d'art de la rue, de nombreuses animations sont installées pour animer la citadelle. Cette manifestation d'envergure basée sur la convivialité est devenue indissociable de la programmation estivale bonifacienne.

LES PROCESSIONS DE LA SEMAINE SAINTE

BONIFACIO

amodesto20@orange.fr

Du 24 au 28 mars 2016.

La semaine sainte est célébrée un peu partout en Corse, mais à Bonifacio, la célébration est impressionnante car elle compte le plus grand nombre de confréries en Corse. Les confréries de Saint-Barthélemy, Sainte-Marie-Madeleine, Saint-Erasme, Sainte-Croix et Saint-Jean-Baptiste organisent des processions parcourant les rues de la ville. Chaque procession est formée par une petite châsse en bois, de style baroque, richement décorée des sculptures de saints et illuminée par des *fanas* et des *cartatorci*. Ces châsses, terriblement lourdes, sont portées par plusieurs hommes et sont précédées et suivies de dizaines de fidèles en costume. Lors des processions, le porte-croix est pieds nus et cagoulé. La croix est drapée d'une étole blanche représentant le linceul de la sépulture vide du Christ. Elle est surmontée d'une palme tressée qui symbole le Christ en croix. Vous pourrez participer aux processions des petites châsses mais aussi à celles des grandes châsses où les 5 confréries sont réunies ainsi qu'au spectaculaire « Office des ténèbres » : les confrères se mettent à battre le sol avec les *mazzuchi*, rappelant les ténèbres et le tremblement de terre qui suivirent la mort du Christ. Les plus célèbres sont les processions qui ont lieu le Jeudi saint et le Vendredi saint.

CÉRÉMONIES PASCALES DE CARGÈSE

CARGÈSE

www.cargese.net

info@cargese.net

Du 24 au 28 mars 2016.

De l'installation d'une communauté grecque au XVIIe siècle, Cargèse garde deux témoignages religieux complémentaires avec ses deux églises qui se font face, l'une latine, l'autre grecque. Tout au long de l'année, les deux confréries de Cargèse, Saint-Antoine et Saint-Spiridon, perpétuent les traditions. Le moment le plus intense est la fête de Pâques.

- **Jeudi saint.** Église latine : communion pascale, la messe rappelle la Cène, puis en soirée procession du Christ mort, au chant du *Perdono mio Dio*, les fidèles suivent la « dépouille » du Christ.
- **Vendredi saint.** Église grecque : « Mise au tombeau du Christ », procession dans l'église. Église latine : chemin de croix à l'intérieur de l'église. Église grecque : en soirée « Chants et éloges funèbres », chants, lamentations et complaintes funèbres pour rejoindre l'église latine où les deux rites frères se réunifient.
- **Samedi saint.** Église grecque : liturgie de Saint-Basile. Église latine : bénédictions du feu sacré et de l'eau baptismale. Église grecque : office de la résurrection suivi de la liturgie grecque, cérémonie aux cierges.
- **Dimanche de Pâques.** Église latine : grande messe solennelle de Pâques.
- **Lundi de Pâques.** Messe solennelle avec procession triomphale, drapeaux et salves de mousqueterie symbolisant la joie de la résurrection, bannières au vent. La procession se termine avec la bénédiction des campagnes, l'icône de la Vierge est élevée aux quatre points cardinaux.

LA FÊTE DU MARRON

Association Seve in Grentu

EVISA ✆ 04 95 26 20 09

mairie-evisa@orange.fr

Du 21 au 22 novembre.

Promouvoir les produits de la filière castanéicole, tel est l'objectif des organisateurs de cette manifestation dont le fer de lance est le marron d'Evisa Insitina, variété de marron d'une grande qualité, offrant la particularité, outre sa valeur distinctive, de ne présenter aucun cloisonnement. La foire du Marron à Evisa, c'est un peu comme l'annonce de l'approche de Noël ! En effet, cette foire est la première des grandes foires de fin d'année, celles où l'on retrouve à la vente tous les produits hivernaux du terroir, celles où l'on vient chercher de la chaleur et des spécialités locales, celle où l'on partage le temps d'un dimanche, les valeurs des villages de l'intérieur et celles enfin où l'on peut déguster les premiers « vrais » figateli de l'année.

Pocession Bonifacienne le vendredi saint à Bonifacio

DÉCOUVERTE

U MELE IN FESTA

Association Saint-Laurent
MURZO
✆ 06 75 06 83 32
www.mieldecorse.eu
umeleinfesta@hotmail.fr

Fin septembre.

C'est dans le petit village de Murzo, à l'intérieur des terres dans la région des Deux Sorru, à une heure au nord-est d'Ajaccio, que se déroule chaque année, le dernier week-end de septembre, la seule journée du miel sur l'île. Cette foire est la vitrine du miel corse (produit AOC) et de ses produits dérivés ; elle se déroule dans les rues du village où tout l'artisanat insulaire est également présenté. L'hospitalité des villageois vous plonge avec délice dans toutes les spécialités du terroir. Vous pouvez aussi profiter sur le territoire de Murzo, des eaux vives du Liamone pour une baignade ou une partie de pêche, ou vous rendre au pittoresque hameau de Muna et découvrir la montagne de la Sposata.

FOIRE DE BARACCI

D257
Source Thermale de Baracci
OLMETO
✆ 06 18 90 11 43
www.lacorsedesorigines.com
contact@oti-sartenaisvalinco.com

Début Aout.

Près de 80 artisans participent tous les ans à la foire artisanale de Baracci ; cette manifestation a un double objectif : faire découvrir la qualité et la variété de nos produits artisanaux et promouvoir les richesses patrimoniales de notre île. Elle connait un succès grandissant, tant auprès des exposants que des visiteurs. Ce sont 2 journées de rencontre, d'échanges et de convivialité qui sont proposées dans le merveilleux site des bains de Baracci et durant lesquelles plusieurs animations sportives et culturelles sont offertes gracieusement au public.

FESTA DI U FICU

Bar l'Ustaria
Plaine de Peri
PÉRI
✆ 06 27 87 08 75
www.festadiuficu.com
mairie.peri@wanadoo.fr

Mi-septembre.

Deux journées destinées aux professionnels et aux particuliers sur fond de gourmandise pour la dixième édition de la foire de la figue : démonstrations, dégustations, expositions et découverte des différentes variétés de figuiers sont quelques-unes des facettes de cette journée consacrée à la figue ; journée qui se veut festive, avec démonstrations, dégustations, concert, débat, expositions. Programme : samedi réservé aux professionnels avec à partir de 17h un débat sur l'avenir de la filière. 21h : soirée avec le groupe Diana di l'Alba. Dimanche : ouverture au grand public de 9h à 17h avec démonstrations, expositions, dégustations avec Cucina Corsa.

FIERA DI SAN ROCCU

RENNO ✆ 04 95 26 65 35
mairiederenno2@wanadoo.fr

Du 14 au 15 août.

Créée en 1920, cette manifestation fut autrefois une des plus grandes fêtes agricoles de l'île. Conformément à la tradition, cette foire met à l'honneur ses origines religieuses et rurales avec la grande messe du 16 août dédiée à saint Roch. En parallèle, le public peut déguster des produits locaux et découvrir les artisans et les plus jeunes profiter des manèges et autres autos tamponneuses.

A TUMBERA

Col Saint-Roch
RENNO ✆ 04 95 26 65 35
mairiederenno2@wanadoo.fr

Le 7 février 2016.

Cette foire traditionnelle se déroule chaque premier week-end de février au col Saint-Roch et a pour thème le porc et ses différentes préparations dans la cuisine corse. La Tumbera s'inscrit dans une démarche d'accompagnement des producteurs et des socioprofessionnels pour l'obtention d'une AOC charcuterie corse. Cette manifestation populaire et conviviale rassemble de nombreux exposants autour de plusieurs temps forts : repas pulenta, brocciu et figatellu, démonstration de cuisine avec Cucina Corsa, vente aux enchères du cochon découpé, animations musicales... La Tumbera est une vitrine de la production de qualité qui valorise et promeut la filière porcine, source de retombées économiques pour les communes de l'intérieur. Organisée par une équipe de bénévoles dynamiques et amoureux de leur village, la première foire rurale de l'année reste un moment chaleureux à partager en famille ou entre amis au cœur d'une des plus belles régions de Corse.

FESTA DI L'OLIU NOVU

Mairie
SAINTE-LUCIE-DE-TALLANO
✆ 04 95 78 80 13 – www.tallano.fr
santa.lucia.di.talla@wanadoo.fr

Mi avril.

Durant deux jours, vous découvrirez les différents modes de production de l'huile d'olive au fil du temps. Sous les chapiteaux, pas moins de soixante-dix exposants viennent de toute la Corse présenter leurs produits. Charcuterie, fromages, vins, miel, confitures, sirops se mêleront aux chapeaux à la mode corse, vannerie, coutellerie, jouets en bois, parfums et huiles essentielles. Il y aura aussi des conférences, des animations musicales, des concerts, des démonstrations de sculptures sur bois et d'instruments traditionnels corses, de fabrication de pain au four, de visite du vieux moulin, des animations pour enfants, une tombola... Bref, un week-end bien rempli !

FÊTES DE PÂQUES – U CATENACCIU

Office de tourisme du Sartenais Valinco Taravo (antenne de Sartène)
14, cours Sœur-Amélie
SARTÈNE ✆ 04 95 77 15 40
www.lacorsedesorigines.com
contact@lacorsedesorigines.com

Du 24 au 28 mars 2016. Départ/arrivée de la procession depuis l'église Santa Maria place Porta.
Le Vendredi saint ont lieu dans toute la Corse des processions particulières et qui diffèrent du nord au sud. Au nord, ce sont a cerca, a parata, et a granitula. A cerca (du verbe *circà*, chercher) est une procession rurale qui entraîne un vaste déplacement de la population. Elle s'effectue à l'aube du Vendredi saint et se déroule sur un trajet de plusieurs kilomètres, pour s'achever à midi.Précédée par les enfants, porteurs de crécelles, elle est conduite par les confréries sous la direction du prieur et des sous-prieurs (appelés *mazzeri*, massiers, dans la région de Brandu). Au sud, les processions portent le nom de *casci* et de *catenacciu*. Le catenacciu (de *catena*, chaîne) est une cérémonie qui se déroule en plusieurs points de l'île, le Vendredi saint. Le plus célèbre est celui de Sartè (Sartène). Il s'agit d'une mise en scène du chemin de croix que le Christ fit pendant sa Passion ; on la retrouve dans plusieurs pays méditerranéens, notamment en Espagne où elle est parfois très spectaculaire.

■ A FIERA DI U TURISIMU CAMPAGNOLU

Filitosa
SOLLACARO
✆ 04 95 74 07 64
mairie.sollacaro@wanadoo.fr
Début aout. Vendredi nocturne entrée et concerts gratuits. Restauration.
Durant ces deux jours de foire, dans une ambiance festive, vous rencontrerez des producteurs et artisans corses : ils vous feront découvrir les produits authentiques de leur région (fromages, vins, huile d'olive, miel, veau corse...) et vous offriront des démonstrations de savoir-faire locaux (poterie, forge, vannerie, sculpture sur bois). Pour vous divertir, des promenades et randonnées à dos d'âne ou de cheval vous seront proposées ainsi qu'une animation musicale quasi permanente et une soirée culturelle avec chants et guitares. La foire expose prioritairement les producteurs adhérents à des routes à thèmes.

■ LE MARCHÉ DE LA POMME ET DES FRUITS D'AUTOMNE

TOLLA
✆ 06 87 70 01 11
www.tourisme-prunelli.com
ot@vallee-prunelli.fr
Fin octobre.
Journées organisées autour du thème de la pomme et de ses qualités spécifiques. Découvertes, flânerie et dégustations sont au programme : du jus de pomme naturel à la gelée en passant par les pâtes de fruit, les confitures ou les fruits secs, les organisateurs invitent le public à « croquer à pleines dents « ces journées qui présentent également les meilleures productions charcutières de la vallée du Prunelli et des expositions de créations artisanales. Au centre du pittoresque village de Tolla, une trentaine d'exposants vous proposent tout un éventail fruité et varié de leurs produits, des artisans exposeront leurs tableaux, bijoux...

■ LE PÈLERINAGE DE NOTRE-DAME-DES-NEIGES

Col de Bavella
ZONZA ✆ 04 95 78 56 33
www.destination-sudcorse.com
tourisme.saintelucie@wanadoo.fr
Début aout.
Ce pèlerinage, dans le site unique de Bavella (1 300 m d'altitude), honore chaque année la Madone des Neiges, bien connue des randonneurs qui empruntent le GR20. Une foule joyeuse y monte, certains partant à pied du village de Zonza pour assister à la messe en plein air. Avant de se disperser, familles et amis partagent un pique-nique dans la forêt. C'est cet esprit d'appartenance et cette convivialité sans cesse entretenue par les célébrations collectives qui font la richesse du patrimoine culturel corse.

Foires - Salons

■ MARCHÉ DES PRODUCTEURS DE PAYS

Place Foch
AJACCIO
www.marches-producteurs.com/corsedusud
info@ajaccio-tourisme.com
Tous les samedis matin jusqu'à 13h. Les producteurs labellisés Marchés des Producteurs de Pays sont situés près de la fontaine et portent un tablier vert «Marchés des Producteurs de Pays en Corse-du-Sud».
Composés uniquement de producteurs fermiers, ces marchés privilégient le contact direct entre producteurs et consommateurs. Vous les reconnaîtrez grâce au logo et à la marque déposée « Marchés des Producteurs de Pays » qui les identifient et font des marchés uniques. Des produits fermiers sont proposés à la vente par les agriculteurs le samedi matin à Ajaccio, place Foch.

■ MARCHÉ ET TERROIR À BONIFACIO

Loggia de l'Arsenal
BONIFACIO – www.bonifacio.fr
tourisme.bonifacio@wanadoo.fr
Chaque mardi matin.
Le mardi matin, sous la loggia de l'Arsenal, les commerçants déballent leurs produits du terroir et s'installent là pour toute la matinée. C'est l'occasion de voir, goûter et acheter des produits introuvables ailleurs et aussi de rencontrer quelques Bonifaciennes et Bonifaciens qui, pour rien au monde, ne rateraient ce rendez-vous hebdomadaire. Le vendredi, au même endroit, il y a un marché des producteurs locaux qui proposent des produits issus de l'agriculture corse.

■ MARCHÉ SAVEURS ET ARTISANAT DE SOLENZARA

Place des Anciennes-Écoles
SOLENZARA ✆ 04 95 57 43 75
www.cotedesnacres.com
direction@cotedesnacres.com
Tous les mercredis matin.
Le marché se tient tous les mercredis matin, place des Anciennes-Ecoles à Solenzara (face à l'office de tourisme) avec divers produits du terroir, primeurs, fromages, charcuterie, poissonnerie, confiserie, artisanat...

■ LE SALON NAUTIQUE DE SOLENZARA
SOLENZARA ✆ 04 95 57 43 75
salonnautique.cotedesnacres.com
direction@cotedesnacres.com
Fin avril-début mai.
Le Salon Nautique de Solenzara – Côte des Nacres c'est plus de 100 bateaux neufs et occasions, puces de mer, gréements, voileries, accastillages, moteurs, artisanats, décorations, brocantes marines. Au programme de cette année de nombreuses animations : Concours de joutes nautiques, Forum de l'emploi et de la formation dans les métiers du nautisme, Beach rugby, Puces nautiques, Grand concours de pêche, Démonstration de sécurité et sauvetage en mer, Table ronde sur le thème : «Les bateaux d'intérêt patrimonial» avec l'association A Barca et Animations pour les enfants.

Manifestations culturelles - Festivals

■ LE FESTIVAL INTERNATIONAL DE BANDE DESSINÉE
Palais des congrès
Quai l'Herminier
AJACCIO ✆ 04 95 50 44 51
festivalbdajaccio.com
bdajaccio@aol.com
Du 26 au 28 novembre 2016.
Depuis plus de dix ans, le succès du festival international de bande dessinée d'Ajaccio n'est plus à prouver ! Pendant trois jours, et le temps d'un week-end, la ville corse devient la capitale des bulles et des cases. Que vous soyez amateur averti ou simplement curieux, la convivialité et l'ampleur de ce festival sauront vous charmer. Avec les nombreuses rencontres (40 auteurs environ), expositions, pièces de théâtre, ateliers pédagogiques, caricatures gratuites, films d'animation et concours organisés pendant le festival, vous ne saurez plus où donner de la tête ! Un rendez-vous incontournable dans la vie culturelle ajaccienne.

■ JAZZ IN AIACCIU
Quartier Aspretto
Route du Lazaret – AJACCIO
✆ 04 95 25 30 67 / 06 21 71 07 76
www.jazzinaiacciu.com
contact@jazzinaiacciu.com
Fin juin. Entrée : 35 €. 20 € chômeur, étudiant, RSA, Pass Cultura accepté. Pass 4 Soirées 120 €.
Dans le cadre intimiste et prestigieux du Lazaret Ollandini, inscrit à l'inventaire des monuments historiques. Le festival se déroule sur quatres soirées musicales consacrées au jazz, la bossa nova et la world music avec des têtes d'affiche mondialement connues, telles que Luz Casal, Barbara Hendricks, Kile Eastwood et Kenny Garret. Les talents locaux se mêleront à des artistes de renom.

■ LES JOURNÉES NAPOLÉONIENNES
Office de tourisme d'Ajaccio
3, boulevard Roi-Jérôme
BP 21
AJACCIO
✆ 04 95 51 53 03
www.ajaccio-tourisme.com
info@ajaccio-tourisme.com
Du 13 au 15 août 2016.
Les fêtes napoléoniennes d'Ajaccio viennent parfaire les cérémonies de l'Assomption. Toute la ville joue le jeu et l'ambiance est des plus festives : reconstitutions militaires en costumes d'époque, bivouac permanent, spectacles divers, marches au tambour et bal... tout ce qui peut rendre hommage à l'Empereur est mis en avant ! Voilà une occasion supplémentaire pour découvrir la ville d'Ajaccio sous un autre angle.

■ RENCONTRES SCIENCE ET HUMANISME – PENSEURS D'AVENIR
Le Lazaret Ollandini
Quartier Aspretto
AJACCIO
✆ 04 95 10 85 15 / 04 95 25 30 67
lelazaret-ollandini.com
lelazaret.ollandini@wanadoo.fr
Début juillet. Entrée : 20 €. CB non acceptée.
Les Rencontres Sciences et Humanisme du Lazaret Ollandini – Musée Marc Petit se définissent comme des rendez-vous du savoir et de la connaissance. Elles se déroulent dans un lieu prestigieux de la ville, le Lazaret, au cours du mois de juillet, et concernent successivement divers aspects de la pensée : philosophie, littérature, astrophysique, humanisme, arts.

■ LA SEMAINE NAPOLÉONIENNE À AJACCIO
AJACCIO
✆ 04 95 51 53 03 – www.ajaccio.fr
info@ajaccio-tourisme.com
Mi juin.
Un programme éclectique et original de manifestations touchant les arts et les sciences, destiné à promouvoir le patrimoine et l'histoire d'Ajaccio avec Napoléon et les Bonaparte comme guides (expos, création théâtrale, musique, bivouac et reconstitutions, livres, ateliers, illustrateurs, potager historique, conférences, jeux...). La Ville d'Ajaccio propose dans ses lieux patrimoniaux emblématiques, un large programme dédié à Napoléon Bonaparte, son impérial enfant.

■ FESTI LUMI
BONIFACIO
www.bonifacio.fr
tourisme.bonifacio@wanadoo.fr
Du 8 au 10 juillet 2016.
Un festival des lumières à Bonifacio qui, durant 3 soirées, s'illuminera de tous ses feux. De la place Saint-Erasme, située sur la marine, à l'église Saint-Dominique en haute ville, une promenade magique vous révélera les richesses culturelles et architecturales de Bonifacio. 10 monuments et sites incontournables, habillés pour l'occasion de scénographies lumineuses originales, permettront une découverte insolite du patrimoine bonifacien, de la nuit tombée à minuit. On y appréciera également des concerts, des projections de films et une grande soirée de clôture avec l'illumination de la citadelle, un spectacle de pyrotechnie et le lâcher des lanternes...

FESTIVAL INTERNATIONAL DE TANGO ARGENTIN

Haute ville
BONIFACIO
✆ 04 95 73 11 88
www.tangoabonifacio.fr
tangoabonifacio@yahoo.fr

Du 2 au 11 septembre 2016.

Une semaine au rythme du bandonéon, au cœur de la cité des falaises, avec des couples de maestros parmi les plus demandés du moment et des orchestres argentins pour danser sur le plus beau des tangos. Bals, milongas en plein air, films, exposition, concerts, animations et show. Cours tous les jours avec les couples de maestros pour s'initier ou se perfectionner dans l'authentique tango argentin.

CARGESE SOUND SYSTÈME

Arène de la Sarra
CARGÈSE
✆ 06 43 78 54 54
www.cargesesoundsystem.com
cargesefestival@live.fr

Du 6 au 8 août 2016. Entrée : 40 € (pass week-end).

Le Cargèse Sound System va fêter cette année son sixième anniversaire. Depuis cinq ans, il s'est imposé comme le festival révélation derrière les célébrissimes festivals d'été en Corse. Pour cette édition, l'objectif est de conserver une qualité artistique de très haut niveau tout en la rendant accessible au plus grand nombre. Le festival passe sur un format à trois jours avec un closing sur la plage du Pero. Cette année, le festival se déroule en quatre temps pour deux lieux. C'est aux arènes de la Sarra que le coup d'envoi du Cargèse Sound System aura lieu le vendredi soir. Les arènes accueilleront également la deuxième soirée du samedi. La plage du Pero à Cargèse accueillera l'après-midi musical du samedi ainsi que le closing du festival le dimanche. C'est aux arènes de la Sarra que l'on retrouvera les têtes d'affiche internationales alors que la plage du Pero fera plus la place aux DJ insulaires.

KULTURARTE

PIETROSELLA
✆ 06 09 51 41 02
www.kulturarte.com
contact@kulturarte.com
Navette bateau depuis Ajaccio, ou par la route.

Du 12 au 15 mai 2016 (spectacles au pénitentier de Coti-Chivari, à la CCAS de Porticcio, à la presqu'île de l'Isolella et Agosta Plage).

Un grand événement sur 3 sites de la Rive Sud d'Ajaccio (Porticcio, Coti-Chiavari et Pietrosella), festival consacré aux arts et cultures du monde, mettant à l'honneur chaque année le patrimoine culturel d'un pays différent. C'est la Colombie qui s'invitera en Corse. Un cocktail étonnant de spectacles et d'animations. Au programme : 1 soirée spectacle de danse, 3 soirées concerts, séances cinéma, contes, ateliers (danse, musiques, cuisine, ateliers créatifs pour petits et grands), chasse aux trésors.

PORTO-VECCHIO FESTIVAL

Santa Giulia
PORTO-VECCHIO
✆ 06 24 68 23 48
www.portovecchio-festival.com
info@portovecchio-festival.com

Fin aout. Entrée : 30 €. Musiques pop, rock et électro.

Le dernier week-end du mois d'août accueillera la 6e édition du Porto-Vecchio Festival sur la célèbre plage de la baie turquoise de Santa Giulia ! Sur ce lieu magique, les festivaliers vibrent au son d'une programmation éclectique les pieds dans l'eau et ce jusqu'au coucher du soleil. Tous les après-midi, des DJ se chargent de faire monter la température puis, dès 20h, les artistes se succèdent sur scène en concert ! L'événement réunit des artistes incontournables aux côtés de jeunes talents, assurant de belles découvertes musicales ! Attendez-vous à du bon, du très bon son et plein de surprises ! Alors prévoyez un détour par la Corse pour terminer l'été en beauté !

SCEN'È SONNIU – FESTIVAL DU RÊVE

PORTO-VECCHIO ✆ 04 95 72 02 57
www.festivaldureve.wordpress.com
festivaldureve@gmail.com

Fin avril. La majorité des spectacles sont en extérieurs et gratuits, gardant fidèle le principe du théâtre de rue.

Scen'è sonniu est un rendez vous incontournable pour les amateurs de spectacle vivant, de la diversité et de l'échange. Il s'agit de montrer toute la richesse et toutes les facettes du spectacle vivant et des arts de la rue. Cirque contemporain, déambulation, marionnettes, contes, théâtre...le rêve investit la rue. Chacun des spectacles présentés est toujours inédit sur l'île. Les compagnies invitées, de réputation internationale ou jeunes talents, sont présentes tout au long du festival, même s'ils ne jouent qu'une ou deux fois : partager et rêver tous ensemble, spectateurs et artistes, telle est la dynamique de l'évènement. Les spectacles sont en extérieurs et gratuits, gardant fidèle le principe du théâtre de rue.

Les après-midi du Porto-Vecchio Festival

DÉCOUVERTE

SORRU IN MUSICA
Couvent Saint-François – VICO
✆ 04 95 26 60 08 / 06 75 43 82 35
www.sorru-in-musica.com
sorruinmusica@orange.fr
Du 18 au 27 juillet 2016.
Le festival associe une académie de musique pour de jeunes élèves à des concerts gratuits donnés dans plusieurs villages de la région des Deux Sorru : Vico, Arbori, Rosazia, Coggia, Letia, Renno, Soccia et Murzo. Les artistes locaux et les stagiaires se confrontent aux professionnels de la musique, permettant ainsi de mêler musiciens débutants et confirmés, musique classique et traditionnelle, artistes et public, durant les dix jours d'animations et de concerts. Dix jours dédiés à la musique dans les villages, les rues et les églises, pour recréer du lien social et redonner un sens à l'idée de partage.

Manifestations sportives

CORSICA CLASSIC
AJACCIO ✆ 06 84 955 784
www.corsica-classic.com
tibo-com@wanadoo.fr
Du 21 au 28 août 2016.
Ouverte à tous les yachts de tradition jaugés CIM et les « Esprits de tradition » jaugés IRC 2015, cette course s'inscrit dans le circuit officiel organisé par le Comité International de Méditerranée et l'Association Française de Yacht de Tradition, et elle est devenue en six éditions un événement sportif et life style incontournable en Méditerranée. Calvi, la Revellata, Girolata, Scandola, Porto, les Calanches de Piana, Ajaccio, les Sanguinaires, Porto Pollo et le golfe du Valinco, Bonifacio, Porto-Vecchio, Santa Giulia. Tous ces noms évocateurs de l'île de Beauté ponctuent la route de la Corsica Classic 2016. A terre, de nombreuses animations attendent les plaisanciers, des dégustations quotidiennes de vins des différents AOC insulaires et plein d'autres surprises ponctueront les étapes de la 7e Corsica Classic.

TOUR DE CORSE – GIRU DI CORSICA
✆ 04 95 296 821
www.tourdecorse.com
presse@ffsa.org
Du 30 septembre au 2 octobre 2016.
La 11e manche du championnat des rallies WRC du 30 septembre au 2 octobre resta en Corse pour le millésime 2016. Après le grand succès de l'édition 2015, malgré les conditions climatiques dramatiques du vendredi et ses inondations dévastatrices, les pilotes et spectateurs ont pris un plaisir immense sur les routes mythiques et ses 10.000 virages pour un final haletant jusqu'aux dernières secondes. Le tracé 2016 n'est pas dévoilé mais on espère qu'il gardera le même format qu'en 2015 au travers des deux départements. Le Tour de Corse 2016 accueillera également le «Tour de Corse – 10.000 Virages» en parallèle du WRC. Cette épreuve propose aux propriétaires de Super Cars, de GT, de sportives ou d'automobiles de prestige de vivre 4 jours de plaisirs, de pilotage et de découvertes dans le cadre du Tour de Corse.

COMPÉTITIONS AU GOLF DE SPERONE
Sperono
BONIFACIO ✆ 04 95 73 17 13
www.golfdesperone.com
arianebuzzo@golfdesperone.com
Fermé de janvier à mi février. Entrée : 75 € (à 98 €). Location de matériel, restaurant.
Ce parcours de 18 trous d'exception lui a valu d'être classé 18e par Europe's Elite 1000, 22e au classement européen dans l'Europe's Top 100 Golf Courses, 5e au classement des plus beaux golfs de France (Golf Monthly 2009) tout en ayant obtenu une note de 17/20 par le Guide Peugeot. Il est définitivement surnommé aujourd'hui le « Pebble-Beach of Med ». Des rencontres de haut niveau se déroulent à plusieurs reprises durant l'année sur le site splendide du golf de Sperone.

LE TOUR DE CORSE A LA VOILE
Yacht Club de Bonifacio
Quai Nord
Résidence Giovasole – BONIFACIO
✆ 04 95 73 70 18 – tourdecorse.eu
tourisme.bonifacio@wanadoo.fr
Du 13 au 16 octobre.
La 23e édition du Tour de Corse à la voile est une régate de Bonifacio à Bonifacio, 250 milles sans escale, organisée par le Yacht Club de Bonifacio, sous l'égide de la Fédération française de voile et de la Ligue corse de voile comptant pour le Championnat Méditerranée Equipages IRC – UNCL 2015. Le parcours est le tour de la Corse sans escale, en contournant l'île selon le sens de rotation voté par les skippers la veille du départ.

TRAIL DES FALAISES
BONIFACIO
✆ 04 95 73 05 91
www.traildesfalaises.com
golfe.hotel@wanadoo.fr
A partir du 30 octobre 2016.
De par sa situation, Bonifacio jouit d'un patrimoine environnemental assez extraordinaire et cette course est pensée autant pour le défi sportif que pour le régal des yeux et des sensations. Une difficulté technique modérée et un faible kilométrage font de cette compétition une épreuve accessible. Cette « boucle » sur les falaises et un véritable coup de cœur qui voit revenir chaque fin de saison un nombre de trailers toujours plus important.

PROMENADE À LA TOUR D'OMIGNA À CARGÈSE
CARGÈSE
www.cargese.net – Info@cargese.net
Distance : 4,2 km. Durée : 2h aller-retour. Difficulté : facile.
Classée aux monuments historiques puis rachetée par le Conservatoire du Littoral, la tour d'Omigna constitue une belle opportunité de randonnée au nord du village de Cargèse. Au départ de la plage du Pero, avancez sur la route jusqu'au portail métallique sur votre gauche. Après vous être assuré de bien l'avoir refermé, suivez toujours le sentier en terre jusqu'au fameux édifice. La pointe vous réserve un point de vue à 360°, du capu Rosso à capu di Fenu. Retournez sur vos pas pour rejoindre Cargèse ; en tout, vous n'aurez marché que 2 heures !

■ **A MARCRISA**
Associu Scopre
Casa culturale è sociale
MARIGNANA ✆ 04 95 21 19 70
www.associu-scopre.com
associu-scopre@orange.fr
Le 5 juillet (au départ de Marignana à 9h sur la place de la fontaine, arrivée à Marignana a Rota).
Course pédestre sur route, A Marcrisa réunit les 3 villages du haut canton des Deux-Sevi, Marignana, Evisa et Cristinacce. La course s'inscrit dans le cadre du challenge des routes de montagne *Corre per è strade* organisé par la fédération. Semi-marathon de 19,5 km à faire en moins de 1 heure 08 pour battre le record.

■ **CORSICA RAID ORGANISATION**
Place de l'Eglise
MONACIA-D'AULLÈNE
✆ 06 73 01 84 48
www.corsicaraid.com – info@corsicaraid.com
Du 3 au 8 juin 2016.
Le Corsica Raid est le premier raid Aventure d'Europe et le plus ancien du monde ! Il existe depuis 1994 et la nouvelle édition du Corsica Raid réunira les meilleurs aventuriers de la planète qui seront au départ de cet événement exceptionnel ! 5 jours de course sans aucun moyen motorisé : de fonds marins aux sommets enneigés, du kayak de mer au canyoning, de course en montagne en parcours VTT.... L'esprit du Corsica Raid Aventure, c'est le plaisir de l'aventure à la découverte d'un paradis naturel. Tous les ans, l'équipe d'organisation concocte un nouveau parcours avec, à chaque fois, un savant mélange entre Haute-Corse et Corse-du-Sud à la recherche de splendeurs cachées avec une seule ambition, rester fidèle à sa devise : « Beau, Extrême, Inoubliable ». Notre nature est fragile, c'est pourquoi les inscriptions sont limitées. Il n'est pas dans l'esprit d'emmener une foule de concurrents, aussi respectueux soient-ils, dans un environnement qui a su rester sauvage.

■ **FESTIMONTI**
PÉRI
✆ 04 95 53 72 00 / 04 95 10 70 74
a.laure@eventcom.fr
Fin septembre.
Ce festival de la Montagne, organisé depuis l'année 2001, est devenu un événement important de l'arrière-saison en Corse, avec plus de 4 000 participants. Festimonti, organisé par le centre social et culturel U liamu gravunincu, avec le soutien de nombreux socio-professionnels, vous permettra, de découvrir et pratiquer en toute sécurité, en famille, un large panel de sports de pleine nature, de l'escalade au parapente en passant par la via cordata. L'objectif est aussi de favoriser la découverte des communes et des richesses naturelles du territoire du Celavu Mezana.

- **Tarif :** gratuit.
- **Durée :** 2h.
- **Difficulté :** assez élevée.
- **Balisage :** rouge-bleu, puis rouge-vert, puis bleu-vert, puis points bleus sur fond blanc.
- **Dispositions particulières :** consultez la météo avant de vous engager sur des sentiers de randonnée.

■ **TRIATHLON DES CALANCHE DE PIANA**
PIANA
www.otpiana.com
infos@otpiana.com
A partir du 29 mai 2016 (départ 9h30 plage d'Arone. Distance 23,75 km. Arrivée devant la mairie de Piana).
Tout au long du parcours vous pourrez admirer de superbes paysages dont les Calanche de Piana (classées au patrimoine mondial de l'Unesco) ainsi que le golfe de Porto. L'épreuve de natation, d'une distance de 750 mètres, se déroule dans la baie d'Arone. L'épreuve vélo d'une distance de 18 kilomètres se déroule sur la D 824 et la D 81. L'épreuve de course à pied d'une distance de 5 kilomètres se déroule sur la D 81 jusqu'au village de Piana, l'arrivée étant située devant la mairie.

■ **RALLYE DE CORSE MOTO**
PORTICCIO ✆ 06 87 04 79 43
www.motoclub-jmpracing.com
jean_mathieupadovani@yahoo.fr
Du 23 au 24 avril 2016.
Le rallye de Corse comptant pour le championnat de France des rallyes routiers proposera encore une épreuve résolument sportive avec 6 spéciales de jour et 4 de nuit réparties sur un routier de 555 km. Là-bas, à partir de Porticcio, tout est prévu au niveau de l'accueil et des passages en bateau avec un tarif réduit pour les concurrents. De quoi se combiner un petit séjour vacances / rallye bien sympa.

■ **CRITÉRIUM INTERNATIONAL DE LA ROUTE**
PORTO-VECCHIO
✆ 04 95 70 09 58
www.ot-portovecchio.com
accueil@destination-sudcorse.com
Du 28 au 29 mars.
Le Critérium revient sur l'île du Grand Départ... 6e édition à Porto-Vecchio. Un terrain de jeu exceptionnel pour tous les mordus du vélo. Course en ligne, course en boucle et course contre la montre individuelle, des parcours à couper le souffle tant par leur difficulté que par leur beauté.

■ **FESTIBOCCI**
PORTO-VECCHIO
Du 21 au 27 septembre.
Concours de pétanque : champions du monde, de France et challengers se donnent rendez-vous à Porto-Vecchio pour se disputer la Corsica Gold Cup. Six jours de pétanque auxquels viennent se greffer un concours amateur et le concours Cità di Sali Corse Matin.

■ **LE SEMI-MARATHON DE PORTO-VECCHIO**
PORTO-VECCHIO
✆ 06 11 39 15 21
www.semimarathon-portovecchio.com
info@semimarathon-portovecchio.com
Le 18 octobre. Entrée : 20 € (à 25 €).
Un parcours de 21,1 km entre le port de commerce de Porto-Vecchio et la marina de Santa Giulia qui longera la célèbre route des plages de Palombaggia ! Une course pour tous avec une arrivée sur la plage de Santa Giulia, histoire de se rafraîchir après l'effort.

Kayak de mer

LE TOUR DE CORSE HISTORIQUE

ASA Terre de Corse BP 15
CP 20538 cedex
PORTO-VECCHIO
✆ 04 95 70 67 33
www.tourdecorse-historique.fr
tourdecorsehistorique2a@gmail.com

Début octobre.

La volonté des organisateurs est de proposer un pur moment de plaisir aux concurrents, dans une ambiance chaleureuse et détendue. Mais le Tour se doit d'être également une occasion de rencontre avec l'île de Beauté, ses paysages fabuleux, ses villages et ses habitants. Les organisateurs développent par ailleurs des partenariats avec des artisans locaux pour contribuer à cet échange. Oui, la Corse est une terre d'accueil et de rallye depuis de nombreuses années. Cependant, l'ambiance des courses d'antan s'était peu à peu perdue. Le Tour de Corse Historique fait renaître cette convivialité entre la course et les Corses : la mémoire collective de ces tours d'antan a resurgi et tout est redevenu magique. Ni barrières ni badges VIP pour approcher les voitures de légende et leurs illustres pilotes. Le Tour de Corse revient tout à coup, dans la mémoire pour les plus anciens et dans la découverte pour les plus jeunes. Pourtant, le succès n'entame aucunement les valeurs de ce Tour de Corse qui restent plaisir et convivialité. Le fameux rallye aux 10 000 virages tel que nous le connaissions ressuscite donc au travers de passionnés, amoureux de la Corse et du sport automobile.

ENDURO VTT DE SERRA DI FERRO

27, Domaine de L'Ondella
SERRA-DI-FERRO ✆ 06 03 53 55 62
www.corse-chrono.fr
tex.racing@orange.fr

Fin mars.

Le Valinco Taravu Team organise à Serra di Ferro, en Corse du Sud, pour Pâques, son quatrième enduro VTT. Une journée qui allie pratique du VTT et paysages magnifiques pour des sensations extraordinaires. Cette compétition est ouverte à tous les pilotes à partir de 15 ans. Programme de la journée : 4 spéciales totalisant 8,5 km. Inscriptions, vérifications techniques à partir de 8h. Début de l'épreuve 10h30. Remise des prix vers 18h. Pour agrémenter votre journée, le club vous propose une petite restauration (sandwichs, viennoiseries, boissons fraîches et boissons chaudes).

ENDURO VTT DE SOLLACARO

Serra-di-Ferro
27, domaine de L'Ondella
SERRA-DI-FERRO ✆ 06 03 53 55 62
www.corse-chrono.fr
tex.racing@orange.fr

Début novembre.

Une épreuve comptant pour le Championnat de Corse Enduro 2015 organisé par le Valinço Taravu Team avec 3 spéciales et ses liaisons au départ et arrivée à côté du site préhistorique de Filitosa.

MARE IN FESTA

SOLENZARA
✆ 04 95 57 43 75
www.cotedesnacres.com

Fin octobre.

Mare in Festa clôture la saison estivale en beauté. Avec en point d'orgue la finale du championnat de France de offshore, cet événement offre une variété d'animations qui séduit petits et grands. Salon nautique, village gourmand, soirées festives, films et conférences ou encore initiation aux sports nautiques... Au-delà des réjouissances sportives, gourmandes et musicales, Mare in Festa propose un volet culturel composé de conférences et débats sur des thèmes clés autour de la mer : l'exploration des fonds marins, divers débats comme la gestion de la pêche en Corse... un programme complet et alléchant qui ne peut laisser indifférent.

L'HIPPODROME DE VISEO

Route de Bavella
ZONZA
✆ 04 95 78 71 52
www.hippodrome-zonza.fr
mairiedezonza@orange.fr

Du 1er juillet au 31 août 2016.

Le plus haut hippodrome d'Europe (960 m) dans un cadre époustouflant face aux aiguilles de Bavella, sur la route de Solenzara. Plus de 35 courses par an (5 réunions de trot attelé et plat) de juillet à début septembre. Un spectacle à ne pas manquer, aussi bien pour jouer, que pour l'ambiance familiale et champêtre. Course régie par France Galop. Un spectacle qui attire chaque année plus 10 000 visiteurs. Toutes les commodités sur place : parking, buvette et sandwichs.

Spectacles historiques - Son et lumière

LES MÉDIÉVALES DE LEVIE

LEVIE
mairie.de.levie@wanadoo.fr

(début septembre).

Les Médiévales de Levie sont un événement annuel, historique et culturel qui rassemble petits et grands, professionnels et bénévoles autour d'une thématique festive. Le temps d'un week-end, Levie met ses pendules à l'heure médiévale. Chevaliers et gens d'armes, baladins et troubadours, saltimbanques, manants et gueux envahissent les rues. Tout est conçu pour offrir à chacun un merveilleux voyage dans le temps.

HAUTE-CORSE

Fêtes

ART'È GUSTU

Place de l'École
ALÉRIA
✆ 04 95 57 94 77
www.artegustu.com
contact@artegustu.com

Du 30 avril au 1er mai 2016.

Art'è Gustu est un événement annuel visant à valoriser des produits qualitatifs à travers l'art, le goût et les savoir-faire insulaires. Plus de 100 producteurs vous rejoignent chaque année pour vous faire déguster des produits qui caractérisent leur île : l'huile d'olive, le miel, la farine de châtaigne, les fromages, les confiseries, la viande, la charcuterie, les vins, et tant d'autres, répartis en deux mondes distincts, les producteurs et les chefs de cuisine et bien sûr les Ateliers Master Class.

FIERA DI L'AMANDULU

Foyer rural d'Aregno
AREGNO
✆ 06 19 89 55 49
✆ 06 85 58 26 63
joelle.titrant@orange.fr

Du 6 au 7 août 2016.

Cette fiera di l'amandulu, on la doit au foyer rural d'Aregno, présidé par Philippe Andreani. En 1977, un groupe de bénévoles décide de rendre ses lettres de noblesse à l'amandier à travers sa culture, ses peintures, ses musiques et sa gastronomie. L'amandier et ses produits dérivés venus d'anciennes traditions locales alimentaires y sont célébrés par des professionnels et des artisans rivalisant de savoir-faire. C'est ainsi que, depuis le 2 août 1997, se tient le premier week-end du mois d'août la foire de l'amandier. L'entrée, les expositions et les animations sont gratuites. Un service de restauration est ouvert durant la foire.

Agrumes corses.

SALON DU CHOCOLAT

Place Saint-Nicolas
BASTIA ✆ 06 12 21 38 09
www.salon-chocolat-bastia.com
marianne_tomi@hotmail.fr

Du 21 octobre au 23 septembre 2016 (fin octobre). Entrée : 2,50 €. Gratuit pour les enfants de -12 ans. Horaires : de 10h à 19h non-stop, nocturne le vendredi soir jusqu'à 22h. CB non acceptée.

Prés de 130 stands d'artisans chocolatiers seront présents afin de venir à la rencontre du public et faire déguster leurs toutes dernières créations. En plein cœur de la place Saint Nicolas dans le centre-ville de Bastia, sous un chapiteau de plus de 3000 m². Des défilés de mode, des spectacles de danse, des concours, des conférences, des dégustations et des ateliers jalonneront ce salon spécialement conçu pour tous les gourmands. Les amateurs de haute gastronomie traditionnelle corse et amoureux du chocolat flânent et se régalent de délices gourmands, entièrement dédié au chocolat et aux gourmandises artisanales. Plus qu'un simple événement, le Salon du Chocolat & des Délices de Corse construit un lien indéfectible entre les chocolatiers, les artisans locaux et les amateurs de chocolat et de tous les délices de Corse. 2ème plus important salon du chocolat de France après Paris, il participe également à la promotion et à la transmission de la créativité et du savoir-faire insulaires en favorisant le rapprochement entre la gastronomie locale, le «Corsica Made», label identitaire, et l'activité touristique de l'île. Plus de 50 000 visiteurs seront attendus pour cette édition 2016 !

FÊTES DE PÂQUES LA GRANITOLA

CALVI ✆ 04 95 65 00 72

Du 24 au 27 mars 2016.

La Granitula est une procession qui se pratique dans toute la Corse le vendredi Saint. Elle retrace le long calvaire du Christ portant sa croix. La procession di A Granitula à Calvi a lieu le vendredi soir avec la présence de deux pénitents cagoulés portant la croix à tour de rôle. La procession descend depuis la cathédrale Saint-Jean-Baptiste dans la citadelle jusqu'à l'église Sainte-Marie-Majeure dans la basse ville. Ils sont accompagnés des membres des confréries de Saint-Erasme et de Saint-Antoine. Sur le parvis de l'église, entonnant des complaintes sacrées, ils forment « A Granitula », procession pénitentielle symbolique, qui consiste à faire une spirale qui s'enroule en forme d'escargot et se déroule pour remonter ensuite à la cathédrale.

LA FOIRE DU NIOLU – A SANTA DI NIOLU

CASAMACCIOLI
✆ 04 95 48 03 31
mairie.casamaccioli@orange.fr

Le 8 septembre 2016.

A l'occasion de la célébration de la Santa di u Niolu se déroule une foire pastorale et commerciale. Cette foire donne lieu à des rencontres culturelles et traditionnelles auxquelles participent, de manière informelle, groupes et chanteurs. Au programme : artisans, démonstrations de bêtes et d'outils agricoles, activités sportives. Groupes polyphoniques, « chjam'è rispondi », débats et stands liés à la langue et la culture corses, expositions, vie pastorale. Animation nocturne conviviale dans les baraques en bois

FIERA DI A NUCIOLA

CERVIONE
✆ 04 95 38 10 28
www.foiresdecorse.com
nuciola@fr.fm

Dernière semaine d'août.

Les deux journées « destination noisette » se veulent être la vitrine de la filière. Elles s'inscrivent de fait pour soutenir l'objet même de l'association organisatrice, c'est-à-dire la mise en œuvre d'actions pour la culture, la promotion et la valorisation de la noiseraie et de la noisette sous l'appellation unique « noisettes de Cervioni ». Durant ces deux journées, on peut retrouver tous les acteurs de la promotion de la noisette corse (cultivateurs, commerçants, artisans d'art, chefs cuisiniers) ainsi que des animations diverses (groupes folkloriques, chants corses, spectacles de rue, expositions).

FÊTES DE PÂQUES : PROCESSIONS GRANITOLA ET CHRIST ROI DE CORTE

CORTE
www.corte-tourisme.com
corte.tourisme@wanadoo.fr

Du 24 au 25 mars 2016.

Le soir du jeudi Saint a lieu la cérémonie de la Granitula, procession en forme d'escargot qui s'enroule et se déroule en un lent mouvement. Le soir du vendredi Saint, le Christ et Marie sont en procession à travers les rues de la vieille ville, illuminée par des chandelles. Corte est la seule ville de Corse où l'on vénère le Christ sous la forme d'un gisant porté sur un brancard par des pénitents.

CLEMENTINA IN FESTA

LINGUIZZETTA
✆ 04 95 38 90 10
www.linguizzetta.fr
foiredesagrumes@gmail.com

Début novembre.

La clémentine de Corse sera à l'honneur cette année, la commune de Linguizzetta, l'office de tourisme de l'Oriente en étroite collaboration avec la filière agrumicole corse et l'Inra, organise la Fête de la Clémentine. Près de 70 artisans y sont attendus ainsi que des producteurs des principales filières et les acteurs de la recherche et du développement en Corse. Le comité de la Fête de la Clémentine a choisi de sélectionner ses exposants en adhérant à la démarche initiée par la Fédération des Foires Rurales Agricoles et Artisanales de Corse. Son objectif est d'offrir aux consommateurs des produits nobles ayant une valeur identitaire et de valoriser les savoir-faire qui y sont rattachés. Ces 2 journées permettront aussi de maintenir la tradition des foires et d'établir un dialogue entre producteurs et consommateurs par la promotion de produits de qualité.

FIERA DI U VINU

LURI
✆ 04 95 35 00 15
www.destination-cap-corse.com
otsimacinaggio@gmail.com

Mi juillet.

Le Cap Corse est une région de tradition vinicole et certains clos ont une réputation qui dépasse le cadre régional. Les vignerons venus de toutes les régions de l'île invitent le public à déguster des blancs parfumés, des rosés, rouges ou muscats. Le visiteur peut également découvrir des produits authentiques artisanaux et agro-alimentaires. Des animations diverses sont proposées et un concours régional des vins est également organisé. Début juillet, A Fiera Di U Vinu ouvre ses portes en plein centre du village de Luri, et c'est les retrouvailles des vignerons insulaires, le premier rendez-vous estival des artisans de l'île, « la fête » avec les invités et les visiteurs. Au cœur de cette foire : le vin, notre vin, nos vins... un jour sûrement les vins de toute la méditerranée. A découvrir aussi : « A Memoria di u vinu », le musée du vin qui lui reste ouvert tout l'été !

■ FIERA DI L'ALIVU

Montemaggiore
MONTEGROSSO
✆ 04 95 62 81 72
www.foiresdecorse.com
fieradilalivu@wanadoo.fr
Le 16 juillet 2016.

La Foire s'est vue promue au palmarès des cent sites du goût par le CNAC (Conseil National des Arts Culinaires). Malgré les oliveraies détruites par les feux et aggravées par la sécheresse, les oléiculteurs se battent pour ce patrimoine qui a toujours été une économie pour la Corse : une huile d'olive qui a fourni jusqu'à la moitié des besoins français. Des animations et des échanges pour la reconquête et la préservation des paysages oléicoles et exposer et débattre sur tout ce qui traite de l'olivier et pourquoi pas, donner envie aux jeunes comme aux anciens, de faire revivre ce patrimoine. Une grande qualité et diversité des produits proposés : potiers, ferronniers, vanneur, ébéniste, couteliers et des sculpteurs qui côtoient des fromagers, des pâtissiers, des apiculteurs, des charcutiers et des viticulteurs.

■ SAN MARTINU FESTIVAL D'AUTOMNE DE LA RURALITÉ

Mairie de Patrimonio
PATRIMONIO
✆ 06 28 28 14 83
cristianuandreani@gmail.com
Premiere quinzaine de novembre.

C'est la fête du vin nouveau, le vin de la Saint-Martin, patron des viticulteurs et des vendangeurs, en novembre. Dans cette région, la première de Corse à obtenir son AOC, cette fête patronale, sous la bannière de la Confrérie, s'accompagne de concerts, conférences, échange des savoirs «lingua Corsa viva», de chants et musiques du monde, de découverte du territoire. Après la messe on assiste à la bénédiction du vin nouveau, de processions et de la mise en perce du tonneau de la Saint-Martin.

■ FIERA DI A BOCCA DI U PRATU

Maison des Entreprises
PIEDICROCE
✆ 04 95 35 82 54
www.castagniccia.fr
si.castagniccia@wanadoo.fr
Fin juillet-début août.

Pendant deux jours, c'est l'opportunité de rencontrer les producteurs de veau corse dans une ambiance conviviale. Dans des parcs d'exposition, on peut admirer les meilleurs reproducteurs (béliers, boucs) des filières ovine et caprine ainsi que des porcs d'élevage corse. Les chevaux sont aussi très présents : démonstrations équestres, balades en calèche... Vous pourrez également y déguster des spécialités corses et y découvrir quelques stands d'artisans.

■ FIERA IN CASTAGNICCIA

PIEDICROCE
✆ 06 07 49 03 36
www.castagniccia.fr
si.castagniccia@wanadoo.fr
Début avril. Restauration.

A Fiera in Castagniccia se déroule durant le week-end de Pâques à Piedicroce en Castagniccia. Beaucoup d'exposants sous chapiteau. Vous y trouverez suivant les années bijoutiers-créateurs, artisans-couteliers, ébénistes d'art, potiers, vanniers, parfumeurs, éditeurs et des artisans-producteurs de fromages fermiers, charcuteries, confitures, miels, farine de châtaigne, biscuiterie-confiserie, vins et boissons, huiles, vinaigres et condiments, et diverses autres spécialités régionales.

■ FIERA DI A BOCCA DI U PRATU

Col du Pratu
QUERCITELLO
www.castagniccia.fr
si.castagniccia@wanadoo.fr
Début août.

Située au col du Prato, à l'entrée de la Castagniccia, région rurale à forte identité, cette foire rurale traditionnelle propose chaque premier week-end d'août des concours de bêtes et une exposition de produits locaux artisanaux. Par ailleurs, l'aspect culturel est soutenu par des concours de Paghjella (chants des bergers à plusieurs voix), Chjami è Rispondi (joutes oratoires chantées) et polyphonies. A près de 1 000 mètres d'altitude, vous ferez connaissance avec les éleveurs et leurs troupeaux. Vous pourrez déguster des recettes corses variées et vous procurer divers produits issus de la gastronomie ou de l'artisanat local (fromage, miel, pâtisserie).

■ A FIERA DI U CASGIU

Le château
VENACO
✆ 04 95 47 15 19 / 06 08 45 28 84
www.fromages-corse.org
fiera-di-u-casgiu@orange.fr
Début mai.

A Fiera di u Casgiu, la Foire des Fromages Fermiers de Corse, fêtera cette année ses 20 ans. Le Concours régional des fromages fermiers de Corse est le temps fort de cette manifestation, il participe lui aussi à promouvoir le pastoralisme et la production fromagère fermière. On trouve à la Fiera les grands types de fromages fermiers et les bergers producteurs viennent de toute la Corse. Les principales filières agroalimentaires et artisanales de l'île sont également représentées avec des exposants sélectionnés pour ne retenir que des produits de qualité.

Foires - Salons

■ FIERA DI A CACCIA E DI A PESCA
Mairie de Castellu di Rustinu
« Rustinu in Fiera »
CASTELLO-DI-ROSTINO
✆ 04 95 38 70 34
www.fiera-caccia-pesca.fr
contact@fiera-caccia-pesca.fr
Fin juin.
Le but initial était de faire découvrir aux visiteurs, durant tout un week-end, non seulement toutes les facettes des activités de la chasse et de la pêche en Corse, mais également de promouvoir des activités diverses liées à la nature, l'artisanat, l'armurerie, la culture, l'art culinaire. Les amateurs de chiens de chasse peuvent également y trouver leur bonheur puisque, chaque année, une quinzaine d'éleveurs venus du continent viennent proposer, à l'exposition et à la vente, diverses races de canidés (porcelaines, pointers, braques, cursini, chiens courants, chiens d'arrêt). Au fil des ans, les pêcheurs ont été particulièrement bien lotis puisque, parallèlement aux démonstrations de techniques de pêche en rivière et au concours réservé aux enfants, ils ont désormais l'occasion de rencontrer des champions du monde de la spécialité.

■ FIERA DI CORTI SAN TEOFALU
Parc Chabrières
CORTE
✆ 04 95 46 17 09
www.corte-tourisme.com
corte.tourisme@wanadoo.fr
Mi-mai.
Pendant 2 jours, vous découvrez des artisans, présents dans la plupart des foires qui se déroulent dans l'île, mais aussi des exposants plus inhabituels venant du Limousin, d'Alsace, du Périgord et de la Sardaigne. La foire de Corte se distingue des autres par le nombre et la diversité des activités qu'elle présente. Vous découvrez de nombreuses activités, démonstrations, expositions et concours autour des thèmes principaux de la chasse, la pêche et la montagne.

■ GALERIA BIKER BAY
GALÉRIA
✆ 06 11 50 57 49
✆ 06 09 22 71 62
galeriabikerbay2014.sitew.fr
galeriabikerbay@gmail.com
Du 6 au 8 mai 2016.
Ce 2er événement promet d'être une fête inoubliable, avec au programme des expositions de motos bien sûr, dont de magnifiques modèles de collection, des animations moto comme par exemple du Stunt (cascades à moto) ou encore du pinstriping, de la musique live (blues, electro, pop rock, rock) avec 2 soirées de concerts et notamment Henry Padovani, l'ex-guitariste de Police, des personnalités comme le pilote Bruno Langlois ou encore le célèbre illustrateur Denis Sire, des animations, un village d'exposants, des démonstrations avec un sellier, un mécano, un coutelier et sa forge, un Savage bike show (surprise...), et bien sûr des bécanes, des bécanes et encore des bécanes ! Bref, de quoi passer un week-end de rêve dans un décor sublime.

■ FIERA DI L'ISULA
Place Paoli
L'ILE-ROUSSE
www.lisulainfesta.e-monsite.com
info@ot-ile-rousse.fr
Début octobre.
Le Comité des Fêtes de L'Ile-Rousse, L'Isula in Festa vous invite à redécouvrir la foire de l'Ile-Rousse du vendredi 3 octobre au dimanche 5 octobre. Au programme de la foire : artisanat de Balagne et d'ailleurs ; près de 40 artisans (miel, bougies, chapeaux, bijoux, peinture, confiseries, plantes...) seront présents sur le champ de foire. Fête foraine : plus de 30 attractions pour les petits et les grands et de nouveaux manèges à sensations ! Marché de l'habillement et accessoires : pour toute la famille, l'intérieur, la décoration, des prix de folie !

■ FIERA DI A CANONICA IN LUCCIANA
Office de tourisme de Lucciana Marana
Rond-point de Crocetta
LUCCIANA
✆ 04 95 38 43 40
www.lucciana-mariana.com
otlm@orange.fr
Fin mai.
Connue depuis plus d'un siècle, A Fiera di a Canonicia in Lucciana s'inscrit désormais dans le droit fil des manifestations traditionnelles et populaires de Corse qui, de tout temps, ont associé ferveur et tradition. C'est avant tout de cette identité attestée que sa célébration annuelle lors du week-end de Pentecôte entend perpétuer le témoignage. Deux jours pour découvrir les produits de plus d'une soixantaine d'exposants corses réunis en cette occasion... Gastronomie, dégustations, démonstrations de savoir-faire...Cette manifestaion est placée sur le site archéologique de Mariana avec célébration religieuse le lundi de Pentecôte en la cathédrale de Canonica.

■ FESTA DI U LEGNU E DI A FURESTA
Association Seve in Grentu
VEZZANI
✆ 04 95 44 01 21
vezzani2@wanadoo.fr
Du 13 au 14 août 2016.
Cette fête du bois et de la forêt a pour objectif de faire découvrir et de valoriser la filière bois à travers les différentes activités telles que des démonstrations de professionnels, concours de bûcherons et *scucadori*. Sont également présents les artisans insulaires et certains savoir-faire locaux. Cette manifestation présente l'originalité de se dérouler sur deux sites : l'un au cœur même du village, l'autre en forêt, à Padula, les deux sites étant reliés par un petit train touristique. Des animations festives, pédagogiques (faune, flore) et sportives (tir à l'arc, poney, ball-trap) sont prévues ainsi que des soirées musicales.

Manifestations culturelles - Festivals

■ LES MUSICALES DE BASTIA

Rue Sant Angelo
Espace Sant Angelo
BASTIA ✆ 04 95 32 75 91
www.musicales-de-bastia.com
musicales-de-bastia@wanadoo.fr

Début octobre.

Créé en 1987, ce festival est le plus ancien de l'île. Fondé dans le but de rapprocher les hommes autour de la musique et du chant, c'est une des manifestations phare de la région. La programmation de qualité réunit artistes connus et moins connus, et joue la carte de l'éclectisme : chanson française, musique classique, musiques actuelles, blues, musiques du monde et musiques traditionnelles de Corse et d'ailleurs. Les Musicales de Bastia se déroulent en automne et permettent de prolonger l'été de façon festive.

■ LES RENCONTRES MUSICALES DE MÉDITERRANÉE

Théâtre municipal
1, rue Favalelli – BASTIA
✆ 04 95 62 02 19 / 06 16 76 12 61
mf.dezerbi@sfr.fr

Début novembre.

Le concept à dominante musicale, imaginé par le président fondateur, expérimenté depuis quinze ans, est un événement attendu chaque année en Corse. Riches de rencontres, de créations et d'émotions partagées, les Rencontres Musicales de Méditerranée ont démontré une capacité à fédérer au-delà du seul thème artistique. Ces Rencontres représentent aujourd'hui un véritable modèle d'échanges culturels et humains.

■ LES RENCONTRES DE MUSIQUE CLASSIQUE ET CONTEMPORAINE

Bp 40 – CALENZANA
✆ 04 95 30 59 41 / 06 13 80 72 87
www.musical-calenzana.com
musicalrencontres@hotmail.fr

Du 17 au 22 août 2016. Concert de 18h 10 €, gratuit pour les – de 12 ans. Concert de 21h30 25 €. Tarif réduit 15 € (étudiants, demandeurs d'emploi). Abonnement (18h + 21h30) 140 €. Abonnement 6 concerts 100 €.

Près de Calvi, Calenzana rayonne entre mer et montagnes corses. Ses « Rencontres de Musiques Classique et Contemporaine » allient la qualité des intervenants et des œuvres à la chaleur humaine. Ici, la musique se vit à travers des échanges véritables entre artistes, spectateurs et organisateurs. La 16e édition mêlera, une fois de plus, des répertoires très divers du baroque à aujourd'hui, et des musiciens exceptionnels à découvrir dans de pittoresques villages. Beauté des lieux, ambiance détendue et familiale, programmation s'adressant au néophyte comme au mélomane : cet événement insulaire recherché mène de pair plaisirs de la musique et découverte de la Corse. Concerts de 1 heure environ, en fin d'après midi, dans les villages proches de Calenzana : Montemaggiore, Zilia, Cassano, Lunghignagno, Moncale.

■ CALVI ON THE ROCKS

Quai Landry
Théâtre de verdure
CALVI – www.calviontherocks.com
info@calviontherocks.com

Du 8 au 13 juillet 2016. Pass 5 jours 190 €, billet jour 40 €. CB et chèques non acceptés.

Concerts au clair de lune au pied de la citadelle, siestes musicales sur la plage, apéro pétanque sur la place centrale, dégustations de gastronomie locale sur un coin de table et bien sûr les inoubliables aftershows dans les clubs de la ville, contribuent à l'aura unique de ce rendez-vous estival. Calvi On The Rocks, c'est avant tout un environnement exceptionnel et une atmosphère incomparable rythmés par la douceur de vivre, la musique, les surprises, les rencontres et les échanges. Au fil des ans, la formule évolue, se perfectionne, toujours guidée par l'exigence artistique et la recherche d'excellence permanente. Un festival mêlant musique et art de vivre !

■ LES RENCONTRES DE CHANTS POLYPHONIQUES

La Poudrière
La citadelle – CALVI
✆ 04 95 65 23 57 – svegliu@gmail.com

Du 13 au 17 septembre 2016. Abonnement (tous les concerts de 18h et de 21h30) : 115 €. Concerts de 21h30 : 23 €. Etudiant : 15 €. Concerts de 18h : 15 €. L'achat d'un billet pour le concert du soir permet de bénéficier d'un tarif préférentiel d'un montant de 7 €, dans la limite des places disponibles.

Les chants polyphoniques s'inscrivent parmi les traditions culturelles les plus populaires de notre île. C'est dans le but de perpétuer cet héritage et de l'ouvrir à d'autres cultures partageant l'expression polyphonique que sont nées, en 1989, ces rencontres. Elles constituent aujourd'hui un des événements majeurs de l'île, où à travers une expression artistique, des hommes et des femmes affirment que l'identité est belle dans son infinie diversité. Des ensembles polyphoniques du monde entier se produisent ainsi chaque année durant 5 jours (mongols, inuits, tibétains, sud-africains, cubains, sardes…), au cœur de la citadelle de Calvi. Les différents spectacles ont lieu à la cathédrale Saint-Jean-Baptiste, l'oratoire Saint-Antoine et la place d'Armes.

■ FESTIVAL INTERNATIONAL DE CHANT LYRIQUE DE CANARI

CANARI
✆ 04 95 37 85 03 / 06 26 99 37 18
www.concours-canari.com
concours.canari@wanadoo.fr

Fin août-début septembre.

Opéra, opéra comique, opérette à voix. En partageant sa passion et son exigence avec le plus grand nombre, le Festival International de Chant Lyrique de Canari est devenu, au fil des années, le rendez-vous corse incontournable des amoureux de l'Opéra. C'est au couvent Saint-François, véritable écrin pour les voix, à Canari, que se déroulera la 14e édition du festival qui organise à présent, chaque première semaine du mois de septembre, un concours international de chant lyrique auquel le public peut assister durant toute la durée des épreuves.

LE FESTIVAL DE MUSIQUE D'ERBALUNGA

Mairie
Association culturelle de Brando
ERBALUNGA
✆ 04 95 33 20 84 / 06 09 32 55 34
www.festival-de-musique-erbalunga.com
resa.festival.erbalunga@gmail.com

Mi aout.

Initié en 1989, le Festival de Musique d'Erbalunga est devenu un évènement incontournable de la vie estivale du Cap Corse. Chaque année, au mois d'Août venez découvrir des artistes dans un cadre enchanteur qu'est le théâtre de verdure d'Erbalunga. Un Festival de musique éclectique avec de belle affiche, dans un cadre atypique ! Son originalité réside dans le cadre naturel qui l'accueille au cœur de cette pittoresque marine du Cap Corse, sur la place centrale, à deux pas de la tour Génoise. Ici les concerts sont donnés à ciel ouvert dans un décor intimiste qui fait rêver les artistes qui s'y produisent aussi bien que les spectateurs. Ce festival à l'ambiance chaleureuse propose des thèmes musicaux variés, mêlant le jazz, la variété, le rock...

JAZZ EQUINOXE

ERBALUNGA ✆ 04 95 31 49 46
www.jazzequinoxecorsica.com
jazzequinoxe@yahoo.fr

Mi-juillet. Entrée : 45 €.

L'ambition de l'association Jazz Equinoxe Corsica, à travers cette manifestation, est de satisfaire les amateurs de musique en général et de jazz blues rock en particulier. Jazz Equinoxe était un festival apprécié pour la qualité de ses invités jazz depuis quinze ans. Le pari musical est gagné car au cours des éditions du festival, de grands noms se sont succédé sur la scène bastiaise : Joe Diorio, Spanky Wilson, Paolo Fresu, Monty Alexander, Mark Whitfield, John Lee Hooker, Doctor Feelgood, Kyle Eastwood, Elliot Murphy, Bule Coupe ou encore Melody Gardot.

LES NUITS DU PIANO D'ERBALUNGA

Chemin du couvent
Théâtre de Verdure
ERBALUNGA ✆ 06 20 25 23 10
www.lesnuitsdupianoerbalunga.fr
nuitsdupianoerbalunga@gmail.com

Fin juillet-début août. Entrée : 30 €. Enfant -12 ans. 3 concerts réservés, le quatrième concert est offert.

Lors de cette quatrième édition, quatre pianistes de renommée internationale se produiront dans le cadre enchanteur du théâtre de verdure d'Erbalunga. Ce festival a vocation à s'inscrire durablement dans le paysage artistique et culturel de la Corse pour avoir connu une très forte augmentation de sa fréquentation en 2014. Son point fort : la qualité extrême des artistes qui y sont présentés et des programmes très choisis. Cette année, Adam Laloum, Guilia Katsarava, Plamena Mangova...

LE FESTIVAL DU FILM DE LAMA

Maison de la Culture et du Tourisme
Village, LAMA
✆ 04 95 48 21 60 – www.festilama.org
info@festilama.org

Du 30 juillet au 5 août 2016. Entrée : 7 €. Enfant : 5 €. Abonnement 5 entrées : 30 €.

Fondé en 1994, ce festival n'est pas tout à fait comme les autres, il a pour cadre le plein air. Les films sont des avant-premières : une vingtaine de longs métrages, une compétition de courts métrages, des documentaires, un regard sur la production corse, un focus sur une personnalité du cinéma. Le festival, c'est aussi des programmes pour les enfants, des tables rondes, des conférences, des rencontres professionnelles, des animations musicales... et la convivialité. Il y a trois sites de projections en plein air : « La piscine », 700 places en pleine nature entre ciel et terre, « L'Ombria », 150 places, une placette entourée de maisons, « Le Mercatu », 100 places, en plein cœur du village, et une petite salle en intérieur, la salle des fêtes. Pour les colloques et conférences, le festival s'installe dans Le Stallo, superbes anciennes écuries remarquablement restaurées.

LES NUITS DE LA GUITARE

Théâtre de Verdure – PATRIMONIO
✆ 04 95 37 12 15 / 06 10 16 18 20
www.festival-guitare-patrimonio.com
durand.syl@orange.fr

Du 16 au 23 juillet 2016. Entrée : 35 € (à 50 €). Restauration.

Rares sont les endroits où la magie de la musique s'allie à la beauté d'un cadre unique. Les Nuits de la Guitare appartiennent à cette exception. Accroché aux montagnes qui surplombent la magnifique baie de Saint-Florent, le village de Patrimonio, dont les vins comptent parmi les meilleurs crus de Corse, vous invite au voyage dans son Théâtre de Verdure... Au rythme des guitares. Voilà vingt-six ans que des guitaristes locaux et passionnés, pris d'un coup de folie, décidèrent d'inviter leurs héros. Ainsi sont nées les Nuits de la Guitare, qui, d'année en année, ont conquis un large public et fait de Patrimonio. Le festival a grandi, passant de 3 à 8 soirées. La fréquentation ne cesse d'augmenter d'année en année et de nombreux estivants, conquis par la qualité des programmes et l'atmosphère très particulière du théâtre de verdure, planifient leur séjour en fonction de nos dates. La municipalité a réaménagé le site, ce qui a permis d'y installer confortablement plusieurs centaines de fauteuils supplémentaires. Pourtant, malgré l'ampleur prise par le festival, l'esprit n'a pas changé : simplicité, convivialité.

FESTIVOCE

Centre de création musicale Voce
Piazza di a Ghjesgia
PIGNA
✆ 04 95 61 73 13 / 06 79 40 68 80
www.centreculturelvoce.org
contact@ccvoce.org

(mi juillet). Entrée : 15 € (soirée Voce in Festa du 10 juillet : 20 €). De septembre à juin : accueil d'artistes en résidence et spectacles le samedi à 18h30. Ateliers, stages, master class de septembre à juin. D'avril à octobre : mardi et vendredi. Canti E Musica di Corsica : concerts des groupes insulaires.

Fêter tous les ans la voix dans tous ses états, voilà l'objectif du Festival Festivoce. On peut y entendre des polyphonies corses, mais aussi du chant médiéval, de la musique baroque, de l'opéra... Programmation variée donc, et bons moments en perspective. A noter, chaque soir à 19h, des sérénades au soleil couchant sont offertes au public. Un auditorium dans le village de Pigna a été construit pour permettre d'accueillir les concerts, même hors période de festival, de nouveaux lieux de concerts ont été inscrits au programme : ruelles, églises baroques, chapelles romanes, place de village... Festivoce continue à déambuler au fil de sa programmation, de village en village, parmi les plus beaux de la Balagne. Pour les amateurs de musiques traditionnelles corses et d'ailleurs, entre échange et rencontre, Festivoce vous convie à un festival haut en couleur.

■ LES RENCONTRES INTERNATIONALES DE THÉÂTRE DU GIUSSANI
Etablissement Battaglini
L'Aria PIOGGIOLA
✆ 04 95 61 93 18
www.ariacorse.net
contact@ariacorse.net
Du 6 au 13 août 2016. Adhésion à l'Aria 20 € pour accéder gratuitement à tous les spectacles.
Créée en 1998, présidée par l'acteur et réalisateur Robin Renucci, l'Aria est une association d'éducation populaire, artistique et culturelle. Les Rencontres Internationales de Théâtre en Corse représentent le temps fort de l'été depuis 18 ans. Pendant cinq semaines, près de quatre-vingt stagiaires, comédiens ou techniciens travaillent ainsi à l'élaboration d'une dizaine de spectacles, mêlant œuvres contemporaines et classiques. Les spectacles résultant de cette formation sont présentés au public du 1er au 8 août dans les villages de Haute-Balagne. Cette année le public sera plus que jamais au centre des réflexions communes : un public praticien, un public spectActeur. Se réapproprier les arts de la parole afin de renforcer la capacité de chacun à dire « je », à parler sa propre langue, tel est l'engagement des Rencontres.

■ PORTO LATINO
SAINT-FLORENT
✆ 06 12 91 26 79
portolatino.fr
audrey.tordelli@gmail.com
(début aout). Entrée : 33 € (à 43 €).
Un festival de musiques actuelles et métissées. Unique ! Le dépaysement est garanti ! Vous aurez l'impression d'être ailleurs et vous vous sentirez Cubain, Portoricain, Capverdien ou encore Brésilien le temps d'un soir... C'est un festival d'une ampleur incroyable et en plein développement. En marge du festival, il y aura des groupes de rue, histoire de rester dans le bain latino. Un village latino-américain, permettra de découvrir les produits et spécialités des différentes régions invitées. A noter, des stages de danse et des ateliers auront lieu.

■ MUSICA CLASSICA
SANTA-RÉPARATA-DI-BALAGNA
✆ 06 45 40 00 26
www.musica-classica.fr
infos@musica-classica.fr
Début août.

© ROLAND HUITEL

Festivoce.

Quand avec un peu de confiance, beaucoup d'enthousiasme et un brin de folie, un petit village corse espère vous rassembler au nom de la grande musique et sous le beau ciel étoilé de la Méditerranée. C'est le pari gagné du village de Santa Reparata qui accueille désormais chaque année les grands noms de la musique classique pour des concerts en plein air. Vous écouterez les plus belles sonates et les grands airs de la musique classique dans des sites exceptionnels : La Piazza di l'Olmu et le Théâtre de Verdure, Chaque concert est précédé de conférences et d'une petite restauration pour faire de ces soirées des moments inoubliables.

Manifestations sportives

■ CYCLO'CORSE
Place Saint-Nicolas
BASTIA
✆ 04 50 23 19 58
lvorganisation@gmail.com
Du 16 au 17 avril 2016 (des parcours chrono ou rando. Chrono : 130 ou 100 km le dimanche 17 avril Rando : 77km le samedi 16 avril et 100km le dimanche 17 avril).
Une cyclosportive à ne pas manquer ! La Cyclo'Corse constitue l'une des six épreuves cyclosportives du Challenge Cyclo'Tour Rotor. La Cyclo'Corse est une invitation inédite à la découverte d'un territoire exceptionnel au cœur des traditions d'une île pleine d'histoire et de terroir. Au départ de Bastia, au mois d'avril, le parcours offre 80% en corniche à travers le Cap Corse, entre mer et montagne, pour une expérience unique. Venez découvrir l'île de Beauté autrement sur un ou deux jours, en formule randonnée ou chronométrée.

© LVO

Les parcours offrent des vues imprenables.

CAVALL'IN FESTA
11, avenue Xavier Luciani
CORTE
✆ 04 95 46 13 77 / 06 82 85 26 16
www.cavallinfesta.fr
equiloisirs@wanadoo.fr
Du 10 au 12 juin 2016. Entrée : 5 €. Buvette, restauration. CB non acceptée.
C'est la foire régionale et rurale, incontournable, grand rendez-vous de la filière équine insulaire. Baptêmes de poney, concours de muletiers, jeux équestres, spectacle équestre de joutes médiévales, défilé de musiciens et chevaux dans les rues de Corte. Présentation et dégustation des produits de l'artisanat et du terroir local. Finale du concours régional de Pony Games et animations et démonstrations équestres.

RESTONICA TRAIL
CORTE
✆ 06 08 34 58 29 / 06 84 76 25 33 / 04 95 46 12 36
www.restonicatrail.fr
pierre@restonicatrail.fr
Du 9 au 10 juillet 2016.
Trois courses au programme : Le 10 à 0h (le 9 à minuit) départ de l'Ultra Trail di Corsica 110 km 8 000 m D+ (4 points qualificatifs UTMB), le lendemain départ du Restonica Trail 69 km 5 000 m D+ (2 points qualificatifs UTMB), et du Tavignanu Trail 33 km 2 500 m D+. Venez vous mesurer au mythique GR20, tel pourrait être le slogan de ces épreuves. Dans une ambiance des plus conviviales, on traverse les paysages les plus somptueux de la montagne corse, les terres d'estives, les lacs d'altitude en passant par les plus hauts massifs corses, le massif du Cintu et celui du Rotondo avec des cols à 2 500 m dont le franchissement du point culminant du GR20. Des animations sont au programme pour ces deux jours de fête de la montagne : rue piétonne animée par des groupes musicaux et une soirée de clôture.

CHALLENGE INTERNATIONAL DE PÉTANQUE PASCAL PAOLI
L'ILE-ROUSSE
✆ 06 85 84 55 12 / 06 79 90 44 30
www.spirb.fr
info@ot-ile-rousse.fr
Mi-septembre.
Chaque année depuis 2005, l'Association Sport Pétanque Ile-Rousse Balagne a eu l'honneur et le plaisir d'organiser dans la cité un grand concours national de pétanque. Le club présentera cette année encore la nouvelle édition du 6° Challenge National Pascal Paoli de pétanque réunissant les meilleurs joueurs mondiaux et insulaires. Durant les 3 journées de compétition, de nombreux spectateurs auront le plaisir d'assister aux parties qui verront s'opposer l'élite mondiale de cette discipline.

LA BALAGNE

Crique de Sainte-Restitude à Lumio.

© XAVIER BONNIN

LES VILLAGES CÔTIERS

Un beau rivage, riche et pittoresque habitué à regarder la mer tout en gardant une forte tradition agricole et pastorale car la Balagne est aussi appelée «le jardin de la Corse». De très beaux villages à forte identité, des bergers, des artisans, des cultivateurs et, sur le bord de mer, deux stations dynamiques et deux fières cités longtemps concurrentes, Calvi et L'Ile-Rousse désormais complémentaires. Plus d'une vingtaine de plages et criques toutes plus belles les unes que les autres qui sont le plus souvent accessibles par le petit train rustique et tremblotant.

ALGAJOLA ★★

Petit port de pêcheurs, Algajola est dynamique, avec ses nombreux commerces, hôtels et restaurants, mais on est loin de l'affluence de Calvi. Prenez surtout le temps de rentrer au cœur du village, de flâner dans les ruelles et d'attendre le coucher du soleil sur la place du château. Petite gare champêtre pour prendre la micheline brinquebalante qui serpente tout le long du littoral. Algajola fut longtemps une position génoise avancée devant Calvi. La plage d'Agajola est réputée pour son spot de surf et c'est ici que fut lancé le kitesurf sur l'île. Les plus futés iront sur la crique de San-Damiano au nord-ouest du village.

■ **OFFICE DE TOURISME D'ALGAJOLA**
Place de la Gare
✆ 04 95 62 78 32
www.balagne-corsica.com
info@balagne-corsica.com
Ouvert de 10h à 12h et de 14h30 à 19h. Ouvert du 15/04 au 30/09.

Le couvert

■ **HÔTEL RESTAURANT DE LA PLAGE SANTA VITTORIA**
A Marina ✆ 04 95 35 17 03
www.hotelplage-vittoria-corse.com
martelli-jhp@orange.fr
Fermé d´octobre à avril. Haute saison : ouvert tous les jours et les jours fériés le soir. Ouvert le week-end et les jours fériés le midi. Réservation recommandée. Menus de 25 € à 50 €. Carte : 39 € environ. Menu enfant : 12 €. Suggestion du jour : 24 €. Vin au verre. 15 chambres à partir 72 € pour une personne, petit dejeuner 5 €. Chaises bébé. Terrasse. Wifi gratuit. Parking privée.
Une belle table au-dessus des flots pour profiter du cadre et de la carte, des menus des suggestions, basés sur des produits irréprochables. La famille Martelli et son équipe ont fait de cette adresse une jolie référence gastronomique. Belle salle panoramique et sa petite terrasse qu'il vous faudra réserver impérativement. Bonne partie hôtelière avec ses chambres de bon confort au-dessus des flots.

La Balagne

De l'Ostriconi à Galeria en passant par l'inévitable Calvi et, plus à l'intérieur, par des petits villages tels que Sant'Antonino au point de vue panoramique, la douceur de vivre se ressent. Calvi et sa citadelle génoise, ancienne rivale sous Pasquale Paoli de L'Ile-Rousse, entretient une activité festive très dynamique. Quant à Isula Rossa, ses rochers rouges avançant dans la mer se laissent découvrir par la ligne de chemin de fer. La Balagne c'est le pays de l'olivier, les jardins de la Corse d'antan. Cette région a une mentalité d'ouverture très marquée, le tourisme est une tradition à Calvi depuis la fin du XIXe siècle. Une région riche et pittoresque habituée à regarder la mer tout en gardant une forte tradition agricole et pastorale ; la Balagne est aussi appelée le jardin de la Corse. De très beaux villages à forte identité, des bergers, des artisans, des cultivateurs et, sur le bord de mer, deux stations dynamiques et deux fières cités longtemps concurrentes : Calvi et L'Ile-Rousse. Un cirque montagneux autour d'une grande plaine vide, voilà en raccourci les paysages de Balagne. De beaux villages accrochés à ces montagnettes contemplent une vaste étendue centrale dont le cœur est le lac artificiel du barrage de Codole.

Les incontournables : La Citadelle et le panorama depuis la chapelle de Notre-Dame de la Serra à Calvi, la visite d'Occi au-dessus de Lumio, la citadelle d'Algajola, le village des artisans de Pigna, le nid d'aigle de Sant'Antonino, l'île de la Pietra et le marché couvert à L'Ile-Rousse, la vallée du Fango au-dessus de Galeria, les gorges de la Tartagine dans le Gussani, la forêt de Bonifato au-dessus de Calenzana.

La Balagne
N
O
S
Mer Méditerrranée
Site des Agriate
Ferry vers Marseille, Toulon, Nice et Savone
Plage de l'Ostriconi
Ferry vers Nice et l'Italie
L'Ile-Rousse
Lozari
N197
N2197
Ostriconi
la Balanina
Urtaca
Lama
Monte Asto 1 535 m
Marine de Davia
Corbara
Monticello
Santa-Reparata di Balagna
Palasca
Novella
Marine de St. Ambroggio
Algajola
Pigna
Belgodère
Sant'-Antonino
Costa
D151
D71
Aregno
Ville-di-Paraso
Calvi
Lumio
Cateri
Speloncato
N1197
Pointe de la Revellata
Avapessa
Nessa
Pioggiola
D963
Muro
Feliceto
Montegrosso
Olmi-Cappella
Montemaggiore
Zilia
Mausoléo
Vallica
Calenzana
Monte Grosso 1938 m
Tartagine
D18
Départ du GR20
Forêt de Tartagine
Ponte-Leccia
Forêt de Calenzana
D81
Figarella
Monte Prado 2 393 m
Baie de Crovani
Argentella
D147
Golfe de Galéria
Forêt de Bonifato
Cirque de Bonifato
N193
Galéria
Le Fango
Monte Cinto 2 706 m
Fango
Manso
Golo
Réserve naturelle Scandola
Forêt du Fango
D351
Calacuccia
GR20
Golfe de Girolata
Corte
Mont Paglia Orba 2525 m
D84
Vers Aléria
Golfe de Porto
Tavignano
Restonica
Porto
Evisa
Venaco
Piana
Monte Rotondo 2 622 m
Vivario
Vico
Guagno
Monte d'Oro 2 389 m
Vizzavona
Golfe de Sagone
Vers Ajaccio
GR20
Site de plongée
Réserve naturelle
Plage
Gare CFC
Port de plaisance
Port de pêche
Ferry
0
5 km

Histoire

Les premiers habitats correspondent aux sites préhistoriques et protohistoriques de Tepina Cocani et au site du mont Saint-Joseph. Le petit port, San-Damianu, abritait un port romain durant leur occupation. Ce port sera abandonné après le départ des Romains jusqu'au XIIe siècle, date à laquelle sera construite une tour de défense. Ainsi, les pêcheurs retrouvèrent l'utilité du port ainsi que les commerçants. Vers 1475, l'ensemble prend un nouvel essor, d'abord sous l'influence de l'Association la Madonna de Lomellino puis de l'office de San-Giorgio. Alors le village est en plein essor, des logements sont construits, l'église est agrandie. En 1620, le port devient le second port de l'île. La ville est détruite le 27 juillet 1643. Le château d'Algajola fut construit sur les ruines de la tour des Lomellino. Il fut la résidence du gouverneur de Balagne pour Gênes jusqu'en 1764. Le château est aujourd'hui une propriété privée. Algajola serait bâtie sur les fondations de la cité phénicienne d'Argha. On y trouve également des traces d'occupation romaine. Ancienne résidence des gouverneurs génois de Calvi, Algajola fut prise par les Turcs en 1643, ce qui conduit les Génois à la fortifier en 1664. On peut voir les vestiges de la citadelle et ceux du château fort qui lui était rattaché ; quelques remparts et une tour sont encore visibles. L'église paroissiale Saint-Georges est également fortifiée. Dans les carrières d'Algajola, on voit encore un monolithe de granit porphyrique de 17 m de haut et de 272 tonnes, que les villageois surnomment « le presse-papier ». Il aurait dû servir à la construction d'une statue de Napoléon à Ajaccio, mais, impossible à transporter, il fut laissé sur place en 1837. L'un des blocs de la carrière servit également à la base de la colonne Vendôme à Paris.

Le gîte

■ HÔTEL RESTAURANT DE LA PLAGE SANTA VITTORIA**
A Marina ✆ 04 95 35 17 03
www.hotelplage-vittoria-corse.com
martelli-jhp@orange.fr

Fermé du 15 octobre au 15 avril. Accueil jusqu'à 22h30. 15 chambres. Chambre simple à partir de 72 € ; chambre triple jusqu'à 162 €. Demi-pension : 24 € (repas du soir). Petit déjeuner buffet : 5 €. Parking ouvert inclus (garage moto). Animaux acceptés (5 € par jour). Wifi gratuit. Restauration (menus de 25 à 50 €, menu enfant 12 €, carte 39 €).

Un établissement parfaitement situé en plein cœur de cette cité historique. On y profitera d'un cadre superbe avec du beau mobilier d'époque, de bonnes prestations hôtelières à prix doux pour la Balagne et d'une formule demi-pension plus que recommandable par la qualité des plats et pour la vue magnifique sur la mer. L'accueil est naturellement chaleureux et convivial pour y passer un bon séjour sans autre souci que de profiter de l'instant présent. La table de qualité est bien sur ouverte à la clientele exterieure en prenant la peine de réserver.

■ SAINT-JOSEPH**
1, chemin de Ronde
✆ 04 95 60 73 90 / 06 33 50 26 96
www.hotel-algajola.com
stjoseph.hotel@orange.fr

Ouvert toute l'année. Accueil jusqu'à 22h. 23 chambres. Petit déjeuner : 1 €. Parking ouvert inclus (sécurisé auto et moto). Chambre 1 personne à partir de 66 €. Chambre 2 personnes à partir de 71 €. Non labellisé pour le handicap. Poste Internet. Wifi gratuit.

Un petit établissement idéalement placé au pied de la citadelle, tenu depuis vingt ans par la famille Martelli. Un confort honorable digne d'un trois étoiles, un parking vidéo surveillé offert et même un mini-zoo, la fierté de Jean-François, qui couve ses tortues d'Hermann dans le jardin face à la mer. Les 8 nouvelles chambres supérieures, toutes neuves sont magnifiques. Bien pratique à 8 km d'Ile-Rousse très souvent complet en saison. Réservation impérative !

© XAVIER BONNIN

La citadelle d'Agajola.

Campings

■ **CANTARETTU****
Plaine de Pigna
route de Calvi
© 04 95 60 26 85
© 06 22 06 86 97
© 06 11 43 51 86
www.location-cantarettu.com
martelli.ranch@wanadoo.fr

Ouvert toute l'année. Réservation recommandée. Accueil jusqu'à 21h (minuit en saison). Gardé 24h/24. Terrain de 5 ha. 150 emplacements (et 50 locatifs). Exposition : ombragé / mi-ombragé / ensoleillé. Sol : herbeux / gravillons / pierreux. Relief : plat. Emplacement + véhicule + 2 personnes. Emplacement + véhicule + 2 personnes. Emplacement + véhicule + 2 personnes. 20 mobil-homes pour 2 à 5 personnes de 250 € à 770 € la semaine ; 30 chalets pour 2 à 6 personnes de 350 € à 870 €. Forfait 2 personnes+véhicule+tente 20,50€. Locatif a la nuitée à partir de 50 €. Chèque Vacances. Jeux pour enfants. Animaux acceptés (2 €). Séminaires. Réceptions et mariages. Wifi gratuit. Restauration (grill pizzeria menu enfant 8 €, carte 30 €). Animations.

Ce camping propose de nombreuses locations et se situe à proximité des plages. Sur place, les possibilités de loisirs sont nombreuses : baignade, équitation, randonnées, activités nautiques. Sur le camping, bar et restauration sont aussi à votre disposition. En plus, vous pourrez découvrir un très beau village typique à proximité. Un lieu agréable qui devrait vous faire découvrir les multiples aspects de la Corse.

Sites de plongée autour d'Algajola

- **Le Danger d'Algajola.** Difficulté : tous niveaux. Profondeur : de 12 à 20 mètres. Situation : au large du port à moins d'un mile. Atouts : des roches affleurantes et une eau riche en girelles paons, barracudas et saupes. Coordonnées GPS : 42° 37,561 N – 08° 50,339 E
- **Le Sec du Charbonier**. Difficulté : niveau 1 et baptême. Profondeur : de 3 à 30 mètres. Situation : l'îlot du Spano. Atouts : roches affleurantes et une eau riche en girelles paons, sars, dentis et barracudas. Coordonnées GPS : 42° 35,951 N – 08° 47,899 E

■ **ALGAJOLA SPORT ET NATURE**
Plage d'Algajola-Aregno
ALGAJOLA
© 04 95 44 08 32
www.algajola-sportetnature.com
contact@algajola-sportetnature.com

Fermé de novembre à mars. Haute saison : ouvert tous les jours et les jours fériés de 9h à 19h. Baptême plongée 55 €, exploration à partir de 35 €, randonnée palmée 25 €, ocation VTT et route à partir de 15 €, randonné VTT encadrée à partir de 35 €. CB non acceptée. Chèque Vacances.

En plein milieu de la plage d'Algajola-Aregno, Charles Fluixa propose aux amateurs de sports et loisirs de tous types, une multitude de formules de stages et location : la plongée sous marine en baptême ou exploration, les stages et location de planche à voile, ski nautique et wakeboard, kayak de mer, surf, stand up paddle, et autres bouées tractées. Nombreuses formules de découvertes encadrées par des professionnels diplômés. L'une des structures les plus complètes de la Balagne. En prime : location et randonnée encadrée en VTT ou vélo routier (gamme GIANT et CUBE).

AREGNO ★★

Aregno est un vieux village traditionnel, construit à flanc de coteau. On y trouve des traces d'occupation beaucoup plus anciennes : ainsi, sur le site de San-Marcello, on trouve quelques vestiges romains, comme, par exemple, des plaques de bronze ayant appartenu aux armées de Vespasien. Selon les travaux de Savelli de Guido, le site serait celui de l'antique cité de Balania, évoquée par Ptolémée, Strabon et Pline l'Ancien. L'église paroissiale Saint-Antoine possède un très beau clocher à trois étages, et plusieurs petites chapelles anciennes sont disséminées dans le village et ses alentours. Cependant, l'église pisane de la Trinità et de San-Giovanni, dans le cimetière, ne manquera pas d'attirer la curiosité avec ses ornements étranges. La façade maritime n'est pas en reste avec la belle et grande plage éponyme prisée pour le funboard et quelques naturistes au nord.

BELGODÈRE ★★

Belgodère possède une façade littorale et une façade en Piémont, lui conférant un charme unique. Ce village, classé station touristique, est riche d'une histoire singulière : en 1268 après une rude journée de combat contre un vassal félon, la nuit arrivant, le marquis de Massa, très puissant seigneur féodal, se retira avec sa troupe sur l'éperon rocheux des « Teghje ». Il prit alors la décision de faire fortifier ce lieu, de l'aménager définitivement et de s'y installer à demeure. Aujourd'hui subsistent quelques vestiges de constructions anciennes : la base de la « tour a la Cima » (la tour du haut) et celle d'une vieille bâtisse fortifiée. L'attrait principal de ce site est le point de vue qu'on y découvre. Belgodère partage la grande plage de sable de Lozari (la deuxième en dimension après celle de Calvi) avec Palasca. Idéalement placé au début de la Route des Artisans, cet ancien village, bâti par les moines au XIIe siècle, s'étire en balcon au-dessus de la vallée fertile du Reginu. De ce passé chrétien il nous reste les ruines du couvent, au-dessus du cimetière, l'église classée de Saint-Thomas du XIIe siècle et le château Malaspina du XIXe siècle. Beau panorama dans le village, en passant sous la voûte entre les deux bars, pour atteindre la Vierge-Marie, s'y recueillir et profiter du coup d'œil sur toute la vallée.

Points d'intérêt

L'église paroissiale Saint-Thomas (San Tumasgiu), des années 1560 et 1792, a été édifiée à l'emplacement d'une première église fondée en 1269 par Andrea Malaspina. Les peintures sont de Giuseppe Marchesi (1823-1893). Elle a été restaurée dans la seconde moitié du XIXe siècle, et son clocher le fut en 1913. Architecture baroque à coupoles. Elle a été inscrite aux Monuments historiques. L'église Saint-Thomas renferme un lot important d'œuvres classées. La chapelle Saint-Jean, à la sortie sud du village, a été récemment restaurée. Elle possède des peintures remarquables, et une statue unique « Notre Dame des Sept Douleurs ». A la sortie nord se trouvent les ruines de l'ancien couvent des Servites de Marie.

Le couvert

I SALTI
D113
Salti
Route du Reginu
✆ 04 95 34 35 59
✆ 06 30 71 82 64
i-salti@orange.fr
En face du golf du Reginu

Fermé de novembre au 15 mars. Ouvert tous les jours et les jours fériés le midi et le soir. Fermé le jeudi hors saison et le midi au mois d'août. Réservation impérative. Carte : 60 € environ. Vin au verre. CB non acceptée. Chaises bébé. Jardin. Terrasse. Wifi gratuit.

Superbe trouvaille que cette charmante table d'hôtes dans la vallée du Reginu ! On la découvre juste à côté du golf avec son petit jardin accueillant, sa terrasse couverte et quelques tables intimistes. Pour la cuisine, le chef David Doury, réputé en Balagne, surveillé par sa jeune compagne Carina qui tourne de table en table pour conseiller les gourmets. La grande ardoise journalière égrène les recettes à base des produits locaux en naviguant entre terre et mer. Du cachet, des saveurs pour passer un bon moment avec les yeux, le nez et les papilles.

Le gîte

LE NIOBEL
N197
Aghjola
✆ 04 95 61 34 00
www.leniobel.com
hotel.leniobel@yahoo.fr
Après l'église, à 200 m à gauche.

Fermé de décembre à février. Accueil jusqu'à 22h. 12 chambres. Chambre simple à partir de 68 € ; chambre triple jusqu'à 123 €. Demi-pension : 31 € (dîner+petit déjeuner). Petit déjeuner : 9 € (et 12,50 €). Parking ouvert inclus (auto et moto). Petit déjeuner enfant de 3 à 7 ans : 6,50 €. Lit bébé 15 €. 1 chambre équipée. Garde d'enfants. Animaux acceptés (8 €). Réceptions et mariages. Poste Internet. Wifi gratuit. Restauration (menu enfant 10,50 €, carte à l'ardoise 39€ environ).

Une bonne petite adresse coquette, reprise depuis peu par Jacqueline Peraldi qui a su redonner du cachet à cette auberge. Une bonne table pour les résidents et les gourmets de passage, des chambres confortables et joliment décorées et la situation agréable en balcon face à la mer.

Belgodère

Village perché et plage d'Aregno.

Campings

LE CLOS DES CHÊNES**
RN2197 – Route de Belgodère
✆ 04 95 60 15 13 / 04 95 60 41 27
www.closdeschenes.fr
cdc.lozari@wanadoo.fr

Fermé d'octobre à avril. Réservation recommandée. Accueil jusqu'à 20h (en été, 19h hors saison). Gardé 24h/24. Terrain de 6 ha. 235 emplacements. Exposition : ombragé. Sol : herbeux / pierreux. Relief : plat. Emplacement + véhicule de 8,20 € à 11 €. 2 personnes de 7 € à 9,50 €. 20 mobil-homes pour 2 à 6 personnes de 315 € à 990 € la semaine ; 19 chalets pour 2 à 6 personnes de 315 € à 1 070 €. CB non acceptée. Chèque Vacances. Jeux pour enfants. Salle de bains pour bébés. Animaux acceptés (sauf chalets). Aire pour camping-cars. Wifi gratuit. Restauration (pizzeria en été).

Un camping avec piscine, et surtout des arbres, pour trouver l'ombre tant recherchée l'été. Un toboggan qui fera la joie des enfants et quelques transats qui vous permettront de passer d'agréables moments au bord de l'eau. Venez profiter d'un camping à la campagne et en bord de mer, doté qui plus est d'une équipe vraiment sympathique qui vous fera découvrir de nombreux aspects de l'esprit corse...

Emplettes

GAEC DE LOZARI
RN197 – Route de Belgodère
✆ 04 95 60 18 13
www.paniercorse.com
marylenegacon@yahoo.fr

Haute saison : ouvert tous les jours et les jours fériés. Sur réservation. CB non acceptée.

La famille Gacon produits des miels AOC, comme celui de châtaignier, récolté fin juillet en moyenne montagne et qui présente une légère amertume caractéristique. Il y a aussi les miels de printemps, et quelques autres, tout aussi savoureux. Autres produits : un vinaigre de miel original (comptez 9 € € la bouteille de 20 cl) et une huile d'olive confidentielle.

Dans les environs

Occhiatana

Ce village surplombant Belgodère est construit en gradins sur un sommet. C'est un lieu calme, avec sa petite place bordée de palmiers et ses rues anciennes. C'est également la patrie du sculpteur Maestracci, dont on peut voir la maison décorée d'une manière très originale, et le tombeau, classé aux Monuments historiques. On peut aussi visiter son église paroissiale Saint-Barthélemy et son beau clocher baroque de trois étages.

U MULINU DI TENDA
D71 – Route de Belgodère
✆ 06 16 37 38 94
umulinuditenda.weebly.com
umulinuditenda@gmail.com

Accès au Moulin à 3 Km après Belgodère en contre bas de la route en direction d'Occhiatana.Accès au Moulin à 1 Km après Occhiatana en contre bas de route et en direction de Belgodère.Un drapeau corse (tête de maure sur fond blanc) marque l'entrée de la propriété.

Fermé d'octobre à mars. Accueil jusqu'à 19h. 3 chambres (matrimoniales). Chambre double 75 €. Petit déjeuner inclus. Lit supplémentaire : 10 € (enfant). Parking fermé inclus. CB non acceptée. Restauration (table d'hôtes le soir sur réservation 25 €).

Très belle rénovation pour cet ancien moulin du XVIIIe siècle, patiemment remonté pierre par pierre pour aboutir à un ensemble harmonieux. La vue est superbe sur la vallée du Reginu et la plage de Lozari en contrebas, et les chambres sont coquettes et bien équipées. Un très bon rapport qualité-prix pour l'hébergement et même la table d'hôtes de Pierrette. Calme olympien, vue panoramique et un lieu de séjour plein de charme et de caractère.

CALENZANA ★

Cette commune est la deuxième de Corse par sa superficie. Elle possède, à l'ouest, une façade maritime avec un peu plus de seize kilomètres de côte déchiquetée, dotée de l'unique plage de galets de l'Argentella. L'endroit tire son nom des anciennes mines d'argent et de cuivre se trouvant juste à côté et qui étaient exploitées de 1873 à 1930. Le village est placé sous la protection de Sainte-Restitute qui, selon la légende, aurait elle-même choisi l'emplacement de la chapelle qui porte son nom. Elle fut érigée au XIIe siècle à l'endroit où la sainte et ses compagnons auraient été ensevelis après leur martyre. On célèbre son culte le 21 mai, et ses reliques sont portées en procession dans le village. Près de la chapelle Sainte-Restitute se trouve la statue-menhir de Luzzipeiu.

LA MAISON DU GR20

✆ 04 95 62 87 78
www.parc-corse.org
infos@pnr-corse.fr
Ouvert de mai à octobre.

L'étape obligée avant de gravir le GR20, pour connaître les conditions météo, se fournir en topo, cartes. Le départ nord du GR20 et d'un sentier Mare é Monti qui rejoint Cargèse, est dominé par la silhouette massive de l'impressionnant Monte Grosso, à près de 2 000 m, d'où coulent de nombreuses rivières. Les randonneurs doivent réserver les nuitées en refuge et bivouac avant d'emprunter le GR20. La vente des tickets se fera exclusivement sous deux formes, en ligne sur le site du Parc naturel (www.parc-corse.org) et dans les maisons d'informations du Parc naturel régional de Calenzana (Maison du GR20 au gîte d'étape), Conca et Ajaccio.

Points d'intérêt

ÉGLISE PAROISSIALE SAINT-BLAISE ★

L'église paroissiale Saint-Blaise, de style baroque, se situe au cœur même du village. Elle a été construite entre les XVIIe siècle et XVIIIe siècle, sur un sanctuaire roman du XIIe siècle. Elle est un des deux édifices à trois nefs avec celui de La Porta en Castagniccia. Tout comme l'église de La Porta, son campanile est une tour isolée. Les deux tours clochers sont de même hauteur et les seules construites dans ce style. L'église et le campanile de Saint-Blaise ont été rénovés en 2007.

SANCTUAIRE DE SAINTE-RESTITUDE ★

RD151
Sainte-Restitude

L'église Santa Restituta (Sainte-Restitude), encore appelée A Santa, est un sanctuaire où sont conservées les reliques de sainte Restitude. Eglise de pèlerinage, elle est située en dehors du village, sur la route menant à Zilia, proche de grands caveaux (tombes) de famille. Propriété de la commune, sa construction a débuté au XIe siècle. Par la suite, elle a subi à plusieurs reprises des travaux de transformation : nef romane primitive aux XIe et XIIe siècles, chapelles latérales au XIVe, nef actuelle au XVIe ; chœur baroque, coupole et décor sont du XVIIIe siècle. L'église Sainte-Restitude et son enclos, murs compris, sont protégés par arrêté du 2 août 1990 et inscrits aux Monuments historiques depuis 1992.

Le GR20 « Fra i Monti »

Le plus célèbre des sentiers de grandes randonnées corses, appelé encore Fra i Monti, littéralement à travers les montagnes, est également celui qui nécessite les plus grandes aptitudes de la part des randonneurs. Il est en effet souvent considéré comme l'un des plus difficiles en Europe, et même dangereux pour les personnes inexpérimentées. Le parcours complet du GR20 est de 180 km. Aucune localité importante ne sera traversée, mais vous trouverez dans chaque refuge de mi-mai (s'il n'y a pas trop de neige) à septembre, un petit ravitaillement et parfois un repas proposé par le gardien. Le camping sauvage étant interdit sur le parcours, l'hébergement ne pourra se faire que dans les petits établissements hôteliers accessibles en voiture ou dans les refuges de montagne que vous rencontrez tout au long de votre parcours. Le bivouac est autorisé autour des refuges. La réservation est recommandée sur le site du PRNC www.parc-corse.org

- **Liste des refuges du nord au sud** : Calenzana – Ortu di Piobbu – Carozzu – Asco – Tighjettu – Ciottulu di i Mori – Manganu – Pietra Piana – L'Onda - Vizzavona - Bergeries de Capannelle – Prati – Usciolu – Asinao – Paliri.

- **Le circuit** a été conçu selon un principe très intéressant : il essaie de suivre au plus près la ligne de partage des eaux. Physiquement, l'expérience est assez difficile avec de grands dénivelés (jusqu'à 1 500 m par jour). Mais les compensations sont nombreuses : paysages et aventure humaine. Les très bons marcheurs pourront rejoindre Conca en 10 à 12 jours, mais en théorie 16 étapes sont prévues, les plus difficiles étant celles de la partie nord, entre Calenzana et Vizzavona, à cause de nombreux passages à plus de 2 000 m. Petit point noir quant à la qualité d'accueil et d'hébergement dans certains refuges qui ne font pas l'unanimité au sein des marcheurs ! Les bergeries et gîtes privés sont souvent une meilleure formule. Suite au drame du 10 juin 2015, le cirque de la solitude est interdit aux randonneurs. Une navette payante est mise à disposition.

Le Mare e monti

Ce célèbre sentier traverse la partie nord-ouest du parc régional, depuis Calenzana jusqu'à Cargèse en passant par Girolata et Ota. Il est préférable de le parcourir tôt le matin, car en plein été, la chaleur rend alors le parcours éprouvant et fastidieux. Il ne comporte pas de difficultés particulières et, pendant les dix jours du parcours, vous jouirez de vues panoramiques alternatives sur la montagne et la mer. Les étapes durent de 4 à 7 heures, suivant votre condition physique et la durée de vos pauses.

Le couvert

LA BOTTEGA

D151
lieu dit Guadelli
Route de Calenzana
✆ 04 95 60 42 30 / 06 46 16 02 06
www.labottegadellapasta.com
info@labottegadellapasta.com

Ouvert toute l'année. Basse saison : du vendredi au dimanche le midi et le soir. Haute saison : tous les jours et les jours fériés le midi et le soir. Réservation recommandée. Carte : 15 € environ. Vin au verre. CB non acceptée. Accueil des groupes. Chaises bébé. Jardin. Terrasse. Vente à emporter. Boutique. Salle climatisée.Wifi, parking.

Une petite « Osteria » bien agréable, entre Calvi et Calenzana, tout juste ouverte par Estelle et Flavio, les Vénitiens qui ont eu la bonne idée de nous proposer leur auberge. Ici, tout est en simplicité et générosité d'une bonne cuisine maison qui sent bon l'Italie : pâtes fraîches, pizza, jambon de Parme, fromage Grana Padano, tiramisu... Une petite salle pour l'hiver, une terrasse au calme, des tarifs justes, et la gentillesse naturelle de ce couple courageux.

CASA MAIO

D151
Saint-Antoine
✆ 06 25 78 10 42
loic.florek0848@orange.fr

♿

Fermé de novembre à mars. Basse saison : ouvert le week-end le midi et le soir. Haute saison : tous les jours et les jours fériés le soir. Réservation recommandée. Menus de 20 € à 25 €. Carte : 38 € environ. Menu enfant : 12 €. Suggestion du jour : 18 €. Vin au verre. Chèque Restaurant. Chaises bébé. Jardin. Terrasse. Vente à emporter.

Changement d'ambiance à Saint-Antoine ! Adieu le Brésil et bonjour la Corse avec l'arrivée de Loïc, qui fit fureur sur les quais calvais avec la regrettée Cantina. Dans le cadre de l'Amazonia, la formule offre une carte à l'ardoise qui navigue entre recettes classique corses, four à bois et braserades, pizzas traditionnelles et originales, cochon de lait rôti, poulet noir fermier à la broche, loup grillé, tiramisu maison... Le concept devrait séduire sans aucun doute Calvais et touristes.

A FLATTA

Lieu-dit A Flatta ✆ 04 95 62 80 38
www.aflatta.com
info@aflatta.com
A 3 Km de Calenzana et 17 km de Calvi.

Fermé du 18 octobre à avril. Ouvert tous les jours et les jours fériés le midi et le soir. En avant-saison, ouvert le soir et le midi les week-ends. Réservation recommandée. Carte : 40 € environ. Suggestion du jour : 20 €. Vin au verre. 8 chambres et suite de 95 € à 220 €. Petit déjeuner 14 €. Jardin. Terrasse. Wifi. Parking fermé.

Nous sommes ici dans la gastronomie locale épaulée par des plats savamment travaillés ou alterne terre et mer. La cuisine est dirigée par Joël, qui sélectionne les meilleurs producteurs balanins. Côté détente, une belle piscine et ses plages aménagées, les terrasses panoramiques avec la vue sur le golfe de Calvi pour profiter d'un coucher de soleil romantique à souhait et la nature omniprésente qui vous tend les bras. Belles formules d'hébergement en chambre, suite ou dans une bergerie typique. En prime : un accueil adorable qui ne peut que bonifier le séjour. Accès par une piste en terre roulante sur 3 km.

A STAZZONA

17, rue du Fond
✆ 04 95 36 47 12 / 06 82 69 65 35
velon.pieri@orange.fr

Fermé en décembre. Ouvert tous les jours et les jours fériés le midi et le soir. Fermé le mardi midi en été. Réservation recommandée. Menu unique à 20 €. Carte : 34 € environ. Menu enfant : 8 €. Suggestion du jour : 20 €. Vin au verre. CB non acceptée. Accueil des groupes. Chaises bébé. Jardin. Terrasse.

Cette ancienne forge, gentiment aménagée à l'entrée du village, un peu cachée, mérite que l'on s'y arrête. Une petite salle et sa grande cheminée mais surtout une terrasse au calme et son petit potager. Côté cuisine,

Le cirque de Bonifato (Bonifatu)

Le cirque de Bonifatu est formé par des sommets bien connus des grands randonneurs. Sur les hauteurs sont perchés deux petits lacs : le lac de la Muvrella (1 868 m) et le lac du Ceppu (1 793 m).
Deux parties de son territoire, la vallée du Marsulinu et le cirque de Bonifatu, sont comprises dans les limites du parc naturel régional de Corse. Seule la route D251 permet d'y accéder. Cette petite route longe, en la remontant, la rivière Figarella, et conduit jusqu'à l'entrée du site peu après la maison forestière de Bonifatu et s'y termine en cul-de-sac. Parking payant à l'entrée, face à une auberge bivouac-gîte d'étape, à 538 m d'altitude.

La plage de L'Argentella

La plage de L'Argentella, quasi déserte même en plein été, est constituée de petits galets multicolores. Derrière la plage, il y a l'étang de Crovani, dans le site naturel protégé de Crovani. Le hameau se situe en bout de la grande plage de L'Argentella. Il a connu une période de prospérité dans la deuxième moitié du XIXe siècle avec l'exploitation des mines d'argent. Un port, nommé Julia, y avait même été construit.

le sempiternel mais délicieux menu corse, mais on s'intéressera surtout à la carte qui propose une vaste gamme surtout marine. Le beau-papa, pêcheur à Galeria, garantit la fraîcheur de l'approvisionnement et les prix y sont beaucoup plus bas qu'à Calvi. Sans tomber dans la facilité, la carte évolue régulièrement pour satisfaire la clientèle locale fidèle qui fréquente les lieux toute l'année.

■ **U NICHJARETU**
D81B
Route d'Ajaccio par la côte
✆ 04 95 47 84 36 / 06 71 76 65 31
www.unichjaretu.fr/
fabrizy@wanadoo.fr
Fermé d'octobre à avril. Haute saison : ouvert tous les jours et les jours fériés le midi et le soir. Réservation recommandée. Carte : 39 € environ. Menu enfant : 10 €. Vin au verre. CB non acceptée. Accueil des groupes. Jardin. Terrasse. Animations.
A neuf kilomètres de Calvi, en direction de Galéria et Porto par la côte, un petit restaurant de spécialités corses avec ses grandes salades-repas, de bonnes grillades au feu de bois et des petits desserts faits maison. En prime : une grande terrasse avec vue panoramique sur la mer, la beauté du site et une quiétude garantie même en haute saison. Accès par la route pittoresque et sauvage ou, plus pratique, par la mer.

Le gîte

Chambres d'hôtes

■ **À L'OMBRE DU CLOCHER**
Chemin U Terraghju
Chiosello
✆ 04 95 31 17 12 / 06 20 80 18 08
www.ombre-du-clocher.com
berengerecorse@wanadoo.fr
Gîtes de France (3 épis). Ouvert toute l'année. 3 chambres (et 1 gîte). Chambre simple à partir de 75 € ; chambre double de 80 € à 90 € ; chambre triple 100 €. Petit déjeuner inclus. Lit supplémentaire : 40 €. Parking fermé inclus (auto et moto). Pour 4 personnes (40 m², 1 chambre). De 350 € à 700 € la semaine selon saison. CB non acceptée. Chèque Vacances. Wifi gratuit. Salon de jardin, lave-linge.
Une bonne petite adresse au cœur de ce village, où l'on est mieux qu'à la maison. Les chambres sont agréables et joliment décorées, l'accueil tout en simplicité et générosité et on vous y servira de succulents petits déjeuners avec des confitures maison à tomber par terre. Pour les séjours, un petit gîte rural à petit prix même en haute saison.

Campings

■ **PARADELLA*****
D81
Route de l'aéroport
✆ 04 95 65 00 97 / 06 08 86 72 07
www.camping-paradella.fr
info@camping-paradella.fr
3 km après l'aéroport de Calvi en venant du littoral.
Fermé d'octobre au 1er avril. Membre du groupement Corsica Campings. Réservation recommandée. Accueil jusqu'à 22h. Gardé 24h/24. Terrain de 5 ha. 130 emplacements. Exposition : ombragé. Sol : herbeux. Relief : plat. Emplacement + véhicule + 2 personnes de 21,60 € à 24,60 €. 18 bungalows pour 2 à 5 personnes de 310 € à 790 € la semaine ; 2 mobil-homes pour 2 à 3 personnes de 240 € à 690 €. Chèque Vacances. Cabine de douche pour PMR. Jeux pour enfants. Salle de bains pour bébés. Animaux acceptés (sauf en location). Aire pour camping-cars. Wifi gratuit. Restauration (petite restauration de juin à mi-septembre midi et soir).
Un grand ensemble sur cinq hectares avec 130 emplacements ombragés ainsi que des bungalows et mobil-homes en location à la semaine ou pour 3 nuits, en mi-saison. Proche du départ du fameux GR20, pour les fanas de montagne, sinon les plages de Calvi sont à sept kilomètres. A proximité, la rivière Figarella, ou le farniente au bord de la piscine. Tennis gratuit, épicerie et snack-bar sur place. Accueil adorable de toute l'équipe Hatt-Maraninchi.

Dans les environs

Moncale

Charmante crèche émergeant d'une parure d'oliviers centenaires, Moncale est un petit village bâti sur une colline, entouré par deux chaînes de montagnes, qui offre une vue imprenable sur le Montegrossu. Entouré d'oliviers, de fruitiers divers et de terrasses maraîchères, le village a toujours été tourné vers l'agriculture et l'artisanat rural. A voir : le travail de la vannerie de Annick Rony-Borghiero à Calenzana et l'apiculteur Franck Dupré.

CALVI ★★★★

Ville génoise par excellence (*Civitas Calvi semper fidelis* – Calvi cité toujours fidèle... à Gênes), Calvi ne vit plus tout à fait à l'heure italienne, mais à l'ombre de Christophe Colomb, à qui de nombreux Calvais et Corses octroient une origine locale et qui hante la citadelle, inconditionnelle représentante de l'influence génoise. C'est d'ailleurs le fort attachement de la cité à sa cousine ligure qui permet à certains hagiographes du navigateur transatlantique de situer sa naissance à Calvi. Bien que s'étant toujours déclaré génois, dans sa vie comme dans son testament, celui-ci pourrait bien, tout compte fait, être un Génois de Calvi. Une des spécificités de la station – et qui la rend encore plus pratique pour les campeurs – est que la voie ferrée arrive vraiment au cœur de la station, tout près du port et de l'office de tourisme. Aujourd'hui cité touristique, Calvi a su organiser des événements culturels et sportifs qui lui confèrent l'image d'une ville entreprenante. Aujourd'hui, l'actuelle capitale de la Balagne est la troisième ville touristique de Corse et tout au long de l'année, elle est animée par des festivals très variés. Les cérémonies de la semaine sainte, très importantes en Corse, le sont encore plus à Calvi. En se promenant dans les rues de la haute ville, on peut aussi voir une autre plaque rappelant le séjour de Napoléon à Calvi en 1793, alors qu'il était chassé d'Ajaccio. La ville basse s'articule autour du port de plaisance, l'un des plus fréquentés de l'île. Si le front de mer et les quais sont bondés en été, la ville est moins fréquentée le reste du temps et regorge de trésors historiques à découvrir. Au sud de Calvi se trouve la pointe de la Revellata, qui offre une large vue sur Calvi et sa baie. On y trouve le centre d'études océanographiques STARESO.

■ OFFICE MUNICIPAL DE TOURISME DE CALVI – OFFICE DE POLE BALAGNE

Chemin de la Plage
Port de Plaisance
BP 97
✆ 04 95 65 16 67
Voir page 14.

■ ASSOCIATION DE GUIDES-CONFÉRENCIERS CALVI-BALAGNE

✆ 06 12 96 75 67 / 06 86 96 36 57 / 06 87 22 19 18
www.guidebalagne.jimdo.com
guides.balagne@laposte.net
Ouvert toute l'année. Sur réservation. Tarif visite de la citadelle, ville, village/adulte : 10 € ; enfant : tarif réduit. CB non acceptée. Visite guidée.
Les visites sont dispensées par des guides-conférenciers diplômés d'Etat, habilités à faire des commentaires à l'intérieur des monuments historiques et sur les sites classés. Langues : français, anglais, allemand, russe, italien. Visites guidées régulières de la citadelle de Calvi (rendez-vous sur place), l'été et durant les vacances scolaires. Visites guidées du village de Calenzana ou de la ville d'Ile-Rousse (rendez-vous sur place) l'été. Circuits pour individuels ayant leur véhicule : « Villages et clochers » ; « Patrimoine et terroir », tarif sur demande. Visites organisées pour les groupes, sur demande ; lieu : toute la Corse.

■ BIANCONI SCUPERTA

5, avenue de la République
✆ 06 30 78 94 93
www.bianconi-scuperta.com
info@bianconi-scuperta.com
Ouvert toute l'année. Sur réservation. Du lundi au vendredi et les jours fériés. 9 sorties journées thématiques à partir de 38 €, 1 sortie demi-journée à partir de 30 €. CB non acceptée. Chèque Vacances. Visite guidée (en monospace ou 4x4).
Excursions découverte du patrimoine, de la nature et de l'identité corse, circuit en 4x4 aventure sur les pistes sauvages, visites pédestres des villes de Calvi et de L'Ile-Rousse et circuits culture et patrimoine en monospace climatisé : églises, villages, fortifications et productions locales.

Pour s'y rendre

En avion

■ AÉROPORT CALVI-SAINTE-CATHERINE

D81
route de Bonifato ✆ 04 95 65 88 88
www.calvi.aeroport.fr
hotelconsulaire@ccihc.fr
Boutiques. Restauration. Bars.
Des vols en provenance ou en direction de plusieurs aéroports français et européens vous sont proposés par les compagnies Air France, Hop, Air Corsica, Air Glacier, Intersky, Germanwings, Air Berlin, Hevetic, Flyniki... Dans l'aéroport, en plus d'une boutique librairie-presse, du bar et de lieux où vous restaurer, vous trouverez un point info tourisme. Taxis et voitures de location sont à votre disposition à partir de l'aéroport.

En train

CHEMIN DE FER DE LA CORSE (CFC)

Parking République
✆ 04 95 65 00 61
www.cf-corse.fr
contact@cf-corse.com
♿
Ouvert tous les jours et les jours fériés de 7h à 15h55. Chèque Vacances. Uniquement sur les nouveaux trains.
Le train touristique surnommé « le train des plages » circule entre Calvi et L'Ile-Rousse avec cinq allers-retours par jour du lundi au dimanche. Entre L'Ile-Rousse et Calvi, la ligne serpente le long des criques et des plages et il vous suffit de lever la main pour monter dans cette antique micheline. Le train circule également jusqu'à Bastia et Ajaccio avec un changement de train à Ponte-Leccia.

En bateau

■ CORSICA FERRIES

Gare maritime
✆ 04 95 65 43 21
www.corsicaferries.com
resa1@corsicaferries.com
Haute saison : ouvert tous les jours et les jours fériés. Lignes vers Nice. Chèque Vacances.

■ PORT DE PLAISANCE XAVIER COLONNA

✆ 04 95 65 10 60 / 04 95 65 15 13
portplaisance@ville-calvi.fr
Basse saison : ouvert de 8h à 12h et de 14h à 18h. Haute saison : de 7h à 21h. Eau, électricité, sanitaires, carburant, eaux usées, laverie, wifi. Vidéosurveillance. 1,10 €/m².
Le port offre 550 places dont 150 réservées exclusivement aux plaisanciers de passage, longueur maximum 750 m. Tous les services à la capitainerie : levage, plongeurs, rampe de mise à l'eau, WC, douches et local handicapés. Connexion Internet par wifi. Vidéosurveillance pour votre tranquillité.

Pour y circuler

■ MATTEI LOCATION

5, boulevard Wilson
✆ 06 16 02 67 67 / 04 95 58 85 29
www.matteilocation.fr
contact@matteilocation.fr
Haute saison : ouvert tous les jours et les jours fériés de 8h30 à 20h. Ouvert le dimanche. Livraison possible (pour un forfait 3 jours : livraison gratuite des véhicules au point d'arrivée en Balagne). Location de scooters de 50 à 600cc, moto BMW 1200 GS et un parc de voitures dont une gamme d'exception (Mercedes ML, BMW X5 et 6 et Mini Cooper Cabriolet).

▸ **Autres adresses :** Aéroport Sainte-Catherine 20260 Calvi ✆ 06 31 07 67 44 • Havas Voyage Agence Ile-Rousse Place Paoli ✆ 04 95 60 11 19

Points d'intérêt

■ LA CITADELLE ★★★★

Quartier historique de la ville, jadis gardé par un fossé à pont-levis avec herse. C'est l'œuvre des Génois au XVe siècle. S'attarder sur les fortifications qui entourent la Haute-Ville. Passer devant l'ancien palais des Gouverneurs génois, aujourd'hui Caserne Sampiero. Construction massive du XIIIe siècle, flanquée d'un donjon, édifiée par Giovanninello, agrandie en 1554 par l'Office de Saint-Georges. Puis visiter la cathédrale Saint-Jean-Baptiste datée du XIIIe siècle, détruite et reconstruite en 1570. Façade sobre, intérieur en forme de croix grecque, sous la coupole on trouve encore les loges grillagées dans lesquelles les femmes de notables assistaient aux offices. Plus loin, l'oratoire et la confrérie Saint-Antoine du XVIe siècle. Il abritait la confrérie Saint-Antoine qui avait pour vocation l'entraide sociale, charitable et spirituelle entre les membres. Sur le linteau de la porte d'entrée, saint Antoine abbé et son petit cochon, accompagnés de saint François d'Assise et de saint Jean-Baptiste. L'oratoire abrite le trésor d'art religieux de Calvi, ensemble d'objets d'art sacré du XVIe au XIXe siècle. Intérieur à trois nefs, cet oratoire est toujours le lieu de vie de la confrérie Saint-Antoine Abbé. Des chants, des messes s'y déroulent, le départ de nombreuses processions débute à cet endroit. Les reliques et ornements sont ceux de la confrérie, ils sont utilisés pour les manifestations telle la Semaine sainte. Dans les salles contiguës à l'oratoire, exposition de fouilles archéologiques, maison natale de Christophe Colomb, maison Pacciola, maison de Laurent Giubegga.

■ LES PLAGES DE CALVI ★★★

▸ **La plage de la Pinède**. Au bout du port de plaisance, vers L'Ile-Rousse, une grande plage surveillée en saison, bien aménagée, idéale pour les enfants car de pente très douce (on a pied très loin) ainsi qu'une passerelle en bois.
▸ **La plage de la Revellata**. Au sud, et plus loin, la plage de l'Argentella, davantage pour le site et son environnement que la plage elle-même, ou Ferajola, juste après, dans la baie de Crovani. Tout cela est idéal pour celles et ceux qui aiment le calme, le bord de mer et les paysages romantiques. D'autres plages sont accessibles par des chemins qui partent du bord de la route et certaines se dissimulent dans de si jolies petites criques que l'on a irrésistiblement envie d'aller s'y immerger, seul au monde dans de grandes retrouvailles avec la nature. Le problème, d'ailleurs, n'est pas tant le chemin à faire à pied (les sentiers ne sont pas toujours faciles et les remontées encore moins...), mais surtout de pouvoir garer sa moto.

Dans la citadelle de Calvi.

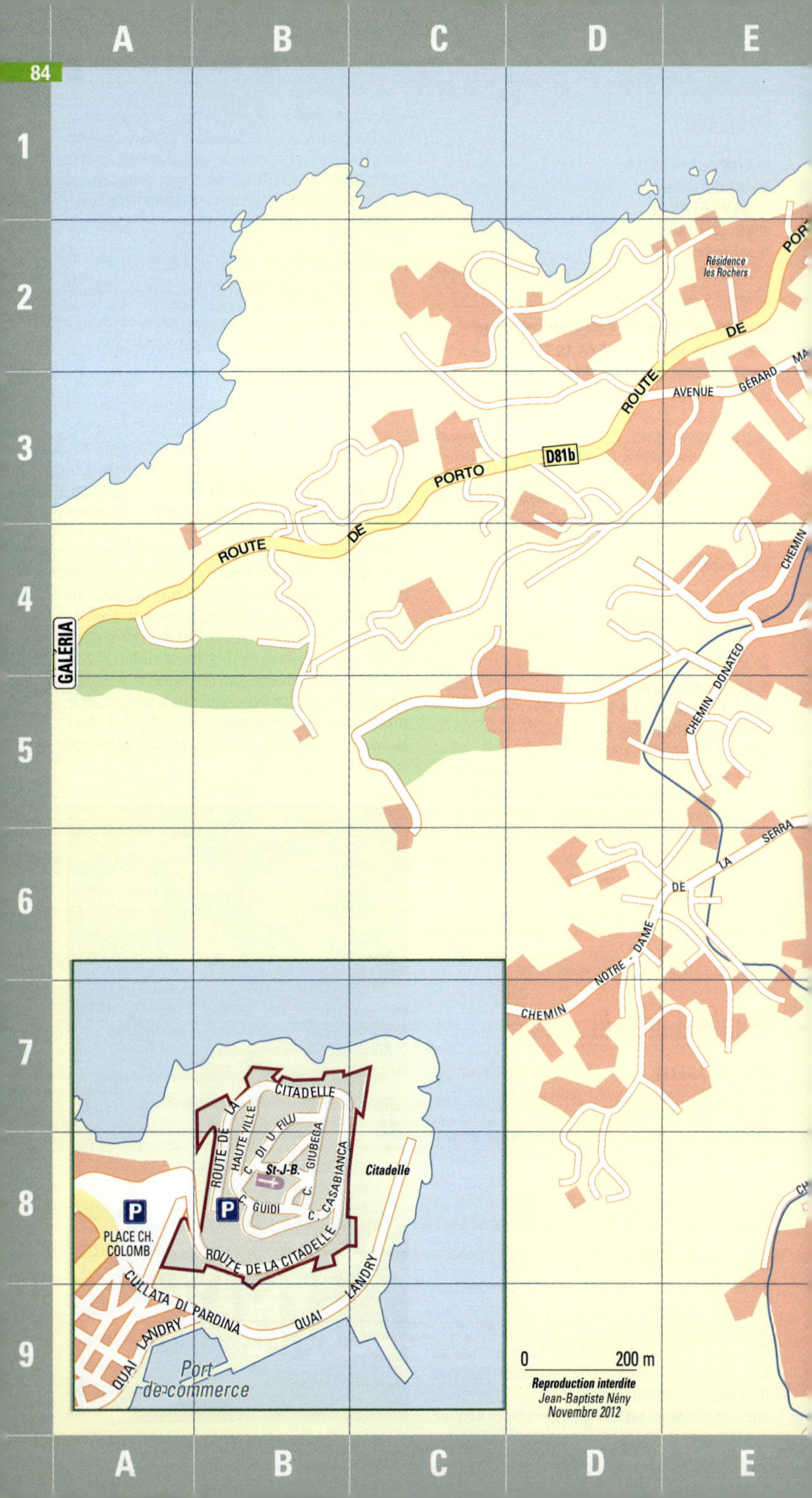
A
B
C
D
E
1
2
3
4
5
6
7
8
9
Résidence les Rochers
ROUTE DE PORTO
D81b
AVENUE GÉRARD MA
GALÉRIA
CHEMIN DONATEO
CHEMIN
DE LA SERRA
CHEMIN NOTRE - DAME
CITADELLE
ROUTE DE LA
HAUTE VILLE
C. DI U FILU
GIUBEGA
St-J-B.
C. CASABIANCA
Citadelle
C. GUIDI
P
PLACE CH. COLOMB
ROUTE DE LA CITADELLE
CULLATA DI PARDINA
QUAI LANDRY
Port de commerce
0 200 m
Reproduction interdite
Jean-Baptiste Nény
Novembre 2012

Anse de Fontanaccia
Punta San Francesco
St-Jean-Baptiste
Citadelle
ESPLANADE DU 1ER BATAILLON DE CHOC
AVENUE NAPOLÉON
AV. DE L'URUGUAY
PETRU
BAGLIONE
DI A MADONNA
CARRUGHJU DI LORETU
AV. G. MARCHE
Mairie
BD WILSON
CULLATA DI PARDINA
QUAI LANDRY
Cimetière
AVENUE GÉRARD MARCHE
N197
Fort Charlet
Fort Mozzelo
AV. SANTA MARIA
CARRUGHJU DI E SCOLE
AV. DE LA RÉPUBLIQUE
PL. ST-CHARLES
R. MILLIE
RUE CLÉMENCEAU
QUAI ADOLPHE
Port de commerce
Ferry vers Marseille, Nice et Toulon
Sous-Préfecture
PL. DE LA PORTEUSE D'EAU
Capitainerie
Gare CFC
PL. DE GARE
Port de plaisance
DONATEO
SANTA MARIA
SANTORE
Stade
AVENUE CHRISTOPHE COLOMB
Golfe de Calvi
Collège
Plage
ROUTE DU SANTORE
CHEMIN DES TONNELLES
CH. DES TONNELLES
ROUTE DE PETRAMAGGIORE
CHEMIN RONDOLI
RÉSIDENZA
CASE CALVESE
CH. CODALLO
Centre Commercial
CALVI
PINÈDE DE
CHEMIN TIMBORE
CHEMIN DE ST-ANTOINE
ROUTE DU DOCTEUR MASSONI
LUMIO
F
G
H
I
J
1
2
3
4
5
6
7
8
9
N
O
E
S

Calvi

Index des rues de Calvi

Citadelle de Calvi.

Notre-Dame-de-la-Serra.

Monuments

CATHÉDRALE SAINT-JEAN-BAPTISTE ★★

La date exacte de son édification n'est pas connue avec certitude, mais se situe au XIIIe siècle. Elle fut à l'origine propriété du monastère génois puis érigée en cathédrale. Elle fut incendiée en 1481, restaurée et agrandie en 1528, partiellement détruite en 1553, puis à nouveau endommagée en 1567. C'est en 1570 qu'elle prend l'aspect que nous lui connaissons aujourd'hui. Elle comporte de nombreuses œuvres d'art.

ÉGLISE SAINTE-MARIE-MAJEURE ★★

De style baroque, elle est peinte en rose et beige et se situe dans la basse ville, son parvis ouvrant sur la rue Clemenceau. Selon une légende hagiographique, plusieurs chrétiens y auraient subi le martyre sur ordre de l'empereur Dioclétien. Parmi les victimes, Restituta, une riche patricienne romaine qui, après avoir vécu en Libye, s'était réfugiée à Calvi. Pyrrhus, le préfet de Corse et de Sardaigne, l'avait fait arrêter, juger et longuement supplicier avant de la faire décapiter le 21 mai 304. Sainte patronne de la Balagne, ses cendres reposent aujourd'hui dans la chapelle Sainte-Restitude à Calenzana où son sarcophage en marbre de Carrare avait été mis au jour en 1951.

MAISON GIUBECCA

Toute proche de l'oratoire, la maison Guibecca du XVe siècle fut une résidence du parrain de Napoléon qui devait trouver agréable d'être en villégiature sur une autre partie des côtes corses. Ne se visite pas, car propriété de l'armée. Faire un tour de citadelle, pour voir les différents bastions et profiter des panoramas, sur la baie, sur les montagnes, sur le golfe de la Revellata, selon l'emplacement.

ORATOIRE DE LA CONFRÉRIE SAINT-ANTOINE ★

Il abrite encore aujourd'hui les réunions et les cérémonies de la confrérie (offices des morts, messes, fête patronale, office des Ténèbres, Semaine sainte, etc.) car l'édifice n'a jamais été désacralisé. Les visiteurs pourront apprécier trois fresques datant des années 1510 et 1513, ainsi qu'un triptyque représentant une Crucifixion et l'Annonciation, un Christ en croix de la fin du XVIIe siècle utilisé encore aujourd'hui pour les cérémonies de la Semaine sainte, une statue de saint Antoine abbé assis (XVe siècle) et une autre du même saint datant de 2006 et réalisée par l'artiste balanin Toni Casalonga.

TOUR DU SEL

Construite en 1897, cette imposante tour est un ancien poste de guet où était entreposé le sel. Cette tour a été rattachée à la citadelle en 1934. La prolongation forme aujourd'hui un passage voûté entre le quai Landry et le port de commerce. Les remparts de la citadelle et la tour de sel, propriétés de la commune, ont été classés Monuments historiques en 1992.

Balades, flâneries

CAPO DI A VETA

Cette marche de difficulté moyenne vous permettra de profiter de très jolies vues sur la baie de Calvi et la pointe de la Revellata. Départ au bout du chemin Donateo à Calvi en direction de la statue de Notre-Dame de la Serra. Suivre la piste qui se trouve derrière l'édifice puis continuer sur la crête jusqu'au pied du Capu di a Veta. Compter ensuite 35 minutes pour atteindre le sommet. Durée : environ 4 heures. Balisage rouge/orange.

Le couvert

■ AUX BONS AMIS
11, rue Clemenceau
✆ 04 95 65 05 01 – bons.amis@wanadoo.fr
Fermé du 15 octobre à mars. Haute saison : ouvert tous les jours et les jours fériés le midi et le soir. Réservation recommandée. Menus de 22 € à 36 €. Carte : 43 € environ. Suggestion du jour : 17 € (à 38 €). Vin au verre. American Express, Chèque Vacances. Chaises bébé. Terrasse.
Une adresse coutumière du centre-ville, présente à Calvi depuis plus de 60 ans, tenue par la famille Ausilia. Thérésa et Gilles Bonneau, la troisième génération, pilotent cette table marine qui tient bien la barre dans cette ruelle incontournable. Un grand vivier à langoustes corses, bien sûr, la petite pêche proposée selon le marché, une carte méditerranéenne avec des touches terre et mer pour passer un bon moment. Deux bons menus à prix juste et la langouste sans coup de bambou !

■ A CANDELLA
Citadelle
9, rue Saint-Antoine
✆ 04 95 65 42 13 – lucduniaud@orange.fr
Fermé du 15 octobre au 15 avril. Ouvert tous les jours et les jours fériés le midi et le soir. Réservation recommandée. Menu unique à 25 €. Carte : 38 € environ. Menu enfant : 10 €. Suggestion du jour : 17 €. Vin au verre. Terrasse.
Une petite adresse bien cachée, au frais dans la citadelle génoise de Calvi. On la découvrira soit en montant depuis le quai Landry après quelques escaliers (160 marches !) soit en essayant de se garer intra-muros. Une petite salle pour les jours de pluie, une petite terrasse à l'ombre, une troisième dominant le golfe calvais pour servir quelques gourmandises du terroir local et même de la mer toute proche. Juste à côté de Chez Tao, on profitera gracieusement des effluves musicales bien agréables. Bonne charcuterie labellisée AOC à savourer les yeux fermés.

■ LE CAPUCCINO
Quai Landry
✆ 04 95 65 11 19 – peggyspezza@hotmail.fr
♿
Fermé de novembre à mars. Ouvert tous les jours et les jours fériés le midi (dernier service à 14h30) et le soir (dernier service à 23h). Réservation recommandée. Menus de 16 € à 22 €. Carte : 39 € environ. Suggestion du jour : 16 €. Vin au verre. Chèque Vacances, Chèque Restaurant. Chaises bébé. Terrasse. Vente à emporter.
Petit changement en douceur au Capuccino, désormais piloté par le chef historique Jérôme Molle et sa charmante épouse Peggy. Sans rien changer des formules des années précédentes, on y vient sur cette belle terrasse au milieu des quais, savourer une pizza, déguster une salade repas, découvrir quelques suggestions du jour» fait maison» ou profiter des deux nouveaux menus à prix doux. Service au top et accueil souriant pour compléter le tableau.

■ LE COMME CHEZ SOI
Quai Landry ✆ 04 95 33 84 70
lecommechezsoi@hotmail.fr
Port des pecheurs
Fermé du 15 novembre à avril. Haute saison : ouvert tous les jours et les jours fériés le midi et le soir. Fermé le dimanche midi. Réservation recommandée. Menu unique à 20,90 €. Carte : 40 € environ. Menu enfant : 10 €. Suggestion du jour : 21 €. Vin au verre. American Express, Chèque Vacances, Chèque Restaurant. Terrasse.
Un joli bistrot table tenu par Benoît Orsoni, Ile-Roussien installé à Calvi de longue date, qui a repris cette adresse au bord du quai des pêcheurs. La formule est toute simple : une grande ardoise avec un choix raisonnable entre terre et mer, une salle panoramique en dessous de la citadelle, une terrasse au bord de l'eau pour sortir satisfait de l'assiette. Ici, la cuisine est fait maison à base de produits frais avec son épaule d'agneau confite pendant 7 heures, une blanquette de scupions et son blé concassé, une soupe fraise et son espuma à la menthe.

U FANALE
Route de Porto
D81B
✆ 04 95 65 18 82
anthonymaestracci@hotmail.com
Fermé de janvier à mars. Haute saison : ouvert du mercredi au lundi et les jours fériés le midi et le soir ; le mercredi soir. Hors saison, ouvert tous les soirs du jeudi au dimanche midi. Réservation recommandée. Menus de 21,90 € à 27,90 €. Carte : 48 € environ. Suggestion du jour : 22 € (à 35 €, terre et mer). Vin au verre. American Express. Chaises bébé. Jardin. Terrasse.
Bien cachée, loin de toute agitation, la table de la famille Maestracci est un petit coin de paradis. Année après année, le succès reste total pour ce petit jardin à deux pas de la Revellata. Pour les frileux, une belle salle panoramique, et dès les beaux jours, on s'y prélasse sous le pin parasol qui couvre toute la terrasse. La cuisine est en accord avec le cadre, habilement préparée par le chef indétrônable Philippe Gouret. Au programme des réjouissances, une carte saisonnière évolutive en fonction des produits glanés au marché. Anthony et Maud, frère et sœur, se complètent à merveille pour un service impeccable.

■ A FUNTANA
Boulevard Wilson
Place Marchal
✆ 04 95 65 09 52
www.restaurantafuntana-calvi.com
pascal.nieto@yahoo.fr
Fermé de novembre au 15 mars. Haute saison : ouvert tous les jours et les jours fériés le midi et le soir. Bar à vin le soir et ses apéros dînatoires. Réservation recommandée. Menu unique à 20 € (corse). Carte : 30 € environ. Menu enfant : 8,40 €. Suggestion du jour : 15 € (terre ou mer). Vin au verre. American Express, Chèque Vacances, Chèque Restaurant. Chaises bébé. Terrasse. Vente à emporter. Boutique. Animations. Salle climatisée. Wifi gratuit.
Une jolie terrasse attrayante et colorée qui se prolonge vers une belle salle panoramique et la cuisine ouverte aux yeux de tous. Antony Albertini et Pascal Nieto, les deux complices travaillent avec énergie pour offrir aux gourmets de belles assiettes, bien travaillées par le chef Yuri et de plus proposées au prix juste. On y choisira sans crainte dans la cave maison une bonne bouteille d'un

AOP corse ou du reste du monde pour accompagner une grande pizza Fubulosa Extrême, un jarret de cochon confit 7 h et sa purée maison, la sélection de la pêche locale de Francis, la tarte au citron meringuée maison ou la mousse au chocolat Valhrona grand cru ! Petit bar à vin pour l'ambiance, service dynamique et pro... C'est la cantina de tous les Calvais !

■ L'ISULA
7, rue Clemenceau
✆ 06 11 56 10 38
tiloscooking@gmail.com

Fermé de décembre à mars. Haute saison : ouvert tous les jours et les jours fériés le midi et le soir. Service non-stop en été. Fermé le mercredi hors saison. Réservation recommandée. Menus de 24 € à 31 €. Carte : 34 € environ. Menu enfant : 11 €. Vin au verre. Chaises bébé. Terrasse.

Marie et Jean-Noël Brunet, jeunes immigrés du continent, ont jeté leur dévolu sur la côte calvaise pour le plus grand bonheur des gourmets. En plein cœur de l'animation, on choisira de s'arrêter sur cette petite terrasse brumisée ou dans la salle climatisée pour apprécier le tour de main de ce chef d'expérience. La cuisine est sincère, travaillée minute, et le rapport qualité-prix est excellent. Une adresse à encourager sans réserve. En bonus : carte végétarienne, sans gluten et arachide pour les amateurs. Nouvelle déco plus sobre et plus zen !

LE MAGNOLIA
Place du Marché
Rue Alsace-Lorraine ✆ 04 95 65 19 16
www.hotel-le-magnolia.com
hotel.magnolia@wanadoo.fr

Fermé du 15 octobre à mars. Ouvert tous les jours et les jours fériés le midi et le soir. Fermé le lundi hors saison. Réservation recommandée. Menus de 23,50 € à 29 €. Carte : 39 € environ. Menu enfant : 12 €. Plat du jour : 15 €. Vin au verre. American Express, Chèque Vacances, Chèque Restaurant. Chaises bébé. Jardin. Terrasse. Animations.

Un endroit atypique à découvrir en plein centre de Calvi, entre le marché couvert et le port. Cette maison de maître saura vous charmer par la décoration de son jardin florentin dans une atmosphère totalement romantique. On y sera au calme, loin de l'agitation du port de plaisance pour savourer la belle cuisine corse et méditerranéenne du chef Francis Moretti qui reste de qualité tout au long de l'année. Service impeccable et accueil parfait de toute l'équipe et très bon rapport qualité-prix de la carte aux menus.

LA BALAGNE

MARCO PLAGE

Plage de la pinède
✆ 04 95 65 11 14
www.hotel-la-caravelle.com
hotel-la-caravelle-calvi@wanadoo.fr

Fermé du 15 octobre à avril. Ouvert tous les jours et les jours fériés le midi. Réservation recommandée. Menus de 15 € à 22 €. Carte : 30 € environ. Menu enfant : 8 €. Plat du jour : 19 € (à base de pêche locale). Vin au verre. CB non acceptée. Chèque Restaurant. Chaises bébé. Jardin. Terrasse. Vente à emporter. Animations.

Inutile de courir tout au bout de la plage pour trouver une paillote sympathique. On est ici chez Serge, que tout le monde prénomme Marco à tort ! C'est le meilleur rapport qualité-prix de la plage de la pinède avec ses grandes salades-repas et sa petite pêche juste sortie des filets balanins. Grande plage équipée de transats et de parasols (de 12 à 20 € pour 2 personnes) qu'il sera prudent de réserver en haute saison. Accueil irréprochable et belle ambiance à l'apéro du midi.

A PIAZZETTA

Boulevard Wilson
Place Marchal
✆ 04 95 37 87 74
francois.ricco1609@orange.fr

Fermé de novembre à février. Basse saison : ouvert du mardi au dimanche et les jours fériés le midi (dernier service à 14h) et le soir. Haute saison : tous les jours et les jours fériés le soir. Ferme le lundi hors saison. Réservation recommandée. Menu unique à 20 € (corse). Carte : 35 € environ. Vin au verre. CB non acceptée. Chaises bébé. Terrasse. Vente à emporter.

Sur la petite place de la fontaine, on découvre une grande terrasse arborée, et la fameuse Piazzetta de la famille Ricco, restaurateurs bien connus en Balagne. Ce bistrot corse reprend les grands classiques que recherche le touriste continental en mal de corsitude mais également les locaux qui en font leur cantine. Les spécialités : la charcuterie du Niolu, les spaghettis à l'araignée de mer, l'agneau au four et le tiramisu au Canistrelli.

LE TIRE-BOUCHON

15, rue Clemenceau
✆ 04 95 65 25 41
jn.santori@gmail.com

Fermé de novembre à mars. Haute saison : ouvert tous les jours et les jours fériés le midi et le soir. En été : fermé le dimanche midi et mercredi midi. Hors saison : fermé le mercredi. Carte : 32 € environ. Vin au verre. Terrasse. Boutique. Salle climatisée.

Un bistrot à vins spécialisé dans les cépages insulaires avec une cinquantaine de références, proposées au verre ou à la bouteille, dont quelques belles cuvées dans leurs meilleurs millésimes. Autour de ces breuvages, on vous proposera l'alliance avec des plats typiques tels que l'assiette de charcuterie insulaire, la lasagne de veau ou sanglier corse, l'aïoli tous les vendredis et le flan à la châtaigne par exemple. Une petite terrasse à la fraîche au cœur de l'animation et une salle dans le pur esprit bistrot. Service agréable de Sylvie, dite Chouchou, et les conseils avisés de Jean-Noël, l'œnologue maison.

VIA MARINE

18, rue Clemenceau
✆ 04 95 65 06 30
✆ 06 14 84 70 57
antoniotti.fab@gmail.com
♿

Fermé de novembre à mars. Ouvert tous les jours et les jours fériés le midi et le soir. Menu unique à 19,90 €. Carte : 30 € environ. Menu enfant : 9,90 €. Plat du jour : 14 €. Vin au verre. Formule express 15,90 €. Suggestions du jour de 15 € à 30 €. American Express, Diners Club, Chèque Vacances, Chèque Restaurant. Chaises bébé. Terrasse. Vente à emporter. Salle climatisée. Wifi.

En plein milieu de l'incontournable rue piétonne de Calvi, on prendra la peine de s'intéresser à cette petite Via Marine, entièrement réaménagée et qui a agrandi sa terrasse au-dessus des quais. Les pizzas au feu de bois et toute l'équipe qui s'affairent dans la bonne humeur pour répondre à toutes les demandes, du plus simple au plus recherché tout en restant au juste prix. Deux terrasses, l'une à l'ombre et l'autre vue sur mer où il faudra profiter d'un burger corsisé, de l'escalope roulée à la panzetta et fromage frais et ou du mi-cuit minute aux châtaignes et noix. Belles suggestions du marché au grès des saisons.

LA VERSION NUMÉRIQUE DE CE GUIDE OFFERTE

42KKA5T6C6S4

Le code ne peut être utilisé qu'une seule fois.
Il faut respecter les caractères en majuscule du code.

1. Rendez-vous sur la boutique en ligne Petit Futé : http://boutique.petitfute.com/
2. Saisissez votre code de promotion à droite dans le carré **« La version numérique de votre guide offerte »** dans l'onglet Code de promotion et cliquez sur le bouton **OK**.
3. Cliquez sur **« Continuer le paiement »** avec un montant global à 0 €.
4. Si vous avez déjà un compte : connectez-vous avec le bouton **« S'identifier »** puis choisissez une adresse de facturation et cliquez sur **« Continuer »**.
5. Si vous n'avez pas de compte : cliquez sur le bouton **« S'inscrire »**, remplissez le formulaire d'inscription puis cliquez sur **« S'inscrire »** ensuite complétez votre adresse de facturation et cliquez sur **« Continuer »**.
6. Vérifier l'adresse de facturation.
7. Ensuite, cliquez sur « Continuer » puis **« Pas d'information de paiement nécessaire »** puis **« Passer la commande »**.
8. Cliquez directement sur le lien **« Mes produits téléchargeables »** ou cliquez tout en haut sur le lien **« Mon compte »** et cliquez plus bas sur le lien **« Mes produits téléchargeables »** dans la colonne gauche **« Mon compte »**, puis sélectionnez à droite votre format sous le titre.

Offre valable jusqu'au 31/12/2016 sous réserve de l'arrêt de commercialisation de certains titres en France métropolitaine et dans le monde et sous réserve que le nombre de téléchargements soit inférieur ou égal au nombre d'exemplaires de guides papier imprimés. Formats disponibles pour smartphones, tablettes, liseuses et ordinateurs PC ou MAC.

© MAMA-MIA

U MINELLU
Traverse de l' Église ✆ 04 95 65 05 52
calistrifrancesca@yahoo.fr
Entre le boulevard Wilson et la rue Clemenceau.

Fermé du 15 janvier à mars. Ferme de mi janvier à Mars. Basse saison : ouvert du mardi au dimanche et les jours fériés le midi et le soir. Haute saison : du vendredi au lundi, le mercredi et les jours fériés le midi et le soir ; le mardi et le jeudi le soir. Maitre restaurateur. Réservation recommandée. Menu unique à 20,50 €. Carte : 38 € environ. Menu enfant : 11 €. Suggestion du jour : 18 €. Vin au verre. Chaises bébé. Terrasse. Boutique.

Nicole, la maman, et Francesca, sa fille, tiennent avec énergie cette adresse un peu cachée mais méritante dans ces fameux petits escaliers derrière l'église Sainte-Marie-Majeure. La carte valorise bien sûr les producteurs locaux, avec des promenades entre terre et mer tout en restant à tarifs abordables. Les cartes et menus proposent des plats originaux aux appellations alléchantes qui sortent des sentiers battus. Un joli menu gourmand, une formule enfant, et même un espace brocante et quelques produits locaux tels que le miel « l'Umbrone ». Cuisine «maison» qui suit les saisons pour de vrai. On en salive d'avance !

Le gîte

BALANEA***
6, rue Clemenceau
Port de plaisance ✆ 04 95 65 94 94
www.hotel-balanea.com
info@hotel-balanea.com

Ouvert du 30 avril au 30 octobre. Accueil 24h/24. 37 chambres (dont 1 suite). Chambre double à partir de 90 € ; suite jusqu'à 410 €. Petit déjeuner buffet ou en chambre : 15 €. Lit supplémentaire : 25 €. Parking fermé : 10 € (sur réservation). Ascenseur sur les 5 niveaux. American Express. Chambre adaptée. Animaux acceptés (20 €). Wifi gratuit. Tv satellite, Canal +.

Un balcon sur le port, telle est la devise de cet hôtel. Idéalement situé au cœur de l'animation calvaise entre la rue piétonne et le port de plaisance, le Balanea s'améliore régulièrement avec sa décoration picturale originale, et un confort irréprochable. Entièrement insonorisées, les chambres et suites sont équipées de l'air conditionné et de TV LCD écran plat. Les dix chambres luxe disposent en plus d'un dressing, d'un coffre-fort, d'un mini-bar et d'un balcon ou d'une terrasse qui s'ouvrent sur le panorama magique du golfe de Calvi et ses montagnes environnantes. Féerique ! Pour ne rien gâcher, l'accueil toujours agréable et le service impeccable. Nouveautés : une superbe réception qui se prolonge sur le bar et la terrasse au-dessus du port.

LA CARAVELLE***
Lieu-dit l'Orée des Pins
Avenue Christophe-Colomb ✆ 04 95 65 95 50
www.hotel-la-caravelle.com
hotel-la-caravelle-calvi@wanadoo.fr

Fermé de novembre à mars. Accueil jusqu'à 22h30. 36 chambres. Chambre double à partir de 92 € ; suite jusqu'à 408 €. Demi-pension : 172 € (pour 2 en basse saison). Petit déjeuner buffet ou en chambre : 15 €. Parking ouvert inclus (espace moto fermé). Chèque Vacances. Garde d'enfants. Animaux acceptés (sur demande). Wifi gratuit. Restauration (menu 25 €, formule plage à la carte). Canal +.

Depuis bientôt soixante ans, La Caravelle, posée presque les pieds dans l'eau à deux pas du port de plaisance, se dresse à l'entrée de Calvi. Un bel établissement, discret et élégant, avec ses chambres de plain-pied au milieu d'un petit jardin soigné, ou à l'étage pour mieux dominer la vue. Un endroit qui mérite qu'on s'y attarde. Tenu par la troisième génération de la famille Moretti, on y est reçu en ami et le service est personnalisé. On pourra profiter au choix du restaurant de l'hôtel ou du Marco Plage, le petit restaurant du midi et ses transats face à la baie. Une formule très bien rodée et professionnelle qui bénéficie d'un très bon rapport prix-prestations.

CYRNEA**
Avenue Christophe-Colomb
Route de Bastia
✆ 04 95 65 03 35
www.hotel-cyrnea.fr
reservation@hotel-cyrnea.fr
A 400 m de la plage, 2 km du centre et 4 km de l'aéroport.

Fermé du 15 octobre au 15 avril. Accueil jusqu'à 23h. 41 chambres. Chambre simple à partir de 64 € ; chambre triple jusqu'à 111 €. Petit déjeuner inclus. Parking ouvert inclus (garage motos). Lit bébé 10 €. Chèque Vacances. Wifi gratuit.

Face aux plages de Calvi, et à 1,5 km du centre-ville, l'hôtel de la famille Peretti propose un hébergement à prix doux dans ses chambres confortables et très correctement équipées : bonne insonorisation, déco personnalisée de Brigitte... Ces chambres sont triples mais les tarifs sont adaptés aux personnes seules ou en couple. Les chambres côté piscine offrent des balcons et tout l'hôtel est entièrement climatisé. Au petit déjeuner, ne manquez pas de goûter aux confitures d'orange amère, de figue et kiwi qui sont faites maison par le jeune François.

LE MAGNOLIA***
Place du Marché
Rue Alsace-Lorraine
✆ 04 95 65 19 16
www.hotel-le-magnolia.com
hotel.magnolia@wanadoo.fr

Fermé de novembre à mars. Accueil jusqu'à 22h. 10 chambres. Chambre double à partir de 70 € ; chambre triple jusqu'à 190 €. Demi-pension : 135 € (pour 2 personnes en basse saison). Petit déjeuner en chambre : 10 €. American Express, Chèque Vacances. Animaux acceptés (sur demande). Réceptions et mariages. Wifi gratuit. Restauration (menus de 23,50 € à 29 €, carte 39 €). Tv satellite.

Une adresse surprenante à découvrir en plein centre de Calvi, entre le marché couvert et le port. Cet hôtel de charme vous enchantera par la décoration de ses chambres et son jardin florentin dans une atmosphère totalement romantique. Les chambres sont confortables, bien équipées et l'on prendra le petit déjeuner à l'ombre du magnolia géant qui couvre tout le patio uniquement perturbé par le chant des oiseaux. Aucun souci pour la demi-pension à prix doux qui satisfera le plus exigeant des gourmets grâce aux talents du chef de qualité, Francis Moretti. Accueil toujours adorable de Jean-Charles et son équipe.

■ **MOTEL SAINT-FRANÇOIS**
Route Saint-François
✆ 04 95 65 03 61
www.residence-st-francois.com
info@residence-st-francois.com

Fermé du 15 octobre à mars. Accueil jusqu'à 20h. 30 chambres (studio et F1). Studio / appartement de 45 € à 125 €. Parking ouvert inclus (auto et moto). CB non acceptée. Animaux acceptés.
Ce petit motel, au début de la route de Porto par la côte, propose des appartements fonctionnels à 300 mètres du centre-ville et à 400 mètres du port et de la citadelle de Calvi. Les appartements disposent de la climatisation, d'une kitchenette et d'un coin salon et certains offrent la vue sur la mer. Les chambres sont simples, sans superflu mais d'un bon rapport qualité/prix pour la Balagne.

■ **LE SAINT-ERASME*****
D81b
Route de Porto par la côte
✆ 04 95 65 04 50
www.hotel-Calvi-corse.fr
info@hotel-st-erasme.com

Fermé d'octobre à avril. Accueil 24h/24. 33 chambres. Basse saison : chambre simple à partir de 79 € ; studio / appartement à partir de 500 € la semaine. Haute saison : chambre triple jusqu'à 228 €. Petit déjeuner : 9 €. Lit supplémentaire : 30 €. Garage inclus (motos et vélos à réserver). Chèque Vacances. Poste Internet. Wifi gratuit. Tv satellite.
A dix minutes du centre de Calvi à pied, le Saint-Erasme possède plusieurs atouts : la proximité avec la ville, la quiétude et le calme du bord de mer avec une vue exceptionnelle entre mer et montagne. L'établissement est confortable et entièrement rénové cette année et dispose également des grandes chambres familiales une piscine, un ascenseur, un garage motos et vélos. A côté, dans les jardins de l'hôtel, la Villa Saint-Erasme propose deux appartements de plain-pied d'un très grand confort avec terrasses, chambres, cuisines et jardins privatifs.

Chambres d'hôtes

■ **THE MANOR**
Chemin Saint-Antoine
Route de Pietramaggiore
✆ 04 95 62 72 42
✆ 06 81 10 17 63
www.manor-corsica.com
manor-russum@orange.fr
À 1,5km du centre-ville et des plages.

Clévacances (4 clés). Ouvert toute l'année. Accueil jusqu'à 22h. 4 chambres. Chambre double de 110 € à 320 € ; chambre triple de 160 € à 350 € ; suite de 250 € à 480 €. Petit déjeuner inclus. Parking fermé inclus (auto et moto). Navette gratuit aéroport ou port de Calvi sur demande. American Express, Chèque Vacances. Wifi gratuit. Restauration (repas midi et soir sur réservation de 19 € à 55 €). Tv satellite. Bain bouillonnant. Excursions (découverte des criques sur bateau le Matha de 8 m avec skipper).

Une superbe maison d'hôtes au milieu d'un espace naturel de 6 ha composés d'oliviers centenaires de fruitiers et d'un potager bio. Un grand patio panoramique avec la vue sur la citadelle et la baie de Calvi. Cette maison romantique, pleine de charme, trône dans un univers minéral où le végétal est souverain. Elle enchantera votre séjour par son calme et sa sérénité, loin de l'agitation, du bruit et des rumeurs. Toutes les prestations idéales pour un séjour confortable, en toute quiétude et intimité. Au programme : des séjours « détente » et « chandelles » comprenant chambre, modelage corporel et dîner en terrasse ou devant la cheminée.

Campings

BELLA VISTA***

Route de Pietramaggiore
✆ 04 95 65 11 76
www.camping-bellavista.com
campingbellavista@orange.fr

Fermé du 15 octobre à mars. Accueil jusqu'à 21h. Gardé 24h/24. Terrain de 6 ha. 147 emplacements. Exposition : mi-ombragé. Sol : sablonneux / herbeux. Relief : plat. Parking hors emplacements. Emplacement de 3 € à 4 €. Véhicule de 3 € à 4 €. 2 personnes de 5 € à 8 €. 21 chalets pour 2 à 5 personnes de 250 € à 980 € la semaine. Chèque Vacances. Membre du Groupement Corsica Campings. Jeux pour enfants. Salle de bains pour bébés. Aire pour camping-cars. Wifi payant. Restauration (pizzeria-snack de juin à août).

Un camping familial situé à 700 m des plages de la pinède et 1 km du centre-ville. La propriété est bien entretenue, agréablement fleurie et disposant d'ombrage agréable. Les équipements sont complets avec une bonne pizzeria sur place, le Stella, des jeux d'enfants et une vingtaine de chalets que l'on pourra louer à la nuit en mi-saison. Ambiance bon enfant dans un environnement bucolique et un accueil sympathique de la famille Bernard Desvignes.

LA CLÉ DES CHAMPS*

Route de Pietramaggiore
✆ 04 95 65 00 86 / 06 86 46 99 01
www.calvi-cledeschamps.fr
camagni2@wanadoo.fr
A 800 mètres du port
et 300 mètres des plages.

Fermé du 5 novembre au 10 avril. Accueil jusqu'à 21h (23h en été). Gardé 24h/24. 35 emplacements. Exposition : ombragé. Sol : herbeux. Relief : plat. Parking hors emplacements. Emplacement de 2,50 € à 3,20 €. Véhicule de 1,20 € à 2,50 €. 2 personnes de 5,60 € à 7,40 €. 24 bungalows pour 2 à 6 personnes de 230 € à 990 € la semaine. CB non acceptée. Chèque Vacances. Animaux acceptés (sur demande). Wifi gratuit.

Un petit camping de poche, intimiste et convivial, aux antipodes des grandes structures bruyantes. Un espace bien ombragé loin des bruits des voitures. Un espace bar pour les petits déjeuners en haute saison. Côté bungalows, on aura le choix entre Gîtotel ou bâtiment en dur, le tout correctement équipé. Espace sécurisé le soir, pour dormir en toute tranquillité. Côté pratique : le port de plaisance est 800 mètres et la plage de Calvi à 300 mètres.

LA PINÈDE****

Route de la Pinède
✆ 04 95 65 17 80
www.camping-calvi.com
info@camping-calvi.com

Fermé du 7 novembre au 26 mars. Réservation recommandée. Accueil jusqu'à 22h. Gardé 24h/24. Terrain de 6 ha. 262 emplacements. Exposition : ombragé / mi-ombragé. Sol : sablonneux / herbeux. Relief : plat. Emplacement + véhicule + 2 personnes de 21 € à 42 €. 114 chalets pour 2 à 6 personnes de 301 € à 1 250 € la semaine. Location à la nuitée à partir de 49 € en roulotte ou chalet. American Express, Chèque Vacances. 1 chalet adapté. Jeux pour enfants. Salle de bains pour bébés. Animaux acceptés. Aire pour camping-cars. Wifi payant. Restauration (restaurant-pizzeria le Carpe Diem menu 19 €, menu enfant 12 €, carte 29 €). Hammam, bain bouillonnant, sauna. Animations.

C'est dans le cadre magnifique de la pinède de Calvi, sur un domaine en bordure de la plage et à dix minutes à pied du centre-ville, que vous pourrez jouir, au cœur d'une forêt d'eucalyptus et de pins, d'une belle piscine, d'un bar-restaurant, d'un snack, de courts de tennis et de bons équipements pour agrémenter votre séjour. Libre-service, aire de jeux, mini-golf. Nombreuses promotions tarifaires hors saison à découvrir sur le site Internet. Sympathique et très apprécié. Belle diversité côté hébergements, tous climatisés, du mobil-home au chalet jusqu'à la roulotte. Locations possibles en décalé même en haute saison.

Loisirs

■ AÉROCLUB CALVI – BALAGNE

Route de l'Aéroport
Sainte-Catherine
✆ 04 95 65 02 97

Voir page 49.

■ ALTORE

Plage de la pinède
✆ 06 83 39 69 06 / 06 08 72 67 19
www.altore.com
info@altore.com

♿

Entrée : 22 €. Enfant : 5 €. Baptême et initiation parapente de 75 € à 130 €. CB non acceptée.

En plein cœur de la pinède, un parc aventure et ses 90 ateliers pour petits et grands, ouvert d'avril a octobre. La structure Altore propose également des baptêmes en parapente au départ de col de Salvi à Montemaggiore pour un vol inoubliable de 20 mn.

■ CALVI NAUTIQUE CLUB

Plage de la pinède
✆ 04 95 65 10 65
www.calvi-voile.fr
contact@calvi-voile.fr

♿

Ouvert toute l'année. Tous les jours et les jours fériés de 9h à 18h. Fermé le lundi de novembre à mars. Location, cours et découverte en catamaran, planche à voile, optimist, Stand Up Paddle. Chèque Vacances. Label Handiplage. 2 Tiralos et 2 kayaks adaptés.

L'association Calvi Nautique Club organise des activités de loisirs, des cours, des stages d'apprentissage ou de perfectionnement et loue du matériel (planche à voile, catamaran, funboat...). Vous pouvez prendre des cours en particulier ou en groupe quel que soit votre âge. Au programme également : des balades en kayak au pied des remparts de la citadelle, navigation le long de la côte avec découverte de criques et des rives de la presqu'île de la Revelatta. Arrêt baignade à la demande.

Location de deux-roues

■ CORSICA STRADA

Immeuble La Roseraie 2
Avenue Christophe-Colomb
✆ 04 95 47 31 30
www.corsicastradacalvi.fr
corsicastrada@gmail.com

Haute saison : ouvert tous les jours et les jours fériés de 9h à 12h et de 14h à 19h. Fermé de novembre à mars. Livraison possible (sur demande sur la Balagne). Location Scooter Otto 50 cc, Sym Fidell 125 cc, Yamaha 530 T-Max, Szuki 125 cc Van Van, Honda Crosstourer 1200, BMW GS 1200.

Location, garage moto, scooter, buggy, quad et vente d'accessoires. Agent Yamaha, Honda, TNT et revendeur LML, Vespa et Star. Balades en buggy Polaris RZR.

■ MATTEI LOCATION

5, boulevard Wilson
✆ 06 16 02 67 67

Voir page 83.

Sorties

■ LE CAFÉ DES FLEURS

10, rue Alsace-Lorraine
✆ 09 67 02 79 62
antoineg2b@gmail.com

Ouvert toute l'année. Haute saison : tous les jours et les jours fériés de 7h à 2h. CB non acceptée. Wifi gratuit. Terrasse. Restauration. Animations. Concerts (6 soirées par semaine en saison, 2 par semaine hors saison).

Un petit bar du quartier du marché, repris depuis 3 ans par Tony Guglielmacci, figure calvaise, guitariste et chanteur à ses heures. Les habitués s'y rencontrent du matin jusqu'au soir pour palabrer au comptoir, manger quelques tapas et de la charcuterie de qualité des montagnes d'Ortu. Agréable salle avec son mobilier hétéroclite pour apprécier la musique distillée par les chanteurs et musiciens de Balagne et d'ailleurs qui se regroupent pour de joyeux concerts improvisés.

■ CHEZ TAO

La citadelle
✆ 04 95 65 00 73
www.cheztao.com

Fermé du 15 septembre au 15 juin. Ouvert les week-ends et les jours fériés en mi-saison. Haute saison : ouvert tous les jours et les jours fériés de 20h30 à 5h. Wifi gratuit. Terrasse. Animations. Concerts (musique live et DJ). Climatisation.

Ce lieu est devenu au fil des années l'établissement calvais de renom qui porte toujours le prénom du papa créateur du lieu en 1935. Chaque soir, dans l'ambiance musicale particulière qui caractérise ce piano-bar, vous pourrez écouter Tao-By au piano, ainsi que des groupes éclectiques avec ses soirées DJ. Situé au cœur de la citadelle, Tao est un endroit où il est agréable de passer la soirée jusqu'au petit matin pour voir le soleil se lever... toujours trop tôt. Passage obligé : l'apéritif musical sur la terrasse ! Inoubliable...

Emplettes

ATRAVERRE

Rue Albert 1er prolongée
✆ 06 86 61 98 40
www.atraverre.com
contact@atraverre.com

Basse saison : ouvert du lundi au vendredi de 9h30 à 12h30 et de 14h30 à 18h. Haute saison : du lundi au samedi de 9h30 à 12h30 et de 15h30 à 19h. Sur le marché de Lumio chaque samedi matin en saison. CB non acceptée.

Située deux rues au-dessus de la gare, Virginie vous ouvre ses portes afin de vous dévoiler la magie du verre. Elle vous accueillera en plein travail, dans la gaieté des couleurs qui l'entourent et dont elle prend le temps de parler avec passion. Son métier, décorateur sur verre, nécessite la maîtrise de plusieurs techniques verrières dont le fusing (fusion du verre), le thermoformage, mais aussi le travail à froid comme la découpe, le sablage et le perçage. De l'alliance de ces savoir-faire naissent des objets de table et de décoration, des luminaires, des bijoux, inspirés par un univers joyeux et bien sûr par la Corse. L'artisan d'art fait partie de la route des savoir-faire de Balagne et a obtenu la marque «rencontres Balanines», accueil qualité en pays de Balagne. Petits ateliers d'initiation possibles pour les enfants à partir de 6 ans.

A FUNDERIA

Avenue Christophe-Colomb
✆ 06 79 17 09 96
afunderia@gmail.com
Parking du Super Marché Casino

Ouvert du lundi au vendredi de 9h à 12h et de 15h à 18h.

Patrick Martin est un artisan d'art, qui maîtrise plusieurs techniques. A la fois, fondeur, coutelier et sculpteur, sa petite boutique mérite la visite où vous ne resterez pas insensible au charisme du personnage. Cet artiste peut vous faire découvrir la fonderie grâce à des rencontres pédagogiques et initiatiques. Toutes les pièces sont uniques et l'on aura que l'embarras du choix entre les couteaux de bergers «curniccioli», les stylets corses, les couteaux de cuisine et de table et quelques pièces «custom». Cette entreprise a obtenu le Label d'Etat : Entreprise du Patrimoine Vivant (l'excellence des savoir-faire français), ainsi que la Marque : Rencontres Balanines (accueil qualité en pays de Balagne).

Panier gourmand

ANNIE TRAITEUR

5, rue Clemenceau
✆ 04 95 65 49 67
www.annietraiteur.com
annietraiteur@wanadoo.fr

Basse saison : ouvert tous les jours et les jours fériés de 7h30 à 20h30. Haute saison : tous les jours et les jours fériés de 6h à 0h. Ouvert de Pâques à Toussaint. Ouvert le dimanche. Livraison possible (livraison sur demande même en mer et vente en ligne sur le site). Chèque Restaurant.

Une adresse immanquable, véritable institution sur place, présente sur la cité depuis plus de 20 ans. La créatrice, Annie, est toujours présente, secondée par la deuxième génération avec Valérie et Mathieu, qui entretiennent toujours le mythe ! On y choisira toute la gamme des produits locaux : fruits et légumes de l'île, sélections de gourmandises sucrées et salées, charcuteries, fromages... La liste serait trop longue pour tout énumérer. L'étal traiteur est généreusement garni et réalisé sur place, avec un service livraison. Dans la petite ruelle à l'ombre, on pourra même y consommer ses victuailles et emporter son panier pique-nique confectionné sur demande !

Marchés

Les artisans et producteurs de Corse vous présentent et vous invitent à découvrir les produits du terroir corse : charcuterie, fruits et légumes bio, fromages, miels, artisanat, confiserie tous les lundis matin de 9h à 13h au marché couvert de Calvi, tous les mercredis matin de 9h à 13h sur l'esplanade rond-point de l'aéroport Calvi Sainte-Catherine, au marché couvert, rue Alsace-Lorraine (à côté de l'église Sainte-Marie-Majeure), tous les matins et toute l'année (sous réserve de production).

- **Le B17**. Difficulté : niveau 1. Profondeur : 26 mètres. Situation : au pied de la citadelle. Atouts : épave d'avion et une eau riche en murènes, apognons et rascasses.
- **La Bibliothèque**. Difficulté : niveau 1. Profondeur : de 3 à 25 mètres. Situation : pointe de la Vaccaja. Atouts : gros éboulis et grottes.
- **La Revellata**. Difficulté : niveau 1. Profondeur : de 15 à 35 mètres. Situation : pointe de la Revellata. Atouts : canyon rocheux riche en mérous, langoustes, mostelles et pélagiques.
- **Punta Bianca**. Difficulté : Niveau 2. Profondeur : De 10 à 40 mètres. Situation : au sud de Calvi, à la pointe de Punta Bianca. Atouts : tombant riche en doris, dalmatiens et murènes.
- **Morsetta**. Difficulté : du baptême au niveau 1 et 2. Profondeur : de 5 à 42 mètres. Situation : pointe du Capu di a Mursetta. Atouts : roches affleurantes et une eau riche en girelles paons, sars, dentis et barracudas.
- **Le Tunnel**. Difficulté : niveau 1 et 2. Profondeur : de 10 à 20 mètres. Situation : au sud de Galéria. Atouts : boyau riche en mérous, raies torpilles, apognons et crevettes cavernicoles.
- **Pori**. Difficulté : niveau 1 et 2. Profondeur : de 10 à 40 mètres. Situation : au sud de Galéria. Atouts : roches et tombants riches en mérous, œufs de roussettes, axinelles et bancs de saupes.
- **Scuglietti**. Difficulté : Niveau 2. Profondeur : De 15 à 35 mètres. Situation : à la pointe sud du golfe de Galéria. Atouts : plateau rocheux riche en mérous, spirographes, castagnoles et murènes.

CALVI PLONGÉE

Port de plaisance
Quai Landry
CALVI
✆ 04 95 65 33 67
✆ 06 18 01 41 83
✆ 06 03 99 45 33
www.calviplongee.com
contact@calviplongee2b.com
À côté de la capitainerie

Ouvert d'avril à novembre. Haute saison : ouvert tous les jours et les jours fériés de 7h à 22h. 55 € le baptême (dès l'âge de 8 ans), à partir de 30 € l'exploration. Formation à partir de 180 €. Chèque Vacances. Centre SEA ScubaPro.

Chef de centre : Pascal Esplat Valli, brevet d'Etat, instructeur Padi et 4 moniteurs diplômés en saison. 2 bateaux : 2 Capelli semi-rigides 7,50 m pour 12 plongeurs et 6,25 m pour 8 plongeurs. Agréé CMAS, FFESSM et PADI. A découvrir : les merveilles de la baie de Calvi, la Revellata, le fameux B17 et plein d'autres sites magiques. Plongée Nitrox, plongée enfant, randonnée palmée, plongée de nuit et service à la carte au programme.

EPIC

Port de plaisance
CALVI
✆ 06 13 38 61 26
✆ 06 73 87 65 70
www.epic-plongee.com
epic-plongee@orange.fr

Ouvert toute l'année. Haute saison : tous les jours et les jours fériés de 8h à 23h. Baptême de plongée : 45 € (55 € en juillet et août). Exploration : à partir de 30 €. Formations de niveau débutant à expert à partir 150 €. Chèque Vacances. 3 bateaux de 6,20 à 8,40 m de 10 à 25 plongeurs. Station de gonflage sur place.

Avec un encadrement assuré par des moniteurs brevetés d'Etat et fédéraux, l'école de plongée d'Olaf Weiss vous propose de l'initiation, des baptêmes, des explorations dans des sites diversifiés, et des plongées à thème : le site de l'épave d'un bombardier quadrimoteur B-17 américain coulé au large de Calvi en 1944, la découverte des abords d'une réserve naturelle, la plongée de nuit. Possibilité de préparation et de passage du niveau 1 au monitorat fédéral, stages d'encadrement, stages pédagogiques. Agréée FFESSM, FSGT, CMAS, PADI. Centre référentour recycleur Submatix et centre partenaire AQALUNG. Les plongeurs Padi, Nitrox et Trimix sont les bienvenus.

CORBARA ★★

De son statut d'ancienne capitale de la Balagne, Corbara a hérité de plusieurs monuments, plus ou moins bien conservés. Son château du XIVe siècle est largement en ruine, la maison des Turcs, qui rappelle l'épisode de Davia, est mieux conservé, mais on s'intéressera davantage aux bâtiments religieux. Au hasard de la promenade autour de Corbara, de nombreuses et jolies chapelles, dont Notre-Dame du Lazio et sa Vierge en marbre millénaire. Et quelques fontaines anciennes pour désaltérer les esthètes marcheurs. En excursion, la montée jusqu'au mont San-Angelo : très belle vue sur la côte et sur la Balagne. La partie maritime est remarquable avec les plages de Bodri et Ghjunchitu ainsi que les criques de la marine de Davia.

Points d'intérêt

À STRADA DI L'ARTIGIANI
✆ 04 95 55 70 69
www.routedesartisans.fr
contact@atraverre.com
Cette association d'artisans d'art et de producteurs a créé il y a 20 ans une route du savoir-faire sur la micro-région de Balagne. Les artisans en faisant partie ouvrent les portes de leurs ateliers aux visiteurs. La Strada di l'Artigiani distribue des brochures avec un plan de cette route et possède sa propre signalétique. Plus de 48 membres sur tout le territoire valorisent l'art, l'artisanat et la production agro-alimentaire de qualité. Les itinéraires traversent la Balagne, de la mer à la montagne par les villages aux panoramas magnifiques, en voiture, randonnée, vélo, moto, bus... Accès à la brochure en ligne sur le site de l'office de tourisme de Calvi.

CASTEL DE GUIDO DE SABELLIS ★
Guido de Sabellis est l'un des quatre princes romains exilés dans les armées de Charlemagne par le pape Léon III et que son successeur, le pape Etienne IV, envoya à la tête d'un corps expéditionnaire pour libérer le royaume de Corse alors sous le joug des Sarrasins. Vainqueur, la province de Balagne lui fut offerte en récompense. Guido de Sabellis fit construire au sommet d'un mont qui prendra le nom de mont de Guido, un castel dominant la mer.

LE COUVENT DE CORBARA ★★★
✆ 04 95 60 06 73
www.stjean-corbara.com
hotellerie.corbara@stjean.com
Ouvert toute l'année.
Il doit son nom à l'ordre qui l'a reconstruit au XIXe siècle après les outrages subis par le précédent bâtiment du XVe siècle lors de la Révolution française. Beau mobilier dans son église, entre l'autel en marbre polychrome, la chaire du XVIIIe siècle et, plus original, les statues modernes en bois d'olivier. Guy de Maupassant y écrivit une grande partie de son *Jésus-Christ*. Pasquale Paoli y séjourna souvent. On peut y faire des retraites spirituelles.

LE MUSÉE DU TRÉSOR DE LA COLLÉGIALE ★★
Ancienne sacristie
✆ 04 95 46 15 53 / 04 95 63 06 50
www.corbara.fr – corbara3@wanadoo.fr
Fermé d'octobre au 15 mai. Hors saison sur réservation. Haute saison : ouvert du lundi au samedi et les jours fériés de 10h à 13h et de 16h à 19h. Gratuit jusqu'à 14 ans. Adulte : 3 €. Tarif groupe à partir de 5 personnes. CB non acceptée.
Installé depuis 2003 dans l'ancienne sacristie de l'église collégiale A Nunziata (construite entre 1641 et 1752, inscrite à l'inventaire supplémentaire des Monuments historiques), le musée du Trésor conserve plusieurs œuvres témoignant de la richesse du patrimoine religieux du village de Corbara. Au cours de la visite, on peut y admirer une très belle collection de vêtements et ornements sacerdotaux dont le plus ancien date de la fin du XVIe siècle. Des pièces d'orfèvrerie datant des XVIIe et XVIIIe siècles ; ainsi que des pièces d'ébénisterie dont deux chasubliers du XVIIe siècle, l'un d'eux est orné d'un magnifique triptyque Renaissance. L'église collégiale possède également des œuvres remarquables : un ensemble de trois autels du XVIIIe en marbre de Carrare de style baroque attribué à Pietro Cortesi, des toiles de la deuxième moitié du XVIIIe siècle, mais aussi une chaire en bois sculpté polychrome de 1750 ou encore un orgue (1890), œuvre des facteurs d'orgues Agati-Tronci et dont la tribune a été réalisée par Antone Giuseppe Saladini de Speloncato durant la première moitié du XIXe siècle. A voir au fil des visites guidées du musée du Trésor et de la collégiale.

LE MUSÉE PRIVÉ DE GUY SAVELLI ★
✆ 04 95 60 06 65
Ouvert de 15h à 18h.
A visiter absolument sous la conduite du maître des lieux. Vous pourrez découvrir : portraits, cartes, affiches d'époque, lettres manuscrites, instruments de musique anciens, nombreux livres anciens sur l'histoire de la Corse, peintures des XVIe, XVIIe et XVIIIe siècles, dessins-crayon, manuscrits sur parchemin du XIIe au XVIIe siècle... On trouve aussi une collection extraordinaire de stylets, le couteau traditionnel corse, de pistolets, de monnaies de l'époque indépendante, ainsi que de nombreux objets surprenants. Guy Savelli collectionne également tout ce qui concerne, de près ou de loin, Pascal Paoli, *u babbu di a patria*.

Le gîte

BALANEA
San Cipriano
Route d'Algajola
✆ 04 95 60 06 84 / 06 88 94 12 16
www.balanea.net
contact@balanea.net
Fermé d'octobre à mars. Réservation recommandée. Accueil jusqu'à 23h (en été, 20h hors saison). Gardé 24h/24. Terrain

de 4 ha. 100 emplacements. Exposition : ombragé. Sol : sablonneux / herbeux. Relief : en terrasse / peu incliné. Emplacement + véhicule + 2 personnes de 16,10 € à 23 €. 14 mobil-homes pour 2 à 5 personnes de 300 € à 780 € la semaine ; 8 bungalows pour 2 à 6 personnes de 340 € à 770 €. Location 3 nuits possible. CB non acceptée. Chèque Vacances. Jeux pour enfants. Salle de bains pour bébés. Animaux acceptés (2 € en camping, 2,85 € en location). Wifi gratuit. Restauration (petite restauration en été). Vente (pains, viennoiserie, etc).

Un petit camping familial situé sur un terrain ombragé de chênes, d'eucalyptus, de saules et de mimosas, à un quart d'heure à pied de la magnifique plage de sable fin d'Aregno-Algajola. On pourra y dormir au choix : sous la tente, en bungalow, dans un gîte «en dur» ou en mobil-home. Accueil sympathique et ambiance bucolique. Table d'hôtes en saison trois fois par semaine le soir.

■ LE BODRI***
Bodri
✆ 04 95 60 10 86 / 06 13 02 97 41
www.campinglebodri.com
info@campinglebodri.com

Fermé de novembre à avril. Sans réservation. Accueil jusqu'à 22h. Gardé 24h/24. Terrain de 7 ha. 333 emplacements. Exposition : ombragé. Sol : pierreux. Relief : en terrasse. 2 personnes 1 véhicule et 1 emplacement à partir de 26 €, -30 % hors saison. CB non acceptée. Chèque Vacances. Jeux pour enfants. Animaux acceptés (à partir de 2 € par jour). Aire pour camping-cars. Wifi gratuit. Restauration (pizzeria le soir, carte 23 €, menu enfant 8 €). Animations.

Le joli camping de Bodri se situe à quelques kilomètres de L'Ile-Rousse ; depuis le terrain de camping, les vacanciers auront accès à 2 superbes plages de sable fin. Situé dans une vaste propriété de 7 hectares, boisée d'eucalyptus et de pins, le camping bénéficie d'un accès direct à la plage. La proximité du petit train permettra aux estivants et touristes en Corse d'aller d'Ile-Rousse à Calvi en profitant du paysage côtier.

Emplettes

■ COOPÉRATIVE OLÉICOLE DE BALAGNE
RN197
Mulinu di u pratu
✆ 04 95 60 30 60
www.orudibalagna.com
coop.balagne@wanadoo.fr

Haute saison : ouvert tous les jours de 9h à 12h et de 14h à 17h.

René Colombani dirige cette coopérative équipée d'un matériel dernier cri, sans parler de sa capacité d'embouteillage automatisée à en faire pâlir plus d'un. La coopérative, qui compte une centaine d'adhérents, mise sur une huile haut de gamme commercialisée sous le nom « Oru di Balagna », l'or de la Balagne. Elle est issue de plusieurs variétés d'olives : sabine et germaine (endémiques) et la picholine. Elle est régulièrement primée au Salon international de l'agriculture (médaille d'or en 2011 et argent en 2013) et a été désignée meilleure huile (rapport qualité-prix : à partir de 12 € le litre) d'olive de France par le magazine *60 millions de consommateurs*.

GALÉRIA ★★★

Un petit village de pêcheurs avec en arrière-plan la forêt de Piriu, la plus grande d'Europe de chênes verts et autour la vallée du Fango et la forêt de Filosorma. Galéria est une jolie station (port et plage), encore pleine de simplicité. Le site en lui-même est d'une beauté exceptionnelle. C'est une côte sauvage, dont les falaises rouges dominent la mer, égrenant ici et là quelques petites criques. Les sites de la baie de Galéria et de l'embouchure du Fango sont des lieux idéals pour s'adonner aux joies de la baignade dans un environnement préservé. Pour admirer le panorama de la région et les roches de Scandola, on peut se rendre à la tour génoise de Galéria. Les environs du village renferment un certain nombre de pierres levées, au site de l'Ambiu, et un mur d'enceinte cyclopéen au lieu-dit Pulbaraghja.

■ OFFICE DU GALERIA-FALASORMA
Carrefour 5 Arcades
Pont du Fango
✆ 04 95 62 02 27
www.ot-galeria.com
galeria@orange.fr

Basse saison : ouvert du lundi au vendredi de 9h à 12h et de 15h à 18h ; le samedi de 9h à 14h. Haute saison juillet : du lundi au vendredi de 9h à 12h et de 15h à 18h ; le samedi 9h à 14h. Août du lundi au dimanche de 9h à 19h.

■ GALERIA MARINA
Route du bord de mer
D351
✆ 06 12 52 63 53 / 06 82 80 24 97
www.visite-scandola.com
info@visite-scandola.com

Fermé du 15 octobre à mars. Possibilité de sortie en mer privatisée. Ouvert tous les jours et les jours fériés. Plusieurs départs par jour. 50 € /Girolata & Scandola. 35 € / Scandola. 20 € /Nid du balbuzard. 40 € /Couché de soleil. Chèque Vacances. Visite guidée (commentaire sur la Reserve Naturelle de Scandola). Animations. Bateaux de 12 et 25 places propulsion hybride pour des visites sans bruit, avec 0 % de rejet CO^2.

Galeria Marina vous propose ses promenades en mer, guidées par des pilotes expérimentés à la pratique de la mer et respectueux de l'environnement. Vous découvrirez une autre manière d'apprécier les richesses de cette nature dans la réserve de Scandola. Vous verrez le balbuzard (aigle pêcheur), mais aussi goélands, cormorans huppés et, selon la saison, d'autres migrateurs. Des falaises vertigineuses issues d'un volcan de plusieurs millions d'années formant grottes et passages étroits. La chance vous fera peut-être croiser le sillon de quelques dauphins ? Le tout pour le plus grand plaisir des yeux.

Points d'intérêt

DELTA DU FANGU
D351
Route de Galéria ✆ 06 22 01 71 89
www.delta-du-fangu.com
deltadufangu@orange.fr
Fermé d'octobre à mai. Haute saison : ouvert tous les jours et les jours fériés de 10h à 18h. Entrée : 6 €. CB non acceptée.
De juin à septembre 7j/7, venez découvrir en canoë-kayak la richesse d'un site exceptionnel classé réserve de biosphère (MAB) par l'Unesco. Au pied de la tour génoise de Galéria, à l'embouchure du Fangu, quatre bras d'eau parcourent la plaine où vous y verrez une multitude d'espèces animales et végétales.

VALLÉE DU FANGO ★★★★
D351
Une balade de choix consistant à remonter la vallée du Fango à partir de Galéria. Le départ est à 2 km après l'embranchement de la route de Calvi, en allant vers Porto ; on peut aussi faire tout le chemin à pied, en prenant le départ le long du Marsolino, environ 1 km sur la D81, en direction de l'aéroport de Calvi. Très belle route, beaux points de vue, vieux ponts et petites rivières. C'est le paradis pour la baignade, le farniente et le plaisir des yeux. Au programme : eau limpide et chaude, cascades, piscines et toboggans rocheux naturels. On peut suivre en voiture jusqu'à Barghjana, étape importante sur l'ancien chemin de transhumance reliant le Niolu à la Balagne, et continuer jusqu'à cette montagne extraordinaire, scindée en deux par un phénomène naturel, Capo Tafonato à 2 335 m d'altitude. Sur la rive droite du fleuve, la forêt domaniale du Fango est classée réserve mondiale de biosphère par l'Unesco.

Le couvert

LA CABANE DU PÊCHEUR
D351
Port
✆ 04 95 61 00 32
cabanedupecheur@hotmail.fr
Fermé d'octobre à avril. Ouvert tous les jours et les jours fériés. Service non-stop de 10h à 18h. Réservation recommandée. Carte : 35 € environ. Suggestion du jour : 24 € (pêche du jour). Vin au verre. Chèque Vacances. Accueil des groupes. Jardin. Terrasse. Vente à emporter.
Une adresse touchante de simplicité qui, à peine ouverte, a fait le buzz en Balagne ! Cette cabane posée sur le sable de la plage surprend par son originalité. Un côté «fish and chips» avec sa grande ardoise de vente au comptoir bien pratique ou ses petites tables en bois pour apprécier la pêche (la vraie) de Jérôme Poggi qui cumule les casquettes en alternant les escapades maritimes le matin et la tenue des fourneaux de ce petit resto. Un bonheur que l'on souhaiterait voir sur tous les rivages. Langoustes et poissons du jour à prix doux et, pour les carnassiers, la viande du boucher de Nobili, avec pain maison accompagné d'un service parfait de Sébastien.

Le gîte

L'ALIVU
D351
Porto Stagnolo ✆ 04 95 62 01 93
www.hotel-lalivu.com
hotel.lalivu@orange.fr
Fermé du 11 novembre à mars. Accueil jusqu'à 22h. 6 chambres. Chambre double de 65 € à 105 €. Demi-pension (105 € pour 2 en basse saison). Petit déjeuner inclus. Lit supplémentaire : 25 €. Parking fermé inclus (auto et moto). Chèque Vacances. Animaux acceptés (sur demande). Wifi gratuit. Restauration (menu demi-pension 20 €, enfant 10 €, carte 32 €).
Un petit hôtel tout nouveau et tout beau à deux pas du port de Galéria, tenu par Dominique et Lucia. Des belles prestations hôtelières avec ses grandes chambres lumineuses et bien équipées. Tarifs doux pour les accessoires (climatisation, wifi, coffre, TV plasma, literie en 160 et frigo) et une propreté exemplaire. Grand balcon à l'étage avec vue mer et situation au calme dans le bas du village. Côté pratique : le parking et le restaurant juste en face. En bonus : la nouvelle piscine chauffée si vous n'aimez pas l'eau salée.

PALAZZU***
Fontanaccia
D351 ✆ 04 95 62 03 61
www.palazzu.com
palazzu.galeria@wanadoo.fr
A 150 mètres des plages.
Fermé du 30 octobre au 30 mars. Accueil jusqu'à 19h (22h en été). 6 chambres (et 8 appartements). Chambre double de 60 € à 135 € ; studio / appartement de 390 € à 1 130 € la semaine. Demi-pension : 30 € (dîner et petit déjeuner). Petit déjeuner buffet : 10 €. Parking ouvert inclus. Chèque Vacances. Réceptions et mariages. Wifi gratuit. Restauration (carte de 30 à 60 €. (Mariage, séminaire)). Excursions (promenades en mer pour Scandola et Girolata).
Petit hôtel familial calme et bien situé, à l'entrée du village avec la magnifique vue sur le Golfe de Galeria. Les chambres et appartements sont spacieux, accueillants et bien décorés, on y profited'une agréable piscine de 13mx8m avec transat vue mer et d'un classement en 3 étoiles bien mérité. Côté cuisine, un restaurant digne de ce nom ou l'on y découvre une carte raffinée qui sort de l'ordinaire et on y déguste des plats surprenants à base de produits frais et de poissons.

Gîtes

L'ÉTAPE MARINE
Route de Calca
✆ 04 95 62 00 46
www.gite-etape-corse.com
reservation@gite-etape-corse.com

Fermé de novembre au 15 mars. Accueil jusqu'à 21h. Demi-pension 40 € en dortoir, 27 € en bivouac. Nuitée en dortoir 20 €, en bivouac 8 €. CB non acceptée. Chèque Vacances. Animaux acceptés (sur demande). Wifi gratuit. Restauration. Location de draps.

Dirigée par la jeune Céline Poggi (femme du fameux Jérôme, patron pêcheur à Galéria) depuis plus de 6 ans, c'est la 4e étape des 10 du sentier Mare e Monti qui relie Calenzana à Cargèse. Bien située en pleine nature, on pourra se baigner à la plage de Galéria (1 km). L'adresse est bien tenue, entre dortoirs nickel, espace bivouac intimiste et une cuisine qui satisfait les plus difficiles des marcheurs.

Chambres d'hôtes

■ **U FILIPAGHJU**
D351
Route du village
✆ 04 95 62 04 30 / 06 19 18 01 11
filipaghju.maresca@orange.fr

Fermé de novembre à février. Accueil jusqu'à 20h. 4 chambres. Chambre double 55 €. Petit déjeuner inclus. Lit supplémentaire : 20 €. Parking fermé inclus (auto et moto). CB non acceptée. Animaux acceptés (3 €). Wifi gratuit.

Une petite maison récente près du centre du village, au-dessus de la plage à 150 mètres, tenue par Nadège et Luciano, le patron-pêcheur. Les chambres sont spacieuses et confortables au rez-de-chaussée ou à l'étage avec terrasse ou balcon. Le petit déjeuner est proposé devant le jardin fleuri et son petit potager. Accueil agréable de Nadège pour apprécier son séjour.

Emplettes

Marchés

D'avril à octobre, marché des producteurs locaux, légumes certifiés bio, tous les vendredis matin de 8h30 à 12h30.

Les sites de plongée autour de Galéria

Morsetta

Difficulté : du baptême au niveau 1 et 2. Profondeur : de 5 à 42 mètres. Situation : pointe du Capu di a Mursetta. Atouts : roches affleurantes et une eau riche en girelles paons, sars, dentis et barracudas. Coordonnées GPS : 42° 35,951 N – 08° 47,899 E

Le Tunnel

Difficulté : niveau 1 et 2. Profondeur : de 10 à 20 mètres. Situation : au sud de Galéria. Atouts : boyau riche en mérous, raies torpilles, apognons et crevettes cavernicoles. Coordonnées GPS : 42° 25,270 N – 08° 37,605 E

Pori

Difficulté : niveau 1 et 2. Profondeur : de 10 à 40 mètres. Situation : au sud de Galéria. Atouts : roches et tombant riches en mérous, œufs de roussettes, axinelles et bancs de saupes. Coordonnées GPS : 42° 23,182 N – 08° 34,951 E

Scuglietti

Difficulté : Niveau 2. Profondeur : De 15 à 35 mètres. Situation : à la pointe sud du golfe de Galéria. Atouts : plateau rocheux riche en mérous, spirographes, castagnoles et murènes. Coordonnées GPS : 42° 25,307 N – 08° 36,437 E

■ **INCANTU**
Route de Calca
GALÉRIA
✆ 04 95 62 03 65
www.incantu.com
info@incantu.com

Fermé du 15 novembre à mars. Sur réservation en hiver. Ouvert tous les jours et les jours fériés de 8h à 22h. Formule tout compris transport, plongée, hébergement, restauration à partir de 850 € la semaine. 52 € le baptême (dès l'âge de 8 ans), 41 € la plongée pour les plongeurs non équipé et 36 € la plongée pour les plongeurs équipés. Chèque Vacances, Chèque Restaurant.

Jo Vrijens est le chef de centre, brevet d'Etat, instructeur Padi, instructeur national, président de la CTN. C'est le plus grand centre de plongée de Corse dont la réputation n'est plus à faire. Une structure très complète qui offre l'hébergement et la restauration dans les meilleures conditions et plus d'une dizaine de sites de plongée en périphérie de la réserve de Scandola. Pour varier les plaisirs, on pourra profiter des sorties journée avec repas «Alatra Corsica» pour découvrir le patrimoine de la vallée du Fangu et «Atru Mare», la balade à la journée avec randonnée subaquatique jusqu'à Girolata et pique-nique dans une crique.

Dans les environs

Manso ★★★

Ce village est entouré de forêts et de hauts sommets, ce qui en fait un bon point de départ pour découvrir les trésors naturels de la région. Le petit village est composé de quelques habitations et de bergeries abandonnées. Plus loin, quelques hameaux en ruine témoignent d'un temps passé où la région était plus florissante. Outre son église paroissiale, on peut visiter les ruines de l'église Santu-Petru de Chiumi, ainsi que l'ancien couvent Santa-Maria, qui offre un beau panorama sur les sources du Fango. En s'éloignant du village par le sud, on arrive au hameau de Monte Estremo et sa grotte de l'ours, surnommée la grotte de l'enfer.

■ **A FUNTANA****
12, hameau de Montestremo
✆ 04 95 34 36 03 / 06 20 02 30 15 / 06 15 43 84 54
www.gite-afuntana.fr
jmcosta@wanadoo.fr

Gîtes de France (2 épis). Fermé d'octobre au 14 avril. Accueil jusqu'à 21h. Pour 35 personnes (7 chambres). 20 € la nuit, 6 € le petit déjeuner, 42 € la demi-pension. Pique-nique 9 €. CB non acceptée. Restauration (menu 19 €, carte 20 €, plat du jour 12 € midi et soir). Location de draps.

Jean-Marie et Corinne ont réhabilité avec courage l'ancienne maison de famille, tout en haut du hameau. La situation est exceptionnelle avec le panorama sur la vallée du Fango, et comble de bonheur, un petit sentier partant du gîte pour rejoindre les piscines de la rivière toute proche. Les équipements sont irréprochables, tout est beau et neuf. On apprécie particulièrement la jolie terrasse en surplomb sur laquelle on pourra savourer de bonnes spécialités corses. Un lieu de séjour et de gastronomie locale que doivent découvrir impérativement randonneurs et touristes des environs. La table est ouverte aux gourmets de passage.

L'ÎLE-ROUSSE ★★★★

Cité prospère et animée, elle a su intégrer tous les aspects de la modernité sans rien concéder de sa culture latine. La ville de Pasquale Paoli, Isula Rossa est une des plus attachantes marines de l'île. La couleur de l'eau, celle des roches environnantes qui lui donnent son nom, la luminosité et la personnalité d'une ville récente mais très Corse, telle que l'a voulu son bâtisseur, à l'opposé de ses cousines génoises et sa grande rivale : Calvi. La grande place Paoli connaît une animation régulière, en particulier lors de la grande foire commerciale au début septembre. En longeant la Marinella, on admire les eaux limpides d'un lagon qui symbolise la douceur de vie île-roussienne. On prend le temps de flâner dans les ruelles commerçantes, situées à deux pas de la plage, d'où l'on remarque de nombreuses constructions d'inspiration florentine. La pointe de la cité conduit au port de pêche et de commerce, classé troisième port de Corse en termes de passagers. Tout proche du port, on peut monter jusqu'au phare qui offre un point de vue époustouflant et qui synthétise la beauté de cette cité. Circulation malheureusement problèmatique en saison.

■ **OFFICE DE TOURISME INTERCOMMUNAL L'ÎLE-ROUSSE BALAGNE**
BP42
Avenue Calizi
✆ 04 95 60 04 35
Voir page 15.

■ **CORSE AVENTURE 4X4**
Route du port
✆ 06 19 03 39 65
corse-aventure.net
corse4x4@gmail.com

Ouvert toute l'année. Tous les jours et les jours fériés de 9h à 20h. Adulte : 45 € (à 65 €). Enfant (jusqu'à 12 ans) : 35 € (à 65 €). CB non acceptée. Chèque Vacances. Accueil enfants. Visite guidée.

Une structure au top, créée par Diana Lailly, qui propose ses formules découverte du maquis et des plages sur toute la Balagne et le Nebbio. A bord de ses 4X4 confortables, ces amazones souriantes vous emmèneront sur les plus beaux sites de l'Ostriconi et des Agriate par les sentiers de pays, au milieu du maquis ou vers les villages perchés à la rencontre des artisans et producteurs.

Pour s'y rendre

En train

CHEMIN DE FER DE LA CORSE (CFC)
Place de la Gare
✆ 04 95 60 00 50
www.cf-corse.fr
contact@cf-corse.com

Ouvert tous les jours et les jours fériés de 7h37 à 16h30. Chèque Vacances. Uniquement sur les nouveaux trains.

Le train touristique surnommé «le métro des plages» circule entre L'Ile-Rousse et Calvi avec quatre allers-retours par jour du lundi au samedi. Le train circule également jusqu'à Corte avec un aller-retour le matin et une liaison Calvi-Ponte Leccia est assurée chaque après-midi. Entre L'Ile-Rousse et Calvi, la ligne serpente le long des criques et des plages et il vous suffit de lever la main pour monter dans cette antique micheline.

L'île-Rousse
A
B
C
D
E
1
2
3
4
5
6
7
8
9
N
O
E
S
Mer Méditerranée
Ferry vers Marseille, Toulon, Nice et Savone
Port de Plaisance
Port de Commerce
CHEMIN DU PHARE
CHEMIN DU PHARE
ROUTE DU PORT
ROUTE DU PORT
BOULEVARD DE LA MER
Gare CFC
BOULEVARD JEAN LANÇON
Mairie
RUE NOTRE-DAME
BD SOTTU
MARE A
R. NAPOLÉON
R. DES FRÈRES ARENA
RUE PAOLI
R. D'AGILLA
PLACE SANTELLI
RUE LOUIS PHILIPPE
PLACE PAOLI
BOULEVARD CHARLES MARIE
AVENUE JOSEPH CALIZI
RUE DU GAL GRAZIANI
AVENUE
R. DE LA DOUANE
PLACE MARCEL DELANNOY
BOULEVARD DE FOGATA
BD FR. VALÉRY
R. DU Cel ALLEGRINI
RUE DE BANDOL
SAVELLI
AVENUE PAUL DOUMER
AVENUE PAUL DOUMER
La Poste
PICCINONI
ROUTE DE CALVI
ALLÉE DU GÉNÉRAL DE GAULLE
ROUTE DE MONTICELLO
ROUTE DE MONTICELLO
CHEMIN DU CIMETIÈRE
AVENUE PAUL BISGAMBIGLIA
0 100 m
Reproduction interdite
Jean-Baptiste Nény
Novembre 2012

Île-Rousse.

Index des rues de l'île-Rousse

En bateau

■ CORSICA FERRIES

Gare maritime
✆ 04 95 60 44 11
www.corsicaferries.com
resa1@corsicaferries.com

Haute saison : ouvert tous les jours et les jours fériés. Lignes vers Toulon et Nice. Chèque Vacances.

■ PORT-ABRI DE PLAISANCE

✆ 04 95 60 26 51
portdeplaisance@orange.fr

245 anneaux, dont 80 pour le passage. Sur place : avitaillement, station essence, grue de levage, douche-WC.

Points d'intérêt

■ PLAGES DE L'ÎLE-ROUSSE ★★★

Il existe de très belles plages au cœur et autour de L'Ile-Rousse, réputées pour la qualité du sable, la beauté du site et la couleur bleu turquoise de l'eau. Notre préférée est la plage de Bodri, une superbe crique à quelques minutes de L'Ile-Rousse, vers Calvi. Elle offre par grand beau temps une mer d'une transparence exceptionnelle qui se détache sur un sable d'une blancheur tout aussi exceptionnelle. Parking assuré juste après le camping éponyme.

Le couvert

L'ABRI DES FLOTS

Port de commerce
Route de la Pietra
D81A
✆ 04 95 56 59 24
labridesflots@gmail.com

Ouvert toute l'année. Tous les jours et les jours fériés le midi et le soir. Réservation recommandée. Menus de 21 € à 26 €. Carte : 38 € environ. Menu enfant : 12 €. Formule du midi : 17 € (plat/dessert). Vin au verre. Salle climatisée, Wifi et parking. American Express, Chèque Vacances, Chèque Restaurant. Chaises bébé. Terrasse.

Une adresse historique créée il y a fort longtemps par la famille Santini. Reprise depuis quatre ans par le jeune chef mais talentueux Pierre Martinetti qui navigua sur plusieurs continents, on profitera d'une belle cuisine sincère, principalement marine. Face au port de commerce et à deux pas des îlots, on y sera confortablement installé pour apprécier de belles et bonnes assiettes d'un bon rapport qualité/prix. Sélection de la pêche locale, vivier à langouste et grande terrasse panoramique en bonus.

■ L'ACULA MARINA

Plage de Caruchettu ✆ 04 95 60 34 59
laculamarina.plage@gmail.com

Fermé de novembre au 15 avril. Ouvert tous les jours et les jours fériés le midi et le soir. Réservation recommandée. Carte : 40 € environ. Suggestion du jour : 18 €. Vin au verre. Terrasse.

Abondance de nouveautés sur la cité paoline et celle-ci mérite la citation. La situation est enviable, un peu à l'écart de l'animation et la plage est magnifique, et la moins surchargée de la ville. Le chef Savino Divincenzo, natif du sud de l'Italie, a élaboré une carte méditerranéenne en se fournissant auprès des meilleurs producteurs locaux. Le cadre est élégant, la vue superbe et la bonne volonté de Julien, nouveau dans la profession, est évidente. Transats et parasols complètent le tableau. A rechercher tout au fond du grand parking.

LE BISTROT DE LA PLACE

3, place Paoli ✆ 04 95 60 12 90

Ouvert toute l'année. Du mardi au dimanche et les jours fériés le midi et le soir. Fermé dimanche soir et lundi hors saison, le lundi en saison. Réservation impérative. Carte : 60 € environ. Menu enfant : 14 €. Vin au verre. American Express. Chaises bébé.

Un jolie table chic, dirigée par Murielle et son chef de mari, James Berthier, bien connu en Balagne, qui domine désormais la gastronomie île-roussienne. On est ici dans un « bistronomic », joyeux mélange de bistrot et de gastonomie nullement frelaté. Jamais en reste dans l'innovation, on y découvrira à chaque saison une carte retravaillée et des suggestions à l'ardoise en fonction des productions locales assez exclusives. Une petite salle confortable, un service pro mais jamais pesant et une carte des vins plus qu'honorable. Une des rares belles tables de Balagne, ouverte toute l'année.

■ **A CASELLA**
Plage du Caruchettu
✆ 06 07 67 67 95
tony.canava@gmail.com
Fermé d'octobre au 15 avril. Ouvert tous les jours et les jours fériés le midi et le soir. Réservation recommandée. Carte : 35 € environ. Vin au verre. Chèque Restaurant. Chaises bébé. Jardin. Terrasse.
On gagnera à passer la voie ferrée du petit train de Balagne pour rechercher cette petite barraque cachée au bord de la plage de Carucchettu. On arrivera chez Tony qui tient cette paillote depuis trois saisons. La carte à l'ardoise valorise la mer, avec un bon tour de main du chef Turinois Tedone Biagio. Petite carte gourmande et suggestions à l'ardoise en fonction du marché. Les apéros tapas et ses soirées qui se prolongent avec délice en musique les pieds dans le sable, sous le regard majestueux des îlots. Quelques transats, une douche et un accueil naturellement sympathique pour bien finir ce tableau. Pour nos amis motards : le grand parking pour surveiller sa moto et manger tranquille.

■ **L'ESCALE**
22, rue Notre-Dame
Promenade de la Marinella
✆ 04 95 60 10 53
www.hotel-ilerousse.com
coteport@hotelilerousse.com
Ouvert toute l'année. Tous les jours et les jours fériés le midi et le soir. Réservation recommandée. Carte : 28 € environ. Menu enfant : 10,90 €. Formule : 18 €. Vin au verre. American Express, Diners Club, Chèque Restaurant. Accueil des groupes. Chaises bébé. Terrasse. Wifi gratuit. Salle climatisée.
L'Escale est une véritable institution depuis plus d'un siècle. Son intérieur moderne style black and white avec ses photos d'époque et familiales vous emmène à la découverte de son histoire. Confortablement installé sur l'une des deux terrasses face à la mer, vous dégusterez une cuisine harmonieuse, simple et audacieuse inspirée des produits locaux. Tapas, salades-repas, spécialités de moules, pêche locale, charcuterie corse, agneau au four... sans oublier les mythiques pâtes aux langoustes, et les langoustes fraîchement pêchées. L'adresse à découvrir !

■ **CHEZ PACO**
18, rue Napoléon
✆ 04 95 60 03 76
www.facebook.com/RestaurantchezPaco
natacha.plaza@wanadoo.fr
Fermé du 1er novembre au 12 février. Ouvert tous les jours et les jours fériés le midi et le soir. Fermé le dimanche Hors saison que le midi en saison. Réservation recommandée. Carte : 40 € environ. Suggestion du jour : 8 € (les 100 g de pêche locale). Vin au verre. American Express, Chèque Vacances. Terrasse. Vente à emporter.
Une bonne table hispanisante à découvrir tout au bout de cette charmante rue piétonne. Anne-Marie et Natacha ont repris la suite des parents et portent fièrement leurs origines andalouses. En plein cœur de la vieille ville juste à côté de la mairie, la cuisine est sincère, travaillée à la minute. A savourer en salle ou en terrasse, une salade de la mer, un tajine de lotte, les calamars farcies aux crustacés, une paella marinière, des poissons juste grillés à la plancha et de desserts faits maison pour de vrai.

■ **A SIESTA**
Promenade de la plage
✆ 04 95 60 28 74
www.a-siesta.com
info@a-siesta.com
Fermé de novembre à mars. Haute saison : ouvert tous les jours et les jours fériés le midi et le soir. Fermé le mardi hors saison. Réservation recommandée. Menu unique à 25 €. Carte : 45 € environ (25 € le midi). Menu enfant : 12 €. Formule du midi : 18 € (plat/dessert). Vin au verre. Salle climatisée. Plage aménagée. Wifi. Chèques non acceptés. American Express. Accueil des groupes. Chaises bébé. Jardin. Terrasse. Organisation de séminaire, mariage, banquet...
Sur la grande plage du centre-ville, A Siesta ne manque pas d'atouts. Une belle salle vitrée pour les frileux, une grande terrasse pour manger au soleil et même les tables sur le sable face aux îlots de la Pietra. La carte et les menus du chef David Guiton sont évidement tournés vers la mer avec le choix de poissons de la petite pêche et un vivier à langoustes corses. Transats, parasols et douche pour y passer la journée. C'est l'endroit chic où se retrouve souvent la jet-set de toute la Balagne.

■ **U SPUNTINU**
1, rue Napoléon
✆ 04 95 60 00 05
www.restaurant-spuntinu.com
u.spuntinu@orange.fr
Fermé du 10 décembre à février. Ouvert tous les jours et les jours fériés le midi et le soir. Fermé le lundi midi hors saison. Réservation recommandée. Menus de 25,90 € à 31 €. Carte : 38 € environ. Menu enfant : 11 €. Formule du midi : 18 €. Vin au verre. Chèque Vacances, Chèque Restaurant. Accueil des groupes. Chaises bébé. Terrasse. Salle climatisée.
Dans la foule des restaurants de cuisine corse de la cité paoline, U Spuntinu sort fort honorablement du lot. Au calme dans une ruelle piétonne à deux pas de la place Paoli, on y découvre une grande terrasse joliment couverte, une salle aux murs gris de Sienne pour l'hiver et des formules et menus bien pensés pour découvrir les saveurs d'une cuisine familiale de bonne tenue basée sur les produits frais de la Balagne. Accueil souriant, conseils éclairés, propreté remarquable et de bons souvenirs après l'addition jamais douloureuse.

Le gîte

■ **CALA DI L'ORU*****
Boulevard Pierre Pasquini
✆ 04 95 60 14 75
www.hotel-caladiloru.com
hotelcaladiloru@wanadoo.fr
Fermé du 31 octobre à mars. Accueil jusqu'à 20h. 26 chambres. Chambre simple à partir de 66 € ; chambre

triple jusqu'à 155 €. Petit déjeuner buffet ou en chambre : 9 € (10 € en chambre). Parking ouvert inclus. Chèque Vacances. Wifi gratuit. Distributeur de boissons.
Un agréable hôtel dans un quartier calme, qui offre des prestations de qualité en remettant chaque année une petite couche d'améliorations. Le cadre est magnifique, dans un jardin plaisant, sur les hauteurs de L'Ile-Rousse avec une piscine, une décoration soignée dans l'ensemble de l'établissement. Les chambres sont spacieuses, claires avec un beau panorama en prime. Les fils, Pierre-Jo, plasticien, et Michel, photographe et apnéiste accompli, meublent l'environnement de leurs créations originales et de leur personnalité. L'accueil est irréprochable, le calme et le confort garantis, bref un lieu de séjour idéal.

L'ESCALE CÔTÉ PORT***
Lotissement des Iles
Route du Port ✆ 04 95 60 27 08
www.hotelilerousse.com
coteport@hotelilerousse.com

Fermé de novembre à mars. Accueil jusqu'à 20h. 19 chambres. Basse saison : chambre double à partir de 80 € ; studio / appartement à partir de 490 € la semaine. Demi-pension : 35 € (repas + petit déjeuner). Petit déjeuner buffet : 10 €. Parking ouvert inclus (garage moto). Chèque Vacances. Wifi gratuit. Restauration (menu 25 €, carte 28 €).
Tel le phénix renaissant de ses cendres, cet ancien motel a fait sa mue pour offrir désormais aux voyageurs un lieu de séjour de belle facture. Les chambres et appartements ont été entièrement réaménagés, avec une décoration superbe et des prestations hôtelières de grande qualité. Bien situé, au calme près du port et des îles Rousses, doté de tout le nécessaire et du superflu ; on profitera en prime de formules demi-pension de qualité et à prix doux à la brasserie l'Escale à 400 m.

L'ESCALE CÔTÉ SUD***
22, rue Notre-Dame
Promenade de la Marinella
✆ 04 95 63 01 70
www.hotel-ilerousse.com
cotesud@hotelilerousse.com

Ouvert toute l'année. Accueil jusqu'à 21h. 19 chambres (dont 4 chambres Privilège). Basse saison : chambre double à partir de 85 € ; suite à partir de 335 €. Demi-pension : 36 € (petit déjeuner et repas midi ou soir). Petit déjeuner buffet : 12 €. Lit supplémentaire : 30 €. Garage inclus (moto et vélo). Parking public à 200 m. American Express, Chèque Vacances. Séminaires. Réceptions et mariages. Wifi gratuit. Restauration (menu 25 €, menu enfant 10 €, carte 28 €). Tv satellite, Canal +. Bain bouillonnant.
Idéalement placé au cœur de l'animation, Côté Sud est doté du confort digne de sa situation privilégiée, avec un aménagement sans faute et une décoration originale où se mélangent l'esprit zen à la japonaise, le métal et les bois nobles. Plus qu'un hôtel, on parle ici d'une demeure de charme, avec ses belles chambres design et la grande suite exclusive, avec bain bouillonnant au sommet de l'établissement, qui domine toute la baie, avec un panorama à couper le souffle. L'espace réception et son café lounge, Le Rendez-vous, dans lequel sont proposés cocktails et musique d'ambiance, offrent une décoration tout aussi tendance. Bouddha, verre, inox et cuir blanc viennent compléter avec bonheur ce tableau fort réussi. On pourra désormais y profiter d'un espace restaurant et sa carte gourmande servie midi et soir en saison.

FUNTANA MARINA**
D63
Route de Monticello
✆ 04 95 60 16 12
www.hotel-funtana.com
hotel-funtana-marina@wanadoo.fr
A 800 m du centre-ville et à 1 km des plages.

Ouvert toute l'année. Accueil jusqu'à 23h. 29 chambres. Chambre simple à partir de 70 € ; chambre triple jusqu'à 190 €. Petit déjeuner buffet ou en chambre : 12 €. Parking fermé inclus (auto et moto). Chèques non acceptés. Chèque Vacances. Wifi gratuit. Restauration (carte de petite restauration de juin à septembre).
En retrait, au calme et sur les hauteurs pour mieux dominer la baie, cet hôtel offre un panorama merveilleux. L'endroit est confortable, les chambres toutes climatisées disposant de téléphones, de bain ou de douches avec des balcons ou terrasses face aux îles Rousses. Le nouveau bar panoramique et le service de petite restauration (en juillet et août, autour de la piscine ou en terrasse), sont des petits plus agréables. Parking privé et sécurisé. Un très bon rapport qualité-prix pour des prestations dignes d'un 3 étoiles.

LE GRILLON**
10, avenue Paul-Doumer
✆ 04 95 60 00 49
www.hotelgrillon.com
hr-le-grillon@wanadoo.fr

Fermé du 2 novembre au 15 mars. Accueil jusqu'à 22h. 16 chambres. Chambre simple 47 € ; chambre triple €. Demi-pension : 90 € (pour 2 en basse saison). Petit déjeuner : 6,50 €. Lit supplémentaire : 10 €. Parking fermé inclus (motos et vélo). Chèque Vacances. Animaux acceptés. Poste Internet. Wifi gratuit. Restauration (menus de 16 € à 19 €, menu enfant 8 €, carte : 24 €).
Une petite étape de centre-ville bien sympathique tenue avec bonne humeur par la famille Buisson-Colombani. La nouvelle génération représentée par le fils Anthony apporte une touche de jeunesse à l'établissement que l'on retrouve dans la modernisation des équipements : double vitrage, réfection des chambres et salles de bains, nouvelle réception design et chambres confortablement équipées (douches, WC, téléphone, TV, et même la climatisation), le tout à 200 m des plages et du centre-ville. L'étape est courue et il est donc prudent de réserver. Pour les repas, les deux menus vous raviront, car la bonne cuisine familiale de Gérard est devenue la cantine préférée de nombre d'habitués. L'un des meilleurs rapports qualité-prix de la région, même en haute saison.

■ ISULA ROSSA**
D81a
Promenade du port
✆ 04 95 60 01 32
www.hotel-ile-rousse-isularossa.com
info@isularossa.com

Fermé du 5 novembre au 15 mars. Accueil jusqu'à 21h. 21 chambres. Chambre double à partir de 40 € ; chambre triple jusqu'à 140 €. Petit déjeuner buffet : 7 €. Parking ouvert inclus (+ garage moto et vélo). Animaux acceptés (sur demande). Wifi gratuit.

Aurélia se donne bien de la peine pour améliorer régulièrement cette coquette petite étape. Les bons équipements pour la partie hôtelière sont complétés par une gentillesse et une disponibilité de chaque instant. On est idéalement situé à 600 m du port de commerce ou du centre-ville et l'on profitera sans modération d'un copieux petit déjeuner servi dans le jardin fleuri face à la plage, moins surpeuplée que celle du centre-ville. Le petit plus : les deux chambres mansardées, confortables élégantes et toutes neuves à choisir en priorité et une chambre familiale pour 5. Bien pratique à l'arrivée ou au départ des ferries.

■ L'AMIRAL***
Promenade de la Marinella
Boulevard Charles-Marie Savelli
✆ 04 95 60 28 05
www.hotel-amiral.com
info@hotel-amiral.com

Fermé d'octobre au 15 avril. Accueil 24h/24. 18 chambres. Chambre double de 85 € à 160 €. Petit déjeuner buffet : 11 €. Parking fermé inclus (auto et moto). Chèques non acceptés. Wifi gratuit. Tv satellite, Canal +.

Bien situé, juste en face de la plage de la Marinella, à deux pas du centre-ville, cet établissement propose des chambres de bon confort avec une décoration marine et ses balcons face à la mer toute proche. Bel espace bar, grande terrasse pour les petits déjeuners et service attentif de toute l'équipe. Un bon rapport qualité-prix avec le sourire et la disponibilité en prime !

Campings

■ LES OLIVIERS**
La Ferme
Route de Bastia ✆ 04 95 60 19 92
✆ 06 15 35 00 45 – www.camping-oliviers.com
Sortie d'ile-rousse direction Bastia

Fermé du 10 octobre à mars. Accueil jusqu'à 20h (22h en été). Gardé 24h/24. Terrain de 4 ha. 223 emplacements (tous électrifiés). Exposition : mi-ombragé. Sol : sablonneux. Relief : plat. Locatif à la nuitée à partir de 25 € pour 2 personnes. Emplacement + véhicule + 2 personnes de 11,20 € à 14 €. 15 bungalows pour 4 à 6 personnes de 240 € à 860 € la semaine. Forfait Motard 15,50 € en haute saison. Chèque Vacances. Jeux pour enfants. Animaux acceptés (1 € en camping et 15 € en locatif). Wifi payant. Restauration (restaurant Pizzeria de juin à septembre. Plat du jour 12,50 €, carte 25 €). Animations.

Réelles améliorations au camping des Oliviers avec la nouvelle génération aux commandes de ce lieu de séjour. Un gros boost côté équipements (nouveaux emplacements, plantation d'arbres d'ombrage, nouveau jeux d'enfant) et 8 nouveaux bungalows. L'équipe a dynamisée l'ambiance (soirées chants corses en saison, terrain de boule réglementaire...) et professionnalisé l'accueil. La situation est pratique, à l'entrée de la cité paoline, avec un accès direct aux criques et aux plages. 4 petites «baracca» bien pratiques, en location à la nuitée. En bonus : le wi-fi dans tout le camping !

Loisirs

■ CLUB NAUTIQUE D'ILE-ROUSSE
Plage de la Gare – Route du port
✆ 04 95 60 22 55 – www.cnir.org
Face à la gare de L'Ile-Rousse, sur la plage.

Fermé du 23 décembre à mars. Location et leçons catamaran, planche à voile, kayak, stand up paddle, optimist et habitable. Basse saison : ouvert le mercredi et le samedi de 9h à 18h. Haute saison : tous les jours et les jours fériés de 9h à 18h. Sur réservation hors saison. Stage 3 jours à partir de 115 €, location à partir de 12 € l'heure de kayak. Chèque Vacances.

Le Sec du Nazo
Difficulté : niveau 2. Profondeur : de 15 à 38 mètres. Situation : au large du port à moins d'un mile. Atouts : belle remontée rocheuse riche en corbs, mérous, nudibranches, sérioles et dentis.

Le Grand Tombant
Difficulté : niveau 2. Profondeur : de 25 à 40 mètres. Situation : au large du port à 1,5 mile. Atouts : roche isolée riche en dorades, labres, spirographes, mérous et murènes.

BELUGA DIVING
D81A
Route du phare
Port de plaisance
L'ILE-ROUSSE
✆ 06 82 04 95 10
www.beluga-diving.com
info@beluga-diving.com
Fermé du 15 octobre à avril. Ouvert du lundi au samedi et les jours fériés de 8h30 à 18h. Baptême : 55 €, exploration : 30 € non équipé. Formation PADI et CMAS à parti de 300€. CB non acceptée. Chèque Vacances. Station de gonflage Air. Chef de centre Myriam Berz. 1 semi-rigide de 7,50 m 200 cv pour 12 plongeurs maxi.
Cette petite structure sympathique et sportive avec ses 3 monitrices et moniteurs diplômés vous propose toute une gamme d'activités. Le centre propose des formules adaptées aux plongeurs de tous niveaux qui veulent se faire plaisir et sortir des sentiers battus. Pour les non-initiés, l'équipe propose du snorkeling au désert des Agriate. Les baptêmes se déroulent toujours sur le site de la presqu'île, site optimal pour la première découverte des fonds sous-marins, avec une très grande richesse de la faune et de la flore à faible profondeur. Le plus : exploration sur des sites de moyenne et grande distance comme la Revellata, le Bombardier, le danger d'Algajola mais aussi Porto et Cap Corse (sorties à la journée). Possibilités de plongée/hébergement.

EPIR
D513
Port de pêche
BP 141
L'ILE-ROUSSE
✆ 06 81 97 86 82
www.epirplongee.com
welcome@epirplongee.com
Centre agréé pour la formation professionnelle. Bateau-école. Centre SEA Scubapro. Fermé de décembre à février. Haute saison : ouvert tous les jours et les jours fériés. Exploration avec encadrement : 1 plongée 42 € (matériel compris). Forfait 5 plongées 200 €. Forfait 10 plongées 380 €. Baptême 50 €. Snorkelling 30 €. Formation niveau 1 350 €. Formation Open Water 425 €. Formation FFESSM et PADI. Agrée formation professionnelle. Centre SEA Scubapro.
Chefs de centre : Sébastien Jung et Jérôme Solirène 2 BEES 1° et OWSI et scaphandrier classe 2B. 35 équipements. Scubapro changé tous les deux ans. 1 compresseur 30 m3/h et 15 bouteilles tampon à 350 bars. 1 bateau pneumatique pouvant accueillir 25 plongeurs. Plongées exploration : 8 spots de plongées allant de 14 m à 55 m, fond rocheux très poissonneux. Les baptêmes s'effectuent toujours en bateau dans des endroits très abrités ayant une faune et une flore abondante.

© CORSICA DIVING CENTER

Le Club Nautique d'Ile-Rousse vous propose un vaste panel d'activités nautiques dans une ambiance chaleureuse et professionnelle en toute sécurité. Les usagers du club peuvent profiter de 60 embarcations nautiques variées (catamaran, planche à voile, kayak, habitable...). Chef de centre : Pierre Hebting BEES voile, 7 moniteurs en saison. Affilié FF Voile, FFC kayak, label école française de voile et agréé Jeunesse et sports.

■ JET LOC
D81a – Route du Port
✆ 06 16 07 10 15 / 06 18 88 56 90
www.jetskibalagne.com – info@jetloc.fr
Face à la gare.
Fermé de novembre à avril. Basse saison : ouvert tous les jours et les jours fériés de 9h à 19h. Haute saison : tous les jours et les jours fériés de 7h30 à 21h. Sur réservation. A partir de 40 € le jet, 165 € la randonnée pour 2 personnes. CB et chèques non acceptés. Chèque Vacances.
Anthony Mariani a installé sa base nautique sur la petite plage de la gare, à deux pas du port de plaisance de L'Ile-Rousse. Un lieu de départ bien pratique pour partir à la découverte des sites du nord au sud en Jet-Ski et scooter des mer : le désert des Agriate, la réserve naturelle de Scandola et ses criques et plages secrètes. Au programme : initiation, baptême, randonnée à la carte... Petit plus : on pourra s'éclater à bord de bouées tractées, ski nautique et wakeboard le tout en toute sécurité grâce à l'encadrement de moniteurs diplômés BPJEPS. Nouveautés : Fly Board by Francky Zapatta pour s'éclater !

Location de deux-roues

■ BALAGNE CYCLES
15, avenue Paul Doumer ✆ 04 95 38 12 99
www.balagne-cycles.com
balagne.cycles@wanadoo.fr
Ouvert du lundi au samedi de 9h à 12h et de 15h à 19h. Livraison possible (magasin de vente Scott, Lapierre et Orbea). Location vélo route et VTT adulte à partir 10 € la demi-journée.
Les spécialistes du vélo sur la Balagne. Guillaume propose un service bien pratique dans la boutique à l'entrée de la ville : un service de location classique mais également des formules de randonnées guidées sur toute la Balagne. En prime, quelques Paddle Board également en location ou Rando. Atelier et boutique pour trouver tout ce qu'il faut pour les fanas de la petite reine. Service de livraison, si besoin.

■ KIWI MOTO
RN197 – Col de fogata – Route de Calvi
✆ 04 95 56 77 10 / 06 87 50 92 40
salvatorifranck@orange.fr
Face au Leclerc.
Haute saison : ouvert du lundi au samedi de 9h à 12h et de 14h à 19h. Agent Yamaha et Sym. Location Scooter 50 et 125cc. Dépannage/remorquage sur la Balagne.
Un petit magasin bien pratique, tenu par Franck qui ne ménage jamais sa peine pour dépanner le motard en galère. Boutique d'accessoires et atelier pour les petites réparations. En prime : location de scooter Sym en 50 et 125cc et le remorquage sur la Balagne.

■ LOC SCOOTS
Face à la Gare
Route du Port – D81A
✆ 06 42 59 80 13 / 06 18 88 56 90
www.location-scooter-balagne.fr
locscoot@gmail.com
Haute saison : ouvert tous les jours et les jours fériés de 8h à 20h. Ouvert le dimanche. Livraison possible. Location de scooters 50cc, 125cc et motos 660cc à partir de 20 € la demi-journée. CB et chèques non acceptés.

Emplettes

Panier gourmand

■ LE BON CAFÉ
Place Delaunay ✆ 04 95 60 02 40
boncafe@orange.fr
♿
Basse saison : ouvert du mardi au samedi de 9h à 12h et de 15h à 18h30. Haute saison : du lundi au samedi de 9h à 13h et de 15h à 20h. Livraison possible. CB non acceptée.
Une affaire de famille qui embaume les rues de la cité paoline depuis 1932 par les effluves des cafés du monde entier. On y entre comme dans un musée pour apprécier le torréfacteur d'époque, la collection de moulins et cafetières et les sacs brandis tels des étendards sur les murs de la boutique. Toute la famille Franceschini est au garde-à-vous pour vous vanter la qualité reconnue de ses mélanges. En prime : une belle sélection des thés du monde entier.

■ A CASA CORSA
Place Paoli ✆ 04 95 60 23 63
casacorsa.ilerousse@facebook.com
Ouvert d'avril à novembre.
Sur la place Paoli, le fameux Michel Poli nous propose son sympathique bar à vins et vente des produits locaux dont l'incontournable charcuterie qui déplace les foules. C'est le lieu d'ambiance de l'Ile-Rousse, avec ses tonneaux où l'on vous servira vin au verre, planches de charcuterie au milieu des jeunes du village qui le fréquentent assidûment. Expédition sur demande et bonne humeur de rigueur...

■ AUX VENTS D'ANGES
40, avenue Paul-Doumer
✆ 04 95 47 66 18
auxventsdanges2b@aliceadsl.fr
Haute saison : ouvert du lundi au samedi de 9h30 à 12h15 et de 16h à 20h30. Livraison possible (et expédition France et monde). Carte à l'ardoise le soir de 16 à 29 € sur réservation.
Christophe Talon, natif de L'Ile-Rousse, est revenu au pays après des escapades niçoises pour s'installer dans ce tout nouveau concept : une grande cave-bar à vins, pour notre plus grand plaisir. Une présentation dans la grande salle lumineuse de plus de 1 000 références des crus locaux, continentaux et internationaux par ce sommelier-conseil reconnu. Christophe se fera un plaisir de vous faire partager sa passion et pour prolonger la visite, on pourra de plus s'attabler dans l'espace épicurien,

pour trouver l'union des plats et des vins, autour d'une carte qui fera voyager dans la gastronomie française et d'ailleurs. Une initiative originale à suivre de près, avec une belle carte de spiritueux et un espace cadeaux et arts de la table en prime. Nouveauté : le lieu s'étoffe d'une grande gamme des meilleurs produits des régions, Corse comprise évidemment.

Marchés

Construit entre 1844 et 1846, le marché couvert, au début de la rue Paoli, a retrouvé ses couleurs d'origine en 2011. On y retrouve chaque matin, toute l'année, fruits et légumes, fromage, pêche locale, miel, charcuterie, artisanat...

LUMIO ★★★

Lumio s'étale, comme un balcon, à divers niveaux, au-dessus de la plaine de Calvi. Une route en forme de boucle, ombragée et jalonnée de bancs de pierre, datant du début de la Troisième République, traverse le village dans sa largeur. Promenade idéale, d'où l'on a l'un des plus beaux panoramas de Corse. Avec ses dix kilomètres de côtes avec ses criques et ses plages, les amoureux et les passionnés d'activités nautiques apprécieront les plaisirs de la mer depuis le port de Sant'Ambroggio ou les criques de l'Arinella et de Sainte-Restitude.

Points d'intérêt

U CARRUBO ★

Autre monument pittoresque du village, U Carrubo est un bâtiment massif de pierres couronné d'arcades construit au XVIIIe siècle, à l'initiative de l'abbé Ignace Colonna de Leca. Selon certains, il était destiné à une confrérie de moines, pour d'autres il servait à abriter les indigents et d'école aux enfants. On ignore l'origine du nom. Peut être est-il dû à sa forme cubique ou bien à un caroubier voisin ? Le bâtiment fut vendu en 1962 par les petits neveux de l'abbé. La bâtisse alors en ruine est maintenant complètement restaurée. Le groupe de polyphonies corses A Filetta y répète actuellement.

LA CHAPELLE ROMANE SAINT-PIERRE-ET-PAUL (SAN PETRU) ★★★

A un kilomètre du village, une superbe construction datant du XIIe siècle. Cette chapelle romane en granit rose est classée aux Monuments historiques depuis 1992 pour son décor extérieur. La façade est ornée de deux têtes de lion qui encadrent le linteau monolithique de la porte. Elle est située dans le cimetière de Lumio. La particularité du village de Lumio tient dans le fait que son centre est fait de sentiers piétonniers et que la route fait le tour du village en passant sur la place qui est le lieu de rencontre de tous ses habitants.

LA MARINE DE SANT'AMBROGGIO ★★

Harmonieusement disséminés dans la nature verdoyante qui les entoure, les villas et les studios sont à quelques pas de la Méditerranée bordée de plages de sable fin, là où fut remarquée la charmante Laetitia Casta. D'innombrables criques vous émerveilleront par leur beauté et la pureté de l'eau. Un petit port, particulièrement bien abrité, permet aux plaisanciers de tous types de s'y amarrer en toute sécurité avec tous les services appropriés. On y trouve également le Club Med et les restes du premier golf de Corse, désormais fermé !

PLAGE DE L'ARINELLA ★★★

Situées en contrebas du village, faciles d'accès, les plages de l'Arinella et leurs petites criques offrent une vue magnifique sur Calvi et sa citadelle. On peut même y venir par le petit train rustique de la Balagne surnommé «U Trinichellu» qui parcourt toute la côte de L'Ile-Rousse à Calvi. Magnifique restaurant de plage le Matahari, où vous aurez peut-être la chance de croiser la délicieuse Laetitia Casta, l'enfant du pays.

Village abandonné d'Occi.

PLAGE DE SAINTE-RESTITUDE ★★★

Superbe petite plage partagée de sable, galets et jolies petites criques s'ouvrant sur la baie de Calvi. Pour les amateurs, vous pourrez y trouver des yeux de sainte Lucie. Cet opercule est en nacre orangée, magnifique, et sa forme l'a fait appeler «œil de sainte Lucie» par les pêcheurs de la Méditerranée. Ils le conservent comme porte-bonheur, associé à l'argent ou la prospérité puisqu'ils le glissent toujours dans leurs porte-monnaie, dans leur tiroir-caisse, portefeuille, tirelire. Serti, il se porte en permanence comme bijou protecteur. Dans tous les cas il éloignera le «mauvais œil» !

LE VILLAGE D'OCCI ★★★

Calé sur une éminence rocheuse, à 377 m de hauteur, le petit village d'Occi est un véritable observatoire surmontant la plaine et la mer, pour offrir une saisissante vue panoramique. L'histoire de ce village remonte au XVe siècle, à une époque où les côtes n'étaient pas sûres. En effet, les habitants d'un village situé sur le littoral au lieu-dit Spano, fuyant les Sarrasins, ont déserté le site pour s'installer sur le promontoire d'Occi. Au XVIIe siècle, le village déclina, de telle sorte que le 29 avril 1852, la commune d'Occi ne comptant plus que 62 habitants, sera rattachée à celle de Lumio. Le dernier habitant, Félix Giudicelli, y est mort en 1927.

Le couvert

LE GRAND ET LE PETIT OGGI

Hôtel Chez Charles
Route de Calvi
✆ 04 95 60 61 71 / 06 11 38 48 6
www.hotelcorse-chezcharles.com
contact@hotel-chezcharles.com
A 10 km de Calvi et 3,4 km de la plage de l'Arinella.

♿

Fermé du 2 novembre au 21 avril. Ouvert tous les jours et les jours fériés le midi et le soir. Réservation recommandée. Menus de 120 € à 140 € (le soir, réservation obligatoire). Formule du midi : 28 €. Vin au verre. Le Petit Oggi, ouvert tous les jours midi et soir. Menu à 38 €. Carte 50 €. Menu enfant 16.50 €. Formule du midi 26 €. American Express. Chaises bébé. Terrasse. Wifi zone, salle climatisée.

Une table renommée de longue date en Balagne, dirigée par le nouveau chef François Desmonts. La partie restauration a été repensé avec l'espace gastronomique ; Le Grand Oggi et un second restaurant de type brasserie ; Le petit Oggi. La modernisation complète de l'établissement est une grande réussite, tant en cuisine qu'en salle et en terrasse avec les conseils éclairés du maître d'hôtel. Le service est précis, la carte et les menus sont alléchants en variation à chaque saison, et nous font voyager avec bonheur dans le respect des saveurs et de la simplicité.

MATAHARI

Plage de l'Arinella
✆ 04 95 60 78 47
www.lematahari.com
info@lematahari.com

Fermé d'octobre à mars. Organisation de banquet, seminaire, mariage... Ouvert tous les jours et les jours fériés le midi et le soir. Ouvert le midi en avant saison, fermé le lundi soir toute la saison. Réservation impérative. Menu unique à 42 € (le soir). Carte : 60 € environ (35 € le midi). Menu enfant : 15 € (carte enfant). Suggestion du jour : 26 € (à l'ardoise). Vin au verre. Chaises bébé. Jardin. Terrasse. Plage aménagée de transats et parasols.

Idéalement placés sur la jolie plage juste en contrebas du village, Alexandre Rutily et son équipe se donnent de la peine pour répondre au succès légitime de l'endroit. La situation exclusive n'est pas frelatée et la cuisine dirigée par Thomas Torenovas, venu d'Espagne, est résolument tournée vers la mer. On nous fait voyager sur tous les continents. Inutile d'égrener une carte car ici tout se fait à l'ardoise qui évolue en fonction du marché. On ne pourra y venir manger qu'à la condition de réserver, surtout le soir en été, pour contempler la baie de Calvi, spectacle féerique en osmose avec les assiettes. Avec un peu de chance, vous y croiserez la charmante Laetitia Casta, l'enfant du pays. On pourra y venir par la mer à condition d'avoir son annexe !

Le gîte

CHEZ CHARLES****

Route de Calvi
✆ 04 95 60 61 71
✆ 06 11 38 48 16
www.hotelcorse-chezcharles.com
contact@hotel-chezcharles.com
A 10 km de Calvi et 3,4 km de la plage de l'Arinella.

Qualité Tourisme. Châteaux & Hôtels Collection. Fermé de novembre au 21 avril. Membre du Cercle des Grandes Maisons Corses. Maitre Restaurateur. Accueil 24h/24. 29 chambres. Chambre double de 140 € à 360 €. Demi-pension : 78 € (dîner et petit déjeuner). Petit déjeuner buffet : 19,50 €. Lit supplémentaire : 55 € (enfant 35 €). Parking ouvert inclus. American Express, Chèque Vacances. Séminaires. Poste Internet. Wifi gratuit. Restauration (menus de 38 € à 140 €, carte 50 €, menu enfant 16,50 €). Tv satellite, Canal +. Espace bien être.

Dans le charmant village en balcon de Lumio qui domine la baie de Calvi, la maison de Joseph Fondacci est en passe de faire de l'ombre aux grandes maisons de Balagne ! Cet hôtel offre aux épicuriens de belles prestations avec ses chambres spacieuses, dotées des attributs indispensables à son standing : confort, élégance et professionnalisme de toute l'équipe afin de rendre le séjour de chaque hôte le plus agréable possible. Le bar et sa carte de cocktails, le pool-bar et sa piscine et ses restaurants dirigés par le nouveau chef François Desmonts, complètent ce tableau raffiné. L'ambiance y est très agréable, tout en simplicité, sincérité et authenticité, conforme à l'âme corse que l'on retrouve ici.

Emplettes

■ **CLOS CULOMBU**
Chemin San-Petru ✆ 04 95 60 70 68
www.closculombu.fr
contact@closculombu.fr
♿
Ouvert du lundi au samedi de 9h30 à 13h et de 14h à 18h30. Le dimanche de 10h30 à 12h30 et de 15h30 à 17h30.
Le domaine se situe sur le chemin de la chapelle San-Petru du XIIe siècle, classée aux Monuments historiques. Il s'étend sur 50 ha, cultivés de manière traditionnelle, sur un terroir d'arènes granitiques et de terrasses argileuses, planté de niellucciu, sciaccarellu, vermentinu, grenache, syrah, cinsault et muscat petit grain. Engagé en bio depuis 2010. La superbe cave permet dégustation, visite et commentaires éclairés. A déguster en priorité : la cuvée Collection issue de vieux cépages endémiques en blanc et rouge et le Clos Culombu dans les trois couleurs, étendard du domaine.

Marchés

Le marché des producteurs locaux, avec légumes certifiés bio, a lieu tous les samedis matin de 8h30 à 12h sur la place du village. Un peu de tout pour cuisiner sain, local et équitable avec entre autres des légumes non traités, de l'huile d'olive AOC, du fromage de brebis frais Casgiu Casanu, du pain bio pétri à la main et cuit au four à bois et du poisson de la pêche locale.

MONTICELLO ★★

Agréable petit village accroché en balcon au-dessus de L'Ile-Rousse dont le territoire descend jusqu'à la belle plage de Cala d'Alivu. Le cœur du village ne manque pas de charme, avec sa grande place où se retrouvent les boulistes. Prenez bien votre temps pour admirer ce qui est offert à vos yeux, car les maisons de maître succèdent aux voûtes historiques et aux hauts lieux de l'histoire locale. Au centre du village culmine l'église et son clocher aux trois cloches.

Points d'intérêt

L'église San-Sebastianu et ses trois cloches, la chapelle Saint-François-Xavier en haut du village, les ruelles pavées d'ardoises à parcourir à petits pas et la belle route de la corniche qui court jusqu'à Santa-Reparata-di-Balagna. Ne pas manquer la balade jusqu'aux ruines du château d'Ortica, tout en haut du village pour son magnifique panorama à 180 degrés.

■ **LE PARC DE SALECCIA** ★★★
Route de Bastia
Saleccia
RN197 ✆ 04 95 36 88 83
www.parc-saleccia.fr
parc.de.saleccia@wanadoo.fr
A 4 km de L'Ile-Rousse
♿
Ouvert de début avril à mi-octobre. Basse saison : le lundi de 14h à 19h, du mardi au samedi de 9h30 à 19h ; le dimanche et les jours fériés de 10h à 19h (en octobre : de 10h à 18h, fermé le lundi et samedi). Haute saison : tous les jours de 10h à 19h30. Gratuit jusqu'à 4 ans. Adulte : 8,50 €. Enfant (de 4 à 18 ans) : 6,50 €. Groupe (10 personnes) : 6 €. Tarif famille : 23 € (deux adultes et enfants mineurs). Chèque Vacances. Non labellisé pour le handicap. Accueil enfants. Visite guidée (sur rdv à partir de 20 personnes). Restauration. Boutique. Animations. Animaux de la ferme.
Le parc de Saleccia œuvre pour la préservation et la mise en valeur des plantes méditerranéennes et du petit patrimoine rural. Ce sont 7 ha de parc paysager ouverts au public où la Corse peut être respirée à travers toutes les plantes de son maquis et les vestiges d'une ancienne exploitation agricole. L'art des jardins au cœur du maquis, telle est la devise de ce parc où l'on retrouve divers parcours de découverte de la flore locale, méditerranéenne et de climat méditerranéen du monde. Tout est impeccablement entretenu, expliqué et la balade ne manque pas de charme. Bruno Demoustier a su au mieux valoriser les lieux, et sa fille Isabelle participe à la découverte de ce patrimoine familial. Tout est beau, propre et accueillant.

Le couvert

■ **LA BERGERIE**
D63
Route de Monticello ✆ 04 95 60 01 28
www.labergerie-corse.com
labergerie-corse@wanadoo.fr
♿
Fermé de novembre à mars. Basse saison : ouvert du mardi au dimanche et les jours fériés le soir. Haute saison : tous les jours et les jours fériés le midi et le soir. Service le midi sur réservation hors saison. Réservation recommandée. Carte : 40 € environ. Menu enfant : 10 €. Vin au verre. 26 chambres de 65 € à 98 €, petit déjeuner 7 €, demi-pension de 75 € à 90 € par personnes. Chèque Vacances, Chèque Restaurant. Accueil des groupes. Chaises bébé. Jardin. Terrasse. Accès wifi.
C'est depuis 1957 que cette ancienne bâtisse de pierre a été transformée en hôtel-restaurant. C'est un véritable havre de paix situé à 800 m à peine de la cité de L'Ile-Rousse. Alors profitez de votre séjour pour vous rafraîchir à la piscine sous l'olivier millénaire et vous prélasser devant un apéritif au coucher du soleil. Dégustez les spécialités de la maison qui sont l'occasion d'un voyage gustatif entre Espagne et Maroc ; ou bien laissez-vous tenter par les plaisirs culinaires de la mer. Autant de mets délicieux, préparés avec tout le savoir-faire du chef de la maison. Cadre authentique et original à l'image du maître des lieux, plongeur, pêcheur, au passé chargé d'histoire !

Le gîte

A PIATTATELLA****

Chemin de Saint-François ✆ 04 95 60 07 00
www.apiattatella.com – info@apiattatella.com

Fermé de novembre à mars. Accueil jusqu'à 23h. 13 chambres. Chambre double de 168 € à 348 €. Petit déjeuner buffet : 18 €. Lit supplémentaire : 60 €. Parking fermé inclus (auto et moto). Lit bébé 50 € le séjour. Petit déjeuner enfant 9 €. American Express. Garde d'enfants. Poste Internet. Wifi gratuit. Restauration (carte 40 €). Tv satellite. Hammam, bain bouillonnant, sauna.

Un superbe havre de paix que cette petite cachette tout en haut de Monticello ! On montera jusqu'ici pour y être accueilli par Valérie et Thierry, hôteliers pleins de mérite qui dirigent cette maison avec passion. La réalisation est exemplaire par le choix des lieux, des matériaux, des équipements en totale osmose avec le cadre : salle de fitness, espace massage et beauté, grand volume dans les chambres toutes face à la vallée du Reginu. Une politique tarifaire juste avec un rapport qualité-prix exceptionnel pour la Balagne et un accueil parfait de toute l'équipe. Nouveautés : on y profitera désormais d'une belle carte de restauration et de suggestions journalières à l'ardoise élaborés par Caroline, le chef au féminin.

Chambres d'hôtes

I TRE CASTELLI

D63
Route du Reginu ✆ 06 17 96 16 66
vanessabandini@orange.fr
Direction Speloncato, a 1,8 km de Monticello

Fermé du 15 octobre au 15 avril. Accueil jusqu'à 20h. 5 chambres. Chambre double de 80 € à 85 €. Petit déjeuner inclus. Parking ouvert inclus (auto et moto). CB non acceptée. Chèque Vacances. Animaux acceptés (sur demande).

Bien caché sur les hauteurs de Monticello, ce petit coin de paradis ne manque pas d'atouts : une grande propriété d'un hectare avec une vue époustouflante sur la baie d'Ile-Rousse, les petits bâtiments tous indépendants dotés d'un confort digne d'un trois épis, le tout dans un calme olympien. On sera idéalement placé pour parcourir le balcon de la Balagne ou les plages de la côte, toute proche. Petit déjeuner copieux servi en terrasse ou dans la salle à manger, au choix.

OLIVELLA

D63 ✆ 06 50 86 20 82
✆ 09 81 18 63 28 – annesotim@live.fr
A 4 km d'île-rousse

Ouvert toute l'année. Accueil jusqu'à 20h. 2 chambres. Chambre double 80 €. Petit déjeuner inclus. Parking fermé (auto et moto). Lit enfant ou bébé 10 €. CB non acceptée. Wifi gratuit.

Une belle rencontre dans ce petit hameau, en contrebas du village sous la mairie, avec ce jeune couple qui a eu la bonne idée d'ouvrir sa maison aux voyageurs. La propriété, superbe, construite par monsieur et décorée par madame, dispose de deux chambres indépendantes autour de la piscine. De beaux espaces, un beau jardin et un accueil vrai et sincère pour clôturer le tableau proche de la perfection.

Loisirs

ARBO-VALLEY

Lieu-dit Saleccia – Route de Bastia
✆ 06 16 72 53 12 / 06 12 06 34 38
www.arbovalley.fr – arbovalley@yahoo.fr

Agréé Label qualité FFE, certifié centre de tourisme équestre. Ouvert toute l'année. Sur réservation exclusivement. Tous les jours et les jours fériés. Balade 1h : 21 €, demi-journée : 47 €. Journée : 85 € avec repas. Randonnée itinéraire à partir de 150 € par jour. CB non acceptée.

Dirigé depuis bientôt 20 ans par François Vescovali. Profitez de votre séjour en Corse pour découvrir la nature au cours d'une randonnée en Corse à cheval, grâce à cette ferme équestre de renom. Laissez-vous guider au rythme de votre cheval ou poney à travers les paysages, la faune, la flore et l'histoire à l'hospitalité sans pareille. Séjours équestres en randonnées itinérantes : montagne, randonnées dans les sites de l'Agriate, randonnées au travers du Cap Corse et dans toute l'île de Beauté.

Location de deux-roues

MONTI BIKE

NOUVEAU

D63
Lieu-dit Bonjioco ✆ 06 70 34 22 73
www.montibike-corse.com
pissard.rene@wanadoo.fr
À 1 km de L'Île-Rousse

Ouvert du lundi au samedi de 8h30 à 12h et de 14h à 19h. Livraison possible (en Balagne).

Un petit garage tout nouveau tout beau juste en dessous du village qui propose son atelier de réparation toutes marques, la vente et la location de la marque Royal Enfield 500 cc et Orcal 125 cc. Dépannage et remorquage en Balagne si besoin. Tenu par René Pissard, motard passionné qui vous rendra service avec plaisir.

Emplettes

LES OURSINS DE BALAGNE

D63
Route de Monticello ✆ 04 95 60 01 28
✆ 06 23 38 00 45 – thomas-bergerie@hotmail.fr

Livraison possible. De 6 € à 7 € la douzaine.

La référence en Balagne pour tous les amateurs de « zini », l'oursin incomparable de Corse, que l'on ne trouve que sur place. Jean-Denis et Thomas Caumer récolent de mi-décembre à mi-avril cet échinoderme surnommé le « caviar de la mer ». A bord du Jutho, un V-cat de 5,65 m, ces deux marins et plongeurs en paner, collectent chaque jour entre 100 et 200 douzaines d'oursins pour le plus grand bonheur des amateurs. On vous les proposera fermés ou ouverts, selon votre envie.

LE BALCON DE LA BALAGNE

Impossible de passer sous silence ces merveilleux villages, accrochés à flan de montagne. On serpentera avec bonheur sur les petites routes en corniche pour tomber en arrêt devant un panorama, une chapelle, des artisans et des hommes fiers de leur région et heureux de partager leurs passions. Une superbe idée de circuit, le long des petites routes départementales D71 et la D151, vous conduira depuis la plage de Lozari vers Belgodère, Ville-di-Paraso, Nessa, Feliceto, Muro, Avapessa, Aregno, Sant'Antonino, Pigna, Corbara, Santa-Reparata-di-Balagna, Monticello pour finir à l'Ile-Rousse. Un beau circuit avec ses routes des artisans de Balagne. Cet itinéraire permet de rencontrer dans leurs ateliers ces hommes et ces femmes qui ont choisi d'exprimer par leurs mains ce qu'ils ont dans la tête. Ils sont verriers, potiers, couteliers, bijoutiers, luthiers, oléiculteurs, apiculteurs, ou vignerons et vous feront découvrir leur passion.

AVAPESSA

La tradition oléicole de ce village est toujours bien présente avec ses oliviers qui lui donnent une allure de crèche nichée dans un écrin de verdure. La restauration de l'église paroissiale Sainte-Marie, celle de la chapelle Saint-Michel, la réfection de nombreuses ruelles pavées ont embelli le cadre champêtre de ce village ou l'authenticité a été préservée tout en le faisant entrer dans la modernité.

CATERI ★★

Le lieu est occupé depuis la Préhistoire. Au site de Carco Mondria, on peut voir des traces d'habitation, une pierre plate et quelques pierres levées. Plus loin, au col de San-Cesario, on a retrouvé quelques vestiges romains près de la chapelle à la décoration polychrome. Le village est construit en pente et surmonte les cultures en terrasse. Il offre une belle vue sur le golfe d'Algajolà. Son église paroissiale Santa-Lucia, prénommée Notre-Dame des Anges, d'architecture baroque, est la seule de Corse à posséder un clocher absidial à arcades. De plus, le couvent de Marcassu, plus vieux couvent de Corse encore en activité, abrite aussi les cendres de saint Bernardin, originaire de Calenzana. Côté pratique, on se ravitaillera ici à l'unique station-service des villages perchés.

Points d'intérêt

- **L'église paroissiale de l'Assomption Santa Maria Assunta,** édifice baroque du XVIIe siècle, à double fronton.
- **La confrérie Sainte-Marcelle,** voisine de l'église, date elle aussi de la fin du XVIIe siècle.
- **Le couvent de Marcassu** est situé en contrebas de la route de Lavatoggio. Edifié en 1608 sur les ruines du château de Marcassu datant du Xe siècle, il est occupé par des religieux bénédictins. Les voyageurs peuvent y faire une retraite.
- **Le prieuré du Saint-Esprit** à Marcassu possède une belle église paroissiale baroque de la première moitié du XVIIIe siècle.
- **La chapelle San-Cesario** a été édifiée au XIIe siècle sur un mamelon de l'arête montagneuse séparant la vallée du Reginu et la plaine d'Aregno.

Les villages de Cateri et Aregno.

Le gîte

■ **U SAN DUME CHEZ LÉON**
D71
✆ 04 95 61 73 95
www.hotel-corse-usandume.com
info@usandume.com

Fermé de novembre à mars. Accueil jusqu'à 22. 13 chambres (dont 4 appartements). Chambre double de 76 € à 92 € ; studio / appartement de 400 € à 600 € la semaine. Demi-pension : 134 € (en basse saison pour 2). Petit déjeuner : 7 €. Parking ouvert. Chèque Vacances. Garde d'enfants. Séminaires. Réceptions et mariages. Wifi gratuit. Restauration (menu 28 €, carte 40€, menu enfant 8 €).
On est ici, chez Léon Andreani, une figure emblématique connue et reconnue de tous. La table champêtre satisfera les plus gourmands et gourmets des spécialités transmises par Marie-Jeanne, la femme du fameux Léon. Petits appétits s'abstenir ! On peut de plus y dormir dans les chambres et appartements refaites a neuf avec une vue panoramique sur la plage d'Aregno-Agajola, juste en dessous à 6 kilomètres.

FELICETO ★★

Ce village fait partie du circuit des vieux villages de Balagne. A voir : l'église San-Niculaiu, le pont muletier, les ruines de l'ancien couvent et la Falcunaghja, la maison du bandit. Le voyageur aura bien du mal à résister à une petite halte dans ce joli village planté d'oliviers dont la production est importante puisqu'il existe encore un moulin en activité chez Joseph Ambrosini. Pour les amateurs de vin corse, l'arrêt est indispensable : c'est ici que l'on trouve le fameux Clos Reginu qui produit notamment un remarquable rosé. Les buveurs d'eau ne sont pas oubliés grâce à deux sources à chaque entrée du village et dont la qualité est renommée. Ne pas oublier l'atelier d'art du verrier David Campana, au lieu-dit Strambolaccie, en contrebas de l'église Saint-Nicolas.

Points d'intérêt

■ **LA CHAPELLE SAINT-ROCH** ★
La chapelle Saint-Roch est située en dessous de l'église Saint-Nicolas de style baroque dotée d'un superbe orgue et de jolies toiles. Accessible par un petit chemin bucolique qui mène en le poursuivant à un joli pont génois à proximité d'un moulin privé. Cet édifice possède une statue qui est l'objectif de nombreux pèlerins. Les souvenirs du Moyen Age sur le Capu a i Mori évoquent la lointaine occupation du site.

■ **LA MAISON DU BANDIT** ★
La maison du bandit est située sur la falcunaghja, le refuge du faucon en langue corse à 600 m d'altitude. Elle offre une vue dégagée sur une partie de la Balagne et sur la mer Méditerranée. Accessible facilement par un sentier à partir du haut du village. Elle servit de repaire aux amis quelque peu louches d'un ancien maire qui la fit bâtir au siècle dernier, les mauvaises langues ajoutant qu'il observait les gens du village avec une longue-vue. Merci de penser à refermer les portails !

Le couvert

■ **U MULINU**
D71
Sortie du village
✆ 04 95 61 73 23

Fermé de janvier à février. Ouvert du mercredi au dimanche et les jours fériés le soir. Réservation impérative. Menu unique à 37 € (tout compris : apéritif, vin et digestif). CB non acceptée. Accueil des groupes. Animations.
L'ambiance est assurée dans ce moulin à huile tricentenaire, toujours en activité, tenu par Joseph Ambrosini. Le menu varie en fonction des saisons et c'est toujours un régal. Le maître des lieux vous étonnera par sa manière de servir les clients : il jette assiettes et jambon comme des jetons sur une table de baccara. Il faut le voir ! Un menu unique avec apéro, vin et digestif inclus, composé de jambon à la volée, d'une terrine, d'un plat corse traditionnel, suivi de fromage et d'un dessert maison. La spécialité de l'établissement reste le service de Joseph qui offre un spectacle unique : on aime ou on déteste ! L'adresse est très courue et il vaut mieux réserver. Spectacle de chants et guitares traditionnels en prime.

■ **RIGO BAR** NOUVEAU
D71
Le village
En face de l'église
✆ 06 28 48 36 58
penalver-cartairade@hotmail.fr
Ouvert toute l'année. Bar. Tous les jours et les jours fériés le midi et le soir. Fermé le dimanche en hiver. Menu unique à 20 € (sauf en ete). Carte : 20 € environ. Plat du jour : 11 €. Vin au verre. CB non acceptée. Terrasse. Vente à emporter.
Audrey, native du village a repris en main ce petit bar-restaurant en plein cœur du village et proposent aux amateurs son ardoise journalière qui sent bon la fraîcheur et la corsitude : La charcuterie du village, les beignets de fromages ou de courgette, le sauté de veau et quelques petits desserts maison. Jolie terrasse en balcon face au clocher de l'église et accueil parfait pour ne rien gâcher.

■ **U VECHJU MULINU**
D13
Pont e tre porte
✆ 06 16 77 90 23
www.location-corse-feliceto.com
contact.reginu@gmail.com

Fermé de novembre à avril. Ouvert tous les jours et les jours fériés le soir. Réservation impérative. Menu unique à 34 €. Menu enfant : 12 €. Vin au verre. CB non acceptée. Accueil des groupes. Chaises bébé. Jardin. Terrasse.
Une adorable découverte que ce moulin, bien caché entre Feliceto et Santa-Reparata ! On prendra la peine de le chercher pour apprécier l'accueil de la famille Grazzini qui se donne bien de la peine pour offrir aux gourmets une jolie table champêtre. Une formule table d'hôtes copieuse et de qualité, avec les petits plats et desserts confectionnés grâce aux produits de la propriété, un cadre charmant avec son beau jardin, la grande salle panoramique et ses terrasses ombragées pour y passer un bon moment. En prime : de beaux gîtes ruraux confortables pour en profiter plus longtemps.

Le gîte

■ **CASA A VIGNA**
Alla funtana ✆ 04 95 61 80 01
✆ 06 13 20 94 43 – nicolle.g@wanadoo.fr

Fermé du 15 octobre au 1er avril. Accueil jusqu'à 19 h. 2 chambres. Chambre double de 60 € à 80 €. Petit déjeuner inclus. CB non acceptée. Wifi gratuit.
Chambres d'hôtes personnalisées au confort douillet avec salle de douche et WC privatifs pour des prestations de qualité. L'entrée des chambres est indépendante de la maison et toutes deux bénéficient d'un jardin privatif avec vue panoramique sur la plaine. A l'étage supérieur, un jardin verdoyant où vous prendrez vos petits déjeuners faits maison : pain, viennoiseries, confitures... à l'ombre d'une pergola. Convivialité, simplicité et accueil chaleureux.

L'église Saint-Nicolas

Un édifice de style baroque fin XVIIe siècle-XVIIIe siècle, bâti sur l'emplacement d'une ancienne église détruite en 1646 et qui était dédiée à saint André. L'église est dotée de remarquables orgues situés au-dessus du chœur derrière le maître-autel et œuvre de Don Anton Pietro Saladini de Speloncato. Elle renferme des toiles, dont la *Présentation de la Vierge au Temple*, tableau du XVIIe siècle classé Monument historique. L'église recèle également un baptistère en marbre de Carrare du XIXe siècle, don de la famille Renucci, un maître-autel de Giuseppe Lucciani et un Chemin de Croix (quatorze stations) peint par Saverio Farinole entre 1720 et 1760.

Dans les environs

Costa

Un village de caractère, avec de vieilles maisons à arcades et un énorme pin sur sa place. A côté de la mairie, on peut voir l'immense maison Malaspina, qui appartenait aux seigneurs de la piève. Son église San-Salvadore du XVIIIe siècle renferme des tableaux du XVIe siècle, des statues en bois d'olivier et un bel orgue. Le village est également l'ancien centre de la piève de Tuani. En effet, le couvent de Tuani fut fondé par les franciscains en 1494, puis restauré par les capucins au XIXe siècle. Désaffecté en 1965, c'est aujourd'hui une habitation privée. Ses nouveaux propriétaires tentent de lui redonner vie en y organisant des concerts et en en faisant un lieu de procession comme autrefois, lors de la fête de Notre-Dame de Lourdes.

Nessa

Un charmant petit village entouré de châtaigniers, avec son église baroque et ses hautes maisons. A la sortie du village, on peut voir les ruines de la chapelle romane Santu-Petru di Nesce dans le cimetière, ainsi que les ruines d'un couvent dans les environs. Le village est un point de départ pour les randonnées dans la montagne.

LAVATOGGIO ★

Le village est bâti sous le col de Salvi (509 m) qui le sépare de la commune de Montegrosso. Les bases du château du seigneur de Bracaghju, perché à 556 mètres d'altitude, sont toujours visibles. A voir : le lavoir sous l'église, la chapelle San-Cervone, édifice roman situé au cimetière, originellement village médiéval disparu, l'église paroissiale Saint-Laurent, baroque, située au cœur du village ou encore la chapelle Notre-Dame de la Stella, au pied du mont Bracaghju, à la croisée des chemins entre Occi, Lumio et Lavatoggio.

CHEZ EDGARD
RD71
✆ 04 95 61 70 75 / 04 95 37 25 84
www.chez-edgard.fr
fermeaubergechezedgard@gmail.com

Fermé de novembre à mars. Ouvert tous les jours et les jours fériés le soir. Réservation recommandée. Menu unique à 35 €. CB non acceptée. Accueil des groupes. Terrasse.
Situé en sortie du village de Lavatoggio, à deux pas de Cateri, cette ferme-auberge est tout bonnement fabuleuse ! Vous n'aurez qu'à choisir le plat, Edgard se charge du reste ! Soupe corse succulente, quiche au brocciu, veau sauce figue et pruneau mais aussi des grillades, le veau à la broche, le fromage accompagné de sa confiture de figues et gâteau de châtaigne pour finir… Le tout arrosé d'un bon AOC Calvi en rouge de préférence. Un sans-faute à tous les niveaux : l'accueil, service, et cuisine dans la plus pure tradition.

MONTEGROSSO ★★★

La commune est très récente, puisqu'elle fut créée en 1972 par la fusion des hameaux de Montemaggiore, Lunghignano et Cassano. Cependant, le lieu était déjà habité sous l'antiquité. Le lieu est cité par Ptolémée et on a retrouvé une nécropole datant du IVe siècle non loin de Lunghignano. Au village de Montemaggiore, on peut visiter l'église Saint-Rainier, datée du XIIe siècle. D'architecture pisane, elle semble renfermer une énigme dans l'agencement de ses ornements. Certaines sculptures représentent des traces de pas, des visages, sans lien apparent avec l'iconographie religieuse de l'époque. A l'heure actuelle, nul ne sait ce que signifient ces symboles. Un peu plus loin, au lieu-dit San-Martino, on voit les ruines d'une nécropole et d'une chapelle pisane. Cet ancien lieu sacré serait, selon les spécialistes, les derniers vestiges d'une ville maure.

Le gîte

■ **LES CHAMBRES D'HÔTES DE MAGALI**
Cassano – Ruelle Casalta
✆ 04 95 21 25 33 / 06 87 61 31 94
www.chambresdhotesdemagali.fr
etienne.ambrosini@wanadoo.fr

Gîtes de France (3 épis). Fermé de décembre au 10 janvier. Accueil jusqu'à 19h. 5 chambres. Chambre simple 85 € ; chambre double 90 €. Petit déjeuner inclus. CB non acceptée. Chèque Vacances. Wifi gratuit. Tv satellite.
Magali et Etienne Ambrosi ont aménagé avec délice une ancienne ruine au cœur du hameau pour offrir aux amateurs de pleine nature un lieu de séjour bien agréable. Toutes les chambres au premier étage s'ouvrent sur le Monte Grosso ou sur l'autre hameau de Lunghinano. On déjeune copieusement au second étage, soit dans la grande pièce, soit sur le grand patio lumineux. Accueil irréprochable, décoration raffinée pour un séjour inoubliable. Rapport-qualité prix incontestable.

Emplettes

■ **U FRAGNU**
Lunghignano
✆ 04 95 62 75 51
www.ufragnu.fr
corsicaland@orange.fr
Son nom signifie littéralement « le pressoir » : cet ancien moulin, dit « à sang » (c'est-à-dire tracté par la force animale), a été patiemment rénové et fonctionne toujours actuellement. Sa meule fonctionne grâce à la force de Georges, l'âne, et l'huile à l'ancienne qui y est fabriquée passe par trois presses et un bassin de décantation. Si Georges travaille tous les deux ans pendant deux mois et demi pour broyer les olives, ce petit âne croisé est devenu l'ambassadeur du moulin : vous le verrez d'ailleurs dans la présentation vidéo d'U Fragnu qui passe en boucle dans la boutique. Vous y trouverez aussi de l'huile AOP Oliu di Corsica, une monovariétale de sabine, des huiles aromatisées (basilic, citron de Corse), des confitures, des peluches (d'âne forcément !), du miel et de la farine de châtaigne... Un passage obligé.

MURO ★★

Adorable village, niché tout en haut de la vallée du Reginu, à 12 km de L'Ile-Rousse. Stendhal aurait adoré la cascade de la Nunziata qui évoque la légende de deux amoureux à l'impossible liaison qui se marièrent malgré tout et se jetèrent du haut des rochers. La cascade jaillit à ce moment, son bouillonnement se confondant avec le voile de la mariée. On y trouve la surprenante Casa Théodora qui abrite ses chambres et suites de charme magnifiques dans un palazzu, une maison de maître de 1516, propriété du comte Giuliani. Elle vaut à elle seule la visite de ce village.

Points d'intérêt

L'église de l'Annonciation (Santissima Annunziata) du XVIIe siècle avec son Crucifix des Miracles, sa façade historiée et son orgue du XVIIIe siècle. La façade est exceptionnelle : sa hauteur est soulignée par de fausses colonnades et plusieurs corniches peintes en blanc tranchant sur le fond rose de l'ensemble. Elle est décorée de plusieurs statues. A voir également : l'antique église de San-Ghjuvanni du XIe siècle, d'un beau style roman, et l'oratoire Saint-Jacques, dans le cimetière, pour ses fresques.

Emplettes

Marchés

Chaque premier samedi du mois sur la place de l'Église : vêtements, matériel, accessoires, produits locaux et du terroir.

PIGNA ★★★★

Corses et touristes montent facilement depuis L'Ile-Rousse pour découvrir ce village de rêve, fidèle à ses coutumes et à son artisanat. Dans ces petites ruelles règne encore une véritable atmosphère de village d'artisans. De nombreuses communautés artistiques en ont fait aujourd'hui leur quartier général et des festivals sont organisés sur le site. Au fil de la balade dans le village, on apprécie les échoppes d'artisans, un petit musée original de boîtes à musique, et même le cimetière, au-dessus du village, où quelques tombeaux sont de véritables ouvrages d'art.

Points d'intérêt

- **L'église paroissiale de l'Immaculée Conception,** aux deux tours-clochers aux formes arrondies, au toit de tuiles romanes sur lesquelles pousse une herbe folle. Elle est en cours de restauration. L'édifice renferme des œuvres classées.
- **L'enclos A Vaccaghja**. La Vaccaja est un ancien enclos pour bovidés transformé en auditorium de plein air de 220 places. Il est construit en terre crue stabilisée ; la scène est couverte par un dôme de 8 mètres de diamètre construit sans coffrage selon la technique nubienne. Cet enclos est l'un des derniers témoignages de l'intense activité céréalière de la Balagne.
- **L'auditorium de Pigna**, construit entre 1998 et 2000 en terre crue, selon les préceptes de l'architecte égyptien Hassan Fathy. Cet auditorium de 110 places accueille toute l'année des concerts dédiés à la voix. Musique ancienne, musique populaire, tradition et création sont programmées par le Centre culturel Voce auquel la commune a confié la gestion de ce remarquable équipement culturel. De nombreux enregistrements y ont été effectués, dont certains ont reçu des distinctions flatteuses.

Le couvert

CASA MUSICALE

Fondu di u Paese ✆ 04 95 61 77 31
www.casa-musicale.org
info@casa-musicale.org
Accès piéton, parking public à l'entrée du village.
Fermé du 2 janvier au 15 février. Ouvert tous les jours et les jours fériés le midi et le soir. Réservation recommandée. Carte : 20 € environ (le midi et 40 € le soir). Suggestion du jour : 16 €. Vin au verre. Chèque Vacances. Chaises bébé. Jardin. Terrasse. Boutique. Animations. Wifi gratuit.
Une étape gourmande et esthétique que cette Casa Musicale. Aux fourneaux Vincenzo assisté de Rafik, le chef historique. La cuisine axée sur les produits du terroir est mise en valeur sur une carte évolutive Et son ardoise de suggestions. Le potager maison, en culture bio, plante le décor et l'on s'y attable à toute heure et l'on traîne avec bonheur en fin de journée pour profiter de l'ambiance, de la vue et de l'assiette bien sûr aux milieu des nombreux musiciens viennent fréquemment ici.

A CASARELLA

Lieu-dit Pigna
✆ 04 95 61 78 08
sylben@yahoo.fr
Fermé du 15 octobre à mars. Ouvert tous les jours et les jours fériés le midi et le soir. Réservation recommandée. Carte : 23 € environ. Plat du jour : 9,50 €. Vin au verre. Accueil des groupes. Jardin. Terrasse.
Un petit café, bien caché dans les ruelles de ce village mythique, une terrasse, toute simple, voilà une adresse de premier choix pour les couchers de soleil sur la plage d'Algajola en contrebas.Au programme, des petits piattini gourmands (tapas loacales), des salades de saison, tartes paysannes et quelques douceurs traditionnelles : fiadone, gâteau à la farine de châtaigne et même glaces artisanales.En prime, un service non-stop et des produits principalement issus de la filiere bio

A MORESCA

✆ 04 95 55 64 53
amoresca@orange.fr
Fermé de novembre au 15 avril. Ouvert tous les jours et les jours fériés le midi et le soir. Réservation recommandée. Carte : 32 € environ. Suggestion du jour : 14 €. Vin au verre. Chèque Vacances. Chaises bébé. Jardin. Terrasse. Animations. Soirées musicales live.
Un petit restaurant tenu par la charmante Anna-Livia assistée par Thierry Mahe, bon chef balanin, qui nous propose une cuisine locale élaborée à partir des produits du terroir. A la carte, des spécialités corses dont le *migliacciole,* un beignet de fromage de chèvre frais, de la charcuterie fermière, des fromages fermiers, des *Boccarini* (tapas à la mode corse) ainsi que les glaces artisanales de Pierre Geronimi. Magnifiques terrasses en restanque au-dessus de la baie d'Algajola-Aregno. Le petit plus : la wi-fi zone gratuite si vous le demandez avec le sourire et quelques soirées musicales bien appréciées des locaux.

PALAZZU PIGNA
Le village
D151 ✆ 04 95 35 16 47
palazzupignaresto@free.fr
Fermé du 15 novembre à mars. Basse saison : ouvert du mercredi au lundi et les jours fériés le midi et le soir. Haute saison : tous les jours et les jours fériés le midi et le soir. Réservation recommandée. Menu unique à 53 € (le soir). Carte : 29 € environ (le midi et 65 € le soir). Suggestion du jour : 35 €. Vin au verre. Jardin. Terrasse.
Nouveauté au restaurant du Palazzu Pigna avec l'arrivée des deux complices, Michel Nordico et son jeune mais talentueux chef Stéphane Tarabla, qui nous proposent une cuisine créative de qualité servie sur une superbe terrasse en balcon et une salle intime décorée avec goût. On y découvre chaque jour les suggestions et spécialités de poisson préparées au hasard des découvertes du marché en totale osmose avec le cadre. Une table raffinée, une ambiance feutrée pour savourer l'instant présent avec volupté.

Le gîte

CASA MUSICALE
Fondu di u Paese
✆ 04 95 61 77 31
www.casa-musicale.org
info@casa-musicale.org
Accès piéton, parking public à l'entrée du village.
Fermé du 1er janvier au 14 février. Accueil jusqu'à 21h30 (22h30 en été). 9 chambres. Chambre double 65 € ; chambre triple 85 €. Petit déjeuner : 8 €. Lit supplémentaire : 15 €. Chèque Vacances. Accès difficile pour les personnes à mobilité réduite. Séminaires. Réceptions et mariages. Wifi gratuit. Restauration (carte du midi 20 €. Carte du soir 40 €). Vente (produits culturels et du terroir). Pas de tv. Animations.
Un endroit inclassable que cette Casa Musicale. Une belle terrasse surplombant la baie d'Algajola et un hébergement dans ce cadre à la fois rustique et original d'une maison de maître de notables balanins. C'est certainement le lieu de référence à Pigna. Tout ce que la Corse compte d'artistes passe un jour dans cette Casa qui résonne toute l'année d'une joyeuse effervescence musical et intellectuelle. A choisir en priorité les deux chambres exclusives avec la vue imprenable sur la mer qui repondent aux doux noms de Paghjella et Madrigale ! Tout un poeme...en langue corse bien sûr. Bonne table pour le midi ou le soir et pour nos amis motards, parking gratuit à l'entrée du village.

SANT'ANTONINO ★★★★

Sans doute le village le plus photographié de Corse et classé comme un des «Plus Beaux Villages de France», Sant'Antonino, véritable nid d'aigle à 500 m d'altitude, fut fondé au début du IXe siècle. Construit en belvédère, le site offre une large vue sur la Balagne, la Méditerranée et les montagnes. Le village a gardé son architecture médiévale et quelques fortifications, et le temps semble s'être arrêté dans ses étroites ruelles bordées d'escaliers raides, de marches hautes et de passages voûtés. Le caractère authentique des lieux, auquel les automobilistes n'ont que partiellement accès, est totalement préservé. En contrebas du village, l'église paroissiale de l'Annonciade du XIIe siècle abrite un très bel orgue signé Battista Pompost di Pistoia.

Le couvert

I SCALINI
Haut du village
D413
✆ 04 95 47 12 92
patou2b@me.com
Fermé du 30 septembre au 1er mai. Haute saison : ouvert tous les jours et les jours fériés le midi et le soir. Réservation impérative. Carte : 50 € environ. Formule du midi : 16 € (assiettes repas le midi). Vin au verre. Terrasse.
Abondance de superlatifs pour ce Scalini (les petits escaliers en langue corse). Une situation unique, au sommet de ce village de rêve, une décoration superbe de Patricia, la cuisine originale toujours en mouvement et un rapport qualité-prix exceptionnel. On y viendra le midi pour déguster une grande salade-repas sur la terrasse sommitale et l'on y reviendra le soir pour savourer les recettes de Jean-Luc Bouhet, chef de grande qualité. Un vrai sans faute à tous les niveaux. Il vous faudra juste penser à réserver pour profiter du meilleur emplacement. À voir impérativement pour l'ambiance, le cadre, la vue et l'assiette bien sûr.

LA VOÛTE
D413
Place du village
✆ 04 95 61 74 71
www.la-voute-sant-antonino.fr
restaurant.lavoute@gmail.com
A 21km de Calvi et 14km d'île rousse.
Fermé d'octobre au 15 avril. Haute saison : ouvert tous les jours et les jours fériés le midi et le soir. Réservation recommandée. Menus de 21,90 € à 26,90 €. Carte : 32 € environ. Menu enfant : 9 €. Suggestion du jour : 17,90 € (plat du jour 13,90 €). Vin au verre. Chèque Vacances, Chèque Restaurant. Chaises bébé. Terrasse. Vente à emporter. Salle climatisée, wifi gratuit.
Sans tomber dans la facilité, la Voûte cherche à surprendre et à s'améliorer chaque saison dans la décoration et l'environnement agréablement fleuri. En haut des escaliers qui mènent à ce village incontournable, une belle terrasse panoramique, une salle climatisée et une copieuse cuisine locale qui propose ses viandes et poissons au grill et les traditionnelles spécialités corses. On y savourera sans crainte le carpaccio d'aubergines,

l'agneau de lait de Balagne rôti, la noix de veau à la broche, les incontournables cannelloni, le surprenant chausson d'aubergines à l'agneau braisés et ses petits légumes ! Gardez une place pour les desserts maison dont un original tiramisu à la châtaigne. Malgré sa situation de choix, on apprécie d'y bien manger, d'être prestement servi, le tout à des tarifs fort honorables et les lève-tard seront servis l'après-midi. Accueil souriant pour ne rien gâcher et l'ambiance musicale le soir pour prolonger le bonheur de l'instant.

SANTA-REPARATA-DI-BALAGNA ★★

Entouré d'oliviers, le village doit son développement à la production d'huile. On voit encore sur le Monte Reginu quatre anciens moulins à huile qui témoignent de cette prospérité. Un village où la langue corse est encore prégnante, avec un magnifique hameau commerçant, Occiglioni. Du village et de sa magnifique place, vous pouvez voir en contrebas les îles Rousses. En tournant la tête, c'est la vallée du Reginu qui s'offre à vous.

Points d'intérêt

L'ÉGLISE PAROISSIALE DE SANTA-REPARATA ★★

L'église Sainte-Réparate date des XIe siècle – XVIe siècle. Construite dès l'an 830, sur décision du pape saint Pascal Ier, elle est dédiée à sainte Réparate, martyre chrétienne. En 1095 elle fut offerte par l'évêque d'Aleria au monastère bénédictin de l'île de Gorgone. Elle a été agrandie en 1538. Au XVIIe siècle elle fut dotée d'un campanile à 5 étages, surmonté d'un petit dôme. De l'ancienne construction romane polychrome ne subsistent plus que l'abside et un pan de mur du chœur.

Le couvert

LA SANTA
D13
✆ 04 95 60 04 73
www.hotel-la-santa.com
hotelasanta@orange.fr
A 5 km d'île rousse.

Ouvert toute l'année. Tous les jours et les jours fériés le soir. Réservation recommandée. Carte : 39 € environ. Vin au verre. Chèque Vacances. Chaises bébé. Terrasse. Vente à emporter. Animations.

Une table remarquable, dans ce petit village au-dessus des îles Rousses, qui bénéficie d'une superbe salle panoramique qui se prolonge par une grande terrasse ouverte sur le balcon de la Balagne. Le chef Marc Châtaigner vous proposera, sur sa carte éphémère, de découvrir les produits qui font la richesse du patrimoine culinaire corse. A savourer : le cabri rôti d'ici, le veau corse sous toutes ses déclinaisons (carpaccio, noix de veau au foie gras, etc.), le cochon de lait aux noisettes de Cervione, les moules de Diana, les oursins de saison et un tiramisu aux canistrelli, par exemple.

Randonnée au Monte San Angelo

Départ depuis Sant'Antonino. Durée 2 heures aller-retour. Itinéraire : la piste part du parking de Sant'Antonino, petit passage à travers maquis, puis ascension signalée par marquage. un petit sommet d'où l'on bénéficie d'une vue à 360° sur la baie de L'Ile-Rousse, Lumio, Sant'Antonino, Corbara, Santa Reparata.

Les hameaux de Palmento et Occiglioni

Palmento, situé au nord-ouest, entre le village et Occiglioni, en contrebas de ceux-ci, sur la route D263. Son nom vient des anciens pressoirs à vin qui y étaient installés et qui, par la suite, ont été remplacés par des fabriques d'huile. Une dernière de ces fabriques est visible dans une maison ruinée près de la chapelle de l'Annunziata située en bordure de route. Palmento est un antique hameau composé de quelques maisons de maître et d'habitations enserrées autour d'une remarquable tour médiévale ruinée, millénaire selon les dires. On y circule à pied dans des venelles, sous de remarquables et longs passages voûtés.

Occiglioni était autrefois un village construit à l'emplacement de l'ancienne cité d'Agilla selon les historiens locaux. Le bâti est ancien, et les maisons groupées autour de l'église paroissiale San-Roccu et de son étroite placette. On y circule difficilement en automobile, dans des ruelles étroites et pavées avec des passages sous voûte.

Fermes-auberges

L'AGHJALLE
Lieu-dit Toro
D13
✆ 04 95 60 31 77
www.laghjalle.fr
carole.toro@live.fr
À 7 km de L'Île-Rousse.
Fermé du 15 octobre à mars. Bienvenue à la ferme. Ouvert tous les jours et les jours fériés le soir. Réservation recommandée. Menu unique à 30 €. Vin au verre. 5 chambres doubles de 60 € à 80 €. CB non acceptée. Jardin. Terrasse.
L'endroit est idéal pour sortir de l'animation trépidante de l'Ile-Rousse à dix minutes, pour se retrouver en pleine nature, au pied du barrage de Codole. Dans le pur esprit ferme-auberge, on y savourera une cuisine traditionnelle familiale avec le copieux menu unique et ses spécialités comme la soupe corse, la tarte chèvre et menthe, le stuffatu aux cèpes, les pâtes farcies au prizuttu, et encore le flan aux œufs à la crème de caramel. La réservation est conseillée et le service a lieu uniquement le soir. On ne manquera pas d'y dormir dans l'une des cinq chambres d'hôtes, créées dans un pagliaghju, ancien abri de berger, au milieu de la propriété, avec beaucoup de charme et de cachet pour une réhabilitation sans faute de cet habitat rural. Accueil naturel et toujours sympathique de la famille Savelli.

Le gîte

LA SANTA***
D13
✆ 04 95 60 04 73
www.hotel-la-santa.com
hotelasanta@orange.fr
A 5 km d'île rousse.
Ouvert toute l'année. Accueil jusqu'à 21h. 15 chambres. Chambre simple de 55 € à 105 € ; chambre double de 65 € à 115 € ; suite de 130 € à 190 €. Demi-pension : 28 € (dîner et petit déjeuner). Petit déjeuner : 10 €. Lit supplémentaire : 20 €. Garage : 5 € (sur reservation). Chèque Vacances. Animaux acceptés (8 €). Réceptions et mariages. Wifi gratuit. Restauration (carte 39 €, ouvert le soir de mai à octobre. Menu enfant 10 €). Bain bouillonnant. Animations.
Un petit hôtel des années 1970, repris en main par Antoine Grossi, jeune hôtelier dynamique, qui a su améliorer cette adresse pour atteindre les 3 étoiles justement méritées. Tout l'établissement a été entièrement modernisé pour satisfaire les voyageurs exigeants qui y trouveront, au choix, la belle vue mer ou la belle vue montagne. On est à 5 km d'Ile-Rousse et l'on y profitera, de plus, d'un bon restaurant dirigé par le chef Marc Châtaigner.

Loisirs

■ **BALAGN'ANE**
Route de Muro
D13
✆ 06 30 13 91 25
balagnane@gmail.com
Ouvert toute l'année. Sur réservation. Haute saison : tous les jours et les jours fériés de 8h à 20h. Balade à partir de 20 €. CB non acceptée.
Promenades à dos d'ânes. Portage randonnée balade pour enfant et adulte. Partez à la découverte des paysages de Balagne avec un âne de bât pour compagnon, c'est un moyen idéal pour emmener toute la famille en randonnée. L'âne portera vos bagages et vos enfants fatigués et ce sera pour eux une excellente motivation pour marcher. Partez pour une heure, la demi-journée ou la journée et découvrez le plaisir de la randonnée au pas de l'âne. En prime : un parc à jeux pour les enfants et la découverte des animaux de la ferme (poules, oies, canards, lamas, cochons).

Emplettes

Marchés

De juin à septembre, petit marché de producteurs locaux, tous les dimanches matin de 9h à 12h30.

SPELONCATO ★★★

Le village est célèbre pour ses grottes qui lui donnent son nom, en particulier la Pietra Tafonata, la pierre percée. Elle se situe à deux kilomètres de Speloncato. Autrefois, pendant les invasions, les grottes servaient à abriter les familles, et certaines étaient assez larges pour y faire tenir les animaux, et les habitants pouvaient vivre en quasi-autarcie. Deux fois l'an, les 6 avril et 8 septembre (aux alentours des équinoxes de printemps et d'automne) et par beau temps, le soleil apparaît vers 18h dans le trou de la roche, éclairant de ses rayons la place du village. Au centre du village se dresse l'église paroissiale Saint-Michel, d'origine romane et remaniée au XVIIIe siècle alors qu'elle est promue collégiale. Ses riches décors baroques et son orgue au buffet peint témoignent de la splendeur passée de la région. La crypte datée du Xe siècle se visite également, et son tympan en granit monolithique est sculpté de bas-reliefs. Sur la place du village, l'église Santa-Catalina était autrefois l'église des habitants du village disparu de Giustiniani. Elle est aujourd'hui occupée par la mairie, l'école et la poste. Au-dessus de Speloncato, on peut encore voir les ruines de la forteresse des seigneurs du village. Ils appartenaient à la famille Savelli de Balagne, mais ne cessèrent de se déchirer avec leurs cousins de Sant'Antonino. Le village, dans son agencement, a gardé son caractère défensif. Plus loin, au lieu-dit I Bagni, les fouilles ont mis à jour des thermes romains. Le même chemin mène également au village abandonné de Giustiniani, par un sentier de pierres.

■ **LA MONTAGNE DES ORGUES**
Route de Ghjunsani
✆ 04 95 61 34 85 / 06 17 94 70 72
www.lamontagnedesorgues.com
elizabethpardon@orange.fr
Fermé de novembre à mars. Sur réservation. Tarif journée : 30 € Gratuit – de 12 ans. Mi-tarif pour les 12/18 ans et les chômeurs. CB non acceptée. Visite guidée.
Plusieurs itinéraires d'une journée, illustrés d'intermèdes musicaux, pour vivre autrement le patrimoine de la Haute-Corse et ses traditions rurales : des clefs pour ouvrir les églises, découvrir leur sens caché, entendre leurs orgues historiques… Parcours en véhicule personnel. Prévoir son repas : restaurant ou pique-nique. Sorties dans le Giunssani, la haute-Balagne, la Castagniccia, la vallée de l'Asco et la Ghjuvellina.

© XAVIER BONNIN

Speloncato.

Loisirs

GOLF DU REGINU
Route du Reginu
✆ 04 95 61 51 41 / 06 80 14 65 66
www.golf-reginu.com
golf.reginu@wanadoo.fr
Ouvert toute l'année. Haute saison : tous les jours et les jours fériés. Entrée : 35 €. Practice 2 € le seau. Location 1/2 série 10 €. Chariot manuel 3 €, électrique 10 €. Boutique. Par 66, 4 500 m. Horaires : 8h-20h. Demi-tarif pour les étudiants et les jeunes. Slopes : hommes : blanc et jaune : 113. Femmes : bleu : 118 ; rouge : 113.
A quelques minutes des plages de Lozari, ce parcours de neuf trous permet de faire une parenthèse sportive dans un cadre unique : mer, oliveraies, maquis, et ses greens vallonnés. C'est le seul et l'unique club de Balagne ! Sur place, un practice et un club-house et même un professeur diplômé pour l'enseignement. Avec un peu de chance, vous pourrez y apercevoir les milans royaux, habitués des lieux.

VILLE-DI-PARASO ★★

Le village est très attachant, avec son four, ses lavoirs et ses petites chapelles dispersées dans ses quatre hameaux. Il est entouré d'arbres méditerranéens, et il fait bon vivre à l'ombre de ses palmiers et ses cèdres du Liban. Le village a été immortalisé par le peintre Utrillo, dans un tableau que l'on peut voir aujourd'hui au musée du Prado à Madrid. Au site de Mutola, on pourra voir une enceinte cyclopéenne abritant ce qui reste d'un ancien lieu de culte néolithique. Les fouilles ont ainsi exhumé un autel, deux cromlechs et plusieurs poteries. Le site était occupé jusqu'à l'antiquité romaine, comme en témoignent les fragments d'armes et de céramiques que l'on a pu retrouver. A proximité, on trouve les vestiges du sanctuaire primitif de Santa-Vena, à l'ancien emplacement d'un temple romain. On peut visiter son église paroissiale San-Simeone en contrebas du village et son magnifique clocher baroque.

ZILIA ★

Situé sur un piton rocheux, le village de Zilia est surtout connu pour son eau minérale. Distribuée dans toute l'île, elle jaillit sur les flancs du Montegrosso à 1 941 m d'altitude et 80 m de profondeur. Née des roches granitiques de Balagne, elle a un débit constant et est très peu minéralisée, ce qui en fait une eau idéale pour tout le monde. Elle est conseillée pour calmer les troubles de la digestion. Les maisons, de la même couleur que les roches environnantes, sont regroupées autour du clocher. Zilia donne à voir un large panorama sur toute la Balagne. A voir : la chapelle San-Lussoriu, la chapelle Saint-François et l'église Saint-Roch.

DOMAINE D'ALZIPRATU
D151
Route de Calenzana
✆ 04 95 62 75 47
www.domaine-alzipratu.com
alzipratu@orange.fr
Haute saison : ouvert du lundi au samedi de 9h à 12h et de 15h à 19h. Livraison possible. CB non acceptée.
A proximité du célèbre couvent d'Alzipratu, le vignoble s'étend sur 30 hectares d'argiles et d'arènes granitiques bien exposés qui produisent dans les trois couleurs des vins de qualité issus des cépages traditionnels : niellucciu, sciaccarellu, vermentinu, syrah, et grenache. Cécilia et Pierre Acquaviva vous accueilleront avec plaisir dans le vieux chai enterré pour vous faire déguster (avec modération) le résultat de leur travail. Vente de confitures, miels et huiles d'olive produits aux alentours. A découvrir : le pumonte en rouge (à garder 5 ans pour en apprécier toute la finesse), en blanc et rosé, vins issus d'une sélection parcellaire.

L'OSTRICONI

Depuis le col de Santa-Maria jusqu'à la plage de l'Ostriconi, aux portes de l'Agriate, la vallée s'étire entre la Balagne et le Nebbio. Constitués en entités géographiques distinctes, ses cinq villages regroupent l'implantation humaine : Lama, Pietralba, Urtaca, Novella et Palasca. Ancien grenier à huile à l'époque génoise, la vallée comptait encore près de 80 000 pieds, pour une production de 100 000 litres d'huile d'olive. Les oliveraies disparurent complètement en août 1971, lors d'un incendie gigantesque qui ravagea la Balagne et l'Ostriconi. Depuis les années 1990, on retrouve une résurgence de l'activité oléicole, avec la remise en marche d'un moulin et la réapparition de zones plantées en oliviers. Cet essor, les fortes potentialités naturelles favorables à ces mises en culture semblent marquer le retour d'une production qui fut l'activité économique principale durant plusieurs siècles. L'architecture porte encore l'empreinte de cette monoculture et l'on peut aisément découvrir, au cours de promenades, les moulins hydrauliques (*e fabrice*, en corse) le long du cours du fleuve et ceux, plus nombreux, à traction animale.

LAMA ★★

Les premières maisons de Lama ont été érigées sur une sorte de « nid d'aigle » au pied d'une tour de guet appelée A Torra. La particularité architecturale de Lama est le mariage harmonieux de deux styles différents : le vieux quartier médiéval, composé de petites maisons aux toits terrasses collées les unes aux autres, de ruelles étroites et voûtées, voit s'ajouter « l'architecture d'affirmation » des familles d'oléiculteurs les plus aisés qui se font construire, au XVIIIe siècle, de grandes maisons bourgeoises d'inspiration toscane, particulièrement la maison Bertola avec son belvédère toscan. Il existe encore de nombreux pressoirs à huile, témoins séculaires de l'activité des hommes sur ce territoire. Un fleurissement original lui a valu le label de village fleuri « 4 fleurs ».

■ **OFFICE DE TOURISME DE LAMA**
D108
Le village
✆ 04 95 48 23 90
www.villagedelama.fr
tourisme@villagedelama.fr
Haute saison : ouvert du lundi au vendredi de 9h à 12h et de 15h à 18h ; le week-end de 10h45 à 12h et de 15h45 à 17h. Ouvert de mi-avril à septembre.

Points d'intérêt

- **Le stallò**. Construite au XIXe siècle, cette vaste salle fut pendant longtemps les écuries de la maréchaussée. Le stallò abrite aujourd'hui une exposition permanente de vieilles photographies représentant des personnages ou des scènes traditionnelles d'autrefois. Cette exposition constitue à la fois une mémoire du village et un hommage aux anciens.
- **L'église de San Lorenzu**. Construite au cours du XVe siècle, lorsque la vieille chapelle de San Lorenzu dans la vallée ne répondit plus aux exigences de la population locale en augmentation constante.
- **Le belvédère toscan de la maison Bertola**. L'imposante demeure est coiffée d'un belvédère d'inspiration florentine datant de la fin du XVIIIe siècle. On remarquera la richesse décorative, caractéristique de l'architecture toscane, contrastant avec la sobriété des autres maisons.
- **Les vieux quartiers**. La plupart des soubassements des vieux quartiers datent de l'époque médiévale : passages voûtés, ruelles étroites et abruptes, maisons collées les une aux autres et accotées aux rochers.
- **Les caves à fromage**. Ensemble de trois caves voûtées, baignées de vasques d'eau claire, qui est relié par des escaliers de pierres à des terrasses supérieures. Devant ces grottes, une placette bénéficiant d'une vue sur le rivage de l'Ostriconi.

Le couvert

■ **CAMPU LATINU**
Route du Haut-Village
RD108
✆ 04 95 48 23 83
✆ 06 18 18 91 46
www.campulatinu.fr
info@campulatinu.fr
Fermé du 15 octobre au 15 avril. Ouvert du mardi au dimanche et les jours fériés le soir. Réservation recommandée. Menu unique à 32 €.25 € (entrée/plat ou plat/dessert). Vin au verre. Chaises bébé. Jardin. Terrasse.
Campu Latinu vous propose une cuisine méditerranéenne inventive, fidèle aux traditions corses, élaborée avec les meilleurs produits du terroir. On dîne dans le jardin en terrasse ou dans la grande salle pleine de caractère. Brigitte Baccelli, le chef au féminin et maîtresse des lieux, nous fait saliver avec ses beignets de légumes et de fromage frais, un risotto crémeux aux prisutu et tomates séchées, le magret de canard aux figues et sa sauce au vin de myrte. On est subjugué par les terrasses en vieilles pierres à l'ombre des chênes et la vue superbe qui court jusqu'à la mer.

Plage de l'Ostriconi.

Le gîte

■ **CASE LATINE**
Route du Haut-Village
✆ 04 95 46 84 11 / 06 22 37 14 16
www.caselatine.com
info@caselatine.com

Fermé du 31 septembre au 26 avril. Authentic Hôtels & Cruises. Accueil jusqu'à 21h. 6 chambres. Suite de 212 € à 422 €. Petit déjeuner : 17 € (12 € pour les enfants). Lit supplémentaire : 60 €. Parking fermé inclus (sécurisé). Wifi gratuit. Restauration (au Campu Latinu). Tv satellite.

Installé tel un nid d'aigle au sommet de ce beau village de Lama, aux portes de la Balagne, on découvre un cadre fabuleux dans un paysage incroyable. Cette belle demeure de charme a su garder le caractère et l'authenticité du village. Construites tout en pierre, les suites sont aménagées avec un goût exquis. On est dans le luxe et la simplicité, les matériaux nobles mais pas ostentatoires, de beaux volumes pour les suites, de petits patios, deux piscines à débordement. Le petit déjeuner, servi sur la terrasse en espalier, est absolument divin avec des confitures faites maison. L'accueil y est agréable et convivial. Pour la restauration, la table du Campu Latinu, dirigée par la maman, est située juste en dessous.

NOVELLA ★

Un village de caractère, situé à 400 m d'altitude, qui offre, depuis le col San-Colombano, un large panorama sur les montagnes environnantes, le massif des Agriate et la mer. La route d'accès en corniche, très impressionnante, laisse découvrir un vieux village aux maisons à grandes façades. La maison Orabona, construite au XIXe siècle, offre une belle vue sur toute la plaine. Son église baroque Santa-Croce renferme un tableau de la Vierge qui pleurerait miraculeusement. A quelques kilomètres de Novella se trouvent les ruines du village de Cruschini, qui fut déserté à la suite des luttes contre les seigneurs de San-Colombano.

PALASCA ★★★

Construit au creux de la montagne, Palasca est un paisible village aux maisons de caractère. On peut visiter son église baroque Santa-Maria Assunta, avec son beau clocher de quatre étages, son mobilier et ses orgues. Plus loin, on accède au hameau abandonné de Spelonche. Palasca possède une façade maritime d'environ 10 km de côtes.

Points d'intérêt

■ **LE SITE DE L'OSTRICONI**

Au nord de l'embouchure de l'Ostriconi, partie occidentale de l'Agriate, site classé, de l'embouchure jusqu'à la Punta di l'Acciolu, incluant du sud au nord l'anse de Peraiola, l'anse de Vana, l'anse de Pinzuta et l'anse d'Arbu. Ce territoire recèle encore plusieurs bergeries et, au nord de la plage de l'Ostriconi, les ruines de *magazini*, constructions qui autrefois servaient à stocker les produits de récoltes destinés à l'exportation. Sa plage de sable blanc et fin est l'une des plus remarquables de l'île.

À l'ouest de l'embouchure, une côte déchiquetée jusqu'à la grande plage de sable de Lozari, que Palasca partage avec Belgodère.

Le couvert

■ **LICCIOLA**
RN 1197 – Licciola
✆ 06 81 89 03 07
Lucienmancini@gmail.com
Fermé d´octobre à mars. Ouvert tous les jours et les jours fériés de 9h à 21h. Service non-stop du lever au coucher du soleil. Carte : 18 € environ. Vin au verre. CB non acceptée. Jardin. Terrasse. Vente à emporter.
À mi-chemin entre la plage de l'Ostriconi et celle de Lozari, on ne peut manquer cette petite maison de Cantonnier tenue par Lucien depuis 4 ans. Une formule sympa avec ses salades, sandwichs, pizza et spécialités corses qu'il prépare chaque jour. Une adorable terrasse face à la grande bleue, un service non-stop et de petits prix sans rogner sur la qualité. Accès sportif à une petite crique juste en dessous où vous serez seul au monde.

Le gîte

Campings

■ **VILLAGE DE L'OSTRICONI*****
Plage de l'Ostriconi
✆ 04 95 60 10 05
www.village-ostriconi.com
info@village-ostriconi.com
Fermé du 15 octobre au 15 avril. Gardé 24h/24. Terrain de 6 ha. 134 emplacements (et 54 locations (réservation conseillée)). Exposition : ombragé. Sol : herbeux / pierreux. Relief : plat / en terrasse. Parking hors emplacements. Emplacement de 3,30 € à 4,60 €. Véhicule de 2,80 € à 11,10 €. 2 personnes de 7,50 € à 9,90 €. 24 bungalows pour 2 à 5 personnes de 364 € à 980 € la semaine ; 30 mobil-homes pour 4 personnes de 546 € à 910 €. Location Chambre avec salle d'eau à la nuitée à partir de 48 € pour 2. Chèque Vacances. Animaux acceptés (tenus en laisse). Wifi payant. Restauration (carte 22 €, menu enfant 10 €). Excursions (sortie 4x4 sur l'Agriate et la Balagne. Salle de gymnastique).
A 700 m de la plage et 14 km d'Ile-Rousse. Piscine, épicerie et restaurant sur place. En pleine nature, dans un site classé, à la limite de l'Agriate, le village convient à ceux qui recherchent à la fois la détente, le contact avec une nature quasiment vierge ainsi qu'un large éventail de distractions. Très belle plage de sable fin et nombreuses criques rocheuses à proximité. Grande diversité pour les hébergements : bungalows, mobil-homes et bel espace pour la partie camping pour conserver un minimum d'intimité.

URTACA ★

Son passé nous fait découvrir un patrimoine riche. La chapelle de Saint-Nicolas à l'entrée du village avec la statue de son saint patron. L'église de l'Annonciation au centre du vieux quartier dit U Tricello. On y découvre un magnifique tableau derrière l'autel avec une représentation de sainte Dévote « Régina di a Corsica », un harmonium de marque Alexandre rare en Corse. Les sentiers de randonnées accessibles depuis le village nous font parcourir une montagne chargée de vestiges anciens, de moulins à farine à force hydraulique le long de la rivière di a Gargalagna, de menhirs et d'un baptistère au col de San-Pancrazio. Dans la vallée, les moulins à huile « E fabbrice » les fontaines à plusieurs loges, les vieilles pierres de l'église de Sant'Andria attendent votre visite.

© ALEKSANDART - SHUTTERSTOCK.COM

Emplettes

■ **CHARCUTERIE COSTA ET FILS**
RN1197
Canali
© 04 95 60 23 89
www.charcuterie-costa.com
info@charcuterie-costa.com
Ouvert du lundi au vendredi de 8h à 12h et de 13h à 16h. Livraison possible (expédition de colis, comité d'entreprise, colis sur mesure, devis et vente en ligne). Ouvert toute l'année.
En 1905, la famille Costa se lance dans l'élevage et la transformation de porcs, au village de Lama. Dans les années 1970, Ange Toussaint-Costa décide de créer un atelier de transformation charcutière dans un bas de maison à Urtaca. Dans un premier temps, la production reste hivernale, mais elle s'élargit avec l'agrandissement de l'élevage de porcs. En 1985, il construit un nouveau hangar de transformation, qui a été agrandi récemment. C'est l'un des trois plus grands producteurs de l'île.

LE GIUSSANI

Pour parcourir le Giussani, une route splendide, émaillée de villages qui ne le sont pas moins : Pioggiola, porte d'entrée ouest de la vallée, Olmi-Cappella, son église baroque Saint-Nicolas du XVIIe siècle, ses rencontres internationales de théâtre en Corse ; Mausoleo, son église du XVe siècle et sa remarquable statue de saint Jean-Baptiste en olivier. Au milieu du village, une étrange pierre monumentale, dont on évalue la masse à une dizaine de tonnes ; Vallica, peut-être le plus beau village du Giussani, avec son église baroque de la Nativité du XIXe siècle, un site médiéval proche de Forte di a Cima et, surtout, une situation de rêve en face du Monte Padro. L'ensemble de la région a gardé toute son authenticité, et un côté sauvage et naturel qui surprend par rapport à la côte balanine.

MAUSOLÉO ★

Coupé en deux par une langue granitique, surplombée d'une pierre branlante, ce village est le dernier hameau avant la forêt domaniale de Tartagine-Melaja. Son église abrite la plus vieille statue de saint Jean-Baptiste. En forêt, plantée de châtaigniers, chênes verts et pins laricio, de belles promenades et pauses rafraîchissantes en bord de rivière.

■ LE GIUSSANI À DOS D'ÂNES

Henri Fabiani
✆ 06 63 33 02 39 / 04 95 61 93 30
www.rando-ane-en-corse.fr
h.fabiani@laposte.net

Ouvert toute l'année. Sur réservation. Rando demi-journée, journée ou 5 jours, à partir de 30 €.

C'est avec « l'Ami » de nos anciens que « le Giussani à dos d'ânes » vous invite à découvrir cette magnifique région à travers de vieux sentiers muletiers. Au cours de votre randonnée, vous pourrez admirer le patrimoine rural de la Balagne : ponts génois, aires de battage, vieux moulins... et aurez le plaisir de vous baigner dans les piscines naturelles de la rivière Tartagine.

OLMI-CAPPELLA ★★

Autrefois, Olmi-Cappella était un point stratégique du col de San-Colombano. Il fut fortifié au Xe siècle. On peut encore voir les ruines d'une tour médiévale au col. La région est habitée depuis la Préhistoire, comme en témoignent les nombreux vestiges retrouvés. La route qui s'enfonce dans le Giussani est dominée par la silhouette majestueuse et massive du Monte Padro qui culmine à 2 393 m. Paradis des randonneurs, le territoire offre dix balades d'1h30 à 4 heures, balisées en orange pour apprécier forêt, rivières, ponts génois, faune et flore d'une grande richesse. L'office de tourisme vous propose les fiches et guides concernant ces randonnées.

■ OFFICE DE TOURISME DU GIUSSANI

Bâtiment Battaglini ✆ 04 95 47 22 06
www.ot-giussani.com
ot.giussani@wanadoo.fr

Basse saison : ouvert du lundi au vendredi de 9h à 12h30 et de 14h30 à 16h30. Haute saison : du lundi au vendredi de 10h à 19h ; le week-end de 9h à 14h. Ouverture d'avril à octobre.

© XAVIER BONNIN

Paysage typique du Giunssani.

Le gîte

MAISON FORESTIÈRE DE TARTAGINE***
D963
Vallée de la Tartagine
✆ 06 79 74 80 90 / 04 95 35 68 73
www.maisonforestieredetartagine.fr
orsinithomas@gmail.com
A 17 km d'Olmi-Cappella.

Gîtes de France (3 épis). Ouvert toute l'année. Sur réservation l'hiver (8 personnes minimum). Accueil jusqu'à 22h. Demi-pension enfant (-10 ans) 25 €. 25 € la nuitée, 5 € le petit déjeuner, demi-pension 45 €. 12 chambres de 2 à 5 places. Animaux acceptés. Séminaires. Restauration (menu carte de 18 à 25 € midi et soir. Panier pique-nique sur demande). Location de draps.

Une heureuse initiative de la municipalité d'Olmi-Cappella qui a remis en état cette maison forestière au bord de la rivière Tartagine pour offrir aux randonneurs et touristes de passage un gîte d'étape de charme. On y accède en trente minutes depuis Olmi-Cappella par une belle route sauvage et rustique pour atteindre ce petit paradis. Situation idéale au cœur des sentiers de la vallée, à 4 heures du GR20 et son refuge d'Ortu di Piobu. L'accueil des visiteurs est irréprochable, dans cette belle bâtisse du XIXe siècle, autour de la cheminée ou sur la grande terrasse encadrée de pins laricciо avec le chant de la sitelle et le bruit de la rivière pour unique nuisance. Service de restauration recommandable à prix doux.

Emplettes

MAISON CASANOVA
✆ 04 95 61 91 76
www.biscuit-corse.com
contact@biscuit-corse.com
En dessous de l'église

Haute saison : ouvert tous les jours et les jours fériés. Sur réservation.

Passage obligé, lors de la visite du village, chez Casanova, fabricant connu et reconnu des fameux canistrelli. La maison a été fondée en 1895 et, au fil des ans, s'est agrandie pour diffuser ses gourmandises dans toute l'île et dans le monde entier. On y entrera sans crainte pour visiter l'unité de production, juste en dessous de la maison familiale, découvrir les secrets de la fabrication, déguster et repartir les bras chargés de ces biscuits uniques !

PIOGGIOLA ★

Un très beau petit village entouré de châtaigniers, aux maisons construites le long d'une pente. On peut visiter son église Santa-Maria-Assunta, à la décoration maniériste, ainsi que les ruines de l'ancienne chapelle de pèlerinage sur les contreforts du San-Parteo.

Le couvert

A MERENDELLA
D63
Col de Battaglia
✆ 04 95 46 24 28
merendella.e-monsite.com
vaninaluiggi@wanadoo.fr

Ouvert toute l'année. Basse saison : le week-end le midi. Haute saison : tous les jours et les jours fériés le midi et le soir. Fermé le lundi soir en saison, d'avril à juin ouvert tous les midi et le soir du jeudi au samedi. Réservation recommandée. Menu unique à 24 €. Carte : 26 € environ. Menu enfant : 9 €. Suggestion du jour : 18 €. Vin au verre. Service petite restauration de 15h à 19h. Chèque Vacances. Accueil des groupes. Chaises bébé. Jardin. Terrasse. Vente à emporter.

Un grand coup de chapeau pour cette belle réalisation qui mérite qu'on y monte en courant. On est à trente minutes de Calvi, à la porte d'entrée de la vallée du Giussani, tout près des nuages. Vous pourrez contempler, dans un site magnifique, l'un des plus beaux couchers de soleil de Corse avec Vanina à l'accueil et Stéphane en cuisine. Ici, on déguste une bonne cuisine tout en simplicité à base de produits traditionnels de qualité, dans un beau chalet en bois massif. Au programme des gourmandises : la charcuterie maison, les tartes aux herbes, les grillades au feu de bois « Josper », une exclusivité insulaire, ou la fameuse assiette Battaglia. Petits prix à la carte et un bon menu corse digne de ce nom. On attend avec impatience les petits chalets pour y rester plus longtemps !

VALLICA ★★★

Ce beau village médiéval, situé dans la vallée de la Tartagine à 800 m d'altitude, a su garder son caractère et son architecture typique. Dans son église paroissiale de la Nativité, de style baroque, on remarquera un bénitier en porphyre soutenu par une sculpture de femme, œuvre de l'artiste local Damasio Luigi. On peut également y voir le mobilier de l'ancienne église San-Quilicus, la chaire sculptée par un ébéniste de Moltifao, ainsi que l'orgue de l'oratoire San-Roccu d'Ajaccio. Les toiles sont une donation du Cardinal Fesch. L'environnement naturel du village fait le bonheur des amoureux de la nature qui peuvent s'adonner aux joies de la baignade en eau douce dans des piscines naturelles, proches d'anciens moulins et d'un pont génois. Le village est également le départ de sentiers de promenade et randonnée vers les villages alentour. La commune propose trois appartements communaux, confortables, dans des maisons anciennes récemment rénovées.

Le golfe de Saint-Florent

LE NORD

LE GRAND BASTIA

C'est en empruntant la route du col de Teghime que la vue de la région bastiaise est la plus rayonnante. De cette descente, la ville s'offre soudainement aux yeux, puis c'est au tour d'une partie de la plaine côtière qui se dégage peu à peu occupée par l'étang de Biguglia, le plus vaste de Corse. Bastia, l'antique capitale de l'île, se découvre ainsi depuis sa hauteur. Simple citadelle du XVe siècle à son origine, elle est ensuite investie par le gouverneur génois fuyant la malsaine Biguglia. Les toits pourvus de pierres de Brando aux teintes bleu sombre parent la ville d'un cachet particulier encore accentué par les façades décrépies du vieux-port. « La ville des gouverneurs » se différencie d'Ajaccio avec une activité économique beaucoup plus sensible.

BASTIA ★★★★

Préfecture de la Haute-Corse, c'est la seule agglomération qui ressemble à une grande ville. Si Ajaccio est semblable à Nice, avec ses belles avenues, ses murs blancs, ses palmiers, Bastia, est comme Marseille, une ville foisonnante de gens affairés, pressés, occupés et dont les environs, de Poretta (20 km au sud) à Toga, la banlieue nord (ancienne place métallurgique), constituent la plus importante bande industrielle et économique (et pour tout dire la seule) de l'île. C'est aussi une ville musée : dès le XVIe siècle, un nombre exceptionnel d'édifices religieux et conventuels émergent au cœur de ruelles tortueuses et escarpées, de placettes secrètes, le long d'un parcours riche et surprenant. Bastia peut être considérée comme la capitale française du baroque qui s'exprime dans l'art sacré tout autant que dans son cadre urbain. Edifices publics, religieux ou privés, bâtiments rénovés aux couleurs d'antan riches des ocres méditerranéennes, jardins en escarpe accrochés au-dessus des flots... Bastia s'étire aux bords des flots dans son écrin culturel et architectural exubérant.

■ **OFFICE DE TOURISME DE L'AGGLOMERATION DE BASTIA**
Place Saint-Nicolas
✆ 04 95 54 20 40
www.bastia-tourisme.com
ot-bastia@wanadoo.fr
♿

Haute saison : ouvert du lundi au samedi de 8h à 20h ; le dimanche de 8h à 13h et de 15h à 19h. Horaires hiver : du lundi au vendredi : 8h à 12h et de 14h à 17h30 - Samedi matin : 8h à 12h. Horaires printemps/automne : du lundi au samedi : 8h à 18h – Dimanche matin : 8h à 12h.

Pour s'y rendre

En avion

■ **AÉROPORT BASTIA-PORETTA LUCCIANA**
✆ 04 95 54 54 54
www.bastia.aeroport.fr
c.boquel@bastia.aeroport.fr
♿

Situé à 20 km au sud de Bastia, l'aéroport de Poretta est un lieu de mémoire. En effet, c'est de là que s'est envolé l'écrivain Antoine de Saint-Exupéry pour sa dernière mission aérienne le 31 juillet 1944. On n'a jamais retrouvé trace de l'avion qui s'est abîmé en Méditerranée.

- **Compagnies régulières :** Air France – HOP – Air Corsica – Lufthansa – SAS – SN BRUSSEL – Luxair.
- **Compagnies low cost :** Easyjet – Germanwings – Jetairfly – Vueling – Volotea – XL Airway – Thomas Cook.

Le Nord

Un grand territoire avec, en point d'orgue, sa capitale bastiaise, point d'entrée de nombreux voyageurs, depuis son port et son aéroport, qui seraient futés de s'y attarder plus longtemps. Bastia regorge de beaux quartiers anciens et son patrimoine mérite plus d'une journée de visite ; le cap Corse, sauvage et préservé, paradis des sports verts et jamais surpeuplé, même en août ; le Nebbio et la vallée de la Conca d'Oro, habités depuis le Néolithique, avec, en vedette, la cité de Saint-Florent, surnommée le petit Saint-Tropez de la Corse.

- **Les incontournables** : le vieux-port et la citadelle de Bastia, le port et la tour génoise d'Erbalunga, la balade sur le sentier des douaniers depuis Macinaggio, le repas de langouste à Centuri, l'escalade jusqu'à la tour de Nonza, la visite de l'église et des caves vinicoles de Patrimonio, un dîner sur le port de Saint-Florent et la baignade au bord des plages de Loto ou Saleccia au milieu de l'Agriate.

Cap Corse
Ile de Giraglia
N
O
E
S
Tollare
Barcaggio
D153
D253
Iles Finocchiarola (Réserve Naturelle)
Ersa
Centuri
Centuri-Port
D80
Macinaggio
Rogliano
Tomino
Morsiglia
D35
Marine de Meria
Pastina
Meria
Pino
Marine de Scalu
Luri
D180
Santa-Severa (Marine de Luri)
Barrettali
Cagnano
D132
Porticciolo
Mer Méditerranée
Marine de Giottani
D80
Pietracorbara
D232
Marine de Pietracorbara
Canari
Ogliastro
Olcani
Sisco
Marine de Sisco
Marine d'Albo
D80
Nonza
Olmeta-di-Capocorso
Brando
Erbalunga
Lavasina
Marine de Negru
Ferry vers Marseille, Toulon et Nice
Santa-Maria di-Lota
Miomo
D80
Marine de Farinole
San-Martino di-Lota
Pietranera
Plage de Saleccia
Plage de Loto
Farinole
Ville-di-Pietrabugno
BASTIA
Cardo
Patrimonio
Ferry vers l'Italie : Savona, Gênes et Livourne
Site des Agriate
Saint-Florent
Barbaggio
D81
Casta
D82
D107
Lido de la Marana
Plage de l'Ostriconi
D81
Furiani
Poggio-d'Oletta
Oletta
Biguglia
Défilé de Lancone
D62
N193
Pineto
Sto. Pietro-di-Tenda
San-Gavino-di-Tenda
Rapale
D82
Etang de Biguglia
D62
N197
Piève
Murato
Plage de la Marana
Borgo
Golf
Lucciana
Bastia-Poretta
Campitello
N198
N193
Campile
N197
Ponte-Leccia
D71
193
Site de plongée
Réserve naturelle
Plage
Gare CFC
Port de plaisance
Port de pêche
Ferry
Le nord de la Corse
0 5 km

A B C D E
1 2 3 4 5 6 7 8 9
N
O
E
S
MONSERATO
ST-JOSEPH
UCCINI
PIETRA ROSSA
AVENUE DE LA LIBÉRATION
ROUTE DU FRONT DE MER
N 193
RUE LOUISE VINCIGUERRA
Ruisseau de Lupino
Ecole
LUPINO
MITROCULO
Piscine
Tennis
Réservoir
PAESE NOVU
RUE SANTA MAGDALENA
AVENUE DE LA LIBÉRATION
CH. DE LA CARBONITE
SANTA-MARIA MADDELENA
PONTE-PRADO
Tennis
RN 193
Réservoir
Ecoles Charles Andrei
D264
ROUTE D264 ROYALE
CORSO
Centre Commercial
PURETTI
LES SABLES ROUGES
Camping
MONTESORO
AVENUE PAUL GIACOBBI
Gendarmerie
AVENUE SAMPIERO
Lycée Agricole
Collège J. Nicoli
Lycée Technique
Cimetière
0 250 m
Reproduction interdite
Jean-Baptiste Nény
Novembre 2012

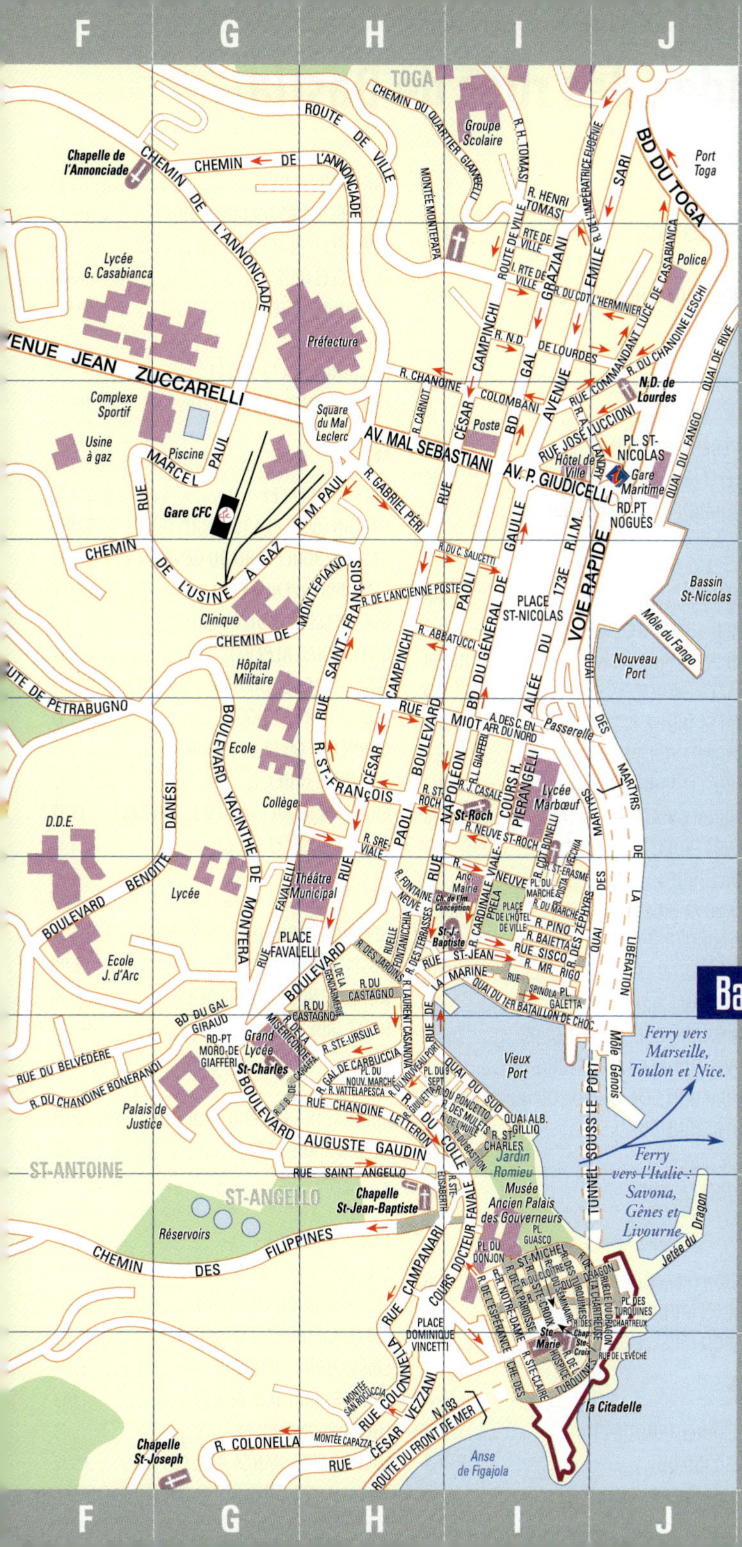
F G H I J
1 2 3 4 5 6 7 8 9
TOGA
Chemin du Quartier Giamelli
Groupe Scolaire
R. H. Tomasi
Route de Ville
Chapelle de l'Annonciade
Chemin de l'Annonciade
Chemin de l'Annonciade
Port Toga
Bd du Toga
Sari
R. de l'Impératrice Eugénie
R. Henri Tomasi
Rte de Ville
Montée Montepapa
Police
Lycée G. Casabianca
I. Rte de Ville
Graziani
Emile
R. du Cdt l'Herminier
R. Commandant Luce de Casabianca
R. du Chanoine Leschi
Quai de Rive
Préfecture
Avenue Jean Zuccarelli
R. N.D. de Lourdes
Campinchi
Gal
R. Chanoine Colombani
Rue Commandant
N.D. de Lourdes
Complexe Sportif
Square du Mal Leclerc
R. Carnot
César
Poste
Bd
Avenue
Rue José Luccioni
R. A. Landry
Pl. St-Nicolas
Quai du Fango
Usine à gaz
Piscine
Rue Marcel Paul
Av. Mal Sebastiani
Av. P. Giudicelli
Hôtel de Ville
Gare Maritime
Gare CFC
R. M. Paul
R. Gabriel Péri
Rue
Gaulle
R.I.M.
Rd.Pt Nogues
Chemin de l'Usine à Gaz
R. du C. Saliceti
Paoli
Voie Rapide
Bassin St-Nicolas
Clinique
Chemin de Montépiano
R. de l'Ancienne Poste
Place St-Nicolas
173e
Môle du Fango
R. Abbatucci
Boulevard du Général de Gaulle
Hôpital Militaire
Rue Saint-François
Allée du
Quai
Nouveau Port
Route de Petrabugno
Boulevard Yacinthe de Montera
Rue Miot
A. des C. en Afr. du Nord
Passerelle
Ecole
R. L. Giaffieri
Napoléon
Cours H. Pierangelli
Lycée Marbœuf
Des Martyrs
Collège
R. St-François
R. St-Roch
R. J. Casale
St-Roch
R. Neuve St-Roch
D.D.E.
Danési
R. Sre-Viale
Viale
R. Cdt Bonelli
R. St-Vecchia
R. St-Erasme
Théâtre Municipal
R. Fontaine Neuve
Ch. de l'Im. Conception
R. Anc. Mairie
R. Neuve
Pl. du Marché
Prela
R. Posta
Lycée
Boulevard Benoîte Danési
Rue Favalelli
Place de l'Hôtel de Ville
R. du Marché
R. des Zephyrs
Quai de la Libération
Ruelle Fontanicchia
R. des Terrasses
St-J.-Baptiste
R. Pino
R. Baietta
Ecole J. d'Arc
Place Favalelli
R. des Jardins
Rue St-Jean
Rue Sisco
R. Mr. Rigo
L. de la Gendarmerie
R. du Castagno
Rue de la Marine
Rue Spinola
Pl. Galetta
Bd du Gal Giraud
R. du Castagno
R. Laurent Casanova
Quai du 1er Bataillon de Choc
Rd-Pt Moro-Giafferi
Grand Lycée St-Charles
R. de la Miséricorde
R. Ste-Ursule
Vieux Port
Ferry vers Marseille, Toulon et Nice.
Môle Génois
Rue du Belvédère
R. du Chanoine Bonerandi
Boulevard Paoli
R. Gal de Carbuccia
Pl. du Nouv. Marché
R. du Nouveau Port
Pl. du Sept
Quai du Sud
R. Vattelapesca
R. J. B. de Caraffa
Rue Chanoine Letteron
R. Giuletta
R. du Ponceto
R. des Mulets
R. de l'Huile
R. du Bastion
Quai Alb. Gillio
R. St-Charles
Palais de Justice
Boulevard Auguste Gaudin
Du Colle
Jardin Romieu
Tunnel sous le port
Ferry vers l'Italie : Savona, Gênes et Livourne
ST-ANTOINE
Rue Saint Angello
R. Ste-Elisabeth
Musée Ancien Palais des Gouverneurs
ST-ANGELLO
Chapelle St-Jean-Baptiste
Réservoirs
Chemin des Filippines
Favale
Pl. Guasco
Jetée du Dragon
Cours Docteur
Rue Campanari
Pl. du Donjon
St-Michel
R. du Cloître
R. des Turquines
R. du Dragon
Ruelle du Dragon
Pl. des Turquines
R. Chartreuse
Place Dominique Vincetti
R. de la Paroisse
R. Notre-Dame
R. de l'Espérance
R. Ste-Croix
Ste-Marie
Chap. Ste-Croix
Rue de l'Evêché
Montée San Rocuccia
Rue Colonnella
Vezzani
N 193
R. Ste-Claire
Chemin des Turquines
La Citadelle
Chapelle St-Joseph
R. Colonella
Montée Capazza
Rue César
Route du Front de Mer
Anse de Figajola

Bastia

Index des rues de Bastia

A

B

C

D

E-F

G

H

I-J

L

M

N

P

Q-R

S

T

U-V

Z

En train

■ **CHEMIN DE FER DE LA CORSE (CFC)**
Place de la Gare ✆ 04 95 32 80 61
www.cf-corse.fr – contact@cf-corse.com
♿
Ouvert tous les jours et les jours fériés de 6h22 à 16h30. Chèque Vacances. Sauf sur le petit train de Balagne.
Le petit train corse (Trinichellu) fait son bonhomme de chemin de Bastia vers Ajaccio et de Bastia vers Calvi à une vitesse qui n'est pas du tout celle que l'on attend d'habitude de ce moyen de transport. Aujourd'hui, le train corse irrigue l'intérieur avec la ligne Bastia-Ajaccio qui emprunte des tunnels inattendus à travers des paysages sublimes, relie la Balagne aux autres micro-régions, et assure aux étudiants de l'université implantée à Corte un moyen de locomotion gratuit. Par ailleurs, une navette suburbaine dessert l'axe Bastia-Casamozza. L'été, pour répondre à la demande, on la fait circuler près de 24 fois par jour ! Avant de vous mettre en train, n'oubliez pas votre appareil photo ou votre caméscope. La modernisation de tout le réseau ferré et les autorails flambant neufs apportent un gain de confort mais certains regretteront les anciens ABH Renault, plus exotiques !

En car

■ **GARE ROUTIERE DE BASTIA**
1, rue du Nouveau-Port
✆ 04 95 54 20 40

■ **SOCIETE DES AUTOBUS BASTIAIS**
✆ 04 95 31 06 65
www.bastiabus.com

En bateau

■ **CORSICA FERRIES**
Palais de la mer BP 275
5 bis, rue Chanoine Leschi
✆ 08 25 09 50 95
www.corsicaferries.com
resa1@corsicaferries.com
♿
Lignes vers Toulon, Nice, Livourne, Savone et Portoferraio.
▶ **Autres adresses :** AJACCIO : Quai l'Hermitier – Gare maritime. • CALVI : Port de commerce Calvi. • ILE-ROUSSE : Gare maritime de l'Ile-Rousse. • NICE : Quai Amiral-Infernet – Port de Nice. • TOULON : Gare maritime – 2, avenue de l'Infanterie maritime.

■ **LA MÉRIDIONALE**
Port de Commerce
BP 283
✆ 08 10 20 13 20
www.lameridionale.fr
cmn-corse@cmn.fr
Jours d'escale : Ouvert du lundi au vendredi de 8h30 à 19h et le samedi de 8h30 à 12h et de 16h 30 à 19 h. Pas d'escale : Ouvert de 8h 30 à 18 h et le samedi de 8h30 à 12h.
La Méridionale est la compagnie maritime historique pour les traversées vers la Corse. Elle assure 20 liaisons hebdomadaires au départ de Marseille. Pour votre traversée Marseille-Bastia, voyagez à bord du Piana, navire amiral de La Méridionale. Avant de gagner votre cabine et de vous glisser sous une couette douillette, profitez d'un succulent dîner d'inspiration corse, sous le signe de la convivialité.

■ **MOBY LINES**
4, rue Commandant-Luce-de-Casabianca
Siège social ✆ 04 95 34 84 94
www.mobycorse.com
infos@mobycorse.com
♿
Ouvert du lundi au vendredi de 8h à 12h et de 14h à 18h ; le samedi de 8h à 12h. Ouvert le dimanche (en été à la gare maritime terminal sud). Nouveau : Départs vers/pour Nice à partir du 1er Juin. Renforcement des rotations en haute saison vers/pour Livourne (Italie). Chèque Vacances.
▶ **Autre adresse :** BONIFACIO : Gare maritime – ✆ 04 95 73 00 29 – Fax : 04 93 95 73 05 50.

Histoire

Ce sont les Romains qui, les premiers, décidèrent d'y mouiller, installant même une colonie, Mantinum, qui survécut jusqu'aux invasions des Vandales aux IVe et Ve siècles. Les Vandales, auxquels la soif d'invasion et de pillage donnait des qualités de marins, s'emparèrent du site au VIe siècle. Il faudra alors attendre un demi-millénaire pour que cette région ravagée retrouve quelques pêcheurs qui poseront des habitats précaires à l'emplacement de l'actuel vieux-port. Puis les Italiens (Ligures et Pisans) prennent position sur cette partie de la côte, dans la plaine, et jusqu'au cap. Le tournant de l'histoire bastiaise se situe en 1378, lorsqu'un gouverneur génois décide de transplanter son centre administratif de Biguglia à Bastia. Le destin se scelle, les pierres du donjon aussi (la bastiglia qui donnera son nom à la ville), la citadelle naît. Les remparts, puis le palais, suivront, et le rayonnement de Bastia sur cette partie de l'île sera effectif au XVIe siècle. Monuments religieux et administratifs se développent au cours des deux siècles suivants. Après les révoltes, plus ou moins canalisées, qui agitent l'île tout entière face à l'occupant génois durant une bonne partie du XVIIIe siècle, Bastia devient française et la Révolution lui accorde le titre de préfecture du Golo, un département naissant et de courte durée. En 1811, Ajaccio supplante Bastia pour devenir la première ville de Corse. Il faudra attendre 1975 pour que la ville retrouve son rang de préfecture de la Haute-Corse. Son industrialisation se poursuit avec l'exploitation des forges de Toga, au nord de la ville.

Statue de Napoléon Ier à Bastia.

■ **PORT DE COMMERCE DE BASTIA**
Gare maritime
✆ 04 95 55 25 00
m.riolacci@bastia.port.fr
Situé en plein cœur de la ville, le port de Bastia est le premier port de Méditerranée et le deuxième port français avec un trafic de 2 millions de passagers par an. Il assure les liaisons avec le continent (Marseille, Nice, Toulon), et l'Italie (Gênes, Livourne, Savone et La Spezia). Les compagnies : La Méridionale, la Maritima Ferries (ex SNCM), la Corsica Ferries et la Moby Lines.

■ **LE VIEUX PORT**
Quai de la Madonetta
✆ 04 95 31 31 10
www.bastia.fr
vieuxport-bastia@wanadoo.fr
Basse saison : ouvert de 7h à 12h et de 14h à 20h. Haute saison : de 8h à 11h30 et de 17h à 17h. Eau, électricité, sanitaires, carburant, laverie.

Pour y circuler

Stationnement

Parcs de stationnement de la ville : Saint-Nicolas : 536 places dont 9 pour les personnes à mobilité réduite. La Gare : 365 places dont 7 pour les personnes à mobilité réduite. La Citadelle : 382 places dont 8 pour les personnes à mobilité réduite. Tarif 1,30 € par heure
Parcs gratuits : 300 places au port Toga et 90 places à Saint-François.

Points d'intérêt

■ **PLACE SAINT-NICOLAS** ★★★
Place Saint-Nicolas
C'est le grand forum, l'agora incontournable, le dernier salon où l'on cause, où se nouent les intrigues politiques comme les idylles naissantes. La place Saint-Nicolas, grâce à son étendue, est le point de convergence de tous les flâneurs qui viennent humer l'air du large sous les palmiers ou bien boire un verre au soleil couchant. Ce ne fut longtemps qu'un terrain vague et ce n'est que dans les années 1830 que l'on a commencé à gagner sur la mer avec du remblai provenant de la construction de la ligne de chemin de fer. Les arbres ont suivi, puis les monuments avec notamment la statue de Napoléon Ier en empereur romain (1854), le kiosque à musique édifié en 1907 pour accueillir les musiques militaires et, enfin, le monument aux morts érigé en 1935 par deux sculpteurs bastiais. Au début du XXe siècle, alors que les stades étaient rares, on y disputait le dimanche des matchs de football ! Aujourd'hui, la place Saint-Nicolas est devenue la plus belle vitrine de la ville, lui confirmant une atmosphère typiquement méditerranéenne.

■ **LA POUDRIÈRE** ★
En continuant la descente vers la mer, on débouche sur des remparts s'avançant comme la proue d'un navire. Une curiosité qui mérite bien son nom, puisque la Poudrière n'était autre qu'un dépôt de munitions tenu à l'écart des habitations pour raison de sécurité. Aujourd'hui, elle accueille l'exposition d'un village corse reconstitué avec ses activités que l'on peut découvrir. Vue panoramique sur le sud de la ville.

Monuments

■ CATHÉDRALE SAINTE-MARIE-DE-L'ASSOMPTION ★★

La citadelle

✆ 04 95 31 01 80

Edifiée entre 1604 et 1619 à l'emplacement d'un sanctuaire jugé trop petit, cette superbe église présente une façade à trois frontons. L'intérieur à nef unique bordée de deux collatéraux est richement décoré de stucs, peintures en trompe-l'œil, stucs et marbres. Ce fut le siège des évêques de Mariana ce qui lui conférait le titre de cathédrale. Grâce à des legs importants (en particulier celui de Mgr Fornari) elle s'enrichit au fil des siècles de nombreuses œuvres d'art. Le dallage a été refait lors de la visite de l'impératrice Eugénie de Montijo en 1869. Dans une niche vitrée, superbe Assomption de la Vierge en argent massif ciselée par Gaétano Macchi au XIXe siècle. L'orgue construit par les frères Serassi est le seul instrument de facture italienne classé aux Monuments historiques en France. De remarquables toiles ornent ses chapelles latérales et en particulier une superbe « pala » du XVe siècle représentant l'Assomption de la Vierge due à Léonoro Aquilani et une belle Crucifixion de Luca Cambiasp (XVIe). Une curiosité, les chapeaux des évêques qui ont siégé en ce lieu sont suspendus aux voûtes du chœur.

■ CHAPELLE SAINTE CROIX ★★

4, rue de l'Evêché

La citadelle

✆ 04 95 32 31 70

Joyau de l'art baroque tardif enchâssé dans la citadelle, cet oratoire possède un décor peint, sculpté et doré. Les rocailles et les angelots, les courbes et les contre-courbes évoquent les chantournements d'un salon Louis XV. Bâti sur un sol appartenant à la basilique Saint-Jean-de-Latran, on se trouve donc ici en terre vaticane. Les armoiries pontificales qui timbrent les deux côtés du maître-autel du XVIIIe le rappellent. Le beau retable évoquant l'Annonciation est au talent du peintre florentin Giovanni Bilivert (1633). La chapelle est décorée d'un beau plafond à caissons d'époque Renaissance. Le Christ Noir, dans la niche au-dessus de l'autel, a été trouvé en mer par deux pêcheurs d'anchois en 1428.

■ ÉGLISE SAINT-CHARLES ★★

Rue du Général-de-Carbuccia

En haut de la rue de Carbuccia, un escalier monumental ouvrant sur une façade en jaune, sobre avec deux saints dans leurs niches. C'est l'église Saint-Charles Borromée, l'une des plus anciennes de la ville, car elle fut fondée en 1635 par les jésuites sous le nom de Saint-Ignace en référence à saint Ignace de Loyola. Après le départ des jésuites au moment où la Corse devint française, la confrérie de Saint-Charles s'y installa. Aujourd'hui en cours de restauration, elle n'a pas fini de livrer ses secrets, des ossements ayant été découverts dans une crypte inconnue découverte sous la nef. A droite de l'église en sortant, une curiosité, la maison de Caraffa, du nom d'une vieille famille bastiaise qui hébergea en 1741, le duc de Würtemberg pendant son séjour en Corse.

■ ÉGLISE SAINT JEAN-BAPTISTE ★★★

4, rue du Cardinal-Viale-Préla

✆ 04 95 55 24 60

www.saintjeanbaptiste-bastia.fr

saintjeanbaptiste.bastia@gmail.com

L'église Saint-Jean-Baptiste, la plus vaste église paroissiale de Corse, se dresse au-dessus de Terra Vecchia (la ville basse) et surplombe le Vieux-Port de Bastia de sa haute et théâtrale façade à deux étages animée de volutes et flanquée de deux clochers du XIXe. Erigée au plus fort de l'art baroque en Corse entre 1636 et 1666, elle respecte les modèles classiques de l'époque, à l'exception de ses trois profondes chapelles, et de l'absence de coupole. La modeste entrée latérale située sur la place du Marché tranche avec le côté ostentatoire de la façade. A l'intérieur, vous pourrez admirer une riche décoration de marbres précieux et colorés dont le maître-autel de la fin du XVIIe, quelques tableaux de la collection Fesch, des peintures en trompe-l'œil, ainsi qu'une élégante tribune d'orgue de 1742.

■ MAISON DES VIALE ★

Attenante à l'église Saint-Jean-Baptiste et aujourd'hui restaurée, la maison des Viale, fière comme un palais toscan, domine la place du marché et plonge sur les eaux tranquilles du Vieux-Port. C'est là que naquit en 1787, le poète Salvatore Viale qui exerça les fonctions de conseiller à la cour d'appel de Bastia de 1828 à 1852. Son œuvre dominante fut la Dionomachia, un long poème traitant sur le mode héroï-comique d'une guéguerre absurde entre deux villages de la Marana, Borgo et Lucciana, à propos d'un âne mort... Un ouvrage essentiel, car, bien que rédigé en italien, il comporte un texte en langue corse considéré comme fondateur.

■ ORATOIRE DE LA CONFRERIE DE L'IMMACULEE CONCEPTION ★

Elevé en 1589, ce sanctuaire cache un décor d'une rare somptuosité derrière sa façade de marbre blanc. Dorures, marbres, murs couverts de boiseries et de damas de velours écarlate ornent sa nef. La fresque de la voûte, très représentative des voûtes baroques, figure l'Immaculée Conception, les apôtres et les évangélistes. Diverses réunions politiques s'y sont déroulées, notamment les sessions du Parlement anglo-corse de 1794 à 1796. A cette occasion, le trône du roi George III d'Angleterre était installé au milieu de la nef.

■ ORATOIRE DE LA CONFRERIE DE SAINT-ROCH ★

Rue Napoléon

La confrérie de Saint-Roch a été instituée en 1588. L'édifice a été construit une première fois en 1590, puis l'oratoire primitif a été démoli et reconstruit dans ses proportions actuelles en 1604. La façade a été refaite tardivement dans le style néoclassique. Quatre colonnes d'ordre toscan soutiennent un entablement couronné d'un grand fronton triangulaire. Le grand portail en marbre blanc, surmonté de la coquille des pèlerins, a été sculpté en 1860 par le marbrier Giuseppe Bertolucci.

PALAIS GALEAZZINI

Entre la place de l'Hôtel-de-Ville et le quai des Martyrs, une demeure ancienne surmontée d'un chapiteau dans sa partie centrale, le palais Galeazzini, du nom d'une riche famille de négociants dont l'un des enfants Gio-Battista, fut maire de la ville au dix huitième siècle, jouant un rôle essentiel d'opposant au régime anglo-corse de George III (1794-1796).

Musées

MUSÉE DE BASTIA ★★★

La Citadelle
Place du Donjon
✆ 04 95 31 09 12
www.musee-bastia.com
info@musee-bastia.com

Fermé les 1er novembre, 11 novembre, 1er mai et 8 mai et pendant les vacances scolaires de Noël. Basse saison : ouvert du mardi au samedi de 9h à 12h et de 14h à 17h. Haute saison : tous les jours de 10h à 18h30. Ouvert tous les jours en juillet et en août. Fermé les lundis en mai, juin, septembre. Gratuit jusqu'à 10 ans. Adulte : 5 € (1 € jardin seul). Enfant (de 10 à 18 ans) : 2,50 €. Groupe (10 personnes) : 4 €. Gratuité totale pendant la basse saison (1er octobre-30 avril). Visite guidée. Boutique.

Au cœur du quartier « Terra Nova », sur un éperon rocheux dominant le Vieux-Port et la mer tyrrhénienne, le palais et le jardin du bastion Saint-Charles offrent des points de vue spectaculaires sur l'ensemble de la ville. Les traces archéologiques de l'histoire et du rôle de ce monument insigne de la Corse génoise sont commentées au long du parcours public par une signalétique spécifique. Les salles d'expositions permanentes racontent quant à elles, sur un mode thématique, l'histoire de la ville de Bastia. Le rez-de-chaussée présente la ville, son évolution depuis la création, et quelques-unes de ses principales caractéristiques. Au premier étage, dans les anciens appartements des gouverneurs, à découvrir le rôle de Bastia, capitale de la Corse durant près de cinq siècles, sur le plan politique, social, économique et culturel. Une salle retrace l'histoire du bâtiment dont les fonctions ont évolué au gré de l'histoire : cours de justice, caserne avant d'accueillir le musée à partir de 1952. L'ancienne chapelle sert d'écrin à la collection Carlini, consacrée aux Arts décoratifs sous la Révolution et l'Empire. Deux niveaux d'exposition temporaires permettent de compléter ces propos.

Balades, flâneries

LA CITADELLE TERRA NOVA ★★★

La forteresse initiale, la Bastia, fut implantée en 1380 par le gouverneur génois Leonello Lomellini sur un promontoire rocheux qui dominait les anses du Porto-Vecchio, aujourd'hui Anse de Ficajola, et de Porto Cardo, l'actuel Vieux-Port. Les bâtiments actuels, reconstruits à partir de 1448 et achevés dans le premier quart du XVIe siècle servirent de résidence principale aux gouverneurs de la Corse dès la fin du XVe siècle jusqu'à la fin de la domination génoise au XVIIIe siècle. Ils abritaient aussi la Haute Cour de Justice de l'île et les prisons. Après le rattachement de la Corse à la France en 1768, les lieux furent abandonnés au profit du couvent des missionnaires. Ils abritèrent alors le Conseil supérieur de l'île de Corse puis après la Révolution française, le siège du Directoire du département : enfin en 1794, ils furent affectés à l'armée pour le casernement des troupes. Connue sous le nom de caserne Watrin, cette institution fut en activité jusqu'à la dernière guerre au cours de laquelle les ailes nord et sud furent minées et partiellement détruites. Les remparts qui cernent Terra Nova furent terminés en 1480 ainsi que le superbe Palais des Gouverneurs, symbole de la puissance de la république de Gênes en 1530. Pour information, le site est visitable à toute heure.

JARDIN ROMIEU ★★

En quittant la citadelle, on peut rejoindre le Vieux-Port (Terra Vecchia) par le jardin Romieu, un havre de verdure qui surplombe harmonieusement le pittoresque port de plaisance et qui, la nuit, par ses lumières, sert d'écrin au palais des gouverneurs. Profitez d'une halte sous les arbres pour admirer la vue panoramique sur les deux ports avec, en été, le ballet incessant des navires.

Le Palais des Gouverneurs à Bastia.

Le couvert

A CASARELLA
La Citadelle
6, rue Saint-Michel
✆ 04 95 32 02 32
www.facebook.com/acasarellarestaurant
angebati2b@yahoo.fr

Ouvert toute l'année. Tous les jours et les jours fériés le midi et le soir. Fermé le dimanche et lundi midi hors-saison. Réservation recommandée. Menu unique à 18 € (le midi). Carte : 32 € environ. Vin au verre. Chaises bébé. Terrasse. Wifi zone gratuite.

Dans une ruelle de la citadelle, la table d'Andy Caravel, chef de cuisine, Biker et pêcheur, est le passage obligé pour les amateurs de gastronomie locale. On y choisira sans crainte, à l'ardoise ou au menu, quelques sympathiques suggestions terrestres ou maritimes, fraîcheur garantie à savourer dans la petite salle confortable ou sur les terrasses panoramiques qui dominent le vieux port de la ville. Le service est impeccable, la cuisine Corse revisitée est savoureuse et l'adresse est ouverte toute l'année. Réservation recommandée en saison. En bonus : une nouvelle décoration dans la salle et la zone Wifi. Accueil au top en prime. Parking à la citadelle à 50 mètres pour manger tranquille.

■ COL TEMPO
Le vieux port
4 bis, Rue Saint-Jean
✆ 04 95 58 14 22
restocoltempo@orange.fr

Fermé en février. Haute saison : ouvert tous les jours et les jours fériés le soir. Fermé le lundi et dimanche soir hors saison. Réservation recommandée. Carte : 28 € environ (le midi et 36 €). Vin au verre. Accueil des groupes. Terrasse. Wifi zone.

Changement total, sur le port de pêche, avec l'arrivée du jeune chef Clément Calendini, formé à l'école hôtelière de Bastia, sous la houlette du papa professeur et ex-restaurateur réputé. Une nouvelle décoration, de nouveaux aménagements, de nouvelles formules pour s'adapter au mieux à la clientèle d'habitués. La carte est évolutive avec les saisons, les produits du marché sont préparés en *slow food* et le rapport qualité prix est appréciable. Carte des vins d'ici et d'ailleurs, sélectionnés chez les petits producteurs.

■ CÔTÉ MARINE
3, rue marine
Vieux-port
✆ 04 95 33 66 65
✆ 06 12 21 38 09
paul.pierinelli@wanadoo.fr

Fermé du 10 octobre à mars. Haute saison : ouvert tous les jours et les jours fériés le midi et le soir. Réservation recommandée. Menus de 19,50 € à 28,50 € (corse, poissons et langouste). Carte : 38 € environ. Menu enfant : 7 € (gratuit – de 6 ans). Suggestion du jour : 20 € (terre ou mer). Vin au verre. American Express, Chèque Vacances, Chèque Restaurant. Terrasse.

Situation de choix au milieu des quais du vieux-port de la ville pour cette adresse tenue avec énergie par Paul Pierinelli. On y profite d'une grande terrasse accueillante et des nombreux menus de spécialités corses, à base de langouste ou de poisson, pour satisfaire toutes les bourses. Une carte généreuse, des suggestions gourmandes et même le menu enfant offert aux moins de 6 ans ! Un bon rapport qualité-prix qui se complète d'un bon accueil et d'un service attentif et rapide si besoin.

■ LA FABRICA
1, boulevard du Général-Giraud
✆ 04 95 58 32 95
www.la-fabrica-bastia.com
contact@pierucci.fr

Fermé en août. Ouvert tous les jours et les jours fériés le midi et le soir. Salle climatisée. Fermée le dimanche en été. Réservation recommandée. Carte : 30 € environ (35 € le soir). Formule du midi : 14 €. Vin au verre. Accueil des groupes. Chaises bébé. Terrasse. Animations. Soirées thématique musicales et gastronomiques.

Un peu à l'écart de l'agitation entre le vieux port et la citadelle, ce restaurant ne manque pas d'atouts ! La formule de Michel Pierucci, descendu de sa Casinca natale et connu sur la place pour ses fromages Pecurinu, fait fureur. On y découvre chaque jour l'ardoise du marché, à base des meilleurs produits locaux et continentaux. La cuisine est dirigée par deux jeunes chefs valeureux et l'on y choisira sans crainte ces bonnes agapes au rapport prix-prestation remarquable ! Plaisante terrasse ombragée pour l'été et belle salle typique avec ses arches voûtées et ses tables et chaises tout aussi élégantes.

■ OSTERIA A SCUDELLA
10, Rue Pino
✆ 09 51 70 79 46
✆ 06 25 27 26 25
tine2b24@gmail.com

Ouvert toute l'année. Du mardi au samedi et les jours fériés le soir. Réservation recommandée. Menu unique à 25 €. Carte : 34 € environ. Suggestion du jour : 15 €. Vin au verre. CB non acceptée. Accueil des groupes. Chaises bébé. Terrasse. Animations. Wifi zone.

On vient ici chez Martine et Louis Franceschi qui ont ouvert leur petite scudella (l'écuelle en langue d'ici) pour le plus grand plaisir des locaux et touristes. Bien cachée entre la place du marché et le Vieux-Port, on y profite d'une bonne cuisine locale sans concession : Figatellu en saison, bonne charcuterie, plats en sauce à s'en lécher les babines et une bonne ambiance pour ne rien gâcher. Avec un peu de chance, on y profitera de chants corses à écouter dans la ruelle ou dans les salles typiques de cette vieille-ville.

■ LA PETITE MARIE
2, rue des Zéphyrs
✆ 04 95 32 47 83

Ouvert toute l'année. Du lundi au samedi le soir. Réservation recommandée. Carte : 25 € environ. Suggestion du jour : 19 €. CB non acceptée. Terrasse.

Situé dans une ruelle typique du Vieux Bastia, la table de Marie-Thé et Jeannot Branca est indémodable. On y vient pour savourer les langoustines quand il y en a, mais également les fritures de rouget, les pâtes aux seiches, le tout provenant de la pêche locale. Un grand panneau égrène les compliments des nombreux amateurs de ce lieu original et hors du temps. Une petite salle et quelques tables dans la ruelle qui méritent bien qu'on la cherche et qu'on la trouve bien sûr !

■ CHEZ VINCENT
La citadelle
12, rue Saint-Michel
✆ 04 95 31 62 50
www.facebook.com/chez.vincent.1
chezvincentbastia@orange.fr

Fermé du 1er au 15 janvier et du 7 au 15 novembre. Ouvert du lundi au samedi le midi et le soir. Fermé le samedi midi et dimanche. Réservation recommandée. Menu unique à 18,50 €. Carte : 35 € environ. Suggestion du jour : 18,50 €. Vin au verre. Chaises bébé. Terrasse. Vente à emporter.

Dans la lignée de son père Vincent, le jeune chef Ludovic Rodaro se donne de la peine pour satisfaire sa nombreuse clientèle locale. Premier atout : une situation d'exception, au pied de la citadelle, pour découvrir Bastia et son port vu d'en haut. Dans l'assiette, la qualité est au rendez-vous avec sa carte à l'ardoise qui évolue au gré du marché et les tarifs sont très corrects pour de vraies saveurs méditerranéennes. Un seul regret, il faut impérativement réserver pour choisir le meilleur emplacement.

Le gîte

■ L'ALIVI***
D 80
Palagaccio
Route du Cap – Ville-di-Pietrabugno
✆ 04 95 55 00 00
✆ 04 95 55 00 10
www.hotel-alivi.com
info@hotel-alivi.com
A 1,7 km du port de commerce
et 22 km de l'aéroport.

Qualité Tourisme. Ouvert toute l'année. Accueil 24h/24. 36 chambres (dont 1 suite). Chambre simple à partir de 80 € ; suite jusqu'à 400 €. Demi-pension : 40 € (repas et petit-déjeuner). Petit déjeuner buffet : 14 €. Lit supplémentaire : 30 €. Parking fermé inclus (auto et moto). American Express, Diners Club. Séminaires. Réceptions et mariages. Poste Internet. Wifi gratuit. Restauration (service midi et soir. Carte 50 €, menu enfant 15 €). Canal +.

Situation d'exception pour ce bel Alivi, idéalement placé, les pieds dans l'eau, au début de la route du Cap. Les chambres sont spacieuses, climatisées avec balcon et la vue imprenable sur la mer. On y profitera d'une magnifique piscine dotée d'un immense solarium pour vous prélasser au soleil face à l'archipel toscan. Côté restauration, le chef François Mattei sévi aux commandes d'une jolie table marine, dénommée l'Archipel, au bord de la piscine. Cuisine semi-gastronomique méditerranéenne, sans fioritures exagérées, basée sur le respect de la matière première bien choisie, dans un cadre intimiste. À découvrir, un jardin adorable qui se prolonge sur une petite plage de galets.

■ PIETRACAP***
D131
20, route de San-Martino-di-Lota
Pietranera
✆ 04 95 31 64 63
www.pietracap.com
hello@pietracap.com
A 2km du port de commerce
et 20km de l'aeroport.

Fermé du 15 novembre à mars. Accueil 24h/24. 39 chambres. Chambre triple €. Basse saison : chambre double 97 €. Petit déjeuner buffet : 13 €. Lit supplémentaire : 30 €. Parking ouvert inclus (video surveillance). American Express. Poste Internet. Wifi gratuit. Restauration (petite restauration en été, à la piscine).

Lové au milieu de la verdure, au début du Cap Corse sur la route de San-Martino-di-Lota, le Pietracap offre, à cinq minutes du port de Bastia, le calme et le confort d'un lieu fleuri avec piscine apprécié en été par une clientèle sensible à la présence d'une oasis de fraîcheur. Belle décoration picturale et magnifique mobilier des années soixante qui fait rêver plus d'un décorateur, avec en prime la vue sur l'île d'Elbe et ses levers de soleil romantiques à souhait !

■ SUD HOTEL**
Avenue de la Libération
Quartier Lupino
✆ 04 95 30 20 61
www.sudhotel-bastia.com
sudhotel@wanadoo.fr
A 1,8 km du port de commerce
et 18 km de l'aeroport.

Ouvert toute l'année. 24 chambres. Basse saison : chambre simple de 52 € à 90 € ; chambre triple de 72 € à 105 €. Demi-pension. Petit déjeuner buffet : 8 €. Lit supplémentaire : 12 €. Parking ouvert inclus (garage moto 6 €). Petit déjeuner – 12 ans 5 €, demi-pension 14 €. Soirée étape VRP à partir de 71 €. American Express, Chèque Vacances. Animaux acceptés. Poste Internet. Wifi gratuit. Restauration (menu du jour 15 €, menu enfant 9 €). Vente (produits du terroir). Canal +. Animations. Excursions (découverte culturelle de Bastia avec guide diplômé).

Angélique et Joseph, jeunes professionnels du tourisme, fraîchement diplômés, ont repris avec courage l'hôtel familial pour donner un nouvel essor à cette adresse pratique. Bien situé à l'entrée sud de la ville, on est à 15 km de l'aéroport et à 2 km du centre-ville. Côté chambre, c'est du fonctionnel à tout-petits prix, même en haute saison, mais la bonne volonté et la gentillesse à l'accueil justifient à elles seules la citation de cette étape-là. Le restaurant La Cuisine du Sud propose des menus et formules futées ! Agréable petit patio pour les petits déjeuners et les repas.

Campings

■ SAN DAMIANO****
D107
Lido de la Marana
✆ 04 95 33 68 02
www.campingsandamiano.com
info@campingsandamiano.com
A 9 km du port de Bastia
et à 17 km de l'aéroport.

Qualité Tourisme. Fermé de novembre à mars. Réservation recommandée. Accueil jusqu'à 21h (22h en été). Gardé 24h/24. Terrain de 12 ha. 173 emplacements et 107 bungalows et chalets. Exposition : ombragé. Sol : sablonneux. Relief : plat. Emplacement + véhicule + 2 personnes de 17,60 € à 28,20 €. 107 bungalows pour 2 à 6 personnes de 343 € à 1 316 € la semaine. Chèques non acceptés. Chèque Vacances acceptés. Jeux pour enfants. Salle de bains pour bébés. Animaux acceptés (1 seul par bungalow) excepté les catégories I et II (chiens dits dangereux). Séminaires. Aire pour camping-cars. Accès wi-fi gratuit au Cocoon et à la réception. Restauration (à la pagode sur la plage). Supermarché 8 à huit. Animations, loisirs et mini-club pour enfants.

A 9 km au sud de Bastia, fleuron de l'hôtellerie de plein air de la région bastiaise, ce camping quatre étoiles est implanté sous une pinède naturelle, bordée d'une plage de sable fin (plage du Lido de la Marana). Sur place, tout le confort nécessaire : un superbe espace piscine de 25 m par 12 m avec jeux aquatiques, un grand supermarché 8 à huit disposant d'une gamme complète de produits du terroir, cadeaux, souvenirs.., une laverie, des jeux pour les enfants, un terrain de boules, des animations en été et un espace détente nommé le Cocoon avec musique d'ambiance et accès wi-fi. Mobil-homes et chalets confortables et bien agencés. Grande réception dotée d'un accueil parfait !

Loisirs

■ EUROPE ACTIVE
Local 7
Strada Vecchia
BORGO
✆ 04 95 44 49 67
www.corse-a-moto.com
info@europe-active.com

Haute saison : ouvert tous les jours et les jours fériés de 9h à 12h et de 14h à 18h. Livraison possible (sur toute la Corse). Chèques vacances acceptés. Location Vélo à partir de 19€/ jour, scooter à partir de 55€/jour, moto à partir de 125€/jour.

La Corse est une destination de rêve pour les cyclistes et les motards. L'agence dispose de son propre parc d'une centaine de vélos et d'une vingtaine de scooters et motos disponibles à la location toute l'année depuis Bastia et Calvi. Quatre principaux types de vélos sont à votre disposition : des VTC pour une utilisation sur routes et pistes bien entretenues (ces vélos disposent de porte-bagages et sont particulièrement adaptés à une activité de cyclisme de loisir), des vélos à assistance électrique, des VTT pour pistes et sentiers, et des vélos de course pour des circuits sur route (cadres aluminium ou cadres carbone haute performance). La gamme de motos va du scooter 50cc ou 125cc à la grosse cylindrée BMW, Suzuki, Honda, ou Triumph. Les motos sont récentes et sont proposées avec bagagerie et casques sans supplément. Elles sont également assurées tous risques.

Le port de Bastia

Emplettes

Panier gourmand

■ A CAMPAGNA
25, rue César Campinchi
✆ 04 95 34 00 78 / 06 31 29 13 90
a-campagna@orange.fr
Basse saison : ouvert du lundi au samedi de 9h à 20h. Haute saison : tous les jours et les jours fériés de 9h à 20h. Livraison possible.
Dans une des plus anciennes boutiques de produits régionaux de la cité bastiaise, plongez dans l'ambiance authentique de la Corse en découvrant des produits du terroir. Charcuterie sélectionnée, fromages de chèvre et de brebis, cédrats confits, terrines de sanglier à la mythe, liqueurs aux arômes du maquis et, bien entendu, huile d'olive estampillée AOP Oliu di Corsica. Vous trouverez notamment l'or vert du Domaine de Marquiliani. Dégustation recommandée de coppa, lonzu, prizzutu et saucisson, proposée avec gentillesse par Mr Albertini.

■ CORSICA COLIS
Cour Favale
Porte de la citadelle
✆ 04 95 32 62 69
www.corsica-colis.com
corsica.colis@gmail.com

Basse saison : ouvert du lundi au samedi de 9h à 12h et de 14h à 19h. Haute saison : tous les jours et les jours fériés de 9h à 20h. Ouvert le dimanche (en saison d'ete). Livraison possible (gratuit à partir de 60 € d'achat sauf en décembre).
C'est la première entreprise corse de vente par correspondance de produits identitaires. Cette société ne cesse de sélectionner les meilleurs produits de l'île en alimentaires, culturels et artistiques. Pour ce faire, Corsica-Colis travaille étroitement avec les différentes foires de l'île ainsi que les différentes routes des « Sens Authentiques ». On découvre ces produits au magasin où l'équipe se fera un plaisir de vous faire déguster gratuitement des fromages fermiers très rares ainsi que sa charcuterie fermière de Valle d'Orezza, coppa, lonzu, prizuttu, saucisson pur porc et le figatellu uniquement en décembre. On préfère prévenir les clients qu'en raison de son extrême rigueur à ne vouloir proposer que des produits d'une très haute qualité, elle risque de manquer, au fil de la saison estivale, de certains produits, notamment en charcuterie et en fromage. Belle sélection de vins, les liqueurs, eau-de-vie médaillées, canistrelli, miel, poteries, des couteaux de petits artisans, des cd de chants corses. Vous pouvez commander aussi via le site Internet ou bien demander le catalogue des produits qui vous sera envoyé gracieusement.

Vins et alcools

■ MATTEI CAP CORSE
15, boulevard du Général-de-Gaulle
✆ 04 95 32 44 38
helene@capcorsemattei.com
Ouvert du lundi au samedi de 8h30 à 12h et de 14h à 19h ; le dimanche de 9h à 12h.
Leader en Corse dans le domaine des vins et spiritueux depuis le XIXe siècle, cette entreprise familiale continue à accomplir des gestes ancestraux et à produire les produits Mattei dont le fameux Cap Corse lancé par Louis Napoléon Mattéi en 1884 (apéritif au quinquina). Tout cela ne l'empêche pas de mettre en avant, dans sa boutique de Bastia, les désormais réputés whiskies Altore.

Marchés

▶ **Marché traditionnel :** Place de l'Hôtel-de-Ville, tous les samedis et dimanches, venez vous imprégner de l'ambiance chaleureuse du marché traditionnel. Sur les étals, charcuterie, fromages, poissons et autres produits gastronomiques corses vous seront proposés avec une façon typiquement méditerranéenne.

▶ **Marché aux puces :** Place Saint-Nicolas, tous les dimanches matin, un public nombreux vient sur la place Saint-Nicolas pour chiner bibelots et meubles, parfois régionaux souvent de qualité, toujours proposés à des prix attractifs. Enfin, toujours place Saint-Nicolas, vous pourrez profiter, chaque 2e vendredi du mois, du marché du Blanc et du Textile

Dans les environs

Biguglia

La commune de Biguglia, dont le nom évoque l'éperon rocheux qui dominait la route qui reliait la plaine au Nebbio, a joué un rôle éminent dans l'histoire de la Corse au Moyen Age. Siège principal de la puissante famille des Bagnala, installée d'abord à proximité de l'antique cité de Mariana et dont le fief s'étendait de la vallée du Golo au Cap Corse, elle constituait avec son castrum un refuge pour les populations, un lieu de culte avec son église dédiée à Sant'Andrea et un centre économique important. Avec sagesse, les seigneurs de Biguglia s'étaient placés sous l'autorité de Pise. Plus tard, le couvent et l'hôpital de Saint-François attirèrent les dominations des familles les plus riches. Le village actuel porte encore les traces de ce riche passé, il contient les assises du château et est dominé par des ruines qui permettent de se faire une idée de l'importance du site. On a surtout retenu l'épisode le plus fameux, celui du pouvoir exercé par Vincentello d'Istria de 1407 à 1432, vice-roi de Corse pour le compte d'Alphonse d'Aragon, luttant contre Gênes qui réussit à le capturer puis à l'exécuter. Par la suite, Gênes choisit Bastia et le château fut démantelé en 1489, mais la longue histoire de l'habitat fortifié qui constitue la trame du vieux village a donné à Biguglia son caractère et lui a permis de conserver son originalité. A l'époque moderne, la mise en valeur de la plaine, l'organisation des pêcheries de l'étang réputées dans toute l'Italie ont permis le ravitaillement de la ville voisine et donc son développement. Ces activités expliquent l'aisance des familles qui, au XVIIIe siècle, construisent d'élégantes maisons au centre de leurs domaines. De ce brillant passé, on peut aujourd'hui retrouver les traces, des morceaux de la voie romaine qui reliait Mariana au Nebbio, les ruines de la première église Saint-André, les assises du château, des éléments d'architecture intégrés à des bâtiments plus récents, et les souvenirs d'une capitale devenue une ville moderne.

■ LA MADRAGUE***

RD 107
Route de la Canonica
Biguglia ✆ 04 95 30 02 50
www.hotel-lamadrague.com
la.madrague@wanadoo.fr

Ouvert toute l'année. Qualité Corse. Accueil 24h/24. 32 chambres. Chambre double de 80 € à 140 € ; chambre triple de 115 € à 160 €. Demi-pension : 148 € (pour 2 personnes basse saison). Petit déjeuner buffet : 10 €. Lit supplémentaire : 20 €. Parking ouvert inclus (espace moto fermé). Gratuite pour les enfants de – 3 ans. American Express, Chèque Vacances. Garde d'enfants. Animaux acceptés (petite taille 10 €). Séminaires. Réceptions et mariages. Wifi gratuit. Restauration (menu du jour 25 €, menu enfant : 16 €, carte : 35 €). Tv satellite, Canal +. Hammam, bain bouillonnant, sauna. Animations.

Un bâtiment contemporain dans un cadre de verdure à cinq minutes de l'aéroport de Bastia Poretta et de la gare de Casamozza, avec une jolie piscine, des chambres récemment rénovées, des atouts de détente (le golf 9-trous est à 1,5 km, la plage à 3 km) et l'accueil toujours aimable de la famille Albertini. La vaste terrasse est là pour goûter la cuisine locale dans un cadre agréable, et une ambiance chaleureuse. Le petit plus : on pourra profiter de soirées musicales, chaque vendredi en saison. En prime : un centre spa avec une multitude de soins avec les produits de la gamme LC bio, toujours en complément du bain à remous, du hammam et d'un sauna infrarouge.

■ CORSICA WATERFLY

Pineto
Lido de la Marana
✆ 06 14 36 33 48
www.bastiajet.com
contact@bastiajet.com

Fermé du 15 septembre au 15 mai. Haute saison : ouvert tous les jours et les jours fériés de 9h à 19h. Tarifs : à partir de 15 € la banane et 45 € l'initiation Jet-Ski. CB non acceptée.

Spécialisé depuis 10 ans dans les sports nautiques et plus spécifiquement orienté vers la location et les randonnées en Jet-Ski avec ou sans permis. Bouée, Fly Fish et Banane tractée en prime.

Borgo

Le vieux village est perché sur un promontoire rocheux, dominant la plaine et la mer Construit sur un replat, son belvédère offre une jolie vue sur l'étang de Biguglia, la plaine littorale et le lido de la Marana. A voir dans le village l'église baroque de l'Annonciation (*L'Annunziata*) du XVIIe siècle. Borgo est surtout célèbre pour avoir été le théâtre de deux sévères défaites militaires de la France lors de la guerre d'indépendance menée par la Corse. Les Nationaux, en décembre 1738 et les troupes de Paoli en octobre 1768, feront subir de lourdes pertes aux troupes françaises.

Les plages du Lido de la Marana

Avec ses 10 km de plage de sable sauvage, dont une partie est propriété du Conservatoire du littoral, c'est le lieu de rendez-vous des Bastiais dès les beaux jours. Nombreux établissements de restauration, d'hébergement, de sports et de loisirs.

■ GOLF CLUB BORGO- CASTELLARESE

D507
Route de l'Aéroport
✆ 04 95 38 33 99
borgogolfclub@gmail.com

Ouvert toute l'année. Restauration. Boutique.

A 2 km de l'aéroport, c'est dans un cadre naturel et sauvage qu'a été dessiné ce 9 trous assez court ne comportant que des par 3 et des petits par 4. A noter le trou numéro 4, par 4 de 336 m, le plus long du parcours. Il est assez étroit et, à l'arrivée, le green est protégé par trois bunkers. Autre particularité à signaler, l'obstacle d'eau qui sépare les fairways des trous numéros 4 et 5 est hors limite. Après votre parcours, il vous sera proposé une carte de restauration traditionnelle dans le cadre chaleureux du *club house*.

Furiani

C'est un beau village dominé par les ruines d'une citadelle construite par les Génois au XVIe siècle, et gardé par une belle tour, inscrite aux Monuments historiques. Les gens vivaient autrefois groupés dans le petit village bâti sur un éperon rocheux, en place forte autour du château de Furiani. De cette forteresse, il ne reste qu'une tour restaurée par Pasquale Paoli. La commune possède la partie nord de l'étang de Biguglia, ainsi que l'étang du Chiurlinu. Au-delà s'étend le cordon lagunaire de la Marana, lieu de promenade privilégié des Bastiais.

■ **L'ÉCOMUSÉE DU FORTIN ET L'ÉTANG DE BIGUGLIA**
Route de la Lagune
✆ 04 95 33 55 73
www.haute-corse.fr
gvalentini@cg2b.fr
Cette vaste étendue d'eau représente le plus grand plan d'eau de l'île et l'un des derniers refuges des oiseaux nicheurs et des oiseaux migrateurs. Classé depuis 1994 en réserve naturelle, il a la particularité d'être à la fois doux et salé. En effet, le Golo, au sud, se jette dans l'étang et, au nord, il est relié à la mer par un étroit goulet. Ce site d'intérêt écologique exceptionnel est le refuge de plus de 200 espèces d'oiseaux aquatiques. Un site d'observation permet d'apercevoir la silhouette colorée d'un martin-pêcheur, le vol du busard des roseaux et les différents oiseaux migrateurs qui passent par l'étang comme le flamant rose. L'observatoire est situé sur le cordon lagunaire au lieu-dit Tombulu Biancu. Vous accéderez librement à la réserve en stationnant sur le parking situé en face de la plage de la Marana. Vous pouvez parcourir le sentier de découverte de 1,5 km, seul, ou accompagné d'un animateur de la réserve qui vous fera découvrir toutes les richesses de cette zone humide à l'équilibre très fragile et visiter le nouvel écomusée du Fortin.

Lucciana

Mariana, cité romaine, fut fondée en 93 avant notre ère par Caius-Marius, pour assurer l'implantation romaine en Corse. L'essor de la cité fut total du Ier au IVe siècle où Mariana semble avoir atteint son apogée. Puis, c'est avec la christianisation de l'île que vint le partage entre les républiques de Pise et de Gêne. Sous l'occupation pisane, la cathédrale Canonica, dédiée à Santa-Maria-Assunta, fut édifiée près de l'emplacement de Mariana. A 300 m de la Canonica, l'église romane San-Parteo (du nom du premier évêque de Mariana) fut édifiée aux XIe et XIIe siècles. Mariana, Canonica et San-Parteo seront classées aux Monuments Historique en 1866 par Prosper Mérimée. Au cœur du village de Lucciana, on pourra également visiter la très belle église Saint-Michel. Bâtie en 1617, elle abrite un décor intérieur très élaboré qui la place au rang des plus beaux édifices baroques.

■ **OFFICE DE TOURISME DE LUCCIANA-MARIANA**
RN 193
Rond-Point de Crucetta
✆ 04 95 38 43 40
www.lucciana-mariana.com
otlm@orange.fr
Basse saison : ouvert du lundi au vendredi de 9h à 12h et de 14h à 18h. Haute saison : du lundi au samedi de 9h à 12h et de 14h à 18h. Ouvert le dimanche (de 9h à 13h).

■ **LE LIDO****
Aria Marina
Route de la Marana
✆ 04 95 33 52 19
www.lelidohotel.com
contact@lelidohotel.com
Fermé d'octobre à mars. Accueil jusqu'à 20h. 12 chambres. Chambre simple 58 € ; chambre triple €. Petit déjeuner : 8,50 €. Parking fermé inclus. Chambre familiale 5 couchages à partir 128 €. Chèques non acceptés. American Express. Animaux acceptés (sur demande). Réceptions et mariages. Wifi gratuit. Restauration (formule 20 € et menu 25 €, menu enfant 15 €, carte 25 €, de mai à septembre).
Dixième saison pour ce petit Lido, à 20 km de Bastia, tout au bout de la marina qui a su améliorer progressivement ses prestations. La situation est agréable à 400 mètres de la grande plage face à l'île d'Elbe, les chambres confortables et le calme olympien. La table est fréquentée par les locaux et l'on pourra y profiter des formules repas de qualité avec son chef italien Enzo. Accueil naturellement sympathique de Pascale et Henri en prime.

■ **AÉROCLUB BASTIA – SAINT-EXUPÉRY**
Zone aviation générale
Poretta
✆ 04 95 36 24 85
Voir page 50.

LE CAP CORSE

C'est le « doigt de la Corse » pointé vers le nord. Long de 72 km et large de 14 km, le Cap est comme empreint de mystère. Peut-être est-ce la couleur de ses pierres au bleu profond, l'étendue de ses paysages arides où se perchent des villages, des chapelles, des couvents séculaires égrenés ici et là qui surprennent au détour d'une route. La réponse appartient à chacun, car le Cap ne laisse personne indifférent. Si les marines du Sud de la Corse affichent des structures classiques, celles du Cap plongent leurs vieilles pierres dans la mer comme Centuri petit port de pêche ou Erbalunga construit autour de sa tour génoise. En suivant la route principale et en arrivant à la pointe, il est difficile de rester insensible à la majesté des éoliennes érigées le long de la crête. Fières et droites, ces immenses structures métalliques blanches brassent l'air de leurs palles comme pour rythmer un voyage intemporel. Mais la véritable richesse du Cap, il faut la chercher dans ses vallées qui s'ordonnent, du nord au sud, perpendiculairement à l'épine dorsale centrale qui culmine à 1 322 m (Cima di e Follicie). Ces vallées, au nombre de 18, offrent depuis 2008, une variété de promenades thématiques qui permettent la découverte de cette « île dans l'île » qu'est le Cap Corse. Des panneaux de départ avec le parcours sur carte et un balisage jaune systématique, permettent de s'y retrouver.

VILLE-DI-PIETRABUGNO

Au début du Cap, Ville-de-Pietrabugno se compose des hameaux de Guaitella, Alzetto et Case Vechje. Ce sont des hameaux anciens, fondés aux alentours du XVe siècle, qui ont gardé une certaine authenticité. Ils offrent une belle vue sur la mer. Au port de Toga, on peut voir les ruines d'une tour génoise. C'est à cet endroit qu'on a retrouvé les premiers squelettes de lagomys, rongeur endémique à la Corse, éteint aujourd'hui. On peut visiter l'église paroissiale Santa-Lucia, d'architecture baroque, ainsi que les chapelles situées dans les hameaux. A Guaitella, vers le mont San-Colombano, on peut encore voir les ruines de l'ancienne église du même nom.

■ **COMMUNAUTE DE COMMUNES DU CAP CORSE**
Maison du Cap
Route du Cap – D80
Port Toga ✆ 04 95 31 02 32
www.destination-cap-corse.com
cc.capcorse@wanadoo.fr
Ouvert du lundi au vendredi de 9h à 12h et de 14h à 18h. Jusqu'à 17h le vendredi.

■ **PORT DE PLAISANCE DE TOGA**
✆ 04 95 34 90 70 – port.toga@orange.fr
Basse saison : ouvert tous les jours de 8h à 12h et de 14h à 18h. Haute saison : tous les jours et les jours fériés de 8h à 22h.

Le port dispose de 357 postes d'amarrage dont 60 places pour les bateaux de passage (longueur maximale 25/30 mètres). Tirant d'eau : jetées extérieures 8 mètres, avant-port 5 mètres, bassins 3,9 mètres, 3,6 mètres et 2,2 mètres au fond du bassin. Eau douce à quai. Électricité. 2 sanitaires (13 WC et 14 douches, chaude et froide). Point phone. Vente glace. Laverie automatique. 2 Ships. Aire de carénage 04 95 34 14 14. Cale de halage. Carburant.

Le gîte

■ **PORT TOGA***** NOUVEAU
D80A
Rond-point de Toga
✆ 04 95 34 91 00
www.hotel-port-toga.com
contact@hotel-port-toga.com
A 200 mètres du port de commerce
Fermé du 30 décembre au 17 janvier. Accueil 24h/24. 40 chambres. Chambre double à partir de 65 € ; suite jusqu'à 293 €. Petit déjeuner buffet ou en chambre : 11,50 €. Garage : 9 €. Chèques non acceptés. American Express, Chèque Vacances. 2 PMR. Wifi gratuit. Tv satellite, Canal +. Bain bouillonnant.

SAN-MARTINO-DI-LOTA ★

Dans un paysage grandiose embrassant mer et forêt, le village s'éparpille sur une crête au milieu des terrasses cultivées. La belle église paroissiale San-Martinu date du XVIIe. La pittoresque route D 80 traverse, du nord au sud, les marines de Licciola, Grisgioni et de Petra Negra, le bourg le plus peuplé de la commune. Ces hameaux essentiellement résidentiels présentent chacun quelques maisons anciennes, une ancienne tour génoise en ruines et une plage de galets. Leur habitat moderne en expansion en fait des banlieues éloignées de Bastia.

Tour génoise à Miomo, Cap Corse

■ **CYRNEA****
D80
Route du Cap-Corse
Pietranera
✆ 04 95 31 41 71
www.hotelcyrnea.monsite.wanadoo.fr
hotelcyrnea@wanadoo.fr

Qualité Tourisme. Fermé de novembre à mars. Accueil jusqu'à 0h. 19 chambres. Chambre simple à partir de 50 € ; chambre double jusqu'à 78 €. Petit déjeuner : 6 €. Garage inclus (auto et moto). Chèque Vacances. Séminaires. Poste Internet. Wifi gratuit.

A 2 km du port de Bastia, en direction du Cap Corse et à 25 km de l'aéroport, un hôtel régulièrement rénové avec ses chambres confortables et climatisées avec douche, WC, TV, et balcon pour les chambres avec vue sur mer. Un jardin ombragé vous mène sur une petite plage de galets située en contrebas. Une adresse pratique, à petits prix, pour le séjour ou le détour, dirigé par Valérie et Joseph Raugi qui n'est jamais avare de son temps pour soigner sa clientèle. En bonus, le grand écran au bar avec Canal + en prime.

■ **CHÂTEAU CAGNINACCI**
Hameau de Mola
✆ 06 78 29 03 94
www.chateaucagninacci.com
info@chateaucagninacci.com

Fermé du 1er octobre au 15 mai. 4 chambres. Chambre double de 119 € à 154 €. Petit déjeuner inclus. CB non acceptée.

Dans un ancien couvent de capucins du XVIIe siècle transformé en château de style toscan, maintenant inscrit à l'inventaire supplémentaire des monuments historiques, la famille Cagninacci vous propose ses chambres d'hôte de charme meublées en style ancien, éclairées par une magnifique fenêtre à colonne.

SANTA-MARIA-DI-LOTA ET LA MARINE DE MIOMO ★

Les quatre hameaux du village, sur une crête, dominent la marine de Miomo et sa plage de galets, protégée par une très belle tour génoise du XVIe encore en bon état. Le long des hameaux, surtout à Figarella, on peut voir plusieurs maisons d'Américains, et un château construit au XIXe siècle.

■ **CHEZ ELISE ET GILLES MEDORI**
Figarella
✆ 04 95 33 25 65
✆ 06 13 04 31 82
www.medori.net
medori@mic.fr

Clévacances (2 clés). Ouvert toute l'année. Accueil jusqu'à 21h. 3 chambres (et 3 appartements 2/4 personnes). Chambre double de 45 € à 60 € ; studio / appartement de 350 € à 600 € la semaine. Petit déjeuner inclus. Parking ouvert inclus (auto et moto). Salle de bains et sanitaires partagés. Pour 2 chambres. CB non acceptée. Chèque Vacances. Animaux acceptés. Wifi gratuit.

Une vieille demeure du XVIIe siècle, bien cachée en haut du hameau pour profiter d'une vue superbe sur le paysage typique capcorsin. À 15 minutes du port de Bastia, on sera seul au monde dans cette maison de famille agréablement transformée pour accueillir les amoureux de tranquillité. Des tarifs tout doux, des petits déjeuners sur la terrasse sous le regard de San Martinu, un accueil délicieux pour savourer pleinement l'instant présent.

REPÉREZ LES MEILLEURES VISITES

★ INTÉRESSANT ★★ REMARQUABLE ★★★ IMMANQUABLE ★★★★ INOUBLIABLE

BRANDO ET LA MARINE D'ERBALUNGA ★★★

La commune de Brando regroupe les hameaux d'Erbalunga, Lavasina, Poretto, Pozzo, Silgaggia, Castello et Mausoléo. Erbalunga, marine de la commune, est devenue une halte privilégiée et reconnue pour de nombreux chanteurs et musiciens lors des festivals dans un bel amphithéâtre en plein air. Ne pas s'en aller sans avoir photographié la tour génoise construite au début du XVIe siècle, époque d'invasions, et devenue aujourd'hui l'emblème de la station balnéaire, première marine à avoir été habitée au XVIe siècle. A voir aussi, le couvent des Bénédictines du XIXe siècle, l'église Saint-Erasme qui protège les marins et les pêcheurs et la chapelle Notre-Dame-des-Neiges au lieu-dit Parocchia.

Points d'intérêt

■ CIRCUIT U CASTELLU ★
Castellu
ERBALUNGA
Distance 2,8 km, durée 1h40. Balisage jaune. Altitude maximale 300 m, minimale 140 m. De Bastia, prendre la D80, puis avant Erbalunga, la D54 sur 3 km (Mausoleu) suivre la direction Castellu.
Un circuit au départ du hameau de Castello permet de découvrir la maison des seigneurs de Gentile dominée par les ruines imposantes d'un château fort médiéval datant du XVIIIe siècle. La chapelle romane (fin du IXe siècle) de Notre-Dame-des-Neiges et le village ruiné de Grotta et de Serboghju font aussi partie de la balade. Les amateurs adoreront le côté rustique des hameaux avec leurs toits en lauzes, des banquettes en pierre bleue du pays et de grands murs en pierres sèches.

Le couvert

IND'E NOI
Pian di Fora
ERBALUNGA
✆ 06 24 30 52 99
restaurant.indenoi@gmail.com
Fermé du 7 décembre au 7 février. Ouvert tous les jours et les jours fériés le midi et le soir (dernier service à 22h30). Fermé le mercredi soir et jeudi hors saison. Réservation recommandée. Carte : 35 € environ. (carte à l'ardoise). Vin au verre. CB non acceptée. Chaises bébé. Terrasse.
Pas une ride pour la charmante Corinne qui ne se lasse toujours pas de son adorable Ind'Noi (chez nous en langue corse). Aux fourneaux, l'inamovible Jean-Pierre Motroni, cuisinier et musicien nous propose sa cuisine élégante dans le bon style familial et l'on découvre à l'ardoise, par exemple, une salade de Saint-Pierre, un tajine de poulet comme là-bas, des lasagnes au poisson originales et savoureuses et s'il vous reste de l'appétit, le Pastizzu aux agrumes. Pour ne rien gâcher, l'ambiance est toujours au rendez-vous, avec le service de Pierre-Ba. Belle terrasse toute neuve pour plus de confort et d'élégance. C'est le rendez-vous préféré des artistes locaux et continentaux.

■ LE PIRATE
Place Marc-Bardon
ERBALUNGA
✆ 04 95 33 24 20
www.restaurantlepirate.com
jeanpierrericci@aol.com
Fermé de novembre au 15 mars. Basse saison : ouvert du mercredi au dimanche et les jours fériés le midi et le soir. Haute saison : tous les jours et les jours fériés le midi et le soir. Réservation impérative. Menus de 75 € à 90 €. Carte : 90 € environ. Menu enfant : 25 €. Formule du midi : 42 €. Vin au verre. American Express. Chaises bébé. Terrasse.
La plus belle table des environ, créée par Jean-Pierre Ricci et Nathalie Esposito. La cuisine est toujours pilotée par le chef Jerry Momnessin, présent depuis 2004 et la notoriété est largement justifiée. Aucune faute de goût, de l'arrivée sur le site de cet adorable petit port de pêche au service impeccable dans un cadre très soigné. La carte n'est nullement figée et s'étoffe au gré du marché et des saisons pour proposer des saveurs originales en totale osmose avec le cadre. Sans tomber dans les excès des additions astronomiques de certains, les menus sont d'un bel équilibre que ce soit en formule découverte ou plaisir. On choisira sans soucis l'une des 400 références des vins locaux et continentaux sous les conseils éclairés du sommelier de la maison. Magnifique terrasse au-dessus de l'eau pour des couchers de soleil romantiques.

Le gîte

CASTEL BRANDO********
D80
Route du Cap
ERBALUNGA
✆ 04 95 30 10 30
www.castelbrando.com
info@castelbrando.com
A 9 km du port de commerce et 25 km de l'aeroport.
Qualité Tourisme. Châteaux & Hôtels Collection. Fermé du 31 octobre au 24 Mars. Accueil jusqu'à 23h. 44 chambres. Chambre double de 75 € à 230 € ; suite de 140 € à 270 €. Petit déjeuner buffet : 15 €. Lit supplémentaire : 40 € (20 € moins de 12 ans). Parking fermé inclus (auto et moto). Espace bien-être avec soins corps et visage. Lit hydro-massant. Salle de sport. Location de vélos et kayak de mer. Garde d'enfants. Animaux acceptés (gratuit). Séminaires. Poste Internet. Wifi gratuit. Restauration (petite restauration piscine de juin à mi septembre). Vente (produits du terroir). Tv satellite. Hammam, bain bouillonnant.

U Castellu.

Au début du Cap Corse, dans cette belle marina d'Erbalunga, voici un lieu de séjour idéal à moins de 10 km de Bastia. Dans un écrin de verdure, tout proche du petit port de pêche, cette maison de maître de 1853, une ancienne demeure d'un planteur de canne à sucre, expatrié capcorsin, désormais dirigée par la famille Pieri, nous offre une décoration raffinée et des chambres et suites de haut niveau. Deux iscines dont une chauffée, bain bouillonnant, hammam, espace beauté et massage, wifi, jardin agréablement arboré et un parking sécurisé complétant l'équipement. L'accueil est toujours charmant et jamais guindé et l'on s'attache à faire partager aux hôtes un art de vivre, une authenticité sincère. L'un des plus beaux hôtels de charme de Corse, qui se patine agréablement avec le temps. L'arrivée de la nouvelle génération, représentée par Julien, le fils, apporte un vent de fraîcheur et de nouveautés pour le plus grand plaisir des hôtes.

Chambres d'hôtes

■ VILLA ELISABETH

D54
Route de Mausoleo
ERBALUNGA
✆ 06 20 26 81 80
www.erbalunga.eu
villaelisabeth@hotmail.fr
A 1,7 km d'Erbalunga et 9 Km de Bastia.

Gîtes de France (3 épis). Fermé de novembre à mars. Accueil jusqu'à 19h. 3 chambres. Chambre double de 110 € à 150 €. Petit déjeuner inclus. Lit supplémentaire : 25 €. Parking fermé inclus. CB non acceptée. Wifi gratuit. Pas de tv.

Une situation de choix tout en haut du village avec une magnifique vue panoramique tel un nid d'aigle dominant la mer thyrénnene et l'archipel Toscan. Trois belles chambres confortables vue jardin ou vue mer avec en prime, un jardin et sa piscine, une décoration de très bon goût, un accueil irréprochable et un petit-déjeuner copieux.

Loisirs

■ LE MONTE STELLO

ERBALUNGA

Durée : 5h AR. Balisage orange. Difficultés : Pour marcheurs expérimentés.

Le Monte Stello, avec ses 1 307 mètres, est le plus haut sommet du Cap Corse. Départ depuis Pozzo (accès par la D 54 depuis Lavasina ou Erbalunga). Mettre le cap vers l'ouest jusqu'à Bocca Santa Maria (environ 2h) puis direction le nord pour atteindre le sommet du Monte Stello (compter environ 40 minutes). Vue imprenable sur le Cap Corse. Variante : depuis le sommet redescendre de l'autre côté du Cap jusqu'à Nonza en passant par Piazza et le col de Negru (prévoir un véhicule en poste à Nonza pour le retour)

■ U CAVALLU DI BRANDO

Véronique Nicoli
Les Glaçières de Brando
ERBALUNGA
✆ 06 13 89 56 05
www.cavalludibrando.com
cavalludibrando@hotmail.fr

Ouvert toute l'année. Balade 1H : 20 €, demi-journée : 45 €. Journée : 75 €. CB non acceptée.

Tous ces programmes à cheval sont organisés par des passionnés des chevaux et de leur région qui vous feront découvrir de fantastiques paysages ainsi que la culture du pays, l'histoire de son peuple, sa faune et sa flore et tout ce qui fait que cette région est à leurs yeux la plus belle ! Pour l'été, le club se déplace sur la commune de Pietracorbara pour vous faire profiter des parcours ombragés...

SISCO ★★

A Sisco, une marine agréable, mais surtout ses dix-sept hameaux à visiter, à quelques kilomètres en montant : Moline, Balba, Teghie, Barrigioni ; tout cela compose la vallée de Sisco verdoyante et fleurie, jusqu'en altitude. L'embouchure de la rivière a été sommairement équipée pour abriter quelques petits bateaux. L'été, la commune s'anime de vacanciers bastiais ou de touristes, qui profitent d'un site privilégié pour la plongée, l'équitation et le canoë-kayak. A la Marine de Sisco, deux possibilités : piquer une tête dans l'eau ou bien visiter l'église Sainte-Catherine du XIIIe siècle, mais il n'est pas interdit de faire les deux. A voir également, dans l'église paroissiale Saint-Martin, un reliquaire en cuivre du XIIIe siècle dédié à saint Jean Chrysostome et ses coffres en ivoire de la même époque.

Points d'intérêt

■ **LE CIRCUIT DES AMERICAINS** ★★★
Hameau de Moline
Distance 5,5 km ; durée 2h30.
Au départ de Moline on peut aussi suivre le circuit intitulé « Les prés, les bois et les pierres » qui vous conduira à la rencontre des maisons d'Américains et notamment la Villa Saint-Pierre (Il faut savoir que les Cap Corsins ont fortement émigré en Amérique au siècle dernier, peuplant notamment Porto Rico où demeurent de très nombreux descendants. A leur retour des Amériques ces Cap Corsins aventureux ont fait construire, dans leur village, d'imposantes maisons pour afficher leur réussite sociale). Vous poursuivrez jusqu'au couvent de Sant'Antone et découvrirez l'authentique hameau de Teghje qui tire son nom des lauzes qui recouvrent les toits. En allant plus haut dans la vallée, on grimpera, de hameau en hameau jusqu'à Barriggione puis, plus haut encore, vers le nord, près d'une carrière de pierres, pour découvrir la chapelle romane Saint-Michel, datée du XIe siècle qui domine la vallée sur son plateau de schiste gris. Le lieu est particulièrement beau.

Le gîte

■ **U POZZU****
D80
Marine
✆ 04 95 35 21 17
www.u-pozzu.com
info@u-pozzu.com
a 14 km de Bastia

Ouvert toute l'année. Accueil jusqu'à 0h. 16 chambres. Chambre simple à partir de 50 € ; chambre triple jusqu'à 102 €. Demi-pension : 55 € (par personne en basse saison). Petit déjeuner buffet : 7,50 €. Lit supplémentaire : 22 €. Parking fermé inclus (auto et motos). American Express, Chèque Vacances. Garde d'enfants. Animaux acceptés. Séminaires. Réceptions et mariages. Wifi gratuit. Restauration (menus de 20 € à 25 €, carte : 28 €. menu enfant 9 €). Tv satellite.
Un établissement tranquille et coquet près de la mer où Caroline Tozza-Nunzi se montre la digne héritière de ses parents. Elle est égale à elle-même dans son savoir recevoir. Les chambres offrent tout le confort : TV, climatisation, téléphone, avec en prime une décoration agréable. Le chef Gilbert Tabarani nous offre une cuisine de qualité faite de plats succulents : agneau rôti, cannelloni, stiacci et son pastizzu grand-mère, par exemple. Une étape traditionnelle qui offre de bonnes prestations aussi bien en hébergement qu'en restauration. Petit parking sécurisé pour les motos, bonne table et bon accueil de toute la famille en prime.

Loisirs

■ **DOLLFIN**
Marine de Sisco
✆ 04 95 58 26 16
✆ 06 07 08 95 92
www.dollfin-plongee.com
contact@dollfin-plongee.com
A 15 km de Bastia.

Fermé de décembre à avril. Haute saison : ouvert tous les jours et les jours fériés de 7h30 à 19h30. Chèque Vacances. Baptême 60 €, exploration 39 €, formation SSI à partir 78 €.
A 20 minutes de Bastia en direction du cap Corse, face à la mer et « les pieds dans l'eau », le centre Dollfin borde la plage de la Marine de Sisco. Il regroupe dans un même espace l'ensemble des installations. Ici, tout est conçu et organisé pour le confort des plongeurs. Plongées d'exploration encadrées ou autonomes sur des sites naturels riches, variés, d'accès rapide. Randonnée palmée, kayak de mer, initiation environnement marin.

Emplettes

■ **LA SAFRANIÈRE DU CAP CORSE**
Lieu-dit Casanova
✆ 06 01 20 39 69
www.la-safraniere-du-cap.com
info@la-safraniere-du-cap.com
Visite possible de fin octobre à mi-novembre.
Le safran est récolté tous les ans à l'automne. Seuls les stigmates de la fleur, chargés de composés aromatiques et colorants, sont ramassés. 200 fleurs environ seront nécessaires pour extraire 1 gramme de pistils secs. Un safran de qualité se présente sous forme de stigmates entiers rouge sombre, évasés à leurs extrémités. Vente directe à la boutique A Casetta, hameau de Bariggioni, à Sisco.

PIETRACORBARA ET SA VALLÉE ★★

La Marine de Pietracorbara retient les amateurs de baignades avec la belle plage de sable fin d'Ampuglia. Halte conseillée au Ponticello pour un coup d'œil sur l'ensemble église Saint-Clément (édifice baroque doté de six chapelles latérales), confrérie Sainte-Croix et presbytère avec son clocher-mur très rare. Passer par l'Ornetu pour admirer la grande tour génoise carrée du XVe siècle, au cœur du hameau, ainsi que l'ancienne caserne des « Voltigeurs » ; la gendarmerie corse qui luttait contre les bandits au XIXe siècle. En grimpant jusqu'à Cortina, on découvrira la chapelle romane du XIe siècle dédiée à saint Césaire. Pour compléter le tour du village, ne pas manquer la découverte du vieux village de Lapedina, et sa chapelle Saint-Pancrace qui domine la vallée.

■ POINT INFOS PIETRACORBARA
Marine de Pietracorbara
✆ 04 95 35 20 59
www.pietracorbara.net
point.infos.pietracorbara@gmail.com
Ouvert de mi-juin à mi-septembre.

Points d'intérêt

Les amoureux des sports verts trouveront à leurs pieds trois sentiers de découverte qui s'inscrivent dans la « route de l'eau ». Le chemin de la plage aux hameaux (balisage rectangle rouge 3h A-R), la balade des ponts et des fontaines (balisage rectangle bleu 2h30 A-R) et le sentier des sources et rochers remarquables en haute vallée (rectangle jaune 2h45 A-R).Ces trois sentiers permettent la découverte en famille des trésors de cette vallée qui mérite plus qu'un détour. Pour mieux connaître le village dispersé en huit hameaux, empruntez la D 232. On découvre également sur la rivière, trois ponts génois bâtis, avec un pozzu (trou d'eau) au hameau de Selmacce. Pietracorbara est également renommée pour ses fontaines et ses fours à pain (fête annuelle au début d'août) admirablement restaurés.

■ LE CHEMIN DE LUMIÈRE ★
Hameau de l'Orneto
✆ 06 14 30 30 66
www.chemindelumiere-capcorse.net
chemindelumiere.capcorse@gmail.com
Fermé d'octobre à mai. Parcours accompagné et commenté 25 €, 15 € pour les 6-15 ans, gratuit pour les moins de 6 ans. Sur réservation. CB non acceptée.

Le Chemin de Lumière permet de suivre, dans la même journée, la course du soleil depuis sa naissance sur l'horizon toscan jusqu'à son coucher, dans la mer Ligure. Le sentier, long de 12 km, part de Pietracorbara, sur la côte Est, passe par la montagne (dénivelé de 600 m) et atteint le village de Barrettali sur la côte Ouest. Pour ceux qui le souhaitent le parcours pédestre est précédé, la veille, par la visite commentée de cinq chapelles (romane et baroques) de Pietracorbara. Même possibilité à l'arrivée à Barrettali avec la visite de cinq chapelles exceptionnellement ouvertes pour les randonneurs qui font le Chemin.

Le gîte

■ LA PIETRA***
RD232
Marine de Pietracorbara
✆ 04 95 35 27 49
www.la-pietra.com
lapietra@wanadoo.fr
A 500 m de la plage.

Fermé du 5 novembre au 15 mars. Accueil jusqu'à 21h (minuit en été). Gardé 24h/24. Terrain de 8 ha. 150 emplacements. Exposition : ombragé / mi-ombragé / ensoleillé. Sol : herbeux. Relief : plat. Emplacement de 2,32 € à 4,70 €. Véhicule de 1,61 € à 5,70 €. 2 personnes de 5,40 € à 9,95 €. 6 chalets pour 2 à 8 personnes. American Express, Chèque Vacances. Jeux pour enfants. Salle de bains pour bébés. Animaux acceptés (2,10 a 2,50 €). Aire pour camping-cars. Wifi gratuit. Restauration (de mi mai a mi octobre, carte 24 €). Bain bouillonnant. Animations.

Un grand camping situé à six cents mètres de la plage. Bien ombragé, avec de grands emplacements isolés par des haies. Tout ce qu'il faut sur place, pour manger ou s'amuser : tennis, billard, ping-pong, grande piscine et un restaurant pizzeria sur place. Nombreuses activités aux alentours : équitation, club de plongée, randonnée en quad, promenades en mer... Membre du groupement Corsica Campings et affiliation ACSI.

Les palais des Corses d'Amérique

Elles étonnent dans le paysage, ces grandes bâtisses rectangulaires, construites au XIXe siècle et début du XXe siècle. Généralement coiffées d'un toit à quatre pentes en lauzes, elles sont placées sur une hauteur ou dans un endroit privilégié, souvent entourées d'un jardin arboré. Ces palais sont d'abord des monuments qui célèbrent la réussite sociale. Leurs premiers propriétaires sont des Capcorsins audacieux partis faire fortune aux Amériques ou ailleurs et revenus construire, chez eux, maison et tombeau.

Histoire et patrimoine

Au Moyen Age, Cagnano était un fief indépendant, appartenant à la famille Delle Suere, avant d'être conquis par les Da Mare de San Colombano au XIIIe siècle. Le territoire tirait essentiellement sa richesse de la vigne jusqu'au XIXe siècle. Aujourd'hui, Cagnano se compose de six hameaux intérieurs et d'une marine, et est le troisième port de pêche du Cap. On dit également que c'est une des villes où serait né Christophe Colomb. La marine de Porticciolo, de fondation plutôt ancienne, a gardé son caractère authentique. Sa tour génoise de Campitello se situe en bord de mer, et celle de Losso sur une hauteur. Autrefois nommée la Torre dell'Aquila (tour de l'Aigle), elle doit son nom à la découverte de squelettes dans ses fondations. A Ortalle, centre du village, on peut visiter l'église San-Fruttuoso, aux orgues baroques récemment restaurés. Le hameau de Carbonnacce retrace en quelque sorte l'histoire de Cagnano, puisque c'est à cet endroit que s'élevait le château des Delle Suere jusqu'au XIVe siècle, avant d'être remplacé par un couvent, aujourd'hui en ruine. Son église baroque Santa-Maria Assunta est classée aux Monuments historiques. Le hameau est également un point de départ de randonnées vers les sommets voisins et le col de Serra, qui offre un beau panorama sur le Cap.

CAGNANO ET LA MARINE DE PORTICCIOLO ★★★

Village aux multiples facettes, Cagnano, c'est d'abord sa marine, Porticciolo, – le petit port – et sa pêche traditionnelle. C'est dans ce petit port, qu'un chantier naval armait des navires pour l'Amérique. On trouve, dans ce hameau marin, plusieurs hôtels et restaurants. L'ambiance y est familiale et authentique. Ici, on se sent Cap-Corsin. La plage de Cagnano, à l'embouchure du Misincu, est un rendez-vous apprécié des baigneurs. Les algues, feuilles de posidonie, autrefois envahissantes, sont désormais régulièrement enlevées. Le village, situé en hauteur, est composé de huit hameaux dont un hameau nommé Adamo, très photographié dans les années soixante. Une route en corniche, à partir du haut de la vallée de Cagnano permet d'atteindre Luri. Elle offre de très beaux points de vue. Entre Pietracorbara et Porticciolo par la route du bord de mer, voir la tour génoise de Losse et sa petite plage, dans un environnement encore sauvage et protégé.

Le couvert

■ U PATRIARCU
D80
PORTICCIOLO
✆ 04 95 35 00 01
www.u-patriarcu.com
upatriarcu@orange.fr
À 18 km de Bastia

Ouvert toute l'année. Tous les jours et les jours fériés le midi et le soir. Réservation recommandée. Menus de 20 € à 38 €. Carte : 39 € environ. Menu enfant : 12 €. Vin au verre. 12 chambres. Chambre double à partir de 50 € ; chambre triple jusqu'à 113 €. Demi-pension : 53,50 € (par personne en basse saison). Petit déjeuner buffet : 8 €. Lit supplémentaire : 10 €. American Express, Chèque Vacances, Chèque Restaurant. Chaises bébé. Jardin. Terrasse.

Située juste au-dessus du port de Porticciolo, cette ancienne maison de famille propose, dans un environnement tranquille, un hébergement pratique. On y trouve un choix de chambres pour toutes les bourses, avec l'hospitalité de la famille Mattei en prime. Un restaurant complète l'équipement, avec sa terrasse ombragée, face à la grande bleue. La carte propose de la cuisine traditionnelle mais également quelques jolies spécialités de Jean-Paul et Claude : une friture de fruits de mer, un chèvre chaud au miel et agrumes, le cabri grillé au romarin, les rougets du Cap en persillade, une tarte au citron meringuée maison, le tout à base de produits frais.

Le gîte

■ MAISON BELLA VISTA
Porticciolo
Chez Catoni Catherine
✆ 04 95 35 38 46
✆ 06 10 74 95 42
maisonbellavista.online.fr
maisonbellavista@yahoo.fr
❄

Fermé de novembre à mars. Accueil jusqu'à 20h. 5 chambres. Chambre double de 52 € à 62 €. Petit déjeuner inclus. CB non acceptée. Chèque Vacances. Animaux acceptés. Wifi gratuit. Restauration (diner sur réservation 24 €). Pas de tv.

■ **MAISON SIMONPIETRI**
Chez Luciana Masinari
Suare
✆ 04 95 35 03 20 / 06 75 34 94 94
www.lucianamasinari.it
info@lucianamasinari.it

Fermé d'octobre au 15 mai. Accueil jusqu'à 19h. 5 chambres. Chambre double à partir de 59 € ; chambre triple jusqu'à 85 €. Petit déjeuner inclus. CB non acceptée. Wifi gratuit. Restauration (table d'hôte 21 € sur réservation). Pas de tv.

La maison Simonpietri est particulièrement accueillante et son charme ne vous laissera pas indifférent : construite en 1750, elle a vu naître Giovanni Simonpietri di Suare, navigateur corse sous le règne anglo-corse. Sa famille occupa les lieux durant plus de deux siècles. Les chambres, toutes différentes les unes des autres et le salon, lieu de détente et de convivialité, offre une vue imprenable sur la mer et la montagne. Depuis la terrasse qui surplombe les toits de lauses des villages, la vue plonge sur toute la vallée jusqu'à l'île d'Elbe, et par beau temps, les côtes italiennes. Le petit déjeuner est servi dans le salon et vous permettra de déguster délicieuses confitures faites maison ainsi que des spécialités locales.

Loisirs

■ **LA BALADE DES MOULINS**
Ortale

Distance 2 km. Durée 1h10. Balisage jaune. Altitude minimale 66 m, maximale 215 m.

La balade des Moulins, au départ d'Ortale permet de découvrir un pont génois, trois moulins dont un toujours en activité – u mulinu savina – qui produit, avec son double mécanisme, de la farine de maïs, de blé et de châtaignes ainsi que de l'huile d'olive. Dany Scartabelli, le meunier, passionné par son art, aime le faire partager. Depuis l'aire de stationnement, devant la mairie, à Ortale, descendre vers le hameau de Piazze. Peu avant d'arriver au hameau, prendre à droite un sentier sinueux jusqu'au four. Au niveau du four pénétrer dans le hameau et descendre la rue principale jusqu'au bas du village. A la sortie basse du village, dans le lacet de la D 132, prendre le sentier qui descend vers le ruisseau de Guadone. Au niveau du pont génois et du premier moulin (le plus pittoresque) le sentier rejoint un chemin assez large qui longe le ruisseau. Revenir par le même chemin, en remontant du pont génois jusqu'aux hameaux de Piazze et d'Ortale.

LURI ET LA MARINE DE SANTA-SEVERA ★★

Santa-Severa, joli hameau côtier est la plage et le port de Luri, situé plus haut dans la vallée. Toujours animé, il montre une ambiance de vacances conviviale et familiale. On y trouve un petit port de plaisance, une petite plage de sable et galets, un club de plongée, quelques restaurants, une station essence et des balades en Quad.

Les amateurs de fraîcheur profiteront d'un joli coin de baignade à Pozzu a l'Onda, sous le village de Castello.

A visiter à Luri : l'église Saint-Pierre de Piazza (XVIIe siècle) avec son retable sur bois (XVe), ses fresques, son autel baroque en marbre polychrome et sa chapelle de Confrérie, constitue un ensemble de grande qualité historique qu'il sera possible de découvrir à partir de bornes audio en quatre langues.

Le sentier du Patrimoine, unique dans le Cap, relie les hameaux de Piana à Spergame puis à la tour de Sénèque.

Points d'intérêt

■ **LES JARDINS TRADITIONNELS DU CAP CORSE** ★
Cepitta
✆ 04 95 35 05 07
www.destination-cap-corse.com
association.capvert@wanadoo.fr

Fermé du 1er novembre au 30 avril. Ouvert du lundi au samedi de 9h à 18h. De mi-avril à octobre. Gratuit jusqu'à 10 ans. Adulte : 5 €. Enfant (de 10 à 18 ans) : 2,50 €. Visite guidée (sur réservation. Tarif 8 €).

Pas moins de 70 espèces potagères et une centaine de fruitières croiseront votre route au cours d'un circuit de visite. Immergé dans la verdure, vous traverserez différents espaces de plantations, potagers, vergers... Vous cheminerez ensuite à travers un charmant espace boisé constitué d'essences caractéristiques du maquis méditerranéen – pins maritimes, frênes, châtaigniers, bruyère, arbousiers, lauriers-tins et lentisques – où la dernière étape vous attend : un moment de détente et la boutique des saveurs du Cap Corse !

■ **MUSEE DU VIN**
Casa Cumuna
Place de l'Eglise
✆ 04 95 35 06 44

Fermé d'octobre à mai. Ouvert du lundi au samedi de 10h à 12h et de 16h à 19h. Gratuit jusqu'à 14 ans. Adulte : 3 €. CB non acceptée. Visite guidée (pour les groupes).

Le passé viticole du Cap Corse est considérable, comme en témoignent les ordonnances génoises du XVIIe siècle se réservant tout le vin produit dans le Cap et le nombre de maisons de famille comprenant une cave équipée de pressoir à arbre. Depuis son introduction par les Grecs en 565 avant. J.-C., la viticulture corse a connu une histoire mouvementée, jusqu'à la fin du XXe siècle où elle a résolument pris la direction de la qualité. La Corse compte aujourd'hui 9 AOC dont deux sur le Cap Corse : muscat du Cap Corse et Corse-côteaux du Cap Corse. A Mimoria di u Vinu vous invite à suivre pas à pas le travail de la vigne au vin d'un vigneron d'autrefois à travers une collection d'objets et un texte issu d'entretiens avec des « anciens ». La foire du vin a lieu début juillet.

■ LA TOUR DE SÉNÈQUE ★★

La tour de Sénèque, qui domine la vallée, est comme un phare posé sur une mer de maquis. Au col de Sainte-Lucie (la route a été taillée dans la roche), on embrasse du regard le nord du Cap, avec la mer des deux côtés. Cette tour dite de Sénèque date du XIIe siècle. Elle n'est évidemment pas celle qui abrita l'auteur du «Bonheur et de La Clémence», deux bienfaits qui lui échappèrent, semble-t-il, un peu en Corse, puisqu'il goûta moyennement son séjour.

Le couvert

■ A CANTINA

D80
Port de Santa-Severa
✆ 04 95 35 05 67
mastella2b@msn.com
A 25 km de Bastia.

Fermé de janvier à mars. Ouvert tous les jours et les jours fériés le midi. Haute saison : tous les jours et les jours fériés le midi et le soir. Réservation recommandée. Carte : 25 € environ. Suggestion du jour : 14 €. Vin au verre. CB non acceptée. Chèque Restaurant. Chaises bébé. Terrasse. Vente à emporter.

Idéalement située face au joli petit port de plaisance, avec son agréable terrasse au bord de l'eau, la maison de Dominique Tristani, propose une sympathique cuisine traditionnelle à prix doux depuis plus de 30 ans. On peut y savourer entre autres, de grandes salades-repas, les *«Sturza Preti»*, la souris d'agneau sauce figues et romarin, le délice de châtaigne, en écoutant le cliquetis des haubans des voiliers tout proches. Les inconditionnels trouveront tout de même leurs pizzas et l'endroit est régulièrement fréquenté par les locaux, qui ne s'y trompent pas. Une adresse intemporelle qui voit l'arrivée de la seconde génération avec Maria-Stella, la fille pâtissière et chocolatière.

Le gîte

■ LES MAISONS DE POGHJU

Poghju
✆ 06 42 55 95 03
location-gites-cap-corse.com
contact@location-gites-cap-corse.com

Chambre double de 90 € à 140 € ; studio / appartement de 500 € à 800 € la semaine.

Les Maisons de Poghju, ce sont trois gîtes de charme situés à Luri, dans le Cap Corse. Ouvertes toute l'année, ces locations de vacances, au confort haut de gamme, ont été créées en 2013 après la rénovation de bâtisses de caractère. Les trois habitations possèdent de vastes terrasses donnant sur la vallée, le maquis, la mer et l'île d'Elbe. A 5 km des premières plages et à quelques pas de nombreux chemins de randonnée.

Loisirs

■ ALTRE CIME L'ESPRIT MONTAGNE

Liccetu ✆ 06 18 49 07 75
✆ 04 20 20 04 38 – www.altre-cime.com
contact@altre-cime.com

Ouvert toute l'année. Sur réservation. Chèque Vacances.

Randonnées encadrées sur toute la Corse et pour tous niveaux : Le GR20 Authentique par les sommets et les variantes ; le GR20 au rythme Trail ; randonnées en famille ; Découverte du Cap Corse ; Alpinisme et escalade en Corse ; Raquettes à neige

■ CIRCUIT ROUTIER DE LURI À PINO

À partir de Luri, rejoindre au nord, la D 35 et la vallée de Meria : vous suivez la route à gauche pour descendre sur Morsiglia, ce qui vous permet de rejoindre Pino (la boucle supplémentaire est tout de même d'environ 25 km). De Luri, traverser la montagne vers le sud-ouest pour rejoindre Conchiglio et la Marine de Giottani. Vous devrez ensuite suivre la belle route côtière vers le nord, passant à la Punta Minerbio pour rejoindre Pino : là où une sorte de pain de sucre en rocher monte la garde au-dessus de la mer, on aperçoit au loin le golfe de Saint-Florent. L'endroit est superbe, mais les à-pics sont vertigineux et les alentours déserts.

Emplettes

■ DOMAINE PIERETTI

D80
Santa Severa ✆ 04 95 35 01 03
✆ 06 17 93 92 17 – www.vinpieretti.com
domainepieretti@orange.fr

Haute saison : ouvert du lundi au samedi et les jours fériés de 9h à 12h et de 15h à 19h. Hors saison, sur rendez-vous. Livraison possible. CB non acceptée.

Le domaine de 11 hectares s'étend sur des sols argilo-schisteux, plantés de cépages niellicciu, alicante (vieux cépage de grenache Corse), vermentinu et muscat petit grain. La visite sur demande permet de découvrir aussi la cave en bordure de mer à Santa-Severa, marine de Luri. Le caveau de dégustation est ouvert pour vous. La maison est dirigée par Lina Venturi-Pieretti, héritière de cette grande lignée des vignerons cap corsins.

Dans les environs

Meria ★

Le village est en hauteur, comme posé sur un éperon. Au bord de la mer, une petite marine, charmante et préservée, possède une tour génoise, tour de gué contre les envahisseurs venus de la mer. Meria avait un hameau, Pastina, où l'on exploitait l'antimoine au siècle dernier pour le compte des Anglais qui avaient le marché. La fin de l'exploitation a sonné le glas de Pastina. Pour ceux qui veulent rejoindre l'autre côté du Cap Corse par un itinéraire plus sauvage, prendre la petite route pittoresque qui part de Meria (à côté de la fontaine) et atteint, en corniche, la côte découpée de Morsiglia. À cet endroit, la vue est vertigineuse. A voir aussi, l'église Notre-Dame-des-Grâces et sa pelouse aussi verte qu'un gazon anglais.

■ **CIRCUIT DE MERIA À CARACU**
D 80
Meria
Distance 2,8 km, durée 1h15. Balisage jaune. Altitude maxi 193m, mini 138m. Depuis Bastia, prendre la D80 jusqu'à la marine de Meria, puis la D135 jusqu'au hameau de Meria.
Du village part une promenade vers le hameau abandonné de Caracu. C'est une balade entre terre et ciel, un parcours aérien de toute beauté qui offre une vue superbe sur la pointe orientale du Cap Corse. Ce joli sentier, pratiquement de niveau, en situation de corniche, permet de jouir d'une vue superbe vers l'est (littoral, archipel toscan). Au départ du sentier, un cimetière, constitué de nombreux tombeaux monumentaux, apporte une touche particulière. Le village abandonné de Caracu parachève cette ambiance : les maisons, la chapelle, ces bâtiments semblent appartenir à un passé récent, et pourtant, leur ruine est presque entièrement consommée… U Palazzu, maison forte en tour carrée, dans le village situé en hauteur de Meria !

ROGLIANO ET LA MARINE DE MACINAGGIO ★★★

Rogliano est un endroit superbe, divisé en huit petits hameaux qui offrent vieilles pierres et panorama, avec une certaine majesté historique. L'impératrice Eugénie séjourna dans la commune en décembre 1869. Des maisons anciennes, des restes de tours, un couvent, de nombreuses chapelles. L'église Sant'Agnellu, dont l'aspect actuel date pour l'essentiel du XVIe siècle, possède une belle façade baroque et une remarquable balustrade de marbre courant autour du chœur, témoin du passage de l'impératrice Eugénie en 1869. Au chapitre religieux, voir également San-Giorgio et Santa-Maria, belles illustrations de l'art roman du Cap Corse, et l'église Saint-Côme et Saint-Damien, au campanile indépendant. Le port de Macinaggio marque pratiquement l'extrémité maritime nord de l'île. Fréquenté dès l'Antiquité, le village reçut les visites de Pasquale Paoli en 1790, de Napoléon Bonaparte en 1773, et de l'impératrice Eugénie en 1869. Port de pêche et surtout de plaisance (600 anneaux), restauré et rénové, il est devenu au fil des ans un haut lieu touristique, étape des plaisanciers entre la Corse et le continent ou l'Italie. A la Marine même, la vie se concentre autour du port de plaisance. On peut pratiquer la plongée, louer des bateaux à voiles et à moteur et profiter des promenades en mer.

■ **OFFICE DE TOURISME DE ROGLIANO – MACINAGGIO**
MACINAGGIO ✆ 04 95 35 00 15
www.destination-cap-corse.com
otsimacinaggio@gmail.com
Haute saison : ouvert du lundi au samedi de 9h à 12h et de 15h à 19h30. CB non acceptée.

■ **PORT DE MACINAGGIO**
MACINAGGIO
✆ 04 95 35 42 57
www.resaportcorse.com
ortu.paul-luigi.macinaggio@orange.fr
Basse saison : ouvert de 8h30 à 12h et de 14h à 17h. Haute saison : de 7h à 21h. Eau, électricité, sanitaires, carburant, laverie, wi-fi gratuit. À partir de 28 € la nuit.
Bien à l'abri des vents dominants, le port offre de nombreux équipements modernes et services : atelier de réparation, carénage, pont élévateur (45 t), grue, eau potable, carburant et électricité à quai… Etalant aujourd'hui 543 postes à quai, la marine a doublé sa capacité depuis 1971 : elle peut accueillir des bateaux jusqu'à 50 m sur ses quais équipés pour la grande plaisance ; 240 places sont réservées au passage.

■ **SAN PAULU**
Port de plaisance
MACINAGGIO ✆ 06 14 78 14 16
www.sanpaulu.com – info@sanpaulu.com
♿
Ouvert toute l'année. Sur réservation. Haute saison : tous les jours et les jours fériés de 9h à 19h30. 3 départs jour : 11h, 14h et 16h15 en été. Gratuit jusqu'à 4 ans. Adulte : 24 €. Enfant (de 5 à 12 ans) : 12 €. Promenade avec escale au port de Barcaggio (Départ 11h et retour 15h15 ou 17h30, adulte 28 € et enfant 14 €). Navette maritime Macinaggio-Barcaggio : 11h, 14h et 16h15 et navette Barcaggio-Macinaggio : 12h, 15h15 et 17h30 et tarif 15 €, enfant 10 €. Chèque Vacances. Visite guidée (français, italien et anglais). Bar et WC à bord.
Sylvain Campos à la barre de son beau navire le San-Paulu 3, arpente les côtes des sites magiques de la pointe du Cap. Promenade commentée, escale au port de Barcaggio, navette maritime pour le sentier du douanier et même une formule pêche en mer, pour préparer son repas. Une manière agréable pour découvrir ce site classé Natura 2000 par le conservatoire du littoral. Escales pour Centuri et île de la Capraia.

Points d'intérêt

■ **LA PROMENADE AU BORD DU TEMPS**
Distance 3,7 km. Durée 2h. Balisage jaune. Altitude maxi 339m, mini 137m.
Cette promenade débute au hameau de Bettolacce. Elle permet de découvrir, au fil des hameaux, le très riche patrimoine du village de Rogliano. Le circuit passe par de nombreuses chapelles, deux tours carrées (Ulivu), une tour génoise ou encore le couvent San Francescu à Vignale. Nombreux vestiges anciens et belles pierres : au-dessus du village, les ruines du château de San Colombano, détruit par les Génois au XVIe siècle, qui l'avaient pourtant eux-mêmes édifié au XIIe, en la personne de l'un des premiers seigneurs génois du Cap, Ansaldo da Mare. Juste à côté, on trouve une robuste tour médiévale à mâchicoulis Barbara da Mare.

■ LE SENTIER DU DOUANIER
MACINAGGIO

Barcaggio-Tollare durée 45mn. Tollare-Centuri 4h.

Le sentier du douanier qui mène les promeneurs de Macinaggio à Barcaggio sur un itinéraire balisé, permet de découvrir le long du littoral de très belles tours génoises. On pénètre dans la zone des espaces naturels de la pointe du Cap Corse dont la réserve naturelle des îles Finocchiarola (Refuge de goélands : visite interdite !). La visite continue par la chapelle de Santa-Maria bâtie au XIIe siècle sur les vestiges d'un édifice paléochrétien du VIe siècle, puis par l'anse de Santa-Maria, prolongée par les ruines d'une tour génoise, éventrée par la flotte de l'amiral Nelson en 1793. Après la tour d'Agnellu, on peut faire la pause dans le petit port de Barcaggio (Barcaghju) pour se restaurer et saluer l'îlot de la Giraglia dominé par son phare construit au XIXe, (à l'époque, le plus puissant de Méditerranée). De Barcaggio à Tollare prévoir 45 min. Enfin, le chemin de Tollare à Centuri demande 4h, mais vous serez payé de vos efforts par une émotion nouvelle devant cette nature sauvage et belle.

■ LA TOUR SANTA MARIA
MACINAGGIO

Durée : 3 heures aller-retour.

Suivre la direction du camping U Stazzu. Passer le camping et rejoindre la plage de Tamarone, traverser la plage et continuer sur le sentier soit en longeant la côte (à droite) pour l'aller par exemple, soit par l'intérieur (à gauche) pour le retour. Impressions : il faut absolument faire cette balade pour la vue sur les îles de Finocchiarola, classées en réserve naturelle, pour la tour Santa Maria qui comme sa voisine, la Mortella, ne conserve qu'un pan de son étonnante architecture, pour déjeuner à l'ombre de la chapelle romane et pour admirer la campagne qui se jette dans la mer : vignes et vaches ne sont pas loin. Avec un départ tôt le matin, on peut envisager un déjeuner dans une des marines du Cap Corse, pour un départ plus tardif, une baignade au retour sur la plage de Tamarone, la plus belle du Cap, sera la bienvenue.

Le couvert

■ U SANT'AGNELLU
Parrochia ✆ 04 95 35 40 59
www.hotel-usantagnellu.com
jni.albertini@wanadoo.fr

Fermé de septembre au 15 avril. Haute saison : ouvert tous les jours et les jours fériés le soir. Fermé le lundi jusqu'a mi juin. Réservation recommandée. Menu unique à 27 €. Carte : 42 € environ. Formule : 23 € (à 29 € Assiettes découverte terre ou mer). Vin au verre. Jardin. Terrasse.

La belle table de la famille Albertini mérite amplement de faire l'effort de monter tout là-haut pour bénéficier d'une vue époustouflante et d'une cuisine semi-gastronomique de qualité. Désormais piloté par les fils Jean-Marie et Cédric qui ont mis toute leur énergie pour donner du cachet à ce restaurant de qualité. Côté cuisine, on navigue entre corsitude et Italie avec un très bon rapport qualité prix. Belle salle design, belle terrasse panoramique, et même une tôt jardin pour l'apéritif ou le digestif. À essayer sans détour.

Le gîte

■ U SANT'AGNELLU***
Parrochia ✆ 04 95 35 40 59
www.hotel-usantagnellu.com
jni.albertini@wanadoo.fr

Fermé du 1er octobre à fin avril. 15 chambres. Chambre double de 80 € à 145 € ; suite de 150 € à 180 €. Demi-pension. Petit déjeuner : 12 €. Parking ouvert inclus (garage sécurisé motos 5 €). American Express. Réceptions et mariages. Poste Internet. Wifi gratuit. Restauration. Tv satellite. Bain bouillonnant.

Une bonne maison à la décoration recherchée qui conjugue avec bonheur l'élégance des vieilles pierres et de tout le confort d'Isabelle et Jean-Noël pour la partie hôtel. Le restaurant repris par les deux fils, propose une cuisine traditionnelle soignée et semi-gastronomique préparée par Cédric Albertini, sous l'œil bienveillant de son père. Service impeccable de Jean-Marie, qui saura vous conseiller au mieux les accords mets vins.

■ BEST WESTERN U RICORDU****
D80
Route de Rogliano – MACINAGGIO
✆ 04 95 35 40 20 – www.hotel-uricordu.com
uricordu@orange.fr

Fermé de novembre à mars. Accueil jusqu'à 23h. 60 chambres. Haute saison : chambre double 68 €. Demi-pension : 41 € (repas et petit déjeuner). Petit déjeuner buffet : 14 €. Parking ouvert inclus (auto et moto sécurisé). Lit supplémentaire enfant 3 à 13 ans : de 24 € à 52,50 €. American Express, Chèque Vacances. Garde d'enfants. Animaux acceptés (petites tailles et en laisse : 10 €). Séminaires. Poste Internet. Wifi gratuit. Restauration (menu : 27 €, menu enfant : 13,50 €, carte : 39 € environ). Tv satellite, Canal +. Bain bouillonnant.

Juste à la sortie de Macinaggio, en direction de Rogliano, cet établissement contemporain sur deux niveaux, propose des prestations tout à fait correctes : deux belles piscines chauffées même en début de saison et 1 Jacuzzi, des chambres claires et agréables, remises à niveau récemment, certaines dotées de balcon et un service de restauration ouvert à la clientèle extérieure. Grand parking, accueil jeune et dynamique pour en faire un lieu de séjour pratique pour parcourir tout le Cap corse.

■ STELLA MARINA***
D80
MACINAGGIO ✆ 04 95 35 07 04
www.stella-marina.com
stella-marina@orange.fr
A 37 km de Bastia.

Ouvert toute l'année. Accueil jusqu'à 20h. 8 chambres (et 15 appartements). Chambre double de 60 € à 125 € ; studio / appartement de 80 € à 150 € la nuit, de 380 € à 1 400 € la semaine. Petit déjeuner : 8 €. Parking ouvert inclus (auto et moto). Chèque Vacances. Animaux acceptés. Wifi gratuit.

Un petit hôtel résidence de tourisme juste à la sortie du village, au calme, avec un accès à la plage de Macinaggio à 150 mètres. Accueil délicieux de Mademoiselle Albertini qui ne ménage pas sa peine pour accueillir ses hôtes dans les meilleures conditions. On y appréciera particulièrement la tranquillité des lieux de cette petite structure et la possibilité de louer les mini-villas en décalé ou à la nuitée en mi-saison.

Loisirs

■ CIRCUIT ROUTIER DE ROGLIANO À CENTURI

La D 53 qui part de Rogliano pour rejoindre la D 80 offre également de beaux panoramas sur le village et sur le nord du Cap. Nature sauvage, le maquis entre Rogliano et Centuri prend des allures de lande bretonne ou irlandaise pour rappeler la proximité de la mer. Beaux points de vue vers les îles de la Giraglia du village d'Ersa (belvédère du Moulin Mattei), que l'on atteint à partir du col de Serra. Le sémaphore d'Ersa est célèbre pour marquer l'arrivée en terre corse. Si vous faites la promenade (recommandée) jusqu'à Barcaggio, ne manquez pas Granaggiolo et sa vieille église. Petit conseil du grand futé : arrêtez-vous au col San-Nicolao à 530 m au-dessus de la mer et vous n'en reviendrez pas de la vue : à gauche, une bonne vingtaine d'éoliennes dominent toute la vallée, majestueuses et imposantes, certaines regardent vers le sud, faites de même et vous prendrez toute la mesure du qualificatif d'une montagne dans la mer. Les flans plongent dans la grande bleue sous le regard des quelques villages surplombant le site, merveilleux...

■ CLUB NAUTIQUE DE MACINAGGIO

Plage de Macinaggio
MACINAGGIO
✆ 06 86 72 58 40 / 04 95 30 40 12
www.liguecorsedevoile.org
clubnautique-macinaggio@orange.fr

Fermé de septembre à juin. Haute saison : ouvert tous les jours et les jours fériés de 8h à 20h. Stages, location, cours particulier de catamaran, planche à voile, dériveur et kayak. CB non acceptée.

Le club est ouvert juillet/août, tous les jours de 8h30 à 20h. Les stages sont organisés du lundi au vendredi : pour les jeunes en Optimist, de 9h à 10h30 ; pour les ados, de 11h à 13h, en laser ou catamaran. Les locations et leçons particulières sont organisés sur les différents supports.

Emplettes

■ CLOS NICROSI

D80
Pian delle borre
Route de Rogliano
MACINAGGIO
✆ 04 95 35 41 17
www.closnicrosi.fr
clos.nicrosi@orange.fr

Ouvert du lundi au samedi de 10h à 12h et de 16h à 19h. Ouvert de mai à septembre, le reste de l'année sur rendez-vous. Livraison possible. Le Blanc 13 €, le Muscatellu à 18 € et le Rappu à 13.50 €.

L'un des plus vieux domaines du Cap crée vers 1850 qui disparut dans les 1920. La nouvelle génération replanta le vignoble qui compte 10 ha de vermentinu, muscat petit grain et Aleatico. Belle cave dans la maison de maître ancestrale du XIXe siècle qui mérite à elle seul l'arrêt à Rogliano au hameau de Vignale pour le coup d'œil, mais la vente et la dégustation s'effectuent à Macinaggio. La réputation du vignoble dépasse les limites de l'île et les AOC Muscat et Coteaux du Cap Corse, en blanc tout particulièrement surprennent plus d'un amateur. Coup de cœur pour le blanc 2011, d'une belle robe or pale, d'un agréable bouquet qui surprend de suite, idéal pour l'association avec un poisson grillé, une viande blanche, et même sur une charcuterie. Médaillé d'argent à Luri en 2011 pour le blanc. Dégustation recommandée du Muscatallu 2011 sur le foie gras ou avec des desserts chocolatés.

Marchés

Le marché de Macinaggio a lieu les premiers et troisièmes vendredis du mois, de mai à septembre, sur la place Paoli, non loin de la marine.

▪ Dans les environs

Tomino

Après une belle route en corniche, on arrive à une succession de petits hameaux qui dominent la marine. Au hameau de Stoppione, le centre de la commune, se dévoile un immense panorama sur le reste du Cap. On peut visiter l'église Saint-Nicolas, d'architecture romane remaniée au XVIIe siècle. Dans les autres hameaux, comme à Poggio et à Mandolacce, on trouve des tours génoises et des chapelles pittoresques. La marine, plus récente, se situe près de deux forts en ruine, sur une colline. La chapelle Saint-Roch, proche de la plage de galets, mérite également le détour.

■ LE TOMINO**** NOUVEAU

D353
A Girasca
✆ 04 95 46 35 98
info@letomino.com
A 4 km de Macinaggio et 39 km.

Fermé de novembre à mars. Accueil jusqu'à 22h. 5 chambres. Chambre double de 120 € à 360 €. Petit déjeuner buffet : 16 €. Parking fermé inclus. American Express. Wifi gratuit. Restauration (service le soir et le week-end, carte 50 €). Tv satellite.

Superbe découverte dans ce beau village en balcon au bout du Cap-Corse. Béatrice et Michel Yvars, assistés de l'architecte Hervé Ghirlanda, ont créé un petit hôtel de charme et son restaurant gourmand pour le plus grand bonheur des amateurs d'établissements raffinés. Magnifiques terrasses en balcon face à la grande bleue, beaux matériaux, belle piscine... un seul mot : Bravo !

ERSA ET LES MARINES DE BARCAGGIO ET TOLLARE ★★★

Village du bout du Cap où, les soirs de tempête, on se croirait au bout du monde, surtout si l'on se trouve au sémaphore du Cap Corse, promontoire sur mer en furie, point extrême de la terre. Piazza est le centre de la commune. La mairie et l'école se trouvent dans un ancien couvent daté du XVIIe siècle, juste à côté on peut voir son église paroissiale Santa-Maria Assunta, qui renferme un beau tabernacle italien de style baroque. Au hameau de Botticella, prendre la route qui descend vers les marines de Barcaggio et de Tollare, deux charmantes marines dont l'isolement fait tout le charme. Barcaggio abrite quelques barques de pêche, activité artisanale première de la localité. Vers la pointe d'Agnello, en sortant du hameau, on peut emprunter le sentier des douaniers, pour terminer la promenade sur la grande plage de sable blanc. A Tollare, il faut découvrir les anciens *«magazzini»*, entrepôts à marchandises, la tour génoise et le sémaphore du Cap. On peut également visiter le hameau abandonné de Suerto, avec sa chapelle Saint-Nicolas située au col du même nom, qui offre une très belle vue sur le nord du Cap. A la pointe nord de la Corse, ce petit village de pêcheurs s'est progressivement modernisé, avec la route et des structures d'accueil. Les randonneurs profitent de la très belle nature environnante, le long de la côte par les chemins du douanier, vers les îles Finocchiarola et, de l'autre côté, vers la tour de Tollare et la pointe du Becco. C'était un port de commerce important pour les échanges entre la Corse et l'Italie.

Points d'intérêt

Une autre façon de visiter la commune est de suivre la promenade entièrement en sous-bois qui part du hameau de Botticella (2,4 km, 1h30). Enfin, au hameau de Bonifacio, on découvre le moulin Mattei qui domine le col de Serra et offre, par temps clair, une vue fantastique sur les deux versants du cap jusqu'à l'archipel toscan. La famille Mattei est surtout connue pour l'apéritif qui porte son nom. Créé en 1872, le vin du cap au quinquina devait faire la fortune de la famille.

Le couvert

■ A CALA
Plage de Barcaggio
✆ 06 22 06 19 51
filigone@hotmail.com
À 500 m du parking du sentier.
Fermé d'octobre à mai. Haute saison : ouvert tous les jours et les jours fériés le midi et le soir. Ouvert jusque à 20h. Réservation recommandée. Carte : 25 € environ. Jardin. Terrasse. Vente à emporter.
Retiré dans un décor sauvage et respecté, A cala, invite à l'évasion des sens. On y profite d'une cuisine familiale le midi. Une ambiance et un décor paisible dans un lieu où le temps semble s'être arrêté pour mieux vivre l'instant T au beau milieu de cette étendue de sable fin, propriété du Conservatoire du littoral. Sur cette réserve naturelle qui appartient au réseau européen Natura 2000, l'établissement a réussi à se fondre dans le paysage sans en bousculer le rythme. Une pause inévitable pour un dépaysement absolu.

Le gîte

LE SAINT JEAN***
D80
Hameau de Botticella
✆ 04 95 47 71 71
www.lesaintjean.net
lesaintjeanersa@orange.fr
A 7 Km de Centuri et 11 km de Macinaggio.
Fermé de novembre à mars. Accueil jusqu'à 22h. 9 chambres. Chambre double 75 € ; chambre triple 105 €. Demi-pension : 65,50 € (par personne en basse saison). Petit déjeuner : 9 € (sucré ou salé). Parking ouvert inclus. American Express, Chèque Vacances. 1 chambre adaptée. Wifi gratuit. Restauration (menu 20 €, carte 35 €, panier pique-nique 10 €).

À mi-chemin entre Macinaggio et Centuri, Audrey et Grégory ont restauré de leurs mains cette vieille bâtisse délabrée pour y créer leur petit hôtel de charme. On est idéalement placé face au panorama de l'extrême nord du Cap et de son îlot mythique de la Giraglia. Les chambres sont spacieuses, bien équipées, décorées avec goût, logiquement honoré par sa troisième étoile. Une nouvelle salle panoramique et au-dessus, les grandes terrasses privatives pour les chambres. On pourra de plus y profiter du restaurant pour une bonne cuisine méditerranéenne à des tarifs des plus que raisonnables. Accueil charmant des jeunes Albertini, qui vous laisseront un souvenir impérissable.

CENTURI ★★★★

Une marine typique du Cap où l'on pourrait tourner la version corse du *Prisonnier*. C'est très pittoresque et d'une façon presque inattendue, avec des fleurs, des recoins, des escaliers de pierre, des maisons bien nettes aux murs de crépis et aux toitures typiques de serpentine, un silicate de magnésium aux jolis reflets verts. La marine idéale pour aquarelliste, où l'on ne sait plus trop si l'on se promène dans le tableau ou dans la réalité. Le port de Centuri connut une intense activité au XVIIIe siècle lorsque Pasquale Paoli l'utilisa pour fournir des bâtiments de combat capables de lutter contre les envahisseurs. On aperçoit encore sur la crête le moulin Mattei (entièrement restauré), servant jadis de publicité à la célèbre marque du Cap Corse, apéritif au quinquina. Centuri, qui vit surtout de la pêche, charme par son port miniature, bordé de petits restaurants où, en été, la langouste est un mets très recherché mais de plus en plus rare. Les rues étant étroites et la circulation difficile, surtout en saison estivale, il convient de se garer en dehors de l'agglomération. On y trouve quelques hôtels, et des restaurants en enfilade qui vantent tous la pêche locale. On y trouve encore une dizaine de patrons pêcheurs qui approvisionnent les établissements de Centuri et ceux du reste du Cap. Ne pas manquer de se rendre au hameau de Cannelle, juste au-dessus de la Marine. On y apprécie ses petites maisons typiques et sa fameuse fontaine enchâssée sous la roche à côté d'un beau lavoir traditionnel. On parcourt ce hameau à pied en laissant la moto sur la place, en profitant de la fraîcheur de ses voûtes et ruelles pavées.

Points d'intérêt

Le sentier des bergeries au départ de Cannelle (distance 4,4 km, durée 2h, balisage jaune, altitude maximale 321 mètres, minimale 182 mètres) permet une balade dans le maquis en direction de ces bergeries troglodytes, aménagées dans des abris sous roche.

Le couvert

■ **A MACCIOTTA**
Port de pêche
✆ 04 95 35 64 12
acapenza@infonie.fr
Fermé du 15 octobre à mars. Ouvert tous les jours et les jours fériés le midi et le soir. Réservation recommandée. Menus de 18,50 € à 64 €. Carte : 39 € environ. Menu enfant : 12 €. Entrée-plat. Vin au verre. Chèque Vacances. Accueil des groupes. Chaises bébé. Terrasse.

Au fond du petit port, on sera futé de rechercher la maison Macciotta (du non des cailloux sortis des filets) tenue depuis 1988 par Anna et Henri Sker. C'est la quatrième génération de pêcheurs d'origine slave, mais corse jusqu'au bout des ongles depuis. On profitera soit de la salle historique, soit des nombreuses terrasses sur trois niveaux pour apprécier la carte et les menus marins bien sur, servis par une escouade de serveurs pour répondre au succès. Belle déco de monsieur, bonne ambiance et addition raisonnable même en formule langouste.

Le gîte

Chambres d'hôtes

■ **CASA VENTU**
Camera
D35 ✆ 04 95 35 61 36
✆ 06 16 57 06 23 – www.casaventu.com
michelebarth@casaventu.com

Ouvert toute l'année. Sur réservation. Accueil jusqu'à 20h. 1 chambre. Chambre double à 120 €. Petit déjeuner inclus. CB non acceptée. Restauration (tables d'hôtes sur réservation). Pas de tv.

Une petite adresse adorable que cette Casa Ventu (la maison ventée) perchée sur les hauteurs de Centuri. Certes, un peu difficile à trouver dans ce charmant hameau au bout d'une ruelle, mais tout se mérite. Accueil charmant de Madame Barth qui vous donnera les meilleurs conseils pour découvrir les sentiers cap-corsins.

Campings

■ **L'ISULOTTU*****
Muté
D35
✆ 04 95 35 62 81 / 06 75 58 23 40
www.isulottu.com
camping.isulottu@orange.fr
À 800 m du port.

Fermé d'octobre à avril. Membre du GIE Corsica Campings. Accueil jusqu'à 22h (en été). Gardé 24h/24. Terrain de 2,5 ha. 150 emplacements. Exposition : mi-ombragé. Sol : pierreux. Relief : en terrasse / peu incliné. Emplacement + véhicule + 2 personnes de 6,80 € à 7,60 €. Emplacement + véhicule + 2 personnes de 3,50 € à

5,50 €. Emplacement + véhicule + 2 personnes de 3,30 € à 7 €. Chèque Vacances. Jeux pour enfants. Salle de bains pour bébés. Animaux acceptés (1,50 €). Aire pour camping-cars. Restauration (formule à 13,90 €, carte 20 €). Animations.

Ce petit camping exclusif tout en haut du Cap Corse ne manque pas d'atout. On est aux portes de Centuri, à 200 mètres de la plage de Muté, avec l'accueil de Marie-Catherine Stella qui vient apporter son sourire et sa disponibilité aux amateurs de nature. L'emplacement est plaisant, avec ses petits murets de pierres sèches, et l'ombrage naturel grâce aux cistes, chênes liège et eucalyptus, pour profiter sans soucis, de l'endroit. Un accueil Camping Cariste, tous les services dignes de ses trois nouvelles étoiles, et même un restaurant d'été de cuisine locale aux tarifs d'avant l'euro !

Dans les environs

Morsiglia ★★★

Un fief de la famille da Mare, qui a conservé quasi intactes les nombreuses tours qui en font l'identité originale, et aussi le berceau du docteur Antomarchi qui assista l'empereur à Sainte-Hélène. Se garer sur le bord de la route et grimper dans les ruelles à la découverte des tours fortifiées et autres palais témoignant de l'aisance des Corses de jadis, capables au retour d'Amérique de construire des palais comme celui d'Ange-François Guelfucci (1838).

Pour découvrir la richesse architecturale de la commune, suivre le circuit Tours et Détours qui débute au hameau de Pecorile (distance 1,6 km ; durée 1h, balisage jaune, altitude maximale 256 mètres, minimale 178 mètres) et plonge dans le passé à la découverte de quatre tours. À voir aussi, le couvent de l'Annonciation datant de 1479 où se déroulent, l'été, expositions et conférences. Baignade impérative à la plage l'Aliso, l'une des plus belles des environs.

■ **ANTONMATTEI**
D80
Picorile
✆ 04 95 35 63 46
www.antonmattei-restaurant.com
Sarlantonmattei-paoli@orange.fr
À 2,5 km de Centuri.

Ouvert toute l'année. Restaurant ouvert d'avril à septembre. Basse saison : du lundi au vendredi le midi ; le week-end et les jours fériés le soir. Haute saison : tous les jours et les jours fériés le midi et le soir. Réservation recommandée. Carte : 20 € environ. Plat du jour : 13 €. Vin au verre. Terrasse. Vente à emporter.

Présent sur le village depuis plus de vingt-deux ans, le petit bar familial s'est développé en petit restaurant-pizzeria avec sa jolie terrasse face aux moulins emblématiques et à l'anse de Scalettu. Un véritable service public avec la pompe à essence bienvenue de ce côté du cap, le coin presse et ses formules repas sympa à base de grandes salades, ses pizzas, ses grillades dans une joyeuse ambiance typique

■ **ANNA VACANCES**
Chemin Forci
Mute
D35
✆ 04 95 35 08 62
www.residence-anna-vacances.fr
residence-anna-location@orange.fr

Fermé de décembre à mars. Accueil jusqu'à 21h. Chambre double 55 €. Petit déjeuner buffet : 5 €. Parking fermé inclus (auto et moto). F2 (50 m²) de 250 € à 700 € la semaine. CB non acceptée. Chèque Vacances. Jeux pour enfants. Animaux acceptés. Séminaires. Réceptions et mariages. Wifi gratuit. Service de ménage. Restauration (menus de 18 € à 20 €, carte 25 €, menu enfant 10 €). Salon de jardin. Bain bouillonnant. Animations.

© VINCENT FORMICA

Le port de Centuri.

LE NORD

■ **DOMAINE DE PIETRI**
D80
Lieu-dit Mucchieta
✆ 04 95 35 30 69 / 04 95 35 63 60
Visite sur rendez-vous.
Cette propriété qui a vu défiler des générations de centenaires est aujourd'hui exploitée par Eugène Paoli. Au domaine complenté sur 11 ha, on laisse sécher les grappes sur des terrasses de lauzes, c'est la recette pour en tirer le meilleur des muscats. Les vins nés de cette terre balayée par des vents marins apportent aux blancs une pointe saline qui fait le régal des amateurs. A découvrir : l'Impassito, à base du cépage Malvoisie, récolté en sur maturité fin octobre, séché sur lauzes, vieilli en barrique dix ans à consommer en vin d'apéritif ou de dessert. On y produit également des AOC Coteaux du Cap Corse dans les trois couleurs régulièrement primés aux concours nationaux et internationaux. Eugène Paoli réalise un muscat du Cap Corse unique, selon la méthode ancestrale traditionnelle sans mutage à l'alcool à savourer en apéritif et sur les desserts. Petit dernier mais inoubliable : le « Rapu », élaboré à partir de trois cépages qui conduisent à un vin épais et liquoreux en harmonie avec un fromage relevé ou du chocolat amer.

PINO ET LA MARINE DE SCALO ★★

Incontournable petit village côtier, en surplomb au-dessus des eaux bouillonnantes qui viennent percuter les rochers, Pino réunit des maisons de styles et d'époques divers, reconnaissables par les variétés de pierres utilisées. Un peu plus loin démarre la promenade (distance 2,8 km ; durée 1h30, balisage jaune) qui dégringole jusqu'à la Marine de Scalu par des chemins qui longent des jardins abandonnés et pleins de charme. Pino a conservé un système très développé de stockage et distribution d'eau d'irrigation. Il en reste quelques très beaux vestiges à découvrir le long du chemin. D'immenses tombeaux se dressent, entourés de cyprès, dont celui de Madame Eiffel. Coté pratique, une station-essence qui fait également épicerie.

Points d'intérêt

■ **LA MARINE DE SCALO** ★★★
La jolie petite marine de Scalo, que l'on rejoint au bout de lacets sinueux, offre un petit port de pêche et ses trois tours carrées de Metimu du XVᵉ siècle de Casucciu et Ciocce du XVIᵉ siècle. A découvrir également au centre du village l'oratoire peint en trompe-l'œil, ainsi que le château des Piccioni du XIXᵉ siècle, édifié en partie par une personnalité de la commune, Antoine Piccioni, dont il fut le maire (1849) et aussi le bienfaiteur.

BARRETTALI ET LA MARINE DE GIOTTANI ★

Avec son petit port de pêche de Giottani et ses hameaux haut perchés, Barrettali incarne, lui aussi, l'archétype du village Cap Corsin avec ses tombeaux géants comme celui de la famille Calizi-Altieri, visible au-dessus de la route, qui date des années trente et que l'on a surnommé le Panthéon pour sa ressemblance évidente avec le monument parisien. Le sentier de L'annunziata (distance : 1,9 km, durée : 1h10, balisage jaune) permet de découvrir les tombeaux face à la mer ainsi que la richesse floristique du ruisseau du Furcone et le majestueux pont génois menant à Canari. Barrettali a vécu au XIXᵉ siècle de la culture du cédrat, relancé depuis peu par la famille Calizi. Possibilité de location sur place de kayaks et de bateaux à moteur, à la Marine, pour explorer les criques inaccessibles des environs.

Le patrimoine religieux de Pino

Le couvent Saint-François : fondé en 1486 et dont la porte d'entrée est ornée d'une fresque et d'une Vierge du XVᵉ siècle, cet imposant édifice nous renvoie au XVᵉ siècle, domaine de l'ordre des Observantins.

L'église Santa-Maria-Assunta : ce monument plus récent (XVIIIᵉ siècle) de style baroque recèle un triptyque attribué à Fra Bartolomeo, un peintre florentin de la Renaissance et des peintures plus récentes de Paul-Baptiste Profizi. Pour la visite, demander la clé à la mairie.

Le gîte

■ **MAISON BATTISTI**
D133 – Hameau de Conchiglio
✆ 04 95 35 10 40 / 06 85 40 68 29
www.maisonbattisti.com
mpbattisti@aliceadsl.fr

Gîtes de France (3 épis). Ouvert toute l'année. 2 chambres (dont une suite). Chambre double à partir de 95 € ; studio / appartement de 325 € à 890 € la semaine ; suite à partir de 130 €. Petit déjeuner inclus (en chambre d'hôtes). CB non acceptée. Chèque Vacances. Poste Internet. Wifi gratuit. Restauration (table d'hôtes : 25 €, sur réservation). Vente (vente de produits du terroir et boutique articles Mode).
Une belle découverte que cette fière bâtisse, propriété de la famille Battisti, construite au XVIIIe. Régulièrement agrandie au gré des années et de la fortune tirée du Cédrat et des échanges avec l´Italie, la demeure imposante

Clocher de l'église de Pino face à la Méditerranée.

mérite le détour et le séjour bien sûr. Du charme, du caractère, et Marie-Pierre et Michel, hôtes adorables qui vous feront partager leur passion pour cette île dans l´île. On pourra s´approvisionner dans l´épicerie fine qui recèle tout plein de bons produits locaux et d´ailleurs. On pourra également y dîner à la table d´hôte et apprécier les talents de cuisinier de monsieur Motroni, sur réservation exclusivement. La suite somitale est enfin terminée avec ses 80 m² joliement decorés et une terrasse panoramique qui regarde la baie de Giottani.

CANARI ★★★

Pieve, hameau de Canari est un endroit immédiatement convivial, comme certains villages provençaux du temps de Pagnol. À la sortie de Canari, à pic sur la mer, une bâtisse fantôme, l'ancienne usine d'amiante, minerai exploité de la dernière guerre à 1965. L'usine employa jusqu'à 300 ouvriers. Vous pourrez ensuite faire une brève étude comparative des deux styles religieux dominants de l'île, en comparant les églises de Santa-Maria-Assunta et de Saint-François. Malgré les remaniements qu'elle a subis au XVIIIe, la première reste en effet un bel exemple du roman pisan (première construction du XIIe siècle) tandis que la seconde est de style baroque. Un couvent franciscain du XVIe siècle jusqu'à la Révolution, fut transformé un temps en gendarmerie. Aujourd'hui il abrite des gîtes, chambres d'hôtes et une petit musée du costume corse. Passage à la marine d'Abro ou Canelle pour se rafraîchir avant ou après la contemplation des deux églises.

Points d'intérêt

Du fameux clocher-tour au hameau de Pieve démarre une promenade Cap au large (distance 2,6 km ; durée 1h50, balisage jaune, altitude maximale 323 mètres, minimale 131 mètres) qui offre une vue panoramique sur la mer et sur le hameau de Marinca que l'on traverse pour se rendre au hameau de Vignale en empruntant un sentier ombragé et frais.

Le cédrat de Corse (Alimea)

Le cédrat était intensivement cultivé en Corse à la fin du XIXe siècle dans des vergers en terrasses essentiellement dans le Cap Corse, protégé du vent par des haies pour éviter que les fruits soient abîmés par les épines des branches. La production, qui était la plus importante au monde à l'époque, était essentiellement destinée à l'industrie du fruit confit d'Italie et d'Europe du Nord, quoique localement se produisait une liqueur typique – extrêmement agréable, la cédratine. La cédratine est la liqueur corse par excellence : elle se compose d'alcool, de sucre, de cédrats et d'extraits naturels végétaux et titre 24° d'alcool.

■ **LES CÉDRATS DU CAP CORSE**
Poghju – BARRETTALI ✆ 06 72 15 84 78
www.lescedratsducapcorse.com
x.calizi@bigmat-bronzini.fr
Haute saison : ouvert du lundi au samedi de 9h à 12h.

Le couvert

■ **AU BON CLOCHER**
D33
Hameau de Pieve
✆ 04 95 37 80 15
www.aubonclocher.fr
aubonclocher@orange.fr
♿
Ouvert toute l'année. Tous les jours et les jours fériés le midi et le soir. Fermé le dimanche soir en hiver. Réservation recommandée. Carte : 35 € environ. Menu enfant : 7 €. Formule du midi : 19 € (plat+dessert+verre de vin). Vin au verre. Chèque Vacances. Accueil des groupes. Chaises bébé. Terrasse. Vente à emporter. 6 chambres. Chambre double de 55 € à 60 €. Demi-pension : 65 € (par personne). Petit déjeuner : 6 €.
Que d'atouts pour cette charmante petite auberge : une situation admirable avec son panorama en balcon face à la mer, une bonne cuisine marine avec les poissons de la pêche locale du jour, à prix doux, un vivier à langouste du Cap et des chambres confortables pour profiter plus longtemps de ce beau village. Henriette, Francis, épaulés par Ange aux fourneaux ont donné à cette adresse une belle réputation. Ici tout est cuisiné à la minute avec des produits irréprochables. A savourer : la salade tiède de la mer, le filet de saint-pierre, la bouillabaisse sur commande. Les formules-repas le midi s'adaptent au gré du marché avec par exemple les beignets de fromages, les cannellonis au brocciu et le Pastizzu (un flan aromatisé de citron cuit dans son caramel) un délice ! Une étape qui mérite le détour pour la justesse de ses prix et pour la gentillesse de son accueil.

■ **LE CHAT QUI PÊCHE**
D80
Hameau d'Abro
✆ 04 95 37 81 52
www.aubergeduchatquipeche.com
catu@live.fr
Ouvert toute l'année. Haute saison : tous les jours et les jours fériés le midi et le soir. De novembre à mars, ouvert le midi et samedi soir uniquement. Réservation recommandée. Carte : 39 € environ. Vin au verre. 2 chambres doubles : 49 € en toute saison. CB non acceptée. Terrasse.
Agréable surprise que de trouver cette petite adresse qui doit sa personnalité par Jean-Michel, avant tout. Au milieu de cette route du Cap, l'étape est bien pratique, avec une jolie terrasse en balcon, accrochée à la paroi qui domine la côte rocheuse, une salle pour les frileux, et même deux petites chambres d'hôtes, simples, mais à tout petit prix. Outre son caractère, le maître des lieux nous propose ses viandes et poissons de Jean-Michel Dimenza, le patron pêcheur de Giottani, le tout grillés au feu de bois à savourer en toute simplicité et bonne humeur bien sûr. Amateur éclairé de la dive bouteille, on y trouvera quelques bons breuvages locaux dans de bons millésimes à des tarifs, dignes d'avant l'euro.

OGLIASTRO ET LA MARINE D'ALBU ★★

Ce valeureux village, envahi par trois fois par les Maures au XVIIe siècle, et dépouillé de ses hommes valides, fut également connu pour sa culture de l'olivier. Les amateurs de fraîche baignade trouveront entre la Marine et le village de nombreuses piscines naturelles sur la rivière Guado Grande. La commune est également connue pour sa marine d'Albu et sa tour génoise Del Greco du XVe siècle, entièrement construite en schiste. L'aménagement de l'arrière-plage et la création d'un parking donne du cachet à cette petite marine, que l'on vous invite à parcourir en toute tranquillité, pour des couchers de soleil romantiques !

Le couvert

CHEZ MORGANTI
Marine d'Albo
✆ 04 95 37 85 10
www.restaurantmorganti.com
morganti.restaurant@wanadoo.fr
Fermé du 20 décembre au 20 janvier. Ouvert tous les jours et les jours fériés le midi et le soir. Hors saison, ouvert du vendredi soir au dimanche midi. Réservation recommandée. Menu unique à 23,50 €. Carte : 45 € environ. Menu

enfant : 10 €. Vin au verre. Accueil des groupes. Chaises bébé. Terrasse. Animations. Salle climatisée.
Michèle et Jean-Toussaint pilotent cette honorable maison et cette table de référence du Cap nous propose son incontournable langouste du Cap, fierté de l'endroit, qui attire les gourmets des alentours et la bouillabaisse traditionnelle à réserver impérativement. En gage de qualité, la maison ne propose que la pêche locale du jour, et la langouste endémique (15 €, les 100 grammes) peut parfois se faire désirer. On peut y manger à tous les prix, du plus simple au plus sophistiqué sur la terrasse ombragée sous les mûriers platanes qui regarde béatement la belle chapelle Saint-Roch et ses illuminations toutes proches. Service irréprochable de Patrice et François qui présentent avec élégance les assiettes du chef Gilles. En prime, une belle terrasse toute neuve et une déco design dans la grande salle.

Loisirs

■ LE CHEMIN DES BARBARESQUES

Albu

Distance 4,9 km ; durée 2 h, balisage jaune, altitude maxi 97m, mini 13m.
Depuis le hameau d'Albu, emprunter le chemin des barbaresques pour découvrir quelques bijoux du patrimoine bâti local récemment restaurés. Les amoureux d'architecture pisane n'oublieront pas de saluer l'église San Dumenicu du XVe siècle, entièrement restaurée, au pont d'Ogliastru. On trouve également les ruines de l'église San Michèle du Xe siècle, bâtie sur un édifice paléochrétien. Ne pas manquer de visiter le superbe moulin du XIXe siècle, récemment réhabilité par la commune, sur la D 233, entre la Marine d'Albu et le village d'Ogliastru. Ce moulin avait la particularité de moudre les olives, d'où vient le nom du village (Oleastre, l'olivier sauvage en langue corse) mais également le grain et la châtaigne.

Dans les environs

Olcani ★

La seule commune du Cap à ne pas posséder d'ouverture sur la mer, cependant, cette vallée sauvage, cache un des plus jolis panoramas du Cap Corse. Un très ancien chemin dallé de pierres (aujourd'hui doublé d'une piste forestière), traverse la montagne pour rejoindre Sisco en passant au pied du Monte Stello (1 307m) par le col Saint-Jean duquel on peut voir les deux mers. Le village est entouré de hauts sommets, et ses anciens moulins à huile témoignent du passé agricole florissant de la région. Le village ne compte aujourd'hui qu'une cinquantaine d'habitants, et de nombreuses maisons sont en ruine. Au hameau de Ferragini, le centre du village, on peut visiter l'église Saint-André, relativement isolée, ainsi que les ruines de l'ancienne église San-Quilico, d'architecture romane. L'autre hameau, Lainosa, possède un oratoire et de nombreux mausolées familiaux.
Depuis le hameau d'Olcani suivre le sentier de la montagne (distance 3,9 km, durée 1h30 aller-retour, balisage jaune, altitude maximale 397 m, minimale 277 m) et apprécier au passage la chapelle San Quilico, le panorama sur Olcani et à Sulella.

NONZA ★★★★

Avec sa tour carrée accrochée à la falaise, c'est un point de défense voulu par Pasquale Paoli afin de mieux protéger le Cap Corse, centre d'enjeux importants au XVIIIe siècle pendant lequel Français et Anglais avaient des vues stratégiques sur l'île. Par ses petites ruelles en pente, Nonza ajoute une note inédite à un cachet insolite, avec sa plage aux graviers gris. Chaque année le 15 août, le village devient le théâtre d'un spectacle unique en Corse, *Paese in Luce*, où certaines années durant la procession nocturne de l'Assomption, des dizaines de figurants costumés illustrent dans chaque maison éclairée comme un décor de théâtre, une scène surréaliste imaginée par le plasticien Dominique Degli Esposti. Nonza, par son cadre charmeur, a toujours attiré les artistes.

Points d'intérêt

■ L'ÉGLISE SAINTE-JULIE ET LA FONTAINE DES MAMELLES ★★

Le second monument du village est, bien sûr, l'église Sainte-Julie au joli clocher fin. A l'intérieur, on trouve un tableau évoquant le martyre de la sainte et surtout un très beau maître-autel baroque de la fin du XVIe siècle et ses très belles utilisations des décors de marbre. La fontaine des Mamelles, ou fontaine de Sainte-Julie, sur le chemin qui mène à la plage, évoque la malheureuse à qui on trancha les seins : deux sources jaillirent à l'endroit où ils furent jetés.

Les tours génoises

Sentinelles endormies sur la rive du temps, les vieilles tours rondes ou carrées disséminées sur le littoral cap corsin étaient autant de postes de guet d'où l'on donnait l'alarme en cas d'invasion. Ces tours dites génoises, car édifiées au XVIe siècle à une époque où Gênes défendait en Corse, outre les populations, ses intérêts contre les razzias sarrasines, répondaient à une mission de surveillance et de défense des côtes. Un système de signaux permettait aux guetteurs d'informer très vite les habitants d'un danger. D'Erbalunga à Pino, en passant par la tour de Santa-Maria à Macinaggio et à la tour de l'Osse à Cagnano, cette vaste ceinture fortifiée a traversé les siècles sans trop de dommages.

LA PLAGE DE NONZA

Que serait Nonza sans sa magnifique plage de galets et de sable vert foncé. Pourtant, cette plage est très récente, elle est due aux rejets inoffensifs de l'usine d'extraction d'amiante qui se trouvait à Canari. La pierre qui était extraite en même temps que l'amiante n'ayant aucune valeur, les déchets furent rejetés dans la mer. Les courants transportèrent dans les baies d'Albu et de Nonza les matières rejetées et les bouchèrent formant ainsi les plages dont celle de Nonza. On peut y apprécier depuis le village les hiéroglyphes éphémères écrits en galets blancs.

TOUR PAOLINE (TOUR DE NONZA)

Le Monte, sommet de la falaise dominant la mer, représente une position stratégique et fut donc choisit par les seigneurs Avogari pour y bâtir leur château au XIIe siècle. Cette forteresse médiévale fut détruite par les Génois en 1489. En 1760, Pascal Paoli ordonna la construction d'une tour de guet au sommet du Monte, afin de surveiller le Golfe de Saint-Florent. Cette tour de schiste gris vert, carrée, se situe à l'emplacement de l'ancien château, soit à 167 m d'altitude. Elle est bâtie sur le modèle des tours génoises : trois étages, une guardiola, une terrasse crénelée pourvue de trois échauguettes. La tour est aujourd'hui inscrite aux Monuments historiques. Cette tour Paoline est en porphyre vert et à échauguette. Bien préservée, vous pouvez la visiter et, depuis la plate-forme, jouir d'une des plus belles vues du Cap.

Le couvert

LA SASSA

Au pied de la tour Paoline
✆ 04 95 38 55 26
www.lasassa.com
lasassa.nonza@orange.fr

Fermé d´octobre à avril. Haute saison : ouvert tous les jours et les jours fériés le midi et le soir. Réservation recommandée. Carte : 20 € environ. Chèque Restaurant. Jardin. Terrasse. Boutique. Animations. Wifi zone.

Cette petite terrasse au pied de la tour est vraiment la bienvenue. Outre le fait de bénéficier d'un panorama à couper le souffle, Emmanuel et ses acolytes nous proposent dans la bonne humeur et dans l'ambiance, ses brunch lounge, ses tapas, salades-repas, grillades de viande ou poisson au feu de bois, le soir. C'est le lieu de rendez-vous de la jeunesse des environs. Des soirées d'été, animées par des DJ de renom, sont réputées dans toute la région et nous réservent quelques bonnes surprises.

Le gîte

CASA MARIA

Chemin de la Tour
✆ 04 95 37 80 95
www.casamaria.fr
casamaria@wanadoo.fr

Gîtes de France (3 épis). Fermé de novembre à mars. Gites de France chambres de charme 3 épis. Accueil jusqu'à 21h. 5 chambres. Chambre double de 75 € à 95 € ; suite de 135 € à 165 €. Petit déjeuner inclus. CB non acceptée. Chèque Vacances. Wifi gratuit. Tv satellite.

Cette délicieuse Casa Maria est située en plein cœur du village, en montant vers la tour. On apprécie le confort, le charme et l'accueil de Marie-Ange et Karl qui sauront vous faire découvrir les moindres recoins de cette région du Cap. Le petit déjeuner avec les confitures maison de madame, sous la tonnelle protégée par la tour, vous laissera un souvenir ému et les prestations d'hébergement sont en totale osmose avec la beauté de ce beau village.

Loisirs

On peut au départ de Nonza emprunter de nombreux sentiers balisés de randonnée : Nonza-Olmeta du Cap (1h15) et Nonza-Olcani (1h30). Le circuit Les terrasses et les marines au départ du centre du village (distance 1,5 km ; durée 1h, balisage jaune, altitude minimale 25 m, maximale 122 m) permet de découvrir les nombreuses terrasses à cédratiers encore debout.

OLMETA-DI-CAPOCORSO ET LA MARINE DE NEGRU

Le village, comme à l'habitude dans cette région, est niché à l'intérieur et a longtemps vécu de la vigne. Mais Olmeta, c'est surtout la Marine de Negru qui offre une plage de galets au pied d'une tour génoise du XVIe siècle bien conservée dans un cadre qui incite à la halte. Désertée au XIIe siècle à cause des invasions barbaresques, la petite marine était peuplée au Moyen-âge. Au XIIe siècle existaient plusieurs forges qui ont été abandonnées le siècle suivant ainsi qu'un fortin que Gênes démantela en 1456 et qui fut remplacé au XIIe siècle par une tour ronde dite Torra di Negru. De la marine, les Olmétais partaient jadis en barques travailler des terres à blé à l'Agriate et en ramenaient leur récolte par la même voie. Des peintures rupestres, datées du IIe siècle millénaire avant J-C, ont été découvertes dans une grotte nommée Grotta Scritta. Ce sont les plus anciennes découvertes en Corse !

Points d'intérêt

Depuis la mairie dans le hameau de Poghju, un chemin de promenade Les jardins d'Olmeta (distance 1,9 km ; durée 1h, balisage jaune, altitude maximale 377 m, minimale 270 m) permet la découverte des jardins et des vergers ainsi que des canaux d'irrigation dévalant les ruelles. La fontaine et le lavoir de Poghju ainsi que l'ancien moulin de Caracciu sont aussi à voir.

LE NEBBIO

La région est située au sud et à l'est de Saint-Florent, qu'elle englobe. Pasquale Paoli la surnommait Conca d'Oru (la conque d'or) : elle comprend les montagnes au sud de Saint-Florent, autour du col de San-Stefano, l'Agriate, la plaine que traverse l'Aliso et les fameux vignobles de Patrimonio. L'étymologie fait remonter le nom de cette région à son caractère nébuleux : du latin nebula, nuage. Niché entre la base du Cap et l'Agriate, rien ne semble pouvoir déranger la sérénité de Saint-Florent. Bien que la petite ville ait été l'épilogue tragique de la lutte menée par Pasquale Paoli contre les Français, elle est aujourd'hui un havre de paix et de loisirs. Et c'est aussi bien pour ses plages alentour qui font le bonheur des surfeurs que pour les villages à flanc de montagne, réservoirs de nombreuses festivités, que de toute la Corse l'on se rend dans le Nebbio.

MURATO ★★★

Ce très joli village surplombe la vallée du Bevinco. Au cours de la lutte pour l'indépendance, Pasquale Paoli établit un temps son quartier général à Murato. Le bourg, entouré de châtaigniers et de pâturage, frappa la monnaie en 1763 (les soldis) de la Corse indépendante de 1762 à 1767 ; il vit naître Guiseppi Fieschi, personnage trouble condamné à mort en 1836 pour son attentat manqué contre Louis-Philippe. A la fin du XIXe siècle, un certain Clément Léoni quitta à l'âge de 22 ans son village pour émigrer comme beaucoup d'autres Corses en Amérique du Sud afin de chercher fortune ; il s'installa à Caracas. Sans doute le sort lui fut-il favorable, mais ce n'est pas lui en fait qui nous intéresse mais plutôt son fils Raul Léoni qui devint président du Venezuela en 1963.

Points d'intérêt

■ **EGLISE SAN-MICHELE DE MURATO** ★★★★
✆ 04 95 37 60 10
Ouverte au public l'été. Hors saison, demander la clé à la mairie : 04 95 37 60 10. Messe le 8 mai à l'occasion de la fête communale.
Cette église romane du XIXe siècle se dresse sur un promontoire situé à 1 km du village. C'est l'une des plus réputées de Corse de par la beauté et l'originalité de son décor constitué d'une bichromie de dalles de calcaire blanc et de serpentine verte, issue du lit du Bevinco, organisée en damier et en bandes horizontales, ainsi que par son clocher-porche en façade (hélas surélevé lors de la restauration de l'église au XIXe siècle, altérant un peu l'harmonie des proportions de l'édifice). Elle possède également une décoration dont la richesse et la finesse ont été autorisées par la malléabilité de la serpentine : arcs en façade, nombreux ornements représentants des êtres humains, animaux, motifs géométriques et végétaux. L'intérieur a été décoré de fresques au XVe siècle. Pour la visite de l'église, demander la clé à la mairie de Murato.

Le couvert

■ **CAMPO DI MONTE**
Campo di monte
✆ 04 95 37 64 39 / 06 07 79 45 06
www.fermecampodimonte.com
pauline.julliard@orange.fr
Ouvert toute l'année. Le soir de mi-juin à mi-septembre, le dimanche midi et les jours fériés. Réservation impérative. Menu unique à 50 €. Chambres d'hôtes à partir de 80 €. CB non acceptée. Jardin. Terrasse.
Une adresse originale et bien cachée que ce Campu di Monte. Pour y accéder, il faut entrer dans le village de Murato et son église polychrome réputée, par le défilé du Lancone puis prendre une bretelle qui descend et guetter la petite pancarte signalant Campu di Monte. Un cadre original ; ferme isolée dans le maquis, une table au goût de terroir, il ne faut pas chercher plus loin la clef du succès du lieu. Il est indispensable de réserver, en hiver comme en été, voire montrer patte blanche pour y avoir accès. L'accueil est souriant et convivial. Au programme, une formule unique et copieuse : soupe corse à l'ancienne, charcuterie, beignets de brocciu ou de courgettes, sanglier ou veau corse, fromages de la région affinés avec soin à déguster de préférence avec une confiture de figues. Mieux vaut prévoir un bon digestif ! Possibilité de rester dans le village, grâce aux chambres d'hôtes sur place.

Emplettes

■ **PASCAL FLORI**
U Peru ✆ 04 95 37 62 30
✆ 06 17 43 02 24 – pascalflori@sfr.fr
Un vrai éleveur charcutier dans la pure tradition dont la qualité de la production dépasse les limites de l'île, grâce à une sélection rigoureuse des porcs Pin di Nat qui ne sont abattus qu'à quatorze, voire trente-six mois et un affinage dans les règles de l'art de trente-six à cinquante-deux mois. On retrouve sa petite production sur les meilleures tables étoilées de Corse et du continent. La production étant limitée, il est fortement conseillé de réserver à l'avance.

OLETTA ★★

Connu depuis la préhistoire, le site possède une grotte à Missoivet, ainsi que quelques vestiges à Campo-Console. Oletta porte encore les traces de son passé riche, dû à l'exploitation des mines d'argent que l'on voit encore dans les environs, et a gardé son caractère authentique, avec ses maisons à hautes façades dominant le golfe de Saint-Florent. Au village, l'église Saint-André fut construite au XVIIIe siècle, et sa belle architecture baroque lui valut d'être classée aux Monuments historiques. Dans les environs, on peut observer de nombreuses chapelles, dont certaines sont intégrées dans les maisons, comme les rares vestiges de l'ancienne église. Par ailleurs, les abords de la chapelle San-Griolone possèdent quelques vestiges antiques, actuellement en train d'être exhumés. On peut enfin accéder aux vestiges fort peu entretenus de l'ancien couvent Saint-François, dont ne subsistent quasiment que la chapelle et son joli clocher.

Le couvert

■ A MAGINA

Salicettu ✆ 04 95 39 01 01

Fermé du 15 octobre à mars. Haute saison : ouvert tous les jours et les jours fériés le midi et le soir. Fermé le lundi hors saison. Réservation recommandée. Menu unique à 28 €. Carte : 45 € environ. Suggestion du jour : 25 € (suggestions du chef). Vin au verre. Accueil des groupes. Terrasse.

Que de chemin parcouru depuis la petite cabane en bois des années soixante ! Mathea et Jean-Michel Jacobelli, maîtres des lieux, ont su, à force de patience et ténacité, se forger une belle réputation. Carte et menu, nous font saliver d'avance, et les belles salles panoramiques s'ouvrent sur la vallée descendant jusqu'au golfe de Saint-Florent. A découvrir en fonction de l'appétit : les incontournables beignets au fromage frais, les délices de la mer, les noix de Saint-Jacques et cappuccino au chorizo safrané, la souris d'agneau confit aux herbes du maquis, les déclinaisons de fruits de saison : sabayon, minestrone, sorbet. Une grande ardoise de suggestions journalières viendra de plus vous compliquer le choix.

Le gîte

■ AUBERGE LE MONTANA

D82
Route d'Oletta
✆ 04 95 37 14 85
www.auberge-lemontana.com
info@auberge-lemontana.com

Fermé en décembre. Accueil jusqu'à 21h. 7 chambres. Basse saison : chambre simple à partir de 51 €. Haute saison : chambre double jusqu'à 92 €. Demi-pension : 112 € (pour 2 en basse saison). Petit déjeuner inclus. Parking fermé inclus (auto et moto). Wifi gratuit. Restauration (menu 26 €, carte 38 € environ).

C'est l'adresse de la famille Costa, bien connue dans la région, qui propose sa petite auberge intimiste dans la vallée de la Conca d'or, à 3 kilomètres de Saint-Florent. On y sera au calme dans de petites chambres simples, mais de bonne tenue, idéale pour un séjour bucolique. Les tarifs sont tout doux et la demi-pension est chaudement recommandée, car d'une belle qualité. En prime, un petit bassin de nage, un parking fermé pour y séjourner dans les meilleures conditions et climatisation et télévision toutes neuves dans les chambres.

■ LA DIMORA****

D82
Route de Saint-Florent ✆ 04 95 35 22 51
www.ladimora.fr – info@ladimora.fr

Fermé du 18 octobre au 20 avril. Châteaux & hôtels collection. Accueil jusqu'à 22h30. 17 chambres (dont 2 suites). Chambre double de 145 € à 350 € ; studio / appartement de 2 400 € à 4 600 € la semaine ; suite de 290 € à 450 €. Petit déjeuner buffet : 21 €. Lit supplémentaire : 65 € (à 75). Parking fermé inclus (auto et moto). American Express. 1 chambre rdc adaptée. Piscine et les lieux communs (pool house, salle des petits déjeuners...) sont également accessibles. Garde d'enfants. Animaux acceptés (30 €). Séminaires. Réceptions et mariages. Poste Internet. Connexion Internet gratuite. Wifi gratuit. Restauration (petite carte gourmande de 12h30 à 21h30). Vente (gamme produits de soins corporels Tadé). Tv satellite. Hammam, bain bouillonnant. Espace beauté et bien-être avec soins du corps.

Cette fière bâtisse est devenue aujourd'hui, une superbe demeure de charme, bien cachée au fond de la vallée de la Conca d'Or, à deux pas de Saint-Florent. Les prestations sont irréprochables et l'accueil de Carole Leccia et Antoine Tejero vient couronner ce tableau idyllique. Le ton est donné dès l'entrée, avec un charmant jardin des senteurs planté autour des ruines de l'ancienne bergerie, puis les chambres et suites habillées de matériaux nobles d'époque, la décoration élégante et tous les accessoires nécessaires pour un séjour de rêve. Côté restauration, on vous proposera une carte des gourmandises locales dans l'esprit tapas corses à savourer autour de la piscine et dans son pool-house. De plus, on pourra profiter de deux villas avec piscine en location à la semaine, juste à côté de la demeure.

■ U PALAZZU SERENU****

Paganacce ✆ 04 95 38 39 39
www.upalazzuserenu.com
info@upalazzuserenu.com

Ouvert toute l'année. Accueil jusqu'à 22h (0h l'été). 6 chambres (et 2 suites) ; chambre double de 170 € à 490 € ; suite de 290 € à 550 €. Petit déjeuner en chambre inclus. Lit supplémentaire : 90 € (à 100 €). Garage inclus (auto et moto). Lit bébé 70 €. American Express. Garde d'enfants. Connexion Internet gratuite. Wifi gratuit. Tv satellite, Canal +.

Ce palais d'inspiration florentine a été aménagé en hôtel de charme pour le plus grand bonheur des yeux et de ses clients qui trouvent ici un lieu préservé et unique où l'art contemporain s'exprime. Surplombant le golfe de Saint-Florent et le désert des Agriate, la vue de l'hôtel-restaurant U Palazzu Serenu est éblouissante. Comme par magie, tout a été pensé à la perfection avec notamment une grande piscine tout en longueur.

Loisirs

■ CAVALL EN LIBERTÉ

Route du lac de Padula
✆ 06 18 43 71 27
✆ 09 81 39 62 55
randonnee-cheval-corse.com
cavalenliberte@gmail.com

Ouvert toute l'année. Haute saison : tous les jours. Balade à l'heure, demi-journée et journée. Randonnée découverte 45€ (2h) demi-journée 75€, journée 105€. Initiation 1h poney 20€, cheval 25€. CB non acceptée.

Promenades et randonnées à cheval dans l'arrière pays du Nebbio, découverte des villages, par accompagnateur diplômé. Cours dispensés par un moniteur diplomé. Les chevaux de leur cavalerie sont en totale liberté sur une quinzaine d'hectares.

Emplettes

■ DOMAINE SANTAMARIA

Route du lac de Padula
Parata
✆ 04 95 39 03 51
domaine.santamaria@orange.fr

Ouvert du lundi au vendredi de 9h à 12h et de 14h à 18h. Le week-end sur RDV.

Un domaine de 27 ha dont 13 en AOC Patrimonio, a été créé en 1850 par la famille Santamaria, dans la plaine d'Oletta, au bord du lac de Padula. En cours de conversion vers l'agriculture bio, et en culture raisonnée depuis toujours, le domaine est désormais piloté par Jean-Louis de la 5e génération. On est sur des terroirs traditionnels de l'appelation (schiste-calcaire) et les cépages incontournables niellucciu, vermentinu et muscat petit grain. Les coups de cœur du domaine : le rouge 2008 et 2009, le blanc 2011 particulièrement apprécié avec le poisson et un Joyeux Muscat bien équilibré pour accompagner un dessert chocolaté par exemple.

■ Dans les environs

Poggio d'Oletta ★★

Poggio d'Oletta est un village charmant, aux façades de pierres apparentes, accroché au versant ouest de la chaîne de Pignu. Le patrimoine de la commune est essentiellement religieux, avec notamment l'église paroissiale Saint-Cerbon entièrement restaurée. Construite sur les bases d'un sanctuaire roman. La chapelle de confrérie, juste à côté, renferme un bénitier médiéval relativement bien conservé. Dans les environs, entourés de vignes, se dressent les ruines de la chapelle San-Quilico, construite au XIIIe siècle, dont seul le fronton est encore en bon état. La viticulture demeure la principale activité agricole de la commune, avec un vignoble très étendu (premier espace viticole), intégré dans l'AOC Patrimonio.

■ A CASA DI ANGHJULU

Maison Clementi
Mairie
D82
✆ 04 95 39 16 63
✆ 06 68 27 20 02
www.casadianghjulu.com
antoine.clementi@orange.fr
A 7 km de Saint Florent.

Bienvenue à la Ferme. Ouvert toute l'année. Basse saison : du jeudi au samedi le soir. Haute saison : du mardi au dimanche et les jours fériés le midi et le soir. Ouvert le dimanche midi hors-saison. Chambre 80 € la nuit. Réservation recommandée. Menus de 19,50 € à 25 €. Carte : 45 € environ. Menu enfant : 15 €. Suggestion du jour : 28 € (poissons de la pêche locale, langoustes, homards, bouillabaisse). Vin au verre. Chaises bébé. Jardin. Terrasse. Boutique.

Initiative bienvenue dans ce beau village au-dessus de Saint-Florent pour la création de cette Casa dans la maison familiale Clementi, vigneron réputé de la région. La cuisine est dirigée par Gérard Magan, chef de renommée nationale qui apporte sa touche personnelle sur les produits du terroir. Un menu à la ferme à prix doux le midi, une carte plus élégante et recherchée pour varier les plaisirs gastronomiques : la soupe de poisson de roche, la souris d'agneau et son cédrat confit, un médaillon de lotte et sa fondue de poireaux, le pastizzu au pain de Rutali. Trois petites salles intimistes et une grande terrasse au-dessus du jardin. En prime : chambres d'hôtes et gite rural pour dormir sur place.

PATRIMONIO ★★★

Réputée surtout pour ses vignobles, la commune de Patrimonio est d'occupation très ancienne. Déjà, sous l'Antiquité, ses vins étaient très appréciés. C'est là qu'est exposée la fameuse statue-menhir U Nativu, retrouvée à Barbaggio. On peut la voir dans l'amphithéâtre, qui accueille tous les étés le festival de guitares de Patrimonio, où se retrouvent les plus grands noms du jazz, du blues et du rock. Le village se compose de onze hameaux au milieu des vignes, et tous ont gardé leur authenticité. Tous dominent la côte occidentale du Cap, et offrent une très belle vue sur la mer. Une randonnée, jusqu'au sommet de Serra di Pigno permet de voir, par temps clair, les deux versants du Cap. À l'extérieur de Patrimonio, on trouve les ruines de l'ancien couvent de Farinole, ainsi que celles de la chapelle San-Bernardino, construite au XIIIe siècle.

Points d'intérêt

L'ÉGLISE SAN MARTINU ★★

Construite sur une éminence au milieu de la plaine de Patrimonio, l'église San-Martinu est le premier édifice qui attire l'œil quand on arrive dans le Nebbiu par la route du col de Teghime. Les murs de l'édifice ont la particularité de n'avoir pas été recouverts d'enduit. L'église apparaît donc toute de pierre ocre avec, bien visibles, les trous qui ont servi à installer les échafaudages lors de sa construction. Elle date de 1653, mais a très probablement remplacé un édifice antérieur ayant le même vocable dont il ne reste malheureusement rien. Le monument a été remanié au XIXe siècle, le clocher a été surélevé. L'intérieur présente un autel en marbre polychrome, des panneaux sur bois de XVIe, des décors peints italiens du XIXe.

Le couvert

LE BARTAVIN

Haut du village
✆ 04 95 38 37 94 – mo2b@orange.fr

Ouvert toute l'année. Haute saison : tous les jours et les jours fériés le midi et le soir. Réservation recommandée. Carte : 25 € environ. Suggestion du jour : 13,50 €. Vin au verre. Accueil des groupes. Jardin. Terrasse. Vente à emporter. Animations.

Dans ce grand terroir viticole, la table de Barth est une bouffée d'oxygène. Rien de présomptueux, tout en simplicité et bonne humeur, car on vient s'y retrouver toute la journée, pour déguster quelques verres de la divine appellation Patrimonio de l'un des nombreux domaines de l'AOC et poursuivre avec ses grillades et pizza et ses plats traditionnels : lasagnes au brocciu, tripettes a la mode Corse et sauté de veau aux olives cuisinés par Sabrina. Le chef Olivier propose le poissons de la pêche locale et ses recettes identitaires a base de produits de saison à découvrir sur l'ardoise journalière : porcelet, manzu, bœuf... Une belle salle cosy et son grand comptoir incitent à la dégustation, un petit jardin bucolique caché derrière la bâtisse et sa nouvelle terrasse panoramique pour profiter de la majesté du spot. Un endroit à fréquenter sans modération. Accueil au top et service sans reproche.

LIBERTALIA

Route de l'Eglise ✆ 04 95 36 60 77
✆ 06 23 16 41 25 – www.ribella.fr
domaine.maestracci@gmail.com

Fermé d'octobre à avril. Basse saison : ouvert le soir. Haute saison : le midi et le soir (dernier service à 0h). Réservation recommandée. Carte : 30 € environ. Vin au verre. Jardin. Terrasse. Animations.

Un endroit totalement inclassable que ce jardin d'Eden au cœur du village. Pierre-François Maestracci, fils de vigneron, est le personnage incontournable des lieux qui donne une dimension particulière à l'endroit. On y vient à toute heure du jour ou de la nuit pour y manger la bonne cuisine d'Augusta, boire, disserter et savourer l'instant présent. De bons produits, de bons vins, et même de bonnes bières Bio artisanale (Ribella) dans une douce ambiance musicale « live ». A découvrir au plus vite !

Le gîte

LA PALMA

D80
Lustincone
✆ 04 95 47 28 97
www.hotelcorselapalma.com
hotel.lapalma@orange.fr
A 4 km de Saint-Florent et 3 km d'une plage.

Fermé du 15 octobre à mars. Accueil jusqu'à 22h. 18 chambres (dont 5 familiales). Basse saison : chambre double à partir de 59 €. Haute saison : chambre triple jusqu'à 120 €. Petit déjeuner buffet : 8,90 €. Parking ouvert inclus (et garage moto). Wifi gratuit. Restauration (petit restauration). Pas de tv.

Une adresse bien pratique à la croisée des routes du cap Corse et de Saint-Florent, tenu par Christophe, jeune hôtelier dynamique. La structure est élégante et les prestations hôtelières sont dignes d'un 2-étoiles. À 800 mètres du centre du village et 3 km de la plage de Tettola, les tarifs sont très compétitifs pour la région. Accueil parfait de toute l'équipe et mention spécial pour le petit-déjeuner pantagruélique avec les canistrelli et confiture maison.

U LUSTINCONE**

D80
Route du Cap
✆ 04 95 37 15 28
www.u-lustincone.com
u.lustincone@wanadoo.fr

Fermé du 15 octobre au 15 avril. Accueil jusqu'à 21h. 9 chambres (dont 1 chambre familiale 4 personnes). Basse saison : chambre double 65 €. Haute saison : chambre triple 145 €. Petit déjeuner buffet : 9 €. Lit supplémentaire : 15 €. Parking ouvert inclus (garage moto). CB non acceptée. Wifi gratuit. Restauration (menus terre et mer de 22 € à 27 €, carte 32 € de juin à septembre). Vente (produits du terroir). Pas de tv.

Bien situé juste à l'extérieur du village, au départ de la route du Cap, l'établissement, fraîchement réaménagé, offre un bon confort et un bel environnement. L'ambiance familiale et la situation idéale au milieu des vignes en font une étape agréable. Grande terrasse et sa jolie piscine qui regarde les falaises calcaires et l'anse bleue de Farinole toute proche. Belles prestations hôtelières avec la climatisation en prime. Pour le côté pratique, un parking privé et un garage fermé pour les motards.

Campings

U SOLE MARINU

Lieu-dit Catarelli
✆ 04 95 37 12 20 / 06 51 34 84 97
www.usolemarinu.com
usolemarinu@gmail.com

Fermé de septembre à mars. Camping ouvert de mi-juin à mi-septembre. Réservation recommandée. Accueil jusqu'à 20h (23 H en ete). Gardé 24h/24. Terrain de 3 ha. 100 emplacements. Exposition : ombragé / mi-ombragé / ensoleillé. Sol : sablonneux. Relief : plat. Emplacement + véhicule + 2 personnes à partir de 7 €. Emplacement + véhicule + 2 personnes de 6 € à 7,50 €. 8 mobil-homes pour 2 à 6 personnes de 360 € à 950 € la semaine. CB non acceptée. Chèque Vacances. Jeux pour enfants. Animaux acceptés (3 €). Aire pour camping-cars. Wifi gratuit. Restauration (snack-pizzeria). Vente (articles de plage).

Juste au bord de la plage de Catarelli, sur une surface de 3 ha en pleine tranquillité, à deux pas de Patrimonio et 7 km de Saint-Florent. La famille Straforelli s'attache à privilégier l'accueil et la convivialité pour la clientèle à la recherche de nature authentique. Le sentier du littoral passe juste en contrebas, et les criques aux alentours insistent au farniente. Sur place : une épicerie, une pizzeria, un bloc sanitaire avec tout le nécessaire et eau chaude en non-stop. De plus, Pierre, jeune apiculteur, propose son miel AOC à la dégustation et Laetitia, aromathérapeute fabrique des produits de beauté naturels et des savons à base des huiles essentielles du maquis Corse.

Loisirs

■ SCOOTLOC

✆ 06 21 54 46 23
www.scootloc.fr
info@scootloc.fr

Livraison possible (scooters Yamaha, Susuki, Honda et Piaggio de 50cc et 125 cc). Locations de scooters 50 et 125Cm3, motos, 1/2 journée, journée, semaine. CB non acceptée.

▸ **Autre adresse :** D81 - Route d'Île-Rousse, chez Dominique Plaisance – l'Ile-Rousse

Emplettes

■ CLOS DE BERNARDI

D81
✆ 04 95 37 01 09 / 06 18 49 60 16
jeanlaurent@closdebernardi.fr

Ouvert du lundi au samedi et le dimanche en saison de 8h à 12h et de 15h à 19h. Rouge crème de tête 2014 : 10 €. Blanc 2014 : 10 €. Muscat du Cap Corse : 14 €. Patrimonio rosé : 9 €.

Ces 10 ha de terrain argilo-calcaire, en bord de mer, sont la fierté de Jean-Laurent de Bernardi. Les vignes sont sur la commune de Saint-Florent, en culture bio sans traitement au cuivre. Rappelons aussi que M. de Bernardi père fut à l'origine de l'appellation Patrimonio. Ces vignerons chevronnés nous proposent des crus dignes des meilleures tables de France et de Navarre, comme ce Patrimonio rosé élégant, fruité et équilibré ou le blanc typique et distingué, le rouge crème de tête très dense, et le muscat exclusivement disponible à la cave (qualifié de vin plus que parfait par M6 TV).

■ CLOS MARFISI

D81
Avenue Jules-Ventre
✆ 04 95 37 07 49
julie.marfisi@gmail.com

Ouvert tous les jours de 9h à 13h et de 15h à 20h. Livraison possible. Rouge Vieilles Vignes 11 €, blanc 12 €, rosé 10 €, muscat 13,50 €, cuvée Julie Rosé 9,50 €.

Réputée depuis quatre générations, elle exploite un vignoble de 12 ha, sur les coteaux. Le Patrimonio rouge Vieilles Vignes est très attachant et devra être vieilli au moins deux ans pour en tirer quintessence. Le blanc à base de vermentinu, élégant et sec, et le rosé fruité 100 % nielluccíu très plaisant sur une charcuterie, sont superbes. À consommer à l'ombre de préférence ! On n'oublie pas le muscat pour finir sur une touche sucrée avec du fromage ou du chocolat. Un délice. Nouveauté : la cuvée Julie, un Rosé léger idéal en apéritif.

■ DOMAINE MONTEMAGNI

Caveau en face de La Poste
✆ 04 95 37 14 46
www.domaine-montemagni.com
scea.montemagni@wanadoo.fr

En plein cœur du village, un joli petit caveau typique, tout en pierre, avec son petit pressoir, son alambic et ses vins AOC patrimonio en rouge, blanc et rosé, sans oublier le muscat du Cap Corse, les cuvées du Menhir (trouvé dans les vignes en 1964) et les vendanges tardives. Mention spéciale pour le rosé 2006 de la cuvée Prestige du Menhir, médaillée d'or au Concours Général Agricole de Paris. Le domaine s'étend sur 110 ha, sur la commune de Patrimonio et jusqu'à Oletta. C'est le grand domaine en appellation qui produit plus de 4 500 hl. La spécialité de M. Louis est incontestablement son muscat Prestige, tiré des 22 ha de la propriété. L'œnologue se fera un plaisir de vous faire visiter ses installations ultramodernes, à deux pas du caveau.

■ DOMAINE ORENGA DE GAFFORY

Lieu-dit Morta-Majo
✆ 04 95 37 45 00
www.orengadegaffory.com
contact@orengadegaffory.com

♿

Basse saison : ouvert du lundi au samedi de 9h30 à 18h. Haute saison : tous les jours et les jours fériés de 8h30 à 20h. Expédition et vente en ligne. Livraison possible.

Une propriété réputée pour ses vins de qualité issus de 60 ha composés de micro-terroirs, qui font toute la richesse des vins, associés aux vermentinu, nielluccíu, muscat petit grains et de minustellu. Une mention toute particulière sur la beauté de l'espace d'accueil, avec des expositions d'artistes locaux et internationaux de renom, qui présentent peinture, vidéo contemporaine en totale harmonie avec les lieux. Coup de cœur pour le blanc de la cuvée Felice, et un original Impassitu. Pour les rouges, l'emblématique Cuvée du Gouverneur élevée en barrique est à déguster dans 3 ans minimum. La cuvée Felice Rouge, très typique de l'appellation locale, peut se boire de suite pour en apprécier ses parfums de fruits rouges.

■ **DOMAINE PASTRICCIOLA**
D81
Route de Saint-Florent
✆ 04 95 37 18 31
www.ribella.fr
domaine.maestracci@gmail.com
Haute saison : ouvert tous les jours de 9h à 12h et de 15h à 19h. Livraison possible. Rouge 8 €, Muscat 11 €, Blanc et Rosé 7 €.
Le vignoble s'étend sur 15 ha, orientés sud-sud-est. À goûter à tout prix, le muscat aux arômes de fruits confits. Également le rouge qui présente une belle robe rubis, brillante, avec des senteurs de fruits cuits et d'épices. C'est un vin puissant et aromatique malgré une fin fugace et un blanc fruité et ses arômes d'agrumes. Le rosé est puissant mais bien équilibré avec grillades et charcuterie.

Dans les environs

Barbaggio ★

Composé de trois hameaux entourés de montagnes et dominés par le col de Teghime, Barbaggio est surtout célèbre pour la statue-menhir de calcaire surnommée Nativu, retrouvée en 1964. Elle est aujourd'hui exposée à Patrimonio. Au hameau de Piazze, le centre de la commune, on peut visiter l'église Saint-Marcel. Construite au XVIIIe siècle, elle possède un très beau clocher à coupole. Plus loin, on voit encore les ruines de l'ancienne église romane, datée du XIe siècle, dont les arcs sont encore bien conservés.

■ **U CASTELLU PIATTU**
Lieu-dit Pezzo
✆ 04 95 37 28 64
castellupiattu.chez.com
fratani20@yahoo.fr
Gîtes de France (3 épis). Fermé du 1er novembre au 15 avril. Accueil jusqu'à 19h. 5 chambres. Chambre double 95 € ; chambre triple €. Petit déjeuner inclus. Parking ouvert inclus. CB non acceptée. Wifi gratuit.
Une divine surprise en plein cœur du vignoble de Patrimonio que ce Castellu, cathédrale étonnante bâtie dans les années 1975, entièrement rénovée par Martine et Jean-Louis Fratani qui ont transformé cette maison exclusive en un lieu de séjour tout droit sorti d'un conte de fées. On est seul au monde, au milieu des vignes, à 5 km de Saint-Florent et 3 km de Patrimonio. Impossible de décrire la demeure surprenante par son architecture, en totale osmose avec le paysage. On y arrive pour une nuit et l'on rêve d'y passer toute la vie. Accès par un petit chemin au milieu des vignes au pied du mont San-Angelo.

Farinole ★

Les cabanons de la Marine de la Tour de Farinole ont été reconstruits en 1962, avec des Corses de Marseille d'où le nom, à la place de « magasins » qui servaient de silos à grains pour les Farinolais qui cultivaient cette céréale sur les plaines de Saleccia de l'autre côté du golfe de Saint-Florent. Réputé pour sa marine de sable blanc et sa tour génoise, on ne doit pas oublier de visiter la paroisse San-Cosimu è Damianu du XVIIe siècle, et le couvent en cours de réhabilitation.

Le couvert

■ **L'AMBADA**
D81 Plage de Farinole
✆ 04 95 37 03 84
www.residencelambada.com
anne.cherubini@live.fr
Fermé d'octobre à avril. Haute saison : ouvert tous les jours et les jours fériés le midi et le soir. Réservation recommandée. Carte : 32 € environ. Menu enfant : 8 €. Suggestion du jour : 16 €. Vin au verre. 2 chambres d'hôtes à partir de 50 €. Accueil des groupes. Chaises bébé. Jardin. Terrasse. Vente à emporter. Wifi zone, parking.
L'une des adresses préférées des locaux, qui viennent en masse ici, chez Anne, pour profiter d'une magnifique terrasse et de ses pergolas posées sur le sable de la plage de Farinole. A mi-chemin entre Nonza et Saint-Florent, c'est une étape agréable pour manger une pizza au feu de bois, des calamars à la plancha, quelques rougets grillés, le tout servi avec dynamisme et bonne humeur. Deux chambres d'hôtes et quelques appartements à la semaine, sur place.

Le gîte

■ **A STELLA****
D80
Marine de Farinole
✆ 04 95 37 14 37
✆ 06 15 76 63 24
www.campingastella.com
Fermé du 15 octobre à mars. Membre du GIE Corsica Campings. Accueil jusqu'à 21h. Gardé 24h/24. Terrain de 8 ha. 150 emplacements (dont 5 bungalows et 2 appartements). Exposition : ombragé. Sol : herbeux. Relief : en terrasse. Emplacement de 4,50 € à 5,50 €. Véhicule à partir de 3,50 €. 2 personnes à partir de 7,50 €. 5 bungalows pour 4 personnes à partir de 400 € la semaine. 2 appartements de 4/6 personnes à partir de 700 € la semaine. Bungalow à la nuit possible. CB non acceptée. Chèque Vacances. Animaux acceptés (3,50 €). Aire pour camping-cars. Wifi gratuit. Restauration (petit restauration et pizzas de mi-juin à août).
Idéalement situé, les pieds dans l'eau, à 5 km de Patrimonio et 10 km de Saint-Florent, un beau camping de 8 ha avec 150 emplacements, cinq bungalows et deux appartements. Tout le nécessaire sur place : snack-bar, restaurant, machine à laver, douches chaudes, rampe de mise à l'eau pour bateaux et un accueil très chaleureux pour un établissement propre et bien tenu.

SAINT-FLORENT ★★★★

Village très agréable et très prisé des touristes, Saint-Florent se situe dans un cadre exceptionnel, et son golfe en fait un endroit idéal pour les vacances. Ce golfe, qui borde les Agriate à l'ouest, est un centre important de la civilisation agro-pastorale insulaire. Le site est préservé, et les plages encore sauvages. Celles du Lotu, de Malfacco ou de Saleccia, avec leur sable blanc et leur eau turquoise, sauront vous enchanter. De plus, sa situation en fait un bon point de départ pour découvrir toute cette partie de l'île, du Nebbiu à la Balagne. Saint-Florent tel que nous le connaissons aujourd'hui, avec son port de plaisance et sa place très agréable, a été aménagé dans les années soixante-dix, quand la ville orienta son développement vers le tourisme. Calme hors saison, bercée par une mer reflétant les pâles lueurs hivernales, la ville est très animée en été. Les plaisanciers arrivent, les terrasses des cafés ouvrent, et Saint-Florent propose quelques animations, comme le festival Porto Latino, où se retrouvent au mois d'août les grands noms de la musique latine. Particulièrement prisée des Italiens, la petite station balnéaire vibre tout au long de l'été d'une clientèle très locale qui se mêle avec plaisir aux vacanciers. Le village est beau et vivant, l'été bien sûr, et tout au long de l'année, les week-ends, quand les Bastiais flânent dans les ruelles ou rejoignent leurs bateaux, véritables résidences secondaires. Seul petit point noir : la difficulté de circulation et de stationnement en haute saison !

■ **OFFICE MUNICIPAL DE TOURISME DE SAINT FLORENT**
Bâtiment administratif
BP53 ✆ 04 95 37 06 04
Voir page 15.

■ **PORT DE SAINT-FLORENT**
✆ 04 95 37 00 79
www.corsica-saintflorent.com
Basse saison : ouvert de 8h à 12h et de 15h à 18h. Haute saison : de 7h à 21h. Eau, électricité, sanitaires, carburant, laverie. À partir de 27 € la nuit.
770 anneaux dont 250 réservés aux plaisanciers de passage. Longueur maxi 35 m. Tous les services sur place : WC, douches, accès Internet par wi-fi gratuit. Levage, carburants. Vidéosurveillance.

■ **LE POPEYE**
Port de plaisance ✆ 04 95 37 19 07
✆ 06 62 16 23 76 – www.lepopeye.com
Ouvert de pâques à toussaint. Haute saison : ouvert tous les jours et les jours fériés de 8h à 20h. Départ toutes les 30 mn, mercrdi et dimanche : ballade à la journée sur Centuri avec promenade et baignade. Gratuit jusqu'à 2 ans. Adulte à partir de 10 €. Réservation par SMS avec le mot « Plage ». Chèque Vacances. Accueil enfants. Visite guidée. Restauration.
De trois à dix rotations à bord d'un des bateaux, *Le Popeye* et *U Saleccia*, pour 20 minutes de croisière le long des côtes sauvages. Sur place, une petite marche pour rejoindre la plage de Saleccia, la tour génoise ou le sémaphore, puis pique-nique, baignade, sieste et bronzette avant de reprendre les navires aux heures convenus. A moins que vous ne décidiez de rester la nuit sur le sable à regarder les étoiles ? Réservation recommandée, derrière le chantier naval. Formule Taxi Boat avec une semi-rigide de 12 places pour vous rendre directement à Saleccia au départ de Saint-Florent et chaque mercredi et dimanche, la ballade à la journée sur Centuri avec promenade et baignade.

Histoire

Cette partie du golfe est occupée depuis la préhistoire et l'Antiquité. On a en effet des preuves de l'existence d'une cité romaine appelée Cersunum, mais les diverses invasions du Moyen Age ont eu raison de cette première ville. Le seul témoignage de cette époque est la cathédrale Santa-Maria-Assunta, appelée également cathédrale du Nebbiu. Construite au XIIe siècle à l'emplacement d'une basilique paléochrétienne, elle est d'architecture typiquement pisane, et possède une très belle façade de calcaire blanc. Si le décor extérieur est très simple, l'intérieur est majestueux, avec ses colonnes sculptées et ses nefs. Ce seront les Génois qui se réapproprieront le territoire, en y édifiant une citadelle. La ville avait une vocation à la fois militaire et marchande. Les fortifications furent ainsi érigées en 1440, et les Génois y installèrent la résidence des gouverneurs du Nebbiu. La ville se développe et devient une place commerciale importante. Saint-Florent connaîtra un déclin à partir du XVIe siècle, lors de l'occupation par les Français. La ville est de nouveau cédée aux Génois en 1559 par le traité de Cateau-Cambrésis, mais ses fortifications sont détruites. Le système défensif se remet en place quelques années plus tard, devant la menace barbaresque. Autour du Turrione (donjon), on construit des maisons et une église. Malgré les troubles des XVIIe et XVIIe siècles, Saint-Florent continue de jouer une importance stratégique. En 1765, les Français s'y installent, restructurent la forteresse et aménagent des bâtiments annexes, comme la poudrière. L'édifice, au XIXe siècle, est rehaussé, couvert, et devient une caserne. La ville acquiert la citadelle en 1974, et en 1991, les fortifications et le Turrione sont inscrits aux Monuments historiques, ce qui permit leur restauration. L'ensemble se visite aujourd'hui, et accueille en été beaucoup d'expositions de peinture et de photos. Saint-Florent, point stratégique, fut l'enjeu de plusieurs puissances, qui s'affronteront jusqu'au XVIIe siècle. La ville, à l'instar de toute l'île, connaît alors une régression. Elle renaîtra de ses cendres avec la politique d'aménagement second Empire, qui fera assécher les marais et aménager un réseau routier, afin de désenclaver le Nebbiu. La région peut alors exporter ses productions par terre et par mer.

Points d'intérêt

■ CATHÉDRALE SANTA-MARIA-ASSUNTA ★★

✆ 04 95 37 06 04
www.corsica-saintflorent.com
Accès libre et gratuit. Visites guidées payantes.
L'ancienne cathédrale du Nebbio connue aussi sous le vocable d'église Santa-Maria-Assunta, se trouve à la limite de Saint-Florent le long de la petite route qui remonte vers Poggio d'Oletta par la Strette di San Germanu. C'est un magnifique édifice médiéval bien restauré et qui sert encore parfois de lieu de culte. La date de sa construction est incertaine, au XIIe siècle entre 1125 et 1140. Le bâtiment est protégé dès 1840 et classé aux Monuments historiques en 1875.

■ CITADELLE DE SAINT-FLORENT ★★

✆ 04 95 37 06 04
www.corsica-saintflorent.com
Accès payant.
Construite en 1439 sur un rocher calcaire, silhouette insulaire flanquée d'une tour carrée et de deux tourelles. Elle se trouve au cœur de la cité et fut fondée en 1440 par Janus de Campofregoso. Elle domine la ville et le port. Visitable en période estivale, vous pourrez y admirer les nombreuses expositions qui s'y déroulent. La promenade pour y accéder, à travers les vieilles ruelles, est un vrai plaisir.

Le couvert

■ L'ARRIERE-COUR

U Furnellu
Place Doria
✆ 04 95 35 33 62
mariani.pamella@orange.fr
Fermé du 8 novembre à mars. Fermé le mardi sauf en été. Haute saison : ouvert tous les jours et les jours fériés le midi et le soir. Réservation recommandée. Carte : 20 € environ. Plat du jour : 10 €. Vin au verre. Terrasse.
Une petite affaire de famille, tenue par Francine et Paméla qui proposent une bonne cuisine maison où les suggestions journalières s'affichent sur une grande ardoise. Un joli patio à ciel ouvert, décoré de manière originale, où l'on est servi prestement dans la joie et la bonne humeur. Une gentille cantine où l'on se régalera de tartes salées, ragoût, civet ou encore daube cuisinés à la mode d'antan.

■ L'AUBERGE DU PECHEUR

D81
Route de Bastia
✆ 06 24 36 30 42
www.aubergedupecheur.com
poissonneriestchristophe@orange.fr
♿
Fermé du 15 octobre au 28 mai. Haute saison : ouvert tous les jours et les jours fériés le soir. Réservation impérative. Carte : 55 € environ. Suggestion du jour : 25 €. Vin au verre. American Express. Chaises bébé. Jardin. Terrasse. Boutique.
Une adresse très surprenante que cette Auberge du Pêcheur ! Pratiquement invisible de l'extérieur, on traverse la poissonnerie pour tomber dans un jardin adorable, plein de petits recoins intimistes au milieu de plantes vertes. On y vient uniquement pour savourer la pêche de Damien Muller, artisan pêcheur du village que l'on choisira à l'ardoise, à l'étal ou au vivier, le tout servi prestement par une escouade de jeunes, sympathiques et souriants serveurs. Le nouveau chef Hugo Maurel, breton es poisson apporte un vent de fraicheur sur la carte. Addition conséquente mais justifiée, compte tenu de la qualité.

■ LE MATHURIN BARA VIN

Place Doria
✆ 04 95 37 04 48
lemathurin@wanadoo.fr
Ouvert d'avril à septembre. Fermé le mardi, sauf en été. Service à partir de 16h30. Carte : 20 € environ. Formule : 18 € (mezzé de 6 tapas). Vin au verre. Terrasse. Wifi gratuit.
Juste derrière les quais du port de plaisance, le petit bar à vins de l'ami Serge est le lieu de rencontre des adeptes de Bacchus. Une belle sélection des appellations locales servies au verre ou à la bouteille que l'on sirotera autour des gros tonneaux comptoirs. Pour accompagner ces divins breuvages, une petite carte gourmande de tapas à la mode corse dont un sympathique mèzzé

Les plages de Saint-Florent et des Agriate

Les environs de Saint-Florent promettent de passer des vacances dans un cadre enchanteur. Les plages des Agriate, qui s'étendent sur environ 35 kilomètres, sont parmi les plus belles de l'île. Encore sauvages, on peut y accéder à pied, par la route ou par la mer. La plage de Malfaco est la plus sauvage, et peut-être l'une des plus belles. Si l'on choisit d'emprunter les navettes quotidiennes, on arrive à la plage du Lotu, très fréquentée en été. Un sentier de randonnée permet d'arriver, en 1h, à la plage de Saleccia, pour profiter d'un repos bien mérité. Le sentier des Douaniers permet quant à lui d'admirer les côtes des Agriate. Par ce sentier, on arrive à la tour de la Mortella. Construite en 1553, elle fut fortifiée en 1555 par Andrea Doria, et devint ainsi un poste avancé de la citadelle. Elle sera en partie détruite en 1794 par un assaut des Anglais. On dit que l'amiral Nelson, séduit par l'architecture du bâtiment, fit faire des copies des plans et qu'ainsi, on trouve des tours assez similaires en Grande-Bretagne, appelées Martello Towers.

façon Sergio pour éponger en toute tranquillité les abus de la soirée. Ambiance décontractée et bonne humeur garantie.

■ LE PETIT CAPORAL
Quai d'Honneur
Port de plaisance
✆ 04 95 37 20 26
www.lepetitcaporal.com
lucienbenvenuti@gmail.com

Fermé du 15 novembre à mars. Ouvert les week-ends et le midi hors saison. Haute saison : ouvert tous les jours et les jours fériés le midi et le soir. Réservation recommandée. Menu unique à 26 €. Carte : 40 € environ. Vin au verre. American Express, Diners Club, Chèque Vacances, Chèque Restaurant. Accueil des groupes. Terrasse. Vente à emporter.

La situation est idéale au milieu du port de plaisance avec une grande salle ouverte sur la baie, et une cuisine inventive, régulièrement modifiée au gré des saisons. Le poisson de la petite pêche locale est bien sur à l'honneur accompagné de suggestions journalières proposées à l'ardoise. Pour les inconditionnels, la pizza est cuite au feu de bois et les desserts de Patrick, le pâtissier maison méritent de garder une place en final. L'addition restera raisonnable, le service attentif et rapide même en plein mois d'août.

AUBERGE LE MONTANA
D82
Route d'Oletta
Oletta
✆ 04 95 37 14 85
www.auberge-lemontana.com
info@auberge-lemontana.com

Fermé en décembre. Ouvert le week end en janvier. Basse saison : ouvert du jeudi au mardi et les jours fériés le midi et le soir. Haute saison : tous les jours et les jours fériés le midi et le soir. Fermé le mercredi midi en saison. Réservation recommandée. Carte : 38 € environ. Formule : 26 € (3 assiettes du chef au choix). Vin au verre. Chambres double de 67 à 92 € avec petit-déjeuner. Demi-pension 112 € pour 2 en basse saison. Jardin. Terrasse. Piscine, salle et chambres climatisées. Wifi.

C'est à 3 km de Saint-Florent sur la route d'Oletta que l'on découvre cette petite étape authentique. Dans le réel esprit des auberges corses comme on les aime la famille Costa, père, mère et fils donnent à ces lieux un charme particulier. La salle intérieure est plaisante et l'été on y mange en terrasse autour de la piscine, bordée de palmiers et cyprès. Antoine, le fils élaboré une cuisine traditionnelle raffinée tournée vers la mer, agrémentée de garnitures finement travaillées et Thierry, le second fils, un amoureux de sa Corse, s'attache tout particulièrement au confort de ses hôtes. Côté hébergement, des petites chambres simples, mais au calme et nickel propre. Parking sécurisé et accès Internet par wifi gratuit.

Le gîte

■ ADONIS SAINT FLORENT 3***
Lieu-dit Arrechimozzo
Route de Calvi
✆ 04 95 56 69 81
www.adonis-residence-saintflorent.com

Fermé du 1er novembre au 25 mars. Accueil de 8h à 12h et de 15h à 20h. 70 chambres. Studio / appartement. Petit déjeuner buffet : 10 €. Parking ouvert inclus. Studio et appartement T3 (6 personnes) de 72 à 235 €. American Express, Chèque Vacances. Jeux pour enfants. Animaux acceptés (7 €). Wifi gratuit. Parking ouvert inclus.

Située à proximité du centre-ville et des plages de la Roya, nichée aux pieds des montagnes, la résidence est dotée d'une vue sur le golfe de Saint-Florent. Un lieu de villégiature sur un site unique et protégé, véritable écrin de verdure composé des essences parfumées du maquis Corse. La résidence met à votre disposition des appartements climatisés, entièrement meublés et équipés avec goût. On apprécie les prestations de qualité, l'indépendance de l'appartement avec les services de l'hôtel. Chaque appartement possède une kitchenette avec plaques chauffantes, réfrigérateur, kit vaisselle, four micro-ondes, une salle de bains et toilettes, une terrasse avec vue sur mer ou montagne et un téléviseur écran plat avec satellite. Une belle adresse qui met tout en œuvre pour votre bien-être et votre confort.

■ DOLCE NOTTE***
D81
Route de Bastia
✆ 04 95 37 06 65
www.hotel-dolce-notte.com
info@hotel-dolce-notte.com

Fermé du 15 octobre au 15 avril. Accueil jusqu'à 22h. 20 chambres (dont 1 familiale pour 4 personnes). Chambre double de 80 € à 172 € ; chambre triple de 142 € à 207 €. Petit déjeuner en chambre : 9 €. Lit supplémentaire : 38 €. Parking fermé inclus (auto et moto). American Express. Poste Internet. Wifi gratuit.

Une affaire de famille présente sur la plage de l'Ospedale à l'entrée du village depuis 1978. On bénéficie d'un emplacement de choix, tout proche de la citadelle, les pieds dans l'eau bien évidement et les prestations hôtelières sont conformes au nouveau classement. Toutes les chambres sont face au golfe, avec balcon ou terrasse panoramiques. Pour la tranquillité, le parking est fermé et, pour les petits déjeuners, on vous servira directement en chambre. Royal !

■ TETTOLA***
D81
Route de Bastia
✆ 04 95 37 08 53 / 06 15 50 70 27
www.hoteltettola.com
info@tettola.com
A 1,6 km du centre-ville.

Fermé de novembre au 12 avril. Accueil jusqu'à 22h. 30 chambres. Chambre double de 75 € à 186 € ; chambre triple de 135 € à 216 €. Petit déjeuner buffet : 12 €. Lit supplémentaire : 30 €. Parking fermé inclus (auto et moto). Chèque Vacances. Poste Internet. Wifi gratuit. Vente (huile d'olive AOC de Sandrine Marfisi). Tv satellite.

Les pieds dans l'eau, idéalement situé entre les plages de sable blanc d'un côté et de l'autre les falaises du Cap Corse, ses criques turquoise, et ses villages de pêcheurs, vous n'avez que quelques marches à descendre depuis cet hôtel pour accéder à la plage. Entièrement rénové, la décoration est design et les chambres bénéficient de tout le confort nécessaire : climatisation, insonorisation, réfrigérateur, tv satellite. Cet hôtel de charme met également à votre disposition une piscine avec transats et parasols, un bar, un garage à vélos, et un parking sécurisé.

Chambres d'hôtes

VILLA BARAKA
D81
Route de Patrimonio
Lieu-dit Tettola
✆ 06 20 33 10 72 / 06 72 75 64 30
www.lavillabaraka.com
villabaraka@orange.fr

Ouvert toute l'année. Accueil jusqu'à 22h. 4 chambres. Chambre double de 55 € à 90 € ; studio / appartement de 385 € à 1 200 € la semaine. Parking fermé inclus. CB non acceptée. Chèque Vacances. Animaux acceptés. Wifi gratuit. Salon de jardin.

Juste à la sortie du village direction Patrimonio, en face de la grande plage, Babet et Stephan proposent dans leur villa d'adorables chambres d'hôtes au calme et dans un bel environnement. Une étape craquante où il faudra vite réserver pour pouvoir en profiter. On peut même y trouver une petite maisonnette en location à la semaine. On y découvrira le petit chemin tout proche qui vous conduira tout droit à la plage tranquille, même au mois d'août ! Le petit plus : une piscine avec matelas et parasol au cas où la mer vous lasserait et le plateau de courtoisie à disposition pour le petit déjeuner.

Campings

■ ACQUA DOLCE**
Plage de la Roya
✆ 04 95 37 08 63 / 04 95 37 12 82
www.campingacquadolce.fr
campingacquadolce@orange.fr
A 2 km du centre-ville.

Fermé d'octobre à mars. Sans réservation. Accueil jusqu'à 23h. Gardé 24h/24. Terrain de 1,5 ha. 110 emplacements (dont 5 caravanes). Exposition : ombragé / mi-ombragé. Sol : herbeux. Relief : plat. Emplacement de 2,50 € à 3 €. Véhicule de 2,50 € à 7 €. 2 personnes à partir de 12 €. 5 caravanes pour 4 personnes à partir de 50 € la semaine. La nuit. CB non acceptée. Wifi gratuit. Restauration (restaurant-pizzeria carte 16 €).

A 2 km du centre-ville, bordé par la plage de la Roya, une structure dirigée par la famille Panza depuis plus de 40 ans. Sur place, vous trouverez toutes les commodités nécessaires : un bon petit restaurant pizzeria à prix doux, une alimentation avec dépôt de pain et un grand service, et l'accueil toujours souriant de Cathy, Jo, Vanina, Patrice et Ange. Vous serez, de plus, idéalement placé pour profiter des randonnées sur le sentier du littoral, le site et les plages des Agriate, à découvrir sans modération, à pied, à cheval, ou en VTT. En bonus : une base nautique juste en face pour le wakeboard, le ski nautique, la bouée et la banane pour s'éclater sur l'eau !

■ U PEZZO**
Route de la Roya
Pezzu
✆ 04 95 37 01 65 / 06 77 92 15 39
www.upezzo.com – contact@upezzo.com
Bus de Bastia avec une arrivée à Saint-Florent puis 10 minutes de marche pour arriver au camping, qui se situe sur la plage de la Roya.

Fermé du 15 octobre à mars. Accueil jusqu'à 22h. Gardé 24h/24. Terrain de 2 ha. 145 emplacements (dont 19 mobile home). Exposition : ombragé. Sol : sablonneux / herbeux. Relief : plat / en terrasse. Emplacement de 3 € à 7 €. Véhicule de 2 € à 13 €. 2 personnes de 5,50 € à 7 €. 15 mobil-homes pour 4 à 6 personnes de 350 € à 1 300 € la semaine. Location en mobil home hors saison a partir 50 € la nuit. Chèque Vacances. Jeux pour enfants. Salle

de bains pour bébés. Animaux acceptés (4 €, sauf en hébergement). Aire pour camping-cars. Wifi payant. Restauration (bar-restaurant-pizzeria, snaking glacier). Vente (articles de plage).
Situé en bordure de mer, sur la plage de la Roya, ce charmant camping familial sera le rendez-vous de vos prochaines vacances. Calme, très ombragé, entouré d'immenses eucalyptus, vous serez émerveillés par la vue qu'il offre sur la mer, le golfe et la plage de Saint-Florent. Dans une ambiance chaleureuse et décontractée, on y profitera d'un restaurant-pizzeria attractif. Vos enfants découvriront les joies de la nature dans la petite ferme animalière du camping. Accueil sympa et tarifs du même acabit.

Loisirs

■ ACQUA DOLCE NAUTIC

Plage de la Roya ✆ 06 22 25 65 38
www.campingacquadolce.fr
info@campingacquadolce.fr
Fermé de septembre à juin. Ouvert tous les jours et les jours fériés de 8h à 20h. Bouée-canapé 20 € le tour de 15 minutes, 30 € le tour en ski ou wakeboard, stage et leçons sur réservation.
Juste en face du camping éponyme, Joseph Panza propose à la location des bouées-canapé banane l'après-midi et des cours de ski nautique et de wakeboard le matin avec un moniteur diplômé.

■ ALTORE

Plage de la Roya
Acqua Dolce
✆ 06 88 21 49 16 / 06 08 726 719
www.altore.com – info@altore.com
♿
Ouvert toute l'année. Sur réservation. Haute saison : tous les jours et les jours fériés de 8h à 21h. Tarifs : initiation au parapente de 75 € à 130 €, canyoning 60 €. Bateau volant de 120 € à 200 €. CB non acceptée.
Altore a été créée en 1993 par Olivier et Stéphane Leonetti à Saint-Florent, par la suite d'autres sites ont été aménagé pour la pratique d'activité de plein air : A Saint-Florent : canyonisme, parapente, multi-activités, hydro ULM (bateaux volants). A Calvi : Plage de la pinède : parcours aventure dans les arbres « A Scimia Calvese » : 06 83 39 69 06. Parapente en Balagne : vol découverte en tandem. Sites de vol : Montemaggiore, Lozari, Algajola, Corbara, Ostriconi selon direction et force du vent.
▸ **Autre adresse :** Pinède de Calvi 06 83 39 69 06.

Les sites de plongée autour de Saint-Florent

▸ **Punta Cavalata**
Niveau requis : baptême, formation enfant et niveau 1, exploration niveau 1. Profondeur : de 0 à 15 m. Situation : désert des Agriate, à côté de la plage paradisiaque du Lodu. Points forts : eau turquoise et cristalline, faune et flore très riches (une vraie pouponnière à poissons), site très protégé, conditions de plongée très faciles.

▸ **Chapeau du Gendarme**
Niveau requis : niveau 2 minimum. Profondeur : de 25 à 38 m. Situation : désert des Agriate, au large de la pointe de la Mortella. Points forts : plongées très variées, de magnifiques nudibranches accrochés au tombant et une faune très importante sur le plateau tels gros mérous, banc de barracudas, dentis en chasse, corbs, mostelles, raies pastenague. La plongée « poissons » par excellence.

▸ **Roche de Nonza**
Niveau requis : niveau 2 expérimenté. Profondeur : de 34 à 55 m. Situation : cap Corse, au pied de la tour génoise de Nonza. Points forts : un tombant exceptionnel digne des plus belles plongées de Méditerranée. Gorgones rouges, gorgones-léopards, corail rouge, anthias, quelques vieux mérous énormes, gardiens des lieux. Une eau cristalline et une visibilité atteignant souvent les 50 m.

■ ACTISUB

Quai de l'Aliso – SAINT-FLORENT
✆ 06 12 10 29 71 / 06 07 70 18 01
www.actisub.com – actisub@yahoo.fr
A 750 m du centre-ville.
Fermé de novembre à mars. Responsable du Club et qualification : Cyrille Castelli et Sarah G.Costa, Brevet d'Etat plongée, scaphandrier professionnel, plongeur sauveteur SNSM. Haute saison : ouvert du lundi au samedi de 9h à 19h. Sur réservation hors saison. Baptême 60 €, exploration à partir de 42 €. Rando palmée 20 €. Pack découverte (3 plongées d'initiation pour les débutants, intermédiaire entre le baptême et le niveau 1 : 165 €. CB non acceptée. Chèque Vacances. 1 semi-rigide de 16 plongeurs. Matériel Aqua Lung.
L'école organise des baptêmes, des explorations et des formations. Les plongées se font dans les Agriate, à Nonza avec un bateau rapide. 8 à 12 personnes maxi pour les baptêmes, plongée à partir de 8 ans. Sortie en randonnée palmé l'après midi (snorkerling). Réservation recommandée.
▸ **Autre adresse :** Siège social : Lieu-dit Corsu 20232 Oletta

RANDONNÉE À LA TOUR DE LA MORTELLA

Route de la Plage

Départ plage de la Roya. Dénivelé 150 m. Durée 3h.

Au bout de la piste carrossable qui désert les résidences côtières de Formali et de Fonaverte, ignorer la piste descendant vers le phare et suivre le sentier des douaniers qui mène jusqu'à la pointe de la Mortella (et plus loin si affinités). A noter : franchissement d'estuaire obligeant à quitter les chaussures pour une petite traversée avec eau jusqu'aux genoux (au printemps). Construite au XVIe siècle par les Génois, elle fut bombardée en 1794 par la flotte anglaise de l'amiral Nelson. Consolidé en l'état par le Conservatoire du Littoral, elle offre aux visiteurs un superbe plan en coupe qui permet d'apprécier l'épaisseur de ses murs. Maquis en fleurs, rencontre d'un troupeau de vaches, petit passage à guet pimentant l'aventure.

RANDONNÉE SUR LE SENTIER DES DOUANIERS DES AGRIATE

Route de la Plage

✆ 04 95 37 06 04 / 04 95 37 09 86

www.agriate.org

contactagriate@gmail.com

Départ plage de la Roya.

Jour 1 : au départ de la plage de la Roya, on rejoint la plage du Loto, en saluant au passage les vestiges de la tour génoise de Mortella (environ 4h). Pause baignade au Loto, puis nouveau tronçon d'environ 4 h vers la plage de Saleccia. Pause et possibilité de ravitaillement en boissons au camping de la plage. Dernier tronçon de 3 h jusqu'au refuge de Ghignu-Mafalcu. Le refuge compte une dizaine d'anciennes bergeries (paillers ou pagliaghji) restaurées en 1994 sur l'initiative du syndicat mixte des Agriate en bordure d'une très belle plage. La réservation est impérative.

Jour 2 : 6 h pour rejoindre la plage de l'Ostriconi. Vous pouvez aussi récuperer une navette maritime ou une navettes 4X4 depuis le Loto ou Saleccia pour rejoindre soit Saint-Florent soit le hameau de Casta.

Location de deux-roues

CORSE HORIZON

D81

Le port

✆ 06 15 77 85 53 / 04 95 35 37 61

corsehorizon379@orange.fr

Haute saison : ouvert tous les jours et les jours fériés jusqu'à 18h30. Ouvert de mi-mai à mi-octobre. Tarif : à partir de 30 €. Dégressif selon la durée. Location de scooter 50cc Kimco à 300cc, moto de 125cc Honda Varadero à 600cc Yamaha Xtr.

Bateau

DOMINIQUE PLAISANCE

Bord de l'Aliso

D81

✆ 04 95 37 07 08 / 06 16 90 58 02

www.dominiqueplaisance.com

dominiqueplaisance@wanadoo.fr

Ouvert tous les jours et les jours fériés de 9h à 20h. Ouvert d'avril à octobre. A partir de 90 € pour un bateau 6 places.

Une structure bien pratique pour découvrir le site des Agriate de façon autonome, avec sa flotte d'une trentaine de bateaux, du semi-rigide sans permis à l'Open White Shark de 150 cv. Formule à la demi-journée ou journée. Idéal pour se rendre en famille à Saleccia, Loto, Malfalco, Forneli. Conseils de navigation et carte marine pour naviguer en sécurité. Tarifs dégressifs selon la durée.

Emplettes

EPICERIE FINE SCOTTO

Place Doria

✆ 04 95 37 00 47

epicerie.scotto@orange.fr

Basse saison : ouvert du lundi au samedi jusqu'à 12h30 et de 15h30 à 19h30. Haute saison : tous les jours et les jours fériés de 7h30 à 13h et de 15h30 à 20h30. Livraison possible. American Express.

Ce petit commerce, présent sur la place depuis 1913, a été repris, depuis peu par Jean-Michel, l'héritier de la famille Scotto. Cette petite épicerie de quartier propose de bons produits corses, finement sélectionnés, des fruits et légumes de la région et sur le comptoir, au fond de la salle voûtée. Nouveau rayon d'épicerie fine avec la truffe, foie gras, caviar, mozzarella di bufala... Belle sélection des crus les plus nobles de Corse. Accueil toujours adorable de Nathalie et Jean-Michel qui prendront toujours le temps de vous faire partager leur passion.

Marchés

Lieux de rencontre, les marchés traditionnels mettent en avant les produits du terroir et dynamisent la vie sociale des petits villages ainsi que des grandes villes. Vous y trouverez tous les produits corses. Vous le trouverez tous les premiers mercredi du mois sur la place du village.

SANTO-PIETRO-DI-TENDA ★★

Située au pied du mont de Tenda, dans le haut Nebbiu, Santo-Pietro di Tenda est l'une des plus vastes communes de Corse. Elle s'étend sur tout le territoire des Agriate jusqu'à la limite de l'Ostriconi, à l'ouest. Sa façade littorale désertique et très découpée laisse par endroits la place à de très belles plages comme celles du Lodu, Saleccia ou Malfacu et en fait un site exceptionnel. C'est notamment sur la plage de Saleccia que Darryl Zanuck tourna le film *Le Jour le plus long* en 1962. L'accès à la plage de Saleccia est limité aux trails et enduros par une piste en terre et en sable ! Sinon, c'est VTT ou 4x4.

Si de nombreux sentiers de randonnée permettent de sillonner et d'admirer les paysages de cette région du Nebbiu, les vestiges du passé sont tout aussi intéressants à découvrir. Des restes d'habitats préhistoriques, mégalithes de la fin du Ve millénaire avant notre ère, se trouvent au hameau de Casta sur le Monte Revincu. On peut y voir des dolmens et des statues-menhirs. D'autres constructions, plus proches de notre époque, méritent notre attention notamment l'église Saint-Jean-l'Evangéliste inscrite aux Monuments historiques. Elle forme avec son clocher et l'oratoire Sainte-Croix un ensemble, joyau de l'art baroque, datant du XVIe siècle. Le village abrite le couvent Saint-Joseph. De style roman, il date du XIIIe siècle et a longtemps accueilli les moines capucins.

Points d'intérêt

■ **LES AGRIATE** ★★★★
Voir page 14.

Le gîte

■ **LE RELAIS DE SALECCIA**
D81
Ariento
Casta
✆ 04 95 37 14 60 / 06 67 99 35 90
www.hotel-corse-saleccia.com
jp.andreani2b@wanadoo.fr
A 12 km de Saint-Florent
et 35 km de L'Ile-Rousse.

Fermé d'octobre à mars. Accueil jusqu'à 19h. 12 chambres. Basse saison : chambre double à partir de 58 €. Haute saison : chambre triple jusqu'à 98 €. Petit déjeuner inclus (sauf l'été 4,50 ou 6 €). Lit supplémentaire : 15 €. Parking fermé inclus (auto et moto). Navettes 4x4 pour la plage de Saleccia 20 à 25€, location VTT 17€. CB non acceptée. Chèque Vacances. Chambre adaptée. Animaux acceptés (4 €). Wifi gratuit. Restauration (formule midi 12 €. Carte 23 €, menu enfant 9 €, plat du jour à partir de 9,90 €). Vente (produits locaux). Pas de tv.

A douze kilomètres de la plage de Saleccia et du Loto et trente-cinq kilomètres de L'Ile-Rousse. Quelle bonne surprise, dans la traversée du site des Agriate, que de trouver ce relais-là. Amateurs de tranquillité, vous succomberez à cette charmante étape, où Valérie et Jean-Pierre vous accueilleront en toute gentillesse. Les chambres sont plaisantes et, côté cuisine, c'est petit prix garantis et fraîcheur assurée. Belle terrasse ombragée avec vue panoramique et service location VTT et navette 4X4 pour Saleccia et Ghignu.

Chambres d'hôtes

■ **A CASA DI CHIARA**
D81
Tetola
Casta
✆ 04 95 37 21 93 / 06 12 43 32 11
www.desertdesagriates.unblog.fr
beltra2@wanadoo.fr

Fermé du 15 novembre à avril. Accueil jusqu'à 21h30. 2 chambres. Chambre double 45 €. Petit déjeuner inclus. Lit supplémentaire : 10 €. Parking fermé inclus (motos). CB non acceptée. Wifi gratuit. Restauration (table d'hôte sur réservation de 16 € à 20 €). Vente (produits locaux). Pas de tv.

Une bonne surprise sur la route de l'Agriate que cette petite étape à l'entrée du hameau. Anne-Marie Beltramelli offre aux voyageurs en goguette le gîte dans ses chambres d'hôtes, aménagées dans la maison de son enfance, une belle bâtisse de 1901, l'ancien bar des chasseurs tenu par la Carara (la grand-mère). Sur la terrasse en restanque trône le four à pain, et l'on pourra s'attabler pour y savourer la cuisine familiale en toute décontraction, face au panorama de l'Agriate qui est tout sauf un désert.

Plage de Saleccia.

LE NORD

Campings

■ LA CANARDIÈRE
D81
Casta ✆ 04 95 37 20 79
✆ 06 83 07 10 34 – www.lacanardiere.com
lacanardiere@voila.fr
Piste en terre entretenue et roulante sur 1,2km.

Ouvert toute l'année. Affilié à Bienvenue à la ferme. Réservation recommandée. Accueil jusqu'à 23h. Gardé 24h/24. Terrain de 6,5 ha. 10 emplacements (et 6 mobile home). Exposition : ombragé / mi-ombragé. Sol : herbeux. Relief : plat / peu incliné. Emplacement + véhicule + 2 personnes de 16 € à 20 €. Emplacement de 2,50 € à 3 €. 2 personnes de 5,50 € à 6 €. 6 mobil-homes jusqu´à 5 personnes de 260 € à 720 € la semaine. CB non acceptée. Chèque Vacances. Animaux acceptés. Wifi gratuit. Vente (produits de la ferme : miel, confitures et aromates du maquis).
Un camping atypique, tenu par un couple atypique ! On le trouvera au bout d'une piste en terre, perdu et seul au monde face au panorama superbe de l'Agriate. Les tarifs sont tout doux, l'accueil délicieux pour y passer un séjour revigorant. Plus de canards ici, mais quelques chevaux à l'enclos et les confitures, le miel et les herbes du maquis pour améliorer le quotidien.

■ U PARADISU**
plage de Saleccia
✆ 04 95 37 82 51 / 06 16 97 75 62
www.camping-uparadisu.com
contact@camping-uparadisu.com

50 emplacements. Sol : sablonneux. Relief : plat. Emplacement à partir de 5 €. 50 emplacements pour tente et camping-car et 8 paillers de 4 couchages en gite d'étape. CB non acceptée. Restauration. Animations.
Ancré dans la nature sauvage des Agriate depuis 30 ans, ce camping familial vous offre le privilège d'accéder à « un rêve d'ailleurs ». Situé à 5 min de la plage de Saleccia qui, par la couleur de son eau et de son sable, vous enchantera. Et même au bout du monde, les principaux services sont au rendez-vous. Les amis randonneurs trouveront en plus d'une halte sympathique et chaleureuse des gîtes d'étape confortables (charmantes petites maisons en pierre). Location de juin à septembre.

Emplettes

■ DOMAINE GIACOMETTI
D81
Lieu-dit Casta
✆ 04 95 37 00 72 / 06 15 73 32 26
domainegiacometti@orange.fr
Ouvert du lundi au samedi de 10h à 12h et de 15h à 19h. Livraison possible. Rouge Sempre Cuntentu 9 €, Sarah rouge 9 € blanc 9 €, rosé 6 €. CB non acceptée.
Le domaine est régulièrement cité dans les meilleures revues et médaillé d'argent au concours de Macon en 2013. Une jolie balade pour se rendre au domaine... Attention, piste en terre praticable sur 3,5 km. À découvrir l'original Rouge «Sempre Cuntentu» et sa belle étiquette signée Anto, la cuvée Sarah rouge et blanc 2012. Un rosé injustement méconnu à boire avec viande blanche ou poisson.

Dans les environs

Piève

Piève est un village ancien, occupé depuis la préhistoire, comme en témoignent les nombreux vestiges retrouvés sur son territoire. A l'ancien village d'Azzigliani, dont on distingue seulement les ruines d'une chapelle, on trouve une grotte préhistorique, contenant quelques éléments de mobilier. Devant l'église paroissiale San-Quilico, remaniée sur des bases médiévales, on peut observer les deux statues-menhirs, rebaptisées Bucentone et Murellu, ainsi que le Capu Castincu, qui est une tête de statue-menhir. Dans les environs, une randonnée mène au col San-Nicolao, où l'on peut voir les ruines de la Chiesa Nera (l'église noire), construite au XIIIe siècle. Pieve est un bon point de départ pour découvrir la région par les multiples sentiers muletiers qui la traversent.

Rapale ★

A 400 m d'altitude, la commune de Rapale domine la plaine du Nebbiu et s'étend jusqu'au désert de l'Agriate. Dans un paysage naturel et préservé, un sentier permet d'accéder à l'église San-Cesario construite au XIIe siècle dans la tradition romane, ornée de nombreux ouvrages sculptés. On dit que c'est l'une des plus belles de Corse. L'originalité principale du monument réside dans son matériau de construction puisque l'église est bâtie en serpentine verte, appareillée avec le plus grand soin. En raison de ces caractéristiques, l'église a été classée aux Monuments historiques. On peut également visiter la chapelle Saint-Martin, l'ancienne église paroissiale, conservée dans un très beau paysage. Des sentiers de randonnée relient plusieurs communes des alentours, traversant le cœur de chaque village et nous font agréablement découvrir cette microrégion.

■ CASA GHJUNCA
Lieu-dit Ghjunca
✆ 04 95 39 03 14 / 06 43 15 76 95
casaghjunca.canalblog.com
balbinot.janick@orange.fr

Gîtes de France (3 épis). 5 chambres (dont 1 suite). Basse saison : chambre double à partir de 90 €. Haute saison : suite jusqu'à 160 €. Petit déjeuner inclus. CB non acceptée. Wifi gratuit.
Au fin fond de la région du Nebbio, la maison d'hôtes de Jannick se situe dans le cœur du village. C'est une bâtisse du XVIIe magnifiquement restaurée et décorée avec beaucoup de goût. La chambre avec balnéothérapie est exceptionnelle. L'accueil est des plus charmant et les petits déjeuners sont copieux et gourmands. Un endroit rare et une adresse secrète à préserver.

EST CORSE

Pont génois aux environs de Ghisoni

© XAVIER BONNIN

CORSE ORIENTALE

La Corse Orientale est surtout connue pour ses immenses plages de sable fin, qui s'étendent d'Aleria à Solaro. Néanmoins, la région n'est pas qu'un site balnéaire, mais aussi un centre culturel et historique très important. Elle se compose de nombreuses microrégions, chacune ayant ses propres spécificités. Entre mer, montagne et forêt, cette région mérite donc d'être découverte en profondeur afin d'en apprécier l'ensemble.

ALERIA ET LE FIUM'ORBU ★★

Ses nombreux villages mêlent paysages naturels et intérêt culturel. Une région à découvrir, presque vierge, et dont les villages, solidaires et superbes, forment à travers un épais maquis couvrant une couronne montagneuse un maillage humain unique et passionnant. Faire de préférence un tour complet des villages, pour découvrir à la fois l'identité des villages du Fium'Orbu et leur personnalité singulière. Magnifiques paysages avec un surplomb continuel sur la côte orientale. Aleria, cousine de Marseille, fut fondée à peu près à la même époque (VIe siècle avant J.-C.), également par les Phocéens, ces hardis navigateurs grecs qui avaient le sens du commerce et ouvraient des comptoirs un peu partout sur les côtes. Elle fut appelée Aleria par la colonie romaine. Ce n'est qu'à l'époque contemporaine que les fouilles ont été organisées de manière systématique pour mettre au jour les vestiges romains. La plage est à 3 km, tout près se trouve l'embouchure du Tavignano.

■ **OFFICE DU TOURISME INTERCOMMUNAL DE L'ORIENTE**
RN198
80, avenue Saint-Alexandre-Sauli
✆ 04 95 57 01 51 – www.oriente-corsica.com
tourismeoriente@orange.fr
Basse saison : ouvert du lundi au vendredi de 8h30 à 12h et de 13h30 à 17h. Haute saison : du lundi au samedi de 9h à 19h. Ouvert le dimanche (matin en été). CB non acceptée.

Points d'intérêt

■ **ÉTANG DE DIANA** ★★
Il est situé à 3 km au nord-est d'Aleria. Très connu depuis l'Antiquité pour sa production d'huîtres, l'étang de Diana est le haut lieu de l'aquaculture en Corse. Les Romains étaient très friands de coquillages et les huîtres de Corse étaient réputées. Ils avaient mis en place un très important élevage ostréicole et l'on en garde encore les traces avec l'îlot des pêcheurs : il s'est formé d'une accumulation de coquilles d'huîtres amassées là ! D'une superficie de 570 ha, on y élève des huîtres, bien sûr, mais aussi des moules et des palourdes. On peut acheter ou déguster sur place.

■ **MUSEE DEPARTEMENTAL D'ARCHEOLOGIE JEROME CARCOPINO** ★
Fort de Matra
✆ 04 95 57 00 92
Ouvert toute l'année. Basse saison : du lundi au samedi de 8h à 12h (dernière visite à 11h30) et de 14h à 17h (dernière visite à 16h30). Haute saison : du lundi au samedi et les jours fériés de 8h à 12h (dernière visite à 11h30) et de 14h à 19h (dernière visite à 18h30). Gratuit jusqu'à 12 ans. Adulte : 2 €. Enfant (de 12 à 18 ans) : 1 €. Groupe (10 personnes) : 1 €. CB et chèques non acceptés.

Est Corse

La côte orientale avec Aleria comme capitale de la Corse antique est une bonne représentation du contraste qui existe dans le paysage corse. L'étendue immense clairsemée de lagunes et d'étangs est surplombée par une forêt intense et caractéristique de l'île profonde. La Castagniccia avec ses villages typiques préserve jalousement son identité ; ici, la terre parle d'elle-même, forte, elle dégage une sensation de puissance aux frontières du mystique. Le long du littoral, en poursuivant la route qui longe le bord de mer, les étangs de Diane et d'Urbino dévoilent leur productivité ostréicole, active depuis l'Antiquité. C'est aussi le paradis des oiseaux migrateurs qui offrent un spectacle écologique rare. Cette région a développé l'agriculture et un tourisme de camps de vacances familiales. Si vous aimez les paysages surprenants, loin des centres touristiques agités, les villages que l'on découvre au détour d'un virage, nichés dans la verdure ou isolés sur un promontoire, avec leurs maisons en pierres, leurs vieilles fontaines et le café, unique lieu de rendez-vous sur une place oubliée par le temps, il faut prendre votre véhicule et faire un circuit qui vous laissera de grands souvenirs.

▶ **Les incontournables** : la visite du site romain et du musée d'Aleria, la baignade sur la plage de Pinia à côté de l'étang d'Urbinu, la promenade dans le défilé de l'Inzeca vers Ghisoni, la visite de l'église Saint-Jean à San-Giovani di Moriani, le couvent d'Orezza près de Piedicrocce, l'église Saint-Jean Baptiste et son campanile à la Porta en Castagniccia.

Est Corse
O
E
S
N193
N197
D71
D237
Vescovato
Venzolasca
Loreto-
di-Casinca
Sorbo-Ocagnano
Penta-
di-Casinca
Castellare-
di-Casinca
Silvareccio
Tagglio-Isolaccio
N198
D230
D506
La Porta
Ficaja
Croce
Pruno
D36
Pero-Casevecchie
Talasani
Santa-Lucia-
di-Moriani
(San-Nicolao)
San-Damiano
Orneto
Poggio-
Mezzana
Verdèse
Campana
San-Giovanni-
di-Moriani
D34
Moriani-
Plage
Rapaggio
Mont
Orezza
Pedicroce
San-
Nicolao
Santa-Reparata-
di-Moriani
Valle-
di-Campoloro
Piobetta
Taverna
Cervione
D71
Piazzali
Sant' Andrea-
di-Cotone
San-
Giuliano
Pietra-di-Verde
D17
Chiatra
D157
Linguizzetta
D17
N200
Bravone
Marine de
Bravone
Tavignano
Étang
de Diane
Aleria
Plage de
Padulone
Défilé des
Strette
Défilé
de l'Inzecca
D344
D343
Ghisoni
Fium' Orbu
Barrage de
Sampolo
Capannelle
1640 m
D169
D69
Lugo-
di-Nazza
Étang
d'Urbino
Lac de
Bastiani
Poggio-
di-Nazza
D344
D244
Fium' Orbu
Col de Verde
1289 m
Prunelli-
di-Fiumorbo
Ghisonaccia
D144
Isolaccio-
di-Fiumorbo
Serra-
di-Fiumorbo
San-Gavino-
di-Fiumorbo
Pietrapola-
les-Bains
Taravo
Ania
Plage de
Quercioni
Mer
Méditerrranée
Port de plaisance
Plage
Chisa
D645
0
5 km

Balade d'Aleria à Zuani

Comptez 100 km pour une bonne demi-journée. En sortant d'Aleria, prendre la RN 198 vers le nord, puis après 5 km, à gauche en direction de Linguizetta. Promenez-vous dans le dédale de ruelles. L'église paroissiale abrite une peinture du XVIe siècle, attardez-vous auprès de la fontaine à cinq canaux. Poursuivez jusqu'à Canale-di-Verde. Observez la vue sur la plaine d'Aleria et entrez dans l'église Saint-Martin, du XVIIIe siècle. Reprendre jusqu'à Chiatra qui s'étire sur une crête. Arrivée à Pietra-di-Verde, autre village accroché à la montagne, son église Saint-Elie à double façade et clocher baroque. Au nord du village, une abbaye romane magnifiquement située avec une vue sur le lac d'Alesani et la plaine orientale. Dirigez-vous vers Moïta. C'est le village de l'abbé Andrei, député de la Convention. L'église baroque du XVIIe siècle possède un clocher à quatre étages. Plus loin, Campi s'expose dans toute son unité architecturale, avec des maisons hautes et son église paroissiale de style maniériste. Allez voir aussi la chapelle San-Cervone, avec ses escaliers monumentaux et son clocheton en arcade. Le village de Tallone présente une église paroissiale baroque du XVIIe siècle. Admirez ensuite Zalana, village aux vieilles ruelles étroites et voûtées. L'église renferme de belles peintures. La rivière, la Bravone faisait tourner des moulins maintenant désaffectés. Le dernier village du circuit Zuani abrite un couvent du XVIIe siècle.

Le musée expose tous les vestiges découverts sur le site et plus particulièrement les objets des périodes grecques, étrusques, carthaginoises et romaines. Céramiques, armes, bijoux et objets utilitaires retracent la vie, les activités économiques et les préoccupations funéraires des habitants d'Aléria durant l'Antiquité. Le musée est installé dans le fort Matra construit par les Génois entre le XIVe et le XVIe siècle pour y abriter un petit détachement de cavalerie. Trois vitrines exposent le mobilier relatif à la période romaine du site.

RESERVE NATURELLE DE CASABIANDA

A environ 5 km au sud d'Aléria, la réserve naturelle de Casabianda s'étend sur 1 748 ha entre l'embouchure du Tavignano au nord et l'étang d'Urbino au sud. Cette réserve a été créée en 1951 dans un souci de préservation de certaines espèces animales en voie de disparition dans l'île, comme la perdrix rouge, le lièvre, le héron cendré, la tourterelle turque ou bien encore le canard col-vert. Composée d'étangs, de marais et de pâturages, cette zone est bordée de genévriers, ces petits arbustes typiques du maquis corse aux allures de conifères. Vous vous promènerez sur les chemins de ce site paisible et calme, à la découverte de la faune et de la flore corses, tout en admirant les innombrables richesses de l'arrière-pays !

SITE ANTIQUE ★

www.corse.fr/Archeologie_a485.html

Ouvert toute l'année. Basse saison : de 8h à 12h et de 13h à 17h. Haute saison : de 9h30 à 12h30 et de 13h30 à 18h30. Classé au titre des monuments historiques. Accès payant couplé avec la visite du musée départemental d'archéologie / billet d'entrée en vente au musée. CB non acceptée.

Le site archéologique d'Aléria se compose d'une nécropole et d'un rempart préromain, actuellement non accessibles, il intègre aussi les vestiges de l'ancienne cité romaine partiellement mise au jour. Il s'agit du premier ensemble urbain antique découvert en corse, avec forum, portiques, temples, maisons et boutiques, balneum et mosaïques, voirie... Du Fort, un chemin vous mène au centre de la ville antique pour une promenade dans un espace chargé d'histoire qui fait ressortir les fantômes du passé et laisse imaginer l'importance d'Aleria dans les relations commerciales en Méditerranée.

LA TOUR GENOISE D'ALERIA ★

Elle est actuellement en rénovation. D'Aléria, suivre la RN 200 en direction de la plage de Padulone. Avant d'arriver à la plage, prendre à gauche en direction de la coopérative, puis de nouveau tout de suite à gauche. Dès que la route s'arrête face à la mer, longer le chemin à gauche, marche tout droit sur environ 2,7 km et vous atteindrez la tour de Diana. Pour le retour, vous pouvez longer le chemin le long de la rive de l'étang.

Le couvert

FERME AUBERGE L'ECURIE

Route de la mer
Padulone
✆ 04 95 57 94 26
www.domainedepadulone.com

♿

Bienvenue à la Ferme. Fermé du 14 décembre au 15 mars. Fermé le dimanche soir. Ouvert du mardi au dimanche et les jours fériés le midi et le soir. Réservation recommandée. Menu unique à 35 € (soir et week-end). Carte : 40 € environ. Menu enfant : 10 €. Formule du midi : 19 € (en semaine sauf en aout). Vin au verre. Accueil des groupes. Chaises bébé. Jardin. Terrasse. Boutique. Wifi zone.

Une belle création de la famille Vincentelli du domaine de Padulone, exploitants agricoles de génération en génération. La situation est idéale, à 100 mètres de la plage, et l'aménagement de l'ancienne écurie familiale est une vraie réussite. Au programme des réjouissances, le veau et le bœuf bio du domaine à toutes les sauces et tous les modes préparés par le chef Bernard Pinna, les légumes du jardin, et même la pêche locale de Daniel Defusco. Grande terrasse ombragée, belle salle avec ses anciens box, et un seul mot d'ordre : la qualité et l'authenticité.

Le gîte

LES ORANGERS**
Route de la Mer
✆ 04 95 57 00 31 / 06 18 46 43 44
www.hotel-aleria-lesorangers.com
info@hotel-corse-lesorangers.com
A 200 m du centre-ville et 3 km de la plage.

Ouvert toute l'année. Accueil jusqu'à 21h. 13 chambres. Chambre simple à partir de 45 € ; chambre double à partir de 52 € ; chambre triple à partir de 64 €. Petit déjeuner : 7 €. Garage inclus (moto). 2 appartements F3 a la semaine a partir de 450€. Chèque Vacances. Wifi gratuit. Restauration (pizza à emporter).

Une petite adresse bienvenue, au début de la route de la plage, tenue par Claire et Louis Giudicelli, qui ont pris la suite des parents. Une réfection des chambres, de l'accueil et du bar apporte désormais un bon confort. On sera au calme, proche du centre et de la plage pour profiter de la région. Côté pratique, le parking et même un garage pour les motards. On y découvre en prime derrière l'hôtel, une piscine et son jardin.

Loisirs

CLUB NAUTIQUE D'ALERIA
Route de la mer ✆ 06 38 02 45 30
cnaleria.blogspot.fr – cnaleria@gmail.com
sous le pont

Fermé de décembre à janvier. Basse saison : ouvert du lundi au vendredi de 10h à 17h. Haute saison : tous les jours et les jours fériés de 9h à 18h. Reservation conseillée. Affilié FFCK et FFA. Chef de centre : Denis Gode BEES CK. 45 € la journée encadrée en kayak, 30 € enfant 8 ans mini sur le fleuve. Sortie Stand up Paddle encadrée à partir de 25 € mer et fleuve. Location seule kayak et Paddle à partir de 14 €/h. CB non acceptée.

Le club nautique d'Aleria vous propose en activité encadrée ou en location seule : du canoë-kayak, de l'aviron, du Stand Up Paddle, en mer ou rivière avec la descente de la basse vallée du Tavignano.

U BALADINU
D16
Pont d'Arena, Tallone
✆ 06 29 44 21 31
www.ecurie-ubaladinu.com
mlluciani2b@gmail.com
A 4 km d'Aleria.

Ouvert toute l'année. Haute saison : tous les jours et les jours fériés de 9h à 12h et de 16h à 20h. Fermé le lundi hors saison. Réservation recommandée. Promenades à cheval ou poney à partir de 20 € pour 1 h, plage et baignade à partir de 35 € pour 1 h. Sortie à la journée avec repas : 120 €. CB non acceptée.

Une petite structure champêtre entre mer et montagne, créée par Marie-Line Luciani, monitrice BE 1er degré, sur les terrains familiaux. On appréciera le cadre reposant, les nombreuses formules d'initiation, de balades et randonnées. Coup de cœur pour la balade journée de Tallone-plaine vers Zalana jusqu'au jardin du Papy Renucci pour un Spuntinu inoubliable.

Détente, forme

RIVA BELLA NATURE & THALASSO SPA RESORT
Bravone, Route de Riva Bella
BP 21
✆ 04 95 38 81 10
✆ 04 95 36 38 38
www.rivabella-spa.com
rivabella.corsica@gmail.com
A 65 km de Bastia et 75 km de Porto-Vecchio

Ouvert à l'année. Thalasso-résidences 3, camping 4*, restaurant de cuisine mer et terroir. Ouvert 7j./7 d'avril à mi-novembre, hors saison ouvert du vendredi au lundi. Ouvert le dimanche (naturisme de mi mai à septembre, membre de France 4 Naturisme. Textile le reste de l'année). Forfaits soins à partir de 35€. Cures 2/6 jours de 229€ à 639€. Hebergements en camping, lodge, bungalow et mini-villa à partir de 49€. Restauration (menu 25 € et carte 35 €, demi-pension 35 €, pension 55 €, petit déjeuner 12 €. Chèque vacance). Boutique.*

Aléria.

Amoureux de nature, voici un domaine de 70 ha, les pieds dans l'eau. Ici, la mer a des vertus thérapeutiques réputées depuis l'Antiquité. Thalasso de 500 m² sur la plage, soins du corps, de l'esprit : produits 100 % nature, équipements de haute technicité, cures, forfaits ou carte. Soins d'hydrothérapie marine, hammam traditionnel oriental, bio sauna, enveloppements d'algues, soins voies respiratoires et soin antistress, chiropractie, ostéopathie, kinésithérapie. A fond la forme : parcours marin tonic, aquagym, stretching, parcours de santé, piste VTT. Soins esthétiques pour sublimer votre mieux-être. Là où mer, soleil, nature et bien-être ne se séparent jamais. Hebergement et restauration sur place pour prolonger le séjour.

Emplettes

LA BOUTIQUE ALERIA RÉSERVE DU PRÉSIDENT

Union des Vignerons de l'Ile de Beauté
Route de la Mer, RN 200
✆ 04 95 57 02 48
www.vigneronsdecorse.com
boutiquealeria@uvib.fr

Basse saison : ouvert du lundi au vendredi de 9h à 12h et de 14h à 17h. Haute saison : du lundi au samedi de 9h à 19h. Livraison possible (et vente en ligne sur le site www.reservedupresident.com).

L'Union de Vignerons de l'Ile de Beauté vous accueille dans sa boutique pour vous faire déguster ses vins. La cave d'Aléria est située route de la Mer, sur la commune d'Aléria, au centre de la côte orientale. Les caves d'Aléria et de Casinca, présidées par Christian Orsucci, symbolisent le renouveau de la viticulture corse. Tradition et modernité s'harmonisent pour produire des vins de qualité. Les cépages corses sont mis à l'honneur. Venez déguster les vins « Réserve du Président », vin corse le plus vendu au monde, plusieurs fois médaillé dans de nombreux concours nationaux et internationaux (Concours général agricole de Paris, Mondial du Rosé...). Découvrez également les dernières créations comme les Domaines Petroni, Vetriccie et Barcelo, le XX270 noté 93 par Parker – célèbre dégustateur et critique Outre-Atlantique – ou le Muscat Pétillant Nuit Bleue seul muscat 100% Corse.

Autre adresse : cave de la Casinca RN 197 lieu-dit Arena Vescovato ✆ 04 95 36 99 52

CLOS CANERECCIA

Rottani
✆ 06 09 97 03 17 / 04 95 34 17 85
www.facebook.com/clos.canereccia/
closcanereccia@orange.fr

♿

Haute saison : ouvert du lundi au samedi de 9h à 19h. Hors saison sur réservation. Livraison possible (expédition et vente en ligne). CB non acceptée.

Le Clos, créé en 1964 par Christian Esteve et Pierre Garcia, est désormais pris en main par le fils qui a donné une nouvelle dimension en se lançant dans la vinification des ses 5 hectares de terrain propices à la vigne depuis fort longtemps. Les cépages sont identitaires et méridionaux (nielliccio, vermentino, carcaghjolu neru, grenache et syrah). La gamme comprend le rouge et le rosé des Pierre, le Clos en trois couleurs, élevé en foudre, la cuvée surprise en rouge sur le cépage carcaghjolu neru et l'original cuvée vinifiée en amphore en niellucciu, carca et vermétinu. Bel espace découverte/dégustation/vente qui se développera vers la gastronomie autour du vin et de l'agro-tourisme.

DOMAINE MAVELA

U Licettu
D343
✆ 04 95 56 63 15
www.domaine-mavela.com
distillerie@domaine-mavela.com

Basse saison : ouvert du lundi au samedi de 10h à 12h et de 14h à 17h. Haute saison : du lundi au samedi de 9h à 20h. Dégustation, vente et expédition sur place.

Dans une magnifique cave voûtée de 700 m^2, cette distillerie de tradition est réputée pour la qualité de ses liqueurs et eaux-de-vie de fruits, régulièrement primées dans les concours internationaux. Depuis quelques années, c'est devenu un point d'exposition et de vente de produits corses traditionnels. La sélection est impitoyable pour que vous soyez sûr de trouver le meilleur dans chaque catégorie (charcuterie, fromages fermiers). On y trouve également, bien sûr, une vaste gamme des meilleurs vignerons insulaires (la plus grande cave à vin corse, 10 000 bouteilles en stock). De nombreuses récompenses internationales ont couronné les produits de la distillerie. Mavela est également l'unique producteur de whisky corse (noté 95/100 dans *La Bible du whisky 2014*).

■ LA BOUTIQUE CASINCA RÉSERVE DU PRÉSIDENT
RN 198
Lieu-dit Arena
VESCOVATO
© 04 95 36 99 52
www.vigneronsdecorse.com
boutiquecasinca@uvib.fr

Basse saison : ouvert du lundi au samedi de 9h à 12h et de 15h à 18h. Haute saison : du lundi au samedi de 9h à 20h. Livraison possible (et vente en ligne sur le site www.reservedupresident.com).

L'Union de Vignerons de l'Ile de Beauté vous accueille dans sa boutique pour vous faire déguster ses vins. La cave de la Casinca se trouve sur la commune de Vescovato, RN 198, en Casinca, à 25 km au sud de Bastia. Les caves d'Aléria et de Casinca, présidées par Christian Orsucci, symbolisent le renouveau de la viticulture corse. Tradition et modernité s'harmonisent pour produire des vins de qualité. Les cépages corses sont mis à l'honneur. Venez déguster les vins « Réserve du Président », le vin corse le plus vendu au monde, plusieurs fois médaillé dans de nombreux concours nationaux et internationaux (Concours général agricole de Paris, Mondial du Rosé...). Découvrez également les dernières créations comme les Domaines Petroni, Vetriccie et Barcelo, le XX270 noté 93 par Parker – célèbre dégustateur et critique Outre-Atlantique – ou le Muscat Pétillant Nuit Bleue seul muscat 100% Corse.

Autre adresse : Route de la Mer RN 200 20270 Aléria © 04 95 57 02 48

Marchés

C'est chaque 2e mardi du mois que vous pourrez vous rendre sur le marché d'Aleria en plein centre-ville.

Dans les environs

Ampriani

Un petit village charmant, situé sur une ligne de crête, qui domine les deux vallées et offre une vue dégagée sur la mer. Les maisons ont été réaménagées pour la plupart sur les ruines de « maisons – tours », dont on distingue encore les murs d'angle caractéristiques. Sur les hauteurs du village se profile le superbe couvent Saint-François, classé aux Monuments historiques, avec son clocher plusieurs fois centenaire, un clocher-type de la Castagniccia. Au village, en contrebas, avec son ancienne traverse conservée à l'authentique, à l'écart de la chaussée carrossable, il offre au regard des passants ses gîtes communaux érigés en pierres apparentes au plus heureux des effets, autour de son clocher, fidèle réplique de celui du couvent.

Campi

C'est un petit village ancien, datant de l'occupation génoise. Construit en hauteur sur une crête, au milieu des arbres, il est dominé par une haute maison tour, la maison Tozza. La plupart des maisons sont construites en schiste, avec des toits de lauzes. On peut visiter sa chapelle dédiée à San-Cervone, ancien évêque du Piémont. Construite au XVIe siècle, elle domine le village avec son escalier monumental et son beau clocheton à arcades. Campi est aussi un lieu de passage connu depuis les Romains entre la vallée d'Alesani et la plaine de Pianiccia par le col de Muteri et les grottes de Novale. Depuis l'Alesani, c'est une balade magnifique sur les traces des pasteurs qui transhumaient vers la plaine.

Canale-di-Verde

Dominant la région d'Aléria, ce village offre une belle vue sur le phare d'Alistro. Son église Saint-Martin, baroque, possède un beau clocher. Des peintres locaux s'occupent de restaurer ses fresques. On peut également visiter l'ancienne église romane de Pastricciale. La région est très appréciée des touristes, et la commune compte nombre de villages de vacances. L'agriculture, en particulier, la vigne et les agrumes est toujours présente et les vins de la région réputés.

Linguizzetta et La marine de Bravone ★

Dominant la vallée de la Bravone, Linguizzetta est un charmant village adossé au mont Sant'Appianu, en plein cœur de la Plaine Orientale. Dans la montagne, à 380 m d'altitude, le village offre une belle vue sur toute la plaine. Ses maisons en pierre aux porches anciens lui confèrent un caractère authentique. On peut y visiter son église paroissiale Saints- Pierre et Paul, construite au XVIe siècle. De style baroque, elle possède un beau clocher isolé ainsi que quelques tableaux intéressants. On peut aussi voir les rares vestiges de l'ancienne église romane Saint-Paul, dont ne subsistent que quelques stèles, ainsi que l'église Santa-Maria-Nativitã, au hameau de Monte.
La marine de Bravone, façade littorale de Linguizzetta, est gardée par une tour génoise en ruine. Plus loin, on arrive aux ruines des églises antiques au lieu-dit Santa-Maria de Bravone. Ses 12 km de plage de sables fines bordées d'eucalyptus sont très appréciés des touristes.

■ BAGHEERA***
Bravone
Plage de Bagheera
✆ 04 95 38 80 30
www.bagheera.fr
bagheera@bagheera.fr
A 15 km d'Aleria et à 15 km de Moriani-plage.

Fermé du 15 décembre au 15 janvier. Camping et village vacances naturisme, membre de Natustar Naturisme, du 30 avril au 30 septembre, textile le reste de l'année. Accueil 24h/24. Demi-pension : 34,50 € (repas + petit déjeuner). Petit déjeuner : 8 € (à 15 €). Parking fermé inclus. 100 logements (mini-villas de 2 à 6 personnes de 25 à 80 m2). F1 de 460 € à 889 € la semaine ; F2 de 574 € à 1 169 € ; F3 de 938 € à 1 456 €. Location à la nuit à partir de 70 € pour une mini-villa pour 2 personnes. American Express, Chèque Vacances. Club enfants. Garde d'enfants. Jeux pour enfants. Animaux acceptés (2,30 à 6 €). Séminaires. Réceptions et mariages. Poste Internet. Wifi gratuit. Service de ménage. Restauration (restaurant et paillote ouverts de mai à septembre). Salon de jardin, location de draps, lave-vaisselle. Animations. Parcours santé, modelage, yoga.

Au sud de Bastia entre Moriani et Aléria, la magie de Bagheera au bord d'une eau limpide et sable fin, ses mini-villas simples ou de luxe, son camping avec ses sanitaires modernes et chauffés à l'énergie solaire, grand confort, ses restaurants et paillotes, le tout dans une forêt d'eucalyptus à deux pas de la mer... Bagheera c'est aussi tous les sports : natation, aquagym, plongée, pêche en étang ou en mer, parcours de santé, vélos, bateaux à pédales, planche à voile, massages, sauna, yoga... ou tout simplement le farniente sur une chaise longue à l'ombre. De nombreuses formules tarifaires avantageuses dont un forfait découverte (transport en bateau ou véhicule de location offert) à partir de 522 € par personne en demi-pension et mini-villa.

■ DOMAINE CASABIANCA
RN198
Coteaux de Santa Maria – Bravone
✆ 04 95 38 96 00
www.vinscasabianca.com
contact@vinscasabianca.com
Haute saison : ouvert du lundi au samedi de 9h à 17h. Ferme le samedi après midi.

Nous voici dans le plus grand domaine familial de Corse et le plus grand territoire AOC d'un seul tenant de France. Situé entre les communes de Cervione et Aléria, il couvre près de 470 ha, dont quelque 220 ha en AOC. Cité et primé, il a fait l'objet d'une totale restructuration. Une belle palette nous est offerte à la dégustation, dont la cuvée Excellence rouge qui est une belle réussite. La gamme est très vaste, des traditionnels cépages insulaires au moderato, vin issu de muscat petits grains passerillés. À découvrir également, en vin de soif, le Mezzo, un muscat petits grains sec. Original !

Moïta

Ce village est réputé pour sa lutherie, sa sculpture, son huile d'olive et sa châtaigneraie. On peut y visiter l'église baroque San Simone, son clocher à quatre étages et s'attarder sur les nombreuses peintures qu'elle renferme. Unique par sa taille et sa sonorité, le violoncelle de Moïta fait l'objet d'un concert à la mi-juillet où convivialité et originalité sont de mise. Événement à ne pas manquer.

Pianello

Un petit village, situé dans le parc régional de la Corse à environ 810 mètres d'altitude, composé de quatre hameaux : Pianelluccio, Ostricacce, Pogaciasca et Poggio. C'est un passage obligé pour les randonneurs qui utilisent le sentier Mare a Mare nord-principal. C'est au hameau d'Ostricacce que l'on peut découvrir la chapelle préromane Saints-Pierre-et-Paul, aujourd'hui restaurée.

Pietra-di-Verde ★

Village de moyenne montagne, porte de la Castagniccia, situé à un quart d'heure de la plaine orientale, Pietra-di-Verde offre une vue magnifique sur le plan d'eau du barrage de l'Alesani, sur la mer et tout au loin sur l'île de Monte-Cristo. La commune est composée de trois charmants hameaux de Munticchiu, Mucchiu et Paesolu, de belles et hautes maisons restaurées, perchées et construites dans la roche. On peut visiter l'église baroque Saint-Elie du XVIIIe siècle construite en plein cœur du village. Elle est la seule église paroissiale en Corse dédiée à ce saint, un prophète hébreu. Ce très bel édifice compte trois nefs, quatre chapelles et un clocher de cinq étages. Le village abrite une chapelle romane San-Pancraziu datant du Xe siècle.

Tox ★

Village médiéval, dont le nom signifierait tocsin. On peut encore voir certaines maisons tours dans un cadre très préservé. Le cadre du village est très agréable. On s'arrête quelques instants à la fontaine, avant de partir découvrir les grottes, les vieux moulins et les divers édifices religieux. Classée aux Monuments historiques, l'église Saint-Jean-Baptiste fut construite au XVIe siècle, et est un mélange de renouveau baroque sur des bases romanes. L'oratoire, quant à lui, est l'œuvre d'artistes locaux, puisque ses peintures furent réalisées par le peintre Polleri, et que l'autel est le fruit du travail d'Ignace Raffali. Originaire de Piedicroce, il réalisa plusieurs meubles et autels pour d'autres églises de Castagniccia. Enfin, on peut se rendre à la chapelle Madonna-de-Grazie, lieu de pèlerinage offrant un très large panorama.

Zalana ★★

Le village est accroché à flanc de montagne à une altitude de 675 m et bénéficie d'une vue imprenable sur la mer. La route desservant le village, est en « cul de sac ». Ses 6 hameaux s'échelonnent entre 600 et 700 mètres et sont nichés dans une forêt de châtaigniers, dont certains ont plusieurs siècles. Ne pas manquer de se rendre au pont génois de l'Alizu, qui enjambe la rivière de Bravona, sur le chemin entre Zalana et Matra (1h30 aller-retour). A visiter, l'église baroque de l'Annonciation, au cœur du hameau de Belfasca. Cette église romane du XVIIIe siècle se déploie sur une place ombragée. Son clocher a été démoli en 1927 et ses cloches reposaient sur des rails. Elle serait construite sur une ancienne chapelle romane. Grâce à l'intervention de l'Association pour la sauvegarde du patrimoine de Zalana, à la fondation du patrimoine et à la générosité des habitants de Zalana, cet édifice a subi d'importantes rénovations.

Zuani ★★

Le village aux sept fontaines est très accueillant, entre les vestiges d'un château fort et les anciennes tours pisanes. On peut y visiter l'église paroissiale Sainte-Marie, remaniée à l'époque baroque sur des bases romanes. On s'attardera sur sa magnifique porte sculptée, monument historique. Plus loin, l'ancien couvent Saint-François de Zuani du XVIIe siècle, devenu propriété privée, il ne se visite plus..

GHISONACCIA ★

Ghisonaccia est un lieu touristique stratégique de par sa position géographique puisque situé à exacte distance de Bastia et de Bonifacio. Autrefois simple lieu de transhumance pour les bergers de Ghisoni, Ghisonaccia est devenue au cours des années soixante, avec l'essor de l'agriculture, une petite ville prospère. Sa situation géographique, entre mer et montagne, en fait, un pôle attractif qui explique le développement balnéaire du littoral. Durant les mois de juillet et d'août, tous les vendredis soir, la rue centrale devient piétonne. Tous les commerces sont ouverts jusqu'à minuit. Ne pas manquer la forêt et la plage de Pinia. L'atout de cette belle plage de sable est qu'elle est bordée de pins (la dernière grande forêt de pins maritimes du littoral de Corse, bordée par les rives de l'étang d'Urbino et par 3,5 km de plage) et qu'elle offre donc la possibilité d'organiser des pique-niques à l'ombre des pinèdes.

■ **OFFICE DE TOURISME DE GHISONACCIA**
Route de Ghisoni
Place de l'Hôtel-de-Ville
D344 ✆ 04 95 56 12 38
www.corsica-costaserena.com
tourisme.ghisonaccia@orange.fr
Basse saison : ouvert de 9h à 12h30 et de 14h à 17h30. Haute saison : du lundi au samedi de 9h30 à 12h30 et de 14h à 19h. De septembre à mai du lundi au samedi de 9h à 12h30 et de 14h à 19h. Ouvert le dimanche (matin en été). CB non acceptée.
Les manifestations :

- **le marché aux fleurs** aura lieu comme tous les ans au début du mois de mai (le premier week-end), pour fêter le printemps.
- **Artissima (biennale)** fête l'art dans la rue et dans tous ses états, exposition d'œuvres de photographes, ferronniers d'art, peintres, sculpteurs. La manifestation sera animée par des ateliers.
- **shopping de nuit** tous les vendredis du début du mois de juillet jusqu'à la fin août.
- **foire artisanale et fête de la Saint-Michel** à la fin du mois de septembre avec animations musicales et pour les enfants.

REPÉREZ LES MEILLEURES VISITES

★ INTÉRESSANT ★★ REMARQUABLE ★★★ IMMANQUABLE ★★★★ INOUBLIABLE

Points d'intérêt

L'EGLISE SAINT-MICHEL

Si l'aspect extérieur est un peu banal, l'intérieur est à découvrir absolument. Il s'agit en effet d'une des plus belles réalisations picturales de l'île, avec ses peintures à fresques néo-byzantines, exécutées selon l'art et l'esprit des icônes. Ces œuvres remarquables ont été réalisées par un artiste grec Nikos Giannakakis, peintre officiel du patriarche de Constantinople et résidant en Crète

L'ETANG D'URBINO

À 9 km au nord de Ghisonaccia. Pour y accéder, quittez la nationale pour une route de terre en direction de la mer. Sept kilomètres de piste vous y conduiront. L'étang d'Urbino est un des plus grands étangs de la plaine orientale. Réputé par son ostréiculture depuis l'Antiquité, il reste aujourd'hui encore un haut lieu ostréicole dirigé par la famille Bronzini de Caraffa depuis 1871. Les Romains envoyaient les huîtres à Rome après avoir ôté leurs coquilles et les avoir entreposées dans des jarres de terre cuite. Ici, les oiseaux sédentaires et migrateurs sont rois. L'équilibre écologique est extrêmement fragile et il est conseillé de respecter les consignes pour éviter de détruire cette merveille ornithologique. Vous pourrez apercevoir au cours de votre promenade des hérons cendrés, des mouettes rieuses, des cormorans, des canards, etc. Il est conseillé d'arriver tôt le matin ou en fin de journée, en évitant les mois d'été pour profiter pleinement du spectacle. Laissez votre voiture sur le parking et prenez la piste sur la gauche. Arrivé sur la plage, l'étang est sur votre gauche. Observez les oiseaux, sans les déranger, lorsque la végétation vous le permettra. Vous parviendrez au bout de la plage en 1h environ, décompte fait des bains de mer !

LE PISTACHIER-LENTISQUE MILLÉNAIRE

A partir du croisement de Ghisonaccia au centre du village. Prendre la route de Ghisoni, la D 344 à droite, rouler sur 2 km, emprunter la route à gauche tout de suite après la route de l'aéroclub (un panneau « U Listincu » indique la direction à prendre), à la première intersection tourner à droite puis à 2 km environ, vous tournerez à gauche à la hauteur d'une grosse borne, l'arbre vénérable est à 300 mètres près d'une ruine, il est entouré d'un grillage, une petite porte permet l'accès. Autre itinéraire, celui-ci conseillé en petite balade pédestre pour traverser des orangeraies, noisetiers, oliveraies, champs d'immortelles... Empruntez la petite route à gauche de l'église Saint-Michel, marchez environ 4 kilomètres ; à la grosse borne, tournez à droite, le pistachier est à 300 mètres.

Le couvert

LES DEUX MÂTS

D144
Plage de Vignale
✆ 04 95 56 15 61
restaurantles2mats@orange.fr
A gauche de la plage.

Fermé en janvier. Haute saison : ouvert tous les jours et les jours fériés le midi et le soir. Service non-stop en été. Fermé le lundi hors saison. Réservation recommandée. Menu unique à 21,50 €. Carte : 35 € environ (le midi et 50 € le soir). Menu enfant : 9,50 €. Suggestion du jour : 22 € (terre ou mer). Vin au verre. Chèque Vacances, Chèque Restaurant. Chaises bébé. Jardin. Terrasse. Vente à emporter. Animations. Soirées musicales en été.

Situation imprenable pour ces Deux Mâts, posés sur le sable de la grande plage de Vignale, repris par Dume Orsucci. On y profitera de ses grandes terrasses face à la grande bleue, des transats et parasols pour prolonger les repas préparés par le chef Eric qui se fait fort de confectionner à la minute les spécialités maison : un chaud-froid de Saint-Jacques au beurre de clémentine, un prisuttu AOP de Philippe Vincensini, un mijoté de lotte au chocolat blanc, piments oiseaux et gingembre, une tarte citron et son sablé meringué... La carte originale propose, pour toutes les bourses, des suggestions du plus simple au plus sophistiqué. En prime : un vivier à langoustes et homards, d'une belle carte de vins corses et continentaux et d'un bar lounge au raz des flots.

U PARADISU

D144
1100, route de la mer
✆ 04 95 57 35 98
jb-paradis@orange.fr
A 500 m du centre et 2 km de la plage de Vignale

Fermé du 4 octobre au 10 avril. Ouvert tous les jours et les jours fériés le midi et le soir. Parking privé, wi-fi zone, piscine et jardin d'enfant. Réservation recommandée. Menus de 21 € à 25 €. Carte : 30 € environ. Menu enfant : 9 €. Vin au verre. Chèque Vacances, Chèque Restaurant. Accueil des groupes. Chaises bébé. Jardin. Terrasse. Vente à emporter.

Julien Biancardini, digne fils de son père Jacky, le créateur de ce Paradisu, propose à la carte ou aux menus une bonne cuisine maison, copieuse et généreuse et la qualité reste au rendez-vous tout au long de la saison. Une grande terrasse couverte et brumisée à côté d'une petite piscine qui fera le bonheur des enfants, une grande salle pour les jours de grand froid et un service au top, rapide et profesionnel. A essayer en priorité : l'assortiment de beignets maison, le mixte de plancha, le panier du pêcheur, les moules XL et le fondant mi-cuit au chocolat qui font la réputation de cette table.

Le gîte

■ **CASA DI MARIA CICILIA*****
D344
60, route de Ghisoni
✆ 04 95 56 00 41
www.casamariacicilia.com
hotel@casamariacicilia.com

Logis (3 cheminées). Ouvert toute l'année. Accueil jusqu'à 22h. 18 chambres. Chambre simple à partir de 55 € ; suite jusqu'à 210 €. Demi-pension : 35 € (repas et petit déjeuner). Petit déjeuner : 10 €. Lit supplémentaire : 20 €. Parking fermé inclus (auto et moto). American Express, Chèque Vacances. Animaux acceptés (5 €). Réceptions et mariages. Poste Internet. Wifi gratuit. Restauration (menu 20 € à 30 €, menu enfant 9 €, carte 30 €, plat du jour 11,50 €). Tv satellite, Canal +.

La belle étape hôtelière de la famille Manca-Padovani ne manque pas d'atouts. Le bâtiment sur trois niveaux offre tout le confort digne de sa nouvelle classification, et les tarifs sont, de plus, très attractifs. Beau mobilier, belle déco, service attentif... Que du bonheur ! Une étape pratique sur cette belle cité de Levant. Le restaurant, le Patio est dirigé par Antoinette et propose une cuisine corse issue des traditions familiales.

■ **MARINA D'ORU*****
Route de la Mer ✆ 04 95 56 57 58
www.marinadoru.com – infos@marinadoru.com

Fermé de novembre à mars. Accueil jusqu'à 18h (le samedi jusqu'a 22h). Studio / appartement de 181 € à 1 542 € la semaine. Parking fermé inclus. 210 logements (du studio 2 places à l'appartement 7 places). Chèque Vacances. Appartement adapté. Club enfants. Séminaires. Poste Internet. Wifi gratuit. Service de ménage. Restauration (menus et carte). Vente (alimentation et activités sportives). Salon de jardin, location de draps, lave-linge, lave-vaisselle. Pas de tv. Bain bouillonnant. Animations.

Bien aménagé, ce village de vacances de grand confort bénéficie de tout le nécessaire, et même le superflu : piscines avec spa, tennis, mini-golf, centre nautique, centre équestre, supérette et un restaurant pizzeria. Un bar avec piste de danse est également présent pour égayer vos soirées. Les animations sportives et culturelles sont assurées toute la journée, des services qui rendent la vie agréable au bord de la plage de sable fin. Sachez également que vos enfants pourront être pris en charge toute la journée gratuitement au mini-club et club ado. Possibilité de location en décalé, sauf l'été et en court séjour, selon disponibilité. Séjours promotionnels en mi-saison.

Chambres d'hôtes

■ **MARE MONTI**
Casone pieraggi
✆ 04 95 56 64 41 – www.casapieraggi.fr
bixmarcon@hotmail.com

Ouvert toute l'année. Accueil jusqu'à 19h. 3 chambres (dont une familiale). Chambre double de 60 € à 70 €. Petit déjeuner inclus. Parking fermé inclus (auto et moto). CB non acceptée. Wifi gratuit. Restauration (table d'hôte de 20 € à 27 €. Panier pique-nique : 15 € pour 2 personnes). Pas de tv.

Ambiance vacances dans cette petite maison avec ses chambres lumineuses avec salle de bains privée. Agréable terrasse et jardin, le tout à 20 min des plages, 30 min des baignades en rivière et à 1 heure de route de plusieurs départs de randonnées. Accueil parfait de Sabine et Célestin qui vous mitonneront petit-déjeuner et dîner de qualité. Beau jardin en prime et calme garanti en pleine nature.

Campings

■ MARINA D'ERBA ROSSA****

Route de la Mer
© 08 21 20 01 26 / 04 95 56 25 14
www.marina-erbarossa.com
erbarossa@wanadoo.fr

Fermé de novembre à mars. Réservation recommandée. Accueil jusqu'à 21h (hors saison 19h). Gardé 24h/24. Terrain de 17 ha. 90 emplacements. Exposition : ombragé. Sol : herbeux. Relief : plat. Emplacement + véhicule + 2 personnes de 11,10 € à 28 €. 381 mobil-homes pour 2 à 6 personnes de 203 € à 1 582 € la semaine ; 114 chalets pour 4 à 5 personnes de 301 € à 1 484 €. Possibilité de location 3 nuits mini hors saison à partir de 29 € la nuitée. American Express, Chèque Vacances. Club enfants. Jeux pour enfants. Animaux acceptés (8 €). Aire pour camping-cars. Connexion Internet payante. Wifi payant. Restauration (au Nemo). Animations. Excursions.

Choisissez de passer vos vacances à Marina d'Erba Rossa, où vous retrouverez le monde délicieux des plaisirs oubliés pendant l'hiver : farniente en bord de mer, soirées animées, sport plaisir et cuisine du terroir. Le village de vacances dispose de tout le nécessaire, et même d'un grand parc animalier, pour le plaisir des petits et des grands. Grands choix d'hébergements en camping, mobil-homes ou bungalows. Nouveautés : un centre spa tout beau tout neuf avec sauna, bain bouillonnant, espace beauté et massage et le hammam si tout va bien dès cet été.

■ U CASONE

Route de la mer © 04 95 56 02 41
www.ucasone.net – info@ucasone.net
A 700 m de la plage et à 3 km du village.

Fermé d'octobre à avril. Réservation recommandée. Accueil jusqu'à 20h30. Gardé 24h/24. Terrain de 4 ha. 100 emplacements (et 40 lodges, mobil-homes, mini-villas, appartements et chalets). Exposition : ombragé. Sol : herbeux. Relief : plat. Emplacement + véhicule + 2 personnes de 17 € à 26 €. 7 bungalows pour 4 à 6 personnes de 287 € à 798 € la semaine ; 15 mobil-homes pour 4 à 7 personnes de 245 € à 931 € ; 4 chalets pour 4 personnes de 224 € à 553 €. Location à la nuitée à partir de 37 € pour 4 personnes. Jeux pour enfants. Salle de bains pour bébés. Animaux acceptés (2 €). Aire pour camping-cars. Wifi gratuit. Service de ménage. Restauration (ouvert de mi-juin à mi-septembre, le soir uniquement. Carte 26 €, menu enfant 8,50 €). Animations.

Un ancien domaine viticole créé par le papa Roger Simoni, désormais dirigé par Pascale, sa fille, qui a transformé le lieu en un espace de vie original, atypique et convivial. On y choisira à loisir l'une des nombreuses formules d'hébergement : camping, chalet, mini-villa ou mobil-home, pour profiter d'un parc bien arboré à quelques encablures de la plage. De grands espaces pour chacun et des bons échanges en perspective pour savourer le séjour en toute sérénité.

Loisirs

■ AIRSCAPADES

Route de l'ancienne voie ferrée
Lieu dit Casone Aghione
© 06 75 43 87 15 – www.airscapades.fr
airscapades@wanadoo.fr

Ouvert toute l'année. Sur réservation. Haute saison : tous les jours. Entrée : 75 € (baptême d'1/2 h). CB non acceptée.

L'école de para moteur de la Corse, vous propose des baptêmes de l'air en biplace : décollage en trois pas, puis confortablement installé dans la sellette, survol du bord de mer, initiation au pilotage en vol et repose en douceur avec un sourire qui en dit long... Un magnifique souvenir ! Airscapades propose également des journées de découverte de ce loisir et des stages de formation au brevet de pilote.

■ CORSE PARACHUTISME TANDEM

D344
Aérodrome de Ghisonaccia
Alzitone © 06 76 85 32 53
www.corse-parachutisme-tandem.fr
lehelley.marc@gmail.com

Fermé du 5 octobre au 19 juin. Chef de centre : Marc Le Helley, Brevet d'Etat et diplôme de l'Aviation civile. Haute saison : ouvert tous les jours et les jours fériés. Sur réservation. Entrée : 265 € (le baptême en tandem). Vidéo 70 €. CB non acceptée.

Osez le Grand Saut ! Après un briefing avec votre moniteur tandem, diplômé d'état, parachutiste professionnel, partez pour un baptême de 40 secondes de chute libre, à 200 km/heure, entre mer et montagne, suivi de 4 mn de descente sous voile. Sensations garanties ! Adrénaline 100 % naturelle !

■ **FUN ORIZONTE**
Plage de Vignale
Route de la Mer
✆ 04 95 57 33 37 / 06 13 04 30 95
www.fun-orizonte.fr
fun-orizonte@orange.fr

Fermé du 15 octobre au 15 avril. Haute saison : ouvert tous les jours et les jours fériés de 9h à 19h. Rando quad 90 €/2h, rando jet de 140 €/1h à 290 €/4h, banane à partir de 40 €/3 per., bouée 40 €/2 pers.

Sur la plage de Vignale, Philippe Martinez propose aux vacanciers en mal d'occupation ses activités nautiques et terrestres : jet-ski pour des randonnées ou de la location encadrée par un moniteur, ski nautique, ski-bus, bateau à pédales, catamaran, et même des Quads en formule randonnée accompagnée d'un guide moniteur pour une balade de deux heures par des chemins et sentiers agricoles ouverts en exclusivité pour Fun Orizonte. Découverte de l'Étang d'Urbino (ostréiculture) et les marais de Piana. Établissement professionnel agréé à la DDJS.

Emplettes

■ **CAVE SAINT-ANTOINE**
D344 Route de Ghisoni
Saint-Antoine
Stratagème di u pinone
✆ 04 95 56 61 00
www.cavesaintantoine.com
cave@cavesaintantoine.com

Ouvert du lundi au vendredi de 8h à 12h et de 14h à 18h ; le vendredi de 8h à 12h et de 14h à 17h. Livraison possible (sant Antone Rouge 4,85 €, Corsica Mora rouge 8,25 €,). CB non acceptée.

La Cave Saint-Antoine représente plus de 400 ha de vignobles situés en plaine orientale, près de Ghisonaccia. Les trois quarts du vignoble sont sur l'aire d'appellation Corse contrôlée AOC. Pour produire des vins de qualité, le vignoble a été restructuré depuis dix ans avec des cépages traditionnels : niellucciu, vermentinu et sciaccarellu, principalement pour les AOC. L'ensemble de la production est régulièrement primé dans les concours en rouge, blanc et rosé. Coup de cœur pour le Sant'Antone rouge 2014 et la cuvée Corsica Mora 2013 vieillie en fût de chêne. Récompenses : AOC Roi du Maquis rosé : médaille d'argent au Concours Agricole et Saint-Antoine rosé : médaille de bronze au Concours Agricole.

■ **DOMAINE MARQUILIANI**
D443, Aghione
✆ 04 95 56 64 02 / 06 25 72 65 62
marquilianne@wanadoo.fr
Entre Aléria et Ghisonaccia, prendre la direction Domaine Mavela/Vezzani. Aller jusqu'à la cave coopérative d'Aghione, tourner à droite direction Aghione, suivre la direction Moulin à Huile.

Ce verger, créé avec son père en 1994, s'étale sur 10 ha. Formée à la dégustation des vins, Anne retranscrit son savoir-faire avec l'huile qu'elle produit soit en monovariétale soit par le biais d'assemblage. On trouve trois huiles au domaine : les AOP Oliu di Corsica (fruitée douce et la ghermana) et, plus atypique, la fruitée sauvage, issue de la variété sabine. Toutes ont une caractéristique commune : elles sont issues d'olives pressées très rapidement après la récolte afin de garder tous les arômes primaires.

Marchés

Sur la place de la mairie, tous les mercredis matin de mi-mai à octobre, on retrouve une douzaine de producteurs de la région : produits bio de l'agriculture, de la charcuterie, de la biscuiterie artisanale, des huiles essentiels et de la verrerie d'art.

Dans les environs

Chisa ★

Village caché au fond de la haute vallée du Travu à 420 m d'altitude, point de départ de randonnées pédestres et aquatiques. Une Via ferrata superbement équipée et une vue vertigineuse sur toute la vallée et la rivière. Son église paroissiale était à l'origine la chapelle San-Ghjacumu. Elle fut restaurée dans les années 1980, puis entièrement décorée de fresques par le célèbre peintre Stéphane Chisà. Un chemin de randonnée permet de découvrir la grotte de Chisa, habitée à l'époque préhistorique.

CANYON DE TRAVO ★★

Bura

Dénivelé 84 m. Approche 2 minutes. Descente 2h. Retour 15 minutes.

Parcours aquatique assez long entrecoupé de marche en rivière et nage en eaux profondes. Très belles cascades et toboggans avec quelques sauts intéressants. Ruisseau redouté par les kayakistes en période de fonte des neiges. Rando aquatique très intéressante et esthétique. Il n'y a pas de temps morts et les marmites sont fantastiques.

BOCCA BE

Martine Dupont
Bocca Be
✆ 04 95 56 36 61 / 06 14 90 34 08
gite.chisa@yahoo.fr

Ouvert toute l'année. Pour 18 personnes. Chambre 22 €, petit déjeuner 5 €, possibilité de demi-pension ou pension complète. CB non acceptée.

A 15 km de la mer, à 400 m de rivière, un bon petit gite d'étape communal tout neuf avec son restaurant, ses plats à emporter, ses panier repas. Accès Internet (à la mairie), salon avec télévision, salle de bains privée dans chaque chambre. Les draps et linge de toilette fournis.

ALPA CORSE

✆ 06 17 10 61 15
www.alpacorse.com
info@alpacorse.com

Sur réservation. Canyon : 45 €-50 € / Randonnée aquatique : 40 €-50 €. Canyoning, randonnées aquatiques, alpinisme, ski de randonnée, escalade, via ferrata.

Une bonne initiative de trois guides diplômés d'Etat, Guillaume Ferreri, Yohann Perissat et Renée Eymerie qui proposent d'unir leur force et leurs compétences pour faire découvrir les secrets des activités montagne de l'île de Beauté : canyoning, Via ferrata, escalade, randonnée aquatique et alpinisme en toute liberté et sécurité. Visitez le site Internet pour choisir votre programme en fonction de votre niveau ou choisissez une formule à la carte.

VIA FERRATA DE CHISA

Village
✆ 04 95 57 84 24
www.viaferratachisa.fr
contact@viaferratachisa.fr

Ouvert toute l'année. Haute saison : tous les jours et les jours fériés. Ouvert à l'année, sur réservation. Entrée : 25 € (matériel compris). Enfant : 20 €. La Via Ferrata de Chisà est l'une des plus belles d'Europe. Durée moyenne de 4 heures. CB non acceptée.

Parois granitiques équipées d'échelons et de rampe. Accessible dès l'âge de 12 ans, la via ferrata de Chisa nécessite néanmoins une bonne condition physique. Dénivelé 306 m, départ 380 m et sommet à 689 m. 3 ponts népalais, 2 ponts de singe, 4 tyroliennes (+/- 70 m), 1 toile d'araignée (progression face au vide), 3 passerelles. Approche : 25 min par un sentier ; Via ferrata : 3h30 à 4h Retour : 25 min par un sentier. Parking au gite d'étape.

Via ferrata de Chisa.

Escapade de Ventiseri à Serra

On quitte la plaine pour s'enfoncer dans le maquis vers Ventiseri, passant devant un atelier de tissage intéressant. Le paysage devient montagneux à la méditerranéenne, un peu semblable aux Maures dans cette partie. De beaux panoramas sur la mer et la plaine puis, un ou deux virages plus tard, beau panorama sur la montagne. Ventiseri, par sa situation en balcon, est un régal pour l'amateur de belles cartes postales. Ce ne sont plus les Maures, mais l'arrière-pays niçois que nous rappellent ces clichés, à ce détail près, que Ventiseri, plein de noblesse et de corsitude, n'a pas grand-chose à voir avec Mougins ou Saint-Paul-de-Vence. Admirez la petite église (voir aussi l'intérieur, empli d'une sainte et charmante simplicité), saluez ces habitants qui conservent précieusement leurs traditions séculaires, tout comme leurs ânes pour qui les Corses vouent un authentique respect. C'est au-dessus de Ventiseri, avant le cimetière, en allant sur Serra-di-Fium'orbu que l'on découvre un point de vue magnifique, au-delà de la butte qui restreint l'horizon depuis le village lui-même. On regarde Ventiseri avec attendrissement, mais aussi le Sud de l'île, les collines qui s'estompent à l'horizon pour laisser voir la plaine et deviner la jonction du bleu du ciel et de la mer.
La route de Ventiseri à Serra, étroite et moins facile que de Travo à Ventiseri, est superbe : on peut la faire à pied, en courant, à cheval, à vélo, elle est tellement belle qu'elle s'apprécie dans n'importe quelles conditions. Juste avant Serra, on trouve le sentier d'une très belle randonnée qui mène à Bocca-di-Ghjuva et Chisa, en 4H. Le chemin est balisé par les bons offices du Parc régional. Un peu après ce chemin, on arrive à Serra, juste après un panorama sur la montagne proprement époustouflant, montrant les hameaux du Fium'orbu disséminés dans les collines. Allez notamment au-dessus du cimetière pour en prendre plein la vue.

Isolaccio-di-Fium'orbu

C'est le plus haut village du Fiumorbu (706 mètres). Autour de l'église, le village regroupe de vieilles maisons de granit à l'architecture intéressante. A l'entrée du village, un monument rappelle le martyr de la population d'Isolaccio par l'armée française commandée par le général Morand. Sur la route qui mène au village, vous trouverez une pierre plate. On y déposait dans les temps anciens la dépouille des défunts. À voir, la chapelle Santa-Lucia se trouve dans le cimetière. De style pisan très classique, elle offre la particularité d'avoir deux arcs à l'intérieur, une pour les femmes, une pour les hommes. Au départ du village, face au cimetière prendre une piste qui monte à Bosgiu (carrossable sur quelques kilomètres) puis poursuivre à pied jusqu'à la rivière d'où on atteint la crête de Prati offrant de magnifiques panoramas marins et montagneux.

Pietrapola-les-Bains

Un village thermal (120 m d'altitude) en remontant l'Abatesco à partir d'Abbazia après Ghisonaccia. Depuis l'époque romaine, on y soigne les rhumatismes à l'hôtel et centre thermal grâce à ses eaux sulfurées sodiques à 56 degrés, réputées pour le traitement de la rhumatologie (tel) 04 95 56 70 03). Un torrent impétueux, entravé de gros cailloux, court à ses pieds : on y pratique le rafting. A la sortie de ce hameau, se trouve un sentier pédestre qui mène à Isolaccio en 2h et à San-Gavino en un peu plus de 3h30.

Prunelli-di-Fiurm'orbu

Le village, situé sur un promontoire, vous révèle une incomparable vue panoramique sur le Fium'orbu, surtout au nord-est sur la plaine d'Aléria, ses étangs et la mer. A découvrir, le musée de la Poste et de la Communication de ses débuts à nos jours et le musée de Mnemosina, qui relate l'histoire de la micro-région du Fium'orbu. A ne pas manquer : les ruines de la maison du bandit Micaelli et du village de San-Giovanni. A partir d'Abbazia prendre la direction de U Poghju di Nazza par la D 244, puis après le lieu-dit Mandriolu, prendre le chemin forestier n° 7 sur la gauche. La chapelle se trouve à 200 m.

■ **OFFICE DE TOURISME DU FIUMORBU**
BP 11
2084, route de la Plaine
© 04 95 57 05 47
www.corsica-costaserena.com
fiumorbu-costaserena@orange.fr
Ouvert du lundi au vendredi de 9h à 12h et de 14h à 18h. CB non acceptée.
Visite guidée en mini-bus (8 personnes maxi). Visite site historique : les ruines de la Cursà. Visite commentée du musée de Prunelli (Mnemosina). Visite de l'église et du village de Prunelli. Repas.

■ **MUSEE MNEMOSINA** ★
© 04 95 56 73 67 / 04 95 56 74 75
www.musee-mnemosina.sitew.com
Haute saison : ouvert tous les jours de 9h à 12h (dernière visite à 15h) et à partir de 18h. L'hiver sur rendez-vous. Adulte : 2 €. Enfant : 1 €. CB et chèques non acceptés.
Le musée Mnemosina est un petit établissement ethnographique privé crée par le docteur Timo Pieri et ses sœurs Daria et Niny. Il est situé à côté de l'agence postale du village de Prunelli dans un batiment mis gracieusement à disposition par la municipalité. Il accueille les visiteurs le samedi matin et sur demande pour leur présenter les événements historiques et culturels qui ont marqué le Fium'Orbu à travers le temps. Neuf salles exposent objets et documents autour de différents thèmes, tels que l'archéologie, les arts et traditions populaires, la résistance. Deux salles sont consacrées à la messagerie, aux écrits et à l'évolution de la communication de l'Antiquité à nos jours.

San-Gavino-di-Fium'orbu

Un village superbe au milieu de ses châtaigniers et de ses pins lariccio. Un endroit attachant et si profondément enfoui dans le Fium'orbu qu'on a peine à comprendre comment ce village si loin de tout, peut garder une si grande animation, un tel dynamisme et une place visiblement prépondérante dans la région : on y trouve un magasin d'alimentation. Voir la cascade vertigineuse (100 m) de Abughja, quitter San-Gavino par la D 245, vers Isolacciu-di-Fium'orbu. Le sentier qui mène à la cascade se trouve au milieu du pont, sur la gauche, est bien balisé. Comptez 1/2h de marche avec de bonnes chaussures.

■ CANYON DE MACINI ★
Bosco Delmoco
Altitude départ 795 m. Dénivelé 240 m. Longueur 1 km. Approche 45 min. Descente 2h30.
Très joli canyon classique de la Corse sur l'Abatesco. Il y a encore de l'eau au mois de juillet. Vous pouvez enchaîner cette descente avec les cascades de Bughia. Débit relativement faible en été et sportif au printemps. Engagement : moyen, il faut maîtriser les grands rappels.

Serra-di-Fium'orbu

Situé dans une nature préservée, le village domine la vallée de l'Abbatescu et constitue le point de départ du sentier Mare a Mare. La commune porte les marques de civilisations antérieures à l'Antiquité, ainsi on peut y voir la nécropole d'Aglia. Des fouilles récentes ont mis à jour un port à l'étang de Palo cité par Ptolémée et l'on pense que l'ancienne ville de Charax qu'évoque Strabon serait située non loin de là. On retrouve aussi les traces de quelques voies romaines transversales aux axes principaux de la plaine, amorce d'une tentative de pénétration vers l'intérieur. On peut y visiter la tour de Casabianca, bel édifice carré de style romain, construite au XIVe siècle pour servir de poste de défense à la piève. Une deuxième tour plus à l'est existait jadis sous le nom de Casone, il n'en reste que quelques pierres bien conservées sur une maison située à l'emplacement de l'ancienne tour, dont une qui porte un cercle entourant une croix ancrée. L'église paroissiale possède un très beau clocher de pierres apparentes et, un peu plus loin, les ruines de la chapelle Santa-Maria sont un bel exemple d'art roman primitif. Bon gîte d'étape sur place.

A SUARTELLA
Suartella
Route de l'ancienne voie ferrée
✆ 06 70 01 57 41
fermesuartella.fr
ferme.suartella@gmail.com
Bienvenue à la Ferme. Ouvert toute l'année. Le lundi et le mardi le midi et le soir. Réservation impérative. Menu unique à 25 €. CB non acceptée. Jardin. Terrasse. Boutique.
Une jeune exploitation créée par Isabelle et Pascal Fourcade-Achilli en 1985 sur les terres d'un ancien domaine viticole. On devra faire l'effort de la trouver dans le dédale des chemins de Prunelli et Serra pour pouvoir profiter d'une «vraie» table champêtre qui respire la sincérité. Réservation impérative pour faire partie des élus et savourer la cochonnaille maison, le veau autochtone aux olives identitaires, le fromage fermier de Pancherachia, le dessert maison, le tout cuisiné par Monsieur et servi par Madame. Visite de l'exploitation et achats des produits conseillés : charcuterie, viande de veau et de porc, poulet, oeufs...

Ventiseri ★

À l'intérieur des terres, on découvre le village de Ventiseri et ses hameaux environnants, Contra et Vignarella. Autrefois lieu de refuge contre l'envahisseur, il est aujourd'hui un havre de paix. Surplombant la plaine orientale, le village offre une belle vue panoramique sur tout le littoral. La discrète vallée du Travo vous fera basculer sans transition dans un univers intimiste et sauvage, loin des foules de la côte. En partie en corniche, la route longe le Travo jusqu'au village de Chisà situé à environ 15 kilomètres. Vous pourrez vous baigner dans de jolies vasques tout au long du parcours ou encore faire de belles randonnées aquatiques. Un circuit panoramique au départ de Travo empruntant la départementale 45 vous fera découvrir quelques-uns des plus beaux panoramas de la commune en passant par les villages de Ventiseri, Pediquarciu, Covasina, Vix, Mignataja et l'étang de Palo.

■ A MUVRELLA RANDONNÉES
Travo, 53, lotissement Tamaris
✆ 06 74 66 00 48
www.amuvrella.com
contact@amuvrella.com

Circuit routier de Ghisoni à Vizzavona

On monte entre les pins et les châtaigniers, mais seuls les conifères résistent dans l'ascension pour donner à la forêt une petite allure Valdo Niello assez engageante. Points de vue sur le Kyrie Eleison, avec lequel on commence, presque, à traiter d'égal à égal. Les lacets successifs, sous les bois, peuvent paraître lassants aux plus blasés, soûlés de paysages tous plus merveilleux les uns que les autres. Et pourtant, en haut du col de Sorba, ce sont encore les superlatifs qui s'imposent, ou qui désespérément se recherchent, face à ce site qui pourrait faire pleurer de dépit le Grand Canyon du Colorado. Une immense trouée, profonde et vaste, avec un versant lointain qui fait face ; comme deux géants qui se mesurent du regard ! Deux virages plus loin, la vue n'a rien perdu de son éclat, elle est plus nette, parce que les arbres du premier plan ont disparu. On retrouve la RN 193, tout près de la forêt de Vizzavona, au col de la Serra.

Patrimoine religieux à Ghisoni

- **La chapelle Santa-Croce** : elle recèle une descente du Christ, œuvre d'Ignaziu Saveriu-Rafalli. Toutes deux sont classées aux Monuments historiques.
- **L'église Santa-Maria** : ancienne église paroissiale de style roman datant du XVe siècle. La paroisse actuelle arbore une statue de San-Franceschinu Mucchielli sur sa façade principale.

Haute saison : ouvert tous les jours. Entrée : 30 € (journée Pozzi, Renosu et Bavella, option pique-nique corse 8 €). Réduction famille - 10 % (2 adultes + 2 enfants). CB non acceptée. Chèque Vacances.

A Muvrella vous propose des randonnées à la journée, en petits groupes, avec pique-nique corse, au départ de Ghisonaccia et Solenzara, sur les massifs du Renosu, du Bavella et des Pozzi. Ouvert toute l'année, Christophe Melchers, accompagnateur en montagne diplômé d'État, vous propose également l'hiver des randonnées en raquettes à neige. Découvrez les merveilles de la montagne corse, guidé par un accompagnateur en montagne diplômé d'État, spécialiste de la randonnée en Corse !

GHISONI ★★★

Datant du XVIe siècle, le village est construit au pied des Christie Eleison et Kyrie Eleison, ces deux sommets remarquables dont les noms rappellent l'épisode des Giovannali condamnés et sacrifiés par l'Eglise parce qu'à l'époque jugés hérétiques et licencieux. Ghisoni est le point de départ idéal pour les randonnées et les balades. Les forêts de Marmanu par la D 69 et de Sorba offrent des sentiers accessibles à tous, praticables à pied mais encore en VTT. Plusieurs boucles permettent, au départ du village, des parcours agréables, alliant découvertes patrimoniales et naturelles. Au village, on peut visiter son église romane Santa-Maria, ainsi que son église paroissiale. Dans la chapelle Santa-Croce, le sculpteur Ignace Raffali de Piedicroce a réalisé une très belle descente de croix.

Points d'intérêt

DÉFILÉS DE L'INZECCA ET DES STRETTE ★★★★

L'Inzecca, dans une région encore et heureusement agreste, reste une valeur sûre pour ses beautés sauvages. Une petite route qui se faufile entre deux pans rocheux majestueux et austères, dans les tons gris rose et gris vert. On ne s'arrête pas juste le temps de la photo, car celle-ci ne traduira qu'imparfaitement l'étrangeté et le mystère de ces superbes paysages. On y trouve de nombreux coins de baignades, dans les belles piscines naturelles que forme le fleuve Fium'Orbu, en amont du lac. À partir de Pinzalone, 4 km de beauté pure, avec un lac formé par la rivière juste après le tunnel, et la continuité avec le défilé des Strette, plus civilisé, plus abordable, plus verdoyant et bien agréable, aussi resserré à défaut d'être aussi vertigineux. Ne pas manquer le pont génois u ponte a Mela juste avant l'ancienne mine de fer, et le petit pont génois u ponte Vecchju au pied du village de Ghisoni.

Le couvert

A VECCHIA MINA NOUVEAU

D344
Lieu-dit Mignone
✆ 04 95 57 63 42 / 06 10 31 83 54
www.facebook.com/vecchjamina.ghisoni
ottavi18@gmail.com
À 21 km de Ghisonaccia

Fermé d'octobre à avril. Haute saison : ouvert tous les jours et les jours fériés le midi et le soir. Réservation recommandée. Menu unique à 28 €. Carte : 35 € environ. Menu enfant : 10 €. Plat du jour : 15 €. Vin au verre. Chaises bébé. Jardin. Terrasse. Vente à emporter. Boutique. Animations.

Nouvelle équipe bienvenue dans cette charmante auberge en bord de rivière ! Stéphane Ottavi, le fils d'Antoine qui tient sa ferme-auberge à 6 kilomètres, propose une bonne et belle table. Veau aux olives, cochon de lait rôti, grillades au feu de bois, pizza préparé par le chef Xavier, accueil sans reproche et super-ambiance sous les pins lariccio et maritime. Quelques belles soirées musicales et une volonté de bien faire.

Fermes-auberges

FERME-AUBERGE DE L'INZECCA

D344
Pinzalone
Route de Ghisoni
✆ 04 95 56 62 62 / 06 14 54 16 46
ottavi18@gmail.com
A 15 km de Ghisonaccia.

Ouvert toute l'année. Vendredi et samedi soir sur réservation en hiver. Tous les jours et les jours fériés le midi et le soir. Réservation recommandée. Menu unique à 30 €. Carte : 35 € environ. Menu enfant : 8 €. Suggestion du jour : 13 €. Jardin. Terrasse.

A proximité du défilé de l'Inzecca, à quinze minutes de Ghisonaccia, une maison qui mise sur la qualité, la simplicité de sa table et la gentillesse de l'accueil d'Antoine Ottavi. Pari réussi à tous les coups ! Les beignets de poireaux sont un délice ainsi que la charcuterie maison. Le veau aux olives ne se raconte pas et le dessert avec un surprenant flan à la châtaigne. Tout est parfait ; on passe un moment délicieux dans un cadre agréable. Pour les chaudes journées d'été, on choisira la terrasse VIP en hauteur, à l'abri du soleil.

Le gîte

U RENOSU

Capanelle ✆ 06 30 21 49 05
www.urenosu.com – contact@urenosu.com
À 24 km de Ghisoni.

Fermé d'avril à décembre et du 15 octobre au 15 mai. Accueil jusqu'à 21h. 1 dortoir 20 couchages et 1 chambre double 38 € demi-pension et 45 € en pension, bivouac 6 €. CB non acceptée. Chèque Vacances. Restauration (table d'hôte midi et soir 23 € environ). Animations.

Une adresses haut placée à 1 682 mètres, point de départ des randonnées vers les lacs de Bastiani et de Renosu et des pistes de ski de la station de Capanelle. On devra faire l'effort de parcourir une route sinueuse sous les pins lariccio et profiter d'un panorama imprenable sur la côte avec l'étang d'Urbino juste en bas. Accueil sympa de Vincent pour boire une bonne bière au retour d'une rando, grignoter un morceau et même dormir en dortoir, en chambre ou sur l'aire de bivouac.

Loisirs

CAPINERA

Jean-Luc Gaillot
✆ 04 95 57 30 87 / 06 87 85 71 93
gaillot.jl@orange.fr

Fermé d'octobre à mai. Sur réservation. Haute saison : ouvert tous les jours. 12 personnes maxi. Tarif journée 35 € repas compris. CB non acceptée.

Sorties journées à thème avec Jean-Luc Gaillot, accompagnateur de moyenne montagne au départ de Ghisoni, pour découvrir l'authenticité d'un village corse, les lieux d'estives et les bergeries, la fraîcheur des vallons aux eaux transparentes. Au programme, une invitation à la baignade dans le massif du Monte Renosu et ses 2 352 m, le grand belvédère de la Corse, ses crêtes secondaires qui abritent pozzines, lacs et rivières.

LE MONTE RENOSO ET LE LAC DE BASTANI

Durée : 5h30 AR. Difficulté : moyen.

A Ghisoni, suivre la D 69 vers le sud puis prendre l'embranchement de la D 169 en direction des bergeries de Capannelle (1640m) et continuer jusqu'au terminus de la route. Remontez la piste de ski de Pietra Niella jusqu'au sommet puis empruntez le sentier bien balisé de cairns qui débute sur le tracé du GR20, tracé que vous devrez quitter rapidement pour prendre la direction du sud-ouest. Au bout d'une heure de marche, vous atteindrez un plateau herbeux et la source de Pizzolo qui se trouve au milieu des aulnes. Le lac de Bastani vous attend au bout d'une heure d'ascension toujours dans la direction sud-ouest. Vous le surplomberez en le contournant par l'ouest par la Punta Bacinello. Suivez ensuite la crête en pente moyenne qui monte jusqu'au sommet du Monte Renoso, que vous atteindrez au bout de 3 heures de marche au total. En redescendant un peu sur la pente est du Rinoso, vous pourrez profiter d'une vue sur le lac du Nielluccio.

PARC AVENTURE INDIAN FOREST

À Vecchia Mina, D 344 Défilé de l'Inzecca
✆ 04 95 48 54 66 – www.indian-forest-corse.fr
contact@indian-forest-corse.fr

Ouvert tous les jours et les jours fériés de 9h30 à 19h. Fermé le lundi en juin. Parcours Enfant : 15 ateliers : 12 €. Adultes, ados : 70 ateliers : 22 €. CB non acceptée. Chèque Vacances.

Dans un cadre d'exception en milieu montagnard, découverte de nouvelles sensations entre ciel et terre pour petits et grands. Tyrolienne de 250 mètres et plus. Ateliers en surplomb du torrent. Baignade en rivière. Parcours adultes et enfants. Parcours ludique en montagne. Sensations nature assurées. Parcours Kids de 5 à 9 ans. Tout l'équipement nécessaire mis à disposition (baudriers, longes, poulies, mousquetons, gants...)

Le Lac de Bastani.

Lac de Rina.

© XAVIER BONNIN

Entre Ghisoni et le Col de Sorba.

Emplettes

FROMAGERIE BALDOVINI
Salastraco Pietroso
✆ 04 95 56 63 32
www.fiore-di-muntagna.com
fromagerie.xavierbaldovini@orange.fr
Ouvert le lundi, le mardi, le jeudi et le vendredi de 16h à 19h ; du lundi au samedi de 8h à 13h.
Xavier Baldovini vous invite à visiter son élevage de chèvres et de brebis. Sa fromagerie artisanale est située en plein maquis sur la côte orientale de l'île de Beauté. Ici son fabriqués d'authentiques fromages corses avec toute la tradition et les saveurs que cela signifie. Xavier fabrique le petit Brebis et la tomette de brebis *Fiore di Montaggna*, Fleur de Montagne, le Broccio Passu AOC, les tomettes Corse, le Corsetin de brebis...

Dans les environs

Lugo-di-Nazza ★

De très vieilles maisons, une harmonie et un village à voir absolument. Ses trois églises méritent aussi le détour, en premier l'église paroissiale San-Quilico de style baroque et son clocher de cinq étages. L'église Saint-Cyr date de 1598 et possède des « Arca » qui sont des constructions de voûtes en sous-sol afin d'ensevelir les défunts. A voir également : le château « Palazzo » et la « maison Casabianca » avec ses sorties de cheminée latérales. Au lieu-dit Nazza, on peut apercevoir les vestiges de la chapelle romane San-Quilico. Un peu plus au nord, on rejoint Pinzalone par une route encaissée, cernée de roches gris rose, annonçant le défilé de l'Inzecca.

Poggio-di-Nazza ★★

Ce village, situé sur la façade orientale, présente une grande variété de végétation grâce à son bel ensoleillement : la vigne sur le piémont, la châtaigneraie et les chênes, puis les forêts de pins. Habitée dès la Préhistoire, puis à l'époque romaine, la région de Nazza possède de nombreuses traces de cette dernière période dont « u lagu santu », probablement un lieu de culte aux dieux romains. A l'entrée du village, les ruines d'une fortification construite au XIe siècle « u casteddu » sont toujours visibles. A Poggio, de nombreux gîtes peuvent vous accueillir, vous en profiterez pour découvrir l'immense piscine naturelle, le « trou du diable » ou « pignola ». Vous pourrez aussi vous initier à une botanique très riche en empruntant la boucle de 4 heures mise en place récemment, un « refuge » est également à la disposition des voyageurs égarés du GR20.

LE TROU DU DIABLE ★★
2 km après Ghisonaccia, en allant vers le sud, vous arrivez au rond-point de Migliacciaru. Prendre à droite en direction de Prunelli di Fiumorbu, puis suivre la direction Poggio di Nazza. Trois virages après le pont de Coti, se trouve un petit pont de pierre situé dans un petit virage à droite après une montée. Garer son véhicule à cet endroit, prendre le petit sentier situé à gauche de ce pont dans le virage. Dix minutes de marche suffisent pour atteindre le «trou du Diable».

LA COSTA VERDE

Située à 40 km au sud de Bastia et à moins de deux heures des sites remarquables de l'île, la Costa Verde se partage réellement entre mer et montagne et puise sa richesse dans la diversité de ses paysages et par sa vue incomparable sur les îles de l'archipel toscan. L'omniprésence d'une végétation luxuriante, composée principalement de forêts de châtaigniers et de maquis, associée à sa position dominant la mer, lui ont souvent valu le surnom de Balcon de la Castagniccia. Par ailleurs, une des particularités notables de la Costa Verde vient du village de Cervione qui produit une noisette de bouche pouvant être consommée sans transformation. L'importance de sa noiseraie lui vaut d'être la première région de production de noisettes au plan national. Au-delà de ses paysages verdoyants et du charme de ses villages à l'authenticité respectée, la Costa Verde possède un réel patrimoine culturel dont ses nombreuses églises et chapelles classées par les Monuments historiques.

CERVIONE ★★

Ce village est situé à quelque 350 m ou 400 m d'altitude, mais la commune s'étend jusqu'aux plages de sable fin de Prunete, 5 km plus loin. Bourg en balcon surplombant la plaine orientale, le village se situe à la lisière de la Castagniccia, avec l'Alesani. En excursion pédestre, balade pour le panorama jusqu'à la pointe de Nevera qui culmine à un peu plus de 800 m. Juste à côté de Cervione, une chapelle mérite la visite, même celle des mécréants : Santa-Cristina, à Valle-di-Campoloro, une petite chapelle romane qui possède de très remarquables fresques, notamment sur le plafond voûté de ses deux absides en cul-de-four.

■ **PORT DE TAVERNA**
SANTA-MARIA-POGGIO
✆ 04 95 38 07 61
porttaverna@wanadoo.fr
Situé à proximité des villages de San-Nicolao et Cervione, c'est le plus important port de la plaine orientale. Ses caractéristiques d'accueil sont les suivantes : voies à quai, installations sanitaires, droit de port, accès difficile par vent fort de nord-est, sinon facile par tous temps, abrité sauf est à nord-est. Nombre d'anneaux : 464 places dont 100 réservées au passage, tirant d'eau 2,50 m. Equipements : VHL Canal 9, slip et cale de carénage, eau et électricité à quai, carburant à quai, grue élévatrice 5 tonnes, hivernage.

Points d'intérêt

■ **CATHÉDRALE SAINT ERASME** ★★
Cette cathédrale que l'on peut visiter aujourd'hui est une des plus imposantes églises de Corse, par l'importance de son architecture baroque. Elle date de la première moitié du XVIIIe siècle. La date de 1714, gravée sur le mur nord, est celle du début des travaux. Sa construction a été très longue, puisqu'elle continuera trente ans après le début des travaux, pour s'achever vers l'année 1745. La décoration intérieure est un pur exemple de ce qu'a été l'art baroque en Corse : marbre, bois sculptés, fresques peintes, et surtout l'orgue du XVIIIe siècle. Comme à Sartène, une procession a lieu le vendredi saint.

■ **MUSEE ETHNOGRAPHIQUE DE L'ADECEC** ★
Place Jean-Simonetti
✆ 04 95 38 12 83
www.adecec.net
adecec@adecec.net
Ouvert toute l'année. Haute saison : du lundi au samedi de 10h à 12h et de 14h30 à 18h30. Adulte : 3 €. Location d'audio guide. Visite guidée (sur réservation en groupe).

Histoire et patrimoine

Cervione a été ancienne résidence d'été romaine, puis siège des évêques d'Aléria de 1578 à la Révolution française. Elle fut l'éphémère capitale de la Corse en 1736 sous le court règne de l'éphémère roi de Corse Théodore Ier, quelques années avant que Pasquale Paoli ne choisisse Corte comme centre de la république Corse. Le village compte plusieurs sites que l'on peut découvrir. Certains sont classés monuments historiques : ainsi le couvent Saint-François, construit au XVIe siècle, et la cathédrale Saint-Erasme, une des premières églises baroques de Corse. Précisons : construite sur la place du village entre 1579 et 1589, elle fut une cathédrale jusqu'à la Révolution Française. Un peu plus loin à l'ouest de Cervione se trouve la chapelle de la Madonna di a Scupiccia (la Vierge des Bruyères). La vierge fut sculptée à Florence au XVIe siècle dans du marbre blanc et était, à l'origine, destinée à la cathédrale de Cordoue. Le bateau qui la transportait fit naufrage, et la statue fut trouvée sur la plage par des pêcheurs qui lui donnèrent son nom. Pour la fête de la Vierge, le 15 août, une procession a lieu à la tombée de la nuit à la lueur des flambeaux, et les habitants décorent pour l'occasion leur maison avec des bougies. Cette tradition du «paese in luce» (le village illuminé) a repris dans les années 1990, et se retrouve sur le Cap et dans la Casinca.

Le musée de Cervione est situé au centre du village près de la cathédrale. Quatorze salles d'exposition permanente ont été aménagées dans l'ancien séminaire des évêques d'Aleria à Cervioni, mises à disposition de l'Adecec par la municipalité. Le musée est destiné essentiellement à l'ethnographie. Une collecte d'objets a été organisée par les membres de l'association à partir de 1975. Quelques thèmes : cuirs et peaux ; le feu ; l'éclairage ; la pharmacie ; les vêtements ; filage et tissage ; les araires ; les pelles ; les serrures ; la sellerie ; la cordonnerie ; la vie pastorale ; les scies ; les jouets ; la fabrication des cierges ; le fil de fer ; les poteries à l'amiante ; les criblages ; la fabrication du vin et de l'eau-de-vie ; les outils ; la forge ; la menuiserie ; l'imprimerie...

Le couvert

LA MAISON ROSE

D71
Ramacani, Route d'Alesani
✆ 04 95 31 39 03 – contact@maisonrose.fr

Fermé en février. Haute saison : ouvert tous les jours et les jours fériés le midi et le soir. Fermé du mercredi au jeudi midi en hiver. Réservation recommandée. Menus de 15 € à 23 €. Carte : 32 € environ. Menu enfant : 8 €. Plat du jour : 10 €. Vin au verre. Accueil des groupes. Chaises bébé. Vente à emporter. Animations. Soirées musicales le mercredi en saison.

Une petite adresse en dehors du village que le touriste curieux aura la bonne idée de chercher. On arrivera chez Antoine, qui cumule les casquettes de restaurateur et de constructeur avec bonheur. Une bonne ambiance dès l'arrivée, une grande terrasse qui plonge vers Prunette et la mer, une salle climatisée pour profiter toute l'année des pizzas au feu de bois, de ses menus corses et de quelques soirées à thème musical ou gastronomique. C'est le lieu de rencontre du plus jeune au plus âgé, dans un joyeux mélange.

ORIZONTE

Pasesolo di Prunette ✆ 04 95 38 09 00
www.hotelorizonte.com
info@hotelorizonte.com
A 48 km de Bastia

Fermé de novembre à avril. La paillote Prunette ouverte de juin à mi septembre. Ouvert tous les jours et les jours fériés le midi et le soir. Réservation recommandée. Menu unique à 22 €. Carte : 30 € environ. Menu enfant : 12 €. Formule du midi : 15 €. Vin au verre. American Express, Chèque Vacances, Chèque Restaurant. Chaises bébé. Jardin. Terrasse. Vente à emporter. Animations.

Sur la grande plage de Prunette, les pieds dans l'eau, c'est la paillote sympa de l'hôtel juste au-dessus. On s'y régalera de toutes les grillades à base de viande ou poisson, de ses pizzas au feu de bois ou d'une belle carte de pâtes, la spécialité des lieux. Pour les frileux, on pourra profiter de la salle du restaurant dans l'hôtel. En plus de sa belle situation, on s'y détendra grâce aux nombreuses soirées musicales.

AUX TROIS FOURCHETTES

Place de l'Eglise ✆ 04 95 38 14 86
www.aux3fourchettes.com
auxtroisfourchettes@wanadoo.fr

Ouvert toute l'année. Tous les jours et les jours fériés. Réservation recommandée. Menus de 16 € à 17 €. Carte : 20 € environ. Menu enfant : 10 €. Plat du jour : 12 €. Vin au verre. Chèque Vacances, Chèque Restaurant. Terrasse.

Une bonne maison corse, ancienne crypte de la cathédrale au cœur du village, qui propose à tout petits prix, avec beaucoup de générosité dans la cuisine et dans l'accueil, les spécialités que l'on aime. On trouve ici, les grands classiques de la cuisine de l'intérieur préparés à base des produits bio. Simple et authentique.

Le gîte

ORIZONTE***

Pasesolo di Prunette ✆ 04 95 38 09 00
www.hotelorizonte.com
info@hotelorizonte.com
A 48 km de Bastia

Fermé de novembre à avril. Accueil 24h/24. 45 chambres. Chambre double de 65 € à 180 € ; chambre triple de 110 € à 230 €. Demi-pension : 29 € (dîner et petit-déjeuner). Petit déjeuner buffet : 12 € (8 € enfant moins de 12 ans). Lit supplémentaire : 20 €. Parking ouvert inclus. American Express, Chèque Vacances. Jeux pour enfants.

Séminaires. Réceptions et mariages. Poste Internet. Wifi gratuit. Restauration (restaurant et paillote : menus de 15 € à 32 €, carte 28 €, menu enfant 12 €). Tv satellite. Animations. Plage aménagée de transats et parasols.

Sur la commune du beau village de Cervione, proche de la station balnéaire de Moriani-Plage et au pied de la Castagniccia, l'hôtel est implanté au sein d'une propriété verdoyante. Entièrement rénové, il est au bord d'une plage de sable aménagée. Idéal de par sa situation pour découvrir l'ensemble de l'île de beauté, l'hôtel propose une bonne restauration autour de la piscine ou à la paillote avec de joyeuses soirées musicales. Bon rapport qualité prix.

Campings

■ CAMPOLORO****
Lieu-dit Prunete ✆ 04 95 38 00 20
www.lecampoloro.com
contact@lecampoloro.com

Fermé du 20 septembre au 20 mai. Réservation recommandée. Accueil jusqu'à 21h. Gardé 24h/24. Terrain de 10 ha. 100 emplacements. Exposition : ombragé. Sol : pierreux. Relief : plat. Emplacement + véhicule + 2 personnes de 6 € à 12 €. Bungalows pour 2 à 6 personnes de 250 € à 1 320 € la semaine. Chèque Vacances. Jeux pour enfants. Salle de bains pour bébés. Animaux acceptés. Connexion Internet payante. Wifi payant. Animations.

À 6 km de Moriani-plage, ce village de vacances est situé sur un parc de chênes-lièges et de pins qui plonge jusqu'à la mer et propose un grand choix d'hébergements : camping, bungalow, chalet et Paliaghju. Une belle structure bien équipée, avec ses piscines dont une équipée de balnéo, un bon restaurant et son épicerie. Chacun y trouvera son bonheur. En prime, l'accès Internet par wifi et une salle de remise en forme.

Loisirs

■ CIME'ALE
Casa Comunale
✆ 06 76 03 53 19
cimeale.free.fr
s.giannecchini@gmail.com

Ouvert toute l'année. Sur réservation. CB non acceptée.

Pour un baptême en biplace, contacter le club pour un rendez-vous avec un bi-placeur confirmé. Le lieu de rendez-vous est en général fixé à l'attéro de Cervione, vers les 9h du matin, pour monter à la Scubiccia avec une navette. Le vol se fait entre 10h et 15h, en fonction de la météo. Se munir de bonnes chaussures montantes, d'un pantalon et d'une veste, même l'été. Et en route pour la belle aventure avec des vues magnifiques à vous couper le souffle ! Vous survolerez le village de Cervione, en face de la mer, pour atterrir en dessous du village.

■ L'ÉCOLE DES ÂNES
Felicelli
Route d'Anghione
✆ 06 17 94 95 60
www.ecoledesanes.com
jpoli.bourricot@orange.fr

Ouvert toute l'année. Sur réservation. CB non acceptée. Chèque Vacances.

Promenade à dos d'âne en bord de mer, de rivière. Balades sous la conduite d'un guide diplômé. De 45 € à 90 € par âne loué. Journée avec découverte des sites remarquables de la Costa Verde. Balades à dos d'âne sur la ferme : 20 € par âne.

Emplettes

■ TERRA
A Traversa
D71
✆ 04 95 35 07 83
www.terracorsica.com
terra.cervioni@orange.fr

Haute saison : ouvert tous les jours de 9h à 12h30 et de 14h à 19h30. Livraison possible.

Dans ce joli village immanquable, cette petite boutique ne manque pas d'atouts. On pourra y découvrir toutes les gourmandises et beautés de l'île : charcuterie, fromages, vins AOC, apéritifs, eaux de vie, liqueurs, biscuiterie, confiserie, miel, tapenades, farine de châtaigne AOC, noisette, huile d'olive AOC et de noisette, vinaigre de miel, miels AOC... Artisanat, livres, et même des huiles essentielles et cosmétiques bio.

- accès direct à la plage
- bar
- blanchisserie
- climatisation
- discothèque
- distributeur d'argent
- eau potable
- équitation
- espace fumeurs
- établissement non-fumeurs
- fitness
- golf miniature
- handicap malentendant
- handicap malvoyant
- handicap mental
- handicap moteur
- jardin ou parc
- jeux
- lave-linge / laverie
- location de vélos
- magasin d'alimentation
- navette aéroport
- pêche
- piscine intérieure
- piscine extérieure chauffée
- piscine extérieure
- plats cuisinés à emporter
- room service
- salle de remise en forme
- salle de jeux / tv
- sanitaires modernes
- sports nautiques
- tennis
- tir à l'arc
- toboggan aquatique
- ventilateur
- vidange wc
- voile

Dans les environs

San-Giuliano

Plus importante commune de la Costa Verde avec une superficie de 2 393 hectares, San-Giuliano s'étale des bords de la mer Tyrrhénienne, qui offre des kilomètres de plages de sable, aux contreforts du Mont Castello d'Osari, sur lesquels se dressent les hameaux de Favalello et de Carreggia. N'hésitez pas à emprunter les ruelles de ce village plein de charme, et vous aurez la surprise de découvrir quelques éléments typiques du patrimoine rural corse : les fontaines, l'église paroissiale Saint-Julien, les chapelles Saint-Joseph et Saint-Antoine, les hautes maisons traditionnelles en pierres et en lauzes.

Sant'Andrea-di-Cotone ★

C'est un village pittoresque formé par trois hameaux (Ciglio, Chigliacci, Cotone). Très ancien dans sa partie haute, le hameau de Ciglio haut perché, véritable nid d'aigle offre une vue splendide sur le Campoloro. Ce hameau était le véritable carrefour entre les pièves d'Alesani, Campolori et Tavagna avant que la nouvelle route desservant la vallée d'Alesani passe sous le hameau de Chigliacci. C'est également un bon point de départ pour découvrir la montagne proche, comme, par exemple, la Punta-di-Travu (876 m) et le mont Cime Tonde (1 013 m), ainsi qu'un site très peu connu, Santa-Maria-a-Vecchia. Dans ce qui fut sans doute un site préhistorique ; au milieu des ruines, on y trouve une chapelle romane. Le hameau de Chigliacci, avec ses hautes maisons bourgeoises témoigne d'un autre temps, et de la richesse de ses habitants à une époque, ou moulins, jardins, arbres fruitiers faisaient la richesse du village.

NOTRE-DAME DE LA SCUPICCIA ★★

Cigliu

Ce site exceptionnel, comme tout cadeau, se mérite. Ainsi, son accès n'est possible qu'en véhicule tout terrain ou à pied (45 min). Si vous êtes courageux, préférez ce second moyen de locomotion qui vous laissera le loisir de flâner au long de votre ascension. De surcroît, une source naturelle sur le bord du chemin vous redonnera l'énergie suffisante pour achever votre balade. Une fois arrivés, émerveillez-vous de la vue qui s'offre à vous, et profitez-en pour visiter la petite chapelle qui domine cet univers. Et comme tout effort mérite récompense, prenez le temps de vous délecter des spécialités locales qui vous sont proposées dans le restaurant familial niché paisiblement dans ce petit paradis.

Valle-di-Campoloro

La commune s'étend sur une superficie de 560 hectares, entre l'immense plage de sable de Padulone (au sud du port de Taverna) jusqu'au hameau de Muchjetu niché sur les pentes du mont Osari (250 m). Muchjetu est étroitement imbriqué dans le bourg voisin de Cervione et pour les visiteurs, les frontières sont difficilement identifiables. Pourtant, le hameau aux ruelles surprenantes a su garder une identité propre et une indépendance farouchement défendues par toute la communauté villageoise. A découvrir : l'église Saint-Augustin, la chapelle Santa-Cristina, le Palazacciu et la plage de Padulone.

CHAPELLE SANTA-CRISTINA ★

La construction de la chapelle date du IXe siècle, démolie en partie vers le XIIe et enfin restaurée au début du XVe siècle par les moines bénédictins venus de Monte-Cristo. Prosper Mérimée, avec son livre *Voyage en Corse*, a fait connaître la chapelle de Santa-Cristina à la France entière et bien au-delà de ses frontières. C'est ainsi qu'en 1890, la chapelle a été classée monument historique. Cette chapelle est une des plus belles de Corse et la plus intéressante pour deux raisons : son architecture originale et la conservation de ses fresques. Vous découvrirez à l'intérieur qu'un crépi blanc couvre le schiste, et que tout le mur oriental de la chapelle, y compris les deux absides, présente une suite de compositions de fresques de diverses grandeurs encore bien conservées.

SAN-GIOVANNI-DI-MORIANI ★★

Le village est le plus haut village de la Costa Verde. C'était autrefois le plus riche village de la pieve, et on peut encore voir ses belles maisons, témoins de sa grandeur passée. Le village bénéficie d'un cadre naturel d'exception : sa forêt composée d'ifs et de buis est immense. On y rencontre fréquemment des aigles royaux. Le village a mis en place des sentiers de randonnée permettant de découvrir la région, notamment un très original sentier botanique. Un site archéologique a été récemment découvert sur le mont Castellu Vechju : on y a trouvé quelques poteries, une grande jarre et des silex taillés, mais surtout des pierres gravées de signes, dont le mystère reste à élucider. Plus loin, à environ 900 m d'altitude, la grotte d'A Croce à u Zuccaru renferme, elle aussi, quelques vestiges préhistoriques et est gravée de signes.

Si vous êtes un amoureux de la nature, partez à la découverte du sentier botanique de San Giovanni di Moriani, en famille, seul ou entre amis. Tout le long du sentier, vous découvrirez une cinquantaine de plantes corses, arbres et arbustes, au travers de totems explicatifs qui vous présentent chacun d'eux en détail, ainsi que leurs usages. De recettes de grands-mères en remèdes médicinaux, vous serez surpris d'apprendre les secrets que ces plantes insulaires ont à vous dévoiler. N'hésitez pas à faire cette balade qui vaut le détour ! Vous serez ravi et enchanté par la beauté du paysage et par le calme qui y règne. Tous vos sens seront en éveil. La boucle dure environ 3 heures.

Points d'intérêt

On trouve une chapelle dans chacun des six hameaux. Par exemple, à Tribbiolu, la chapelle de l'Annonciation est un très bel exemple d'art baroque, et la chapelle Saint-Dévote, à Serra, a été récemment restaurée.

Au-dessus du hameau de Reghjetu, la chapelle Saint-Roch était autrefois le lieu de l'une des plus importantes processions de la piève. A Casone, la chapelle de Notre-Dame-des-Sept-Douleurs renferme un très beau tableau représentant les douleurs de la Vierge lors de la crucifixion du Christ.
Noter la présence de ces deux églises :

- **L'église paroissiale Saint-Jean**, accompagnée de sa chapelle de confrérie Sainte-Croix, représente le point central de la commune. Avec son extérieur en pierres apparentes, son clocher de 33 m (un des plus hauts de l'île), son mobilier et ses œuvres d'art, elle est un des trésors de l'art baroque en Corse. Elle possède un riche intérieur, récemment restauré. On peut citer par exemple son retable et son tableau de l'Annonciation.
- **La chapelle San-Mamilianu** offre une belle vue panoramique sur la Costa Verde. On peut y accéder après environ une demi-heure de marche. De style roman, au toit de lauze, elle fut construite aux environs de 936.

SAN-NICOLAO ET MORIANI-PLAGE ★★

Moriani est la marine de San Nicolao qui offre l'une des plus grandes plages de sable fin de Corse. Dix kilomètres plus haut, en prenant la route de la montagne, on arrive au village de San Nicolao, bâti en terrasses et composé de plusieurs hameaux. C'est un bon point de départ pour se lancer sur un des nombreux sentiers de randonnée de la Costa Verde.
A voir, l'église baroque construite au début du XVIIIe siècle, classée aux Monuments historiques. Elle servait autrefois de poste de guet. Sur la route de la Corniche, entre les villages de San-Nicolao et Santa-Maria-Poggio, se trouve la cascade de l'Ucelline. C'est un site extraordinaire, à voir de jour comme de nuit, sous la lumière des projecteurs mis en place pour l'occasion.

■ **OFFICE DE TOURISME DE LA COSTA VERDE – PÔLE TOURISTIQUE CASTAGNICCIA MARE E MONTI**
Maison du Développement
RN 198 Moriani-Plage
✆ 04 95 38 41 73
www.castagniccia-maremonti.com
costa-verde@wanadoo.fr
♿
Ouvert tous les jours ; les jours fériés. D'octobre à mai : ouvert du lundi au vendredi de 9h à 12h et de 14h à 18h. Juin et septembre : ouvert du lundi au samedi de 9h à 13h et de 14h à 19h et le dimanche de 10h à 13h et de 15h à 19h. Juillet et août : du lundi au samedi de 9h à 20h. CB non acceptée.
Le sentier Ornithologique a vu le jour grâce au financement de la Communauté de communes de la Costa Verde, la volonté et la passion de l'équipe municipale de San Giovanni et l'association I Chjassi Muntagnoli. Cette balade vous permettra d'entreprendre un voyage à travers le temps et vous fera connaître les vestiges d'une Corse d'autrefois. Les hameaux de Fano et de Poggio vous dévoileront des villages typiques de l'architecture rurale de la Corse. A travers un subtil mariage entre les pierres et les arbres et avec beaucoup de discrétion, vous pourrez y découvrir les maîtres de ces lieux : les oiseaux.

Points d'intérêt

■ **CASCADE DE L'UCELLULINE** ★★
D34
Entre le village de Poghju et le hameau de Fano du village de San-Nicolao, sur la route de la corniche, deux tunnels creusés dans la roche annoncent la cascade de l'Ucelluline. Offrant des vasques naturelles d'eau pure et vivifiante, le site attire non seulement les adeptes de la baignade, mais également les amoureux de canyoning et d'escalade. N'hésitez pas à venir de nuit découvrir le spectacle de la cascade illuminée, saisissant !

Parapente en Costa Verde.

ÉGLISE SAN-NICOLAO ★★★

Cette église est un des grands édifices baroques de Corse. Elle fut construite au milieu du XVIIIe siècle à l'écart du village et terminée vers 1740. Constituée d'une nef à chapelles latérales, un baptistère la précède. Son autel majeur est dominé par le retable de saint Nicolas daté du XVIe siècle. Le clocher situé à l'articulation du chœur et de la nef à la réputation d'être un des plus élevés de l'île et, comme les autres clochers de la région, servait de tour de guet. La façade principale de l'église, orientée vers l'est contrairement à l'habitude, présente deux statues en ronde-bosse de saint Nicolas et de saint Pierre qui sont parmi les rares sculptures monumentales du XVIIIe siècle qui subsistent en Corse. La porte datée de 1776 est un bel ouvrage de menuiserie traditionnelle en bois sculpté.

Loisirs

CIRCUITS VTT DE CASINCA, CASTAGNICCIA ET COSTA VERDE

Maison du Développement
RN198 - Moriani-Plage
✆ 04 95 38 41 73
costa-verde@wanadoo.fr

Le site VTT de Castagniccia Mare e Monti représente 177 kilomètres de sentiers et pistes entretenus et balisés, dédiés aux VTT et répartis équitablement sur 3 micro-régions emblématiques de la Corse : la Casinca, la Castagniccia et la Costa Verde. Ils permettent de profiter de ce loisir à travers des forêts, rivières et sources naturelles qui offrent fraîcheur et parfums inédits. Les boucles et circuits sont balisés et répertoriés selon les niveaux, allant des plus faciles aux très difficiles. Le site met à disposition tous les itinéraires précis, l'état des boucles et tous les conseils et recommandations.

Dans les environs

Velone-Orneto

Superbe vieux hameau, au sud de Talasani, à 5 km de la mer à vol d'oiseau... Le charme des pierres, une ambiance à la fois du passé et de l'actualité. En saison, des spectacles corses font venir toute la région dans ce cadre authentique et valorisant. Ses maisons ramassées s'ouvrent sur sa coquette place, Piazza Bianca, et sa chapelle. Carbonaccia, son hameau, surprend par la présence d'un bel édifice caractéristique des constructions de la IIIe République. A voir : le pont de l'enfer et la rivière Petrignani. Cet ancien pont entièrement construit en pierre est au cœur d'une nature verdoyante. Son nom est l'objet de plusieurs légendes.

Pero-Casevecchie ★★★

Petit village montagnard plein d'authenticité à l'intérieur des terres, il abrite un ancien couvent franciscain du XVIIe sur ses hauteurs. C'est un très beau village, tout en arcades et en passages voûtés. On trouve des fontaines et des sources dans les environs. Comme son nom le laisse deviner, le village se compose de deux hameaux. Peru est le plus important. Il possède de belles maisons anciennes. A Casevechje, on peut voir les vestiges de la chapelle Santa-Maria-Assunta, datant du Xe siècle. Ses pierres servirent à la construction de la chapelle de l'Assunta, au-dessus du village.
Au hameau, on peut voir une plaque sur la maison natale d'Angelo Mariani : l'inventeur de la première boisson à base de feuilles de coca. C'est en 1863 que ce pharmacien produit sa première préparation avec cette plante alors peu connue. A partir de 1875, le vin à la coca rencontre un large succès et est largement commercialisé.

Poggio-Mezzana

La commune se compose de cinq hameaux épars et d'une bande littorale dominée par une chaîne de belles collines. Ces hameaux, perchés sur un promontoire et entourés d'une châtaigneraie exceptionnelle, dévoilent des rues pavées étroites, des escaliers et des passages voûtés qui leur confèrent un charme authentique. Ils présentent également un exemple typique de l'architecture locale, avec de hautes maisons aux murs de pierre et aux toits en lauzes. De plus, ils offrent en prime un superbe panorama sur la mer Tyrrhénienne et l'archipel Toscan. Son église Saint-Jean-Baptiste se situe au carrefour des routes menant aux autres villages de la Tavagna, et offre elle aussi une belle vue sur la Costa Verde.

LA VALLICELLA

Figaretto
✆ 06 12 32 07 19
resto.vallicella@wanadoo.fr

Ouvert de mi avril à fin septembre. Ouvert tous les jours et les jours fériés le midi et le soir. Réservation recommandée. Carte : 40 € environ. Formules rapides du midi. Vin au verre. Chaises bébé. Jardin. Terrasse.

Une jolie table raffinée, présente sur la plage depuis 25 ans, qui a fait sa mue depuis 2010 pour atteindre un niveau d'excellence. La cuisine est pilotée par Laurent Agostini, entouré d'une belle brigade de seconds qualifiés. On y appréciera la grande salle, la terrasse au ras des flots et la plage aménagée de transats et de parasols pour admirer la mer Tyrrhénienne. La carte nous fait voyager dans toute la Méditerranée avec de belles présentations pour flatter l'œil et les papilles. On devra faire l'effort de la trouver à la sortie nord de Moriani et de prendre la peine de réserver.

Santa-Lucia-di-Moriani

La commune s'étale sur une sorte d'amphithéâtre naturel descendant vers la mer, entre la rivière du Petrignani au sud et le ruisseau de l'Avidanella au nord. Elle offre une multitude de paysages, du piémont jusqu'à sa façade maritime de près de deux kilomètres. Les petits hameaux très pittoresques de Venzolasca, Coccola, Bonaldo et Piazze essentiellement composés de maisons traditionnelles où les façades en pierres se marient parfaitement avec les toits en lauzes constituent le cœur historique de la commune. A découvrir : l'église paroissiale de Santa-Lucia, la chapelle de la Vierge et le Petrignani et ses moulins à eau.

Santa-Reparata-di-Moriani ★

Vingt minutes après avoir quitté la plaine de Moriani, en franchissant le col de Tribbiolu, on peut découvrir une luxuriante vallée suspendue qui offre dans un contraste saisissant, un dépaysement complet. Outre les deux hameaux dénommés Forci et Penti qui composent la commune, on y découvre des sentiers parfois sombres et sinistres, hantés par la mémoire des bandits légendaires et qu'empruntent aujourd'hui les sangliers. On peut y visiter la grotte où a séjourné le bandit Natale et goûter l'eau de la source ferrugineuse et gazeuse de l'Acqua Acitosa. Enfin, après une heure de marche, à 1 060 m d'altitude, le plateau de l'Osari et le site préhistorique du mont Castellu, vous accueillent avec enchantement. Ici plus qu'ailleurs, la dualité mer-montagne trouve son épanouissement.

Taglio-Isolaccio ★

Le village a donné naissance à l'expression « Versu Taglincu » à cause de l'harmonie du son des cloches et aussi à celle de la voix des chanteurs du village, très réputés. Par ailleurs, c'est à Taglio-Isolaccio qu'est né le paghjellaiu (chanteur) Ghjuliu Bernardini, père des chanteurs du groupe I Muvrini. La commune s'étend jusqu'à la mer avec sa longue plage de sable fin au soleil levant. Vous pourrez apprécier également l'église San-Michele, célèbre pour son clocher, ou encore l'église San-Mamiliano, qui abrite un tableau classé, car très rare, représentant la Vierge allaitant.

■ PARC GALÉA ★★★

D30
Maghiese ✆ 07 78 13 56 70
www.parcgalea.com
parcgalea@gmail.com

Tous les dimanches de 14h à 18h. Du 24 avril au 30 juin, ouvert tous les jours de 14h à 18h. En juillet et août, ouvert tous les jours de 10h à 20h. Du 1er septembre au 15 octobre, ouvert tous les jours de 14h à18h. Ouvert tous les jours et les jours fériés de 10h à 19h. Ateliers et visites guidées tous les dimanches après-midi. Nocturne en juillet/août tous les vendredis de 19h à 22h. Gratuit jusqu'à 5 ans. Adulte : 8 €. Enfant (de 6 à 18 ans) : 4 €. Groupe (10 personnes) : 6 €. Visites du jardin et du musée au coucher du soleil possible le lundi, mercredi et vendredi en juillet et août jusqu'à 22h30. American Express, Chèque Vacances. Visite guidée.

Plus vaste site culturel de Corse, le Parc Galea s'étend sur 9 hectares de musées numériques, d'expositions pédagogiques, de galeries d'artistes, de salles de projections et de jardins paysagers (dont l'une des plus grandes collections de cactus en Europe). Pensé pour le plaisir d'apprendre des petits et des grands, Galea raconte toutes les richesses du patrimoine naturel et culturel d'une Corse, resituée dans son écrin méditerranéen et ouverte sur le monde. Nouveauté 2016 : un grand sentier «primitif» à parcourir «pieds nus» à travers plusieurs hectares de chênes lièges centenaires. Prévoir entre 1h et 3 heures pour visiter le parc, avec possibilité de pique-nique sur place. Ateliers pédagogiques offerts aux enfants tous les après-midis en été et le dimanche hors saison.

■ VILLA MAGDALENA

Lieu-dit Galea, Casa Mora Plage
✆ 04 95 33 31 15 / 06 37 61 94 96
www.isolaccio.fr.gd
madecorteggiani@aol.com

2 chambres. Chambre double de 95 € à 115 €. Petit déjeuner inclus.

Dans une très belle propriété à l'environnement calme et recherché, face au soleil levant, 2 chambres confortables vous attendent. Au milieu des agrumes et des palmiers, vous profiterez de la plage de sable fin (accès privé) et du court de tennis. Idéalement située, vous pourrez pratiquer de nombreuses activités de loisirs et découvrir toutes les beautés de l'île.

■ A FILETTA

RN 198 – www.fromagerie-a-filetta.com
from-afiletta@wanadoo.fr

Depuis une trentaine d'années, la fromagerie A Filetta fabrique dans la tradition des fromages de brebis et de chèvre. Le lait est collecté tous les matins chez une vingtaine de producteurs de la plaine orientale et de la Castagniccia, pour y être transformé en différents fromages à pâte molle, aux herbes du maquis et en brocciu. *A filetta* signifie la fougère en langue corse, une pointe de fougère fraîche est déposée sur chaque fromages, c'est le signe de la marque. La production est commercialisée en Corse dans la plupart des commerces mais aussi sur le continent dans les crèmeries et les boutique corses. C'est la famille Mattei qui est aux commandes de cette maison de qualité.

Talasani

Talasani, patrie de Luigi Giafferi (1680-1745), possède une façade maritime au lieu-dit Figaretto. Ce hameau de la plaine, devenu aujourd'hui le poumon de la commune, offre diverses activités permettant aux habitants de profiter des plaisirs de la plage. A 1 km du village, au nord, se trouvent les ruines de l'ancienne chapelle romane « San-Petru », datée du VIIe siècle, et mise en valeur récemment par les services municipaux. Le village a mis en place des sentiers de randonnée permettant de découvrir la région, notamment le très original sentier botanique. La tour carrée de Prignani se visite également.

■ MAISON BORGHETTI

Talasani village ✆ 04 95 38 50 87
www.maisonborghetti.com
info@maisonborghetti.com

Ouvert toute l'année. 3 chambres. Chambre double 85 €. Petit déjeuner inclus. Parking ouvert. Lit supplémentaire : enfants moins de 13 ans 20 €. CB non acceptée. Animaux acceptés. Wifi gratuit. Restauration (table d'hôtes 35 € le soir).

Dans ce petit village pittoresque de montagne dans la Castagniccia, à seulement huit kilomètres d'une plage de sable, Brian Burns et Patrick Agten nous proposent des chambres d'hôtes au charme garanti d'une ancienne maison du XVIIIe siècle dotée de tout le confort moderne. Beau jardin, chambres spacieuses, lumineuses et décorées avec goût, accueil irréprochable des maîtres des lieux avec une table traditionnelle, ou végétarienne si vous le souhaitez.

LA CASTAGNICCIA

A trente minutes de la mer, réputée depuis l'Antiquité pour ses eaux thermales d'Orezza, la Castagniccia offre un cadre préservé de verdure et de fraîcheur, pour le repos et les balades à pied grâce à son important réseau de sentiers qui traversent tout le territoire. Châtaigniers centenaires, innombrables torrents et sources : l'ombre et l'eau sont partout. Une constellation de villages et hameaux, aux maisons enchevêtrées et coiffées de lauze occupe chacune des crêtes ensoleillées. Les petites chapelles romanes datant des XIe et XIIe siècles parsèment la campagne. Les églises baroques, généreuses en formes et en couleurs, contrastent avec la sobriété de l'architecture environnante. Pour découvrir la Castagniccia, il faut à la fois s'enfoncer dans la forêt, vers la Porta, Stazzona, Valle-d'Orezza, par exemple, mais aussi prendre un peu de recul en suivant les routes qui la bordent et permettent de l'apprécier comme la route de Piedicroce à Cervione, en passant par Ortale et Sant'Andrea-di-Cotone.

CAMPANA ★

Adorable petit village en balcon, au cœur de la Castagniccia, à 800 m d'altitude. A voir, l'église Saint-André-de-Campana de style baroque avec son tableau l'*Adoration des bergers*, de l'école espagnole Zurbaran, et la chapelle Saint-Christophe, isolée avec une belle vue sur Verdese (cette chapelle est sur la commune de Polveroso, car le village de Campana n'a pas de chapelle).

Dans les environs

Verdese ★

Comme dans toutes les communes de la microrégion, le village est accroché à flanc de montagne, perché sur des contreforts rocheux. Dominé par le très haut clocher de son église paroissiale baroque, dont on dit que les habitants l'ont élevé en l'espace de 140 jours, le village est niché au pied du Monte San-Petrone. Il est surplombé directement au nord-ouest par le village d'Erbaggio, et par celui de Campana. Verdèse est un village de caractère ; les maisons d'habitation sont construites autour de l'église paroissiale. Le bâti est ancien, constitué de vieilles maisons de pierres sèches centenaires aux toits de lauzes, avec des ruelles dallées de pierres grises. Sous la mairie, dont les locaux sont abrités dans un ancien presbytère restauré, les vieilles écuries transformées en salle polyvalente montrent de remarquables voûtes en pierre. Quatre fontaines ornent le village, la plus belle possédant une pierre ronde à tourner afin d'en activer le mécanisme.

■ LA DILIGENCE
D46, Village
✆ 04 95 34 26 33 / 06 13 21 50 07
www.la-diligence.net
ladiligence.verdese@hotmail.fr

Fermé du 15 novembre à mars. Accueil jusqu'à 19h. 5 chambres. Chambre simple ; chambre double. Petit déjeuner inclus. Lit supplémentaire : 35 €. De 60 € à 70 € par personne en demi-pension. 35 € enfant de 6 à 12 ans. CB non acceptée. Wifi gratuit. Restauration. Pas de tv.
Anik et Raymond, amoureux de l'ile, ont choisi ce beau village pour leur nouvelle vie en y reprenant cette diligence, vieille bâtisse historique du XVII, qui se prélasse au doux soleil de la Castagniccia. Les chambres sur les trois niveaux sont coquettes et meublées avec gout, et la situation est idéale pour parcourir les sentiers et montagnes environnantes. Pour couronner le tableau, on y mangera la cuisine de madame, servie par monsieur pour savourer le cadre et l'ambiance plus longtemps.

Vue sur le village de Campana.

Vue sur le village de La Porta.

LA PORTA ★★

Ce village de charme est en fait le centre névralgique de la vallée d'Ampugnani (une des trois vallées qui constituent la région de Castagniccia), à la fois au cœur de la forêt et suffisamment dégagé pour fournir un poste d'observation vers les villages des environs. On ne peut manquer l'atypique campanile sur cinq étages, séparé de l'église Saint-Jean-Baptiste. En face, superbe carte postale avec vue sur Ficaja, un village irréel...

Points d'intérêt

■ L'EGLISE SAINT-JEAN-BAPTISTE ET SON CAMPANILE ★★

L'un des chefs-d'œuvre de l'art baroque en Corse. Le clocher élancé de son église, avec son somptueux campanile de 45 mètres de haut, a été bien restauré et est visible de tous lieux à la ronde. Fronton et campanile de cinq étages sont d'un pur style rococo. Sa taille lui permet de dominer les maisons d'alentour, pourtant elles-mêmes construites tout en hauteur. L'intérieur de l'église mérite également la visite, avec un décor très riche (voir notamment la voûte) et un beau mobilier (orgues, Christ en bois du XVIIe siècle).

Dans les environs

Croce ★

Beau point de vue sur la mer et sur le creux de la Castagniccia et ses petits villages plantés au milieu des touffes d'arbres. Beaucoup de charme, un calme souverain, mais une animation certaine en été : les habitants sont dans la rue, les enfants jouent, le village est loin d'être désert. En allant vers Piedicroce, on voit se découper la masse puissante du San-Petrone (1 767 m). Presque à la jonction de cette route avec la D 71 qui rejoint Piedicroce, une petite piste à gauche descend vers la chapelle Saint-Christophe. C'est surtout le site, paisible et gracieux au pied du San-Petrone, qui retient l'attention et les pique-niqueurs.

■ BASE VTT
Maison du PNRC
Le village
✆ 06 74 92 13 86
Location de vélos VTT.

PIEDICROCE ★★★

Situé au pied du mont San-Petrone (1 767 m), le village de Piedicroce-d'Orezza, chef-lieu du canton d'Orezza, fut l'un des plus importants de la Castagniccia. Son église baroque Saint-Pierre-et-Saint-Paul rivalise avec sa voisine de La Porta. Piedicroce sert aussi de point de départ à diverses randonnées pédestres, sur les sentiers de pays à travers les vallées verdoyantes, qui vous mèneront dans des villages dont le caractère est hérité d'une forte tradition agricole, pastorale et artisanale. A la sortie du village vers Cervione, les amateurs de fraîcheur trouveront une piscine naturelle à Piedipartino ainsi qu'une magnifique cascade où ils pourront se baigner, « La Struccia », au cœur de la forêt du village de Carcheto-Brustico.

■ SYNDICAT D'INITIATIVE DE LA CASTAGNICCIA
✆ 06 07 49 03 36
Voir page 15.

Points d'intérêt

Le couvent Saint-François

Appelé le couvent d'Orezza, a été fondé en 1485 par les franciscains. Désaffecté pendant la Révolution, il reprend de l'importance au XVIIIe siècle, notamment dans la lutte de la Corse contre Gênes. Plusieurs assemblées consultatives (Consultes) se tinrent dans ce couvent. En mars et avril 1731, le chanoine Orticoni et des théologiens s'y réunirent pour débattre sur la légitimité de la révolte contre Gênes. Le 20 avril 1731, ils décrétèrent à l'unanimité que la Cause des Corses était « sainte et juste ». Le 30 janvier 1735, l'assemblée d'Orezza (Sebastiano Costa, Luigi Giafferi et Giacinto Paoli) proclama l'indépendance de la Corse. Elle plaça le peuple corse sous la protection de la Vierge, et le «*Dio Salvi Regina*» fut adopté comme hymne national. Le pape Benoît XIV envoya le franciscain Saint-Léonard de Porto Maurizio pour prêcher une mission contre la vendetta qui ensanglantait la Corse. En 1751, une nouvelle constitution y fut votée. Jean-Pierre Gaffori est nommé Général de la Nation et il se voit confier le pouvoir exécutif. En 1790, Pasquale Paoli et Napoléon Bonaparte s'y rencontrèrent. Le couvent abrita la gendarmerie jusqu'en 1934 (effondrement de la toiture). Pendant la Seconde Guerre mondiale, les Italiens y installèrent un dépôt de vivres et de munitions, puis il fut bombardé et quasiment détruit par les Allemands en 1943. Laissé à l'abandon, il est aujourd'hui en piteux état, mais un programme de restauration est en projet.

■ L'ÉGLISE SAINT-PIERRE-ET-PAUL ★★

L'église, classée monument historique, est de style baroque et recèle de nombreux trésors : des peintures murales, un tableau classé, peint par Constantini au XVIIIe siècle, un autel en stuc et le plus ancien des orgues de Corse. Construit en 1619, il fut en premier lieu à la cathédrale Sainte-Marie de Bastia, mais après de nombreux déboires tels que la foudre, un incendie et plusieurs restaurations, il fut transféré à Piedicroce. C'est ainsi le seul instrument conservant encore actuellement des éléments du XVIIe siècle : façade, buffet, sommier, Principale, Voce umana, Nazardo... Dont certains sont en châtaignier.

Pistes de VTT en Castagniccia

3 pistes VTT ont été ouvertes début 2013. De difficulté moyenne, elles ont été qualifiées de pistes rouges et font entre 15 km et 18,5 km avec un dénivelé allant de 968 m à 1 172 m pour la plus raide des trois. Attention : elles sont difficilement praticables par fortes pluies en raison du ravinement des torrents et des passages de schistes glissants. Mais ces trois pistes traversant des villages, il est possible de les diviser en étapes plus courtes et choisies.

Le gîte

■ LE REFUGE**

Le village
✆ 04 95 35 82 65
www.hotel-restaurant-corse.fr
hotel.lerefuge@wanadoo.fr

Fermé du 15 octobre au 15 avril. Accueil jusqu'à 22h. 20 chambres. Basse saison : chambre simple à partir de 49 € ; chambre triple à partir de 81 €. Demi-pension : 98 € (pour 2 personnes). Petit déjeuner : 7 €. Parking ouvert. Ticket restaurant. Chèque Vacances. Animaux acceptés (5 €). Wifi gratuit. Restauration (menus de 19 € à 30 €, menu enfant : 10 €, plat du jour 12 €, carte : 29 €). Vente (produits du terroir).

La maison de la famille Raffalli est justement réputée. L'établissement est bien tenu, doté d'une cuisine paysanne de très haute valeur où l'on retrouve charcuterie, civet de sanglier, cannelloni, vuglidicce, beignet de châtaigne par exemple et un accueil d'une gentillesse perpétuelle. On s'attable par hasard pour se désaltérer et l'on reste quinze jours. Les vins corses sont presque donnés, les chambres ont un bon confort dans une parfaite tranquillité, au cœur du village. Nombreuses randonnées aux alentours, avec accompagnateur diplômé. Le seul hôtel de la microrégion qui, malgré son exclusivité, offre de belles prestations à prix doux.

Loisirs

■ RANDONNÉE AU MONT SAN-PEDRONE

Départ du hameau de Campodonico au-dessus de Piedicroce, autre départ possible du col de Prato. Altitude : 1 767 m. Dénivelé : 900 m de Campodonico, 800 m du col de Prato. Durée : 6 heures AR. Itinéraire : chemin fléché jusqu'au refuge «Caselle de Favalta» (1 404 m), sur le plateau prendre tout de suite à droite, passer devant une source (attention aucune indication, pas de visibilité sur le San-Pedrone, très peu de cairns), on passe devant des ruines où l'on retrouve un chemin qui conduit à une ravissante clairière. À ce point, un panneau indique qu'il reste 1 heure jusqu'au San-Pedrone. Pour plus de sûreté, demandez la carte et les consignes de sécurité au point d'accueil tourisme de Piedicroce avant de vous lancer.

Emplettes

■ L'AGHJA

D506
Place du Village
✆ 04 95 33 38 21
www.castagniccia-boutique.fr
asso.acasatorra@orange.fr

Basse saison : ouvert tous les jours et les jours fériés de 8h à 14h. Haute saison : tous les jours et les jours fériés de 8h à 19h30. Livraison possible (vente en ligne). CB non acceptée.

© A SARRADA

Belle initiative, dans ce village historique, avec l'ouverture d'un point de vente des meilleurs produits artisanaux (pour de vrai) de la micro-région. Cette association a pour but de soutenir l'activité agro-pastorale et de faire connaître la qualité de la charcuterie, des fromages, confitures, miel, vins... L'épicerie est ouverte toute l'année et propose même le dépôt de pain, les viennoiseries et la presse locale.

Dans les environs

Piazzali ★★

Ne pas manquer l'ancien couvent franciscain d'Alesani et son église baroque du XVIIe siècle, classés aux Monuments historiques. Il est considéré comme le premier de l'ordre fondé à l'intérieur des terres. Anciennement couvent Saint-François, il a été fondé en 1236 sur la commune de Novale, en retrait de son emplacement actuel. La secte des Giovannali y aurait trouvé refuge avant son extermination. Reconstruit en 1354, il subit des modifications jusqu'en 1716. Le 15 avril 1736 commence une extraordinaire aventure qui passionnera l'Europe. En étant élu roi de Corse, le baron Théodore de Neuhoff donne naissance à la constitution dite « d'Alesani ». Aucun personnage n'aura marqué l'histoire de la Corse d'une manière aussi brève mais pourtant inoubliable. La tête de Maure qui figurait sur ses armoiries sera reprise par Pasquale Paoli comme symbole de la Corse indépendante.

Rapaggio

Rapaggio se situe au cœur de la Castagniccia et plus précisément dans la vallée d' Orezza. C'est sur cette commune que se trouve l'usine des eaux d'Orezza, eaux gazeuses et ferrugineuses connues depuis l'Antiquité. Le village se situe à 620 mètres au-dessus de la mer et présente un aspect médiéval avec ses hautes maisons et son église paroissiale de l'Assomption dont la façade et le clocher sont en pierres apparentes.

accès direct à la plage	handicap malvoyant	plats cuisinés à emporter
bar	handicap mental	room service
blanchisserie	handicap moteur	salle de remise en forme
climatisation	jardin ou parc	salle de jeux / tv
discothèque	jeux	sanitaires modernes
distributeur d'argent	lave-linge / laverie	sports nautiques
eau potable	location de vélos	tennis
équitation	magasin d'alimentation	tir à l'arc
espace fumeurs	navette aéroport	toboggan aquatique
établissement non-fumeurs	pêche	ventilateur
fitness	piscine intérieure	vidange wc
golf miniature	piscine extérieure chauffée	voile
handicap malentendant	piscine extérieure	

LA CASINCA

Au nord de la Castagniccia, une petite région secrète et tourmentée. Accès très facile à partir de la plaine en suivant la RN 198 : plusieurs entrées vers Vescovato, Venzolasca, Sorbo, Castellare. En vedette, un village entièrement classé, Penta. C'est aussi un ensemble géographique cohérent possédant des limites naturelles bien marquées. Cette microrégion du Nord-Est de la Corse est un territoire délimité au nord par la partie terminale du plus long fleuve de l'île : le Golo. A l'ouest, l'horizon est barré par la chaîne montagneuse d'I Sant'Anghjuli qui culmine à 1 218 m. Au sud, la limite est donnée par le Fium' Altu, autre cours d'eau important, alors qu'à l'est la Casinca est bordée par la mer Tyrrhénienne.

CASTELLARE-DI-CASINCA ★★

Les maisons se retiennent les unes aux autres pour ne pas tomber dans le précipice. Saisissant ! Le village lui-même, posé comme si de rien n'était sur cette arête rocheuse qui s'avance au-dessus du vide, est un modèle de calme et de sérénité. Construit sur une hauteur, et ses hautes maisons sont reliées entre elles par des passages voûtés, le village offre un beau panorama sur la plaine, et Anghione est sa façade maritime. Son église paroissiale Saint-Pancrace contient les reliques du saint. Patron des bandits, il fut martyrisé en l'an 304 de notre ère à Rome, sous Dioclétien. Ses reliques furent amenées d'Italie au XVIIIe siècle. D'origine médiévale, classée aux Monuments historiques, l'église possède une large nef caractéristique de l'art roman. Dans les environs du village, on peut visiter les ruines de l'ancienne église Sainte-Marguerite.

LORETO-DI-CASINCA ★★

Dominant la Casinca à 680 m d'altitude, Loreto est un magnifique nid d'aigle époustouflant à voir d'en bas ou d'en haut. Très beau panorama pour découvrir toute la Casinca d'un seul regard, plongeant, par-delà la région, sur le bleu profond de la Méditerranée. La place principale est très agréable, l'on y vient discuter, jouer, s'amuser. De style baroque, l'église paroissiale abrite le fameux tableau représentant Notre-Dame-de-Loreto, que la légende attribue à saint Luc. Juste après le cimetière, une petite route descend sur le village d'Olmo, qui surplombe la vallée du Golo, au nord. Plus petit, mais beaucoup de charme également. On notera les très beaux panoramas sur la Castagniccia, avant d'arriver au col Sant'Agostinu d'où la vue est à 360 degrés. On pousse jusqu'à la chapelle, et on contemple la vue, notamment jusqu'à Silvareccio.

Le couvert

■ **U RATAGHJU**
Pielaterra ✆ 04 95 36 30 66
amandinealbertini@hotmail.fr
Dans le bas du village
Ouvert toute l'année. Haute saison : tous les jours et les jours fériés le midi et le soir. Réservation impérative. Menu unique à 30 €. Demi-tarif moins de 10 ans. Formule du midi : 20 €. CB non acceptée. Jardin. Terrasse. Animations.
Catherine, Vincent et leur fils Pierre ont transformé leur maison familiale en une auberge accueillante, sur le site d'un ancien séchoir à châtaigne, dont on voit encore la suie incrustée dans les plafonds. La salle vous offre un cadre typiquement corse pour déguster une cuisine fort copieuse. Le menu comprend en effet charcuteries, beignets de fromages, lasagnes servies avec de la viande (veau ou sanglier) fromages corses et fruits de saison, vins, café et digestif maison ; vous pouvez toutefois changer le menu selon les possibilités. Tout est composé de produits locaux. Une grande salle est installée juste à côté, pour organiser sur demande banquets et mariages. Un endroit à découvrir absolument, tant ce lieu est chargé de caractère. On est ici dans ce qui se fait de plus authentique.

Emplettes

■ **FRANCOIS ALBERTINI**
Piana ✆ 04 95 36 30 24
Sur la grande place toujours animée du petit village de Loreto, repérez l'enseigne discrète de la charcuterie Albertini. Vous trouverez ici un grand choix de charcuteries artisanales : coppa, lonzu, prisuttu, pancetta, bulagna et saucisses. Les figatelli, fromages de tête et ventru à la saison hivernale seulement. N'hésitez pas à téléphoner si vous ne voyez personne, ils descendront directement de leur maison pour vous servir ! Le régal est au rendez-vous, excellente adresse. L'été, la dégustation est possible avec la charcuterie, le fromage maison, la confiture, les beignets de fromage ou de farine de châtaigne.

■ Dans les environs

Campile ★

Campile berceau de la piève de Casaconi n'a pas changé. Son église Saint-Pierre-et-Saint-Paul de style baroque construite au XVIIe siècle se dresse fièrement sur la belle place du village. Son atelier de peinture, ses spécialités de farine et de gâteaux de châtaigne, ses viennoiseries vous invitent à faire une halte si vous passez par là.

PENTA-DI-CASINCA ★★★

C'est la vedette de la Casinca, situé sur une hauteur en dominant la plaine et la vallée du Fium'alto. A Folelli, sa façade maritime, on trouvait autrefois un port, remontant à l'Antiquité. Il cessa son activité au XIXe siècle. Le vieux village est très beau : ses ruelles étroites donnent à voir des maisons hautes aux portes sculptées, reliées entre elles par de hauts escaliers et des voûtes de pierre. C'est dans ce décor que dura l'une des plus longues vendettas de l'histoire corse, entre 1789 et 1821. Son église paroissiale possède un campanile carré original, et ses portes sculptées méritent que l'on s'y attarde. Quelques excursions permettent de découvrir les ruines de plusieurs chapelles dans les environs. On peut enfin accéder à la tour génoise de San-Pellegrino, à Folelli. Un village classé qui accueille chaque week-end les Bastiais en promenade, et curieusement, assez peu les touristes.

Dans les environs

Silvareccio ★

Ce village, à 700 m d'altitude au pied du mont San-Angelo face au San-Pedrone. Fleuron de l'Ampugnani, on y découvre, chaque été, une exposition d'artistes et artisans. Une raison de plus pour venir flâner ici.

SORBO-OCAGNANO ★

La commune offre une vue splendide sur la Casinca, la Marana et jusqu'au Cap Corse et les îles toscanes. Chaque hameau possède son église. Au hameau de Sorbo, on peut visiter l'église San-Petru datant du XVe siècle. Au hameau d'Ocagnano, l'église l'A-Nunziata, construite aux environs de 1680, possède un beau clocher. A environ 1 km du hameau, on découvre la chapelle de San-Damianu qui devait être l'église du village de Campu détruit au XIIe ou XIIIe siècle et dont il ne reste plus aujourd'hui que quelques ruines. La commune est en pleine expansion avec le hameau de Querciolo situé sur le littoral, qui regroupe la majeure partie de la population.

■ **DOMAINE DE VALLE**
Querciolo
✆ 04 95 38 93 03
domainedevalle.fr
domaine.valle@wanadoo.fr

Bienvenue à la Ferme. Ouvert toute l'année. 4 chambres. Chambre simple à partir de 65 € ; chambre triple jusqu'à 90 €. Petit déjeuner inclus. Parking fermé inclus. Vente (vente d'huile d'olive).

Le Domaine de Valle est une très ancienne propriété familiale de 30 hectares, datant du XVIIIe siècle et entourée de vergers de clémentiniers et d'oliviers. La maison est un ancien relais de diligence de plus de 250 ans et la partie de la demeure dans laquelle se trouvent aujourd'hui les chambres d'hôtes était l'ancienne écurie.

VENZOLASCA ★

Le village s'étend sur la surface littorale, depuis l'embouchure du Golo jusqu'à la commune de Sorbo-Ocognano. Le village construit dans la montagne à l'abri des invasions, s'étale sur une sorte d'amphithéâtre naturel descendant vers la mer. C'est un village traditionnel, miroir de l'architecture corse, dont les belles maisons témoignent encore de son histoire. L'originalité de Venzolasca repose sur sa rue principale et ses anciennes ruelles en pierre de Brando. Sur la façade maritime du village, on trouve le site de Mucchiatana, acquis par le conservatoire du littoral en 1982. C'est un site magnifique, peuplé d'eucalyptus et de genévriers, et entouré de dunes. L'eucalyptus, dont certains spécimens peuvent atteindre les huit mètres de haut, est la principale richesse du site. L'espèce qui pousse sur les plages de Venzolasca est d'ailleurs rare et protégée.

Points d'intérêt

L'église paroissiale Sainte-Lucie, classée aux Monuments historiques, domine le village. Elle est de style classique et possède plusieurs chapelles latérales. Construite au XVIIe siècle, elle ne sera terminée qu'en 1729, avec l'édification du quatrième étage du clocher par l'architecte Baina. La place de l'église offre une magnifique vue sur la mer et les villages en contrebas. Venzolasca est surnommé « le village aux multiples chapelles », référence à la ferveur d'antan. On en trouve deux dans le village même, et plusieurs dans les hameaux.

Le couvert

■ **U FRAGNU**
Lieu-dit Campo ✆ 04 95 36 62 33

Fermé d´octobre à novembre. Haute saison : ouvert tous les jours et les jours fériés le soir. En hiver, ouvert du jeudi au samedi soir et le dimanche midi. Réservation impérative. Menus de 38 € à 40 €. CB non acceptée. Accueil des groupes. Jardin. Terrasse.

Une de ces fermes-auberges authentiques et pittoresques de l'arrière-pays. On y vient pour découvrir la vraie cuisine corse, avec la garantie d'une matière première irréprochable. Soupe, charcuterie, beignets, quenelles au brocciu, viande en sauce, fromage, dessert, boissons, et café. C'est bon et copieux. Qui plus est, on est dans le cadre magnifique d'un ancien pressoir à olives, restauré de main de maître par François Garelli.

Comme quoi, on peut bien manger dans un superbe cadre, à deux pas de Bastia. Un très bon rapport prix prestations. C'est notre coup de cœur pour la micro région. Possibilité de couchage en cas d'abus de digestif maison.

Le gîte

■ **MAISON DE LA VIGNE**
Chez François Fantoni
Girata Santini
© 04 95 34 36 68 / 06 23 21 33 14
www.maisondelavigne.com
resa@maisondelavigne.com

Gîtes de France (2 épis). Ouvert toute l'année. Accueil jusqu'à 20h30. 3 chambres (dont 1 chambre 4 personnes 110 €). Chambre simple à partir de 65 € ; chambre triple jusqu'à 110 € ; studio / appartement de 350 € à 500 € la semaine. Petit déjeuner inclus (en chambre d'hôtes). Parking ouvert inclus. Chèque Vacances. Wifi gratuit. Restauration (table d'hôtes 25 €). Pas de tv.

La maison de la Vigne se compose de trois petites maisons rassemblées sous une forêt de chênes lièges et d'arbousiers. Ses trois chambres spacieuses, dont une familiale, peuvent recevoir jusqu'à 9 personnes. Chaque chambre dispose d'une salle de bains et de WC séparés. Une table d'hôtes conviviale fait découvrir des spécialités et des vins corses. Accueil familial sympathique de la famille Fantoni pour ne rien gâcher.

VESCOVATO ★

Le lieu est habité depuis l'Antiquité romaine, mais le village tel que nous le voyons aujourd'hui fut fondé au XVe siècle par les évêques de Mariana, d'où son nom (*vesco* signifie évêque). Vescovato sera la résidence d'été des évêques ainsi qu'un siège épiscopal jusqu'en 1570. De plus, le village peut s'enorgueillir d'avoir vu naître plusieurs chroniqueurs : Filippini, Ceccaldi et Monteggiani (on peut encore voir leurs maisons natales au village). Andrea Ceccaldi s'illustra également lors de la révolution corse par la prise de Bastia. C'est aussi à Vescovato qu'est né Matteo Buttafuoco, qui correspondit avec Jean-Jacques Rousseau et évoqua avec lui l'idée d'une constitution corse avant la lettre. La route d'accès à Vescovato nous dévoile un village très accueillant, calme, construit en terrasse sur un piton rocheux. Sur la place du village, on avait au Moyen Age pour coutume de danser la mauresque, pour commémorer la victoire d'Ugo Colonna sur les Maures.

Points d'intérêt

Un escalier de pierre nous mène à l'ancienne pro-cathédrale Saint-Martin, baroque, qui renferme un très bel ensemble comprenant un tabernacle et un maître-autel en marbre blanc, daté du XVe siècle. Au-dessus du village, l'ancienne chapelle romane Saint-Michel abrite aujourd'hui un mausolée familial. Enfin, il est possible de visiter l'église du couvent des capucins et la chapelle de confrérie Sainte-Croix. Pour le Vendredi saint, la procession traverse le village pour se rendre à Venzolasca.

Emplettes

■ **LA BOUTIQUE CASINCA RÉSERVE DU PRÉSIDENT**
RN 198, Lieu-dit Arena
© 04 95 36 99 52
Voir page 190.

CENTRE CORSE

Passerelle dans les gorges du Tavignano

LE CORTENAIS

Corte est l'un des cœurs de la Corse, l'une de ses palpitations les plus manifestes. L'histoire : Pasquale Paoli y bâtit la Nation corse au cours du XVIIIe siècle et doit être fier, car le président de l'Université, qu'il fonda en ces lieux mêmes voici quelque 250 ans, était à 32 ans le plus jeune président d'Université de France. La géographie : nous sommes là au centre de la Corse, entouré des gorges de la Restonica et du Tavignano ! L'économie y est pastorale et, au bon sens du terme, touristique et sportive parce que tout y est vrai, impressionnant de véracité, de somptueuse beauté à l'état pur et brut. Vous pouvez ne pas nous croire mais, séjournant dans cette partie vitale de la Corse, vous ne pourrez qu'intensément vibrer à ce phare allumé sur mille citadelles.

CORTE ★★★★

Si Sartène est la plus corse des villes corses, Corte, pierre angulaire de l'histoire de la Corse, est sans doute la vraie capitale dans le cœur de très nombreux Corses ; par sa situation, au centre de l'île, carrefour de tous ceux qui délaissent les manières artificielles des plages et des côtes, par son histoire qui a forgé au fil des siècles une âme pure et récalcitrante à l'occupant, quel qu'il soit, par son architecture de simplicité, mais de personnalité, avec ses maisons modestes et fières et sa vieille ville authentique. Dès les années soixante, le combat pour la réouverture de l'université de Corse, qui compte actuellement plus de 3 000 étudiants, fera de cette bourgade le haut lieu de la revendication nationaliste. Située au cœur du Parc régional de la Corse, elle affirme depuis quelques années sa vocation culturelle (avec l'implantation du magnifique musée de la Corse) et touristique (avec le développement des sports de montagne) entièrement tournée vers la mise en valeur de la mémoire corse.

■ **CHEMIN DE FER DE LA CORSE (CFC)**
RN 193
✆ 04 95 46 00 97
www.cf-corse.fr
contact@cf-corse.com
♿

Ouvert tous les jours et les jours fériés de 6h26 à 18h30. Chèque Vacances.

Le train corse véhicule 800 000 passagers par an, dont presque la moitié durant les quatre mois d'été. Vilipendé au moment de sa création en février 1888 – date de la première mise en service du tronçon Bastia-Corte – car il faisait économiquement du tort à la corporation des petits charretiers, le train a été défendu quand vers 1960, certains réclamaient sa suppression. Aujourd'hui, le train corse irrigue l'intérieur avec la ligne Bastia-Ajaccio qui à travers des paysages sublimes, rejoint la Balagne en sinuant un certains nombres d'ouvrages d'art, tous aussi superbes les uns que les autres. Le train assure également aux étudiants de l'université implantée à Corte un moyen de locomotion à moindres frais. Par ailleurs, une navette suburbaine dessert l'axe Bastia-Casamozza. En dehors de l'été, pour répondre à la demande, on fait circuler près de 40 trains par jour (20 allers-retours entre Bastia et Casamozza) ! Avant de vous mettre en train, n'oubliez pas votre appareil photo ou votre Caméscope. La modernisation de tout le réseau ferré et les automoteurs flambant neufs apportent depuis juin 2009, un confort (visibilité et climatisation…).

■ **OFFICE DE TOURISME CENTRU DI CORSICA**
La Citadelle
✆ 04 95 46 26 70
Voir page 14.

Centre Corse

Au plein cœur d'une région montagneuse, le centre corse situé au croisement des plus grandes civilisations antiques, lieu riche d'une histoire et d'une force culturelle, devint un véritable pivot de par son emplacement stratégique et son intérêt commercial. La région Centre Corse tire sa force de l'âme même de ses montagnes dont on dit qu'elles ont vu naître chaque homme, caractérisant de sa force tranquille le peuple de cette île. Terre de bergers, traversée par les routes de transhumance, labyrinthe montagneux, baigné de lacs murmure encore, et encore la mémoire de ces hommes. Terre d'élection du tourisme actif au sein de paysages somptueux dans un l'environnement préservé.

▸ **Les incontournables :** La citadelle, le musée et la vieille ville, les lacs et la vallée de la Restonica, la randonnée dans les gorges du Tavignano à Corte, le défilé de la Scalla di Santa Regina vers Calacuccia, la baignade sous le pont génois d'Altiani, le pique-nique à la cascade des Anglais à Vizzavona, l'arrêt photo à Vivario face au fort de Pasciolo et la vallée du Vecchio.

Centre Corse
Mer Méditerranée
Bastia
Vers Calvi
Vers Bonifacio
s Ajaccio
N
S
O
E
N197
N193
N198
N200
D147
D84
D71
D506
D39
D41
D14
D16
D623
D343
D314
D69
Castifao
Moltifao
Canavaggia
Gorges de l'Asco
Asco
Vallée de l'Asco
Piedigriggio
Ponte-Leccia
Morosaglia
Castineta
Haut-Asco
Forêt de Carrozzica
Monte Cinto 2706 m
Francardo
San-Lorenzo
Piedicroce
Lozzi
Calacuccia
Scala di Santa Regina
Golo
Castirla
Omessa
Carticasi
Albertacce
Casamaccioli
Corte
Sermano
Bustanico
Gorges du Tavignano
Pianello
Poggio-di-Venaco
Moïta
Zuani
Campi
de Vergio
Lac de Nino
Tavignano
Gorges de la Restonica
Erbajolo
Focicchia
Zalana
Ampriani
Tox
Restonica
Venaco
Altiani
Forêt de la Restonica
Piedicorte-di-Gaggio
Lacs de la Restonica
Noceta
Muracciole
Vivario
Vezzani
Pietroso
Col de Sorba 1311 m
Monte d'Oro 2389 m
Col de Vizzavona
Ghisoni
Monte Renoso 2352 m
Gare CFC
0
5 km

Index des rues de Corte

Points d'intérêt

■ BELVÉDÈRE ★★★

Le belvédère, partie la plus ancienne de la forteresse du XVe siècle, se dresse sur un promontoire, à cent mètres au-dessus du Tavignano. De cet endroit, magnifique vue sur la région : on y découvre un vaste panorama sur la citadelle et les vieilles demeures cortenaises. Les cachots, que l'on visite aujourd'hui, ont servi à emprisonner des Corses lors de la guerre contre Gênes. Petit restaurant, juste en dessous, pour prendre des forces avant de continuer les visites.

Corte.

■ CHAPELLE SAINTE-CROIX ★★

Chaque année, le 5 décembre, on y élisait le podestat. A l'intérieur, un beau pavement de marbre gris de la Restonica. La nef unique présente d'intéressants trompe-l'œil et vous y trouverez un bel orgue à l'italienne et un retable baroque. La chapelle Sainte-Croix est le point de départ de la célèbre Granitola (procession des pénitents le Jeudi saint). Malgré une façade extérieure un peu délabrée, cette chapelle abrite un riche intérieur dans le même style que l'oratoire Saint-Roch de Bastia.

■ CITADELLE ★★★

C'est l'élément le plus spectaculaire de la ville ancienne, celui qui attire tous les regards, d'où que l'on se trouve. Construite au XVe siècle, cette citadelle est au sommet d'un promontoire d'une centaine de mètres de hauteur. Contrairement aux forteresses génoises, elle a été construite à l'intérieur des terres. Prison pour détenus politiques, puis siège d'un régiment de la Légion étrangère jusqu'en 1984, elle abrite depuis quelques années à peine le Musée régional d'Anthropologie de la Corse qui dépend de la collectivité territoriale de Corse.

■ ÉGLISE SAN GIOVANI ★

A voir, dans la ville basse, ce qui reste de l'église San Giovanni. Abandonnée au XVIe, cette construction du IXe siècle est en ruine, mais on peut encore voir la structure de l'abside, en schiste et briques romaines de réemploi. Le baptistère du même nom est mieux conservé.

■ FONDS RÉGIONAL D'ART CONTEMPORAIN (FRAC) ★★

Haute-Ville
La Citadelle
✆ 04 95 46 22 18
www.corse.fr/musees-corse
frac@ct-corse.fr

Ouvert du lundi au vendredi à partir de 10h et à partir de 14h ; le samedi à partir de 14h.

A B C D E
1 2 3 4 5 6 7 8 9
Lotissement Agnelli
RÉPUBLIQUE
N193
RUE DE LA
Résidence Fiumicellu
l'Ortu
Fontaine de Panate
PANATE
COURS
Sous-Préfecture
Centre des Impôts
CAPUCCINI
Résidence Prato
Hôtel de Ville
PAOLI
AV. DU BARON
Résidence Cyrnos
MARTINI
la Poste
ST-JOSEPH
ANPE
PL. DU DUC DE PADOUE
AV. DU GÉNÉRAL DE GAULLE
AV. DU GÉNÉRAL DE GAULLE
ONF
Groupe Scolaire Sandreschi
RUE
COURS
Télécom
CIO
CAF Halte Garderie
RUE ST-JOSEPH
Presbytère
DU
Perception
NATIONALE 193
PERU
DDE
Sécurité Sociale
R. STE-CROIX
COLONEL
PAOLI
BU
Musée de la Corse
Université
CITADELLE
RUE ST-JOSEPH
FERACCI
R. DU CDT L. MANTEI
R. DE LA FONTAINE
RAMPE
POZZA
R. LESCHI
R. DES DEUX VILLAS
Mairie
AVENUE JEAN NICOLI
Office de l'Environnement
AV. X. LUCIANI
D39
Parc Naturel Régional de la Corse
PL. GAFFORI
PLACE PAOLI
PLACE ST-MARCEL
Dispensaire
Université de Corse Campus Caraman
RUE STE-CROIX
R. DE LA CITADELLE
Annonciation
RUELLE
PIRUCCI
Lycée, Collège P. Paou
Droit, Langues, Lettres
CROUS
N200
CHEMIN DE BALIRI
PLACE ST-THÉOPHILLE
R. FONTANAROSA
PROFESSEUR SANTIAGGI
PRÉSIDENT
PIERAGGI
Piscine
Belvédère
R. Cdt PENCIOLLELI
RUE
DU
Cité Universitaire
COSEC
Tennis
Gare CFC
U-Tavignu
AVENUE
École Porette
Central Fac
SCARAVAGLIE
U Serenu
Logirem
9 SEPTEMBRE
AVENUE DU
EDF
Hôpital
AVENUE DU
9 SEPTEMBRE
Restonica
ANCIENNE ROUTE D'AJACCIO
PORETTE
St-Théophile
N193
D623
Chapelle St-Antoine
Université de Corse Campus Grossetti
Résidence Bertrand
Cinéma
Sciences et Techniques
RN2193
ST-ANTOINE
0 100 m
Reproduction interdite
Jean-Baptiste Ńény
Novembre 2012

Autre patrimoine religieux à Corte

L'église de l'Assomption : Sur la place Gaffory, elle fut érigée en 1450, agrandie par Alexandre Sauli, et possède une belle chaire en bois sculpté et un Christ en bois de facture baroque. Le haut campanile domine la vieille ville. C'est le plus ancien monument de la ville.

L'église Santa-Mariona : A 2 km au nord de Corte, vers Bastia, une église d'époque romane, dont il subsiste deux absides en cul-de-four. Le site fut occupé à l'époque romaine et en conserve quelques traces. Beau point de vue sur Corte et les montagnes environnantes.

L'église de l'Annonciation : Entre la place Paoli et la citadelle, cette église (XVe-XVIIe siècle) élève son clocher au-dessus des toits. A voir pour son mobilier intéressant : chaire, stalles, autel et statue baroque du Christ.

Le FRAC Corse gère une collection internationale d'art contemporain de 463 œuvres et en organise la diffusion sur le territoire insulaire et dans l'espace européen. Il participe également aux projets internationaux avec Platform qui coordonne le réseau national des FRAC en soutenant notamment la jeune création et en accordant une attention particulière aux jeunes artistes de Corse.

MAISON DU GÉNÉRAL JEAN-PIERRE DE GAFFORY ★★

En face de l'église, c'est la maison du vaillant général qui prit et défendit la ville à de nombreuses reprises. La maison fut assiégée par les Génois en 1750, l'épouse de ce héros refusa de se rendre. Les traces de balles et de boulets de canon incrustées dans la pierre sont bel et bien authentiques. Devant la maison, statue du général et bas-relief illustrant les actes de bravoure de la famille.

MUSÉE DE LA CORSE ★★

La citadelle ✆ 04 95 45 25 45
www.musee-corse.com
museedelacorse.info@ct-corse.fr

Fermé du 31 décembre au 14 janvier. Haute saison : ouvert tous les jours et les jours fériés de 10h à 20h. Gratuit jusqu'à 9 ans. Adulte : 5,30 €. Enfant (de 10 à 18 ans) : 3 €. Groupe (10 personnes) : 3,80 €. Supplément visite guidée : 1,50 €, supplément audioguide : 1,50 €. Boutique.

La visite du musée s'intègre dans la découverte de la citadelle : la plus ancienne et la seule construite à l'intérieur des terres, avec en point fort U Castellu, le nid d'aigle qui fut construit en 1419 par Vincentello d'Istria, à la solde du roi d'Aragon. Ouvert en juin 1997, le musée présente un panorama de la culture et des traditions de la Corse rurale dans le haut lieu de l'identité corse. La caserne Serrurier, bâtie au XIXe siècle par l'armée française, fut réhabilitée par l'architecte Andrea Bruno. Pour la petite histoire, Joseph et Laetitia Bonaparte ont conçu le jeune Napoléon à Corte, dans la maison Arrighi de Casanova, en face du Palazzu National.

PALAIS NATIONAL ★★

Le Palais national est l'ancienne résidence des représentants génois où Paoli installa le siège du gouvernement de la Corse indépendante. Le rez-de-chaussée du bâtiment fut longtemps occupé par des prisons et cette fonction perdura en partie jusqu'à la fin du XIXe siècle. Avec le rétablissement et l'inauguration d'une nouvelle université à Corte en 1981, le Palais national devint le siège du Centre de Recherches corses et abrita la bibliothèque de cet institut.

Le couvert

A CASA DI L'ORSU

4, rue Monseigneur Casanova
Montée de la Citadelle ✆ 06 80 60 70 42
http://gilles.guiffes.free.fr
gilles.guiffes@free.fr

Fermé d'octobre à mars. Ouvert tous les jours et les jours fériés le midi et le soir. Réservation recommandée. Menus de 11,70 € à 14,50 €. Carte : 26 € environ. Menu enfant : 6,90 €. Suggestion du jour : 9 €. Vin au verre. Chèque Restaurant. Accueil des groupes. Chaises bébé. Jardin. Terrasse. wi-fi gratuit.

Histoire

Après une première occupation génoise au XIIIe siècle, la ville fut reprise par Vincentello d'Istria pour le compte du roi d'Aragon qui édifia la citadelle avant qu'elle ne retombe dans l'escarcelle génoise via la Banque de Saint-Georges. Sampiero Corso s'en empare, comme d'ailleurs de la quasi-totalité de l'île, avant que celle-ci ne soit gracieusement rendue aux Génois par le traité de Cateau-Cambrésis quelques années plus tard (les Génois ne pardonneront pas à Sampiero et finiront par avoir sa tête). Il faudra deux siècles pour que les Français, puis les Corses, grâce à Jean-Pierre Gaffori en 1745, reprennent possession de leur ville. C'est cette époque (1755-1769) qui constitue l'âge d'or de la ville. Pasquale Paoli lui conféra le titre de capitale de la Corse et y fondit, en 1765, l'université chargée de former les cadres nécessaires à la Nation en cours de structuration (théologie, droit, mathématiques, médecine et éthique), faisant battre monnaie, donnant – le premier – le droit de vote aux femmes, écrivant en 1755, en plein siècle des Lumières, la Constitution de la Corse qui a largement inspiré les Insurgent américains lors de la naissance des Etats-Unis ; d'ailleurs, bien des villes américaines portent, à l'heure actuelle, des noms en relation directe avec la Corse de l'époque. Ce souvenir respectueux, entier, est suffisamment rare pour être souligné (Bandera vecchja, onore di capitànu ! vieux drapeau, honneur du capitaine !). Une quinzaine d'années de liberté avant que les Français, auxquels les Génois encore implantés sur une grande partie de l'île ont cédé leurs droits, ne brandissent leur titre de propriété. Rébellion, résistance corse, la défaite de Ponte Nuovo (8 000 Corses contre 4 000 Français…) sonne le glas, provisoirement, des espérances indépendantistes.

Incroyable mais vrai ! On mange, et même bien à des prix au ras des pâquerettes à Corte et de plus au milieu du cœur historique de la cité paoline. L'adresse est sympathique avec une bonne petite cuisine préparée par Gilles Guiffes, immigré de ses montagnes noires bretonnes, adopté par les Cortenais. De la carte aux menus, on y mange pour des prix d'avant l'euro une terrine de courgettes au coulis de tomates, la truite Azziminu à la mode du chef avec sarriette et marjolaine du jardinet, la soupe paysanne pour de vrai, le magret grillé au moins aussi bon que dans le Sud-Ouest, et une tarte chaude façon Tatin de derrière les fagots qui déplacent les foules. Une bonne adresse pour prendre des forces avant d'attaquer la citadelle toute proche. La belle terrasse accueillante peut même se fermer en cas de mauvais temps pour en profiter sans modération.

■ A CASUCCIA
Montée Scoliccia
12, rue Monseigneur-Casanova
Haute-Ville
✆ 04 95 47 11 28
acasuccia.2b@orange.fr

Ouvert toute l'année. Fermé en janvier et février. Basse saison : du lundi au samedi le midi et le soir. Haute saison : tous les jours et les jours fériés le midi et le soir. Réservation recommandée. Menu unique à 19 €. Carte : 36 € environ. Menu enfant : 8 €. Suggestion du jour : 12 €. Vin au verre. Chèque Restaurant. Accueil des groupes. Chaises bébé. Terrasse. Vente à emporter. Animations. Soirées musicales le samedi soir hors saison.

Nous sommes ici chez les Casanova (père, mère et fils), qui ont su tirer profit d'une petite restanque au pied de la demeure historique du fameux général Gaffory. On découvre cette petite maison, soit par la montée Scoliccia, soit par la rue du Colonel-Ferracci, pour tomber sur une plaisante terrasse au calme qui se prolonge par deux salles climatisées. Côté cuisine, dirigée par Marilyne, la maman, on retrouve les recettes identitaires maison, proposées à la carte ou au menu, attractif. Le père, Stéphane, à la belle voix de baryton, s'occupe des hôtes et le fils, Barthélémy, garnit son four de pizzas dans la bonne humeur. Accueil parfait, cadre agréable et petits desserts et digestifs à consommer avec raison, pour redescendre les escaliers en toute sécurité.

Fermes-auberges

OSTERIA DI L'ORTA
N2193
Avenue du Pont-de-l'Orta
Casa Guelfucci
✆ 04 95 61 06 41 / 06 81 87 83 20
www.osteria-di-l-orta.com
contacts@osteria-di-l-orta.com

Bienvenue à la Ferme. Fermé du 19 décembre au 3 janvier. Ouvert du lundi au vendredi et les jours fériés le soir. 3 chambre double de 88 € à 100 €, 2 suites de 120 € à 200€. Demi-pension : 35€ (le repas du soir). Petit déjeuner inclus. Réservation impérative. Menu unique à 35 €. Vin au verre. CB non acceptée. Chèque Vacances. Chaises bébé. Jardin. Terrasse. Vente à emporter. Climatisation, Parking fermé et piscine et bain bouillonnant.

Une adresse à rechercher impérativement que cette Casa Guelfucci, tenue par Marina et Antoine, de vrais fermiers-aubergistes comme on en rêve. A l'entrée de Corte, on se repérera à la grande maison de maître, dans sa parure bleu ciel, encerclée de vignes, au pied de la cité. Une formule table d'hôtes et son menu unique, copieux, varié et savoureux, pour sortir de table repu et heureux. Les produits de l'exploitation sont, bien sûr, à l'honneur et le prix proposé frise l'indécence ! Pour compléter ce tableau idyllique, on se devra d'y rester dormir, dans l'une des chambres ou suites aménagées avec amour par ces jeunes passionnés et déguster jeunes cuvées Guelfucci dans les trois couleurs !

Tables d'hôtes

A CHJUSELLINA

Route d'Aleria, RN200
✆ 04 95 47 13 83 / 06 22 39 73 12
www.achjusellina.com – achjusellina@gmail.com

Bienvenue à la Ferme. Fermé d´octobre à avril. Ouvert du lundi au samedi et les jours fériés le soir. Réservation impérative. Menu unique à 25 €. Menu enfant : 15 €. Vin au verre. 5 Chambres d'hôtes à partir de 95 € à 170 € la nuit. CB non acceptée. Chaises bébé. Jardin. Terrasse. Boutique. Salle climatisée, parking. Wi-fi zone.

Charmante initiative de Nathalie et Jean-Max Leonelli, exploitants agricoles au nord de Corte, qui ont mis toute leur sueur pour offrir une belle étape dans le pur esprit agro-touristique. On y découvre, à l'entrée de l'exploitation, leur auberge et les chambres d'hôtes aux prestations de haute qualité. La table et l'hébergement ne souffrent d'aucun défaut et on y profitera d'une situation bien pratique pour visiter mer et montagne. Producteur et transformateur de charcuterie AOP en dégustation et vente sur place.

Le gîte

DOMINIQUE COLONNA****

D623, Vallée de la Restonica
BP 83 ✆ 04 95 45 25 65
www.dominique-colonna.com
info@dominique-colonna.com
A 2 km du centre et 13 km des bergeries de Grotelles.

Fermé du 06 novembre au 30 mars. Accueil 24h/24. 29 chambres (dont 2 suites). Chambre double de 95 € à 335 € ; suite de 195 € à 540 €. Petit déjeuner buffet ou en chambre : 16,50 € (18 € en chambre). Parking fermé inclus (local à vélos fermé et vérouillé et garage moto). Petit déjeuner enfant – 8 ans : 10 €. 1 chambre adaptée. Animaux acceptés (25 € sur demande). Poste Internet. Connexion Internet. Wifi gratuit. Restauration (carte de lunchs). Tv satellite, Canal +. Excursions (sorties guidées montagne et canyon).

Un hôtel très bien équipé et très bien placé, à l'entrée de la vallée dans un environnement majestueux. Entièrement rénové en 2014 et 2015 avec une décoration raffinée, on y profite de chambres et suites avec leur balcon ou terrasse juste au-dessus de la rivière. En bonus, la piscine chauffée et bien sûr les nombreuses randonnées dans la montagne toute proche. C'est le fleuron de l'hôtellerie de la région créé par la famille Colonna en 1992 qui atteindra les 4 étoiles pour son ouverture 2016. Service professionnel de la seconde génération Colonna et prestations de très bon niveau proche de la perfection.

DUC DE PADOUE***

2, place Padoue
✆ 04 95 46 01 37
www.ducdepadoue.com
info@ducdepadoue.com

Fermé de novembre à mars. Ouvert pour les fetes de fin d'année. Accueil jusqu'à 21h. 11 chambres. Chambre simple à partir de 65 € ; chambre triple jusqu'à 135 €. Demi-pension : 19 € (repas au Nicoli à 300 mètres). Petit déjeuner buffet : 1 €. Lit supplémentaire : 22 €. Parking public. American Express, Chèque Vacances. Animaux acceptés (6 €). Séminaires. Wifi gratuit. Restauration (au Nicoli 19 €).
Le duc de Padoue (Jean Thomas Arrighi de Casanova) fut un fidèle général de l'armée de Napoléon. Natif de Corte, il était logique qu'un établissement ou un hôtel porte son nom. Vous serez accueilli par Karine (ex-Miss Corse) dans une bâtisse datant du milieu du XIXe siècle, situé sur la place la plus tranquille de Corte. L'hôtel est entièrement rénové et restructuré de manière à vous offrir tout le confort moderne. En plein centre-ville, à deux pas des commerces et des activités.

■ **HÔTEL DU NORD*****
22, cours Paoli ✆ 04 95 46 00 68
www.hoteldunord-corte.com
info@hoteldunord-corte.com

Ouvert toute l'année. Accueil jusqu'à 02h. 16 chambres. Chambre simple à partir de 61 € ; chambre triple jusqu'à 135 €. Demi-pension : 19 € (repas au Nicoli à 100 m). Petit déjeuner buffet : 1 €. Parking inclus (moto). Panier repas 12 € et navette Restonica 10 €. American Express, Chèque Vacances. Animaux acceptés (6 €). Wifi gratuit.
Au cœur de l'animation, un hôtel de seize grandes chambres climatisées, à la décoration raffinée… Un emplacement pratique, avec un service navette pour visiter la Restonica. Le plus vieil hôtel de la ville, dirigé par Loïc, a été entièrement refait à neuf : TV satellite, insonorisation, climatisation, accès wi-fi gratuit dans tout l'hôtel. Le confort au cœur de la ville et, pour le côté pratique, le parking souterrain juste derrière l'hôtel.

■ **LES JARDINS DE LA GLACIÈRE*****
D623
Vallée de la Restonica
✆ 04 95 45 27 00
www.lesjardinsdelaglaciere.com
contact@lesjardinsdelaglaciere.com
A 1 km du centre et 16 km du parking des bergeries de Grotelles.

Ouvert toute l'année. Accueil jusqu'à 23h30 (19h hors saison). 31 chambres. Chambre simple à partir de 50 € ; chambre triple jusqu'à 125 €. Petit déjeuner buffet : 12 €. Lit supplémentaire : 25 €. Parking ouvert inclus (auto et moto sur réservation). Gratuité – de 11 ans dans la chambre des parents. Petit déjeuner inclus. American Express, Diners Club, Chèque Vacances. Animaux acceptés (6 €). Séminaires. Poste Internet. Connexion Internet gratuite. Wifi gratuit. Restauration (snacking et panier pique-nique 12 €). Vente (produits locaux). Tv satellite. Bain bouillonnant.
Un bel établissement qui dispose de tout ce que l'on peut attendre pour réussir son séjour : piscine, spa, TV satellite, service de laverie et petit déjeuner copieux et délicieux, ascenseur… On est au cœur de la forêt, au bord de la Restonica et cette ancienne maison de maître est agréablement aménagée pour un séjour au vert, avec son jardin à l'ombre des arbres centenaires. Une très bonne adresse qui offre des tarifs abordables au regard de ses prestations. L'accueil de Jean-Christophe ne mérite aucun reproche et, pour le petit plus, un service de petite restauration est proposé dans le jardin ainsi que des paniers pique-nique pour partir en randonnée sans craindre la fringale. En prime, un espace extérieur avec ses terrasses, jardin et petits salons sous les arbres, et même le service massage relaxant d'Isabelle. Sans conteste le meilleur rapport qualité-prix de la région !

- accès direct à la plage
- bar
- blanchisserie
- climatisation
- discothèque
- distributeur d'argent
- eau potable
- équitation
- espace fumeurs
- établissement non-fumeurs
- fitness
- golf miniature
- handicap malentendant
- handicap malvoyant
- handicap mental
- handicap moteur
- jardin ou parc
- jeux
- lave-linge / laverie
- location de vélos
- magasin d'alimentation
- navette aéroport
- pêche
- piscine intérieure

RÉSIDENCE HR
Cité Porette
12, avenue du 9-Septembre
RN 20193 ✆ 04 95 45 11 11
www.hotel-hr.com – hrhotelcorte@gmail.com

Fermé d'octobre à avril. Accueil jusqu'à 21h. 90 logements (de la chambre double à l'appartement F4) ; F1 (16 m²) ; F4 (70 m²). Petit déjeuner 6,50 €. Tarifs dégressifs des appartements selon la durée du séjour. Chèque Vacances. Wifi gratuit.

Le moins cher des hôtels et le plus économique de la région, situé à proximité du départ du GR20. Le service est complet avec laverie libre-service, sauna, fitness, piscine, parking privé, garage moto et ses 90 chambres et appartements avec kitchenette, refaits à neuf cette année pouvant accueillir de 2 à 4 personnes à la nuitée ou à la semaine. Petit déjeuner en buffet au calme, au milieu du patio sur le jardin engazonné et arboré, pour bien commencer la journée avant de partir à l'assaut des sommets voisins.

Chambres d'hôtes

OSTERIA DI L'ORTA
N2193, Avenue du Pont-de-l'Orta
Casa Guelfucci
✆ 04 95 61 06 41 / 06 81 87 83 20
www.osteria-di-l-orta.com
contacts@osteria-di-l-orta.com

Bienvenue à la Ferme. Fermé du 19 décembre au 3 janvier. Accueil jusqu'à 20h. 5 chambres (dont 2 suites). Chambre double à partir de 88 € ; suite jusqu'à 200 €. Demi-pension : 35 € (le repas du soir). Petit déjeuner buffet inclus. Lit supplémentaire : 20 €. Parking ouvert inclus (auto et moto). CB non acceptée. Chèque Vacances. 1 chambre adaptée. Séminaires. Réceptions et mariages. Wifi gratuit. Restauration (menu 35 €). Vente (biscuiterie, confitures, légumes confits et vin du domaine). Pas de tv. Bain bouillonnant.

L'adresse est immanquable ! Cette belle bâtisse se dresse fièrement en contre bas de la cité Cortenaise avec son bel enduit bleu en lait de chaux à la génoise. Nous sommes dans une ferme-auberge (pour de vrai !) qui accueille dans la propriété familiale les amoureux d'une cuisine authentique grâce aux produits issus de l'exploitation agricole et cuisinés dans la plus pure tradition locale. Tout proche du centre-ville, Marina et Antoine ont entièrement retapé avec beaucoup de goût la casa familiale et aménagé leurs trois belles chambres d'hôtes de charme et les deux grandes suites familiales. C'est l'endroit à essayer sans faute, tant pour les chambres que pour la table. A découvrir en famille, le potager, la jeune vigne, les agneaux, le verger... que du bonheur ! On ne peut passer sous silence, le patriarche Jean-Thomas, véritable puits de science qui vous contera avec délices la petite et la grande histoire de la famille. En prime : la piscine, le spa de relaxation et la création du nouveau domaine viticole : Le Clos Guelfucci, qui produit trois cuvées remarquables en blanc, rouge et rosé !

Campings

■ SANTA BARBARA**
RN 200
✆ 04 95 46 20 22
www.camping-santa-barbara.com
kecco@wanadoo.fr
A 3 km de Corte.

Fermé de novembre à avril. Accueil jusqu'à 22h. Gardé 24h/24. Terrain de 1 ha. 40 emplacements. Exposition : ombragé / mi-ombragé / ensoleillé. Sol : herbeux. Relief : plat. Emplacement. Véhicule de 3 € à 9 €. 2 personnes à partir de 16 €. 12 mobil-homes pour 1 à 4 personnes de 425 € à 500 € la semaine. Chèque Vacances. Jeux pour enfants. Animaux acceptés. Wifi gratuit. Restauration (snacking et petite restauration).

A 3 km de Corte en direction d'Aléria, un camping bien aménagé, avec ses emplacements pratiques (on peut même y arriver en avion) et ses petits mobil-homes en location même en court séjour. La famille Ambrosi, présente depuis plus 20 ans, a su améliorer progressivement la structure. Tout à disposition sur place : le Tavignano à 100 mètres pour la baignade et la pêche, un petit restaurant pizzeria et un accueil naturellement sympathique du fameux Kecco, biker à ses heures.

Loisirs

Corte est la ville reine en matière de randonnée. De la simple promenade à la randonnée sur plusieurs jours pour des sportifs avertis, tout est possible. Le plus simple est de se renseigner à l'office de tourisme pour connaître les itinéraires, consultez les adresses utiles ci-après pour avoir les coordonnés des professionnels de la montagne qui pourront vous préparer un parcours adapté à vos capacités et vous accompagner.

■ ALTIPIANI
2, place Paoli
✆ 09 60 37 08 42
www.altipiani-corse.com
altipiani@me.com

Ouvert toute l'année. Basse saison : du lundi au samedi de 9h à 19h. Haute saison : tous les jours et les jours fériés de 8h à 22h. Chèque Vacances. Chef de centre : Agnès Donnet BE escalade / canyon et moyenne montagne. Matériel canyon Vade Retro et Mammut. 12 personnes maxi par sortie à partir de 42 € (canyon du Verghellu).

Une petite structure intimiste avec ses 2 moniteurs brevetés propose des activités de canyoning et d'escalade en falaise (école d'escalade) ou en grandes voies. Sauts, toboggans, rappels et tyrolienne et un grand choix de canyon autour de Corte, du familial au sportif. Sensations et amusement garantis. Matériel et chaussures spéciales canyon fournies. Escalade : initiation, perfectionnement et réalisation de grandes voies, dans la célèbre vallée de la Restonica ou ailleurs.

■ LE CANYON DU TAVIGNANO

Durée : 1h30 d'approche, 6 h dans l'eau, 25 mn de marche retour. Période : de la mi-avril à la fin septembre.

Située au cœur du massif cortenais, cette descente est très aquatique avec de nombreux sauts, toboggans naturels, baignades dans différentes piscines naturelles qui ravira les amoureux de nature. Niveau : ce canyon convient très bien à l'initiation mais il exige de la part des participants une bonne condition physique.

■ FAE EQUILOISIRS
D39
Pont de Papineschi
✆ 04 95 61 09 88 / 06 13 97 09 04
www.equiloisirs-fae.com
equiloisirs@wanadoo.fr

Ouvert toute l'année. Haute saison : tous les jours et les jours fériés de 10h à 17h. CB non acceptée. Chèque Vacances.

Ce centre de tourisme équestre organise de nombreuses randonnées : Mer et montagnes en 8 jours, Désert des Agriate en 8 jours, Randonnées des lacs en 8 jours, Randonnée en mer et maquis en 7 jours. En été, il est possible sur réservation de partir en balade une ou deux heures, et même à la journée, dans la vallée de Tavignanu et de se baigner avec les chevaux dans un torrent. Séjour initiation à la randonnée sur 7 jours pour adulte et enfants à partir de 10 ans.

■ LACS DE MELO ET CAPITELLO ★★★

Ce sont des endroits extrêmement célèbres et courus en été. En effet, ces lacs font partie des curiosités du massif de la Restonica. Nous nous contenterons de proposer l'itinéraire le plus accessible des lacs de Melo et Capitello : le départ se fait depuis les bergeries de Grotelle à 1 370 m d'altitude, au terminus routier de la vallée de la Restonica. Un grand parking payant vous permettra de laisser votre véhicule sans-souci. Le lac de Melo est à 1 700 m et celui de Capitello à 1 930 m. Prendre la direction du lac de Melo, le chemin est très bien indiqué (balisé en jaune). Au bout d'environ une heure, vous atteindrez ce dernier. Ensuite, continuez vers la droite le long de la rive du lac. Prendre plus tard, la rive gauche d'un ruisseau. Vous le traverserez en arrivant au pied d'escarpements rocheux. Vous arrivez au lac de Capitello, beaucoup moins fréquenté que le précédent. Attention ! Prévoir de bonnes chaussures, ce n'est pas une petite balade, mais une vraie randonnée. La circulation est réglementée à partir du camping Tuani en été.

■ L'ARCHE DE CORTE

Départ : sentier du Tavignano (450 m) à Corte. Durée : 5h30 AR. Diffculté : moyenne.

Cette belle arche granitique est aussi connue sous le nom d'Arche de Scandulaghju ou Arche de Padule. Le départ se fait à proximité du parking en bas de la Citadelle, un peu plus haut que le sentier qui remonte le Tavignano et mène au refuge de la Sega (un panneau signale la direction de l'arche). Si l'arche n'est pas très éloignée de Corte, la montée est très rude (1 000 m de dénivelé sur un sol rocailleux) et la première partie du parcours est totalement exposée au soleil sans possibilité d'abri. Prévoir beaucoup d'eau et partir de préférence de bon matin. Pas de difficulté particulière si ce n'est la chaleur et la pente qui réservent cette marche aux personnes en bonne forme physique.

LE MONTE ROTONDO

Altitude : 2 622 m.

Ascension par la vallée de la Restonica. Durée : environ 6h aller-retour. Ne présente pas de grandes difficultés, mais il est nécessaire de porter des chaussures de randonnée. Le départ est situé à l'embranchement de la D623 et du sentier balisé du Timozzu, à une centaine de mètres après le pont du Timozzu. C'est un ancien chemin forestier qui monte en direction du sud-est le long de la rive gauche du Timozzu, à travers la forêt communale de la Restonica. Après 35 min de marche, le sentier se rétrécit et monte en lacets. Au bout de 1h30 de marche, on atteint les bergeries de Timozzu. Les laisser sur la gauche pour gagner une vaste ligne de crête qui monte plein sud. Au bout d'une demi-heure, on atteint la fontaine de Triggione (1 920 m) qui jaillit au milieu d'aulnes nains. On a une vue sur la cascade de Timozzu qui tombe du réservoir du lac de l'Oriente (2 061 m). Prendre sur la gauche pour atteindre ce dernier. Regardez le superbe panorama : au sud, le Rotondo, les îles de l'archipel toscan et la Sardaigne.

LE PLATEAU ET LES BERGERIES D'ALZO

Durée : 7h AR. difficultée : bon marcheur.

Le départ s'effectue en haut de la route de Baliri qui remonte derrière la citadelle de Corte. Le sentier suit et surplombe le Tavignano par sa rive gauche, avant de le franchir par la passerelle du Rusulino (au bout d'environ 3 heures). Le parcours devient alors plus raide à mesure que l'on s'enfonce dans la forêt. A 970 m d'altitude, le sentier quitte les rives du Tavignano et suit un ruisseau en direction du sud-ouest. Il faut alors marcher encore 2 heures pour rejoindre le plateau et les bergeries d'Alzo. Du plateau, vue sur de nombreux sommets dont le Paglia Orba et le Monte Cinto. Se diriger ensuite vers le sud-est pour atteindre les bergeries de Colletta et de Cappellaccia. Depuis cette dernière, un sentier redescend ensuite dans la vallée de Restonica et la D623 qui vous ramène à Corte. Variante : redescendre par la ligne de crête entre les vallées du Tavignano et de la Restonica, via la Punta a u Finello et la Punta di Zurmulo..

© DOMINIK MICHALEK - SHUTTERSTOCK.COM

La citadelle de Corte.

VALLÉE DE LA RESTONICA ★★★★

Voir page 14.

VALLÉE DU TAVIGNANO ★★★

C'est en suivant les gorges de ce fleuve que vous arriverez, au bout de 4 heures d'effort, au lac de Nino (Ninu) et ses pozzines à 1 743 m d'altitude. Autres découvertes : la Passerelle du Russulinu (4 heures aller-retour), l'Arche de Corte ou Scandulaghja (6 heures aller-retour) et le refuge de la Sega (8 heures aller-retour). Si la randonnée ne vous tente pas, vous pourrez vous baigner dans les nombreuses piscines naturelles, faire de l'équitation ou tout simplement des promenades dans ce site naturel si agréable.

Location de deux-roues

ALTIPIANI

2, place Paoli

✆ 09 60 37 08 42

www.altipiani-corse.com

altipiani@me.com

Haute saison : ouvert tous les jours et les jours fériés de 8h à 20h. Ouvert le dimanche. Livraison possible (chèque vacances). Location de VTC à partir de 15 €.

Emplettes

ÉPICERIE GHIONGA

9, rue du Vieux-Marché

Jean-Marie Ghionga, l'un des épiciers les plus photographiés de Corse. Sa boutique des plus typiques est située dans la haute-ville à côté de la place Gaffory. On y trouve sur ses étals d'époque toute une sélection de produits locaux : charcuteries de Castagniccia, liqueurs, confitures, terrines, fruits et légumes dans un joyeux capharnaüm. Une boutique hors du temps avec un personnage hors du commun. Tout un programme !

FRITTELLE CURTINESE NOUVEAU

1, avenue Président-Pierucci

✆ 06 07 89 23 98

guy_2b@hotmail.fr

Basse saison : ouvert du mardi au samedi de 9h à 12h et de 15h à 19h30. Haute saison : du mardi au dimanche et les jours fériés de 7h à 20h. Livraison possible. CB non acceptée.

Créée en 1981 par la maman Crisriani, cette pâtisserie est désormais reprise avec courage par le fils Guy. On s'y régalera de toutes les spécialités sucrées et salées de la Haute-Corse. À déguster en priorité, le beignet au brocciu salé préparé sur place, bien entendu, mais également les beignets sucrés à la banane, à la pomme, au chocolat et au brocciu. Si le cœur vous en dit, goûtez également les frappes, cannistrelli, la torta a l'erba ou le beignet au figatellu, une exclusivité insulaire. À rechercher impérativement en face du lycée Pascal Paoli.

L'Arche de Corte.

■ **OSTERIA DI L'ORTA**
N2193
Avenue du Pont-de-l'Orta
Casa Guelfucci
✆ 04 95 61 06 41
✆ 06 81 87 83 20
www.osteria-di-l-orta.com
contacts@osteria-di-l-orta.com
Haute saison : ouvert tous les jours et les jours fériés.
En complément de la ferme-auberge et de ses chambres d'hôtes de charme, la famille Guelfucci a créé un tout nouveau domaine viticole, le premier de Corte, qui a produit cette année ses trois premières cuvées : le rouge Ghjan-Tumasgiu, le blanc Maria-Antonia et le rosé Laurina, les prénoms des trois enfants de Marina et Antoine. Les cépages utilisés sont le sciaccarellu, le vermentinu, le bianco-gentile, le minestellu et l'aleatico.

■ **TERRA CORSA**
3, rue de la Scoliccia
Montée de la Citadelle
✆ 06 17 94 37 03
antonia.cesari@orange.fr
Haute saison : ouvert tous les jours et les jours fériés de 9h à 23h. Fermé de novembre à mars. Livraison possible (expedition par colis postal). American Express.
Double casquette pour cette petite échoppe en montant vers la citadelle. On est chez Antonia et Marc Cesari, producteurs de charcuterie fermière et de fromage de chèvre et brebis qui propose tout plein de bons produits locaux : terrines à l'ancienne, confiture bio, liqueurs artisanales, sélection de vins nobles de Corse à prix coûtant, mais la spécialité des lieux en sans conteste la charcuterie et le fromage, issu de la propriété familiale. Revers de la médaille, la production est volontairement limitée pour un gage de qualité. Il faut donc, pour en profiter, la réserver d'une année sur l'autre. On s'y attablera sans crainte toute la journée pour savourer un buiglidicce (le beignet de fromage du Bozziu), une copieuse assiette de charcuterie, cannelloni au brocciu, l'agneau de lait au muscat ou le veau corse et ses châtaignes confites au miel.

Marchés

Le marché a lieu sur le parking Tuffelli à Corte, en dessous de l'artère principale de la ville tous les vendredi matins. Charcuterie, fruits et légumes, produits régionaux.

LE BOZIO

Petite région du centre montagneux de la Corse, le Bozio est durement frappé par la désertification de l'intérieur de l'île. Le Bozio a la particularité d'avoir maintenu de manière particulièrement vivace la tradition du chant polyphonique : paghjella, terzettu, et messe chantée. C'est également une terre de tradition de violoneux. Un festival de musiques traditionnelles à danser s'est ainsi tenu pendant quelques années dans le village de Sermano en hommage à ces violoneux aujourd'hui disparus. On découvrira un patrimoine de qualité comme la cathédrale de Sant'Andria di Bozio, la chapelle romane de Santu Niculaiu à Sermano, avec des fresques du XVe siècle, l'église romane de Santa Maria de Favalello, avec des fresques du XVe siècle, de belles maisons traditionnelles remarquablement conservées à Bustanico et ses gravures préhistoriques E Schippiate.

ALANDO

Alando est un petit village de montagne corse à 660 m d'altitude, entre Bustanico, et Alzi. A l'entrée du village, on peut admirer une œuvre du sculpteur Noël Bonard, connu notamment pour le *Christ Roi* du col de Vergio. Il s'agit ici du mythique Sambucuccio d'Alando, originaire du village, qui prit la tête d'une révolte paysanne en 1358, et mena le peuple à se libérer, au moins en grande partie, de l'emprise féodale des seigneurs. A voir également, l'ancien couvent d'Alando datant de 1525, dont l'église est devenue paroissiale, qui abrite une toile du XVIIe siècle représentant la sainte famille. Vous pouvez aussi découvrir la chapelle rurale Saint-Sébastien et les ruines de la chapelle romane Sainte-Marie.

■ **U FRAGNU**
D39, Couvent d'Alando
✆ 04 95 48 68 39 / 06 12 23 76 11
Ouvert toute l'année. Haute saison : le midi. Réservation recommandée. Menu unique à 18 €. Vin au verre. CB non acceptée. Accueil des groupes.
Une adresse adorable que cette ferme-auberge tenue par Xavier Bernardi, éleveur bovin et porcin réputé dans la région, qui bénéficie de plusieurs atouts : un cadre agréable avec une salle typique où trône l'ancienne meule, une terrasse panoramique qui plonge sur la vallée et une cuisine sincère et généreuse servie à petits prix. Mention particulière pour la charcuterie maison qui fond dans la bouche !

BUSTANICO

Un site qui se mérite, comme Sermano tout proche (à 3 km). Les maisons à toits de lauzes, serrées dans une belle unité, forment une carte postale réellement splendide. En prime, un très beau clocher, un intérieur d'église à voir absolument, avec son christ en bois polychrome, et de vieilles maisons. Bustanico fut, autour de 1730, le foyer de la sédition en Corse qui allait aboutir à la longue lutte pour l'indépendance menée par Pasquale Paoli. L'histoire raconte que c'est un demi-sou non acquitté par un contribuable de Bustanico à l'administration fiscale intraitable qui fut à l'origine de la révolte qui enflamma plus tard tout le pays et c'est vrai. A partir de Bustanico, faire un petit tour du Bozio, en passant d'un pli à l'autre de ces vertes montagnes qui se succèdent comme les crans d'un moule à gâteau, laissant s'ouvrir au milieu une vaste et profonde vallée.

Dans les environs

Carticasi

Un petit bourg corse animé : on se retrouve autour de la fontaine, au balcon du Bozio, pour discuter entre chasseurs. Au nord, sur la route de San Lorenzo, on trouve à droite sa voie pour San Quilicu (commune de Cambia), avec sa chapelle romane classée, dont on admire les fresques du XVIe siècle. Tout près, une autre chapelle romane, celle de Santa Maria.

Mazzola ★

Ce petit village isolé se compose de plusieurs hameaux montagnards anciens allongés sur une arête montagneuse du Monte di Castelle. Le petit hameau de Castelluccio, situé au-dessus de Mazzola, vous enchantera pour sa vue sur la chaîne montagneuse encerclant la vallée verdoyante du Bozio et sa superbe fontaine. Si vous continuez à grimper au-dessus de Castelluccio, vous découvrirez la jolie chapelle Saint-Pancrace (1 035 m), site agréable au milieu de la châtaigneraie. Attention à la route très étroite et bosselée où circulent, entre autres, les cochons élevés en liberté.

■ **CASA DI LUCIA**
D 339
✆ 04 95 35 90 84 / 06 18 04 15 43
www.casa-di-lucia.com
Info@casa-di-lucia.com

Clévacances (3 clés). Fermé du 15 janvier au 15 mars. Accueil jusqu'à 21h. 4 chambres. Suite de 85 € à 180 €. Petit déjeuner inclus. Lit supplémentaire : 65 €. Animaux acceptés. Poste Internet. Wifi gratuit. Restauration (carte, panier pique-nique 12 €). Vente (produits locaux du terroir et œuvres d'art). Tv satellite. Bain bouillonnant, sauna.
Au cœur du Bozio, au paysage époustouflant, Mazzola, petit village de montagne, épouse cette nature généreuse. La maison d'hôtes Casa di Lucia, située sur le parcours de Mare a Mare, au cœur du Parc régional, à 15 minutes de Corte et de la Restonica, vous accueille dans ses 3 suites de charme, confortables et raffinées. Calme garanti, confort irréprochable et une table d'hôtes de qualité pour compléter ce tableau idyllique !

ERBAJOLO

Les montagnes du Bozio font partie des régions les plus sauvages de Corse. Proche de la Castagniccia et de la vallée du Tavignano, Erbajolo est une étape idéale pour découvrir les magnifiques paysages de ces montagnes. Le belvédère d'Erbajolo offre un panorama imprenable sur l'étroite vallée du Tavignano et, depuis ce village, vous pourrez emprunter la route des cols qui vous mènera vers le col de Cervone et celui de Casardo.
A visiter : l'église paroissiale Santa-Maria-Assunta, du XVIe siècle, remaniée. Elle se situe au cœur du village, sa façade antérieure donnant sur une minuscule placette. Son clocher à trois étages, en pierres apparentes, est doté d'horloges. Il est coiffé d'une coupole recouverte de lauzes. L'édifice renferme un tableau avec cadre, *L'Assomption de la Vierge*.

Loisirs

Le sentier patrimonial est un parcours de 6 km qu'on peut accomplir en 3 heures. Le point le plus haut se situe à 600 m, et ce sentier peut être considéré comme une promenade familiale très attractive par les découvertes qu'on peut y faire. Le départ se fait du cœur du village, à partir de la Piazza di San'Cristofalu. On rejoint en suite Foce, d'où l'on découvre une très belle vue sur les villages d'Altiani et de Focicchia et sur le Monte Cardo, le Monte d'Oro et le Renoso, pour poursuivre au lieu-dit A Funtana Socca ou A Petra à u Moru, pour rejoindre ensuite Cherchiglioni, haut lieu des cultures, des potagers. E Padule s'offre ensuite à vous, puis U Fornu, qui était jadis le seul lieu où l'on cuisait le pain, lieu considéré comme un endroit de partage et de convivialité par les habitants.

Dans les environs

Altiani

Village perché sur une sorte d'épine dorsale montagneuse. Son clocher repeint à neuf fait façade commune avec la mairie. Au-dessus du hameau principal, ne pas manquer d'emprunter la route bordée d'oliviers qui augure d'une région magnifique et méconnue. Le village, dont le nom signifie « les hauts pins », était autrefois un centre important dans la région. La place du village, nommée Piazza Mauraccia (place mauresque), rappelle le courage de la population d'Altiani, qui se souleva contre les Maures lors des invasions. Ne pas manquer le pont génois à trois arches, dans la vallée, sur le Tavignano, désormais fermé à la circulation, et la chapelle San Giovanni, sur la RN 200.

FOCICCHIA

Le village, lové dans des châtaigneraies séculaires, est construit en nid d'aigle. Il offre une vue remarquable. Un sentier pittoresque permet d'accéder au site de Bocca al Pruno, à 1 078 mètres, belvédère d'où l'on découvre l'ensemble des montagnes environnantes. L'ancienne voie romaine, taillée à flanc de falaise rejoint le Bozio. Un lieu de baignade est accessible sur les rives du Tavignanu, distant de 10 km. L'ancien village au lieu-dit San Salvadore est desservi par un sentier ombragé. Enorgueillies par une ancienne chapelle, ses fortifications témoignent encore des invasions sarrasines.

SERMANO ★★

Le point de vue offert, sur la route depuis Castellare, à environ 500 m avant Sermano, est un des plus beaux de l'île. Vertigineux au premier plan, il plonge sur ce qu'on ne peut plus appeler une vallée, mais un gouffre, alors que le cercle montagneux, très lointain, dessine le cadre dans un vert permanent et profond, à peine limité par le ciel, souvent très bleu. Le village bénéficie forcément de cette beauté. On va voir la chapelle Saint-Nicolas, avec ses fresques du XVe siècle (la clé est à prendre au gîte d'étape). Sermano est connu pour sa tradition de chants à plusieurs voix pendant la messe (la paghiella). C'est la patrie du célèbre chanteur Petru Guelfucci. En continuant vers Bustanico, à partir de l'hélistation, on est environné par les parfums du maquis où se mêlent les herbes aromatiques méditerranéennes, le myrte, le cédrat et une pointe de réglisse. La commune est traversée latéralement par le sentier Mare a mare Nord, depuis Santa-Reparata-di-Moriani à l'est, en direction de Corte à l'ouest. Une variante démarre sous la chapelle San-Nicolao et conduit à Corte en traversant le Tavignano et la RN 200 au sud de l'aérodrome de Corte.

LE NIOLO

Niolu, la terre des bergers accessible à l'ouest par le col de Vergio et à l'est par la Scala di Santa-Regina, la plus haute vallée de Corse égrène ses villages autour du lac artificiel de Calacuccia. On s'enfonce maintenant vers la forêt du Valduniellu, pour découvrir d'autres verts, et d'autres paysages, parsemés de bouquets de hêtres, mais toujours dominés par le pin lariccio, plus poilu, plus moutonneux que son cousin maritime. Située entre le Monte Cintu et Corte, autour de Calacuccia, cette zone comprend le lac de Ninu au sud du Monte Cintu. C'est autour de ce lac que l'on aura l'occasion de voir une des curiosités naturelles du parc, i pozzi (le terme le plus adéquat est pozzine du corse pozzu – trou d'eau – et le suffixe « ine » pour pelouse alpine). C'est une alternance de pelouses de type alpin et de trous d'eau, un milieu particulièrement propice au développement d'une flore très riche. Ces zones sont très fragiles, merci de les respecter ! Dans cette zone montagneuse, le parc travaille notamment à la préservation de la truite endémique macrostigma, du mouflon et du gypaète.

CALACUCCIA ★★★

Dans un environnement superbe au milieu de la forêt de Valdoniellu et entouré des plus hautes montagnes de l'île (Monte Cintu, Paglia Orba, Capu Tafunatu et son œil cyclopéen), on rencontre en premier lieu le lac artificiel du barrage et l'environnement est superbe, au milieu des forêts et des montagnes, avec la Scala di Santa-Regina à suivre vers Corte. Il faut se montrer curieux, emprunter les ruelles et les escaliers de pierre, pour découvrir les charmes cachés de Calacuccia. C'est la capitale du Niolu. Son bourg aux maisons anciennes à escaliers extérieurs est de grand caractère, et l'une des demeures date de 1560. On peut y visiter son église paroissiale Saint-Pierre et Saint-Paul, et voir son Christ en bois sculpté au visage très expressif.

■ **OFFICE DU TOURISME DU NIOLU**
Avenue de Valduniellu
✆ 04 95 47 12 62
www.office-tourisme-niolu.com
officedutourismeduniolu@orange.fr
Haute saison : ouvert tous les jours et les jours fériés de 9h à 12h et de 14h à 18h. CB non acceptée.

Points d'intérêt

■ **LES BALADES AUTOUR DE CALACUCCIA**
De Calasima, le plus haut village de Corse au pied de la Paglia Orba, la vallée du Vallone est une superbe randonnée dans un cadre très sauvage et spectaculaire (baignade et pique-nique très agréables). A Lozzi, vous êtes au point de départ pour l'ascension du Monte Cinto (8 heures aller-retour) en passant par le lac du Cinto avec la possibilité de dormir au refuge de l'Ercu gardé en été. Sentier botanique à la fin de la piste praticable en 4x4 uniquement (2 heures pour la boucle). A Corscia, on cherchera le Canyon de la Ruda et ses toboggans et piscines naturelles, celui de Falcunaghja, et le sentier de la Scala.

Le gîte

■ **ACQUAVIVA*****
D84, Route du Col-de-Verghio
✆ 04 95 48 00 08 – www.acquaviva-fr.com
stella.acquaviva@wanadoo.fr
Ouvert toute l'année. Accueil jusqu'à 22h. 14 chambres. Chambre double de 62 € à 79 €. Petit déjeuner en chambre : 9 € (10 € en chambre). Lit supplémentaire : 23 €. Parking ouvert inclus. Garage moto gratuit. Animaux acceptés (5 €). Wifi gratuit.
Hôtel familial en centre Corse dont les chambres sont de bons conforts, propres et gais, chacune dotées d'un petit balcon ouvrant sur le massif du Monte Cinto ou de l'Arinella. Télévision par TNT, grande terrasse ombragée, bar animé par les locaux et accueil extra de Stella, depuis maintenant vingt-trois ans, qui de plus vous renseignera avec plaisir sur tous les secrets des nombreuses randonnées dans le Niolu.

Campings

■ **ACQUAVIVA**
D84, Route du Col-de-Verghio
✆ 04 95 48 00 08 – www.acquaviva-fr.com
stella.acquaviva@wanadoo.fr
Fermé du 15 octobre au 15 avril. Accueil jusqu'à 21h. Terrain de 2 ha. 25 emplacements. Emplacement + véhicule + 2 personnes à partir de 6 €. Emplacement + véhicule + 2 personnes à partir de 3 €. Emplacement + véhicule + 2 personnes de 3 € à 6 €. CB non acceptée. Animaux acceptés.
Une aire naturelle de camping de vingt-cinq emplacements sur trois hectares couverts de châtaigniers avec une superbe belle vue sur le lac, le Monte Cinto et le Paglia Orba. Facilement accessibles aux camping-cars et caravanes. Bon accueil authentique de Mathieu. Sanitaires neufs et bien entretenus. Une étape pratique pour rayonner sur les nombreux sentiers des environs. La réception se fait au bar de l'hôtel l'Acqua Viva, tout près.

Le col de Vergio

À 1 477 m, c'est un des coins les plus alpestres de l'île, avec une vue extraordinaire sur les montagnes et vallées couvertes de pins. Vers l'est, on aperçoit le lac artificiel du barrage de Calacuccia. Très connu des marcheurs, il est au croisement de plusieurs axes, dont le Moriani-Cargèse qui traverse l'île d'est en ouest, et voit passer, tout près, le GR20, qui va rejoindre le beau lac de Ninu, aux allures de fjord norvégien, on le trouve un peu plus bas, à moins d'un kilomètre du col en redescendant sur Calacuccia. Vergio est aussi sur la frontière entre la Corse du Sud et la Haute-Corse. Belle excursion, à partir de Vergio, sur le col de Salto, à l'ouest, puis, à travers la forêt de Lindinosa, jusqu'au col de Cocavera, avec un très beau panorama sur la vallée et la forêt de l'Onca. Sur cette rivière, on pourra trouver un abri au refuge de Puscaghja. Autre possibilité vers le barrage de Radule, et au refuge de Ciuttulu-di-Mori, au pied du Capu Tafonatu.

Dans les environs

Albertacce ★

Un beau village aux maisons d'architecture baroque. Les environs regorgent de vestiges préhistoriques, et on trouve même une statue-menhir au lieu-dit Cornadoja. L'archéologue Acquaviva fonda le musée Lieninoï dans une des maisons du village. De nombreux vestiges locaux y sont conservés. Du hameau de Calasima, le plus haut de Corse, à 1 100 m, on peut commencer le tour des Cinque Frati, soit les sommets les plus élevés de la région : la Punta Minuta (2 556 m) au nord, la Punta Artica (2 327 m) au sud, la Paglia Orba (2 525 m) et le Capo Tafonato (2 335 m) à l'ouest. On peut également partir à la découverte de la forêt de Valdu Niellu, l'une des plus vastes de Corse, et se promener à l'ombre de ses immenses pins lariccio.

■ LES BERGERIES ET CASCADES DE RADULE ★

La balade jusqu'aux cascades et bergeries de Radule commence dans le virage en épingle du fer-à-cheval, à quatre kilomètres en contrebas du col de Vergio, sur la D84. Un sentier qui fait une boucle vous conduit aux bergeries. De là, on descend aux cascades. Comptez environ 2 heures de marche pour faire la boucle. Balade facile à faire en famille. Balisage jaune, rouge et blanc.

■ LE LAC DE NINO ★★★★

Durée : 4h30 AR. Difficulté : moyen.

La balade n'est franchement pas évidente et il vaut mieux être bien chaussé. Arrivé en haut, c'est vraiment sublime. A la différence des autres lacs d'altitude, Melo et Capitello, Nino a la particularité d'occuper un site très ouvert. C'est un lac glaciaire qui a la réputation d'être le plus beau de Corse. On y découvre les pozzines, des pelouses morcelées de trous d'eau. On aperçoit même des chevaux «sauvages» mais tellement habitués à voir des touristes qu'on s'en approche facilement... Cette balade est incontournable ! Le point de départ de la balade jusqu'au lac de Nino se trouve à côté de la maison forestière de Poppaghia sur la D 84, au nord-est d'Evisa et du col de Vergio.

■ LE MOULIN DE MURICCIOLU

Durée : 20 minutes. balisage orange. Difficultée : Facile.

Le départ se fait au niveau des dernières maisons du village d'Albertacce sur la D 84. Prenez le chemin en terre sur votre droite au niveau du panneau indiquant le gîte d'étape. Suivre le balisage orange. La balade, agréable, traverse une châtaigneraie et une pinède avant de surplomber le ruisseau Viro, avec la Paglia Orba qui vous fait face. Suivre toujours le balisage pour atteindre un croisement au niveau de l'oratoire de Saint-Antoine. Là, prendre à gauche (panneau Bocca di Vergio) pour arriver rapidement au pont et à l'ancien moulin de Muricciolu où les eaux claires du Viro vous invitent à la baignade. Pour le retour, prendre le même chemin ou utiliser le sentier délaissé à l'aller au niveau de l'oratoire, qui remonte sur Albertacce avant de redescendre par la route. Variante peu intéressante si ce n'est pour la belle vue sur la Paglia Orba dans la montée.

Passage du GR 20 au col de Verghio.

■ **CASTEL DE VERGIO**
D84
Col de Verghio
© 04 95 48 00 01
www.hotel-castel-vergio.com
jl.luciani3@orange.fr

Fermé du 15 octobre au 25 avril. Accueil jusqu'à 22. 29 chambres. Chambre simple 80 € ; chambre double 100 € ; chambre triple 135 €. Demi-pension : 155 € (pour 2). Petit déjeuner : 7 €. Parking ouvert inclus. 70 places en dortoirs à 18 € la nuit, 48 € en demi-pension. Camping 6 €. Restauration (menu 25 €, carte 35 €, plat du jour 14 €). Vente (epicerie). Location de draps.
C'est l'étape incontournable sur le GR 20 où l'on retrouve jeunes et vieux marcheurs, qui viennent ici pour se refaire une santé. Les chambres sont correctes, très propres et la restauration de qualité et de quantité respectable. On y choisira en fonction de ses moyens la chambre d'hôtel, le dortoir et même le camping à la fraîche (1 400 m !). Une récente réhabilitation bienvenue apporte le confort nécessaire. Accueil parfait de monsieur Luciani qui a toujours un œil partout.

■ **A SANT'ANNA**** NOUVEAU
D84
© 06 26 83 22 09
mariemadeleine.cesari@sfr.fr
À 3 km de Calacuccia.

Ouvert toute l'année. Accueil jusqu'à 21h. 8 chambres. Chambre double jusqu'à 89 €. Basse saison : chambre simple à partir de 65 €. Petit déjeuner en chambre : 10 €. Parking inclus. Wifi gratuit. Restauration (au restaurant U Cintu menu de 20 à 25 €).
Reconversion bienvenue pour Marie-Madeleine qui a troqué ses vaches pour devenir hôtelière dans ce petit village typique. Une belle transformation de la maison de l'ancien ébéniste pour offrir aux voyageurs de belles prestations sans reproche. Beaux volumes, belle vue sur la valllée et un accueil parfait pour ne rien gâcher. Établissement ouvert à l'année, chose exceptionnelle pour la région. En prime, le restaurant des parents juste en dessous, chez Jojo et Annie, pour savourer les spécialités du Niolu.

■ **LA PROMENÂNE**
36, rue Canali
© 06 15 29 45 64
www.randonnee-ane-corse.com
lapromenane@orange.fr
Sur réservation. Randonnée de 2 à 5 jours (lacs, bergeries). 1 âne 1h 15 €. Demi-journée moulin 35 €. Journée moulin 60 €. CB non acceptée.
La Promenâne vous propose des promenades ou randonnées avec un âne au départ d'une très belle châtaigneraie. Vous pourrez découvrir la montagne corse avec ses nombreux lacs et ses bergeries en empruntant les sentiers des randonnées du GR20 ou du Mare e Mare Nord avec un âne qui portera les enfants trop fatigués ou les sacs trop lourds.

Casamaccioli

On célèbre Ici Notre Dame du Niolo (a santa di u Niolu) dont la statue est un objet de vénération pour tous les Niolins et l'occasion d'une grande fête religieuse annuelle le 8 septembre prolongée par une longue foire qui dure trois jours. C'est, à proprement parler, inoubliable, le plus spectaculaire reste la procession scandée de cantiques et de prières. Plusieurs confréries y participent. Belle église baroque de la Nativité avec son cloché isolé.

Castirla

Le village est perché à 450 m d'altitude, proche de la rive droite du Golo. On y voit un beau pont génois à trois arches, surnommé, comme tant d'autres, le Pont du Diable, et une centrale électrique alimentée par les barrages de Calacuccia et Curscia.

Points d'intérêt

■ **CANYON DE PETRA LECCIA**
Ponte Castirla
Joli petit canyon avec vasques, sauts et toboggans sympathiques. Il y a peu d'eau l'été. Il est possible de descendre jusqu'au Golo en réalisant une rando-aquatique. Dénivelé : 175 m. Approche : 30 mn. Descente : 2 heures. Retour : 1 heure 30.

Le gîte

■ **CASA MAGDALA**
Pont de Castirla
Route de la Scala © 04 95 38 18 59
casamagdala@gmail.com
1,5 km à gauche après le pont de Castirla, en direction de Calacuccia. Véhicule personnel indispensable.

Ouvert toute l'année. 4 chambres. Chambre double 50 € ; suite 65 €. Petit déjeuner inclus. Lit supplémentaire : 10 €. Garage inclus (moto). CB non acceptée. Chèque Vacances.
Située sur la départementale 84, entre Corte et Porto, cette ancienne auberge rénovée de 300 m² a su conserver son cachet d'antan. Les chambres et suite, spacieuses, peuvent accueillir deux à quatre personnes. Elles sont toutes équipées d'une salle d'eau et de toilettes privatives. Vous apprécierez certainement en saison de prendre le copieux petit déjeuner dans le jardin. Accueil charmant de Martine et Philippe qui vous feront regretter de partir. Cuisine d'été et barbecue en libre accès.

■ **A PIANELLA**
Lieu-dit A Pianella
© 04 95 35 23 85 / 06 07 16 86 37
www.apianella.fr – a.pianella@yahoo.fr
au nord de Corté prendre la départementale 18 et compter 6Km 500 et vous y êtes

Gîte de France (3 épis). Ouvert toute l'année. Domaine de 2ha. Spa. Salle commune. Frigidaire, micro-onde, café, thé. 4 chambres. Chambre double 75 € ; chambre triple

Au pied de l'église de Casamaccioli.

95 €. Petit déjeuner inclus. Lit supplémentaire : 23 €. Parking fermé inclus. Suite 6 personnes : 195 €. CB non acceptée. Wifi gratuit. Restauration (tables d'hôtes sur réservation : 28 €).

A Pianella, la petite plaine, est un petit coin de paradis posé dans la montagne. Sylvie et Paul vous accueillent en chambre d'hôte dans leur charmante maison au milieu d'un domaine de 3 Ha. Les chambres sont confortables, la décoration soignée, l'ambiance paisible et chaleureuse. Les sentiers de randonnée vous invitent à parcourir la montagne. Vous pouvez profiter, sur réservation, de la table d'hôte où l'on vous sert des produits bio du potager et du terroir.

Corscia ★

C'est à Corscia, en 1720, que fut chanté pour la première fois le Diu vi Salvi Regina qui devint l'hymne corse en 1735. Il a été composé par Salvatore Costa, un berger du village, alors qu'il était poursuivi par les Génois. Depuis le village, on peut partir à la découverte de la fameuse Scala di Santa-Regina, un vertigineux escalier de pierre, long de dix kilomètres qui était autrefois la seule voie d'accès du Niolu. Belle architecture sacrée avec l'église San-Salvadore au-dessus de la route à 892 m d'altitude, entre Costa et Cavallaracce, et la chapelle San-Bancraziu, sur un piton rocheux à 846 m d'altitude en dehors du village. La chapelle surplombe la vallée du Golo.

■ LA SCALA DI SANTA-REGINA

Dénivelé : 1 060 m. Temps estimé : 5h30. Marquage : orange et mauve et petits cairns.

Le sentier dit de la transumance que nous vous proposons ici se déroule dans le cadre sauvage de la Scala di Santa-Regina. Ce défilé granitique, au fond duquel coule le Golo, marque le passage de la région cortenaise aux hauts plateaux du Niolu. La végétation est plutôt rare dans ce chaos granitique. Parking : 6 km depuis Ponte Castirla (12 km au nord de Corte) à côté d'un panneau didactique sur le sentier muletier de la Santa-Regina ou 1,5 km plus loin juste avant le Ponte di l'Accia. La balade débute juste avant le Ponte di l'Accia, situé sur la D84 qui va de Corte au col de Vergio (d'abord D18 en sortant de Corte, puis D84 vers l'ouest). Il n'y pas de parking gigantesque, il faut savoir profiter des quelques places étalées le long de la route. On peut aussi débuter la balade 1,5 km en aval (panneau explicatif sur le sentier muletier et parking : 1 place !).

Lozzi

C'est l'une des communes les plus hautes de Corse, située dans un cirque glaciaire dominé par le plus haut sommet de l'île, le Monte Cinto qui culmine à 2 706 mètres.

▸ **A voir** : l'église San-Ghiacumu à Lozzi et ses trois tableaux de toiles peintes, l'église Santa-Maria Assunta à Poggio-di-Lozzi. Son clocher à trois étages est isolé. Elle renferme une toile, La Vierge de l'Assomption, œuvre de Domenico Desanti et le moulin à farine de châtaigne, au lieu-dit Battaiola, proche de l'observatoire. C'est une construction récente qui traite les châtaignes récoltées dans les environs.

▸ **A faire** : la randonnée : Une longue piste carrossable pour les seuls 4X4 permet de s'approcher du Monte Cinto en passant par l'observatoire. Elle conduit jusqu'aux bergeries de Petra Pinzuta où est aménagé un parking. A partir de ce lieu, prendre le sentier menant au refuge de l'Ercu (1 667 mètres). Continuer ensuite en direction du lac du Cinto (2 289 m).

■ L'ARIMONE

D218, Route du Cinto
✆ 06 10 68 57 42 / 06 12 44 22 61
http://larimone.e-monsite.com/
williamflori1@gmail.com

TV

Fermé d'octobre au 20 mai. Réservation recommandée. Accueil jusqu'à 23h. Gardé 24h/24. Terrain de 2 ha. 25 emplacements. Exposition : ombragé / mi-ombragé. Sol : herbeux. Relief : en terrasse. CB non acceptée. Animaux acceptés.

A plus de 1 100 m, vous êtes ici chez les frères Flori, Jean-Baptiste et Marcel qui proposent aux amateurs de randonnée le camp de base le plus pratique pour découvrir les sommets du Cinto, Paglia Orba et Capo Tafunato. Terrain bien entretenu, accueil parfait et pour ceux qui souhaiteraient plus de confort, on même pourra dormir dans l'une des quatre chambres d'hôtes à petit prix (45 €). Douche, WC, eau chaude et petit déjeuner à 5 €.

PONTE-LECCIA

Carrefour routier important sur le Golo, au nord de Corte et du Niolu. On prend un verre et on mange un morceau au Bar Colonna ou au Bar des Sports et sa terrasse accueillante près de l'embranchement pour Calvi. Le bourg s'est beaucoup développé ces dernières années et, avec ses terrasses et ses boutiques, est beaucoup plus animé qu'il y a une dizaine d'années. On peut même aujourd'hui, à quarante minutes de Corte et une grosse demi-heure de L'Ile-Rousse, y séjourner.

■ **OFFICE DE TOURISME DE PONTE LECCIA – MOROSAGLIA**
N197
Place de la gare
✆ 04 95 30 66 32
www.ponteleccia-morosaglia.com
officedetourisme.ponteleccia@orange.fr

Haute saison : ouvert du lundi au samedi de 8h à 20h ; le dimanche de 8h à 12h. CB non acceptée.

Le gîte

■ **ECOLODGE ASCOSA**
RN 197, Baccario
Route de Calvi
✆ 04 95 47 69 48
www.ascosa.net
ascosa@interracorsa.com

Fermé de novembre à avril. Accueil jusqu'à 19h. 7 chambres. Basse saison : chambre double à partir de 69 €. Haute saison : chambre triple jusqu'à 110 €. Petit déjeuner : 12 €. Parking ouvert inclus. Chèques non acceptés. Chèque Vacances. Chambre double adaptée. Séminaires. Wifi gratuit. Restauration (snaking). Vente. Excursions (activités sportives libres ou encadrées).

L'Ecolodge Ascosa propose une escapade décontractée et originale. Cet hôtel atypique est l'adresse des jeunes et des familles qui souhaitent découvrir et pratiquer des activités « *outdoor* » avec in Terra Corsa. L'établissement bénéficie également d'une situation parfaite pour visiter l'île de beauté.

Loisirs

■ **IN TERRA CORSA**
RN 197, Route de Calvi
Lieu dit Baccario
✆ 04 95 47 69 48
www.interracorsa.com
info@interracorsa.com

Ouvert toute l'année. Haute saison : tous les jours et les jours fériés de 9h à 19h. Chèques non acceptés. Chèque Vacances.

Le centre de loisirs de pleine nature dirigé avec passion par Jean-Christophe Bastiani, propose une large gamme d'activités pour tous, à tous les âges : kid canyon, hydrospeed, Via ferrata, tyrotrekking, escalade, accrobranche, randonnées pédestres, kayak, 4x4, nage en eaux vives, fun canyon, rafting et paintball. Le tout encadré par des professionnels diplômés. Il est également possible d'effectuer des séjours sous forme de stages multi-activités. Base nautique à Lozari près de l'île Rousse. Un centre idéal pour des vacances actives, toute l'année.

▸ **Autre adresse :** Centre nautique de Lozari

Dans les environs

Canavaggia

Ce village composé de trois hameaux offre par endroits une vue incomparable sur toute la plaine de Bastia ainsi que sur le Rustinu, juste en face. C'est un des plus anciens villages de Corse. A voir : l'église Sainte-Marie-de-Canavaggia située en contre bas du hameau. Elle possède un très beau clocher bâti par Jean Toti en 1830, bien après la construction l'église. Au hameau de Costa Roda, on visite l'église de Saint-Martin, qui est en réalité la plus ancienne chapelle de Corse. Elle ne possède qu'un seul autel dédié au saint dont le tabernacle n'existe que dans cette église.

Campitello ★

Composé de deux hameaux au-dessus du Golo, Campitello est entouré par le maquis, une partie de la forêt de Valle Grosso et quelques hauts sommets. On y visite son église paroissiale Saint-Pierre, avec son beau clocher à trois étages, récemment rénové, ainsi que la chapelle de Panicale.

Castineta ★

Le village a été construit sur une arête de montagne, séparée au nord de Morosaglia par le vallon du ruisseau de Conca et au sud le vallon du ruisseau de Panicale qui le sépare de Gavingano. C'est un village typique du centre de la Corse avec ses toits en lauzes. Le vieux hameau de La Mazza est situé en contrebas, en bordure du ruisseau de Prunitaccio, dans les châtaigniers. Ruiné, il a été presque entièrement restauré et est maintenant habité. A voir : l'église San Bastianu, au cœur de ce village qui a obtenu en 2007 la distinction de village fleuri (3 fleurs).

Morosaglia ★★

Ce charmant petit village, porte d'entrée en Castagniccia, situé à une vingtaine de minutes de Ponte-Leccia, est célèbre dans toute la Corse, car il vit naître le 6 avril 1725 « le père de la nation », le général Pasquale Paoli. Au-dessus, une belle balade à faire à pied jusqu'à la vieille église préromane Santa-Reparata. Dans le hameau le plus au sud, vers Ponte-Leccia, recherchez le boucher qui est aussi un excellent producteur de fromages de chèvre. Table sympathique à L'Osteria di U Cunventu.

■ **MUSÉE DÉPARTEMENTAL PASQUALE PAOLI** ★★
Hameau de Stretta ✆ 04 95 61 04 97
www.haute-corse.fr – haute-corse@cg2b.fr
Ouvert toute l'année. Haute saison : tous les jours et les jours fériés. Du 16 mai au 30 septembre de 9h à 12h et de 13h à 18h. Du 1er octobre au 15 mai de 8 h à 12h et de 13 h à 17h. Fermé le dimanche du 1er novembre au 31 mars. Adulte : 2 €. Groupe (10 personnes) : 1 €. CB non acceptée. Visite guidée (film vidéo).
Impossible d'omettre la visite de la maison natale de Pasquale Paoli, Babbu di a Patria (père de la patrie). Cette demeure, propriété du conseil général de Haute-Corse, retrace la vie et l'œuvre du grand homme qui voulut et espéra tant pour sa terre et son peuple. Né en 1725, fils d'un ministre du roi Théodore Ier, unique et éphémère roi de Corse, Pasquale Paoli partit à Naples faire ses études. Formé aux affaires politiques, il rentra en Corse en 1755 pour se porter candidat au poste de général en chef de la nation corse. Il décréta la Corse indépendante et, en esprit éclairé, dans la lignée du Siècle des Lumières, il prôna la démocratie, instaura une constitution reconnaissant la souveraineté du peuple corse et la séparation des pouvoirs. Il faut également noter qu'il accorda le droit de vote y compris aux femmes (à condition qu'elles soient veuves ou célibataires), ce qui dénote un esprit très en avance sur son temps. Mobilier authentique, objets, tableaux et documents sont présentés de manière sobre, dans un intérieur caractéristique de cette époque. Le corps de Pasquale Paoli repose dans la chapelle familiale, située dans la maison.

Omessa ★

Juché à flanc de montagne, à 500 m d'altitude, le village domine la route nationale reliant Bastia à Ajaccio. Son nom, « l'oubliée », serait dû à sa position stratégique qui le soustrait aux regards. Ses hautes habitations conçues comme des « maisons fortifiées » et ses ruelles dallées portent le poids de son histoire aussi glorieuse que tourmentée. La forteresse abrite l'église paroissiale Saint André, consacrée au XVe siècle dans l'ancien hospice. Cette église de style baroque, dont le clocher est classé Monument Historique, renferme des peintures italiennes, également classées, ainsi qu'une fresque du XVe siècle dont les spécialistes s'accordent à dire qu'elle est une pièce majeure dans l'histoire de l'art de la Corse. Une ancienne chapelle, récemment restaurée, est dédiée au culte de Sainte Rita. La place, spacieuse et animée, ornée d'une fontaine remarquable et d'une deuxième chapelle, constitue le cœur du village. Une troisième chapelle déd iée à La Sainte Croix garde les traces de présence d'une confrérie. Le couvent des Récollets, désormais en ruines mais encore majestueux, domine l'ensemble depuis le XVIIe siècle. Un sentier botanique, très praticable, serpente la montagne, offrant au promeneur un parcours initiatique sur les espèces endémiques de la région.

■ **LES JARDINS DE LOUBLY**
Erfacce
✆ 0495 35 28 53
www.lesjardinsdeloubly.com
lesjardinsdeloubly@orange.fr
Fermé du 15 septembre à mars. Haute saison : ouvert tous les jours et les jours fériés le soir. Service le midi sur demande. Réservation recommandée. Carte : 40 € environ. Vin au verre. 2 chambres doubles à 82 € la nuit. Jardin. Terrasse.
Détour obligatoire dans le joli village, à 2 km de Caporalino sur la nationale, pour rechercher cette table élégante tenue par Jean-Marie Ferrandi, autodidacte passionné qui donne à cette adresse un attrait certain. Le cadre est bucolique avec sa belle pergola en fer forgé, son petit jardin et ses assiettes gourmandes élaborées en «*slow food*» dans la pure tradition de la cuisine française. En bonus, deux chambres d'hôtes pour profiter encore mieux de l'instant présent.

■ **LA DODOLELA**
Francardo, RN193
✆ 06 22 56 12 51
www.dodolela.com
mlacroix@aliceadsl.fr
Gîtes de France (3 épis). Ouvert toute l'année. 4 chambres (et une cabane). Chambre double de 75 € à 92 €. Petit déjeuner inclus. Cabane dans les arbres 160 €. Bain bouillonnant. Bain bouillonnant avec supplément de 30 € par couple.
Une maison moderne au centre de la Corse, à 300 mètres d'altitude sur les bords du Golo (la plus longue rivière de Corse). On y choisira l'une des chambres d'hôtes ou la cabane dans les arbres. Une belle situation géographique pour profiter de Corte et de la vallée de la Restonica toute proche. En bonus : une grande piscine et ses espaces «*farniente*» et même un bain bouillonnant.

Piedigriggio ★

C'est un village typique de la région, avec ses ruelles étroites et ses hautes maisons de caractère. On peut visiter son église paroissiale Saint-Michel qui fut maintes fois remaniée et qui présente des particularités : la chapelle transversale n'est pas accolée à l'église et son clocher est séparé. Elle qui abrite des orgues anciens. Les environs du village sont remarquables avec la présence voisine des aiguilles de Popolasca.

■ **BISCUITERIE ANNE MARCHETTI**
N193
Route de Corte
✆ 04 95 59 73 21
cvambonjour@gmail.com
Haute saison : ouvert tous les jours de 9h30 à 19h30.
Formée à l'art du macaron chez Lenôtre puis chez Hermé, Anne Marchetti s'est lancée à la Trinité puis à Piedigrioggio pour présenter sa gamme de biscuits d'exception. Fruités, chocolatés, floraux ou végétaux, ses macarons font le bonheur des gourmands et gourmets. On aura un mal fou à faire son choix devant la profusion de parfums, tous plus subtils les uns que les autres, et il vous faudra certainement plusieurs visites avant d'en faire le tour.
▸ **Autre adresse :** 15, Trinité 20137 Porto-Vecchio ✆ 06 13 53 45 32

LA CACCIA

La micro-région de Caccia englobe la basse vallée de la Tartagine et la vallée d'Asco. Cette dernière compte la majorité des plus hauts sommets de l'île dont le Monte Cinto, point culminant de la Corse. Recommandé pour la randonnée avec ses nombreux sentiers, pour le kayak avec ses rivières impétueuses et même pour le ski pour ses pentes enneigées en hiver.

ASCO ET SA VALLÉE ★★★

Le village lui-même, au fond de la montagne, avec son petit clocher qui paraît tout fluet avec les montagnes en arrière-plan, a bien de l'attrait. Remarquable pont génois en contre bas du village. De là, on entre dans la partie la plus montagneuse et la plus sauvage de cet itinéraire, avec la forêt de pins de Carrozzica, le plateau de Caldane, puis le Haut-Asco, à 1 450 m d'altitude, avec les toits pointus de ses petits chalets contemporains. Un coin à rapaces, où l'on rencontrera la plupart des variétés présentes dans l'île, mais également le plus grand territoire du fameux mouflon, emblématique de la Corse. Magnifiques spots de baignades tout le long de la rivière dont la qualité des eaux est remarquable grâce à la création de micro-centrales de traitement des eaux usées. La réouverture de l'ancienne station de ski, créée en 1964, est prévue début 2016. La circulation des véhicules est très importante en haute saison, il est donc conseillé d'être très prudent, même au regard du bétail qui vient gentiment traverser la route.

Le couvert

■ **LE CHALET**
D147
Haut-Asco
✆ 04 95 47 81 08
www.hotel-lechalet-asco.com
hotel.le-chalet@wanadoo.fr
Haute saison : ouvert tous les jours et les jours fériés le midi et le soir. Menu unique à 20 €. Carte : 36 € environ. Menu enfant : 12 €. Formule : 12 € (panier pique-nique). Vin au verre. Chèque Vacances. Accueil des groupes. Chaises bébé. Terrasse. Boutique.
C'est le repaire de nombres de randonneurs qui viennent ici reprendre des forces sur le chemin du GR20 tout proche en profitant de la cuisine généreuse de ce fameux Chalet. Au programme : la soupe corse, la truite du vivier maison, les cannelloni au brocciu, le cabri, le sanglier, l'agneau et la crème brûlée à la châtaigne. Une bonne ambiance sportive et une grande terrasse ensoleillée pour compléter le tableau.

■ **LE PONT GÉNOIS... LA PAUSE DÉTENTE**
D147, Poggiola
✆ 06 75 55 48 82
lucilleguidoni@orange.fr
♿
Fermé de novembre à avril. Haute saison : ouvert tous les jours et les jours fériés le midi et le soir. Service non-stop. Carte : 24 € environ. Vin au verre. Terrasse. Vente à emporter. Boutique. Salle climatisée, wi-fi gratuit.
Lucile et Patrick Costa, éleveurs de bovins au village, ont ouvert depuis peu leur belle pause détente qui ne vole pas son appellation. A l'entrée du village, on profitera d'une belle terrasse au-dessus de la vallée, d'une grande salle panoramique et d'une restauration qui est bien loin du fast-food, malgré la signalétique. Quelques recettes originales comme le bulidicce, un beignet de fromage de chèvre frais familial, les grillades de veau de l'exploitation, la charcuterie artisanale et de bons fromages de Moltifao. Service continu et quelques paninis, crêpes et glaces artisanales pour compléter le tableau.

CASANIS
NATU IN CORSICA.*
MARSEILLE BASTIA
CASANIS
1925
MARSEILLE BASTIA
CASANIS
Pastis
DE MARSEILLE
SEULE RECETTE ISSUE DE LA DISTILLATION D'ANIS VERT
45%vol.
100cl
PASTIS NÉ EN CORSE
CASANIS
CASANIS
NATU IN CORSICA
* Né en Corse.
L'ABUS D'ALCOOL EST DANGEREUX POUR LA SANTÉ. À CONSOMMER AVEC MODÉRATION.

CASANIS
NATU IN CORSICA.*
MARSEILLE BASTIA
CASANIS
1925
MARSEILLE BASTIA
CASANIS
Pastis
DE MARSEILLE
45%vol.
100cl
PASTIS NÉ EN CORSE
CASANIS
CASANIS
NATU IN CORSICA
SIREN 572 056 331.
* Né en Corse.
L'ABUS D'ALCOOL EST DANGEREUX POUR LA SANTÉ. À CONSOMMER AVEC MODÉRATION

Le gîte

■ **LE CHALET****
D147, Haut-Asco
✆ 04 95 47 81 08
www.hotel-lechalet-asco.com
hotel.le-chalet@wanadoo.fr

Fermé du 15 février au 30 mars et du 15 octobre à avril. Accueil jusqu'à 22h. 22 chambres. Chambre simple à partir de 70 € ; chambre double jusqu'à 98 € ; dortoir à partir de 15 €. Demi-pension : 70 € (par personne en basse saison en chambre). Petit déjeuner buffet : 10 €. Lit supplémentaire : 45 €. Garage inclus (moto et vélo). Hébergement en demi-tarif pour les moins de 12 ans en chambre. 10 dortoirs de 4 à 8 places, demi-pension 40 €. Chèque Vacances. Séminaires. Réceptions et mariages. Wifi gratuit. Restauration (menu : 20 € le soir, menu enfant : 12 €, carte : 36 €. Panier pique-nique. 12 €). Vente (boutique de Matériel de randonnée et ravitaillement). Location de draps. Animations.

La prise en main par Patrice Guerrini a apporté des gros changements pour ce Chalet, idéalement placé en haut de la vallée d'Asco, sur le mythique tracé du GR20. Pour l'hébergement, toutes les chambres ont été rénovées et font face soit au Monte Cinto soit à la Muvrella. Côté cuisine, on s'attablera sans crainte, pour profiter d'une assiette généreuse qui satisfera les gros mangeurs et les gourmets. Soupe corse, truite du vivier maison, cannelloni au brocciu, cabri, sanglier, agneau et la crème brûlée à la châtaigne. On s'y retrouve dans la joie et la bonne humeur au milieu des randonneurs, mais le voyageur futé trouvera ici confort, charme et gastronomie à des tarifs inversement proportionnels à l'altitude (1 450 m !). Un grand bravo et un coup de cœur du *Petit Futé*.

Chambres d'hôtes

■ **E CIME**
D147, Route du Haut-Asco
✆ 04 95 47 81 84 / 06 83 42 10 78
www.e-cime.com – e.cime@orange.fr
A Asco, tourner tout de suite à droite et monter 800 mètres plus haut.

Clévacances (3 clés). Fermé de novembre à mars. Accueil jusqu'à 18h. 5 chambres. Chambre double 75 € ; chambre triple 90 €. Demi-pension : 25 € (le dîner, par personne). Petit déjeuner inclus. Lit supplémentaire : 15 €. Parking ouvert inclus (auto et moto, vidéosurveillance). Chèque Vacances. Poste Internet. Wifi gratuit. Restauration (midi et soir, menus de 15 à 25 €, menu enfant : 12 €, carte : 20 €). Vente (miel et huile d'olive, confiture et moutarde).

Les chambres sont d'un très bon confort digne d'un trois étoiles. Beau balcon face à la vallée de Pinara et du Capu Biancu. On pourra de plus profiter de la table avec, bien sûr, les pizzas et grillades au feu de bois de Daniel, les petits plats cuisinés à la mode locale de Marie-Jeanne comme l'agneau grillé, le civet de sanglier (sur commande), le cabri de la vallée grillé au feu de bois (d'avril à juin), sans oublier les desserts maison comme un flan à la farine de châtaigne, un fondant au chocolat ainsi que la tarte aux pommes maison. Une étape pratique même pour les familles grâce aux chambres à 4 lits bien pratiques et les terrasses privatives.

Loisirs

■ **LA CASCADE DE MURCELLA**
Durée : 4h AR. Difficulté : moyenne.
Le départ s'effectue au niveau du pont génois situé à la sortie du village d'Asco. Traverser le pont et repérer le panneau qui vous indique le sentier. Celui-ci remonte le cours de l'Asco avant de rapidement le délaisser pour le ruisseau de Pinara au sud. Le sentier traverse une petite châtaigneraie parsemée de ruines de murets et de bergeries, avant de se faire un peu plus raide et rocailleux. Une longue succession de montées et descentes vous attend. Le sentier passe à proximité d'une petite source. Vers l'altitude 855 m, le sentier traverse une première fois le ruisseau de Pinara que l'on a surplombé tout au long du parcours. Une fois sur l'autre rive, vous pourrez voir vers l'ouest une arche rocheuse. Le sentier continue à monter, traverse une nouvelle zone de châtaigniers et de pins, puis traverse à nouveau le ruisseau. Une fois le ruisseau franchi, la cascade n'est plus qu'à quelques mètres sur votre droite en remontant le cours d'eau, vers l'altitude 933 m. Il s'agit d'une petite cascade (3 m environ) sous laquelle se trouve un abri rocheux. Le retour se fait par le même chemin.

■ **LES GORGES DE L'ASCO**
Départ : le pont génois marque le début de la randonnée. Pour s'y rendre, suivre une petite route en cul-de-sac, discrète et cahoteuse, qui rejoint le lit du torrent à la sortie d'Asco (à gauche). Itinéraire : passé le pont, un chemin remonte le cours de l'Asco. Possibilité de faire une étape déjeuner en bord de rivière puis retour par le même chemin. Possibilité de baignade sous le pont. Impressions : elle présente l'avantage de passer devant un magnifique pont génois et de faire connaissance avec le village d'Asco, haut lieu du miel corse.

© XAVIER BONNIN

Cascades sur la rivière de l'Asco.

CENTRE CORSE

Dans les environs

Castifao

A Castifao, des maisons presque neuves, qui en côtoient d'autres quasiment en ruine et abandonnées, semblent un symbole de la vitalité du bâtiment corse jusque dans les lieux les plus reculés. A gauche, les vestiges de la tour Paganosa et quelques maisons abandonnées sont tout ce qui reste d'un vieux hameau aujourd'hui déserté. Au-dessus, en continuant vers Castifao, les belles ruines du couvent de Caccia, à côté du cimetière. L'édifice, dont le lierre a disjoint les pierres, ne semble pas cependant d'une exceptionnelle solidité. Méfiance, à voir plutôt à quelques mètres. Deux ponts génois sur la riviere Tartagine, l'un à Pontare sur la RN197, l'autre à Piana sur la D547.

Moltifao

Moltifao est localisée à flanc d'un massif montagneux dont le plus haut sommet est le Monte Padro faisant face aux aiguilles de Popolasca. On y trouve une belle église romane, l'Annunziata, remarquable pour sa pierre, sa vieille abside bien conservée et son fin clocher, dans un village perché, au milieu les oliviers et les chênes-lièges. Une rivière pour se baigner en été ou pratiquer du canoë-kayak au printemps et même une via ferrata à la Manicella. Deux ponts permettent de franchir l'Asco pour rejoindre le village : le pont de Caccia au lieu-dit Pontare sur la route d'accès principal (un des rares ponts génois de Corse à quatre arches), la D47 et le Ponte Vechju sur la route D647. Au lieu-dit Tizzarella, à l'entrée des gorges de l'Asco, le village des Tortues (U Paese di e Cuppulate) a été aménagé sur un espace de 10 ha.

VILLAGE DES TORTUES

Route d'Asco
Tizzarella
✆ 04 95 47 85 03 / 06 71 66 43 69
www.parc-corse.org
gestionhotline.parc@gmail.com

Fermé de novembre à avril. Haute saison : ouvert tous les jours. De mai à fin septembre : sur visites guidées uniquement. Adulte : 5 €. Enfant : 2 €.

Géré par le Parc naturel régional, ce centre a pour but de sauvegarder, informer et élever des tortues d'Hermann. Apparue il y a un million d'années, il s'agit de la toute dernière tortue terrestre française. On ne la trouve désormais plus que dans le massif des Maures (dans le Var), et dans les marais de Corse ! Pour qu'elle ne disparaisse pas, plusieurs actions ont été mises en place par ce village qui mène également une campagne de sensibilisation sur la tortue d'Hermann et les moyens de la préserver. Un sentier d'interprétation et quatre enclos vous feront découvrir son mode de vie dans les moindres détails : reproduction, écloserie, enclos des juvéniles et nurseries... Ceux qui le souhaitent pourront même les prendre dans les mains.

AUTOUR DU HAMAC

D147
Route d'Asco
✆ 04 95 32 68 34 / 06 86 58 07 63
hotescorse.e-monsite.com
hotescorse@voila.fr

Fermé du 15 novembre au 15 mars. Accueil jusqu'à 21h. Suite 80 €. Haute saison : chambre double 70 €. Petit déjeuner inclus. Lit supplémentaire : 20 €. Parking fermé inclus (auto et moto). CB et chèques non acceptés. Jeux

L'église paroissiale de l'Annonciation (Annunziata).

© COULEUR CORSE

Brebis sur les crêtes.

pour enfants. Poste Internet. Wifi gratuit. Restauration (table d'hôtes sur réservation 25 €, 15 € – 12 ans). Vente (liqueurs aux parfums du maquis). Pas de tv. Bain bouillonnant.

Virginie et Harold, jeune couple sympathique de Moltifao, ont eu la bonne idée d'ouvrir leur maison aux hôtes de passage. Bien placée au début des gorges de l'Asco, on y profitera du calme et de l'accueil parfait de ces amoureux de la nature. La table d'hôtes de Virginie permettra la découverte de la gastronomie locale : sanglier, chevreau, agneau de la production de monsieur, côtelettes et grillades au feu de bois... L'hébergement est de qualité, avec ses chambres et sa grande suite familiale bien pratique. Parking sécurisé en prime, et grand jardin pour buller en toute tranquillité.

■ E CANICCE**

D147
Vallée d'Asco
✆ 04 95 35 16 75
www.campingecanicce.com
ecanicce@gmail.com

Fermé du 20 novembre à janvier. Réservation recommandée. Accueil jusqu'à 21h30. Gardé 24h/24. Terrain de 1 ha. 24 emplacements (et 6 locatifs). Exposition : ombragé. Sol : sablonneux / herbeux. Relief : plat. Emplacement + véhicule + 2 personnes de 16 € à 18 €. 3 mobil-homes pour 2 à 6 personnes de 300 € à 720 € la semaine. 3 appartements en maison individuelle du T2 au T4 de 450 € à 820 €. Jeux pour enfants. Animaux acceptés (sauf en locatif). Wifi gratuit. Restauration (snack-bar de mars à octobre).

Locations de bungalows et de maisons meublées individuelles de 2 à 3 chambres pour 2 à 6 personnes sur un site paradisiaque en bordure de rivière. Idéalement situé au pied des sentiers de randonnée et à 20 minutes des sublimes plages de sable de Balagne.

■ TIZARELLA**

D147
Tizarella
✆ 04 95 47 83 92
www.camping-tizarella.com
franceschetti.pierre-marie@wanadoo.fr
A 10km de Ponte-Leccia et à 7 km d'Asco.

Fermé d´octobre à mars. Accueil jusqu'à 20h (22h30 en été). Gardé 24h/24. Terrain de 2 ha. 32 emplacements. Exposition : ombragé. Sol : pierreux. Relief : plat. Emplacement de 2 € à 3,50 €. Véhicule de 2 € à 3 €. 2 personnes à partir de 6,50 €. Forfait camping-car 2 personnes : 19 €. CB non acceptée. Jeux pour enfants. Animaux acceptés. Aire pour camping-cars. Wifi gratuit. Restauration (pizzeria-grill de fin juin à août. Carte 26 €).

Sabine et Pierre-Marie Franceschetti dirigent ce petit camping familial bien placé au bord de la rivière Asco, réputée pour son eau limpide et paradis des pêcheurs et kayakistes. La propriété est bien arborée pour offrir la fraîcheur en été et l'on y trouvera en prime une piscine juste à côté de la pizzeria. Lieu de séjour pratique pour parcourir tout le Centre Corse, et même la Balagne et ses plages cristallines à 20 minutes.

■ BASE VTT

D147
Maison de PNRC
Village des tortues
✆ 04 95 47 85 03 / 06 46 01 31 49
gestionhotline.parc@gmail.com

Fermé de septembre à mai.

Location de vélos VTT.

LE VENACAIS

Traversé par l'axe routier et ferroviaire reliant Bastia et Ajaccio, le Vénacais s'étend de la majestueuse forêt de Vizzavona jusqu'aux portes de Corte, capitale historique de l'île. Le Parc régional propose différentes balades à travers le Venacais. En particulier, au départ de Venaco, une boucle passant par Saint-Pierre de Venaco, Sant'Eliseo, et la bergerie de Codupratu, à 1 600 m d'altitude, au pied du Monte Cardo (2 453 m) : 5 heures assez sportives. La seconde : Venaco-Noceta, ce sentier agréable fait partie du Mare a Mare Nord. Il est facile dans sa première partie, puisque l'on rejoint le Tavignano au pont de Noceta. Montée en pente douce jusqu'aux bergeries de Noceta. Là, vous devriez trouver beaucoup de monde autour du pont, la rivière attirant de nombreux baigneurs et pique-niqueurs. En revanche, la foule s'éclaircit sur les premiers lacets, car la pente devient plus sévère. L'arrivée à Noceta, village perché plein de charme et de fraîcheur, est une belle récompense.

VENACO ★★

Ce village, en contrebas du Monte Cardo, donne à voir de vastes paysages forestiers et pastoraux sur la vallée du Tavignano et du Vecchio. Il a gardé son caractère traditionnel avec ses hautes maisons et ses montées en escaliers. Le village s'anime l'été, avec l'arrivée des touristes. Son église paroissiale Saint-Michel, de style baroque, offre un beau panorama. Plus loin, au hameau de Lugo, on peut visiter l'église d'art populaire, qui renferme un chemin de croix en bois sculpté. Le village est un point de départ de randonnées sur les divers sentiers qui traversent la région, et permettent de découvrir par exemple la forêt de Cervello, la vallée du Vecchio, le lac du Monte Rotondo ou encore la grotte du Dragon.

Le gîte

■ **PAESOTEL E CASELLE*****
D143
Agnio di pino
✆ 04 95 47 39 00
www.e-caselle.com
caselle.venaco@gmail.com

HOTELcert. Fermé d´octobre à avril. Accueil jusqu'à 23h30. 23 chambres (et 24 pavillons de 2 adultes et 2 enfants). Studio / appartement de 394 € à 616 € la semaine. Basse saison : chambre simple à partir de 85 €. Haute saison : chambre double jusqu'à 185 €. Petit déjeuner buffet inclus (pour l'hotel). Parking fermé inclus. American Express, Chèque Vacances. Jeux pour enfants. Animaux acceptés. Séminaires. Réceptions et mariages. Wifi gratuit. Restauration (formule 21 €, carte 30 €, menu enfant 12,50 €). Hammam, bain bouillonnant, sauna.

Une auberge en plein maquis au bord du Vecchio, riche en truite, qui offre une formule hôtelière trois-étoiles et une formule résidentielle en petite Caselle disposant d'un espace cuisine, répartis en 4 hameaux intégrés au paysage. Une formule de vacances sans contrainte bénéficiant de tous les aménagements de l'hôtel. Le restaurant d'été autour de la pièce d'eau et le restaurant d'hiver autour du Fucone. Table d'hôte et brasserie pour y goûter des spécialités.

U FRASCONE**
RN193
✆ 04 95 47 00 85
www.ufrascone.com
ufrasconevenaco@wanadoo.fr
A l'entrée du village

Fermé de novembre à mars. Accueil jusqu'à 20h. 11 chambres. Chambre double à partir de 62 € ; chambre triple jusqu'à 95 €. Demi-pension : 25 € (dîner et petit-déjeuner). Petit déjeuner : 8 €. Lit supplémentaire : 20 €. Parking ouvert inclus. American Express, Chèque Vacances. Animaux acceptés. Wifi gratuit. Restauration (au restaurant de la place chez le Papa au Village 700 m).

Cette ancienne maison de maître de 1889 est tenue par Elodie et Stéphane, deux jeunes du village. De gros travaux d'amélioration et de décoration ont donné à cette étape du cachet, du confort tout en restant à prix doux. Côté pratique, on est à 400 m de la gare du petit train touristique Bastia-Corte-Ajaccio, à 200 m de la grande piscine municipale et à 800 m du village. Un très bon rapport qualité prix surtout en demi-pension. À choisir en priorité, la belle vue sur la vallée du Tavignano. Nouveauté : une belle grande terrasse pour mieux profiter du petit déjeuner panoramique.

Loisirs

■ **LE VECCHIO**
Pont du Vecchio

Marche d'approche : 10 min. Durée 3 H. Marche retour : 20 min. Niveau facile.

La partie basse du Vecchio est une randonnée aquatique adaptée aux familles et aux enfants à partir de 6 ans. La nage en rivière est l'attrait principal de ce parcours, la descente est ponctuée de sauts et de passages d'obstacles, idéal pour découvrir l'activité. Parcours particulièrement adapté aux enfants et aux familles.

Dans les environs

Poggio-di-Venaco ★

Le village de Poggio di Venaco a été édifié sur une arête rocheuse, dans le prolongement du village de Riventosa qui lui est tout proche. C'est un vieux village dont le bâti est regroupé autour d'une vieille tour et de la chapelle San-Roccu. Il est visible depuis la RN 193, à partir de divers points de vues. Il offre un remarquable spectacle quand il émerge d'une brume couvrant la vallée. A voir : l'église paroissiale San-Quilicu, remarquable par sa position, son clocher à bulbe et sa blancheur récente. Elle a été construite à l'entrée du village, sur un éperon à 650 m d'altitude. C'est un formidable belvédère équipé d'une table d'orientation, avec vue d'un côté sur la vallée du Tavignano jusqu'à la mer et de l'autre sur le superbe massif montagneux du Monte Cardo (2 453 m).

VIVARIO ★★★

Dominant la vallée du Vecchio, Vivario est un village de caractère à hautes maisons anciennes. On peut y visiter son église paroissiale Saint-Pierre-aux-liens, ainsi que les chapelles dans les différents hameaux qui composent la commune. Entouré de cirques et de hauts sommets, le village est également une station de ski de fond en hiver. Dans la vallée du Vecchio, de nombreuses randonnées permettent d'admirer des paysages magnifiques, comme la cascade des Anglais et les grottes. La forêt de Vizzavona est réputée pour ses superbes pins lariccio centenaires et sa flore riche. On y trouve quelques cèdres et des espèces rares d'orchidées. La commune est traversée par la ligne Bastia-Ajaccio des Chemins de fer de Corse. Sous le col de Vizzavona, un tunnel ferroviaire de 4 km a été mis en service en 1889.

Points d'intérêt

■ **LA FORET DE VIZZAVONA** ★★★
RN193
Cette forêt est à la fois traversée par la RN 193 qui relie Ajaccio à Bastia et, en son point médian, par le sentier GR 20. Elle est située à l'est du Monte d'Oro (2 389 m) et, côté sud, aux flancs de la Punta dell'Oriente (2 112 m). C'est l'une des plus belles forêts de l'île avec ses 1 634 hectares. Sa fréquentation par les touristes date de l'ouverture de la ligne du petit train au XIXe siècle, lequel la traverse sous un tunnel dont la construction fut toute une histoire. Lors de votre promenade, vous constaterez que les passerelles franchissant les ruisseaux secondaires sont nombreuses. Ces ruisseaux abreuvent le sous-bois où vous pourrez reconnaître des pins laricio, des hêtres, sans oublier le feuillage vernissé du houx. Plus loin, obstruée par de gros galets, la gorge se resserre. C'est le moment de s'offrir un spectacle dont on ne se lasse pas : voir les chutes de l'Agnone et trouver une « piscine naturelle » où il fait bon se baigner. Au niveau des premières belles cascades, il vous sera possible de suivre un sentier qui, après avoir traversé des blocs de pierre, vous offrira une belle vue d'ensemble sur la forêt.

Le couvert

■ **U CAMPANILE**
RN193 ✆ 04 95 47 22 00 / 06 19 53 56 54
www.hotel-restaurant-ucampanile.com
karine.marietti@orange.fr
Centre du village
Fermé de novembre à février. Ouvert tous les jours et les jours fériés le midi et le soir. 5 chambres à partir de 70 €, petit déjeuner 8 €. Réservation recommandée. Menu unique à 25 €. Carte : 30 € environ. Plat du jour : 14 €. Vin au verre. Chaises bébé. Jardin. Terrasse. wi-fi zone.
Un joli petit jardin immanquable à l'entrée du village, tenu par la famille Marietti. On y vient dès les beaux jours y savourer une bonne cuisine typique du centre Corse. La terrasse agréable se complète d'une petite salle cosy pour les fraîches journées. Accueil sympathique, portions généreuses et petits prix garantis. En prime : un petit parking, le wi-fi gratuit, et même des chambres à prix doux et confortables pour prolonger le séjour.

■ **A MUNTAGNERA**
RN193
Col de Vizzavona
✆ 04 95 46 31 02 – amuntagnera@free.fr
Fermé de novembre à avril. Ouvert tous les jours et les jours fériés le midi et le soir. Service non stop en saison. Menu unique à 19 €. Carte : 25 € environ. Menu enfant : 9 €. Formule : 16,50 € (assiette du berger). Vin au verre. Chèque Vacances. Accueil des groupes. Jardin. Terrasse. Vente à emporter. Boutique. Wifi gratuit.
Impossible de manquer cette adresse : ancien relais de diligence construit en 1831 et première construction au col de Vizzavona, qui accueillit le prince Roland Bonaparte, pour un repas dont on trouve les traces sur les sets de table de cette sympathique auberge. Laissez-vous bercer par toute la poésie de ce lieu chargé d'histoire où vous pourrez vous régaler d'une assiette du berger pour les randonneurs affamés, de charcuterie de Palnecca, de veau corse aux olives ou de haricots de Soissons. On y trouve même une boutique de produits locaux et un beau choix d'ouvrages littéraires. Petit snack sur le chemin de la cascade des Anglais en prime.

Le gîte

■ U CAMPANILE

RN193
✆ 04 95 47 22 00 / 06 19 53 56 54
www.hotel-restaurant-ucampanile.com
karine.marietti@orange.fr
Centre du village

Fermé de novembre à février. Accueil jusqu'à 22h. 5 chambres. Chambre double à partir de 70 € ; chambre triple à partir de 80 €. Demi-pension : 33 € (repas et petit déjeuner). Petit déjeuner : 8 €. Parking ouvert inclus. Animaux acceptés. Wifi gratuit. Restauration (menu 25 €, carte 30 €).

Une pimpante petite auberge de charme au cœur du village, bien tenue par la famille Marietti. L'étape est bien pratique au milieu de la Corse, avec ses chambres spacieuses, son petit jardin fleuri, une terrasse ombragée pour y manger à la fraîche une bonne cuisine locale. Pour le côté pratique un petit parking et un accueil toujours agréable. Tarifs attractifs sans augmentation même en haute saison !

■ CHEZ PIERROT

RN193
Hameau de Tattone
✆ 06 24 69 29 85 / 06 10 34 57 47
www.refuge-chezpierrot.fr
joannacristini@gmail.com
A 6 km de Vivario et 4 km de Vizzavona-Gare.

Fermé du 15 octobre au 15 mai. Accueil jusqu'à 22h. 4 chambres (dortoirs de 5 à 11 places). Demi-pension : 39 € (lit, douche, dîner et petit déjeuner). Petit déjeuner : 6 €. Parking ouvert inclus. Salle de bains et sanitaires partagés. Nuitée + douche 20 €. CB non acceptée. Vente (produits locaux et produits de première nécessité). Salon de jardin.

Joanna et Christophe Cristini ont pris à leur compte ce refuge immanquable dans ce petit hameau à 810 m d'altitude au pied du Monte d'Oro. Le réaménagement total de la structure est une réussite avec son petit coin sanitaire extérieur en pin, son petit jardin pour la sieste à l'ombre des pommiers, une aire de bivouac si le gîte est plein, ses dortoirs fonctionnels et d'une propreté exemplaire. Côté cuisine, c'est Madame qui s'en charge avec ses petits plats comme une soupe corse, des lasagnes à la bolognaise, du sauté de veau, une omelette au bruccio... Accueil jeune et sympa pour ne rien gâcher.

Chambres d'hôtes

■ CASA ALTA

RN193
Hameau de Vizzavona
✆ 04 95 47 21 09 / 06 72 28 31 46
www.casa-alta.fr
info@casa-alta.fr
Voiture : RN193. Train : gare de Vizzavona. À pied : jonction entre les GR20 nord et sud

Ouvert toute l'année. Accueil jusqu'à 23h. 5 chambres. Chambre double 75 € ; chambre triple €. Parking ouvert inclus. Chèque Vacances. Animaux acceptés (sur demande). Séminaires. Poste Internet. Wifi gratuit. Restauration (panier pique-nique : 12 €). Tv satellite.

Une maison forestière à 500 mètres de la gare, cachée dans la grandiose forêt de pins lariccio. La bâtisse a été entièrement rénovée et réaménagée, dans une ambiance calme pour un repos assuré. Le confort est irréprochable au milieu d'un cadre époustouflant. Petits déjeuners copieux servis dans la grande salle ou dans le jardin et des formules panier pique-nique pour randonner sans-souci. Au retour de votre promenade, le salon TV et la bibliothèque.

■ LA HALTE DU PRINCE

RN198
col de Vizzavona
✆ 04 95 46 31 02 / 06 09 95 63 06
lahalteduprince@gmail.com

Fermé de novembre à avril. Accueil jusqu'à 22h. Petit déjeuner : 7 €. Parking ouvert inclus. Bivouac 7 €. Chambre d'hôtes à partir de 65 € pour deux. 3 chalets dortoirs de 4 à 6 places avec salle d'eau (18 € la nuit et 44 € en demi-pension). Chèque Vacances. Séminaires. Wifi gratuit. Restauration (formule petit déjeuner + diner 26€). Vente (produits locaux, carte et guides de randonnees). Salon de jardin, location de draps.

Au milieu du fameux GR 20, une nouvelle structure bienvenue sur ce mythique sentier, qui propose au randonneur ou voyageur un hébergement tout neuf avec ses 3 chalets en bois pour reprendre des forces. En cas d'affluence, une aire de bivouac et un bloc sanitaire et pour la demi-pension, direction la table d'A Montagnera, juste à côté qui ne soufre d'aucun reproche. On y profitera en bonus, d'une chambre d'hôtes de 2 à 4 places, idéale pour les familles en goguette.

Campings

■ CAMPING DE SAVAGGIO

Lieu-dit Savaggio
✆ 06 81 96 08 98
breuneval.veronique@orange.fr
A 7000 m de la liaison Gr 20 (1h30).

Fermé de novembre à mars. Accueil jusqu'à 21. Gardé 24h/24. 25 emplacements. Exposition : ombragé / mi-ombragé / ensoleillé. Sol : herbeux. Relief : en terrasse. Parking hors emplacements. Emplacement à partir de 3 €. Véhicule de 1 € à 3 €. 2 personnes à partir de 6 €. CB non acceptée. Animaux acceptés. Restauration (menu 18 €).

Une aire naturelle de camping située à 750 m d'altitude, composée d'un gîte d'étape 16 places, de vingt-cinq emplacements, d'un bloc sanitaire 7 douches et trois WC, d'une structure d'accueil. À 20 min de Corte et de Bocognano, on y accède également par le petit train ou Trinichettu Ajaccio Bastia, grâce à l'arrêt Camping Savaggio. On est à 1h30 min à pied du GR 20, de Canaglia et de la vallée du Manganello, rivière idéale pour la pratique des sports en eaux vives. Accueil adorable de la nouvelle proprietaire Véronique et restauration bien venue.

Loisirs

LA CASCADE DES ANGLAIS

Durée : 40 minutes AR. Difficutée : facile.
La randonnée de la Cascade des Anglais est l'une des plus connues et des plus fréquentées en haute saison. C'est d'ailleurs plus une courte marche qu'une vraie randonnée. Il ne faut en effet qu'une vingtaine de minutes pour y accéder depuis la RN 193 qui relie Bastia à Ajaccio en passant par Corte. Garez-vous au parking au col de Vizzavona (Foce di Vizzavona) juste avant d'entamer la descente vers Ajaccio. Le sentier part du côté droit de la route nationale en venant de Corte (un panneau indique la direction à prendre et le balisage jaune). Une courte montée dans les pierres vous conduit aux ruines d'un fort que vous contournez par la droite. Enfoncez-vous ensuite dans la forêt de hêtres, le sentier redescendant sur la gauche. Vous traverserez ensuite un passage rocailleux avant de déboucher sur la cascade et ses belles vasques qui invitent à la baignade.

LA CASCADE DU MELI

Durée : 2h AR. Difficulté : facile. Balisage Orange.
Départ depuis le hameau de Canaglia par la D23, l'embranchement se trouvant sur la N193 entre Vivario et Tattone. Garez-vous lorsque vous voyez le panneau indiquant « Refuge de l'Onda – Pastricciola ». Empruntez la piste indiquée par le panneau et le balisage orange, qui vous guidera tout au long de cette marche. Au bout de 500 mètres la piste devient un sentier. Lorsque celui-ci se divise en deux, prenez la voie de droite direction Tolla qui en quelques minutes rejoint le Manganello. Son eau claire et ses belles vasques tenteront certainement les amateurs de baignade. Tout le parcours suit le cours du ruisseau, s'en éloignant seulement de temps à autre pour s'aventurer en forêt. La majeure partie du trajet s'effectue à couvert, ce qui est toujours appréciable en cas de grosses chaleurs. Au bout d'une heure de marche, vous rejoindrez le point où le Meli se jette dans le Manganello sous la forme d'une belle cascade.

PUNTA DELL'ORIENTE

Une belle excursion à faire à partir du col de Vizzavona. Durée aller-retour : environ 6H. Au col, depuis la RN 193, suivre le panneau en bois indiquant la direction des Bergeries de Pozzi, situées à peu près à mi-chemin de ce parcours. Des bergeries, se diriger vers la Punta Grado en prenant vers l'est par le Rocher de la Madonuccia. Suivre ensuite la ligne de crête jusqu'au pied du sommet. Les derniers mètres, dans une roche friable, sont très difficiles à parcourir.

Dans les environs

Muracciole

Minuscule village forestier, Muracciole compte quelques habitations groupées autour d'une maison forte, tout près de la forêt de Sorba. Outre son église paroissiale de l'Assomption, on peut voir l'ancienne chapelle Santa-Maria d'arca très bien conservée, et aux fresques encore en bon état. Le village est un point de départ pour des promenades vers la forêt, ou encore vers le site chaotique de l'Enfer. Le petit village se distingue par son château «Renaissance», l'un des rares châteaux de Corse en état. Celui-ci a été bâti avec les mêmes pierres que celui des Tuileries. Cette maison d'Américain fut commanditée par un enfant du village, Ange Muracciole, à son retour du Panama.

Noceta ★

D'un point de vue purement géographique, Noceta est l'épicentre de la Corse. Il est surtout connu pour son pont sur le Vecchio dit pont Eiffel, qui offre une vue vertigineuse sur le cours d'eau. Il est même possible de s'y baigner. Noceta est construit sur un promontoire dominant les rives du Vecchio, et offre de belles possibilités de promenades dans la forêt de Padula, parmi ses pins lariccio. Au village, outre les ruines d'un château des seigneurs de Lupo, connus pour leurs incessantes intrigues politiques, on peut voir son église romane Saint-Paul, au clocher à flèche d'architecture peu commune en Corse.

Vezzani

Bourg de montagne à 800m d´altitude, Vezzani domine la vallée du Tagnone au cœur d´une forêt aux essences diverses où prédominent les pins laricio. Son église de L'Annunziata de style baroque et une imposante fontaine «Les Trois Grâces» donnent leurs noms aux deux places principales. Connu depuis l´antiquité, ce fut longtemps un bourg prospère grâce au tourisme, à sa mine de cuivre de Tana et à la forêt grâce à l´exportation des semences de pins laricio sur le continent et en Europe pour le reboisement. La *Festa di u legnu è di a furesta* (« Fête du bois et de la forêt ») est organisée chaque année au début du mois d'août.

REPÉREZ LES MEILLEURES VISITES

★ INTÉRESSANT ★★ REMARQUABLE ★★★ IMMANQUABLE ★★★★ INOUBLIABLE

Village perché sur une falaise de calaire.

SUD CORSE

L'EXTRÊME SUD

L'extrême Sud de la Corse, avec ses plages aux décors idylliques, est une des destinations préférées des touristes. Avec Bonifacio en guest-star, la région possède de magnifiques plages, de Pianottoli jusqu'à Santa Manza en passant par Tonnara ou le golfe de Ventilegne. Cependant, il ne faut pas oublier que cette région fut aussi un important lieu d'histoire, ce qui lui confère une identité particulière. L'arrière-pays réserve ainsi des points de vue remarquables auxquels on accède par des sites de toute beauté où la nature s'exprime dans toute son ampleur : l'Uomo di Cagna et la plaine de Figari, riche d'un vignoble de grande renommée.

BONIFACIO ★★★★

Perché sur des falaises de calcaire blanc, Bonifacio regarde l'horizon dans un cadre enchanteur. La ville haute, fortifiée, est chargée d'histoire avec ses maisons construites à même la falaise qui bénéficient d'un panorama vertigineux sur les bouches de Bonifacio et la Sardaigne. On y accède par la montée de Saint-Roch, qui mène à la porte de Gênes. Le culte de ce saint est très important à Bonifacio. Une chapelle érigée en son honneur rappelle le souvenir des morts de la peste au XVIe siècle, et une merendella a lieu le jour de sa fête, le 16 août. La citadelle se visite, et un musée présente la vie bonifacienne au Moyen Age. La marine est un lieu très agréable, et son port, à l'abri des vents, est très fréquenté. C'est un point de départ pour découvrir Bonifacio par la mer. Les nombreuses navettes maritimes proposent des excursions vers les grottes marines et les îles Lavezzi. On peut ainsi voir la grotte du Sdragonato (Dragon), dont les algues violettes aux reflets irisés jouent avec le soleil et teintent la roche d'une couleur particulière. Principales manifestations 2016 : Semaine sainte : jeudi 24 et vendredi 25 mars. Visites guidées : reprise début avril. Jeudis polyphoniques : reprise début avril. Fête de la Musique : 21 juin. Festi Lumi : du 8 au 10 juillet. Feux d'artifice : 13 juillet, 15 août et 8 septembre. Vendredis festifs : mi-juillet à fin août. Festival Tango : du 2 au 9 septembre. Journées du patrimoine : 17 et 18 septembre. Tour de Corse à la voile : du 12 au 16 octobre.

■ OFFICE DE TOURISME DE BONIFACIO
2, rue Fred-Scamaroni
✆ 04 95 73 11 88
Voir page 9.

Pour s'y rendre

■ PORT DE COMMERCE DE BONIFACIO
Quai Sott a Potigliola
✆ 04 95 73 06 75
Haute saison : ouvert tous les jours et les jours fériés de 7h30 à 12h et de 15h à 20h30.
Une banque d'informations est accessible au public à l'intérieur de la gare maritime. Vous y trouverez des renseignements sur les horaires des bateaux, autocars, navettes maritimes... ainsi que des brochures touristiques. Les compagnies : Mobylines (✆ 0 800 91 40 22, appel gratuit d'un poste fixe ou portable français) et la Saremar (✆ 04 95 73 00 96). Ligne : Santa Teresa Di Gallura-Bonifacio.

■ PORT DE PLAISANCE DE BONIFACIO
Port de plaisance
✆ 04 95 73 10 07
www.port-bonifacio.fr
port.bonifacio@wanadoo.fr
Ouvert tous les jours. De juin à septembre : de 7h à 21h. De mi-avril à mai et les 2 premières semaines d'octobre : de 8h à 18h. Reste de l'année : de 8h30 à 16h30. A partir de 0,55 € la nuit pour les bateaux de moins de 20 m².
Le port de plaisance offre 300 places dont 120 réservées exclusivement aux plaisanciers de passage, longueur maximum 75 m. Tous les services sur le port : WC, douches et local handicapés. Possibilité de mouiller dans un excellent abri : la calanque de la Catena (tirant d'eau 3 à 6 m). 20 € monocoque, 40 € multicoque.

Sud Corse

C'est la région reine de la Corse qui englobe une magnifique diversité de paysages tous plus beaux les uns que les autres. Des kilomètres de plages et criques, des sites naturels protégés, Bonifacio et Porto-Vecchio si différentes et complémentaires, des massifs montagneux qui font le bonheur des randonneurs et des amateurs de sports verts. On y choisira dans la grande diversité d'hébergements afin d'y trouver son bonheur, du camping les pieds dans l'eau à la chambre d'hôtes en Alta-Rocca en passant par l'hôtel de charme identitaire.

▸ **Les incontournables** : Bonifacio et ses falaises de calcaire, les îles Lavezzi et leurs plongées au milieu des mérous, la baie de Rondinara et son lagon turquoise, Porto-Vecchio et ses plages mythiques de Palombaggia et Santa-Giulia, Zonza et ses aiguilles de Bavella.

Site de plongée
Réserve naturelle
Plage
Gare CFC
Port de plaisance
Port de pêche
Ferry
N
O
E
S
Solaro
D845
Solenzara
D268
Monte Incudine
2136 m
Plateau du Coscione
Sari-Solenzara
N198
Aiguilles de Bavella
1596 m
S. Pietro
Parc Naturel Régional de Corse
Forêt de Bavella
Canella
Col de Bavella
1218 m
Favone
D69
N196
Taravo
Plage de Tarco
D168
Aullène
Quenza
D268
D420
Zonza
D368
Conca
Zérubia
Serra-di-Scopamène
Départ du GR20
Plage de Fautea
Forêt de Zonza
Cavo
Cargiaca
San-Gavino-di-Carbini
Sainte-Lucie-de-Porto-Vecchio
Levie
Zoza
Forêt de Barocaggio Marghese
D168
Pinarellu
Sainte-Lucie-de-Tallano
Lecci
Carbini
Ferry vers Nice Marseille et Civitavecchia
D468
Punta di a Vacca Morta
1 340 m
Forêt de l'Ospédale
Baie de San Ciprianu
Hameau de l'Ospédale
Rizzanèse
Cala Rossa
D368
Golfe de Porto-Vecchio
D59
Sartène
Porto-Vecchio
Piccovagia
Ortolo
Orgone
Punta d'Ovace
1 340 m
Îles Cerbicale
Plage de Palombaggia
Sotta
D859
Montagne de Cagna
Golfe de Santa Giulia
Golfe de Porto Novo
Monacia-d'Aulène
N196
Chera
Figari
D59
Baie de Rondinara
Pointe de Rondinara
Pianottoli-Caldarello
N198
Golfe de Santa Manza
Barrage de Figari
Baie de Figari
Plage de Maora et de Santa Manza
Plage de Tonnara
D58
Réserve Naturelle des Bouches de Bonifacio
Bonifacio
Plage de Piantarella
D258
Golf
Ile Cavallo
Réserve
Capo Pertusato
Ferry vers la Sardaigne (Santa-Teresa-di-Galura)
Iles Lavezzi
Naturelle
Sud Corse
Mer Méditerranée
0
5 km

Points d'intérêt

■ CAPO PERTUSATO ★★★

Une belle balade jusqu'au phare de Pertusato. On y accède en prenant la direction de Piantarella Calalonga et en obliquant à droite – fléchage – après 2 km. Le nom de Pertusato, qui signifie «percé», souligne la présence d'une galerie naturelle traversant de part en part le promontoire sur lequel est juché le phare. Du sémaphore, la vue sur le Capo di Feno (à l'ouest), sur les îles Lavezzi (à l'est) et enfin sur la Sardaigne (au sud) est superbe.

■ LA PLACE DU MARCHÉ. ★★

Place du Marché

Un point incontournable de Bonifacio, il offre l'un des plus beaux points de vue sur la mer sur le grain de sable (U Diu Grossu).

Monuments

■ LE BASTION DE L'ÉTENDARD ★★★

Avenue Charles-de-Gaulle

Le Bastion de l'Étendard a été entièrement rénové et offre aujourd'hui plusieurs agréments : un parcours balisé par de nombreux panneaux explicatifs, un espace botanique de plantes endémiques bonifaciennes, un « jardin de paysages » agrémenté de plusieurs tables d'orientation de même qu'une toute nouvelle exposition intérieure qui retrace l'historique des lieux.

■ LE CIMETIÈRE MARIN DE SAINT-FRANÇOIS ★★★★

Haute-Ville

Le «campu santu», le cimetière le plus méridional de France, est l'un des plus beaux cimetières marins de la Méditerranée. Il est devenu un des buts principaux de la visite de la cité, fréquenté par un demi-million de touristes chaque saison. Un air étrange venu d'ailleurs, avec ses toits de tuiles et ses mausolées nichés comme de petites maisons. Au milieu se trouve le cimetière des marins. Ceux-ci ont trouvé la mort durant le naufrage du *Semillante* le 15 février 1855 et sont enterrés ici. La promenade se poursuit sur le haut de la falaise, à la découverte des anciennes batteries d'artillerie de défense.

■ L'ÉGLISE SAINT-DOMINIQUE ★

Haute-Ville

L'un des rares édifices gothiques de l'île, avec son clocher octogonal, construite vers 1270 par des dominicains. Vous pouvez y admirer plusieurs reliques, des peintures et sculptures baroques et y écouter des chants corses polyphoniques certains soirs.

■ L'ÉGLISE SAINTE-MARIE-MAJEUR ★★

Haute-Ville

Rue du clocher

Au centre de la ville haute, c'est l'église la plus vaste et la plus richement ornementée. Quelques beaux éléments de mobilier et une loggia qui a eu longtemps une fonction administrative, puisque les élus y délibéraient et que le podestat, magistrat en chef, y rendait justice.

■ L'ÉGLISE SAINT-JEAN-BAPTISTE ★

Haute-Ville

Rue Doria

L'église San Giuvani Batista, siège de la confrérie Saint-Jean-Baptiste, appelée aussi confrérie de la miséricorde (aide aux malades, services funèbres), abrite deux groupes processionnels de la confrérie intéressants dont la châsse représentant la décollation de saint Jean-Baptiste.

Index des rues de Bonifaccio

Bonifacio
Ferry vers la Sardaigne (Santa-Teresa-di-Galura)
Port de Commerce
Goulet de Bonifacio
Port de Plaisance
Mer Méditerranée
QUAI SOTTA PORTIGLIOLA
QUAI BANDA DEL FERRO
QUAI JÉRÔME COMPARATI
R. SAUVEUR-PAUL ETIENNE
RUE SAUVEUR-PAUL ETIENNE
AV. CHARLES DE GAULLE
AV. CH. DE GAULLE
AV. CHARLES DE GAULLE
AVENUE CHARLES DE GAULLE
Vers Bastia
RUE ST-ERASME
MONTÉE RASTELLO
MONTÉE ST-ROCH
BASTION
Carrotola
RUE PROSPER MÉRIMÉ
Mairie
PL. DE L'EUROPE
AVENUE DE CARROTOLA
RUE SAINT-DOMINIQUE
R. DE L'HÔPITAL
R. DU SOUS-LIEUTENANT SIMON VARSI
R. DES PACHAS
PLACE BONAPARTE
PLACE MONTEPAGANO
R. F. SCAMARONI
RUE SAINT-JEAN-BAPTISTE
R. ST-NICOLAS
R. TORICELLA
R. DE BOCCHE
R. PIRAS
R. DES REMPARTS
R. DES 2 EMPEREURS
R. LONGUE
RUE DU PALAIS
RUE ARCHIVOLTO
R. DU CHANT DE MAI
R. DU SACREMENT
R. DU CARDINAL ZIGLIARA
R. MADONETTA
R. DU PORTONE
RUE DORIA
PL. MANICHELLA
PL. DU MARCHÉ
Plage de Sutta-Roca
Sentier Campu Romanilu & Pertusatu
A
B
C
D
E
1
2
3
4
5
6
7
8
9
0
100 m
Reproduction interdite
Jean-Baptiste Nény
Novembre 2012

■ LA MAISON DU COMTE CATTACIOLO ★
Rue des Deux-Empereurs
Près de la porte de Gênes, dans la rue des Deux-Empereurs, elle a accueilli Charles Quint en 1541 et Napoléon Bonaparte en 1793, mais dans la maison juste en face.

Balades, flâneries

■ L'ERMITAGE DE LA TRINITÉ ★
Au nord-ouest de la ville, une chapelle du XIIIe siècle, cachée par les oliviers, idéale pour se ressourcer. Un très beau sentier littoral à plusieurs boucles est maintenant balisé. Sans oublier, en fin de journée, le coucher de soleil sur Bonifacio pour un souvenir impérissable !

■ LE GRAIN DE SABLE ★★★
Ce grain de sable, qui ne doit son appellation qu'à sa forme et non à sa taille, est pour beaucoup l'un des éléments marquants du panorama naturel de Bonifacio, masse de calcaire détachée de la falaise. Cette roche, située à peu de distance de la falaise et visible depuis les hauteurs de la cité, symbolise en effet le destin inéluctable que la nature semble réserver à la ville de Bonifacio, à très longue échéance bien entendu, une destinée similaire à celle qui semble promise à la ville italienne de Venise : être ensevelie sous les flots. Cette érosion qui a sculpté la côte de l'extrême sud de l'île de Beauté fait en effet peser une épée de Damoclès sur les constructions les plus proches de la mer ; ces dernières, sous l'action combinée des éléments et notamment de l'eau et du vent, se trouvent exposées à un cruel avenir. Les bouches de Bonifacio comptent parmi les côtes les plus exposées aux éléments du pourtour méditerranéen et sont le théâtre de tempêtes titanesques durant lesquelles la mer se dispute au vent pour renverser les petits bateaux et projeter les gros navires à un échouage sur les côtes, sort réservé à *La Sémillante* en 1855.

■ L'ÎLE DE CAVALLO
C'est la zone d'habitation la plus méridionale de France métropolitaine. 12 ha qui voient, dès 1970, ses troupeaux remplacés par de luxueuses résidences, un aérodrome et des ports privés. La fortune ou la notoriété de certains propriétaires de villas sur l'île et le fait que les bateaux de promenade se contentent de passer au large ont valu à Cavallo son surnom d'île des milliardaires. Il est possible de se rendre sur cette île avec la navette payante depuis la plage de Piantarella. La construction de nouvelles habitations étant bloquée depuis plusieurs années par les autorités à la suite de problèmes d'assainissement, on peut trouver un peu partout sur l'île des chantiers à l'abandon. Cette île fut exploitée par les Romains qui y envoyaient des prisonniers pour extraire du granit destiné à l'édification de temples. Deux épaves romaines ont d'ailleurs été découvertes à proximité de Cavallo. Le site de l'ancienne carrière est inscrit depuis 1992 au titre des Monuments historiques. Après le départ des Romains, l'île fut abandonnée jusqu'en 1800, date à laquelle un berger vint y vivre seul avec son troupeau. Les plages et sentiers étant bel et bien communaux, rien ni personne empêchera de jouir d'une visite de l'île qui mérite mieux que sa réputation.

■ LA RÉSERVE NATURELLE DES ÎLES LAVEZZI ★★★★
Parc marin des Bouches de Bonifacio
✆ 04 95 72 18 77
Ouvert toute l'année.
Ces magnifiques écueils de granit font partie des plus beaux joyaux de la Corse. Véritables réservoirs de la biodiversité, les îles Lavezzi sont considérées par les scientifiques comme un lieu d'observation de nombreuses espèces naturelles, poissons et dauphins.

Le corail rouge de Bonifacio

Le corail rouge de Bonifacio est à l'image de cette cité, mondialement réputé. Il est cueilli avec parcimonie et bienveillance par des hommes courageux et téméraires qui bravent les grandes profondeurs de cette côte irréelle. Longtemps considéré comme un végétal, c'est en fait un animal marin. Parmi les rares Corses agriculteurs de la mer, Jean-Philippe Giordano, fils de plongeur, continue de pratiquer cette récolte sélective en laissant le temps à ces belles branches féeriques de grandir. Leur rareté justifie leur prix, et l'on ne se laissera pas abuser par les pâles imitations. Côté symbolique, le magnétisme du corail rouge transmet à celui qui le porte des promesses de bonheur. Alors, pourquoi s'en priver ?

■ LA BOUTIQUE DU CORAILLEUR
Haute-Ville
3, place Monte Pagano
BONIFACIO
✆ 04 95 73 11 46 / 06 07 31 39 55
www.corail-rouge.com – info@corailrouge.com
Basse saison : ouvert du lundi au samedi de 10h à 18h. Haute saison : tous les jours et les jours fériés de 9h à 23h. Livraison possible (et vente en ligne sur le site). American Express.
Au cœur de la haute ville, on ne devra surtout pas oublier de passer chez Jean-Philippe Giordano, pêcheur plongeur artisanal du fameux corail bonifacien, le plus recherché ! Cet homme passionné offre aux regards ses créations sublimes et originales. On y trouvera, à tous les prix, des bijoux, du plus simple au plus raffiné, remontés des profondeurs, façonnés chez son artisan sarde et bien mis en valeur dans cette élégante boutique.

LES PLAGES AUTOUR DE BONIFACIO

Les plages de Sperone. La plage du petit Sperone est belle et le golf juste en bord de mer séduira les habitués des greens. Entre les étangs de Piantarella et de Sperone, on trouve le site protégé des vestiges de Pallae.

La plage de Piantarella. La plage est agréable, mais les constructions contemporaines ne flattent pas le paysage... Idéale pour les véliplanchistes.

La plage de Calalonga. On y accède par une route très étroite, bordée de murs de pierre fine - attention aux éboulis. Elle s'élargit ensuite, avant de se transformer en piste sur la fin. Un petit paradis, également un peu trop construit avec ces résidences qui auraient intérêt à se fondre dans la roche...

La plage de Santa-Manza. La plage est agréable, la petite marine a un charme désuet. Idéale pour les véliplanchistes pros.

La plage de Maora. Une bien jolie destination relativement méconnue et une paillote branchée avec un joli ponton pour arriver en bateau.

La plage de la Tonnara. Ancien lieu de pêche au thon, elle est localisée à 8 kilomètres de Bonifacio en direction de Figari, avec ses belles plages de sable et ses petites criques face aux îlots... Pour les pros de la planche.

La baie de Rondinara. A l'extrémité de la jolie baie circulaire, bordée d'une superbe plage. A 1,5 kilomètre après le départ, chemin à gauche vers la tour génoise de la Punta di Sponsaglia.

BONIF KAYAK

Plage de Piantarella
BONIFACIO © 06 27 11 30 73
www.bonifacio-kayak.com
bonifaciokayak@gmail.com

Location et balades guidées en kayak de mer ou stand up paddle. Trois formules : détente / découverte / évasion avec dégustation des spécialités locales. Location de stand up paddle et mini-catamaran. Fermé de novembre à mars. Haute saison : ouvert tous les jours et les jours fériés de 9h à 19h. CB non acceptée. Chèque Vacances. Rando à partir de 20 €, location à partir de 8 €, stages à partir de 35 €.

Jessyca de Bonif Kayak vous propose des balades guidées en kayak ou stand up de mer au cœur de la réserve des bouches de Bonifacio. Suivez la guide et embarquez pour une balade sur le magnifique lagon de Piantarella, une escapade aux îles Lavezzi puis ouvrez grand les yeux près des falaises et grottes de Bonifacio. Encadrement par guide avec brevet d'Etat, charmante qui plus est ! Ouvert à tous, débutant, enfant, adulte.

MAORA B'CH SAILING CLUB

Plage de Maora
BONIFACIO
© 06 34 23 97 81
www.maora-beach.com
info@maora-beach.com

Location et école de voile. Catamaran, dériveur, windsurf, kayak, stand-up paddle, d'avril à octobre. Cours en été, location à l'heure à partir de 10 € le kayak, forfait 10h de planche à voile 200 €. Petite restauration : paninis, crêpes, glaces, boissons sur place ou à emporter.

Le Maora B'ch Sailing Club est situé dans un cadre privilégié, sur la plage de Maora, dans le fond du golfe de Santa-Manza, face à un plan d'eau dégagé. Le club vous invite à venir découvrir en famille ou entre amis, des sensations de glisse et de convivialité sur les différents supports qu'il propose (du catamaran au dériveur, en passant par le kayak, le stand up paddle et le windsurf). Vous pourrez aussi vous restaurer au club à l'ombre, vue sur la mer, les pieds dans le sable.

Plage du Petit Sperone.

Vrai paradis pour les plongeurs, l'archipel appartient au parc marin international. La pêche y est strictement interdite. Prenez un bateau depuis Porto-Vecchio ou Bonifacio et débarquez sur ce petit archipel préservé. Le chemin du littoral sillonne l'île de part en part. On peut apercevoir la Sardaigne à son extrémité. Dans l'enceinte du phare, une réserve botanique présente une trentaine d'espèces végétales parmi les 240 de l'île. N'oubliez pas chapeau et bouteille d'eau, ça cogne et il n'y a pas d'eau potable sur l'île.

Le couvert

■ LES 4 VENTS

29, quai Banda del Ferro
✆ 04 95 73 07 50
chamada10@wanadoo.fr

Ouvert toute l'année. Haute saison : tous les jours et les jours fériés le midi et le soir. Fermé le samedi midi en saison, le lundi et le mardi hors saison. Réservation recommandée. Carte : 40 € environ. Vin au verre. Chèque Vacances, Chèque Restaurant. Accueil des groupes. Chaises bébé. Terrasse.

Chantal Collette et son fils ont donné un second souffle à cette table coquette en se tournant franchement vers la mer. La carte et les suggestions à l'ardoise permettent de choisir sans crainte d'une addition astronomique de belles assiettes préparées par un amoureux de la cuisine fraîcheur. La petite bouillabaisse maison mérite les quelques mètres que vous ferez pour y accéder. Quelques tables en terrasse face aux yachts et une salle lumineuse ouverte sur le quai pour y passer un bon moment.

■ L'AN FAIM

7, montée Rastello
✆ 04 95 73 09 10 – lanfaim@gmail.com

Ouvert toute l'année. Haute saison : tous les jours et les jours fériés le midi et le soir. Fermé le mercredi hors saison. Réservation recommandée. Carte : 45 € environ. Menu enfant : 10 €. Vin au verre. Chèques non acceptés. Chaises bébé. Terrasse. Animations. Wifi zone, soirées musicales tous les 15 jours.

Une nouvelle table originale pour la cité bonifacienne que cet An Fain qui tranche avec plaisir au milieu des nombreux restaurants de la marine. Les trois compères Seb, Jeff et Dume propose une belle cuisine «fait maison» qui flatte les produits de la mer bien sur mais également la viande grace à leur coin boucherie et son armoire de maturation, une exclusivité remarquable. Une salle confortable qui se prolonge par une terrasse à deux pas du goulet.

■ ARIA NOVA

Haute-Ville
4, rue Fred Scamaroni
✆ 04 95 73 19 85 / 06 24 56 94 76
www.facebook.com/arianova.bonifacio
arianova2013@gmail.com

Ouvert toute l'année. Haute saison : tous les jours et les jours fériés le midi et le soir. Fermé le lundi hors saison. Réservation recommandée. Menus de 16,50 € à 28 €. Carte : 35 € environ. Menu enfant : 11 €. Suggestion du jour : 17 € (à 19 €). Vin au verre. Chèque Vacances, Chèque Restaurant. Accueil des groupes. Chaises bébé. Terrasse. Vente à emporter. Animations. wi-fi Gratuit, salle climatisée.

Aria Nova fait souffler la modernité en haute-ville ! Cette jolie table, devenue une référence sur Bonifacio, idéalement placée face à l'office de tourisme, offre une belle décoration recherchée, une terrasse couverte donnant sur la ruelle et une salle et la vue sur le goulet. Tenue par Pierre et Patrick, de familles de restaurateurs bien connues, la cuisine moderne bonifacienne et méditerranéenne y est préparée par le jeune chef Allesandro Serra. Ici, tout est fait maison (jusqu'au pain) : aubergines à la bonifacienne, duo de foie gras maison et foie gras poelé, rôti de sanglier, porcelet, linguini au corail d'oursin, spécialité de pata negra (pluma, pressa et jambon de belotta) ou risotto savoureux accompagnés d'un accueil chaleureux, d'un service nickel et de tarifs raisonnables.

■ CANTINA DORIA

27, rue Doria, Haute-Ville
✆ 04 95 73 50 49 – cantinagrill@wanadoo.fr

Fermé de novembre à mars. Ouvert tous les jours et les jours fériés le midi et le soir. Fermé le samedi hors saison. Réservation recommandée. Menus de 14 € à 20 €. Carte : 25 € environ. Menu enfant : 10 €. Plat du jour : 14,50 €. Vin au verre. Chèque Vacances, Chèque Restaurant. Chaises bébé. Terrasse.

Ce petit bistrot typique propose une cuisine corse généreusement servie et l'on retrouvera les grands classiques tels que la soupe corse, les lasagnes au fromage, la tarte au figatellu, le porc à la Pietra et la crème renversée au cédrat. La gentillesse de José et le service dynamique de toute l'équipe, associés à des prix imbattables, expliquent le succès de cette cantine où il est plus prudent de réserver.

Bonifacio.

■ **CANTINA GRILL**
Port de plaisance
3, quai Banda del Ferro
✆ 04 95 70 49 86
cantinagrill@wanadoo.fr
Après la montée Rastello
Fermé de décembre à janvier. Haute saison : ouvert tous les jours et les jours fériés le midi et le soir. Réservation recommandée. Menu unique à 20 € (terre et mer). Carte : 26 € environ. Menu enfant : 10 €. Plat du jour : 14 €. Vin au verre. American Express, Chèque Vacances, Chèque Restaurant. Accueil des groupes. Chaises bébé. Terrasse.
Une petite adresse sympathique tout au bout du quai qui propose de bons petits menus terre ou mer à prix doux. C'est l'adresse marine de la Cantina Doria de José Terrazzoni, bien connue en haute-ville. La carte n'est pas en reste avec les classiques du port : les aubergines à la mode locale, la pêche du mareyeur bonifacien et même une grande entrecôte ou les saucisses à Jojo, le boucher du quartier. Une salle chaleureuse et une nouvelle terrasse couverte. Réservation recommandée surtout en haute saison. Nouvelle déco chaleureuse en salle et terrasse pour flatter la clientèle d'habitués.

■ **U CASTILLE**
7, rue Simon Varsi
Haute-Ville
✆ 04 95 73 04 99
www.hotel-bonifacio-corse.fr
colomba@hotel-bonifacio.fr
Fermé du 15 décembre au 31 janvier. Haute saison : ouvert tous les jours et les jours fériés le midi et le soir. Fermé le dimanche et lundi hors saison. Réservation recommandée. Menu unique à 19,90 €. Carte : 38 € environ. Suggestion du jour : 20 €. Vin au verre. Diners Club, Chèque Restaurant. Accueil des groupes. Chaises bébé. Terrasse. Vente à emporter. Salles climatisées.
Ce restaurant-pizzeria, avec ses quatre salles disséminées dans les ruelles, propose une bonne cuisine locale : salade de chèvre chaud au pain des morts, soupe de poissons, spaghettis à la petite langouste, aubergines à la bonifacienne, fiadone maison ou moelleux à la farine de châtaigne, le tout servi dans la bonne humeur. On apprécie particulièrement la salle panoramique suspendue au-dessus des falaises, avec une superbe vue sur la mer et la Sardaigne toute proche. C'est l'une des plus anciennes maisons bonifaciennes de l'époque pisane. Belle déco soignée avec ses voûtes en pierre calcaire. L'une des adresses incontournables de la haute-ville.

■ CICCIO

Haute-Ville
6, rue Saint-Jean-Baptiste
✆ 04 95 73 18 46
✆ 06 16 98 81 68
www.ciccio-bonifacio.com
gerald.larrieu@hotmail.fr

Fermé de janvier à mars. Basse saison : ouvert tous les jours et les jours fériés le midi et le soir. Haute saison : tous les jours et les jours fériés le midi et le soir. Service non-stop de mai à mi-octobre. Fermé en novembre. Réservation recommandée. Menu unique à 25,90 € (le soir uniquement). Carte : 40 € environ (le soir, 30 € le midi). Formule du midi : 16 €. Vin au verre. Terrasse. Vente à emporter. Boutique. Salle climatisée, livraison à domicile.

Retour dans la haute-ville pour Gérald Larrieu, jeune chef déjà réputé après ses escapades continentales chez les grands de la cuisine française. Un concept original, un emplacement décalé, mais un résultat qui satisfera les plus gourmands et gourmets. Ici, on déguste, on emporte, on achète en toute confiance les suggestions journalières cuisinées sur place et confectionnées dans les règles de l'art. Un espace boutique-dégustation qui se complète de quelques tables et d'une jolie petite terrasse ombragée où il vous faudra surtout réserver pour pouvoir en profiter.

■ CHEZ FRANCIS

Rue Georges-Emmanuel-Raclot
✆ 04 95 73 05 45
chezfrancis.bonifacio@gmail.com

Fermé de novembre à mars. Ouvert tous les jours et les jours fériés le midi et le soir. Réservation recommandée. Carte : 30 € environ. Vin au verre. CB non acceptée. Chaises bébé. Jardin. Terrasse. Parking gratuit. Wifi gratuit.

Si vous êtes réfractaire aux poissons et langoustes bonifaciens, c'est l'adresse préférée de tous les locaux et touristes qui viennent là pour se régaler des fameuses grillades au feu de bois de la famille Moracchini, père, mère et fils qui sévissent ici depuis plus de 30 ans, juste derrière le port de plaisance. Les formules sont inamovibles avec la terrasse couverte pour en profiter par tous les temps. On apprécie les fameuses frites maison, la cuisson toute parfaite et l'ambiance agréable au milieu des clients qui sont presque tous des habitués

■ LE GOÉLAND BEACH

Plage de la Tonnara
✆ 04 95 73 02 51 / 06 26 71 12 17
www.tonnara.net – jose.perez8@sfr.fr
♿

Ouvert toute l'année. Ouvert tous les week-ends de mi-novembre à mars. Haute saison : tous les jours le midi et le soir. Réservation recommandée. Menu unique à 25 €. Carte : 35 € environ (45 € le soir). Menu enfant : 9,50 €. Formule du midi : 14,50 €. Vin au verre. American Express, Chèque Vacances, Chèque Restaurant. Accueil des groupes. Chaises bébé. Terrasse. Vente à emporter. Animations. Soirée musique live tous les lundis en saison.

En plein cœur du site protégé de la réserve de Figari, sur le site de la Tonnara, le Goéland Beach, José Perez et son équipe nous surprennent chaque saison. L'ouverture d'un nouveau concept « côté port », un espace plein de charme, son ponton planté dans l'eau et une carte raffinée où les plats nous font parcourir le monde. Le spot est des plus romantique, porte ouverte à des dîners amoureux. Le « côté plage » reste toujours attractif avec ses menus et carte bien équilibrés pour ses saveurs traditionnelles de la Méditerranée. Un endroit apprécié pour les amateurs de tranquillité, à l'écart de la foule bonifacienne. Pour finir le tableau, une plage aménagée de transats et parasols, baignée, les mercredis soir, des musiques d'ambiance du DJ maison, et un nouveau bar « lounge » et sa carte de glaces et cocktails maison.

■ KISSING PIGS

15, quai Banda del Ferro
✆ 04 95 73 56 09 – kissingpigs@orange.fr

Ouvert toute l'année. Haute saison : tous les jours et les jours fériés le midi et le soir. Fermé le mercredi de novembre à juillet. Réservation recommandée. Menus de 20 € à 22 €. Carte : 26 € environ. Menu enfant : 11 €. Formule du midi : 15 €. Vin au verre. American Express. Accueil des groupes. Terrasse. Vente à emporter. Animations. wi-fi gratuit.

Dans la profusion de restaurants entassés sur les quais de Bonifacio, on y gagnera à poursuivre son chemin tout au bout, vers la gare maritime, et découvrir cette petite adresse au nom bien étrange pour un restaurant corse. Jean-Marc, le chef, Ivano et Xavier n'ont rien changé de la formule originelle à savoir une table typique, à la fois bar à vin et restaurant, spécialisée dans la qualité des produits proposés.

De belles sélections de producteurs locaux comme la charcuterie Nustale, les fromages et les vins, dans des menus bien calibrés et une carte qui change de l'hiver à l'été. Une petite salle au ras des quais pour les jours de vent et deux terrasses dont une panoramique à l'étage pour savourer en toute tranquillité ces agapes insulaires.

LA LOGGIA
Haute-Ville
2, rue de la Loggia © 04 95 22 47 39
www.facebook.com/pages/La-Loggia
resto.la.loggia@gmail.com
Fermé de novembre à février. Haute saison : ouvert tous les jours et les jours fériés le midi et le soir. Fermé le vendredi hors-saison. Réservation recommandée. Menu unique à 23,50 €. Carte : 32 € environ. Menu enfant : 8,50 €. Plat du jour : 12,50 €. Vin au verre. Chèque Vacances, Chèque Restaurant. Chaises bébé. Terrasse. Vente à emporter. Salle climatisée.
Bien caché entre la rue Doria et l'église Sainte-Marie-Majeure, on s'arrêtera ici pour profiter de quelques plaisirs gustatifs avant ou après la messe ! Daniel, le chef de qualité aux fourneaux, et Isabelle, en salle, ne ménagent pas leur peine tout au long de l'année pour offrir aux amateurs quelques sympathiques plats typiques, classiques ou originaux. Quelques tables à la fraîche dans la ruelle éponyme, une petite salle pour les frileux, et plein de bonne humeur et de bonne volonté. Service au top et, de plus, l'adresse reste ouverte même après le départ des touristes, pour le plus grand plaisir des Bonifaciens.

CHEZ MARCO LA TONNARA
Plage de la Tonnara
© 04 95 73 02 24 / 06 24 56 94 76
www.chezmarco-tonnara.com
chez-marco@hotmail.fr
A 8 km de Bonifacio.
Fermé d'octobre au 14 mars. Ouvert tous les jours et les jours fériés le midi et le soir. Réservation recommandée. Menus de 59 € à 105 €. Carte : 50 € environ (le midi). Vin au verre. Accueil des groupes. Chaises bébé. Terrasse. Service de navette bateau. Wifi gratuit.
Une adresse historique, créée en 1969, qui reste fidèle à la philosophie d'origine. On y vient ici par la petite route ou plus souvent par la mer pour profiter des beaux menus qui vantent la bouillabaisse, le poisson de la petite pêche, les gambas, mais surtout la langouste corse, emblème de la maison. Une situation agréable avec son petit port, ses grandes salles panoramiques et une petite terrasse ensoleillée. Le restaurant est désormais piloté par Patrick, Bonifacien d'adoption, qui a su mettre sa touche sans casser le mythe du créateur. En bonus : une petite résidence de 3 appartements pour 2 à 6 personnes en location à la semaine ou à la nuit pour prolonger la magie.

LA PLACE
1, montée Rastello
© 04 95 73 14 06
www.laplaceburgerbar.com
ek2a@hotmail.fr

Ouvert toute l'année. Tous les jours et les jours fériés de 8h à 0h. Formule : 13 € (burger-boisson-crêpe). Vin au verre. American Express. Accueil des groupes. Terrasse. Vente à emporter.
Un petit concept bienvenu pour les amateurs de hamburgers, salades, crêpes sucrées et salées, et glaces à l'italienne. Alex et Khalyd se décarcassent toute l'année pour proposer des formules de qualité garanties fraîcheur. Pain boulanger, viandes préparées sur place, frites maison... wi-fi zone, terrasse et service express.

■ U CARA LUNGA

Plage de Cala Longa
© 06 84 81 39 87 – ucaralunga@gmail.com

Fermé du 23 septembre au 15 juin. Basse saison : ouvert tous les jours et les jours fériés le midi. Haute saison : tous les jours et les jours fériés le midi et le soir. Réservation recommandée. Carte : 48 € environ. Vin au verre. Chèques non acceptés. Chaises bébé. Jardin. Terrasse.
Une adorable découverte sur la fameuse plage de Cala Longa où Alexis a eu la bonne idée de créer ce petit bistrot chic dans un endroit chic. On y arrive soit par la mer grâce à la navette maison soit par le petit chemin de terre qui vous conduira au paradis. La formule est plaisante avec ses terrasses en restanque au-dessus des flots et une ardoise sur laquelle les gourmands trouveront leur bonheur grâce à Jeremy, le talentueux chef des cuisines. A découvrir au plus vite et à réserver pour avoir la meilleure table !

■ LE VOILIER

Port de plaisance
81, quai Comparetti © 04 95 73 07 06
www.restaurant-levoilier-bonifacio.com
le_voilier@orange.fr
♿

Fermé du 14 janvier au 13 février. Ouvert tous les jours et les jours fériés le midi et le soir. Fermé le mercredi et le dimanche soir hors saison, le dimanche midi en saison. Réservation recommandée. Menus de 29,50 € à 60 €. Carte : 30 € environ (et 70 € le soir). Formule du midi : 19,50 € (sauf en été). Vin au verre. Formule bufala-bar le midi. American Express. Accueil des groupes. Chaises bébé. Terrasse. Vente à emporter. Service traiteur. Salle climatisée.
Une superbe table marine, dirigée par le chef Jean-Paul Bartoli assisté de sa charmante épouse Marie-Christine, qui tient très bien son rang sur le goulet. On y apprécie une belle salle lumineuse et sa nouvelle terrasse couverte au ras des quais. On y choisira en toute confiance un beau chapon tout juste sorti de l'eau, un Saint-Pierre de la palangre de Théo, le patron pêcheur maison, une langouste juste rôtie aux herbes du maquis...

SUD CORSE

A la carte ou au menu du jour, on y appréciera l'élégance des assiettes, la justesse des saveurs pour un résultat toujours régulier dans la qualité. Belle carte des vins corses et continentaux et un service attentif pour un rapport prix-prestations remarquable pour la région. Une belle adresse pour une belle soirée romantique et gastronomique.

Le gîte

■ COLOMBA***

4-6, rue Simon-Varsi
Haute-Ville ✆ 04 95 73 73 44
www.hotel-bonifacio.fr
colomba@hotel-bonifacio.fr

Fermé du 15 décembre au 31 janvier. Accueil 24h/24. 12 chambres. Chambre double de 82 € à 167 €. Demi-pension : 34 € (repas et petit déjeuner). Petit déjeuner : 10 €. Lit supplémentaire : 20 € (enfant). Parking fermé inclus (auto et moto). Diners Club. Garde d'enfants. Poste Internet. Wifi gratuit. Restauration (au Castille juste à côté). Canal +.

Ce bel hôtel, dans la haute-ville de Bonifacio, installé dans une ancienne demeure du XIIIe siècle au cœur du quartier pisan, ne manque pas d'allure. La famille Tournayre a su aménager ce lieu avec beaucoup d'élégance grâce à une décoration soignée et tout le confort nécessaire : climatisation, ascenseur, accès Internet wi-fi, TV écran plat avec bouquet Canal +. Un établissement confortable pour profiter au mieux des charmes de Bonifacio à des tarifs plus que raisonnables pour la qualité des prestations.

■ DOMAINE DE LICETTO**

D 260
Route du Phare
✆ 04 95 73 03 59
www.licetto.com
sarl.licetto@orange.fr
À 1,5km du port.

Fermé de décembre à janvier. Accueil jusqu'à 18h30. 6 chambres (12 studios et 1 villa). Basse saison : chambre double à partir de 55 €. Haute saison : studio / appartement jusqu'à 135 €. Petit déjeuner : 11 €. Parking ouvert inclus. Chèque Vacances. Animaux acceptés (5€). Wifi gratuit.

Un endroit atypique qui profite d'une situation magnifique vers la route du phare de Pertusato. Le domaine est agréable, au calme et les chambres sont joliment décorées, modernes et confortables. Les prix sont très abordables compte tenu du site, même en pleine saison. On y est caché dans le maquis avec une vue sur la ville et les falaises de Bonifacio au coucher du soleil.

■ HÔTEL DES ÉTRANGERS

Avenue Sylver-Bohn
✆ 04 95 73 01 09
www.hoteldesetrangers.fr
hoteldesetrangers@orange.fr
À 300 m du port de plaisance.

Fermé du 20 octobre au 30 mars. Accueil 24h/24. 31 chambres. Chambre double de 45 € à 88 € ; chambre triple de 57 € à 92 €. Petit déjeuner : 6 €. Parking ouvert inclus (garage motos et vélos). Chèque Vacances. Wifi gratuit.

Bien pratique, juste à l'entrée de la ville, c'est un gros succès auprès des touristes pour cet hôtel qui a l'avantage, pour un tel confort (télévision, climatisation, parking), de proposer les prix parmi les plus bas de la ville. Il faudra donc s'y prendre à l'avance pour y retrouver tous ses amis dans une ambiance jeune et décontractée. Pour le côté pratique, parking et garage moto, et même des chambres quadruples pour venir en famille. Gentillesse et disponibilité sans faille de la famille Bohn-Lanfranchi, en prime.

■ HÔTEL DU GOLFE

Santa Manza – D58
Gurgazu
✆ 04 95 73 05 91
www.hoteldugolfe-bonifacio.com
golfe.hotel@wanadoo.fr

Fermé du 15 novembre au 31 mars. Accueil jusqu'à 21h. 10 chambres. Chambre double. Haute saison : chambre double à partir de 75 €. Demi-pension (à partir de 65 € par personne). Petit déjeuner : 7 € (à 8,50 €).. Parking ouvert inclus. Chèque Vacances. Animaux acceptés (sur demande). Wifi gratuit. Restauration (formule 15 €,, carte 35 €, menu enfant 8 €).

Dans le golfe de Sant'Amanza, à 50 m de la mer, on trouve ici le charme de l'accueil de toute la famille Fazentieux,

qui met un point d'honneur à servir de la qualité avant tout. Les chambres climatisées, dotées d'une bonne literie, sont simples, calmes et presque toutes avec la vue mer. Au restaurant dirigé par le fils Jean-Christian, on vous proposera une cuisine savoureuse de produits de préférence locaux et garantis « fraîcheur ». Très bon menu-carte en demi-pension qui mérite à lui seul le choix de l'établissement, avec, au programme, tous les basiques de la cuisine identitaire travaillés dans les règles de l'art. Véritable fanatique du Trail, et passionné de flore, Monsieur Christian ne sera jamais avare de conseils pour vous faire découvrir les bonheurs cachés de la région.

■ **A MADONETTA*****
Route de Santa-Manza
Rue Paul-Nicolaï
D 58
✆ 04 95 10 36 39
www.amadonetta.com
info@amadonetta.com
À 200 m du port de plaisance.

Ouvert toute l'année. Accueil 24h/24 (sauf l'hiver 21h). 24 chambres. Basse saison : chambre double à partir de 72 €. Haute saison : suite jusqu'à 370 €. Petit déjeuner buffet : 13 €. Garage inclus (auto et moto). Lit bébé gratuit. Petit déjeuner – de 10 ans 6 €. American Express, Chèque Vacances. Garde d'enfants. Séminaires. Wifi gratuit. Tv satellite. Hammam, bain bouillonnant.
Un tout beau et tout nouvel hôtel à Bonifacio, situé à 100 mètres du port de plaisance au début de la route de Santa-Manza. La famille Catoire nous propose leur bel établissement avec toutes les dernières normes pour offrir aux voyageurs un confort irréprochable. Grandes chambres et suites lumineuses, décoration personnalisée de Marie-Andrée, artiste à ses heures, et des tarifs forts compétitifs pour la région. Côté pratique : un spa, un espace bien-être baïja et un salon de massage de mai à septembre. Tous les atouts pour devenir une référence sur la cité.

■ **RESIDENCE LA TONNARA*****
Plage de la Tonnara
✆ 06 24 56 94 76
www.chezmarco-tonnara.com
info@chezmarco-tonnara.com
A 8 km de Bonifacio.

Ouvert toute l'année. Accueil 24h/24. Location à la nuitée à partir de 150 €. 3 appartements de 35 à 55 m² de 1 100 à 2 200 € la semaine pour 2 à 6 personnes. A partir de 125 € la nuitée en basse saison. Wifi gratuit. Restauration (juste à côté du restaurant Chez Marco). Salon de jardin, lave-linge, lave-vaisselle.
Une adresse on ne peut plus marine que cette petite résidence, posée à deux pas de la mer sur le site éponyme. Les 3 appartements de bon confort sont face à la grande bleue, avec de grandes terrasses exclusives. On sera au calme, à 8 km de Bonifacio, et les amateurs de kitesurf et de windsurf seront au paradis, car cette plage est la plus réputée de la région. Location à la nuit bien pratique en mi-saison.

■ **LE ROYAL**
8, rue Fred-Scamaroni
Haute-Ville
✆ 04 95 73 00 51
www.hotel-leroyal.com
leroyal4@wanadoo.fr

Ouvert toute l'année. Accueil 24h/24. 16 chambres. Chambre simple 40 € ; chambre double 50 €. Demi-pension : 96 € (pour 2 en basse saison). Petit déjeuner : 6,50 €. Lit supplémentaire : 20 €. Parking fermé inclus (auto et moto sur reservation). American Express, Chèque Vacances. Animaux acceptés (gratuit). Wifi gratuit. Restauration (menus de 20 €, menu enfant 8,50 €, carte 24 €). Tv satellite.
Dans la citadelle, au cœur de l'animation sur la ligne des remparts, les chambres de ce petit hôtel familial sont confortables, propres et claires avec une belle vue sur le goulet. Les tarifs sont très honorables compte tenu de la situation et l'adresse reste ouverte à l'année, chose rare à Bonifacio. Pour le côté pratique, on y trouvera un restaurant pizzeria et ses spécialistes de pâtes fraîches avec une grande salle panoramique pour manger à l'abri du vent, à petits prix. Accueil familial sympathique des Serra père, mère, fils et fille. Nouveautés : toutes les chambres ont été réaménagées et on pourra découvrir une belle chambre et ses beaux volumes dans l'annexe, juste à côté, digne d'un trois étoiles.

■ **U CAPU BIANCU******
Domaine de Pozzoniello
Route de Canetto
✆ 04 95 73 05 58
www.ucapubiancu.com
info@ucapubiancu.com

Fermé du 16 octobre au 30 avril. Excel Place. Accueil 24h/24. 41 chambres (dont 16 suites). Chambre double 240 € ; suite €. Petit déjeuner buffet : 30 €. Parking fermé inclus (auto et moto). Espace fitness et massage. American Express, Diners Club. 1 chambre adaptée. Garde d'enfants. Animaux acceptés (sur demande 45 €). Séminaires. Réceptions et mariages. Poste Internet. Wifi gratuit. Restauration (carte évolutive en fonction des produits de saison, une suggestion corse et rôtisserie par soir et carte grill 2 soirs/semaine. Menus accord mets/vins à partir de 110€, formule apéritif dînatoire incluant les boissons à partir de 65 €). Vente (produits du terroir). Excursions (promenades en mer avec skipper).
Que de chemin parcouru depuis 23 ans, au Capu Biancu, dirigé de main de maître par la famille Limongi ! Nous sommes à l'extrême-Sud de l'île, face à l'un des plus beaux sites au monde, au milieu d'une nature préservée. C'est l'un des hauts lieux de l'hôtellerie insulaire où le mot «Luxe» n'est nullement frelaté. Tous les superlatifs viennent à la bouche pour qualifier l'endroit. Des chambres raffinées aux suites majestueuses en passant par le restaurant-grill panoramique, dirigé par le chef Gadio El Hadji, ou sa paillote Orizonte et ses plages exclusives : tout concourt à vous faire passer un séjour inoubliable. Une piscine chauffée, un spa et une équipe attentive au bien-être de ses hôtes pour rendre le séjour de chacun proche de la perfection.

Chambres d'hôtes

■ BRISE MARINE

Purgatorio
Route de Cala Longa ✆ 04 95 73 59 72
www.brisemarine.eu – info@brisemarine.eu
A 4 km de Bonifacio et 600 m de la plage.

Fermé du 15 octobre à mars. Accueil jusqu'à 21h. 5 chambres. Chambre double 140 € ; studio / appartement 220 € ; suite €. Petit déjeuner inclus. Parking fermé inclus (auto et moto). Animaux acceptés (sur demande). Wifi gratuit. Tv satellite.

Perché en haut d'une colline, le Brise Marine offre une vue imprenable sur les Bouches de Bonifacio. On y trouvera des chambres et des suites dotées d'une terrasse privée, à seulement 4 kilomètres de Bonifacio. Toutes les chambres et les suites offrent une vue panoramique et sont également pourvues de la climatisation et d'une connexion wifi gratuite. Chaque chambre possède son entrée privée. Parking privé et fermé pour la sécurité.

■ CASA MARTINI

Cavallo Morto
✆ 04 95 10 80 45 / 06 09 97 07 33
www.bonifacio-location.fr
casa.martini@orange.fr

Gîtes de France (2 épis). Fermé de décembre à janvier. Accueil jusqu'à 21h. 3 chambres (et 3 appartements). Studio / appartement de 480 € à 950 € la semaine. Basse saison : chambre double à partir de 85 €. Haute saison : chambre triple €. Petit déjeuner inclus (en chambre d'hôtes). Parking fermé inclus (auto et moto). CB non acceptée. Animaux acceptés. Wifi gratuit. Tv satellite.

Marie-Antoinette et Marius Martini proposent leurs chambres d'hôtes et gîtes de charme dans leur grande propriété juste à la sortie de Bonifacio. Un beau parc arboré et fleuri des essences méditerranéennes, une grande bâtisse élégante et moderne avec tout le confort nécessaire, un bassin de nage chauffé et un accueil sans reproche. A 2 kilomètres du port, on sera au calme, en plein maquis, entouré de jolis petits murets de pierres sèches, à n'écouter que le bruit des oiseaux…

■ DOMAINE DE FORESTA****

D60
Route de Santa-Manza
✆ 06 64 74 44 42 / 04 95 73 08 04
http://foresta1.wix.com/foresta
foresta1@wanadoo.fr

Fermé de novembre à mars. Accueil jusqu'à 20h. 5 chambres. Chambre double de 65 € à 120 € ; chambre triple de 85 € à 160 €. Petit déjeuner inclus. Parking ouvert inclus (auto et moto). CB non acceptée. Chèque Vacances. Wifi gratuit. Restauration (cuisine d'été avec vaisselle à disposition, micro-ondes, frigo et tables de pique-nique).

Juste à la sortie de Bonifacio, Pascale Catoire propose aux amateurs d'intimité ses chambres d'hôtes dans sa grande maison familiale. Un joli parc d'un hectare de végétation méditerranéenne, une piscine à disposition des hôtes, des chambres sur deux niveaux d'un confort très correct. Les petits déjeuners sont servis dans le patio, à la fraîche et les seuls bruits des alentours seront produits par les oiseaux.

■ A MANICHETTA***

Route de Piantarella
Manichetta
✆ 06 66 79 31 94
www.chambresdhotes-hotel-bonifacio.com
roghistephane@yahoo.fr

Bienvenue à la Ferme. Fermé du 15 octobre au 14 mars. Accueil jusqu'à 20h. 5 chambres. Chambre double 70 €. Petit déjeuner inclus. Lit supplémentaire : 28 €. Parking ouvert inclus (auto et moto). CB non acceptée. Vente (vente de fromage de brebis de l'exploitation).

Initiative originale pour ce jeune couple d'agriculteurs, perché sur les falaises bonifaciennes ! On y découvre de charmantes chambres d'hôtes confortables, bien équipées face à un paysage imprenable. Evelyn et Stéphane complètent leur activité d'éleveurs de brebis laitières en accueillant leurs hôtes comme des amis. De belles prestations à prix doux, des petits déjeuners sucrés ou salés servis face aux côtes sardes toutes proches. On y arrive pour une nuit et l'on rêve d'y passer sa vie !

Campings

■ CAMPING DES ÎLES****

Route de Piantarella
✆ 04 95 73 11 89
www.camping-desiles.com
camping.des.iles.bonifacio@wanadoo.fr
A 900 m de la plage

Fermé du 1er octobre au 19 avril. Accueil jusqu'à 20h. Gardé 24h/24 (en été). Terrain de 8,5 ha. 100 emplacements. Exposition : mi-ombragé / ensoleillé. Sol : herbeux / pierreux. Relief : plat / vallonné. Emplacement de 3 € à

5,50 €. Véhicule de 1,60 € à 8 €. 2 personnes de 11,80 € à 19,80 €. 27 bungalows pour 4 à 6 personnes de 413 € à 994 € la semaine ; 17 mobil-homes pour 4 à 6 personnes de 413 € à 833 € ; 4 chalets pour 4 personnes de 364 € à 623 €. Réservation recommandée pour les locations. Jeux pour enfants. Salle de bains pour bébés. Aire pour camping-cars. Wifi payant. Restauration (menu de 10 € à 14,50 €, carte 20 €, ouvert en juillet-août). Animations.

C'est le camping le plus au sud de la France continentale qui, malgré sa situation idyllique, pratique des tarifs plus qu'honorables et un accueil familial de Béatrice et Marc-André Tassistro. Un très beau site avec la plage de sable fin du petit Sperone, sous le golfe éponyme à 1 200 m. Sur le sentier, des ruines romaines, le second site de Corse après Aléria et l'on est à 4 km de Bonifacio et 900 m de la plage de Piantarella et son spot de kitesurf renommé. De cette plage, on peut traverser à pied sur le banc de sable vers l'île de Piana, lieu de reproduction protégé des mouettes et autres oiseaux migrateurs. Nouveautés : un half court pour s'initier aux joies de la balle jaune et une quatrième étoile au nouveau classement.

■ CAMPO DI LICCIA***

RN198
Route de Porto-Vecchio
Lieu-dit Parmentil
✆ 04 95 73 03 09
www.campingdiliccia.com
info@campingdiliccia.com

Fermé du 1er octobre au 1er avril. Réservation recommandée. Accueil jusqu'à 19h (en été jusqu'a 21h). Gardé 24h/24. Terrain de 5 ha. 161 emplacements. Exposition : ombragé / mi-ombragé / ensoleillé. Sol : herbeux / pierreux. Relief : plat / en terrasse. Emplacement de 2,30 € à 4,20 €. Véhicule de 2,50 € à 3,90 €. 2 personnes de 11 € à 16,40 €. Bungalows pour 2 à 4 personnes de 345 € à 780 € la semaine ; mobil-homes pour 2 à 6 personnes de 350 € à 865 € ; chalets pour 2 à 6 personnes de 381 € à 950 €. Hors saison, location de bungalow, chalets ou mobile homes pour 2 nuitsà partir de 47€. Chèque Vacances. Sauf en locatif. Jeux pour enfants. Salle de bains pour bébés. Animaux acceptés (sur demande sauf en location). Aire pour camping-cars. Wifi payant. Restauration (bar-restaurant pizzeria, menu 16,50 €, carte 20 €, menu enfant 8 €). Animations.

Le camping est situé en pleine nature, dans un paysage sauvage entouré d'oliviers et de chênes. A 4 km de Bonifacio, à une heure de la montagne et 4 km des plages, vous pourrez vous relaxer au bord de la très belle piscine de 200 m². En saison, de nombreuses animations vous seront proposées. Grand restaurant pizzeria ouvert en saison et le petit plus : possibilité de location de bungalows, chalets ou mobile homes pour 2 nuits hors saison à prix très réduits.

■ PERTAMINA VILLAGE U FARNIENTE****

Route de Porto-Vecchio
RN198
✆ 04 95 73 05 47
✆ 04 95 73 50 25
www.camping-pertamina.com
pertamina@wanadoo.fr

Fermé du 11 novembre au 31 mars. Réservation recommandée. Accueil jusqu'à 20h. Gardé 24h/24. Terrain de 15 ha. 150 emplacements (et 120 locatifs). Exposition : ombragé / mi-ombragé / ensoleillé. Sol : herbeux / pierreux. Relief : plat. Emplacement + véhicule + 2 personnes (avec 10 A) de 25 € à 44 €. 29 mobil-homes pour 4 à 6 personnes de 395 € à 1 415 € la semaine ; 40 chalets pour 4 à 6 personnes de 395 € à 1 495 €. Loges, lofts, tentes trigano et mini-villas entre 350 et 1 785 €. Chèque Vacances. Club enfants. Garde d'enfants. Jeux pour enfants. Salle de bains pour bébés. Animaux acceptés (8 €). Aire pour camping-cars. Wifi gratuit. Restauration (restaurant-Pizzeria-Bar-Lounge). Bain bouillonnant. Animations.

Situé à 5 km de Bonifacio et de ses magnifiques plages de sable blanc, Pertamina village ** et le camping U Farniente**** vous propose une large choix de locatifs (mini-villas, chalets, mobil-homes) ainsi que des emplacements camping spacieux, le tout harmonieusement disposé sur 15 ha d'oliviers centenaires, lauriers-roses et de mimosas. Côté détente : un très bel espace aquatique avec deux piscines (dont une chauffée avec un spa en prime) avec toboggan, des jeux d'enfants, des terrains de sport et salle de remise en forme (ping-pong, tennis, volley, basket...). Tout un programme pour de très agréables vacances sportives, ludiques ou farniente, comme son nom l'indique !

■ RONDINARA***
Lieu-dit Suartone
Baie de Rondinara
✆ 04 95 70 43 15
www.rondinara.fr
reception@rondinara.fr
Après avoir parcouru les 12 km sur la route N198 depuis Porto-Vecchio ou le centre de Bonifacio, vous arriverez à l'intersection avec la route D158 qui mène à la plage de la Rondinara (direction Suartone – Rundinara). Suivez ensuite la route panoramique D158 sur environ 6 km en dépassant le hameau de Suartone. Si vous arrivez à la plage c'est que vous avez été 800m trop loin !

Fermé d'octobre au 15 mai. Accueil jusqu'à 22h. Gardé 24h/24. Terrain de 6 ha. 130 emplacements. Exposition : mi-ombragé / ensoleillé. Sol : herbeux / pierreux. Relief : plat / en terrasse. Emplacement de 3,40 € à 6,50 €. Véhicule de 3,60 € à 5 €. 2 personnes de 6,60 € à 9,50 €. 36 mobil-homes pour 2 à 6 personnes de 500 € à 1 400 € la semaine. Basse saison : mobil-homes pour 3 nuits à partir de 80 € la nuit. Chèque Vacances. Sauf en mobile home. Jeux pour enfants. Salle de bains pour bébés. Animaux acceptés (2,50 € à 3 € en camping). Aire pour camping-cars. Wifi payant. Restauration (restaurant et paillote sur la plage aménagée). Vente. Animations.

À mi-chemin, entre Bonifacio et Porto-Vecchio, ce beau camping offre tout le confort souhaité : des emplacements en camping agréablement ombragés, les mobil-homes climatisés, une belle piscine à débordement, un restaurant pizzeria sur place dans le site magique de la baie de Rondinara. La plage est à 400 m, avec sa superbe paillote « Chez Ange », ses terrasses en bois et ses soirées endiablées les pieds dans l'eau. Que du bonheur en perspective ! À disposition : transats, kayaks, stand-up paddle, bateaux à pédales. Le petit plus : possibilités de location de mobil-homes pour 3 nuits en basse saison à prix réduit.

La randonnée autour de Bonifacio

Sous l'égide de l'Office de l'Environnement de la Corse, 8 sentiers balisés et sécurisés sont ouverts au public. Tous sont d'un niveau technique très accessible, même aux enfants, mais ils varient en temps de parcours, échelonnés entre deux et sept heures pour le plus long. Voir les circuits à l'office du Tourisme de Bonifacio ou sur le site www.parcmarin.com

Loisirs

■ LEZARDOS
Ermitage de la Trinité
✆ 06 86 98 27 85
www.lezardos.net
christophecluze@leslezardos.com

Dans un lieu unique, une montagne dans la mer, la Trinité est un site classé où granit sculpté par le vent marin et criques de calcaire blanc fusionnent. Durée de 2 heures, groupe de 8 personnes maximum. Rappel, tyrolienne, pont de singe et via ferrata.

Escalade encadrée, découverte des techniques d'assurance et de 10 à 30 mètres, 2 sites, la Trinité de Bonifacio ou Bavella (grandes voies 200 et 400 mètres). A partir de 7 ans.

Canyoning à Bavella, 2 parcours de 5 à 6 heures avec nage dans des piscines naturelles, sauts, toboggans, belles descentes encordées sous cascades à partir de 10 ans sur la Vacca et Pucaraccia.

Parmi les sites de plongée, Mérou ville est certainement l'un des plus beaux et plus célèbres spots de l'île de Beauté et les plongeurs ne s'y trompent pas en y venant en nombre. Le nom de cette zone provient bien sûr de l'abondance de mérous bruns présents dans les eaux. Attention, mieux vaut être expérimenté pour s'y aventurer, les courants y sont fréquents.

- **L'écueil Mavezzi** (la balise sud) Difficulté : tous niveaux. Profondeur : de 6 à 35 mètres. Situation : au sud des Lavezzi. Atouts : plateau rocheux riches en barracoudas, corbs et mérous
- **La Tête de Cheval.** Difficulté : niveau 1 et 2. Profondeur : de 12 à 35 mètres. Situation : à l'ouest des îles Lavezzi. Atouts : roches isolées riches en dentis, mérous, sars, dorades, mostelles et gorgognes rouges.
- **Sperduto.** Difficulté : tous niveaux. Profondeur : de 5 à 30 mètres. Situation : au nord des Lavezzi. Atouts : bancs de barracoudas, dentis et badeches
- **Mérouville.** Difficulté : niveau 1. Profondeur : de 22 à 34 mètres. Situation : à l'est des îles Lavezzi. Atouts : roche isolée riche en mérous, murènes, dentis et sars.
- **Bruzzi.** Points forts : Zone protégée depuis 20 ans, sites de plongée en limite de réserve intégrale, en zone de protection renforcée (en réserve intégrale pendant 15 ans). Faune et flore abondantes (gorgones, mérous, corbs, dentis, etc.). Les sites : Cathédrales : niveau 1, de 14 à 40 m.Capu Tafunatu : niveau 1, de 17 à 40 m. Diamant noir : niveau 1, de 17 à 40 m.
- **Capo Difeno.** Points forts : forêt de gorgones, relief ryolithique. Les sites : Feno : niveau 2 minimum, de 38 à 60 m. Les sites : Fenucciu : niveau 1 minimum, de 12 à 20 m. Mur de corail : niveau 3, 58 m.
- **Chevano.** Points forts : reliefs sculptural, gorgones, crustacés. Le site : Capi Neru : niveau 1, de 8 à 40 m. Les Moines. Points forts : site de plongée en limite de la réserve intégrale, en zone de protection renforcée, faune et flore abondantes et notamment corail dès 40 m. Le site : Le tombant : niveau 2, de 38 à 60 m.

■ BARAKOUDA

Avenue Sylver Bohn
BONIFACIO
✆ 04 95 73 13 02
club.barakouda.free.fr
club.barakouda@gmail.com

Ouvert toute l'année. Sur réservation 48h à l'avance. Haute saison : tous les jours et les jours fériés à partir de 8h15 et à partir de 13h30. Fermé exceptionnellement en 2014. Réouverture probable en 2015. Baptême 55 €, exploration de 35 à 45 €. Chef de centre Gérard Arend, encadrement moniteurs BE. Chèque Vacances. Bateau équipé pour les handicapés. Parking, douche et WC sur place.

Depuis le quai de Piantarella, à 5 km de Bonifacio, un bateau de 45 places vous emmènera découvrir les merveilles qu'offre la réserve des îles Lavezzi au cœur du Parc Marin. Explorations sur le site des mérous et des murènes tous les jours (de mi-juin à mi-septembre) ainsi que les tombants de gorgones et ses bancs de dentis et barracudas. Baptême, exploration et formation avec ou sans hébergement. SCA agréée FESSSM et JJSSM. Réservation dans le musée de Gérard, à visiter absolument. Station de gonflage air et oxygène express.

■ L' AQUARIUM

Vergajola – Route de Sartène – N196
PIANOTTOLI-CALDARELLO
✆ 04 95 76 89 16 / 06 45 39 14 50
marjorie.dupre@wanadoo.fr
A 19 km de Bonifacio.

Ouvert toute l'année. Sur réservation impérative. Haute saison : tous les jours et les jours fériés de 8h30 à 15h. Baptême 40 €, enfant moins de 12 ans 35 €, exploration à partir de 20 €, formation de niveau 1 a 3,. CB non acceptée.

Un petit club intimiste bien caché entre Pianottoli et Monacia, loin de la foule, pour découvrir avec cette équipe de passionnés les sites de plongée les moins fréquentés de l'extrême sud. Une dizaine de spots entre Roccapina et l'île Bruzzi, au cœur du Parc marin des Bouches de Bonifacio. Chef de centre : Marjorie Dupré-Poiget, instructrice régionale BEES 1, 4 moniteurs en saison, 1 bateau semi-rigide de 5,70 m 90 cv, 10 plongeurs maxi à bord. A l'accueil : douche, WC et rafraîchissements.

■ LE SENTIER SOUS-MARIN DE L'ÎLE LAVEZZI

BONIFACIO
✆ 06 25 25 03 74
info@bonifacio.fr

Se rendre sur l'île Lavezzi et aller sur la plage de l'Achiarina. Prévoir palmes, masque et tuba.Sur réservation (tél : 06 25 25 03 74), les enfants (+ 8 ans) et adultes sont invités à une visite guidée en snorkeling dans le musée sous-marin du Parc Marin. Visite accompagnée : 45 minutes.

■ SUD DADOU

20, montée Rastello
BONIFACIO
✆ 04 95 73 09 15 / 06 19 65 12 29
suddadou@yahoo.fr

Haute saison : ouvert tous les jours et les jours fériés de 8h à 23h. Ouvert le dimanche.

Vente et réparation de matériel de plongée et chasse sous-marine.Daniel Perret, plus connu sous le surnom de Dadou, propose aux amateurs de plongée tout une gamme d'équipements : des palmes aux tubas en passant par les arbalètes, bouteilles et combinaisons, gilet stabilisateur... En prime un service de réparation et d'entretien du matériel, une grande disponibilité et des horaires pratiquement 24 heures sur 24 !

Location de deux-roues

■ SCOOT RENT
3, quai Banda del Ferro
✆ 06 25 44 22 82
www.facebook.com/ScootRentBonifacio
ek2a@hotmail.fr
Ouvert tous les jours et les jours fériés de 10h à 23h. Ouvert le dimanche. Tarifs à partir de 50 €/jour scooter de 50 à 125cc.
Une vingtaine de scooters Sym et MBK de 50 à 125 cc, en location avec casque et antivol à la journée et des tarifs dégressifs à partir de trois jours. Du matériel neuf et une grande disponibilité. S'adresser à Khalid au fast-food la Place ou à Thomas à la boutique Logo Store place Saint-Erasme. Caution par chèque ou carte bancaire, assurance au tiers. Prêt de carte et vente du guide *Corse à Moto*, du *Petit Futé* bien sûr !

Bateau

■ BONIFACIO YACHTING
Port de plaisance
Capitainerie
✆ 06 62 63 01 43 / 06 11 99 52 67
www.bonifacio-yachting.com
contact@bonifacio-yachting.com
Haute saison : ouvert tous les jours et les jours fériés de 8h à 20h. Ouvert de mai à octobre. Hors saison sur réservation. Ouvert le dimanche. Livraison possible. Location à partir de 230 € la demi-journée.
Locations de bateaux à moteur de 5,50 m à 14 m pour découvrir à sa guise les sites grandioses de l'extrême Sud. Zodiac, Pursuit, Cap Camarat, Bombard et Capelli sont à votre disposition pour percevoir autrement la réserve naturelle des îles Lavezzi. Bonifacio Yachting propose également des unités d'exception avec skipper. Antoine et Marc-Dominique vous proposeront des prestations à la carte et vous recevront avec un sens de l'accueil cher aux insulaires.

Sorties

■ LA PETITE CULOTTE
Haute-Ville
9, rue longue
✆ 06 18 60 53 79
colonna.vince@gmail.com
Ouvert tous les soirs de 11h à 2h.
Jean-François Guidi et Vincent Colonna ont lancé un superbe concept dans cette vieille demeure de la haute-ville ! A la fois bar à vin et salle de concerts live, on y viendra déguster quelques délicates gourmandises dans ce cadre historique, savourer des vins et champagnes d'exception et vibrer au son des chanteurs et musiciens pour y passer de belles soirées gastronomiques, vinicoles et musicales ! Pour ne rien gâcher, le cadre est magnifique : la cave et son vieux pressoir d'époque sont en décalage avec la partie design de l'espace supérieur. En bonus : pour les amateurs, une cave à cigares cubains, fabriqués en exclusivité pour la Petite Culotte. Un nom original qui va sûrement faire le buzz dans la cité !

Emplettes

Panier gourmand

■ A BITIGA
5, montée Rastello ✆ 04 95 24 73 06
www.a-bitiga.com – contact@a-bitiga.com
Ouvert tous les jours et les jours fériés de 9h à 23h. Fermé le samedi matin. Livraison possible (expédition possible). American Express.
La nouvelle petite boutique d'Eliane et Alain, sur la jolie place Saint-Erasme, nous propose une belle sélection de produits du terroir insulaire. Quelques bonnes bouteilles des domaines viticoles, des fromages identitaires, des liqueurs artisanales, du miel et des huiles en AOC Corse et, bien entendu, de la charcuterie fermière, produit phare que chacun veut goûter et rapporter. Conditionnement sous vide et expédition si besoin.

■ LE CORAIL DE BONIFACIO
Haute ville
6, rue du Corps-de-Garde ✆ 04 95 73 10 08
www.lecoraildebonifacio.com
contact@lecoraildebonifacio.com
Une gourmandise artisanale et originale créée par François Rocca-Serra bien connu sur le goulet grâce à ses glaces artisanales d'une qualité gustative exceptionnelle. Il vous propose dans sa petite boutique de la haute ville son Corail de Bonifacio, sa confiserie unique fabriquée sur place, qui nous fait revivre les saveurs d'antan avec l'amande de Thierry Nouvion de San Giuliano, la noisette, l'écorce d'orange et de citron de Marcel Santini de Soveria et le miel de Nathalie Bourra à Carpa. À savourer sans modération !

■ LE ROCCA SERRA
Le Goulet
17, quai Comparetti ✆ 04 95 73 10 08
www.lecoraildebonifacio.com
rocca-serra.francois@wanadoo.fr
Basse saison : ouvert tous les jours et les jours fériés de 7h à 20h. Haute saison : tous les jours et les jours fériés de 7h à 0h. Ouvert le dimanche (terrasse brumisée).
Un glacier, certes, mais pas n'importe lequel ! Installé sur le goulet en 1986, François Rocca-Serra est un véritable passionné qui baigne dans la glace depuis sa plus tendre enfance. Formé chez les meilleurs, sa passion transpire dans ses vitrines le long des quais où plus de 60 parfums sont offerts aux amateurs éclairés. Jamais à court d'idées, monsieur François nous propose également son Corail de Bonifacio, une gourmandise à base d'amandes corses, de fruits confits de Soveria et de miel de Bonifacio.

Marchés

■ MARCHÉ ET TERROIR À BONIFACIO
Loggia de l'Arsenal – www.bonifacio.fr
tourisme.bonifacio@wanadoo.fr
Le mardi matin, sous la loggia de l'Arsenal, les commerçants déballent leurs produits du terroir et s'installent là pour toute la matinée. C'est l'occasion de voir, goûter et acheter des produits introuvables ailleurs et aussi de rencontrer quelques Bonifaciennes et Bonifaciens qui, pour rien au monde, ne rateraient ce rendez-vous hebdomadaire.

FIGARI ★★★

La commune de Figari s'étend de la montagne à la mer, de l'Omu di Cagna à la Testa Vintilegna. La commune comprend quelque quatorze hameaux et lieux-dits dont les plus importants sont Ogliastrello, Tarabuceta, Poggiale et San-Gavino. Sa façade littorale de 800 hectares est protégée et fait partie intégrante du parc international marin. Les brises du sud et d'ouest souvent présentes font la joie des véliplanchistes qui apprécient tout particulièrement le spot du golfe de Figari. Le village, à côté duquel on a installé l'aéroport qui dessert ainsi l'extrême sud, reste adorable. On y trouve de bons vins (le vignoble de Figari est l'un des plus cotés de l'île). Voir, dans l'un des hameaux de Figari, la très jolie chapelle de Montilati. On traverse le golfe de Ventilegne, avant de trouver, à droite, la route de Tonnara, une très belle plage, idéale pour les pros de planche. Toujours dans le même élan de religiosité, on prend à gauche, juste après être revenu sur la route, pour aller voir et complimenter Santa-Reparata pour sa très vieille chapelle IXe siècle. Elle se trouve sur la D60, surnommée la stratégique parce qu'elle relie la route d'Ajaccio à celle de Porto-Vecchio en évitant Bonifacio. La baie de Figari est un abri naturel magnifique, un vrai fjord naturel avec des kilomètres de criques désertes et une jolie tour génoise.

Points d'intérêt

■ PLAGES, CRIQUES ET RIVIÈRE DE FIGARI ★★★

Les plus belles plages du village sont à la Testa. Une dizaine de criques, toutes plus belles et sauvages les unes que les autres, d'un accès difficile à trouver. En sortant du village, prendre direction de Bonifacio sur la RN196, l'accès est à 300 m, à droite du portique métallique. D'ici, vous serez à 1 km du bonheur. Magnifique spot de surf et kitesurf. Pour ceux que l'eau salée rebute, la rivière de Figari, au lieu-dit San-Gavino de Figari, à 10 minutes à pied, est un très joli spot de baignade, avec ses piscines naturelles, ses toboggans et de grandes dalles de granit pour bronzer en toute tranquillité, dans l'eau douce réchauffée aux rayons du soleil, omniprésent ici.

Loisirs

■ AERO-CLUB SUD CORSE

Aéroport de Figari
✆ 06 87 80 28 57
Voir page 49.

Dans les environs

Sotta ★★

Sotta est un village composé de plusieurs hameaux aux maisons troglodytiques. Le hameau de Chera est un bel exemple d'architecture du sud et on peut y voir un abri-sous-roche, l'Orriu, où s'arrêtaient autrefois les bergers qui faisaient la transhumance. Les villageois s'en approchaient avec crainte, le croyant habité par un esprit maléfique, venu d'un autre temps, et hostile à l'Eglise. On trouve ainsi plusieurs vestiges préhistoriques sur la commune, comme la nécropole de Vascolacciu, censée abriter un trésor. Le trésor est caché, mais aurait été utilisé au XIIIe siècle par les Templiers, pour construire l'escalier du roi d'Aragon à Bonifacio. Vers la pointe de Castello, on accède aux ruines d'un ancien château, ancien fief du seigneur tyrannique Orso Alemanno, qui fut massacré par les villageois au Moyen Age. A Chera, on peut voir les ruines de l'ancienne chapelle Sant'Agostino, de style roman. Son bénitier est de facture originale et mérite que l'on s'y attarde. Les environs du village offrent quelques possibilités de promenades dans le maquis pour accéder aux ruines d'anciennes chapelles, comme celles de Santa-Ursula, par exemple.

■ CASTELLU DE TAPPA ★★★

Ceccia
Gratuit.
Site fortifié à 5 minutes du village, point de vue superbe en bordure de la commune de Sotta, à 60 m d'altitude. On accède à ce castellu par la D859 qui rejoint Figari. 4 km après l'embranchement sur la route de Bonifacio, juste après le pont du Stabiaccio, on trouve un panneau indiquant un chemin à gauche. On passe la barrière, que l'on referme soigneusement (l'endroit est privé), et on accède au site, en haut de la colline. Les murs du monument principal et du mur d'enceinte se sont écroulés dans les années soixante. Le mur d'enceinte de la partie sud est très bien conservé, la partie ouest écroulée. Le monument principal est aussi bien préservé. Le rez-de-chaussée de la tour est en parfait état, il ne manque que le premier étage découvert détruit. Le site de Tappa est considéré comme l'un des premiers villages de Corse. Il reste cependant une grande partie du site très intéressante où les archéologues ont trouvé maintes informations sur la civilisation torréenne, leur vie quotidienne, et sur la destination de ces torres, habitats, lieux de défense ou lieux de culte, ou tout cela en même temps.

Les vignobles de l'extrême sud : l'AOC Figari

C'est le vignoble le plus méridional de France, sur 130 hectares, et aussi le plus ancien puisque les premières vignes y sont apparues dès le VIe siècle avant notre ère. Sur un plateau granitique très ancien, venté et particulièrement sec, s'expriment des cépages corses traditionnels, dont le carcajolu neru. Ils donnent des vins rouges, rosés et blancs d'une grande finesse, bien charpentés et typés.

■ LE ROCHER DE L'ORIU ★★★

D59
Canni

Dans le hameau de Canni, un rocher pointu creusé par l'érosion et aménagé en abri utilisé sur le parcours de transhumance des troupeaux («oriu»). Ce tafoni géant est une véritable curiosité. Très peu référencé et très difficile à trouver, sa découverte reste un moment assez exceptionnel. L'Oriu de Canni, véritable maison de schtroumpfs ou de lutins, est composé d'un énorme bloc pointu, où quelques pierres viennent clore une vaste salle naturelle.

■ A L'HÔTE ANTIQUE

Pietralonga Salvini
✆ 04 95 71 20 17 / 06 22 24 85 73
www.lhote-antique.com
hote-antique@wanadoo.fr

Ouvert toute l'année. Accueil jusqu'à 20h. 5 chambres. Chambre double à partir de 75 € ; chambre triple jusqu'à 135 €. Petit déjeuner inclus. Parking fermé inclus (auto et moto). CB non acceptée. Chèque Vacances. Wifi gratuit. Table d'hôtes 2 fois par semaine sur réservation 27 €.

Une maison d'hôtes de caractère qui vous accueille chaleureusement dans son espace calme en vous invitant à la découverte de la Corse-du-Sud et ses belles plages. Dans une aile de la demeure, spécialement aménagée à cet effet, se trouvent les chambres dont certaines profitent de la vue sur la mer, toutes indépendantes, toutes différentes et bien équipées. Bel espace extérieur arboré dans un calme olympien et la vue sur Santa-Giulia et la baie de Porto-Vecchio. Accueil adorable de Françoise et Jean-Luc Pietri en prime !

Un marché de producteurs et artisans de la région est organisé chaque deuxième et quatrième samedi du mois en juillet et août.

PIANOTTOLI-CALDARELLO ★★★

Les deux hameaux se situent en bord de mer, près du golfe de Figari. Ils ont l'architecture typique des villages de l'extrême sud, avec leurs maisons troglodytiques en granit, construites autour de chaos rocheux qui servaient autrefois d'habitations. L'église paroissiale, de style néoclassique, se situe à mi-chemin entre Pianotolli et Caldarello. Son clocher est original, et elle a été rénovée récemment. Au sud de la belle tour de Caldarello, on peut ainsi voir les ruines d'un baptistère paléochrétien datant du IVe siècle, remanié au début de l'époque pisane. L'église pisane que l'on trouve à l'entrée même du golfe servait, quant à elle, de point de repère pour les marins.

Le couvert

■ LA TABLE DE MARGUERITE

N 196
Lanciato
✆ 06 82 68 41 96
magquilichini@hotmail.fr
A 1 km du centre

Fermé de novembre à mars. Haute saison : ouvert tous les jours et les jours fériés le midi et le soir. Fermé le soir en mai. Réservation recommandée. Menu unique à 23 €. Carte :

Bateau au mouillage dans une crique corse.

© EUGENE SERGEEV - SHUTTERSTOCK.COM

Figari.

25 € environ. Menu enfant : 9,50 €. Plat du jour : 15 €. Vin au verre. CB non acceptée. Accueil des groupes. Chaises bébé. Jardin. Terrasse. Vente à emporter. Animations. Piscine et chambres d'hôtes 75 €.

Une petite adresse toute simple, tenue par Mme Quilichini et sa fille qui ont transformé leur maison en une charmante table d'hôtes. Un petit jardin, une piscine et une grande terrasse ombragée pour profiter d'une bonne cuisine maison qui satisfera les plus difficiles. Accueil adorable pour ne rien gâcher et une évidente volonté de faire plaisir à chacun. En prime : quelques chambres d'hôtes pour bien digérer ces bonnes agapes. On y court !

Le gîte

■ **LE DAMIER*****
Hameau de Caldarello
✆ 04 95 71 48 85
www.camping-le-damier.com
info@camping-le-damier.com
A 650 m des plages et 23 km de Bonifacio.

Fermé d'octobre au 15 avril. Réservation recommandée. Accueil jusqu'à 20h (minuit en été). Gardé 24h/24 (06 22 40 11 05). Terrain de 3 ha. 100 emplacements (12 lodges et 6 mobil-homes). Exposition : ombragé / mi-ombragé. Sol : sablonneux / gravillons. Relief : en terrasse. Emplacement + véhicule + 2 personnes. Emplacement + véhicule + 2 personnes. Emplacement + véhicule + 2 personnes. 6 bungalows pour 4 à 5 personnes de 400 € à 750 € la semaine. Ticket restaurant. CB non acceptée. Chèque Vacances. Animaux acceptés (1 €, sauf en locatif). Aire pour camping-cars. Wifi payant. Restauration (de juin à mi-septembre, pizzeria carte 30 €. Menu enfant 8 €. Buffet le midi 13 €). Animations.

A l'extrême sud de la Corse et à quinze minutes de Bonifacio, parfums, lumière et beauté insulaires offrent un cadre exceptionnel pour des vacances de rêve. Le Damier vous permet de découvrir et de profiter d'une nature encore sauvage. A 600 mètres d'une splendide plage de sable fin et du port de plaisance, sports nautiques et farniente sont les maîtres mots. A disposition : épicerie, bar et un bon restaurant et son chef Benjamin Cesari, formé chez Lenôtre !

Dans les environs

Monacia-d'Aullène ★

Entre mer et montagne, le village est construit au pied d'une colline, et a gardé toute son authenticité. Ses ruelles étroites donnent à voir de belles maisons de pierre aux hautes montées en escalier, et l'ensemble est gardé par les ruines de la tour génoise de la pointe d'Olmeto. Une autre tour se situe sur l'îlot du Prêtre, sur le littoral. Dans les environs, on peut découvrir le célèbre Uomo di Cagna, l'homme de Cagne, un rocher en équilibre sur la montagne (1 217 m) dont la forme évoque celle d'un visage humain. Autrefois, les pêcheurs de corail se repéraient par rapport à lui, et rebroussaient chemin quand ils le perdaient de vue. Des sentiers permettent de découvrir la montagne voisine. Au nord du village, on accède à la chapelle Santa-Monaca. Le hameau possède également plusieurs vestiges préhistoriques et romains, comme, par exemple, du mobilier et une Vénus sculptée.

■ **L'UOMO DI CAGNA**
Giannuccio
Voir page 46.

SUD CORSE

LE SUD-EST

Cette région est remarquable par sa diversité : belles plages, rivières et massif montagneux. Bref, un raccourci de beauté : Porto-Vecchio, ville phare, s'illustre par son intense activité culturelle, sa citadelle et son port de plaisance. Autour de son golfe, les longues plages de sable fin, bordées de généreuses pinèdes, s'étendent au nord jusqu'aux charmantes communes de Lecci, et Sainte-Lucie de Porto-Vecchio. A quelques minutes, les aiguilles de Bavella dominent les massifs de l'Alta-Rocca avec ses rivières escarpées et ses villages authentiques, dans un somptueux décor.

PORTO-VECCHIO ★★★★

La ville et sa marine sont dominées par les anciennes fortifications génoises, dont certaines parties sont encore bien conservées. On peut encore voir cinq bastions, et une porte, qui était l'entrée principale de la vieille ville. Sur sa place se trouve l'église paroissiale Saint-Jean-Baptiste, construite au XIXe siècle, qui renferme de très belles fresques. Les plages du grand sud sont les plus prisées. Sur la presqu'île de Piccovaggia, où l'on trouve la réserve naturelle des îles Cerbicale, on peut se baigner à la plage de Palombaggia, entourée de roches rouges, qui accueille des milliers de visiteurs chaque année. Les plages les plus proches de la ville sont Cala-Rossa, Santa-Giulia et Golfo di Sogno. Dans son golfe, entourée de plages de carte postale, la première ville touristique de Corse est relativement récente. Elle fut construite par les Génois en 1539, afin d'asseoir leur domination dans le grand Sud et d'avoir une place-forte entre Bonifacio et Aléria. Le tourisme se développe un peu au XIXe siècle, mais c'est après la disparition du moustique porteur de la malaria que la ville prendra son essor. Dans les environs, on peut découvrir les sites préhistoriques, à Torre et Tappa, qui sont très complets et dont les forts cyclopéens regorgent de mobilier et de nécropoles.

■ **OFFICE DE TOURISME MUNICIPAL DE PORTO-VECCHIO**
Rue Général-Leclerc
BP 92 - 20258 Porto-Vecchio Cedex
✆ 04 95 70 09 58
www.destination-sudcorse.com
accueil@destination-sudcorse.com
Basse saison : ouvert du lundi au vendredi de 9h à 12h et de 14h à 18h. Haute saison : tous les jours et les jours fériés de 9h à 20h. Visites guidées : tous les jeudis à 18h30, 7 € par personne, 3,50 € -12 ans, tarif groupe 5 € à partir de 20 personnes.

■ **CHIOCCA CROISIÈRES RUSCANA – AMOURS DES ÎLES – ÎLE DE BEAUTÉ**
Port de plaisance
Quai Pascal Paoli
✆ 04 95 70 33 67
✆ 04 95 71 41 50
✆ 06 26 05 37 24
www.croisieres-ruscana.com
vincentchiocca@aol.com
♿

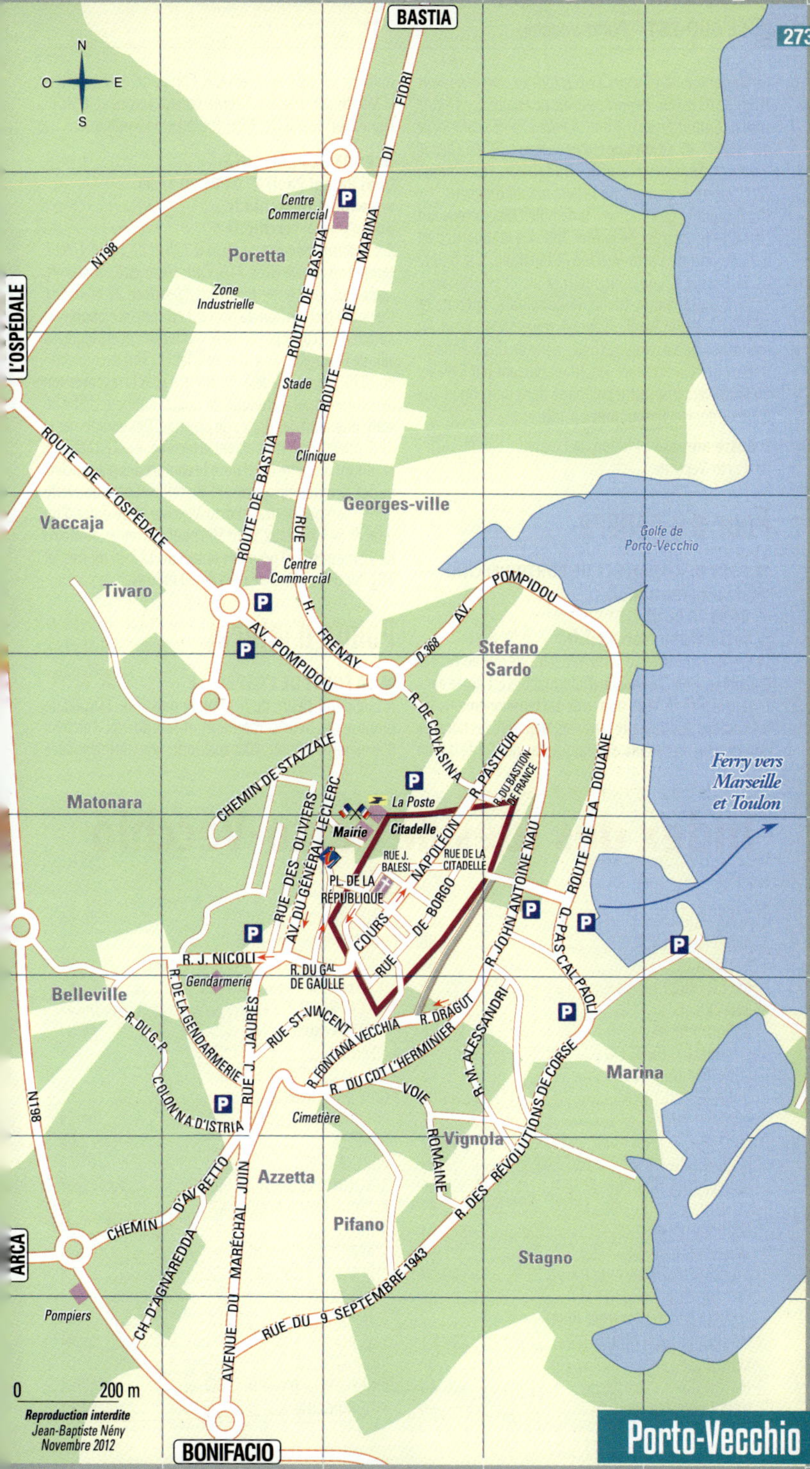
A
B
C
D
E
1
2
3
4
5
6
7
8
9
N
O
E
S
BASTIA
L'OSPÉDALE
ARCA
BONIFACIO
N198
Centre Commercial
Poretta
Zone Industrielle
ROUTE DE BASTIA
ROUTE DE MARINA DI FIORI
Stade
Clinique
Georges-ville
ROUTE DE L'OSPÉDALE
Vaccaja
Tivaro
RUE H. FRENAY
AV. POMPIDOU
D 368
Stefano Sardo
Golfe de Porto-Vecchio
R. DE COVASINA
R. PASTEUR
R. DU BASTION DE FRANCE
ROUTE DE LA DOUANE
Ferry vers Marseille et Toulon
Matonara
CHEMIN DE STAZZALE
La Poste
Mairie
Citadelle
RUE DES OLIVIERS
AV. DU GÉNÉRAL LECLERC
RUE J. BALESI
RUE DE LA CITADELLE
NAPOLÉON
PL. DE LA RÉPUBLIQUE
COURS
RUE DE BORGO
R. JOHN ANTOINE NAU
D. PASCAL PAOLI
R. J. NICOLI
R. DU GAL DE GAULLE
Gendarmerie
Belleville
R. DE LA GENDARMERIE
R. DU G. P. COLONNA D'ISTRIA
RUE J. JAURÈS
RUE ST-VINCENT
R. FONTANA VECCHIA
R. DRAGUT
R. DU CDT L'HERMINIER
R. M. ALESSANDRI
R. DES RÉVOLUTIONS DE CORSE
Marina
VOIE ROMAINE
Cimetière
Vignola
Azzetta
CHEMIN D'AVRETTO
AVENUE DU MARÉCHAL JUIN
CH. D'AGNAREDDA
Pifano
Stagno
RUE DU 9 SEPTEMBRE 1943
Pompiers
0 200 m
Reproduction interdite
Jean-Baptiste Nény
Novembre 2012
Porto-Vecchio

Fermé de novembre à mars. Ouvert tous les jours et les jours fériés de 9h à 18h. Départ possible de Pinarello en haute saison. Gratuit jusqu'à 4 ans. Adulte : 75 €. Enfant (de 5 à 12 ans) : 45 €. Groupe (10 personnes) : 70 €. Chèque Vacances. 1 bateau accessible. Visite guidée. Restauration (petit déjeuner et repas sur le bateau tout compris).

Depuis quatre générations, la famille Chiocca vous fait partager les plaisirs de la mer. Tous les matins, départ à 9h du port de Porto-Vecchio et Pinarello. A la pointe de la Chiappa, vous découvrirez les îles Cerbicales, Palombaggia, Santa-Giulia, la Rondinara, Sperone et Bonifacio. Arrivé aux îles Lavezzi, repas servi à bord. Au menu, bouillabaisse du pêcheur. Visite de l'île, baignade. Départ des Lavezzi vers 15h30 en passant par Cavallo. En route vers une autre baignade dans une crique aux eaux turquoise. Retour prévu à 18h.

Autre adresse : Ponton de Pinarello, Sainte-Lucie-de-Porto-Vecchio

Pour s'y rendre

■ PORT DE COMMERCE DE PORTO-VECCHIO

Quai Sotta Portigliola
© 04 95 70 06 03
jy.battesti@sudcorse.cci.fr

Le port de commerce de Porto-Vecchio a été créé en 1974 et agrandi en 1994. La banque d'informations est située dans la gare maritime. Vous trouverez des renseignements sur les horaires des bateaux (arrivées, départs), les horaires des navettes, des trains, des autocars au départ de la gare routière, les différents services. Compagnies maritimes : la Maritima Feriies (ex SNCM), Corsica Ferries et la SNAV. Lignes vers Marseille, Nice, Toulon et la Sardaigne.

■ PORT DE PLAISANCE

Quai Pascal Paoli © 04 95 70 17 93
www.porto-vecchio.fr
port@porto-vecchio.fr

Basse saison : ouvert de 8h30 à 12h et de 14h à 17h30. Haute saison : de 8h à 21h. Eau, électricité, sanitaires, carburant, laverie, wi-fi gratuit. À partir de 22 € la nuit.

Un projet d'extension du port est en cours d'élaboration autour d'un concept : accueil, modernité et écologie. La ville de Porto-Vecchio a obtenu le label « Port exemplaire » en 2010. Le projet a déjà été amorcé avec la reconversion de l'ancien quai technique en quai d'honneur dédié au stationnement des unités de prestige. Des équipements de dernière génération alliant la technique et l'esthétique, et offrant un cadre idéal pour le confort des plaisanciers et des promeneurs, ont été installés. Cette nouvelle dimension permettra à Porto-Vecchio de se doter d'un total de 844 anneaux, dont 506 pour des unités de moins de 12 mètres, 320 pour des unités de 12 à 20 mètres, et 18 pour des navires de plus de 20 mètres.

Points d'intérêt

■ LA FORÊT DE L'OSPEDALE ★★★

A une demi-heure du littoral, le massif de l'Ospedale propose des lieux surprenants et somptueux. Perché à 850 mètres d'altitude, l'Ospedale offre une vue imprenable

Index des rues de Porto-Vecchio

Plage de Palombaggia.

sur le golfe de Porto-Vecchio. Le village tient son nom « u Spidali » d'un ancien hôpital qui accueillait dès le XVe siècle des voyageurs et des bergers en route vers la montagne. Fontaine, horloge solaire, grands escaliers et maisons de pierres nous rappellent la vie d'autrefois. Autour du village, une magnifique forêt de pins lariccio et de hêtres abrite une faune et une flore endémiques. Un peu plus haut au cœur de la forêt, son barrage dessine un décor enchanteur et constitue une halte rafraîchissante. Puis, à quelques pas, un sentier balisé mène à la cascade Piscia di Ghjaddu, une chute d'eau spectaculaire de 60 mètres !

LES PLAGES DE PORTO-VECCHIO ★★★★

Des eaux bleu turquoise au vert lumineux des pins parasols, le littoral offre une véritable apothéose de couleurs.

Golfu di Sognu. Au nord de Porto-Vecchio à environ 7 km. La baie du Stagnolu s'ouvre dans l'ouest de la presqu'île du Benedettu et abrite la plage de Golfo di Sogno. Ici, « u Stagnolu » (l'étang) est retenu par de longs bancs de sable tandis que l'Osu se jette dans la mer. Cette baie offre d'excellents mouillages aux marins ainsi que de bonnes conditions pour les amateurs de voile.

Palombaggia. Située au sud du golfe de Porto-Vecchio est une perle parmi les perles. Une aquarelle de bleus dans un contour de porphyre rose... Elle se caractérise par son eau claire, ses dunes blanches de sable fin et ses pins parasols. La côte se prolonge ainsi jusqu'au Cap d'Acciaghju avec la plage de Tamaricciu et l'anse de la Folacca. Elles sont reliées et accessibles à pied par un chemin alternant roches et maquis. Un site remarquable protégé avec ses 72 hectares d'étangs et de pinède classés zone naturelle d'intérêts écologiques faunistiques et floristiques.

Santa Giulia. Cette baie aux allures de lagon polynésien, est un emblème des beautés naturelles de l'extrême Sud. Baignant au pied d'une montagne, son golfe abrite une longue plage et une petite marina, séparées par des roches granitiques. Célèbre pour son sable d'une extrême finesse et son eau en pente douce, elle est également une des bases nautiques les plus complètes et dynamiques de la région. Un site qui enregistre le taux de fréquentation estival le plus élevé de Corse.

Porto Novo. C'est la seule plage importante de tout le Sud-est de la Corse à rester préservée des touristes, surtout en haute saison ! Elle n'est fréquentée que par les bateaux qui y viennent chercher un mouillage superbe dans un environnement dénué de toute construction. Accès par une piste de 3 km, réservée aux véhicules 4x4 et démarrant le long d'une carrière en bord de la RN198 à 15 km au sud de Porto-Vecchio.

Monuments

CASTELLU D'ARAGGIO ★★

Arragio

L'un des six castelli du Sud-Est de la Corse. Il s'agit d'une trace importante laissée par la civilisation torréenne, guerriers qui vécurent en Corse entre 6 000 et 1 600 avant J.-C. Cette construction a dû demander une main-d'œuvre importante à en juger par la dimension des blocs de pierre et l'entrée monumentale. L'architecture de l'habitat est particulièrement élaborée pour l'époque, puisqu'on peut distinguer, encore aujourd'hui, non seulement l'enceinte fortifiée et sa porte principale, mais aussi un chemin de ronde et de nombreuses pièces creusées dans l'épaisseur des murs.

Balades, flâneries

LES ÎLES CERBICALE ★★

La réserve naturelle de Bonifacio et des îles Cerbicale a été créée dans le cadre d'un protocole d'accord franco-italien visant à réaliser un parc marin international au travers d'un détroit menacé par le trafic maritime et une forte fréquentation touristique. Elle représente, avec la réserve naturelle des Tre Padule de Suartone, la plus grande réserve marine de Méditerranée occidentale : 79 460 hectares. Elle abrite une richesse écologique remarquable et se distingue également par la qualité et l'originalité de ses paysages : falaises calcaires, chaos granitiques... Ces territoires sont gérés par l'Office de l'environnement de la Corse et appartiennent au domaine public maritime, au Conservatoire de l'Espace littoral et des rivages lacustres, aux communes et au Département de la Corse du Sud.

Le couvert

■ L'ANTIGU
51, rue Borgo
✆ 04 95 70 39 33
frederique.grondein@wanadoo.fr
Fermé du 15 janvier à février. Basse saison : ouvert du mardi au samedi et les jours fériés le midi et le soir. Haute saison : tous les jours et les jours fériés le midi et le soir. Réservation recommandée. Menus de 24 € à 29 €. Carte : 40 € environ. Suggestion du jour : 20 €. Vin au verre. American Express, Diners Club, Chèque Vacances. Accueil des groupes. Chaises bébé. Terrasse.
Une table sympathique dans la rue Borgo, on l'on s'attablera avec plaisir dans la salle typique ou sous l'une des deux grandes terrasses ombragées et panoramiques. Les deux frères Evesque accompagnés du chef Ludovic Chartrain travaillent ici à longueur d'année et, sans tomber dans la facilité d'une situation d'exception (l'une des plus belles vues sur les marais salants et le golfe), l'établissement propose une cuisine très honorable. La carte est bien sûr basée sur le terroir avec tous les grands classiques demandés par les touristes, complétée par les propositions journalières du marché du jour.

■ BOCCA D'ORO
Hameau de Bocca d'Oro
✆ 04 95 70 24 87
Fermé de novembre à mars. Haute saison : ouvert tous les jours et les jours fériés le midi et le soir. Réservation recommandée. Carte : 22 € environ. Vin au verre. Accueil des groupes. Terrasse. Vente à emporter.
Amateurs de bonnes pizzas, de grillades au feu de bois, rendez-vous sans détours chez Jean-Marc et Denis Castelli. Au cœur du hameau, la belle bâtisse, en pierre et bois, ouverte aux quatre vents, ne manque ni de charme, ni d'ambiance. On s'y retrouve entre locaux, saisonniers et touristes éclairés pour passer de bonnes soirées où la table et l'ambiance sont au diapason. Dans la belle bergerie du grand-père Toussaint, on vous conseillera de réserver au plus vite pour profiter tout particulièrement de l'endroit qui a enchanté le Petit Futé !

■ A CANTINETTA
Rue Sampiero Corso
Haute-Ville
✆ 04 95 52 11 09
✆ 06 87 25 69 20
patricia.benessy@orange.fr
Ouvert toute l'année. Tous les jours et les jours fériés le midi et le soir. Réservation recommandée. Carte : 26 € environ (à l'ardoise). Vin au verre. CB non acceptée. Jardin. Terrasse.
Une cantine surprenante, nichée sous les camouflages, elle-même cachée dans une petite ruelle tranquille. Le repas sera doux et bien cadencé par une carte à l'ardoise qui atteste de la fraîcheur des produits du marché et des recettes traditionnelles mitonnées par Patricia, la maîtresse des lieux. Authentique et encore préservée du tourisme, on est dans la plus ancienne maison de la ville datant du XVIe siècle. A savourer sans modération : la soupe corse (la vraie), la charcuterie et les terrines artisanales, les aubergines farcies selon l'humeur à la viande ou au brocciu, les tagliatelles à la farine de châtaigne et pour les gourmands la tarte maison aux fruits de saison. Ambiance intimiste et bonne humeur de rigueur !

■ COSTA MARINA
Route de Palombaggia
✆ 04 95 70 36 57
www.restaurantpalombaggia.com
costamarina@wanadoo.fr
Fermé du 15 novembre au 1er avril. Ouvert tous les jours et les jours fériés le soir (dernier service à 23h). Réservation recommandée. Carte : 40 € environ. Suggestion du jour : 22 €. Vin au verre. Chaises bébé. Jardin. Terrasse. Vente à emporter.
Situé juste au-dessus des plages de Palombaggia, le Costa Marina bénéficie d'un panorama unique face à l'île du Toro. Implanté en escalier sur la colline, dans un beau jardin soigné, la cuisine est méditerranéenne, avec ses pizzas et grillades au feu de bois, et ses terrasses ouvertes sur la grande bleue. Laurent y accueille touristes et habitués pour un joyeux moment de plaisir. On est bercé par le clapot de la cascade maison. Christian, le chef de la maison, accompagné de son pâtissier de renom, a fait évoluer les assiettes dans le bon sens, bien sûr, et la carte des vins reste très accessible pour la région. Agréable bar face à la baie de Folaca pour déguster cocktails et digestifs en toute sérénité. Super desserts pour faire passer une addition toujours raisonnable.

■ LE GOÉLAND
Port de plaisance
Avenue Georges Pompidou
✆ 04 95 70 14 15
www.hotelgoeland.com
contact@hotelgoeland.com
Fermé du 1er novembre au 26 mars. Ouvert tous les jours et les jours fériés le midi et le soir. Réservation recommandée. Menu unique à 30 €. Carte : 42 € environ. Menu enfant : 18 €. Formule du midi : 22 € (à 30 €). Vin au verre. Salle climatisée, wifi zone. American Express. Accueil des groupes (banquets, séminaires. Animations musicales sur demande). Chaises bébé. Jardin. Terrasse.
Situation idyllique pour cette table du Goéland qui trône au ras des flots juste à côté du port de plaisance. On y sera bien plus au calme pour savourer une belle cuisine méditerranéenne du chef Pascal Vautrey qui ne fait nullement ombrage à ce fameux golfe de Porto-Vecchio. Un gazon anglais pour l'apéritif, un petit port pour y accoster sans soucis et des formules menu-carte attractives pour y venir sans autre préoccupation que de savourer l'instant présent.

■ CHEZ JEFF
Route de Marina di Fiori
Pezza Cardo
D468
✆ 04 95 21 80 22
jantalandrepierre@gmail.com

Ouvert toute l'année. Haute saison : tous les jours et les jours fériés le soir. L'hiver, ouvert le jeudi, vendredi et samedi soir. Réservation recommandée. Carte : 30 € environ. Menu enfant : 9,50 €. Plat du jour : 20 €. Vin au verre. American Express. Accueil des groupes. Chaises bébé. Jardin. Terrasse. Vente à emporter. Animations. Parking privé.

Il est bien loin le temps de la petite baraque en bois qui fut la genèse de cette adresse à mi-chemin de Cala-Rossa et Porto-Vecchio. On est ici chez André-Pierre, qui prend la suite de son père Jeff, personnage haut en couleur connu dans toute la région. On y vient pour sa grande brocherie au feu de bois où, si vous avez de la chance, tournera un porcelet, un cabri, un agneau et même les suggestions marines de Vincent Chiocca le pêcheur de Pinarello. Les indispensables pizzas copieuses et savoureuses, une grande salle lumineuse, une immense terrasse pour y passer un bon moment pour une addition toujours digeste.

■ LE MARINA LOUNGE

D468
Avenue Général-Boissoudy
✆ 04 95 23 47 36
www.marinalounge.fr
restaurantlemarina@hotmail.fr
♿

Fermé du 15 octobre au 15 avril. Ouvert tous les jours et les jours fériés le midi et le soir. Service snaking non-stop de mi-juin à août. Réservation recommandée. Carte : 40 € environ. Menu enfant : 11 €. Formule : 20 € (les planches terre et mer). Vin au verre. Plage aménagée de transats et parasols. Wifi gratuit. Chèque Vacances. Accueil des groupes. Chaises bébé. Jardin. Terrasse. Animations. Salle climatisée, wifi zone.

En plein milieu de Marina di Fiori, on découvre la plage exclusive et le nouveau restaurant d'Aurore et Arnaud tout juste descendus de leur montagne pour apporter leur gentillesse et leur savoir-faire aux Porto-Vecchiais. Le cadre est superbe avec une grande salle cosy, une immense terrasse ombragée donnant sur le sable et une carte adaptée aux envies de chacun, du plus simple au plus sophistiqué. On sera à deux pas de la ville pour profiter de ce lieu idyllique. En bonus : le vivier à langoustes, la sélection de la pêche locale du jour et la nouvelle carte des tapas gourmands à déguster autour d'un bon cru de vin local.

■ L'ORÉE DU SITE

D759
Araggio
✆ 04 95 10 30 10
✆ 06 37 40 37 10
www.facebook.com/loreedusite
oreedusite@yahoo.fr

Fermé du 15 novembre au 14 mars. Haute saison : ouvert tous les jours et les jours fériés le midi et le soir. L'hiver, ouvert du vendredi midi au dimanche midi. Réservation recommandée. Menus de 23 € à 31 €. Carte : 28 € environ. Menu enfant : 12 €. Suggestion du jour : 12 €. Vin au verre. Accueil des groupes. Chaises bébé. Jardin. Terrasse. Vente à emporter. Animations. Soirées corses le vendredi soir de mai à septembre.

Reprise en main par Franck, le créateur de cette adresse bien cachée à 10 km de Porto-Vecchio, au pied du site bien connu. On retrouve les formules gourmandes ancestrales avec ses spécialités corses et ses formules rapides du midi. Un cadre champêtre, une carte et des menus maison et des soirées musicales pour être sûr de passer un bon moment. En bonus : le petit jardin d'enfant, le parking privé et le wi-fi offert. Organisation de banquets, mariages ou baptêmes.

■ LA PETITE MAISON DE VARDIOLA

D368
Vardiola
✆ 06 77 51 11 95
djmika2a@hotmail.fr
A 20 km du centre-ville et 20 km de l'Ospedale.

Ouvert toute l'année. Basse saison : le vendredi et le samedi. Haute saison : tous les jours et les jours fériés le midi et le soir. Réservation recommandée. Menus de 36 € à 45 €. Carte : 40 € environ. Menu enfant : 12 €. Vin au verre. CB non acceptée. Jardin. Terrasse. Animations.

Une petite maison de cantonnier, transformée cette année par Mickael, jeune Porto-Vecchiais, pour offrir aux touristes en goguette son auberge plantée au milieu de nulle part. On y vient pour manger de la corsitude avec ses menus copieux pour gros mangeurs. Réservation fortement recommandée pour y trouver une place. Une étape au calme avant de retrouver la fournaise de la cité du sel.

■ RANCH'O PLAGE

Plage de Cala-Rossa
Route de Benedettu
D468a
✆ 04 95 71 62 67
www.restaurant-rancho-plage.com
ranchoplage@gmail.com

Fermé du 14 octobre au 16 avril. Ouvert tous les jours et les jours fériés le midi et le soir. Réservation recommandée. Menus de 29 € à 38 €. Carte : 42 € environ. Menu enfant : 13,50 €. Suggestion du jour : 17 € (à 20 €). Vin au verre. American Express, Chèque Vacances. Accueil des groupes. Chaises bébé. Jardin. Terrasse. Vente à emporter. Animations. Wifi gratuit. Location de transat et parasol.

Un superbe restaurant, posé sur la plage de Cala Rossa aménagée de transats et parasols, où Yannick et François Colonna Cesari reçoivent leur fidèle clientèle comme des amis. La carte élégante du chef Roland Cazaux permet de satisfaire tous les appétits, le service est agréable et attentif et l'addition sans excès. La cuisine est semi gastronomique, avec une carte du midi pour rester léger sur le sable, et une carte du soir plus élaborée. Vous pourrez même y venir par la mer (GPS : 41°37'13 22 « Nord et 9°19'57 16» Est), grâce à l'annexe qui vous accompagnera sur le sable. En prime : un four à bois et sa carte de pizzas savoureuses et une nouvelle terrasse décapotable pour en profiter en toutes saisons. A réserver en priorité, votre table sous les arbres, surnommé le coin VIP.

■ LE REFUGE DE CARTALAVONU

D368
Lieu-dit Cartalavonu
Forêt de l'Ospedale ✆ 04 95 70 00 39
francois-marie.monti2a@orange.fr
à 25km de Porto-Vecchio.

Fermé de novembre à mars. Ouvert tous les jours et les jours fériés le midi et le soir. Réservation recommandée. Carte : 28 € environ. Vin au verre. CB non acceptée. Accueil des groupes. Jardin. Terrasse. Animations. Soirées chants et guitares en saison.

Dans le cadre idyllique de la forêt de l'Ospédale, à 27 km de Porto-Vecchio et 17 km de Zonza, un ravissant restaurant-gîte d'étape où l'on pourra se ressourcer l'espace d'une nuit avant de reprendre la marche, avec un beau panorama à 180 degrés sur toute la vallée et le golfe de Porto-Vecchio. Le domaine des frères Monti est l'étape incontournable de cet arrière-pays. L'adresse, au milieu des pins Lariccio et des blocs de granite n'est nullement seulement réservée aux randonneurs du Mare e Mare Sud ou de Vacca-Morta, car le tout Porto-Vecchio monte ici. Pour dormir, on aura le choix entre le gîte en dortoir ou les chambres d'hôtes. Au restaurant, des bons plats typiques comme la charcuterie artisanale de la maison, les aubergines à la mode Cartalavonu, « U Tianu », le fameux veau corse en sauce, le porcelet rôti aux herbes du maquis sans oublier l'inimitable fiadone maison. Grande ambiance chaque mardi et vendredi soir en été avec les chants traditionnels et guitares qui enflamment la forêt et accueil montagnard impeccable

SOUS LA TONNELLE
11, rue Abbatucci
✆ 04 95 70 02 17 – loubetmaud@gmail.com

Ouvert toute l'année. Tous les jours et les jours fériés le midi et le soir. Service le soir uniquement en juillet et août. Fermé le dimanche et lundi midi en hiver. Réservation recommandée. Carte : 40 € environ. Suggestion du jour : 20 €. Vin au verre. Terrasse.

On est ici chez Monique Loubet, cuisinière de son état, aussi adroite aux fourneaux que son pilote de mari sur les routes de Corse. L'adresse est bien cachée, derrière le clocher de l'église Saint-Jean-Baptiste et le tout Porto-Vecchio en fait sa cantine pour savourer ses spécialités locales. Le cadre est soigné, avec une salle cosy, la petite terrasse, le préau sous la tonnelle, du mobilier confortable et l'on y dégustera tous les grands classiques qui reviennent immanquablement chaque saison : charcuterie du pays, aubergines facies, petti morti, magret de canard aux marrons, fondant à la noisette... Le service est parfait, jeune, dynamique et l'addition sans excès. Un seul impératif : il vous faudra réserver en été pour avoir une chance d'en profiter.

■ **LA TABLE DE NATHALIE**
Haute-Ville
4, rue Jean Jaurès ✆ 04 95 71 65 25
latabledenathalie@gmail.com

Ouvert toute l'année. Haute saison : tous les jours et les jours fériés le midi et le soir. Hors saison fermé le lundi midi et le dimanche. Haute saison fermé le lundi midi et dimanche. Réservation recommandée. Carte : 40 € environ. Suggestion du jour : 16,50 € (à 30 €). Vin au verre. Terrasse. Animations. Wifi zone. Salle climatisée.

Très plaisante découverte dans la cité du sel avec cette adresse gourmande et élégante aux portes du cœur historique de la ville. Nathalie Cavel, autodidacte passionnée, nous propose son petit bistrot qui fait fureur tout au long de l'année. Une terrasse accueillante, une salle cosy, une grande ardoise où l'on découvrira les suggestions journalières concoctées au gré du marché (une garantie fraîcheur). Une adresse originale, dans ce monde de brutes, avec le joli tour de main de notre cuisinière maison qui, en plus de ses talents, est fort agréable à regarder et qui a su fidéliser la clientèle locale.

■ **U SPUNTINU**
Haute-Ville, 1, place Sainte-Croix
✆ 04 95 72 28 33 – p.orsucci@orange.fr

Fermé du 15 octobre à mars. Ouvert tous les jours et les jours fériés le midi et le soir. Réservation recommandée. Carte : 23 € environ. Formule : 18 € (assiette gourmande). Vin au verre. Chèque Vacances, Chèque Restaurant. Chaises bébé. Terrasse. Vente à emporter. Boutique. wi-fi gratuit.

Avant ou après la messe, la table de Sylvie et Philippe Orsucci est immanquable. On y viendra à toute heure y manger les spécialités corses en version casse-croûte mais améliorée. Une grande terrasse sur le parvis, une petite salle dans une ancienne cave et la partie boutique pour ramener le meilleur de l'île : charcuterie, fromages, épices et condiments, vins, miel... une belle caverne d'Ali Baba pour les gourmands. Accueil parfait pour ne rien gâcher.

■ **VISTAERO**
29, rue Borgo
✆ 06 63 99 14 24
lang.nicolas@sfr.fr

Fermé de février au 15 mars. Haute saison : ouvert tous les jours et les jours fériés le midi et le soir. Fermé le lundi en hiver. Réservation recommandée. Carte : 30 € environ. Vin au verre. Terrasse.

Nico a repris à son compte ce petit bistrot au bout de la rue Borgo et la formule fait fureur auprès des nombreux habitués. On y monte par un petit escalier pour tomber sur la salle et sa terrasse panoramique dont l'appellation n'est pas usurpée. Le spot est magnifique et la carte inspire confiance par sa simplicité ! On est bien loin des suggestions de plus de 50 plats. Ici, c'est trois entrées, six plats et 4 desserts. Du fait maison avec l'ambiance et l'accueil qui vont bien.

Le gîte

■ **BEST WESTERN HOTEL ALCYON*****
Rue Maréchal-Leclerc
Haute-Ville ✆ 04 95 70 50 50
www.hotel-alcyon.com – info@hotel-alcyon.com

Qualité Tourisme. Ouvert toute l'année. Accueil 24h/24. 40 chambres (et 10 apparthotels de 2 à 6 personnes). Chambre double 80 € ; chambre triple 100 €. Petit déjeuner buffet : 14 €. Garage : 12 € (moto 8 €). Chambre quadruple à partir de 107 €, appartement T2/T3 à 120 € et 198 €. American Express, Chèque Vacances. Animaux acceptés (8 €). Poste Internet. Wifi gratuit. Service de ménage. Tv satellite, Canal +. Excursions (découverte de la côte en bateau avec skipper).

Un nom mythique, la fille d'Eole, pour ce grand bâtiment, qui domine le golfe de Porto-Vecchio. Chantal et Pierre Deguy savent recevoir leurs hôtes pour un séjour ou une escapade grâce à des prestations dignes de son classement (climatisation, insonorisation, le nouvel espace bar panoramique en toit terrasse, et ascenseur). Idéalement placé à 100 m de la vieille ville, face à la citadelle, on y trouvera un garage sécurisé. Les amoureux de la mer s'adresseront à Pierre, le capitaine, pour découvrir les beautés du littoral tout proche. Les apparthotels 4 étoiles tout neufs juste au-dessus bénéficient d'un calme appréciable dans un écrin de verdure.

■ **CARANELLA*****
D468a, Route de Cala-Rossa
✆ 04 95 71 60 94
www.caranella.com – info@caranella.com

Fermé du 30 octobre au 3 avril. Accueil jusqu'à 20h. 12 chambres (et 35 appartements). Chambre double à partir de 82 € ; studio / appartement de 322 € à 2 632 € la semaine ; suite de 200 € à 383 €. Demi-pension : 36 € (dîner et petit déjeuner). Petit déjeuner buffet : 12 €. Lit supplémentaire : 37,50 € (en basse saison). Parking ouvert inclus. American Express, Chèque Vacances. Garde d'enfants. Animaux acceptés (15 €). Séminaires. Réceptions et mariages. Wifi gratuit. Service de ménage. Restauration (au Ranch'o Plage à 350 mètres, menus de 29 € à 34 €, carte 40 €. menu enfant 12,50 €).

Idéalement situé près de la somptueuse et mythique plage de Cala Rossa, cet hôtel résidence propose des prestations de qualité. De la chambre d'hôtel au confortable appartement familial, le tout implanté dans un domaine de 5 ha arborés de végétation méditerranéenne. La résidence est composée de petits bâtiments agréablement disposés dans la propriété et chacun y trouvera son bonheur, du plus simple au plus sophistiqué. Au cœur de Caranella, une grande piscine chauffée et une belle terrasse avec son bar, où l'on trouvera le calme et la sérénité. La plage est à 350 m, pour les amoureux de l'eau salée, et l'on pourra choisir, pour un week-end en amoureux, l'adorable « Suite Plage » exclusive les pieds dans l'eau à côté de l'élégant et savoureux restaurant Ranch'o Plage.

■ LE GOÉLAND****

Port de plaisance
Avenue Georges Pompidou
© 04 95 70 14 15
www.hotelgoeland.com
contact@hotelgoeland.com

Fermé du 1er novembre au 21 mars. Accueil 24h/24. 34 chambres. Basse saison : chambre double à partir de 120 € ; suite à partir de 260 €. Demi-pension : 180 € (pour 2 personnes en basse saison chambre côté pin). Petit déjeuner buffet inclus. Lit supplémentaire : 45 € (en basse saison). Parking fermé inclus (garage moto). American Express. Garde d'enfants. Poste Internet. Wifi gratuit. Restauration (menu 30 € le midi, menu enfant 18 €, carte 40 €. Formule midi de 22 à 30 €). Tv satellite.

Cet hôtel de charme est situé à quelques pas du port de plaisance de Porto-Vecchio, sur une presqu'île qui permet d'amarrer son bateau quasiment aux pieds de sa chambre. L'établissement a été entièrement rénové pour le plus grand plaisir de ses hôtes avec ses chambres et suites agréables à la décoration soignée. L'accueil est chaleureux et l'espace restaurant-bar-terrasse est remarquable. On apprécie particulièrement le petit déjeuner les pieds dans l'eau et l'apéritif tapas sur la pelouse. La Table du Goéland est une incitation à la gourmandise avec la cuisine élégante et raffinée.

■ MARINA CORSICA***

Marina di fiori
Voie d'Arena
D468
© 04 95 70 91 91
www.hotelmarinacorsica.com
contact@marinacorsica.com

Fermé du 11 octobre au 18 avril. Accueil 24h/24. 20 chambres (et 69 appartements). Chambre double 110 € ; studio / appartement 75 €. Demi-pension : 34 € (petit déjeuner et dîner). Petit déjeuner buffet : 12 €. Lit supplémentaire : 40 € (enfant – de 10 ans). Parking fermé inclus (auto et moto). Demi-pension Enfant 25 €. American Express, Chèque Vacances. Garde d'enfants. Jeux pour enfants. Poste Internet. Wifi gratuit. Restauration. Vente. Tv satellite.

Un bel établissement à quelques pas de Porto-Vecchio dans un quartier calme qui a su améliorer ses prestations avec bonheur. On sera les pieds dans l'eau avec la vue sur le golfe pour profiter de ses vacances en toute sérénité. Beaux volumes et belle décoration pour les chambres, parc arboré et bien entretenu, bon restaurant sur place et une bonne volonté de toute l'équipe pour satisfaire tous vos désirs. Tarifs attractifs même en haute saison.

■ GOLFE HOTEL***

Rue du 9-Septembre-1943
✆ 04 95 70 48 20
www.golfehotel-corse.com
info@golfehotel-corse.com

Ouvert toute l'année. Accueil 24h/24. 44 chambres. Basse saison : chambre double à partir de 75 €. Petit déjeuner buffet inclus. Parking fermé inclus. American Express, Chèque Vacances. Garde d'enfants. Séminaires. Réceptions et mariages. Poste Internet. Wifi gratuit. Restauration (menu 27 €). Tv satellite. Hammam. Animations.

Un établissement de charme avec ses grandes chambres décorées avec bon goût et raffinement. La situation est pratique à quelques pas du centre historique. Sur place, le restaurant est sans reproche, le petit déjeuner copieux et le personnel disponible. Bons équipements complémentaires : piscine, hammam, salle de fitness et grand parking fermé pour dormir sur ses deux oreilles !

■ PAESE SERENU***

Marina di fiori
Voie d'arena ✆ 04 95 70 91 00
www.paese-serenu.com
contact@paese-serenu.com

Fermé du 15 octobre au 9 avril. Accueil 24h/24. 68 chambres (et 21 chambres). Studio / appartement 110 € la nuit, 525 € la semaine. Demi-pension : 38 € (petit déjeuner et dîner). Petit déjeuner buffet : 14 €. Parking fermé inclus (auto et moto). Appartements de 4 à 7 personnes, de 31 à 50m². Possibilités de location à la nuit. American Express, Chèque Vacances. Garde d'enfants. Jeux pour enfants. Poste Internet. Wifi gratuit. Service de ménage. Restauration. Vente. Tv satellite.

Une jolie résidence hôtelière en bordure du golfe de Porto-Vecchio qui complète sa situation agréable par des prestations d'un très bon standing. On y profitera évidemment de sa plage, d'un grand parc fleuri et arboré et de ses appartements dotés de deux ou trois pièces en fonction de la taille de la famille, jusqu'à 7 personnes ! Un bon restaurant juste à côté, une piscine chauffée et même un tennis pour les sportifs. Location à la nuit, en court séjour ou à la semaine, au choix.

Chambres d'hôtes

■ USPITAGHJU

L'Ospedale, D368
✆ 04 95 26 77 53 / 06 12 51 01 25
nadetdom@wanadoo.fr

Gîtes de France (3 épis). Ouvert toute l'année. Sur réservation l'hiver. Accueil jusqu'à 20h. 4 chambres. Chambre double 80 €. Petit déjeuner inclus. CB non acceptée. Wifi gratuit.

Une belle et fière bâtisse de granit, transformée en chambres d'hôtes de charme et de caractère par Nadine et Dominique Vesperini-Giorgione. En bordure de ce hameau pittoresque de l'Ospedale, on découvre un panorama à couper le souffle sur le golfe de Porto-Vecchio. Les chambres sont coquettes et décorées avec bon goût, dans l'esprit des années cinquante. Copieux petit déjeuner à prendre de préférence dans le petit jardin en espalier pour profiter des odeurs et du cadre. En prime : TV grand écran dans la salle commune, réfrigérateur, congélateur, jeux de société et Internet (wifi et ordinateur à l'accueil) à disposition. Terrasse panoramique dans le jardin.

Campings

■ PITRERA VILLAGE***

RN198
Pitrera
Sortie nord village de Trinité
✆ 04 95 70 20 10
www.pitrera.com – pitrera@orange.fr
A 6 km du port de plaisance et 5 km des plages.

Qualité Tourisme. Fermé du 11 octobre au 1er avril. Réservation recommandée. Accueil jusqu'à 17h (été 20h). Gardé 24h/24. Terrain de 3 ha. 70 emplacements (et 11 mobil-homes, 1 yourte et 54 bungalows). Exposition : ombragé / mi-ombragé. Sol : pierreux. Relief : en terrasse / peu incliné. Emplacement de 3 € à 8,50 €. Véhicule de 2,50 € à 4,20 €. 2 personnes de 12,20 € à 16,20 €. 68 bungalows pour 2 à 7 personnes de 446 € à 1 386 € la semaine. Location à la nuit à partir de 64 € le bungalow pour 4 personnes maxi. Chèque Vacances. Jeux pour enfants. Salle de bains pour bébés. Animaux acceptés (2 €/jour). Séminaires. Réceptions et mariages. Wifi payant. Service de ménage. Restauration (pizzeria-grill carte 20 €, menu enfant 8 €. Formule buffet le midi 14 €). Bain bouillonnant. Animations.

Un grand village, tenu par la famille Branca depuis près de 30 ans, qui propose une grande diversité d'hébergements, du camping au bungalow en passant par la yourte ! Deux piscines, dont une dotée de toboggans aquatiques, un restaurant grill et ses fameuses soirées musicales et thématiques, des animations pour meubler votre temps libre, et vous serez à 5 minutes des plages de Cala Rossa, de Benedettu ou de Saint-Cyprien. Bonne ambiance famille pour un séjour détente.

■ U PIRELLU****

Route de Palombaggia par Picovaggia
✆ 04 95 70 23 44
www.u-pirellu.com – u.pirellu@wanadoo.fr

Fermé d'octobre au 15 avril. Accueil jusqu'à 20h. Terrain de 5 ha. 150 emplacements. Exposition : ombragé / mi-ombragé. Sol : herbeux / gravillons. Relief : en terrasse. Parking hors emplacements. 17 chalets pour 2 à 6 personnes de 370 € à 1 550 € la semaine. Tente de 3 à 7 €, véhicule de 2,80 à 4 €, personne de 6 à 9,80 €. Chèque Vacances. Jeux pour enfants. Salle de bains pour bébés. Wifi payant. Restauration (bar-restaurant pizzeria). Aquagym et chasse au trésor pour les petits. Animation en été. Wifi gratuit en chalets.

En plein milieu de l'incontournable baie de Palombaggia, un joli camping-bungalows sur une colline bien arborée d'oliviers, de chênes-lièges et même de pins parasols. On est à 3 kilomètres de la plage et 10 km du centre-ville. Les équipements sont conformes aux quatre nouvelles étoiles et l'on appréciera tout particulièrement les petits chalets tout en haut, pour mieux contempler la mer, et les deux piscines, dont une chauffée hors saison. Possibilité de réservation de chalets (sauf en été) pour trois nuitées. Accueil familial et bonne disponibilité de toute l'équipe. Le petit plus : à retenir en priorité, les 5 nouveaux chalets tout confort.

■ U STABIACCIU***

Route de Palombaggia ✆ 04 95 70 37 17
www.stabiacciu.com – stabiacciu@wanadoo.fr
A 2 km du centre et à 4 km des plages.

Fermé du 15 octobre à mars. Membre du GIE Corsica Camping. Réservation recommandée. Accueil jusqu'à 21h. Gardé 24h/24. Terrain de 4 ha. 75 emplacements (dont 18 chalets). Exposition : mi-ombragé. Sol : herbeux. Relief : plat. 18 bungalows pour 2 à 6 personnes de 305 € à 995 € la semaine. 2 personnes+tente+voiture : de 17,10 à 22,70 €. Locations bungalow à la nuit à partir de 75 € pour 2. Chèque Vacances. Jeux pour enfants. Salle de bains pour bébés. Animaux acceptés (en camping). Aire pour camping-cars. Wifi payant. Restauration (grill au feu de bois en juillet-août). Bain bouillonnant.

A quatre kilomètres des plus belles plages de Porto-Vecchio et de toutes ses activités de loisirs nautiques, le camping dispose de dix-huit chalets de 2 à 6 places dont six climatisés et tout neuf. Grands emplacements pour le camping, deux blocs sanitaires, un bowling, un restaurant-grill en saison et même un bain bouillonnant. En prime : l'accès Internet par wi-fi dans tout le camping.

Loisirs

■ CENTRE ÉQUESTRE A STAFFA

Route de Palombaggia ✆ 06 16 56 73 60
www.astaffa.fr – astaffa@wanadoo.fr

Ouvert toute l'année. Basse saison : tous les jours et les jours fériés de 8h30 à 12h et de 14h30 à 17h30. Haute saison : tous les jours et les jours fériés de 7h à 11h et de 17h à 20h. Baptême poney à partir de 2 ans et demi, tourisme équestre. Cours 1 h 27 €. Promenade adulte 2 h 46 €. Baignade enfant 40 €. CB non acceptée. Chèque Vacances.

Une école d'équitation avec poneys et chevaux qui propose l'éthologie (équicomplice), les promenades plage et maquis, des cours, des stages journée/semaine sur les sites de Santa-Giulia. Le centre équestre vous propose plusieurs promenades de niveaux équestres différents, adultes et enfants. Toutes les promenades aboutissent naturellement à des paysages de rêve. Affiliée FFE et labellisée Ecole française d'équitation.

■ JET CONCEPT 2A

Port de Plaisance
Quai Pascal-Paoli
✆ 06 69 39 32 18
www.jetconcept2a.com
info@jetconcept2a.com

Du 1er mai au 15 octobre 2015. Randonnées en Jet-Ski de 50 mn, 2h, demi-journée ou à la carte, accessible sans permis, tarif à partir de 100 € par équipage. Chèque Vacances.

La base nautique Jet Concept, depuis le port de Porto-Vecchio, vous permet de faire des randonnées encadrées en Jet-Ski Seadoo 1500cc, pour un souvenir inoubliable, au départ de Porto-Vecchio. Vous partirez à la découverte de la Corse-du-Sud avec des formules de 50 minutes (golfe de Porto-Vecchio), 2 heures (golfe de Santa-Giulia et Porto-Novo) et pour la demi-journée (les plus belles plages de la côte). Exclusivités : formule jet et slalom pour les accros de pilotage et le «No stress tour» pour des balades en toute décontraction. Sur réservation uniquement encadré par un Sealver Boat et son moniteur.

■ XTREM SUD

D368
Lac de L'Ospedale ✆ 04 95 70 01 20 / 04 95 72 12 31 / 06 75 21 87 14
www.xtremsud.com – info@xtremsud.com

Fermé du 15 septembre à avril. Haute saison : ouvert tous les jours et les jours fériés de 9h à 20h. Parc aventure 22 €, enfant de 12 € à 18 €. Canyon de 45 € à 55 €. X'Jump 50 €. CB non acceptée. Parking et buvette.

Emotions, rires et souvenirs sont garantis dans le plus grand parc aventure de Corse créé par Jean-Michel Bordeaux et Eric Biancarelli : 5 ha de pins laricciо et maritimes, quatre circuits de niveaux différents permettent l'accès à tous. Vous pourrez également y découvrir les joies de la via ferrata, vous inscrire pour une descente de canyon à Bavella ou à Piscia di Gallu tout proche, faire de l'escalade, en initiation, ou en grande voie. Et, bien sûr, des randonnées pédestres à la carte sur toute l'île. Nouveauté : le saut à l'élastique depuis le X'Jump pour plonger dans une intense, excitante et inoubliable expérience.

Location de deux-roues

■ CORSE MOTO SERVICE

RN193
Route de Bastia
Immeuble Silla ✆ 04 95 70 12 88
www.corse-moto-service.com

Ouvert du lundi au samedi de 9h à 12h et de 13h à 17h.

Concessionnaire Yamaha, MBK. Atelier et dépannage. Location scooters de 50 à 500cc.

■ MONDOVÉLO

RN198
Rue Pierre Andreani
Taravarella ✆ 04 95 10 26 50
www.mondovelo.fr
eurl-cycles-foata@orange.fr

Ouvert du lundi au samedi de 9h à 12h et de 15h à 19h. Fermé le lundi hors saison. Location VTC à partir de 20 € la journée. American Express.

Joseph et son père Paul ont ouvert cette nouvelle enseigne bienvenue pour les amateurs de la petite reine. On y trouvera une gamme complète de vélos, du loisir à la compétition, du plus simple au plus sophistiqué. Marques : Lapierre, Scott et Bergamont. Location à la journée et semaine de VTC, vélos électriques pour les petits mollets, et gamme Course pour les initiés.

LES SITES DE PLONGÉE DANS L'ARCHIPEL NORD DU PARC MARIN

Les îles Cerbicale, archipel situé au nord du parc marin des bouches de Bonifacio.

- **L'île de la Vacca :** Quatre plongées différentes. Niveau requis : accessible à tous niveaux. Profondeur : de 0 à 30 m. Atouts : site permettant de plonger dans la plupart des conditions météo, faune et flore omniprésentes. Ce site révèle toujours de belles surprises.
- **L'île du Toro :** Niveau requis : accessible à tous niveaux. Profondeur : de 0 à 25 m ; site magnifique avec chaos granitique et eau très claire.
- **Le Danger du Toro :** Niveau requis : niveau 1. Profondeur : de 3 à 30 m. Atouts : site parfois exposé à des courants, descente dans des canyons depuis les secs où l'on croise bancs de corbs, dentis en chasse, une importante population de mérous, petit tombant de gorgones. Cette plongée est une incontournable de la Méditerranée.
- **Le sec du Milieu et les Arches :** Niveau requis : niveau 2. Profondeur : un pic de 17 à 34 m pour le Milieu et un plateau à 35 m pour l'Arche.
- **L'Epave de la Pecorella :** Niveau requis : débutant et niveau 1. Profondeur : de 3 à 12 m. Atouts : une épave de 50 m très bien conservée, un vrai terrain de jeux.

■ PLONGÉE NATURE
La Marine
9, avenue Georges Pompidou
PORTO-VECCHIO
✆ 06 64 43 26 04 / 06 19 26 26 51
www.plongee-nature.fr
plongee-nature@live.fr

Ouvert d'avril à octobre. Ouvert du lundi au samedi et les jours fériés. Baptême et exploration BS 55 €, HS 60 € le baptême (dès l'âge de 8 ans), 51 € la plongée pour plongeur non équipé et 41 € pour plongeur équipé. CB non acceptée. Chèque Vacances. 1 semi-rigide de 8 m et 300cv pour 20 places maxi. Centre FFESSM et PADI Resort.

Deux professionnels à votre service, Alexandra et Christophe, vous proposent une initiation à la plongée sur les sites protégés de la réserve des îles Cerbicale, des stages de formation FFESSM et PADI tous niveaux et des explorations à la carte. Deux sites de baptême : l'épave de la Pinella et la Vacca. Sites d'exploration dans la réserve des îles Cerbicale : le danger du Toro, le danger de la Vacca, les Aiguilles, l'Arche, etc.

■ PORTO-VECCHIO PLONGÉE
Rue Mansuetus Allessandi
PORTO-VECCHIO
✆ 06 71 86 82 67
www.portovecchioplongee.fr
contact@portovecchioplongee.fr

Fermé du 30 octobre au 31 mars. Ouvert tous les jours et les jours fériés de 8h15 à 19h. Baptême de 60 €. Explorations à partir de 41 €. Formations à partir 195 €. Chèque Vacances.

Déménagement réussi pour ce nouveau club porto-vecchiais qui dispose de belles installations confortables et de qualité. Matériel neuf Aqualung, six moniteurs, deux semi-rigides de 7 et 9 m, propulsés avec 250 et 450cc, pour se rendre au plus vite sur les meilleurs sites du secteur. Le centre est dirigé par Stéphane Gombault BBES, 2e degré. Plongeurs et formation PADI. Agréé DDJS et centre NITROX. Boutique de vente de matériel de plongée Mares.

Epave aux Cerbicales.

Sorties

LA TAVERNE DU ROI

Haute-Ville
43, rue Borgo
La porte génoise
✆ 04 95 70 41 31
www.latavernedurois.com
latavernedurois@gmail.com

Ouvert toute l'année. Basse saison : le week-end de 22h30 à 5h. Haute saison : tous les jours et les jours fériés de 22h30 à 5h. Entrée : 10 € (à 12 € avec consommation). Salle climatisée.

En plein cœur de la haute-ville, sous la porte génoise, La Taverne accueille toute l'année des artistes de talent pour leurs musiques et chansons traditionnelles ou actuelles. Chants et guitares corses bien sûr, mais également de la variété française et internationale. Une ambiance unique sur l'extrême-sud qui enchantera les amateurs.

Discothèques

VIA NOTTE

Sortie Sud
Route de Porras
✆ 04 95 72 02 12
www.vianotte.com
contact@vianotte.com

♿

Fermé du 15 septembre au 25 mai. Basse saison : ouvert le mardi et le samedi. Haute saison : tous les jours et les jours fériés de 20h30 à 6h. Entrée gratuite sauf l'été. 8 €. Chèques non acceptés. Navette client. Voiturier. Restauration. Concerts (2 concerts live par saison).

C'est LA discothèque de l'île, avec un décor de rêve et une ambiance de folie ! Tous les soirs c'est ambiance assurée, surtout le mardi, années 80 oblige ! On trouve tout à Via Notte, restaurants, bar à cocktails, bar à vin, bar à sushi, piste en plein air. C'est la plus grosse discothèque de Corse et un rendez-vous « people » par excellence. On y retrouve tout au long de la saison les plus grands DJ du moment. La direction est attentive à la prévention routière en fournissant des alcootests et la désignation du Capitaine de soirée. Soyez raisonnable et responsable pour le retour.

Emplettes

LES MARCHÉS À PORTO-VECCHIO

Place de l'Hôtel de Ville

Ouvert le dimanche de 7h à 13h30.

Le marché est destiné à la vente de produits alimentaires et assimilés. Vous y trouverez producteurs et revendeurs de produits locaux, fromages, charcuterie, fruits, légumes, miels, aromates, herbes séchées, plantes, etc. Il se tient sur la place de l'Hôtel de Ville, la place du Monument aux Morts, la partie haute de la rue Fred Scamaroni, et la rue du Clocher.

Le marché forain est destiné à la vente de produits manufacturés neufs, de vêtements, de fripes et de brocante. Les exposants y proposent vêtements, accessoires de mode, bijoux, cosmétiques, ustensiles de cuisine, outils, objets de décoration, et bien d'autres produits. Il se tient les 2e et 4e mercredis de chaque mois, de 7h à 14h, sur la zone d'endigage du port de plaisance.

Dans les environs

Conca ★

Porte d'entrée sud du GR20, Conca est un petit village traditionnel blotti dans un vallon en forme de coquillage. Le village se compose du bourg montagnard, avec ses quelques maisons anciennes, et de la marine de Favone, dans une petite anse paisible, qui se situerait à l'emplacement d'un petit port cité par Ptolémée et Strabon. Le port de Tarco abrite, lui aussi, une station balnéaire. La commune s'étend jusqu'aux aiguilles de Bavella, et comprend plusieurs forêts domaniales qui offrent de nombreuses possibilités d'excursions. Dans les forêts d'Albarello ou Vittoli, par exemple, on peut voir de magnifiques pins laricció, ainsi que quelques mouflons, dans la réserve naturelle. Au village, outre l'église paroissiale, on peut voir les restes de l'ancienne chapelle romane Santa-Lucia. Plus loin, le musée A Faldetta expose de nombreux costumes traditionnels corses. On y trouve la maison du GR20 pour obtenir une foule d'informations sur l'ensemble de ce mythique parcours.

LE PACHA

RN198, Tarco
✆ 04 95 73 20 29
www.restaurantlepacha.com
bavedda@gmail.com

♿

Fermé d'octobre à mars. Ouvert tous les jours et les jours fériés le midi et le soir. Réservation recommandée. Menu unique à 18 €. Carte : 40 € environ (30 € le midi). Menu enfant : 10 €. Suggestion du jour : 18 €. Vin au verre. Accueil des groupes (service non-stop en saison, banquets et mariages). Chaises bébé. Terrasse. Vente à emporter. Wifi zone, parking.

Gros changement dans ce Pacha installé sur l'anse de Tarco, avec l'arrivée de Jean-Yves et Jean-Noël aux commandes de cette adresse mythique de la côte des Nacres. L'ensemble de l'établissement a été entièrement réaménagé avec sa grande terrasse panoramique au-dessus des flots et une cuisine qui satisfera les plus gourmands grâce au chef Stéphane Maennlein. On navigue entre terre et mer avec une formule de midi attractive et une carte du soir plus gastronomique. Accueil professionnel et cadre idyllique pour y passer un bon moment.

LA SIESTA

Plage de Favona ✆ 04 95 73 22 32
www.restaurant-lasiesta-favone.com
bartoli.francois@orange.fr
a 4 km de Solenzara
et 22 km de Porto-Vecchio.

♿

Fermé d'octobre au 15 avril. Ouvert tous les jours et les jours fériés le midi et le soir. Réservation recommandée. Carte : 45 € environ (le soir, 30 € le midi). Menu enfant :

13 €. Suggestion du jour : 25 € (terre ou mer). Vin au verre. Chaises bébé. Jardin. Terrasse. Animations. Wifi, plage aménagée de transats, parasols et douche.
Tel un joli bateau posé sur la plage, la Siesta se patine et s'améliore chaque saison. Le cadre est idyllique au milieu de la côte des nacres et chaque détail est soigné à la perfection. Une belle structure en bois exotique et sa grande terrasse face au soleil levant, une cuisine ouverte aux yeux de tous, pour une garantie fraîcheur et une bonne ambiance tout au long de la journée. La carte s'étoffe de belles suggestions et la sélection de la petite pêche du jour. Pour compléter le tout, la plage est aménagée de transats et parasols. Service navette pour le plaisancier de passage.

Lecci ★★★

Lecci, qui doit son nom au chêne-liège, s'étend sur 10 km de côtes, 5 km de plages dont quatre des plus belles du sud de la Corse avec des zones de baignade surveillée : San Ciprianu, protégée par sa tour génoise, U Benedettu, Cala Rossa et Golfu Di Sognu. Le village de Lecci, composé de plusieurs petits hameaux, situé à 10 minutes de Porto-Vecchio et 30 minutes de l'aéroport de Figari, vous offre des commerces et restaurants de proximité. San Ciprianu est une petite station balnéaire avec sa rue commerçante et son église en plein air où se déroulent, tout au long de l'été, des animations et des festivités pour le plaisir des grands et des petits.

■ OFFICE DE TOURISME DE LECCI
RN198 ✆ 04 95 71 05 75
www.lecci-sudcorse.com
info@lecci-sudcorse.com
Basse saison : ouvert du lundi au vendredi de 9h à 12h et de 14h à 18h. Haute saison : du lundi au samedi et les jours fériés de 9h à 19h. Ouvert le dimanche (de 9h à 13h en saison). CB non acceptée.

Points d'intérêt

■ LES PLAGES DE LECCI
- **Saint-Cyprien**. Une magnifique plage bordée par l'étang d'Arasu. Une tour génoise domine ce site et de nombreux vestiges ont été découverts à proximité de l'embouchure de l'Osu. Plage conseillée aux enfants en raison de sa profondeur d'eau progressive.
- **Cala Rossa**. La baie constitue un haut lieu pour le tourisme de grand standing. Un dégradé de vert et de bleu avec en toile de fond les aiguilles de Bavella.
- **Benedettu**. La petite plage du Benedettu est blottie au fond de sa presqu'île du même nom, protégée par un oppidum romain.

Le couvert

■ BELLE TERRE
Lieu-dit La Croix
RN198
✆ 04 95 27 02 07
www.belleterre-corse.fr
belleterre@orange.fr
Fermé de décembre à mars. Ouvert du lundi au samedi et les jours fériés le soir ; le mercredi midi. Réservation recommandée. Menus de 22 € à 35 €. Carte : 39 € environ. Menu enfant : 13 €. Vin au verre. American Express, Chèque Vacances. Chaises bébé. Terrasse. Chambre double de 60 € à 110 €. Petit déjeuner inclus. Salle climatisée et Wifi gratuit. Parking.
Une vraie réussite que cette Belle Terre qui a su tirer profit d'une situation pas si facile. Nous sommes bien loin d'un relais routier de bord de route, car ce jeune couple de travailleurs infatigables a transformé avec brio cette auberge en un vrai lieu de vie. Le cadre est charmant aussi bien en salle que côté jardin. Côté cuisine dirigée par Paul-François, on est dans un sans-faute de l'entrée au dessert avec des tarifs défiant toute concurrence pour le gîte et le couvert.

■ LE TIKI CHEZ MARO
Boulevard de la Marine
Plage de Saint-Cyprien
✆ 04 95 71 65 46 – marc.ory@me.com
♿
Fermé d´octobre à avril. Haute saison : ouvert tous les jours et les jours fériés le midi et le soir. Service le midi uniquement de mi-mai à mi-juin. Réservation recommandée. Carte : 40 € environ (40 le midi). Vin au verre. Chaises bébé. Jardin. Terrasse. Boutique. wi-fi zone. Plage aménagée de transats et parasols. Service batelier.
C'est la paillote historique de la plage de Saint-Cyprien, créée il y a plus de 50 ans par Marcel Ori, précurseur et visionnaire. Aujourd'hui, la structure est immanquable, élégante et raffinée, à base de grandes terrasses panoramiques, de belles salles vitrées et de ponts en teck. Côté cuisine, on est dans la tradition méditerranéenne, avec pizza au feu de bois, grillades, grandes salades-repas et le poisson de la petite pêche. Un endroit cosy, moins people qu'à Porto-Vecchio avec l'accueil naturel de Sandrina et Marco, les héritiers.

© OT LECCI
Plages et eaux turquoise à Lecci.

■ **TOP GRILL**
N198
Cuppulata
✆ 04 95 73 06 52 / 06 83 22 64 83
www.topgrill.fr
tognarinirv@hotmail.com
A 7 km de Porto-Vecchio.
Ouvert toute l'année. Haute saison : tous les jours et les jours fériés le midi et le soir. Fermé le mercredi hors saison. Réservation recommandée. Carte : 30 € environ (à 50 €). Plat du jour : 16,50 €. Vin au verre. Chèques non acceptés. American Express, Chèque Restaurant. Jardin. Terrasse. Vente à emporter. Animations. wi-fi, salle climatisée.
Reprise depuis 4 ans par Hervé Tognarini, cette adresse fait le buzz sur la région auprès des locaux qui fréquentent régulièrement les lieux. On y vient toute l'année pour savourer la cuisine au feu de bois, la spécialité des lieux, mais également une belle carte d'inspiration méditerranéenne élaborée par le chef Sébastien Bertini, accompagné de son pâtissier Laurent Di Crescenzo. Les nombreuses suggestions à l'ardoise suivent le rythme des saisons et on y choisira également une petite locale des pêcheurs de l'extrême sud. Quelques soirées musicales le week-end, avec chants corses et guitares pour rester dans le ton.

■ **U TRAGULINU**
San Cypriano
✆ 04 95 23 44 07 / 06 11 81 10 31
natcharrue@gmail.com
vers la Poste.
♿
Fermé du 15 octobre au 8 avril. Ouvert tous les jours et les jours fériés le midi et le soir. Réservation recommandée. Carte : 36 € environ. Menu enfant : 8,50 €. Suggestion du jour : 13 €. Vin au verre. Chaises bébé. Jardin. Terrasse. Vente à emporter.
Nathalie et Jacques tiennent ce petit Tragulinu (le marchand ambulant en langue corse) pour le plus grand bonheur des nombreux habitués du village et des environs. On y vient en toute décontraction pour profiter d'une cuisine traditionnelle basée sur la fraîcheur, la qualité et la quantité. Pour le soir, on y profitera de belles pièces de viandes grillées au feu de bois. Une plaisante terrasse à deux pas de la plage de Saint-Cyprien et un service sympa et tonique pour ne rien gâcher.

Le gîte

■ **GRAND HOTEL DE CALA ROSSA & SPA******
Route de Cala-Rossa ✆ 04 95 71 61 51
www.hotel-calarossa.com
info@hotel-calarossa.com
Fermé du 2 novembre au 12 avril. Membre du cercle des Grandes Maisons Corses. Relais & Châteaux. Accueil 24h/24. 29 chambres (et 11 suites). Chambre double 160 € ; suite 330 €. Petit déjeuner inclus. Parking fermé inclus. Espace Spa by Clarins avec piscine intérieure, sauna, hammam, salle fitness, coaching sportif. Restauration (menus et carte de 150 € à 290 €). Tv satellite.
Posé en bordure d'une plage de sable fin, dans une magnifique presqu'île privée, Cala Rossa est un lieu magique où l'éblouissement du paysage le dispute à l'élégance d'une belle demeure corse. Cette parenthèse de bonheur s'ouvre à une clientèle en recherche de sérénité, de romantisme et de convivialité. La gastronomie y joue un rôle prépondérant, le chef Pascal Cayeux propose une cuisine méditerranéenne, légère et savoureuse, inspirée très largement par les délicieux produits du terroir, et par les légumes de son potager bio. Pour le bien-être le spa allie efficacité élégante et raffinement subtil. La décoration, sous influence japonaise, est tendance et extrêmement confortable. Huit cabines pour des soins esthétiques et des massages du monde. Perchée dans les arbres, face au large, une ravissante cabane refuge idéal pour les amoureux... Au bout du jardin ombragé, une plage aménagée où l'on peut pratiquer ski, voile et windsurf. En saison la restauration migre sur les superbes terrasses en teck du bar plage, pour un déjeuner, un encas ou en fin de journée, un apéritif face au soleil couchant.

Loisirs

■ **CORSICA BIKES**
Pont de l'Oso
Route de Saint-Cyprien
✆ 06 08 68 31 51
www.corsicabikes.com
corsicabikes@corsicabikes.com
Haute saison : ouvert tous les jours. Livraison sur demande. Location de Scooter 50 et 125 cc à partir de 45 €. Location

de vélos. Livraison à domicile. Tarifs vélos à partir de 15 €.
Corsicabikes vous propose de découvrir autrement la Corse et les alentours de Porto-Vecchio. Laissez-vous tenter par les chemins escarpés de l'Ospedale à Bavella ou détendez-vous en pédalant le long des plus belles plages de Corse que sont Palombaggia, Rondinara, Santa-Giulia.

Emplettes

■ **LE MARCHÉ DES PRODUCTEURS DE LECCI**
Saint-Cyprien
Haute saison : ouvert le vendredi à partir de 18h30.
Composés uniquement de producteurs fermiers et artisanaux, ces marchés privilégient le contact direct entre producteurs et consommateurs. Vous les reconnaîtrez grâce au logo et à la marque déposée «Marchés des Producteurs de Pays» qui les identifient et en font des marchés uniques. Deux points forts à leur actif : la vente directe du producteur au consommateur et l'authenticité des produits préparés à partir des savoir-faire traditionnels de chaque «pays».

Sainte-Lucie-de-Porto-Vecchio ★★★

Le village marin de Pinarello est attachant, bien entretenu, avec son golfe et ses nombreuses plages et criques qu'il faut découvrir en parcourant cette partie de la côte magnifique. Le principal de l'animation se concentre au cœur du village, avec ses hôtels, résidences, restaurants, et de belles plages de sable fin. Au sud, à partir de la tour génoise de Santa-Lucia, la route suit le bord de mer à environ 300 m, les plages sont plus tranquilles, surtout de l'autre côté de la tour. Au nord, la côte devient plus rocheuse et plus sauvage : la plage de Fautea, près de l'embouchure de la Conca est superbe, dominée aussi par une tour génoise. Plus loin, le long de la route, celle de Tarco, à l'embouchure de la rivière. Vers l'intérieur des terres, après le hameau de Taglio Rosso, le Massif de San-Martinu est à découvrir, il existe de nombreuses pistes forestières propices aux promenades familiales. Le fleuve Cavu offre des piscines naturelles et en empruntant la piste de Luviu, on accède aux Bergeries.

■ **OFFICE DE TOURISME DE ZONZA – SAINTE-LUCIE-DE-PORTO-VECCHIO**
D168A
Mairie annexe
✆ 04 95 71 48 99
Voir page 11.

■ **LES PLAGES DE SAINTE-LUCIE.**
▸ **Fautea.** Dominé par sa tour génoise, qui fut construite à la fin du XIVe siècle, le site de Fautea est protégé depuis 1979 par le Conservatoire du Littoral. Accès : à 4 km au nord de Sainte-Lucie.
▸ **Lavu Santu.** Une grande plage de sable fin qui s'étend jusqu'à l'embouchure du Cavu. Accès : 2 km avant Fautéa.
▸ **Pinarellu, Ruscana et Vardiola.** Son petit port, animé par les glaciers, accueille les plaisanciers venant faire escale et respirer cette douceur de vivre. Au large de Pinarellu, l'îlot de la Ruscana dresse sa tour qui, au XVIe siècle, abritait une garnison génoise.
▸ **Acqua Gelata.** Le terrain de jeu des amateurs de pêche sous-marine et de snorkeling. Accès : suivre la direction de la Testa.

Les sites de plongée autour de Lecci

▸ **La Ruscana.** Difficulté : tous niveaux. Profondeur : de 1 à 20 mètres. Situation : dans la baie de Saint-Cyprien. Atouts : îlot abrité riche en blennies, gobies, girelles et barracudas.

▸ **La Pyramide de Favone.** Difficulté : niveaux 1 et 2. Profondeur : de 15 à 40 mètres. Situation : au sud de l'anse de Favone. Atouts : roche pyramidale riche en anthias, mérous, murènes, dentis et saint-pierre.

▸ **Le Pain de Sucre.** Difficulté : niveau 1. Profondeur : de 12 à 21 mètres. Situation : au nord de l'anse de Favone. Atouts : canyon riche en porcelaines, nidi-branches, araignées, murènes, rascasses et mérous.

■ **SUB TORTUE**
D668
Baie de Saint-Cyprien
LECCI ✆ 06 22 14 58 28
www.subtortue.net
plongee@subtortue.net
En face de la Poste.
Fermé du 2 novembre au 2 avril. Haute saison : ouvert du lundi au samedi et les jours fériés de 8h30 à 19h. Forfait 6 et 10 plongées non nominatif, stage de formation Padi, FFESSM et ANMP. Stage de formation jeunes plongeurs dès l'âge de 8 ans. 55 € à 65 € le baptême, 55 € la plongée pour les plongeurs non équipés et 41 € la plongée pour les plongeurs équipés. Chèque Vacances.
Chef de centre : Greg Girard, brevet d'Etat 1er degré, instructeur PADI, moniteur NITROX.
Deux bateaux semi-rigides, l'un de 8,50 m, 300 CV, 20 plongeurs, et l'autre de 6,20 m, 150 CV, 10 plongeurs. Plusieurs sites abrités pour les baptêmes, différents sites accessibles à partir du niveau 1, plongée profonde entre 40 et 55 m minimum 1 fois par semaine. Centre FFESSM, ANMP et PADI.

LE FAUTEA

N198
Fautea
✆ 04 95 71 50 26

Fermé d'octobre à mars. Haute saison : ouvert tous les jours et les jours fériés le midi et le soir. Fermé le soir en avril. Réservation recommandée. Menu unique à 24 €. Carte : 36 € environ. Menu enfant : 10 €. Suggestion du jour : 20 €. Vin au verre. Chaises bébé. Jardin. Terrasse.

Construit par le grand-père Muzzy dans les années 1950, la formule n'a pratiquement pas changé depuis, car on y profite de la cuisine de la mer approvisionnée par les pêcheurs locaux et préparée par le Chef Thierry, qui fait partie des murs. Belle terrasse sur la place à l'ombre des tamaris, grande salle pour frileux et un très rapport qualité-prix selon les locaux.

IL GRAZIE MILLE

Carrefour de Taglio Rossu
✆ 04 95 10 15 64
✆ 06 20 98 96 11
resto.ilgraziemille@gmail.com

Fermé de janvier au 15 mars. Haute saison : ouvert tous les jours et les jours fériés le midi et le soir. Fermé le mercredi et le dimanche hors saison. Réservation recommandée. Carte : 38 € environ. Vin au verre. Terrasse. Vente à emporter.

Au carrefour de Pinarello et de Taglio-Rosso, on aura le bon goût de prêter attention à cette petite cantina qui cache bien des merveilles ! Silvana et sa fille nous proposent une table bien agréable avec sa grande ardoise journalière de spécialités d'Italie et de la Méditerranée. La cuisine est aux yeux de tous, pour apprécier le savoir de cette mama et le service diligenté par la belle Monica. Des produits frais, de la générosité, une petite salle lumineuse pour savourer confortablement. En prime : un service traiteur et une ouverture à l'année. A encourager !

MOTEL DES AMANDIERS

Pinarellu
✆ 04 95 71 43 64

Fermé de novembre à avril. 7 chambres (chambres et 23 appartements). Chambre double de 52 € à 68 € ; studio / appartement de 75 € à 140 €. Parking ouvert.

Dans une pinède à deux pas de la plage de Pinarello, le motel est composé de cinq petits bâtiments de plain-pied offrant sept chambres pour deux personnes et vingt-trois logements de deux pièces pour deux à quatre personnes avec chambre, salle d'eau, coin cuisine, avec coin repas ainsi qu'une terrasse. Accueil typique de Monsieur Jacques, pour des hébergements à prix doux qui proposent en plus des tarifs dégressifs selon la durée du séjour.

LE PINARELLO****

D168a
Plage de Pinarello
✆ 04 95 71 44 39
www.lepinarello.com
contact@lepinarello.com

Fermé d'octobre à avril. Membre du cercle des grandes maisons Corses. Accueil 24h/24. 34 chambres (et 4 appartements). Chambre simple 218 € ; studio / appartement 310 € ; suite 404 €. Demi-pension : 80 € (repas et petit déjeuner). Petit déjeuner buffet : 26 €. Lit supplémentaire : 80 €. Parking fermé inclus (auto et moto. Garage vélos). American Express. Garde d'enfants. Séminaires. Réceptions et mariages. Poste Internet. Wifi gratuit. Service de ménage. Restauration (carte 60 €. Carte enfant). Tv satellite, Canal +. Hammam. Animations.

Magnifiquement situé sur la plage, au cœur de la charmante marine de Pinarello, cet hôtel de haut standing est composé de chambres et suites au décor raffiné. L'aménagement, mené de main de maître par Yves Marchi, architecte insulaire de renom, a transformé cette ex-bâtisse désuète en une adresse élégante, dirigée avec brio par Vincent Barat, professionnel de l'hôtellerie de luxe, et l'ensemble des services sont irréprochables. Au titre des originalités : des animations régulières pour la clientèle enfantine, qui est la bienvenue dans ces lieux. Un espace bien-être avec les soins Casanera par Cinq Mondes, un espace fitness et des appartements spacieux de 2 à 4 personnes, pour la clientèle familiale. Agréable espace brunch sur la terrasse, et l'inévitable plage aménagée de transats et parasols. Nouveauté : une nouvelle piscine en toiture pour profiter d'une vue panoramique sur la baie de Pinarello !

CAMPING LE FAUTEA***

N198
Fautea
✆ 04 95 71 41 51

Fermé d'octobre à avril. Sans réservation. Accueil jusqu'à 19h. Gardé 24h/24. Terrain de 3,5 ha. 100 emplacements. Exposition : ombragé / mi-ombragé / ensoleillé. Sol : pierreux. Relief : en terrasse. Parking hors emplacements. Emplacement à partir de 3,90 €. Véhicule de 1,70 € à 2,10 €. 2 personnes à partir de 9,80 €. CB non acceptée. Jeux pour enfants. Salle de bains pour bébés. Animaux acceptés (2,20 €). Connexion Internet payante. Wifi gratuit. Restauration (menu 24 €, carte 36 €, menu enfant 10 €, ouvert de Pâques à septembre).

Un camping historique, présent sur ce site magnifique depuis 1950, créé par Raymond Muzzy, précurseur et visionnaire. On est surveillé par la tour éponyme et l'on profite des nouvelles installations pour un classement mérité en 3 étoiles. Un charme fou, des emplacements confortables sous une végétation méditerranéenne luxuriante de pins, tamaris, chênes-lièges... Les amateurs de la nature fréquentent les lieux de longue date, et l'on y profite, bien sûr, de la plage en contrebas et du restaurant renommé pour sa cuisine marine.

SANTA LUCIA***

Molendino
✆ 04 95 71 45 28
www.campingsantalucia.com
informations@campingsantalucia.com
À 4km de la plage de Pinarello et 4 km des piscines naturelles du Cavu.

Fermé du 3 octobre à mars. Membre du Groupement Corsica Campings. Réservation recommandée. Accueil jusqu'à 20h. Gardé 24h/24. Terrain de 4 ha. 160 emplacements (dont 43 chalets, lodges et bungalows). Exposition : ombragé. Sol : herbeux. Relief : plat / en terrasse. Emplacement de 4 € à 7,10 €. Véhicule de 1,25 € à 3,85 €. 2 personnes de 5,65 € à 9,90 €. 21 bungalows pour 2 à 5 personnes de 190 € à 595 € la semaine ; 22 chalets pour 2 à 5 personnes de 270 € à 975 €. Chèque Vacances. Club enfants. Jeux pour enfants. Animaux acceptés (sauf en locatif). Wifi payant. Restauration (pizzeria de fin juin à début septembre). Animations.

Un beau et grand camping dans une forêt de chênes-lièges et d'eucalyptus, à 12 km de Porto-Vecchio et à 1 heure du col de Bavella, pour une ambiance calme et familiale. Nombreuses activités sur place. Pour le farniente : la piscine ou les plages avoisinantes de Pinarello. Pour les sportifs : les sentiers de Bavella ou les canyons de montagne. Pour les tout-petits, une pataugeoire et un club enfant. Pour les motards et tous ceux qui campent léger, la possibilité de louer des lodges de toile tout équipés. Accès Internet par wifi à l'accueil, mini-golf

■ ÉCOLE DE KITESURF ET VOILE DE PINARELLO

Pinarello
✆ 06 86 85 62 08
www.kite-voile-pinarello.fr
info@kite-voile-pinarello.fr

Fermé de novembre à mars. Haute saison : ouvert tous les jours et les jours fériés. Location, cours et stages de catamaran, planche à voile, dériveur, habitable, kayak et kite surf. Stage Kitesurf 90 €. Stage voile 60 €. Location 12 €. Chèque Vacances.

L'école de kitesurf et de voile de Pinarello vous propose des stages collectifs, des cours particuliers et aussi de la location de matériel en catamaran sportif, dériveur, kayak de mer, paddle board dans un cadre exceptionnel. La structure est labellisée école de kitesurf fédération vol libre.

■ RANCH VILLATA

D468
Domaine de Ferrulaghjolu
✆ 06 84 53 98 14
www.ranchvillata.fr
ranchvillata@free.fr

Ouvert toute l'année. Haute saison : du lundi au samedi et les jours fériés. Balade 1 heure 24 €. Balade 1h30 34 €. Balade baignade 60 €. Tour poney à partir de 10 €. CB non acceptée. Label FFE.

Le centre de tourisme équestre de Marina et David a été créé en 1958 par le grand-père Jean-Baptiste Agostini. On y propose, dans un cadre champêtre et bucolique, toutes ses formules de découverte : de la petite balade mer/maquis jusqu'à la grande randonnée en Alta-Rocca en séjour à la carte. En bonus : le camping à la ferme sur 2 hectares ombragés de chênes-lièges. A faire en priorité, la jolie promenade le long de la plage et de la pinède de Pinarello, le matin... Magique !

■ SPORT'SICA

Route de Capo di Fora
Pinarello
✆ 06 24 26 51 83
www.sporsica.com
sporsica@gmail.com

Fermé du 15 octobre au 15 avril. Location de kayak, de bateaux à pédales, Stand Up Paddle et pirogue. Haute saison : ouvert tous les jours et les jours fériés de 10h à 19h. Balade découverte 30 €. Location kayak à partir de 8 €. Bateau à pédales 1h : 15 €. Stand up Paddle 1h : 12 €. Pirogue 1h : 16 €. CB non acceptée. Chèque Vacances.

Tout au bout de la plage de Pinarello, la petite base nautique d'Emilie (brevet d'Etat) propose ses nombreuses formules de découverte de la baie de Pinarello, principalement en kayak, en demi-journée le matin avec découverte de la faune et de la flore subaquatiques, et même des dégustations de spécialités locales au pied de la tour carrée. En bonus au retour, la petite buvette et sa crêperie. Randonnée sur réservation.

■ A TYROLIANA

Poggio del Pino
Taglio Rosso
D168A
✆ 04 95 21 78 04 / 06 18 40 44 39
www.atyroliana.com
jeanjo.corona@orange.fr

Ouvert toute l'année. Haute saison : tous les jours et les jours fériés de 10h à 19h. Enfants de 12 € à 20 €, Adultes : de 14 € à 22 €, baby parcs de 7 € à 11 €. Sortie Canyon à partir de 45 €. CB non acceptée. Chèque Vacances.

8 parcours avec 128 ateliers sur 3 hectares au milieu de la forêt de San Martinu et le long de le fleuve Cavu, des plus simples aux plus aériens. Nouveautés : le « big air bag » un matelas gonflable géant pour des sauts dans le vide de 5 à 15 mètres ! Après l'effort, le réconfort au point snack-crêperie-grill et une aire de baignade dans le Cavu, juste en-dessous. Point d'accueil pour la base de canyon Corisca Forest sur le site de Bavella.

■ VTT SUD CORSE

D168a
San Martinu
Route de Taglio Rosso
✆ 06 12 90 72 85 / 06 76 22 52 12
vttsudcorse@hotmail.fr

Haute saison : ouvert tous les jours. Du 1er avril au 30 septembre. Tarifs : Location 1 heure : 8 €. Demi-journée : 12 €. 1 journée : 15 €. 1 semaine : 60 €. Livraison possible. CB non acceptée.

Venez découvrir la forêt de San Martinu et la rivière du Cavo, à travers les plus belles balades en VTT. Conseils de parcours. Accessible à tous. Siège bébé et possibilité de livraison sur le sud de la Corse.

■ DOMAINE DE GRANAJOLO

La Testa
✆ 04 95 70 37 83 / 06 07 63 86 59
www.granajolo.fr
info@granajolo.fr

Basse saison : ouvert du lundi au vendredi de 9h à 13h. Haute saison : du lundi au vendredi de 17h à 19h. Ou sur rendez-vous. Cuvée tradition 7,65 €, cuvée Monika 8,25 €, cuvée le J 12,25 €.

Le domaine, géré par Monika Boucher et sa fille Gwenaëlle, est l'un des précurseurs de la viticulture biologique en Corse, certifié en 1987. Les efforts constants apportés font que la qualité de leurs vins enchante les palais connaisseurs. La gamme comprend le Granjolo dans les 3 couleurs, le Granajolo Cuvée Monika, en rouge et rosé, et le « J », en rouge et blanc, cuvée d'exception élevée en barrique et tirée en quantité limitée. Les cépages utilisés sont le niellucciu et le sciaccarellu pour le rouge et rosé, et le vermentinu, traditionnel des blancs insulaires.

L'AOC Corse Porto-Vecchio (89 ha)

Des murailles médiévales de porphyre rose, une rade magnifique, Portus Syracusanus, fondé en 383 av. J.-C., aujourd'hui Porto-Vecchio, est au cœur d'une région vivante et active. Petites criques sur la côte, pins parasols, chênes-lièges et surtout quelques beaux vignobles perchés sur des coteaux impressionnants. Ici règne l'alliance du nielluccio et du sciaccarello qui donnent, avec le grenache, des rouges élégants et ronds, des rosés fins et aromatiques. Quant aux blancs de vermentino, ils sont secs et très fruités et accompagnent à merveille les poissons et fruits de mer.

Sari-Solenzara ★

Comme son nom l'indique, la commune regroupe le village de Sari, dans la montagne, et la station balnéaire de Solenzara. Situé sur une colline, Sari possède quelques belles maisons anciennes, et était autrefois gardé par une tour génoise située au lieu-dit Cala-d'Oro, aujourd'hui entièrement détruite. Au village, l'église paroissiale San-Pietro possède une architecture originale, et un beau clocher à campanile. Sari fait partie du Parc naturel régional.

▶ **L'église Saint-Paul**, au cœur du domaine de la Solenzara, abritait initialement une écurie permettant aux curés de la région de remiser les chevaux qui transportaient le bois coupé dans le Fium'Orbu. Au milieu du XIXe siècle, la population du village de Solenzara augmentant fortement, le propriétaire de ce domaine proposa de transformer l'écurie en église. Faute de moyens, seule la moitié du bâtiment, coupé dans sa longueur, est transformée. Le clocher est ajouté en 1920 par l'abbé Renucci, qui fait également rehausser l'église d'un mètre. Le toit et la charpente actuels, restaurés aux environs de 1970, sont inspirés d'une église située dans la banlieue d'Alger. La fête patronale de Saint-Paul a lieu le 30 juin.

▶ **Torra di Sarracini**, la tour des Sarrasins, avait pour vocation première de donner l'alerte à l'approche de toute voile suspecte desdits envahisseurs. Près d'une centaine de tours de guet de ce type ont été édifiées le long des côtes à partir de 1512 par l'Office de Saint-Georges et sous le contrôle de la Sérénissime République de Gênes. Cette vigie, de forme carrée de 12 m de haut et d'environ 6 m de large, construite en pierre de taille et argile, datant de 1543, avait également une vocation défensive.

▶ **Le monastère de l'Assunta Gloriosa** : Moniales de Bethléem, de l'Assomption de la Vierge et de Saint-Bruno. Bâtiment récent à l'architecture moderne et épurée. La chapelle est ouverte toute la journée y compris pendant les offices liturgiques. Possibilité de suivre la piste et de redescendre à pied jusqu'à la plage de Canedda (environ 1h15). Vente de produits monastiques.

■ **JEAN-PAUL QUILICI**
U Suartu
✆ 04 95 78 64 33 / 06 16 41 18 53
www.canyoningcorse.net
jean-paul.quilici@wanadoo.fr
Ouvert toute l'année. Haute saison : tous les jours. De 55 € à 60 € en canyon. Randonnée de 250 € à 300 € par jour.
Diplômé national en 1983 à Chamonix, Jean-Paul Quilici est le premier guide corse de haute montagne. Etant natif de Corse, du village de Sari-Solenzara, face aux aiguilles de Bavella, c'est tout logiquement qu'il consacre sa passion à cette montagne terre. Il a effectué raids et trekkings dans le monde entier. L'homme au bandana vous fera découvrir les 3 plus beaux canyons de Bavella : la Vacca, Purcaraccia ou Pulischellu. Il organise également des randonnées sur le GR20 du sud au nord en mai, juin et septembre.

Solenzara ★

Une petite station balnéaire tranquille, moins jet-set qu'au sud, à l'ambiance familiale. Les plages sont appréciables pour les enfants, car il n'y a pas de courant entraînant vers le large. Le port de plaisance et de pêche est lui prisé par les grosses unités, car il est l'un des seuls ports de la côte à pouvoir les accueillir. Le commerce est dynamique avec un shopping de nuit organisé tous les mercredis d'été, avec la grande rue du village entièrement piétonne. La micro-région compte environ 4 500 lits marchands, de nombreux restaurants, boutiques et activités de sports et loisirs. On peut y pratiquer le farniente total sur les belles plages des environs, moins surchargées que sa cousine de Porto-Vecchio, la plongée sous-marine, le Jet-Ski, mais également de nombreuses possibilités de sports verts : randonnées pédestres et équestres, quad, VTT, via ferrata, canyoning et accrobranche.

■ **OFFICE DE TOURISME INTERCOMMUNAL DE SOLENZARA – CÔTE DES NACRES**
Place des Anciennes-Ecoles
✆ 04 95 57 43 75
www.cotedesnacres.com
info@cotedesnacres.com
♿
Basse saison : ouvert du lundi au samedi et les jours fériés de 9h à 12h et de 14h à 18h. Haute saison : tous les jours et les jours fériés de 9h à 20h. CB non acceptée.
Mise en place d'une éco-navette, à la demande, qui dessert les sites touristiques de la région. Tarifs en fonction du lieu choisi et du nombre de participants.

■ **PORT DE PLAISANCE**
✆ 04 95 57 46 42
www.mairie-sari-solenzara.fr
capitainerie@mairie-sari-solenzara.fr
Basse saison : ouvert de 8h à 12h et de 14h à 18h. Haute saison : de 7h à 21h. Eau, électricité, sanitaires, carburant, laverie, wifi. À partir de 25 € la nuit.

Points d'intérêt

■ **PLAGES DE LA CÔTE DES NACRES** ★★★

▶ **Canella** : c'est une des plus belles à environ 6 km au sud de Solenzara. Vous ne pourrez pas la rater : les voitures sont garées sur le bord de la route, la plage est en contrebas, eau turquoise, sable fin et crique adorable.

▶ **Scaffa Rossa** : la fameuse plage de sable, bordée d'eucalyptus, encadrée par l'estuaire de la rivière à gauche et le port de plaisance à droite.

▶ **L'Anse de Tarco** : un peu plus au sud, ne pas manquer non plus l'anse de Tarco, ses petits commerces et la belle vue sur les aiguilles de Bavella.

Escapade au col de Bavella

On remonte la rivière Solenzara pour prendre le chemin du col de Bavella. En amont, on trouve d'ailleurs des plages aménagées, les plus agréables se situant là où la route suit la rivière par la rive gauche. D'importants travaux de réfection ont été réalisés sur la D268 menant à Bavella. A voir aussi aux environs, hormis l'ascension vers Bavella, le site de Monte Santu, une falaise propice à l'escalade, au-dessus du village de Sari par la D68, à gauche. On peut poursuivre le chemin par un très beau tour qui revient sur Favona, au sud de Solenzara. La route est désormais magnifique car entièrement refaite.

Le couvert

■ LA FONDERIE

Port de plaisance ✆ 04 95 57 42 47
www.lafonderie-solenzara.fr
serge.vacca@free.fr

Fermé de novembre à mars. Haute saison : ouvert tous les jours et les jours fériés le soir (dernier service à 23h). Ouvert le midi les jours fériés. Réservation recommandée. Menu unique à 19,50 €. Carte : 40 € environ (le soir, 25 € le midi). Menu enfant : 8,50 €. Suggestion du jour : 22 € (terre ou mer). Vin au verre. Chèque Vacances, Chèque Restaurant. Chaises bébé. Jardin. Terrasse. Vente à emporter. Animations. Soirées de musiques live chaque semaine.

Une adresse qui monte sur le port de plaisance que cette Fonderie qui, en plus de bénéficier d'un cadre historique, offre une cuisine de qualité pour toutes les bourses. On sera futé de la rechercher entre port et rivière pour s'y attabler au calme et choisir entre le menu de couleur locale, une carte qui sent bon la fraîcheur, quelques sympathiques recettes plutôt marines en provenance des filets de Julien et Jean-Toussaint Luccchini les patrons pêcheurs. En complètement des plaisirs gustatifs on y goûtera d'une sélection de belles bouteilles d'AOC de toute l'île et des soirées musicales de Serge Vacca accompagné du violoniste Raphael Pierre et de Claude Mazzieri, aux chant et à la guitare. En prime : un vivier à langoustes, une nouvelle terrasse décapotable qui protège la terrasse.

O RESTO

RN198
Rue Principale
✆ 04 95 56 00 39 – oresto2a@hotmail.fr

Fermé de novembre au 15 décembre. Ouvert tous les jours et les jours fériés le midi et le soir. Fermé le lundi hors saison. Réservation recommandée. Menu unique à 20 €. Carte : 30 € environ. Menu enfant : 7,50 €. Plat du jour : 12 €. Vin au verre. Chèque Restaurant. Accueil des groupes. Chaises bébé. Terrasse. Vente à emporter. Animations.

Une petite adresse sympathique, au cœur du village, tenue par Martine, la cuisinière, et Roger, au service. On y découvrira, derrière la petite salle, une terrasse au calme et à la fraîche, pour apprécier à la carte ou au menu les recettes familiales, tout en simplicité et en générosité. En suggestion, on pourra essayer les poivrons à la provençale, l'escalope à la Boconcini et un mille-feuille maison, bien sûr ! Accueil parfait et addition toute digeste.

■ LA VOILE ROUGE

Plage de Scaffa Rossa
✆ 04 95 36 60 03 / 06 03 22 53 95
restaurant.lavoilerouge@gmail.com
A 1 km du port, au nord de la plage.

Fermé du 15 octobre au 15 avril. Ouvert tous les jours et les jours fériés le midi et le soir (dernier service à 23h). Service non-stop en été. Réservation recommandée. Carte : 40 € environ. Menu enfant : 9,80 €. Suggestion du jour : 18 €. Vin au verre. Chaises bébé. Jardin. Terrasse. Vente à emporter. Animations. Soirées musicales live en été. Bar à cocktail, wi-fi offert, parking gratuit. 18 € transat/parasol par jour.

Ce restaurant de plage au nom mondialement connu reste la référence sur la côte des Nacres. On y vient chaque saison retrouver ses formules bien pensées, de la plus simple à la plus élaborée. La paillote au bord de l'eau propose une honorable cuisine où se retrouvent pizzas, grillades, poissons au feu de bois, suggestions à l'ardoise du chef Benoît ; le tout servi par une brigade de jeunes et souriantes demoiselles. Un espace bar à cocktails, les transats et parasols, le grand parking et même le wi-fi. Pour la fête : les soirées musicales sur sable, les pieds dans l'eau ! Elle n'est pas belle la vie ?

Fermes-auberges

■ A PINZUTELLA

D268
Route de Bavella
✆ 04 95 57 41 18 / 06 19 93 34 20
www.auberge-apinzutella.com
auberge.apinzutella@orange.fr

Bienvenue à la Ferme. Fermé du 15 octobre au 15 avril. Gîtes de France 2 épis. Ouvert du mardi au dimanche et les jours fériés le midi et le soir. Réservation recommandée. Formule à 19€. Carte : 38 € environ. Menu enfant : 10 €. Vin au verre. CB non acceptée. Chèque Vacances. Accueil des groupes. Chaises bébé. Jardin. Terrasse. Vente à emporter

Le bonheur est au bout de ce petit chemin qui descend au domaine de la famille Lucchini. Il faut impérativement faire l'effort d'y venir, à 5 km de Solenzara, sur la route de Bavella et tomber sur un panorama qui laisse pantois ! On en oublierait presque de manger et ce serait bien dommage, car les produits de la ferme-auberge sont de toute beauté et l'on n'aura qu'une envie... y revenir. A savourer sans modération : le croustillant de chèvre chaud maison, le cabri rôti et ses petits légumes, le plateau de fromages de chèvre fermiers et le fondant à la farine de châtaigne. Pour les amoureux d'ambiance bucolique et pastorale, les trois gîtes ruraux de Jean-Martin vous permettront de prolonger ces moments inoubliables au bord des piscines naturelles de la rivière de « la Solenzara ».

Tables d'hôtes

■ **A PINZUTELLA**
D268
Route de Bavella
✆ 04 95 57 41 18
Voir page 294.

Le gîte

■ **AUBERGE DE CANNEDDA**
Canella
✆ 04 95 74 04 96 / 06 86 97 82 62
www.hebergement-cannedda.fr
cannedda1@gmail.com
A 5 km de Solenzara et 34 km de Porto-Vecchio

Fermé du 15 octobre au 15 mai. Accueil jusqu'à 22h. 11 chambres. Chambre double de 55 € à 85 € ; chambre triple de 75 € à 100 €. Demi-pension : 29 € (dîner et petit déjeuner). Petit déjeuner : 7 €. Parking fermé inclus (auto et moto). Wifi gratuit. Restauration (menu 22 € terre ou mer, menu enfant 10 €). Pas de tv.

Changement radical à Cannedda avec la reprise en main par Dominique Baltolu, le fils du créateur de cette petite auberge de caractère, entièrement rénovée pour offrir au voyageur une étape agréable à prix doux. L'accueil est parfait, la propreté irréprochable et l'on y profitera également des talents de cuisinier de l'hôte des lieux pour les dîners en salle ou en terrasse. Homme multitâche, Dumé navigua sur plusieurs continents et fait partie du charme de l'adresse.

■ **SOLE DI SARI******
D268
Pianuccie
Route de Bavella
✆ 04 95 57 07 70
www.soledisari.com
soledisari@orange.fr
A 1 km de Solenzara au bord du fleuve.

Fermé du 19 octobre au 5 avril. Accueil jusqu'à 19h (20h en saison). 120 chambres (60 mobil-homes, 44 chalets et 16 écolodges). Bungalow de 29 € à 208 € la nuit, de 203 € à 1 456 € la semaine. Demi-pension : 22 € (dîner et petit déjeuner). Petit déjeuner : 6 €. Parking fermé inclus (auto, moto et vélo). American Express, Chèque Vacances. Club enfants. Garde d'enfants. Jeux pour enfants. Poste Internet. Wifi payant. Service de ménage. Restauration (restaurant-pizzeria ouvert de mi-mai à mi-septembre le soir. Carte 23 €). Salon de jardin, location de draps, lave-linge, sèche-linge. Pas de tv. Bain bouillonnant. Animations.

Entre mer et montagne, en bordure de la rivière «La Solenzara» Sole Di Sari vous accueille dans un cadre verdoyant et 100 % «éco touristique». C'est le point de départ idéal pour découvrir la côte des Nacres et ses plages, le massif de Bavella et ses impressionnantes aiguilles de granit rose, les nombreux sentiers de randonnées et activités sportives dans une nature offrant des panoramas sauvages. On y choisira au choix son chalet, son éco lodge ou son mobil-home de 4 à 6 personnes tous flambant neuf.

■ LA SOLENZARA***
Quartier du Palais
✆ 04 95 57 42 18
www.lasolenzara.com
info@lasolenzara.com

Fermé de novembre à mars. Accueil 24h/24. 28 chambres (et 7 appartements de 2/8 personnes). Chambre triple 150 €; studio / appartement 310 € la semaine. Basse saison : chambre double 85 €. Haute saison : chambre double 150 €. Petit déjeuner buffet inclus (sauf en appartement). Parking fermé inclus (et garage vélo). Lit bébé offert. American Express, Chèque Vacances. 1 chambre équipée. Garde d'enfants. Animaux acceptés (3 €/jour, maxi 10 kg). Poste Internet. Wifi gratuit. Restauration (snacking en haute saison le midi). Hammam, bain bouillonnant. Excursions (promenade en mer sur réservation).

La dénomination de petit palace, U Palazzu en langue corse, est désormais largement justifiée pour cette fière bâtisse génoise du XVIIIe siècle et ses dépendances. Avec ténacité, Alexandra Lucchini a su transformer avec bonheur son hôtel de charme pour y apporter des prestations de qualité : climatisation, belle piscine, jardin luxuriant, son espace de soin et beauté, le tout idéalement placé à 300 mètres de la plage et du port de plaisance. Ne pas manquer les petits déjeuners copieux sous le platane face à la piscine et la mer. Petite restauration le midi en haute saison. Accueil naturellement sympathique et bonne disponibilité de tout le personnel.

Loisirs

■ ACQUA NATURA PARC AVENTURE SOLENZARA
Camping des Nacres
Kamiesch ✆ 06 29 19 19 04 / 06 19 89 32 06
www.corse-canyoning-parc.com
acqua-natura@hotmail.fr

Ouvert toute l'année. 8 parcours dans les arbres à difficultés progressives pour enfant (à partir de 3 ans) et adulte. De nombreux ateliers ludiques et sportifs. Canyon de La Vacca, de Purcaraccia ou le canyon de Polischellu. Randonnée pédestre. Haute saison : tous les jours et les jours fériés de 9h à 20h. Le reste de l'année, sur réservation. Entrée : 8 € (à 22 € le parc aventure). Canyon de 45 € à 55 €. paint ball 35 € la partie. Kayak et stand up paddle à partir de 13 €. CB non acceptée. Chèque Vacances. Buvette, WC et petite restauration.

Le Parc de la Solenzara vous propose de vivre une aventure inédite au cœur d'une superbe forêt d'eucalyptus à proximité des célèbres aiguilles de Bavella. 8 parcours dans les arbres à difficultés progressives pour les enfants (à partir de 3 ans), les adultes et les seniors avec 70 ateliers pour plus de 2 heures 30 de parcours. Acqua & Natura vous propose le nouveau canyon du Macini : une descente sauvage en pleine nature, au cœur de la vallée du Fium'Orbu, avec de superbes cascades de plus de 50 mètres de hauteur, sauts, rappels. Et, pour finir un repas traditionnel corse au gîte de San-Gavino. Nouveautés : du paintball, du stand up paddle et du tubing, une bouée à pagaie pour découvrir le fleuve.

■ ACQUA VANUA
Plage de Favone
✆ 06 12 85 66 39 / 06 03 60 87 29
www.acquavanua.com
contact@acquavanua.com

Fermé d'octobre à mars. Haute saison : ouvert tous les jours et les jours fériés. Location à partir de 12 €. Rando 1h30 2 heures pour lire 2 €/pers. Rando demi-journée 38 €. CB non acceptée. Chèque Vacances.

Le Port de Solenzara.

La pirogue à balancier et le canoë : une expérience unique en Corse ! Des balades pour tous les âges même pour les tout-petits. Partez en pirogue à balancier à la découverte de la côte des Nacres sur une eau turquoise ou en canoë sur le Fium'Orbu. Possibilités de location et de balades encadrées par des diplômés d'Etat. En prime : location de stand up paddle. Réservation conseillée.

Location de deux-roues

■ **SOLENZARA MARINE SERVICE**
Immeuble les Flots
RN198
✆ 04 95 57 63 35
www.smsboat.com
loc@smsboat.fr
Basse saison : ouvert du mardi au vendredi. Haute saison : tous les jours de 8h30 à 19h. Ouvert le dimanche (en été). Concessionnaire Kymco et Suzuki. American Express.
Le petit polyvalent de Solenzara qui propose la location de scooters et motos de 50 à 300cc, de quads de 250cc, la vente et la réparation, et même le remorquage à 40 km aux alentours. Egalement des randonnées encadrées sur toute la Corse en quad Kymco routier, à la demi-journée et plus si affinité.

Bateau

■ **SMS BOAT**
La Palmeraie
Port de plaisance
✆ 04 95 59 48 49 / 06 07 05 18 46
www.smsboat.com
loc@smsboat.fr
Haute saison : ouvert tous les jours et les jours fériés de 8h30 à 19h. Ouvert le dimanche. Chèques vacances. American Express.
Cette société propose une vaste gamme de bateaux à moteur semi-rigides et habitables du 5,50 mètres 100 cv au yacht de 17 mètres 700 cv, pour des formules en location seul ou avec skipper, à la journée, à la semaine ou plus. La SMS organise également toutes incentives sur l'île de Beauté. Rando quad, sorties bateaux, rando Jet-Ski, escapade en montagne sur réservation et même la location de scooters.

Emplettes

■ **A BUTTEGA DI A MANDRIA**
Rue Principale
Quartier U Palazzu
✆ 04 95 31 59 35
abuttegadiamandria@gmail.com
Haute saison : ouvert tous les jours et les jours fériés de 9h à 13h et de 15h30 à 22h30. Ouvert de mi-avril à mi-novembre. Expédition par la Poste. American Express.
Miren et Marc-Antoine Rocca Serra proposent ici une sélection rigoureuse des meilleurs produits corses dont un fameux prisuttu de Samira et Jérôme Pierlovisi à Cuttoli, affiné deux ans en montagne. On peut en plus s'y attabler et déguster vins, charcuterie, fromages et autres douceurs. Grande sélection de fromages fermiers dont on prendra la précaution de demander l'emballage sous vide. Une vraie adresse gourmande où l'on viendra les yeux fermés !

Marchés

Tous les mercredis matin : Marché « Saveurs et Artisanat » – Parking de l'office de tourisme de la Côte des Nacres à Solenzara.Chaque deuxième samedi du mois : Marché de Solenzara – Centre du village d'octobre à avril – Parking du port de mai à septembre.

Solaro ★★

Le village doit son nom à sa situation exceptionnelle, sur une arête, qui l'expose au soleil levant. Il offre également une très belle vue, de la plaine jusqu'à l'archipel toscan. La partie maritime englobe les plages surveillées de la Marine, Chiola et la belle Scaffa Rossa. Son église San-Giovanni possède une grosse tour carrée en pierres, et l'on peut également visiter les chapelles des différents hameaux. Au départ de Solaro, on accède aux nombreux sentiers de randonnées pédestres, équestres et cyclables. L'étang de Palu occupe 110 hectares le long du rivage oriental. C'est le quatrième plus grand étang de Corse. Cet étang forme une lagune préservée dotée d'une richesse importante au niveau de la biodiversité. A partir du parking situé au-dessus la RN198 à l'entrée sud de Vix, un chemin permet d'accéder à l'étang et de longer, pour une balade facile, une partie de son pourtour. Une promenade d'une heure, un peu plus si l'on prend le temps d'observer la diversité des oiseaux d'eau et la richesse végétale. Vous risquez de rencontrer le seul pêcheur des lieux, Julien Cugurno, qui vous parlera de sa pêche aux anguilles, du muge et des mulets. De ces derniers, il extrait les œufs, dès le mois d'août, pour en produire le caviar de la Méditerranée, la fameuse «poutargue».

U SALTU
D845 – Le village
✆ 04 26 78 15 24
✆ 06 50 22 08 61
http://usaltu.free.fr
fab20213@hotmail.fr
A 8km de la plage la plage
et 10 km de Solenzara.

Ouvert toute l'année. Tous les jours et les jours fériés le midi et le soir. 6 chambres. 16 couchages en chambres de 2 à 4 personnes 20,50 € la nuit, petit déjeuner 6 €. Réservation recommandée. Menu unique à 25 €. Vin au verre. Demi pension 50 € par personne. CB non acceptée. Chaises bébé. Jardin. Terrasse. Vente à emporter. Boutique. Animations. Wifi zone, salle climatisée.

Prenez la peine de monter ces quelques lacets au-dessus de l'étang de Palu, pour venir profiter de la table et de l'accueil de Fabrice, personnage sympathique et courageux. Ses suggestions et formules attirent tout le village, et le touriste curieux y trouvera son bonheur. Magnifique panorama en cadeau. Et même des chambres du gîte d'étape pour pouvoir rouler sous la table après une soirée musicale.

■ CAMPING DE LA CÔTE DES NACRES**
Scaffa-Rossa
✆ 04 95 57 40 65
www.campingdesnacres.fr
info@campingdesnacres.fr
A 800 m de Solenzara.

Fermé d'octobre au 15 avril. Réservation recommandée. Accueil jusqu'à 21h (19h hors saison). Gardé 24h/24. Terrain de 7 ha. 150 emplacements (dont 34 bungalows). Exposition : mi-ombragé / ensoleillé. Sol : sablonneux. Relief : plat. Emplacement de 4,20 € à 5,10 €. Véhicule de 3,80 € à 10 €. 2 personnes de 7,70 € à 8,50 €. 34 bungalows pour 2 à 6 personnes de 370 € à 860 € la semaine. Bungalow à la nuit à partir de 70 €, pour 2 personnes. Chèque Vacances. Jeux pour enfants. Salle de bains pour bébés. Animaux acceptés (2 €, sauf en locatif). Aire pour camping-cars. Wifi payant. Service de ménage. Restauration (pizzeria, carte 22 €, menu enfant 8 €, plat du jour 10 € de juin à août). Vente (superette). Animations.

Juste à la sortie nord de Solenzara, un beau camping les pieds dans l'eau douce ou salée. D'un côté la rivière la Solenzara et de l'autre la magnifique plage de Scaffa-Rossa. On y trouve sur place un mini-market, son restaurant pizzeria de plage La Paillote, une laverie et un espace jeux pour enfants tout beau tout nouveau. Accès Internet à La Paillote. En prime, pour les frissons, un parc aventure et un centre de canyoning.

REPÉREZ LES MEILLEURES VISITES

★ INTÉRESSANT ★★ REMARQUABLE ★★★ IMMANQUABLE ★★★★ INOUBLIABLE

L'ALTA ROCCA

Superbe région verte et montagneuse, jadis sous la domination des seigneurs de la Rocca : superbe pour l'automobiliste ou le motocycliste, mais aussi pour le marcheur qui trouve à sa disposition un grand nombre de chemins balisés traversant dans toutes les directions une importante partie du Parc régional.. La diversité de paysages qui composent cette région offre une flore et une faune d'une richesse exceptionnelle. Avec 9 000 ans d'histoire, ce paradis de nature est un des lieux les plus anciennement peuplés de Corse. De nombreux sites archéologiques témoignent encore de la présence humaine. Nommée « la terre des seigneurs » au Moyen Age, la région est marquée par un passé tragique fait de vendetta entre familles corses et de résistance contre la puissance génoise.

AULLÈNE ★★

Les maisons anciennes à arcades sont construites en granit, à l'instar des villages de l'Alta-Rocca, et l'ensemble est dominé par les ruines d'un château. Aullène est entouré de reliefs, comme le col de la Vacca, qui offre un panorama immense sur la région. On peut également se promener dans la forêt de Tacca, ou encore accéder au rocher en équilibre par les sentiers de randonnée. Le bourg montagnard était autrefois un lieu important de transhumance, et organisait une foire aux bestiaux qui était considérée comme l'une des plus importantes de l'île. Au village, l'église Saint-Nicolas est classée monument historique, et possède un clocher à étages sculptés, ainsi qu'une très belle chaire en bois. Son programme iconographique est très lié à la mer et ses dangers, les invasions barbaresques. On y voit ainsi des dauphins qui soutiennent la chaire, ainsi qu'une tête de Maure. On peut y voir le symbole de la Corse chrétienne triomphant de la mer et des infidèles venus de par-delà les flots. Dans les environs, on peut aussi visiter la chapelle rurale San-Antiochus.

Le couvert

■ LE CHALET
D420
Rue de la Poste ✆ 04 95 78 63 12
www.sanlarenzu.com
sanlarenzu20116@gmail.com

Fermé d´octobre à mai. Fermé le midi en septembre sauf le week-end. Ouvert tous les jours et les jours fériés le midi et le soir. Réservation recommandée. Menus de 22 € à 25 €. Carte : 33 € environ. Menu enfant : 12 €. Plat du jour : 14 €. Vin au verre. Chèque Vacances. Chaises bébé. Terrasse.

Un joli petit chalet en bois à la sortie du village tenu par Mireille, où l'on s'assoit en toute simplicité devant un bon plat de cabri, d'agneau, de daube de porc sauvage aux châtaignes, d'une charlotte à la poire et au chocolat ou du tiramisu maison. La majorité des produits proviennent du Taravo E de l'Alta Rocca. Succulent ! Mention spéciale à la charcuterie de Laurent, le fils, que l'on savourera sur place ou à emporter.

Eglise Saint-Nicolas.

Le gîte

■ **HÔTEL DE LA POSTE***
D420
Rue Principale
✆ 04 95 78 61 21
www.hotel-de-la-poste-aullene.com
hoteldelaposteaullene@orange.fr

Fermé d'octobre à avril. Accueil jusqu'à 22h. 20 chambres. Chambre simple à partir de 38 € ; chambre double à partir de 48 €. Demi-pension : 93 € (pour 2 personnes, 3 nuits minimum). Petit déjeuner : 7 €. Lit supplémentaire : 9 € (lit enfant). Parking ouvert (garage vélo). Réceptions et mariages. Poste Internet. Wifi gratuit. Restauration (plat du jour 13 €, menus de 16,50 à 24,50 €, menu enfant 9 €, carte 30 €).
C'est l'un des plus anciens hôtels de la Corse, dirigé par la famille Benedetti-Lucchini depuis cinq générations. Cet ancien relais de diligence est aujourd'hui une des rares étapes de la région. Le confort est simple avec douche et lavabo dans chaque chambre mais le panorama de la terrasse est superbe. Etape simple, pratique et pas chère. Effort remarquable avec la nouvelle décoration de la salle du restaurant qui propose une cuisine sincère et familiale et le bar entièrement refait à neuf !

Chambres d'hôtes

■ **SAN LARENZU**
D420
Casciaco
Route de Zonza
✆ 04 95 78 63 12
✆ 06 60 11 11 99
www.sanlarenzu.com
sanlarenzu20116@gmail.com

Gîtes de France (2 épis). Ouvert toute l'année. Accueil jusqu'à 20h. 5 chambres. Chambre simple 70 € ; chambre double 75 € ; chambre triple 95 €. Demi-pension : 120 € (pour 2). Petit déjeuner inclus. Lit supplémentaire : 25 €. Parking fermé inclus (abri moto). Assiette de charcuterie maison 18 €. Chèque Vacances. Animaux acceptés (sur demande). Wifi gratuit. Restauration (menu 23 € et 25 € au Chalet chez Mireille, la maman). Vente (charcuterie familiale). Bain bouillonnant. Excursions (visite du séchoir du charcutier).
Antoinette et Laurent Henry proposent aux amateurs de tranquillité leurs chambres de grand confort au cœur du village. Pour les petits déjeuners, on y trouve désormais une belle salle panoramique juste en face pour profiter d'une superbe vue sur la vallée avec son bain bouillonnant et ses bains de soleil. Belle production charcutière maison que l'on pourra même emporter en souvenir. Stage d'initiation à la découverte des savoir-faire de la charcuterie locale de décembre à février et assiette dégustation charcuterie.

Emplettes

■ **I SABIDINI**
Route de Zicavo
Andriaccia
D69
✆ 06 89 06 10 84
✆ 04 95 24 74 25
chiaronii@yahoo.fr
Basse saison : ouvert du vendredi au lundi et les jours fériés de 8h à 20h. Haute saison : tous les jours et les jours fériés de 8h à 20h. Vente par correspondance. Livraison possible. CB non acceptée.
Depuis plus de 8 ans, Isabelle Chiaroni confectionne toute l'année dans sa petite boutique-atelier ses canistrelli, frappi, bastelle, sciaccia, beignets de bruccio... Pour approvisionner tout l'Alta-Rocca et au-delà. On y savourera en toute confiance cette production artisanale sucrée et salée sur une adorable petite terrasse tout de rouge vêtue. Une petite entreprise courageuse qui mérite largement les encouragements du *Petit Futé* !

Retrouvez l'index général en fin de guide

Baignade à Aullène et au plateau sur le plateau du Coscione

Les amateurs de fraîcheur trouveront sur la D69, vers Zicavo, à 10 km, au pont du Chiuvone, un joli coin de baignade agréable et rafraîchissant. Pour les plus sportifs, direction le plateau de Coscione depuis Basetta ou depuis Quenza pour parcourir un site magique, totalement vierge. C'est le plus grand plateau d'altitude de Corse. On y trouve des pozzines (i Pozzi) où courent des chevaux en liberté. Ce plateau a longtemps été un haut lieu du pastoralisme dans les régions du sud de l'île. Les anciennes bergeries de Croce, Palaghjola ou Chiralbeda témoignent de ce passé.

■ **SAN LARENZU**
Route de Zonza
Casciaco
D420 ✆ 04 95 78 63 12 / 06 60 11 11 99
www.sanlarenzu.com
sanlarenzu20116@gmail.com
Ouvert tous les jours et les jours fériés de 8h à 20h. Expéditions France et étranger. Chèques vacances.

Henry Laurent élève et « charcute » depuis plus de 12 ans dans le petit village d'Aullène ses porcs de race corse. La transhumance s'organise sur le plateau du Cuscione tout proche à 1 500 m d'altitude. Au cœur du village, on pourra y découvrir le séchoir et apprécier le fumet délicieux de ces prisutti, coppa, lonzu, salami, figatellu, pancetta... Conditionnement sous vide pour ramener sans soucis ces bonnes agapes.

LEVIE ★★

La commune s'étend de la vallée du Rizzanese au Pianu di Livia, jusqu'à la montagne de Cagna, à 1 300 m au-dessus de la vallée de l'Ortolo. Riche de sites historiques et préhistoriques classés au patrimoine mondial par l'Unesco, Levie se définit comme la capitale de l'Alta-Rocca. Des différents hameaux, nombreux départs de chemins de randonnée vers la montagne de Cagna et vers les sites préhistoriques, au milieu des chênes, du maquis et des immenses blocs de granite. La capitale de l'Alta-Rocca est un carrefour important des sentiers pédestres qui la parcourent : vers Carbini, Zonza, Quenza, et l'Ospedale. C'est aussi un beau village animé aux maisons de granit, avec clocher carré. Son histoire date du Moyen Age avec ses maisons anciennes dont les plus âgées datent du XVIe siècle.

■ **COMMUNAUTE DE COMMUNE DE L'ALTA ROCCA**
BP 07
Rue Sorba
✆ 04 95 78 47 93
www.alta-rocca.com
alta-rocca@orange.fr

Points d'intérêt

■ **MUSEE DE L'ALTA ROCCA** ★★
Quartier Pratu
Avenue Lieutenant de Peretti
✆ 04 95 78 00 78
www.cg-corsedusud.fr
mariana.bozzi@cg-corsedusud.fr

Ouvert toute l'année. Fermé le 14 juillet et le 15 août. Basse saison : du mardi au dimanche de 10h à 18h. Haute saison : du lundi au samedi de 10h à 17h. Gratuit jusqu'à 26 ans. Adulte : 4 €. Groupe (8 personnes) : 2 €. Tarif réduit : 2,50 €. Accueil enfants. Visite guidée. Boutique. Animations.

Le musée de l'Alta-Rocca raconte la Préhistoire et l'Histoire de la région. Sur près de 700 m², on suit pas à pas dans leur vie quotidienne, les différents groupes humains depuis leur première implantation dans des abris sous roche (8e millénaire avant notre ère) jusqu'à leur installation dans des casteddi du Moyen Age. Les collections proviennent de la fouille des sites de l'Alta-Rocca, de la montagne à la plaine. Etape par étape, le musée retrace l'invention de la poterie, l'apparition de l'agriculture, les débuts de l'élevage, le perfectionnement des outils avec la maîtrise progressive de la métallurgie, l'ingéniosité des guerriers de l'âge du bronze, la coquetterie des dames de l'âge du fer, l'évolution de l'habitat et des rites funéraires. Il présente de façon détaillée deux sites ouverts à la visite (Cucuruzzu et Capula). C'est ici aussi que l'on peut voir et le squelette d'une espèce animale disparue, le Prolagus ou « Lapin-Rat », ainsi que celui de la Dame de Bonifacio, célèbre vestige humain mésolithique de Corse. Enfin, dans la salle d'art sacré, on peut admirer un Christ en ivoire du XVIe siècle, don du pape Sixte Quint à la « ville » de Levie.

■ **SITES ARCHÉOLOGIQUES DE CUCURUZZU ET CAPULLA** ★★★★
✆ 04 95 78 00 78
www.cg-corsedusud.fr
musee.levie@cg-corsedusud.fr
Informations auprès du musée départemental de l'Alta Rocca.

SUD CORSE

Cucuruzzu

Le Casteddu de Cucuruzzu fait partie de la vingtaine de casteddi découverts sur l'île, essentiellement en Corse méridionale. Erigé par les hommes de l'âge du bronze, il a été établi au sein d'un chaos granitique aménagé, dominant le versant nord du plateau de Levie. En contrebas vers le nord-est, plusieurs des terrasses aménagées et des abris ont été occupés ; il s'agit d'un village, ceinturé par un mur de protection (non accessible). Le monument principal est formé par la Torra (tour : probable lieu de stockage et de transformations des denrées), qui conserve encore une partie de sa couverture faite de dalles posées en faux encorbellement. Ce type de construction est à rapprocher des architectures de la même période du bassin méditerranéen, et en particulier de la Sardaigne où se trouvent de nombreux Nuraghi. La Torra est ceinturée par un mur mégalithique dans lequel ont été disposées des loges où se pratiquaient des activités artisanales. Les vestiges recueillis lors des fouilles sont présentés au musée départemental de l'Alta-Rocca à Levie.

Capulla

Un sentier dallé bordé de chênes mène au castellu, site préhistorique, classé aujourd'hui aux Monuments historiques. Jadis place puissante occupée, elle aussi, à partir de l'âge du bronze, le site fut objet de nombreuses convoitises et de conflits avant d'être détruit au milieu du XIIIe siècle.

Le couvert

A PIGNATA
Route du Pianu
Tivulaju ✆ 04 95 78 41 90
www.apignata.com – contact@apignata.com

Bienvenue à la Ferme. Fermé de janvier à mars. Ouvert tous les jours et les jours fériés le midi et le soir. Ouvert le week-end de novembre et décembre. Réservation recommandée. Menu unique à 48 € (végétarien ou sans porc sur demande). Menu enfant : 18 €. Vin au verre. CB non acceptée. Chèque Vacances, Chèque Restaurant. Accueil des groupes. Chaises bébé. Jardin. Terrasse. Wifi zone gratuite.

L'intégration des bâtiments est exemplaire avec l'usage de pierres granitiques, de bois de chêne et une décoration intérieure élégante. Côté cuisine, dirigée par le fils Jean-Baptiste, on reste dans la tradition, avec un menu unique qui varie au gré des saisons, toujours fondé sur les produits locaux sélectionnés et finement travaillés. Pour couronner le tout, une grande piscine intérieure chauffée s'ouvre sur le panorama de la vallée, mais elle est réservée aux résidents de l'hôtel.

Loisirs

AQA-CANYON
Quartier Insorito ✆ 06 20 61 76 81
www.aqa-canyon.com
aqa-canyon@orange.fr

Sur réservation, de Pâques à la Toussaint. A partir de 40 €. CB non acceptée. Chèque Vacances.

Impossible de ne pas citer le canyoning quand on parle du sud de la Corse. Le territoire regorge de sites tous plus beaux les uns que les autres : Vacca et Pucarccia sur Bavella, Baracci vers Propriano, Vivagio vers Figari, Tignosu sur le plateau du Coscionu, Nura au-dessus de Solenzara, Piscia in Alba vers Olivese... A faire absolument au printemps ou en été pour des sorties en journée et demi-journée.

Emplettes

A MEDA
Rue Sorba
✆ 06 20 81 45 94 – leo2a@sfr.fr

Haute saison : ouvert du lundi au samedi. CB non acceptée.

Une toute petite adresse gourmande au cœur du village, créée par Christophe Leonetti, qui nous propose une sélection des meilleurs produits locaux tels que charcuterie, fromage, terrines, miel, confitures et autres douceurs. Une attention particulière pour la noix de jambon de dix-huit mois d'affinage en provenance de Haut-Taravo. Délicieuse ! Possibilité d'expédition dans le monde entier d'une sélection de vrais bons produits.

Rappel dans le canyon de Zoicu.

Le château de Quenza.

QUENZA ★★★

Entouré de hauts sommets et de forêts, le village de Quenza est construit sur un plateau. Il a gardé son authenticité, avec ses maisons hautes dominées par une tour carrée. La forêt de Bavella, protégée par le Parc naturel régional, est également une réserve pour les mouflons. C'est là aussi que furent réintroduits les cerfs corses dans les années 1980. Une partie des aiguilles de Bavella se situe sur la commune et dévoile de magnifiques paysages escarpés, aux sommets ciselés. Vous trouverez ici tous les trésors de l'Alta-Rocca : les pins les plus hauts allant jusqu'à 50 m, les chênes d'un vert intense entourés de châtaigniers dans une flore exceptionnelle. Le village est plaisant, fréquenté par de nombreux amateurs de sports verts : randonnées pédestres et équestres, canyoning, ski de fond en hiver.

Points d'intérêt

On peut y visiter son église paroissiale Saint-Georges, de style roman incorporant des éléments classiques, qui renferme de belles peintures et dont la sacristie est classée aux Monuments historiques.
Proche du bourg, l'ancienne chapelle romane Santa-Maria datée de l'an mille possède deux statues de bois polychrome, l'une représentant la Vierge, l'autre saint Etienne. La chapelle, datée du XIe siècle, a été entièrement restaurée. Au sud du village, on accède aux vestiges de l'église Sant'Antonio. L'église a été construite non loin d'un site romain, où se trouvaient des bains chauds, les Caldane. Les sources chaudes se trouvent aujourd'hui un peu plus loin, vers Sainte-Lucie-de-Tallano.
Immanquable, le château de Quenza, une belle maison à tour carrée et fenêtres à colonnettes, demeure de la famille Colonna-Cesari, sur la droite, à la sortie vers Zonza qui fut édifié avec des pierres importées de Toscane, sur le modèle du Palazzo del Podesta de Florence.
En face de l'église San-Giorgio, on trouve les sentiers pédestres pour visiter l'Alta-Rocca, notamment celui vers Serra, assez court et très joli. A environ 1,5 km, en descendant vers Zonza, à gauche, un chemin mène au refuge d'Asinao et rattrape ainsi le GR20.

■ PLATEAU DU COSCIONE (CUSCIONU) ★★

En 2 heures de marche, depuis Quenza, on arrive au plateau, aride en été, enneigé l'hiver, à 1 500 m d'altitude moyenne. Un endroit magique, refuge de gypaètes, aigles, milans, de cochons sauvages, mouflons, chevaux sauvages, vaches, entre faune et flore, richesse et diversité. En arrivant à Cavallara, les pozzines, une sorte de prairie d'Eden, un tapis vert parsemé de quelques rochers bas où l'on se croit en lévitation, tutoyant les pics alentour. Vers la Punta Tinturaia et le fameux Alcudina, une destination de choc pour tous les randonneurs, à plus de 2 235 m d'altitude. Il évoque une enclume par la forme de la roche en son sommet. On suivra avec intérêt les trois sentiers du patrimoine balisés, un sur le thème de l'eau, un autre sur le pastoralisme et un dernier sur la faune et la flore.

Le couvert

SOLE E MONTI
Route de Zonza
D420 © 04 95 78 62 53
www.solemonti.com
sole.e.monti@wanadoo.fr
Fermé de novembre à février. Ouvert tous les jours et les jours fériés le midi et le soir. Réservation recommandée. Menu unique à 32 €. Carte : 40 € environ. Menu enfant : 10 €. Formule : 14,50 € (assiette randonneur). Vin au verre. American Express, Chèque Restaurant. Jardin. Terrasse. Animations. Soirées musicales chaque semaine en saison.
L'une des adresses de référence de la région, dirigée de longue date par le fameux Félicien Balesi, désormais accompagné par la deuxième génération féminine en la personne d'Elodie et de sa sœur Estelle. On y profitera de son adorable petit jardin aux beaux jours ou de la grande salle avec ses cheminées pour savourer cette cuisine authentique qui ravit les gastronomes. De nombreuses formules pour toutes les bourses, un bon menu pensionnaire et une carte qui sent bon le terroir. Arrêt impératif !

LES CANYONS DE L'ALTA-ROCCA

© CORS'AVENTURE

Toboggan naturel.

Le canyoning est un mélange de plusieurs disciplines sportives : la natation, la marche et l'escalade, sans oublier le goût pour les sensations fortes. Equipé d'une combinaison néoprène, d'un casque et d'un baudrier, vous sauterez dans des baignoires d'eau translucide et des vasques.

CANYON DE LA VACCA ★★★

Bocca di Larone
QUENZA

Approche : 40 minutes. Descente : 2h. Retour : 1h15. Dénivelé : 100 m.

Un vrai canyon dans le massif de Bavella, un des premiers ouverts en Corse, pas très long (1h), pas très difficile (un seul vrai rappel quasiment obligatoire), un enchaînement de passages spectaculaires et de sites grandioses. Depuis des années, ce canyon draine une foule intense de pratiquants durant tout l'été. Même les marches d'approche et de retour sont magnifiques. Les ruisseaux de Polischellu, Purcarccia et San Petru forment celui de la Vacca, d'une longueur d'environ 1 km. Cette descente est courte, très aquatique, dans une eau aux vasques d'émeraude. Elle permet de réaliser plus de 13 sauts avec 2 rappels.

CANYON DE POLISCHELLU ★★★

Argiavera
QUENZA

Dénivelé : 360 m. Approche : 1h30. Descente : 2h30. Retour : 45 minutes.

Mêmes superlatifs pour ce ravin/canyon que pour son jumeau le Purcaraccia, mais dans un cadre naturel complètement opposé, boyau sous verdure contre couloir rocheux dégagé ! On peut en éviter la partie fréquentée en remontant plus haut jusqu'à la cascade à 800m, mais le terrain est moins ludique. Là encore, l'activité qu'on y pratique est bien celle de la balade aquatique, encore plus qu'au Purcaraccia, puisque les obstacles sont faciles et contournables et que la corde n'y est absolument pas nécessaire. Idéal en mai, bon niveau d'eau encore en septembre.

CANYON DE PURCARACCIA ★★★

Argiavera
QUENZA

Dénivelé : 360 m. Approche : 1h30. Descente : 2h30. Retour : 45 minutes.

Un des musts des canyons corses avec ce joyau, associé à son compère le Poliscellu, qui procure autour de 700 m d'altitude un incroyable aqualand constitué d'un enchaînement continu de vasques, toboggans, sauts, nichés entre deux formidables cascades de 40 m de haut ! Malheureusement dorénavant trop connu et fréquenté, ce terrain de jeu est plus une balade aquatique qu'un canyon tant les obstacles sont contournables et seuls les rappels des deux cascades lui font mériter l'activité canyoning.

© AQA CANYON

Saut au canyon de la Vacca.

Le gîte

■ **SOLE E MONTI*****
Route de Zonza
D420
✆ 04 95 78 62 53
www.solemonti.com
sole.e.monti@wanadoo.fr

Fermé de novembre à janvier. Accueil jusqu'à 22h. 20 chambres (dont 2 quadruples). Chambre simple à partir de 60 € ; chambre double jusqu'à 160 €. Demi-pension : 120 € (pour deux en basse saison). Petit déjeuner buffet : 10 €. Parking ouvert inclus (parking fermé moto). Tickets restaurant acceptés. American Express, Chèque Vacances. Animaux acceptés (sur demande). Wifi gratuit. Restauration (menu 32 €, carte 40 €. Menu enfant 10 €. Service midi et soir). Canal +.

Sur la route de l'Alta-Rocca, c'est une étape de choix pour le gîte et le couvert. Les membres de la famille Balesi, Félicien, cuisinier réputé, et les nièces Elodie et Estelle, se complètent à merveille pour satisfaire les plus exigeants. L'hébergement a gagné ses trois étoiles, et la partie gastronomie est chaudement recommandée. Un environnement agréable, des prestations de belle facture et un accueil naturellement sympathique de toute l'équipe.

Chambres d'hôtes

■ **CORSE ODYSSÉE**
Pentaniella
✆ 04 95 78 64 05
www.gite-corse-odyssee.com
resa@gite-corse-odyssee.com

Ouvert toute l'année. Sur reservation. Accueil jusqu'à 20h. 5 chambres. Chambre double ; chambre triple. Demi-pension : 65 € (par personne). Petit déjeuner inclus. Parking ouvert inclus. Sanitaires partagés. 35 € la demi-pension enfant – de 10 ans. Gratuit moins de 2 ans. Wifi gratuit. Restauration (repas le soir 30 €). Pas de tv.

Belle évolution chez Nathalie et Pierre-Paul Vincenti ! La maison d'hôtes s'est métamorphosée pour devenir désormais un lieu de séjour de charme à la décoration originale et recherchée ou l'on voyagera dans tous les pays de la diaspora corse. On choisira à loisir la chambre vietnamienne, l'orientale ou la sud-américaine. L'accueil est toujours aussi adorable et la table irréprochable de l'entrée au dessert grâce aux talents du fameux Pierre-Paul qui conjugue les talents aux fourneaux et une grande connaissance de la montagne. Une étape à découvrir pour son ambiance inénarrable ! Réservation conseillée et la table est ouverte aux gourmands de passage.

Loisirs

■ **ABC ROBERTO CANYON**
Cantoli
✆ 06 12 39 54 75
www.canyoningcorse.fr
abc.roberto.canyon@hotmail.fr

Ouvert toute l'année. Sur réservation. Haute saison : tous les jours et les jours fériés. Entrée : 40 € (en basse saison). CB non acceptée.

Canyoning en petit groupe ou en famille dans les plus beaux canyons de Corse, encadré par un guide local et diplômé d'Etat. Reportage photo/ vidéo canyoning inclus : Vous repartez avec vos meilleurs souvenirs et vos plus belles émotions, gravés sur support informatique (clé USB ou carte SD, disque dur externe) dès la fin de votre parcours.

■ **A MONTAGNOLA**
✆ 04 95 78 65 19
www.a-montagnola.com
contact@a-montagnola.com

Fermé de novembre à mars. Ouvert tous les jours et les jours fériés. Rando à partir de 220 € le circuit 3 jours avec son sac. Chèque Vacances.

Lancée en 1982, cette toute première structure spécialisée dans la randonnée pédestre bénéficie de l'expérience de son « responsable historique » Jean-Damien Pietri. Accompagnateur diplômé d'Etat, ce spécialiste de la montagne propose, sur tous les sentiers de l'île de Beauté, des circuits alternatifs et originaux permettant de faire rimer authenticité et convivialité. Les séjours peuvent être encadrés ou en liberté, et durer de 3 à 13 jours pour des groupes de 5 à 14 personnes.

Dans les environs

Serra-di-Scopamena

Un des très beaux villages de l'Alta-Rocca, avec une vue en balcon sur la vallée du Rizzanese, en particulier depuis la petite place du monument aux morts. La commune dispose d'un camping, d'un gîte d'étape et pour les approvisionnements, on y trouve même un snack et un bar-épicerie. A ne pas manquer, le superbe moulin à eau situé à l'entrée du village. On n'oublie pas l'église San-Nicolas, du XVIe siècle, reconnue pour son acoustique particulière, où l'on y organise en été, des concerts de musique et chants polyphoniques. Un sentier permet de découvrir les différents éléments du patrimoine bâti de la commune : séchoir à châtaignes, moulin, fontaine et belles maisons de granit d'architecture altière.

■ LE SENTIER DU PATRIMOINE DE SERRA DI SCOPAMENE

Durée : 1h. Distance : 1 350 m.

Ce sentier est une initiative de l'Office de l'Environnement de la Corse destinée à offrir une rencontre de courte durée mais riche d'émotions avec tout ce qui constitue un signe, une trace, une mémoire des lieux. Cette mémoire des lieux vous sera restituée notamment par les nombreux éléments restaurés du patrimoine de la pierre sèche : murs, calades, emmarchements, mais aussi fontaines, lavoirs, fours, moulins... En cheminant, vous mettrez vos pas dans ceux des générations qui nous ont précédés et qui nous ont légué une expression de civilisation, un témoignage de l'histoire d'une communauté.

■ LE SCOPOS
D420
✆ 04 95 78 64 90 / 06 62 81 52 47
www.gite-corse-scopos.com
lescopos@orange.fr

Fermé de novembre au 15 mars. Accueil jusqu'à 21h. 43 € la nuitée avec repas et petit-déjeuner en chambres de 4 à 6 places en chambres d'hôte à 55 € en demi-pension. CB non acceptée. Chèque Vacances. Animaux acceptés (sur demande). Séminaires. Wifi gratuit. Restauration (menu 14 € le soir et panier pique-nique à emporter 8,50 €). Location de draps.

Un gîte d'étape recommandable et coutumier où l'on trouvera l'hébergement et la restauration dans les meilleures conditions. Annie Filippi apporte sa touche féminine dans l'ambiance et la décoration avec une belle terrasse en panorama sur l'Alta Rocca, et sa cuisine traditionnelle qui régalera les plus exigeants. Les marcheurs et les gourmets trouveront l'omelette au bruccio, le porc à la châtaigne, le veau aux olives et toutes les spécialités du terroir. L'étape est obligatoire par les randonneurs du Mare e Mare Sud, et mérite sans aucun doute d'y séjourner plus longtemps.

■ ALTA ROCC'ÂNES
U Paradisu
✆ 06 83 40 70 48
www.altaroccanes.com
altaroccanes@gmail.com

Location d'âne pour vous promener en famille sur les sentiers autour du village, sur réservation. Baptême ou balade découverte 1/2h 10 €. Mini randonnée demi-journée 35 €. CB non acceptée.

Sur les anciens chemins muletiers ou dans les ruelles des petits villages authentiques, en passant par les hauts plateaux de montagne, les ânes d'Alta Rocc'ânes vous feront découvrir les beautés de l'Alta-Rocca. D'un pas sûr et avec douceur, notre ami à longues oreilles portera bagages, pique-nique et jeunes enfants et saura vous faire profiter de moments de détente et de découverte inoubliables.

Zoza

Le village construit à flanc de coteau présente la particularité d'être à l'umbria, en face nord, accentuant ainsi la sensation d'être enfermé dans un impressionnant cirque montagneux, traversé par le fougueux fleuve Rizzanese. Au nord-est du village, vous pourrez descendre à pied au Ponte Vecchju (le vieux pont) qui franchit le fleuve. Vous y découvrirez en amont une belle cascade et en aval deux piscines naturelles très appréciées en été. Après Zoza, la route monte vers Sorbollano en longeant la rivière : le lieu est idéal pour les amateurs de pêche et de canoë-kayak.

■ LES PISCINES NATURELLES DE ZOZA

A la sortie du village, un petit chemin descend jusqu'au fleuve du Rizzanese. On y trouve d'un côté une cascade et de l'autre les piscines naturelles de Zoza, avec ses hautes parois verticales, enjambées par le vieux pont de Zoza. Sympa pour changer de la plage et très agréable pendant les grosses chaleurs de l'été.

ZONZA

Entouré de forêts de conifères et de châtaigniers, le village, au pied du massif de Bavella, à une heure de Porto-Vecchio, est devenu au fil des années un des rendez-vous touristiques primordiaux de la montagne corse. La commune est l'une des plus vastes de Corse, puisqu'elle s'étend de la montagne à la côte. Il est techniquement possible de skier et de se baigner en restant dans la même commune ! De nombreux hôtels-restaurants, pour un si petit village, grosse animation, boutiques et cuisine typique. La plupart des accès à Zonza sont placés sous le regard terrible et impressionnant de la dentition puissante de Bavella, appelée fourches de Bavedda ou cornes d'Asino. Le village est très animé, en saison, lieu de passage incontournable dans l'extrême sud. Les amateurs de canyoning, de randonnées pédestres ou équestres trouveront leur bonheur. On visite son église paroissiale Santa Maria Assunta qui est l'un des rares édifices de style néogothique de Corse. On peut aussi se rendre à la chapelle Santa-Barbara un peu plus loin à deux kilomètres du village. On part à la découverte des châtaigniers centenaires, à la sortie de Zonza, en direction du col et on parcourt les nombreux sentiers inter villages. Ainsi, on peut accéder aux ruines de la chapelle San-Cesario, dont le bénitier a été conservé, ou encore aux ruines de l'ancienne église San-Martino sur le versant de la pointe Radichella. On trouve quelques sites préhistoriques dans les environs de Zonza. Deux alignements ont été mis à jour près du hameau de Pacciunituli, et les menhirs exposent une de leur face au levant.

■ INFOS TOURISME ALTA ROCCA

Route de Levie
✆ 04 95 78 56 53
Voir page 11.

Points d'intérêt

■ LE COL DE BAVELLA

1 218 m.
La route est bonne, mais elle monte si joliment... Là-haut, un vrai village d'été, avec des gîtes d'étape réputés et des restaurants pleins de randonneurs affamés. La forêt de Bavella s'étend sur près de 900 ha, elle a, malgré le feu, gardé toute sa majesté, des pins torturés par les vents et des blocs de granit comme tombés du ciel, un paysage vraiment extraordinaire ! Les aiguilles de Bavella sont en fait des aiguilles de porphyre dressées dans cette forêt et dessinant de singuliers personnages de 120 m de hauteur. Les inconditionnels du mythique GR20 y trouveront l'accès à l'une de ses portions magiques. Ne pas manquer d'emprunter la magnifique route entièrement rénovée qui va de Zonza à Solenzara, en passant par le col de Bavella. Au col, sur un amas de pierres, se dresse la statue de Notre-Dame des Neiges. Le 5 août, des milliers de pèlerins convergent à pied pour s'y recueillir et prier.

■ MUSÉE DE LA RÉSISTANCE EN ALTA – ROCCA

✆ 04 95 78 66 87
www.zonza.fr
mairiedezonza@orange.fr
Ouvert du lundi au samedi de 9h à 12h et de 14h à 18h. De novembre à février : se renseigner par téléphone. Gratuit.
Ce musée offre un tour d'horizon de l'histoire de l'occupation de l'Alta-Rocca par les troupes italiennes puis allemandes durant la Seconde Guerre mondiale. Lors de sa libération en 1943, la Corse bénéficia de l'intervention du premier bataillon de choc avec le sous-marin *Casabianca* qui fut impliqué dans quarante-neuf actions toutes réussies. Les objets et documents présentés évoquent les visées de Mussolini sur la Corse exprimées dès 1936 ainsi que les bombardements par l'Italie, les réseaux de résistance et l'insurrection des partisans qui contribuèrent en septembre et octobre 1943 à la libération de l'île. Le visiteur découvre des maquettes, des mannequins en uniformes, des armes, des médailles, des photographies, des journaux, du matériel radio... Le fonds du musée a bénéficié de dons de particuliers.

Le couvert

■ AUBERGE DU COL DE BAVELLA

Col de Bavella
D268
Place de la Fontaine
✆ 04 95 72 09 87
✆ 06 13 14 17 33
www.auberge-bavella.com
auberge-bavella@wanadoo.fr
Face à la fontaine et l'alimentation
Fermé du 15 novembre au 15 mars. Ouvert tous les jours et les jours fériés le midi et le soir. Réservation recommandée. Menu unique à 24 €. Carte : 25 € environ. Menu enfant : 9 €. Vin au verre. Nuitée en gîte d'étape : 19 €, demi-pension 39 €. Accueil des groupes. Chaises bébé. Terrasse. Boutique.
Cette auberge a été créée en 1936 par la famille Grimaldi qui vous accueille toujours avec le sourire et vous propose sa cuisine corse et traditionnelle. Au programme, la charcuterie maison, la salade de l'auberge, le cabri rôti, les Soissons à la panzetta, et la tarte à la châtaigne, délicieuse ! Chaudes soirées chants et guitares en été. On apprécie particulièrement le service non-stop en saison, et la grande disponibilité de toute l'équipe dans une ambiance chaleureuse et bonne enfant. Malgré le succès, une bonne adresse d'altitude (1 240 m) à retenir. Gîte d'étape sur place en chambre de 4 à 8 lits refaits à neuf.

L'AUBERGE DU SANGLIER

D268, Rue Principale
✆ 04 95 78 67 18
www.facebook.com/dusanglier.auberge
auberge.sanglier@wanadoo.fr

Fermé de décembre à février. Ouvert tous les jours et les jours fériés le midi et le soir. Service non-stop de midi à 22h30 en été. Réservation recommandée. Menu unique à 24 €. Carte : 36 € environ. Menu enfant : 9,50 €. Formule : 13 € (assiette du trekkeur). Vin au verre. Chèque Vacances, Chèque Restaurant. Accueil des groupes. Chaises bébé. Terrasse. wi-fi zone gratuite.

L'adresse est immanquable au carrefour des quatre routes qui mènent à Zonza. Antoine Gallucci et son chef Jacques Sabit répondent toujours présent pour satisfaire touristes et locaux tout au long de l'année. Les assiettes sont généreuses, joliment décorées et servies avec entrain. A savourer par exemple, l'assiette du trekkeur, un repas à elle seul, l'assiette maquisarde au saumon, le filet mignon de porc flambé à l'eau-de-vie de myrte, le carré d'agneau et son croustillant aux herbes et quelques desserts maison pour faire passer l'addition jamais douloureuse. Service rapide et pro et magnifique panorama sur la vallée et les aiguilles de Bavella.

LA FERME A STADDA

D268
Route de Levie
✆ 04 95 25 45 33 / 06 11 03 99 28
jzecchi@orange.fr

Fermé du 18 octobre à mars. Haute saison : ouvert tous les jours et les jours fériés le midi et le soir. Réservation recommandée. Carte : 35 € environ. Suggestion du jour : 17 €. Vin au verre. CB non acceptée. Jardin. Terrasse. Vente à emporter.

Amis gastronomes, prenez la peine de descendre du village pour vous retrouver chez Jacques, personnage haut en couleur, qui propose sa table on ne peut plus authentique et sincère. Ici pas de fioritures, tout est fait sur place, cuisiné au feu de bois avec les meilleurs produits locaux. Formé chez les plus grands, Monsieur Zecchi régalera les plus blasés par sa vraie charcuterie, ses lasagnes, sa daube de veau corse, ses viandes savoureuses grillées au four, sa brocherie sur commande et même des pizzas exceptionnelles. Pour bien finir, ne ratez pas les desserts maison à tomber par terre.

L'ETERNISULA

D420
Route de Quenza
✆ 04 95 27 44 71
http://fr-fr.facebook.com/leternisula
leternisula@gmail.com

Fermé de décembre à mars. Novembre et décembre ouvert le week-end. Ouvert tous les jours et les jours fériés. Service non-stop de 11h à 22h. Réservation recommandée. Carte : 22 € environ. Formule : 7,50 € (rando Box à emporter). Vin au verre. Terrasse. Vente à emporter. Boutique. Animations. Wifi gratuit.

Un concept original à l'entrée du village que cet Eternisula, contraction de l'île éternelle, animé par Jacques-Pierre accompagné de sa douce immigrée, Amanda. On y choisira dans la formule bar-épicerie-brasserie corse d'y manger, se désaltérer, manger une glace artisanale ou faire ses emplettes pour le pique-nique. Une petite terrasse ombragée, deux salles garnies de cheminées pour l'hiver et sa grande ardoise pour choisir son repas tourné vers le terroir. Petits prix, bonne ambiance et des soirées musicales à ne pas manquer grâce au talent certain du maître des lieux.

LE RANDONNEUR

D268
Rue Principale ✆ 04 95 78 69 97
www.restaurant-zonza.com
le.randonneur@orange.fr

Fermé de janvier au 20 février. Basse saison : ouvert du jeudi au mardi et les jours fériés le midi et le soir. Haute saison : tous les jours et les jours fériés le midi et le soir. Réservation recommandée. Menus de 16 € à 22 €. Carte : 32 € environ. Menu enfant : 8 €. Formule du midi : 12 €. Vin au verre. Chèque Vacances. Accueil des groupes. Chaises bébé. Terrasse. Vente à emporter. Animations. wi-fi zone gratuite, salle climatisée et terrasse brumisée.

L'emplacement est immanquable avec son superbe randonneur sculpté à la tronçonneuse, œuvre de l'artiste local Stéphane Deguilhen et bien pratique avec sa grande terrasse brumisée et sa salle climatisée. Jeanine et Jean-Marie proposent presque toute l'année une plaisante table où l'on y choisira une salade de chèvre chaud à la pizzaiolo, un carré d'agneau au feu de bois, des grillades et des pizzas ou un moelleux à la châtaigne et chocolat.

Service express si on le souhaite et une formule snacking tous les après-midi. En prime : les soirées musicales le samedi en été et le wifi gratuit.

Fermes-auberges

■ CASA LIA

NOUVEAU

D420
Lieu-dit Aroli
✆ 06 14 77 29 23
www.casa-lia.com
jeanlucantoni@gmail.com
A 1 km du village

Ouvert toute l'année. Haute saison : tous les jours et les jours fériés le midi et le soir. Réservation recommandée. Menu unique à 20 €. Carte : 25 € environ. Menu enfant : 7 €. Plat du jour : 8 €. Vin au verre. CB non acceptée. Chaises bébé. Jardin. Terrasse. Vente à emporter. Boutique. Animations. Wifi. Petit déjeuner 5,50 €, panier pique-nique 10 €.

Une jolie petite table fermière, un peu cachée à deux pas du village, tenue par Émile et Jean-Luc Antoni. On s'y attablera sans crainte pour savourer les bons petits plats faits maison au milieu de cette ferme d'agrément. Les parents et les enfants apprécieront la visite des enclos des poules, lapins, chèvres, cochons… Petite boutique de produits locaux et en prime, deux petits chalets confortables pour y prolonger la magie !

Le gîte

■ LE CLAIR DE LUNE**

Route de Levie
D268 ✆ 04 95 78 56 79
www.hotelzonza.com
hotelclairdelune@gmail.com

Ouvert toute l'année. Accueil jusqu'à 20h (22h en saison). 16 chambres. Chambre simple 50 € ; chambre double 60 €. Repas+petit déjeuner. Petit déjeuner : 9 €. Lit supplémentaire : 30 €. Parking ouvert inclus. Chèque Vacances. Animaux acceptés (15 €). Wifi gratuit. Restauration (restaurant Au Randonneur à 200 mètres). Excursions (séjour et activités de pleine nature à la demande).

Une agréable base de séjour que ce petit Clair de Lune. Avec l'arrivée de Jean-Marie aux commandes, on y appréciera la réfection de tout l'établissement qui gagne en confort. On y apprécie la situation au calme à deux pas du centre, son petit jardin agréable pour profiter d'un petit déjeuner bucolique face à la vallée du Rizzanese. Les chambres sont spacieuses et lumineuses avec une touche de décoration de bon goût. Le petit plus : chambres de 4 et 5 couchages, idéales pour les familles nombreuses ou les petits groupes. Belle ambiance décontractée pour des vacances réussies. Nouveauté : la réfection des 9 chambres de la partie historique et meme la piscine chauffée pour le printemps 2016 !

■ **L'INCUDINE**
D368
Rue Principale
✆ 04 95 78 67 71
www.hotel-incudine.com
info@hotel-incudine.com

Fermé du 15 octobre au 15 avril. Accueil jusqu'à 21h. 18 chambres. Chambre double à partir de 62 € la nuit, jusqu'à 78 € la nuit. Demi-pension : 62 € (en basse saison, par personne). Petit déjeuner buffet : 12 € (8 € le continental). Lit supplémentaire : 20 €. Parking ouvert inclus (garage motos et vélos). Chèque Vacances. Animaux acceptés. Wifi gratuit. Restauration (menus de 16 € à 23 €, carte 35 €, menu enfant 10 €.). Pas de tv.

Un bon établissement à la décoration rustique et raffinée pour des chambres confortables et un accueil des plus chaleureux de Parsilia et Gérard. La table propose, à des prix très raisonnables, une cuisine traditionnelle corse raffinée, dont l'ardoise évolue au fil des saisons. Les frileux s'approcheront de la grande cheminée et apprécieront les effluves d'un gigot d'agneau à la ficelle, d'une brochette de bœuf ou l'échine de cochon cuisants au-dessus des braises. Mention spéciale pour la charcuterie personnelle de la famille. Une étape recommandable pour apprécier au mieux les charmes de cette région.

© XAVIER BONNIN

Le centre du village de Zonza.

■ **LE MOUFLON D'OR*****
D268
Route de Levie
✆ 04 95 78 72 72
✆ 06 42 15 64 02
www.lemouflondor.com
info@lemouflondor.com

Fermé du 31 octobre au 1er mai. Accueil jusqu'à 19h (20h en été). Demi-pension : 25 € (repas midi ou soir). Petit déjeuner : 8 €. Parking fermé inclus (garage moto). 24 logements (mini-villas avec kitchenette de 1 à 6 personnes de 80 € à 100 € pour 2 personnes la nuit, de 30 à 35 € par personne supplémentaire). Lit bébé gratuit. American Express, Chèque Vacances. Animaux acceptés (3 €). Séminaires. Réceptions et mariages. Wifi payant. Restauration (menu 25 € et carte de mai à octobre midi et soir). Salon de jardin.

Une grande structure d'époque, rénovée avec le charme d'antan au milieu d'une propriété à 500 m du village où l'on appréciera le calme dans le parc arboré de 11 ha. On y découvrira sa mini-villa de 53 m^2 avec sa petite terrasse privative en location à la nuitée ou la semaine. Côté restauration reprise par Anto et son père Christian, de très belles prestations dans les deux espaces : U Muvrinu et sa cuisine traditionnelle et l'Acquella autour de sa piscine de 25 m de long, sa plage en teck avec son barbecue et son four à pizza. L'ensemble ne manque pas d'élégance pour un séjour en famille à des tarifs attractifs même en haute saison.

■ **LE TOURISME*****
D420
Route de Quenza
✆ 04 95 78 67 72
www.hoteldutourisme.fr
letourisme@wanadoo.fr

Fermé du 1er novembre à mars. Accueil jusqu'à 20h (joignable 24h/24). 18 chambres. Chambre simple à partir de 89 € ; chambre triple jusqu'à 219 €. Petit déjeuner buffet : 12 € (à volonté). Lit supplémentaire : 25 € (à 30 €). Parking ouvert inclus (garage motos offert sur réservation). Gratuit pour les moins de 2 ans. Chèque Vacances. Jeux pour enfants. Séminaires. Poste Internet. Wifi gratuit. Restauration (partenariat avec l'Auberge du Sanglier à 100 mètres. Asenceur). Bain bouillonnant, sauna. Excursions (sorties canyoning avec Canyon C).

Que de changement depuis 1885, date de la création de ce relais de diligence qui est devenu désormais une belle étape de charme et de confort. Le dernier millésime de ce Tourisme présente tous les ingrédients indispensables pour un séjour confortable : piscine chauffée (de mai à septembre), posée en balcon sur la vallée, bain bouillonnant, sauna, ascenseur, décoration et équipement des chambres au top, et des améliorations régulières chaque saison. L'adresse est incontournable sur l'axe Propriano Porto-Vecchio et l'accueil et la disponibilité de toute la famille Bertini ne viendra en rien polluer votre séjour. En prime : un espace bar-lounge face au panorama !

Chambres d'hôtes

■ AU BORD DU TEMPS

D368
Rue Principale
✆ 06 22 23 44 73
www.location-chambredhote-zonza.com
auxbordsdutemps@gmail.com

Ouvert toute l'année. Accueil jusqu'à 20h. 5 chambres. Chambre double 90 €. Petit déjeuner inclus. Chèque Vacances. Wifi gratuit. Restauration (au Randonneur juste en face).

En plein cœur du village, cette jolie petite maison bicentenaire a fait sa mue pour accueillir le voyageur à la recherche d'un hébergement original. Une réhabilitation dans le respect des matériaux nobles : châtaigner massif, granit, carrelage en travertin, des chambres claires et spacieuses dotées de tout le confort. Chaque espace est personnalisé, du plus classique au plus original sans aucune faute de goût. Une adorable petite terrasse dès l'entrée, une belle vue sur la vallée, une insonorisation parfaite et, en bonus, de copieux petits déjeuners pour regretter de quitter l'endroit.

■ CAVANELLO

Hameau de Cavanello
D268
✆ 04 95 78 66 82
✆ 06 09 50 05 01
www.locationzonza.com
info@locationzonza.com

Fermé du 31 octobre au 1er mai. Accueil jusqu'à 20h. 5 chambres. Chambre double de 79 € à 94 € ; studio / appartement à partir de 109 €. Petit déjeuner inclus. Lit supplémentaire : 37 € (avec petit dejeuner). Parking ouvert inclus (garage moto). Lit bébé gratuit. CB non acceptée. Animaux acceptés (sur demande). Wifi gratuit. Restauration (demi-pension au Mouflon d'or 25 €).

Amateurs de tranquillité, vous trouverez chez Jean-Baptiste de charmantes chambres d'hôtes de charme, entièrement rénovées et de grand confort, idéalement situées sous le regard des aiguilles de Bavella. Les sportifs pourront courir la montagne toute proche, mais également profiter des infrastructures de la résidence du Mouflon d'or, au village de Zonza, tout proche. On apprécie le copieux et délicieux petit déjeuner à déguster en pleine nature, la jolie petite piscine et ses plages en teck et les 3 chambres familiales jusqu'a 6 personnes. Nickel !

Campings

■ LE PRÉ AUX BICHES

D268
Route de Levie
✆ 06 27 52 48 03
www.lepreauxbiches.com
henri.santoni@orange.fr

Fermé d´octobre à avril. Réservation recommandée. Accueil jusqu'à 21h. Gardé 24h/24. Terrain de 4 ha. Exposition : ombragé / ensoleillé. Sol : herbeux. Relief : plat / peu incliné. Aire naturelle de camping. 1 tipi, 3 tentes Lodge de 2 à 4 places, 8 yourtes de 2 à 10 places. de 50 € pour 2 personnes à 90 € pour 6, petit déjeuner 6 €, demi-pension 24 €. CB non acceptée. Chèque Vacances. Jeux pour enfants. Animaux acceptés. Séminaires. Réceptions et mariages. Restauration (table d'hôtes 18 €). Excursions (séjour et activités de pleine nature sur place).

Cet adorable petit village, en pleine nature est devenu l'endroit à connaître dans la région. On s'y retrouve au milieu de cette jolie prairie, seul au monde, dans le pur esprit mongol à profiter des vacances autrement ! 1,2 km de piste roulante depuis la sortie du village pour des hébergements dotés de tout le confort nécessaire. En prime, les quatre hectares d'une propriété préservée : pins lariccio, chênes verts, châtaigniers, une rivière pour la baignade, les conseils éclairés des hôtes des lieux pour savourer sportivement ou lascivement les secrets de la région. Ne pas manquer la table d'hôtes recommandable servie sur les grandes tables pour de belles soirées inoubliables autour de la brocherie.

■ LA RIVIÈRE**

Criviscia
D420, Route de Quenza
✆ 04 95 78 68 31
✆ 06 24 08 52 08
✆ 06 16 41 43 70
www.camping-riviere-zonza.com
camping-lariviere@sfr.fr

Fermé du 30 septembre au 10 avril. Accueil jusqu'à 20h30. Gardé 24h/24. Terrain de 7 ha. 60 emplacements. Exposition : ombragé. Sol : herbeux. Relief : peu incliné. Emplacement + véhicule + 2 personnes à partir de 8 €. Wifi gratuit.

Un camping de soixante emplacements, sur sept hectares à deux kilomètres de Zonza, en venant de Quenza. Sur place, sanitaires, électricité, distributeur de boissons, aire de jeux, barbecue, lave-linge, etc. Pour les chaudes journées d'été, la rivière Saint-Antoine coule au travers du camping, alors pensez à prendre vos cannes à pêche et votre permis, bien sûr. Accueil sympathique et bonne disponibilité de Bernadette et Félicien.

Loisirs

■ LES AIGUILLES DE BAVELLA ★★★

Les aiguilles de Bavella dominent le col du même nom (situé à 1 218 m) reliant la partie ouest à la côte est de la Corse. Le site se caractérise par des pics déchiquetés, de grandes murailles rocheuses et des pins tordus par le vent. Le massif de Bavella culmine à 1 899 m d'altitude au Fornello (Furnellu ou encore Furneddu en corse) et à la Punta Muvrareccia. De l'Incudine au col de Bavella, le GR20 passe au pied des aiguilles dans la vallée de l'Asinao, mais une variante dite « alpine » permet de s'approcher des tours de Bavella. Les localités de Quenza, Zonza et Conca sont implantées en arc de cercle au sud-ouest du col de Bavella.

■ CANYON.C

Hotel le Tourisme
Route de Quenza
✆ 06 58 56 33 82
✆ 04 95 78 67 72
letourisme@wanadoo.fr

Haute saison : ouvert tous les jours et les jours fériés. Ouvert toute l'année sur réservation. Hébergements à tarif préférentiel avec l'hôtel du Tourisme. Entrée : 45 € (à 55 €). CB non acceptée. Chèque Vacances.

Une toute nouvelle structure, créée par Denis Bertini, pour partir à la découverte des trois plus beaux sites de canyonisme des environs : la Vacca, Pulischellu et Purcaraccia. Sous les conseils de professionnels diplômés d'Etat, vous découvrirez les canyons en toute sécurité, en famille ou entre amis.

■ CORSICA MADNESS

D268
Route de Levie
En face de l'office du tourisme
✆ 04 95 78 61 76 / 06 13 22 95 06
www.corsicamadness.com
info@corsicamadness.com
En face de l'office du tourisme.

Fermé d´octobre au 15 avril. Haute saison : ouvert tous les jours et les jours fériés de 8h à 20h. Canyoning à partir de 40 €. Le parc aventure 18 €, Baby parc 8 €. Chèque Vacances.

Corsica Madness propose de découvrir toutes les facettes de cette magnifique région au travers du canyoning, de la randonnée pédestre, de l'escalade au départ de Zonza. en prime le parc aventure, situé au cœur des aiguilles de Bavella, pour évoluer en hauteur au milieu des pins laricio (accrobranche) et découvrir l'escalade en toute sécurité (via ferrata) tout en franchissant des ponts de singe, des passerelles et de nombreuses tyroliennes dont une de 120 mètres. Un Baby parc vous sera également proposé pour permettre aux plus petits de participer avec vous à cette activité. Tarifs dégressifs pour les formules multi-activités et possibilités d'hébergement sur Zonza.

■ LE TROU DE LA BOMBE

Col de Bavella

Voir page 47.

Emplettes

■ U MUNTAGNOLU

D368
✆ 04 95 78 54 10
garinet@aol.com

Ouvert tous les jours et les jours fériés de 9h à 19h30. En été de 9h à 22h. Livraison possible (expédition sur demande).

Une minuscule boutique typique en plein cœur du village qui propose une sélection de tout ce que l'on peut désirer en produits identitaires : de la charcuterie artisanale en passant par les confitures, canistrelli, liqueurs, vins, miel... Un service d'expédition si on le souhaite, la dégustation sur demande et une grande disponibilité jusqu'à 22h en été. Il vous sera difficile d'en sortir sans trouver votre bonheur !

■ Dans les environs

Carbini ★★

Le village se compose de trois hameaux aux maisons de granit, et l'ensemble offre une vue sur les aiguilles de Bavella au loin. L'église paroissiale San-Giovanni est l'ancienne église piévane. Construite au XIIIe siècle, c'est un bel exemple d'art roman, avec ses ornements extérieurs sculptés et son immense nef. Le village de Carbini est l'un des rares exemples en Corse où trois édifices ont existé en même temps : un campanile construit par Maestru Maternatu et deux églises Saint Jean-Baptiste et Saint-Cyr. On peut encore voir les ruines du baptistère médiéval. Elle servait de lieu de réunion aux Giovannali, courant religieux qui apparut dans le village aux environs de 1365. Proche des Cathares, ils prônaient un retour aux sources des Ecritures, ainsi que des valeurs de pureté, d'égalité et de justice. L'Eglise les condamna comme hérétiques ; la plupart furent arrêtés et brûlés vifs, et de nombreuses rumeurs furent répandues sur leur doctrine.

L'église San Giovanni-Battista et son Campanile.

Cette église pizane comporte une nef unique, flanquée d'un campanile isolé au nord-est de l'abside. Une seconde église de même style mais plus petite, dédiée à San-Quilico, existait à côté de San-Giovanni. On en voit les vestiges au sol. Cet ensemble constituait à l'époque paléochrétienne et au Moyen Age le centre religieux des habitants de la haute vallée du Fiumicicoli.

Cargiaca ★

Sur une pente, au milieu de la verdure, le petit village de Cargiaca, offre aux regards ses maisons de granit. L'on y voit encore des maisons basses d'origine pastorale qui alternent le long de la route avec des « Casone », signes de la vitalité du village avant l'exode des années cinquante. Vers le bas du village, subsistent quelques vestiges de maisons semblant dater du XVe siècle. A 600 m, se dresse un rocher où, suivant la légende, s'élevait un château nommé Castellu della Rocca. L'église Saint-Paul possède un beau clocher latéral.

San-Gavino-di-Carbini ★★

Entouré de sommets, la commune, très étendu, possède quelques vestiges préhistoriques importants, comme le Castellu d'Arraghiu, une grande fortification cyclopéenne à deux pas de Porto-Vecchio. Les spécialistes pensent qu'il ne s'agissait pas d'un village, mais d'un point de repli : le site est suffisamment grand pour accueillir les familles avec leurs troupeaux en cas de conflit ou de siège. Avec son système de tours, enceintes et chemin de ronde, le castellu est l'une des forteresses les plus élaborées de l'âge de bronze en Corse.

Le village est un bon point de départ pour découvrir les trésors naturels de la région, comme par exemple la forêt de l'Ospédale ou encore la cascade de la Piscia di Gallu, une chute de 60 m de haut, à 18 km, vers Porto-Vecchio. Au village, on peut voir l'église San-Gavino, au fronton orné d'une sculpture de visage humain, ainsi que la chapelle San-Giovanni, à San-Biaggio, dont on peut encore voir certains menhirs utilisés pour renforcer le linteau.

LA CASCADE DE PISCIA DI GALLU ★★★

Ouvert toute l'année. CB non acceptée. Parking payant en saison.

L'accès à la cascade de Piscia di Gallo ou Piscia di Gallu ou même Piscia di Ghjaddu, se fait par un sentier depuis un parking payant installé à 7 km du barrage de l'Ospélade. Ce sentier franchit un gué, à quelques centaines de mètres du parking, avant de déboucher dans un paysage dégagé pour surplomber le torrent qui alimente la chute, un peu plus loin. La chute d'eau est assez spectaculaire puisqu'elle a une hauteur de 70 mètres. Atteindre les quelques points permettant, par le haut, une vue de la cascade ne présente aucune difficulté, d'autant qu'on bénéficie d'un balisage. Il n'en n'est pas de même pour en découvrir le pied car le balisage n'existe pas dans la descente très raide, qu'il faut effectuer parmi les arbres s'accrochant aux roches éventuellement glissantes, et avec la gêne des branches retenant éventuellement le sac à dos. Comme dans bien d'autres endroits en Corse, le site présente des rochers aux formes étranges, certains faisant penser à des représentations humaines ou animales. Au parking, deux petits snacks sur place et les quads de Corsica Mountain Quad.

Zerubia ★

Le village, d'une trentaine d'habitants seulement, se trouve au milieu de sommets, et offre une très belle vue sur les aiguilles de Bavella. Ses quelques maisons de granit et ses bergeries anciennes sont abritées par des châtaigniers centenaires, et son église romane Santa Trinité possède un très beau campanile. Les environs offrent quelques possibilités d'excursions en montagne, au milieu des massifs de roches rouges. Le Rizzanese, le Chiuvone et le Baraci sont les principaux cours d'eau qui traversent la commune.

U RUGHJONU**

D120
Chez Marie-Claire Comiti
✆ 04 95 78 73 64 / 06 85 33 44 88
comiti@wanadoo.fr

Gîtes de France (2 épis). Fermé du 15 octobre au 14 avril. 5 chambres. Chambre simple 55 € ; chambre double 60 € ; chambre triple 75 €. Petit déjeuner inclus. Parking ouvert inclus. CB non acceptée. Wifi gratuit. Restauration (table d'hôtes : 20 €).

Située en haut du village, dans la maison des propriétaires, Marie-Claire et Camille, une maison ancienne en pierre de taille, les chambres d'hôtes ont chacune une entrée indépendante, donnant toutes sur une terrasse fleurie et agrémentées d'un salon de jardin. Une bonne table d'hôtes, de bonnes prestations d'hébergement et un calme olympien pour profiter de cadre montagnard magnifique de l'Alta Rocca.

Eglise de Carbini.

SUD-OUEST CORSE

Eglise de Sartène

© EUGENE SERGEEV - SHUTTERSTOCK.COM

LE GOLFE DU VALINCO ET LA VALLÉE DU TARAVO

La région est traversée de part et d'autre par des rivières et des vallées. Le Taravo, le Baracci et le Rizzanese dessinent un relief vallonné qui fut occupé dès la préhistoire, comme en attestent les sites de Filitosa et de Cauria. Entre mer et montagne, cette micro-région ne manque pas d'attraits. Le golfe du Valinco abrite le port de Propriano et de charmantes plages de sable fin au nord. Côté sud, l'on trouve de belles criques et le charmant village de pêcheurs de Campomoro avec sa tour génoise fortifiée.

BELVÉDÈRE-CAMPOMORO ★★★

Perché sur un plateau, à proximité d'une côte sauvage et déchiquetée avec quelques plages étroites, Belvédère-Campomoro est un village d'architecture classique pour la région, dominé par le château Durazzo. Le petit port résidentiel de Campomoro possède quelques vieilles maisons et surtout une tour génoise, située à la pointe éponyme. Son enceinte fortifiée est datée du XVIIe siècle. Classée aux Monuments historiques, c'est l'une des tours génoises les plus importantes de Corse, l'une des mieux conservées aussi. Elle a été entièrement restaurée, et des visites guidées sont organisées pendant l'été. Non loin de là, on peut visiter le site du dolmen de Tola, dont il manque la table, ainsi que le menhir de Capo di Lugo et trois coffres mégalithiques.

Points d'intérêt

■ **LA TOUR GÉNOISE** ★★★★
Campomoro
✆ 04 95 76 01 49 / 04 95 77 15 40
www.lacorsedesorigines.com
contact@lacorsedesorigines.com
Fermé d'octobre au 10 avril. Haute saison : ouvert du lundi au vendredi de 10h à 16h30. Gratuit jusqu'à 12 ans. Adulte : 3,50 €. CB non acceptée. Visite guidée (sur demande). Boutique.

Restaurée en 1986 et propriété du conservatoire du littoral, elle est ouverte au public. Il est préférable de laisser la voiture à l'entrée du village, puisqu'il est difficile voire impossible ou interdit de se garer plus loin. Il faudra ensuite marcher environ un kilomètre et demi pour se rendre à la tour, en suivant la route ou par la plage dans un premier temps, puis il vous faudra emprunter le chemin qui dessert le lotissement « Cala Nova » jusqu'au col. Là, le conservatoire du littoral a ouvert un chemin ponctué de petits panneaux explicatifs qui, à travers le maquis, vous conduiront à la tour tout en vous faisant découvrir son histoire. Exposition permanente sur les invasions barbares et la construction de cette tour. La visite de la tour peut se compléter par un parcours côtier sur le sentier qui longe le littoral jusqu'à la baie de Conca.

Le couvert

■ **RESTAURANT DES AMIS**
port de pêche
Cala Nova
D521
✆ 04 95 74 23 50
restaurantdesamis@gmail.com
À 13km de Propriano

Sud-Ouest Corse

Une vaste région qui englobe le Valinco, le Sartenais et le Taravo avec ses kilomètres de côtes pratiquement vierges et un arrière-pays rempli de beaux villages et d'une belle richesse patrimoniale. Le golfe du Valinco s'engouffre dans une région aux multiples visages. D'abord, Propriano, ancien petit village de pêche, est aujourd'hui port de commerce et station balnéaire où les jours s'écoulent plus tranquillement l'hiver. Campomoro et Porto-Pollo se font face, tandis que les surplombe, d'une fierté insolente, le village d'Olmeto marqué par la romantique Colomba, mais désolément traversé par la route nationale. A ces agréments, huit mille ans d'histoire viennent s'ajouter, avec le site de Filitosa et ses célèbres statues-menhirs. Le Haut-Taravo avec Zicavo, Santa Maria Sicché, Aullène... c'est un véritable cirque montagneux que vous découvrirez au fil des routes sinueuses de l'intérieur de l'île. Et puisqu'il est question de mémoire, comment éviter la plus corse des villes corses, Sartène, qui chaque Vendredi saint est le théâtre d'une scène impressionnante, le Catenaccio. Sous le regard stupéfié d'une foule dense, un pénitent aux pieds enchaînés porte la croix le long des ruelles étroites de la ville.

▶ **Les incontournables** : la tour génoise et le port de Campomoro, le pont Pisan de Spin'a Cavallu enjambant le Rizzanese, le village et la maison de Colomba à Fozzano, la vieille ville de Sartène, le site préhistorique de Filitosa et ses statues-menhirs, le port de Tizzano et les sites mégalithiques de Cauria.

Sud-Ouest Corse
N
O
E
S
N193
Gravona
N196
Col de Verde
Taravo
Palneca
Parc Naturel Régional de Corse
Sampolo
Ciamannacce
Tasso
Cozzano
Guitera-les-Bains
D69
Zicavo
D28
Quasquara
Frasseto
Plateau du Coscione
Campo
Zevaco
D83
Basseta
Sainte-Marie-Sicché
Azilone-Ampaza
Monte Incudine
2 136 m
D757
D428
Marato
Cardo-Torgia
Forciolo
Olivese
Guargualé
Cognoli-Monticchi
Marato
Argiusta-Moriccio
S. Pietro
Pila-Canale
D69
Petreto-Bicchisano
Aullène
D420
Cavo
Forêt de Valle Mala
Sollacaro
Filitosa
Casalabriva
Sainte-Marie-Figaniella
Altagène
D757
Fozzano
Levie
Olmeto
Olmeto-Plage
D157
Arbellara
Olmiccia
Sainte-Lucie-de-Tallano
Propriano
Golfe Valinco
Rizzanèse
Portigliolo
Foce-Bilzese
D121
Billia
Belvédère-Campomoro
Sartène
D21
Grossa
Giuncheto
Ortolo
Orgone
Punta d'Ovace
1 340 m
D48
Tizzano
Marine de Sartène
Cap de Zivia
N196
N198
Roccapina
Mer Méditerranée
0
5 km
Site de plongée
Réserve naturelle
Plage
Gare CFC
Port de plaisance
Port de pêche
Ferry

Fermé du 15 octobre à mars. Ouvert tous les jours et les jours fériés le midi et le soir. Réservation recommandée. Menus de 28 € à 60 €. Carte : 40 € environ. Menu enfant : 9,50 €. Formule du midi : 12,50 € (et 16,50 €). Vin au verre. Chèque Vacances. Chaises bébé. Terrasse. Vente à emporter. Animations. Soirées musicales en été.

Belle montée en puissance sur la Cala Nova vers la tour génoise. On y découvre désormais une belle terrasse couverte et élégante pour plus de confort et juste au-dessus, un toit terrasse panoramique pour savourer bons vins et tapas à l'apéro... On y dîne ou déjeune au-dessus des flots : bouillabaisse, langouste au four ou poissons de la barque d'Alain, le pêcheur du village. Simple, copieux, à petits prix et sympathique. Mention spéciale pour les pâtes aux gambas et gambas du Chef Antoine à tester d'urgence. Quelques soirées musicales de chants corse ou DJ en saison. Dès les beaux jours, apéros endiablés sur la pont panoramique qui se prolongent jusqu'à tard dans nuit. Parking privé pour la clientèle.

U SPUNTINU
Port de Campomoro
Terra Nova, D521
✆ 06 12 32 00 86
www.uspuntinu.fr
ppserafini@gmail.com
À 13km de Propriano.

Fermé de novembre à mars. Ouvert tous les jours et les jours fériés le midi et le soir. Bar glacier toute la journée. Réservation recommandée. Carte : 25 € environ (42 € le soir). Menu enfant : 10 €. Suggestion du jour : 15 €. Vin au verre. Chèque Vacances. Chaises bébé. Terrasse. Vente à emporter. Animations. Parking auto a 300 m et moto sur place.

Sans tomber dans la facilité de sa situation exclusive sur ce charmant petit port, on découvre chez Pierre-Paul, autodidacte talentueux, une vraie cuisine du Sud avec de bons produits frais, préparés le matin et servis le jour. Toutes les formules sont à disposition, du simple casse-croûte au dîner gastronomique. De Bons tapas-salades le midi, le wok de langouste, les moules royales de Diana, un risotto de homard à tomber par terre, des glaces et sorbets également confectionnés sur place et des petits desserts gourmands du pâtissier maison. Ambiance bon enfant, service dynamique et l'addition toujours justifiée de Camille pour y venir et y revenir encore et encore. Quelques soirées animés par Loic le chanteur et guitariste pour compléter le tableau.

Le gîte

LECCI E MURTA****
D121, Portigliolo
Route de Campomoro
✆ 04 95 76 02 67
www.villagelecciemurta.com
contact@campingpropriano.com

Fermé du 15 octobre à mars. Membre du Gie Corsica campings. Accueil jusqu'à 20h. 63 chalets pour 2 à 6 personnes de 400 € à 1 590 € la semaine. Location court séjour à partir de 75 € la nuit en chalet. Chèque Vacances. Jeux pour enfants. Wifi gratuit. Restauration (carte 30 €, pizzeria, service traiteur). Vente. Salon de jardin, location de draps, lave-linge.

Un village enchanteur sur 5 ha, à deux pas de la plage de Portigliolo, doté d'un espace aquatique avec une superbe

Sites de plongée autour de Campomoro

La Grande Vallée. Difficulté : niveau 1 et 2. Profondeur : de 14 à 45 mètres. Situation : pointe du rocher di Loga. Atouts : roche et tombant riches en gorgones, gros mérous et dentis.
Les Cathédrales. Difficulté : niveau 2. Profondeur : de 15 à 60 mètres. Situation : au milieu du golfe du Valinco. Atouts : sec et tombant riches en dentis, mérous, anthias, grandes gorgones et corail rouge.
Le Tonneau. Difficulté : tous niveaux. Profondeur : de 5 à 30 mètres. Situation : au large de la plage de Campomoro. Atouts : éperon rocheux émergent riche en labres, castagnoles, girelles, sars, saupes et dentis.

TORRA PLONGÉE
En face du Spuntinu
Port de Campomoro
D521
BELVÉDÈRE-CAMPOMORO
✆ 06 83 58 81 81
www.torra-plongee.com
torra.plongee@gmail.com
à 13km de Propriano.

Fermé du 15 novembre à mars. Haute saison : ouvert tous les jours de 8h à 20h. 55 € le baptême. 32 € l'exploration autonome. Formation à partir de 170 €. CB non acceptée. Chèque Vacances. 2 semi-rigides de 8 mètres 250cv pour 18 plongeurs maxi. 7 moniteurs en saison, affilié FFESSM, ANMP, PADI. Chef de centre GILLES granelli BEESS 1 OWSI.

Une équipe de professionnels brevetés d'Etat vous proposent de découvrir la magie des fonds du golfe de Campomoro dont le site référence du Tonneau, le petit rocher à droite de la baie. Les explorations permettent la découverte de tout le golfe du Valinco (les Cathédrales, la grande vallée, le Sec de la tour de Campomoro) et la côte sauvage au sud vers Tizzano et Senetosa (Eccica, le tombant de Senetosa). A découvrir : le sentier sous-marin, créé à Campo, à faire en apnée librement ou encadré. Forfaits plongée-hébergement a prix compétitif.

Danphins dans la baie de Campomoro.

piscine paradisiaque et ses grandes plages en teck. Sur place : des jeux d'enfant, un magasin d'alimentation et un bon restaurant pizzeria-grill de qualité, le Marinasca, dont la réputation dépasse les limites du village. Tout l'ensemble est très harmonieux avec de grands espaces entre chaque chalet, une végétation luxuriante, un calme garanti et un confort irréprochable dans tous les hébergements, décorés et aménagés à la perfection.

Loisirs

RANDONNÉE DE CAMPOMORO À SENETOSA

Les trois sentiers du domaine de la tour : le chemin de la tour (0h15) la boucle tour et i Pozzi (1h) La boucle tour et la Punta Bianca (1h). Au pied de la tour commence un sentier d'interprétation. Une dizaine de panneaux commentent ce parcours à l'aide d'un personnage imaginaire "Anto u Torregiani". Il vous accompagne de manière figurative et attire votre attention sur des sujets en rapport avec la vie quotidienne des communautés et leur environnement. Campomoro est un site privilégié pour les randonnées en bord de mer. On peut parcourir à pied toute la côte depuis belvédère jusqu'à Tizzano (en une journée de marche) et même jusqu'à la tour d'Ulmetu. Il faut compter deux jours (12h30 de marche) au total (environ 6h pour atteindre Tizzano, 4h de plus pour Roccapina et 2h30 de plus pour Ulmetu) et prévoir une organisation pour le retour. Quand on dispose de deux voitures, c'est une balade inoubliable.

SUD NAUTIK

Plage de Campomoro
✆ 06 14 11 68 82
sudnautik@gmail.com

Fermé d´octobre à mars. Haute saison : ouvert tous les jours et les jours fériés. Balade encadrée 1 ou 2 jours 30 €. Location kayak à partir de 8 €, paddle à partir de 10 €. CB non acceptée. Chèque Vacances.

Une petite structure un peu cachée près du club de Torra plongée, sur la plage, tenu depuis sept ans par Marie, diplômée d'État BPJEPS nautique. On y pratiquera la location sèche de kayak ou de paddle mais surtout les balades accompagnées sur les sites de la baie de Campomoro. À pratiquer à tout âge, sur réservation de préférence.

Dans les environs

Bilia ★

Village à flanc de coteaux, au relief couvert de chênes-lièges et d'épais maquis, Bilia possède quelques vieilles maisons de granit au bel appareil. On peut remarquer une tête de femme et quelques bandeaux (des pierres romanes provenant de l'église primitive) intégrés dans une maison. La tête de femme provient à l'origine des ruines de l'église San-Lorenzo. On peut encore visiter les ruines de l'église du couvent de Bilia, longtemps réputée miraculeuse. Elle renfermait en effet la tombe du père Martino della Rocca, où l'on conduisait ceux qui étaient possédés par un esprit démoniaque.

A ne pas manquer : au sommet d'un éperon de 361 m d'altitude surveillant la route de Sartène, via la Bocca di Biscelli, le Castello d'Alo-Bisujè a livré des fragments de menhirs, des meules et de la poterie du IIe millénaire avant J.-C. C'est un imposant monument circulaire avec une entrée, des diverticules, une chambre centrale et un escalier qui conduisait à la plate-forme du deuxième niveau. Autour, des fonds de cabanes préhistoriques jalonnent ce site.

Grossa ★★

Dans un décor sauvage de monts dénudés et de maquis, au-dessus de la vallée verdoyante et cultivée de Cristolacce, Grossa, à l'architecture typique, s'étage le long d'une colline. Au lieu-dit Campu Fiurelli, on a retrouvé une extraordinaire statuette de stéatite datant du IIIe millénaire avant J.-C., conservée actuellement au British Museum. Non loin de là, on peut enfin admirer le menhir de Vaccil Vecchio, haut de 3,20 m, mais également des sépultures à grands coffres, ainsi qu'un polissoir et un mégalithe à La Piana.

A ne pas manquer : l'église du XIXe, dédiée à la Santa Maria Natività dans le village. Dans la plaine, la chapelle San Ghjuvan Battista du milieu du XIIe siècle est un chef-d'œuvre de l'art pisan, édifiée au début du XIIe siècle, près d'un site romain ; cette église a célébré peu d'offices religieux, car le territoire, sans cesse menacé par les barbaresques, a souvent été déserté. Elle dresse sa façade élégante en pleine campagne.

OLMETO ET SES PLAGES ★★★

De nombreuses histoires et légendes vous attendent dans ce vrai bourg corse dont le temps n'a pas fait disparaître le fort caractère. Mais Olmeto, c'est aussi une côte et ses plages et criques toutes plus attirantes les unes que les autres. Deux étendues de sable blanc courtisées par la mer et surveillées par les tours génoises de Calanca et Micalona, appartenant à des particuliers et ne pouvant donc pas être visitées. C'est aussi un site occupé à l'époque préhistorique, chargé d'histoire, outre celle, romancée, de la passionnante et passionnée Colomba.
Pour les randonneurs, Olmeto est relié à Porto-Pollo par le sentier Mare e Monti (6h de marche).
Il faut parfois s'armer de patience pour traverser ce village, à cause d'une circulation problématique et de son feu rouge interminable. On attend donc la déviation pour le gros trafic et profiter en toute tranquillité des charmes de la bourgade.

OFFICE DE TOURISME INTERCOMMUNAL DU SARTENAIS VALINCO TARAVO – ANTENNE D'OLMETO
Montée de l'Eglise
✆ 04 95 74 65 87
www.lacorsedesorigines.com
contact@lacorsedesorigines.com
Haute saison : ouvert du lundi au vendredi de 10h à 17h.

Points d'intérêt

CASTELLU DE CUNTORBA ★

A mi-chemin de la D57 vers Porto-Pollo. Au milieu des oliviers et des chênes, un ensemble circulaire avec une enceinte entourant le monument central réservé à l'habitat, l'épaisseur des murs et l'aménagement général (comparable aux forteresses féodales, avec un chemin de ronde et des meurtrières) disent combien ces habitants possédaient l'art de la construction de défense. Le site appartenant à un particulier, merci de bien vouloir respecter les lieux.

CHAPELLE SANTU-SPIRITU ★★

A la sortie est du village, un sentier agréable permet d'atteindre la chapelle du Saint-Esprit, pour une petite promenade, au départ de l'étape Olmeto-Burgo, qui mène en 45 minutes (autant pour le retour) jusqu'à la chapelle. Un chemin de croix accompagne les promeneurs jusqu'à la chapelle. Un bel édifice roman des années 1100 doté d'une abside orientée à l'est. Un pèlerinage a lieu chaque année à cet endroit le lundi de Pentecôte.

ÉGLISE SANTA-MARIA ★★

C'est une grande église romane, désormais plus baroque, dont la première construction remonte au IXe siècle. Elle affiche un clocher à lanternon et renferme un remarquable orgue du XIXe siècle, réalisé par les frères Stoltz, restauré en 1981, l'un des plus intéressantes de l'île. Elle compte au XVIIIe siècle comme l'une des plus importantes et des plus riches églises paroissiales de Corse.

SANTA-NARIA ★★

A l'intérieur du coude de la RN196 près de la tour de la Calanca et de la jonction avec la D157, la plus grande statue-menhir de Corse qui rend presque jaloux les archéologues de Filitosa. Bien que couchée à l'ombre d'un olivier, ses 3,70 m ne passent pas inaperçus. On distingue nettement un visage bien dessiné et une épée, en travers de la colonne façonnée voici 8 000 ans. Ce monument étant sur une propriété privée, il conviendra de respecter les lieux.

Le couvert

CHEZ ANTOINE
N196
Cours Balisoni
✆ 06 13 52 13 14
www.chez-antoine-olmeto.fr
Ouvert toute l'année. Tous les jours et les jours fériés le midi et le soir. Réservation recommandée. Carte : 30 € environ. Menu enfant : 7 €. Plat du jour : 12 €. Vin au verre. CB non acceptée. Accueil des groupes. Chaises bébé. Terrasse. Animations.
Agréable transformation, au cœur du village d'Olmeto, où Antoine, le maître des lieux, figure joviale et toujours de bonne humeur, nous propose ses salades copieuses, ses bonnes grillades au feu de bois et autres gourmandises maison, en toute simplicité dans un nouveau cadre pour plus de confort. Une plaisante terrasse pour l'été, deux salles pour l'hiver, des petits prix tout doux, font de l'endroit une étape appréciée.

L'ESTATINA

D157, Abbartello
Route de Porto-Pollo
✆ 06 10 76 86 27 – isabelle.zinant@orange.fr

Fermé du 15 octobre à avril. Ouvert tous les jours et les jours fériés le midi et le soir. Fermé le mercredi en mai et septembre. Réservation recommandée. Menu unique à 25 €. Carte : 29 € environ. Menu enfant : 9,50 €. Formule : 13,50 € (midi). Vin au verre. Chaises bébé. Jardin. Terrasse. Vente à emporter. Parking. wi-fi zone.

La famille Zinant au grand complet sévit sur le site enviable d'Abbartello et sa grande plage. La formule est toute simple, sans fioritures et en toute franchise. Une jolie terrasse blottie sous l'eucalyptus, une carte qui propose les incontournables pizzas à pâte fine, quelques grillades de viandes et poissons et des pâtes aux gambas qui, dit-on, méritent le détour. Pour les frileux, une petite salle et le joli sourire d'Isabelle ! En prime, la terrasse au toit escamotable pour en profiter plus longtemps.

Le gîte

ABBARTELLO***

D157, Abbartello
✆ 04 95 74 04 73
www.hotelabbartello.com
hotelabbartello@wanadoo.fr
A 12km de Propriano et 48km d'Ajaccio

Fermé du 31 octobre au 16 avril. Accueil jusqu'à 21h. 29 chambres (dont 2 familiales et 16 mini-villas). Chambre double de 110 € à 230 €. Demi-pension : 43 € (dîner et petit déjeuner). Petit déjeuner buffet ou en chambre : 13 €. Parking ouvert inclus. 6 villas F2 et 10 F3 pour 2 à 6 personnes de 390 € à 1 350 €, la semaine. Tarif 3 nuits à partir de 70 €. American Express, Chèque Vacances. Non labellisé pour le handicap. Garde d'enfants. Séminaires. Réceptions et mariages. Wifi gratuit. Restauration (menu 32 €, carte 38 €). Salon de jardin, location de draps, lave-vaisselle. Animations.

Lifting complet pour cet établissement présent sur la plage d'Abbartello depuis 1969. On y découvre désormais une belle structure toute neuve, avec ses chambres spacieuses avec terrasse, toutes face à la grande bleue, sa paillote le Copacabana, au-dessus de la plage aménagée de transats et parasols, et même un tennis en prime. L'ensemble a beaucoup de charme et les trois étoiles ne sont nullement usurpées. En complément, une petite résidence hôtelière, juste en face, pour des locations à la semaine en mini-villas F2 et F3.

Campings

RAS L'BOL***

Tenutella, Route de Porto-Pollo
D157 ✆ 04 95 74 04 25
www.raslbol.com – infos@raslbol.com

Fermé du 15 octobre à mars. Réservation recommandée. Accueil jusqu'à 20h (21h en été). Gardé 24h/24 (06 34 78 72 16). Terrain de 5 ha. 150 emplacements (dont 31 bungalows, 6 roulottes et 3 lodges). Exposition : ombragé / ensoleillé. Sol : herbeux. Relief : plat. Plage et bar juste en face à 500m. 2 personnes de 14,60 € à 18,20 €. 37 bungalows pour 2 à 6 personnes de 371 € à 1 043 € la semaine. Forfait tente + moto 7,40 €, tente + voiture 8,80 €, camping-car 10 €. Chèque Vacances. Jeux pour enfants. Salle de bains pour bébés. Animaux acceptés (2 € en camping). Aire pour camping-cars. Wifi gratuit. Restauration (menus, carte et pizzeria).

Agréablement aménagé sur 5 ha de pins, mûriers platanes et oliviers, avec la belle plage de Tenutella juste en face à 100 m, ce camping récemment repris par les jeunes et dynamiques Marie-Pierre et Adrien ne manque pas d'atouts. Deux nouveaux blocs sanitaires, des jeux d'enfant, un beach-volley, un restaurant et des kayaks loués à la clientèle. Pour l'ambiance, on ira au bar de la plage les pieds dans l'eau siroter un cocktail. Le plus : belles réductions de 20 % en avant-saison et en arrière-saison si vous réservez 30 jours à l'avance les bungalows, lodges ou roulottes et en avant-saison pour le camping.

Loisirs

BARACCI NATURA

D257
✆ 06 20 95 45 34
www.baraccinatura.fr
baraccinatura@hotmail.fr

Ouvert toute l'année. Sur réservation. Haute saison : tous les jours et les jours fériés de 9h à 19h. Parc aventure ouvert de mi-juin à mi-septembre. Parc de 12 € à 20 €, canyon 40 €, via ferrata / tyrolienne 33 €. CB non acceptée. Chèque Vacances. Buvette et WC.

Le canyon du Baracci, qui se situe en amont de l'établissement, est d'une durée de 2 heures. Ce canyon est accessible à partir de 10 ans. Il est composé de sauts, toboggans, tyrolienne, nage et marche aquatique. Il est très ludique, d'un niveau initiation. Tous les obstacles sont contournables. Le parc aventure compte 50 ateliers répartis sur deux parcours, avec une durée d'1h30 pour les deux parcours. La via ferrata du Baracci est d'une durée totale d'1h30. Cette via ferrata est de niveau initiation découverte, elle comprend ponts de singe, tyrolienne, barreaux, échelons, rappel et de l'escalade.

CANYON DE BARACCI ★★

Un joli canyon enserré de roches rouges, l'un des tout premiers ouverts en Corse avec deux grands toboggans. Cette descente est à faire en début de saison, car il y a très peu d'eau en été. Toboggans, nombreux sauts, canyon d'initiation et de mise en jambes par excellence. Dénivelé : 100 m. Hauteur maximum de cascade : 10 m. Durée : approche 5 minutes, descente 4 heures. Retour : 45 minutes.

CENTRE ÉQUESTRE PONEY CLUB LA PLAGE

Abbartelo
✆ 06 31 92 29 93
✆ 04 95 73 50 95
www.centreequestrefildirosa.ffe.com
centreequestre.laplage@yahoo.fr

Ouvert toute l'année. Affilié à la FFE. Haute saison : tous les jours et les jours fériés. Promenade 1h : 25 €, 2h : 40 €. Promenade Poney (1h30) : 30 €. Stage d'initiation (2h30) : 40 €. CB non acceptée.

Le centre équestre La Plage (anciennement Fil di Rosa), est situé à Abbartello, station balnéaire proche de Propriano, Olmeto et Porto Pollo. On vous propose toute l'année des leçons et des promenades sur la plage ou à travers le maquis. Les installations sont en partie situées sur un site remarquable, Natura 2000, à l'embouchure du Taravo et sur la plage. Le terrain est bien ombragé – chênes verts, oliviers, lentisques, aulnes glutineux – et parsemé d'immortelles.

Détente, forme

LES BAINS DE BARACCI

Sources thermales
D257 ✆ 04 95 76 30 40
www.lacorsedesorigines.com
commune.olmeto@gmail.com

Basse saison : ouvert du mardi au samedi de 10h à 17h. Haute saison : tous les jours et les jours fériés de 10h à 13h et de 16h à 21h. Entrée : 7 €. 5 € enfant – de 12 ans.

A un kilomètre de la mer et à quatre de Propriano, dans la campagne, une magnifique bâtisse longtemps laissée à l'abandon dont il émane une ambiance chargée d'histoire. Les anciens thermes romains ont totalement été refaits en 1992. Deux bassins d'eau chaude de la source à 39 °C, sulfurée et sodique, préconisée pour les traitements externes des rhumatismes, dermatoses et affections des voies respiratoires.

Emplettes

DOMAINE SANT ARMETTU

Route de Baracci
Sant Armettu
D257 ✆ 04 95 76 24 47
www.santarmettu.com
contact@santarmettu.com

Basse saison : ouvert du lundi au vendredi de 8h à 12h et de 14h à 17h. Haute saison : du lundi au samedi de 8h à 12h et de 14h à 18h30. Livraison possible (expédition sur demande). Myrtus rouge 2011 : 18,50 €. Amaredda rosé «gastronomie» 2013 : 13,50 €. Pivarella blanc 2013 : 18,50 €.

Le vignoble a été créé par Paul Seroin au cœur de l'AOC. De bonnes et jolies bouteilles dans les trois couleurs, régulièrement primées (médaille de bronze pour le rouge 2011 à la foire de Luri). Le domaine se complète de deux gîtes de charme au milieu du vignoble et d'une production d'huile d'olive et d'amandes. Coup de cœur pour la cuvée Myrtus en rouge 2013, Amaredda rosé de «gastronomie» 2014 et le Pivarella blanc 2014.

U PAESE

Le village
✆ 06 13 52 13 14

Haute saison : ouvert tous les jours et les jours fériés de 8h à 20h. Ouvert le dimanche. CB non acceptée.

Dans le village d'Olmeto, en plein cœur du village, la petite échoppe de produits corses d'Antoine Cristiani propose sa charcuterie locale artisanale, les fromages du Valinco, des confitures artisanales, du vin, des liqueurs, des biscuits et surtout de l'huile d'olive locale délicieuse, récoltée et fabriquée au village. Accueil sympathique et conseils judicieux de l'ami Antoine qui ne manquera jamais de vous faire goûter sa production.

REPÉREZ LES MEILLEURES VISITES

★ INTÉRESSANT ★★ REMARQUABLE ★★★ IMMANQUABLE ★★★★ INOUBLIABLE

Histoire

A l'origine simple port de pêche, Propriano est rapidement devenue l'une des principales stations balnéaires de Corse-du-Sud. L'ancien port, naturellement abrité par le rocher de Scoglio Longo, était connu des Romains, et fut conquis par Pise au Xe siècle. Pendant l'occupation génoise, le lieu accueillit un hôte prestigieux, puisque c'est là que Sampiero Corso débarqua en 1564. Malheureusement, comme beaucoup de villages côtiers, le port sera victime des multiples raids barbaresques, et quasiment détruit au XVIIIe siècle. Avec le désenclavement de la région, due à la construction de la route reliant Ajaccio à Bonifacio au XIXe siècle, Propriano va rapidement devenir un carrefour. Elle joue également un grand rôle en tant que façade maritime de Sartène, et son port sert de débouché pour les productions agricoles de la région du Grand Valinco. En effet, au XIXe siècle, Propriano se dote d'infrastructures, et son port est bien relié à celui de Marseille. La ville se développe peu à peu, voit sa population augmenter, et devient un centre touristique important dans les années 1960.

PROPRIANO ★★

Face au golfe du Valinco, Propriano (Prupià en langue corse) est une ville d'aspect relativement moderne. Le hameau de Tivolaggio garde quelques traces d'occupation ancienne, comme quelques vieilles maisons et un moulin, et sa petite église. Plus loin, on peut voir les ruines de l'abbaye Santa-Maria-di-Tavaria, qui fut détruite lors des raids barbaresques du XVIe siècle. On y trouve de très belles plages, comme celles de Portigiolo et Baracci et la ville est un très bon point de départ pour découvrir un arrière-pays riche en histoire. Par exemple, à quelques kilomètres, on peut profiter des eaux sulfureuses des bains de Baracci, connus dès l'Antiquité. Très en vogue au XIXe siècle, surtout auprès des touristes étrangers, l'établissement thermal fut longtemps abandonné avant de rouvrir en 1992. Le site du Grand Hôtel est magnifique et décalé à la fois, tant ce grand bâtiment contraste avec le paysage, surtout en hiver. Autrefois, il fut habité par des nobles russes qui fuyaient la révolution de 1917, et qui furent séduits par la région. De leur passage dans l'hôtel, ils laissèrent quelques fresques, que l'on peut encore voir aujourd'hui.

■ **PORT DE PLAISANCE PORTU VALINCU**
✆ 04 95 76 10 40
www.mairie-propriano.com
portuvalincu@orange.fr
Basse saison : ouvert de 8h30 à 12h et de 13h30 à 17h. Haute saison : de 7h30 à 21h30. Eau, électricité, sanitaires, carburant, wi-fi. A partir de 22 € la nuit.
En pleine restructuration depuis la reprise par la maire courant 2008, on attend avec impatiente la finition de ce grand projet : à ce jour, 600 places sur ponton et quais dont cinquante pour les visiteurs. Longueur maxi 32 mètres. Nombreux services sur le port : blocs sanitaires, avitaillement, rampe de mise à l'eau gratuite. Grand parking sur place et accès wi-fi sur demande à la capitainerie.

■ **PROMENADE EN MER VALINCO**
Port de plaisance
✆ 06 12 54 99 28
env.pem@wanadoo.fr
Ouvert toute l'année. Sur réservation. Haute saison : tous les jours et les jours fériés de 9h à 20h. Sortie à la carte sur demande. Adulte : 24 € (sortie bateau à moteur). Enfant (de 2 à 12 ans) : 11 € (sortie bateau à moteur). Groupe (12 personnes) : 17,50 € (sortie bateau à moteur). Sortie catamaran à voile à partir de 24 € (demi-tarif enfant de moins de 12 ans). CB non acceptée. Chèque Vacances. Visite guidée (français, anglais). Animation musicale subaquatique sur la vedette.
Au départ du port de plaisance, des promenades en mer commentées en vedette à moteur ou à bord du catamaran à voile de croisière, le *Big Blue*, pour partir à la découverte du golfe du Valinco en passant par les *calanche* de Belvédère et le village marin de Campomoro. Au programme : baignade avec écoute de la musique sous l'eau, commentaires éclairés de Claude, le capitaine, sortie au coucher de soleil avec apéro à bord, initiation à la voile et même des sorties à la demi-journée.

Le couvert

■ **AUBERGE SAN GHJUVANI**
D257
Route de Baracci
✆ 04 95 76 03 31
www.san-ghjuvani.com
auberge-san-ghjuvani@orange.fr
♿
Fermé de novembre à mars. Basse saison : ouvert du mardi au dimanche et les jours fériés le midi et le soir. Haute saison : tous les jours et les jours fériés le midi et le soir. Fermé le lundi midi en saison. Réservation recommandée. Menus de 17 € à 35 €. Carte : 30 € environ. American Express, Chèque Vacances. Accueil des groupes. Chaises bébé. Jardin. Terrasse. Animations. Participation pour les soirées musicales.
Le bonheur est au milieu du pré de la famille Mondoloni qui propose aux amateurs de tranquillité et de gastronomie rurale leur table champêtre à 3 km de Propriano. Clary, Madame-Mère, aux fourneaux, Jean-Yves, le prince consort, à l'accueil, pour une cuisine qui ne souffre d'aucun reproche. Au programme des réjouissances, les grands classiques de la maison : la soupe paysanne, la charcuterie artisanale de Cuttoli, le ventru (panse de porc farcie), le sanglier du maquis en daube, l'assiette de fromage identitaire, et l'inamovible gâteau à la farine de châtaigne. Et pour l'ambiance, chaque vendredi soir, la vallée du Baracci résonne aux sons des chants et guitares (participation de 8 € par personne).

■ ATLANTIS

D257, Route des Bains de Baracci
Camping Colomba © 04 95 78 60 98
www.campingcolomba.com
camping.colomba@orange.fr

♿

Fermé d'octobre au 15 avril. Ouvert tous les jours et les jours fériés le midi et le soir. Réservation recommandée. Carte : 38 € environ (le midi et 48 € le soir). Menu enfant : 10,90 €. Suggestion du jour : 18 €. Vin au verre. Chèque Vacances. Chaises bébé. Jardin. Terrasse. Vente à emporter. Animations. Salle climatisée. Parking.

Belle montée en puissance de l'Atlantis au cœur de camping Colomba avec l'arrivée du chef réputé et bien connu du *Petit Futé*, Alex Palmieri, Italien corsisé depuis plusieurs années. On y appréciera la nouvelle carte qui risque fort de faire de l'ombre à certains avec la touche de créativité et d'originalité de ce maestro. Jérôme Santucci pilote la salle, coquette et cosy, qui se prolonge vers la terrasse au bord de la belle piscine et ses plages attirantes. Quelques soirées musicales et des variations culinaires vers le sushi, les pâtes à la langouste...

■ GENRE

Port de plaisance
3, avenue Napoléon III
© 04 95 76 04 04 – www.legenre.fr
restaurant.genre@orange.fr

Fermé du 15 novembre au 15 février. Basse saison : ouvert tous les jours et les jours fériés. Haute saison : tous les jours et les jours fériés. Service non-stop de 8h à minuit en saison. Menus de 14,90 € à 24,90 € (planches terre et mer). Menu enfant : 5 €. Formule : 9,90 € (et 12,90 €). Vin au verre. Chèques non acceptés. Chèque Vacances, Chèque Restaurant. Terrasse. Vente à emporter. wi-fi offert.

Un joli concept au début de l'avenue, créé par Alexandre et Toussaint jamais à court d'idée. On y vient à toute heure pour choisir une gamme de plus de 30 sandwichs, salades, plats cuisinés, desserts, glaces à la coupe, sundays... Le tout copieusement servi, élaboré avec de bons produits cuisinés sur place, gage de fraîcheur. On pourra bien sûr consommer sur la terrasse face au port ou l'emporter en pique-nique dans un conditionnement bien pratique. Nouveauté : les planches gourmandes terre et mer à déguster sur place, quelques spécialités insulaires. Le slogan : manger vite, manger bien, manger sain !

■ COCODILE

Port de commerce
7, quai l'Herminier © 04 95 73 27 85
www.restaurant-cocodile.com
restaurant.le.cococdile@gmail.com

Ouvert toute l'année. Tous les jours et les jours fériés le midi et le soir. Réservation recommandée. Menu unique à 18 €. Carte : 35 € environ. Menu enfant : 8,50 €. Formule du midi : 16,50 €. Vin au verre. American Express, Chèque Vacances, Chèque Restaurant. Chaises bébé. Terrasse. Vente à emporter. Animations. Salle climatisée. wi-fi zone. Parking.

Propriano

Index des rues

L'endroit est un peu caché, mais bien pratique pour se garer, et le chef Jonathan amène son savoir-faire pour le plus grand plaisir des consommateurs en faisant régulièrement évoluer la carte et les formules pour satisfaire au mieux locaux et touristes. Une brasserie à prix doux et la carte, les formules et les menus, le soir, permettent d'apprécier la gastronomie locale orientée vers la mer et sa petite pêche. Des animations bienvenues dans le coin lounge pour siroter un cocktail entouré d'une jolie faune locale et ses soirées DJ le samedi et Corse le vendredi. En prime, une belle terrasse face aux bateaux pour déguster une grande plancha de la mer ou une bouillabaisse sur commande ou prendre sons petit déjeuner a la sortie du ferry.

■ **BARTACCIA**
Route de la Corniche
Quartier Bartaccia
✆ 04 95 76 01 99 / 04 95 76 00 29
www.bartaccia.com
contact@bartaccia.com
♿
Ouvert toute l'année. Tous les jours et les jours fériés le midi et le soir. Service continu de 12h à 22h30 en saison. Réservation recommandée. Menus de 17 € à 25 €. Carte : 30 € environ. Menu enfant : 13 €. Vin au verre. Accueil des groupes. Chaises bébé. Jardin. Terrasse. Animations. Piscine, spa-bar, bar à tapas et à cocktails. Wifi, parking privé.
Une superbe adresse raffinée que ce restaurant Bartaccia repris cette année par le chef Cédric Mahé, qui bénéficie d'un emplacement de choix. A l'entrée de la ville, dans une propriété bucolique, on y découvre un bel espace bar-piscine-restaurant et ses structures ouvertes sur le golfe du Valinco. Un bar à cocktails et ses vins de Corse, un spa-bar, un barbecue au feu de bois, des tapas, le tout au bord de la piscine surplombant le golfe du Valinco. Belle carte gourmande du chef qui a su valoriser les produits insulaires, ainsi que les produits du potager de l'établissement. En prime : des hébergements de grande qualité pour prolonger le séjour.

■ **CHEZ PARENTI LE TOUT VA BIEN**
Port de plaisance
10, avenue Napoléon
✆ 04 95 76 12 14
www.chezparenti.fr
mathieu.parenti@sfr.fr
Fermé du 15 novembre à mars. Haute saison : ouvert tous les jours et les jours fériés le midi et le soir. Fermé le lundi

© XAVIER BONNIN

Propriano.

sauf jours fériés et le lundi soir en saison. Réservation recommandée. Menus de 48 € à 52 € (menu carte). Carte : 75 € environ. Menu enfant : 21 €. Formule du midi : 19 €. Vin au verre. American Express, Chèque Vacances, Chèque Restaurant. Chaises bébé. Terrasse. Maître Restaurateur.

Arrêt obligatoire sur cette belle adresse incontournable depuis 1935, qui répond toujours présent sur le quai Napoléon. Dans la lignée de l'honorable fondateur, les fils Parenti savent chaque saison se remettre en cause avec récemment quelques améliorations dans l'équipe et une formule de menu-carte très attractive pour que chacun y trouve son bonheur. On choisira sans crainte la petite pêche du jour, la langouste ou le homard comme nulle part ailleurs et quelques jolies douceurs élaborées par le chef de qualité Joachim Lemahieu. Belle carte des vins dans leurs plus beaux flacons, un service parfait et jamais pesant pour sortir de table heureux d'avoir passé un bon moment.

TERRA COTTA
Port de plaisance
31, avenue Napoléon
✆ 04 95 74 23 80
restaurant.terracotta@orange.fr

Fermé de novembre à mars. Fermé le dimanche hors saison, le dimanche midi en haute saison. Ouvert tous les jours et les jours fériés le midi et le soir. Réservation recommandée. Menu unique à 49 €. Carte : 55 € environ. Formule du midi : 24 € (plat + dessert). Vin au verre. Chèque Restaurant. Chaises bébé. Terrasse. Salle climatisée.

C'est la table qu'il ne faut pas manquer dans le golfe du Valinco. Thomas Duval, chef plein de talent, se donne beaucoup de peine pour offrir aux gastronomes une table régulière, pleine de saveurs et d'inventivité. La situation est idéale sur le port de plaisance avec une petite salle climatisée élégante et une grande terrasse couverte, face aux bateaux. La cuisine est bien sûr tournée vers la mer, grâce aux pêches de Toussaint, le grand frère. Pour vous faire saliver, Fanny, la femme de ce chef d'exception, vous proposera la fine feuille de crustacé, jambon, allumette de Prizutu, un mi cuit de foie gras de canard aux olives confites, ou une langouste à votre convenance, un croustillant de turbo et sirop de tomate épicée et pour finira, un crémeux citron meringué sur son fin crumble ou un croquant de tour de fraises, sirop de Nepita et sa glace au bruccio. La carte étant évolutive à chaque saison, on y choisira sans crainte les suggestions de ce passionné. Assurément le meilleur rapport qualité-prix des environs !

■ **U MANCINU PLAGE**
Route de la corniche
Plage du Mancinu
Rn 196 ✆ 04 95 76 02 12
plage.mancinu@sfr.fr
Fermé du 15 novembre à mars. Ouvert tous les jours et les jours fériés le midi et le soir. Fermé le lundi hors saison. Réservation recommandée. Carte : 24 € environ. Menu enfant : 11,50 €. Suggestion du jour : 15 €. Vin au verre. Chèque Restaurant. Chaises bébé. Jardin. Terrasse. Vente à emporter.
On ici chez M. Louis qui tient son petit restaurant posé sur le sable depuis 2009. Une adresse bien pratique à l'entrée de la ville et l'on y choisira sur la carte de taille raisonnable des salades, des pâtes à toutes les sauces, des grillades, des pizzas au feu de bois et quelques desserts maison, le tout élaboré par le chef italien Amedeo. Plage aménagée de transats et parasols, douche et parking privé pour manger, bronzer et dormir sur ses deux oreilles.

Le gîte

■ **BARTACCIA*****
Route de la Corniche
Quartier Bartaccia
✆ 04 95 76 01 99 / 04 95 76 00 29
www.bartaccia.com – contact@bartaccia.com
Ouvert toute l'année. Accueil jusqu'à 20h. 45 chambres (dont 30 nouvelles chambres de catégorie supérieures). Chambre simple à partir de 55 € ; chambre double jusqu'à 260 € ; suite jusqu'à 325 €. Demi-pension : 36 € (repas + petit déjeuner). Petit déjeuner buffet : 10 €. Parking inclus (espace moto vidéo sécurisé). Séminaires. Réceptions et mariages. Connexion Internet gratuite. Wifi gratuit. Restauration (menus de 17 € à 28 €, carte 30 € environ, menu enfant 13 €. Spa-Bar, bar à Tapas, à vins et à cocktails). Bain bouillonnant.
L'endroit est bien caché dans une propriété bucolique à deux pas de la plage du Sampiero et l'on y profitera un bel espace autour de la piscine et ses structures ouvertes sur le golfe du Valinco. Un bar à cocktails et vins de Corse, des tapas, un spa-bar, un barbecue au feu de bois le tout au bord de la piscine surplombant le Golfe du Valinco. Belle carte du chef dans une ambiance «Lounge». Côté hôtel on y apprécie la création de nouvelles chambres et suites de grand standing qui viennent compléter la partie historique entièrement réhabilités. Un vrai sans faute à tous les niveaux : accueil, professionnalisme, tarifs justes ! L'une des meilleures adresses du Valinco.

■ **BEACH HÔTEL****
Plage du Lido
38, avenue Napoléon-III ✆ 04 95 76 17 74
www.beachhotel-propriano.com
beach.hotel@wanadoo.fr
Fermé de novembre à mars. Accueil jusqu'à 21h. 17 chambres. Chambre double à partir de 56 € ; chambre triple jusqu'à 117 €. Petit déjeuner buffet : 8,40 €. Parking ouvert inclus (et garage moto et vélo). Demi tarif enfant – 12 ans. Chambres quadruples à partir de 74 €. Chèque Vacances. Wifi gratuit. Vente (produits locaux et distributeur de boissons).
Le premier atout de ce petit hôtel est qu'il porte bien son nom. Réellement posé sur le sable de la plage du Lido, on y est plus au calme que sur les quais proprianais avec des équipements conformes à ses étoiles. Dirigé par Jean-Baptiste Giovannangeli désormais assité de sa fille Amandine, l'accueil ne souffre d'aucun défaut et l'établissement bien tenu satisfera l'ensemble de la clientèle. Le petit plus : un garage moto sécurisé offert aux résidents, le petit déjeuner en buffet copieux en salle ou sur la jolie terrasse fleurie. Petite pensée à Antoinette, notre charmante grand mère qui nous manque !

Campings

■ **COLOMBA******
D 257
Route des Bains-de-Baracci
✆ 04 95 76 06 42
www.campingcolomba.com
camping.colomba@orange.fr
A 500 m de la plage et 2 km de Propriano.
Fermé du 15 octobre à mars. Camping Qualité. Réservation recommandée. Accueil jusqu'à 20h. Gardé 24h/24. Terrain de 3,5 ha. 60 emplacements (et 65 locatifs). Exposition : ombragé / mi-ombragé / ensoleillé. Sol : herbeux / gravillons. Relief : en terrasse / vallonné. Emplacement + véhicule + 2 personnes de 6 € à 8,50 €. Emplacement +

véhicule + 2 personnes de 1,80 € à 3,50 €. Emplacement + véhicule + 2 personnes de 2,50 € à 7 €. 21 bungalows pour 2 à 5 personnes de 550 € à 1 400 € la semaine ; 40 mobil-homes pour 2 à 6 personnes de 480 € à 1 150 €. Locatif à la nuit à partir de 60 € pour 4 personnes. Chèque Vacances. Jeux pour enfants. Animaux acceptés (3 €, 4 € en bungalow). Séminaires. Réceptions et mariages. Wifi payant. Restauration (restaurant-pizzeria l'Atlantis menu enfant 12 €, carte 32 €). Animations.

Que de changement depuis 37 ans grâce à Raymond Santucci, plein d'allant et de dynamisme qui a su faire évoluer cette structure. Elle atteint désormais l'âge de raison. Une superbe piscine avec ses plages de sable, pont en teck, transat, parasol... Que du bonheur. Le restaurant L'Atlantis attire sans soucis la clientèle extérieure qui savourera une cuisine raffinée avec en prime les soirées à ambiance en sirotant un cocktail maison. L'espace camping sur 3 ha est dans un site agréable, ombragé, avec un panorama sur la Punta Buturetu et Olmeto village. La plage est à 300 m et Propriano est à 2 km. Epicerie, salle de jeu, deux blocs sanitaires neufs, aire de jeux pour enfants.

Loisirs

CENTRE NAUTIQUE VALINCO

Plage de Mancinu
✆ 06 32 84 12 77
www.centre-nautique-propriano.com
c.n.propriano@orange.fr

Fermé de novembre à mars. Haute saison : ouvert tous les jours et les jours fériés de 9h à 19h. Tarifs : cours à partir de 25 €, stage à partir de 81 €, location à partir de 12 € l'heure en kayak. CB non acceptée. Chèque Vacances. Labellisé école française de voile et point location FFvoile.

Depuis le port de plaisance, le centre nautique sur la plage du Mancinu, labellisé EFV, dispose d'une école de voile et de locations d'Optimist, catamaran, planche à voile, paddle-board, kayak et même un bateau à pédale. Cours particuliers et stages collectifs d'un à 14 jours à voile et planche à voile. A essayer : l'original Kayak hobbie Island qui combine le kayak, le trimaran et le bateau à pédales.

Autre adresse : Port de plaisance

JET 7

Plage de Mancinu
✆ 06 24 56 77 01
www.aquadjetpro.com
jet7propriano@gmail.com
Accès par parking du port de plaisance de Propriano à 300m.

Fermé du 15 octobre à mars. Haute saison : ouvert tous les jours et les jours fériés de 9h à 20h. Location Jet-Ski à partir de 50 €. Rando Jet-Ski à partir de 130 €. Location bateau à partir de 300 €. CB non acceptée. Location et randonnée encadrée en jet-ski Sea Doo 1500 cc (avec ou sans permis bateau).

La base nautique, installée confortablement au bout du port de plaisance, vous propose toute une pléiade d'activités nautiques et terrestres. Jet ski, Fly Board, bateaux à moteur semi-rigides Blac Fin et Sacs de 9 à 12 mètres propulsés par des moteurs de 300 cv à 850 cv. Formule location à la demi-journée, journée et semaine. Possibilité de skipage si vous ne disposez pas du permis côtier. Formule en location sèche ou randonnée encadrée par des professionnels diplômés.

Autre adresse : Magasin A Quad Jet Pro Route de Sartene 04 95 71 40 72 et 06 24 56 77 01

OLIVIER CHAPON-SEIGNEUR

Villa U Sole Si Ciotta
Chioso-Soprano
✆ 06 12 41 19 74 – ochaponghm@free.fr
Rendez-vous au début de la route de Baracci D 257

Fermé du 15 octobre au 15 mai. Sorties le jeudi et vendredi et sur reservation. Demi-journée Baracci 40 €, journée Vacca et Purcaraccia 60 €. CB non acceptée. Chèque Vacances. Matériel fournis : cuissard, combinaison, casque.

Ce guide de haute montagne, depuis 1987, propose des sorties canyoning. Sortie demi-journée : 3 heures d'activité dans le canyon Baracci avec sauts, toboggans, tyrolienne, nage et marche. Sortie journée : 6 heures d'activité dans le canyon de la Vacca ou Purcaraccia, avec sauts, toboggans, descente en rappel, nage et marche en rivière dans le décor grandiose des aiguilles du massif de Bavella (une sortie journée pour ceux qui apprécient également les marches d'approche et retour plus sportives). Activités praticables à partir de 7 ans, aux personnes aimant l'eau.

Location de deux-roues

HONDA MOTO PROPRIANO NOUVEAU

N196
Route de la Corniche
✆ 04 95 76 72 76
honda.propriano@gmail.com

TTC MOTO

25, rue Général-de-Gaulle
✆ 04 95 76 15 32
www.ttcmoto.fr – ttcmoto2@wanadoo.fr

Ouvert du lundi au samedi de 9h à 12h15 et de 15h à 19h.

Vente et réparation toutes marques. Location de VTT, scooters et motos à partir de 50 cc.

Emplettes

MARCHÉ DES PRODUCTEURS DE PAYS

Quai Saint-Erasme
www.marches-producteurs.com/corsedusud
mpp@corse-du-sud.chambagri.fr

Le 1er dimanche du mois de janvier à avril au lieu-dit La Plaine. Le 1er et le 3ème dimanche du mois, en mai et juin sur le quai Saint-Erasme, puis tous les dimanches de juillet à septembre sur le quai Saint-Erasme.

Composés uniquement de producteurs fermiers, ces marchés privilégient le contact direct entre producteurs et consommateurs. Vous les reconnaîtrez grâce au logo et à la marque déposée « Marchés des Producteurs de Pays » qui les identifient et en font des marchés uniques. Des produits fermiers, de saison, sont proposés à la vente par les agriculteurs eux-mêmes.

Dans les environs

Arbellara ★★

Se situant entre deux vallées et offrant un beau belvédère sur le golfe du Valinco, Arbellara est un village perché, d'un caractère marqué. Des restes de tours sont transformés en demeures, dans lesquelles on trouve des motifs intéressants et de belles portes. Dans le bourg, on peut voir une haute tour carrée à créneaux dominante. Appelée la Turra, c'est une ancienne maison tour de trois étages datant du Moyen Age. Elle fut pillée par les Turcs en 1583. En bas du village, sur la D268, on peut admirer l'élégant pont pisan sur le Rizzanese de Spina Cavallu du XIIIe siècle.

PONT DE SPINA CAVALLU ★★

D268

Le pont Spina Cavallu (dos de cheval en langue corse) sur le fleuve Rizzanese est un pont pisan plutôt que génois qui date du XIIIe siècle, ce qui ferait de lui l'un des plus anciens de l'île. La hauteur de l'arche est voisine de huit mètres et son ouverture, de quatorze mètres. La qualité de sa construction lui a permis de résister à des crues, comme celle de 1993. Accès facile pour la baignade.

Fozzano ★★

Dans un relief doux, fait de collines boisées, d'olivaies et d'une vallée verdoyante descendant jusqu'au golfe de Valinco, Fozzano étend sa belle architecture caractéristique, étagée sur un éperon rocheux. On peut y admirer les maisons fortes du XVIIe siècle des familles Carabelli, dont la célèbre maison de Colomba, et celles de la famille Durazzo. C'est une vendetta sanglante entre les deux familles en 1833 qui inspira à Prosper Mérimée son roman *Colomba*. On peut également voir deux tours construites entre le XVIe et le XVIIe siècle. L'une d'entre elles, surnommée la tour de Colomba, est classée monument historique. Dans l'église, on peut voir la chapelle de l'Annonciade, dans laquelle se trouve une statue de la Vierge. A ne pas manquer : l'atelier de fabrication d'objets en bois du maquis Legnu Nustrale.

© S. PILOY – FOTOLIA

Crique de Propriano.

U FRACINTU

D557

Hameau de Burgo

✆ 04 95 76 15 05

www.gite-hotel-valinco.fr

ufracintu@gmail.com

Fermé de novembre à mars. Accueil jusqu'à 21h. 19 chambres (et 5 dortoirs de 4 places). Chambre double 60 € ; chambre triple 80 €. Demi-pension : 55 € (par personne en chambre). Petit déjeuner inclus. Parking ouvert inclus (espace moto sécurisé). 4 dortoirs de 4 places à 45 € en demi-pension. Chèque Vacances. Animaux acceptés. Séminaires. Restauration (table d'hôtes le soir 25 € tout compris, pique-nique 7 €). Vente (produits locaux : charcuterie et artisanat). Location de draps. Pas de tv. Animations.

Valérie et Patrick Gallicchio ont su persévérer pour redonner de l'élan à cette grande maison idéalement placée au départ des belles randonnées de la région. Entreprise courageuse pour remettre cette bâtisse en ordre et offrir au voyageur en goguette un lieu de séjour en haut de la vallée. A la fois hôtel et gîte d'étape, on y choisira soit les petites chambres hôtelières fraîchement rénovées, soit la formule en dortoir. Accueil adorable et bonne ambiance garantie. Côté cuisine, Valérie vous mitonne chaque soir ses petits plats pour reprendre des forces avant la montagne à des tarifs défiant toute concurrence. En prime, les piscines naturelles dans le canyon de Baracci, à 1 km ou les plages du Valinco à 7 km dans la vallée.

Sainte-Marie-Figaniella

Cette commune occupe un territoire comprenant notamment la partie élevée de la vallée du Baracci. Cet ensemble, formé d'alvéoles et de magnifiques chaos rocheux hérissés d'aiguilles de granit, est fermé à l'est par une chaîne montagneuse et, à l'ouest, par la forêt de Vadde Mala. Sous la menace des Sarrasins, la population ira se réfugier plus haut et bâtira A Ficaniedda, aux environs de l'an 1160. A voir : l'église romane Santa-Maria-Assunta, du XIIe siècle, qui constitue l'un des meilleurs exemples de l'héritage pisan de la Corse.

L'église pisane Santa-Maria-Assunta est une très belle église dédiée à saint Jean-Baptiste et sainte Marie, fêtés le 24 juin et le 15 août. Elevée avec de très belles pierres d'un granit jaunâtre et gris, l'église est dotée d'une nef unique couverte, comme son abside en cul-de-four, de dalles de pierre et ornée d'une corniche à arcatures portant des modillons représentant divers motifs géométriques, humains ou animaliers. Chef-d'œuvre de l'art roman, elle a été classée aux Monuments historiques en 1927. Son clocher date de 1850.

SERRA-DI-FERRO ET PORTO-POLLO ★★

Le littoral de la commune est constitué d'une avancée découpée qui se termine par la pointe de Porto-Pollo et sa plage, petite station balnéaire très agréable avec son port de plaisance. C'est une petite station calme offrant un beau panorama sur le golfe du Valinco. Au-dessus, le village est entouré de collines boisées. Notons enfin la magnifique route littorale dans un paysage sauvage et désert qui rejoint le golfe d'Ajaccio. Les amateurs de vestiges préhistoriques pourront s'arrêter au site de Basi, qui est un habitat néolithique et torréen. C'est là que se trouve la statue-menhir dite du Paladin, qui mesure près de trois mètres de haut. Belle tour génoise de Capanella en cours de restauration. La région possède aussi un petit dolmen de granit rose et deux menhirs couchés à la Bocca della Stazzona.

■ PORT DE PLAISANCE JEAN-BAPTISTE TOMI

Capitainerie du port
✆ 04 95 74 07 66
✆ 06 07 96 36 01
www.serra-di-ferro.com
port@serra-di-ferro.com

100 anneaux pour des unités de 8 m maxi, 150 bouées sur un mouillage organisé. Grue de levage de 20 tonnes maxi. Pas de phare et attention à la houle de sud-ouest et au vent d'est pour l'accès au port. Une centaine de mouillages sont installés et peuvent accueillir des bateaux jusqu'à 15m (bouées rouges) et jusqu'à 20m (bouées blanches)

Points d'intérêt

■ PLAGES DE PORTO-POLLO ★★

D757
PORTO-POLLO

A Porto-Pollo : la plus fréquentée est celle qui se situe juste à côté du port de plaisance, avec son club de voile, de plongée, locations de bateaux à moteur et ses restaurants. Juste après, la petite plage de l'église, juste avant la station-service, puis la grande plage plus sauvage avec son accès en face de la pharmacie.

Au nord, la fameuse plage de Cupabia, sur le territoire de la commune de Coti-Chiavari mais plus accessible par le sentier de Mare e Monti depuis le village de Serra-di-Ferro. C'est notre préférée. Une plage agréable, un peu moins fréquentée que sa voisine de Porto-Pollo et pourtant tellement plus charmante. Surveillée par la tour de Capanella, la plage s'étend sur 10 km de sable blanc et fin, criques magiques et maquis odorant. On y accède par la D155 et à droite (D155A) avant l'embranchement vers le col de Gradello. Une plaisante paillote sur la plage et un camping et son restaurant on ne peut plus maritime. Ce sont des zones naturelles d'intérêt écologique, floristique et faunistique avec les dunes de Cupabia et la junipéraie de Porto-Pollo qui représentent un espace naturel prestigieux.

Le couvert

U SAN PETRU

D155
✆ 04 95 26 45 32 / 06 19 94 79 95
www.usanpetru.com
khistine@hotmail.fr
Face à la mairie

Ouvert toute l'année. Tous les jours et les jours fériés le midi (dernier service à 15h) et le soir (dernier service à 22h30). Fermé le dimanche et le soir hors saison. Réservation recommandée. Menu unique à 13 € (le midi). Carte : 25 € environ. Formule : 25 € (soirées chants et guitares mercredi et vendredi en été). Vin au verre. Veau bio à la broche 2 fois par mois en été : 30 €. Accueil des groupes. Chaises bébé. Terrasse. Animations. Parking.

Une adresse intemporelle et incontournable dans ce petit village au dessus de la vallée du Taravo. Présente depuis plusieurs générations, on fêtera cette année les 20 ans du San Petru De la famille Geronimi. On y vient toute l'année y apprécier une cuisine familiale maison, ses grillades au feu de bois et ses frites maison coupées au couteaux. En saison, les nombreux habitués se retrouvent lors des soirées musicales pour Dans le pur esprit cabaret Corse pour manger, boire, chanter et danser dans la joie et la bonne humeur communiquative de toute l'équipe. Un Must dans micro région !

Les Sites de plongée

Les Aiguilles. Difficulté : niveau 1. Profondeur : de 8 à 45 mètres. Situation : au large du Sec du Taravu. Atouts : roches et tombants riches en dentis, gorgones et homards. Coordonnées GPS : 41°41,589N et 08°47,635E

Le Rocher du Tarvu. Difficulté : baptême et niveau 1. Profondeur : de 6 à 20 mètres. Situation : au milieu du golfe du Valinco. Atouts : plateau rocheux riche en mérous et bancs de saupes. Coordonnées GPS : 41041,735N et 08047,764E

PORTO POLLO PLONGEE
Port de plaisance
PORTO-POLLO
✆ 06 85 41 93 94
www.portopollo-plongee.fr
patrickfrancois336@orange.fr
Fermé de décembre à mars. Haute saison : ouvert tous les jours et les jours fériés de 7h à 19h. Hors saison sur réservation. Entrée : 48 € (baptême à partir de 8 ans). Exploration à partir de 30 €, Formation enfant 235 €, niveau 1 adulte 345 €. Chèque Vacances.

Le gîte

LES EUCALYPTUS***
D757
Route de Porto-Pollo
PORTO-POLLO ✆ 04 95 74 01 52
www.hoteleucalyptus.com
sarlleseucalyptus@gmail.com
A 16km de Propriano et 53km d'Ajaccio
Fermé du 3 octobre au 23 avril. Accueil jusqu'à 22h30. 32 chambres. Basse saison : chambre double à partir de 79 €. Haute saison : chambre triple jusqu'à 157 €. Petit déjeuner buffet : 12 €. Lit supplémentaire : 20 €. Parking fermé inclus (petit garage moto et vélo). Lit bébé gratuit. Wifi gratuit (hall, salle petit-déjeuner et terrasse). American Express, Chèque Vacances.
Une construction moderne qui bénéficie d'une belle situation, au-dessus de la plage, avec des chambres climatisées, gaies, lumineuses et entièrement rénovées. On profite de la vue sur le bleu profond de la Méditerranée, de tout le confort et d'un joli parc arboré et fleuri. Un bel établissement de détente au calme, idéal pour les séjours où l'on se sent bien et qui reçoit ses trois étoiles largement justifiées. On apprécie particulièrement l'agréable terrasse pour prendre un verre et le petit déjeuner. L'un des meilleurs établissements de cette côte, à prix doux même en haute saison.

Plongée près du rocher de Tarou.

Loisirs

TEX RACING DIFFUSION
D757
Résidence Plein Sud
PORTO-POLLO
✆ 04 95 26 48 30 / 06 03 53 55 62
www.tex-racing.com – tex.racing@orange.fr
Haute saison : ouvert tous les jours et les jours fériés de 8h30 à 13h et de 16h à 19h. Label de qualité Base d'activité VTT de randonnée délivré par la fédération française de cyclotourisme en Corse. Ouvert le dimanche. Livraison possible (chèques vacances).
Tex vous accueille dans son magasin concessionnaire des vélos Lapierre et des vêtements Kenny Bikes pour la Corse-du-Sud. Il vous accueille toute l'année et vous propose en nouveauté des descentes accompagnées grâce a son Trafic 9 places et sa remorque VTT. Il vous conduit sur une piste de plus de 15 km pour profiter en toute quiétude des paysages du golfe du Valinco en famille en toute sécurité avec des vélos équipés de freins à disques hydrauliques. Des sorties accompagnées sur les plus beaux sites, à la journée. Le petit plus : ceux que la pédale fatigue se rabattront sur le scooter et moto 125 cm³, 660 cm³ ; location, vente et entretien. Organisation de séjours de 5 à 7 jours libres ou encadrés de septembre à avril.

SOLLACARO ET FILITOSA ★★★

Le village en lui-même présente une belle unité de façades anciennes, de passages voûtés et de beaux porches. On y trouve le château de la famille d'Istria, construit au XVe siècle, ainsi qu'une fontaine dite de Charles Martel. Mais Sollacaro se distingue par son grand passé. La ville fut capitale de la Corse préhistorique. La ville, proche du hameau de Filitosa, outre sa richesse, représente toute l'évolution de la civilisation torréenne, du VIe au IIe millénaire avant J.-C., c'est-à-dire de l'époque prémégalithique aux statues-menhirs les plus évoluées avec morphologie précise et armes sculptées. C'est un archétype archéologique, artistique et culturel. Prendre la rue pavée Alexandre Dumas en passant sous la voûte, filer vers la petite église de Sainte-Marie. Très jolie route (D302) qui serpente à flanc de colline pour rejoindre le fleuve Taravo et la route de Filitosa à Calzola (D757). Appréciez en passant la chapelle Saint-Albert du XVIe siècle au hameau de Calvese. Après Filitosa, prendre à droite pour rejoindre l'admirable point de vue du petit pont de Calzola qui franchit le fleuve en cinq arches et son étrange et unique forme en S. Arrêt conseillé chez les frères Abbatucci pour le vin, la table fermière et l'aire naturelle de camping.

■ **SYNDICAT D'INITIATIVE DE SOLLACARO-FILITOSA**
Filitosa
✆ 04 95 74 07 64
www.syndicat-dinitiative-sollacaro.com
syndicat-dinitiative@orange.fr
Ouvert le samedi de 10h à 13h. Haute saison : du lundi au vendredi de 10h à 18h. CB non acceptée.

Points d'intérêt

■ **SITE PRÉHISTORIQUE DE FILITOSA** ★★★★
D57
✆ 04 95 74 00 91
www.filitosa.fr
contact@filitosa.fr
Ouvert de Pâques à fin octobre, tous les jours de 9h au coucher du soleil. Gratuit jusqu'à 7 ans. Adulte : 7 €. Enfant (de 8 à 18 ans) : 6 €. Tarif réduit : 6 €. CB non acceptée. Visite guidée (1h). Restauration. Boutique.
Non, ce n'est pas qu'un alignement de vieilles pierres, c'est le site mégalithique le plus prestigieux de l'île, classé au patrimoine mondial par l'Unesco. Charles-Antoine Cesari découvrit en 1946 plusieurs menhirs couchés dans la terre de sa propriété de 4 ha ombragés par les chênes verts et oliviers millénaires. Aujourd'hui, les statues gravées de têtes humaines, d'épées, de poignards, se dressent au milieu du domaine, comme un raccourci de 8 000 ans d'histoire. Une allée pavée, une première statue de pierre, un spectaculaire monument central... Après le ruisseau, une plate-forme de vestiges d'un village torréen et de trois monuments, plus loin cinq menhirs et un olivier millénaire. C'est un endroit magique, émouvant et terriblement impressionnant, que l'on vous conseillera de parcourir au coucher du soleil... Moment inoubliable. On peut de plus visiter le petit musée privé, se restaurer, acheter des produits de l'artisanat. Impossible de ne pas le trouver, c'est le site le mieux fléché de toute la Corse !

Le couvert

■ **LE MOULIN FARELLACCI**
D57
Hameau de Calvese
✆ 04 95 74 62 28
www.farellacci.com
info@farrelacci.com
Fermé d'octobre au 15 avril. Ouvert tous les jours et les jours fériés le midi et le soir. Réservation recommandée. Menu unique à 37 €. Carte : 40 € environ. Menu enfant : 10 €. Suggestion du jour : 13 €. Vin au verre. American Express, Chèque Vacances. Accueil des groupes. Chaises bébé. Jardin. Terrasse. Vente à emporter.
Une adresse digne d'intérêt dans ce petit hameau de Sollacaro, tenu depuis plus de 16 ans par la famille Farellacci au grand complet. Un cadre bucolique, ancien moulin à huile encore en activité dans les années soixante, deux belles salles à la fraîche, et des terrasses couvertes en restanques face au golfe du Valinco. Côté cuisine, on reste bien sûr dans la tradition locale avec tous les grands classiques recherchés par le touriste.

Statue-menhir au site préhistorique de Filitosa.

Le gîte

■ **ANNITA TORRÈS*****
D57
Cicala
✆ 06 62 43 13 69
annitat20@orange.fr

Gîtes de France (3 épis). Ouvert toute l'année. 3 chambres. Chambre double 80 €. Petit déjeuner inclus. Garage inclus. Chaise haute, lit bébé, baignoire. CB non acceptée.
Divine découverte sur les hauteurs de Fillitosa, juste avant le beau village de Solacaro, avec cette petite maison plantée en éperon face au golfe du Valinco qui propose aux amateurs d'ambiance bucolique et de tranquillité de mignonnes chambres d'hôte, bercées par le chant des cigales. Belles prestations, accueil souriant et disponibilité, et même une cuisine d'été au bout du jardin... Que demander de plus ?

Dans les environs

Casalabriva ★

Jusqu'au XVIe siècle, le village de Casalabriva était situé à une dizaine de kilomètres en contrebas du village actuel, au lieu-dit San Ghjuvani. On trouve encore les traces de cet ancien village ainsi que celles d'une église dont il reste quelques murs situés à quinze minutes de marche. L'église actuelle Saint-Michel est remarquable par son clocher pyramidal et un tabernacle du XVIIe siècle classé aux Monuments historiques en 1984. Elle a été construite vers 1880 en remplacement de l'église Sant'Antonu (Saint-Antoine) maintenant détruite. Les pierres de cette ancienne église ont été utilisées dans la construction d'un pont (pont de Buretu) qui, selon la légende locale, serait depuis maudit. Le bâtiment de la mairie, qui abrite également les locaux de la poste, possède une potence de pierre représentant un visage. Il s'agirait très certainement du visage du prêtre dont c'était anciennement la maison, dite du piévan. Une très belle demeure, appelée U Palazzu, est située dans un emplacement privilégié, en contrebas de la route. Un moulin à huile et à céréales, devenu depuis une auberge, le Moulin de Calzola, avait encore une intense activité au milieu du XXe siècle. On peut toujours y voir une superbe roue à aubes.

Cognocoli Monticchi

Au milieu des forêts et des montagnes, comme son nom le laisse penser, le village est marqué par l'ancienne puissance de la famille d'Ornano, dont ne subsistent que quelques ruines de châteaux. Dans l'église paroissiale, on remarquera trois toiles, données par le cardinal Fesch, ainsi qu'un Christ datant du XVIIe siècle. On peut aussi voir les ruines de l'église Saint-Vincent, médiévale, dont provenait le Christ qui orne aujourd'hui l'église paroissiale.

Marato

Un hameau de Cognocoli-Monticchi, en balcon où l'on passerait des siècles dans la contemplation face à la montagne, depuis la terrasse du bar-restaurant des Amis. Le temps s'y écoule moins vite et mieux. Les derniers incendies ont laissé aux feuillages en face des teintes rousses, roses et orangées, assez étranges, on n'ose pas dire jolies ! Depuis Marato, on pourra rejoindre Albitreccia par la D55. Très belle route, en bon état, à flanc de montagne en particulier. Détour éventuel par le beau village secret de Guargale, avant de rejoindre la N196 à Grosseto.

Petreto-Bicchisano ★

Autrefois édifié autour d'un château disparu, ce village se situe sur la RN196 à mi-chemin entre Propriano et Ajaccio au pied du mont San Petru qui culmine à 1 400 m d'altitude. A ne pas manquer : le couvent Saint-François et son Christ en bois sculpté, l'église Saint-Nicolas, reconstruite en 1870, de nombreuses maisons de maître du village avec leurs détails architecturaux, le dolmen de Settiva, le pont génois d'Abra, visible de la RN196, quelques kilomètres après le village en direction d'Ajaccio. Au centre du village, la station-service, pour le côté pratique, est ouverte toute l'année. C'est aussi un haut lieu de productions artisanales de qualité, avec les fromages de la coopérative du Taravo, les confitures Biortu, la biscuiterie artisanale Ettori et le fromage de chèvre artisanal de la bergerie Tafanelli.
Le site préhistorique de Settiva. A quelques encablures du village sur la RN196 à la sortie en direction de Casalabriva se trouve sur une colline à gauche le site archéologique de Settiva. Datant de l'âge de bronze, il est constitué d'une chambre funéraire formée par de grande dalles verticales semi-enterrées et couverte par une autre dalle de grande dimension. La chambre est précédée d'un vestibule cloisonné par des dalles. Les fouilles de René Grosjean en 1970 ont révélé notamment la présence d'une vingtaine de tasses à une seule anse.
Le pont génois. En contrebas du nouveau pont moderne sur la RN196, on peut voir le pont génois dit pont d'Abra. Construit au cours du XVIe siècle, son chemin muletier fut utilisé jusque dans les années 1930. Classé monument historique en 1976, on peut y accéder par une route récente. L'endroit est également connu comme site de baignade non surveillé.

■ **LA MAISON DU RUSPU****
Chez Eliane et Jean-Claude Girard
Ruspo
✆ 04 95 24 35 08
✆ 06 09 58 52 59
www.uruspu.com
contact@uruspu.com

Ouvert toute l'année. Accueil jusqu'à 19h. 5 chambres (dont un appartement). Chambre double 80 € ; studio / appartement 110 € la nuit, 660 € la semaine. Petit déjeuner inclus. Lit supplémentaire : 20 €. Parking ouvert inclus (auto et moto). CB non acceptée. Animaux

© XAVIER BONNIN

Le pont génois de Petreto-Bicchisano.

acceptés. Wifi gratuit. Restauration (table d'hôtes 25 €, sur réservation). Salon de jardin, lave-vaisselle.
Aventure originale pour découvrir ce Ruspu, bien caché dans le maquis à 450 mètres d'altitude et tomber sous le charme de ce site surprenant, à 40 km d'Ajaccio et 30 km de Propriano. On est loin de tout mais c'est tant mieux, pour profiter d'une vraie nature sauvage au milieu des 5 ha de forêt et de la compagnie d'un hôte original et de ses chambres, elles aussi originales. On y accède par un chemin de terre, pour arriver dans une clairière et ses deux maisons typiques et confortables. Petit plus : monsieur Girard se fait fort de servir des petits déjeuners et des dîners eux aussi inoubliables !

Pila-Canale ★★

Un gros village typique avec des maisons avec niches et pierres saillantes, des montées en escaliers et des ruelles étroites. Perché sur sa colline, il offre une belle vue sur la vallée verdoyante et la mer. Le village offre cependant un riche passé puisque l'on y trouve la statue-menhir restaurée U Cantonu, mais aussi un ensemble d'habitations datant de l'âge du bronze comportant fonds de cabanes, enceintes et maisons. L'ensemble est dominé à l'ouest par la Punta di l'Orcu, qui abritait autrefois un vaste ensemble mégalithique. On peut encore voir quelques dolmens réutilisés dans des habitations. On a également découvert le site du Castelucciu sur la commune. Daté de l'ère torréenne, c'est un ensemble de murailles cyclopéennes d'environ cinq mètres de hauteur. Il a été remanié au début de l'âge du bronze, et continuait d'être fréquenté jusqu'aux débuts de l'Empire romain. C'est l'un des plus vastes monuments d'origine torréenne qui aient été retrouvés en Corse. Ne pas manquer d'apprécier, à petits pas, les hameaux du bas et ceux du haut, et qui feraient facilement partie d'un catalogue de villages exemplaires, où tout est corse, l'ancien comme le plus récent. On est à mi-chemin entre Ajaccio et Propriano, et c'est d'ailleurs la route de l'intérieur qui est la plus agréable pour se rendre du golfe d'Ajaccio au golfe du Valinco. A voir également, l'église Saint-Pancrace qui contient de très beaux mobiliers de la Renaissance italienne dont un tabernacle de 1731, en bois tourné et sculpté, ainsi qu'un beau meuble de sacristie en marqueterie du XVIIe siècle.

■ **VILLA GUIDI**
Face à la mairie
Avenue Jérôme Guarnieri
✆ 04 95 24 22 64
www.lavillaguidi.com
contact@lavillaguidi.com

Gîtes de France (3 épis). Ouvert toute l'année. 5 chambres (dont 2 suites et un loft). Chambre double 118 € ; suite 138 €. Petit déjeuner inclus. Lit supplémentaire : 38 € (à 58 €). Parking ouvert inclus. Lit bébé gratuit. CB non acceptée. Wifi gratuit. Restauration (table d'hôtes 40 €). Excursions (location de VTT, excursions 4x4).
Une étape de caractère que cette Villa Guidi, créée par Mariana et Christian Habani dans son village natal. Cet ancien restaurateur de talent s'investit désormais dans l'accueil de ses hôtes avec autant de passion qu'au fameux « 20123 », sa table renommée dans le village, puis déplacée à Ajaccio. Après un ermitage dans son casellu en plein maquis, près de Petreto au milieu de ses vieilles voitures, on le retrouve avec plaisir dans ce petit nid douillet.

LE HAUT TARAVO

A 40 km d'Ajaccio, la haute vallée du Taravo débute à l'embranchement de la RN196 vers la D83, pour rencontrer Santa Maria Sicché, puis le col de la Granace pour remonter jusqu'au col de Verde, frontière naturelle avec la Haute-Corse, et son accès à Ghisoni et au défilé de l'Inzeca. Une pléiade de petits villages typiques, avec des murs de granit gris, des toits pentus, des châtaigneraies où se repaissent les porcs, qui font la réputation de la vallée. Les villages s'égrènent au gré d'une belle route qui serpente à flan de montagne ou le long du fleuve. Zevaco, Corrano, Guitera et ses bains d'eaux sulfureuses, Zicavo, Cotzano, Palneca puis une grande forêt de pins laricciо centenaires où il fait bon se rafraîchir aux chaudes journées d'été. Le Haut-Taravo est une région de Corse assez méconnue, vous y découvrirez pourtant de fabuleux paysages verdoyants. La présence de nombreux châtaigniers a permis l'élevage de porcs pour une charcuterie de renom et la fabrication de la farine. Les chênes verts et chênes-lièges et les nombreux ruisseaux rendent les forêts magnifiques été comme hiver et font de la région un paradis pour la chasse et la pêche. Le fleuve Taravo a creusé une vallée de 60 km de long sur 8 km de large pour aller se jeter dans le golfe du Valinco, à Porto-Pollo. La truite est toujours présente grâce à l'alevinage complémentaire de rares bénévoles, en dépit du braconnage !

SANTA-MARIA-SICCHÉ

C'est le village natal de l'épouse de Sampiero Corso, Vannina d'Ornano. On peut encore voir la maison natale de ce personnage tragique. Une autre maison forte, datée du XVIe siècle, fut bâtie par Sampiero, après que les Génois eurent incendié celle de Bastelica. Un village simple où l'on trouve tout ce qu'on veut et tout ce qu'on aime : produits frais du terroir, excellente charcuterie sans oublier les viennoiseries et autres pâtisseries. On peut également s'arrêter pour visiter son église Santa-Maria, d'origine romane et remaniée à l'époque baroque, dont le mur nord a conservé les éléments architecturaux médiévaux. Au village, la chapelle Sainte-Lucie est classée monument historique, et l'on peut voir de nombreux oratoires sur toute la commune.

Le gîte

■ **LE SANTA-MARIA CHEZ FELIX****
D83 ✆ 04 95 25 70 29
www.santa-maria-hotel.com
info@santa-maria-hotel.com
Sur la place du village

Ouvert toute l'année. Accueil jusqu'à 23h (digicode la nuit). 22 chambres. Chambre simple à partir de 61 € ; chambre triple jusqu'à 113 €. Demi-pension : 114 € (pour 2 personnes en basse saison). Petit déjeuner inclus. Lit supplémentaire : 32 €. Garage : 10 € (motos et vélos). American Express, Diners Club, Chèque Vacances. Wifi gratuit. Restauration (menus de 20 € à 25 €, carte 30 €. menu enfant 12 €). Tv satellite.

Un bon établissement de village au calme à 30 km d'Ajaccio, pimpant et accueillant, aux chambres claires, coquettes et bien tenues, très correctement équipées. La cuisine se tourne délibérément vers l'intérieur, l'élevage et les spécialités classiques : charcuterie artisanale, cannelloni au brocciu, pizza, courgettes à la crème, sanglier en sauce, fiadone maison. L'accueil toujours chaleureux de Félix fait de l'endroit un lieu de séjour agréable pour profiter des nombreux trésors des environs. N'hésitez pas à parler vieilles voiture avec Félix, et vous ne serez pas couché.

Dans les environs

Argiusta-Moriccio ★

Le village est composé de deux hameaux qui se font face de part et d'autre d'un vallon. On peut trouver près du col de Foce un remarquable monument torréen. Après 3 minutes de marche le long d'une jolie prairie, on parvient aux vestiges torréens établis sur l'éminence de Castellacia à 477 m. Le site a été recensé et étudié par l'archéologue Roger Grosjean. Le diamètre de cet habitat circulaire préhistorique atteint 12 m environ. Les murs composés de blocs de différents granits mesurent bien 3 m d'épaisseur. On distingue une chambre centrale et trois réduits. La vue depuis l'ancien castellu est somptueuse, elle embrasse la moyenne vallée du Taravo recouverte de chênse verts et de gros maquis. Au hameau de Moriccio, on peut visiter l'église Saints-Hippolyte-et-Cassien. Autrefois simple chapelle de style roman, elle fut plusieurs fois remaniée au fil des siècles.

Azilone-Ampaza ★

La commune composée de deux hameaux en vis-à-vis, chacun installé sur une éminence. Tous deux possèdent de belles maisons aux jolis porches. On peut y trouver la maison de Monseigneur de La Foata, haute maison noble à Azilone possédant inscription et niche. A Azilone, on peut voir une église au clocher de quatre étages, et à Ampaza, une belle église à pierres apparentes. Un sentier au milieu des vergers mène aux ruines de la belle chapelle romane San-Salvadore.

Campo

La plus petite commune de la Corse du Sud se situe dans un environnement montagneux, et ses vieilles maisons de pierre se cachent entre les chênes centenaires et le maquis environnant. On peut y visiter son église paroissiale, qui possède un beau clocher à trois étages, et dont l'architecture témoigne des nombreux remaniements.

CHÂTELET DE CAMPO

D83
Châtelet de Campo
Quartier Cavanaggio
✆ 04 95 53 74 18
www.chatelet-de-campo.com
contact@chatelet-de-campo.com

Ouvert toute l'année. Sur réservation. Accueil jusqu'à 20h. 4 chambres (dont une suite). Chambre double 100 € ; suite 140 €. Petit déjeuner inclus. Parking fermé inclus (auto et moto). Pour 4 personnes (50 m², 2 chambres). De 650 € à 950 € la semaine selon saison. CB non acceptée. Wifi gratuit. Salon de jardin, lave-linge, lave-vaisselle.
Une demeure prestigieuse en granit qui marie esprit d'antan et confort d'aujourd'hui. Dotée de 4 chambres qui disposent d'une belle vue sur la vallée du Taravo, elle domine la plus petite commune corse. Dans les environs : la vallée du Taravo (GR « mare a mare centre »), et Ajaccio.

Cardo-Torgia ★

Près de la Punta di Castellu, la commune la moins peuplée de l'île se cache entre les collines et les vergers. Ses maisons anciennes se regroupent près d'un beau moulin ancien, à Torgia. Outre l'église paroissiale Saint-Etienne, on trouve également plusieurs monuments historiques : l'ancienne église du hameau de Suerte, mais surtout la chapelle San-Fruttuoso, proche de Torgia, au bénitier remarquable. D'origine romane, elle fut entièrement restaurée avec les matériaux de l'époque.

Forciolo ★★

Au milieu de chênes et de châtaigniers, Forciolo est un village ancien plein de caractère, étagé en longueur au pied d'une montagne au sommet dénudé, où se déroulent ses passages voûtés et ses rues étroites, dont les grandes et belles maisons corses en granit ont une très belle vue sur la vallée verdoyante du Taravo. L'église paroissiale possède un campanile récent à trois cloches. La chapelle en ruine de San-Pietro-de-Panicala, à l'ouest de la commune, est d'un style roman daté du XIIIe siècle. Ses modillons et ornements continuent d'interroger les spécialistes, qui n'ont pas encore trouvé leur sens. On voit ainsi une tête de bélier, qui fait face à un visage de femme, sur fond de croix et d'entrelacs. On peut y voir une remarquable abside en cul-de-four, une toiture en pierres plates caractéristique ainsi que des modillons sculptés. On trouve également les ruines de la chapelle San-Chirgo à l'est du village.

A CASA DI PERLA

D26
Corsu
✆ 06 50 35 15 19
casadiperla.fr
casadiperla@gmail.com

Ouvert toute l'année. Accueil jusqu'à 19h. 2 chambres. Chambre double 85 €. Demi-pension : 120 € (pour 2 personnes). Petit déjeuner inclus. Parking ouvert. Salle de bains et sanitaires partagés. 1 gîte pour 4 personnes à 1 000 € la semaine. CB non acceptée. Restauration (table d'hôtes le soir de 20 à 30 €). Vente.
Une petite maison centenaire dans la prairie à l'entrée du village vers Olivese. On est au cœur du Parc naturel régional et c'est un lieu de séjour agréable, au milieu du verger, du potager, et même de la basse-cour. Calme garanti, vieilles pierres chargées d'histoire, et situation idéale pour les amateurs de randonnée. On y profitera également d'une table d'hôtes sur réservation à base de produits du jardin, cuisinée par Marie-Paule, la maîtresse des lieux. Rustique, bucolique et sympathique !

Frasseto ★

Très beau village, avec vieille église de granit et maisons anciennes. L'église possède un beau clocher fin et le site révèle une très belle vue sur les vallées voisines. Un peu au-dessus, vers Zicavo, une petite chapelle mausolée et un point de vue splendide entre les pins. Une balade à faire à pied, d'environ 3 km aller-retour. Dans le village, départ d'un ancien chemin de transhumance qui mène au col d'Arsula (1 207 m) en 2 h puis Bastelica pour les plus courageux, en 2 de plus.

© XAVIER BONNIN

Chapelle romane Sainte Lucie du X ème siècle.

Quasquara ★

Un village fortement étagé, à l'architecture classique de la région, dont le panorama s'ouvre au sud vers sur la vallée du Taravo, offrant ainsi une belle vue sur la vallée d'Ornano jusqu'au golfe de Porto-Pollo. La façade littorale de la commune, très éloignée du bourg, est très découpée, et se termine par la pointe des Sette Nave, les sept îles, sur la rive sud du golfe d'Ajaccio. Dans la chapelle Saint-Pierre, on peut admirer un Christ en bois polychrome daté du XVIIe siècle et une toile représentant Apollon et Marsyas, elle aussi peinte au XVIIe siècle. On y trouve également une croix processionnelle d'art populaire et le fragment d'une dalle funéraire de 1792. Outre le four à pain datant de 1871, on trouve, dispersés autour de la commune, de nombreux séchoirs à châtaignes. Belle maison à meurtrières dite « Chedighirghu » et plus surprenant une piscine communale, agréable en été.

■ L'AGHJA
D183 ✆ 04 95 53 61 21 / 06 19 57 28 53 / 06 22 73 72 59
laghjaquasquara.wix.com/gitequasquara
laghja.quasquara@gmail.com

Ouvert toute l'année. Sur réservation. Accueil jusqu'à 22h. 2 dortoirs de 7 et 6 places et une chambre pour 4 couchages. Nuit 20 €, demi-pension 45 €. Petit déjeuner 8 €. CB non acceptée. Chèque Vacances. Animaux acceptés (sur demande). Wifi gratuit. Restauration (menu unique 23 €. Panier pique-nique 8 €). Salon de jardin, location de draps. Animations.

Valérie et Bastien ont repris ce petit gîte on ne peut plus champêtre depuis trois ans pour offrir aux nombreux randonneurs du Mare a Mare centre, de Ghisonaccia à Porticcio, et aux amateurs de tranquillité, un lieu de séjour agréable. Située au rez-de-chaussée de la maison, la partie couchage est bien organisée avec cheminée si besoin, la TV et le coin cuisine. Petit jardin, coin détente et espace bar-restaurant gentiment décoré à l'étage. Conseils avisés de M. Bastien, sportif accompli, qui connaît la montagne comme sa poche. Bonne table et soirées musicales en prime !

Zigliara ★★

Un village typique plein de caractère, étagé et étiré à flanc de montagne, composé de belles maisons anciennes bien appareillées aux belles voûtes. On a trouvé une présence paléolithique importante, comprenant du mobilier lithique, des objets de culte et diverses œuvres anthropomorphiques. A proximité se trouve également la station thermale des Bains d'Urbalacone, dits de Tacana, qui possède des eaux sulfureuses recommandées pour les voies respiratoires. Au village, on peut visiter l'église paroissiale, construite au XVIIe siècle, qui possède un très joli clocher, classé aux Monuments historiques. C'est un point de départ idéal pour une agréable balade qui mène jusqu'au Taravo. A la sortie du village, une église inachevée de 1850 à colonnes et chapiteaux sculptés est d'un effet visuel des plus étonnants, car elle est en surplomb de la vallée et à ciel ouvert.

ZICAVO ★★★

Dans un magnifique territoire de moyenne et haute montagne, près de la superbe forêt de l'Incudine, Zicavo est village de grand caractère, étiré sur un versant. On y trouve des maisons anciennes construites dans le granit, aux porches avec clés sculptées. L'église paroissiale de l'Assomption, de style néoclassique, possède une toile du XVIIe siècle représentant le mariage mystique de sainte Catherine. A environ 8 km du village, la chapelle San-Pietro, datant du XVIe siècle, est réputée pour être miraculeuse. Nous sommes dans le fief de la famille Abbatucci, dont des ancêtres furent général d'Empire et ministre d'Etat. La statue du général surveille la vallée depuis les jardins de l'église. Le village compta jusqu'à 2 000 âmes, il n'en reste de nos jours guère plus de 200. Il donne d'ailleurs un peu une impression d'étape de montagne : les hôtels, les gîtes et les chambres d'hôtes annoncent qu'ils accueillent les randonneurs. Cela se comprend mieux lorsqu'on va tout en haut du village ; à la sortie, on trouve trois directions de randonnées : les sentiers du Taravo, le chemin de Cozzano, de Ciamanacce, très belle excursion en boucle pour passer à Ciamanacce, Tasso, de 4 à 6 h (on passe ou non par Guitera). De Zicavo, toujours, après l'épicerie, se trouve le sentier balisé pour rejoindre le GR20 (en 4 h environ). Ne pas manquer, à 1 km de la sortie du village vers Aullène, juste au niveau du pont la Camera, le joli coin de baignade, avec ses rochers plats pour bronzer et sa cascade vivifiante.

Le couvert

■ PACIFIC SUD
D69
Cours Abbatucci
✆ 04 95 24 41 37
✆ 06 72 40 74 20
scaglia.pierre@wanadoo.fr

Ouvert toute l'année. Tous les jours et les jours fériés le midi et le soir. Réservation recommandée. Menu unique à 19 €. Carte : 25 € environ. Menu enfant : 8 €. Plat du jour : 10 €. Vin au verre. CB non acceptée. Terrasse. Vente à emporter. Boutique. Wifi.

Au cœur du village, voici le repaire des randonneurs affamés dirigé par toute la famille Scaglia. En toute simplicité, on vous proposera une cuisine familiale et locale composée de grandes salades gourmandes, pizzas et viandes grillées au feu de bois, la bonne charcuterie fermière de Pierre, le fils, l'omelette au brocciu, ou les cannelloni de Marie. Pour la nouveauté, un bel espace surnommé A Traversa, avec à l'étage la vente des meilleurs produits du Taravo et, en bas, un bar à vin et une jolie terrasse ombragée.

Le gîte

■ HÔTEL DU TOURISME**
Acqua di Maria ✆ 04 95 24 40 06
www.tourisme-zicavo.com
tourisme-zicavo@tourisme-zicavo.com

Ouvert toute l'année. 14 chambres. Chambre double à partir de 58 € ; chambre triple jusqu'à 70 €. Demi-pension : 110 € (pour 2). Petit déjeuner : 6 €. Parking ouvert. Restauration.
L'hôtel vous propose un accueil simple et chaleureux, une gastronomie savoureuse et authentique, dans la tradition corse, savoir-faire hérité de plusieurs décennies d'activité. Toutes les chambres sont situées côté vallée, avec vue sur la montagne et le maquis. Quelques chambres sont équipées de plusieurs lits pour les familles. Formule étape avec un dortoir de 16 places et avec douches et WC attenants.

Chambres d'hôtes

■ A CASELLA***
En dehors du village, direction Ajaccio
D757A, Lieu-dit Acqua-di-Maria
✆ 04 95 24 44 03 / 06 87 56 82 55
www.acasella.e-monsite.com
giorgi@wanadoo.fr

Gîtes de France (3 épis). Fermé de novembre à avril. 1 chambre. Chambre simple 70 € ; chambre double 75 €. Petit déjeuner inclus. Parking ouvert. CB non acceptée.
Juste en bas du village, Gigi et Jacques Giorgi proposent une petite chambre d'hôte exclusive, dans leur petite maison, ceinturée d'un adorable jardin potager. Petit déjeuner copieux et original servi à la fraîche, uniquement perturbé par le chant des oiseaux. Situation idéale pour profiter des nombreux sentiers des environs. Accueil charmant et disponibilité sans faille. Plus de table d'hôte, mais un petit encas le soir de l'arrivée est possible.

Dans les environs

Ciamannacce ★

Un village groupé à flanc de coteau qui possède une belle architecture homogène de maisons de granit aux toits de tuiles. On trouve plus loin les ruines de tours antiques sur les sommets environnants, ainsi que des fouloirs à raisin. L'église paroissiale néo-romane, avec son clocher à lanternon en façade, date de 1930. Cependant, on peut y trouver un tabernacle datant de la Renaissance italienne, ainsi que des peintures à fresques des XVIe et XVIIe siècles représentant la Vierge à l'Enfant. L'église contient aussi un Christ en bois peint rappelant l'art byzantin. En 1984, Cosimo aménageait sa propriété située au lieu-dit U Castaldu, en bordure du Taravo, sur la commune de Ciamannacce, entre U Ponti di u Pinu et U Ponti di u Vergaghju. Il ôtait les pierres et blocs de granit et les déposait en bordure du fleuve. Il retournait ce bloc à moitié enfoui, découvrant ainsi qu'il était sculpté. Il s'agissait des restes de la première et seule statue-menhir armée à corps de femme découverte en Corse. Ladite statue-menhir se trouve toujours sur le lieu de sa découverte.

Cozzano ★

Situé à environ 700 m d'altitude, Cozzano offre une belle vue sur les autres villages de la vallée. Sur le passage du GR20, Cozzano possède une belle unité d'ensemble de maisons de caractère, dont on peut voir quelques belles portes anciennes. Le village est étagé sur une hauteur, une partie est groupée autour de l'église, de très belle facture, qui possède un gracieux clocher à lanternon. Cozzano est par ailleurs un bon point de départ pour découvrir la région, riche en sites naturels. Située en plein cœur du Parc naturel régional, la commune est proche de la belle forêt de Cérotte, et offre de beaux panoramas sur la vallée du Taravo. Sur la place, une épicerie qui fait même le carburant.

■ BELLA VISTA
Lieu-dit Concata
D69 ✆ 04 95 24 41 59 / 06 72 92 89 46
www.gitecozzanohebergementcorse.com
gitepantalacci@aol.com

Fermé de novembre à mars. Accueil 24h/24. 3 chambres. Chambre double 45 €. Petit déjeuner : 5,50 €. Parking ouvert. Pour 6 personnes. Nuitée en dortoir 15 €, demi-pension 39 €. Camping 8 €. CB non acceptée. Restauration (menu du soir 18,50 €, sur réservation). Vente (charcuterie familiale). Location de draps. Pas de tv. Excursions (portage de sac de gîte en gîte).
Le premier gîte d'étape du haut Taravo, créé en 1978 par la famille Pantalacci, précurseur en son temps et visionnaire de la formule d'accueil en montagne. On est idéalement placé sur le Mare a Mare Centre, à 3 heures du fameux GR20 et sur de nombreux sentiers de pays. Côté hébergement, on aura le choix entre dortoirs, chambres matrimoniales et même une aire naturelle de camping. Pour prendre des forces, une copieuse cuisine familiale avec les légumes du jardin et la charcuterie maison, pour de vrai. Accueil et bonne disponibilité de Baptiste, qui ne comptera pas son temps pour vous donner des trésors d'informations sur les montagnes environnantes.

■ A FILETTA
D757 ✆ 04 95 24 45 61
www.auberge-afiletta.com
renucciauberge@wanadoo.fr

Fermé de novembre à mai. Accueil jusqu'à 21h. 8 chambres. Demi-pension 2 personnes : 80 €. Chambre : 45 €. CB non acceptée. Animaux acceptés. Wifi gratuit. Restauration (menu 15 €, le soir uniquement. Carte 20 €). Vente (charcuterie du village).
Dans cette grande maison entourée de montagnes se trouvent huit chambres doubles et deux triples. La décoration y est simple mais confortable. Le site bénéficie d'un emplacement privilégié : à proximité de la rivière du Taravo où il est possible de pratiquer la pêche en rivière. La piscine est très agréable au milieu du jardin arboré et fleuri. Vous pourrez vous y délasser et profiter du salon de jardin installé à proximité.

Guitera-les-Bains ★★

Les bains sont situés en bordure du Taravo, non loin du Vergaghju, sur l'ancien chemin de transhumance. Si la source était connue de longue date pour des indications ponctuelles et locales, c'est à partir du XVIIIe siècle qu'elle commence à être étudiée et exploitée de façon artisanale jusqu'à ces dernières décennies. Nombreux ont été les Talavais, sédentaires ou vacanciers, à profiter des bienfaits de ces eaux qui, pendant longtemps, ont également fait office de bains publics à une époque où les salles d'eau étaient un luxe rare. Depuis une vingtaine d'années, l'établissement thermal et les commerces associés sont fermés. L'établissement et ses installations sont délabrés, il est à espérer que les bains de Guitera retrouveront un nouveau souffle, dans un développement à la hauteur de leurs qualités, à l'aube d'un siècle avide d'authenticité. Le fleuve Taravo au pont de Piconca sur la route d'Olivese offre un joli coin de baignade. La commune possède également une chapelle romane ruinée, dédiée à saint Pierre, à l'est. Elle a depuis été transformée en tombeau. On trouve également les ruines de l'ancienne église romane Saint-Jean-Baptiste non loin de là. Côté pratique : la station-service Casamarta.

■ CHEZ PAUL-ANTOINE
D83
Guitera-Village
✆ 04 95 24 44 40
✆ 06 84 22 40 47
www.chez-paul-antoine.com
chezpaulo@wanadoo.fr
Accueil paysan. Ouvert toute l'année. Sur réservation l'hiver. Basse saison : tous les jours et les jours fériés le midi et le soir. 18 couchages en dortoirs et chambres de 4 à 20 € la nuitée, demi-pension 46 €, petit déjeuner 6 €. Réservation recommandée. Menus de 18 € à 25 €. Vin au verre. CB non acceptée. Accueil des groupes. Terrasse. Vente à emporter.
Situé sur le sentier de randonnée Mare a Mare Centre, c'est une bonne adresse gourmande dans le pur esprit ferme-auberge pour les amateurs de vrais produits du terroir qui offre aux randonneurs et touristes de passage toutes les saveurs de la gastronomie locale. Paul-Antoine fabrique lui-même une très bonne charcuterie fermière (certainement la meilleure de la vallée), en vente sur place et par correspondance. Gîte d'étape en prime et l'on vous conseillera sans crainte la demi-pension.

Olivese ★★

Montagnard et forestier, offrant une belle vue dégagée sur la vallée, Olivese est un village dont l'origine se perd dans l'histoire puisque de nombreux débris de mégalithes épars attestent une présence préhistorique. Ces fragments de dolmens sont d'ailleurs réemployés dans des murs et des clôtures. Le village, quant à lui, offre l'architecture de caractère des maisons traditionnelles avec l'encadrement blanc de leurs fenêtres, des gros linteaux et des belles portes sculptées. Son église paroissiale est de style néoclassique, avec clocher au chevet. Ce petit village du haut Taravo est surtout renommé pour son site de canyoning et sa chute de Piscia in Alba de plus de 70 m de haut, que l'on trouve à la sortie du village par la D26. Jolie piscine au pied de la chute, pour des baignades rafraîchissantes. De l'autre côté de la vallée, en contrebas, on apercevra le vieux pont génois U ponti di A Trinità (le pont de la Trinité). A l'origine composé de trois à quatre arches, il ne restait plus qu'une arche qu'on se contenta, semble-t-il, de conserver. Ce pont est en forme de S comme celui de Calzola.

■ CHALET PIETRI**
Chez Paolpi Mathieu
Castagnolo
✆ 04 95 26 78 65
✆ 06 12 45 42 81
www.chaletpietri.com
contact@chaletpietri.com
Gîtes de France (2 épis). Ouvert toute l'année. Pour 28 personnes (8 chambres). Chambre double à partir de 50 €. Chambre quadruple à partir de 70 €. Lit dortoir à partir de 20 €. Wifi gratuit. Restauration (petit déjeuner 6 € et dîner 16 €).
Un vrai bonheur que ce petit chalet à 40 km des plages qui fait l'unanimité auprès de ses hôtes. L'adresse est un peu cachée dans ce beau village à l'écart des grands axes touristiques, mais une fois sur place, que du bonheur ! Un accueil au top, bonnes prestations hôtelières, une propreté exemplaire et une table d'hôtes gourmande à ne manquer sous aucun prétexte. Un excellent rapport prix-prestations !

Palneca

A quatre kilomètres de Ciamannacce, incluant la forêt domaniale de Saint-Antoine, Palneca, très peu fréquenté par les touristes, offre pourtant de magnifiques coins de baignade, et de superbes balades en forêt, le tout dans une tranquillité exemplaire. Bâti à 900 m d'altitude, il présente encore quelques vieilles maisons de pierre, dont certains linteaux portent des inscriptions très anciennes. La D69, surnommée « route des Trois Cols », relie les deux versants de la Corse en empruntant les cols de Sorba, de Verde et de la Vaccia. C'est le village du fameux bandit Joseph Bartoli décédé mystérieusement en 1931. Jenifer, la chanteuse de la Star'Ac, et Marion, la joueuse de tennis, sont également originaires de ce village.

■ RELAIS SAN-PETRU DI VERDI
D69
Col de Verde
✆ 04 95 24 46 82
✆ 06 74 90 68 62
www.boccadiverdi.com
contact@boccadiverdi.com
Fermé de novembre à avril. Accueil jusqu'à 21h. 20 places en dortoirs 15 à €, 35 places en chalets privés. Demi-pension : 39 €. CB non acceptée. Wifi gratuit. Restauration (menu 19 € le soir, carte le midi. petit déjeuner 5 €. Pique-nique 7 €. Camping 8 € par personne). Vente (charcuterie de montagne, épicerie). Location de draps.

C'est le repaire de Jean-Marc Lubrano-Bartoli, qui accueille randonneurs et touristes égarés depuis plus de 15 ans. Passage obligé sur le mythique GR20 pour l'escapade d'est en ouest des marcheurs fatigués, on y retrouve l'ambiance fraternelle digne des lieux perdus du bout de monde. On y profitera même trois chalets familiaux pour plus d'intimité. Côté cuisine, on y trouvera de quoi se refaire une santé avec la charcuterie locale, les grillades au feu de bois et le fromage de brebis. Belle ambiance chaque soir, où chacun contera ses exploits journaliers autour du feu de cheminée ou devant le barbecue en terrasse. Nullement réservée aux marcheurs, l'adresse mérite vraiment détour. Le petit plus : une aire naturelle de camping sous les hêtres, pins et sapins de cette belle forêt.

Sampolo

Village très étagé en gradins sur de petites terrasses à flanc de montagne, Sampolo possède quelques maisons anciennes, dont certaines ont une façade sculptée, et une jolie place ombragée sur laquelle il fait bon s'attarder avant de partir à la découverte des environs. Le hameau de Giovicacce est, lui aussi, très typique, et donne à voir un beau panorama sur les forêts environnantes. Chambres et table d'hôtes chez Stéphane Paquet qui est également un éleveur réputé de porcs corses.

Tasso ★

Une belle route à travers les châtaigniers permet de rejoindre le charmant village de Tasso, étagé au creux de la vallée. Dans les environs, on trouve une pierre plate qui surplombe le Foruli, affluent du Taravo. On l'appelle la Pierre du Péché, car, selon Diodore de Sicile, on y pratiquait des sacrifices humains. L'église du village, dédiée à San-Giacomo, est d'origine romane et fut reconstruite plus loin, avec un clocher à flèche. Le village est réputé pour sa châtaigneraie et il produit la plus fameuse des farines de châtaigne. L'élevage traditionnel en fait également un haut lieu de la charcuterie. Côté pratique, la ferme-auberge de Julie Bartoli y propose le gîte et le couvert.

Zevaco ★

Dans un bel environnement formé de plissements boisés de chênes verts et de châtaigniers qui alternent avec de grandes prairies, Zevaco est un village dispersé sur une arête, à l'architecture classique de la région. Dans le cimetière, à côté de l'église, on peut voir L'Arca, u Campu Santu. L'Arca est une tombe collective, sorte de chambre souterraine voûtée à orifice étroit fermé par une dalle de pierre. Cette «sépulture pour tous» témoigne d'une tradition d'inhumation collective fortement enracinée au cours des siècles dans le milieu rural insulaire. L'Arca de Zevaco contient notamment les restes de Jean-Côme Poggi, juge d'instruction à Porto-Ferraio (île d'Elbe), «chambellan» de Napoléon Ier.

■ U TARAVU
D83
✆ 04 95 24 46 06 / 06 30 93 82 80
andreucci@wanadoo.fr

© XAVIER BONNIN

Le général Abbatucci.

Fermé d'octobre à novembre. Haute saison : ouvert tous les jours et les jours fériés le midi et le soir. Ouvert du vendredi au dimanche hors saison. Réservation recommandée. Menu unique à 30 € (vins compris et café inclus). Menu enfant : 15 € (demi-tarif enfant). Formule du midi : 22 € (assiette gourmande-dessert-vin-café). CB non acceptée. Chèque Vacances. Bienvenu à la ferme. Accueil des groupes. Chaises bébé. Terrasse. Vente à emporter. Boutique. Vente de charcuterie artisanale A Zevacaccia, farine de châtaigne et huile d'olive.

À la sortie du village, en direction de Zicavo, une ferme-auberge traditionnelle comme on les aime : ici, toute la panoplie de la cuisine traditionnelle du Taravo préparée par Nadia : soupe corse, charcuteries maison, pâté, boudin, porcelet. Pour le midi, on apprécie l'assiette gourmande composée de légumes du potager, de charcuterie locale, et d'un dessert maison à base de châtaigne. On pourra repartir avec un souvenir de la vallée grâce à la vente des produits de la ferme, dont la fameuse charcuterie de Monsieur Angeot.

■ A ZEVACACCIA
D83
✆ 04 95 24 46 06
✆ 06 30 93 82 80
andreucci@wanadoo.fr

Ouvert tous les jours et les jours fériés de 9h à 20h. Ouvert le dimanche. Expédition par la Poste. CB non acceptée.

Nous sommes ici chez Angeot Andreucci, éleveur-sélectionneur et producteur de charcuterie fermière à base de porcs corses Nustrale. Les cochons sont élevés en liberté sous les châtaigniers du haut Taravo à 800 m d'altitude, complémentés aux céréales et abattus dans les règles de l'art et des méthodes insulaires. Vente sur place et visite de l'exploitation sur réservation. Expéditions sur demande.

LE SARTENAIS

Une histoire bien chargée pour cette petite ville de 3 500 habitants, créée en 1552, pillée, razziée, dévastée, et en plus lieu de terribles vendettas... Décidément, Sartène est bien belle, austère et secrète, avec ses hautes maisons fortifiées de granit gris, inaltérablement accrochées à la roche. On tourne, on vire, on revient sur ses pas dans ses ruelles et ses passages moyenâgeux. Environnée d'une campagne faite de vignobles et de maquis sauvage, Sartène est le point de départ de routes superbes. C'est aussi la cinquième commune la plus étendue de France et ses 22 000 hectares, son littoral de 33 kilomètres de côtes, de Campomoro à Rocapina, et un lieu de témoignage pour la Préhistoire corse, avec de belles pièces pour les amateurs.

SARTÈNE ★★★★

Ses ruelles bordées de maisons hautes sont chargées d'histoire. De son passé génois, Sartène n'a gardé que quelques vestiges, comme la tour de l'échauguette et l'hôtel de ville. Le passage de Bradi mène à la vieille ville, faite de petites ruelles, de passages voûtés et de hautes maisons. Au sud du village, on peut encore voir le couvent San-Damianu, où va s'isoler le Catenacciu. Les environs de Sartène sont, eux aussi, riches en découvertes et chargés d'histoire. Le sud-est est occupé depuis la Préhistoire, comme en attestent les mégalithes que l'on peut trouver un peu partout dans la région. Près du Rizzanese, on trouve ainsi deux menhirs, U Frate e A Suora (le frère et la sœur), qui seraient un moine et une religieuse pétrifiés après avoir fauté. Le site est magnifique. Sur le plateau de Cauria, à Fontanaccia au sud de la ville, on trouve un dolmen majestueux, que les villageois appelaient autrefois avec crainte la forge du Diable (A Stazzona di u Diavulu). Il est entouré de vingt-cinq menhirs, qui seraient les victimes du Malin. On peut également aller voir le site de Palaggiu et ses 258 monolithes que les anciens tenaient pour le palais de quelque civilisation disparue. On le surnomme aussi «le cimetière des Turcs». Le nom vient de l'époque des raids barbaresques, particulièrement importants dans cette partie de la Corse.

■ OFFICE DU TOURISME INTERCOMMUNAL DU SARTENAIS-VALINCO TARAVO – ANTENNE DE SARTENE
14, cours Sœur-Amélie
✆ 04 95 77 15 40
Voir page 11.

■ A CASA DI ROCCAPINA ★★
N196
Col de Roccapina
✆ 04 95 71 56 30
www.cg-corsedusud.fr
mariana.bozzi@cg-corsedusud.fr
Fermé de novembre à avril. Ouvert tous les jours et les jours fériés de 10h à 18h. Gratuit jusqu'à 18 ans (et étudiant). Adulte : 2 €. CB non acceptée. Visite guidée (audioguides français, anglais et italien).
Une heureuse initiative du Conservatoire du littoral et du Conseil général de la Corse du Sud qui ont aménagé avec bonheur cette ancienne maison cantonnière à deux pas du tournant de l'extrême-Sud, en un espace muséographique remarquable. Six salles d'exposition, sur deux étages, permettent aux visiteurs de découvrir les richesses du site. Un contenu mis en scène par Guy Brun, muséographe de l'agence « Mille lieux sur la

Sartène.

terre » et Alain Gauthier, agrégé en géologie. Les thématiques : la présence de l'homme sur le site pour un aspect ethnologique avec collecte de témoignages ; l'ancien poste douanier aujourd'hui transformé en auberge ou l'occupation des lieux durant les deux guerres mondiales occupent une large place dans le musée. Et, évidemment, l'aspect géologique et cette érosion si particulière à la micro-région qui a vu la naissance des taffoni et autres animaux pétrifiés, seront également à l'honneur. Tout comme l'environnement : faune, flore, histoire des charbonnières. La découverte se prolonge à l'extérieur avec des reconstituions d'Orriu en plein maquis. Accueil remarquable des hôtesses sur place.

Points d'intérêt

LE LION DE ROCCAPINA ★★★

Roccapina

Si le sud-ouest de la Corse regorge d'œuvres humaines mégalithiques datant des premiers temps de l'humanité en Corse, il propose également des sculptures naturelles et mystérieuses au premier rang desquelles le gardien du cap de Roccapina : le lion. En effet, non loin des alignements de Stantari et de Renaju ou encore du dolmen de Fontannaccia, et une fois passé le fleuve Ortolo, se dresse sur un éperon rocheux visible de la route nationale 196, qui relie Sartène à Bonifacio, le célèbre et majestueux lion. Ce rocher à l'aspect particulier semble ainsi monter la garde et s'élever en un redoutable avertissement qui devait prendre tout son sens à l'époque des invasions barbaresques quelques siècles auparavant alors que le seul moyen de défense de l'île était constitué des célèbres tours pisanes et génoises.

MUSÉE DÉPARTEMENTAL DE PRÉHISTOIRE CORSE ET D'ARCHÉOLOGIE ★★★

D65
Rue Croce
✆ 04 95 77 01 09
www.cg-corsedusud.fr
mariana.bozzi@cg-corsedusud.fr
♿

Ouvert toute l'année. Basse saison : du mardi au samedi de 10h à 17h. Haute saison : tous les jours de 10h à 18h. Gratuit. Tarif réduit 2,50 € : senior, professeur, demandeur d'emploi... CB non acceptée. Visite guidée (sur réservation). Location audioguide.

Après de très longs et fastidieux travaux, le musée de Sartène a rouvert toutes ses collections, dispersées dans les trois étages du nouveau bâtiment complétant l'ancienne prison-musée, soit 1 400 m² totalement dédiés à la Préhistoire et à l'archéologie de la Corse. Avec plus de 250 000 objets dans ses réserves, de la plus petite pointe de flèche à la statue-menhir, le musée, situé à Sartène, dispose d'une importante réserve d'objets archéologiques. Actuellement en restructuration, il présente l'ensemble des vestiges archéologiques de la Corse depuis la faune la plus ancienne retrouvée sur l'île jusqu'à la fin du Moyen Age illustré par le village de San Giovanni di l'Ortolo. Le musée s'attache à restituer l'évolution des sociétés humaines locales durant le Néolithique, l'âge des métaux et l'Antiquité en présentant objets en pierre, en métal, poteries, bijoux, statues-menhirs, maquettes et restitutions numériques de monuments préhistoriques. Ces vestiges sont le témoignage d'innovations faites sur place, mais aussi d'échanges avec les populations du bassin méditerranéen dès le VIe millénaire.

PARC NATUREL D'OLVA ★

Route de la Castagna
Olva
D69
✆ 06 11 75 29 64
www.parc-animalier-corse.com
info@parc-animalier-corse.com
A partir de la Nationale entre Propriano et Sartène, prendre la route de Levie – Sainte-Lucie-de-Tallano, puis la première à droite. Le parc est situé juste à côté du Camping Olva.
♿

Ouvert toute l'année. Basse saison : du mardi au dimanche et les jours fériés de 10h à 17h30. Haute saison : tous les jours et les jours fériés de 9h30 à 19h. Gratuit jusqu'à 3 ans. Adulte : 7,50 €. Enfant (de 4 à 18 ans) : 5 €. Baptême à poney à partir de 3,50 €. CB non acceptée. Restauration (buvette : glaces, boissons froides et chaudes). Boutique de souvenirs. Aires de pique-nique et WC. Parking gratuit.

Etendu sur plus de 30 ha, le parc vous permet de découvrir en quelques heures les plus belles essences du maquis méditerranéen et les animaux domestiques de l'île. Anes, chevaux, volailles et cochons vaquent à leurs occupations dans leur cadre naturel. Tout ce qui fait le parfum et la beauté de la Corse émerge ici de chaos granitiques où se perchent chèvres et cabris.Les fréquentes naissances vous permettent d'assister aux premières cabrioles des nouveaux-nés sous l'oeil attendri de leur mère. Le parc naturel d'Olva propose aussi des baptêmes de poney, pour les petits cavaliers. Atelier traite des chèvres à 10h30 d'octobre à juin.

Le couvert

L'ARBOUSIER

Vielle-ville
Rue Joseph Tafanelli
✆ 06 16 58 25 70
imelde@hotmail.fr

Fermé du 15 octobre à mars. Haute saison : ouvert tous les jours et les jours fériés le midi et le soir. Fermé le lundi sauf en été. Réservation recommandée. Menu unique à 23 €. Carte : 32 € environ. Formule : 14 € (assiette sartenaise ou fraîcheur). Vin au verre. CB non acceptée. Chaises bébé. Terrasse.

Une petite adresse touchante de simplicité tenue depuis 9 ans par Céline et Nicolas, son grand frère. On la découvre un peu cachée au début de cette petite ruelle de la vieille ville avec ses terrasses en escaliers, une petite salle minuscule et ses formules, son menu et sa carte aux tarifs attractifs. De la cuisine familiale préparée le jour même et une ambiance agréable pour y passer un bon moment. Bon rapport qualité-prix en prime.

AUBERGE U SIRENU
N196
Orasi
✆ 04 95 77 21 85
✆ 06 03 32 14 72
www.usirenu.fr
auberge.usirenu@wanadoo.fr
A 10 km de Sartène et 10 km de Roccapina.
Fermé en mars. Haute saison : ouvert tous les jours et les jours fériés le midi et le soir. De novembre à février, réservation impérative le soir. Réservation recommandée. Menu unique à 19,50 €. Carte : 30 € environ. Menu enfant : 8,50 €. Plat du jour : 15 €. Vin au verre. Gîtes et chalets de 2 à 6 places, à partir de 85 € la nuit avec petit déjeuner. Chaises bébé. Jardin. Terrasse. Vente à emporter. Animations. Piscine, parking, wifi et soirées chants et guitares chaque jeudi en été.
Une affaire de famille que cette petite auberge entre Sartène et Roccapina qui propose une étape rafraîchissante sur la route du Sud. Les trois générations de Giuganti s'agitent dans la bonne humeur pour proposer leur table familiale au milieu du hameau. L'hiver, c'est retour de chasse, grillades et autres spécialités cochonesques, puis, l'été, on s'étale sur les terrasses à l'ombre des mûriers-platanes. En prime, deux superbes bergeries confortables et climatisées ainsi que deux chalets de charme en location à la semaine ou la nuitée.

LA BERGERIE D'ACCIOLA
RN196
Lieu-dit Acciola ✆ 04 95 77 14 00
andre.henry123@orange.fr
A 8 km de Sartène et 8 km de Roccapina.
Fermé d'octobre à mai. Ouvert tous les jours et les jours fériés de 8h à 21h30. Carte : 30 € environ. Formule du midi : 16 € (assiette Acciola). Vin au verre. Chaises bébé. Jardin. Terrasse. Vente à emporter. Boutique. Wifi et parking.
Une agréable terrasse au milieu des arbres présage d'une cuisine authentique qui ne déçoit pas : l'assiette de charcuterie, les aubergines farcies, les lasagnes au brocciu, les grillades à la plancha de bœuf, d'agneau et de veau Corse, un cheese-cake à l'orange. A côté du restaurant, un espace vente de produits du terroir rigoureusement sélectionnés dont les fromages fermiers de chèvre ou de brebis. On regrette juste que l'adresse soit ouverte si peu de temps dans l'année !

CHEZ JEAN RESTAURANT DU COURS
25, cours Sœur-Amélie
✆ 04 95 77 19 07 – alarischristine@yahoo.fr
Fermé en octobre. Fermé le mercredi l'hiver. Ouvert tous les jours et les jours fériés le soir (dernier service à 23h). Réservation recommandée. Menus de 16 € à 24,50 €. Carte : 28 € environ. Vin au verre. Accueil des groupes. Chaises bébé. Terrasse. Vente à emporter. Animations.
On est ici avant tout pour Jean, une figure de Sartène, personnage haut en couleur, qui malgré sa forte voix est d'une gentillesse désarmante. L'endroit a deux visages :

l'hiver, dans la salle typique, autour de la cheminée, on y grille figatellu, saucisses et autres spécialités « cochonesques », puis l'été, on y choisira l'une des deux terrasses à l'ombre ou au soleil ou la salle climatisée, autour d'une copieuse cuisine familiale. Une superbe ambiance au milieu des locaux et des soirées qui se terminent souvent avec chants et guitares improvisés. Simplicité, authenticité et bonne humeur garantie. En prime, la gelateria de Jean pour les petits encas en journée.

HÔTEL DES ROCHES

Rue Jean-Jaurès © 04 95 77 07 61
www.sartenehotel.fr
contact@sartenehotel.fr

♿

Ouvert toute l'année. Tous les jours et les jours fériés le midi et le soir. Réservation recommandée. Menus de 18 € à 38 €. Carte : 49 € environ. Menu enfant : 12 €. Vin au verre. Accueil des groupes. Chaises bébé. Terrasse. Salle climatisée. Parking privé.

Sogniu di Babbu, le rêve de papa en langue corse, est tenu par le jeune chef Guillaume Georgin qui a pris la suite de son père depuis 2012. On profite d'une grande salle panoramique avec la vue sur le golfe du Valinco et même d'une terrasse pour les beaux jours. La cuisine traditionnelle est de qualité, proposée à la carte ou en menus bien équilibrés sur la base des produits locaux.

LE JARDIN DE L'ÉCHAUGUETTE

Vieille ville
Place de la Vardiola
© 04 95 77 12 86 / 06 20 40 71 49
www.lejardindelechauguette.mobi
lejardindelechauguette@wanadoo.fr

Fermé d'octobre au 15 avril. Ouvert tous les jours et les jours fériés le midi et le soir. Réservation recommandée. Menus de 21 € à 28,50 €. Carte : 34 € environ. Menu enfant : 9,60 €. Suggestion du jour : 18 € (terre ou mer). Vin au verre. Chaises bébé. Jardin. Terrasse.

Le temps n'a pas de prise sur cette jolie table dirigée par Maggy et Humbert. Un plaisir renouvelé chaque saison et une constance dans la qualité. Tout d'abord, le cadre : sublime ! Une vieille maison de village accolée aux remparts avec un panorama sur le golfe du Valinco et la cuisine du chef Charles Hautefeuille à la hauteur du cadre. Les menus sont bien équilibrés, à prix doux et la carte est alléchante. Installé à l'ombre des acacias, sur la belle terrasse, on apprécie, entre autres, la terrine aux myrtes et sa confiture d'oignons, les beignets de courgettes, l'assiette dégustation du maquis, les cannelloni brocciu, blette et menthe fraîche et, pour finir, l'incontournable fiadone maison. Ne manquez pas de prêter attention aux suggestions du chef, parfois marines, parfois terrestres, toujours savoureuses. La carte des vins privilégie naturellement l'appellation locale à consommer avec modération bien sûr. La réservation est conseillée sur les tables près de l'échauguette, pour un repas de rêve.

PERO LONGO

RN196
Pero longo
© 04 95 77 07 11 / 04 95 77 10 74
www.perolongo.com
contact@perolongo.com
A 15 km de Sartene et 35 km de Bonifacio

Fermé d'octobre à mai. Ouvert tous les jours et les jours fériés le midi et le soir. Réservation recommandée. Menu unique à 28 €. Carte : 32 € environ. Menu enfant : 11 €. Formule du midi : 23 € (et plat du jour 16 €). Vin au verre. Chambres d'hôtes, gîtes et camping à la ferme. Chèque Vacances. Chaises bébé. Jardin. Terrasse. Vente à emporter. Boutique. Piscine et wi-fi.

Une adresse de choix au milieu de la vallée de l'Ortolo, à 20 minutes de Sartène, tenue de longue date par la famille Richarme. Juste à l'entrée du domaine viticole, on profite d'une grande terrasse ombragée qui se prolonge vers une grande piscine au milieu des vignes. Belles salades, bonnes grillades, bons desserts et le tout fait maison bien sûr. Cadre charmant, accueil au top et petits prix garantis. Vente des vins du domaine, chambres d'hôtes et même un bel espace pour le camping à la ferme en bonus.

■ **TIZZA MARE**
D48, Plage de Tizzano
✆ 04 95 77 12 20 / 06 33 54 73 41
www.lilium-maris.com
contact@lilium-maris.com

Fermé du 20 octobre à avril. Ouvert tous les jours et les jours fériés le midi et le soir. Petite restauration de 15h à 19h. Réservation recommandée. Carte : 38 € environ. Suggestion du jour : 28 € (pêche locale au poids). Vin au verre. Chaises bébé. Jardin. Terrasse. Vente à emporter. Animations. Accès wi-fi. Soirées musicales le mardi en été.
Au pied de l'Hôtel Lilium Maris, ce restaurant posé sur la magnifique plage de Tizzano prend un nouveau visage et gagne en charme et confort avec son beau mobilier, ses grandes banquettes confortables et la douce ambiance musicale. On s'y attable avec plaisir pour y choisir à l'étal les poissons et langoustes du pêcheur attitré duort, Joseph Sanna, le risotto de Saint-Jacques et sa sauce à l'araignée de mer, le tartare de saumon au soja et sésame, un magret de canard au miel et Cap Corse, et ses desserts maison telles ses profiteroles au trois chocolats. Accueil soigné de Cécile et Jean-Christophe pour rendre l'instant délicieux et partir à regret. Service dynamique et souriant d'une jeune brigade efficace dirigée par le chef Johan Marolla l'Annecien, mais Sartenais de longue date.

Le gîte

■ **LE HAMEAU DE SAPARALE*******
D50, Saparale
Vallée de l'Ortolo
✆ 04 95 77 15 52 / 06 15 21 37 68
www.lehameaudesaparale.com
julie@saparale.com

Ouvert toute l'année. Authentics Hôtels & Cruises. Accueil 24h/24. Petit déjeuner inclus. Parking fermé inclus. 3 demeures pour 2 à 8 personnes de 510 € les 2 nuits à 7 500 € la semaine. American Express. Club enfants. Garde d'enfants. Jeux pour enfants. Poste Internet. Wifi gratuit. Service de ménage. Restauration (chef à domicile). Vente (les vins du domaine et l'huile d'olive). Salon de jardin, lave-linge, sèche-linge, lave-vaisselle. Tv satellite. Hammam, bain bouillonnant. Animations. Excursions (découverte faune et flore).
De superbes demeures de charme et de caractère au cœur d'un vignoble historique du Sartenais. On découvre ce petit paradis, bien caché au fond de la vallée de l'Ortolo, créé par Julie et Philippe Farinelli, pour offrir aux amateurs d'un tourisme différent un lieu de vie hors du commun. La propriété de 1 000 hectares, agrémentés de vignes, d'oliviers et de maquis odorant, garantit l'intimité et les prestations proposées par les hôtes sont irréprochables. Les services hôteliers sont parfaits et la disponibilité des hôtes des lieux vous permettra de passer un séjour inoubliable. Coup de cœur pour le petit *caseddu* caché dans la végétation, idéal pour un week-end en amoureux.

■ **HÔTEL DES ROCHES*****
Rue Jean-Jaurès ✆ 04 95 77 07 61
www.sartenehotel.fr
contact@sartenehotel.fr

Ouvert toute l'année. Accueil jusqu'à 20h. 60 chambres. Chambre simple 66 € ; chambre double 77 € ; chambre triple 108 €. Demi-pension : 141 € (pour 2 personnes en basse saison). Petit déjeuner : 9,50 €. Parking ouvert inclus (auto moto sécurisé). American Express, Chèque Vacances. 3 chambres adaptées. Poste Internet. Wifi gratuit. Restauration (menus de 26 € à 38 €. Menu enfant 12 €, carte 49 €, formule 19 €).
La bâtisse est immanquable à l'arrivée sur Sartène. L'établissement se modernise régulièrement chaque année et le touriste y trouvera toujours un hébergement de bonne tenue. La vue des chambres côté vallée plonge sur le golfe du Valinco. Au restaurant, le chef Guillaume Georgin vous propose une cuisine soignée et traditionnelle, ponctuée de quelques spécialités locales. Côté pratique : un ascenseur et un parking surveillé par vidéo pour plus de tranquillité. On profite d'une jolie terrasse surplombant le golfe du Valinco pour déjeuner ou dîner face aux montagnes et la plaine du Rizzanese. Petite terrasse brumisée pour boire l'apéritif confortablement et la décoration complète de tout l'espace accueil, bar et restaurant de très bonne tenue.

■ **LILIUM MARIS*******
D48, Plage de Tizzano
✆ 04 95 77 12 20 / 06 77 40 26 68
www.lilium-maris.com
contact@lilium-maris.com

Fermé de novembre à mars. Accueil jusqu'à 21h. 28 chambres (dont 3 communicantes et 2 suites). Chambre double de 88 € à 208 € ; suite de 168 € à 288 €. Petit déjeuner buffet ou en chambre : 13 €. Lit supplémentaire : 35 €. Parking ouvert inclus (auto et moto vidéosurveillé). Lit bébé gratuit. Lit enfant (12 ans maximum) 25 €. Petit déjeuner enfant 8 €. 3 chambres adaptées. Garde d'enfants. Animaux acceptés (8 €). Séminaires. Réceptions et mariages. Wifi gratuit. Restauration (au restaurant «Tizzà Mare» côté plage, menu 30 €, carte 40 €). Tv satellite. Bain bouillonnant.

Cadre de rêve pour ce bel hôtel de charme, fièrement posé sur le sable d'une plage magnifique. Le bâtiment, bien intégré dans un environnement sauvage, dispose de tout le confort pour un séjour idéal. Les chambres et suites possèdent pour la plupart des terrasses ou balcons face à la plage et son soleil couchant. On y vient pour l'ambiance, le calme et la tranquillité. A l'accueil, une grande disponibilité des hôtes des lieux et un professionnalisme sans faille pour répondre à vos moindres exigences. Coup de cœur pour la suite et son bain bouillonnant à réserver pour les séjours. En prime, de nouveaux aménagements extérieurs avec ses murets de pierres sèches, une nouvelle terrasse couverte pour les petits déjeuners copieux (jus d'orange pressé, confitures locales, miel AOC de Tizzano, charcuterie, fromage...). Un classement 4 étoiles bien mérité.

■ ROSSI HÔTEL*** NOUVEAU

RN196
Route de Propriano © 04 95 77 01 80
www.hotelrossi-sartene.com
rossihotel@orange.fr
À 1,5km du centre.

Fermé du 15 novembre au 15 mars. Accueil jusqu'à 23h. 16 chambres. Haute saison : chambre double à partir de 72 € ; chambre triple à partir de 99 €. Petit déjeuner : 9 €. Lit supplémentaire : 35 €. Parking fermé inclus. American Express. Garde d'enfants. Animaux acceptés (sur demande). Wifi gratuit.

Changement radical à Fior di Ribba qui devient Rossi Hôtel et gagne ses trois étoiles. L'établissement a été complètement transformé avec ses chambres élégantes, dotées de tout le confort nécessaire, certaines avec balcon et toutes face au village de Sartène. Insonorisation au top, bel accueil, salle de petit déjeuner, parking privé pour la sécurité et situation agréable à un jet de pierre du centre et à 30 minutes de la plage de Portigliolo.

Gîtes

■ PERO LONGO

RN196, Pero longo
© 04 95 77 07 11 / 04 95 77 10 74
www.perolongo.com
contact@perolongo.com
A 15 km de Sartene et 35 km de Bonifacio

Bienvenue à la Ferme. Ouvert toute l'année. Restaurant ouvert de juin à septembre. Accueil jusqu'à 19h. 4 chambres (et deux gites). Chambre simple à partir de 75 € ; chambre triple jusqu'à 150 €. Demi-pension : 135 € (pour 2 en basse saison). Petit déjeuner inclus. Parking fermé inclus (auto et moto). 2 gîtes ruraux de 550 € à 1 400 €, la semaine pour 4 à 7 personnes. Chèque Vacances. Animaux acceptés. Wifi gratuit. Restauration (menu 27 €, carte 32 €). Vente (produits du terroir et vins du domaine). Salon de jardin, location de draps, lave-linge. Tv satellite.

Le grand domaine viticole dirigé par la famille Richarme propose de dormir sous la tente, dans une aire naturelle de 2 ha, au milieu des oliviers et chênes verts, en chambres d'hôtes de charme et même en gîtes ruraux de quatre à sept personnes, dans une ambiance on ne peut plus bucolique. Accueil parfait de toute la famille, pour ne rien gâcher. En bonus, une bonne table familiale gourmande, à la fraîche sous la terrasse à côté d'une magnifique piscine, avec sa cuisine de qualité basée sur les produits locaux.

Loisirs

■ CIRCUIT AUTOUR DE SARTÈNE

En suivant le Rizzanese, on accède, par la D69, au pont Spin'a Cavallu, dos de cheval. En suivant la D65 vers l'est, une route conduit au belvédère de Foce et son point de vue sur la plaine du Rizzanese. A 8 km au sud de Sartène à partir de Gianuccio, un sentier à travers le maquis. On traverse un ruisseau, une crête et le lieu-dit Bocca di Favalettu, pour arriver à cet énorme rocher lisse qui émerge d'un amas de rochers de granit. Vue panoramique sur le Valinco, la baie de Figari au sud et l'Alta-Rocca. Vers Serraggia, on accède au Rocher du Lion, au cap de Roccapina, pour se baigner. Prendre le sentier à droite du Lion face à la mer, pour arriver, après 3 km à de divines criques isolées.

La plage de l'Ortolo déroule ses kilomètres de désert, puis le domaine de Murtoli et ses bergeries et demeures de grand luxe, et le phare oublié de Senetosa. On peut monter jusqu'à la tour du Lion de Roccapina avec un panorama magnifique au milieu d'une nature très préservée. Enfin, dans les environs de Propriano, Sartène dont il ne faut pas manquer la visite avec son site préhistorique, les menhirs de Filitosa et les moulins à huile de la haute vallée de l'Ortolo.

Emplettes

■ **DISTILLERIE LINSTINCU**
Domaine Saparella
Vallée de l'Ortolo
RN196 ✆ 06 86 96 28 26
www.vitalba.fr – info@vitalba.fr
Haute saison : ouvert du lundi au samedi de 10h à 19h. Ouvert d'avril à octobre, le reste de l'année sur RDV. Livraison possible (et vente en ligne sur le site).
Entre Roccapina et le hameau d'Orasi, on devra prendre le temps de descendre sur les contreforts de la mystérieuse vallée de l'Ortolo et découvrir ce domaine dédié aux huiles essentielles corses sous le label Bio et Demeter. Plus d'une quinzaine de variétés insulaires sont transformées en huiles essentielles pour soigner tous les maux et apporter du confort, voire de la béatitude. Sous les conseils éclairés de Jean-Michel Duranti, le polyvalent du domaine, on y choisira ses flacons en toute connaissance.

Marchés

■ **LE MARCHÉ DE SARTÈNE**
Place Porta ✆ 04 95 77 74 00
www.lacorsedesorigines.com
contact@lacorsedesorigines.com
Le samedi matin de mai à octobre. De septembre à fin mai, et tous les matins en juillet-août.
Le marché est souvent l'occasion de mieux connaître un terroir, une région mais aussi ses habitants. Lieu de rencontre et de convivialité, le marché offre la perspective d'une agréable balade au cours de laquelle les sens sont à la fête ! Odeurs, saveurs, couleurs... tout se mélange pour le plus grand plaisir des gourmands et amateurs de produits de qualité.

Dans les environs

Giuncheto

C'est un village perché au sommet d'une colline boisée, aux vieilles maisons de granit bien appareillées, aux beaux escaliers extérieurs, où l'on peut trouver de jolis bas-reliefs sculptés. L'un d'entre eux possède ainsi un croissant sculpté au-dessous d'une croix. L'église paroissiale possède un chevet semi-circulaire et un clocher latéral massif. On trouve au fond de l'autel une Pietà peinte. On peut également voir les vestiges très apparents de l'ancienne abbaye romane San-Paolo. Plus loin, on peut aussi visiter le site du dolmen de Cardiccia, avec dalle-hublot échancrée et sépultures à grands coffres. Jusqu'au XIXe siècle, les morts de Giuncheto étaient enterrés non pas au cimetière, mais dans des grottes aux environs du village, les sapare, sans doute d'inspiration préhistorique. Il existe un sentier de découverte entretenu et balisé en boucle de 3 heures : la brochure est à l'office de tourisme de Sartène.

Foce-Bilzese

Cette commune constituait l'un des fiefs des seigneurs Arrainchi, dont la seigneurie la plus importante était l'Attalà. Repeuplé à la fin du XVIIe siècle par des bergers du Haut-Taravo, il comprend, à l'ouest, le récent hameau de Tipponu situé à proximité des ruines de la chapelle Saint-Georges et, à l'est, les villages de Foce et de Bilzese, fondés au XVIIIe siècle, qui sont tous deux dotés d'un sanctuaire dédié à saint Michel, fêté le 29 septembre. A une demi-heure de marche, au sud de Foce, le Castello di Barici constitua durant trois siècles un haut lieu de l'histoire de la Rocca et c'est à Foce que le chroniqueur Ghjuvanni de la Grossa situe l'assassinat de Rinuccio della Rocca, le dernier comte corse.

La place de la Porta.

L'AOC VIN-DE-CORSE-SARTÈNE

L'AOC Vin-de-Corse-Sartène commence au fleuve Taravo et s'achève aux environs du Lion de Roccapina, à la limite sud du territoire de l'AOC Ajaccio. Contrairement à la plupart des vignobles corses, la culture de la vigne à Sartène n'a commencé que vers la fin du XVIIIe siècle. Le sol de ce terroir de 163 hectares, implanté sur les coteaux de l'Ortolo, du Taravo et du Rizzanese, est constitué de matières granitiques. Il est aéré, poreux et très apprécié par la vigne pour son humidité, dans une zone climatique aride et ventée qui laisse peu de place aux précipitations. Vieillis en barriques de chêne puis élevés en foudre, les vins de Sartène développent une forte personnalité. L'AOC Vin-de-Corse-Sartène propose des vins étoffés et d'un velouté remarquable, révélé par la personnalité particulière du sol granitique de son terroir. Les cépages sciaccarello, niellucio, barbarossa et vermentino, qui sont privilégiés dans ce vignoble, façonnent ici des rouges charpentés, des rosés qui ont du corps et des blancs amples et bouquetés, aux reflets verts.

■ CASTELLU DI BARICCI
Vallée de l'Ortolo
D250, SARTÈNE
✆ 09 88 99 30 62 / 09 54 97 32 61
www.castelludibaricci.com
info@castelludibaricci.com

Location villas pour 10 personnes de 1 090 € à 2 590 € la semaine. Cuvée rouge 2012 16 €, rosé 2013 12 €, blanc 2013 17 €. CB non acceptée.

Un beau domaine créé en 2000 en plein cœur de la vallée de l'Ortolo, surnommée la vallée des sources, qui comptait au XVIIIe siècle plus de 500 hectares de vignoble. Laurence et Elisabeth Quilichini-Phelip dirigent le domaine viticole et oléicole sur la propriété de 300 hectares dont 12 de vignes, exposée en coteaux au sud-est. Le savoir-faire œnologique et le travail de la vigne conduisent à la production de blanc, rouge et rosé qui se sont rapidement fait une belle réputation. Coup de cœur pour le rouge 2012, élevé en foudre de chêne durant 18 mois. Point de vente à côté du restaurant de L'Echauguette à Sartène et visite du domaine sur rendez-vous. On y découvre en prime des hébergements de charme, dans la maison de maître du XVIIIe siècle ou ses anciennes dépendances.

■ DOMAINE SAPARALE
D50, Saparale
Vallée de l'Ortolo
SARTÈNE ✆ 04 95 77 15 52
www.saparale.com
contact@saparale.com
A 20 km de Sartène, soit par Mola par la D50 soit par la N196.

Ouvert du lundi au vendredi de 8h à 15h30. Visite uniquement sur rendez-vous. Demeures à partir de 2 nuits. Tarifs : de 510 € à 7 500 €. Livraison possible (expédition continent et livraison sur la Corse). 8,60 € le domaine blanc, rouge et rosé. 14,80 € la cuvée Casteddu rouge et blanc, 12 € le rosé. 27 € cuvée Oenothèque rouge et blanc.

Philippe Farinelli, œnologue de talent, fait partie des vignerons incontournables de l'île depuis 1998. Mais sa propriété était déjà considérée comme l'un des fleurons de la viticulture en Corse au XIXe siècle ! Sa gamme est remarquable et très demandée. Notamment la sublime cuvée « Casteddu » en rouge, blanc et rosé, issue de parcelles sélectionnées à faibles rendements et élevée en fûts de chêne, idéale en vin de garde. La cuvée Domaine Saparale AOC Sartène existe également dans les trois couleurs et accompagne à merveille toutes sortes de repas de ses accents sartenais nettement affirmés. On trouve aussi au hameau une adorable partie hôtelière constituée de belles demeures de charme au milieu des 1 000 hectares de la propriété. Une nouvelle cave vient d'être restaurée avec son espace de dégustation.

■ PERO LONGO
RN196
Pero longo
SARTÈNE
✆ 04 95 77 07 11
✆ 04 95 77 10 74
www.perolongo.com
contact@perolongo.com
A 15 km de Sartene et 35 km de Bonifacio

Haute saison : ouvert tous les jours et les jours fériés de 9h à 21h. Ouvert le dimanche. Livraison possible. Rouge équilibre 8,5 €, Rouge Lion de Roccapina 14 €, Rouge esprit de la terre 18 €, Rosé harmonie 8 €, Blanc Sérénité 9 €, Blanc lion de Roccapina 13 €.

Le domaine vinicole de la famille Richarme s'étend sur 24 ha, plantés de nielluciu, sciaccarellu et vermentinu. Il produit les bonnes années 900 hl de rouge blanc et rosé certifiés AB – agriculture biologique – et pratiquant la biodynamie (certifiée Demeter). D'un caractère plutôt fruité, la cuvée du Lion de Roccapina rouge 2012, vieilli en fût de chêne, est notoirement appréciée. A découvrir également l'Esprit de la terre rouge 2011, le Sérénité blanc 2013, et le Lion de Roccapina blanc 2013 vinifié et élevé 6 mois en barrique. En prime, une table gourmande de qualité, une piscine, une aire de camping et même des chambres d'hôtes de charme. Le bonheur à l'état pur !

REPÉREZ LES MEILLEURES VISITES

★ INTÉRESSANT ★★ REMARQUABLE ★★★ IMMANQUABLE ★★★★ INOUBLIABLE

Les Sites de plongée autour de Tizzano

- **Le Vickers**. Difficulté : niveau 1. Profondeur : 12 mètres. Situation : au nord de la plage de Murtoli. Atouts : épave d'avion riche en castagnoles, apognons, mérous juvéniles, girelles, oblades et nacres. Coordonnées GPS : 41°31,180N et 08°52,171E
- **Sénetose**. Difficulté : niveau 1. Profondeur : de 6 à 45 mètres. Situation : pointe nord de Sénétosa. Atouts : tombant riche en girelles, murènes, mérous et barracudas.

Tizzano

Petit port de pêche et de plaisance, Tizzano, la marine de Sartène, vous dévoilera ses charmes à 15 km au sud par la D48. Une fois dépassé l'imposant rocher de Cuparchionu, site naturel d'escalade, l'horizon s'ouvrira devant vous tel un mirage. La plage de sable fin, le bleu intense d'une mer prometteuse... Paradis de la pêche et de la plongée sous-marine, pouvait-on lire il y a quelques années sur le panneau d'entrée de ce hameau de Sartène, Tizzano a su garder son côté sauvage tout en vous offrant des possibilités d'hébergement, de restauration et d'activités diverses. De la plongée au surf en passant par les randonnées équestres ou pédestres sur les sentiers du littoral...

ACQUA MONDO
Tizzano
Plage de L'Avena
D48
© 06 14 23 50 93
www.acqua-mondo.com
acquamondo@hotmail.fr
Fermé du 15 septembre au 15 juin. Ouvert tous les jours de 9h à 19h. Randonnée de 35 € à 55 €, location à partir de 9 € l'heure. CB non acceptée. Chèque Vacances. Sur réservation la veille pour les randos.
Idéalement placé sur la plage de Tizzano, pour accéder au plus vite aux sites des environs, Vanina Mondoloni, diplômée d'Etat, organise toute la saison des sorties en kayaks de mer sur les sites magiques de Senetosa, Tradicettu, Murtoli et Erbaghju. A la journée ou demi-journée, matériel fourni et commentaires éclairés de la jolie monitrice pour ne rien gâcher. Location seul de kayak mono et biplace, stand up paddle et même des bateaux à pédales.

CAVADDA DI SANTU PULTRU
D48 - Route de Tizzano
© 06 82 33 61 28
www.randochevalcorse.fr
info@randochevalcorse.fr
Haute saison : ouvert tous les jours et les jours fériés. Promenade à partir de 25 €. Journée, repas compris, 120 €. CB non acceptée.
Un centre de promenades et de randonnées équestres pour profiter de la beauté de paysages magnifiques, sous les conseils éclairés et passionnés d'Emmanuel. Découverte de somptueuses plages, de criques ou baies sauvages, de Roccapina, Conca, Murtoli ou Campomoro, mais aussi du maquis, des villages abandonnés et des sites étranges de Cauria. Raid d'une semaine sur demande et même des hébergements et une table fermière à disposition. La cavalerie est née en Corse mais elle vient d'horizons différents : corse, barbe, arabe, anglo-arabe, pinto, mérens, camargue...

LILIUM MARIS****
D48
Plage de Tizzano
© 04 95 77 12 20
Voir page 346.

TIZZA MARE
D48
Plage de Tizzano
© 04 95 77 12 20
Voir page 346.

Randonnées autour de Tizzano

Tout est possible ! Les plus courageux iront tout droit à la plage magique de Tradicettu, ou juste après à la plage d'Argent (Cala Barbaria), la crique vers Murtoli puis la plage d'Erbaghju et l'estuaire de la rivière de l'Ortolo accessible par une piste rustique de l'Avena, par le sentier du littoral (4 h AR) ou par la mer. Second site, et non des moindres, le phare et la tour de Senetosa, accessibles par le sentier du conservatoire du Littoral (départ au nord de Tizzano 4h AR) Tout au long de cette balade, on passera par la plage de Cala Longa et Cala di Tivella réputée pour son îlot rocheux pour un grand saut rafraîchissant de 5 m de haut. On pourra également poursuivre jusqu'à Campomoro en profitant au passage du site de Cala di Conca. Prévoir un pique-nique, des boissons et un véhicule pour le retour (6h de marche à l'aller de Tizzano à Campomoro).

LES SITES MÉGALITHIQUES DE TIZZANO

Visite incontournable dans le sud que ce plateau de Cauria et du site de Palaggiu. De part et d'autre de la D48, on se doit de passer quelques heures à parcourir ces souvenirs de la Préhistoire datant de 1900 avant J.-C. Le site de Cauria est bien fléché car sous la protection de la collectivité territoriale de Corse. Il n'en est pas de même pour Palaggiu, qui, bien que classé aux Monuments historiques depuis 1974, reste dans un domaine privé qui ne fait rien pour entretenir le site, qui se dégrade chaque année ! Mais que fait la Région ?

■ ALIGNEMENTS D'I STANTARI ET RINAGHJU, LE DOLMEN DE FONTANACCIA ★★★

Cauria
D48A
SARTÈNE

Une visite sur le plateau de Cauria, situé à 2 km de la mer, permet de découvrir sur 60 hectares trois importants sites archéologiques : les alignements mégalithiques d'I Stantari, ceux de Rinaiu ou Renaghju et le dolmen de la Funtanaccia, l'un des dolmens les plus emblématiques de Corse (le monument est très fragile, il est strictement interdit de l'escalader pour des raisons de conservation et de sécurité). La Corse compte actuellement plus d'un millier de mégalithes dont la majeure partie est située en Corse-du-Sud, plus particulièrement dans le Sartenais. Les alignements de Cauria sont constitués de menhirs, de stèles et de statues-menhirs en granit. Ces alignements, aujourd'hui implantés dans un paysage organisé par les activités agricoles, mettent en évidence les différentes phases d'occupation du site. Même si à l'heure actuelle, les recherches ne permettent pas de connaître avec certitude leurs fonctions symboliques, sociales, commémoratives ou cultuelles, leur édification témoigne d'une puissante volonté de marquer un territoire exercée par une société hiérarchisée.

■ MENHIRS DE PALAGGIU (PALAGHJU) ★★

Tizzano
Palgliajo
D48
SARTÈNE

Le site est sur un domaine privé, merci de respecter les lieux. Avec ses 258 menhirs, c'est le plus important alignement de Méditerranée. Sept groupes de menhirs constituent l'ensemble des alignements. Leurs axes sont orientés nord-sud, un seul a une direction est-ouest. Cette orientation générale de Palaggiu est caractéristique de tous les alignements de menhirs et de statues-menhirs non remaniés. Tous les menhirs ont été sculptés. La plupart ne sont que sommairement ébauchés et bien que l'on ne puisse pas les considérer comme statues, dans la mesure où aucun d'entre eux ne présente un dégagement de la tête, tous ont une silhouette humaine. Le terrain est mal entretenu et donc les menhirs difficilement trouvables, car couchés ou dissimulés par la végétation, malheureusement !

Le dolmen de Funtanaccia.

Le patrimoine religieux

On admire l'église dédiée à sainte Lucie, à qui ses bourreaux arrachèrent les yeux parce qu'elle ne voulut pas renier sa foi, et son bas-relief en marbre de la Vierge à l'Enfant du XVe siècle. La chapelle Saint-Jean-Baptiste du style roman du XIIe siècle, est à 30 minutes du village vers le hameau de Poggio. On s'emplit de sérénité au couvent Saint-François, sans oublier d'y admirer quelques trésors : un très beau tableau de la Crucifixion du XVIe siècle, un gisant du XVe siècle et un maître-autel du XVIIe siècle, en marbre, ainsi qu'un retable du XVIe siècle, représentant une Vierge à l'Enfant.

SAINTE-LUCIE-DE-TALLANO ★★

Ce village est considéré à juste titre comme l'un des plus beaux villages de Corse. Il possède un grand caractère et une belle architecture homogène, composée de hautes façades étroites de pierre, d'escaliers extérieurs, de passages voûtés. Au centre se trouve une belle place avec une fontaine en diorite datant de 1875, provenant du gisement rare, aujourd'hui épuisé, proche du village.

Le couvert

CHEZ DUME
D20 – Route de Zoza
✆ 04 20 03 85 44
chez-dume@sfr.fr

Ouvert toute l'année. Haute saison : tous les jours et les jours fériés le midi et le soir. Fermé le dimanche hors saison. Réservation recommandée. Menu unique à 26 €. Carte : 29 € environ. Menu enfant : 8,50 €. Plat du jour : 11,80 € (café offert). Vin au verre. Chèques non acceptés. Accueil des groupes. Chaises bébé. Terrasse. Vente à emporter. Animations. 4 chambres et studio à partir de 60 €, petit déjeuner 7,50 €, demi-pension à partir de 80 €.

Au cœur du village, au début de la route de Zoza, on appréciera les deux terrasses ombragées et même une petite salle pour les frileux. Tenu par monsieur Dume, assisté par madame, en cuisine. On y vient toute l'année pour apprécier les courgettes farcies au brocciu et à la viande, le civet de sanglier aux tagliatelles ou une compotée de pommes à la cannelle. En bonus : 2 chambres doubles et deux studios climatisés pour mieux profiter de la région.

SANTA LUCIA
D268 – Place de la Fontaine
✆ 04 95 78 81 28
lesantalucia@bbox.fr

Fermé du 20 décembre au 20 février. Haute saison : ouvert tous les jours et les jours fériés le midi et le soir. Fermé le dimanche d'octobre à mars. Réservation recommandée. Menus de 19,50 € à 25,50 €. Carte : 34 € environ. Menu enfant : 9,50 €. Plat du jour : 12,50 €. Vin au verre. Accueil des groupes. Chaises bébé. Terrasse. Wifi zone. Salle climatisée.

La table de la famille Bernardi-Piazza est renommée dans tout l'Alta-Rocca, et on y vient midi et soir savourer les spécialités de Stéphanie et David, qui nous mitonnent leurs incontournables plats montagnards. On y retrouve par exemple la charcuterie de Zicavo, les tripes de veau à la tallanaise, les cannelloni au brocciu, le civet de cochon sauvage aux cèpes et autres douceurs. On y côtoie, dans la bonne humeur, au milieu des locaux qui fréquentent assidûment les lieux, et on choisira à loisir de s'attabler en terrasse face à la fontaine ou à l'ombre de l'acacia.

L'ancien couvent franciscain.

Le gîte

DOMAINE ROSA DE CALDANE
D548
Caldane
✆ 04 95 73 50 26 / 04 95 77 00 34
www.hotelresidence-caldane.com
j.sereni@wanadoo.fr
A 17 km de Sartène et 17 km de Levie.

Ouvert toute l'année. Accueil 24h/24. 15 chambres. Studio / appartement à partir de 100 €. Demi-pension : 37 € (repas et petit déjeuner). Petit déjeuner : 7,50 €. Lit supplémentaire : 20 €. Parking fermé inclus (auto et moto). Studio adapté. Séminaires. Réceptions et mariages. Wifi gratuit. Restauration (carte 35 €, suggestion du jour 14 €). Vente (parcours santé et salle de modelage). Bain bouillonnant, sauna.

En pleine campagne, à 14 km de Sartène, au bord de la rivière Fiumicicoli, c'est un lieu idéal pour se reposer et se ressourcer. Le domaine est pourvu d'une coquette résidence hôtelière digne d'un trois étoiles, d'un bon restaurant avec son bar et ses soirées musicales et de bassins thermaux (eau naturellement chaude de 37 °C aux vertus thérapeutiques pour la peau, les os et l'ORL). Beaux espaces verts, deux nouveaux bassins et la partie sports, santé et bien-être, encadrés sur demande par des professionnels.

Gîtes

U FRAGNONU
✆ 04 95 78 82 56
mairie@tallano.fr

Gîtes de France (2 épis). Fermé du 15 octobre à mars. Accueil jusqu'à 22h. Pour 32 personnes (8 chambres). 42 € la 1/2 pension. Chèque Vacances. Animaux acceptés. Excursions (canyoninsme, escalade, via ferrata sur place).

Dans une vieille maison typique de l'Alta-Rocca remise à neuve, on propose 32 lits, avec une jolie vue. La table, tout comme l'accueil, est soigné c'est pourquoi on ne regrettera pas la demi-pension obligatoire à 45 € par personne.

Loisirs

LES VASQUES ET LES BASSINS DU RIZZANESE
Long de 56 km, le Rizzanese part du Monte Incudine à 2 100 m. Il déferle dans le massif, puis redescend lentement vers le golfe du Valinco pour y finir sa route à Propriano. C'est une rivière magnifique pour la pratique des sports d'eaux vives et la baignade à la fraîche. La construction actuelle du barrage va entraîner la modification de ce site et certaines piscines et toboggans vont disparaître d'ici peu, alors profitez-en au plus vite.

Détente, forme

LES BAINS DE CALDANE
D548, Caldane
Route de Granacce
✆ 04 95 73 50 26
www.hotelresidence-caldane.com
contact@hotelresidence-caldane.com

Basse saison : ouvert tous les jours et les jours fériés de 9h à 20h. Haute saison : tous les jours et les jours fériés de 9h à 23h30. Ouvert le dimanche. Entrée : 5 €. Moins de 8 ans : 2,50 €. CB non acceptée. Restauration (carte 38 € environ, plat du jour 14€). Boutique.

Les bains de Caldane sont un endroit merveilleux pour se baigner : ils sont creusés à même le sol en pleine nature et une source d'eau sulfureuse jaillit à 38 °C. Elle possède des propriétés curatives (dermatologie, rhumatologie...). Cette source est située aux abords du fleuve Fiumicicoli. Pour s'y rendre, prendre la direction de Sartène, puis au croisement suivre la direction de Granache par la D148, les bains de Caldane sont indiqués.

© IVOHA - SHUTTERSTOCK.COM

Sainte-Lucie-de-Tallano.

Emplettes

LA CAVE À HUILE D'OLIVE SANTA LUCIA
✆ 04 95 78 81 03 / 06 13 05 43 23
djsalu@wanadoo.fr
Ouvert du lundi au samedi de 10h à 12h et de 15h à 18h.
La cave est située dans le vieux village, derrière l'église, au pied de la tour pisane, dans un local qui a traversé le temps. On vous y proposera l'huile d'olive AOP Oliu di Corsica dans des bouteilles fantaisie pour des cadeaux, ainsi que des bouteilles traditionnelles de 0,25 l à 1 litre et des bidons de 0,75 l à 5 litres. Dégustation de l'huile ainsi que de la pâte d'olive, une spécialité de la maison.

Dans les environs

Altagène

Au milieu des reliefs se trouve un petit village d'une quarantaine d'habitants ; on y accède par une route escarpée très pittoresque, qui dévoile de magnifiques paysages. Des fouilles très récentes, encore en cours, ont commencé à mettre à jour un village fortifié datant environ de 4800 avant notre ère.

Olmiccia ★

Les alentours d'Olmiccia se caractérisent par un relief encadré par les vallées du Rizzanese et du Fiumicicoli. Le village occupe l'un des points hauts de la commune. L'environnement est verdoyant, composé de collines boisées et de maquis épais, et le site offre une vue magnifique de la route d'accès sur l'ensemble des villages nichés dans la verdure. Olmiccia est étagé à flanc de colline et offre au voyageur de jolies maisons à larges façades granitiques, des montées empierrées en escaliers. Dans les environs, on peut voir les deux très beaux ponts anciens sur le Rizzanese et Tufone della fata, le Trou de la Fée.

A MACHJA
D248
Route de Levie
✆ 04 95 77 00 88
www.chambresamachja.fr
mariastella2a@gmail.com
A 5 km de Sainte-Lucie-de-Tallano et à 15 km de Sartène et Propriano.
Fermé de mars à avril. Ouvert tous les jours et les jours fériés le midi et le soir. Réservation recommandée. Menu unique à 20 €. Carte : 30 € environ. Menu enfant : 10 €. Formule : 18 € (plat et dessert). Vin au verre. 5 chambres à partir 50 € la nuit. Petit dejeuner 7,50 €. Chaises bébé. Jardin. Terrasse.
Une belle montée en puissance pour cette adresse présente sur l'axe stratégique Sartène-Levie, qui propose désormais un cadre superbe réalisé de main de maître par Laurent, le fils. On y choisira sans crainte les suggestions à l'ardoise, élaborées principalement avec les produits de l'exploitation du papa, Désiré. Charcuterie familiale, veau du domaine, agneau et cochon de lait au four à bois... En prime, quelques chambres avec l'accès aux piscines naturelles du Rizzanese à 200 mètres.

LE GRAND AJACCIO

Le port d'Ajaccio.

© EUGENE SERGEEV – SHUTTERSTOCK.COM

AJACCIO

AJACCIO ★★★★

Présente-t-on encore Ajaccio ? La ville où est né Napoléon Ier, son golfe qui a enthousiasmé les plus grands écrivains et poètes, qui donne accès aux fameuses îles Sanguinaires et le grand site de la Parata, qui possède un des plus beaux musées de France, des monuments napoléoniens, son chemin des crêtes, qui offre un panorama historique, culturel et visuel hors du commun. Ajaccio est la capitale régionale de la Corse et chef-lieu de département. Elle possède de nombreux quartiers d'architecture récente, le centre se regroupant autour de deux axes parallèles (cours Napoléon, boulevard du Roi Jérôme). Son activité est essentiellement touristique et administrative. Avec 56 000 habitants, c'est la plus grande ville de l'île. Il y manque cependant toute la tranche d'âge des étudiants qui partent soit à Corte, à l'université de Corse Pasquale Paoli, soit sur le continent, mais que l'on retrouve l'été à la terrasse des nombreux bars de la ville. Ses principaux atouts restent son cadre magnifique et son climat exceptionnel.

■ **OFFICE MUNICIPAL DE TOURISME D'AJACCIO – OFFICE DE POLE PAYS D'AJACCIO**
BP 21
3, boulevard du Roi-Jérôme
20181 Ajaccio cedex 01 ✆ 04 95 51 53 03
Voir page 12.

■ **ASSOCIATION AJACCIENNE DES GUIDES INTERPRÈTES POUR LA CORSE**
7, boulevard Sampiero
✆ 06 80 14 05 22
jo.tabarani@laposte.net
Conduite de visites guidées sur toute la Corse, circuits en autocar, accompagnement de tous types de clientèle en Corse et à l'étranger.

■ **ALOHA CROISIÈRES**
Port Charles-Ornano
✆ 06 64 53 74 80
www.aloha-croisieres.fr
aloha.croisieres@gmail.com
Fermé d'octobre à mai. Ouvert tous les jours et les jours fériés de 10h à 18h. Adulte : 80 € (110 € avec le repas paillote). Enfant (de 1 à 10 ans) : 47 € (58,50 € avec le repas paillote). CB non acceptée. Accueil enfants. Visite guidée (français, anglais et indonésien). Restauration (boissons comprises).
Une formule originale pour découvrir les plaisirs de la voile dans le golfe d'Ajaccio. A bord de son catamaran nommé *Karma*, un Fontaine-Pajot Louisiane de 11 mètres, Jean-Pierre vous conduira en toute sécurité pour une journée à la rencontre des paysages du golfe d'Ajaccio, au départ du port Charles-Ornano ou du ponton de Porticcio. Au programme : initiation au maniement du bateau, découverte des rives du golfe, arrêt repas et baignade et farniente au mouillage, avec palmes et masques à disposition, et même l'option déjeuner dans une paillote si on le souhaite, suivant les parcours choisis, la citadelle d'Ajaccio, le cimetière marin, vus par la mer, mais aussi le côté sauvage de l'île de Piana et l'anse de Cacao inaccessibles par la terre. A pratiquer sur réservation, bien sûr.

Le Grand Ajaccio

Ajaccio, construite par les Génois à la fin de XVe siècle, est un premier passage pour ensuite découvrir ses alentours. Car il ne s'agit pas uniquement du littoral. Certes, la diversité de ses plages, ses criques perdues et l'extrême limpidité de l'eau lui octroient un attrait imparable, mais il y a aussi ses montagnes. Et à quelques kilomètres, de typiques villages nichés dans un écran de verdure animent ce relief souvent gorgé d'histoire. Et quel contraste entre la station balnéaire de Porticcio et le village de Bastelica ! Mais de l'un à l'autre, ces lieux témoignent de la frontière ténue entre mer et montagne. Il est fréquent d'entendre dire que le golfe d'Ajaccio compte parmi les plus beaux du monde, sans chauvinisme particulier puisqu'il est ainsi décrit, la plupart du temps, par ceux qui le découvrent après avoir écumé de splendides horizons lointains. Il aurait d'ailleurs inspiré le bleu si particulier de Matisse. Quoi qu'il en soit, il regorge de sites fabuleux pour les plongeurs ou pour les amateurs de paysages paradisiaques, à savoir, tout son rivage qui conduit également vers plus de verdure, comme la forêt de Coti-Chiavari où s'imposent les restes intacts du pénitencier. De la pointe de la Parata à celle de Capo di Muro, de la plage de Capo di Feno en passant par Portigliolo, le golfe est ainsi étreint de sensualité. L'arrière-pays se structure autour de la vallée de la Gravona, des fantastiques gorges du Prunelli, de la plaine de Peri.

▶ **Les incontournables** : le coucher de soleil face aux îles Sanguinaires, le musée Fesch et la maison Bonaparte à Ajaccio, une promenade dans la foret de Coti-Chiavari, le point de vue sur le golfe depuis la tour de l'Isolella, la baignade à la plage du Ruppione, la randonnée aux Pozzi de Bastelica.

Grand Ajaccio
Golfe Porto
Porto
D84
Monte Tozzo 2 007 m
Monte Rotondo 2 622 m
N
O
E
S
Forêt de Vizzavona
Vers Corte
Col de Vizzavona 1163 m
Sagone
Liamone
D25
D4
N193
Bocognano
Tavera
D81
Vero
Golfe de Sagone
Golfe de la Liscia
D301
Ucciani
Tavaco
D29
Carbuccia
Sarrola-Carcopino
Valle-di-Mezzana
Appietto
D1
N193
Peri
Bastelica
Val d'Eze 1759 m
D27
D27
Col de Ciano 993 m
D1
Cuttoli-Corticchiato
Tolla
Afa
D81
Golfe de Lava
D261
Alata
Vallée de la Gravona
Ocana
Villanova
Col de Villanova
D61
Gravona
Vallée du Prunelli
D3
Prunelli
Bastelicaccia
D203
Eccica-Suarella
AJACCIO
Cauro
D111
N196
Marine de Grosseto-Prugna
Porticcio
Grosseto-Prugna
Golfe d'Ajaccio
Iles Sanguinaires
Plage d'Agosta
D255
Ferry vers Marseille, Toulon, Nice et la Sardaigne
Presqu'île d'Isolella
D55
Pietrosella
D302
Plage de Ruppione
Forêt domaniale de Chiavari
Plage de Mare e Sole
Marine de Chiavari
Pila-Canale
Punta di a Castagna
Verghia
Portigliolo
D55
D155
Coti-Chiavari
D155
N196
Capo di Muro
Propriano
Mer Méditerranée
Sartène
Site de plongée
Réserve naturelle
Plage
Gare CFC
Port de plaisance
Port de pêche
Ferry
0 5 km

A
B
C
D
E
1
2
3
4
5
6
7
8
9
RUE DES GLYCINES
AVENUE DE LA GRANDE
R. DES OLIVIERS
PLACE DE LODI
R. DES VIGNES
Mairie Annexe
LES JARDINS DE L'EMPEREUR
RUE HENRI MAILLOT
N
O
E
S
Gymnase
ROUTE DE SALARIO
LOTISSEMENT DE LA PIÉTRA
Résidence Laétitia
PIÉTRINA
Compagnie des Eaux
Réservoirs
Résidence Highland
SAN SALVADORE
ROUTE DE SALARIO
CHEMIN DE LA TORRETTA
AVENUE DE VERDUN
CHEMIN
BELVÉDÈRE
CHEMIN DE L'OLIVETTO
RUE JEAN CHIÈZE
AVENUE DE LA LIBÉRATION
D.A.S.S.
Résidence le Colisée
VERDUN
D11
OLIVETO
AVENUE DE
Parc Forcioli-Conti
BALESTRINO
RUE ALBERT DÉCARIS
R. DES ALOÈS
RUE ANGE TOMASI
ALLÉE DU PARC
RUE DU DOCTEUR POMPÉANI
R. DES CYCLAMENS
RUE M. CHOURY
AVENUE NICOLAS PIETRI
Assemblée Régionale de la Corse
R. DE BALESTRINOS
RUE ROSSI
R. CYRNOS
Ecole Normale d'Institutrice
COURS GRANDVAL
AV. NICOLAS PIETRI
AVENUE DU GÉNÉRAL LECLERC
AV. N. PIÉTRI
PLACE D'AUSTERLITZ
R. PROSPER MÉRIMÉE
C. Sportif P. Rossigni
ROSSINI
R. MISS CAMPBELL
Sacré-Cœur
BD SYLVESTRE MARCAGGI
BOULEVARD PASCAL
BD DOMINIQUE FABIANI
RUE WALEWSKA
RUE DE RIVOLI
BD FRED SCAMARONI
RUE G. PÉRI
R. COLOMBA
RUE D'IÉNA
Plag

F
G
H
I
J
1
2
3
4
5
6
7
8
9
VILLETA
Trésorerie
R. DU CONVENTIONNEL SALICETTI
MONTÉE STE-LUCIE
R. STE-LUCIE
Ch. des Métiers
Gare CFC
PLACE DE LA GARE
Square P. Griffi
BD CH. BONAPARTE
PLACE CH. BONAPARTE
VILLETTA
RUE DE LA VILLETTE
BD J. ET B. MAGLIOLI
R. DR CAURO
CAMPIGLIA
BOZZI
IMP.
AVENUE BEVERINI VICO
NAPOLÉON
AVENUE JEAN LÉVIE
RUE DE LA PIETRINA
Prison
MASSÉRIA
LAZARO
AV. P. PAOLI
Gendarmerie
R. DU PLAIS DE JUSTICE
Palais de Justice
BOULEVARD
SAN
RUE COMTE BACCHIOCHI
AV. NAPOLÉON III
COURS
R. FREDIANI
Ec. de Musique
COUBERTIN
RUE P. DE
BOULEVARD
I. DES CAPUCINS
IMP. BARRIÈRE
Institution Ste-Marie
QUAI DU COMMERCE
Mouillage des Capucins
Clinique
FESCH
PASS. TRENTA-COSTA
SAMPIERO
IMP. BERTIN
R. DES CHARRONS
Parc Sébastiani
Centre Hospitalier e la Miséricorde
R. DR VERSINI
CARDINAL
RUE J.-B. MARCAGGI
Cadastre Douanes
RUE DES 3 MARIE
Collège Fesch
Musée Fesch
Jetée des Capucins
St-Roch
Petite Eg. St-Roch
Chap. Impériale
GARE ROUTIÈRE
IMPÉRATRICE EUGÉNIE
D'ORNANO
CUNEO
NAPOLÉON
RUE J. PÉRI
JÉRÔME
R. ST-ROCH
QUAI L'HERMINIER
R. SÉBASTIANI
R. FR. CORBELINI
Ferry vers Marseille, Toulon, Nice et la Sardaigne
GARE MARITIME
RUE LORENZO VERO
Poste
R. OTTAVI
P. DE LA GINGHETTA
P. DE POGGIOLO
RUE J. BESSIÈRE
R. H. DUNANT
AVENUE
R. DU CAP. LIVRELLI
RUE MAJOR LAMBROSCHINI
R. DE L'ASSOMPTION
R. DES HALLES
Q. DE LA RÉPUBLIQUE
Mouillage de la Ville
SERGENT CASALONGA
R. TREVISE
RUE DU DR MAGLIOLI
Préfecture
RUE E. CONTI
Hôtel de Ville
TR. BONINO
Port de Plaisance Tino Rossi
R. GAL LÉVIE
MARÉCHAL
DU GÉNÉRAL
RUE STÉPHANOPOLI
RUE ANTOINE SÉRAFINI
RUE DU GÉNÉRAL FIORELLA
RUE ORNANO
CAMPI
Police
PLACE DU MARÉCHAL FOCH
AV. DU 1ER CONSUL
AVENUE DE PARIS
R. DES ANC. FOSSÉS
Q. NAPOLÉON
R. DE LA PORTA
RUE BONAPARTE
PLACE DU GÉNÉRAL DE GAULLE
AV. EUGÈNE MACCHINI
RUE DU ROI
R. DU CONVENTIONNEL CHIAPPE
R. DES POZZO DI BORGO
GLACIS
QUAI DE LA CITADELLE
R. DU DR RAMARONI
Cathédrale
R. LETIZIA
R. M. ZEVACO
JETÉE DE LA CITADELLE
Casino
Palais des Congrès
R. N.-DAME
R. DES BUCHERONS
ROME
CASANOVA
BOULEVARD PASCAL ROSSINI
RUE FORCIOLI
R. SŒUR ALPHONSE
R. STE-CLAIRE
DANIELLE
Écoles
St-Erasme
BD CONTI
École
Citadelle
Phare
nt-François
0 100 m
Reproduction interdite
Jean-Baptiste Nény
Novembre 2012

Index des rues d'Ajaccio

■ **LE CHEMIN DES CRÊTES**
Bois des Anglais
Durée : 3 ou 4 heures.
Facile, on peut le faire avec des enfants. Balisage partiel en bleu. Accès : par le bois des Anglais, route du Salario, bus n°1. Au départ, le sentier grimpe à travers le maquis dans lequel on est parfois complètement immergé, avant d'arriver à un petit col. Arrêt pique-nique à la fontaine de Cupetta. Puis le chemin longe les crêtes, vers la route des Sanguinaires. La vue est vraiment splendide sur tout le golfe. On redescend vers la mer jusqu'à la centrale solaire de Vignola. Pour le retour, passage de bus. On peut aussi se baigner sur une des belles plages. Promenade déconseillée les jours de fort vent en raison des risques d'incendie.

■ **NAVE VA**
Port Tino Rossi
✆ 04 95 51 31 31
www.naveva.com
naveva@naveva.com
Fermé du 15 octobre au 15 avril. Haute saison : ouvert tous les jours et les jours fériés de 8h à 19h. Différents circuits proposés, se renseigner sur les horaires à l'accueil. Gratuit jusqu'à 4 ans. Adulte : 25 € (îles Sanguinaires). Enfant (de 5 à 10 ans) : 15 € (îles Sanguinaires). Bonifacio 59 €, Scandola 55 €. Chèque Vacances. Visite guidée. Restauration (buvette. WC). Animations.
Partez sur ces confortables bateaux à la découverte des plus beaux rivages des côtes occidentales de la Corse. 5 circuits sont proposés : les îles Sanguinaires aux 150 espèces florales, la réserve naturelle de Scandola (classée patrimoine mondial de l'humanité par l'Unesco), Girolata, accessible uniquement en bateau ou à pied, Capo Rosso, le golfe de Porto et son imposante tour génoise, les calanques de Piana dont la beauté est à couper le souffle. Autant de sites qui vous en mettront plein la vue ! Vers le sud, ces bateaux vous emmèneront à Bonifacio dont la majesté du haut de ses falaises éclatantes n'est plus à démontrer. Nouveaux bateaux hybrides électrique/diesel pour 2016 afin de réduire l'impact sur l'environnement.

Autre adresse : Porticcio ✆ 04 95 25 94 14. Sagone/Cargèse ✆ 04 95 28 02 66. Porto ✆ 04 95 26 15 16.

Pour s'y rendre

En avion

■ **AÉROPORT INTERNATIONAL AJACCIO-NAPOLÉON-BONAPARTE**
Route de Campo dell'Oro
✆ 04 95 23 56 56
www.2a.cci.fr
jessica.luigi@sudcorse.cci.fr
Situé à 10 minutes de la cité impériale, c'est la porte d'entrée naturelle pour rayonner sur toute la côte ouest de la Corse, du golfe de Porto à la région du Valinco. Ajaccio-Napoléon-Bonaparte bénéficie de conditions d'accueil performantes (pistes gros porteurs, équipements techniques complets, terminal récent) et met en œuvre de nouveaux services pour sa clientèle (espace commercial,

accès internet wifi, borne interactive d'information et de réservation hôtelière).

En train

■ **CHEMIN DE FER DE LA CORSE (CFC)**
✆ 04 95 23 11 03
www.cf-corse.fr
contact@cf-corse.com
♿
Ouvert tous les jours et les jours fériés de 6h à 16h34. Chèque Vacances.
La ligne principale traverse toute l'île, d'Ajaccio à Bastia en passant par Corte. Une variante à Ponte Leccia se rend jusqu'à Calvi en passant par l'Ile-Rousse. Le parcours est magnifique de Bocognano à Corte avec ses nombreux ouvrages d'art et tunnels pour traverser des paysages inaccessibles. Cinq allers-retours Ajaccio-Bastia par jour du lundi au samedi et deux le dimanche.

En car

■ **GARE ROUTIÈRE D'AJACCIO**
Quai l'Herminier
✆ 04 95 51 55 45
www.2a.cci.fr
gareroutiere-ajaccio@orange.fr
Principales lignes régulières :

- **Eurocorse Voyages** ✆ 04 95 21 06 30. Ligne sud : Ajaccio – Propriano – Sartene – Bonifacio – Porto Vecchio. Ligne nord : Ajaccio – Vizzavona – Corte - Bastia (Correspondance assurée par Les Beaux Voyages) Balagne – Ponte Leccia – Ile Rousse – Calvi – Calenzana.
- **Autocars R Ceccaldi** ✆ 04 95 20 29 76 ou 04 95 21 38 06 Ligne : Ajaccio –– Vico – Evisa (Correspondances assurées (du 1 er Juillet au 31 Août) par les Autocars Mordiconi) Evisa vers Porto, Evisa vers Corte.
- **SA SAIB Autocars de l'Ile de Beauté** ✆ 04 95 51 42 56 Ligne : Ajaccio – Porto – Ota – Calvi.
- **Balesi Evasion** ✆ 04 95 70 15 55 Ligne : Ajaccio – Bavella – L'Ospedale – Porto Vecchio.
- **Transports Bellini** ✆ 04 95 52 88 99 Ligne : Ajaccio – Carbuccia.
- **Alta Rocca Voyages – Autocars Ricci** ✆ 04 95 51 08 19 Ligne : Ajaccio – Propriano – Bavella.
- **Autocars Santoni** ✆ 04 95 22 64 44 Ligne : Ajaccio – Palneca - Sainte Marie Sicche.
- **Autocars Corse Méditerranée (ACM)** ✆ 04 95 25 40 37 Ligne : (du 1er Juillet au 31 Août) Ajaccio – Porticcio – Isolella – Verghia.

En bateau

■ CORSICA FERRIES
Quai l'Herminier
✆ 04 95 50 78 82
www.corsicaferries.com
resa1@corsicaferries.com
Haute saison : ouvert tous les jours et les jours fériés. Lignes vers Toulon et Nice.

■ LA MÉRIDIONALE
Port de Commerce
Boulevard Sampiero ✆ 08 10 20 13 20
www.lameridionale.fr
cmn-corse@lameridionale.fr
Jours d'escale : Du lundi au vendredi de 8h15 à 19h. Le samedi de 8h15 à 12hPas d'escale : De 8h15 à 18h. Le samedi de 8h15 à 12h
La Méridionale est la compagnie maritime historique pour les traversées vers la Corse. Elle assure 20 liaisons hebdomadaires au départ de Marseille. L'équipage du Girolata vous accueille chaleureusement pour rejoindre Ajaccio en ferry depuis Marseille. À bord, vous bénéficiez d'une cabine confortable et douillette et profitez d'un délicieux repas aux accents corses.

■ PORT DE COMMERCE D'AJACCIO
Quai L'Herminier ✆ 04 95 51 55 45
www.2a.cci.fr
jy.battesti@sudcorse.cci.fr
Ouvert tous les jours et les jours fériés.
Le port d'Ajaccio est relié au continent français de manière quasi quotidienne vers Marseille, Toulon, et Nice avec les navires de Méridionale, la Maritima Ferries (ex SNCM) et la Corsica Ferries. Des liaisons occasionnelles existent aussi vers l'Italie continentale (Livourne) et vers la Sardaigne (Porto-Torres), de même qu'un service saisonnier dessert Calvi et Propriano.

■ PORT DE PLAISANCE AJACCIO TINO ROSSI
Quai de la Citadelle
✆ 04 95 51 22 72 / 04 95 51 55 43
www.2a.cci.fr
capitainerie.ajaccio@sudcorse.cci.fr
Basse saison : ouvert de 8h à 12h et de 14h à 18h. Haute saison : de 8h à 21h. Eau, électricité, sanitaires, carburant, eaux usées, laverie, wi-fi. Vidéo-surveillance, location deux-roues à proximité. À partir de 26 € la nuit.
Le port de plaisance est constitué d'un quai intérieur réservé à l'accostage des plus grands bateaux et de quatre appontements flottants amarrés perpendiculairement à la jetée. Bornes d'eau et d'électricité : de 16A/220V à 125A/380V. Eau et électricité sur les pannes flottantes.

■ PORT DE PLAISANCE CHARLES ORNANO
N193
Avenue Charles-Bonaparte
✆ 04 95 22 31 98
www.ajaccio-tourisme.com
port.charlesornano@ville-ajaccio.fr
Basse saison : ouvert de 8h30 à 12h et de 14h à 18h. Haute saison : de 7h à 21h. Eau, électricité, sanitaires, carburant, laverie et wi-fi gratuit. À partir de 17 € la nuit. American Express.
L'un des plus grands ports de plaisance de l'île. Il propose 830 anneaux dont 120 réservés aux plaisanciers de passage. Profondeur de 8,50 m à 11 m maxi, longueur maxi 25 m. Pontons sécurisés et vidéosurveillance pour la tranquillité. Sur place, de nombreux bars-restaurants, boutiques d'accastillage mais pas d'épicerie ni de tabac !

Pour y circuler

Transports en commun

■ TRANSPORTS EN COMMUN D'AJACCIO
75, cours Napoléon
✆ 04 95 23 29 41
www.bus-tca.fr
tca@veoliatransdev.com
Ouvert du lundi au samedi de 9h à 12h30 et de 15h30 à 18h30. Agence ouverte toute l'année.
Etendu sur 10 communes, le réseau de bus de l'agglomération ajaccienne est composé de 12 lignes urbaines et 8 lignes villages (dont 4 à la demande). En période estivale, des services additionnels viennent compléter l'offre, tels que les lignes des plages et les dessertes de soirée appelées Noctambus. Les lignes principales du réseau desservent le centre-ville de 6h30 à 20h et assurent annuellement les correspondances avec les gares maritimes et ferroviaires d'Ajaccio ainsi que le parc-relais de Mezzana. La ligne 8 relie l'aéroport au centre-ville du

Taxis du Grand Ajaccio

Access 24/24 Radio Taxi Aiacciu – Ajaccio – ✆ 04 95 25 92 85
Accord Ajaccio Taxi – Ajaccio – ✆ 04 95 25 06 18
Ajaccio Taxi Ajaccio – ✆ 06 07 25 21 46
Deux A Taxi Ajaccio – ✆ 04 95 20 84 31
Piazza d'Olmo Laurent – Ajaccio – ✆ 04 95 22 34 04
Rustarucci Alain – Ajaccio – ✆ 04 95 21 37 38
Taxi Martinelli René – Ajaccio – ✆ 04 95 23 45 23
Taxis Ajaccio – ✆ 04 95 21 00 87
Moriano Philippe – Ajaccio – ✆ 06 81 69 50 22
Brun André – Alata – ✆ 04 95 25 36 72

lundi au dimanche. Une large gamme de titres et une tarification attractive vous sont proposées : des forfaits mensuels ou annuels pour vous rendre sur votre lieu d'étude ou de travail et voyager en illimité sur le réseau à partir de 8 €/mois ; des Pass Journée ou Semaine pour vous déplacer librement pendant vos vacances.

Taxis

Location de voitures

■ **RENT A CAR**
52, cours Napoléon
✆ 04 95 51 61 81 / 04 95 23 56 36
www.cyrnos.net – ajaccio@rentacar.fr
Ouvert tous les jours et les jours fériés de 8h30 à 19h. Ouvert le dimanche. Livraison possible (chèques Vacances acceptés).
La franchise Rent a Car Ajaccio dispose de deux agences, l'une en centre-ville et la seconde à l'aéroport Napoléon-Bonaparte. Un grand parc de plus de 130 véhicules de toutes catégories de A à C. Tarifs : à partir de 23 €/jour en catégorie A.

▸ **Autre adresse :** Aéroport Napoléon Bonaparte – 20090 Ajaccio – 04 95 23 56 36.

Stationnement

Traverser Ajaccio relève à certaines heures du parcours du combattant. Quand c'est bouché, c'est bouché ! Les deux accès à la ville par la rocade ou par le bord de mer bouchonnent et alors plus rien ne bouge. Si les places de stationnement sont rares en heures pleines, il faut également tenir compte d'une certaine «façon de faire» ajaccienne, comme s'arrêter pile en face de l'endroit où l'on veut aller, en double ou triple file ! Même si on considère à Ajaccio que se garer en double file est une nécessité et presque un droit, il faut savoir que la ville d'Ajaccio propose 2 080 places de parking payantes. Ces parkings ont l'avantage d'être très centraux et assez raisonnables dans leurs tarifs. Sinon la plupart des places du centre-ville sont payantes avec horodateurs. N'oubliez pas de passer par l'horodateur, car la fourrière n'est jamais loin... Pour se garer en centre-ville, sans payer, on peut aller au grand parking de l'Amirauté, sur le port Tino Rossi et dans les rues perpendiculaires au cours Napoléon.

Parc de stationnement : l'Amirauté. Gratuit pour l'instant. Parking payant : entre la gare maritime et la gare, orienté port et embarquement sur les quais. Parking souterrain : place du Diamant, ouvert 24h/24, tous les jours ; nombreux accès piétons sur la place avec plus de 630 places. Petit parc de stationnement : gare ferroviaire. Le grand projet de parking souterrain en face de l'office de tourisme est pour l'instant en stand-by à cause de la découverte de vestiges de l'ancien port génois ! On attend la suite !

Points d'intérêt

LES ÎLES SANGUINAIRES ET LA PARATA ★★★★

Voir page 12.

PLACE FOCH ★

A l'origine Piazza d'Olmo, où s'élevait autrefois l'unique porte de la cité. Les Ajacciens continuent de l'appeler la place des Palmiers, n'en déplaise au maréchal... Nichée dans une façade, remarquez la statue de Notre-Dame de la Miséricorde, la Madunuccia, patronne de la ville, fêtée avec ferveur le 18 mars. Lieu de passage obligé aussi bien pour les riverains que pour les visiteurs, c'est, l'été, un lieu privilégié de rencontres pour de nombreuses manifestations, au frais de la fontaine aux Quatre Lions (œuvre de Jérôme Maglioli, avec, au centre, un premier consul de marbre, de Laboureur). La relève de la garde y est présentée tous les jeudis en juillet et août à 19h. Les chasseurs à pied de la Garde Impériale vous replongent à travers leurs relèves, revues de troupes et marches au tambour, au cœur des fastes de l'Empire.

RUE FESCH ★

Typique, piétonne et commerçante, avec son shopping de nuit le vendredi soir, en été, elle traverse la ville parallèlement au cours Napoléon. En plein milieu, le musée Fesch et sa collection de primitifs italiens qui en fait le deuxième musée de France après le Louvre. L'été, la belle cour dallée accueille de nombreux spectacles. On ne peut pas oublier que c'est dans cette rue que Tino Rossi a fait ses premiers pas.

TERRE SACRÉE

Sur les rochers, entre le Week-end et Macumba, une stèle a été élevée en septembre 1933 pour honorer la mémoire des Corses morts à la guerre de 1914-18. Œuvre du sculpteur Deblaize, sa partie supérieure renferme une urne (une des six au monde !) contenant des échantillons de terre officiellement prélevés sur les champs de bataille de la Première Guerre mondiale. Et puis un lieu qu'on a envie de garder pour soi tout seul, mais bon... la Paillote du Goéland. Plus loin, les départs des Jet-Skis et autres animaux des mers à moteur. Et puis des rochers et encore des rochers jusqu'à la pointe des îles.

Monuments

BIBLIOTHÈQUE MUNICIPALE D'AJACCIO ★

50, rue Fesch ✆ 04 95 51 13 00
www.bibliotheque.ajaccio.fr
bibliotheque@ville-ajaccio.fr

Ouvert toute l'année. Du lundi au vendredi de 10h à 12h et de 14h à 17h. Gratuit. CB non acceptée.

La Bibliothèque Municipale d'Ajaccio a été ouverte dans l'aile nord du Palais Fesch en 1868, réalisée par l'architecte Jean Cazeneuve en collaboration avec Jérôme Maglioli. Elle était, à l'origine, prévue pour être une galerie destinée à l'exposition de grands tableaux. La majestueuse salle patrimoniale mesure 30 mètres de long, 9 mètres de large et 10 mètres de haut. 16 fenêtres ouvrent sur la galerie. Son mobilier en noyer (rayonnages et table de 18 mètres de long) a été réalisé par l'architecte Cazeneuve.

CATHÉDRALE D'AJACCIO ★★

Rue Forcioli-Conti

Ouvert toute l'année. Tous les jours de 8h à 11h30 et de 14h30 à 17h45. Le dimanche, le site ferme à partir de midi. Pas de visite pendant les offices.

Le baptême du petit Napoléon y fut célébré le 21 juillet 1771. La cathédrale abrita la chapelle funéraire de la

Statue de Napoléon sur la place Foch.

Cathédrale d'Ajaccio.

famille Bonaparte jusqu'à la construction sous le second Empire de la chapelle impériale. En 1559, le Conseil des Anciens fit une demande auprès du Sénat de Gênes et du pape Grégoire XIII, pour doter Ajaccio d'une église cathédrale. Remplaçant l'église Sainte-Croix édifiée au début du XVe siècle, démolie en 1553 pour permettre l'aménagement des fossés de la citadelle, la nouvelle cathédrale fut achevée en 1593 et consacrée à l'Assomption de la Vierge. La cathédrale frappe au premier abord par ses dimensions modestes. Le plan en croix latine montre un transept à peine marqué et les trois nefs intérieures semblent trop courtes par rapport à leurs proportions en hauteur et en largeur. Mais les sept chapelles latérales, le dôme imposant et surtout la façade baroque d'un bel ocre témoignent d'un indéfinissable charme.

CHAPELLE DES GRECS

D111

Cours Lucien Bonaparte

Elle fut aménagée au début du XVIIe siècle et dédiée à la Madonna del Carmine. De 1731 à 1774, elle servit d'église aux familles grecques chassées par les Corses de la région de Cargèse où Gènes les avait installées en 1610. Plusieurs membres de la famille Pozzo di Borgo furent inhumés ici ainsi que Pascal Fiorella, général de brigade en 1795 passé au service de la République italienne, sénateur du Royaume d'Italie en 1809.

CHAPELLE IMPÉRIALE OU CHAPELLE PALATINE ★★

Palais Fesch

50-52, rue Cardinal-Fesch

✆ 04 95 50 40 80 / 04 95 21 48 17

www.ajaccio.fr – dac@ville-ajaccio.fr

Horaires et tarifs de la chapelle (pour le musée des Beaux-Arts : voir horaires et tarifs sur le site du musée).Horaire de printemps : 1er avril-30 juin : lundi de 13h à 17h15, du mardi au dimanche de 9h15 à 12h15 et de 14h15 à 17h15.Horaire d'été : 1er juillet-30 août : lundi après-midi de 13h30 à 18h, du mardi au vendredi inclus, de 9h à 18h30 sans interruption. Nocturne le vendredi soir de 21h à 24h. Samedi et dimanche de 10h30 à 18h.Horaire d'automne : 1er septembre-30 septembre : lundi après-midi de 13h à 17h15, du mardi au dimanche de 9h15 à 12h15 et de 14h15 à 17h15.Horaire d'hiver : 1er octobre-31 mars : du mardi au samedi de 9h15 à 12h15 et de 14h15 à 17h15. Tarif normal : 1,50 €. Tarif réduit : 0,75 €. Gratuité : l'entrée gratuite s'applique aux enfants jusqu'à 15 ans inclus, aux titulaires de la carte de fidélité du musée Fesch d'Ajaccio, carte presse, carte guide, membre de l'ICOM, carte ministère de la Culture, carte handicapé, carte invalide de guerre, carte ANPE, carte service national.

Jusqu'en 1859, la crypte de la cathédrale d'Ajaccio servait de sépulture aux membres de la famille Bonaparte. Mais pour sa part, le cardinal Fesch, oncle de Napoléon Bonaparte, avait souhaité la construction de cette chapelle impériale – également connue sous le nom de chapelle palatine – afin d'y être inhumé aux côtés de sa sœur Letizia, mère de Napoléon Ier, et de tous les membres de la famille Bonaparte qui le souhaiteraient. Mort en 1839, ses dernières volontés ne furent exécutées qu'une vingtaine d'années plus tard, en 1857, par Napoléon III qui fit construire l'édifice en l'espace de deux années. Dans un premier temps, le cardinal Fesch avait été enterré aux côtés de la mère de l'empereur dans le cimetière de Corneto, en Italie, magnifique petite ville devenue Tarquinia et située au nord-ouest de Rome, face aux rives de la Corse. Mais son corps fut exhumé, de même que celui de Letizia, afin que soient exaucés les dernières volontés du cardinal. Il repose donc désormais dans cet édifice de style néoclassique construit en pierre de Saint-Florent et établi dans l'aile droite du palais Fesch, là où se trouve exposée la collection de peintures françaises, espagnoles, flamandes, allemandes, hollandaises et italiennes de toutes les écoles qu'avait réunies le cardinal. La crypte, de forme circulaire, abrite aussi les tombeaux de plusieurs membres de la famille impériale, notamment le père de l'empereur, Charles Bonaparte, ainsi que sa mère. Mais la chapelle impériale, conçue par Alexis Paccard – architecte des châteaux de Rambouillet et de Fontainebleau – retiendra toute l'attention pour la qualité de ses peintures d'ornement – œuvres de Jérôme Maglioli – et de ses vitraux. On y verra également une croix Ankh, situé au-dessus de l'autel, ramenée par Napoléon de sa campagne d'Egypte.

CIMETIÈRE ★★

D111

L'une des premières grandes concentrations de tombes puisqu'en Corse les morts ont été pendant très longtemps enterrés dans des caveaux. Concentration étonnante puisqu'elle lui a valu d'être bombardée pendant la Seconde Guerre mondiale : le jour des morts, de nombreuses bougies illuminent les chapelles et les Allemands ont cru pilonner la ville ! Incroyable, mais vrai ! C'est là que repose, parmi ses concitoyens, Tino Rossi.

ÉGLISE SAINT-ÉRASME

Rue Forcioli-Conti

Du kitsch incroyablement vivant, des angelots très roses, des Jésus tout décorés de fleurs en plastique, des bateaux qui pendent au plafond, un lustre scintillant. Enfin, dans un décor digne de Pierre et Gilles, une église chaleureuse prêtée pour le 2 juin, jour de la Saint-Erasme, patron des marins et des pêcheurs : messe et procession de la chapelle au port avec bénédictions de barques et Jet-Skis. A ne pas manquer.

MAISON BONAPARTE – MUSÉE NATIONAL ★★★

Rue Saint-Charles

✆ 04 95 21 43 89

musees-nationaux-malmaison.fr

Fermé les 1er janvier et 25 décembre. Fermé le lundi. D'octobre à mars du mardi au dimanche de 10h30 à 12h30 et de 13h15 à 16h30. D'avril à septembre du mardi au dimanche de 10h30 à 12h30 et de 13h15 à 18h. -26 ans résidents de l'UE, enseignants munis du Pass-Education, personnes en situation de handicap ainsi que leur accompagnateur, demandeurs d'emploi, bénéficiaires des minima sociaux. Gratuité pour tous, le 1er dimanche du mois. Adulte : 7 €. Groupe (10 personnes) : 5 €. Réduit : jeunes de 18 à 25 ans non résidents de l'UE, membre de famille nombreuse sur présentation d'un justificatif en cours de validité. Ascenseur, WC adaptés, signalétique simple, vidéo LSF sur IPhone, chien guide accepté. Visite guidée. Audioguides en plusieurs langues.

Maison occupée en partie par la famille Bonaparte en 1682, Napoléon y naît sur le canapé de l'antichambre, le 15 août 1769 et y passe une partie de son enfance. Napoléon III la fait restaurer et remeubler pour y ouvrir un musée. Donnée en l'état, elle est classée monument historique en 1923. Le premier étage abrite les appartements meublés comme à l'époque. Le deuxième retrace l'histoire de la Corse et de la famille au XVIIIe siècle (cartes, objets, portraits...). En face de la maison, un petit îlot de verdure : on peut y voir le buste du roi de Rome (œuvre de Vezin). Ce que le visiteur peut voir lors de sa visite aujourd'hui n'est pas le reflet du mode de vie de l'époque, car, lors de l'éphémère royaume anglo-corse, la famille avait quitté Ajaccio et la maison fut pillée par les partisans de Pasquale Paoli. Ensuite, elle a été réquisitionnée par les Anglais de 1794 à 1796. C'est en 1798 que la mère de Napoléon, devenue veuve, remeuble la demeure et l'enrichit d'une galerie superbe. Napoléon ne verra cette rénovation qu'une seule fois à son retour d'Egypte.

LE PALAIS LANTIVY

Cours Napoléon

Le palais Lantivy est le siège de la préfecture. La première pierre du palais Lantivy a été posée en 1826. Les plans ont été tracés par Alphonse-Henri de Gisors (1796-1866), en plein accord avec les goûts néoclassiques de son temps. Le palais est entouré d'un joli jardin, planté de toutes sortes d'espèces méditerranéennes ou tropicales, notamment des palmiers ou des cédratiers. L'extension avec des dalles de verre date du début des années 1990.

U CASONE ET LA GROTTE NAPOLÉON ★★

En haut du cours Grandval et du cours Général-Leclerc (U Casone)

Pour qui aime le monumental, la copie conforme de la statue qui surmontait la colonne Vendôme à Paris : l'empereur, en bicorne, trône en haut d'un escalier pyramidal, sur lequel on trouve le nom de ses victoires et de ses réalisations. La statue de bronze (de Seuvre, 1938) domine le parc, rendez-vous des âmes bucoliques le matin, des boulistes le soir et des touristes entre-temps, le Casone, tout comme la place du Diamant, abrite, chaque été, de superbes représentations musicales. Derrière, des jardins avec de curieux rochers où Napoléon, enfant, venait jouer, lire et méditer sur son avenir, selon la légende.

LE CHÂTEAU DE LA PUNTA ★★★

ALATA

A la fin du XVIIIe siècle, la famille Pozzo di Borgo, ennemie des Bonaparte, a fait rapatrier des ruines du palais des Tuileries, incendié en 1871. Avec les pierres, hissées à 700 mètres d'altitude par un chemin planté de centaines d'arbres et d'essences rares, a été construite la réplique exacte du pavillon central de l'empereur. Vengeance ou vendetta réglée à coups de millions, le château domine depuis la ville et les souvenirs napoléoniens comme pour mieux les narguer. Mais n'essayez pas de le visiter, il est malheureusement encore en cours de restauration après l'incendie qui l'a endommagé en 1978. A 15 km d'Ajaccio, on peut laisser sa voiture devant le château et monter à pied jusqu'au sommet (45 minutes) pour découvrir un magnifique panorama sur le golfe d'Ajaccio au sud, mais aussi sur celui de Sagone au nord et sur les principaux sommets : Monte Rotondo, Monte d'Oro, Monte Renoso. Au printemps, les talus sont tapissés de cyclamens et d'orchidées sauvages.

Musées

ASSOCIATION « LE LAZARET OLLANDINI – MUSÉE MARC-PETIT »

Quartier Aspretto

✆ 04 95 10 85 15

www.lelazaret-ollandini.com

lelazaret.ollandini@wanadoo.fr

Ouvert toute l'année. Le Lazaret : ouvert lors des événements. Le Musée Marc-Petit : ouvert lors des événements et de juin à septembre, le samedi de 16h à 19h. Du lundi au mercredi ; le jeudi. Adulte : 5 €. Audioguide : 2 €. Visite guidée.

Le Lazaret d'Aspretto, lieu de quarantaine construit au début du XIXe siècle, est un des derniers témoignages subsistant de ce type d'architecture, le seul édifice « à ambiance de couvent » demeurant à Ajaccio. Aujourd'hui propriété de François Ollandini, qui l'a restauré et ouvert au public, le Lazaret est un centre culturel dynamique qui propose toute l'année un grand nombre d'événements, d'expositions et de rencontres. Il offre également un cadre paisible pour découvrir et apprécier les sculptures de Marc Petit qui, après vingt ans d'un travail solitaire, a atteint une plénitude qui est celle de son identité plastique. Héritier des sculpteurs médiévaux, de Ligier Richier, de Giacometti et Germaine Richier, Marc Petit nous parle de notre humanité.

■ A BANDERA – MUSÉE D'HISTOIRE CORSE MÉDITERRANÉE
1, rue du Général-Levie
✆ 04 95 51 07 34
www.musee-abandera.fr
histoirecorse@orange.fr
Ouvert toute l'année. Ouvert du 1er juillet au 15 septembre du lundi au samedi de 10h à 19h. Ouvert du 15 septembre au 30 juin du lundi au samedi de 10h à 17h. Adulte : 5 €. Groupe (10 personnes) : 4 €. Visite guidée (pour les groupes sur rendez-vous : supplément de 10 €).
Pour revivre les grands moments de l'histoire de la Corse, depuis la Préhistoire jusqu'à la Seconde Guerre mondiale. Créé par une association d'amoureux de l'histoire de la Corse, il présente des documents rares, des costumes, des armes, des maquettes de reconstitution, des monnaies anciennes... Les grands noms de l'histoire de la Corse sont présents : Napoléon Bonaparte, Pasquale Paoli, Sampiero Corso...

■ PALAIS FESCH – MUSÉE DES BEAUX-ARTS ★★★★
50-52, rue du Cardinal-Fesch
✆ 04 95 26 26 26
www.musee-fesch.com
jpanigot.musee@ville-ajaccio.fr
♿
Ouvert toute l'année. Fermé 1er janvier, dimanche de Pâques, 1er mai, 1er novembre, 11 novembre, 25 décembre. Du 2 mai au 30 septembre : ouverture lundi, mercredi et samedi de 10h30 à 18h, jeudi et dimanche de 12h à 18h et vendredi de 12h à 18h. Sauf juillet et août : de 12h à 20h30. Du 1er octobre au 30 avril, musée est ouvert lundi, mercredi et samedi de 10h à 17h. Jeudi et vendredi de 12h à 17h. Dimanche de 12h à 17h, le 3ème week-end du mois. Gratuit jusqu'à 18 ans (et aussi les demandeurs d'emploi). Adulte : 8 €. Tarif réduit 5 €. Label Tourisme & Handicap. Visite guidée. Boutique. Animations. Bibliothèque.
Institut construit selon les vœux du cardinal Fesch, oncle de Napoléon, pour permettre aux jeunes, même sans moyens, de se perfectionner en arts et en sciences. Le cardinal Fesch avait glané un peu partout des peintures françaises, espagnoles, flamandes, allemandes, hollandaises et italiennes de toutes les écoles. Son intérêt pour les primitifs italiens l'a poussé à réunir des merveilles (16 000 en tout) : le musée en a la plus belle collection, juste après celle du Louvre. Le Titien, Cosmè Tura, Raphaël, Bellini... avec le chef-d'œuvre *La Vierge à l'Enfant* de Botticelli. Ses salles ont été restructurées et climatisées pour présenter plus de 300 œuvres dans des espaces modernes, agréables et confortables.

■ SALON NAPOLÉONIEN
Hôtel de ville
Place Foch ✆ 04 95 51 52 53
www.ajaccio.fr
Du 15 juin au 15 septembre de 9h à 11h45 et de 14h à 17h45. Fermé lundi matin. Du 16 septembre au 14 juin de 9h à 11h45 et de 14h à 16h45. Fermé le samedi, le dimanche, les jours fériés et en cas de réception officielle. Gratuit jusqu'à 15 ans. Adulte : 2,30 €. Groupe (10 personnes) : 1,50 €. Visite guidée.
« Lieu de mémoire » de la famille impériale, le Musée napoléonien de l'hôtel de ville abrite le salon napoléonien et la salle des médailles. Dans le hall d'entrée de l'hôtel de ville, le visiteur est accueilli par une sculpture en marbre représentant Jérôme Bonaparte, roi de Westphalie, par Bosio. Sur le mur de gauche, une peinture d'Yvon, Bonaparte franchissant le col du mont Saint-Bernard, immortalise cet épisode de la seconde campagne d'Italie (1800). En face, Madame Mère, d'après Gérard, nous montre Letizia Bonaparte vêtue d'une robe inspirée de l'Antiquité romaine. Le salon napoléonien : ce salon présente les portraits et bustes de la famille par les plus grands artistes du premier et du second Empire. La salle des médailles : on peut admirer une importante collection de médailles retraçant toute l'histoire napoléonienne ainsi qu'une collection de pièces en or, argent et bronze.

Balades, flâneries

■ LE CHEMIN DES CRÊTES
Bois des Anglais
Voir page 361.

Les événements 2016

Mi-mars : A Maddunuccia. Fête de la ville depuis 1656. Début mai : Trail Napoléon. Course pédestre. Fin mai : Les Régates Impériales. Course de vieux gréements. Début juin : Saint-Erasme, fête des pêcheurs, animations et processions. 21 juin : Fête de la Musique. 14 juillet : Fête nationale. Feu d'artifice à 22h30. Mi-août : Aux cérémonies religieuses de l'Assomption, viennent s'ajouter les Fêtes napoléoniennes : grand défilé, parade, spectacles en tenues d'époque, commémoration de l'anniversaire de la naissance de Napoléon Ier et feu d'artifice en baie d'Ajaccio tiré à 22h. Mi-septembre : Journées européennes du Patrimoine. Octobre : Festival du film italien et Festival de la bande dessinée d'Ajaccio – Festa di a BD corsa.

■ **A CUPULATTA PARC DES TORTUES** ★★
RN193 ✆ 04 95 52 82 34
www.acupulatta.com
info@acupulatta.com
A 20 km d'Ajaccio direction Bastia, sur la Nationale 193/T20.

Fermé du 12 novembre au 30 mars. Basse saison : ouvert tous les jours et les jours fériés de 10h à 17h30. Haute saison : tous les jours et les jours fériés de 9h à 19h. De novembre à mars, possibilité de visite sur réservation. Gratuit jusqu'à 4 ans. Adulte : 11,50 €. Enfant (de 5 à 11 ans) : 8,50 €. Chèque Vacances. Visite guidée (sur demande). Restauration (buvette, snacking, glaces). Boutique. Animations. Durée de la visite 1h30. wi-fi zone. Parking. Animaux acceptés.

Le parc A Cupulatta (la tortue en corse), créé en 1998, est le royaume des tortues qu'elles soient aquatiques ou terrestres. Ici, elles sont soignées par une équipe de passionnés. Le parc permet de découvrir des espèces rares, leur mode de vie, de reproduction, leur alimentation… Plus de 3 000 tortues sont présentées, avec 170 espèces différentes, originaires de tous les continents, de la tortue étoilée d'Inde à la tortue à tête rouge d'Amérique du Sud en passant par la tortue géante des Galapagos ou la très impressionnante tortue alligator. La cité enregistre chaque année de nombreuses naissances. C'est le premier parc du genre en Europe. Boutique de vente de produits sur le thème de la tortue, snack-bar, coin pique-nique ombragé et chemins de visite brumisés au plus fort de l'été !

Le couvert

■ **LE 20123**
2, rue du Roi-de-Rome
✆ 04 95 21 50 05
www.20123.fr
contact@20123.fr

Ouvert toute l'année. Basse saison : du mardi au dimanche et les jours fériés le soir. Haute saison : tous les jours et les jours fériés le soir. Réservation recommandée. Menu unique à 36 € (2 entrées, 1 plat, fromage et dessert). Vin au verre. CB non acceptée. Accueil des groupes (sur demande). Chaises bébé. Terrasse. Animations. Accès Wifi, salle climatisée.

Pas une ride et aucune lassitude pour ce fameux 20123 qui passe les années en se patinant avec bonheur. Le restaurant, en plein centre de la ville, reste ici toujours d'actualité et le concept toujours aussi attractif. Carte des vins corse et quelques continentaux. A découvrir sur les grandes tablées : la charcuterie artisanale, l'indémodable ragoût de veau corse aux olives, les tripetti fraîches à la mode corse, qui déplacent les foules, et l'indétrônable crème à la farine de châtaigne. Quatre belles salles et une terrasse au calme pour un dépaysement total et la bonne surprise viendra des chanteurs locaux qui fréquentent régulièrement les lieux entonnant en chœur chants et guitares improvisés pour agrémenter les soirées toujours joyeusement animées.

■ **LE BILBOQ CHEZ JEAN-JEAN**
2, rue des Glacis
✆ 04 95 51 35 40
lebilboq@voila.fr

Fermé d'octobre à février. Ouvert tous les jours et les jours fériés le soir. Réservation impérative. Carte : 70 € environ. Formule : 55 € (langouste aux spaghetti). Langouste grillée ou pochée : 12 € les 100 g. CB non acceptée. Accueil des groupes. Terrasse. Animations.

M. Jean-Baptiste Vero est le maître de céans. Jean-Jean, comme ses amis l'appellent ou ceux qui se souviennent de ses talents de boxeur, est un personnage de la ville. Sachez qu'il s'agit là du virtuose incontesté ès poissons et crustacés. Il voue sa vie de restaurateur en osmose totale avec les pêcheurs du golfe d'Ajaccio et de ses environs. Laissez-vous aller devant cette assiette de langouste aux spaghettis ou de cette langouste grillée, régalez-vous d'un denti, d'une dorade, d'une araignée de mer, de la succulente bouillabaisse. Le rencontrer est en soi une découverte, goûter sa cuisine une révélation, mais pour cela mieux vaut réserver. Ici on se permet d'afficher « fermé pour cause de mauvaise mer » car l'on a toujours la garantie de se voir servir un produit de la pêche du jour. Une petite terrasse adorable et deux grandes salles pour les jours de mauvais temps, où l'on pourra contempler les photos souvenirs de tous, amis et Jean-Jean.

BISTRO CANAILLE
20, Saint-Charles
© 06 48 00 10 51
bistrocanaille2a@gmail.com

Fermé de novembre à mars. Haute saison : ouvert tous les jours le midi et le soir. Réservation recommandée. Carte : 29 € environ. Menu enfant : 10 €. Plat du jour : 15 € (avec le café). Vin au verre. Chèque Restaurant. Terrasse. Service en extérieur uniquement.

Une bouffée d'oxygène sur la place de la cathédrale que ce petit Bistro Canaille tout juste ouvert et déjà plébiscité. Damien au service et Richard le chef ont lancé leur concept fort orignal dans le monde de la restauration ajaccienne. Une plaisante terrasse à l'ombre des palmiers ou des parasols, une carte à l'ardoise qui varie en fonction du marché, des tarifs justes et une belle satisfaction à la fin du repas. On y choisira sans peur un tartare de bœuf minute, l'assiette du pêcheur, le club Canaille (un repas à lui seul) et une feuilleté citron vert et sa crème de basilic. Belle initiative à surveiller de près.

LE BOSCO
Vieille ville
10, rue Conventionnel-Chiappe
© 04 95 21 78 58
lebosco2a@gmail.com

Ouvert toute l'année. Service midi et soir, fermé le lundi Hors saison. Menus corse ou mer : 25 €, menu enfant : 8,50 €, carte : 40 €. Formule du midi : 18 €. Vin au verre. Terrasse.

Claire et François Santarelli pilotent ce petit restaurant caché dans la vieille ville, entre la rue Bonaparte et celle du roi de Rome. Une jolie terrasse sur la piazzetta à la fraîche, une petite salle pour l'hiver, et une carte de dimension raisonnable, gage de sincérité et les inévitables menus Corse ou mer proposés à prix doux. Madame en cuisine assisté de son nouveau chef Yannick Allard, expatrié de son Nord natal, monsieur en maître d'hôtel pour apprécier cette adresse gourmande. Cuisine maison du marché adaptée aux saisons, suggestions de la pêche locale et de belles découvertes à l'ardoise ou à la carte.

CASA PASTA
Espace Santa-Lina
Route des Sanguinaires
D111
© 04 95 50 16 82
marycci@hotmail.fr

Ouvert toute l'année. Haute saison : tous les jours et les jours fériés le midi et le soir. Hors saison, ouvert du mardi soir au dimanche soir. Réservation recommandée. Menu unique à 22 € (menu corse). Carte : 27 € environ. Formule : 16 € (entrée+plat+boisson). Vin au verre. Chèque Vacances, Chèque Restaurant. Chaises bébé. Jardin. Terrasse. Vente à emporter. Animations. Karaoké sauf en été. Salle climatisée.

Un petit restaurant un peu caché au milieu du jardin de Santa-Lina, tenu depuis 5 ans par Marylin et Richard Sabbagh. On y profitera d'une situation au calme avec quelques tables sur gazon et d'une petite salle coquette pour profiter de l'établissement toute l'année. Une formule et un menu à prix doux, une carte avec quelques recettes identitaires, les pizzas à pâte fine et un accueil sympa pour ne rien gâcher. Quelques soirées thématiques ou karaoké.

CÔTÉ PORT
Port Charles-Ornano
© 04 95 10 85 75 / 06 22 07 25 29
www.coteport.com
jean-toussaint.paoletti@wanadoo.fr
1 km du centre et 300 m
du port de commerce.

♿

Maître Restaurateur. Ouvert toute l'année. Du lundi au samedi et les jours fériés le midi et le soir (dernier service à 23h). Réservation recommandée. Carte : 35 € environ. Plat du jour : 12,50 €. Vin au verre. Chèque Restaurant. Chaises bébé. Terrasse. Vente à emporter.

Une adresse coutumière tenue par les deux frères Paoletti, Alphonse et Jean-Tou, qui tiennent bien la barre de cette adresse marine, au milieu du quai d'honneur de l'amirauté. Maître restaurateur depuis 2009, la clientèle locale ne s'y trompe pas en fréquentant les lieux assidûment. On y profite d'une belle carte méditerranéenne basée sur les produits frais de saison élaborée par le chef Stéphane Cellier qui pilote la cuisine depuis huit ans. Aucune monotonie dans les suggestions autour de la carte qui évolue au gré des saisons. Grande terrasse au calme et ensoleillée, un service dynamique et pro, et l'addition toujours digeste. Côté pratique : le port est à un jet de pierre et l'on pourra y manger rapidement l'une des 15 pizzas avant d'embarquer.

LA MAISON
9, rue Zevaco-Maire © 04 95 10 45 59
casanova.simone@orange.fr

Ouvert toute l'année. Haute saison : du lundi au samedi et les jours fériés le midi et le soir. Fermé le samedi midi et dimanche. Réservation recommandée. Carte : 38 € environ. Suggestion du jour : 26 € (poisson du jour). American Express, Chèque Restaurant. Accueil des groupes. Terrasse.

Une table originale à plusieurs titres... La Maison porte bien son nom, bâtisse de la famille Casanova, au cœur du vieil Ajaccio, avec ses deux salles à manger climatisées pour les mauvais jours et sa longue terrasse sur le minuscule trottoir où, heureusement, peu de voitures passent. En cuisine, la fameuse Marie-Rose, qui nous mitonne chaque jour ses petits plats typiques ajacciens (les seiches en sauce, les anémones de mer juste frites, les beignets de bianchetti, les cannelloni au brocciu...) Ici, pas besoin de lire la carte, on se fiera aux conseils de Dumé, qui vous conseillera au mieux, dans le choix des propositions du jour, garanties fraîcheur. On s'y retrouvera, dans la bonne humeur, au milieu des Ajacciens dont on peut dire que c'est leur cantine.

■ DA MAMA

Passage Guinguette
✆ 04 95 21 39 44
servicegroupe@damama.fr
Entre le cours Napoléon et la rue Fesch, à côté du cinéma Laetitia.

Fermé de janvier à février. Basse saison : ouvert du mardi au samedi et les jours fériés le midi et le soir. Haute saison : tous les jours et les jours fériés le midi et le soir. Fermé le lundi midi et le dimanche midi, en été. Fermé le dimanche et lundi midi hors saison. Réservation recommandée. Menus de 12 € à 29 €. Carte : 35 € environ. Menu enfant : 8 €. Formule du midi : 12 €. Vin au verre. Chèque Vacances, Chèque Restaurant. Chaises bébé. Terrasse. Salles climatisées.

Pas une ride pour cette jolie grand-mère qui, sans silicone ni Botox, vieillit à merveille. Danielle et Manu Vasquez, la seconde génération de l'établissement, ont su le faire grandir et prospérer. Bien caché, entre le cours Napoléon et la rue Fesch, on y descend avec plaisir, à la fraîche, sous son grand caoutchouc pour y savourer quelques spécialités bien pensées et copieusement servies. Les locaux s'y attablent toute l'année et le touriste curieux ne sera pas déçu. Au programme des réjouissances : l'assiette de prisuttu, le fameux jambon corse, une salade de Saint-Jacques tiède, une soupe maison de poissons, le magret de canard au miel AOC et, si l'appétit est suffisant, une crème brûlée à la châtaigne. Un succès constant qui ne leur monte pas à la tête. On pourra même sur commande profiter d'une bouillabaisse, d'une paella, et même d'une langouste grillée. Bons menus à petits prix, même en haute saison !

■ A NEPITA

Quartier du tribunal
4, rue San-Lazaro
✆ 04 95 26 75 68
anepita@sfr.fr

Fermé en août. Ouvert du lundi au mercredi le midi ; le jeudi et le vendredi le midi et le soir ; le samedi soir. Réservation impérative. Menu unique à 32 €. Carte : 25 € environ. Formule du midi : 15 €. Vin au verre. Chèque Restaurant. Accueil des groupes (30 places maxi).

Initiative courageuse, à deux pas du tribunal, que cette Nepita (le thym de nos montagnes), créée par Julien Attardo et le chef Simon Andrews, Anglais immigré depuis plusieurs années sur l'île et qui fut distingué d'un Macaron dans un restaurant de la route des Sanguinaires. Une formule attractive, basée sur un menu-carte journalier où chacun trouvera son bonheur au gré de son appétit. Le chef s'occupe chaque matin du marché pour choisir de valoriser les produits locaux, tout en cuisine-minute. Malgré sa situation un peu cachée, l'adresse à déjà pris ses lettres de noblesse et l'Ajaccien gourmet a bien de la chance de pouvoir en profiter. Un seul regret : l'adresse est fermée au mois d'août !

■ LA PAILLOTE DE CALA DI SOLE

D111
Route des Sanguinaires
✆ 04 95 52 01 36
www.caladisole.fr
hotelcaladisole@gmail.com

Fermé du 15 septembre au 15 juin. Ouvert tous les jours et les jours fériés le midi et le soir. Service non-stop en août le week-end. Réservation recommandée. Carte : 40 € environ. Menu enfant : 8,50 €. Formule du midi : 17,50 €. Vin au verre. Chaises bébé. Jardin. Terrasse. Vente à emporter. Animations. Plage aménagée. Service navette terrestre et maritime.

Un superbe restaurant de plage que l'on a presque honte de mettre en avant tant on souhaiterait qu'il reste secret. Cette jolie baracca, tenue depuis plus de 30 ans par la famille Benas, a fait sa mue avec élégance pour offrir plus de confort à sa clientèle de fidèles connaisseurs. On y vient dès les beaux jours profiter d'une douce ambiance, d'une cuisine de belle tenue à des tarifs plus qu'honorables. Poissons ou langoustes, servis sous la grande terrasse ou même sur la plage, à la lueur de bougies. Accueil adorable de Jany et service impeccable pour repartir

heureux. Transats et parasols pour digérer à l'ombre. Vivier à langoustes et poissons de la petite pêche locale.

■ PAILLOTE DU SCUDO

D111
Route des Sanguinaires
Plage du Scudo
✆ 04 95 71 29 03
✆ 06 24 33 82 61
www.pailloteduscudo.com
jeanjacques.delfini@neuf.fr

Ouvert de mi-mai à mi-septembre. Ouvert tous les jours et les jours fériés le midi et le soir. Petit dejeuner 9 € de 8h à 11h. Transat et parasol 13 €/jour. Réservation recommandée. Carte : 36 € environ. Menu enfant : 10 €. Suggestion du jour : 24 € (terre ou mer). Vin au verre. Accueil des groupes. Terrasse. Animations. wi-fi zone, parking et taxi sur reservation.

Juste après la villa de Tino Rossi, on découvre la fameuse Paillote le Scudo, accrochée sur les rochers dominant une crique intimiste. C'est l'endroit sympa, à la mode, où se retrouve le tout Ajaccio, qui vient ici du matin jusqu'à tard dans la nuit. On profitera des transats et parasols, de grandes salades-repas le midi, d'apéritifs endiablés, qui se poursuivent avec produits de la mer, grillades et pizzas. On finira la soirée au son des musiques à la mode distillées par le DJ résident du jeudi au samedi. Réservation recommandée pour les transats, et surtout pour les tables posées sur le sable au ras des flots.

■ PAILLOTE TAHITI BEACH CAFÉ

Plage du Ricanto
✆ 04 95 27 33 75
www.tahiti-beach-cafe.fr
contact@tahiti-beach-cafe.fr
A 5 km du port de commerce
et 2,4 km de l'aeroport

Fermé de novembre à janvier. Soirées piano-bar le mercredi, DJ et concerts Live le samedi. Basse saison : ouvert tous les jours et les jours fériés le midi. Haute saison : tous les jours et les jours fériés le midi et le soir. Snaking en non stop en été. Réservation recommandée. Carte : 36 € environ. Menu enfant : 8,50 €. Plat du jour : 12 €. Vin au verre. Transats et plage aménagée 12 € la journée. Chèques non acceptés. Chèque Restaurant. Chaises bébé. Jardin. Terrasse. Vente à emporter. Animations. wi-fi gratuit, parking privé. Petit-déjeuner 6,50 €.

Une jolie paillote, présente sur la plage du Ricanto. On y vient presque toute l'année y déguster les oursins, «i zini» en Corse, l'hiver et dès les beaux jours, les spécialités terre et mer du chef. Monsieur Paul. Belle terrasse face à la grande bleue, un coin lounge pour les soirées et une carte qui satisfera tout un chacun. Plage aménagée de transats et parasols et même une douche pour se dessaler ! En bonus : le statut de maître restaurateur et fait maison, une première pour une paillote en corse. Bravo !

■ PAILLOTE LE GOÉLAND

Plage de la terre sacrée
Route des Sanguinaires
D111
✆ 04 95 52 03 82
legoeland-ajaccio.com
phrgo60@aol.com
À 6km du centre ville.

Fermé d´octobre au 15 avril. Haute saison : ouvert tous les jours et les jours fériés le midi (dernier service à 15h) et le soir (dernier service à 22h). Réservation recommandée. Carte : 26 € environ (le midi, 36 € le soir). Menu enfant : 9,80 €. Plat du jour : 13,50 €. Vin au verre. Pizza le soir uniquement. CB non acceptée. Chèque Restaurant. Chaises bébé. Jardin. Terrasse. Vente à emporter. wi-fi gratuit, 2 transats et parasol 17 €/jour.

Paul-Henry tient sa jolie paillote depuis plus de 25 ans pour le plus grand plaisir des nombreux habitués. On y vient dès les beaux jours pour profiter de sa situation au calme, face aux îles Sanguinaires et apprécier les deux cartes, l'une du midi avec ses transats et parasols sur le sable, l'autre du soir, plus gourmande grâce aux talents du chef pour des soirées romantiques. Tarifs justes, service dynamique, grand parking et même un espace volley ou footy-volley pour les sportifs. Nouveauté : autour du coin lounge, les apéro dînatoires tous les soir.

CHEZ PECH

Route des Sanguinaires
Lieu-dit Barbicaja
✆ 04 95 52 00 90
www.restaurant-pech-ajaccio.fr
evapresle@hotmail.fr

Fermé du 1er décembre au 23 janvier. Ouvert du mardi au dimanche et les jours fériés le midi et le soir. Fermé dimanche soir et lundi. Réservation recommandée. Menu unique à 26 €. Carte : 42 € environ. Menu enfant : 10 €. Formule du midi : 16 € (du mardi au vendredi). Vin au verre. Chaises bébé. Jardin. Terrasse. Salle climatisée.

Une situation exclusive pour la table d'Eva et Paulo Amaro, professionnels de la restauration bien connus des locaux. On y apprécie le service de haute volée qui met en valeur la cuisine marine du nouveau chef Ludovic Debailleul, le Varois corsisé de longue date, à base de poissons de la pêche locale. A savourer dans la grande salle panoramique, doublée d'une terrasse ombragée juste au-dessus de la plage. Pour ne rien gâcher, la qualité est au rendez-vous tout au long de l'année. Pour le petit plus, on pourra y même y dormir juste en dessous, au ras des flots dans de sympathiques petits appartements à la vue imprenable. Certainement l'un des meilleurs prix-prestations de la région ajaccienne.

■ LA ROTONDE

D111
10, boulevard Pascal-Rossini
✆ 04 95 50 40 65
casinoajaccio@sfr.fr

♿

Ouvert toute l'année. Du mardi au samedi le soir (dernier service à 0h). Salle climatisée. Réservation recommandée. Carte : 35 € environ. Vin au verre. Animations. Soirées musicales DJ et musique live.

Le restaurant du casino se remarque d'emblée par un style étonnant. Une belle salle sous une coupole de verre et de métal, un décor délicatement étudié, une cuisine délicieusement fine, inspirée de la tradition française et des cuisines du monde, le tout couronné par l'inspiration du chef. Ses plats privilégient la qualité de produits locaux et la fraîcheur des produits de saison : filet de Saint-Pierre à la plancha, tournedos de thon au foie gras, filet mignon de veau aux pépites de foie gras et girolles. Belle carte des desserts : chaud-froid de nems fourrés à la banane et au chocolat, pain perdu aux pommes poires sauce caramel, chocolat blanc et cannelle.

■ LE SAINT-PIERRE

Hôtel Stella di Mare
Route des Sanguinaires
D111
✆ 04 95 52 01 07
www.hotel-stelladimare.com
info@hotel-stelladimare.com
A 6 km du centre-ville, accès par bus n°5.

♿

Fermé de novembre au 15 mars. Ouvert tous les jours et les jours fériés le midi et le soir. Réservation recommandée. Menu unique à 25 €. Carte : 38 € environ. Menu enfant : 9,50 €. Suggestion du jour : 18 €. Vin au verre. Chèque

Vacances. Chaises bébé. Terrasse. Animations. Soirées musicales chaque vendredi en été.

Au milieu de la route des Sanguinaires, dans l'enceinte de l'hôtel de la famille Dellepiani, on profitera d'un emplacement de choix, au-dessus des flots. On y retrouve tous les habitués qui fréquentent les lieux assidûment pour profiter du menu ou de la carte méditerranéenne et surtout d'une joyeuse ambiance de vacances. L'immense terrasse ombragée s'anime dès l'apéritif des effluves musicales de qualité. Grand parking, la piscine et la plage en prime pour en repartir et y revenir !

■ LA TRATTORIA
30, cours Grandval
✆ 04 95 76 30 71
la.trattoria2a@gmail.com

Fermé du 28 juillet au 8 août. Ouvert du lundi au samedi. Fermé le lundi soir et le samedi midi sauf l'été. Réservation recommandée. Carte : 39 € environ. Menu enfant : 8 €. Formule du midi : 17 €. Vin au verre. Chèque Restaurant. Chaises bébé. Terrasse. Vente à emporter.

Alex et Yannick, deux jeunes professionnels courageux, se sont lancés à leur compte depuis 3 ans avec leur Trattoria qui fait un malheur auprès des locaux. La formule est toute simple mais bien faite : une carte italienne de qualité, préparée par le chef Romain Carpentier à base de produits frais et cuisinés minute. Un super rapport qualité-prix de la pizza aux antipasti en passant par les risotti et les petits desserts maison de Laurent. Petite terrasse et salle cosy à réserver pour en profiter.

Le gîte

CALA DI SOLE***
D111
Route des Sanguinaires
✆ 04 95 52 01 36
www.caladisole.fr
hotelcaladisole@gmail.com

Fermé du 15 octobre à mars. Accueil 24h/24. 31 chambres. Chambre simple à partir de 93 € ; chambre double jusqu'à 260 €. Petit déjeuner buffet : 14 €. Lit supplémentaire : 40 €. Parking fermé inclus (auto et moto vidéo surveillance). Lit et petit déjeuner enfant moins de 4 ans offert. American Express. Garde d'enfants. Animaux acceptés (8 €). Séminaires. Réceptions et mariages. Poste Internet. Connexion Internet gratuite. Wifi gratuit. Restauration (de juin à septembre, midi et soir carte 40 €. Formule midi 17,50 €. Menu enfant 8,50 €). Animations. Excursions (promenades en mer dans le golfe d'Ajaccio).

Situation de choix pour cet hôtel historique, installé en balcon depuis 1960 au-dessus de sa crique éponyme. On y apprécie la décoration raffinée des chambres en rez-de-mer, dans une ambiance très zen et cosy qui met en valeur la qualité du site. Au 1er étage, de grands balcons pour chacune des chambres pour apprécier encore plus la vue sur les îles Sanguinaires. La nouvelle génération Benas apporte un vent de nouveautés dans tout l'établissement. La situation est toujours aussi idyllique, les pieds dans l'eau, face aux îles Sanguinaires et toutes les prestations sont au rendez-vous : sa plage aménagée exclusive, avec transats, matelas et parasols, service de location de bateaux et Jet-Skis et un restaurant sur le sable, La Paillote, digne de tous les éloges. En bonus : la piscine d'eau de mer découvrable à loisir.

DOLCE VITA****

D111
Route des Sanguinaires
✆ 04 95 52 42 42
www.hotel-dolcevita.com
resa@hotel-dolcevita.com
A 9 km du centre-ville.

Fermé du 11 novembre au 1er avril. Membre du cercle des Grandes Maisons Corses. Accueil 24h/24. 32 chambres (dont 2 suites entièrement rénovées). Chambre double de 220 € à 460 € ; suite de 360 € à 480 €. Petit déjeuner : 11 € (24 € en buffet). Parking ouvert inclus (auto et moto surveillé). Lit supplémentaire enfant (3-12 ans) : 55 €, à partir de 12 ans : 105 €. American Express. 2 chambres aménagées. Garde d'enfants. Animaux acceptés (30 € sur demande). Séminaires. Réceptions et mariages. Poste Internet. Connexion Internet gratuite. Wifi gratuit. Restauration (service de restauration légère et room service en continu de 12h à 20h).

Construit en 1963, l'hôtel cache bien son âge. Plusieurs rénovations ont redonné des couleurs à ce bâtiment de deux étages aux murs roses, coincé entre la route et la mer. L'hôtel a gagné en cachet. Les moucharabieh des fenêtres lui donnent un petit air mauresque. Carrelage beige et marron au sol, une pelouse propre dans le jardin et des massifs d'hortensias. Dans un coin, une petite piscine avec plongeoir. A l'intérieur, le style est étudié. Des objets choisis comme cette tortue géante ou ce buste de Napoléon. Hôtel mythique pour ses soirées de prestige, qui ont attiré les personnalités les plus en vue dans les années 1970, le Dolce Vita se veut toujours lieu de villégiature à part, chic et discret, où se mêle désormais une clientèle d'habitués. On vient ici comme dans une maison de famille, dans laquelle on se sent bien. Le tout rythmé par un service impeccable et un accueil chaleureux.

GÎTES DE FRANCE CORSE

77, cours Napoléon
BP10
✆ 04 95 10 54 30
www.gites-corsica.com
infos@gites-corsica.com

Gîtes de France. Ouvert toute l'année. Chèque Vacances.

Gîtes de France Corse propose plus de 1350 hébergements en Corse. La plus connue est la chambre d'hôtes, proposée à la nuitée avec petit déjeuner. C'est une chambre chez l'habitant, avec un accueil personnalisé et de qualité. Le gîte est, quant à lui, un appartement ou une maison louable au week-end, à la semaine ou plus, et situé à la mer, à la campagne, à la montagne ou dans des villages. Existe aussi le gîte de groupe. Il est caractérisé par sa capacité d'accueil de groupe. Son principal atout est d'être situé à moins de 2 km d'un itinéraire de randonnée, ce qui lui vaut son nom. Vous pourrez aussi pratiquer le camping à la ferme ou en aire naturelle. Sérénité, environnement préservé et accueil chaleureux seront au rendez-vous. Un accueil de qualité qui instaure un lien privilégié avec l'exploitant. Enfin, la formule City Break par Gîtes de France a fait son apparition. La qualité et la convivialité caractérisant les Gîtes de France sont toujours au rendez-vous mais l'offre est située en pleine ville, pour profiter pleinement des attraits et animations. Réservez également, auprès de leurs services, vos billets d'avion, billets de train, traversées en ferry, locations de voiture et activités découverte, sportives ou culturelles sur place.

IBIS BUDGET AJACCIO**

La Rocade
Rue des Magnolias
Budiccione
✆ 04 95 78 70 82

h8442@accor.com
A 3 km du centre ville.

Ouvert toute l'année. Accueil 24h/24. 80 chambres. Chambre double à partir de 48 € ; chambre triple jusqu'à 132 €. Petit déjeuner buffet : 6,15 €. Parking ouvert inclus (et espace moto). 10 % de remise pour réservation en ligne à – 15 jours. American Express, Chèque Vacances. Animaux acceptés (5 €/jour). Poste Internet. Wifi gratuit.

Une ouverture bienvenue dans le paysage hôtelier ajaccien que cet Ibis à l'entrée de la ville. Une belle structure fonctionnelle sur 3 niveaux, pratique d'accès pour le port et l'aéroport avec ses chambres au standard du nouveau classement et des tarifs toujours justes en toutes saisons. En prime : un grand parking juste à côté du Multiplex Cinéma et les restaurants, et fast-food mitoyen. Véhicule conseillé.

■ **KALLISTE****
51, cours Napoléon
✆ 04 95 51 34 45
www.cyrnos.net
info@hotel-kalliste-ajaccio.com

Ouvert toute l'année. Accueil 24h/24. 62 chambres. Basse saison : chambre triple jusqu'à 126 €. Haute saison : chambre simple à partir de 48 €. Petit déjeuner buffet : 9 €. Garage : 15 € (auto, moto gratuit). Franchise Rent a Car et Corsica Moto Rent et service de change. Chèques non acceptés. Chèque Vacances. Poste Internet. Connexion Internet gratuite. Wifi gratuit. Tv satellite, Canal +.

Un hôtel qui bouge dans un immeuble typique du centre-ville datant de 1864, dont l'architecture a été mise en valeur par une rénovation de qualité. Chambres sobres, mais tout confort. La cage d'escalier avec son ascenseur vitré est magnifique et dessert des couloirs aux murs de briques et de pierres de taille. La salle du petit déjeuner est superbe. Possibilité de parking à proximité (dont un parking moto spécifique à l'hôtel), service de location de voitures, de scooters et de motos sur place, laverie automatique... Il vaut mieux réserver ! Assurément le meilleur rapport qualité-centralité-prix de la ville.

■ **MARENGO****
2, rue Marengo
✆ 04 95 21 43 66
www.hotel-marengo.com
hotel-marengo@orange.fr
A 30 m de la plage et 1 km du centre.

Fermé de novembre à mars. Accueil jusqu'à 20h. 18 chambres. Chambre double de 67,80 € à 97,80 € ; chambre triple de 100,80 € à 120,80 €. Petit déjeuner : 8,50 € (9,50 € en chambre). Parking ouvert inclus (moto). Sanitaires partagés. 5 chambres. American Express, Chèque Vacances. Animaux acceptés (5 €). Wifi gratuit.

Proche de la plage Trottel et du quartier Albert Ier, une petite maison de charme sur trois niveaux, au fond d'une impasse, aménagée en de confortables chambres climatisées, la plupart avec un balcon, certaines donnant sur un petit jardin bien agréable en été pour prendre son petit déjeuner au soleil. L'hôtel étant prisé, la réservation est chaudement recommandée. Accueil toujours charmant de Marie et Pierre-Gilles, et belle décoration personnalisée en prime.

LES MOUETTES****
9, cours Lucien-Bonaparte
✆ 04 95 50 40 40
www.hotellesmouettes.fr
info@hotellesmouettes.fr

Fermé du 2 novembre 2015 au 23 mars 2016 inclus. Accueil jusqu'à 22h. 24 chambres et 3 suites junior. Chambre double à partir de 115 € ; suite à partir de 345 €. Petit déjeuner buffet : 20 €. Lit supplémentaire : 60 €. Parking fermé inclus (auto et moto sécurisé). 1 chambre adaptée. Garde d'enfants. Animaux acceptés (20 € sur demande). Séminaires. Poste Internet. wi-fi gratuit. Restauration (légère). Tv satellite. Bain bouillonnant. Spa (hammam et massages sur le toit-terrasse de l'hôtel).

Cette sublime demeure de charme, idéalement placée au début de la route des Sanguinaires, renoue avec le succès depuis le changement de ses propriétaires et sa rénovation complète en 2007. Cette maison du XIXe siècle est décorée dans le pur esprit riviera. Le dynamisme et le professionnalisme sans prétention de la nouvelle équipe, dirigée par la famille Pieri, placent désormais l'établissement parmi les toutes meilleures adresses du golfe d'Ajaccio. On y apprécie tout particulièrement le caractère unique des vues sur le golfe d'Ajaccio, la beauté de ses terrasses ombragées, la piscine, le bain bouillonnant et la petite plage intimiste, ainsi que le service discret et attentionné de tout le personnel, disposé à rendre votre séjour inoubliable.

■ **NAPOLÉON*****
4, rue Lorenzo Vero
✆ 04 95 51 54 00
www.hotel-napoleon-ajaccio.com
info@hotel-napoleon-ajaccio.com

Ouvert toute l'année. Accueil 24h/24. 62 chambres. Chambre simple à partir de 69 € ; chambre double jusqu'à 123 €. Demi-pension : 16 € (repas avec restaurants partenaire). Petit déjeuner buffet : 11 €. Lit supplémentaire : 20 €. Garage : 10 € (et 5 € moto sur réservation). American Express, Diners Club, Chèque Vacances. Animaux acceptés (5 €). Poste Internet. Connexion Internet gratuite. Wifi gratuit. Restauration. Tv satellite, Canal +.

Un hôtel chic dans une petite rue au calme, perpendiculaire au cours Napoléon, juste derrière la Poste centrale. L'établissement, régulièrement entretenu, dispose de chambres confortables, bien insonorisées et climatisées et les emblèmes napoléoniens sont omniprésents dans tout l'hôtel. Bon accueil, bons petits déjeuners copieux et garage privé (à réserver) pour auto et moto. Un bon rapport qualité-prix.

LA PINÈDE***

Barbicaggia
Route des Sanguinaires
© 04 95 52 00 44
www.la-pinede.com
hotellapinede@wanadoo.fr

Fermé du 12 décembre au 12 janvier. Accueil 24h/24. 39 chambres (dont une suite/appartement et une villa de charme pour 8 personnes). Haute saison : chambre double à partir de 85 € ; chambre triple à partir de 119 € ; studio / appartement à partir de 130 €. Petit déjeuner buffet : 12 €. Parking ouvert inclus (garage auto 10 €, moto 5 € avec surveillance vidéo). Prêt gratuit de vélos de mai à octobre. American Express. 2 chambres adaptées. Séminaires. Poste Internet. Wifi gratuit. Tv satellite, Canal +. Excursions.

Une vraie petite oasis de verdure, idéalement placée, face à l'une des plus belles plages d'Ajaccio. La Pinède a su évoluer progressivement pour atteindre un niveau d'excellence dans sa catégorie. Belles chambres spacieuses où l'on choisira en premier côté mer, pour ses terrasses. Un espace piscine jardin très bien entretenu et une ambiance zen et «cool» pour de vraies vacances. Une politique tarifaire bien adaptée et, pour le côté pratique, l'ascenseur pour les trois niveaux, la salle de réunion si vous voulez travailler, le home cinéma et le garage auto et moto pour la sécurité.

SPUNTA DI MARE**

Quartier Saint-Joseph
© 04 95 23 74 40
www.hotel-spuntadimare.com
hotelspuntadimare@wanadoo.fr
A 200 m de la plage du Lazaret et 3 km du centre-ville.

Fermé du 20 décembre à janvier. Accueil 24h/24. 59 chambres. Chambre simple à partir de 55 € ; chambre double à partir de 62 € ; chambre triple à partir de 102 €. Demi-pension : 96 € (pour 2 en basse saison). Petit déjeuner buffet inclus. Lit supplémentaire : 20 €. Garage inclus (moto et parking ouvert sécurisé). Chèques non acceptés. American Express, Chèque Vacances. Animaux acceptés (5 €). Séminaires. Poste Internet. Wifi gratuit. Restauration (menu 18 €, menu enfant 8,50 €, carte 26 €, ouvert d'avril à octobre le soir uniquement). Canal +.

Une étape agréable à l'entrée sud de la ville qui a su évoluer progressivement pour atteindre un bon niveau de prestations. A la fois proche du port et de l'aéroport, le voyageur y trouvera des chambres confortables, décorées avec bon goût et tous les services dignes de son classement. Pour la touche finale, on y découvrira un beau solaruim sommital face à la baie d'Ajaccio.

STELLA DI MARE***

D111
Route des Sanguinaires © 04 95 52 01 07
www.hotel-stelladimare.com
info@hotel-stelladimare.com
A 6 km du centre-ville. Accès bus n°5.

Fermé de novembre à mars. Accueil jusqu'à 0h. 60 chambres. Chambre double à partir de 70 € ; chambre triple jusqu'à 160 €. Demi-pension : 130 € (pour 2 en basse saison). Petit déjeuner buffet : 13 €. Lit supplémentaire : 20 €. Parking ouvert inclus (auto et moto sécurisé par vidéosurveillance). Gratuit moins de 2 ans. Lit bébé 12 €. American Express, Chèque Vacances. 3 chambres adaptées. Garde d'enfants. Animaux acceptés (10 €). Séminaires. Réceptions et mariages. Poste Internet. Wifi gratuit. Restauration (menu 28 €, menu enfant 9,50 €, carte 38 €). Animations.

Belle montée en puissance pour cet hôtel pavillonnaire les pieds dans l'eau qui s'est bien amélioré pour obtenir ses trois étoiles, justement méritées. Les chambres toutes redécorées sont d'un bon confort, climatisées, donnant directement sur la mer, la plupart avec de grandes terrasses face aux îles Sanguinaires. Au restaurant panoramique, une bonne cuisine méditerranéenne avec de grands espaces pour profiter d'une demi-pension attractive. La structure est bien équipée avec une piscine, un club de plongée, des activités nautiques, des jeux, la location de voitures, motos et VTT et même une jolie crique avec sa plage de sable fin ! Agnès et Pierre vous réservent toujours un accueil agréable. En prime, les talents de chanteurs et musiciens de toute la famille Dellepiani, qui anime les chaudes soirées de l'été.

Gîtes

■ **GÎTES DE FRANCE CORSE**
77, cours Napoléon
BP10
✆ 04 95 10 54 30
Voir page 374.

Chambres d'hôtes

■ **GÎTES DE FRANCE CORSE**
77, cours Napoléon
BP10
✆ 04 95 10 54 30
Voir page 374.

Loisirs

■ **AJACCIO ÉQUITATION**
Route de Campo dell'Oro
✆ 04 95 23 03 10 / 06 28 53 36 64
ajaccioequitation@wanadoo.fr
Ouvert toute l'année. Haute saison : du vendredi au mercredi et les jours fériés de 8h à 12h et de 14h à 21h. Ecole d'équitation cheval et poney-club. Chèque Vacances.
Cours et stages d'équitation de l'initiation à la compétition. Promenades à l'heure, demi-journée, journée, dans le maquis ainsi que sur la plage à partir de Pâques. Boutique de matériel équestre, vêtements. Les cours d'équitation sont sur place, tous niveaux, les baptêmes à partir de 2 ans. Les promenades à cheval sont également possibles ainsi que la pension des chevaux.

■ **ENTRE CIEL ET MER**
Afa
Favale ✆ 04 95 20 66 95 / 06 03 21 24 20
www.corse-rando-canyon.fr
entrecieletmer2a@gmail.com
Ouvert toute l'année. Sur réservation. Canyon à partir de 43 €, randonnée à partir de 15 €. CB non acceptée. Chèque Vacances.

Les plages d'Ajaccio

A Ajaccio, quand le mercure atteint la température idéale, on se rend à la plage. Chacun ayant « la sienne », car chaque plage a ses codes, ses gens, sa bande, son style, sa paillote. Le choix est large : le sable blanc de la baie d'Ajaccio s'étend sur des kilomètres. Les plages familiales sont en plein centre-ville : **Saint-François** et **Trottel** ou encore Mare e Sole pour les pique-niques.

Les plages branchées se trouvent sur la route des Sanguinaires : **Barbicaja**, avec ses restaurants pieds dans l'eau et puis **L'Ariane et Marinella** que l'on ne quitte l'été que le temps d'une douche pour revenir la nuit dîner sous les étoiles. Les sportifs, eux, préfèrent les plages de la **Terre Sacrée**, généralement avec un bon terrain de beach-volley. Des fauteuils de baignade « tiralo » sont mis à la disposition des personnes à mobilité réduite, sur 3 plages aménagées à cet effet : Ricanto, Trottel et Terre Sacrée.

Les amoureux d'exotisme se rendent à **Capo di Feno**, (les habitués disent «Capo») en voiture, à cheval ou même en bateau. Cette magnifique plage est la plage des «beautiful people» ajacciens, des surfeurs et (tout au fond de l'anse) des nudistes. Plus loin, la plage **de Lava** et sa tour génoise Pelusella, sur la commune d'Appieto. C'est ici que qu'aurait été découvert le «Trésor de Lava», des pièces d'or romaines de grande valeur. Faute de faire fortune, on y apprécie la jolie baie, le sable fin, les maîtres-nageurs et plusieurs clubs d'activités nautiques.

La Guardiola. Niveau requis : tous niveaux. Profondeur : 0 à 45 m. Situation : à 300 mètres de la côte, sur la route des Sanguinaires. Atouts : ensemble rocheux descendant jusqu'à 15 mètres environ avec un plateau entre 3 et 7 mètres ; idéal pour réaliser des baptêmes. Faune et flore : sars, girelles, poulpes, mustelles, murènes...

L'Isula. Niveau requis : tous niveaux. Profondeur : 18 à 45 m. Situation : 400 mètres de la côte sur la route des îles Sanguinaires en face de la plage de Barbicaja. Atouts : probablement l'une des plus belles configurations de site dans le golfe d'Ajaccio. C'est un énorme bloc rocheux posé sur le sable à 45 mètres donnant l'impression d'une île émergeant et remontant jusqu'à 18 mètres.

Le Dolmen. Niveau requis : tous niveaux. Profondeur : 18 à 45 m. Situation : 400 mètres de la côte sur la route des îles Sanguinaires en face de la plage de Barbicaja. Atouts : profondeur de 8 à 42 mètres. A environ 500 mètres de la côte sur la route des îles Sanguinaires. Deux pointes rocheuses espacées de quelques dizaines de mètres.

Le Scudo. Difficulté : niveau 2. Profondeur : de 20 à 44 mètres. Situation : à quelques centaines de mètres de la côte. Elle est en face de la propriété de Tino Rossi. Atouts : énorme bloc rocheux entre 22 et 42 mètres. Faune et flore : le bloc rocheux est couvert de gorgones rouges. On y trouve langoustes, chapons, murènes et congres. Des dentis et des sérioles apparaissent souvent en pleine eau.

E RAGNOLE
12, cours Lucien-Bonaparte
AJACCIO ✆ 04 95 21 53 55
✆ 06 08 47 25 51
www.eragnole.com
info@eragnole.com
Handicapés bienvenus. Pas de CB, Chèques Vacances acceptés. Ouvert toute l'année, tous les jours de 9h à 19h sauf en juillet et août de 8h à 22h. Tarifs : 55 € le baptême. Exploration à partir de 35 €. 185 € le forfait 5 plongées. Formation de niveau 1 à monitorat à partir de 280 €.
Club de plongée jeune et très dynamique situé sur la plage Trottel, en plein centre-ville. Possibilité de plongées d'exploration et de formations. Centre fédéral d'examens. Vente et location de matériel MARES. Direction : Christian Aragon BEES 2 et instructeur régional. 2 bateaux de 9 mètres 450cv et 500cv, pour 14 et 24 plongeurs. Agréé FFESSM, labellisé CMAS PADI. Centre NITROX. 8 moniteurs. Une douzaine de sites de plongée de 5 à 45 minutes de la mer. 2 sites de baptême : les Sette Nave ou la Guardiola.

ISULA PLONGÉE
Route des Sanguinaires
Plage de Cala di Sole
D111
AJACCIO ✆ 04 95 52 06 39
✆ 06 11 64 75 81
www.isula-plongee.com
p.vignocchi@orange.fr
Fermé de novembre à mars. Ouvert tous les jours et les jours fériés de 9h à 12h et de 14h30 à 18h. Fermé le dimanche hors saison. Baptême 50 €, exploration à partir de 36 €. Formation Niveau I à partir de 250 €. Formation enfant minimum 8 ans à partir de 185 €. Chèque Vacances. Agréé FFESSM, labellisé PADI. Chef de centre Jean-Pierre Vignocchi BEES 2, instructeur national. 2 bateaux de 7,50 m de 175cv et 250cv pour 15 et 18 plongeurs.
Une jolie petite structure dans un cadre idyllique, dirigée par Jean-Pierre Vignocchi qui propose aux amateurs de découverte subaquatique toute une pléiade de formules : d'un baptême à l'exploration à la carte et même des découvertes en randonnée palmée des îles Sanguinaires. Deux bateaux confortables et parfaitement équipés. Une bonne ambiance où se mélangent plongeurs locaux et touristes en mal de sensations. Accès à plus de 20 sites d'exploration et 4 sites à baptême dont celui de la grande île des Sanguinaires. En bonus : pas de portage de bloc et un espace sympa pour la détente après la plongée.

Fonds marins.

Patrice Clément, accompagnateur en moyenne montagne et qualifié canyon, organise depuis plus de 20 ans des escapades dans toute la Corse pour découvrir les plus beaux sites sauvages de l'île. Possibilités de sortie à la carte en canyon à partir de 3 personnes, sur réservation impérative, équipement fourni. A essayer de mai à octobre : la Riichiusa, Zoiccu, Pucaraccia pour les plus connus.

■ **COULEUR CORSE**
6, boulevard Fred-Scamaroni
✆ 04 95 10 52 83
www.canyon-corse.com
infos@couleur-corse.com
Ouvert toute l'année. Basse saison : du lundi au vendredi de 9h à 17h. Haute saison : du lundi au samedi de 9h à 17h. Sortie journée Canyon de 40 à 50 €, séjours randonnées accompagnées ou en liberté, stage semaine en kayak de mer, VTT sportif et multi-activités. Chèque Vacances.
Laetitia Pietri et Manu Rioualec ont fondé Couleur Corse, leur agence spécialisée dans l'organisation de séjours de pleine nature. A l'écoute des marcheurs, ils conçoivent des circuits sur mesure. Succès aidant, Couleur Corse a prospéré et Myriam, Bertrand et Cédric sont venus compléter l'équipe. Aujourd'hui, c'est un groupe d'amis habitant sur l'île et des passionnés de la montagne qui connaissent parfaitement le terrain et peuvent concevoir le circuit le mieux adapté à vos attentes. Couleur Corse programme des randonnées itinérantes pour permettre aux couples, aux petits groupes et aux randonneurs individuels de découvrir les plus beaux sites de nature. Spécialiste de la randonnée en liberté ou accompagnée, Couleur Corse encadre également du canyoning, de l'escalade, du kayak et du VTT. En montagne ou sur les sentiers du littoral, l'assurance de profiter au mieux de vos randonnées sur l'île de Beauté tout au long des quatre saisons.

■ **LE SENTIER DE LA PARATA**
Voir page 46.

■ **RÊVES DE CIMES**
Chemin de Culetta
Mezzavia
✆ 04 95 21 89 01
www.revesdecimes.fr
contact@revesdecimes.fr
Ouvert toute l'année. Haute saison : tous les jours et les jours fériés à partir de 8h et à partir de 19h. Chèques vacances. CB non acceptée. Chèque Vacances.
Une petite structure qui propose un parcours aventure et ses 14 parcours et 172 ateliers à Vero, une via ferrata à Tolla, des sorties canyon à la Richiusa, dans le Ziocu, Purcaraccia, et le Verghellu, de la randonnée pédestre, des sorties raquettes en hiver et de l'escalade sous le contrôle de professionnels brevetés d'Etat. Organisation de séminaires sportifs et culturels, dans des disciplines variées, en montagne (randonnées, escalade, canyonisme, VTT…) ou en mer (kayak de mer, Jet-Ski et scooter, excursions…) et des activités ludiques (chasses au trésor, courses d'orientation…).

▸ **Autre adresse :** Parcours Aventure de Vero. Via Ferrata de Tolla

■ **SOCIÉTÉ NAUTIQUE D'AJACCIO**
Port Tino Rossi
Citadelle
✆ 04 95 21 40 43 / 06 15 37 70 71
www.snajaccio.fr – accueil@snajaccio.fr
Ouvert toute l'année. Haute saison : tous les jours et les jours fériés. Location, cours et stages de catamaran, planche à voile et kayak. CB non acceptée. Chèque Vacances.
La Société Nautique d'Ajaccio, club de voile fondé en 1867, a pour mission de promouvoir la voile dans le golfe d'Ajaccio. L'été, à travers les stages de son école de voile et les diverses formules « Voile Loisir », on y propose des réponses adaptées aux différents besoins des pratiquants. Pour naviguer, le golfe d'Ajaccio offre un magnifique plan d'eau avec un vent dominant constant sud-sud-ouest dû à la brise thermique de 10h à 19h. La formation reçue débouche sur la certification de niveaux selon le référentiel de la Fédération française de voile.

▸ **Autre adresse :** Plage du Ricanto

Location de deux-roues

■ **CORSICA MOTO RENT**
52, cours Napoléon
✆ 04 95 51 61 81 / 04 95 23 56 36
www.cyrnos.net – ajaccio@rentacar.fr
Ouvert tous les jours et les jours fériés de 9h à 19h. Ouvert le dimanche. Livraison possible (chèques vacances acceptés).
Deux agences en Corse : Ajaccio (aéroport et centre-ville). Location de motos avec des forfaits compétitifs sur mesure. Tarifs : scooter de 50cc MBK Oveto à Suzuki Burgmann 400cc pour 49 €/jour et moto Honda Transalp 700cc à 76 €. L'attente est restreinte et les agences sont ouvertes le dimanche. Les forfaits de location comprennent le prêt des casques, des antivols et des accessoires classiques de fixation.

▸ **Autre adresse :** Aéroport Napoléon Bonaparte – 20090 Ajaccio ✆ 04 95 23 56 36.

■ **LSP 2 ROUES**
13, boulevard Sampiero
✆ 06 07 28 84 81 / 09 67 03 38 88
www.lsp2roues.com
lsp2roues@gmail.com
Haute saison : ouvert du lundi au samedi et les jours fériés de 9h à 19h. Ouvert le dimanche (le matin).
Un concept bienvenu sur la ville qui propose la location et la vente de vélos VTC et électriques Arcade, de scooters 50cc IMF et 125cc LML. Vente et réparation de scooters IMF et LML, atelier de petites réparations et dépannage si besoin.

■ **MOTO PRESTIGE**
Km 5
Route de Mezzavia
N194 ✆ 04 95 77 00 00
commercial@sasmotoprestige.fr
Ouvert du mardi au samedi de 9h à 12h et de 14h30 à 19h. Ouvert lundi après-midi. Livraison possible. Concessionnaire Ducati et Triumph, réparation et vente accessoires. Location de moto de 800 à 1200 cc Trimph et Ducati à partir de 85 €/jour. Chèques non acceptés. American Express.

■ **ECO-BIKE CORSICA**
Pôle Cardiccioza
D81
Route de Sagone
ALATA
✆ 06 79 96 40 98 / 09 80 54 44 06
www.location-moto-ajaccio.fr
contact@location-moto-ajaccio.fr
Ouvert tous les jours et les jours fériés de 9h à 19h. Ouvert le dimanche. Option top case, casque et antivol fournis. Assurances incluses. Location journée à partir de 60 € Kawasaki ER 500 et Yamaha XJR 1200 et 1300 à 95 €. Forfait 3 jours 160 €.
Un tout nouveau concept, créé par Jean-Alain Rocca, juste à la sortie d'Ajaccio sur la route de Calvi. On y trouvera des motos proposées à prix doux, en formule de location à la journée et à la semaine. Grande disponibilité, et service bien pratique d'entretien et de réparation sur place si besoin.

Sorties

Enfants

■ **AQUAPARC DU RICANTO**
Plage du Ricanto
✆ 06 12 17 85 28
www.corsicadivingcenter.com
corsicadivingcenter@gmail.com
Fermé du 10 septembre au 15 juin. Haute saison : ouvert tous les jours et les jours fériés de 9h à 20h. 6 € de l'heure, carte d'abonnement de 6 à 11 entrées. CB non acceptée.
Un parc de jeux aquatiques pour les petits et les grands, où vous attendent trampoline, balançoire, catapulte, mur d'escalade, etc.

Bars, pubs

■ **PAILLOTE DU SCUDO**
D111
Route des Sanguinaires
Plage du Scudo
✆ 04 95 71 29 03
✆ 06 24 33 82 61
www.pailloteduscudo.com
jeanjacques.delfini@neuf.fr
Ouvert de mi-mai à mi-septembre. Ouvert tous les jours et les jours fériés. Wifi gratuit. Terrasse. Restauration. Animations. Concerts (un DJ résident). Brunch (petit déjeuner 9€). Plage aménagée et service plagiste.
Sur la route des îles Sanguinaires, la Paillote le Scudo est prisée par les amateurs de « fiesta » sur le sable. On y vient toute la saison pour y profiter d'un cadre superbe à côté de la villa Tino Rossi. Les soirées commencent dès l'apéro, on y mange, on s'y baigne, on y danse sous les étoiles devant le bar de la plage. Du jeudi au samedi, toute la région afflue ici pour des soirées inoubliables, qui se terminent souvent les pieds dans l'eau ! Parking surveillé pour la tranquillité et taxi Si besoin pour rentrer en sécurité.

■ **LE ROI DE ROME**
14, rue du Roi-de-Rome
✆ 06 33 54 65 22
Ouvert toute l'année. Haute saison : tous les jours et les jours fériés. CB non acceptée. Chèque Vacances, Chèque Restaurant. Terrasse. Restauration. Animations. Concerts (4 fois par semaine d'octobre à avril, du mercredi au samedi).
L'adresse sympa du quartier Borgo où de nombreux habitués de la ville se retrouvent dès l'apéro en dégustant un bon verre de vin corse accompagné de tapas insulaires. Bonnes soirées musicales mais uniquement hors saison !

■ **LA ROTONDE**
D111
10, boulevard Pascal-Rossini
✆ 04 95 50 40 65
casinoajaccio@sfr.fr
Ouvert toute l'année du mardi au samedi de 23h à 4h du matin.
L'entracte : La seconde casquette du restaurant du casino la Rotonde qui passe en mode festif à la fin du dîner pour proposer des soirées en musique live et avec DJ en plein cœur d'Ajaccio.

Casinos

■ **CASINO D'AJACCIO**
Boulevard Pascal-Rossini
✆ 04 95 50 40 60
casinoajaccio@sfr.fr
♿
Ouvert toute l'année. Tous les jours et les jours fériés de 13h à 3h. Restauration.
Les Corses en général ont une véritable passion pour les jeux de hasard et le seul casino de Corse a donc ses habitués, si l'on en juge par la file d'attente avant l'ouverture des portes. Situé sur le front de mer, sous la place du Diamant, il a fière allure ! L'ambiance feutrée, très british, incite à tenter sa chance aux machines à sous, à la roulette éléctronique, au Texas hold'hem poker, au blackjack, ou encore à la bataille. Par ailleurs, cet endroit ludique est doublé d'un élégant restaurant, La Rotonde, dont la cuisine est singulièrement raffinée dans un cadre verdoyant. Le piano-bar L'Entracte permet de finir la soirée en musique.

Les nuits ajacciennes

Pas de grand choix à Ajaccio pour s'encanailler le soir. On commence par l'apéro à Lamparo et au Roi de Rome puis on tente la Discothèque de La Place ou, plus chic, le piano-bar de l'Entracte à côté du casino. En été, on trouvera des soirées dans les paillotes vers les Sanguinaires au Scudo ou sur la plage de Capo di Feno

Emplettes

Panier gourmand

■ BOULANGERIE GALEANI
3, rue Fesch
✆ 04 95 21 39 68

Tradition, tradition. Plein de bonnes choses dans cette boulangerie artisanale, au début de la rue Fesch. Plusieurs sortes de pains, au levain, aux céréales, canistrelli, farine de châtaigne, cacavelli de Pâques, imbrucciata, finuchietti, blettes, oignons, brocciu, enfin, toute la gamme de spécialités locales. C'est le lieu de rendez-vous de tous les Ajacciens du quartier qui viennent ici chaque matin.

■ CASA NAPOLEON
3, rue Fesch
✆ 04 95 21 47 88
www.casanapoleon.com
casanapoleon@charlesantona.com

♿

Basse saison : ouvert tous les jours de 9h à 12h30 et de 14h30 à 19h. Haute saison : tous les jours et les jours fériés de 9h à 20h. Livraison possible (expédition par poste ou vente en ligne).

Une jolie boutique immanquable au début de la rue piétonne pour s'approvisionner sans crainte des meilleurs produits locaux. C'est la vitrine du producteur Charles Antona, réputé dans l'île et sur le continent pour ses fameuses confitures et terrines aux nombreux parfums identitaires. On aura l'embarras du choix tant il est vaste : Charcuterie, soupes, foies gras à la myrte ou à la figue, fromages fermiers et une belle gamme des vins de l'île. Dégustation, expédition pour partir léger.

■ U STAZZU
1, rue Bonaparte
✆ 04 95 51 10 80
www.ustazzu.com
paul.marcaggi129@orange.fr

♿

Basse saison : ouvert du mardi au samedi de 9h à 12h30 et de 14h à 19h. Haute saison : tous les jours et les jours fériés de 9h à 19h. Fermé de fin octobre à fin novembre, et en février. Livraison possible (colis postal). Chèques non acceptés. American Express.

C'est l'adresse de référence sur la région pour tous les amateurs de bons produits du terroir. Paul Marcaggi, éleveur transformateur de charcutier à Bocognano, meilleur artisan charcutier de Corse en 2004, meilleur charcutier de France 2008, prix du Coq d'or 2012, propose dans sa boutique, entre autres, les meilleures pièces de charcuterie de Corse «U Stazzu» prisuttu, coppa, lonzo et saucisson. On peut y acheter un jambon de vingt-six mois d'affinage à la saveur de noisette, une belle sélection de fromages fermiers, les confitures de Nicole Huber, ensuite il suffit de s'attarder dans chaque rayon pour découvrir toute la diversité des produits corses, rigoureusement sélectionnés pour leur qualité et leur raffinement : huile d'olive, miel de saison, liqueurs, vins... Ici, succomber à la tentation est un devoir. Expéditions en vente par correspondance et dégustation toute l'année.

Vins et alcools

■ CAVIAR ET VODKA
32, cours Napoléon
✆ 04 95 51 15 95
✆ 06 61 47 64 27
www.maisondufoiegras.com
caviarajaccio@free.fr

Basse saison : ouvert du mardi au samedi et les jours fériés de 8h30 à 19h. Haute saison : du lundi au samedi et les jours fériés de 8h30 à 20h. Fermé le lundi matin hors-saison. Livraison possible (et vente en ligne sur le site). American Express.

Contrairement à ce que l'on pourrait penser, Joseph Weathcroft est bel et bien Corse et pourtant, dans sa boutique, les produits locaux sélectionnés avec grand soin voisinent avec des produits plus lointains comme le caviar, le saumon, le foie gras mais aussi le whisky puisqu'on y trouve quelques bonnes références : Ardbeg, Bushmills 21 ans d'âge, Oban millésimé, etc. sans oublier bien sûr l'identitaire P&M, 100 % local. Plus 160 références en vins AOC de Corse et d'ailleurs dans leurs meilleurs crus et doux millésimes.

■ **DOMAINE COMTE PERALDI**
D31
Chemin du Stiletto
Mezzavia
✆ 04 95 22 37 30
www.domaineperaldi.com
info@domaineperaldi.com
Horaires d'ouverture du 1er septembre 31 mars du lundi au vendredi 8h30-12h et 14h-17h30, samedi 9h-13h. Du 1er avril au 30 juin, du lundi au vendredi 8h-12h et 14h-18h, samedi 9h-13h. Du 1er juillet au 31 août, du lundi au vendredi 8h-12h et 14h-19h, samedi 9h-13h et 15h-19h.
Le Domaine Comte Peraldi situé sur les collines dominant le golfe d'Ajaccio est un des fleurons de la viticulture insulaire. Cette propriété vitivinicole a été replantée en 1965 par le comte de Poix. A cette même époque, les caves ont été entièrement reconstruites. Le vignoble est constitué de 45 ha de vignes en coteaux palissés. Ses vins, reconnus pour leur « qualité extrême » par les plus grands spécialistes, ne se présentent plus, ils se dégustent. Coup de cœur pour l'AOC Ajaccio Cardinal Rouge 2012 issu d'une sélection parcellaire en cépage sciaccarellu, la Cuvée AOC vin de Corse Guillaume Rouge 2012 issu d'un savant assemblage de différents cépages, la cuvée AOC Ajaccio Clémence Blanc 2013, fermentée puis élevée en fût, issue du Vermentinu. En hommage au regretté Guy de Poix, la cuvée AOC Ajaccio Rosé 2014, sa couleur préférée, 100 % sciaccarellu.

Marchés

Sur la place Foch et la place Abbatucci, vous trouverez les marchés tous les matins en été. Selon les saisons, vous trouverez du fromage de brebis, de chèvre, de la charcuterie, du miel, du vin, du veau corse bio, de l'huile d'olive, des fruits et légumes, des confitures, etc. Le Marché des Producteurs de Pays d'Ajaccio réunit une douzaine de producteurs d'I Trè Vaddi et du Grand Ajaccio. Enfin, vous pourrez acheter du poisson de la petite pêche locale tous les matins dans les halles, sur le quai Napoléon, sauf le lundi d'octobre à avril. N'oublions pas le marché aux puces devant la piscine du boulevard Rossini tous les dimanches matin.

Dans les environs

Alata ★

Dominant le golfe d'Ajaccio, Alata est la patrie de la famille Pozzo di Borgo, ennemie héréditaire des Bonaparte. Le village datant du XVIe siècle est gardé par la tour Pozzo di Borgo. Deux autres tours, seuls vestiges du village médiéval, furent fondées par les comtes de la Cinarca, issus de la branche Suzzone de Lisa. On peut visiter de l'extérieur leur château de la Punta, de style typiquement classique avec sa décoration Louis XV et son jardin à la française dans un état proche de l'effondrement ! Une chapelle datant de la même époque abrite les tombes de la famille.

■ **LE CHÂTEAU DE LA PUNTA** ★★★
Voir page 366.

Appietto ★

Le site du village domine les golfes d'Ajaccio et de Lava, dans un environnement de moyennes montagnes de granit rose. Les trois hameaux qui composent Appietto ont gardé leur authenticité, et sont dominés par les ruines du château des comtes de la Cinarca. Au village, une tour élégante est ornée de calligraphies arabes, témoin des invasions maures et sarrasines qui perdurèrent pendant tout le Moyen Age. Enfin, on peut visiter l'église paroissiale, très carrée, ainsi que les ruines de l'église romane Saint-Jean-Baptiste. Une très belle promenade permet de découvrir le col San-Bastiano, qui offre une très belle vue sur le golfe de Lava et le golfe de Sagone. Une autre randonnée permet de partir sur les traces du palais vert du bandit Nonce Romanetti, qui se cachait au hameau de Lava.

Le château de la Punta de la famille Pozzo di Borgo.

A 30 minutes au nord d'Ajaccio, la plage de Lava offre une magnifique étendue de sable dans une agréable baie. Malgré le développement touristique, cette plage a conservé un côté sauvage sur la partie sud. En été, la plage est surveillée et un accès pour les personnes à mobilité réduite est aménagé. Par contre, par mer agitée, il est fortement déconseillé de se baigner car cette zone peut être très dangereuse. Au nord de la plage, un sentier permet de rejoindre les ruines de la tour de Pelusella. Pour vous rendre sur cette plage depuis Ajaccio, rejoindre la D81 en direction de Sagone. Suivre cette départementale pendant 7 km puis tourner sur la gauche sur la D381 en direction du golfe de Lava. Après 8 km, vous trouverez un parking au bord de la plage.

■ **BISCUITERIE D'AFA**
Lieu-dit Chioso Vecchio ✆ 04 95 22 94 18
www.biscuiterie-afa.com
alfred.biscuiteriedafa@orange.fr
La Biscuiterie d'Afa a une solide expérience dans la fabrication des gâteaux corses au goût d'hier et aux parfums d'aujourd'hui. Les canistrelli sont les spécialités de la maison, et ils se déclinent secs ou tendres, natures ou aromatisés. Produit phare : les canistrelli prestige sont des biscuits à la farine de châtaigne AOC de Corse et aux amandes, un pur délice. Autres produits : les canistrelli nature, aux amandes, au citron, au vin blanc, à l'anis, aux figues et noix, aux clémentines corses, etc., les biscuttini, également aromatisés, ou encore les gâteaux à la farine de châtaigne, les cakes châtaigne et chocolat...

REPÉREZ LES MEILLEURES VISITES

★ INTÉRESSANT ★★ REMARQUABLE ★★★ IMMANQUABLE ★★★★ INOUBLIABLE

LA VALLÉE DE LA GRAVONA

L'arrière-pays ajaccien se découvre en empruntant la RN193 puis en parcourant les petites départementales, pour monter aux villages accrochés à flanc de montagne de part et d'autre de la rivière A Gravona qui procure, d'ailleurs, de beaux sites de baignades. Aux portes d'Ajaccio, elle touche la partie ouest des massifs du Monte d'Oro et du Renosu, avec plus loin le beau massif forestier de Vizzanova et ses cascades des Anglais. Très beaux spots de canyoning sur la rivière Gravona à proximité de Bocognano. Toute la vallée est parsemée de nombreux sentiers en boucle « intervillage ».

BOCOGNANO ★★

Bocognano est un gros bourg montagnard formé d'une série de hameaux sur un versant de montagne, offrant un paysage typique de la région. A l'est de celui-ci, on trouve le Mont Renoso qui encadre de ses 2 352 m la vallée de la Gravona. On peut y voir aussi les plus larges neiges éternelles de toute la Corse, au glacier de Busso. Son patrimoine naturel, la pureté de ses sources, la qualité de son accueil en font une station climatique et estivale recherchée à proximité d'Ajaccio. Un des hameaux de Bocognano, Poggiola, s'enorgueillit d'avoir été le berceau de la grand-mère de Napoléon, et d'avoir accueilli, enfant, le futur empereur, qui fit plus tard édifier un palais, U Palazzu, en remerciement de l'hospitalité bocognanaise.

■ **OFFICE DE TOURISME DE LA HAUTE GRAVONA**
Hôtel de ville ✆ 04 95 27 41 86
www.gravona-tourisme.com
hautegravona@orange.fr
Basse saison : ouvert du lundi au vendredi de 9h à 17h. Haute saison : du lundi au samedi de 8h30 à 18h30. Ouvert le dimanche (de 10h à 15h).
Longtemps tenue à l'écart du tumulte touristique, la vallée se dévoile enfin à vous ! La qualité de son environnement, les sommets granitiques (Monte d'Oru, Rinosu...), la végétation riche et variée, les torrents de montagne, la proximité de la côte, une agriculture et un artisanat de qualité en font une destination dynamique qui sait allier modernité et authenticité.

La forêt et le col de Vizzavona

A visiter, le centre Casa di a Natura, ouvert en 1979 par le Parc régional, près de la route et la voie ferrée. Bibliothèque, laboratoire, hébergement pour groupes, tout est organisé de façon pédagogique pour apprendre à chacun comment comprendre, apprécier et protéger les richesses naturelles du parc. Au col de Vizzavona, frontière entre la Haute-Corse et la Corse-du-Sud, les ruines d'un ancien fort génois qui surplombent une colline sont accessibles à pied depuis la route. On ne peut ignorer les belles cascades des Anglais qui attirent les foules en été. Immanquables, juste en descendant le col, direction Bastia. Départ à côté du Chalet du Parc Aventure.

Points d'intérêt

■ **CANYON DE LA RICHIUSA** ★★
Valle Papacci
Approche : 1h. Descente : 2h30. Retour : 15 minutes. Hauteur maximale de rappel : 10 minutes. Dénivelé : 260 m.
Le plus connu et le plus ludique de l'île dans une eau turquoise... Sous l'aire de stationnement du moulin de Busso, une passerelle franchit la Gravona. Sur l'autre rive une sente grossièrement balisée file vers la droite à travers maquis et rejoint le cours de la Cardiccia. Quitter les marques de peinture et remonter alors, de bloc en bloc, le cours de cet affluent. On atteint une sorte de portail naturel d'où le torrent s'échappe par une jolie cascade. Site pittoresque, agrémenté d'une vasque et donc fréquenté aux heures de pique-nique. Successions de 5 vasques franchissables en toboggans. 3 sauts, encore 3 toboggans et une cascade de 12 m suivie d'un toboggan ; à partir de là la gorge se resserre donnant une ambiance spéléo. 6 sauts successifs. Une belle descente.

■ **CANYON DE LECCIA ROSSA** ★★
La vallée voisine de Richjusa est peu empruntée. De jolies vasques avec plusieurs toboggans et des lieux de descentes en corde. Belle descente d'initiation avec de beaux toboggans et quelques petits rappels. Approche : 1 heure 20. Descente : 2 heures 30. Retour : 20 min. Dénivelé : 180 m.

■ **LA CASCADE DU VOILE DE LA MARIÉE** ★★★
D27
Cascade à la superbe légende, formée par un bras de la Gravona. Ce n'est pas un petit filet d'eau mais un véritable spectacle naturel : le torrent s'est frayé un chemin à travers les arbres et, rebondissant sur les rochers, il forme une colonne vivante et scintillante que l'on assimilera, selon la fantaisie du moment, à une chevelure d'ange ou, effectivement, au très long voile diaphane d'une jeune mariée. A voir surtout au printemps, à la fonte des neiges.

Le couvert

■ **BEAU SÉJOUR**
✆ 04 95 27 40 26
www.hotelbocognano.com
ferri-pisani@orange.fr
A 39 km d'Ajaccio et 42 km de Corte
Fermé du 5 octobre au 19 avril. Ouvert tous les jours et les jours fériés le midi et le soir. Réservation recommandée. Menus de 18,50 € à 24,50 €. Carte : 35 € environ. Menu enfant : 8,50 €. Suggestion du jour : 12,50 €. Vin au verre. 17 chambres à partir de 55 €. Chèque Vacances. Chaises bébé. Jardin. Terrasse.
Une adresse hors de temps, intemporelle et adorable que ce Beau Séjour de la famille Ferri-Pisani. On profitera dans la belle salle Art déco et ses peintures de 1920 d'une cuisine locale de très bonne tenue. On y vient ici depuis des lustres savourer la charcuterie maison, le veau ou le sanglier en daube, la brouillage d'œufs aux cèpes, une bonne assiette de fromages identitaires ou un gâteau à la châtaigne de Bocognano. Service en salle ou dans je jardin aux beaux jours et un accueil parfait de monsieur Paul. Bonne partie hôtelière en prime pour dormir sur ses deux oreilles.

Loisirs

■ **CORSICA NATURA**
Quartier Moraschi
✆ 04 95 10 83 16 – www.corsicanatura.fr
info@corsicanatura.fr
Ouvert toute l'année. Sur réservation. Haute saison : tous les jours et les jours fériés. CB non acceptée. Chèque Vacances.
Spécialiste du séjour guidé en Corse, de la rando corse, Corsica Natura organise des séjours actifs pour particuliers, groupes et agences de voyages. Alors, quel que soit votre niveau, votre âge, en individuel, entre amis ou en famille, Corsica Natura vous propose des activités à la journée en séjours ou en courts séjours spécialement adaptées à vos envies. Randonnée pédestre, raquette, VTT, canyon et parc aventure.

Emplettes

■ **CHARCUTERIE MANNEI**
Quartier Corsaccia
✆ 04 95 27 41 48
charcuteriemannei@orange.fr
À l'entrée du village depuis Ajaccio.
Haute saison : ouvert du lundi au samedi de 10h à 13h30 et de 15h30 à 19h30. Livraison possible (expédition par la poste). CB non acceptée.
Une affaire de famille qui élève ses porcs coureurs de race corse depuis cinq générations dans ce village perché en haut de la vallée. Stéphane élève son troupeau de 220 têtes sur un parcours de chênes verts et de châtaigniers pour aboutir à une production de charcuterie fermière : coppa, lonzo, saucisson, jambon cru, ficatellu, mais également verrines de rillettes aux arômes identitaires.

CARBUCCIA ★

Carbuccia est un vieux village de montagne aux maisons de pierres et aux montées en escalier. On peut y visiter son église paroissiale Saint-Jacques, aux éléments architecturaux baroques, plusieurs fois remaniée. On remarquera son clocher de forme pyramidale, de style assez peu commun sur l'île. L'ONF y a aménagé un sentier pédagogique qui permet de mieux connaître en plusieurs stations les peuplements et la vie de la forêt.

■ **A CASA FUNTANA**
D29
✆ 04 95 20 68 82
www.casafuntana.com
contact@casafuntana.com
En bas du Village, après l'église

Gîtes de France (2 épis). Ouvert toute l'année. Sur réservation. Accueil jusqu'à 21h. 2 chambres. Chambre double 90 € ; suite 160 €. Petit déjeuner inclus. Parking ouvert inclus. CB non acceptée. Chèque Vacances. Restauration (table d'hôtes le soir).

Cathy et Fred Armani ont eu l'heureuse idée de transformer leur maison au cœur du village en une sympathique «guest-house». Cette ancienne forge chargée d'histoire a été admirablement restaurée pour offrir tout le confort nécessaire aux amoureux de la nature. Idéalement placée au milieu du village, on pourra à loisir y parcourir les nombreux sentiers des alentours et revenir se restaurer dans l'adorable petit jardin à la fraîche. En vrais passionnés de leur région, les hôtes des lieux se feront un devoir de vous faire découvrir cette vallée secrète. Authenticité, authenticité !

CUTTOLI-CORTICCHIATO ★★

Construit sur une crête, le hameau de Cuttoli domine celui de Corticchiato. Ils possèdent tous deux une architecture traditionnelle faite de granit rose et d'escaliers de pierres reliant les maisons. L'église San-Martinu se trouve à mi-chemin entre les deux hameaux, et a été en partie reconstruite au XIXe siècle sur des vestiges romans. Dans les environs, on peut voir les arases de la chapelle romane Saint-Pierre, ainsi que les traces d'un ancien oratoire à San-Martinu : u Vecchju. Au hameau de Corticchiato, une partie du village fut incendiée par les Génois en 1567. Au lieu-dit Pedi Morella, départ pour une balade pédestre facile d'environ 3 heures, le Monti d'Ignascu (888 m), où l'on peut découvrir en mai un champ de pivoines endémiques fleuries aux abords du sommet. Paysage exceptionnel de la basse vallée de la Gravona jusqu'au golfe d'Ajaccio dans son entier, de Capo di Feno à Capo di Muro !

Points d'intérêt

■ LE VILLAGE MINIATURE ET SES AUTOMATES
Lieu-dit Giaccarello
✆ 04 95 25 18 60
museecorse.blogs.letelegramme.com
lionel.periault@laposte.net

Sur réservation uniquement. Adulte : 3 €. CB non acceptée. Parc à thème : village miniature corse et breton, long de 55 m et haut de 8 m.

Deux retraités, passionnés d'art naïf, Lionel et Sylvaine Periault ont réalisé un musée à ciel ouvert d'un immense village miniature corse et breton et ses automates. Il a fallu quatorze années de travail et cinquante-neuf tonnes de sable, de ciment, quarante tonnes de grosses roches, trois tonnes de pierres de rivière et de plage pour construire ce village miniature. A voir pour l'originalité de ce travail titanesque !

Emplettes

■ A MURESCA
Mulinu di A Torra
Lieu-dit Tarraghju
✆ 04 95 25 61 49 / 06 11 11 23 44
charcuterie.pierlo@free.fr

Ouvert le jeudi et le vendredi de 10h à 12h30 et de 17h à 19h30. Fermé d'octobre à mars. Livraison possible. CB non acceptée.

Triples casquettes pour Samira et Jérôme Pierlovisi, qui non contents de réaliser une charcuterie d'exception à base de porcs noirs de race corse, élevés en montagne, produisent également une farine de châtaigne AOC et des liqueurs artisanales de myrte, framboise et châtaigne. La production étant limitée surtout pour la charcuterie sèche, il est préférable de la réserver au printemps pour avoir le droit de la goûter. Visite et dégustation impérative de prizutu, saucisson, coppa, lonzu !

Village en crête dans la vallée de la Gravona.

■ **MARIE-CLAUDE SCARBONCHI**
Curintina Suttana
U Poghju
✆ 04 95 25 83 46
www.itrevaddi.fr
scarbonchi.mc@aliceadsl.fr
Sur les hauteurs d'Ajaccio, Marie-Claude Scarbonchi cultive ses arbres fruitiers à hautes tiges dont elle récolte les fruits à la main pour les transformer, sur place, en belles confitures. Les confitures, certifiées Ecocert, sont confectionnées à partir des fruits frais. Toutes fleurent bon le terroir corse, au total, il y en a une trentaine. On aime particulièrement celle aux figues blanches. Environ 6,50 € le pot. Cette agricultrice est présente sur le marché d'Ajaccio tous les samedis matin.

PERI ★

Le village de Peri s'amorce d'abord par quelques haltes non négligeables pour se baigner un peu dans une ambiance folklorique. On y passe la journée pour une virée au galop, ensuite, dans le village même on peut aller visiter l'église Saint-Laurent, le campanile et la chapelle de l'Annunziata (l'Annonciation), le pont du village datant de 1450, le départ de l'aqueduc de la Gravona, le pont génois et la grotte de Sampieru. Pour les sportifs, une via ferrata réputée pour sa difficulté à la sortie du village sur la D29.

Le couvert

■ **CHEZ SÉRAPHIN**
✆ 04 95 25 68 94 / 06 23 23 24 55
Fermé d´octobre à mars. Ouvert du mardi au dimanche et les jours fériés le midi et le soir. Réservation impérative. Menu unique à 48 € (vin compris). CB non acceptée. Accueil des groupes. Jardin. Terrasse.
Les années passent et rien ne change chez Séraphin. On y vient toujours avec plaisir malgré les kilomètres interminables, depuis Ajaccio, car ici, il y a tout : la quantité idéale pour les grands appétits, le cadre bucolique où l'on mange au tintement des cloches des chèvres du berger voisin. Le menu unique varie au gré des saisons et attire depuis longtemps locaux et touristes. La salle est agréablement rustique et les grandes terrasses s'ouvrent sur le jardin fleuri et le panorama vers la vallée. Accueil irréprochable de Monique qui ne manque jamais de sortir de sa cuisine pour surveiller que rien ne manque. Un endroit charmant où il faut réserver impérativement pour pouvoir en profiter. Petit reproche sur le tarif qui commence à être un peu élevé !

Loisirs

■ **VIA FERRATA DE PERI**
D29 – Lieu-dit Barrulaccia
✆ 04 95 71 03 57 / 06 19 89 01 39
www.asaliva.com
a.saliva@wanadoo.fr
Ouvert toute l'année. Tarif 10 €, location de matériel si besoin. CB non acceptée.
Unique en Corse, cette balade aérienne surplombant le village de Peri, vous offre une vue panoramique exceptionnelle sur la baie d'Ajaccio et les plus hauts sommets de l'île de Beauté, les frissons y sont garantis. Cette via ferrata se déroule en trois parties distinctes qui peuvent être enchaînées ou auxquelles on peut accéder séparément par des sentiers (environ 30 minutes de marche entre les portions) qui deviennent autant d'échappatoires possibles.

Emplettes

■ **POTERIE D'ERBAGHJOLU**
Plaine de Péri ✆ 06 84 38 49 02
Ouvert de 9h à 16h.
Simon Christiani, artisan potier, vous accueillera en toute simplicité dans son atelier. Vous y découvrirez le travail de ce jeune homme, dans le respect de la poterie traditionnelle Corse, mais avec une touche de modernité. Faïences, terres vernissées, céramiques, aux couleurs douces ou flamboyantes, il y en a pour tous les goûts. Plaisir des yeux garanti. Visite sur réservation et expédition possible.

SARROLA-CARCOPINO ★

Sarrola-Carcopino est composé de deux charmants hameaux étagés à flan de montagne qui offrent une belle vue sur Ajaccio. Ses environs possèdent quelques beaux sites préhistoriques, comme le beau dolmen qui domine la Valle Bughja. Dans les environs, on peut accéder à la chapelle Santu-Stefanu et à l'ermitage San-Lusorio, le long de la route du col se situant entre le village et Sari-d'Orcino. La promenade est très belle et permet de découvrir les paysages au fil des sentiers muletiers. Composé d'un bel ensemble de maisons en granit rose, de ruelles étroites, de voûtes et de murs blanchis, Sarrola-Carcopino fut la patrie de nombreuses personnalités. On peut citer le poète Jacques-Antoine Giustiniani, et l'historien Jérôme Carcopino. Né en 1881, cet historien de la Rome antique joua un grand rôle dans la redécouverte des richesses archéologiques de la Corse.

■ **CHARLES ANTONA**
Panchetta
✆ 04 95 20 10 00
✆ 04 95 20 55 18
www.charlesantona.com
casanapoleon@charlesantona.com

Charles Antona produit des figues dans son domaine de Campestra à 25 kilomètres d'Ajaccio, mais il fabrique aussi de nombreux produits élaborés à Sarrola avec des matières premières issues très largement du terroir. Deux marques sont disponibles : Charles Antona et les spécialités de Minnà. Produit phare : les confitures de Charles Antona avec un minimum de 50 % de fruits, du sucre de canne, sans colorants, sans conservateurs ni arômes artificiels. Autres produits : chutneys, pâtes de fruits, canistrelli, nougats, miels mais aussi des terrines traditionnelles élaborées avec des matières premières typiques de l'île, telles que le brocciu (fromage frais à base de lait de brebis), le figatellu (saucisse à base de foie de porc, légèrement fumée), la châtaigne, la myrte, et aussi des soupes, des plats cuisinés, du pâté de tête. Nouveautés 2015 : les crèmes de fruits Minnà, une gamme de délicieuses confitures et gelées à la texture crémeuse sans noyaux ni pépins aux arômes de fruits intenses ainsi que les 100 % fruits bio Minnà, spécialités de fruits biologiques sans sucres ajoutés (moins sucrées qu'une confiture normale). Un délice diététique ! Pour commander : sur le site Internet de vente en ligne www.charlesantona.com où toutes les conditions de vente sont indiquées.

▸ **Autre adresse :** Casa Napoleon rue Fesch Ajaccio et centre commercial la Viva Porticcio

TAVACO ★★

Tavaco est un charmant petit village bien restauré, blotti dans la verdure et dominant la Gravona. On peut jouir d'un magnifique point de vue sur les golfes d'Ajaccio et de Sagone, ainsi que sur les vallées environnantes. A côté du village, on peut voir l'ancien moulin d'Erbajolo. On peut aussi visiter l'église Saint-Martin. Devant son autel se trouve une ancre, témoignage de la victoire des villageois sur les Maures en 1429. L'ascension du mont San-Eliseo offre à son sommet un panorama grandiose sur les golfes d'Ajaccio et de Sagone et sur les vallées de la Cinarca, du Prunelli et de la Gravona, pour une jolie promenade balisée (4h aller-retour). Pour amateurs éclairés de canyoning, le spot du ruisseau de Val di Famita offre de beaux passages en rappel. Attention : secteur très technique.

■ **A CUPULATTA PARC DES TORTUES** ★★
RN193
AJACCIO ✆ 04 95 52 82 34
Voir page 368.

Le couvert

■ **PAILLOTE ANDREA**
Fiumicello
RN193
✆ 06 25 75 92 62
www.facebook.com/paillote.andrea
dominique.tedde@wanadoo.fr
A 20 km d'Ajaccio.

Fermé du 15 septembre au 15 juin. Haute saison : ouvert tous les jours et les jours fériés le midi et le soir. Service snacking en non-stop. Carte : 30 € environ. Vin au verre. Soirées musicales «live» et karaoké le vendredi en été. Accueil des groupes (mariage, baptême, anniversaire..). Chaises bébé. Jardin. Terrasse. Vente à emporter. Animations. Parking, plage.

Mais oui ! On trouve des paillotes même à l'intérieur des terres. Immanquable, au bord du fleuve de la Gravona, entre le karting et le parc a tortue, l'endroit est agréable, bien ombragé, avec un accès facile à une plage de sable fin, pour se baigner dans les eaux fraîches. Pour le côté pratique, un grand parking, plein de jeux pour enfants et adultes, et même un accès aux personnes à mobilité réduite. Côté restauration, les salades, pizzas ou grillades sont savoureuses et copieuses, le service jeune et dynamique et les prix tout doux. Une heureuse alternative aux plages d'Ajaccio surpeuplées.

UCCIANI ★★

Trônant sur une arête montagneuse, le village d'Ucciani se démarque par ses belles maisons anciennes carrées et son bel ensemble de voûtes, de ruelles étroites et de montées en escaliers. A proximité se trouve le charmant petit hameau de Crucoli, aussi typique que le bourg. L'élégant pont courbe datant de la fin du XVIIIe siècle sur la Gravona fut construit en partie grâce à Bernadotte, alors militaire dans l'armée royale en 1786. Ucciani fut aussi le refuge de Napoléon en 1793, alors qu'il fuyait les partisans de Pasquale Paoli. L'église paroissiale Sant'Antonio possède deux points d'intérêt principaux : une statuette en marbre du XVIe siècle représentant Notre-Dame du Mont-Carmel, ainsi qu'une cloche datant de 1715. Au nord du village, sur la route, on peut également voir une chapelle rurale. En déambulant dans les ruelles des hameaux, on peut voir, à Poggiolo-Sottano, un linteau et des pierres sculptées de signes, dont l'un ressemble à un disque solaire. Ces pierres réemployées proviennent sans doute d'un ancien sanctuaire préchrétien.

Le gîte

■ **L'OGLIASTRU**
Pont d'Ucciani
✆ 06 20 97 70 44
www.ogliastru.com
info@ogliastru.com

Bienvenue à la Ferme. Gîtes de France (3 épis). Fermé de novembre à mars. Accueil jusqu'à 20h. 5 chambres. Chambre

simple 63 € ; chambre double 73 €. Petit déjeuner inclus. Lit supplémentaire : 23 €. Parking fermé inclus. CB non acceptée. Chèque Vacances. Restauration (le soir sur réservation 29 €, enfant 20 €). Vente (charcuterie artisanale familiale).

Un bel établissement récent, bien aménagé à deux pas du fleuve A Gravone qui dispose de cinq chambres d'hôtes en pleine nature et en toute tranquillité à 30 minutes d'Ajaccio. On pourra de plus profiter de la cuisine recommandable de Christelle et des compétences charcutières de Gérard à consommer sur place ou à ramener en souvenirs gustatifs. Accueil chaleureux et grande disponibilité en prime. Très bel espace extérieur avec un beau jardin paysagé et un élevage de chevaux pur-sang arabe.

Emplettes

■ **U PORCU NERU**
Canale
Antoine Poggioli
✆ 04 95 52 86 78
www.u-porcu-neru.com
u-porcu-neru@wanadoo.fr
Ouvert du lundi au vendredi. Sur réservation. Livraison possible. CB non acceptée.

Un vrai passionné qui a mis la race des porcs corses à l'honneur. Aujourd'hui, la race de porc de Corse ou « Nustrale « rejoint le cercle des races locales reconnues telles que le Basque, le Gascon, le Blanc de l'Ouest. L'agrément qui permet notamment d'identifier l'un des maillons du lien au terroir, indispensable pour la validation en AOC des produits de charcuterie insulaire, constitue un aboutissement. Toute la production est irréprochable, mais il vaut mieux la réserver !

Dans les environs

Tavera ★

Offrant un vaste panorama de superbes reliefs rocheux ou boisés, de part et d'autre de la vallée de la Gravona, le village de Tavera révèle sa longue histoire au voyageur à travers ses maisons anciennes en belles pierres, les ruines de la tour féodale, proche de la Gravona, et son église Santa-Maria, ancienne, agrandie et remaniée. A proximité se trouve également le moulin de Licceto. Une statue-menhir, surnommée « l'homme à la résille » en raison des traces de burin laissées sur son visage, fut trouvée à Tavera en 1961, et témoigne de la présence des Torréens dans la région. On trouve une source dite « miraculeuse » dans les environs, la Funtana Santa.

VERO ★★

Le village de Vero offre un point de vue notoire sur la région, puisqu'il est possible d'embrasser d'un coup d'œil les villages voisins, la montagne et le golfe d'Ajaccio. Vero est étagé en fer à cheval à flanc de montagne : il présente une remarquable homogénéité architecturale composée de maisons anciennes de granit gris, de voûtes et de vieux toits. L'église paroissiale à petit clocher carré, entièrement restaurée, contient deux très belles statues du XVIIe siècle du Baptême du Christ et de la Vierge à l'Enfant. A côte de Vero se trouvent les ruines de l'église Saint-Jean-Baptiste. On y trouve également trois moulins à huile, symboles historiques de l'artisanat encore vivace de nos jours. En continuant la D4 vers le col de Tartavello, on entre dans la vallée du Cruzzinu, avec ses villages préservés de Pastricciola, Rezza, Azzana, Salice et Rosazia, à parcourir à petits pas. A faire : le parcours d'accrobranche au lieu-dit Sambuccu et la visite du parc de tortues A Cupulatta au bord du fleuve A Gravona.

Loisirs

■ **PARCOURS AVENTURE ACCROBRANCHE DE VERO**
D4
Lieu-dit Sambucu
✆ 04 95 21 89 01
www.revesdecimes.fr/parcours-aventure
contact@revesdecimes.fr
A 25 km d'Ajaccio.
Haute saison : ouvert tous les jours et les jours fériés de 10h à 19h. Ouvert d'avril à novembre. Nocturne tous les mercredis en été. De 12 € à 22 € en fonction de la taille. CB non acceptée. Chèque Vacances. Petite restauration et buvette en été.

Sur les hauteurs d'Ajaccio, au-dessus du village de Vero, Jean-Roch vous accueille sur le plus grand parcours aventure de Corse. 14 parcours et 172 ateliers pour vous élever au cœur d'une forêt de pins, avec vue panoramique sur le golfe d'Ajaccio. La route est un peu longue pour y arriver, mais sur place, on y passera une journée entière avec aire de pique-nique ombragée et des sous-bois aux alentours pour faire la sieste.

Dans les environs

Valle-di-Mezzana

Valle-di-Mezzana est un ensemble de trois hameaux offrant une vue sur Ajaccio, au milieu d'un paysage verdoyant constitué de cultures en terrasses, de jardins, et de collines boisées de chênes et d'oliviers. Le village est restauré, mais offre quand même quelques maisons anciennes en granit rose, des escaliers extérieurs, et de belles voûtes. L'église paroissiale Saint-Michel d'origine médiévale, à l'écart du village, est surmontée d'un clocher à arcades. Notons que son mobilier provient du couvent franciscain en ruine, situé à proximité, où l'on peut voir une belle statue de Saint-François. Une route pittoresque mène au village et passe par les calanques de Chuivoni en surplomb du ravin de la rivière de Tempio.

LA VALLÉE DU PRUNELLI

Les villages qui constituent cette terre sont autant de petites perles déposées dans un écrin de verdure, de maquis et de montagne. Où que vous alliez, de Bastelicaccia jusqu'à Bastelica, la vallée du Prunelli vous offrira des instants magiques et des paysages à couper le souffle. Ici l'équilibre entre l'homme et son environnement est respecté. De cette nature si généreuse, l'homme a su tirer profit au point de nous offrir un panel de spécialités gastronomiques, fleuron de la cuisine traditionnelle corse. On y découvrira de jolis spots de baignade le long du fleuve, de nombreux sentiers de randonnée avec en point d'orgue les pozzines derrière la crête de Scaldasole et de bons producteurs de vin, miel, fromage et charcuterie.

■ **OFFICE DE TOURISME DE LA VALLÉE DU PRUNELLI**
D3
Pela Curaccia
BASTELICACCIA ✆ 04 95 22 55 13
www.tourisme-prunelli.com
ot@vallee-prunelli.fr
♿
Basse saison : ouvert du lundi au jeudi de 9h15 à 16h. Haute saison : du lundi au samedi de 9h15 à 12h15 et de 14h15 à 17h45. Ouvert le vendredi matin hors saison. CB non acceptée.
Les manifestations de la vallée du Prunelli : en février le trail Sampieru Corsu, en mars les agrumes en fête, en avril la foire du vin et du fromage, en mai la bourse aux plantes, en juin la course pédestre A Tuddinca, en août les journées Sampieru Corsu et la course pédestre A Suareddesa, en octobre et novembre les marchés des pommes et des fruits d'automne.

BASTELICA ★★★

Réputé pour sa charcuterie et ses randonnées, Bastelica renferme bien des trésors qui éveillent toutes les curiosités. C'est le village natal du fameux Sampiero Corso, adversaire de la domination génoise surnommé aussi « le plus corse des Corses. » Sur l'emplacement de sa maison natale, une plaque commémorative nous rappelle sa présence. L'hiver, Bastelica profite des pistes enneigées de la station de ski du val d'Ese. L'été, on vient y chercher la fraîcheur et l'air pur. Ne pas manquer de parcourir les hameaux du village, en recherchant sur les façades de ces vieilles maisons les pierres sculptées vraisemblablement récupérées dans des constructions plus anciennes... Remarquable ! Ne pas manquer, chaque année durant la deuxième semaine d'août, les journées Sampiero Corso, qui retracent la vie de l'illustre personnage du village au travers de parades en costumes d'époque, agrémentées d'animations festives où tous les habitants du village se retrouvent. Pour la gourmandise, la fête de la pomme est organisée le premier week-end de novembre, en alternance à Bastelica et Tolla. Ne pas manquer également le canal d'irrigation en pierre de taille du XIXe siècle, le manoir de Costa du XVIIe siècle et le joli petit pont génois de Zipitoli, entre Bastelica et Cauro.

■ **PETIT TRAIN DU MAQUIS**
D27 – Col de Cricheto
✆ 04 95 28 41 36
www.cricheto.com
coldecricheto@gmail.com
Fermé de novembre à mars. Ouvert d'avril à octobre et sur réservation hors saison. Haute saison : ouvert tous les jours. Fermé le samedi matin en été. Circuit petit train : 13 €, enfant : 6,50 €, sentier découverte : 5,60 €.
Sentier botanique et découverte de la flore corse sur une propriété de 25 ha grâce à un petit train touristique, et une découverte pédestre agrémentée d'une signalétique sur la flore du maquis. Vaches et cochons vous accompagnent tout au long de la balade. A l'accueil, un bâtiment offre une salle pour le spuntinu de charcuterie maison et même un espace-vente de produits des vallées du Prunelli, de la Gravona et du Cruzinu, appelées « I Tre Vaddi ». Si vous souhaitez prolonger le séjour, Christian Lorenzoni vous proposera ses deux gîtes ruraux de 2 et 3 épis, juste à côté.

Points d'intérêt

■ **LE PLATEAU D'ESE ET LES POZZINES (I POZZI)** ★★
✆ 04 95 28 70 61
www.vallee-prunelli.fr
ot@vallee-prunelli.fr
On se doit de monter jusqu'à la station du Val d'Ese par la route étroite, sur des à-pics impressionnants. Ouverte dès qu'il y a de la neige (de février à mars), plutôt familiale : des petites pistes, des tire-fesses, la location de tout le matériel sur place, et une auberge pour bronzer dehors pendant que les enfants prennent leur cours de ski, ou se réchauffer dedans, sur les bancs en bois. C'est un lieu de transhumance de moutons, vaches et cochons. Les petits malins y montent à l'automne pour cueillir les champignons qui pullulent ici. Pour les pozzines (I Pozzi), on y accède en partant de la station du Val d'Ese, en suivant la plus longue remontée mécanique qui monte vers la crête de Scaldasole à l'est, puis on longe cette crête sur la gauche sur 2 km (balisage orange et cairn). On peut apercevoir en contrebas sur la droite une étendue engazonnée surprenante avec ses petits trous d'eau. On y trouve une bergerie ou chaque été le berger Jean-François Batistelli fabrique et vend son

© XAVIER BONNIN

I Pozzi d'Ese au-dessus de Bastelica.

… par la
… suivre
… GR20.

Route du Val d'Ese
✆ 04 95 28 40 55
maxime.bartoli2012@gmail.com
Sortie du village.

Fermé du 20 décembre au 6 janvier. Ouvert le lundi, le mardi, du jeudi au samedi et les jours fériés le midi et le soir. Ouvert le dimanche midi. Réservation recommandée. Menus de 18 € à 21 €. Carte : 35 € environ. Menu enfant : 10 €. Plat du jour : 11 €. Vin au verre. Accueil des groupes. Terrasse. Animations.

La situation est plaisante, à côté de la rivière, pour cette jolie bâtisse en pierre, sa terrasse ombragée. Accueil chaleureux et une table réellement authentique qui propose une cuisine locale à base de produits du terroir. A découvrir au gré de la carte ou des menus : les ravioles de foie gras aux gambas, la cassolette d'escargots sauce piquante, un pavé d'agneau grillé aux herbes du maquis et ail confit, la charlotte à la crème de châtaigne. Tout est bon, le cadre est impeccable et le petit plus viendra de Lulu qui, avec un peu de chance, vous chantera la sérénade de sa belle voix de ténor léger. Ambiance garantie au milieu des locaux qui fréquentent les lieux toute l'année.

■ **CHEZ PAUL**
Lieu-dit Stazzona
✆ 04 95 28 71 59
paul.mocanetti@wanadoo.fr

Ouvert toute l'année. Tous les jours et les jours fériés le midi et le soir. Réservation recommandée. Menus de 21 € à 30 €. Carte : 32 € environ. Plat du jour : 12 €. Vin au verre. 5 appartements 55 €/personne, la nuit et dîner, 450 € la semaine. Accueil des groupes. Chaises bébé. Terrasse. Vente à emporter. Boutique. Salle climatisée.

Une superbe terrasse panoramique pour profiter encore mieux de sa situation idéale. Le petit chalet s'est étoffé pour répondre au succès mérité. Pas une ride côté cuisine où l'on retrouve les grands classiques indémodables : le pâté de sanglier au myrte et porto, les cannelloni farcis au bruccio, la daube de veau corse, la mousse à la châtaigne. Pour l'hébergement, on y dort à la nuit ou la semaine dans l'un des cinq appartements, juste à côté. Pour repartir avec quelques souvenirs, on s'équipera de quelques saucissons, jambons et coppa produits sur place. En été, grillades et pizzas au feu de bois pour les inconditionnels.

Le gîte

■ **ARTEMISIA*****
D27
Boccialacce ✆ 04 95 28 19 13
www.hotel-artemisia.com
contact@hotel-artemisia.com

Fermé de novembre au 27 décembre. Accueil jusqu'à 22h. 11 chambres. Chambre double de 95 € à 196 €. Petit déjeuner : 15 €. Lit supplémentaire : 45 €. Parking ouvert inclus. Lit bébé 15 €. 1 chambre adaptée. Réceptions et mariages. Connexion Internet. Wifi gratuit. Restauration (carte 40 € le soir uniquement).

Concept original que cet Artemisia qui surprend par son architecture contemporaine, fort bien intégrée à ce village de montagne. L'ensemble est harmonieux avec ses chambres confortables, son restaurant gourmand et une quiétude garantie à 40 minutes des plages de la rive sud du golfe d'Ajaccio. Situation idéale tant l'hiver pour le ski au Val d'Ese que l'été pour profiter d'une fraîcheur bienvenue. On profitera du jardin et son bassin de baignade face aux crêtes de Scaldasole. Une adresse chic, chargée d'élégance et de raffinement.

Campings

CAMPING MINOCCHI
D27
Lieu-dit Minocchi
Route de Scalella
✆ 04 95 28 70 27
antoinebernardini@orange.fr
Fermé du 15 septembre à mai. Accueil jusqu'à 21h. Gardé 24h/24. Terrain de 1,5 ha. 40 emplacements. Exposition : mi-ombragé. Sol : herbeux / pierreux. Relief : en terrasse. CB non acceptée.
Une adorable aire naturelle de camping, à 4 km du village, qui propose pour 7 € par adulte et 5 € pour les enfants, sur ses six petites restanques, une quarantaine d'emplacements. Le coin cuisine est libre d'accès, ainsi que deux WC, deux douches, deux lavabos, un coin lessive et vaisselle. L'accueil y est toujours chaleureux et Antoine, qui connaît si bien le canton, vous conseillera pour de bonnes vacances actives. Côté baignade, les marcheurs s'offriront une heure et demie de balade pour rejoindre les piscines naturelles d'Ortola.

Loisirs

BALADE DE BASTELICA À BOCOGNANO
Voie
On monte au col de Scalella : admirables points de vue sur les deux vallées, Prunelli et Gravona, et sur les montagnes de roche gris rose. Grandes étendues sauvages qui font prendre conscience de l'impénétrabilité du maquis corse. Au carrefour suivant, on peut prendre à droite pour rejoindre directement Bocognano par la D27, entièrement refaite. Son avantage, hormis quelques kilomètres en moins : elle passe à côté de la cascade du Voile de la Mariée à la superbe légende, formée par un bras de la Gravona. Ce n'est pas un petit filet d'eau, mais un véritable spectacle naturel : le torrent s'est frayé un chemin à travers les arbres et, rebondissant sur les rochers, il forme une colonne vivante et scintillante que l'on assimilera, selon la fantaisie du moment, à une chevelure d'ange ou, effectivement, au très long voile diaphane d'une jeune mariée. À voir surtout au printemps, à la fonte des neiges.

LES POZZINE DE POZZOLO
Le départ de cette marche se situe au col de Scalella. Du col, suivre une longue piste qui part vers l'est pendant environ 1 heure 30. Emprunter ensuite le sentier bien visible qui monte doucement vers les pozzine. Temps du parcours à l'aller : environ 2 heures 30. Pour les plus motivés, il est possible de poursuivre la marche pour atteindre le lac de Bracca en environ 2 heures (cette variante est plus pénible et demande une bonne orientation).

Emplettes

L'AZIANA
D27
Ponticello
✆ 04 95 28 71 45
www.charcuterielaziana.com
laziana@wanadoo.fr
Ouvert du lundi au samedi de 8h à 19h. Ouvert d'avril à octobre. Livraison possible (vente par correspondance).
Un producteur agréé CEE de charcuterie à base de porc de race corse. On y trouve des saucissons, coppa, lonzo, figatelli, saucisse, jambon, etc. Belle sélection de produits corses : fromages, vins, liqueurs, gâteaux secs, confitures, etc. Vente par correspondance si besoin. Le plus : la visite commentée du séchoir et du fumoir. La marque Ariola se trouve dans les grandes surfaces de l'île de Beauté.

BASTELICACCIA

Située à quelques kilomètres d'Ajaccio et de Porticcio, ouvrant la porte à la vallée du Prunelli, Bastelicaccia jouit d'une position géographique remarquable. Reconnue pour ses activités agro-pastorales très importantes dans le passé, elle apparaît aujourd'hui comme le verger d'Ajaccio pour ses agrumes et son activité maraîchère. Bastelicaccia est aussi une commune dynamique, offrant toute une gamme de commerces de proximité et de structures d'hébergement, ainsi que des installations sportives de qualité.

OFFICE DE TOURISME DE LA VALLÉE DU PRUNELLI
D3
Pela Curaccia ✆ 04 95 22 55 13
Voir page 390.

AUBERGE DU PRUNELLI
Ancienne route de Sartène
Pisciatello
D55b ✆ 04 95 20 02 75
www.auberge-du-prunelli.com
aubergeduprunelli@gmail.com
Au rond-point de Gifi, longer le fleuve U Prunelli.
Ouvert toute l'année. Du mercredi au lundi et les jours fériés le midi et le soir. Réservation recommandée. Menu unique à 34 €. Carte : 34 € environ. Menu enfant : 10 €. Formule du midi : 20 €. Vin au verre. Chaises bébé. Jardin. Terrasse. Salle climatisée, parking et wifi.
Retour de cette auberge historique dans les tablettes du *Petit Futé* grâce à la prise en main énergique des jeunes frères, César et Valentin Orlandazzi, la quatrième génération présente au bord du fleuve depuis 1900. Cet ancien relais de diligence est désormais une adresse de choix pour les amateurs de cuisine identitaire. On appréciera le cadre authentique, la belle terrasse couverte d'un kiwi géant surplombant la berge en bord de rivière. Au programme des réjouissances : les beignets de fleurs de courgettes, l'omelette au bruccio, le Prisuttu de 2 ans d'affinage, le cabri rôti, l'assiette de pulenta tradition,

Saut dans les piscines naturelles.

village bien installé au-dessus de la vallée, dans son cercle montagneux. À voir la petite église. C'est à partir d'Ocana que débute la vraie montagne corse, avec les sommets alentour qui commencent à se dénuder autour de 1 300 m. Du col de Mercuju, bien qu'à 715 m seulement, un point de vue extraordinaire qui dévoile, du belvédère au bout du chemin (laissez la voiture au col), toute une région de reliefs accidentés. Superbe Via ferrata pour les sportifs. Un peu plus loin, avant d'arriver à Tolla, on trouve à droite un chemin qui mène au lac. On y accède également du village. C'est à peu près à partir de ce point qu'on enchaîne avec les gorges du Prunelli, sur une portion de route serrée et sinueuse. On rejoint la D27. Détour à pied, par la pointe d'Alsiccio pour le panorama. On parvient à Bastelica.

■ CORS'AVENTURE

Corri Bianchi
RN196
✆ 04 95 25 91 19
www.corse-aventure.com
info@corse-aventure.com

Ouvert toute l'année. Basse saison : du lundi au vendredi de 9h à 12h30 et de 14h à 18h. Haute saison : tous les jours et les jours fériés de 8h30 à 19h. Stage semaine multi activités à partir de 450 €. Chèque Vacances. Location kayak de mer à la base nautique à Marina Viva Porticcio et base canyon à Bocognano.

Orientée vers les activités de rivière et de mer, l'équipe organise du canyoning, des sorties en kayak de mer, de la randonnée pédestre, de l'escalade, des sorties VTT ainsi que des sports d'eaux vives au printemps. La fourniture du matériel est comprise. Les activités sont encadrées par des professionnels diplômés d'Etat et le séjour est entièrement construit sous la forme de journées ou semaines multi activités en pension complète en itinérance sur toute la Corse.

Autres adresses : Base Canyon Bocognano • Base nautique Plage de Marina Viva Porticcio

Emplettes

■ DOMAINE MARTINI

D3
Pont-de-la-Pierre
✆ 06 60 96 01 17 / 06 09 88 78 24 / 04 95 23 81 73
andreledentu@hotmail.fr

Uniquement sur RDV. CB non acceptée.

Les 18 hectares du vignoble sont répartis en trois parcelles distinctes dont les sols sont les mieux adaptés au développement des cépages sur une surface totale de plus de 50 ha dont l'altitude varie de 150 à 200 m face à la mer. Culture et vinification biologiques, contrôlées par EcoCert, le vin AOC Ajaccio est, ici, élaboré selon les méthodes traditionnelles à partir des cépages sciaccarellu, niellucciu, vermentinu et cinsault. Ces derniers sont volontairement mélangés lors de la fermentation afin d'extraire plus de couleur et d'arômes. Les cuvées rouge Tradition, rouge Prestige et rosé sont remarquables.

OCANA ★

Le site d'Ocana est exceptionnel, et offre un très large panorama sur les gorges du Prunelli. A découvrir : le patrimoine religieux, avec la statue en granit de saint Pierre, les quatre fontaines, la grotte « Notre-Dame de Lourdes », la chapelle de l'Annunziata et l'église Saint-Michel-Archange datant du XVIIe siècle. Enfin, au centre du village, une route conduit à la chapelle dédiée à saint Antoine de Padoue, pour la protection des enfants du fleuve. Pour les emplettes, on remarquera la belle miellerie « Le Jardin des abeilles » de la famille Casalta et la distillerie de plantes bio du maquis « Corsica PAM » des frères Caux. La bonne petite pizzeria U Castellu de Jean-Jean à la sortie du village animera vos soirées en saison, et le petit bar le Soccer d'Antoine pour l'apéro.

Emplettes

■ LE JARDIN DES ABEILLES

D3

✆ 04 95 23 83 88

Voir page 42.

■ LA MAISON DES SENTEURS

RD3

✆ 04 95 23 81 88

corsicapam@aol.com

Depuis plus de douze ans, Jean-Pierre et Paul Caux n'ont pas attendu que les huiles essentielles soient à la mode, car Corsica Pam est connu et reconnu des spécialistes du monde entier. Fin connaissance des espèces aromatiques du maquis, aromatologues de formation, leur passion vous conduiront sur une route des sens à l'intérieur de leur Maison des Senteurs, au cœur de la vallée du Prunelli, entre Bastelicaccia et Ocana. Hélichryse, pin lariccio, myrte vert et romarin sauvage vous dévoileront leurs parfums et vertus thérapeutiques millénaires. Amateurs de médecine douce, l'adresse est incontournable.

Dans les environs

Tolla ★★

Le village est à flanc de colline et ses maisons semblent être accrochées vertigineusement au-dessus du lac. On découvre d'abord le vieux lavoir récemment restauré qui sert depuis de lieu de rendez-vous aux villageois le jour de la Pentecôte en particulier. Sous le feuillage des arbres, il est bien agréable alors de s'offrir une pause Merendella (pique-nique), histoire de profiter de la fraîcheur de ces hêtres et de ces châtaigniers. C'est au milieu des montagnes, que le lac artificiel formé par un barrage construit en 1957 sur le Prunelli, permet la pratique de plusieurs sports nautiques. Dans le village, de belles vues s'offrent sur les montagnes environnantes. Le plus beau panorama sur le village et sur son lac vous attend à environ 3 km à partir de Tolla vers Bastelica. On apprécie la petite guinguette Tolla-Plage pour se rafraîchir ou manger une salade, en regardant les enfants barboter, canoter ou pêcher dans le lac.

■ LE CENTRE NAUTIQUE DE TOLLA

✆ 04 95 27 00 48

www.centre-nautique-de-tolla.fr

tolla-nautic@orange.fr

Fermé du 21 septembre à avril. Haute saison : ouvert tous les jours et les jours fériés de 10h à 19h. Bateau à pédale 10 € pour une demi-heure, kayak 6 €, stand up Paddle 6 €, barque électrique de pêche 25 € par heure. CB non acceptée.

A 30 km d'Ajaccio, le lac de Tolla, entouré de montagnes, s'étend sur 5 km. Dans ce cadre magnifique, le centre nautique vous propose de nombreuses activités pour profiter pleinement de cet environnement : canoë, kayak, bateaux à pédales, barques électriques de pêche, aviron, stand up paddle, activités pour groupes... Hébergement pour groupes de jeunes en camping.

■ VIA FERRATA DE TOLLA

D3

Col de Mercujo ✆ 06 16 07 55 67

www.revesdecimes.fr/via-ferrata

contact@revesdecimes.fr

A 30km d'Ajaccio.

Ouvert toute l'année. Haute saison : tous les jours et les jours fériés à partir de 8h et à partir de 16h. Location du matériel au siège de rêves de cimes à Ajaccio. Accès libre ou avec encadrement. CB non acceptée. Chèque Vacances.

Le pont népalais marque le départ de l'ascension sur l'incroyable granit corse et ses fameux taffoni. La via ne présente pas de difficulté particulière et il y a un échappatoire et la descente ne doit pas être négligée. La première section, en majeure partie en descente permet de rejoindre le pont. On part ensuite en légère montée sur la droite dans la portion la plus verticale de l'itinéraire qui se couche ensuite pour amener au sommet. De là la vue est splendide sur le lac et les gorges du Prunelli. Accesible à partir de 11 ans.

LA RIVE SUD

La rive Sud du golfe d'Ajaccio qui s'étendent sur 18 km du littoral offre de nombreuses plages variées : sable fin, plages étendues, criques, pinède. Les sentiers du littoral de la rive sud du golfe d'Ajaccio sont essentiellement composés de circuits permettant la découverte de quelques tours génoises. Les tours génoises furent édifiées aux XVIe et XVIIe siècles pour prévenir des attaques des pirates barbaresques, elles sont aujourd'hui devenues le symbole de la Corse.

ALBITRECCIA ET LA PLAGE D'AGOSTA ★

Au XVIe siècle, le village s'appelait Frasso, et était un centre important. On peut encore voir les ruines de l'ancien village, ainsi que sa tour, la Casa del Conte. Elle était autrefois habitée par les évêques d'Ajaccio, qui portaient le titre de comtes de Frasso. L'ancienne chapelle San-Quilico de Frasso est aujourd'hui en ruine. Au village, l'église paroissiale possède un beau clocher. La façade littorale d'Albitreccia est encore sauvage, et la plage d'Agosta, proche d'Ajaccio, promet des vacances dans un cadre agréable. Lorsque la mer est agitée, le ressac est important et il faudra cependant se montrer prudent.

Le couvert

■ **LA FERME**
Agosta-Plage
✆ 04 95 25 02 09

Fermé du 30 novembre au 1er mars. Basse saison : ouvert du mardi au samedi le soir. Haute saison : tous les jours et les jours fériés le soir. Réservation recommandée. Carte : 35 € environ. Menu enfant : 9,50 €. Vin au verre. CB non acceptée. Accueil des groupes. Chaises bébé. Jardin. Terrasse. Animations. Soirée musicale corse tous les vendredis et samedis soir.

Juste à la sortie d'Agosta-Plage, en montant sur la gauche après le Radisson depuis Porticcio, une petite maison sur la colline, avec une grande terrasse ombragée. La cuisine familiale traditionnelle à l'ancienne de la famille Quilici, père, mère et fils, régalera les gros appétits. On y retrouve chaque saison les escargots à la corse, la soupe de poissons, la bonne charcuterie de montagne, le sauté de veau aux olives mais attention il vous faudra tout manger. Grande salle typique en cas de mauvais temps, le tout loin du bruit de la route. Accueil sympathique de toute la famille.

Le gîte

■ **KALLISTÉ*****
Marincaggi
Agosta Plage
D455 route de Molini
✆ 04 95 25 54 19
www.cyrnos.net
info@kallistemolini.com
A 20 km du port d'Ajaccio, 12 km de l'aéroport et à 700 m de la plage.

Fermé de novembre à mars. Accueil jusqu'à 20h. 7 chambres (dont 1 suite). Basse saison : suite jusqu'à 209 €. Haute saison : chambre double à partir de 79 € ; studio / appartement à partir de 80 €. Petit déjeuner buffet : 10 €. Lit supplémentaire : 9 € (à 39 €). Parking ouvert inclus (auto et moto sécurisé). Petit déjeuner enfant offert pour les moins de 8 ans. Lit bébé 9 €. 9 appartements de 2 (60 m2) à 4 personnes (70 m2) de 500 € la semaine à 1 400 €. Chèque Vacances. Garde d'enfants. Poste Internet. Wifi gratuit. Service de ménage. Restauration (snacking le midi).

Grosse évolution au Kallisté du Molini avec la réfection complète de celle jolie villa andalouse ! On est désormais dans un haut standing et ses trois étoiles sont largement méritées. En prime une situation agréable, au calme, face au panorama du golfe d'Ajaccio et la silhouette des îles Sanguinaires.

La nouvelle génération des Battesti s'est donné bien du mal et le résultat est proche de la perfection. La partie résidence juste à côté offre de beaux appartements spacieux et bien équipés à des tarifs forts honorables compte tenu de la situation de choix. Accueil professionnel et sympathique pour couronner le tout !

■ **RADISSON BLU RESORT & SPA AJACCIO BAY******
D55
Agosta plage
✆ 04 95 77 97 97
www.radissonblu.com/resort-ajacciobay
info.porticcio@radissonblu.com

Ouvert toute l'année. Accueil 24h/24. 170 chambres. Chambre double 110 € ; suite €. Petit déjeuner buffet : 20 €. Parking fermé inclus. Petit-déjeuner buffet – 12 ans 10 €. American Express, Diners Club, Chèque Vacances. Garde d'enfants. Jeux pour enfants. Séminaires. Réceptions et mariages. Poste Internet. Wifi gratuit. Restauration. Vente. Hammam, bain bouillonnant, sauna. Animations. Excursions (bureau de tourisme et excursions).

Cet hôtel, à l'architecture résolument contemporaine, incarne le lieu de séjour parfait pour les familles et les amoureux. Vous profiterez d'un accès direct à la superbe plage d'Agosta, d'une vue sur le golfe et les îles Sanguinaires ainsi que d'une grande variété d'activités loisirs. Vous pourrez bénéficier d'une piscine extérieure chauffée, d'un espace spa-fitness de 900 m^2 avec hammam, sauna, cabines d'esthétique et de modelage, bassin de relaxation et bain à remous. Le restaurant A Muvra fait la part belle aux saveurs méditerranéennes à travers son grand buffet et sa carte de spécialités régionales. Au pool bar, vous pourrez déguster votre boisson préférée au bord de la piscine. A l'intérieur de l'hôtel, vous découvrirez le bar-lounge, ses cocktails originaux et sa vue imprenable sur le golfe.

Gîtes

A FUNTANA

Bisinao
D302
✆ 04 95 24 21 66 / 06 73 55 84 28
www.giteafuntana.com
giteafuntana@gmail.com

Fermé de novembre à mars. Accueil jusqu'à 22h. 3 dortoirs de 4 lits, en gîte d'étape de 16 à 20 €. Demi-pension de 36 à 43 € en gîte. Chambres d'hôtes de 50 à 60 €, pour 2. CB non acceptée. Chèque Vacances. Animaux acceptés (sur demande). Poste Internet. Wifi gratuit. Restauration (service midi et soir, carte et menu de 13 à 15 €). Salon de jardin, location de draps. Tv satellite.

Une belle surprise, dans ce petit hameau juste au-dessus de Porticcio, que cette Funtana. Dominique et Christian Santoni ont repris les rênes ce charmant petit coin de paradis. Au programme, un gîte d'étape de bonne tenue, une table d'hôtes qui satisfera le plus exigeant, une aire naturelle de camping, l'épicerie de Chantal, ses copieuses assiettes-repas du midi et même une formule chambre d'hôtes. La gentillesse et la disponibilité des hôtes des lieux viennent compléter le tableau et les voyageurs auront la bonne idée de monter là-haut et d'y rester. Nullement réservée aux randonneurs, bien que sur le fameux sentier Mare e Monti Sud, l'adresse est chaudement recommandée pour les amateurs de calme et d'authenticité.

Loisirs

AGOSTA FUN BEACH

D55
Agosta
✆ 06 11 54 95 28
www.agostafunbeach.com
agostaparachute@gmail.com

Fermé du 15 octobre à mai. Sur réservation. Haute saison : ouvert tous les jours et les jours fériés de 8h à 20h. CB non acceptée. Chèque Vacances.

Les sites de plongée sur la rive sud

La Tête de Mort

Niveau requis : accessible à tous. Profondeur : de 3 à 38 m. Se situe au large de la pointe de l'Isolella. Points forts : une forte concentration de faune, un site très vaste et accessible à tous les niveaux.

La Campanina (la Balise)

Niveau requis : accessible à tous. Profondeur : de la surface à 41 m. Points forts : on trouvera beaucoup de mérous et de dentis dans la zone ; de plus, on peut observer les vestiges de l'ancienne balise écroulée au fond.

La Grotte

Niveau requis : niveau 2 pour le haut du piton, niveau 3 pour pénétrer dans la grotte. Profondeur : 51 m. Points forts : un nombre impressionnant de gorgones, des mérous, la statue de Marie-Madeleine dans la grotte et la voûte de corail rouge. Une plongée dite d'une « ambiance » exceptionnelle. Elle se situe à 200 m au nord de la balise Campanina.

AGOSTA PLONGÉE

D55
Agosta Plage
ALBITRECCIA ✆ 06 20 90 22 30
www.agosta-plongee.fr
agosta-plongee@hotmail.fr

Fermé du 15 octobre à avril. Le reste de l'année sur réservation. Ouvert tous les jours et les jours fériés de 7h30 à 19h. Baptême 55 €, exploration 36 € à 48 €. Formations à partir 350 €. CB non acceptée. Chèque Vacances. Un semi-rigide LOMAC de 7,60 m pouvant accueillir 20 plongeurs. 5 moniteurs en été.

Chef de centre : Anthony Parrinello-Salini, BEES 1. A la suite du fameux Robert Olivar, ce petit club intimiste, caché dans les lentisques à côté de l'hôtel éponyme, propose baptêmes, explorations et formations sur les sites des Baleines, de la Tête de Mort, de la Campanina, de la grotte et du tombant des Corailleurs. Accessible par tous les niveaux ; agréé FFESSM, plongeurs PADI bienvenus. Côté pratique : on est sur la plage, donc pas de portage !

Venez vivre une expérience pleine de sensations inédites et inoubliables, encadrée par un professionnel diplômé d'Etat et ses 18 années d'expérience. Richard propose toute la saison du parachute ascensionnel, de la bouée tractée, des new banana, du Jet-Ski en location ou randonnée et l'Oxoon, un hydro-jet sans permis.

COTI-CHIAVARI ★★★

La commune se situe entre mer et montagne, dans un cadre verdoyant et dominant une façade littorale très découpée. On trouve des tours génoises à Capo Nero et à Capo di Muro, et la marine d'Erba Rossa, dans un golfe encore sauvage. C'est un lieu de séjour très apprécié. Le village, composé de petits hameaux, est également très agréable. On bénéficie d'un panorama sur les deux golfes d'Ajaccio et Valinco depuis le sommet du village. La commune possède sur son territoire les magnifiques sites de Verghia, sa pinède et sa plage d'argent désormais vierge de toute paillote, l'anse de Portigliolo et son mouillage privilégié, la plage secrète de Cala d'Orzu, mais également une grande partie de celle de Cupabia. On ne peut oublier le spot de Cacao, accessible uniquement par la mer, juste avant la pointe de Capu di Muro, son sable blanc albinos et ses eaux turquoise. Inoubliable !

■ CAPO DI MURO ★★

Un beau sentier de balade a été créé au départ du lieu-dit Casella en passant par la tour de Capo di Muro, puis la chapelle A Madonella, en suivant ensuite le sentier des douaniers jusqu'au hameau de Monte Bianco et retour au point de départ (3 heures environ). On organise chaque année le pèlerinage A Madonucca pour les fêtes de Pâques à la chapelle A Madonella. Après la messe, tous les fidèles se regroupent pour un grand Spunitu convivial et fraternel..

Points d'intérêt

■ LE PÉNITENCIER ★★

D55

Depuis Ajaccio, après Porticcio, vers Propriano par la mer, prendre la petite route qui monte à travers la grande forêt d'eucalyptus en direction du village de Coti-Chiavari. Un vrai lieu où l'on s'efforce de reconnaître, dans ces étranges vestiges, les caves, les poudrières et les murs qui abritaient les forçats empilés là au second Empire. Le cadre est sûrement merveilleux aujourd'hui, mais à l'époque, ce n'était que le paradis des moustiques ; il a été fermé en 1906, tant le taux de mortalité (environ 80 %), dû aux fièvres et aux mauvaises conditions de détention, était élevé. Idéal, à l'heure actuelle, pour balades, pique-niques, VTT, à l'ombre des grands arbres. En cours de réhabilitation, on y organise chaque été, au début du mois d'août le festival des amis de Django, superbe spectacle de jazz manouche.

Le couvert

■ BAR CHEZ XAVIER

D155
Acqua Doria
Place de l'Église
✆ 04 95 76 31 88
barxavier@wanadoo.fr

Ouvert toute l'année. Haute saison : tous les jours et les jours fériés le midi et le soir. Réservation recommandée. Carte : 25 € environ. Plat du jour : 12 €. CB non acceptée. Terrasse.

Une adresse historique que ce petit bar des années 1930, désormais dirigé par Serge, personnage haut en couleur qui donne du cachet à son établissement. On y retrouve toute l'année les habitués du coin qui viennent y boire quelques pastis avant de s'attabler en terrasse, sous le regard de sainte Marie, pour manger, paraît-il, les meilleures moules frites de la région. Service sympa et décontracté pour y passer un bon moment sans chichi ni tralala !

■ CHEZ VÉRO

Le Village
D55A ✆ 06 03 32 42 03
save2@laposte.net
A 12 km de la plage de Mare e sole.

Ouvert toute l'année. Haute saison : tous les jours et les jours fériés le midi et le soir. Réservation recommandée. Menus de 16 € à 23 €. Carte : 25 € environ. Menu enfant : 8 €. Formule : 30 € (assiette de charcuterie et son muscat pétillant). Vin au verre. Terrasse. Animations. Soirées musicales corses le vendredi en saison.

Ce petit restaurant de village, tenu par Véronique, vous permettra de faire la pause repas dans une bonne ambiance au milieu des locaux. On y vient toute l'année pour apprécier ses grandes salades-repas, ses grillades de bœuf, d'agneau ou l'assiette gourmande de spécialités charcutières. Douces soirées musicales sous la grande rotonde chaque vendredi et une terrasse panoramique surplombant le golfe d'Ajaccio et la tour génoise de la Castagna.

■ **CHEZ FRANCIS**
D155
Plage de Cala d'Orzu
✆ 04 95 27 10 39
www.chez-francis.com
chezfrancis2a@gmail.com
2 km de piste en terre régulièrement entretenue. A 7 km d'Acqua Doria.
♿
Fermé du 15 octobre au 15 avril. Haute saison : ouvert tous les jours et les jours fériés le midi et le soir (dernier service à 23h30). Service non-stop en été. Réservation recommandée. Menu unique à 24 €. Carte : 39 € environ. Menu enfant : 7,50 € (et 11 €). Suggestion du jour : 33 € (pêche du jour). Vin au verre. Bar cocktails et planches de dégustation. Chèque Vacances, Chèque Restaurant. Accueil des groupes (et mariages). Chaises bébé. Jardin. Terrasse. Vente à emporter. Boutique. Animations. Soirées musicales live le samedi en été, wi-fi et annexe pour plaisanciers.
Un plaisir chaque saison renouvelé pour cette adresse isolée tout au bout de la rive sud du golfe d'Ajaccio ! On y parvient par une petite piste en terre pour découvrir cette crique idyllique et la table de Brigitte et d'Yves Feraud justement renommée. On y vient déjeuner ou dîner sous le soleil et les pieds dans l'eau turquoise

Les sites de plongée autour de Coti-Chiavari

- **Denvers.** Difficulté : niveau 1. Profondeur : de 20 à 38 mètres. Situation : au large de la pointe des Trois-Frères. Atouts : roches isolées et petites grottes riches en Barracudas, dentis, bancs de saupes et sars.
- **La Campanina.** Difficulté : débutant. Profondeur : de 3 à 6 mètres. Situation : au sud de Porticcio, au large de Cala Médea. Atouts : suite de roches riches en barracudas, girelles paons, mérous et dentis.
- **La Grotte à Corail.** Difficulté : niveau 2. Profondeur : de 22 à 52 mètres. Situation : au large de la balise de Campanina. Atouts : belle remontée rocheuse riche en gorgognes rouges, anthias et dentis.
- **La Vallée des Mérous.** Difficulté : niveau 2. Profondeur : de 20 à 45 mètres. Situation : au sud de Capo di Muro. Atouts : remontées rocheuses riches en mérous, anthias et dentis.

■ **CORSICA DIVING CENTER**
D55
Plage de Mare e Sole
Verghja
COTI-CHIAVARI
✆ 0781 70 16 14
www.corsicadivingcenter.com
corsicadivingcenter@gmail.com
Fermé de novembre à mars. Sur réservation le reste de l'année. Haute saison : ouvert tous les jours et les jours fériés de 8h15 à 20h. Baptême à partir de 45 €, exploration à partir de 32 €. Formations tous niveaux, plongeurs et moniteurs, FFESSM, ANMP, FSGT et PADI. CB non acceptée. Chèque Vacances. 2 bateaux 7,70 m pour 28 plongeurs et 7,50 m pour 24 plongeurs. 5 moniteurs en saison.
Un superbe petit club intimiste, tout au bout de la rive sud du golfe d'Ajaccio. C'est l'adresse idéale pour s'initier dans les meilleures conditions. Trois sites de baptême, et plus d'une vingtaine de sites d'exploration dont le Tombant de la Castagne de 7 à 40 mètres et la Vallée des Mérous de 19 à 50 mètres. Encadrement de qualité, plage de rêve, et une grande diversité de sites de baptême et d'exploration. Et pour toute la famille, la location de bateau à pédales, kayak, stand up paddle et bateau sans permis.

avec une salade du pêcheur, une langouste, un poisson grillé, le tout tiré des filets des pêcheurs attitrés. On est aux antipodes de la paillote branchée car ici tout est simplement proposé avec le sourire et juste la bonne volonté de faire plaisir. Les plus malins y viendront par la mer (41° 44 « 32 - 08°42»38) pour savourer au passage des paysages sauvages et encore préservés, accueillis par l'annexe de la maison qui vous déposera sur le sable. Sincérité et authenticité au programme. Plage aménagée de transats et de parasols et petit salon soins et beauté caché dans les lentisques.

■ **A BARACCA**
D55
Col de Gradelllo
COGNOCOLI-MONTICCHI
✆ 04 95 71 85 81
antona.jeroma@gmail.com
À 5 km de Coti-Chiavari et 6 km de Pietrosella.

Ouvert toute l'année. Haute saison : tous les jours et les jours fériés le midi et le soir. Snacking à toutes heures. Réservation recommandée. Carte : 30 € environ. Vin au verre. CB non acceptée. Chaises bébé. Terrasse. Vente à emporter. Boutique.

On retrouve avec plaisir cette petite Baracca dominant le golfe d'Ajaccio et son panorama imprenable. Repris depuis deux ans par la famille Antona, on y appréciera une table familiale sympathique avec sa carte a l'ardoise, son gril au feu de bois, son adorable terrasse sous la vigne et quelques tables VIP au-dessus de la mer. Ouvert toute l'année pour ne rien gâcher !

Le gîte

■ **LE BELVÉDÈRE**
D55A
Lieu-dit Imbracatojo
✆ 04 95 27 10 32
www.lebelvederedecoti.com
le.belvedere@wanadoo.fr
Suivre la D55 depuis Porticcio ou bien la D155 depuis Porto-Pollo

Fermé de novembre à février. Accueil jusqu'à 21h. 13 chambres. Chambre double 60 €. Demi-pension : 55 € (à 63 € par personne). Petit déjeuner : 6 €. Lit supplémentaire : 20 €. Garage inclus (moto et parking fermé). CB non acceptée. Chèque Vacances. Animaux acceptés. Séminaires. Wifi gratuit. Restauration (menus de 26 à 30 €, menu enfant de 12 à 16 € le soir uniquement !). Pas de tv.

Le Belvédère, le « bien voir » de la famille Muratore, n'est pas un nom usurpé ! La vue est tout simplement époustouflante ! En plein maquis corse, vous aurez une vue imprenable à 500 m d'altitude sur la baie d'Ajaccio. Dans la grande salle, sous une magnifique charpente de bois ou sur la terrasse panoramique, vous pourrez vous régaler d'une cuisine gourmande et intime qui attire nombre de locaux chaque dimanche midi. La partie hôtelière est en accord avec le cadre et d'agréables prestations. Pas de piscine mais la belle plage de Portigliolo est à 10 km. L'un des meilleurs rapports qualité-prix de la rive sud avec ses chambres familiales pour 4 personnes à 50 € par personne en demi-pension ! Remarquable !

Gîtes

■ **A STORIA**
D55A
Le Village
✆ 04 95 27 13 14
www.residence-a-storia.com
dominique.cianfarani@wanadoo.fr
A 12 km de la plage de mare e sole.

Ouvert toute l'année. Appartement 4 personnes F2 (40 m² et 50 m2) de 320 € à 680 €, la semaine. Accueil jusqu'à 20h. Parking ouvert inclus (auto et moto). Location à la nuit à partir de 85 € pour 2. CB non acceptée. Chèque Vacances. Animaux acceptés (sur demande). Wifi gratuit. Location de draps, lave-linge, lave-vaisselle.

Emplacement de choix pour cette belle bâtisse en pierre à l'entrée du village qui offre un lieu de séjour ou d'escape de qualité. Les appartements pour 4 personnes sont dotés de tout le confort nécessaire et d'une décoration soignée. La vue est panoramique sur tout le golfe d'Ajaccio et l'amateur de randonnée sera au départ des plus beaux sentiers et l'amateur de baignade ira au choix sur la plage de Cupabbia, Cala d'Orzu ou Mare e Sole. Un excellent rapport qualité-prix !

Les plages de Coti-Chiavari

- **Cala d'Orzu.** On peut choisir de s'arrêter là chez Francis, notre paillote préférée du bout du monde, ou bronzer et se baigner. L'accès par la piste est un peu cabossé, mais les beaux endroits se méritent et l'on aura vite oublié ce chemin de terre. C'est l'étape incontournable des plaisanciers de passage.
- **Mare E Sole.** Une grande étendue de sable blanc, coupée en deux par la pinède. Avec du côté de la commune de Pietrosella, un grand parking, pratique et le ruisseau de Vergja pour être plus au calme. A côté le site de la plage d'argent. C'est l'endroit à la mode, où tous les habitués se pressent dès les beaux jours pour pique-niquer en famille sous la pinède et bronzer dans ce décor de carte postale. On s'y retrouve souvent en compagnie des vaches du village qui viennent « macagner » le touriste de passage. Typique, non ?
- **Portigiolo.** La plage de Portigliolo, avec ses cailloux, dans une petite baie pleine de charme et à la route bordée de maisons magnifiques, jusqu'à la Punta di a Castagna et sa tour génoise : les rochers du bout du monde... on y trouve même une base nautique. Juste un peu trop de bateaux au corps-mort, en été !

■ **MARE E VELA**
Plage de Portigliolo
COTI-CHIAVARI ✆ 06 14 79 20 46
www.mare-e-vela.fr – mare.e.vela@wanadoo.fr
Ouvert toute l'année. Hors saison sur RDV. Haute saison : tous les jours et les jours fériés de 9h à 19h. Location, cours et stages de catamaran, dériveurs, planche à voile et kayak. A partir de 90 € le stage de 5 séances de kayak. A partir de 8 € la location de kayak (1/2 h). CB non acceptée. Agréé DDJS, labellisé EFV, école de sport et voile loisir.
La base nautique Mare e Vela propose son jardin des mers pour les 4-7 ans, la découverte du milieu maritime sur différents supports : optimist, planches, ateliers et activités d'éveil (pêche, aquarium, jeux de plage et d'eau). A partir de 8 ans : initiation et perfectionnement en optimist, en Open bic et en planche à voile. Après 13 ans, les cours se font sur catamaran, Open bic et en planche à voile. Découverte du littoral en canoë ou en kayak en pratique libre au départ du club ou en randonnée, encadrée par un moniteur.

PIETROSELLA ET SES PLAGES ★★★

Le village de Pietrosella voit ses origines remonter jusqu'à l'Antiquité, puisqu'il y a présence avérée de sites romains : des sépultures sous tuiles, mais aussi des traces d'une ancienne agglomération dans les anciens marais. Le village est isolé au bout de sa route, réparti le long d'une colline. On y trouve quelques maisons anciennes avec de magnifiques escaliers. C'est sur la commune de Pietrosella que l'on trouve une magnifique tour génoise datant de 1596, dite d'Isolella, inscrite aux Monuments historiques. Sa fenêtre littorale se compose d'un ensemble de rivages au sud d'Ajaccio offrant un paysage de couleurs vives et contrastées, avec au loin la vue sur le golfe. La tour de l'Isolella domine les ravissantes petites anses, dont celle de Cala Médéa, ainsi que l'ensemble du golfe d'Ajaccio.

■ **OFFICE DU TOURISME DE PIETROSELLA**
D55
Rond-Point d'Isolella
Arciquatra
✆ 04 95 24 47 94
www.pietrosella.fr
office.tourisme@pietrosella.fr
♿
Basse saison : ouvert du lundi au vendredi de 8h30 à 12h et de 13h30 à 16h30. Haute saison : tous les jours et les jours fériés de 10h à 13h et de 15h à 19h. Point wi-fi gratuit. CB et chèques non acceptés.

Points d'intérêt

■ **LES PLAGES DE PIETROSELLA** ★★★

- **Le Ruppione.** Après la pointe de l'Isolella, la route s'en va vers la plage du Ruppione, son eau turquoise et son sable très blanc et des plages uniquement accessibles à pied par des petites allées. La plus belle est celle qui est en dessous du restaurant la Bergerie, sur l'anse d'Ottiani. Beau sport de surf pour les amateurs.
- **L'Isolella.** Par la mer, on repère facilement la presqu'île à ses énormes blocs de rochers. Des petites criques dont l'accès n'est pas toujours évident, vu le nombre de résidences privées et sa tour génoise. Entre deux caps rocheux, Cala Médéa, une belle étendue de sable rosé parfois très inclinée. Accès par un grand parking. Plus loin vers le bout, deux paillotes.
- **La Stagnola.** La plage est abritée des vents et de la houle par la presqu'île de l'Isolella. Sable fin, faible profondeur, très calme, c'est la plage idéale pour les enfants malgré les nombreux bateaux au corps mort. En prime : une rampe de mise à l'eau et deux paillotes.

La Tour d'Isolella.

LA TOUR D'ISOLELLA ET LA PUNTA DI SETTE NAVE ★★★

Isolella

La tour d'Isolella est érigée sur la presqu'île de l'Isolella. Elle domine de ravissantes petites anses ainsi que l'ensemble du golfe d'Ajaccio. Cette tour fut construite en 1608, il s'agit d'une tour circulaire de 11 mètres de haut, elle est plus étroite à la base que la plupart de ses consœurs qui jalonnent le golfe d'Ajaccio et sa silhouette est longiligne. Rendez-vous en voiture jusqu'à la presqu'île d'Isolella. Dépassez le lotissement les « Marines de l'Isolella » et tournez à gauche à environ 1 km, garez votre voiture au panneau indiquant le chemin de la tour. Bien dégagé, il monte au sommet de la presqu'île où se dresse la tour, 70 mètres au-dessus de la mer. Le hameau de la Cruciata, juché à 100 m d'altitude, au-dessus de la Punta di Sette Nave est groupé autour de sa chapelle. La marine de l'Isolella sur la Punta di Sette Nave est surveillée, ainsi que la pointe, par la tour génoise qui domine sept îlots de granit rose. À l'origine du nom « Sette Nave », ces îlots seraient les sept galères pétrifiées de pirates barbaresques.

Le couvert

PAILLOTE A STAGNOLA NOUVEAU

D55 – Plage de Stagnola
L'Isolella ✆ 04 95 51 17 67
olivier.posati@sfr.fr

Fermé du 20 septembre à avril. Ouvert tous les jours et les jours fériés le midi et le soir. Service bateau navette. Douche. Réservation recommandée. Carte : 30 € environ. Menu enfant : 10,50 €. Suggestion du jour : 25 €. Vin au verre. Accueil des groupes (mariages, séminaires, incentive). Chaises bébé. Jardin. Terrasse. Vente à emporter. Animations. Soirées musicales live en été.

Gros changement d'enseigne et de style sur cette belle plage, avec l'arrivée d'Olivier aux commandes de cette paillote précédemment tenue par le footballeur Pascal Olmeta. On y apprécie la grande cuisine ouverte aux yeux de tous, sa carte de taille raisonnable pour y apprécier de belles salades, pizzas au feu de bois, grillades de viande et poissons de la petite pêche, son rôtissoire, sa plage aménagée de transats et de parasols... Une adresse bienvenue sur la rive sud, d'un bon rapport qualité/prix, chose rare sur les plages. Parking gratuit pour la tranquillité.

Le gîte

VILLA GHIATONE

Allée du Maquis Ghiatone
✆ 04 95 25 53 71
✆ 06 14 30 09 76
www.villaghiatone.com
contact@villaghiatone.com

Ouvert toute l'année. Accueil jusqu'à 21h. Basse saison : chambre double à partir de 90 €. Haute saison : suite jusqu'à 210 €. Petit déjeuner inclus. Lit supplémentaire : 50 €. Parking fermé inclus (auto et moto). CB non acceptée. Wifi gratuit.

Une jolie maison, idéalement placée à deux pas de la plage de Stagnola. Agathe et Stéphane Ottavy ont eu la bonne idée de transformer leur petit coin de paradis en lieu d'accueil fort agréable. Un jardin arboré et fleuri, de l'espace, de bonnes prestations et une grande disponibilité pour leurs hôtes bienheureux. Une situation bien pratique pour découvrir la micro-région qui ne manque pas d'atouts.

Emplettes

LE MARCHÉ CORSE

Rond-point de l'Isolella
Arciquatra
D55
✆ 04 95 51 24 64
www.lemarchecorse.com
lemarchecorse@gmail.com
A l'entrée de l'Isolella.

Haute saison : ouvert tous les jours et les jours fériés de 8h à 20h. Livraison possible (livraison possible domicile ou bateau). Soirées chants et guitares tous les mercredis en été.

Vous serez surpris par cette vaste épicerie fine à Isolella (Ne pas monter au village de Pietrosella), d'abord par le magasin très bien achalandé, ensuite par le décor, une bergerie authentique, et aussi et surtout par l'accueil : ici on goûte quasiment tout dans la joie et la bonne humeur ! Philippe, Atila, Michèle et toute l'équipe vous accueillent et vous feront partager leur passion du terroir insulaire. Fromages fermiers, vraie Charcuterie Nustrale, Terrines, Huile d'olive AOP, Safran cultivé sur les hauteurs d'Ajaccio, Miel AOP, Canistrelli, Confitures artisanales, Bastelle... des produits 100 % corses, bio et naturels. Tout le terroir de l'île de Beauté y est dignement représenté. En plus de la charcuterie et des fromages fermiers, les fruits et légumes sont cultivées par les soins du marché Corse et ils ne sortent pas d'une chambre froide ; il n'y en a pas ici ! C'est un choix. Venez aussi redécouvrir le bon goût de la tomate de jardin. Bilan carbone nul sur la majorité des produit !

Marchés

■ LE MARCHÉ DES PRODUCTEURS BIO DE L'ISOLELLA
Espace Isolella ✆ 06 24 42 24 78
www.pietrosella.fr
office.tourisme@pietrosella.fr
Haute saison : ouvert le mercredi à partir de 18h. Du 1er juillet au 31 août.
Des producteurs bio, des artisans, des créateurs, mais aussi des chants corses accompagnent ce marché nocturne toute la saison d'été.

PORTICCIO, MARINE DE GROSSETO-PRUGNA ★

Village de montagne dont le territoire s'étend jusqu'à la mer, Grosseto-Prugna est ancien, de caractère, et se situe dans un lieu privilégié. La partie littorale de la commune est la station balnéaire de Porticcio, l'une des plus populaires de la côte occidentale, à la côte sauvage et finement découpée faisant face au golfe d'Ajaccio. Nombreuses activités nautiques : plongée, scooter des mers, voile, etc. La belle tour génoise du Capitello marque le début de la grande plage de Marina Viva. On y trouve de belles petites criques qui sont très recherchées en été. Après la tour, vers l'aéroport, la plage est naturiste.

■ OFFICE MUNICIPAL DU TOURISME DE PORTICCIO
D55
Village les Echoppes BP 125
✆ 04 95 25 10 09
www.porticcio-corsica.com
porticcio.org@wanadoo.fr
Basse saison : ouvert du lundi au samedi de 8h à 12h et de 14h à 18h. Haute saison : tous les jours et les jours fériés de 8h30 à 19h. Accès wifi gratuit. Ouvert le dimanche (mai à Septembre).

▶ **Autre adresse :** Point Infos – Parking des Marines – Plage de la Viva

Points d'intérêt

■ LA TOUR DE CAPITELLO ★★★
Capitello
La tour de Capitello se dresse sur la côte, à l'entrée Nord de Porticcio, près de l'estuaire actuel de la Gravona et du Prunelli, sur le seul éperon rocheux du fond du Golfe. C'est une tour ronde, elle est haute de 11 à 12 mètres, elle est plus imposante que la plupart des autres tours avec ses 42 mètres de circonférence à la base, ses murs ont près de 3 mètres d'épaisseurs. Elle comporte 2 niveaux intérieurs (une salle basse servant de magasin pour les munitions et la nourriture et de salle de garde) et une terrasse de guet crénelée équipée de 17 mâchicoulis. Une citerne placée dans la salle basse permettait l'alimentation en eau des gardiens à partir d'une canalisation venant de la terrasse. Son architecture est cossue, on remarquera le cordon, l'encadrement des ouvertures et celui des mâchicoulis en briques rouges. Son accès est à 4,50 mètres du sol, il s'agit d'une porte haute ouvrant sur la salle de garde. On accède ensuite à la terrasse par un escalier intérieur et à la salle basse par une trappe. C'est ici que Napoléon parvint à récupérer sa famille poursuivie par les partisans de Pascal Paoli. De là, ils gagnèrent Calvi puis Toulon.

Porticcio.

© XAVIER BONNIN

Crique, plage et tour génoise.

LA TOUR DE FRASSU (MAISON FORTE)

Frassu

Temps de marche A/R : 2 heures pour la tour. Dénivelé : 300 mètres environ. Difficulté : facile. Période : comme pour toutes les balades dans le maquis : éviter fortes chaleurs et vent.

Prenez la route du collège par les CD55 ou 555, au rond-point, entrez dans la résidence Terra-Bella et suivez les panneaux indiquant le cimetière. Le départ se situe au niveau du panneau du parc régional, sur le parking du cimetière. Bien que parfois escarpé, le chemin n'est pas difficile pour des personnes bien équipées et ayant l'habitude de marcher. Cette balade est cependant déconseillée en période estivale, car le chemin n'est pas ombragé. Suivez le balisage orange du sentier Mare a Mare et vous accéderez à une tour dont les murs sont intacts.

Le couvert

L'ALTA VISTA

Centre commercial de la Viva
D55
✆ 04 95 23 35 48
www.restaurant-altavista.com
altavista.porticcio@gmail.com

Ouvert toute l'année. Haute saison : tous les jours et les jours fériés le midi et le soir. Réservation recommandée. Menu unique à 32 €. Carte : 45 € environ. Formule du midi : 18 €. Vin au verre. American Express, Chèque Restaurant. Terrasse. Salle climatisée, wi-fi zone.

Une superbe adresse au cœur de la Viva, créée par Sylvestre et Simon Ceccaldi assistés de Sébastien Amaro, réputés sur la rive sud. On fera l'effort de lever les yeux et de monter les marches vers ce restaurant panoramique qui domine le golfe. Une grande salle cosy décorée avec bon goût, une terrasse pour manger au soleil et une carte, des menus terre et mer et la formule du midi qui feront le bonheur de tous. La mer est à l'honneur avec la sélection de petite pêche locale, l'inévitable vivier à langoustes et les suggestions journalières du marché. Service stylé et tarifs justes pour repartir heureux.

L'AVENTURE GOURMANDE

D55
Boulevard Marie-Jeanne Bozzi
Centre commercial de la Viva
✆ 09 52 26 90 06
alexiaschmit@gmail.com

Ouvert toute l'année. Haute saison : tous les jours et les jours fériés le midi et le soir. Fermé le mercredi sauf en été. Réservation recommandée. Carte : 36 € environ. Menu enfant : 8,50 €.15 €. Vin au verre. American Express. Accueil des groupes. Chaises bébé. Terrasse. Vente à emporter. Animations. Salle climatisée, wifi zone.

Alexia et Jean-Louis se sont lancés avec énergie dans cette Aventure Gourmande qui domine Marina Viva depuis son étage pour mieux profiter de la vue. On y apprécie ses grandes terrasses panoramiques et ombragées, sa petite salle pour les frileux et sa carte sobre, gage de sincérité, où l'on découvre de belles salades-repas, des pizzas au feu de bois, quelques recettes traditionnelles pour rester dans la corsitude (tripettes, sanglier, veau, etc.) et leurs suggestions terrestres ou maritimes selon le marché. Addition raisonnable et accueil sans reproche.

■ LE PATIO D'AM
Plage de la Viva
✆ 04 95 52 96 69
bozzi.paul@orange.fr
Ouvert toute l'année. Haute saison : tous les jours et les jours fériés le midi et le soir. Réservation recommandée. Carte : 40 € environ. Menu enfant : 8 €. Formule du midi : 14,50 € (ou 17,50 €). Vin au verre. American Express, Chèque Vacances, Chèque Restaurant. Chaises bébé. Terrasse.
Plaisante création au cœur de l'animation de Porticcio face à la plage qui propose aux amateurs de raffinement un bel établissement élégant, piloté en cuisine par le chef Julien Comas de Miranda. La carte est évidement tournée vers la mer toute proche et les formules du midi satisferont les gourmets. Belle carte de taille raisonnable pour le soir avec une attention particulière sur la fraîcheur des produits du marché. Nul doute que la réussite sera au rendez-vous grâce aux locaux et aux touristes. Vivier à langoustes, service agréablement féminin et cadre raffiné pour ne rien gâcher.

Le gîte

■ HÔTEL DE PORTICCIO**
Résidence les Chênes
Boulevard Marie-Jeanne Bozzi
D55 ✆ 04 95 25 05 77
www.hotelporticcio.com
info@hotelporticcio.com
A 50 m de la plage et 15 km d'Ajaccio.
Fermé de novembre au 15 avril. Accueil jusqu'à 23h. 52 chambres. Chambre simple 53,50 € ; chambre double 58,50 € ; studio / appartement 380 € la semaine. Petit déjeuner : 5 €. Lit supplémentaire : 10 €. Parking ouvert inclus (espace moto fermé). 20 appartements de 2 à 5 personnes de 66 € à 139 €, la nuit. Chèque Vacances. Animaux acceptés. Poste Internet. Wifi gratuit.
Situé dans le centre de Porticcio, face à la plage de la Viva, c'est l'un des meilleurs rapports qualité-prix-prestations des environs. Tennis sur place et la plage juste en face, de l'autre côté de la route. Parking privé et tarifs VRP en prime. Agréable salle de petit déjeuner entièrement refaite à neuf et salon TV avec écran plasma. Accueil toujours sympathique et souriant de Sylvie et d'Anthony. Un sans-faute à tous les niveaux. Nouveautés : la climatisation et les TV écran plat dans tout l'hôtel sans augmenter les tarifs !

© XAVIER BONNIN

Roches et bateaux sur la Rive sud.

■ **SUITE HOME PORTICCIO****** **NOUVEAU**
Lieu-dit Scaglione
© 04 95 26 12 12
www.suite-home.com
porticcio@suite-home.com

Fermé de novembre à mars. Accueil 24h/24. 60 chambres (appartements de 1 à 8 personnes). Studio / appartement à partir de 100 € la nuit, jusqu'à 1 953 € la semaine. Petit déjeuner buffet : 12 €. Garage : 7 €. American Express, Chèque Vacances. Poste Internet. Wifi gratuit. Service de ménage. Vente (beauté, bijoux). Tv satellite. Sauna.

Très belle réalisation que cette nouvelle résidence installée à deux pas de la plage de la Viva. On y appréciera les prestations hôtelières irréprochables avec ses grands appartements bien équipés et tout les services dignes de ses 4 étoiles : salle de fitness, sauna, piscine chauffée, un accueil parfait et des tarifs justes au regard des prestations.

Campings

■ **BENISTA******
Boulevard Marie-Jeanne Bozzi
D55
© 04 95 25 19 30
www.benista.fr
camping.benista@orange.fr
A 1,8 km des plages et 12 km d'Ajaccio.

Fermé du 15 octobre à mars. Réservation recommandée. Accueil jusqu'à 20h (21h en été). Gardé 24h/24. Terrain de 5 ha. 162 emplacements (et 38 locatifs). Exposition : ombragé. Sol : herbeux. Relief : plat. Emplacement + véhicule + 2 personnes de 23 € à 30 €. 32 bungalows pour 4 à 6 personnes de 360 € à 1 080 € la semaine. Location de draps. Service camping-car 5 €. Chèque Vacances. Jeux pour enfants. Salle de bains pour bébés. Animaux acceptés (2,50 à 3,50 €). Aire pour camping-cars. Wifi payant. Restauration (restaurant pizzeria menus et carte). Animations.

A l'entrée de Porticcio, un grand complexe, près des plages, avec 200 emplacements, 32 bungalows, 3 chalets, 3 appartements et une piscine pour ceux qui n'aiment pas la mer. Toutes les commodités de règle pour un quatre étoiles : bar, restaurant, tennis, jeux d'enfants, commerces et animations sportives et ludiques (en été). Le plus : emplacements délimités, spacieux et ombragés, accueil impeccable et les meilleurs conseils sur toutes les activités aux alentours. Une formule pratique : locations d'un bungalow pour 3 nuits sauf l'été, à partir de 70 € la nuit

■ **U PRUNELLI******
D 55
Pont du Prunelli
© 04 95 25 19 23

www.camping-prunelli.com
camping-prunelli@orange.fr

Fermé du 31 octobre à mars. Réservation recommandée. Accueil jusqu'à 23h. Gardé 24h/24. Terrain de 5 ha. 160 emplacements (et 40 chalets). Exposition : ombragé. Sol : herbeux. Relief : plat. Emplacement de 3,10 € à 10 €. Véhicule de 2,50 € à 9,80 €. 2 personnes de 14,60 € à 21 €. 40 chalets pour 2 à 8 personnes de 310 € à 1 450 € la semaine. Pataugoire enfant. Membre du GIE Corsica Camping. CB non acceptée. Jeux pour enfants. Salle de bains pour bébés. Animaux acceptés. Aire pour camping-cars. Wifi gratuit. Restauration (bar-restaurant-pizzeria menu enfant 8 €, carte 25 € midi et soir).

A une dizaine de minutes en voiture d'Ajaccio et de Porticcio, ce camping est en bordure de rivière. Il est situé sur la rive sud du golfe d'Ajaccio. Il a un avantage : il est plutôt proche des lieux touristiques. Les chalets sont entièrement en bois et sont confortables. Un camping qui possède une belle végétation luxuriante. Pour ceux qui fuient la plage, les piscines jouxtent le restaurant et, pour les sportifs, beaucoup d'activités proches, comme le golf de Benista. Toutes les commodités sont sur place. Etablissement récompensé par le label « Camping Qualité Plus ». Possibilité de location à la nuitée en chalet, sauf juillet et août.

Loisirs

■ LES ÉCURIES DE MOLINI

Vieux Molini
✆ 06 22 87 61 15
www.ecuriesmolini.com
ecuriesmolini@free.fr

Centre de tourisme équestre «label qualité». Ouvert toute l'année. Randonnées à l'heure (haute saison), demi-journée et journée, entre mer et maquis à partir de 25 €. Tous les jours et les jours fériés. CB non acceptée.

Ce centre de tourisme équestre, caché dans le maquis au-dessus d'Agosta-plage, propose toute l'année des randonnées de 3 heures ou plus si affinité. L'ambiance y est très conviviale et les moniteurs sympathiques et sérieux. L'association est affiliée à la fédération française d'équitation. A faire cavalièrement pour découvrir la beauté des paysages environnants.

■ LES ÉCURIES DE PORTICCIO

Rue du centre équestre
✆ 04 95 22 75 59
www.centreequestredeporticcio.com/

Ouvert toute l'année. Haute saison : tous les jours. Balade d'une à quatre heures à cheval et poney à partir de 20 €. CB non acceptée.

Idéalement placé entre mer et montagne au centre de la station balnéaire de Porticcio, ouvert tous les jours de l'année, vous aurez accès non seulement aux installations sur 4 hectares mais aussi aux promenades sur la plage et dans le maquis. Des promenades d'une à quatre heures sont organisées tout au long de l'année. Elles se font sur réservation et par niveau, sauf demande des cavaliers.

■ GIGA GOLF CLUB

Benista
✆ 04 95 25 95 05 / 06 20 42 44 62
www.giga-golf.org
golfajaccio@gmail.com

Ouvert toute l'année. Tous les jours et les jours fériés de 9h à 19h. Haute saison : tous les jours et les jours fériés de 8h à 20h30. Entrée : 30 €. Abonnement : 600 € (à l'année). Enfant : 15 €. Location de matériel 15 € la demi-série. Leçon de golf pour adulte et enfant en individuel ou collectif. Boutique. Distributeur de boissons chaudes et froides.

Un petit parcours rustique de six trous en par 3 et 4 (slop 100. SSS 68), idéal pour l'entraînement et l'initiation. Sur place, un practice couvert, une petit club-house et une école de golf dirigée par le pro Yoann Chartier. C'est la seule et unique structure entre L'Ile-Rousse et Roccapina, pour taquiner la petite balle blanche !

■ JULIEN-JET ORGANISATION

D55
Allée de l'Ustaria
Hôtel Sofitel Thalassa
✆ 06 18 96 15 93
www.julienjet.com
julien-jet@wanadoo.fr

Ouvert toute l'année. Sur réservation. Haute saison : tous les jours de 9h à 12h et de 14h à 19h.

Evadez-vous entre terre et mer avec Julien et toute son équipe qui n'hésiteront pas à vous concocter leurs cocktails détonants avec Ranger, bateau et Jet-Ski dans la même journée pour vous faire vivre d'inoubliables moments. Organisation de séminaires, incentives et formules à la carte. Raids découverte terre et mer vers les sites majeurs du Sud : Girolata, Cavallo par la mer, les forêts de Pietrosella et Coti-Chiavari par les sentiers de pays. Structure super pro dans les moindres détails. Bases à l'Isolella plage de Stagnola, Verghja plage de Mare e Sole et Cala d'Orzu.

■ MAEVA PLONGÉE
Les Marines de la plage de la Viva
Boulevard Marie-Jeanne Bozzi
D55
✆ 04 95 25 02 40 / 06 12 17 85 29
www.maeva-plongee.com
maeva.plongee@gmail.com
Fermé de décembre à février. Agréé jeunesse et sport, labellisé FFESSM, CMAS, FSGT, PADI, ANMP. Centre partenaire Aqualung. Centre plongée Nitrox. Haute saison : ouvert tous les jours et les jours fériés de 8h à 20h. Baptême à partir de 49 €, exploration à partir de 36 €. Formation à partir 265 €. CB non acceptée. Chèque Vacances. 2 bateaux de 18 et 28 plongeurs, 6 moniteurs d'avril à mi-novembre. 20 sites d'exploration dont la tête de maure et la Campanina, niveau 1 et 2, profondeur de 0 à 40 mètres.
L'une des plus grandes structures d'accueil de la Corse du Sud, dirigée par Pascal Peri, BEES 2e degré, qui bénéficie d'un emplacement idéal sur la plage, avec ses locaux fonctionnels et confortables. On profite d'un matériel neuf de qualité et de bateaux rapides et confortables pour sillonner les plus beaux spots du golfe. Les prestations y sont professionnelles et attentionnées, le tout encadré d'une brigade de moniteurs dynamiques.

Location de deux-roues

■ MLS LOCATION
D55
Marina Viva
Boulevard de la rive Sud
✆ 04 95 25 10 61 / 06 03 35 56 24
www.mls-location.fr
multiloc.rivesud@live.fr
Basse saison : ouvert du lundi au samedi. Haute saison : tous les jours et les jours fériés de 8h à 20h. Livraison possible. Tarif location auto à partir de 95 €, moto 95 €, scooter 65 €. American Express.
Un loueur certes, mais un loueur original ! On trouve ici une belle gamme d'autos : Citroën C3, Smart cabriolet, Porche Cayenne ou Carrera, Jeep Wrangler cabriolet et même la Lincoln Town Car avec chauffeur pour épater la galerie. En plus on pourra enfourcher une Honda Africa Twin ou un scooter 125cc. Location des véhicules de prestige avec ou sans chauffeur. Réservation recommandée, livraison sur demande.

Sorties

■ L'ALTA ROCCA
Les Echoppes
Boulevard Rive Sud
Marina Viva ✆ 04 95 25 13 87
sylvcec@live.fr
♿
Fermé de novembre à avril. Hors saison ouvert vendredi et samedi soir. Haute saison : ouvert tous les jours et les jours fériés de 9h à 2h. Wifi gratuit. Terrasse. Restauration. Animations. Concerts (musiques live éclectiques 3 fois par semaine). Parking.
C'est l'adresse incontournable pour les amateurs d'ambiances musicales et de rencontres de toute la jeunesse du golfe d'Ajaccio. Sylvestre et Simon, les deux frères Ceccaldi, ont trouvé le concept qui fait mouche chaque saison : un bar à vin, tapas gourmands et musique live en plein cœur de la station. On commence dès l'apéro avec un vin corse AOC bien choisi pour continuer en soirée avec un cocktail Alta Rocca (champagne, cognac et sucre de canne)... La plage est toute proche pour se rafraîchir les idées, et rentrer sobrement bien sûr.

Emplettes

■ CASA NAPOLÉON
Centre commercial de la Viva
Boulevard Marie-Jeanne-Bozzi
D55
✆ 04 95 25 17 72

www.casanapoleon.com
casanapoleon@charlesantona.com

Basse saison : ouvert tous les jours de 9h à 12h et de 15h à 19h. Haute saison : tous les jours et les jours fériés de 9h à 20h. Livraison possible (expédition par la poste ou vente en ligne).

Une jolie boutique en plein centre de la station pour s'approvisionner sans crainte des meilleurs produits locaux. C'est la vitrine du producteur Charles Antona, réputé dans l'île et sur le continent pour ses fameuses confitures et terrines aux nombreux parfums identitaires. On aura l'embarras du choix tant il est vaste : charcuterie, soupes, foies gras à la myrte ou à la figue, fromages fermiers et une belle gamme des vins de l'île. Dégustation sur demande, expédition pour partir léger.

CLOS CAPITORO

Pisciatella
D302
✆ 04 95 25 19 61
www.clos-capitoro.com
info@clos-capitoro.com
Entre Ajaccio et Porticcio. Prendre direction Sartène. Après le rond-point de Gifi, à 1 km.

Basse saison : ouvert du lundi au samedi de 9h à 12h30 et de 15h à 17h. Haute saison : du lundi au samedi de 9h à 12h30 et de 15h à 18h. Ouvert toute l'année. Livraison possible (en France). Cuvée tradition 9,30 €, cuvée réservée rouge 12,90 €, cuvée Louis Bianchetti blanc 14,90 €.

Depuis 1856, cette belle propriété de 50 ha au sud d'Ajaccio produit des vins, aujourd'hui d'appellation d'origine contrôlée Ajaccio. L'encépagement traditionnel est composé de sciacarello, de nielluccio et de grenache pour les rouges, de vermentino pour les blancs. Dégustation et vente dans le beau relais du Clos avec ses bouteilles bien alignées sur des ifs métalliques. L'espace permet l'organisation de banquets et de manifestations autour du thème du vin. Coup de cœur pour le rosé 2014 et le rouge 2013. Essayez de trouver la confidentielle cuvée réservée en rouge 2006, un assemblage de sciacarello, de grenache et une pointe de nielluccio.

COUTELLERIE CECCALDI

Résidence du Golfe Les Echoppes
D55
✆ 04 95 25 13 87
www.couteaux-ceccaldi.com
contact@couteaux-ceccaldi.com

Ouvert tous les jours et les jours fériés de 8h à 12h30 et de 14h30 à 19h. Fermé dimanche et lundi hors saison. Ouvert le dimanche. Livraison possible (et vente en ligne sur le site web).

Pour les amoureux des belles lames, on entre ici dans le domaine du beau : corne, os, bruyère, ébène… Cet artisan coutelier, riche de ses trente ans d'expérience, réalise des couteaux traditionnels, des vendettas, des stylets, mais aussi des pièces uniques, de l'orfèvrerie, des couteaux modernes, et des services de cuisine. La seconde génération représentée par les fils, Simon et Sylvestre, a permis d'augmenter la production artisanale et d'ouvrir quatre points de vente à Bonifacio, Sartène, Corte et même à Paris dans le 6e arrondissement.

Autre adresse : Rue Monseigneur-Casanova, Corte, ✆ 04 95 47 38 97. 15, rue du Palais, Bonifacio, ✆ 04 95 23 10 76. Place de la Libération, Sartène, ✆ 04 95 77 03 33. 15, rue Racine, Paris VIe, ✆ 01 46 33 87 20 !

Vue d'ensemble du village d'Evisa au cœur des montagnes.

OUEST CORSE

LE GOLFE DE SAGONE ET LES DEUX SORRU

A 25 km au nord d'Ajaccio et 14 km de Cargèse, le golfe de Sagone et le Canton des Deux Sorru vous ouvrent leurs portes sur une région bordée de grandes plages de sable fin, de charmantes criques et d'un arrière-pays fascinant : villages typiques, montagnes majestueuses, lacs d'altitude, rivières, sentiers sauvages et forêts odorantes font de cette région une destination envoûtante. Les cantons du Cruzinu et Cinarca, de Calcatoggio à Pastricciola offre une magnifique balade dans une vallée verdoyante et ses jolis villages pittoresques encore peu fréquentés en bord de rivière puis dans la forêt qui vous offrent une multitude de sentiers de randonnée.

CARGÈSE ★★★

Le village de Cargèse, avec ses façades blanches, est très agréable. Au nord, on peut encore voir les ruines de l'ancienne colonie de Paomia. Après le pont de Chiuni, une plaque commémore également les premiers contacts pendant la guerre 1939-1945 entre la résistance corse et le gouvernement d'Alger, qui se sont établis dans la région. Dans les environs, ente le village et l'ancienne colonie de Paomia, on accède aux ruines de l'église San Giovanni. Mérimée, alors chargé de répertorier les monuments de Corse, avait remarqué la sculpture d'un bras, avec les doigts ouverts, sur le mur nord de la nef de l'église. Cet élément, d'après les spécialistes, serait les vestiges de la cour de justice qui siégeait autrefois dans l'église. Son histoire fut marquée par l'installation d'une colonie grecque au XVIIe siècle. De ces influences, le village garde deux témoignages religieux complémentaires avec deux églises qui se font face, l'une au rite latin, l'autre au rite byzantin.

■ **OFFICE DE PÔLE OUEST CORSICA**
Rue Docteur-Dragacci ✆ 04 95 26 41 31
www.ouestcorsica.com
info@ouestcorsica.com
Ouvert du lundi au samedi de 9h à 12h et de 14h à 17h. CB et chèques non acceptés.
Principales manifestations dans l'ouest de la Corse
Le 7 février : A tumbera di Rennu. Du 24 au 28 avril : les céremonies pascales de Cargèse. Le 16 mai : le vide-grenier de la Pentecôte. Le 29 mai : triathlon des Calanche de Piana. De juin à septembre : concerts de polyphonies traditionnelles dans les deux églises les mardis et vendredis. Le 24 juin : les traditionnels feux de la Saint-Jean avec célébration religieuse, feux et soirées musicales à Evisa, Casaglione-Tiuccia, Letia. Début juillet : fête de la Pêche, Letia. Les 13 et 14 juillet : feux d'artifice et bals dans les villages. Le 14 juillet : grande brocante de Sagone. Le 17 juillet : triathlon de la Cinarca. Fin juillet : Sorru in Musica. Le 31 juillet : rencontre interconfréries de Piana. Le 1er août : A Priziuncula, Vico. Fête votive du couvent Saint-François : 1er août : procession au couvent. 2 août : procession du couvent à la grotte, route d'Arbori. Le 4 août : feu d'artifice de l'abolition des privilèges. Du 6 au 8 août : Cargèse Sound System Festival. Le 15 août : grande brocante de Sagone, Sainte-Marie : messes et processions dans les villages et feu d'artifice à Cargèse. Le 16 août : Fiera di San Roccu di Rennu. Le 25 septembre : U Mele in Festa di Murzu. Fin novembre : fête du Marron d'Evisa.

■ **OFFICE DE TOURISME DE CARGESE**
Rue du Docteur-Dargacci
✆ 04 95 26 41 31 – www.cargese.net
info@cargese.net
Basse saison : ouvert du lundi au vendredi de 9h à 12h30 et de 14h à 17h. Haute saison : tous les jours et les jours fériés de 9h à 13h et de 15h à 19h. Fermé le dimanche après-midi en été, le samedi après-midi en hiver. CB non acceptée.

Ouest Corse

C'est peut-être la micro-région qui marque le plus. Des paysages de cartes postales renversants et véritablement émouvants. Par la route comme par la mer, l'enchantement a ses degrés d'intensité. Par la mer, ce sera Girolata la farouche car ce petit village de pêcheurs n'est accessible que par bateau. Mais il n'y a rien de tel pour savourer dans son ampleur le panorama et visiter ensuite les fabuleuses *calanche* de Piana au lever et au coucher de soleil de préférence. Il y a aussi Cargèse, seul exemple d'une colonie grecque fixée dans le pays depuis trois siècles, qui a su conserver ses rites et sa langue. Par route, l'intérieur des terres conduit vers les hauteurs parfumées à de gros villages à l'habitat typiquement corse comme le canton d'Orcino ou la mystérieuse vallée du Cruzinu.

▸ **Les incontournables :** Les Calanche, le Capo Rosso et la plage d'Arone à Piana, la réserve de Scandola et le port de Girolata, les églises de Cargèse, le lac de Creno, la forêt d'Aitone, Ota et les gorges de la Spelunca.

Site de plongée
Réserve naturelle
Plage
Gare CFC
Port de plaisance
Port de pêche
Ferry
N
O
E
S
Calenzana
Figarella
Golfe de Galéria
Galéria
Monte Cinto 2 706 m
Golo
Réserve naturelle Scandola
Girolata
D81
Golfe de Girolata
Osani
Partinello
Serriera
Golfe de Porto
Plage de Bussaglia
Col de Vergio 1477 m
D84
Forêt d'Aitone
Gorges de la Spelunca
Tavignano
Restonica
Les Calanque
Porto
Ota
Le Porto
Evisa
Cristinacce
Monte Tozzo 2 007 m
Plage de Ficajola
Piana
Marignana
Monte Rotondo 2 622 m
D824
Renno
Lac de Creno
Soccia
Orto
D81
Plage d'Arone
Guagno-les-Bains
Guagno
D70
Balogna
Vico
Murzo
D23
Muna
Pastricciola
D70
Frasseto
Monte d'Oro 2389 m
Arbori
Salice
D104
Cargèse
Coggia
Sagone
Lopigna
Rezza
D125
D81
Liamone
Arro
D4
Vers Bastia
Ambiegna
D1
Casaglione
Sari-d'Orcino
Tiuccia
D301
Golfe de Sagone
Golfe de Liscia
D601
Cannelle
D101
Marine de Calcatoggio
Calcatoggio
Vallée de la Cinarca
D81
N193
Gravona
Capo di Feno
AJACCIO
N196
Golfe d'Ajaccio
Iles Sanguinaires
Mer Méditerranée
5 km
Vers Bonifacio
Taravo

PORT DE PLAISANCE TOUSSAINT ROCHICCIOLI

✆ 04 95 26 47 24
capitainerie.cargese@wanadoo.fr

Basse saison : ouvert de 9h à 12h et de 15h à 18h. Haute saison : tous les jours et les jours fériés de 8h à 20h. 235 emplacements équipés dont 30 pour le passage. Station service, wifi gratuit. Douche, laverie et WC. Electricité. Ouvert le dimanche.

Port de plaisance et de pêche situé dans la partie nord ouest de la baie de Sagone, bien protégé par un môle de 200m, orienté à l'Est. Tirant d'eau maximum : Profondeur Av Port 5m ; Profondeur bassin 3m. Longueur maximum : 20m.

CROISIÈRES GRAND BLEU

Rue Marbeuf ✆ 04 95 26 40 24
www.croisieresgrandbleu.com
croisieres.grandbleu@orange.fr

Fermé du 8 octobre au 8 avril. Ouvert tous les jours et les jours fériés. Gratuit jusqu'à 3 ans. Adulte : 50 €. Enfant (de 4 à 9 ans) : 35 €. Groupe (12 personnes) : 45 € (sur réservation). Chèque Vacances. Visite guidée. Restauration (boissons fraîches). WC.

La compagnie propose deux sorties journalières à bord du *Grand Bleu II*, dont la taille réduite permet une visite de proximité. Le matin à 8h45, visite des *calanche*, du Capo Rosso, traversée du golfe de Porto, visite de la réserve de Scandola en détail, puis arrêt à Girolata pendant 2 heures pour le repas de midi (non compris). Retour au port par les *calanche*, arrivée vers 15h15. L'après-midi à 15h30, visite identique à celle du matin, avec arrêt à Girolata d'une demi-heure seulement, retour par les *calanche* au soleil couchant.

U FILANCIU

Port de plaisance
✆ 07 60 14 03 04
www.ufilanciu.fr
leo-serreri@hotmail.fr

Fermé de novembre à mars. Ouvert tous les jours et les jours fériés. Gratuit jusqu'à 1 ans. Adulte : 35 € (circuit des Calanche). 45 € circuit Scandola, 55 € le grand circuit. Visite guidée (français, anglais). 2 semi-rigides de 8,60 m et 400 cv.

Léo Serreri, quatrième génération de pêcheurs de Cargèse, propose la découverte de la côte ouest à bord de ses semi-rigides rapides et confortables. On y appréciera ses douze places pour mieux apercevoir et photographier la faune, la flore et les roches énigmatiques. Commentaires éclairés sur les spécificités compréhensibles par tous. Sur réservation de préférence.

Autre adresse : Plage d'Arone 20115 Piana

Points d'intérêt

LES DEUX ÉGLISES ★★★

Les deux édifices se font face, et furent tous deux construits au XIXe siècle. Cette configuration étonnante donne à Cargèse une architecture exceptionnelle. L'église catholique Sainte-Marie est de style néoclassique, et possède un impressionnant décor en trompe-l'œil. Sa terrasse offre une très belle vue sur le golfe. L'église Saint-Spiridion catholique de rite byzantin est, quant à elle, décorée d'icônes, et celle représentant saint Jean-Baptiste a été réalisée par l'un des moines du mont Athos. Les icônes datent des premiers colons, qui les avaient emportées dans leur exil. Le tableau représentant une mise au tombeau, l'*Epitaphios*, est une belle peinture sur bois datée du XIIIe siècle, parfois portée en procession. L'icône de saint Jean-Baptiste est, elle aussi, portée en procession dans la ville pour les fêtes de Pâques.

Le couvert

U SERENU

Rue Colonel-Feschi
✆ 04 95 23 35 06
arnaudserenu@gmail.com

Fermé du 15 novembre au 15 mars. Ouvert tous les jours et les jours fériés le midi et le soir. Réservation recommandée. Menu unique à 21 € (menu corse). Carte : 35 € environ. Plat du jour : 12 € (et salades repas 13 € environ). Vin au verre. Chèque Vacances, Chèque Restaurant. Chaises bébé. Terrasse. Vente à emporter. Animations. wi-fi gratuit. Salle climatisée.

Arnaud Thierry tient avec énergie cette petite adresse au cœur de l'animation de Cargèse. La formule est plaisante, avec une grande terrasse ombragée et une salle climatisée. Côté cuisine, on piochera sur une carte tendance méditerranéenne avec ses viandes et produits corses à laquelle viendront se greffer des suggestions au gré des produits saisonniers. On pourra de plus choisir le plat du jour ou les salades-repas à prix doux. Quelques animations en soirée, avec chants et guitares, karaoké. L'adresse est, de plus, ouverte presque toute l'année. Petit coin « *Lounge* » à la fraîche pour siroter cocktails et rosé bien frappé. Wifi gratuit en prime pour la clientèle et pizzas au feu de bois à emporter ou sur place.

■ U LUSTINCONE

Côté gauche
Plage du Pero ✆ 04 95 26 49 07
restolustincone@gmail.com

Fermé d'octobre au 26 mai. Haute saison : ouvert tous les jours et les jours fériés le midi et le soir. Fermé le soir en juin et septembre. Réservation recommandée. Carte : 29 € environ. Menu enfant : 8 €. Suggestion du jour : 22 € (pâtes aux gambas). Vin au verre. CB non acceptée. Chaises bébé. Jardin. Terrasse. Animations. Parking ombragé et plage aménagée.

Une adorable petite paillote, bien cachée sur la gauche de la plage du Pero, tenue depuis plus de 17 ans par Marie-Ange et Charles qui ont transmis le flambeau à Françoise, leur fille, depuis 3 saisons, accompagnée de Francis, le beau-fils. On y vient à toute heure pour savourer quelques crêpes sucrées mais on s'attardera sur la carte qui s'étoffe de grandes salades fraîcheur et les gambas, loup ou mérou, côtelettes et autres grillades cuites au feu de bois. Agréable terrasse à l'abri du vent et des embruns avec un accueil au top, une tranquillité assurée. Service de transats, hamacs et parasols en prime pour en profiter plus longtemps. En bonus : des soirées DJ vinyles, chaque vendredi en été ! Sympa et original.

■ PAILLOTE A PIAGHJA

Plage de Pero
✆ 06 11 41 19 20 / 06 34 52 25 31
paillote.apiaghja@facebook.com
A droite sur la plage

Fermé du 15 octobre au 15 mai. Ouvert tous les jours et les jours fériés le midi et le soir. Fermé le soir en mi-saison. Réservation recommandée. Carte : 30 € environ. Menu enfant : 8 €. Plat du jour : 13 €. Vin au verre. CB non acceptée. Chaises bébé. Jardin. Terrasse. Vente à emporter. Animations. Plage aménagée de transats et parasols.

Installée au milieu de la plage du Pero, la paillote d'Amélie et Stéphane ne manque pas d'allure avec son nouveau mobilier et ses bois flottés. On y mange en toute décontraction, tartare de poisson, pain du bandit, brochettes, côte de bœuf a la plancha, petite pêche locale au four ou juste grillé et autres desserts maison proposés à la carte ou en suggestions journalières. Transats et parasols pour faire la sieste en tout confort et service non-stop en prime, pour les petits creux de la journée. Petit coin « Lounge » et ses cocktails préparés par Ghjuvani pour patienter en cas d'affluence et la douche rustique pour se rincer après le bain. Cadre adorable et panorama romantique pour de douces soirées au soleil couchant.

U RASAGHIU CÔTÉ PORT
Port de plaisance
✆ 04 95 26 48 60
jean.pignol0181@orange.fr

Fermé de novembre au 15 avril. Ouvert tous les jours et les jours fériés le midi et le soir. Réservation recommandée. Menus de 18 € à 24 €. Carte : 28 € environ. Menu enfant : 7 €. Plat du jour : 15,80 €. Vin au verre. Terrasse panoramique sur le port ave ventilation. Chèque Vacances, Chèque Restaurant. Chaises bébé. Terrasse. Vente à emporter. Animations. Soirées chants et guitares tous les lundi et mercredis de mai à septembre.

Un grand vent de fraîcheur sur le port de plaisance à bord du Rasaghjiu. Andrée et Jean ont changés de cap en se tournant vers la fraîcheur et l'originalité. Une carte de taille raisonnable, des menus adaptés à tous les budgets et une nouvelle équipe de qualité aux cuisines. Les incontournables soirées musicales qui font le bonheur du village, les poissons et crustacés des pecheurs locaux, la pizza sur place ou à emporter et l'immense terrasse ombragée et fleurie parcouru par une bonne brigade de serveurs au top ! Petit coin lounge pour patiente en cas d'affluence.

A VOLTA
Place du Chanoine Mattei
✆ 04 95 26 41 96
www.a-volta.com
matcavi@gmail.com

Fermé de novembre à mars. Ouvert tous les jours et les jours fériés le midi et le soir. Réservation recommandée. Carte : 35 € environ. Menu enfant : 8 € (assiette enfant). Suggestion du jour : 18 €. Vin au verre. Terrasse.

Dans le classement des plus belles terrasses de Corse, cette adresse est certainement dans le top ten ! Mais le plaisir ne s'arrête pas à sa situation car la formule proposée est elle aussi remarquable. La carte de Nouveau chef Stephane Martin, Picard adopté par les corses depuis 10 ans, est pleine de bonnes idées dans les alliances des produits servis et l'élégance des assiettes. A déguster en priorité : la salade Mare, la calamarata traditionnelle, le filet de bœuf charolais ou un Ispa han. Un service efficace et discret complété par une douce ambiance musicale pour un réel plaisir en fin de repas. En bonus : le service en non-stop pour savourer les glaces de maître Pierre Geronimi sur cette belle terrasse.

Le gîte

LES LENTISQUES***
Plage du Pero
✆ 04 95 26 42 34
www.leslentisques.com
info@leslentisques.com

Fermé du 15 octobre au 15 avril. Accueil jusqu'à 22h. 18 chambres. Chambre simple à partir de 72 € ; chambre triple jusqu'à 154 €. Demi-pension : 146 € (pour 2 en basse saison). Petit déjeuner buffet : 12 €. Parking fermé inclus (auto et moto). Séminaires. Réceptions et mariages. Poste Internet. Wifi gratuit. Restauration (menu 25 €, menu enfant 10 €, carte 38 €, service le soir uniquement du 10 mai au 15 septembre).

À 800 m du centre-ville et 100 m de la belle plage du Pero, l'hôtel dispose d'un cadre très sympathique. La piscine est agréable, au calme, et les cuisines, dirigé par Jean-Paul Zanettacci maître des lieux, s'étoffe en s'ouvrant à la clientèle extérieure de plus en plus nombreuse. On peut y manger au milieu du jardin, une cuisine raffinée avec par exemple la soupe de poisson, les pâtes à la langouste, un carré d'agneau au romarin et le moelleux maison au chocolat. L'établissement régulièrement entretenu est l'une des plus belles adresses des environs et disposant d'un bon rapport prix/prestations. Accueil parfait de toute la famille.

LES MANDILES
D81
Mandiles
✆ 04 95 28 02 86 / 07 60 72 01 12
www.lesmandiles.com
lesmandiles@aol.com
A 5 km de Cargèse et 8 km de Sagone.

Ouvert toute l'année. Accueil jusqu'à 20h. 3 chambres (et 13 appartements). Chambre double de 50 € à 90 € ; studio / appartement de 300 € à 1 600 € la semaine. Petit déjeuner : 8 €. Parking ouvert inclus (auto et moto). Location appartements de 2 personnes à la nuit à partir de 60 €. CB non acceptée. Chèque Vacances. Jeux pour enfants. Animaux acceptés (5 €). Wifi gratuit. Animations. Excursions (location de kayak de mer).

Une adresse pour le moins originale que ces petites Mandilli (les petits mouchoirs en Corse) qui incitent à tout sauf à pleurer ! Un emplacement de rêve, un grand parc ombragé et fleuri et des formules d'hébergements atypiques et délicieusement champêtres. Reprise en main par la nouvelle génération en la personne de Stéphanie, Olivier et Pascal qui ne manquent pas d'idées et de motivation pour valoriser cette propriété, on y choisira, selon son humeur, la chambre d'hôtel, la tour génoise, les appartements ou un petit cabanon.

■ **PUNTA E MARE****
D181
Route de Paomia
✆ 04 95 26 44 33 / 06 89 72 41 81
www.hotel-puntaemare.com
info@hotel-puntaemare.com
A 1,5 km de la plage du Pero.

Fermé de janvier à février. Accueil jusqu'à 20h. 9 chambres (et 3 appartements). Chambre double de 50 € à 90 € ; studio / appartement de 330 € à 900 € la semaine. Petit déjeuner : 7,50 €. Parking fermé inclus (auto et moto). CB non acceptée. Chèque Vacances. Animaux acceptés (3 €). Wifi gratuit. Salon de jardin, lave-linge.

Un petit hôtel résidence sympathique, familial, bien situé juste à la sortie du village. On y trouvera des chambres plaisantes à petits prix et au calme, des appartements de 2 à 4 personnes, et même une formule gîte d'étape, si besoin. L'endroit est prisé, avec un accueil toujours chaleureux et une grande disponibilité des hôtes des lieux. En prime : un parking fermé pour dormir sur ses deux oreilles et une propreté irréprochable !

■ **LE SAINT-JEAN****
D81
Place Saint-Jean
✆ 04 95 26 46 68 / 04 95 20 73 82
www.lesaintjean.com
contact@lesaintjean.com

Fermé en janvier. Accueil jusqu'à 20h (23h en été). 11 chambres. Chambre double jusqu'à 100 €. Basse saison : chambre simple à partir de 50 €. Demi-pension : 112 € (en basse saison). Petit déjeuner buffet : 8 €. Lit supplémentaire : 16 €. Parking ouvert inclus (et espace fermé pour motos). Chambres familiales 5 personnes à partir de 118 €. Chèque Vacances. Garde d'enfants. Animaux acceptés (3 €). Séminaires. Réceptions et mariages. Wifi gratuit. Restauration (menus de 17 à 25 €, menu enfant 8 €, carte 32 €).

■ **TA KLADIA****
Plage du Pero
✆ 04 95 26 40 73
www.motel-takladia.com
motel.takladia@wanadoo.fr

Fermé du 12 novembre au 31 mars. Accueil jusqu'à 22h. 5 chambres (et 25 studios). Studio / appartement de 65 € à 160 €. Petit déjeuner : 9 €. Parking ouvert inclus. F1 (24 m²) de 455 € à 1 120 € la semaine. Ticket restaurant. Chèque Vacances. Animaux acceptés (5 €). Wifi gratuit. Restauration (carte 35 €, menu enfant 10 €. Plat du jour 12 €).

Un nom étrange, venu de Grèce pour cet établissement posé sur le sable au nord de la plage du Pero. Une situation enviable avec ses studios face à la grande bleu, correctement équipés et proposés à prix doux, compte tenu de sa situation de tout premier choix. La famille Pinelli au grand complet sévit sur Cargèse depuis 35 ans et répond toujours présent, avec le sourire. On choisira au choix, de manger dans les studios ou de se faire servir par l'équipe de la table du Takladia, fort honorablement connu dans les environs et savourer une cuisine méditerranéenne à tendance maritime. Au programme : pâtes à la langouste, poissons de pêche locale grillés ou au four, bouillabaisse…

■ **THALASSA****
Plage de Pero
✆ 04 95 26 40 08 / 04 95 26 48 67
www.hotel-le-thalassa.com
esigna62@gmail.com
A 1 km du centre du village.

Fermé du 16 octobre au 30 avril. Accueil jusqu'à 22h. 25 chambres. Chambre simple à partir de 85 € ; chambre triple jusqu'à 215 €. Demi-pension : 30 € (repas du soir). Petit déjeuner inclus. Parking fermé inclus. 2 PNR. Animaux acceptés. Séminaires. Réceptions et mariages. Wifi gratuit. Pas de tv.

Situation de choix pour ce petit hôtel familial créé en 1947 par la famille Garidacci. C'est l'un des premiers hôtels de Cargèse bien caché sur la plage, juste en dessous du centre-ville, et l'on profitera de couchers de soleil magnifiques sur la baie. Les prestations hôtelières sont basiques et l'on pourra s'attabler au restaurant et sa grande terrasse ombragée par de vieux tamaris. Tarifs un peu élevés mais situation au calme, idéale pour un séjour reposant.

Chambres d'hôtes

■ **U CUVENTU DI PAOMIA**
D181
Paomia ✆ 06 08 56 12 53
www.facebook.com/ucuventu.dipaomia
ucuventudipaomia@gmail.com

Bienvenue à la Ferme. Ouvert toute l'année. Accueil jusqu'à 22h. 3 chambres. Chambre double 65 € ; chambre triple à partir de 110 €. Petit déjeuner inclus. Parking fermé inclus. CB non acceptée. Animaux acceptés (sur demande). Restauration (tables d'hôtes sur réservation 25 € boisson comprise).

On est ici chez les Andreani avec Coco et François qui donnent une couleur originale au même titre que leurs chambres d'hôtes. On essaye de les trouver à 3 km de Cargèse sur la route de Paomia et en passant la barrière pour 800 m de piste en terre. Une jolie situation en balcon au-dessus du golfe et un hébergement délicieusement rustique. Amateurs de « zénitude », c'est une belle adresse de retraite (un ancien couvent) pour y dormir au calme et manger les produits de la ferme.

Campings

TORRACCIA***
Lieu-dit Bagghiuccia
Route de Piana-Porto
D81
✆ 04 95 26 42 39
www.camping-torraccia.com
contact@camping-torraccia.com
4 km au nord de Cargese sur la D81

Fermé d´octobre au 20 avril. Membre du groupement Corsica Campings. Réservation recommandée. Accueil jusqu'à 20h. Gardé 24h/24. Terrain de 3,5 ha. 90 emplacements (et 25 locatifs). Exposition : ombragé / mi-ombragé. Sol : pierreux. Relief : en terrasse / peu incliné. Emplacement de 3,20 € à 9 €. Véhicule de 2 € à 8 €. 2 personnes de 7,20 € à 9,70 €. 25 bungalows pour 4 à 5 personnes de 335 € à 950 € la semaine. Locatif a la nuit a partir de 60€ pour 2 personnes. American Express, Chèque Vacances. Jeux pour enfants. Salle de bains pour bébés. Animaux acceptés (15 € le séjour en location). Wifi gratuit. Service de ménage. Restauration (petite restauration pizzeria et grillades de juin à août). Bain bouillonnant.

Situé juste à la sortie de Cargèse à 4 km, à 1 km de la plage de Chiuni, ce camping est implanté dans une belle propriété de pins et de chênes verts. On y trouve une piscine pour ceux qui se lasseraient de la plage toute proche. Toutes les commodités sont sur place : bar, pizzeria en été, jeux d'enfants, espace multisports... La famille Leca, toujours disponible, se tient à la disposition de tous pour vous faire passer le plus agréable des séjours.

Loisirs

CARGESUB
Rue Colonel-Fieschi
✆ 04 95 26 10 02
www.cargesub.com
cargesub@wanadoo.fr

Ouvert toute l'année. Sur réservation hors-saison. Haute saison : tous les jours et les jours fériés de 9h à 14h. Baptême et découverte 65 €, exploration à partir de 30 €. Formation de niveau PE 12 à niveau 2 à partir de 220 €. CB non acceptée. Chèque Vacances. 1 bateau de 7,50 250CV pour 20 plongeurs. Agrée JJSS, membre FFESSM. Chef de centre Vincent Crumiere BEE S1.

CargèSub, structure professionnelle, vous propose de partager votre passion en vous assurant d'une sécurité accrue. Des plongées de qualité grâce à un matériel adapté, récent, et un choix de sites variés pour des explorations de jour comme de nuit. Possibilité de forfait tout compris : hébergement, restauration et plongée. 18 plongeurs maxi par bateau. Départ du port de Cargèse.

- **Autre adresse :** Locaux techniques, Port de Cargèse

CORSICA SKY SERVICES
Plaine du Chiuni
Route de Piana
D81
✆ 06 16 50 17 34
Voir page 50.

FERME ÉQUESTRE LE RANCH
Plage du Chuinu
✆ 06 79 35 41 35
www.ranchsagone.com
fe.leranch@gmail.com

Fermé d´octobre à mai. Ouvert tous les jours et les jours fériés de 9h à 20h. Baptême 7 € le quart d'heure, randonnée à partir de 20 € / 1h. CB non acceptée. Chèque Vacances.

La ferme équestre vous propose des balades d'une heure à trois heures autour de la baie et les tours génoises d'Ominia, Orchinu jusqu'à la plage d'Arone ou une expérience originale de baignade à cheval. Elle permet d'accueillir aussi bien les débutants que les cavaliers confirmés. Les enfants à partir de 6 ans pourront monter des poneys pour un baptême.

Emplettes

ÉPICERIE LECA
Rue Colonel Fieschi
✆ 04 95 78 51 95
www.epicerieleca.fr
epicerieleca@orange.fr

Ouvert tous les jours et les jours fériés de 9h30 à 23h. Wifi gratuit. Ouvert le dimanche. Chèques non acceptés.

En plein cœur du village, l'épicerie de Dumè Leca fait le buzz grâce à ses trois casquettes. On y vient ici pour s'approvisionner des meilleurs produits de l'île de Beauté, les savourer sur place sur les planches maison où se retrouvent charcuteries, fromages, terrines... tout en dégustant un verre d'un bon AOC local. Service restauration, conditionnement sous vide pour le voyage et terrasse agréable pour profiter d'une douce ambiance musicale.

Les Sites de plongée autour de Cargèse

- **Rocca Marina.** Difficulté : niveau 1. Profondeur : de 0 à 33 mètres. Situation : à 1,5 mile au sud-est de Cargèse. Atouts : roche émergente riche en mérous, corbs, barracudas, sars, dorades et dentis.
- **La pointe de Locca.** Difficulté : niveau 1 et 2. Profondeur : de 0 à 60 mètres. Situation : au large du port de Cargèse. Atouts : roche émergée riche en langoustes, dentis, murènes, sars, bancs de saupes et castagnoles.

SAGONE ★

Sagone, marine de la commune de Vico, est à 30 minutes d'Ajaccio, dans un paysage encore préservé, aux criques naturelles et aux montagnes qui viennent s'alanguir dans la mer. C'est une petite station aux plages mêlées de sable et de rochers. Une grande plage de sable, un petit port moyennement abrité, des commerces, des bars, des restaurants, un village étiré tout en longueur qui se traverse en voiture, voilà Sagone aujourd'hui, une station balnéaire familiale aux constructions récentes. A Sagone, le voyageur peut visiter les ruines de l'ancienne cathédrale Sant'Appianu, de style roman, ainsi qu'un splendide baptistère cruciforme à cuve octogonale à proximité. Belle tour génoise bien conservée à l'ouest de la baie.

POINT INFO VICO SAGONE

Mairie annexe
Sagone Plage
✆ 04 95 28 03 46
www.mairie-vico.com
commune-de-vico@orange.fr
CB non acceptée.

ALBELLU CROISIÈRES

Petit Port
Corralaggio
D81 ✆ 06 95 33 86 46
www.croisierescorsesalbellu.com
tyfanie.albellu@gmail.com
Fermé de novembre à avril. Ouvert tous les jours et les jours fériés de 8h30 à 21h. Gratuit jusqu'à 3 ans. Calanche de Piana : 18h à 20h30 : coucher de soleil dans les calanques, baignade et apéritif inclus 38 €. 8h30-13h Sagone-Calanche de Piana-Capo Rosso-golfe de Porto-Scandola-Girolata 55 € et 18h-21h15 50 €. CB non acceptée. Chèque Vacances. Visite guidée.

Vous apprécierez ce bateau de 9 mètres qui, grâce à sa petite taille et à sa maniabilité, se faufilera à l'intérieur des grottes et des failles, dans une ambiance chaleureuse et décontractée que le capitaine Christophe Sandi, fils et petit-fils de pêcheurs connaît par cœur. Il vous fera découvrir comme personne les merveilles de ce site classé au patrimoine mondial par l'Unesco. Réservation impérative compte tenu de la taille des embarcations.

NAVE VA

Port de pêche
✆ 04 95 28 02 66
www.naveva.com
naveva@naveva.com
Fermé du 15 octobre à avril. Haute saison : ouvert tous les jours et les jours fériés de 8h à 23h. Gratuit jusqu'à 4 ans. Adulte : 50 €. Enfant (de 5 à 10 ans) : 35 €. Le grand circuit à la journée de Scandola, Girolata, Porto (arrêt 2h30) et les calanche de Piana. Chèque Vacances. Visite guidée (anglais, italien et corse). WC et buvette à bord.

Arrêt obligatoire sur la côte ouest pour visiter les sites inscrits au patrimoine mondial de l'Unesco : les *calanche* de Piana, le Capo-Rosso, le golfe de Porto, la réserve de Scandola et le mondialement réputé port de Girolata. Nombreux départs toute la journée pour des circuits d'1 heure 30 à 5 heures pour le grand tour. Plusieurs navires, du semi-rigide *Garganellu* (9 m) au *Ville d'Ajaccio* (19 m). Réservation recommandée au moins 24 heures à l'avance, voire plus en été.

Points d'intérêt

LES PLAGES AUTOUR DE SAGONE ★★★

- **Coggia** : Une plage magnifique, où les courants sont fréquents et violents. Comme la baignade n'est pas surveillée, il faut se montrer particulièrement prudent, car les accidents sont, hélas, réguliers.
- **Liamone** : L'eau turquoise, le sable fin, une plage de rêve, on comprend que les dizaines de voitures arrêtées sur le bord de la route ne sont pas là par hasard, n'oubliez pas toutefois que cette plage n'est malheureusement pas surveillée, que l'on n'a plus pied très vite, et que les rouleaux, dès que la mer se forme, génèrent des courants et des contre-courants contre lesquels personne ne peut lutter.
- **Menasina** : Vers le sud, en allant vers Sagone, la plage de Menasina très agréable, un peu plus loin, la plage de l'UCPA, en deux parties séparées par une épine rocheuse, les bateaux et leurs adeptes d'un côté, les touristes non membres de l'autre, d'ailleurs presque plus agréable, il y a moins d'algues et l'on a pied très loin, idéal pour les enfants.
- **Esigna** : Immédiatement après Sagone, vers Ajaccio, s'étend la très belle plage surveillée d'Esigna. On profite du sable fin et de l'exposition qui donne des couleurs incroyables.

Le couvert

A TORRACCIA

D81
Sagone-Plage
✆ 04 95 28 07 24
atorraccia.sagone@gmail.com

Fermé d'octobre au 15 mars. Ouvert tous les jours et les jours fériés le midi et le soir. Service non stop en été petite restauration. Réservation recommandée. Menu unique à 21 €. Carte : 35 € environ. Menu enfant : 10 €. Suggestion du jour : 15 €. Vin au verre. American Express, Chèque Vacances, Chèque Restaurant. Accueil des groupes. Chaises bébé. Jardin. Terrasse. Vente à emporter. Animations. Chants corses le lundi en été.

Sur la grande terrasse pratiquement sur plage, on mange bien et même très bien ! Vanina et Madeleine Patacchini vous y serviront, avec énergie et bonne humeur, les spécialités de la maison : la langouste et la bouillabaisse (sur commande), les poissons de la pêche locale ou les crustacés. Vous trouverez également viandes et pizzas pour les inconditionnels. Les soirées chants et guitares le lundi soir en saison viennent enflammer la grande terrasse couverte au ras des flots.

U CASTELLU

D81
Crique du Castellu
✆ 04 95 51 10 19
restaurant.ucastellu@gmail.com

Fermé de janvier à février. Haute saison : ouvert tous les jours et les jours fériés le midi et le soir. Réservation recommandée. Carte : 35 € environ. Menu enfant : 10 €. Suggestion du jour : 16 €. Vin au verre. American Express. Chaises bébé. Jardin. Terrasse. Vente à emporter. Animations. Soirées musicales live. Wifi gratuit.

Il est bien loin le temps de la petite cabane en bois des premières années, on y profite maintenant d'un vrai restaurant, qui plus est bien placé au-dessus d'une charmante crique abritée. Stéphane et son équipe proposent des formules sympas, de la grillade aux pizzas en passant par la petite pêche de Thierry. Ardoise de suggestions journalières terre et mer pour être au plus près des produits. Belle terrasse accueillante, panorama imprenable et service décontracté dans une bonne ambiance de vacances.

Le gîte

FUNTANELLA**

D81
Route de Cargèse
✆ 04 95 28 02 49
✆ 06 07 70 38 36
www.residence-funtanella.com
contact@residence-funtanella.com
A 9 km de Cargèse et 4 km de Sagone.

Ouvert toute l'année. Accueil jusqu'à 21h. 22 chambres (appartements et villas). Basse saison : chambre double à partir de 80 €. Petit déjeuner : 10 €. Parking fermé inclus (auto et moto). 21 logements. F1 de 380 € à 700 € la semaine ; F2 de 450 € à 1 100 € ; bungalow de 700 € à 1 800 €. Chèque Vacances. Garde d'enfants. Animaux acceptés (sur demande). Connexion Internet payante. Wifi gratuit. Salon de jardin, lave-linge, lave-vaisselle.

Entre Sagone et Cargèse, à la sortie de la station, une petite résidence bien intégrée dans son parc de 1,5 ha, pratique, divisé en studios pour 2 personnes, mini-villas de 2 à 4 personnes et villas de 6 personnes et appartements de 3 à 5 personnes. Chacun y trouvera son bonheur grâce à la souplesse des formules en nuitée ou semaine, même en décalé. Parking sécurisé, jeux d'enfant, et les activités de sports et loisirs sont tout proches. On apprécie l'espace entre chaque logement et le calme de l'endroit. La belle plage de Stagnola est à 300 m, et Michel Beguex se fera un plaisir de vous guider vers les sites immanquables des environs. Le petit plus : le calme et la qualité du site.

Campings

■ SAGONE RESORT****

D70
Route de Vico
✆ 04 13 59 44 17
www.camping-sagone.fr
sagoneresort@orange.fr

Fermé de novembre à mars. Camping Qualité. Réservation recommandée. Accueil jusqu'à 20h (en saison). Gardé 24h/24. Terrain de 25 ha. 300 emplacements. Exposition : ombragé / mi-ombragé / ensoleillé. Sol : sablonneux / herbeux. Relief : plat. Emplacement + véhicule de 6,50 € à 10 €. 2 personnes de 4,50 € à 9 €. 110 bungalows pour 2 à 9 personnes jusqu'à 990 € la semaine ; 50 mobil-homes pour 2 à 5 personnes à partir de 219 €. American Express, Chèque Vacances. Club enfants. Jeux pour enfants. Animaux acceptés (10€). Séminaires. Réceptions et mariages. Aire pour camping-cars. Connexion Internet payante. Wifi payant. Restauration (la Palmeraie : menu et carte). Vente (souvenirs et sports). Animations.

Un grand complexe à 1,7 km de la mer, sur la route de Vico, avec ses emplacements de camping bien délimités et la possibilité de pratiquer des sports et de nombreuses activités sur place et dans les environs. Locations de bungalows et de mobil-homes de deux à neuf personnes ainsi que des bungalows tentes. Pour le côté pratique, un restaurant bar pizzeria à prix doux, trois piscines dont une couverte et chauffée, deux tennis, une salle de cardio-musculation, une salle de remise en forme, des aires de jeux multisports, un terrain en herbe foot/rugby, un supermarché, un espace presse-cadeaux et même un practice pour s'initier aux joies du swing. Bref, un vrai village de vacances, entre mer et montagne. En bonus : l'oliveraie et le moulin de Sagone Nature !

Loisirs

■ FERME ÉQUESTRE LE RANCH

D70
Route de Vico
✆ 04 95 28 01 57
✆ 06 08 01 88 12
www.ranch-sagone.com
fe.leranch@gmail.com

Ouvert toute l'année. Haute saison : tous les jours et les jours fériés de 9h à 12h et de 14h à 19h. Circuit rivière, forêt et maquis. Club Housse avec bar et restaurant le midi. CB non acceptée. Chèque Vacances. Affilié FFE, bienvenue à la ferme, agréé centre de tourisme équestre et école française d'équitation. Promenades à partir de 20 € sur cheval et baptême poney à 7 €.

OUEST CORSE

La ferme équestre vous propose des balades d'une, deux heures ou des promenades à la journée. La cavalerie permet d'accueillir aussi bien les débutants que les cavaliers confirmés. Les circuits d'une heure vous permettront de vous balader à l'intérieur d'une forêt d'ormes puis remonter la rivière le Sagone. La balade de deux heures vous permettra de découvrir le golfe de Sagone. La journée vous conduira sur des sentiers fréquentés à l'époque par des muletiers. Des randonnées de plusieurs jours sont organisées sur demande.

Location de deux-roues

■ LOCATION 2000
D70
Route de Vico
✆ 04 95 28 04 78
www.location2000.com
location.2000@orange.fr

Haute saison : ouvert tous les jours et les jours fériés de 9h à 12h et de 16h à 19h. Location de scooter 50 et 125 cc Mbk à partir de 40 € la journée. Location de VTT à partir de 15 € la journée. Location de semi-rigide Zar de 5,30 m et 7,50 m, à partir de 270 € la journée. Ouvert le dimanche.

Une structure bien pratique pour la micro-région où l'on pourra louer des semi-rigides ZAR avec ou sans permis jusqu'à 14 personnes. (de 135 à 250 cv), des scooters MBK en 50 et 125cc, des VTT et même des bouées tractées, skis nautiques et wakeboard. Location à la demi-journée. Accueil sympathique et bonne disponibilité de toute l'équipe. Réservation route de Vico et retrait des bateaux au petit port de Sagone.

Autre adresse : Petit port de Sagone D81

Emplettes

■ GLACIER PIERRE GERONIMI
D81
✆ 04 95 28 04 13
www.pierre-geronimi.com
glaces.geronimi@orange.fr

Basse saison : ouvert tous les jours et les jours fériés de 6h30 à 19h30. Haute saison : tous les jours et les jours fériés de 6h30 à 2h. Ouvert de mi-mars à octobre. Ouvert le dimanche. Livraison possible (vente en ligne). American Express.

Installé à Sagone plage depuis 1969, c'est le glacier de référence en Corse. On retrouve ses glaces et sorbets dans les plus grandes maisons de l'île de Beauté et du continent tant la qualité est remarquable. Elaborée à base des produits de saison, la carte évolue régulièrement avec les fraises du Prunelli, la farine de châtaigne de Renno, la Népita et le brocciu de Piana et les parfums originaux de la remarquable confiserie Saint-Sylvestre de Soveria près de Corte. Belle terrasse pour déguster à toute heure les compositions originales de cet artiste. Atelier à Grenoble et prochainement à Monaco.

Autre adresse : Boulevard d'Italie Monaco

Marchés

■ LES MARCHÉS DES PRODUCTEURS DE PAYS DE SAGONE
Route de Cargèse

Ouvert le mercredi de 8h à 13h.

Fromages de chèvre, miel, charcuterie, huile d'olive, confitures, sauce tomate vous sont proposés. Amateurs de produits fermiers, les producteurs des Deux Sevi-Deux Sorru et de la Cinarca, vous accueillent sur le terre-plein du cinéma (route de Cargèse).

Dans les environs

Arro

Les quelque cinquante habitants d'Arro vivent dans des maisons de granit rose construites à flanc de colline, à la fin d'une route d'accès spectaculaire dévoilant les sommets et la vallée du Liamone. On peut y visiter l'église Saint-Nicolas, construite au XIXe siècle sur un modèle baroque, ainsi que les chapelles San-Chirgo et San-Martinu, datant de la même époque et la grotte du bandit Spada qui peut faire l'objet d'une randonnée de 30 minutes en suivant le chemin de Lopigna à la sortie du village.

Calcatoggio et le golfe de la Liscia ★★

Gardé par deux tours génoises en ruine, Orcino et Ancone, Calcatoggio est un petit village paisible construit sur une colline. Le village dominant le golfe de Liscia est entouré d'oliviers. On peut visiter son église paroissiale de l'Annonciation, ainsi que la chapelle romane Saint-Nicolas, restaurée. La plupart des habitants y étaient enterrés jusqu'au Moyen Age. Cependant, les notables préféraient l'ancien couvent Saint-François-de-la-Mezzana, que l'on atteignait après plusieurs heures de marche dans la forêt. De vieilles maisons, une ambiance agréable de village corse où se réfugient quelques vacanciers pour trouver le calme à dix minutes de la plage. Plus bas, sur la côte, la jolie baie de la Liscia et sa grande plage accueillante. Plus loin, les criques Cala d'Ancone et Marina di Pevani ponctuent ce paysage escarpé. Les sites préhistoriques du Capo di u Monte et du Poggio démontrent le peuplement ancien de Calcatoggio.

■ LES TAMARIS
Plage d'Orcino
Baie de la Liscia
✆ 04 95 52 21 89
✆ 06 83 88 05 47
muraccioli.sylvie@orange.fr

♿

Fermé de novembre à mars. Ouvert tous les jours et les jours fériés le midi et le soir. Service non-stop de mi-juin à mi-septembre. Réservation recommandée. Menus de 12,90 € à 26 €. Carte : 28 € environ. Menu enfant : 8,90 €. Suggestion du jour : 13 €. Vin au verre. American

La pointe d'Ancone.

Express, Chèque Vacances, Chèque Restaurant. Accueil des groupes. Chaises bébé. Jardin. Terrasse. Vente à emporter. Animations. Grand écran TV.

Sylvie et Dumé Muraccioli sévissent sur cette jolie baie depuis 1995. L'adresse est plaisante avec sa grande terrasse ombragée, ouverte sur la mer, à deux pas de la plage surveillée. Côté cuisine, on peut y manger salades, pizzas au feu de bois, viandes et poissons, cuisine identitaire, pâtes fraîches et pâtisseries maison, le tout servi par une équipe dynamique et souriante. Un bon rapport qualité-prix et un service non-stop en saison. L'endroit est couru, il faut donc réserver pour profiter des meilleures tables. A découvrir, sur commande, la paella maison et le menu du terroir corse avec ses quatre plats, copieux et savoureux. Bel effort dans la nouvelle décoration pour gagner en confort.

■ CASTEL D'ORCINO***
Baie de la Liscia
Route d'Ancone ✆ 04 95 52 50 50
www.casteldorcino.com
castelor@orange.fr
A 27 km d'Ajaccio.

Fermé du 15 octobre au 10 avril. Accueil jusqu'à 20h. 33 chambres. Basse saison : chambre simple à partir de 110 €. Haute saison : chambre double jusqu'à 232 €. Petit déjeuner buffet inclus. Lit supplémentaire : 45 €. Parking ouvert inclus. 2 chambres adaptées. Animaux acceptés (10 € sur demande). Séminaires. Réceptions et mariages. Poste Internet. Wifi gratuit. Restauration (le midi uniquement en haute saison, carte de petite restauration). Tv satellite. Bain bouillonnant.

Les Sites de plongée dans la baie de la Liscia

Le Banc Provençal. Difficulté : niveau 2. Profondeur : de 15 à 50 mètres. Situation : à 1,5 mile au large du golfe de Lava. Atouts : remontée rocheuse riche en mérous, corbs, gorgones rouges et corail rouge.
Pietra Pimbata. Difficulté : niveau 2. Profondeur : de 30 à 50 mètres. Situation : au sud du golde de Lava. Atouts : sec et remontée rocheuse riche en éponges et mérous.

■ NAUTICA LOISIRS PLONGÉE
Baie de la Liscia
Plage d'Orcino – CALCATOGGIO
✆ 04 95 52 27 11 / 06 09 49 70 03
www.nautica-loisirs.com
nautica-loisirs@sfr.fr
A 20km d'Ajaccio.

Fermé de novembre à mars. Chef de centre : Dumé Borgomano. Haute saison : ouvert tous les jours et les jours fériés de 7h30 à 20h. Stage de formation du niveau 1 à 3 à partir de 352 €. Formule sortie Sandola + 2 plongées + repas : 180 €. Baptême 50 €, exploration à partir de 37 €. 2 bateaux semi-rigides de 7,50 m 250 CV pour 20 plongeurs. Chèque Vacances.

Que vous soyez débutant ou plongeur confirmé, vous pourrez explorer les tours de Capiglioli, la roche à gorgones bleues, les cathédrales, le banc provençal, la grotte à corail et de nombreux autres sites, tous aussi enchanteurs dans des profondeurs adaptées à votre niveau. Belle situation du club directement sur la plage et bonne ambiance grâce à Dumé et son équipe. En prime : location de kayaks, paddle board et bateaux à moteur.

Autre adresse : Port de pêche Sagone ✆ 06 09 49 70 03

Un bel établissement de charme, au bord de la mer avec sa belle piscine et ses chambres confortables et climatisées. La décoration est raffinée, originale, donnant à cette belle étape, posée les pieds dans l'eau, un cachet indéniable. Un espace solarium équipé de transats et parasols, des aménagements de qualité et un calme absolu pour des vacances garanties tranquillité. Un lieu de séjour idéal pour rayonner sur cette belle côte Ouest.

A MARINA***

Calcatoggio
Plage de la Liscia
Route d'Ancone
✆ 04 95 52 21 84 / 06 72 83 62 34
www.camping-amarina.com
fabiani.famille@wanadoo.fr
De la gare routière d'Ajaccio, le bus vers Cargèse.

Fermé de novembre à mars. Réservation recommandée. Accueil jusqu'à 23h. Gardé 24h/24. Terrain de 1,7 ha. 33 emplacements (et 28 locatifs). Exposition : ombragé / mi-ombragé. Sol : herbeux. Relief : plat. Emplacement + véhicule + 2 personnes de 3 € à 12 €. Emplacement + véhicule + 2 personnes de 7,50 € à 9,50 €. Emplacement + véhicule + 2 personnes de 5 € à 6 €. 7 chalets pour 2 à 5 personnes de 430 € à 980 € la semaine ; 21 mobil-homes pour 2 à 6 personnes de 420 € à 1 090 €. Locatif à la nuitée (minimum 2 nuits). Chèque Vacances. Jeux pour enfants. Salle de bains pour bébés. Animaux acceptés (2 € par jour). Wifi payant. Restauration (de mi-juin à mi-septembre, pizzeria carte 14 €).

Installé face au golfe de la Liscia à 30 minutes d'Ajaccio, les pieds dans l'eau, le camping de la famille Fabiani a une situation idéale avec sa plage de sable fin et la rivière à proximité. On y trouve tout le nécessaire sur place : bar et restauration (pizza, panini), une alimentation, des sanitaires tout confort, des chemins goudronnés et une station d'accueil pour camping-car. Les tarifs sont attractifs et l'ambiance y est familiale et sympathique. Les espaces sont préservés autour de chaque emplacement et bungalow et on trouvera dans les environs tous les services (poste, pharmacie, supérette, souvenirs, journaux, boulangerie, restaurant, médecins, etc.).

Casaglione ★

Offrant une très belle vue sur la vallée du Liamone, le territoire de la commune est occupé depuis la Préhistoire puisqu'on y a retrouvé plusieurs objets datant du Néolithique, comme des fragments d'armes et d'outils. Les poteries retrouvées sont relativement élaborées et certaines sont gravées de symboles ou encore décorées de mica. On trouve aussi un dolmen datant de la même époque à Tremaca. L'ancien oppidum néolithique était un site idéal pour établir une place-forte, puisqu'il domine à la fois les vallées du Liamone et de la Liscia. On a retrouvé, à même la roche, un grand nombre de petites cavités, seules traces d'un village néolithique, qui entreposait là une partie de ses récoltes. Les maisons de granit sont dominées par les ruines du château de Capraja, qui aurait été construit au IXe siècle. Son église abrite un tableau datant de 1505, représentant la crucifixion. Une belle façade maritime avec l'immense plage et l'estuaire de la rivière Liamone, dangereuse par mauvaise mer.

PLAGE DU LIAMONE ★★

Des rochers en début de plage, et tout au long de celle-ci, une eau turquoise qui n'a rien à envier aux îles du Pacifique... et du sable fin à perte de vue. Autrement dit, une plage paradisiaque ! Elle est facilement repérable, il suffit de trouver les dizaines de voitures arrêtées sur le bord de la route, et qui ne sont pas là par hasard. Au milieu de l'embouchure du Liamone, arrangez-vous pour passer sur le pont au coucher du soleil, les jeux de lumière sur l'eau douce et sur la mer sont magiques ! Attention les courants sont violents et la baignade n'est pas surveillée, alors il faut se montrer particulièrement prudent, car les accidents sont réguliers. Des paillotes sont situées aux deux extrémités de la plage.

U SOMMALU***

Route de Casaglione
Plaine du Liamone
D25
✆ 04 95 52 24 21
www.usommalu-camping.fr
usommalu.camping@orange.fr
A 3km de Sagone et 23km d'Ajaccio

TV

Fermé d'octobre à mars. Réservation recommandée. Accueil jusqu'à 21h. Gardé 24h/24. Terrain de 6 ha. 84 emplacements (et 36 locatifs). Exposition : ombragé / mi-ombragé / ensoleillé. Sol : sablonneux / herbeux. Relief : plat / en terrasse / vallonné. Emplacement + véhicule + 2 personnes de 3 € à 6 €. Emplacement + véhicule + 2 personnes de 2,50 € à 11 €. Emplacement + véhicule + 2 personnes de 6 € à 8,50 €. 21 bungalows pour 5 à 6 personnes de 425 € à 840 € la semaine ; 15 mobil-homes pour 4 à 6 personnes de 385 € à 790 €. Chèque Vacances. Jeux pour enfants. Salle de bains pour bébés. Animaux acceptés (3 €). Aire pour camping-cars. Wifi gratuit.

Repris par les familles Mattei et Paquet depuis 2008, ce Sommalu est une étape agréable sur la route de l'ouest. Des formules d'hébergement pratiques : camping, mobil-homes, bungalows et mini-villa... On est à 600 m d'une immense plage et à 25 km d'Ajaccio. Tous les services sur place, un environnement bucolique au calme garanti pour un séjour sans soucis. Accueil charmant de Marie-Dominque pour ne rien gâcher !

Lopigna

Le village se compose de deux hameaux se faisant face, sur une hauteur. Entouré par la vallée du Cruzini, le site de la commune est encore vierge, et très agréable. On peut y visiter son église Saint-Thomas, qui possède un beau clocher sculpté. Arrêt impératif chez Serge Martelloni, un artisan coutelier de renom, pour acheter son *curnicciolu*, le couteau traditionnel corse. Très belle vue sur la vallée et la montagne depuis le balcon offert par la place de l'église ou depuis le cimetière qui contient quelques tombeaux remarquables.

ATELIER LOPIGNAIS
Chez Françoise et Serge Martelloni
✆ 04 95 28 95 09
www.atelierlopignais.com
serge.martelloni@orange.fr
Visite sur rendez-vous.
A Lopigna, petit village isolé de montagne, Serge Martelloni crée et forge ses couteaux. Les lames sont en acier au carbone ou en damas acier. Les manches sont réalisés à partir de différentes cornes (bélier, chèvre, bouc, buffle ou zébu) ou d'ivoire de phacochère (défenses). On retrouve sa production dans la boutique Art'Isula 57, rue Fesch à Ajaccio.

Pastricciola ★

Au beau milieu de la vallée du Cruzini, le village qui a gardé son caractère traditionnel est une étape très agréable avant de partir à la découverte des environs. Une petite cascade, dans le village, permet de se rafraîchir. On trouve aussi une église à petit clocher et une chapelle au lieu-dit Capezza. Dans les environs, les sentiers de randonnée permettent d'accéder aux forêts de Gattica et de Pastricciola, ainsi qu'à la grotte de Coracchia. Sur place, le gîte d'étape communal tenu par Jean-Jo Lecca qui propose 18 places en dortoir.

Salice ★

Le village est traversé par la haute vallée de la rivière Cruzini qui offre de jolis coins de baignade. A l'est du village se trouve la magnifique cascade de l'Ancone. Le village lui-même est très étiré à flanc de montagne sur des petites terrasses. On y trouve quelques maisons de caractère, des moulins à huile, mais surtout un sentier muletier dallé conduisant à San-Giovanni-Battista. Au sud se trouvent les vestiges de l'église romane San-Giovanni-Battista, sur laquelle on peut remarquer un motif du Xe siècle gravé de masques et réemployé dans un mur.

Rezza ★★

On remonte la rivière U Cruzzinu, affluent du Liamone, jusqu'à Rezza, petit village enfoui au milieu des pins où l'on trouve la maison d'information du Parc naturel régional de Corse dans un bâtiment remarquable contenant un moulin à eau et plus loin le restaurant communal A Sulana. A faire : les circuits d'orientation à l'aide des cartes fournies par la Maison de la Vallée, vous pourrez découvrir dix circuits qui vous amèneront à la découverte du patrimoine environnemental, historique et culturel. Certains circuits sont adaptés à un public familial.

Sari-d'Orcino ★★

Bénéficiant d'un microclimat privilégié au sein de la haute vallée de la Liscia, le village se trouve au centre d'une oasis de vigne et de vergers parcourue de nombreux petits cours d'eau. Il forme un véritable belvédère sur toute la région et la mer. Son origine est ancienne puisque la chapelle Santa-Reparata, au sud du village, fut reconstruite sur un sanctuaire médiéval.
Le musée A Casa di a Memoria, et ses deux salles présentant l'histoire ethnographique (Préhistoire, Antiquité, Moyen Age), entièrement bilingue français-corse, se visite gratuitement.
L'église Saint-Martin : la plus grande église de la vallée de la Cinarca et l'une des rares de Corse à avoir deux clochers symétriques. Cette particularité la distingue des églises traditionnelles et complète son architecture extrêmement harmonieuse aux proportions élégantes. En effet, a été utilisé pour rédiger les plans de construction le nombre d'or ou Phi, formule de calcul utilisée pour la construction des cathédrales et notamment Notre-Dame de Paris. Cette église a fait l'objet d'une restauration de 2000 à 2002. A l'intérieur de l'église se trouve une statue de saint Martin offerte par Napoléon III en 1863. Pour les marcheurs, faire la randonnée de Sari d'Orcino à Cannelle en passant par les moulins de la Mucchitina : durée 1h30 aller-retour.

© XAVIER BONNIN
Baignade dans la vallée du Cruzzzinu.

■ **CLOS D'ALZETO**
Route de Cinarca
✆ 04 95 52 24 67
www.closdalzeto.com
contact@closdalzeto.com
Ouverture des caves : le matin de 8 à 12 h – l'après-midi de 14 à 19 h et de 14 à 19h30 (en saison) langues parlées : italien, anglais.
Autour de la maison familiale, de père en fils et de fils en fille, la famille Albertini élève ses vins sur 45 ha. On y presse, vinifie, embouteille et vend 1 500 hl dont 60 % de rouge, issu de sciaccarellu, 30 % de rosé, à base de sciaccarellu, et 10 % de blanc de blanc, issu d'un unique cépage le vermentinu, régulièrement primé. On peut en plus se laisser tenter par les produits locaux tels que terrines, confitures, miel et huile d'olive maison. L'accueil est attentif et la dégustation assurée ! N'oubliez pas la spécialité locale : le fameux vin doux de vendanges tardives issues du cépage noble le vermentinu, à déguster en apéritif ou avec un foie gras.

VICO ★★

Vico est un gros bourg plein de caractère, s'étendant sur une pente boisée. Son architecture est formée de superbes maisons de pierres, avec inscriptions sur façade, reliées entre elles par des montées en escaliers. Au cœur du village se trouve une place ombragée sur laquelle on peut observer une statue en bronze de Mgr Casanelli d'Istria. Les vallées du Liamone et de la rivière de Sagone sont propices à de nombreuses balades car elles sont riches en lieux pittoresques ou historiques. Vico partage avec Guagno-les-Bains, bourg proche, un passé de ville d'eaux comme en témoignent les sources thermales de Caldanelle, aujourd'hui abandonnées, et les ruines des thermes. D'autres vestiges antiques remarquables se trouvent dans la région, telle la statue menhir d'Apricciani (dite Sagone I), ou la statue-menhir dite Sagone II, en réemploi dans un mur de l'ancienne cathédrale.

Points d'intérêt

■ **LE COUVENT SAINT-FRANCOIS** ★★
Route d'Arbori
✆ 04 95 26 83 83
accueilcouventvico@orange.fr
Ouvert toute l'année. Haute saison : tous les jours et les jours fériés de 8h à 20h. Chambre 35 €, dortoir 9 €, appartement 75 € à la nuit. Demi-pension 35 €.
Sur la route d'Arbori, le couvent a été édifié en 1482, reconstruit au XVIIe siècle, et il est toujours en activité. On y trouve le Christ en bois le plus ancien de Corse. Il s'agit d'un bois peint classé aux Monuments historiques en 1960 et restauré en 1988. Son origine nous est inconnue. Le traitement anatomique du corps évoque une production de grande école italienne au XVIe siècle. Lieu de prières, sûrement, mais aussi un lieu de vie très actif grâce à l'Association Les Amis du couvent qui organise régulièrement concerts, soirées, cours de cuisine. Le couvent reçoit jusqu'à 50 personnes dans le cadre de vacances libres, ou des personnes seules ou en familles en chambre, appartement ou dortoir.

Le couvert

■ **A PIAZZA**
D23
Place Casanelli
✆ 04 95 26 60 99
www.facebook.com/apiazza.restovico
apiazzavicu@gmail.com
Fermé de novembre à mars. Haute saison : ouvert tous les jours et les jours fériés le midi et le soir. Fermé le mercredi et dimanche, le soir en basse saison. Réservation recommandée. Menu unique à 23 € (café compris). Carte : 26 € environ. Menu enfant : 8,90 €. Plat du jour : 13 € (à 16€). Vin au verre. CB non acceptée. Chèque Restaurant. Chaises bébé. Terrasse. Vente à emporter. Animations. Soirées musicales le jeudii en saison.

Histoire et patrimoine

Vico est la capitale de la région du Cruzini et a vécu une histoire riche en événements et personnages. Fief de l'illustre famille Leca, la région fut souvent aussi le repaire de bandits célèbres (dont Théodore Poli au XIXe siècle). Vico fut également la patrie de François Vico, conseillé du roi d'Aragon, du chirurgien Jean Vico, et de Bonaventure Colonna di Leca, résident colonial. Son passé remonte à l'ancienne ville romaine de Sagone. Elle a été aussi siège d'évêché du IVe au XVIe siècle, et comptait onze paroisses. On ignore le nombre d'habitants qui vivaient à Sagone, puisque l'ancienne ville a été ravagée par les raids barbaresques et la malaria. De ce passé découle sans doute sa richesse en termes d'architecture et œuvres d'art sacré. Le siège de l'évêché fut transféré à Vico en 1572, puis à Calvi en 1625. On peut ainsi évoquer l'église paroissiale Sainte-Marie, datant du XIXe siècle avec sa façade néoclassique, construite sur l'emplacement d'une chapelle romane. Il y a également le couvent Saint-François datant de 1481, agrandi aux XVIIe et XIXe siècles et toujours en activité ; on y trouve un exceptionnel christ en bois antérieur au XVe siècle et qui serait le plus ancien de Corse mais aussi un tabernacle en marbre daté du XVIIe siècle. Dominant la vallée du Liamone, il aurait été fondé par Gian Paolo de Leca en 1481 pour remercier les villageois, qui l'avaient caché alors qu'il était poursuivi par ses ennemis génois.

Belle emplacement pour la table de Ange Orsini qui tient cette affaire de famille sur la jolie place de l'évêque Casanelli, au cœur du village. On y trouvera à la carte ou au menu de quoi satisfaire tous les appétits, le tout servi soit en terrasse, soit dans la salle climatisée. Pour le midi : les formules salades Corisca ou rustiques et pour le soir, le hamburger corsisé à la mode Piazza, les brochettes de bœuf maison grillées les pennes façon carbonara au lonzu et un petit fondant maison à la farine de châtaigne. Soirées moule de Diana et ses frites maison et les soirées musicales le jeudi. Les produits sont issus en priorité auprès des producteurs locaux : fromages, farine de châtaigne, légumes, bruccio, confiture de figues...

Le gîte

U PARADISU
D1
Route du Couvent ✆ 04 95 26 61 62
www.hoteluparadisu.com
hotel.uparadisu@cegetel.net

Fermé du 1er novembre au 1er avril. Accueil jusqu'à 22h. 20 chambres. Chambre simple de 67 € à 95 € ; chambre double de 72 € à 110 € ; chambre triple de 90 € à 121 €. Demi-pension : 78 € (pour 1 personne en basse saison). Petit déjeuner : 10 €. Lit supplémentaire : 15 €. Garage inclus (velo et moto). Chèque Vacances. Animaux acceptés (4 €). Séminaires. Réceptions et mariages. Poste Internet. Wifi gratuit. Restauration (menus de 27 € à 33 €, menu enfant 13 €. Carte 35€).

Un peu en retrait du village authentique de Vico, à un quart d'heure des plages de Sagone, et à 5 minutes de la rivière Liamone et ses belles baignades, un plaisant hôtel de montagne qui dispose même d'une piscine. Le restaurant Le Saint-Pierre, vous régalera de bons petits plats alliant modernité et tradition régionale : raviolis, cannelloni et autres farcis au brocciu, bastelle, civet de sanglier, de manzu ou cabri, fiadone, glaces typées et autres douceurs. Xavier s'est même formé à la confection du foie gras et de la charcuterie. Vous finirez votre repas avec le digestif maison, il est délicieux ! Dormez sur place, le calme y est garanti. En prime, un accueil naturellement sympa et le garage moto pour la tranquillité.

Chambres d'hôtes

CASA MURZA
A Pieve ✆ 04 95 24 53 83
www.casa-murza.com
casamurza@free.fr

Pictos : blanchisserie ; jardin ou parc ; jeux. Gîtes de France (3 épis). Ouvert toute l'année. Label Ecogîte. Accueil jusqu'à 19h. 3 chambres. Chambre double 100 € ; suite 110 € ; casatta indépendante 110 €. Petit déjeuner inclus. Lit supplémentaire : 25€. Parking fermé inclus (auto et moto sécurisé). CB non acceptée, paiement par PayPal accepté. Chèque Vacances. Wifi gratuit. Restauration (table d'hôtes 30 € avec produits bio).

OUEST CORSE

Une charmante maison que cette Casa Murza, bien cachée tout en haut de Vico, face à La Sposata. On y découvre le premier Ecogîte de Corse, tenu par Bernard Camurat, luthier de renom pour ne rien gâcher. L'hébergement est de belle facture, avec un calme garanti, un accueil parfait et pour profiter au mieux de l'endroit, la table d'hôtes y est même proposée par Michel. Les amoureux du bio seront comblés, les fanas de musique et d'instruments pourront passer des heures à découvrir les secrets de fabrication de ces pièces uniques.

Loisirs

■ ESCAPADES CANYONING
Place Casanelli-d'Istria
✆ 06 12 89 74 60
www.lesescapades.com
info@lesescapades.com
Fermé du 15 septembre au 15 juin. Haute saison : ouvert tous les jours et les jours fériés de 9h à 18h. 50 € la via ferrata, 45 € / 75 € le canyon. Sorties en demi-journée et journée. CB non acceptée.
Un moniteur diplômé vous fera découvrir un canyon encore sauvage et peu fréquenté à proximité du village de Soccia. Ce canyon, faisable en une demi-journée, est un site d'initiation qui combine tout ce dont on peut rêver : nage dans les vasques émeraude accompagné de petits ou grands sauts, passage en tyrolienne et descente en rappel. Matériel fourni : combinaisons Néoprène, casques, baudriers. Prévoir des baskets ou des chaussures couvrantes.

Dans les environs

Arbori ★

La commune, aux environs habités dès l'antiquité romaine, se compose des villages de Mercolaccia et Parapoggio, aux maisons de granit rose dominées par les ruines d'un château des Leca. Chaque village possède une église de style néoclassique, et la route qui mène à Arbori mérite le détour, tant les paysages dévoilés sont spectaculaires. En effet, situé dans la vallée du Liamone, Arbori est construit sur une crête entourée de reliefs montagneux et boisés. Pour les sportifs, un sentier de randonnée VTT sur la D1. Descendre jusqu'au pont de Truggia (ou Truja) et suivre le Liamone sur 14,5 km de piste forestière, et arrivée sur la D56, route de Coggia.

Balogna ★

Un village de montagne typique, entouré de sommets et adossé à une falaise rocheuse. Ses maisons de granit rose sont reliées entre elles par de hauts escaliers de pierre. On peut y visiter l'église paroissiale San-Quilicus, remarquable par son abside circulaire et son clocher de pierre. D'origine romane, elle fut remaniée à plusieurs reprises. Le village aurait été construit pour écarter de Balagne des opposants au royaume de Gênes d'où le nom «Balogna».

Guagno-les-Bains ★

Comme les autres stations thermales de Corse, les eaux de Guagno sont connues depuis l'Antiquité : à 49 °C, carbonatées, chlorurées et sulfatées, elles sont idéales pour des cures antirhumatismales, polyarthrite, arthrose, des cures de remise en forme, des cures postnatales, et de la rééducation fonctionnelle. Au calme dans un grand parc, le complexe thermal et hôtelier, situé à 480 m d'altitude, au bord d'une rivière et aux portes du parc régional, est refait à neuf mais est toujours fermé à ce jour (il a été construit en 1808, date de la nomination du premier médecin thermal de l'île) ! L'hôtel est désormais un foyer d'accueil médicalisé. On attend les investissements du Conseil général de la Corse-du-Sud pour réouvrir les thermes en 2016.

Muna

Le village de Muna est à 7 km de Murzo. Un village déserté depuis le début du XXe siècle, entre la ruine

Guagno-village et la haute-vallée des deux Sorru.

et la survie. Lieu pittoresque et mystérieux propice à l'inspiration artistique et à la méditation. Cet ancien village est construit en escaliers et est parsemé de petites maisons en pierre. Prenez le chemin muletier et grimpez afin d'admirer le panorama unique sur tout le golfe. Randonnée : suivre la route Sagone-Vico-Murzo direction Rosazia. A mi-chemin, le départ est indiqué par des boîtes aux lettres. Le sentier vous emmène jusqu'au village. Durée : 1 heure 30 (AR, facile).

Murzo ★

C'est un petit village de montagne, aux vieilles maisons de granit et aux escaliers en pierre. Son église San-Lorenzo est de style néoclassique, et fut construite avec des pierres provenant de l'ancienne église romane. A côté, le cimetière possède quelques majestueux tombeaux familiaux. A la sortie du village, on peut voir le rocher de la Sposata, l'épousée, qui tire son nom d'une ancienne légende. Le rocher, en équilibre, domine le village. Le village est accueillant, comme un apéritif pour la balade. Ne pas manquer fin septembre, Mele in Festa, la grande foire du miel et A Casa di U Mele – La Maison du Miel. Les amateurs de fraîcheurs aquatiques se tremperont au pont de Belfiore et ses piscines naturelles sur le fleuve Liamone, en descendant sur Vico.

■ U FRAGNU

D23
Rue Principale
✆ 04 95 26 69 26
u.fragnu.murzu@wanadoo.fr

♿

Fermé de novembre à mars. Haute saison : ouvert tous les jours et les jours fériés le midi et le soir. Fermé dimanche soir et lundi hors-saison. Réservation recommandée. Menus de 19,80 € à 25 €. Carte : 29 € environ. Menu enfant : 7,80 €. Formule : 13,80 € (et plat du jour 12,50€). Vin au verre. CB non acceptée. Chèque Vacances, Chèque Restaurant. Accueil des groupes. Chaises bébé. Terrasse. Vente à emporter.

Une jolie maisonnette (un ancien moulin à huile) décorée par Fifine où l'on vous sert une bonne cuisine traditionnelle corse, bien sûr. Des menus à prix raisonnables, une carte renouvelée au gré des saisons, un joli cadre, et même des pizzas, le tout cuit au feu de bois. Les spécialités : les beignets de courgettes, le porcelet rôti au feu de bois, le civet de sanglier chassé par Antoine et la crème caramel au miel AOC du village. Une étape sympathique sur la route de Creno avec une agréable terrasse ombragée au milieu du village. Accueil toujours charmant du fameux Antoine et le parking privé pour votre véhicule en prime.

■ LA BALADE DE MURZO À REZZA

Empruntez la très jolie route départementale 4 dans une nature sauvage, où vous rencontrerez plus de cochons que d'humains.

A partir de Murzo par la route de Guagno en venant de Vico, on prend à droite pour rejoindre, par une route, pas vraiment commode, vers Rosazia. On poursuit sur Salice puis juste avant le premier hameau, balade à pied, en prenant un chemin à gauche jusqu'à la cascade de l'Ancone.

Azzana, un joli site et un village adorable dans une très belle nature, domine la vallée du Cruzzini et fait face à l'autre versant. Une vieille église ocre avec un vieux clocher d'une autre époque. On rejoint Rezza et la route de la vallée.

■ CRENA CARE COSMETICS

D23
Route de Guagno
✆ 04 95 50 07 64
www.crenacare.com
acquale2@wanadoo.fr

Ouvert du lundi au vendredi. Livraison possible.

Brigitte Artily a créé en 2007 Circinellu, une société de cosmétiques corses. Depuis 4 ans, cette petite entreprise a parcouru un long chemin depuis le village de Murzo jusqu'aux Etats-Unis. A l'origine des concepts de la marque : des cosmétiques créés et modernisés à partir du patrimoine héréditaire corse, élaborés sur la base de formules ancestrales et culturelles autour, principalement, de deux extraits de plantes et d'élixirs primordiaux : le miel pur et l'immortelle. C'est donc à partir de ces « substances naturelles » aux propriétés reconnues que Brigitte Artily a décliné ses produits de soins pour le visage et le corps. Les formules renferment au moins 82 % d'actifs, dont une part essentielle d'ingrédients bio et naturels. La qualité, la composition des produits et la méthode de fabrication ont été consacrés en obtenant la Certification Food and Drug Administration, obligatoire pour une commercialisation, lancée depuis peu, sur le marché américain.

Orto ★★

Entouré de sommets, le village offre une magnifique vue sur les aiguilles du Monte Sant'Eliseo. De nombreux sentiers de randonnée permettent de découvrir les environs, dont l'ascension du Monte Sant'Eliseo jusqu'à la chapelle, ainsi que le chemin qui mène au lac de Creno (ou Crena). Les abords du lac sont très paisibles, et on peut y trouver une espèce rare et protégée de drosera, plante réputée pour ses vertus médicinales. La route d'accès d'Orto est également superbe, et dévoile un village ancien, aux maisons de caractère, qui semblent comme sculptées dans le granit. On peut y visiter l'église, mais aussi le mur du cimetière, dont les pierres proviennent de l'ancienne chapelle San-Cervone, dont il ne reste plus rien.

Renno ★

Dans les châtaigniers et les fougères, au-dessus de Vico, Renno et ses hameaux ressemblent à la Corse telle qu'on peut l'imaginer. Un peu secret, mais chaleureux, semblable aux autres villages et pourtant différent, doté d'âme et d'harmonie à laquelle participent ânes et cochons. Il faut venir en février, le jour d'A Tumbera qui fête la tradition séculaire de la mise à mort du cochon, indispensable à toute bonne charcuterie et Dieu sait si, en la matière, Renno n'est pas en reste !

CIRCUIT ROUTIER DE RENNO À EVISA

Par la D70, on monte au col de Sevi, avec sa vue magnifique. A environ 1,5 km du sommet du col, on trouve un chemin pédestre pour Marignana, faisant partie du trajet Solenzara-Cargèse et permet de rejoindre le sentier des gorges de la Spelunca. Avec une carte bien détaillée, on passera aussi au village abandonné de Tasso avant de gagner Marignana (on rejoint alors le sentier Mare è Monti). Au col, on croise les ânes en liberté, et surtout les cochons. On redescend du col sur Cristinacce pour rejoindre la D84. A l'entrée du village, route vers Marignana, un village typique au creux de la montagne, avec ses maisons qui se pressent les unes contre les autres dans la pente.

Soccia ★★★

Une divine surprise en pleine montagne. Certes, on vous le dira, et tous les randonneurs en route pour le lac de Creno (ou Crena) en feront de même : Soccia est le plus beau village du coin, le plus secret, loin de tout, et pourtant le plus animé. Vieilles pierres, panorama en balcon sur la montagne, et qualité de vie inégalable. Si vous avez la chance d'y passer un 15 août, c'est la fête de l'année, et le plus gigantesque 15 août de tout le cercle montagneux. Les villages des alentours affluent, on chante et on danse jusqu'au petit matin. C'est à Soccia donc que l'on laisse les chevaux-vapeur pour partir à la conquête de l'admirable lac de Creno, dans une cuvette, à 1 300 m d'altitude, dans un beau cirque montagneux, dont le Sant'Eliseo à plus de 1 500 m.

CANYON DU ZOÏCU ★★

Un des plus beaux canyons de l'île, réputé pour la variété de ses paysages et pour la couleur émeraude de ses vasques. Au programme tyrolienne, sauts, nages et descentes en rappel. Ce canyon convient très bien à l'initiation mais il exige de la part des participants une bonne condition physique. Il est déconseillé aux personnes trop sensibles au vide. Aucun saut n'est obligatoire. Dénivelé : 730 m. Approche : 15 min. Descente : 4 heures. Retour : 30 min. Hauteur maximum de rappel : 18 m. A partir de juin. Il a un bon niveau d'eau même en septembre.

LE LAC DE CRENO (CRENA) ★★★★

Durée : 1 heure 30 AR. Difficulté : Facile.

Situé à 1 310 mètres d'altitude, le lac de Creno est le seul lac boisé de Corse. Entouré de pins lariccio, ce beau lac qui ressemble plus aux lacs scandinaves qu'aux autres lacs glaciaires de Corse comblera les amateurs de nature par la présence de nénuphars et de plantes carnivores rares et protégées (Drosera). Départ de la randonnée en haut du village de Soccia : suivre les panneaux qui indiquent la direction à suivre pour rejoindre le lac, se garer au parking du snack au terminus de la route ou quelques mètres plus haut sous la grande croix métallique. De là, suivre le sentier (indiqué par un panneau et balisé en jaune) qui s'élève le long d'une ancienne moraine, puis passe au-dessus de la bergerie de l'Arate, avant de rejoindre le sentier venant du village d'Orto. Continuer à monter, et pénétrer dans la forêt de pins lariccio. Le lac et ses beaux nénuphars ne sont plus qu'à une quinzaine de minutes de marche. Variante : il est également possible de partir du village d'Orto pour une version plus longue (environ 3 heures aller-retour) et plus jolie.

A CASA CHJUCA

Chemin du Perolingo
Haut du village ✆ 04 95 28 39 79
www.gitesoccia.com
brigitteloys@hotmail.com
50 m après le restaurant Pane e Vinu, prendre la route à gauche.

Gîtes de France (2 épis). Ouvert toute l'année. Gîtes de France (2 épis). Accueil jusqu'à 19h. 1 chambre. Chambre double 70 € ; studio / appartement 354 à 597 € la semaine Parking fermé inclus (moto). CB non acceptée. Chèque Vacances. Restauration (table d'hôtes 28 € sur réservation). Salon de jardin, location de draps, lave-vaisselle.

Brigitte Loÿs propose dans sa petite maison accrochée sur les hauteurs du village, à 700 mètres d'altitude, un adorable gîte rural et une chambre d'hôtes pour les amateurs de tranquillité. Accueil charmant, grande disponibilité pour un séjour satisfaction garantie. Situation idéale pour partir à la découverte du lac de Creno et des montagnes environnantes.

Lac de Créno – Soccia.

LE GOLFE DE PORTO ET LES DEUX SEVI

Impossible de venir en Corse sans visiter ce golfe de Porto. Réputé pour son coucher de soleil sur son golfe classé au patrimoine mondial de l'humanité par l'Unesco, pour ses *calanche* de Piana, pour ses gorges de la Spelunca, en remontant sur Evisa par Ota et pour sa réserve de Scandola qui attire des milliers de visiteurs chaque année. Une micro-région qui alterne les plaisirs maritimes ou terrestres avec son littoral découpé de nombreuses criques et ses plages plus belles les unes que les autres. L'arrière-pays est tout aussi attachant et l'on n'hésitera surtout pas à s'aventurer dans chaque vallée et partir à la rencontre d'un producteur de charcuterie, d'un berger et de ses habitants qui ont su garder un sens de l'hospitalité incomparable.

EVISA ★★

Le village d'Evisa est un point stratégique pour faire de superbes balades en forêt. Après la traversée de la châtaigneraie et une partie de la forêt d'Aïtone, vous arrivez au site A Madre, où vous pourrez découvrir les anciens moulins à eau utilisés autrefois pour la fabrication de la farine de châtaigne ; ce site offre un spectacle de toute beauté, mais attention cet endroit très réputé pour sa fraîcheur en été devient rapidement saturé par le trop plein de visiteurs ! Le pont génois de Zaglia offre une vue particulièrement saisissante sur la rivière.

■ **POINT D'ACCUEIL TOURISTIQUE**
Centre du village
D84
✆ 04 95 50 06 87
✆ 04 95 26 20 09
www.evisa.fr
tourisme-evisa@orange.fr
A côté de la mairie
♿

Haute saison : ouvert du lundi au samedi de 9h30 à 12h30 et de 14h à 18h. Point multimédia et accès wi-fi gratuit. CB non acceptée.

■ **LA BALADE D'EVISA À OTA**
D'Evisa, on peut relier Ota par l'ancienne voie de muletier et découvrir des vues magnifiques, dans les gorges de la Spelunca ! Les deux ponts génois qui jalonnent cette balade sont classés aux Monuments historiques, le pont de Zaglia et le Ponte Vecchju. Un arrêt pique-nique semble indispensable pour profiter au maximum de l'endroit, d'ailleurs assez bien ombragé. Prévoir 6 heures aller-retour mais pour la partie la plus célèbre du Tra Mare e Monti, le jeu en vaut vraiment la chandelle !

■ **LA BALADE D'EVISA AU COL DE VERGIO**
Le chemin part d'Evisa, au niveau du Bar de la Poste, et passe par deux sites intéressants : le point de vue du belvédère et la piscine naturelle créée par l'Aïtone. On peut aussi, pour raccourcir la balade, le prendre à partir de la route : on le retrouve, à gauche, à 4 km d'Evisa, en montant vers Vergio. A partir de la maison forestière, autre excursion, vers l'est, sur le plateau d'Albia, avec un très beau panorama sur la forêt et la vallée, et arrivée au col Saint-Pierre qui domine la vallée de la Tavulella (sentier non balisé : se munir d'une carte détaillée et d'une boussole !). On trouvera des infos et des cartes à consulter à la maison d'information de la forêt, 2 km environ au-dessus de la maison forestière.

Points d'intérêt

■ **LA FORÊT ET LES CASCADES D'AÏTONE** ★★★★
D84
A partir d'Evisa, dès la jonction avec la route descendant du col de Sevi, on grimpe dans la forêt d'Aïtone, une très belle forêt de 2 400 ha dominée par les pins laricci\u200bo, avec, à travers les arbres, quelques vues vertigineuses sur la vallée de l'Aïtone. Cette forêt sauvage et grandiose, où l'on trouve également des sapins, se prolonge jusqu'à Vergio et possède une faune particulièrement riche, notamment en oiseaux tels que pics, sittelles, pinsons, rouges-gorges et mésanges. Pour les cascades, il faut suivre la D84 qui mène au col de Vergio : elles se trouvent entre Evisa et le col de Vergio. Une fois garé, vous n'avez qu'à marcher pendant quelques minutes. Le site est agréable mais très fréquenté. On peut voir les ruines d'un moulin entre deux belles chutes d'eau.

Le couvert

■ **A RIMPIANATA**
D84
✆ 04 95 50 01 89
✆ 06 76 36 57 00
rimpianata@gmail.com
Face à la gendarmerie.
♿

Fermé du 15 octobre à avril. Ouvert tous les jours et les jours fériés le midi et le soir. Service non stop. Carte : 22 € environ. Vin au verre. Jardin. Terrasse. Vente à emporter. Boutique.

Une petite table simplissime tenue par Alexandra, située juste à l'entrée du village, à la sortie du sentier de la Spelunca. On vous servira à toute heure une restauration à petits prix dans un cadre bien agréable : belle terrasse panoramique, grande salle lumineuse et tout une panoplie pour le casse-croûte traditionnel. Assiette de charcuterie du pays, assiette de fromages corses, salades, etc. Accueil charmant et grande disponibilité en prime.

Loisirs

LES GORGES DE LA SPELUNCA

Durée 2h en descente et 3h en remontée. Balisage orange, départ à droite après le cimetière d'Evisa.

Le sentier muletier qui part de Evisa à 850 m d'altitude descend le long des gorges très arborées, est balisé par pas moins de 25 panneaux ou lutrins expliquant la faune, la flore, la construction d'un chantier muletier et la fabrication d'un pont génois. Il s'agit avant tout d'une balade culturelle, facile. Le sentier se termine aux deux ponts génois classés aux Monuments historiques, le pont de Zaglia et le Ponte Vecchju. Un arrêt pique-nique semble indispensable pour profiter au maximum de l'endroit, d'ailleurs assez bien ombragé. Rejoindre le chemin qui monte jusqu'au petit village de Ota et son « fameux rocher » visible depuis le milieu du sentier. C'est la partie la plus célèbre du Tra Mare e Monti.

Dans les environs

Cristinacce

Village en terrasse dominant le golfe de Porto, Cristinacce possède de très belles maisons anciennes construites en granit, dans un environnement montagneux et boisé. Son église paroissiale Santa-Maria-Assunta date du XIXe siècle, et possède un beau clocher en pierre. L'ancienne église se trouvait au hameau de Santa-Maria, et l'on peut encore en voir les vestiges. Bonne charcuterie chez Antoine Versini au lieu-dit Capo-Soprano.

Marignana ★

Marignana est un village isolé à 700 m d'altitude, un peu solitaire. La route qui va de Porto à Evisa ne passant pas par le village, il faut vraiment faire le détour pour aller jusqu'à Marignana. De grandes et hautes bâtisses de pierres se dressent. Des fours à pain, des séchoirs à châtaignes, des lavoirs et des moulins restent les témoins d'une vie rurale active. Au village, outre l'église à campanile, on peut visiter les chapelles des hameaux de Chidazzu et de Revinda, ainsi que les ruines de la chapelle romane Santa-Degna, à l'ouest du village. Le village est connu des alentours pour sa charcuterie. A noter le dynamisme de l'association Scopre qui propose toute l'année dans sa salle de spectacle : du cinéma, du théâtre, de la musique classique, des groupes de chants corses, des expositions. Village typique au creux de la montagne, avec ses maisons qui se pressent les unes contre les autres dans la pente. A côté, le village abandonné de Tasso, auquel on accède par un sentier à partir de Marignana. Le sentier Mare e Monti court à travers la montagne pour rejoindre Cargèse, par Revinda.

Le couvert

USTARIA DI A ROTA

D24

✆ 04 95 26 21 21

www.ustariadiarota.fr

ustaria.di.a.rota@hotmail.fr

Ouvert toute l'année. Haute saison : tous les jours et les jours fériés le midi et le soir. Réservation recommandée. Menu unique à 18 €. Carte : 30 € environ. Menu enfant : 7,50 €. Vin au verre. CB non acceptée. Accueil des groupes. Chaises bébé. Jardin. Terrasse. Boutique. Animations.

© XAVIER BONNIN

Panorama sur le golfe de Porto.

On est ici chez les Ceccaldi, Paul le père et Mathieu le fils, surnommés les petits polyvalents du village. On trouvera sur place le couvert, le gîte en dortoir ou en camping, l'épicerie, le bar et même la presse locale. Que demander de plus ! Un accueil toujours naturellement sympathique, une cuisine locale qui tient la route et des tarifs au ras des pâquerettes. Comme de plus la vue est superbe depuis la terrasse, on se demande pourquoi les touristes n'y viennent pas en masse.

Loisirs

LE VILLAGE ABANDONNÉ DE TASSO

On peut rejoindre l'ancien village en partant d'un sentier qui débute près de l'Ustaria di a Rota. L'itinéraire est un tronçon du sentier Mare e Monti (balisage orange). On appréciera la belle chapelle restaurée et le coin de baignade en contrebas de Tasso, moins fréquenté que la piscine d'Aïtone trop surchargée, voire polluée en été.

PIANA ★★★★

A 438 m d'altitude, ce village est classé parmi les « Plus Beaux Villages de France », et ses maisons de granit rose dominent la mer. Au cœur du village se dresse l'église paroissiale dédiée à l'Assomption, de style baroque tardif. Elle abrite la statue de la Vierge de l'Assomption, œuvre génoise du XVIIIe siècle, classée aux Monuments historiques. Mais Piana est surtout célèbre pour ses *calanche*, véritables sculptures naturelles de roches déchirées aux formes étranges, dont la couleur rougeoyante joue avec les rayons du soleil. Ce majestueux site est classé d'intérêt mondial par l'Unesco. Au loin se découpent les presqu'îles de Senino et de Scandola. Ce paysage a inspiré depuis toujours les peintres et les écrivains, qui n'ont cessé de décrire les formes fantasmagoriques qu'ils voyaient dans ces aiguilles rocheuses. Le site est protégé et ses espèces naturelles préservées. Piana garde tout son charme d'antan et il ne faut surtout pas manquer le coucher de soleil, si romantique en ces lieux. C'est en ces moments que les *calanche* se parent de leurs plus belles couleurs.

OFFICE DU TOURISME DE PIANA
D81 – Place de la Mairie
✆ 09 66 92 84 42
Voir page 10.

Points d'intérêt

L'ANCIEN SENTIER MULETIER PIANA-OTA ★★

Prendre le chemin à droite, après le pont du Mezzanu. A 50 mètres, suivre le chemin de gauche et traverser le stade en diagonale sud-ouest nord-est. Passer sur la rive droite par la passerelle en bois. Le chemin est dallé, soutenu par un magnifique mur de pierres sèches, ancienne voie de passage obligée pour se rendre à dos de mulet, de Piana à Porto et Ota au début du XIXe siècle. La route Piana-Porto n'a été ouverte qu'à partir de 1850 par Napoléon III. Dès lors, les communications se faisaient par cet itinéraire. Compter 2 heures.

LES PLAGES DE FICAJOLA ET D'ARONE ★★★
D824

Prendre la D824 à Piana en direction de Cariu. La plage de Ficajola sur l'anse du même nom, est agréable, moins fréquentée mais non surveillée. C'est l'ancien port de pêche du village. Arone est la plage la plus belle du coin et qui plus est surveillée en saison. Elle est aujourd'hui très connue, mais pas encore trop surchargée. Camping, résidence de vacances et restaurants sur place. La plage d'Arone fait partie d'un site protégé et classé. Ce lieu a également un sens historique puisqu'il fut le théâtre du premier déparquement d'armes par le sous-marin Casabianca lors de la Seconde Guerre mondiale.

LE SENTIER DE LA TOUR DU CAPO ROSSO ★★★

Altitude 331 m. 3h aller-retour. Niveau : assez facile. Départ sur la route d'Arone. Balisage bleu, points bleus ou cairns.
Ce chemin mène à la presqu'île Capo Rosso, extrémité occidentale de la Corse et propriété du département de la Corse-du-Sud et du Conservatoire du Littoral. Point de départ du centre de Piana, à 6 km. Emprunter le sentier très visible sur la droite, passer devant les bergeries en ruine de «Paghiadie», occupées jusqu'en 1954. Poursuivre vers la presqu'île, laisser à votre gauche une bergerie réaménagée du Conservatoire. Le sentier se dirige ensuite vers une bergerie en tuiles, située au bout de la presqu'île. Passer alors par un beau couloir entre les rochers et la verdure. On atteint la tour de garde (40 minutes). Il est recommandé de partir tôt le matin et d'emporter de l'eau (inexistante sur cet itinéraire).

LE SENTIER DU CHÂTEAU FORT ★★★

Niveau : facile. Départ : virage de la Tête de Chien. Durée : 45 minutes aller-retour, balisage jaune, croix jaune.
Sur la D81, à droite de la «tête du chien», se détache un sentier qui longe la ligne de crête à travers une magnifique galerie de rochers, vers un belvédère qui mène à un immense promontoire en pierre, le «château fort» au-dessus de la mer. Magnifique vue sur le golfe de Porto et les *calanche*.

Le couvert

LE CAFÉ DE LA PLAGE
Plage d'Arone ✆ 04 95 20 17 27
www.lecafedelaplage.com
lecafedelaplagearone@orange.fr
Fermé de novembre au 6 avril. Ouvert tous les jours et les jours fériés le midi et le soir. Service non-stop en été. Réservation recommandée. Menu unique à 65 € (le soir). Carte : 45 € environ. Menu enfant : 12 €. Suggestion du jour : 24 €. Vin au verre. Jardin. Terrasse. Animations. Plage aménagée, wi-fi zone, corps mort et service navette pour la plaisance.

Ce Café de la Plage mérite l'escapade pour profiter à la fois du cadre et la table de Jean-Daniel accompagné de son chef de qualité Yann Kerhervé. Une grande terrasse couverte de vigne, des petits parasols en roseau de Camargue et puis la grande bleue... C'est l'endroit à la mode avec sa cuisine basée principalement sur les produits de la mer, ses belles assiettes gourmandes finement décorées, sa pêche locale et son nouveau grill au feu de bois. Accueil sympathique, service dynamique et pour meubler la féerie des lieux, on écoutera les voix des chanteurs corses ou latino. En prime : un espace lounge, en bois flotté, pour patienter en cas d'affluence et savourer cocktail maison ou champagne bien frappé et une plage équipée de transats et parasols. Nouveauté : le coin snacking, tenu par Lisandrina, pour grignoter toute la journée hamburger, panini et régaler les enfants en toute tranquillité. Location de bateau à pédale et même de stand up paddle.

■ LE CASABIANCA

Plage d'Arone
✆ 04 95 20 70 40 / 06 87 67 66 04
www.lecasabianca.com
casabianca.arone@gmail.com

♿

Fermé de novembre à mars. Ouvert tous les jours et les jours fériés le midi et le soir. Plage aménagée, service navette bateau, parking et wi-fi zone. Réservation recommandée. Carte : 50 € environ. Menu enfant : 12 €. Suggestion du jour : 25 €. Vin au verre. Accueil des groupes. Chaises bébé. Jardin. Terrasse. Vente à emporter. Animations. Soirées à thème avec musique live deux fois par semaine en été.

C'est l'affaire de la famille Battini qui domine la plage depuis 30 ans. La structure s'est complètement transformée pour offrir un confort idéal dans les salles et les terrasses qui dominent la baie. Côté cuisine, on pourra y choisir sans souci, dans une carte terrestre et maritime, une belle sélection de la pêche locale, un vivier à langoustes, un espace grill-pizzeria au feu de bois, le tout piloté par une équipe professionnelle pour répondre au succès des lieux. En prime : organisation de banquets, mariages ou séminaires.

■ A CASA CORSA

D81
Rue principale
✆ 04 95 24 57 93
www.acasacorsa-piana.com
alexandre.pagnini@orange.fr

♿

Fermé du 4 janvier à février. Haute saison : ouvert tous les jours et les jours fériés le midi et le soir. Ouvert tous les midis, Du jeudi au samedi le soir hors saison. Réservation recommandée. Menu unique à 28 €. Carte : 35 € environ. Menu enfant : 10 €. Formule du midi : 18 € (planche déjeuner). Vin au verre. American Express, Chèque Vacances, Chèque Restaurant. Chaises bébé. Terrasse. Vente à emporter. Animations. Salle climatisée, wi-fi gratuit.

Sur l'axe incontournable de la fameuse départemental 81, on s'arrêtera sans réfléchir à la Casa Corsa, en plein cœur du village, juste à côté du parking. Audrey et Alexandre propose aux amateurs gourmets une bonne et belle table pour tous les goûts. Formule planche déjeuner pour les touristes pressés ou menu terre ou mer et carte bien fournie pour les gastronomes. En prime, la terrasse panoramique face aux Calanche de Piana. Super carte des vins pour ceux qui dorment sur place et même des glaces artisanales pour se rafraîchir.

■ L'ONDA

Plage d'Arone
✆ 04 95 73 58 86 / 06 32 57 69 08
Www.facebook.com/restaurant.londa
therese_2a@hotmail.fr
Au milieu de la plage.

Fermé de novembre à mars. Ouvert tous les jours et les jours fériés le midi et le soir. Service non-stop pizzas et salades en été. Réservation recommandée. Menus de 25 € à 34 € (terre et mer). Carte : 36 € environ. Menu enfant : 10 €. Suggestion du jour : 20 € (et pêche de Martin).

Vin au verre. Chèque Vacances, Chèque Restaurant. Accueil des groupes. Chaises bébé. Terrasse. Vente à emporter. Animations. Soirées musicales corse en été. Parking, plage aménagée de transats et parasols.

Une adresse bienvenue en plein milieu de cette plage, tenue par Thérèse et Thomas Pagnini, frère et sœur natifs du village, qui proposent leurs formules agréables. Grande terrasse ombragée, étal de poissons de la petite pêche de Martin, menus terroir ou de la mer et une carte attractive où chacun trouvera son bonheur à tous les prix, du plus simple au plus sophistiqué. Le chef Michel épaulé par une brigade dynamique, remplit très bien son office pour satisfaire le touriste gourmet. Coin grill au feu de bois et un petit cabanon juste en dessous pour le snacking à toute heure.

Le gîte

CAPO ROSSO****

D81
Route des Calanche
✆ 04 95 27 82 40
www.caporosso.com
infos@caporosso.com

Fermé du 15 octobre au 1er avril. Membre du cercle des grandes maisons Corses. Accueil jusqu'à 23h. 44 chambres. Basse saison : chambre simple à partir de 120 €. Haute saison : suite jusqu'à 435 €. Petit déjeuner inclus. Parking ouvert inclus. Réceptions et mariages. Wifi gratuit. Restauration.

Situation d'exception pour cet hôtel exclusif, premier quatre-étoiles rural de Corse, la fierté de la famille Ollivier-Camilli présente sur les *calanche* depuis 40 ans. L'ensemble domine le golfe de Porto et toutes les chambres standard, supérieur, deluxe, ou suite junior s'ouvrent sur ce panorama grandiose et imprenable. Prestations de belle facture dans l'hébergement, nouvel espace piscine-solarium et son restaurant Le Neptune, entièrement redécoré, est une invitation à la dégustation de ses spécialités de poisson du golfe, ses langoustes vivantes à la pesée, sa bouillabaisse, ses viandes accompagnées et ses desserts maison. Belle carte des vins locaux et continentaux et bar Le Fragment pour finir la soirée. Tarifs très attractifs pour le standing et un accueil familial et chaleureux de tout le personnel.

LES ROCHES ROUGES***

D81
Route des Calanche
✆ 04 95 27 81 81
www.lesrochesrouges.com
hotellesrochesrouges@wanadoo.fr

Fermé de décembre au 15 mars. Accueil jusqu'à 0h. 30 chambres. Chambre double à partir de 125 € ; chambre triple jusqu'à 190 €. Demi-pension : 95 € (par personne vue jardin en basse saison). Petit déjeuner : 12 €. Parking fermé inclus (et petit garage moto). American Express, Diners Club, Chèque Vacances. Animaux acceptés (gratuit). Séminaires. Réceptions et mariages. Wifi gratuit. Restauration (menus de 39 à 80 €, carte 55 €. Menu enfant 20 €). Vente.

Indiscutablement, cet ancien palace, par sa situation et son standing, son charme suranné et sa tranquillité, a du caractère et un cachet certain. L'allure vieillotte ne doit pas vous tromper car les quatre étages ont gardé l'esprit des années vingt et les chambres sont spacieuses et agréables. La table dirigée par le nouveau chef Romain Mariani est en totale osmose avec la noblesse de la vue imprenable depuis la salle du restaurant inscrite aux monuments historiques et une superbe terrasse en balcon pour profiter des couchers de soleil. Tarifs certes élevés, mais justifiés au regard de l'exclusivité des lieux. L'accueil atypique de Madeleine Dalakupeyan ne laissera personne insensible !

SCANDOLA***

D81 – Route de Cargèse
✆ 04 95 27 80 07
www.hotelscandola.com
infos@hotelscandola.com

Fermé du 15 octobre à mars. Accueil jusqu'à 23h. 14 chambres. Basse saison : chambre double à partir de 110 €. Petit déjeuner buffet : 14 €. Lit supplémentaire : 25 €. Parking ouvert inclus (espace moto). Chèque Vacances. Animaux acceptés (3 €). Wifi gratuit.

Au milieu des calanques, un petit hôtel de charme propose de chambres spacieuses, claires, confortable (lit king-size) et ses balcons accrochés face au paysage superbe. Sans s'endormir sur ses lauriers, chaque saison on y découvre quelques nouveautés : décorations des chambres l'une baroque, l'autre indienne ou coloniale... La troisième étoile est largement justifiée et pour ne rien gâcher l'accueil de Céline et Stéphane est à l'image du panorama fort sympathique. Belle terrasse pour le petit déjeuner délicieux et savoureux face au golfe et une salle cosy en cas de mauvais temps. Un très bon rapport prix-prestations pour ce village de renommée internationale.

Loisirs

LE CANYON DU DARDU

Pont de Cavallaghiu

Durée : 5 minutes d'approche, 7h dans l'eau, 1h de marche retour. Période : de la mi-avril à la fin juin. Hauteur maximale de rappel : 25 minutes.

Au cœur du site classé des *calanche* de Piana, le canyon du Dardu se jette dans la Méditerranée. Taillé dans le porphyre rouge, ce cours d'eau très sauvage nous conduit à une crique pour une dernière baignade en eau salée. Niveau : ce canyon convient très bien à l'initiation mais il exige de la part des participants une bonne condition physique. Il est déconseillé aux personnes trop sensibles au vide.

RANDONNÉE AU CAPO D'ORTO

Voir page 47.

Bateau

ARONE LOCATION BATEAUX

Plage d'Arone

✆ 06 81 06 18 17 / 06 80 89 70 03

aronelocationbateau.free.fr

alainnesa@aol.com

Ouvert tous les jours de 8h30 à 20h30. Ouvert de mi-juin à mi-septembre. Ouvert le dimanche. 5 Zodiac 3,60 m 6 cv à partir de 25 € l'heure. CB non acceptée.

Laure et Alain Nesa proposent à la location une flotte de 6 kayaks, 5 Zodiac, un semi-rigide de 5,20 m équipé d'un 90 cv et un Cap Camarat de 7,15 m et 250 cv pour découvrir les criques aux alentours du site d'Arone. Chacun y trouvera son bonheur pour 1 heure de balade ou une journée complète pour se rendre jusqu'a Girolata au cœur de la réserve de Scandola. Réservation recommandée en été. Le petit plus : fourniture de carte marine pour vous guider aux plus beaux endroits.

Emplettes

KEVIN MUZIKAR

U Saloniu

✆ 06 12 71 12 83

www.k-couteaucorse.fr

nocib2003@yahoo.fr

CB non acceptée.

Kevin Muzikar est l'un des plus jeunes couteliers forgerons corses professionnels. Il apprend à forger avec Christian Moretti à Calvi, puis à la Coutellerie du Lotus auprès de Franck Thomas. Il construit lui-même son atelier et sa forge sur les hauteurs de Piana, dans les arbres. Il réalise un certain nombre d'innovations, et une gamme de couteaux dont la plupart sont typiquement d'inspiration corse : curnicciolu (le couteau traditionnel de berger corse en corne), stoccu, pulsatol... mais aussi couteaux de chasse. Kevin Muzikar forge la totalité de ses lames et aciers feuilletés damas dans son atelier. Toutes ses pièces sont uniques, et sont vendues à son atelier sur rendez-vous, ainsi que chez plusieurs spécialistes corses.

PORTO ★★★★

Porto garde une dimension agréablement humaine et familiale. Calé entre Ajaccio et Calvi, Porto s'offre à ses visiteurs à la sortie des *calanche* de Piana, entre mer et montagne découpé en deux parties, Vaïta et la Marine. Le village est tout en longueur. La tour carrée, restaurée, se visite et offre un panorama formidable sur le golfe. A l'intérieur se trouve une exposition permanente qui vous fera découvrir en image l'histoire des tours de Corse. A la marine, du côté droit, une grande esplanade donnant sur l'aquarium et la tour génoise, puis du côté gauche, on passe vers le petit port de plaisance, construit dans l'embouchure de la rivière. Une jolie passerelle permet de passer d'une rive à l'autre et d'accéder à la plage de Porto. Mais l'atout principal de Porto est sans conteste sa proximité avec la réserve de Scandola, le port de Girolata. De nombreuses compagnies de promenades en mer et de loueurs de bateaux à moteur permettent la découverte de ces merveilles. C'est également un spot de plongée remarquable.

OFFICE MUNICIPAL DE TOURISME D'OTA – PORTO

La Marine

✆ 04 95 26 10 55

Voir page 10.

PORT ABRI

A l'embouchure du fleuve le Porto

✆ 06 88 16 93 38

capitainerie.porto@wanadoo.fr

Haute saison : ouvert tous les jours et les jours fériés. Ouvert le dimanche. Carburant Tel. 06 08 72 14 84.

Petit port de pêche et de plaisance situé au fond du golfe de Porto, à l'embouchure de la rivière de Porto. Bien abrité mais entrée dangereuse par mer d'Ouest. Précautions à prendre pour entrée et sortie du port. Anse des pêcheurs : 1,30 m, réservée aux pêcheurs et aux bateaux de 7 m, mise à l'eau, eau douce, électricité 220 W, amarrage dans le port, sur ponton fixe et pendille.

■ **ALPANA EXCURSIONS EN MER**
avant accès tour génoise
Kiosque Alpana rue piétonne
✆ 06 69 69 04 05
www.scandola-girolata-piana.com
alpana@excursions-peche-corse.com
Embarquement rive droite
du port de Porto

Fermé de novembre à mars. Ouvert d'avril à novembre. Haute saison : ouvert tous les jours et les jours fériés de 9h à 23h. Sur réservation. Adulte : 26 € (à 55 €). Chèque Vacances. Visite guidée (français, corse, italien et anglais). WC, douche.

Un concept novateur créé par François-René, petit-fils de pêcheur qui cumule les qualités de skipper et de guide professionnel de pêche sportive. Au départ du port de Porto, à bord de son bateau *l'Alpana*, l'aigle pêcheur, emblème du golfe, on y découvrira, en visite guidée ou en partie de pêche, les merveilles des *calanche*, Scandola, Girolata et autres grottes du Capo Rosso. Très maniable, il peut se faufiler dans les grottes marines de la région et, grâce à ses 600 cv, il rejoint en un minimum de temps les sites les plus prestigieux. Arrêt baignade dans une crique sauvage possible (masques et tubas fournis).

▶ **Autre adresse :** Epicerie Castellani 20115 Piana

■ **CORSE ÉMOTION**
boutique Corse émotion
Place de la Marine
✆ 04 95 78 49 04 / 06 68 58 94 94
www.corse-emotion.com
corse-emotion@orange.fr
Embarquement port de Porto.

Ouvert toute l'année. Réservation conseillée. Haute saison : tous les jours et les jours fériés de 8h à 22h. Départ toute les heures et tarifs à partir de 25 €. Chèque Vacances. Visite guidée (en français, anglais et corse). Location avec skipper à la journée ou demi-journée, idéal pour séminaires ou groupes sur demande.

Créée en 2009, Corse Emotion crée par Armand a développé le tout premier concept novateur de bateaux semi-rigides rapides sur Porto. Etudiés et conçus sur mesure pour mieux se faufiler entre les failles et au fond des grottes et répondre au confort de ses douze places assises individuelles. Petits et grands embarquent pour le plein de sensations et d'émotions ! L'accueil est au top, les commentaires professionnels et l'on rentre au port avec une seule envie...y retourner. Navires confortables pour éviter le mal de mer.

■ **NAVE VA**
Billetterie au restaurant Le Cyrnée
Marine de Porto ✆ 04 95 26 15 16
www.naveva.com
naveva@naveva.com
Fermé du 11 novembre au 25 mars. Haute saison : ouvert tous les jours et les jours fériés de 8h à 23h. Gratuit jusqu'à 4 ans. Adulte : 25 € (calanche). Enfant (de 5 à 10 ans) : 17 € (calanche). Scandola 36 € (25 € enfant), grand tour sur le Punta Bianca 45 € (35 € enfant) 55 € sur le semi-rigide Gargalo. Chèque Vacances. Visite guidée (anglais, italien et corse). Restauration. Buvette et WC à bord.

Arrêt obligatoire sur la côte ouest pour visiter les sites inscrits au patrimoine mondial de l'Unesco : les *calanche* de Piana, le capo Rosso, le golfe de Porto, la réserve de Scandola et le mondialement réputé port de Girolata. Nombreux départs toute la journée pour des circuits d'1 heure 30 à 5 heures pour le grand tour. Plusieurs navires, du semi-rigide 9 m au *Punta Bianca* de 19 m. Réservation recommandée au moins 24 heures à l'avance, voire plus en été. Nouveaux bateaux hybrides électrique/diesel pour préserver l'environnement.

■ **PORTO LINEA**
Accès tour génoise
La ruelle
✆ 06 08 16 89 71 / 04 95 22 28 63
www.portolinea.com
contact@portolinea.com
Fermé de novembre à mars. Haute saison : ouvert tous les jours et les jours fériés de 8h à 22h. Réservation recommandée. Gratuit jusqu'à 1 ans. Adulte : 25 € (à 60 € le grand tour). Enfant (de 2 à 11 ans) : 15 € (à 25 €). Chèque Vacances. Visite guidée (français, anglais et italien).
Créé en 1998, la compagnie de Jean-Baptiste Rostini s'est dotée d'unités de 42 places limité à 33 passagers le Mare Nostrum II, adapté aux sites (failles et grottes accessibles) et le Mare NostrumIII, un grand semi-rigide de 10 m pour 10 places atteignant la vitesse de 90 km/h (2 moteurs Yamaha de 300cv), pour ceux qui ne souhaitent pas passer beaucoup de temps en mer, avec des sensations garanties. Les trois circuits : calanche de Piana, Scandola et Girolata ou le grand tour au choix.

■ **VIA MARE**
Hôtel du Golfe
La Marine ✆ 06 07 28 72 72 / 06 09 51 15 25
www.viamare-promenades.com
info@viamare-promenades.com
♿
Fermé de novembre à mars. Ouvert tous les jours et les jours fériés de 8h à 21h. Réservation recommandée. Gratuit jusqu'à 5 ans. Circuit Calanche 26 €, Circuit Scandola 38 €, circuit complet 47 €. Enfant – 12 ans demi-tarif. Chèque Vacances. Visite guidée (français et Corse).
Cette compagnie de promenades en mer dispose de trois navires hybrides éco-citoyens de moyenne capacité pour les visites du site de Scandola et Girolata, des calanques de

Piana, et pour le tour complet du golfe. Au programme : exploration des failles et grottes avec commentaires sur l'environnement, visite du port de Girolata et possibilité d'arrêt baignade. Plusieurs départs par jour pour l'un des trois circuits. Le parcours des sites classés se fait exclusivement à propulsion électrique. Merci pour la faune et la flore !

LE PASS'PARTOUT
Port de plaisance
✆ 06 75 99 13 15
✆ 06 85 12 29 15
www.lepasspartout.com
montesenino@wanadoo.fr
Fermé de novembre à mars. Billetterie anthony boutique place de la Marine. Ouvert tous les jours et les jours fériés de 9h à 20h. 42 € Scandola, 26 € les calanche. Chèque Vacances. Visite guidée.
De petits bateaux maniables qui portent bien leur nom. Philippe, l'enfant du pays, vous fera découvrir la réserve naturelle de Scandola, Girolata et les calanques de Piana. Deux départs par jour pour Scandola avec arrêt de 45 minutes à Girolata et un départ au coucher de soleil pour les calanques de Piana. Nouveauté : possibilite de faire le tour complet (Scandola, Girolata, calanques de Piana) à bord d'un semi-rigide (12 places) ou de privatiser ce bateau et d'agrémenter votre journée selon vos envies : arrêt baignade, pique-nique, snorkeling...

Points d'intérêt

AQUARIUM DE LA POUDRIÈRE
Place de la Marine
✆ 04 95 26 19 24
Ouvert toute l'année. De 9h à 17h. Adulte : 5,50 €. Enfant : 3 €. Billet combiné tour + musée + aquarium : 6,50 €.

Les plages

La grande plage surveillée de Porto, accessible en rive gauche et vers le nord, la plage de Bussaglia plutôt en galet, à partir du carrefour vers Serriera, un peu plus loin la plage du Caspiu à partir de Partinello, ou la plage de la Gradelle, à partir d'Osani, avant le col de la Croix.

Idéalement situé dans l'ancienne poudrière, cet aquarium présente au public quelques-unes des espèces de Méditerranée les plus représentatives : mérous, murènes, poulpes... Il permet de découvrir, dans un édifice patrimonial de premier ordre, la faune et la flore sous-marines endémiques, la partie cachée de la très proche réserve naturelle de Scandola et du golfe de Porto.

TOUR GÉNOISE ★★★
Place de la Marine
✆ 04 95 26 10 05
Fermé de novembre à mars. Ouvert de 9h à 21h.
Cette tour génoise de forme carrée fut édifiée au XVIe siècle. Entièrement restaurée, elle offre depuis sa terrasse supérieure un point de vue exceptionnel sur l'ensemble du site. On y accède par un chemin taillé dans la roche. On peut y découvrir une exposition relative à la fortification des rivages de la Corse et sur l'histoire des tours génoises. Magnifique panorama au sommet de la tour, surtout au coucher du soleil. Depuis quelques années, on peut visiter le petit musée de la Bruyère qui retrace tous les usages de cette essence, source de fabrication des fameuses pipes éponymes.

La réserve de Scandola et le port de Girolata

Trésor écologique d'environ 2 000 ha, répartis entre la presqu'île de Capo Rosso et Galeria, soit 80 km, elle est créée en 1975 sous l'impulsion du Parc naturel régional étant alors la première réserve française à la fois terrestre et marine. Reconnue au niveau européen comme une des zones de Méditerranée à protéger en priorité, on y trouve une faune particulièrement riche et rare : les derniers balbuzards, mais aussi le faucon pèlerin, le merle bleu, le martinet pâle et, en mer, 450 espèces d'algues, des poissons devenus rares en Méditerranée, et de magnifiques bancs de coraux. L'excursion en bateau offre des paysages uniques, comme ces orgues volcaniques, dont certains, par un miracle de renversement naturel, comportent des stries horizontales. La tour génoise, construite dans la partie sommitale du rocher de Gargalo, est la seule de toute la Corse à avoir conservé son canon, pointé vers le large. L'accès maritime est sévèrement réglementé pour préserver cet espace naturel exceptionnel pour les générations futures. Bivouac interdit, plongée en scaphandre autonome interdite, mouillage autorisé de jour uniquement et interdit jour et nuit dans la partie intégrale.
Il y a peu, à Girolata, il n'y avait ni électricité ni téléphone, et le facteur Guy Ceccaldi était l'unique lien avec le pays. Aujourd'hui encore, aucune route n'arrive jusqu'à ce village de pêcheurs. Les randonneurs partent du col de la Croix pour 4 h de marche AR en passant par la jolie plage de Tuara. On peut arriver par la mer, des sorties en bateau sont organisées au départ de Porto, d'Ajaccio, Cargèse, Calvi ou Galeria. La visite commentée, passe entre les roches à la découverte d'une grotte, d'un nid de balbuzards ou des orgues volcaniques. On peut même y passer la nuit (la baignade au petit matin est magique) et repartir par le bateau du lendemain. Sur place, deux gîtes d'étape et quelques restaurants. L'endroit est malheureusement surchargé en été et l'on appréciera beaucoup plus l'endroit au printemps ou à l'automne, ceci étant malheureusement valable pour la majorité des sites touristiques de l'île.

Le port de Porto.

Le couvert

LE MAQUIS

D81 – Route de Calvi
✆ 04 95 26 12 19
lemaquis@yahoo.fr

Ouvert toute l'année. Haute saison : tous les jours et les jours fériés le midi et le soir. Fermé lundi et mardi hors saison. Réservation recommandée. Menu unique à 25 €. Carte : 48 € environ. Formule : 23 €. Vin au verre. Accueil des groupes. Chaises bébé. Terrasse. Wifi zone.

Un peu à l'écart du cœur du village, sur la route de Calvi, la table est le repaire des gastronomes, avec ses plats inventifs mêlant la cuisine corse traditionnelle à de nouvelles saveurs. Le résultat est à la hauteur ! Voilà de quoi satisfaire les amateurs de cuisine gastronomique avec en prime une carte de vins locaux. Le propriétaire et chef Franck Pascault épaulé par Roch le fils, concoctent quelques belles recettes de la terre et de la mer qui évoluent au gré des saisons. A savourer le tartare de thon rouge et son granité de verveine du jardin, le barbecue virtuel de la mer, le mignon de porc aux pistaches et miel de châtaignier et la transparence de fraise au mascarpone. Pour la nouveauté, essayez le risotto d'asperges et Saint-Jacques. Une adresse régulière, toujours recommandable. Parking privé et belle terrasse panoramique face au golfe de Porto et une nouvelle décoration pour surprendre les nombreux habitué. En prime service habile de la belle Ornella !

A STRETTA NOUVEAU

La Marine
Casa Maio ✆ 04 95 27 12 49
astretta@orange.fr
Dans la ruelle piétonne vers la tour

Fermé de décembre à février. Ouvert tous les jours et les jours fériés le midi et le soir. Réservation recommandée. Menu unique à 29,50 €. Carte : 29 € environ (le midi et 39 € le soir). Suggestion du jour : 18 € (plat-dessert). Vin au verre. Terrasse.

Retour de la petite Stretta de Bruno dans les tablettes du *Petit Futé* qui retrouve avec plaisir une formule originale de cuisine à la plancha. On fera l'effort de lever les yeux dans la rue piétonne pour apprécier la carte et les suggestions de cette table. Une cuisine maison, basée sur les produits du cru agréablement préparés et servis au prix juste. Belles pièces de viande, poissons juste grillés, langoustes et bons desserts élaborés le jour même. Une affaire à suivre !

LA MER
La Marine
Côté Tour ✆ 04 95 26 11 27
laora5@wanadoo.fr

Fermé du 1er novembre à mars. Ouvert tous les jours et les jours fériés le midi et le soir. Réservation recommandée. Menus de 18,50 € à 26 €. Carte : 46 € environ. Suggestion du jour : 18 €. Vin au verre. Terrasse.

C'est l'adresse de référence sur Porto pout tout amateur de table marine. La situation est agréable, un peu à l'écart de l'agitation avec une terrasse à l'ombre des mûriers platanes face à la tour carrée. Sophie et Laurent Rossini chapotent le service dans ce cadre digne d'une carte postale et l'on y choisira sans crainte à la carte ou aux menus attractifs les spécialités de la mer de la petite pêche d'Antoine Bacchidu, le fournisseur attitré. Vivier à langoustes du golfe de Porto à savourer juste grillées au feu de bois et les suggestions du marché proposées à l'ardoise, élaborées par Florent Piqueras, Bourguignon et disciple de nombreuses grandes maisons étoilées.

LE MOULIN
D84 – Pont de Porto
✆ 04 95 26 12 09
✆ 06 80 18 66 39
lounasab@hotmail.fr

Fermé de novembre au 15 mars. Ouvert tous les jours et les jours fériés le midi et le soir. Réservation recommandée. Menus de 17,50 € à 27,50 €. Carte : 32 € environ. Menu enfant : 8,50 €. Suggestion du jour : 13 €. Vin au verre. Chèque Vacances. Accueil des groupes. Chaises bébé. Terrasse. Wifi gratuit. Parking privé.

Sabrina sévit depuis quelques années au bord du Porto, le fleuve qui traverse le village. On y découvre son petit moulin transformé en restaurant fort sympathique. Les formules sont bien pensées, tout particulièrement la planche découverte qui satisfera la majorité. Une terrasse ombragée, une salle lumineuse et même un grand parking pour auto et moto bien commode. La Mama en cuisine concocte ses petits plats locaux qui vous feront voyager dans le terroir insulaire. On y sera bien plus au calme que sur la Marine et le rapport qualité-prix est remarquable.

LE SUD
port de plaisance
La Marine ✆ 04 95 26 14 11
sudresto7@orange.fr

Fermé d'octobre au 15 avril. Ouvert tous les jours et les jours fériés le midi et le soir. Service non stop au bistrot du sud. Réservation recommandée. Menu unique à 27 €. Carte : 50 € environ. Formule du midi : 16 €. Vin au verre. Terrasse. Vente à emporter.

Incontestablement le meilleur emplacement de la marine avec un joli balcon au dessus du port de plaisance. L'adresse est à double casquette avec Jean-Pierre le fils au bistrot et Karine, la mère au balcon. La carte à dimension raisonnable est axée sur les produits locaux de terre et mer qui évolue au grès de la saison. Côté bistrot, ambiance décontracté pour manger à toutes heures grandes salades, charcuterie et autres douceurs.

■ **LA TOUR GÉNOISE**
La marine
Chemin de la Tour
✆ 04 95 26 17 11
restaurant-tourgenoise@orange.fr
Fermé du 15 octobre à mars. Ouvert tous les jours et les jours fériés le midi et le soir. Réservation recommandée. Menus de 21,90 € à 25,90 €. Carte : 37 € environ. Formule du midi : 14,50 €. Vin au verre. Chèque Vacances, Chèque Restaurant. Accueil des groupes. Chaises bébé. Terrasse.
Sous la belle terrasse couverte et fleurie, Marie-Thé et Dumé, les hôtes des lieux, vous accueilleront toujours avec le sourire. Le choix des plats à la carte, les menus terroir ou terre et mer du chef Alex permettent de satisfaire toutes les envies : de la viande en sauce à la mode corse aux poissons grillés en passant par les irremplaçables cannelloni au brocciu. Quelles belles idées gourmandes comme l'assiette de la mer ou la souris d'agneau en sauce au thym et à l'ail. Tout cela avec un service professionnel et attentif de Francesca, la fille. L'endroit, malgré le succès et l'affluence, reste à prix abordables. Pour digérer une addition nullement roborative, ne manquez surtout pas la liqueur de myrte ou le fameux limoncello de Madame.

■ **LE TAHITI PORTO** NOUVEAU
Rive droite
Port de Porto
✆ 04 95 50 59 39
www.letahitiporto.com
letahitiporto@icloud.com
Fermé du 15 octobre à avril. Ouvert tous les jours et les jours fériés le midi et le soir. Réservation recommandée. Carte : 35 € environ. Menu enfant : 12 €. Suggestion du jour : 15 € (à 30 € terre et mer). Vin au verre. Chèque Vacances, Chèque Restaurant. Chaises bébé. Terrasse. Vente à emporter. Animations.
Gros changement sur la plage de Porto avec la reprise en mains par un jeune couple de cette affaire de famille, présente ici depuis plus de trente ans. Laetitia et Mathieu, Corses de retour aux pays, ont donné un nouvel élan à cette baraque typique sous le regard de la tour carrée. La cuisine, dirigée par le chef Hamed Aloui, formé dans les grandes et petites maisons de l'île, propose une carte à l'ardoise qui en surprendra plus d'un ! Une bonne volonté évidente, de l'originalité et un rapport prix/prestations exceptionnel.

Le gîte

■ **BON ACCUEIL****
Quartier Vaïta
✆ 04 95 26 19 50
www.bonaccueilporto.com
ba20150@orange.fr

Ouvert toute l'année. Accueil jusqu'à 20h. 20 chambres (et 1 appartement). Chambre double à partir de 45 € ; chambre triple à partir de 55 € ; studio / appartement à partir de 60 €. Petit déjeuner buffet : 9,50 €. Garage inclus (velo et moto). American Express, Chèque Vacances. Animaux acceptés (offert). Poste Internet. Wifi gratuit. Vente (tee-shirt, souvenirs, tabac, presse et loto).

Un vrai bonheur que ce petit Bon Accueil au nom vraiment pas usurpé ! Didier Lamarre, tout en gentillesse et disponibilité, donne toute la mesure à cette adresse. Bonnes prestations hôtelières accompagnées des fresques monumentales de l'artiste maison, un patio fort agréable pour les petits déjeuners ou apéritifs... Bref, on ne s'en lasse pas. Côté pratique, tous les services possible : wi-fi, garage moto, prêt de PC et une toute nouvelle salle de petit déjeuner en buffet copieux. Tarifs exceptionnellement doux pour Porto. Chambre familiale 6 personnes à 115 € en été ! Qui dit mieux ?

■ LA CALYPSO***
Quartier du port
La Marine
✆ 04 95 26 11 54
www.hotel-la-calypso.com
hotel-la-calypso@wanadoo.fr

Fermé d'octobre à avril. Accueil jusqu'à 20h. 8 chambres. Chambre double à partir de 82 € ; chambre triple jusqu'à 140 €. Petit déjeuner en chambre : 7,90 € (à 9 €). Chèque Vacances. Wifi gratuit. Vente (souvenirs et accessoires de plage).

Face au port et la rivière le Porto qui traverse le village, la Calypso bénéficie d'un emplacement privilégié. La vue est imprenable sur le golfe de Porto et cet établissement en granit rouge abrite de jolies chambres spacieuses et climatisées à la décoration raffinée donnant toutes sur la mer. Les prix sont raisonnables et la plage toute proche. Belle terrasse panoramique pour les petits déjeuners. Accueil et service irréprochables.

■ CAPO D'ORTO***
D81
Route de Calvi
✆ 04 95 26 11 14
www.hotel-porto-corse.com
info@hotel-capo-dorto.com

Fermé du 24 octobre au 4 avril. Accueil jusqu'à 22h. 39 chambres. Chambre double 75 € ; chambre triple 100 €. Petit déjeuner buffet : 10 €. Lit supplémentaire :

25 € (en basse saison avec petit déjeuner). Parking ouvert inclus (garage moto sur réservation). Chèque Vacances. Wifi gratuit. Excursions (promenades en mer).

Un bon hôtel que l'on peut qualifier d'irréprochable, bâti sur trois niveaux et doté de chambres spacieuses et confortables, avec balcon ou loggia avec vue sur le golfe. Les nouvelles chambres «privilège» sont à la hauteur d'un 4 étoiles et l'ensemble de l'hôtel est régulièrement entretenu. Une grande terrasse pour de copieux petits déjeuners et la belle piscine chauffée, face au Capo d'Orto, font de cet endroit un lieu de séjour idéal pour profiter des alentours. La marine est à deux pas, avec ses restaurants, ses clubs de pongée et bien sûr Scandola et Girolata. Accueil professionnel de Tony Battini et service sans faille de toute l'équipe. Ascenseur, parking privé et même un garage moto pour la tranquillité.

OUEST CORSE

■ **COLOMBO****
D81
Route de Calvi ✆ 04 95 26 10 14
www.hotel-colombo-porto.com
resa@hotel-colombo-porto.com

Fermé du 24 octobre au 10 avril. Accueil jusqu'à 21h. 15 chambres. Chambre double de 63 € à 115 € ; chambre triple de 79 € à 140 €. Petit déjeuner buffet : 8 €. Parking inclus (garage moto sur demande). Chèque Vacances. Wifi gratuit.

Montée en puissance pour ce petit Colombo à l'entrée de Porto, côté route de Calvi. Cette jolie et fière bâtisse en garnit rose de Porto s'est offert un beau lifting avec une rénovation des chambres et salles de bains de très bon goût. On y apprécie particulièrement les chambres spacieuses avec terrasse et le jardin romantique à souhait pour prendre ses copieux petits déjeuners ou flâner en fin de journée. Tarifs attractifs pour des prestations fort honorables. On y trouve même des chambres familiales jusqu'à 5 personnes. En bonus : l'accès à la piscine chauffée à 100 mètres, sauf en été.

■ **LE VAÏTA****
Quartier Vaïta
Marine de Porto ✆ 04 95 26 10 37
www.le-vaita.com
hotel-vaita@wanadoo.fr

Fermé de novembre à mars. Accueil jusqu'à 22h. 26 chambres. Chambre double de 53 € à 79 €. Demi-pension : 52,50 € (à 64,50 €, sur base chambre double). Petit déjeuner buffet : 9 €. Garage inclus (moto et vélo). Ticket restaurant. Ascenseur. Chèque Vacances. Wifi gratuit. Restauration (menus 17 €, menu enfant 8,50 €, carte 25 €).

Dans la foultitude des 29 hôtels de Porto, le Vaïta, dirigé par Mado et Olivier Lafargue, tire bien son épingle du jeu. Une politique tarifaire bien adaptée, des prestations hôtelières très correctes, une grande disponibilité des hôtes des lieux pour satisfaire au mieux les besoins de chacun. Madame œuvre aux fourneaux, pour une cuisine traditionnelle qui satisfera le voyageur affamé et, pour le côté pratique, une terrasse à l'étage pour les petits déjeuners au calme. Mention particulière pour le tarif concurrentiel de la demi-pension. En bonus : un ascenseur pour desservir les trois niveaux de l'hôtel, le wi-fi gratuit et même le garage à motos.

Gîtes

■ **CASA DEL TORRENTE****
D84
Route d'Evisa ✆ 04 95 22 45 14
www.casadeltorrente.com
casadeltorrente@orange.fr
1 km à la sortie du village de Porto, en direction de Corte.

Fermé du 10 novembre au 30 mars. Accueil jusqu'à 23h. Pour 5 personnes (40 m², 2 chambres). De 290 € à 950 € la semaine selon saison. Location 2 nuits à partir de 46 € pour 2. Villa-terrasse pour 10 personnes à partir de 112 € la nuit. CB non acceptée. Chèque Vacances. Wifi gratuit. Service de ménage. Salon de jardin, barbecues privatifs, location de draps. Pas de tv. Pizzeria à 400m. Accès gratuit aux activités du camping familial situé à 400m : Piscine chauffée, Soirées à thème et Concerts de Chants Corses.

Idéalement situé à quelques encablures de la mer, un joli petit village juste à la sortie de Porto sur la route d'Evisa. On y découvre une douzaine de chalets confortables et bien équipés avec cuisine pour passer un séjour au calme. Pour les groupes ou les familles nombreuses, 2 grandes villas-terrasses de 10 personnes chacune, avec vue directe et reposante sur la rivière. Pour la baignade, on choisira la mer à 2.5 kms, la rivière juste en contrebas ou la piscine chauffée du camping familial située à 400 m avec des soirées musicales tous les lundis et jeudis en été. Ambiance familiale garantie. Parking privé et espace moto intérieur sécurisé.

Campings

FUNTANA AL ORA***
D84
Route d'Evisa
✆ 04 95 26 11 65
www.funtanaalora.com
funtanaalora@orange.fr

Fermé du 10 novembre au 29 mars. Réservation recommandée. Accueil jusqu'à 23h. Gardé 24h/24. Exposition : ombragé. Sol : herbeux. Relief : en terrasse. Emplacement + véhicule + 2 personnes de 2,50 € à 7 €. Emplacement + véhicule + 2 personnes de 6,50 € à 9,40 €. Emplacement + véhicule + 2 personnes de 2 € à 4 €. 7 chalets pour 5 personnes de 290 € à 930 € la semaine. Location chalet en bois à partir de 46 € hors saison. CB non acceptée. Chèque Vacances. Jeux pour enfants. Salle de bains pour bébés. Animaux acceptés (2 €). Aire pour camping-cars. Wifi gratuit. Restauration (pizzeria). Animations.

LES OLIVIERS***
D81
Pont de Porto
✆ 04 95 26 14 49
www.camping-oliviers-porto.com
lesoliviersporto@wanadoo.fr

Fermé du 2 novembre au 25 mars. Membre du Gie Corsica Campings. Réservation recommandée. Gardé 24h/24. Terrain de 5 ha. 216 emplacements. Exposition : ombragé. Sol : herbeux. Relief : en terrasse. Emplacement + véhicule + 2 personnes de 3 € à 4 €. Emplacement + véhicule + 2 personnes de 7,60 € à 10,80 €. Emplacement + véhicule + 2 personnes de 3,70 € à 10 €. 40 chalets pour 2 à 8 personnes de 320 € à 1 589 € la semaine. 6 roulottes de 2 à 5 personnes de 365 à 1 270 € la semaine. Chèque Vacances. Club enfants. Jeux pour enfants. Salle de bains pour bébés. Wifi gratuit. Restauration (pizzeria-grill de mai à septembre, carte 25 €. Menu enfant 10 €). Hammam, bain bouillonnant, sauna. Animations.

Une grande structure qui se suffit à elle-même. Magnifique camping spacieux aux emplacements en terrasse, bien ombragés dont de confortables chalets en bois climatisés. Au centre, un restaurant à prix doux, une salle d'exposition, une belle salle de sport (accès gratuit), dotée de sauna et hammam. En prime : des soins possibles prodigués par des professionnels du bien-être. Un accès direct à la rivière et sa grotte aux Serpents (sans serpents) pour une pause baignade. A votre disposition, une grande piscine à débordement, avec balnéo. L'un des plus beaux établissements d'hébergement de plein air de l'île, qui se complète désormais d'un espace VIP avec de magnifiques roulottes.

SOLE E VISTA***
Fiumicello
✆ 04 95 26 15 71
www.camping-sole-e-vista.com
portocampings@gmail.com
Route d' Ota ou parking supermarché spar

Fermé de novembre au 15 avril. Réservation recommandée. Accueil jusqu'à 21h. Gardé 24h/24. Terrain de 5 ha. 140 emplacements. Exposition : ombragé / mi-ombragé / ensoleillé. Sol : gravillons / pierreux. Relief : en terrasse. Emplacement + véhicule + 2 personnes de 6 € à 10 €. Emplacement + véhicule + 2 personnes de 1,50 € à 9 €. Emplacement + véhicule + 2 personnes de 4 € à 9 €. 34 bungalows pour 1 à 5 personnes de 280 € à 1 350 € la semaine. American Express, Chèque Vacances. Jeux pour enfants. Aire pour camping-cars. Wifi gratuit. Restauration (pizzeria menu 15 € le midi, 29 €, menu enfant 9,90 €). Bain bouillonnant. Animations.

Belle montée en puissance pour ce camping sur les hauteurs de Porto entre le pont et la route d'Ota. On y découvre un bel espace tout neuf avec sa grande piscine, son bar-restaurant et même un solarium avec vue sur mer. Côté hébergement, les emplacements sont en espalier, accrochés à la colline, et certains bungalows disposent même d'un bain bouillonnant. On est à 900 mètres de la marine, dans un quartier calme et bien arboré de végétation méditerranéenne.

Dans les environs

Serriera ★★

Situé sur une colline plantée d'oliviers, le village de Serriera est entouré de forêts et domine le golfe de Porto. Il appartient au Parc naturel régional, et est un bon point de départ pour des excursions dans la région. On peut ainsi découvrir la forêt de la Savineta, la source de Racciola et la piscine naturelle de Traghino. En contrebas, la plage de galets de Bussaglia offre un joli coin de baignade. Côté pratique, on s'arrêtera à l'O à la Bouche, le petit camion jaune de Sandrine à mi-chemin de Serriera et Partinello pour un casse-croûte bienvenu.

Les *calanche* de Serriera, moins réputées que celles de Piana, méritent cependant la citation. A découvrir au nord de Porto en direction de Calvi. Un peu plus loin au lieu-dit Ciaravale, entre le col de la Croix et le col de Pamarella, l'ancienne maison forestière de Pierre Lusi pour acheter bruccio, fromage de chèvre et charcuterie de qualité.

STELLA MARINA
D724
Plage de Bussaglia
✆ 04 95 26 11 18
www.hotel-stella-marina.com
hotelstellamarina@wanadoo.fr

Fermé du 15 octobre à mars. Ouvert tous les jours et les jours fériés le midi et le soir. Réservation recommandée. Menus de 27 € à 29 €. Carte : 45 € environ. Menu enfant : 10 €. Vin au verre. American Express, Chèque Vacances. Accueil des groupes. Chaises bébé. Jardin. Terrasse. Animations. wi-fi zone.

Une table gourmande et bucolique tenue par la famille Ceccaldi nous propose ses spécialités de cuisine locale sur des variations terrestres et maritimes. Quelques suggestions originales telles que la salade gourmande du Sud-Ouest, le magret de canard au porto, les *carmarones* grillées et coulis de poivre doux, et le coulant de chocolat mi-cuit. Grande salle pour les frileux et une belle terrasse couverte noyée dans la végétation. Accueil toujours aimable et belle ambiance familiale.

DOMAINE CODALEONE****
D 81
U ponte
✆ 04 95 26 26 10 / 06 11 17 34 80
www.codaleone.com
codaleone@orange.fr

A 6 km de Porto, 18 km de Piana et 1,5 km de la plage.

Fermé de novembre à mars. Accueil jusqu'à 21h. 16 villas de 2 à 6 couchages : de 1 100 € la semaine pour 2 personnes à 3 000 € pour 6. Chèque Vacances. Garde d'enfants. Poste Internet. Connexion Internet gratuite. Wifi gratuit. Service de ménage. Salon de jardin, lave-linge, lave-vaisselle. Tv satellite, Canal +. Bain bouillonnant.

A quelques pas de la plage de Bussaglia, le long du ruisseau de Vetticella, on appréciera ce joli petit village composé de 16 villas typiques et confortables noyées dans une belle végétation méditerranéenne. On y appréciera le calme olympien et la proximité des plus beaux sites de Scandola, Girolata, Piana et Porto. Belle piscine chauffée si vous n'appréciez pas l'eau salée. Accueil authentique et générosité naturelle de la famille Leca.

■ **L'AIGLON**
D724 Bussaglia
Route de la Plage © 04 95 26 10 65
www.claiglon.fr
hotelaiglon@gmail.com
A 5 km de Porto, 85 km d'Ajaccio et 70 km de Calvi.

Fermé du 15 octobre à mars. Accueil jusqu'à 19h30. 15 chambres. Chambre double de 54 € à 75 €. Demi-pension : 58 € (par personne en basse saison sur réservation). Petit déjeuner buffet : 10 €. Lit supplémentaire : 15 €. Parking fermé inclus (auto et moto). Animaux acceptés. Réceptions et mariages. Wifi gratuit. Restauration (carte 32 €, menu enfant 10,50 €, plat du jour 13 €). Pas de tv. Excursions (organisation de randonnées pédestres avec accompagnateur BE).

C'est avec grand plaisir que le *Petit Futé* replace L'Aiglon dans sa sélection d'étapes de charme sur cette belle côte Ouest, à 5 km de Porto. Dirigée par Cathy et Loïc, qui cumule les qualités de cuisinier et d'accompagnateur en moyenne montagne, cette jolie maison typique de Serriera ne manque pas d'atouts : une situation au calme et à l'intimité garantie, un accueil digne de ce nom, et des prestations hôtelières délicieusement rustiques. On s'attablera sans crainte pour des déjeuners et dîners copieux et d'un rapport qualité-prix très correct. On y arrive pour une nuit et l'on regrette d'en partir.

■ **STELLA MARINA*****
D724
Plage de Bussaglia © 04 95 26 11 18
www.hotel-stella-marina.com
hotelstellamarina@wanadoo.fr

Fermé du 20 octobre à mars. Accueil jusqu'à 22h30. 20 chambres (et 12 studios). Chambre simple à partir de 65 € ; chambre double jusqu'à 100 €. Demi-pension : 73 € (pour 1 personne en basse saison). Petit déjeuner buffet : 10 € (13 € en haute saison). Lit supplémentaire : 30 € (et 40 €). Parking fermé inclus (autos et motos). Studio de 508 € à 625 € la semaine. American Express, Chèque Vacances. Garde d'enfants. Animaux acceptés (3 € sur demande). Réceptions et mariages. Wifi gratuit. Restauration (menu 27 € et 29 €, enfant 10 €, carte 39 €).

Les sites de plongée

Monte Rosso. Difficulté : tous niveaux. Profondeur : de 3 à 35 mètres. Situation : au pied de l'îlot éponyme. Atouts : deux cavités tapissées de corail rouge à environ – 28 m, en continuant vers le sable une petite forêt de gorgone rouge à – 40 m et retour vers le mouillage en finissant d'en faire le tour. **Capo Rosso**. Difficulté : niveau 1. Profondeur : de 5 à 43 mètres. Situation : au sud du golfe de Porto. Atouts : le départ se fait à une centaine de mètres de la fameuse arche de pierre du Capo Rosso. A cet endroit, une dizaine de pitons rocheux à la forme pointue remonte entre 2 et 3 m de la surface ; ils sont posés sur un fond sableux d'où jaillissent quelques bouquets de posidonies

Ficajola. Difficulté : tous niveaux. Profondeur : de 2 à 40 mètres. Situation : dans le sud du golfe de Porto, juste après la marine de Ficajola. Atouts : il y a au fond un drôle de mont, posé sur 20 m, qui attend le plongeur. En le contournant par l'ouest, on a la surprise de découvrir une véritable soucoupe. Au-dessus, les roches ont la forme d'une tête d'indien et, au pied du nez, une très belle nacre est plantée sur sa terrasse de sable à 18 m.

■ **CENTRE DE PLONGÉE DU GOLFE DE PORTO**
Port de plaisance – Rive gauche
PORTO © 04 95 26 10 29 / 06 84 24 49 20
www.plongeeporto.com
plongeeporto@wanadoo.fr

Fermé de novembre à mars. Ouvert tous les jours et les jours fériés. Baptême 55 € et 50 € enfant, Exploration à partir de 30 €. Pack découverte : 3 plongées de formation validées 180 €. Chèque Vacances.

Un centre de plongée pro et une bonne ambiance intime, pas du tout industrielle. Belle plongée vers le Capo Rosso. L'accès est rive gauche du Porto, de l'autre côté de la passerelle et, tout de suite, on se sent plus au calme, à l'écart de la frénésie des boutiques pour touristes. Plongée de nuit, sortie demi-journée (Scandola, Capo Rosso). Randonnée palmée à partir de 18 € (sortie en bateau, équipement fourni : shorty, PMT).

Autre adresse : Boutique Lannoy – Pont de Porto

Pour la garantie d'une vraie tranquillité, l'hôtel de la famille Ceccaldi est l'adresse toute trouvée. A deux pas de la plage, et 5 km de Porto, l'hôtel offre des chambres confortables, bien équipées, et régulièrement rénovées. On y découvre une jolie piscine noyée dans la végétation et une table, qui satisfera pensionnaires et gourmets de passage, par une carte alléchante où l'on retrouve les traces du Sud-Ouest et du terroir corse terre et mer. On y mange au calme sur la terrasse ombragée avec un accueil et un service agréable et l'on pourra de plus apprécier, certains soirs les talents d'accordéoniste de François, le maître des lieux, mélomane averti. Nullement réservée aux seuls résidents, la table mérite qu'on la découvre en faisant l'effort de venir de Porto.

L'ALIVI

Le village
✆ 04 95 10 49 33 / 06 17 55 90 51
www.alivi.fr
gite.etape.alivi@orange.fr
A 6 km de Porto et 3 km de la plage.

Gîtes de France (2 épis). Fermé de novembre au 1er mars. Accueil jusqu'à 22h. 18 € la nuitée en dortoir par personne et 50 € la chambre double, demi-pension 42 € en dortoir et 50 € en chambre double par personne. Chèque Vacances. Animaux acceptés. Wifi gratuit. Restauration (menu le soir 20 € sur réservation). Location de draps. Animations.

Régine Luccioni, native du village, s'affaire avec énergie, dans cet ancien moulin à huile toujours en état, pour offrir au randonneur un lieu d'étape de charme d'un très bon confort. L'ensemble est harmonieux et la personnalité de la maîtresse des lieux y est pour beaucoup. Nullement réservée aux marcheurs, l'adresse accueille également le voyageur et le gourmet en goguette qui apprécieront la bonne table basée exclusivement sur les produits locaux. En prime, le petit jardin avec transats pour les siestes méritées et la terrasse juste en face. Certains soirs, vous pourrez profiter d'une ambiance chants corses, grâce au chanteur/comédien Mathieu Maestrini (*Le Chœur d'hommes de Sartène*, *Cyrano de Bergerac*, *Les Misérables*, *L'Aiglon* d'Edmond Rostand...) Nouveautés : l'aire de bivouac aménagée (WC, douches) et ses arbres fruitiers (9 € par personne) juste en contrebas.

Osani ★

Dominant le golfe de Porto, le petit village d'Osani se compose de quelques hameaux dispersés sur les pentes du Castellacciu, et s'étend jusqu'à la mer. Curzo, l'un des hameaux principaux, possède une belle église, de vieilles maisons aux façades de granit et même un gîte d'étape (tél : 04 95 27 31 70). Le littoral est gardé par des tours génoises, sur les îles de Gargalo et à Elbo.

PORT DE GIROLATA

Girolata
✆ 04 95 50 02 52
port-girolata.com
capitainerie-girolata@hotmail.fr

Haute saison : ouvert tous les jours et les jours fériés de 8h30 à 20h30. Ouvert d'avril à octobre.

Le port propose 70 mouillages sécurisés sur bouées dans un abri naturel. Pour votre confort, l'amarrage se fait sur l'avant et l'arrière des navires de façon à rester face à la houle. La quasi-totalité des postes sont réservés aux visiteurs. Même en haute saison, en réservant quelques jours à l'avance, vous êtes assuré de trouver une place pour votre escale à Girolata. La nuit, deux pontons sont libérés pour l'accueil des plaisanciers.

GIROLATA ★★★★

Voir page 11.

RÉSERVE NATURELLE DE SCANDOLA ★★★★

Girolata

Voir page 11.

Ota ★★★

Ota est la commune, Porto est son hameau maritime. Ce village fait partie du site classé par l'Unesco. Un amour de petit village, à l'entrée des gorges de la Spelunca, en remontant vers Evisa. La rivière y est fraîche et galopante, la vue sur le golfe de Porto épatante, à un peu plus de 300 m d'altitude. On adore ici les spécialités fromagères, le *brocciu* de Piana, classé en AOC et le fromage de chèvre d'Ota. Voilà l'âme de Porto, son cœur montagnard. En

Le chemin du facteur de Girolata au col de la Croix

Départ de Porto en bateau pour Girolata. Durée : 3h30 aller-retour. Dénivelé : 450 m. On s'élève au-dessus de Girolata par un chemin balisé en orange, à mi-parcours le chemin descend jusqu'à l'anse de Tuara, puis il reprend jusqu'au col de la Croix. Guy, le médiatique facteur désormais retraité faisait plusieurs fois par semaine le chemin aller-retour entre le col de la Croix et le dernier hameau habité de Corse sans route, ni voiture : Girolata. Il est vrai que le chemin, entre mer et maquis, entre roches rouges et ciel bleu a de quoi susciter de nombreuses vocations à La Poste et inclut même une petite pause baignade sur la plage de Tuara à mi-parcours. Attention : pas d'eau sur le parcours, la buvette de Pierre au col de la Croix (départ ou retour c'est selon) et plusieurs bars-restaurants à Girolata. On peut même y passer la nuit à la Cabane du berger et au Cormoran.

© XAVIER BONNIN

Les roches volcaniques de Scandola.

empruntant les escaliers escarpés, vous découvrirez le village d'en haut, Cabu Subranu et celui d'en bas, Cabu Sutanu. Hormis la beauté des gorges, on appréciera donc, en chemin, deux ponts génois. L'un se trouve près de la jonction Aïtone Tavulella : c'est le pont de Zaglia, presque en ruines. Le second est plus bas, sur Porto, c'est le pont de Pianella.

Le couvert

■ LE CAFÉ DE LA PLACE

D124
Funtanella
✆ 04 95 71 26 72
cafedelaplaceota@gmail.com

Fermé du 15 octobre à avril. Ouvert tous les jours et les jours fériés le midi et le soir. Réservation recommandée. Menu unique à 23 €. Carte : 30 € environ. Menu enfant : 10 €. Formule : 13 € (à 17 €). Terrasse.

Marla, la douce Birmane, et son mari Dominique ont lancé leur petit restaurant juste à côté de la fontaine et proposent à la carte ou au menu quelques spécialités corses, bien sûr. Madame aux fourneaux élabore quelques recettes identitaires en puisant également dans le jardin familial. Service presque exclusif en terrasse pour profiter de l'ambiance du village. Service à toute heure si besoin.

■ CHEZ MARIE LE BAR DES CHASSEURS

D124
Quartier Casanova
✆ 04 95 26 11 37
www.gite-chez-marie.com
gite.chezmarie@wanadoo.fr
À 5 km de Porto.

Ouvert toute l'année. Haute saison : tous les jours et les jours fériés le midi et le soir. Nuitée en gite 19 €, demi-pension 40 €. Réservation recommandée. Menu unique à 23 €. Carte : 30 € environ. Menu enfant : 10 €. Plat du jour : 12 €. Vin au verre. Chèque Vacances, Chèque Restaurant. Accueil des groupes. Terrasse. Vente à emporter. Boutique. Animations. Salle climatisée, wi-fi gratuit. Parking.

Une histoire de famille, avec Victorine, la fille de Marie la cuisinière, qui a repris les commandes de cette étape montagnarde. Grande terrasse ombragée et surtout la cuisine riche en saveurs corses, basée sur les recettes de la maman. A déguster les yeux fermés : la soupe paysanne de légumes du jardin, les cannelloni au brocciu gratinés au four, le mijoté de sanglier au myrte, le veau en sauce d'Ota, le flan à la farine de châtaigne du frère Jean-Dominique. Côté hébergement, le gîte d'étape est récent, propre et bien aménagé, avec son espace cuisine. Une étape à ne pas manquer, située sur le fameux Tra Mare e Monti, ou les soirées s'animent grâce au talent de chanteurset guitaristes du fils Antoine sous le regard de Biribi, le grand père.

■ U FRAGNU

Quartier Casanova
✆ 04 95 26 15 60
umulinu@orange.fr

Haute saison : ouvert tous les jours et les jours fériés le midi et le soir. Ouvert du vendredi soir au dimanche midi en hiver. Réservation recommandée. Menu unique à 22 €. Carte : 32 € environ. Formule : 17 €. Vin au verre.

Retour de ce joli moulin dans les adresses futées grâce à l'arrivée de Josette et René, redescendus d'Evisa du restaurant l'Acciola, anciennement cité dans le guide. On découvre une salle magnifique où trône un vieux moulin d'époque et deux belles terrasses au-dessus du village. Côté cuisine, Madame propose à la carte ou au menu à prix doux les spécialités locales : cannelloni, beignets, veau corse et Monsieur s'occupe des pizzas à pâte fine déjà réputées dans le canton. A essayer au plus vite !

Le gîte

CHEZ FÉLIX
D124
Capo Sottano
✆ 04 95 70 68 49 / 06 14 15 46 27 / 06 80 87 71 28
www.gite-chez-felix.com
ceccaldilr@wanadoo.fr

Fermé de novembre à mars. Accueil jusqu'à 19h30. 50 places en gîte d'étape à 18 € la nuit, 5 chambres de 45 € à 60 €, pour 2 personnes. CB non acceptée. Menu 23 €. Demi-pension en dortoir 40 €. Location de draps. Pas de tv. Excursions (taxi et minibus).

Cette belle adresse montagnarde, créée par la famille Ceccaldi il y a 30 ans, est désormais dirigée par Joëlle, la belle-fille. Tout est parfait, les gîtes propres et calmes, l'air pur, la belle vue sur le Capu d'Ota et cette ambiance si particulière que l'on ne retrouve que dans les villages de l'intérieur. Quelques chambres d'hôtes pour plus d'intimité, si besoin. Le restaurant a été piloté par Jean-Do le taxi et l'on y retrouve les formules de la Mama avec ses grandes tablées de randonneurs, touristes et locaux, pour manger de bons petits plats typiques faits maison. Le panorama sur la vallée est magnifique, et le chef fait honneur à la réputation de la maison. Petits prix, bonne ambiance familiale pour y passer un bon moment.

Gîtes

CHEZ MARIE LE BAR DES CHASSEURS
D124
Quartier Casanova ✆ 04 95 26 11 37
www.gite-chez-marie.com
gite.chezmarie@wanadoo.fr
À 5 km de Porto.

Ouvert toute l'année. Accueil jusqu'à 21h. Nuitée 19 €, demi-pension 40 €. 3 dortoirs de 12, 8 et 6 places. Chèque Vacances. Reservation recommandée. Wifi gratuit. Restauration (menu 23 €, carte 30 €, menu enfant 10 €). Vente (huile d'olive, charcuterie et farine de châtaignes). Location de draps.

Huitième étape incontournable sur le circuit du Mare e Monti sud, de Calenzana à Cargese, le gîte de la famille Franchi est une bonne adresse avec ses dortoirs confortables et bien tenus. La demi-pension est recommandable grâce à la bonne cuisine de Victorine qui régalent touristes de passage et randonneurs affamés. Belle terrasse panoramique, salle chaleureuse avec sa cheminée pour griller le *figatellu* en hiver et les soirées chants et guitares en prime.

Partinello ★

Le village de Partinello, pittoresque petite localité, vous séduira par sa quiétude et sa beauté. Caspiu, sa petite plage de galets, est d'une tranquillité exceptionnelle. De là et en direction de la plage de Bussaglia, vous pourrez découvrir par voie maritime la célèbre Porte d'Aix, petite arche rocheuse d'un rouge flamboyant. La côte est inhospitalière, soumise aux vents d'ouest et de sud-ouest dominants, et n'offrant aucun abri à la navigation. Le littoral comporte deux sites naturels acquis par le Conservatoire du littoral : Caspiu au nord, et Punta Bianca – Bussaglia au sud. A visiter : l'église paroissiale de Partinello, dédiée à saint Antoine de Padoue, a été construite de 1851 à 1856. Elle est dotée d'un clocher-porche de 3 étages surmonté d'un lanternon. Ses murs sont fait de pierres de taille locales rouges. L'édifice est formé d'une nef à vaisseau unique de quatre travées. La remarquable fontaine publique en galets, à l'entrée du village depuis Curza, est semblable à plusieurs autres construites le long de la D81. Personnalité : Guy Ceccaldi, le notoire « facteur de Girolata ». Retraité aujourd'hui, il était affecté au bureau de la poste de Partinello. Il faisait sa tournée jusqu'au hameau de Girolata, s'y rendant par un long sentier pentu.

ARIA MARINA
D81 – Route de Porto
✆ 04 95 27 30 33 / 06 03 13 47 62
www.hotel-corse-ariamarina.com
aria-marina@orange.fr
A 13 km de Porto et 30 km de Galeria.

Fermé d'octobre à avril. Ouvert tous les jours et les jours fériés le midi et le soir. Réservation recommandée. Menu unique à 21 €. Carte : 35 € environ. Menu enfant : 8,50 €. Plat du jour : 14 €. Vin au verre. Chaises bébé. Terrasse. Vente à emporter. Animations. Wifi, parking privé.

Escapade sur la départementale 81

On prend la route de Porto vers le nord pour virevolter, tournicoter jusqu'au col de Palmarella, où les superlatifs commencent à faire défaut pour commenter le panorama. Ce n'est pourtant qu'à 400 m d'altitude, mais on domine les roches rouges du golfe de Girolata, avec la montagne en arrière-plan ; tout le monde prend des photos. Les courageux, que la remontée n'effraie pas, partent sac à dos pour une belle excursion, plusieurs chemins partent du col, dont l'un rejoint Galeria et un autre descend jusqu'à Girolata. Après avoir parcouru ce site, l'un des plus majestueux de la Corse, pendant quelques kilomètres, on s'enfonce un peu vers l'intérieur (route étroite et dangereuse, attention aux croisements et surveiller le rétroviseur), avant de revenir émerger au col de la Croix (Bocca a Croce). La vue sur le golfe est encore plus belle, avec un peu plus de recul et d'angle, ce qui met encore mieux en valeur le découpage rocheux. C'est d'ailleurs à partir de ce col que l'on descend le plus facilement jusqu'au golfe de Girolata. Ce chemin s'inscrit dans le trajet Mare e Monti qui rejoint ensuite Evisa et Cargèse. On accède à Girolata par la plage de Tuara. On découvre également, à partir du col de la Croix, le fameux golfe de Porto, que le monde entier envie aux Corses. Un peu plus loin, on trouve Osani et la route qui mène à la jolie plage de Gradelle. En revenant vers Porto, une autre plage, un peu plus loin, au village de Partinello, dans une anse bien isolée, la jolie plage du Caspiu. Aux environs de Porto, l'endroit reste assez beau et sauvage, même si cela s'améliore au niveau logistique et quant aux structures d'accueil – buvettes, aires de pique-nique aménagées sur les lieux panoramiques. La route s'élargit nettement en arrivant à Porto. A faire : le petit crochet par Serriera, à gauche, par la D524, à 5 km de Porto, pour le village, son bar et son adorable gîte d'étape ; et, à droite, jusqu'à la plage de Bussaglia.

Situation de choix pour cette jolie terrasse en balcon à l'entrée du village. Le restaurant a été repris récemment par Cathy avec toute son énergie et sa bonne volonté, on y choisira sans crainte les spécialités corses et méditerranéennes à la carte ou au menu. Parking juste en face pour surveiller sa monture et même quelques chambres douillettes si nécessaire pour prolonger le séjour.

■ ARIA MARINA

D81
Route de Porto
© 04 95 27 30 33 / 06 03 13 47 62
www.hotel-corse-ariamarina.com
aria-marina@orange.fr
A 13 km de Porto et 30 km de Galeria.

Fermé d'octobre à avril. Accueil jusqu'à 21h. 7 chambres. Chambre double à partir de 49 € ; chambre triple jusqu'à 84 €. Demi-pension : 110 € (pour 2 en basse saison). Petit déjeuner : 7,50 €. Parking ouvert inclus. Wifi gratuit. Restauration (menu 21 €, menu enfant 8,50 €, carte 30 €). Pas de tv.

Un récent changement de gérance a donné un nouvel élan à cette affaire de famille, grâce à la touche féminine bienvenue de Cathy. Bien placé entre Galeria et Porto, on y trouvera des chambres confortables avec vue sur mer ou montagne et l'on profitera de sa bonne table de spécialités corses et méditerranéennes. Une salle lumineuse, une terrasse qui regarde le golfe de Porto et des tarifs concurrentiels au regard des prestations fort honorables. Très bon accueil en prime, pour ne rien gâcher !

REPÉREZ LES MEILLEURES VISITES

★ INTÉRESSANT ★★ REMARQUABLE ★★★ IMMANQUABLE ★★★★ INOUBLIABLE

Santa Giulia.

ORGANISER
SON SÉJOUR

SE RENDRE EN CORSE

EN AVION

Aéroports

■ **AÉROPORT INTERNATIONAL AJACCIO-NAPOLÉON-BONAPARTE**
Route de Campo dell'Oro
AJACCIO
© 04 95 23 56 56
Voir page 361.

■ **AÉROPORT CALVI-SAINTE-CATHERINE**
D81
route de Bonifato
CALVI
© 04 95 65 88 88
Voir page 82.

■ **AÉROPORT INTERNATIONAL FIGARI-SUD-CORSE**
Figari
FIGARI
© 04 95 71 10 10
www.2a.cci.fr
jessica.luigi@sudcorse.cci.fr
Cet aéroport est situé à 3 km au nord-ouest de Figari, à 24 km de Bonifacio et 25 km de Porto-Vecchio. Un service de navette existe en période estivale entre Porto-Vecchio et Bonifacio qui effectue cinq rotations par jour. Vous avez également la solution du taxi pour rejoindre votre destination. Parking de 150 places, gratuit 20 minutes et loueurs de voitures sur place. Compagnies aériennes : Air Corsica, Air France, XI Airways, Volotea, EasyJet.

■ **AÉROPORT BASTIA-PORETTA**
LUCCIANA
© 04 95 54 54 54
Voir page 134.

Compagnies

■ **EASYJET AIRLINE**
© 0 899 65 00 11
www.easyjet.com
easyjet_fr@maileu.custhelp.com
Haute saison : ouvert tous les jours. Vols de Paris et Lyon vers Ajaccio, Bastia, Calvi et Figari.

■ **ETL VOYAGES – GALAXY**
© 05 55 32 57 50
www.galaxy-voyages.com
Pays desservis : France. Lignes : Limoges-Figari.

■ **GERMANIA**
© 01805 / 737100
Ligne : Berlin-Bastia.

■ **GERMANWINGS**
© 0892 390158
Lignes : Berlin-Bastia. Dortmund-Bastia. Cologne/Bonn-Bastia. Stuttgart-Bastia.

■ **HOLIDAY OPTIONS**
© 0844 477 0451
www.holidayoptions.co.uk
Lignes : Birmingham-Bastia. Edimbourg-Bastia. Londres-Calvi. Londres-Figari. Manchester-Figari. Manchester-Calvi. Bristol-Bastia. Au départ d'Espagne.

■ **INTERSKY**
© +43 5574 48 800
www.intersky.biz
corporate@intersky.biz
Lignes : Berlin-Calvi.

■ **LUFTHANSA**
© 0 826 103 334
www.lufthansa.com
Lignes : Berlin-Bastia. Cologne-Bastia. Bastia-Francfort. Bastia-Hambourg. Bastia-Munich. Bastia-Stuttgart.

■ **LUXAIR**
© 0800 2456 4242
www.luxair.lu
callcenter@luxair.lu
Liaisons Luxembourg-Ajaccio et Bastia du 11 avril au 3 octobre. Liaison Luxembourg-Calvi et Figari du 11 avril au 26 septembre. Pour chaque destination 1 vol/semaine le samedi.

■ **RYANAIR**
© 0892 562 150
www.ryanair.com
Plusieurs vols par semaine depuis Paris Beauvais vers Figari.

■ **AIR GLACIERS**
© +41 27 329 14 15
www.air-glaciers.ch
groundops@air-glaciers.ch
Sion-Calvi. Sion-Figari. Au départ de la Suisse.

■ **AIR CORSICA**
Aéroport Napoléon Bonaparte
BP 505
AJACCIO
© 0825 35 35 35 / 015
www.aircorsica.com
commercial@aircorsica.com
Ouvert tous les jours et les jours fériés de 8h à 20h.

Créée le 6 janvier 1989 par l'Assemblée de Corse, la compagnie est le premier opérateur aérien de Corse, assure plus de 800 vols par semaine en période de pointe. La compagnie relie quotidiennement les quatre aéroports de Corse, soit Ajaccio, Bastia, Calvi et Figari à Marseille, Nice, Paris-Orly et Lyon. Air Corsica dispose également d'un réseau de lignes saisonnières entre Clermont-Ferrand, Liège (Belgique), Marseille, Nantes, Nice, Rome (Italie), Toulouse et Toulon.

■ BRUSSELS AIRLINES
✆ 08 92 64 00 30
www.brusselsairlines.com
paul.baetens@brusselsairlines.com
Cette compagnie propose des vols saisonniers au départ de Bruxelles de fin mai à fin septembre vers Ajaccio et Figari.

■ CHALAIR AVIATION
✆ 08 92 70 04 99
www.chalair.fr
reservations@chalair.fr
Chalair Aviation est une compagnie aérienne indépendante qui propose depuis 2014 des liaisons saisonnières du 25 avril au 12 septembre, au départ de Limoges à bord de ses ATR 43 tous les samedis.

■ HOP !
✆ 08 92 70 22 22
www.hop.com
HOP ! est née de l'alliance de 3 compagnies aériennes régionales (Airlinair, Brit Air et Regional) au sein du groupe Air France. Elle offre ses solutions de mobilité pour les liaisons inter-régions, en France et en Europe. HOP !
Air France en chiffres c'est 600 vols quotidiens vers 50 escales desservies, 96 avions de 48 à 212 sièges, des tarifs à partir de 59 € TTC l'aller
simple, 130 lignes (à l'été 2015), 4 Navettes au départ de Paris Orly : Bordeaux, Marseille, Nice et Toulouse et 2 principaux hubs en France : Lyon
(27 lignes) et Paris-Orly (20 lignes).

■ JETAIRFLY
✆ 08 99 19 00 43
Cette compagnie low cost propose des liaisons saisonnières de mi-avril à début octobre depuis Bruxelles et Vatry (Paris-Champagne-Ardennes).

■ LUXAIR
✆ +352 2456 4242
www.luxair.lu
communication.presse@luxairgroup.lu
Liaisons Luxembourg-Ajaccio et Bastia du 11 avril au 3 octobre. Liaison Luxembourg-Calvi et Figari du 11 avril au 26 septembre. Pour chaque destination 1 vol/semaine le samedi.

■ THOMAS COOK AIRLINES
✆ 070 22 32 20
www.thomascookairlines.com
Cette compagnie propose des vols saisonniers de fin mai à fin septembre au départ de Bruxelles et Lille à bord d'Airbus 320.

■ TRANSAVIA
✆ 08 92 05 88 88
www.transavia.com
Cette compagnie aérienne française se positionne sur le réseau international moyen-courrier loisirs assurant des liaisons à bas prix au départ d'Amsterdam vers la Corse de fin avril à fin septembre.

■ VOLOTEA
✆ +34 93 11 717 77
www.volotea.com
info@volotea.com
Volotea entend pousser son avantage sur la Corse en proposant en saison de fin mars à fin octobre des vols au départ de Bordeaux, Brest, Caen, Lille, Montpellier, Nantes, Stasbourg et Toulouse vers l'île de beauté et les aéropots d'Ajaccio, Bastia et Figari.

■ XL AIRWAYS
Aéroport Napoléon-Bonaparte
AJACCIO ✆ 08 92 69 21 23
www.xl.com
info@xl.com
Cette compagnie propose des vols saisonniers de fin mai à fin septembre depuis Paris-Charles-de-Gaulle à destination d'Ajaccio, Bastia et Figari.

EN BATEAU

Grande incertitude pour la desserte maritime de la SNCM pour 2016 après la récente reprise par le groupe Rocca. Les quatre cargos mixtes de la compagnie conserveraient a priori leurs lignes respectives au départ de Marseille et Nice vers Bastia, Ajaccio, Porto-Vecchio et l'Ile-Rousse, mais sans nouvelle du nouveau repreneur, la compagnie n'est plus citée dans cette édition !

Pour les autres compagnies, la Corsica Ferries prévoit un renforcement de ses lignes de l'Ile-Rousse et Porto-Vecchio vers Nice, Toulon et Livorno avec ses ferries entre la Corse, le continent, l'Italie et la Sardaigne. Nouveautés à la Moby Lines ! la compagnie sarde, après une première tentative avortée en 2011, revient en ligne sur la ligne Nice-Bastia. À La Méridionale, continuité pour les lignes Marseille-Ajaccio et Bastia mais arrêt prévu de la liaison Propriano-Porto Torres en Sardaigne.
Petit dernier sur les rangs, la Corsica Linea se positionne depuis le début de l'année sur le transport du fret.

Principaux ports

■ PORT DE COMMERCE D'AJACCIO
Quai L'Herminier
AJACCIO ✆ 04 95 51 55 45
Voir page 362.

■ PORT DE COMMERCE DE BASTIA
Gare maritime
BASTIA
✆ 04 95 55 25 00
Voir page 141.

■ PORT DE COMMERCE DE BONIFACIO
Quai Sott a Potigliola
BONIFACIO
✆ 04 95 73 06 75
Voir page 250.

■ PORT DE COMMERCE DE CALVI
Quai Landry
CALVI ✆ 04 95 65 05 21
Liaisons de la Corsica Ferries en saison vers Nice.

■ PORT DE COMMERCE DE L'ILE-ROUSSE
L'ILE-ROUSSE
✆ 04 95 65 28 12
www.ccihc.fr
Rotation entre Corse, continent et Italie avec les compagnies de la Maritima Ferries (ex-SNCM) vers Marseille et Nice, la Corsica Ferries versToulon, Nice et Savone. La traversée la plus rapide depuis Nice.

■ PORT DE COMMERCE DE PORTO-VECCHIO
Quai Sotta-Portigliola
PORTO-VECCHIO
✆ 04 95 70 06 03
Voir page 274.

■ PORT DE COMMERCE DE PROPRIANO
Quai l'Herminier
PROPRIANO
✆ 04 95 76 21 51
www.2a.cci.fr
Une banque d'informations est accessible au public à l'intérieur de la gare maritime. Vous y trouverez des renseignements sur les horaires des bateaux, autocars, navettes maritimes... ainsi que des brochures touristiques. Compagnies : La Méridionale et la Maritima Ferries (ex SNCM). Lignes vers Marseille et la Sardaigne.

Compagnies

■ **CORSICA FERRIES**
Palais de la mer BP 275
5 bis, rue Chanoine-Leschi
BASTIA © 08 25 09 50 95
Voir page 83.

■ **LA MÉRIDIONALE**
Port de Commerce
BP 283 BASTIA
© 08 10 20 13 20
Voir page 140.

■ **MOBY LINES**
4, rue Commandant-Luce-de-Casabianca
(siège social)
BASTIA
© 04 95 34 84 94
Voir page 140.

A partir de Marseille

■ **LA MÉRIDIONALE**
4, quai d'Arenc (2e)
MARSEILLE © 08 10 20 13 20
www.lameridionale.fr
cmn-corse@cmn.fr
Ouvert du lundi au vendredi de 9h à 17h (d'octobre à mars, le samedi de 9h à 12h). Ouvert du lundi au vendredi de 8h à 17h (d'avril à septembre, le samedi de 9h à 12h).
La Méridionale est la compagnie maritime historique qui assure 20 liaisons hebdomadaires entre la Corse et le continent. Elle dessert Ajaccio, Bastia, Propriano depuis Marseille. À bord de l'un de ses trois navires mixtes à taille humaine (Girolata, Kalliste, Piana), on y voyage sous le signe de la convivialité. Avant de rejoindre votre cabine et de vous glisser sous une couette douillette, vous profiterez d'un dîner savoureux d'inspiration corse concocté par le chef et sa brigade, suivi d'un paisible moment de détente à l'un des bars.

Autres adresses : Ajaccio : Port de commerce, boulevard Sampiero • Bastia : Port de commerce • Propriano : Agence maritime Sorba, quai l'Herminier

A partir de Toulon

■ **CORSICA FERRIES**
Gare Maritime
2, avenue de l'Infanterie maritime
TOULON
© 04 94 41 11 89
www.corsicaferries.com
resa1@corsicaferries.com
Haute saison : ouvert tous les jours. Lignes vers Bastia, Ajaccio, Porto-Vecchio, Ile-Rousse, e tPorto-Torres. Chèque Vacances.

A partir de Nice

■ **CORSICA FERRIES**
Le Port
Quai Amiral-Infernet
NICE
© 04 95 55 03 93
© 04 92 00 42 76
www.corsicaferries.com
resa1@corsicaferries.com
♿
Haute saison : ouvert tous les jours et les jours fériés. Lignes vers Bastia, Ajaccio, Porto-Vecchio, Calvi, Ile Rousse et Golfo Aranci. Chèque Vacances.

Phare de Propriano.

Depuis la Corse

Ajaccio

■ **CORSICA FERRIES**
Quai l'Herminier
AJACCIO © 04 95 50 78 82
Voir page 362.

■ **LA MÉRIDIONALE**
Port de Commerce – Boulevard Sampiero
AJACCIO © 08 10 20 13 20
Voir page 362.

Bastia

■ **CORSICA FERRIES**
Palais de la mer BP 275
5 bis, rue Chanoine-Leschi
BASTIA © 08 25 09 50 95
Voir page 140.

■ **LA MÉRIDIONALE**
Port de Commerce
BP 283 BASTIA © 08 10 20 13 20
Voir page 140.

■ **MOBY LINES**
4, rue Commandant-Luce-de-Casabianca
(siège social)
BASTIA © 04 95 34 84 94
Voir page 140.

Calvi

■ **CORSICA FERRIES**
Gare maritime
CALVI © 04 95 65 43 21
Voir page 83.

L'île-Rousse

■ **CORSICA FERRIES**
Gare maritime
L'ILE-ROUSSE © 04 95 60 44 11
Voir page 105.

Propiano

■ **LA MÉRIDIONALE**
Agence Sorba
Quai l'Herminier
PROPRIANO
© 04 95 76 04 36
www.lameridionale.fr
cmn-corse@lameridionale.fr
♿
La Méridionale est la compagnie maritime historique qui assure vingt liaisons hebdomadaires entre la Corse et le continent. Elle dessert Ajaccio, Bastia, Propriano depuis Marseille. À bord d'un de ses trois navires mixtes à taille humaine (*Girolata*, *Kalliste*, *Piana*), on y voyage sous le signe de la convivialité.
Avant de rejoindre votre cabine et de vous glisser sous une couette douillette, vous profiterez d'un dîner savoureux d'inspiration corse concocté par le chef et sa brigade, suivi d'un paisible moment de détente à l'un des bars.

Depuis l'Italie

A partir de Livorno

■ **CORSICA FERRIES**
Gare Maritime
Nuova Stazione Marittima
Calata Carrara
LIVOURNE – LIVORNO (ITALIE)
© +39 05 8688 1380
www.corsicaferries.com
resa1@corsicaferries.com
Lignes vers Bastia, Ile-Rousse et Golfo Aranci

■ **MOBY LINES**
Gare Maritime
Stazione Marittima
LIVOURNE – LIVORNO (ITALIE)
© +49 611 14020
www.mobylines.fr
info@mobylines.fr
Ferries vers la Corse (Bastia) ou la Sardaigne (Santa Teresa di Gallura et Olbia).

CIRCULER EN CORSE

EN VOITURE

Location

■ **BSP AUTO**
✆ 01 43 46 20 74 – www.bsp-auto.com
Ouvert du lundi au vendredi de 9h à 21h30 ; le week-end de 9h à 20h. Location de voitures sur votre mobile.
Il s'agit là d'un prestataire qui vous assure les meilleurs tarifs de location de véhicules auprès des grands loueurs dans les gares, aéroports et centres-villes. Les tarifs comprennent toujours le kilométrage illimité ainsi que les assurances. Les bonus BSP : réservez dès maintenant et payez seulement 5 jours avant la prise de votre véhicule, pas de frais de dossier ni d'annulation, la moins chère des options zéro franchise.

■ **RENT A CAR**
52, cours Napoléon
AJACCIO
✆ 04 95 51 61 81
Voir page 363.

Co-voiturage

Même si les offres de trajet sont moins nombreuses que sur le continent, on peut trouver sur les sites de ww.blablacar.fr, www.leboncoin.fr, fr.sitocar.com ou www.infoenergie-corse.com par exemple des solutions de déplacements économiques.

En km / En temps	Ajaccio	Bastia	Bonifacio	Calvi	Corte	L'Île-Rousse	Porto	Porto-Vecchio	Propriano	Saint-Florent	Sartene	Solenzara
Ajaccio		150	130	165	80	145	80	140	70	155	80	150
Bastia	2h30		170	95	70	70	135	150	190	25	180	100
Bonifacio	2h30	3h		225	150	200	210	30	70	190	55	70
Calvi	2h45	2h	3h30		95	25	75	200	235	70	150	155
Corte	1h30	1h	2h30	1h30		65	100	195	225	45	210	150
L'Île-Rousse	2h15	1h30	3h15	30mn	1h		90	180	200	50	210	150
Porto	1h45	2h45	3h45	1h45	2h	2h		210	140	135	150	170
Porto-Vecchio	2h30	2h30	30mn	3h30	2h	3h	4h		75	155	65	50
Propriano	1h15	3h30	1h15	3h30	2h30	3h15	3h	1h30		190	15	85
Saint-Florent	2h45	45mn	3h15	1h30	1h30	1h	3h	2h45	3h45		190	125
Sartene	1h30	3h30	1h	3h45	2h45	3h45	3h	1h15	20mn	3h45		85
Solenzara	2h30	2h	1h30	2h45	1h30	2h15	3h30	1h	2h	2h15	2h	

LOCATION DE VOITURES EN CORSE
BSP-AUTO.COM
01 43 46 20 74
Ma location de voiture pour les vacances avec bsp-auto.com c'est :
- La garantie du meilleur tarif
- Une offre tout compris
Km illimités
Assurances incluses
Annulations et modifications sans frais
- La moins chère des options "0 franchise"
Je ne paie ma location que 5 jours avant le départ
Réservations gratuites
Tel: 01 43 46 20 74
Des conseillers spécialisés 7J/7
REMISE EXCEPTIONNELLE
AVEC LE CODE : PETITFUTE
www.bsp-auto.com

OPÉRATEURS TOURISTIQUES

■ CORSICA TRAVEL
✆ +32 2 2 395 87 85
www.corsicatravel.be
eric@corsicatravel.be
Le spécialiste belge des voyages en Corse : vols directs depuis Bruxelles, séjours sur mesure, hôtels, résidences, circuits organisés, circuit voiture, location de voiture, de moto, de 4x4, randonnées, croisières en voilier et en catamaran. 4 lignes directes : Bruxelles-Bastia (samedi), Bruxelles-Ajaccio (samedi), Bruxelles-Figari (samedi et mercredi).

■ CYCLING CORSICA
Villa u Sorbellu – Lotissement San Ghjuva
AFA ✆ 04 95 78 49 61 / 06 78 93 42 73
www.cycling-corsica.fr
cyclingcorsica20@gmail.com
Haute saison : ouvert tous les jours et les jours fériés de 9h à 19h. Réservation et paiement en ligne. Séjour tout compris à partir de 470 € la semaine.
Une agence spécialisée dans l'organisation de voyages à vélo en Corse, composée d'une équipe de professionnels basés à Ajaccio. La structure propose une grande palette de circuits sur les plus belles routes de l'île de Beauté : circuits « Cyclotourisme », circuits « Gastronomie et Patrimoine » et circuits « À la carte ». Séjours clés en main pour individuels et groupes de 8 à 40 personnes au maximum en formule avec assistance ou en autonomie avec location de vélo, transport aérien ou maritime si nécessaire.

■ OLLANDINI VOYAGES
1, rue Paul-Colonna-d'Istria
AJACCIO
✆ 0 892 23 40 30
www.la-corse.travel
info@la-corse.travel
Ouvert du lundi au vendredi de 9h à 12h30 et de 14h à 18h. Chèques Vacances. American Express.

© PHOTOGLOBALE

Tour génoise de Miomo.

Le port de Porto.

INSTITUTIONS

■ **AGENCE DU TOURISME DE LA CORSE**
3, boulevard du Roi-Jérôme
AJACCIO ✆ 04 95 51 00 00
www.visit-corsica.com
info-fr@visit-corsica.com
Cet établissement public créé en 1991 portant statut de la collectivité territoriale de Corse, a en charge : la coordination de l'ensemble des actions de développement du tourisme en Corse, la promotion touristique de l'île, l'accompagnement au développement au travers des politiques contractuelles Etat, Europe et Région. Elle contribue aussi, au travers l'Observatoire du Tourisme, à une meilleure connaissance des phénomènes touristiques. Présidée par un conseiller exécutif, l'agence est administrée par un conseil de 26 membres composé d'élus, de représentants institutionnels et de professionnels.

■ **COLLECTIVITÉ TERRITORIALE DE CORSE**
BP 215
22, cours Grandval
AJACCIO ✆ 04 95 51 64 64
www.corse.fr – contact@corse.fr
La collectivité territoriale de Corse (CTC) est une collectivité de niveau régional de France, correspondant au territoire de la Corse. Depuis la loi du 13 mai 1991, elle dispose d'un statut particulier au sein de la République française qui lui confère davantage de pouvoir que les régions continentales comme elle métropolitaines.

■ **DIRECTION DEPARTEMENTALE DE LA CONCURRENCE CONSOMMATION ET DE LA REPRESSION DES FRAUDES DE LA CORSE DU SUD**
18, rue Colonel-Colonna-d'Ornano
AJACCIO
✆ 04 95 50 39 40
ddcspp@corse-du-sud.gouv.fr
Ouvert du lundi au vendredi de 9h à 12h et de 14h à 16h30. CB non acceptée.

■ **PRÉFECTURE DE LA CORSE**
B.P. 401
Cours Napoléon
AJACCIO
✆ 04 95 11 12 13
www.corse.pref.gouv.fr
prefecture@corse-du-sud.gouv.fr

■ **CONSEIL DÉPARTEMENTAL DE LA CORSE-DU-SUD**
Palais Lantivy
Cours Napoléon
BP 414
AJACCIO
✆ 04 95 29 13 00
www.cg-corsedusud.fr
Ouvert du lundi au vendredi de 9h à 12h et de 14h à 17h.

Golfe de Porto.

CENTRALES DE RÉSERVATION

■ **GÎTES DE FRANCE CORSE**
77, cours Napoléon
BP10
AJACCIO
✆ 04 95 10 54 30
Voir page 374.

■ **OLLANDINI VOYAGES**
✆ 0 892 23 40 30
www.la-corse.travel
info@la-corse.travel
Ouvert toute l'année. Ouvert du lundi au vendredi de 9h à 12h30 et de 14h à 18h. Chèque Vacances.

■ **CLEVACANCES**
BASTIA ✆ 04 95 32 46 31
20@clevacances.com

■ **LES BEAUX VOYAGES**
✆ 04 95 65 11 35
www.beauxvoyagesencorse.com
agence.beaux.voyages@wanadoo.fr
Ouvert toute l'année.

■ **CORSE VOYAGES**
Boulevard Wilson
Immeuble les Remparts
CALVI
✆ 04 95 65 00 47
www.corsevoyages.com
acv.cly@wanadoo.fr
Avec ses quatre agences de voyages réparties sur toute la Corse (Calvi, L'Île-Rousse, Bastia et Ajaccio), Corse Voyages organise votre transport, billetteries aérienne, maritime et ferroviaire, sur la France et dans le monde entier. Séjours, circuits, location de voiture, listes de mariage, voyages à la carte…

■ **OFFICE MUNICIPAL DE TOURISME DE CALVI – OFFICE DE POLE BALAGNE**
Chemin de la Plage
Port de Plaisance
BP 97
CALVI
✆ 04 95 65 16 67
Voir page 82.

La marine de Porto-Ota.

■ **DESTINATION CORSE**
✆ 04 95 45 21 65
www.destination-corse.com
contact@destination-corse.com
Ouvert toute l'année. Tour Opérateur & Réceptif spécialiste du voyage Sur Mesure.

■ **OFFICE DE TOURISME INTERCOMMUNAL L'ÎLE-ROUSSE BALAGNE**
BP42 – Avenue Calizi
L'ILE-ROUSSE
✆ 04 95 60 04 35 / 04 95 60 80 14
www.ot-ile-rousse.fr
info@ot-ile-rousse.fr
Ouvert toute l'année.

■ **EUROMER ET CIEL VOYAGES**
5 et 7, quai de sauvages
MONTPELLIER ✆ 04 67 65 95 11
www.euromer.com – info@euromer.net
Ouvert du lundi au vendredi de 9h à 19h ; le samedi de 9h à 18h. Réservation possible sur le site internet ou par téléphone.
Quand le spécialiste des voyages en ferries, bien connu des camping-caristes, crée une agence d'aviation d'affaires, de fret aérien et de représentation des compagnies aériennes (GSA), cela donne Euromer & Ciel Voyages. Cette agence, ou plutôt ce groupe, dirigée de main de maître par Philippe Sala depuis près de 20 ans dispose d'une gamme complète de produits du voyage : vols charters & réguliers, billets de train, circuits, séjours, croisières, réservation d'hôtel, voyages à la carte... pour le Maroc, la Tunisie, la Grèce, la Crète, l'Algérie, l'Estonie, la Finlande, l'Irlande et la Norvège... Rien ne manque. Le futur voyageur est accueilli par d'un personnel souriant et toujours de bon conseil. A noter que le site internet est particulièrement clair et facile d'usage. Même les moins *geeks* d'entre vous devraient pouvoir y préparer leur voyage en toute quiétude.

■ **CORSERESA**
✆ 04 95 25 42 34
www.corseresa.fr
infos@corseresa.fr
Ouvert toute l'année.

■ **CORSICATOURS**
✆ 04 95 70 96 57 / 04 95 70 96 63
www.corsicatours.com
infos@corsicatours.com
Ouvert toute l'année.
Séjours en famille dans un village de vacances, entre amis dans un hôtel-club, en amoureux dans un établissement luxueux... Les différents produits choisis par Corsicatours permettent à tous les types de voyageurs de profiter pleinement de leur séjour et de découvrir la Corse. La brochure est directement téléchargeable sur le site Internet.

HÔTELS

■ **WWW.HOTELSCORSE.COM**
✆ 04 95 60 54 93 – www.hotelscorse.com
contact@hotelscorse.com
Ouvert toute l'année. Accessible 7j/7 et 24h/24 pour la réservation en ligne. Centrale téléphonique ouverte du lundi au vendredi. American Express.

■ **LE CERCLE DES GRANDES MAISONS CORSES**
✆ 04 95 65 83 62
www.lesgrandesmaisonscorses.com
contact@lesgrandesmaisonscorses.com

GÎTES ET CHAMBRES D'HÔTES

■ **GÎTES DE FRANCE CORSE**
77, cours Napoléon
BP10
AJACCIO
✆ 04 95 10 54 30
Voir page 374.

CAMPINGS

■ **CORSICA CAMPINGS**
20, rue Saint-Charles
AJACCIO
✆ 04 95 21 14 47
www.corsicacamping.com
giecorsicacamping@wanadoo.fr
Ouvert toute l'année. Accueil du lundi au vendredi de 9h à 12h et de 14h à 18h. Chèque Vacances.
Camping en liberté, avec votre tente, votre camping-car ou votre caravane. Sans réservation, vous choisissez au jour le jour, votre prochaine étape. Pour plus de confort (sauf en juillet-août) des séjours en bungalows : les étapes en bungalows de 2, 4 ou 6 personnes, 2 ou 3 nuits minimum par camping, avec réservation des étapes au préalable. Semaines promo : location à la semaine en bungalow de 2 ou 4 personnes avec transport ou location de voiture.

Retrouvez le sommaire en début de guide

S'INFORMER SUR LA CORSE

MÉDIAS

Presse écrite

■ **CORSE-MATIN**
2, rue Sergent-Casalonga
AJACCIO ✆ 04 95 51 74 00
www.corsematin.com
agenceajaccio@corsematin.com
Corse-Matin est un journal quotidien régional français, édité par la S.A Corse Presse, dont le siège est à Ajaccio. Cette société appartient au groupe La Provence de Bernard Tapis qui a acquis le 1er décembre 2014, les 50% du capital qui lui manquait auprès du groupe Nice-Matin. Corse-Matin est diffusé sur la Corse et dans la région PACA. Claude Perrier (directeur de publication et PDG du groupe La Provence) est nommé PDG de Corse-Presse le 30 novembre 2015 en remplacement de Roger Antech.

■ **LE JOURNAL DE LA CORSE**
1, rue Sébastiani
AJACCIO
✆ 04 95 21 50 02
www.jdcorse.com
redaction@journaldelacorse.net
Belle présentation et nouvelles pages pour le doyen de la presse européenne présent sur la place depuis 1817. Ce journal hebdomadaire traite en profondeur l'actualité de l'île et pose un regard critique sur des sujets insulaires. Parution le vendredi.

■ **SETTIMANA LA CORSE VOTRE HEBDO**
2, rue Sergent-Casalonga
AJACCIO
✆ 04 95 51 74 24
www.corsematin.com
agenceajaccio@corsematin.com
Hebdomadaire rescapé de la fusion qui a vu disparaître le quotidien *La Corse*, il fait désormais partie du groupe Nice-Matin La Provence. Paraissant tous les vendredis, il traite de l'actualité insulaire avec de nombreux reportages et des enquêtes sur le patrimoine culturel, la gastronomie, les phénomènes sociaux. La page loisirs permet aux insulaires de s'exprimer (avec un courrier des lecteurs permettant de commenter des articles parus) et de se renseigner sur les manifestations dans l'île.

■ **TERRA CORSA**
11, rue Colomba
AJACCIO ✆ 04 95 20 55 87
terracorsa.magazine@wanadoo.fr
Trimestriel créé en août 2002, ce magazine va, comme son nom l'indique, à la rencontre de personnages authentiques et d'endroits typiques de l'île. Du berger au pêcheur en passant par la star médiatique, on voyage entre mer et montagne à la recherche de caractères, de sites, de balades ou d'habitats que seule l'île de Beauté est capable de nous faire découvrir.

■ **ESPÈCES**
7, le vieux chêne
AVAPESSA ✆ 06 14 72 25 94
Trimestriel grand public de vulgarisation scientifique, spécialisé sur les sciences historiques et naturelles. Entre au cœur de la recherche scientifique : le contenu est principalement assuré par les scientifiques, mais il y a aussi des reportages, des interviews et des actualités.

■ **CORSICA**
1, rue Conventionnel-Saliceti
BASTIA
✆ 04 95 32 33 96

■ **L'INFORMATEUR CORSE**
BP 213
1, rue Miot
BASTIA
✆ 04 95 32 04 40
www.corse-information.info/
bernadette.benazzi@wanadoo.fr
Cet hebdomadaire régional paraît chaque vendredi. L'essentiel de l'actualité y est traité, politique, société et sport. Mais il a pour principale mission la publication des annonces légales et judiciaires.

■ **STANTARI**
Château Malaspina
BELGODÈRE
✆ 06 14 72 25 94
www.stantari.net
cecile.breton@stantari.net
Parution mensuelle 7,50 €.
Stantari est une revue scientifique grand public, pluridisciplinaire et centrée sur la Corse en tant qu'entité naturelle et culturelle au cœur de la Méditerranée. C'est une revue qui s'adresse à la communauté des amoureux de la Corse et de la nature : aux touristes qui cherchent à découvrir les merveilles de l'île comme à ceux, déjà passionnés, qui cherchent une information fiable et renouvelée.

Radio

- **ALTA FREQUENZA** Fréquences : Ajaccio 103.2 – Corte 104 – Bastia 98.9
- **EUROPE 2** : 99.8 FM
- **NRJ** & 04 95 50 44 53 : Ajaccio 101.2 FM
- **CHERIE FM** & 04 95 51 15 88 : 96FM
- **FUN RADIO** & 04 95 51 15 88 : 105.2 FM

Scandola.

- **RCV** (radio corti vivu) : 92.6FM
- **RCFM** & 04 95 32 95 32 : 101.7 et 100.5 FM
- **SKYROCK** : 98.1 FM
- **RADIO CALVI CITADELLE :** 91.7 FM
- **RADIO BALAGNE** : 98.6 et 89.6 FM
- **VOCE NUSTRALE** : 94.8 FM

Télévision

■ FRANCE 3 CORSE

12, cours Noël-Franchini
AJACCIO
✆ 04 95 23 93 00
france3.corse@ajaccio.france3.fr

France 3 Corse est une des 24 antennes métropolitaines de proximité de France Télévisions. Créée en 1954, premier journal télévisé régional le 20 septembre, reprenant l'essentiel des émissions nationales de France 3, auxquelles viennent s'ajouter des productions locales (édition régionale du 12/13 et du 19/20, magazines, séries et quelques événements locaux). Un bulletin d'information en langue corse est également diffusée à l'antenne. Le siège de la chaîne est implanté à Ajaccio. France 3 Corse produit également une version satellitaire, reprenant la quasi-totalité des émissions diffusées sur le réseau local. Baptisée France 3 Via Stella, elle peut être reçue en France métropolitaine via les bouquets Fransat et Canalsat, ainsi que sur les principaux réseaux ADSL français .

Internet

■ PHOTOS-PAYSAGES-CORSE.COM

Le site du photographe Jérôme Rattat au gré de ses randonnées dans les douze microrégions de la Corse avec de belles photos, des cartes et des textes de belle facture.

■ WWW.LACORSEBOX.COM

✆ 04 95 20 84 33 / 06 22 13 30 79
www.lacorsebox.com
contact@lacorsebox.com

Grâce à Lacorsebox, vous pouvez faire plaisir sans vous tromper en offrant un beau coffret cadeau de séjour en Corse, où la personne choisit elle-même son hébergement et des activités (bien-être, gastronomie, culture, sport et loisir...), mais vous pouvez également vous faire plaisir et sélectionner vous-même un prestataire. Lacorsebox s'adresse aussi bien aux particuliers, quel que soit l'événement (anniversaire, mariage, incentive...), mais aussi aux entreprises et comités d'entreprises, pour récompenser les salariés, fidéliser la clientèle, motiver, pour des cadeaux d'affaires...

■ WWW.GUIDE-PORTO.FR

✆ 04 95 26 19 50
www.guide-porto.fr
ba20150@orange.fr

BIBLIOGRAPHIE

Histoire

Histoire de la Corse, Paul Arrighi, collection Que sais-je ? PUF, 2000. Un ouvrage simple et complet indispensable pour se familiariser et mieux comprendre l'histoire de la Corse.*Histoire de la Corse,* Abbé Bartoli, éditions Lacour, 1998. Elle constitue une excellente approche, très complète, histoire, sociologie, folklore, de l'île de Beauté.*Identité corse, outillage et Révolution française, essai d'approche ethnolinguistique (1770-1830)*, Antoine Casanova. Cet ouvrage plus pointu a été réalisé par le Comité des travaux historiques et scientifiques en 1996. Il présente la société corse sous la Révolution française, une société alors profondément rurale et pastorale.

Géographie et nature

Cap corse, Michel Delangère, Actes Sud, 1998. Il permet de découvrir sous divers angles le cap Corse et le littoral qui s'étend entre Centuri et Macinaggio.*Corse, île de montagne*, Jean-Xavier Orsini et Christophe Boisvieux, Vilo, 1997. Pour prendre connaissance de la richesse du patrimoine écologique corse.*Corsica, l'itinéraire des rives et des monts*, de Kenneth White, La Marge, 1998. L'auteur aborde sous forme de conversation mettant en scène plusieurs grands hommes s'étant passionnés pour l'île, comme Sénèque le philosophe et l'écrivain Boswell, des thèmes comme la culture, la nature sans oublier la politique.*La Corse : une île-montagne au cœur de la Méditerranée,* Alain Gauthier, Editions Delachaux et Nieste, 2000. Cet ouvrage offre une présentation exceptionnelle des paysages et de la géologie de la Corse. Les recherches révèlent une richesse patrimoniale tout à fait unique. Pour les amoureux de la Corse, c'est un ouvrage exceptionnel. *Littoral*, Dominique Desforges, La Renaissance du Livre, 1996. C'est une imposante introduction à la géographie et aux côtes de l'île de Beauté. Nombreuses données géographiques, historiques et touristiques.

Société

Le complexe corse, Gabriel Culioli, Gallimard, 1990. Ce titre évoque avec passion la culture et l'identité insulaires, un manifeste pour un nationalisme tolérant ouvert aux influences extérieures.*La Corse aux poings, l'implosion d'une société bloquée*, Moune Poli, L'Harmattan, 1991. Moins récent, cet ouvrage brosse le tableau d'une société corse qui ne sait choisir entre deux mondes, deux héritages.*Corse, quel avenir : l'indépendance*, François-Pierre Franc-Valluet, Castells, 1998. L'auteur aborde une nouvelle fois la question de l'indépendance de la Corse, les enjeux pour la France et pour l'île. Cet ouvrage qui a demandé près de trois ans de travail, est en quelque sorte une réponse au fameux rapport Glavany sur la Corse.*L'île de Corse : journal d'un voyage*, Hermann, 1991. A titre de comparaison, l'écrivain écossais James Boswel décrit de façon intéressante la société corse du XVIIIe siècle dans son livre.*Une Passion corse : Jéromine Benielli*, de Peigne Guily, Omnibus, 2000. Un livre étonnant qui tente de percer l'âme du peuple corse à travers le regard d'une femme au passé chargé d'histoire : Jéromine Benielli.

Cap Corse, sur le chemin entre Olcani et Nonza.

Essais

Contre-enquête sur trois assassinats, François Santoni, Editions Denoël, 2001. Ouvrage récent dans lequel le commissaire Santoni cherche à mettre en lumière ces meurtres et à trouver de nouvelles preuves, des informations exclusives...*Le problème corse*, Giudici, Editions Milan, 1998. Encore une fois, il est question de la crise d'identité de la Corse, des attentats, des meurtres, de l'éternelle question du séparatisme, du FLNC... Des multitudes de questions posées auxquelles l'auteur tente de répondre au mieux.*La question corse*, Crettiez Xavier, Editions Complexes, 1999. L'auteur retrace l'origine de la question corse, des premiers malaises d'identité aux premiers mouvements contestataires. Il évoque ensuite la vague nationaliste et traite, enfin, de la crise des mouvements clandestins corses et de la violence politique.

Langue et traditions

Grossu Minutu, N. Carlotti, Editions La Marge. Pour la première fois dans sa langue natale, 320 épisodes illustrés de la saga de Grossu Minutu.*Vucabulariu* Corsu-Italianu-Francese, Anton Francescu Filipini, Editions Anima Corsa. Dictionnaire trilingue, mots, commentaires et citations... Littérature*Colomba*, Prosper Mérimée, Flammarion, 1989. Un grand classique de la littérature française, une histoire de vendetta et de passion filiale dont l'action se déroule en Corse...*Corse, défense d'une île*, Jean Brunati, Jacques Cramilly et Jacques Brunati, Autre Temps, 1992. *La fontaine du bourreau*, Pierre Soavi, Albin Michel, 1997. Recueil de 25 récits populaires qui nous font découvrir la Corse et ses mentalités traditionnelles. La Corse fut à travers l'histoire une source d'inspiration inépuisable et ce dès l'Antiquité. A l'exception de Sénèque, rares furent ceux qui ne dressèrent pas de l'île de Beauté un tableau élogieux.*La rose de Pline*, Rinaldi, Gallimard, 1990. Sélection Goncourt en 1987, ce magnifique ouvrage évoque dans un style admirable des souvenirs d'enfance et d'adolescence sur l'île de Beauté.

La Corse et les artistes peintres

De nombreux peintres en ont fait un thème de prédilection, qu'ils soient insulaires ou non. On pourra ainsi consulter : *Le dictionnaire des peintres corses et de la Corse*, Claude Gianely, Marge, 1983. Cet ouvrage évoque indifféremment ces deux catégories avec, du côté des peintres corses, Ferrari ou Corbellini et, pour les étrangers, Edouard Lear ou Paul Klee.*Voyages d'artistes en Corse aux XIXe et XXe siècles*, Jean-Marc Olivesi, Marge, 1993. La démarche des artistes venus se ressourcer et chercher l'inspiration en Corse est particulièrement bien décrite dans l'ouvrage de cet auteur très compétent, ancien conservateur du musée de la Corse et actuellement en poste au musée Fesch d'Ajaccio. Il évoque notamment les cas d'Utrillo, Matisse ou Fernand Léger.

Photographies

La Corse, Yves Duval et de Christian Andreani, Artoria, 1998. Pour se sentir déjà un peu là-bas, l'ouvrage mêle textes et photos.*Corsica Muntagna,* Antoine Perigot, Micca Nomi, 1999. C'est un recueil de photographies prises par l'auteur sur les paysages montagneux de la Corse avec leurs faunes et leurs flores. Le livre renferme une magnifique sélection de photos consacrées à l'île de Beauté.

Narura Corsa, Renaissance du Livre, 1998, écrit et réalisé en collaboration par Gabriel-Xavier Culioli et le photographe Antoine Périgot. Ils nous invitent à vérifier à travers quelques beaux clichés que l'île de Beauté porte bien son nom.

Pour les enfants

Le caillou et le Sirocco, F. Orsoni, Albiana. Petit livre cube pour enfants. Apprentissage de la lecture en français ou en corse.

Leonardo les pieds dans l'eau, Sabard, Ecole des loisirs, 1998. Martin et ses parents se rendent en Corse. Ils rencontrent un jeune Suisse sur le bateau les conduisant sur l'île et partageront de nombreuses aventures loufoques et singulières.

Le testament de Méduse et autres contes, histoires mystérieuses de Corse, Jacqueline Mosconi-Malherbe, Editions du Rocher, 2001. Un bon exemple des nombreux contes et légendes attribués à la Corse. Pour les grands et les petits.

Cartographie

- **IGN.** 107, rue de La-Boétie – 75008 PARIS ✆ 01 43 98 80 00. Site : www.ign.fr sur lequel vous pouvez commander en ligne. L'Institut géographique national édite diverses séries de cartes pour le tourisme et la découverte thématique des régions. Utile et pratique pour vos déplacements en voiture ou en train, la carte régionale (référence R09, au 1/250 000e, au prix de 5,20 €) permet d'avoir une bonne visualisation de la Corse et propose une version très précise du réseau routier. La collection Multi loisirs propose un guide des activités en plein air qui vous permettra de découvrir l'île de Beauté tout en profitant de ses nombreuses richesses naturelles. Enfin, une carte départementale Haute-Corse, Corse-du-Sud est disponible (référence 20, au 1/140 000e).
- **Topoguides.** Pour les plus sportifs, les guides de la Fédération française de randonnée pédestre proposent deux cartes (Mare e Monti, référence FFRP0065 et A travers la Montagne corse, référence FFRP0067) Elles vous permettront de partir en randonnée en toute sécurité et de découvrir la montagne corse et son célèbre GR20.

INDEX

A

B

C

D/E

F

G

H/I

L

M

N

O

P

Q/R

S

T/U

V

Z

COLLABOREZ À LA PROCHAINE ÉDITION CORSE

COLLABOREZ À LA PROCHAINE ÉDITION
CORSE